昭和の郊外

関西編

橋爪紳也[編]

柏書房

昭和の郊外　関西編

■

目次

解　題（橋爪紳也）　7

第1章　「大大阪」の誕生

［1－A］『大阪市域拡張史』（大阪市役所、一九三五年、一～六〇頁）　27

［1－B］『第一次大阪都市計画事業誌』（大阪市役所、一九四四年、一～六、六一一～六四六頁）　51

第2章　近郊の開発　耕地整理・区画整理・土地会社

［2－A］『大阪建設史夜話』（玉置豊次郎、一九八〇年、一七一～二二四頁）　73

［2－B］「大大阪新開地風景」（『大大阪』八巻七・八・一〇～一三号、九巻一～四・七・九・一一号、一九三二年七月～一九三三年一一月）　121

［2－B－①］尾関岩二「森小路附近」／武田徳倫「千船」（『大大阪』八巻七号、一九三二年七月、一三二～一四三頁）　121

［2－B－②］小松一郎「近代色を加へた遊境今里新地――東大阪に歓楽街の出現」（『大大阪』八巻八号、一九三二年八月、七五～八一頁）　129

［2－B－③］上井榊「新阪堺国道沿線街――小役人と学生の街」（『大大阪』八巻一〇号、一九三二年九月、二四～二九頁）　134

［2－B－④］酒井義雄「探訪記的に描いた千鳥橋・四貫島」（『大大阪』八巻一一号、一九三二年一〇月、九〇～九九頁）　138

［2－B－⑤］和田有司「西野田展望」（『大大阪』八巻一二号、一九三二年一一月、五〇～五四頁）　145

［2－B－⑥］高瀬嘉男「東野田・都島・片町・桜宮」（『大大阪』八巻一三号、一九三二年一二月、八八～九五頁）　147

［2－B－⑦］小出六郎「大正区ところ〲」（『大大阪』九巻一号、一九三三年一月、三七～四六頁）　153

［2－B－⑧］小瀧冬三「旭区ところ〲」（九巻二号、一九三三年二月、二二～二七頁）　159

［2－B－⑨］崎山献逸「平野町から――京堀町通へ」（『大大阪』九巻三号、一九三三年三月、五六～六一頁）　163

［2－B－⑩］草西正夫「玉造駅附近――東大阪の心臓」（『大大阪』九巻四号、一九三三年四月、五八～六一頁）　166

［2－B－⑪］村井武生「田辺町附近」（『大大阪』九巻七号、一九三三年七月、二〇～二二頁）　168

［2－B－⑫］近藤孝「夕凪橋附近散景抄」（『大大阪』九巻九号、一九三三年九月、五七～六〇頁）　170

［2－B－⑬］瀬古貞治「田辺附近の新開地を見る」（『大大阪』九巻一一号、一九三三年一一月、一一〇～一一七頁）　172

第3章　市外居住のすゝめ

〔3-A〕『市外居住のすゝめ』（高田兼吉編、一九〇八年、目次、一～九、一一～二七、六八～七九、一二五～一五一、二〇二～二一三、二一五～二二九頁）　181

〔3-B〕『最も有望なる電車』（箕面有馬電気軌道会社、一九〇八年）　203

〔3-C〕『如何なる土地を選ぶべきか、如何なる家屋に住むべきか（住宅地御案内）』（箕面有馬電気軌道会社、一九一〇年）　217

第4章　余暇生活と郊外

〔4-A〕『余暇生活の研究（労働調査報告19）』（大阪市社会部調査課編、弘文堂書房、一九二三年、二一八～二三一頁）　221

〔4-B〕『新大阪大観』（中川倫、一九二三年、一〇九二～一一四三頁）　227

〔4-C〕『大阪案内』（大阪商品研究会編集部、一九二六年、一〇九～一一三、一七一～二〇七頁）　257

〔4-D〕「沿線開発とアミューズメント施設」（橋爪紳也、『阪神間モダニズム』淡交社、一九九七年、二二二～二二六頁）　275

第5章　鉄道会社と沿線開発

〔5-A〕『輸送奉仕の五十年』（阪神電気鉄道株式会社、一九五五年、六九～八九、一三七～一七七頁）　283

〔5-B〕『阪神電気鉄道百年史』（阪神電気鉄道株式会社、二〇〇五年、九一～一〇〇、一六〇～一七七頁）　335

〔5-C〕『逸翁自叙伝』（小林一三、一九五三年、一七二～二一七頁）　357

〔5-D〕『75年のあゆみ　記述編』（阪急電鉄株式会社、一九八二年、一～一五、三六～三八、一六七～一八一頁）　375

〔5-E〕『南海沿線百年史』（南海電気鉄道株式会社、一九八五年、一二一～一三四頁）　405

〔5-F〕「郊外住宅地の形成」（坂本勝比古、『阪神間モダニズム』淡交社、一九九七年、二六～五四頁）　419

第6章　戦後復興とニュータウン

〔6-A〕『千里ニュータウンの研究　計画的都市建築の軌跡・その技術と思想』（片寄俊秀、長崎総合科学大学生活空間論研究室、一九七九年、梗概、第1章～第5章、第8章、第9章、第12章）　455

〔6―B〕『泉北ニュータウンの建設』（大阪府企業局編、大阪府企業局、一九八六年、六七～八四、一三七～一五五、四二七～四三一頁）　651

凡例

一　翻刻にあたっては、漢字は旧字体を新字体に直し、歴史的かなづかいはそのままとしました。
一　原本に見られる明らかな誤植は適宜修正を施しました。
一　原本には今日において適切でないと思われる表現が含まれる場合がございますが、資料の歴史的価値を鑑みて、原文のまま掲載しました。
一　抄録資料については、資料中で参照されている箇所が収録対象外の場合がございます。該当箇所にその注記を施すか、煩雑となる場合は一部文言を削除させていただきました。
一　一部の原本にはすべての漢字にふりがなが付されている資料が含まれますが、ふりがなは削除しました。
一　収録にあたっては、可能な限り著作者の方々に連絡を取り、承諾を得ておりますが、いまだに連絡のつかない著作者の方々がおられます。お心当たりの方は小社まで御一報賜りますようお願い申しあげます。

解題

橋爪紳也

第1章　郊外開発と大阪

1　同心円状の都市構造

都市の郊外は、いかに開発されたのか。大阪を事例として、総括しておきたい。

大阪にあって市街地の発展は、時代とともに外縁部に伸展する。結果として出現した同心円状の都市構造が特徴的である。

都市の近代化を遡ると、明治二二年（一八八九）に市制が施行されたことが転機となる。市域は、幕府直轄の城下町として繁栄した大坂三郷をもとに、東区、西区、南区、北区の四区から構成された。面積は一五・二七㎢、人口は四七万二二四七人の規模であった。

明治三〇年（一八九七）、第一次市域拡張を実施する。東成郡および西成郡の二八ケ町村の全部または一部を合併、従来の市街地の周辺で市街化した地区と、港湾と工場地区の整備が望まれる臨海地域の新田などを編入した。この時点で市域は五五・六七㎢に拡大し、七五万八二八五人の人口規模の都市となる。

もっとも本格的に、郊外の土地利用が喧伝されるのは明治後半になってからのことだ。大阪にあっては、明治期にあって日本最大の治水事業である淀川の改修事業と同時に、近代的な港湾整備が進捗したこともあり、商業都市から工業都市への転換がすすむ。機械や造船に加えて、紡績業など繊維関連の製造業が基幹産業となるなかで、大阪は「東洋のマンチェスター」の異名を得るようになる。

明治末から大正時代にかけて、市街地の人口が急増するなか、住宅の不足があきらかになる。またさらなる工業化を促進するため、新たな工場用地が求められた。そこで大正一四年（一九二五）、大阪市は隣接する市町村の大合併を実施する。いわゆる「大大阪」の誕生である。農地を宅地や工業用地に転じるべく、初期にあっては耕地整理、のちに土地区画整理による計画的な市街地の形成が進む。また民間の土地会社が、工場労働者やホワイトカラーなどが住まう長屋を大量に供給した。

従来の都心から連担しつつ、新たな市街地が発展した。大阪都市協会の機関誌『大大阪』では、昭和七年（一九三二）から「大大阪新開地風景」（2-B）という連載を開始する。周辺の新興市街地にあって、とりわけ賑やかな街をリレー式にとりあげ、その繁華の現況と都市計画の不備がもたらした種々の問題点を、ルポルタージュ風に紹介するものだ。

「都市の高度の発展は、都市の顔を複雑に変へてゆく。いままでの古い現象がとり壊されて、新しい現象が発達し、そこに新開地が展開されて来る。この新開地には新しい人情と、美と醜と、未生長の若々しい感触がある。……これに精査と分析とを与へ、単なる机上の統計でなく、足で書いた具体的な、しかも一幅の風景画として御紹介したい。」

各号の扉には、このような一文が書かれている。とりあげられた「新開地」は、玉造、森小路、放出、鴫野、野江、千舟、大和田、野田阪神、千鳥橋、四貫島、西野田、夕凪橋、田辺、阿倍野橋筋、東野田、都島、泉尾などである。予告では、十三や淡路の名もみえる。大大阪の輪郭をふちどって分布する、成長点の座標を示すところである。

その後、都市の発展は、さらに郊外に広がる。大阪にあっては、各方面に電鉄会社が新線を敷設した。各社は、競い合うように沿線開発に注力、駅を核として住宅地を整備して分譲した。当時、母都市である大阪では、過密と同時に、工業化に伴って顕在化した煤煙がもたらす健康への懸念が社会問題となっていた。そこで電鉄会社は、職住を分離し、環境が悪化した都市から避難、空気が澄んだ郊外での居住を推薦する。

建売り住宅を陳列して直売する住宅博覧会の実施、倶楽部や会館を設けた宅地開発、割賦販売など、全国でも先鞭となるユニークな試みが重ねられた。とりわけ小林一三が率いる箕面有馬電気軌道が実践した箕面や宝塚の事業モデルが全国的に知られるようになる。また民間の鉄道会社は、発電や送電事業も担っていた。郊外住宅地や沿線の工場への電気供給も鉄道会社の業務であった。

沿線開発は、住宅地経営だけではない。各社は、遊園地、海水浴場、行楽地、スポーツ施設などを運営して、誘客をはかった。英国で実践された田園都市の影響を受けつつも、日本独自の「田園郊外」とも呼ぶべき開発が展開された。

住宅難が喧伝された戦後復興期、さらに一九七〇年大阪万博を象徴的な出来事とする高度経済成長期を迎えて、大阪の郊外開発は新たな局面を迎える。各方面に伸びる私鉄沿線だけではなく、環状道路網、高速道路の整備もあって、郊外の農地や未利用地が、順次、団地などの住宅地に転用されたのだ。大阪では、金岡団地や香里団地、さらには千里や泉北のニュータウンなど、先駆となる大規模な住宅地開発が実行される。結果、都心から郊外まで、大阪平野の主たる部分が連担した市街地に転じることとなる。

2　本書の構成

ここで本書の構成、編集方針について述べておこう。

本書のタイトルは「昭和の郊外」であるが、大阪における郊外開発が進捗した経緯の全体を把握するには、年号が昭和になってからの状況を知るだけでは不十分である。明治末から大正時代にまで遡って、郊外開発の前提となった社会問題が顕在化した過程を知る必要がある。

また郊外の開発は、既成市街地で顕著になった過密を解決する手段として具現化した。郊外のあり方を論じるためには、大阪という都市の発展そのもの、都心の発達をも知る必要がある。

このような考えのもとに、本書では、明治末から大正期、さらに昭和初期、および戦後の高度経済成長期までの時代を射程に入れる。また郊外開発の前提として、大阪市街地や近接する町村の動向についても着目しながら文献を選択した。

もっとも、ぜひとも収載をと思ったが、著作権の関係などから、果たせなかった資料もある。また私が多く収集している郊外住宅地の分譲案内など紙の資料は、本書の判型にはなかなか合わすことができず、見送らざるを得なかった。別途、復刻の企画を想定していきたいと考えている。

本書は、「『大大阪』の誕生」「近郊の開発　耕地整理・区画整理・土地会社」「市外居住のすゝめ」「余暇生活と郊外」「鉄道会社と沿線開発」「戦後復興とニュータウン」の六章から構成される。

第1章「『大大阪』の誕生」では、既成市街地に隣接する郊外を取り込み、大合併によって大阪市域が拡張した経緯と、世界の大都市に比肩しうる近代都市とするべくなされた一連の都市計画事業を概観する資料を紹介する。

第2章「近郊の開発　耕地整理・区画整理・土地会社」では、市域に編入された接続町村における宅地化の事業、官が主導した耕地整理や区画整理、民間の土地会社による住宅供給について論じた論文、および近郊で発達をみた新たな街の様子を報じる当時のルポルタージュを掲載する。

第3章「市外居住のすゝめ」では、箕面有馬電気軌道会社など民間の電鉄会社が、いかに沿線を開発し、郊外居住を宣伝したのか。もっとも初期の状況がわかる案内の類を復刻した。

第4章「余暇生活と郊外」では、各郊外に行楽地や遊園地が整備された様子を紹介する案内とともに、全体を総括した論考を収載した。近郊に娯楽の場が設けられた社会的背景として、民衆娯楽や大衆娯楽をめぐる大阪市の報告もあわせて掲載している。

第5章「鉄道会社と沿線開発」では、各鉄道会社の社史から、沿線開発に関する記述を抜き取り収録した。また沿線開発に先鞭をつけた小林一三の回顧も、ぜひ参考にしていただきたく思い掲載している。総論として、坂本勝比古先生の「郊外住宅地の形成」に関する論考(5-F)を添えておいた。

第6章「戦後復興とニュータウン」では、戦後のニュータウン建設に関する記録を収めている。

繰り返し述べれば、大阪における「昭和の郊外」を論じるためには、明治時代後半から大正時代にかけて顕著であった都市化、とりわけ工業化の実態を視野に入れる必要がある。また市街地の過密など、都市問題を解決するべく、郊外が拓かれたという経緯も忘れてはいけない。

以上の点を鑑みつつ、以下では、各論として、「『大大阪』と郊外」「鉄道会社による沿線開発」「郊外の戦後」について述べ、本書の導入となる概説としたい。

第2章 「大大阪」と近郊の市街化

1 過密化する大阪

『大阪毎日新聞』は大正五年(一九一六)八月一三日から始まる連載記事「六大都市」において、国内の主要都市の市勢を多面的に比較検証している。ここでいう「六大都市」とは、大阪、東京、名古屋、横浜、京都、神戸を指す。この六都市に加えて、人口一〇万人以上の規模であった四都市、すなわち、長崎、広島、金沢、呉を加えて、日本を代表する「十大都市」とみなすこともあった。

当時、いずれの都市にあっても、人口が急増しつつあった。たとえば明治三六年(一九〇三)から大正二年(一九一三)の一〇年間でみると、大阪市では三九万一四二一人が増加している。同時期での比較では、東京市では二一万四六六五人、名古屋は一五万九三二一人、横浜は七万人余り、京都は一二万七五〇〇人、神戸は一五万五七六四人が増えている。率で見ると、大阪と神戸が他都市を凌いで高く、とりわけ急速な都市化が進展していたことがうかがえる。

新たな住民の多くが、地方から職を求めて大都市に押し寄せた人たちである。大阪の場合には、出生率よりも死亡率が高かったが、それを補うほどに、仕事を求めて各地から多くの労働者が移り住んだ。記事では「年々田舎から多数人口の供給を受けて益々其の大を致すに至るもの」「大都会なるものは要するに田舎漢の寄合世帯であって田舎漢に依りて支配せられて居る」「東京、大阪を初め其他の大都市でも其地の成功者とか勢力家とか言うものは大抵田舎出である」などと描写する。

どの地方の出身者が多いのかについても、興味が集まったようだ。まず大阪では石川県の出身者が目につくことを紹介、「大阪の大会社に同県出身の成功者が揃って居るので之に刺激せられて大阪に出るものや又は此等の先輩を頼って来るものが多い」と分析する。いっぽう「古風な商人」には江州人、すなわち滋賀県の出身が多いと書く。記者は「企業心に富んで貨殖の途」に長じた江州人によって、大阪は「好適無比の功名場」であると指摘する。さらに職種別の事情も触れている。たとえば巡査に就職する人は、大阪では岡山県および高知県の出身者が多勢を占めたようだ。

ともあれ、都心の人口密度は極端に高まる。特に南区は、極端に過密な状態にあった。大正三年（一九一四）末の統計では、南区の人口密度は一平方キロあたりで四万三〇〇〇人であった。なかでも空堀町や難波新地、瓦屋町三番町などでは、一平方キロに一〇万人を越える数値になる。住宅地には長屋が密集していた時代であることを思えば、この数値は異常に高い。「人間の健康と道徳心は人口の密度に反比例する」という説が真実なら、大阪が「如何に不健康であるか」が推し測られ、また南区などは「恐らく各種の罪悪の最も好適な培養地」であろうと、先の記事に述べられている。

大阪毎日新聞の記者は、連載記事にあって、大阪市のかたちを「握飯」にたとえる。そのなかに「九百余町」があった。江戸を「八百八町」といったかつての例えを示しつつ、それを超えた繁栄が実現していることを強調する。しかしだからこそ改良を要すべき点が多い。第一には道路、第二には下水、第三には家屋の構造、第四には公園、第五には図書館が、他の都市よりも劣っていると指摘する。眼前の欲に目を眩ませて「永遠的改良施設」の整備を怠ると「健全なる発達」を遂げることができないと書く。

2　過密化する近郊と土地投機

大阪では人口の急増に対応することが求められた。もっとも既成市街地だけでは受け皿としては不十分であった。都市化の波は、大阪近郊の農村、当時の言葉でいう「接続町村」に押し寄せた。

明治三七年（一九〇四）末から大正二年（一九一三）末までのデータで見ると、大阪の「接続町村」は平均で一八〇％、すなわち二倍に迫る人口増加を示したという。なかでも今宮村（五七〇％）、鶴橋町（四七六％）、天王寺村（三八九％）、中津町（三六四％）中本町（二九八％）、豊崎町（二五九％）などは、驚くべき数値を示していた。

増加率だけを見ると、大阪の南郊に市街地と接する今宮村が全国でトップであったという。「六大都市」を比較する『大阪毎日新聞』の記事では「日本六大都市の中で最も膨脹力に富んで居るものは大阪市及び其附近であると言うことが出来ようと思う」と書いている。市内だけではなく、その外縁に接する近郊の人口密度が異常に高まったわけだ。

従来の市街地における過密を解消するには、新たな市街地を整備することが求められた。郊外を計画的に都市化する必要が生じたのだ。先の記事では、欧米の諸都市との比較も行っている。課題は海外の大都市と比較すると、大阪市が保有する土地が極端に少ないことだ。

たとえばベルリン市などは、市域の三割五分ほどが市有地であり、なおかつ郊外にその八倍ほどの土地を確保している。ここに農場や低所得者向きの住宅を確保、財源を確保すると同時に、また民間の土地投機も抑制できていると書く。

対して、非常な勢いで都市が膨脹しているにもかかわらず、中心部の人口が減少している傾向が顕著なロンドンの事例も紹介する。一九一一年の調査では、シティの昼間人口は三六万四〇〇〇人ほどであるのに対し、夜間人口は一万九六五七人であったという。市内で仕事をしている人の多くが、市外に住み、都心に通っていることになる。

海外の大都市と比較したうえで、ロンドンに習うならば、大阪も新たな居住のための用地を、郊外に求めなければいけないというわけだ。しかし実態はどうか。この時期、大阪市域に接する町村にあっては、土地の所有者が、それぞれの都合で売却をしていたため、計画性のない無秩序な工場の集積や住宅地がかたちづくられていた。

計画的な開発がなされなかった背景には、明治末から顕在化した地価の急騰があった。明治四三年（一九一〇）七月一九日の『大阪朝日新聞』は「土地放資の激増」という記事を掲載、金融緩和と金利の低下を背景に、大阪圏の地価が「6箇年に約倍額」に高騰したことを報じている。さらに、「機敏なる資本家はやくも市街宅地に向って放資する新傾向に近来殊にはなはだしきものあり」と注目している。

また明治四四年（一九一一）一月一四日の『大阪朝日新聞』は、「市区改正及び市電、私電線敷設の結果、場末の地及び近郊に於ける地価の暴騰は更に著しい」と述べている。ついで三月三〇日の紙面では、「特殊銀行法改正せられ勧業銀行、農工銀行、興業銀行等は盛に低利なる土地抵当の貸出しを開始すべきをもって、……投機思想を挑発せしむ」と分析し、さらに明治四五年（一九一二）二月九日の同紙では、個人の思惑、政商の「煽動的土地買入れ」が半年で三割から五割の地価上昇をもたらしたと報じている。

土地投機ブームは、市街地だけではなく、近郊にまで及んだ。その異常さは「熱病」にたとえられた。『大阪朝日新聞』は明治四五年四月八日から「新熱病」と題する記事を掲載、当時の土地会社が、「何処其処の地所何十万坪を何十万で買収する約束」をし、「その辺は将来はなんとかどうとかして非常な発展をする」といって株を売却していたことを批判している。当面は収益の見込のない土地を所有している場合でも、株券というかたちにすれば容易に売れた。記者は、このような風潮に対して、「（地主たちが）会社組織にして株券に直すというのは一種の地券製造法」であると、語気を強めて非難している。

3　「大大阪」の誕生

大正八年（一九一九）、都市計画法と市街地建築物法が制定された。これによって既存の大都市にあって、計画的な土地利用や、新たな都市基盤の整備を進めることが可能になった。大阪でもこれらの法律に基づき、計画的な都市整備が検討されることになった。

まずどの範囲を都市計画の対象区域とするのかをめぐって、議論が始まる。大正一〇年（一九二一）一〇月、大阪地方委員会にあって熱い論争が展開された。内務省は、西は神崎川、北は豊中村・千里村・吹田町・守口町、東は八尾町・平野郷町、南は堺市・浜寺町まで、二市七〇町村二八二㎢を対象とする原案を示した。都心まで一時間以内に到達が可能であり、まとまった都市生活が営まれると予測される範囲であるとされた。

都市計画区域に定めるということは、将来的に合併や編入が想定される地域であると理解された。内務省は、大阪市と堺市を大合併、さらに周辺の村々を取り込む広域での都市計画を求めた。この案に対して、多くの市町村は原案に条件付きで賛成であった。すでに住宅都市として発達していた豊中村と浜寺町などが、反対していた程度であったとされる。ただいっぽうで、さらには県域を超えて連担した都市化が進展していた尼崎市を含めるべきだとする強い意見もあった。

しかしこの案に対して、大阪市はある種の「小都市論」を展開する。市は一市四七町村、一八八㎢にとどめる新たな市域案を提示した。会議には、池上四郎大阪市長、關一助役、直木倫太郎都市計画部長たちが出席していた。「地理的条件の分界たる大和川」を超えることはできない。すでに人口稠密な堺市をこの区域に入れることは「何等利するところがない」とした。また中河内、北河内の両郡に所属する一三町村や、神崎川以北は、「人煙稀薄」の地であり、差しあたりは都市計画の必要性を感じないと述べている。

大正一四（一九二五）年四月一日、大阪市はいわゆる第二次市域拡張を実施する。鶴橋町、生野村、天王寺村、住吉村、今宮町、中津町、豊里村、伝法町など、隣接する四四町村を合併、南は大和川まで、北は新淀川を越えて兵庫県境に到る地域を市域に編入した。行政区も変更、従来からの四区は八区に分割、新たに市域となった旧町村を五区に再編して、一三区制が採用された。

内務省案よりも大幅に縮小されたが、隣接する町村を市域に編入、既成の市街地を核として、これから計画的に市街化を促す郊外の農地や村々を取り込むかたちで、都市計画が実施されることになった。結果、大阪市域の面積はそれまでの三倍強となる。人口も従来の一三九万人から二〇三万人に増加、関東大震災で疲弊した東京を凌ぎ、ニューヨーク、ロンドン、ベルリン、シカゴ、パリなどと比肩する大都市となる。日本最大かつ東洋一の巨大都市、「大大阪」がここに成立した。

その後、大阪市の人口は、大正一五年（一九二六）で二一八万一九〇〇人、昭和五年（一九三〇）に二四五万三五七三人、昭和一〇年（一九三五）に二九八万九八七四人、昭和一五年には三二五万二二四〇人と右肩あがりの増加をみる。わずか一五年間で、一一〇万人以上の人口増加、すなわち毎週一〇〇〇人以上もの新たな市民を迎えたことになる。驚くべき都市化のスピードである。

この大合併を主導したのが、都市経営の専門家であり、今日にあっても名市長として評価される關一である。大正一四年四月一日、『大阪毎日新聞』は「輝かしい『大大阪』は愈々きょうから実現」と題する記事を掲載、「大阪市の町村編入も本物になって、今日からいよいよ輝かしい『大大阪市』が実現されるわけである。思って見ると全く夢のような話だ。大阪市民は自彊自治の民で、これまでに出来た市の大事業は、皆いずれも根強い市民の力に成ったものばかりである。今回の町村編入も全く市民の持つ金の力と、その溢れ切った愛市観念の結晶に外ならない……」とする市長のコメントを載せている。

続けて關は、財政緊縮のため初年度は緊急を要する施設の改善にとどめるが、翌年からは「いよいよ本舞台に立って市の財力の許すかぎりドシドシ新事業を始める」と抱負を述べる。どのような事業が想定されたのか。關はまず新市域での区画整理事業をすすめたいと強調する。当時、宅地への転用をはかる必要があると思われた周辺の耕地は、五〇〇万坪ほどにものぼっていた。要は急増しつつある人口の受け皿として、都市周辺の農地や未利用地の住宅地への転用が急がれたわけだ。

次に都市計画の具体化、とりわけ幹線道路の整備が急務であると述べる。また今宮、豊崎、鷺洲、長柄などの新市街に見られた「過群状態」、すなわち過密を改善するべく社会施設を充実させ、さらには大阪港を世界に宣伝したいと言及する。なかでも市長がもっとも力を入れると語ったのは、大阪を「生産の都」としたいとする大方針である。關は、旧東成郡、旧西成郡の豊崎、鷺洲方面、新淀川以北など、編入した町村にあって、すでに工場群の立地が顕著であり、「一体に工業の母胎とも見做すべき所」と指摘する。

そのうえで「従来、商業万能だった大阪市が、一歩々々、工業都市化の色を見せて来たことは大阪市として非常な強味である。即ちこの喜ぶべき工業化の機運を迎えつつ、色彩の際立った『生産の都』としての大大阪市を築き上げようというのが私どもの方針であり理想でもある」と述べる。商業都市であった大阪に「生産の都」という一面を加えること、すなわち工業化によって商工都市の成長を促すことが、市の幹部が描いた理想であった。実際、郊外を工業用地や住宅地として計画的に開発することで、大阪は東洋一の商工都市に転じることになる。

4　都市美と都市愛

「大大阪」の骨格をかたちづくるべく、都市計画が立案され、事業が具体化する。四〇路線におよぶ道路の整備、八〇もの橋梁の掛け替え、公園の整備や新しい運河の開削などが認可された。注目されたのが都心を南北に貫通する二四間（四三・六m）幅の「広路」、のちに御堂筋の愛称で親しまれるメインストリートである。一〇年五ヶ月の工期と三三七九万円を費やして道路を拡幅、工費の一部を沿道および近隣の土地所有者が受益者として負担した。あわせて地下を掘削、高速鉄道の建設もすすめられた。

御堂筋の事業では、「都市美」を創出することも重要な命題であった。架線や電柱を設けず、街路樹と最新の街灯を配置、大江橋や淀屋橋などの橋梁は公募によって優れたデザインが採択された。また沿道を美観地区に指定、統一された近代的な景観への誘導が企図された。

幹線道路の整備に応じて、都心の風景も変わる。御堂筋に面して、堂島ビルヂング、美津濃運動具店、安田銀行、日本生命、大阪ガス、伊藤萬商店、伊藤喜商店など、中之島には大阪ビルヂングや朝日新聞社、朝日会館などのビルディングが竣工、近代的な美観をもたらした。各百貨店は高層店舗を主要な街路沿いに建設、いっぽう梅田や難波などのターミナルには映画館や飲食店を中心とした繁華街がかたちづくられる。中央卸売市場や公設市場など、市民生活を支える公的な流通施設も整備された。瓜破と服部には墓園も建設される。

「大大阪」に求められたのは産業都市として必要な基盤だけではない。世界的な大都市に不可欠な要素として、「都市格」の向上が説かれた。人に人格があるように、都市にも「格」が必要であるというわけだ。そのためには文化面での充実が求められた。大阪市立美術館、新大阪ホテルなど、近代都市に不可欠な施設も整えられていく。科学博物館である電気科学館には最新のプラネタリウムを装備した。市民からの寄付を募り、大阪城天守閣も歴史博物館として復興された。また工業化にともなう煤煙の防止をはかり、都市衛生に力を入れることも重視された。

「大大阪」の誕生を祝うべく、さまざまな新聞や雑誌が特別な企画記事を掲載した。たとえば大正一四年（一九二五）九月に刊行された『毎日年鑑』（大阪毎日新聞社編刊）は、詳細な統計資料を駆使して、同時代の世界情勢を紹介するとともに、わが国の趨勢を分析する文章を掲載する興味深い書籍である。この本では「皇室」「土地・人口」「行政・軍事」「財政・経済」「交通・産業」「社会・労働」「宗教・社会」「植民地」「六大都市」の各章を設けて、それぞれに多様な小項目を立てつつ、関連するデータから現状を読み解いていく。さらに「特別附録」として、「大大阪」に関する特集記事を掲載、次のように論じる。

「……大大阪の名は今や隆々昇天の勢ひをもつて全東洋を圧せんとするものがある。大阪市にとってこの市域拡張はまさに画期的の大事業であったが如く我国自治体においてもまた歴史的の一大事業だったのである。」

「……大大阪が忽然として現はれ来たことは全く世界的驚異だったのである。東京を知って大阪を知らない欧米人の多くは、さうした近代的大都市が日本に存在することをすら知らなかったのであった。」

「大大阪」とは、そもそもは市域の呼称である。ただその呼び名は、市民の「愛市精神」をおおいに刺激した。市域の拡張によって「大」の冠を得たという本義に、経済的にも文化面においても世界的な大都市であるという意味を加えつつ、人々は誇らしげにわが街を「大大阪」と讃えたわけだ。

もっとも「東洋一」の座は長くは続かない。昭和七年（一九三二）一〇月一日、東京市は荏原郡・豊多摩郡・北豊島郡・南足立郡・南葛飾郡に属する八二町村を編入する。従前の一五区に再編した二〇区を加えた三五区制を採用、いわゆる「大東京市」が成立した。

小川市太郎が編集を担った『昭和十二年版大大阪年鑑』（大阪都市協会）には、昭和一〇年に実施された国勢調査に基づいて国内の主要都市の人口を紹介、東京が五八七万五〇〇〇人、大阪が二九八万八〇〇〇人、名古屋一〇八万二〇〇〇人、京都一〇八万人、神戸九一万二〇〇〇人、横浜七〇万四〇〇〇人、広島が三一万人であると記述する。それまで「東洋一」の大都市と自負してきた「大大阪」は、ここに至って国内では「大東京」の後塵を拝することになった。

それでも、大阪の人々の自信は揺るがなかったと思われる。同書に「躍進大阪の全貌」という項がある。そこでは東京と大阪とを比較して、「首都東京は政治の中心都市であり、大阪は経済の中心都市である。経済眼から見れば大阪は生産と集散の都市であり、東京は消費の都市と云って差支へない」と述べている。会社数、資本総額、金融による資本流動など、いずれの統計も東京が全国で第一位であるが、これは政治との関係上、東京に本社を置く大会社が多いことに起因する。純粋の経済活動でいえば、大阪が日本の「中心点」を為している。商工都市としての進展は、ますます著しいと強調する。

また人口規模にあっても、ニューヨーク、東京、ロンドン、ベルリン、シカゴ、モスクワ、大阪、パリ、上海の順となる世界で第七位の巨大都市の地位を占めていた。『昭和十二年版大大阪年鑑』には、「かくして躍進大阪の勇ましき姿は最近の日本産業の象徴として、目ざましき進軍を続けている」と誇らしげに記している。「大大阪」は、人々の「愛市観念」「愛市精神」を源泉として、都市美の形成と、都市格の向上をはかりつつ、いっそうの発展を目指すことになる。

第3章　鉄道会社による沿線開発

1　田園都市と郊外住宅地経営

過密であり、環境の悪化した都心に対して、大阪の郊外は風光と環境に恵まれていた。下田将美は、昭和五年（一九三〇）に出版したエッセイ集『東京と大阪』において、大阪の「郊外」を「郊外に恵まれた大阪よ。煤煙のほかには何ものもないような、市中は空気のにごった都ではあるけれども、一度電車で郊外へゆけば、海の風も山の風も清澄であって、人は一時にすこやかな呼吸を自然のうちに楽しむことができる。郊外に恵まれた大阪はまったくしあわせである」と讃えている。

明治末から大正、昭和初期にかけて、大阪を中心に各方面に伸びる郊外電車が敷設される。各社は競って沿線開発に着手する。その中心的な事業が、駅前などに保有する自社の土地を住宅地として開発、大阪市街地で暮らす人たちに販売しようとするものであった。

電鉄会社による郊外住宅地経営が進展した背景には、英国において提唱された田園都市思想がいちはやく紹介されたことがある。産業革命によって工業化が進展したイギリスでは、生産地である都市に人口が集中した。人々は自然のある村落から分離され、都市の過密さや高い家賃、失業、環境悪化などが社会問題となる。これを解決する手段として、社会改良家であるエベネーザー・ハワードは、都市が有する経済的利点と農村に残る優れた生活環境を結合、すなわち「都市と農村の結婚」により「第三の生活」を生み出すことが必要だと説いた。

彼は一八九八年に『明日――真の改革にいたる平和な道』を出版、五年後に『明日の田園都市』として改訂する。ハワードの提案は、人口三万人程度の限定された規模の職住近接型の都市群を、大都市であるロンドン周辺に配置しようとするものであった。彼の思想に共鳴した人たちによって「田園都市協会」が設立、一九〇三年にレッチワース、ついで一九二〇年にウェリンの田園都市整備に着手している。

ハワードの思想とレッチワースなどの実践は、明治四〇年（一九〇七）、内務省地方局有志が出版した『田園都市』でいちはやく紹介され、日本の専門家に広く知られることになる。しかしわが国にあって実際に開発された事案は、職住近接のコミュニティ形成を主張したハワードの田園都市ではなく、住居機能を郊外に配置して都心に通勤を行う、日本的な「田園郊外」であった。

大阪では明治末には早くも、阪神電気鉄道が先鞭をつけるかたちで、電鉄会社による住宅地経営が始まっている。しかしその最初期にあっては、実質的には長屋建ての住宅地や和風の屋敷地であったようだ。

専門家は、英国の先進事例との比較、郊外開発そのものの質を論じた。たとえば明治四三年（一九一〇）六月一一日、『大阪朝日新聞』が掲載した「都市問題の研究」と題する記事には、「ドイツが率先着手したるいわゆる田園都市は、英国においても見事に成功を告げ……箕面電鉄会社が池田に経営しつつあるものあるいは範をこれに取れるならんも、欧米に行はるる理想的田園都市と相へだたるはなはだ遠く……ただ外観を一見したるのみにても、家屋の構造千編一律にして、区画単調に流れ、箱を仕切たる如きは殺風景なる黒板塀を以て取囲める」とある。

また明治四五年（一九一二）四月一九日の『大阪朝日新聞』に掲載された「近郊の保護」という記事では、やみくもな宅地開発が農村を侵していることを非難する。そこでは、大阪の近郊に展開している住宅地の風景は、「田舎に大阪の断片を作りたる」代物であって、英国の田園都市とは雲泥の差がある。さらに「会社そのほかの大資本を以て、これを経営するものあるも、利得のほか何の目的もなきが故に、不風流なる田舎の遊廓のごとき一廓」を郊外につくっているにすぎないと評している。

英国に学び、本格的な郊外住宅地の開発に着手したのが、小林一三が率いる箕面有馬電気軌道である。最初の試みとして知られるのが、明治四三年に分譲を始めた先の記事でも触れられている池田室町経営地である。地域にあった呉服神社を中心に、参道とは軸線をずらせた区画をもつ。電鉄会社は「模範的郊外生活」という生活スタイルを唱えた。購買部と呼ばれるマーケットを設置、公園や果樹園、倶楽部などを設けている。割賦販売も採用している。

初期の郊外住宅地にあっては、環境の良さと利便性は、必ずしも一致しない。とりわけ買物の不便さと物価の高さが問題となった。阪神間の山手に形成された別荘地では、行商・物売り・ご用聞などをあてにせざるを得ないところもあった。そこでマーケットを運営することで、不便さを補い、居住者の便宜をはかるうえでの配慮としたわけだ。

箕面有馬電気軌道、すなわちのちの阪急だけではなく、他の電鉄会社も沿線各地で自社の経営地を整備して販売した。さらには地主などによって創設された組合や、民間資本による土地会社が、住宅地をあいついで開発する。なかには英国の先例を意識して、「田園都市」と自称する事例もある。

また独自の田園都市論を展開する専門家もあった。たとえば都市計画家であった大屋霊城は「花苑都市」というコンセプトを提示、阪神電鉄の甲子園や大阪鉄道の藤井寺などの開発にあたって助言をしている。

具体化した日本的な田園都市の一例が、関西土地が開発した大美野田園都市である。大阪府南河内郡大草村・野田村にまたがる約四〇万坪を開発した。懸賞募集による「大美野」という愛称は、大草村と野田村を美しく結ぶという意味がこめられている。開発にあたって大林組の技師に委託、田園調布など東京近郊の開発事案の調査とあわせて、イギリス視察をも実施した。研究の成果が、ロータリーを中心に放射線状の道路をもうけ、それらを環状道路で結ぶ街路計画に結実した。

関西土地は、昭和七年（一九三二）に日本建築協会の一五周年記念事業と連携、住宅設計の競技と住宅博覧会を大美野で実施、イベント後にモデル住宅を販売した。さらに昭和一一年（一九三六）に健康本位住宅博覧会を開催、二四棟が展示品として建設された。このとき出品された住宅は、敷地一五六坪、建坪二四坪という高い水準の住戸であった。

沿線開発の進展によって、大阪近傍の農村が、郊外住宅地へと変貌する事例が散見された。ここでは伊丹の事例をみておこう。

伊丹における宅地開発は、大正一四年（一九二五）に開発された阪急稲野住宅地が早い事例である。二万二〇〇〇坪、一区画一一〇坪の土地に三〇坪の住宅が建てられ、七六八〇円で分譲された。

この事業が、以後の宅地開発の先鞭となる。古くから潅漑用水の不足に悩んでいた西側の丘陵地、いわゆる西台地区の農家は、阪急経営地の成功を見て農地を放棄、宅地化することを決意する。おりから大正一三年（一九二四）の干害で大きな被害を受けたことが背景にあった。

一五〇名の関係者が西部耕地整理組合を結成、二九万五八〇〇坪もの大規模な耕地整理を実行に移す。そのほかの集落でも同様の出願があいついだ。大鹿地区では昭和七年（一九三二）に耕地整理に着手、桜ヶ丘と命名する住宅地を開発する。さらに御願塚の集落を核とした稲野村耕地整理組合の事業地も認可を得た。

阪急電鉄は、一帯の開発に積極的に関与する。昭和九年（一九三四）には塚口経営地を完成、翌一〇年には西部耕地整理組合の事業地の一部三万坪、隣接する西側の丘陵地六万五〇〇〇坪をあわせて、阪急新伊丹住宅地を造成した。このとき、住宅地へのアクセスとして新伊丹駅が設けられた。

宅地開発の波は、さらに町の北部へと伸展した。景勝の高台一五万坪を住宅地へと開発するべく、緑ヶ丘土地株式会社が設立されたのは昭和六年（一九三一）のことだ。会社経営の中心は、のちに初代伊丹市長となる深川重義である。経営地の中心には、およそ三万坪の遊園が確保され、池をめぐるように遊歩道がつけられた。また社交機関である緑ヶ丘倶楽部も設けられた。翌昭和七年一〇月、緑ヶ丘土地は、建築業者十数社に呼びかけ、理想住宅設計工作展覧会を開催、その跡地を「関西の軽井沢――緑ヶ丘」というキャッチフレーズのもと、第一期分譲分として売り出している。

かつては酒造業で名をなした伊丹郷は、このようにして近代的な田園住宅都市へと脱皮した。「勤めは阪神、住居は伊丹」「殖やせ住宅、滅せよ原野」という標語が町是に採用されたことは、象徴的であった。

2　郊外生活の誕生

「大大阪にかもされる都市文明のうつり香はやがて強い力、はげしい勢ひを各郊外電車の触手にこめて、動くまま趨くままに煙少なく塵稀な、あの町この村にも都会色を色づけてゆく。それはすべてを手なづけずにはおかぬ魔力ではあるが、積年の伝統的生活に根を据ゑた農村の粘着力も、容易に抜きがたいものがある。ここに都会の触手と農村固有の地方色との不断の激しい暗闘が演ぜられ、その上に農村がもつ郷土愛、都会への同化力の強弱、地の利、不利の相違が加はって、沿線独特のカラーを貼出する……」

昭和四年（一九二九）二月、『大阪朝日新聞』に集中連載されたルポルタージュ「郊外沿線カラー」は、このような一文ではじまる。大阪の郊外、鉄道沿線ごとに開発された新興住宅地を順に紹介する。記事では郊外の都市化に着目する。沿線開発は、都会の住民だけではなく、近郊農村で暮らす人々のライフスタイルをも変化させた。結果、モダンな都市文化と、伝統をおもんじる農村的風習とが対立しつつも混合、郊外生活という新たな習俗を生みだすにいたる。この葛藤を「都会の触手と農村固有の地方色との不断の激しい暗闘」と述べているわけだ。

大正時代から昭和初期には、郊外住宅地のイメージが一般に確立された。理想の住宅地の条件として「海と山の眺めを恣にして、而も気象の変化により絶えず周囲の色彩に変化を見得るところ」「閑静にして空気と景色のよきところ」「やや閑静にして高燥の地」「土地高く閑静にして湿気の少なき地」があげられ、広い庭と座敷、できれば洋室のある住宅が理想とされた。このような住宅地のイメージはそれまでの日本の都市には見受けられなかったものである。

郊外住宅地に住まいを構えた居住者の職業では、給料生活者や自営業者が多かったようだ。たとえば大正初期、阪神沿線の郊外住宅に転居した居住者では、おおよそ半分は銀行・保険会社などの給料生活者、二割前後が商人や商社に勤務する人であった。加えて、製造業者が一〜二割であったという報告がある。

阪神間に転居する前には、北浜・谷町・中之島・堀江などの旧大坂三郷のほか、大阪市南部の天王寺や天下茶屋の別荘地に住んでいた人が少なくなかったという。大阪からの転居理由としては、市内の煤煙・塵埃や伝染病感染のおそれを語る居住者が多かったという。六甲山景の見晴らし、海浜の景観・気候など、阪神間の優れた風光と環境は、近在では得がたいものであると信じられていた。

郊外住宅地、ひいては郊外居住のイメージ形成にあって、大きな影響を及ぼしたのが電鉄会社や土地会社など、デベロッパーによる啓蒙活動である。たとえば明治四一年（一九〇八）の元日、阪神電気鉄道は、都市居住者と郊外居住の利害を理論と実際の両面から比較して、とりわけ健康からみた郊外の優位性を強調、郊外居住を勧める冊子『市外居住のす丶め』（3-A）を発行した。

同様に箕面有馬電気軌道も明治四二年（一九〇九）の秋、『如何なる土地を選ぶべきか　如何なる家屋に住むべきか』（3-C）と題するパンフレットを発行している。本書は「美しき水の都は昔の夢と消えて、空暗き煙の都に住む不幸なる我が大阪市民諸君よ！　出産率十人に対し死亡率十一人強に当る、大阪市民の衛生状態に注意する諸君は、慄然として都会生活の心細きを感じ給ふべし。同時に田園趣味に富める楽しき郊外生活を懐ふの念や切なるべし」という文章で始まる。都市生活における健康面や衛生的な不安を解決すると同時に、田園趣味に興じる生活ができることが主張されている。

対して阪神電気鉄道社は、大正三年（一九一四）に生活啓蒙のための月刊誌『郊外生活』を創刊した。沿線の歴史と暮らしのヒントなどの身近な話題のほか、娯楽読物が掲載された、地域に密着した生活情報誌の草分けである。加えて同書は園芸趣味の普及を主要なテーマとした。農作業を趣味的にアレンジした娯楽、すなわち「園芸」は、一種のステイタスであった。

各住宅地の開発事業者も、販売にあたって居住地の優れた環境を訴求した。なかには「健康住宅地」などを謳い文句とする事例もあった。

たとえば細原地所部が分譲した「花屋敷山荘経営地」の案内には、「雄大なる景勝と大自然の山色美に恵まれたる花屋敷山荘は近郊第一の健康住宅」というキャッチコピーが踊っている。さらに豊かな自然環境をアピールするべく、「郊外生活――大空は広い　大地は豊かだ／郊外生活――自由だ　明朗だ／郊外生活――感覚の休養　精力の氾濫／郊外生活――生活の原則だ　近代人の常識だ」と強調する。

対して次の頁では、「1　物本位の時代　金にしようか、物にしようか、真の生活の安定は物を所有するほかにありません、それが同時に安全なる貯蓄であります。1　自然順応の時代　安住地を郊外に求め、日光と土に親しむ事は、健康と活動力を培う源泉であります／1　生活合理主義　低金利の現代は貯金を土地に振り向けられ、月賦または年賦をもって、数年後に『土地建物の所有』という果実を結ばせる生活の合理化を考えねばなりません。この時代に適応した当店経営の『花屋敷山荘』を御認識願います」と記している。

3　沿線開発の多様性

大阪の郊外で展開された沿線開発には、特定の用途を定めた宅地開発事業や、独自の機能を複合した試みが散見される。

農業や畜産業者など、特定の生産者に向けた郊外住宅地もあった。一例が阪急が販売した伊丹養鶏村住宅地である。昭和八年（一九三三）から翌年にかけて、緑ヶ丘に隣接する原野を拓いて、四万二〇〇〇坪の経営地が整備された。養鶏業者を対象に分譲、一〇〇坪を単位とし、一五年の月賦販売方式が導入された。坪当たり売価は四円である。

ここで収穫された地玉子などの生産物は、住宅地の販売主である電鉄会社が引き受けて、梅田に経営する百貨店で販売する契約であった。宅地の販売を促進すると同時に、近郊農業を沿線に育成、ターミナルのデパートにおいて産地直送の商品として提供しようというアイデアである。類似の事業としては、昭和七年（一九三二）、阪急が整備した石橋温室村住宅地などがある。総坪数一万三五〇〇坪、温室を付属する宅地として五〇〇坪を単位とする大きな区画を分譲した。

住宅地に温泉など、特別の機能を付加した事業もある。一例が、宝塚で果樹園を経営していた平塚嘉右衛門が手がけた中洲荘園である。平塚は土地経営所を開設、明治三九年（一九〇六）から大正二年（一九一三）のあいだに多数の地所を買収、逆瀬川と武庫川の合流点にあたる地所の開発に着手する。宝塚温泉の代表を兼任していたことから、まず湯元から温泉をひき、「中洲温泉」と称する浴場の建設に着手する。そのうえで周囲に家屋を建てて、「中洲楽園温泉付貸別荘」として事業を展開した。大正六年（一九一七）のことであった。

昭和四年（一九二九）の末、貸別荘事業を発展させるかたちで、「温泉住宅地宝塚中洲荘園」の名で土地分譲を始める。一区画五〇坪以上、なかには五〇〇〇坪という広大な用地もあり、坪あたり二〇円から四〇円という売価であった。

当初の売り出し広告を見ると住宅地に、中洲温泉、中洲クラブ、水明館中洲別館、食堂、ダンスホールなどの施設が付属していたことが判る。販売にあたっては、建物つきの土地は五歩引きとし、土地買受の日より一ヵ年以内に住宅を建設し転居した場合は土地売価の三歩を払い戻すこと、さらに両方の条件を満たした場合には家族五名までの「中洲温泉定期入浴券一ヵ年分」を贈呈するなどの特典が付与されていた。

住宅地内に設けられた「宝塚会館」は本格的なダンスホールであった。昭和八年（一九三三）秋のある見聞記には、「近辺に専属ダンサーの寄宿舎を設け、日に幾人来るかわからない客のために立派な附属食堂を経営し、駅との間を一人十銭の料金でタクシーをサービスさせるなど、おおよそ大尽式な経営法である」と記されている。

海水浴場と接した宅地開発事業もあった。たとえば南海土地建物の高師浜経営地などが一例である。高師浜一帯は古くから風致に優れた名勝地であり、近傍には別荘地が点在した。

海水浴場に面して、新たな住宅地開発が進められた。販売資料を見ると「大阪南郊随一の景勝地」である土地の由緒とともに、「風光の明媚」「生活の安易」「保健の理想郷」などとうたい、海水浴と魚釣りを楽しめることを特色に掲げている。駅前に公会堂が設けられ、毎朝、住宅地内を巡回する魚屋と八百屋から食材を購入することができた。

各戸の説明には、「瀟洒なる理想的小住宅」「海を見晴らす本座敷」「堂々たる門構の邸宅」「活きた間取りの二階建て」「お子様、ご老人に住みここち好き別荘」などと記載する。購入者には、海水浴や納涼のため、夏季の別荘として利用する人と自宅とする人とが混在していたようだ。

昭和四年（一九二九）四月、『大阪朝日新聞』に連載された「沿線カラー」と題する記事では、「諏訪ノ森から浜寺、高師ヶ浜一帯は数年来住宅地として発展し、大阪財界に活躍する紳商連の宏大な建物が年を追うて増加し、夏季の海水浴時分には、このあたりの家賃は一躍倍額となるありさまで、風景の美をもってほこった浜寺も、近年は非常に俗化……」とある。

販売する過程で、特色が付加された住宅地もある。たとえば京阪土地株式会社、および京阪電鉄地所課が販売した香里園住宅地は、昭和三年（一九二八）から翌年にかけて初期の宅地分譲が実施されている。「香里よいとこ　一度はおいで　岡のうえにも　花が咲くよ」と宣伝した。生活に不便がないように、住宅地内に日用品を販売する白木屋出張所が開設された。

さらに販売促進のため、昭和六年（一九三一）には香里園改善住宅展覧会を実施、地元の竹井工務店のほか、大林組やあめりか屋、清水組、竹中工務店など各社が、総計二四戸の文化住宅を建設した。併せて室内洋画展を開催、各住戸の洋間に額を掲げて展覧に供し、希望者には土地建物とともに絵画を販売した。

その後、住宅地内の大規模な敷地に、学校と宗教施設が誘致される。昭和七年（一九三二）、大阪玉造カトリック教会で建学された聖母女学院高等女学校が開校、さらに成田山新勝寺が土地を購入、昭和九年（一九三四）に大阪別院を創建する。

また成田山の門前には、種や苗を取り扱っていたタキイ種苗が生産用の花壇を経営し、春には一般にも公開された。チューリップや三色菫、百合など一六〇種類、一二五万株もの花の美観を楽しむことができた。「近郊無比の豪華版」「花に埋もれた大展望」と宣伝、切花や鉢植えの直売所もあった。このように香里園は、学校と宗教施設、花壇を併設する住宅地として拡充されたわけだ。

4　民衆娯楽と沿線開発

大阪において人口が急増するなか、新住民の余暇生活をめぐって民衆娯楽の必要性が議論される。公園や遊園地、映画館、劇場や大浴場を複合する娯楽施設など、労働者やその家族が休日を過ごす都市施設や、健全な盛り場の開発が求められた。

その対象は都心だけではなく、郊外にも向けられた。南海鉄道による大浜や浜寺公園、新京阪による千里山花壇、大軌電車による生駒山や菖蒲池など、各電鉄会社は沿線に行楽地を経営した。また京阪電鉄の枚方楽園など、遊園地に特化した事業もあった。

阪神電鉄による甲子園経営地は、住宅地を整備する前提として、遊園地、スポーツ施設などを先行して整備した事例である。阪神国道の整備に応じて、武庫川の河川改修が実施された。この際、事業費を捻出するべく、本流の改良により廃川となる枝川・申川の河川敷跡が、阪神電鉄に約四一〇万円で売却された。このうち約三一〇万円が河川改修、残金が国道整備に充てられた。

河川敷跡七万四〇〇〇㎡を入手した阪神電鉄は、大阪毎日新聞社とともに海水浴場を経営した。加えて運動場や飛び込み用のプール、テニスコート群を先行して整備した。大運動場が「阪神甲子園球場」と命名されたことから、一帯は甲子園の名で知られるようになる。昭和三年（一九二八）には大礼記念の博覧会を実施、跡地を甲子園娯楽場（のちの阪神パーク）とし、遊園地経営を行った。また武庫川に面した場所に甲子園ホテルを建設した。スポーツ施設の経営と並行して、阪神国道を起点に、南に一番町から九番町までの住宅地が造成された。また一部の宅地開発は大林組に委託、健康住宅地として分譲を果たしている。

いっぽう大鐵電車が開発した藤井寺経営地は、遊園地とスポーツ施設を住宅地内に配置するものだ。電鉄会社は大正一四年（一九二五）に一〇万八〇〇〇坪を越える用地を確保、区画整理のうえ、昭和二年（一九二七）三月に第一回分譲を実施した。「勤人向けの文化住宅地」として計画、販売用のパンフレットでは、上下水道・電灯・電話等の「文化的施設」を完備、「一大模範的田園都市」と称している。

藤井寺経営地には、野球場とグラウンド、「教材園」と称する遊園地が建設された。文化・スポーツ施設を、労働者階級向けの緑豊かな住宅地に共生させる試みである。球場に接して、二万二〇〇〇坪を占める遊園地「教材園」が整備された。中央部に自然のままの松林を残し、周囲に水中動植物養殖用池、果樹園、蔬菜園、樹木見本園、温室、花卉園、動物舎などを配置した。大阪市内の小学生や中学生が自然に触れる場とするとともに、球根などの教材を育成する場という特徴的な遊園であった。

箕面有馬電気軌道による宝塚の開発は、ひろく知られている。明治四四年（一九一一）、従前からあった宝塚温泉の対岸に、大理石造の大浴場を中心とする家族向けの娯楽場、洋風の「新温泉」をオープンさせた。当初の敷地は二〇〇〇坪、入場者は一日一二〇〇人を数えたという。

翌四五年、新温泉の敷地内に「パラダイス」と称する洋館が建設される。日本初の屋内プールを中心に、音楽室や陳列室が設けられた近代的な娯楽場であったが、目玉となる室内水泳場にスチームの設備がなく、また男女の共泳が認められなかったこともあって不評を買い、まもなく劇場に改造される。プールのうえに板をはったステージでは、はじめは幻燈などの余興が行われたが、大正三年（一九一四）の春からは少女歌劇が上演されることになった。さらに昭和になって以降、動物園と遊園を中心とする「ルナパーク」、大運動競技場、文芸図書館、五〇メートルの大プール、映画撮影所も順次完成、「新温泉」は、阪神間随一の規模を誇る一大リクリエーションセンター「宝塚ファミリーランド」へと進化する。

駅前に、商業用途の集積や歓楽街を拓く事業もあった。ここでは八万二〇〇〇坪を歓楽地として開発した今里土地株式会社の事例を紹介したい。片江・大今里界隈に大軌電車が保有した土地を中心に、区画整理組合を設立、近代都市にふさわしい街路、公園、上下水道などの都市基盤整備に着手する。事業者が三〇戸の借家を建設、昭和四年（一九二九）一二月に開業式を挙行する。芸妓わずか一三人、料亭一二軒、置屋四軒からのスタートであった。

しかし新たな花街は、すぐに繁栄をみたようだ。昭和五年（一九三〇）六月の新聞広告には「レコード破りの発展を見、日を追うて殷賑を極めている。……世をあげて不況の声を聞くとき各方面の人気は一斉にこの今里新地に集中して土地建物の希望は日を逐って顕はれ、現在600余名の賃貸又は買受希望者が殺到している」とある。

土地会社は、分譲地を商業地・住宅地・遊楽地・興行地等に区分、それぞれに応じた価格を設定した。当初の分譲価格は、一等地で坪一二〇円から一四〇円であったという。料理屋街を中心に、カフェーや玉突き場、マージャン屋のほか、モダンな洋風銭湯、映画館、寄席・漫才・大衆演劇の小屋、ベビーゴルフ場、テニスコートなどの娯楽施設も、あいついで完成した。開業三年後には、七〇〇戸の人家と一〇〇〇人の芸妓をかかえる、大阪最大級の歓楽街に躍進したのである。

第4章　郊外の戦後

1　戦災復興都市計画と人口配分

太平洋戦争による空襲によって、大阪の市街地は焦土となった。終戦を受けて、復興が急がれた。昭和二〇年（一九四五）一一月、政府は「戦災復興院」を発足させる。戦前から戦時下を通して、都市計画は内務省が掌握していた。しかし迅速に戦災復興を進めるためには、関連する部署をとりまとめて、一元的に推進する機関を設ける必要があるとされた。

すぐさま「戦災地復興基本方針」が策定される。一二月三〇日の閣議決定ののち、昭和二一年（一九四六）九月一〇日、「特別都市計画法」が制定された。翌月になって政府は一一五都市を「戦災都市」に選定のうえ、それぞれに復興計画を立案、主に土地区画整理の手法を用いて市街地の復興を促進する方向性を示す。大阪府下では、大阪市と堺市が対象となった。

「戦災地復興基本方針」では、「産業の立地、都市農村の人口配分等に関する合理的方策」によって、「過大都市の抑制」と「地方都市」の振興をはかることがうたわれた。各都市の性格や将来の発展性に応じつつ、長期にわたって事業を継続するほかはないが、基礎となる土地整理はできる限り、急速に実施するものという姿勢が示された。

大阪市は昭和二〇年九月に「復興局」を設置、特別都市計画法のもとで、復興計画を立案した。復興計画の検討にあたっては、大阪市域だけではなく、郊外も含めた広域におよぶ将来構想が俎上にあがった。西は芦屋市、北は伊丹市・箕面村・高槻市の北辺、東は大阪と奈良の府県境、南は泉大津・長野（河内長野）・富田林までの範囲が、計画区域とされた。一二市二六町九五村を包含、面積一三三二㎢におよぶ。郊外も計画的に、開発がなされる対象として議論が行われたわけだ。

前提になったのが、人口配分に関する計画であった。戦前にあって、大阪市内の居住者は三〇〇万人を超過していたため、過密が都市問題になっていた。ところが戦災によって、一一〇万人ほどに減じてしまった。復興の過程で、市内の計画人口をどのように考え、あわせて郊外の開発をどのようにはかるのかが検討された。

議論の結果、復興計画では市内人口を二〇〇万人、一㎢あたり一万一〇〇〇人に抑える方向性が示される。対して隣接する「集落地域」に二二五万人、「その他」とされた地域に七五万人、市域とあわせて合計五〇〇万人の都市圏とすることが示された。計画区域の中心は「中之島・船場島之内一帯」に置くが、郊外の集落区域は「衛星都市」として健全な発展を目指すものとされた。またその他の区域では、農耕地や山林を確保、建物もなるべく現存のままで存続させる方針が示された。

しかし実際には、昭和二五年（一九五〇）一〇月一日に実施された国勢調査において、大阪の人口は一九五万人を数え、早くも目標とした数字に迫ってしまう。また特別都市計画法が廃止された昭和三〇年（一九五五）には、第三次市域拡張として隣接する六町村を編入、人口は二五五万人を越えることになる。人口の再配分に限って言えば、当初計画で提示された目論見は失敗に終わったことになる。

2　日本住宅公団と団地

想定以上の経済成長が、郊外の開発を促進した。人口急増を受けて、新たな公営住宅の提供が急務になる。

ＧＨＱによって解体された住宅営団を参考にしつつ、日本住宅公団が発足したのは昭和三〇年（一九五五）七月二五日のことだ。主に勤労世帯に向けて、適切な規模かつ適正な価格の住宅を供給することが使命であった。大阪では、商業施設と複合する都心型の集合住宅とともに、郊外の大規模な団地開発を担った。大阪府下にあって、先駆けとなったのが堺の金岡団地と、枚方市の香里ヶ丘に建設された香里団地である。

金岡団地は、日本住宅公団による第一号の開発事例である。堺市南長尾町（現東三国ヶ丘町）に三〇棟、九〇〇戸の集合住宅を建設、昭和三一年に竣工している。ここでは、食寝の分離をはかるべく、食卓と椅子によるダイニングとキッチンを備えたDKが導入された。また隣の住戸と壁で接することのない、Y字平面の「星型住棟」、いわゆる「スターハウス」が初めて導入されたことでも知られている。

香里団地は、陸軍造兵廠香里製造所の跡地を対象に区画整理を実施、大規模な住宅地として再開発がなされた事例である。区画整理の施行面積一五五万二一五三㎡、集合住宅四八ha、戸建住宅五〇ha、公共用地三九ha、公益用地一八ha、計画戸数五八五〇戸、計画人口二万二〇〇〇人という大規模な開発である。

日本住宅公団は関西で初めてとなる大規模な住宅地開発に際して、基本設計を京都大学の西山研究室に委託する。原案は、野外劇場や市民劇場なども設置する斬新なものであったという。余裕のある敷地を活用、住棟のあいだに広場や児童公園が適宜、配置された。雑木林を残して整備した香里ヶ丘南公園、重森三玲の設計になる日本庭園など、ユニークな公園整備が実現している。

香里団地では、単身者、新婚所帯、子供のある家族など、多様な需要に応じるべく、1DK、2K、2DK、3DK、4Kなど、各種の間取りを持つ住戸が提供された。フラット型と呼ばれる矩形平面の住棟では、階段室型と片廊下型の双方があり、一階部分にピロティを設ける棟も建設された。星型住棟や、庭付き二階建てのテラスハウスなども用意された。

香里団地は、開業時には「香里ニュータウン」の異名で呼ばれた。昭和三三年（一九五八）に入居が始まると、「東洋一のマンモス団地」に学ぶべく、内外から多くの専門家が視察に訪れた。

3　ニュータウンの開発

高度経済成長期、大阪の郊外にあって、大阪府が主体的に関与するかたちで大規模なニュータウン開発が進められる。

大阪府企業局が手がけた千里ニュータウンは、大阪市街地から北に約一二km、吹田市・豊中市に跨る総面積約一一六〇haを宅地化する事業である。

昭和三三年（一九五八）に大阪府による開発が決定、二年後にはマスタープランが示される。計画人口は、当初一五万人に設定された。日本で最初となる大規模ニュータウン開発であり、新住宅市街地開発法が初めて適用された事案としても知られ、その後、各地での郊外開発に影響を及ぼした。

南公園の予定地で起工式が挙行されたのは、昭和三六年（一九六一）のことだ。昭和三七年（一九六二）一一月、まちびらき式が挙行された。豊中市側に新千里東町・新千里西町・新千里南町・新千里北町、吹田市側に佐竹台・高野台・津雲台・竹見台・桃山台・古江台・藤白台・青山台という一二の住区から構成される。

地域の核となる地区センターを千里中央・北千里・南千里に設けるほか、近隣住区を単位として、小学校、商業施設や銭湯などのある近隣センター、診療所群などが計画的に配置された。戸建て住宅は、一区画百坪前後があり、高級住宅地を形成した。いっぽうで公営の集合住宅が多く建設された。道路整備にあたっては、歩車分離が徹底された。

千里に引き続き、泉北丘陵住宅地区開発が計画される。対象となったのは堺市と和泉市にまたがる約一五五七haの土地である。石津川と和田川の浸食谷によって丘陵が三分されている地勢から、泉ヶ丘・栂・光明池の三地区から構成、和田川に沿った集落や水田は保全する方針が示された。

当初の計画戸数は五万四〇〇〇戸ほど、人口は約一八万人と設定された。昭和四〇年から事業に着手、二年後に宮山台において最初の入居が開始している。「ヤングタウン」と呼ぶ独身者向けである住棟を整備したことなども話題になった。また日本最古かつ最大規模の須恵器の窯跡では埋蔵文化財調査を実施し、考古学の資料館を建設している。

以上、概観してきたように、昭和期の大阪にあっては、戦前にあっては耕地整理や区画整理による宅地の供給、鉄道会社による沿線開発、戦後にあっては近隣住区の考え方を導入したニュータウン事業など、わが国の郊外開発にあってモデルとなる先駆的な試みを継続して実施してきた。

また範囲をベイエリアに広げるならば、神戸市によるポートアイランドや六甲アイランド、大阪市の南港ポートタウンなど、港湾施設と住宅地整備を融合する開発事例などもユニークである。今日から回顧するならば、その先進性こそ評価するべきだろう。

第1章
「大大阪」の誕生

［1－A］『大阪市域拡張史』（大阪市役所、一九三五年、一～六〇頁）

十周年記念　大阪市域拡張史　前篇

第一章　市域拡張前の大阪

一　第一次市域拡張迄の大阪

昔の大阪　我が大阪は本邦中央部に位し、畿内の咽喉を扼して大阪湾に臨み、古来水陸交通の要衝として海内の重地であつた為め「浪速」の古称が正史に現はれたのは、極めて久しい昔のことである。

神武天皇御東征の砌、船を此の地に泊めさせ給ふた御事蹟もあり、一千六百二十余年前、仁徳天皇には都を此の地に遷し給ひて、高津の宮を御造営あらせられ、高さ屋に登りて人煙を饗はせられた御仁徳は申すも畏く、後世の民の普く仰瞻し伝誦する所である。其の後孝徳、聖武の両朝にも、浪速の地は帝都たるの栄誉を荷ひ、三韓、随唐との交通頻繁を加ふるなど、本市繁富隆興の端は、早くも其の当時に発せられてゐる。

降つて鎌倉、南北両朝時代には兵燹相次いで起り、古への帝都も全く其の面影を留めざる衰頽を来したが、明応五年本願寺第八世蓮如が、生玉の荘大坂に石山別院を設けてより、忽ち繁盛に復し、宗教を基礎とした所謂石山時代の門前町が形成せられた。

天正十一年豊臣秀吉天下の政権を握るに及んで、石山本願寺の旧規を拡張し、塹壘を修め、大土工を起し、大阪城を築造したが、其の規模雄大にして豪華壮麗なる高閣は、天下第一の称があつた。城の内外は旗下将士の邸第軒を並べ、市街は諸川の開鑿、街路の整理により面目を更め茲に石山時代の門前町は、政治を基礎とした城下町に一変した。且つ秀吉は堺の商人を移り住ましめたので、城下町に加ふるに商都として殷賑を極め、近畿は固より全国各地との交通、通商が開け、果ては暹羅、呂宋等の海外貿易も繁劇となり、其の地位は一躍天下に認められ、大阪今日の大をなす基礎は確立せられた。

慶長元和の冬夏両陣によつて、豊臣時代終焉を告げ、城閣は焼け落ち、諸侯は邸第を江戸に移し、商賈は四方に離散して、さしもに栄えた天下の城下町も、一時は荒廃見る影もなきに至つた。元和元年松平忠明此の地に封ぜられ、遺民を慰撫すると共に、伏見廃城の住民を招致し、運河を開鑿して交通の便を図り、市街の整理を行ふなど、極力市勢の回復に尽瘁した。斯くて大阪は頓に生気を加へ、豊臣時代当時の総石高五千石に比し、新たに六千百八十余石を増し、寛文五年町奉行支配下の北組、南組、天満組の三郷町数五百四十九、人口二十六万八千余を算し、次で河村瑞賢の淀川、安治川其の他数次の治水工事が完成するに及んで、市街は愈々整ひ、町数、人口共に増加し、茲に豊臣時代の城下町は、純然たる経済に基礎を置く商業都市として、繁栄を見ること、なつた。徳川時代に於ける大阪は、斯く商業都市として施設の完全を期せられた為め、経済、交通諸機構は特色ある発展を遂げ、諸藩の蔵屋敷が設けられ、物資集散の一大中心となり所謂「天下の台所」として全国の商権を握り、御用金の調達も、主として此の地に於て辨ぜられることになつた。

以上の如く、維新前の大阪は極めて悠久な沿革を辿つて来たのであるが、其の近代都市への発達の径路は、先づ石山時代の宗教都市より豊臣時代の政治並に商業都市に進み徳川時代に入つて商業都市としての基礎を造り、更に大なる発達を遂げ、維新後本邦財政経済の中枢都市として今日の地盤を築くに至つたものであると見ることが出来よう。

維新前後の大阪　明治維新前後の我が大阪は、流石に徳川幕政三百年の夢破れて、王政古に復し、日本の根本的変革が形成実現せられんとする折とて、決して華かなものではなかつた。明治元年正月鳥羽伏見の戦に幕軍破れ、徳川慶喜の帰東と共に将士は城を去り、城代なく町奉行所も門を閉ぢ、大阪城も炎上し、全市は物情騒然として不安の渦中に投ぜられ、真に凋落不振の極に達した。茲に於て同月十日仁和寺宮嘉彰親王征討将軍として御入城、市民慰撫の令を発し薩長両藩をして市中取締の任に当らしめ、専ら大阪の秩序回復、治安維持に力めさせられた。併し斯かる不安混沌たる世相の裡にも、我が大阪は決して意気沮喪することなく、絶えず更生の途と、新らしき光明に向つて進むことを怠らなかつた。当時の大阪が如何なる地位を有し、また将来に向つて如何に天下嘱目の的となつてゐたかは、維新の大業と前後して大阪に帝都を遷すべしとの議論さへあつたことによつても知り得られる。

斯くして明治元年三月二十三日、畏くも　明治天皇には、数百年来鳳輦を京都以外に出でさせ給はなかつた御先例を破らせられ、始めて大阪へ行幸、行在所津村別院へ御着輦後、四旬の長きに亘り御駐輦あらせられ、太政官代を難波別院に移され、天保山に海軍を、大阪城に陸軍を親閲あらせらるゝなど、庶政革新に御精励遊ばされたが、之れ全く経済力の中心たる大阪が、封建国家の支配を脱し、卒先して完全に朝廷の支配下に帰し、延いては維新大業の成就、新政の確立に力を致したものである。

維新直後の大阪は、三郷六百二十町で、郷、町、五人組の三重行政組織を構成してゐたが、征討大将軍嘉彰親王御着阪と共に、制度は従前の例に拠ることゝなり、尚惣年寄、惣代、町年寄等を以て、官公諸般の事務を処理することとなつた。明治元年一月二十二日、大阪鎮台が置かれて摂河泉三国の政務を統轄し、軍政が布かれたが、五日後には大阪裁判所と改まり、更に五月二日には大阪府と改め、知事の就任を見、始めて府治の基礎が定まるに至つた。一方市中に於ては翌二年惣年寄を廃し、三郷の称を止め、新に東西南北の四大組が設けられて、大年寄（官選）、中年寄及び町年寄（公選）が、行政事務の管掌に当ることゝなつた。其の後五年に至り、此等年寄は総区長、区長、戸長に改められたが、間もなく数等の区長、戸長の制が採用せられた。越えて明治八年大阪府管内全部が、大小区の制に改まるに及んで、東大組を第一大区として二十三小区に、南大組を第二大区として十四小区に、西大組を第三大区として二十三小区に、北大組を第四大区として二十小区に分ち、大区に区長、小区に区長及び戸長を置いたが、更に小区の区長は之を廃し戸長のみの制とした。斯くて明治十一年七月に至り「郡区町村編制法」発布せられ、翌年二月大小区の制は廃止となり、第一大区は東区、第二大区は南区、第三大区は西区、第四大区は北区と改称して、四区制が施行せられ、現在の区制の基礎が確立さるゝに至つた。

以上の如く、維新以降大阪の諸制度は、数次に亘つて改変せられたが、市民の自治生活も之に伴つて漸次旧時の因習を脱し、向上著しきものがあり、市としても教育、土木、勧業等の諸施設愈々滋きを加へ、従来の法制に基く職能を以てしては、到底之が完全を期すべからざるに至つた政府も斯かる地方的事情に鑑みて地方自治及び地方分権の原則を法制上に確立するの必要を認め国家に於て立法及び行政上の大綱を統轄すると共に、立憲政治の基礎を定むることゝなり明治十六年より自治制度の制定に着手し、爾来数年幾多の紆余曲折を経て、遂に同二十一年四月市制町村制の公布を見ることゝなつた。越えて翌二十二年二月、大阪は内務省告示を以て、市制施行地に指定せられ、大阪府令を以て、大阪四区に四月一日より市制を施行することゝなり、茲に始めて市制に基く「大阪市」が現出するに至つた。

特別市制時代　明治二十二年四月、大阪に市制の実施を見るに至り、

新板大坂之図

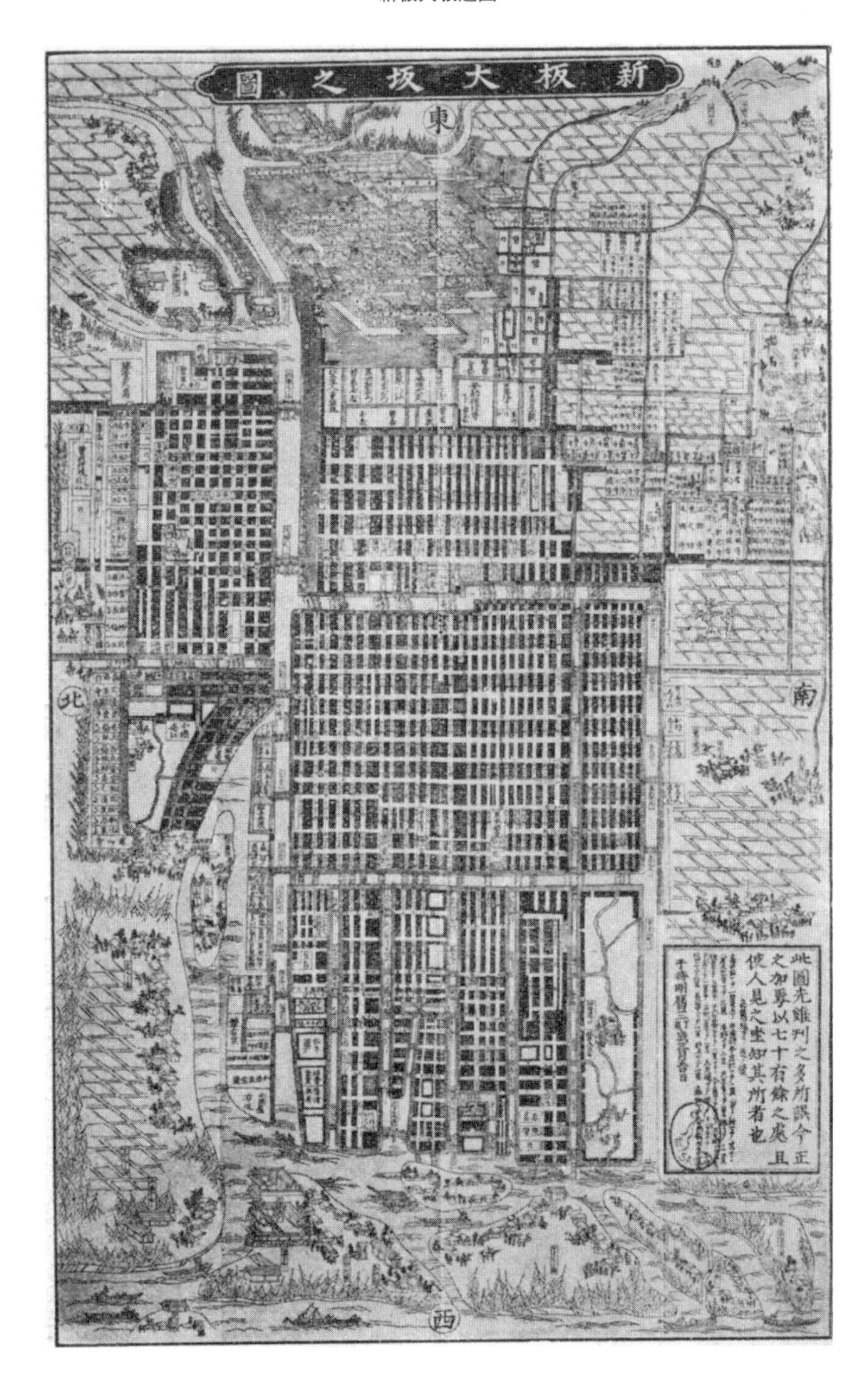

1－A 大阪市役所『大阪市域拡張史』

四区の全域を以て市の区域とされたが、廟議に於て東京、京都、大阪の三都は、他の小都市と趣を異にし、市制を一律に施行するのは、適当でないとの理由から、特例を設くることゝなり、所謂「特別市制」の実施を見るに至つた。即ちそれは市長の職務は府知事、助役の職務は書記官之を行ひ、理事機関としての市参事会は府知事、書記官及び名誉職参事会員を以て組織して府知事之を代表し、収入役、書記其の他附属員は府吏員をして分掌せしむる制度であつて、市役所も当分府庁舎内に置き、地方公益に関する事業も亦府が直接に経営したのであつた。併し斯かる制度は三都の自治権を制限すること著しく、為めに地方自治の根本精神に背くものがあるので、民間に強い反対が起り、年々議会に於て之が廃止論が沸騰したが、遂に明治三十一年九月三十日限り、此の官治主義に基く特別市制は廃止せらるゝことゝなつた。

此の間に於ける大阪市政は、仮令変態的な自治制にもせよ、着々発達の緒に就き、明治二十二年六月四区を以て市会議員選挙区と為し、議員は之に依つて選出され、市会は七月一日、市参事会は同月九日夫々始めて議事を開き、十月一日四区役所の開庁を見るなど、諸制度は着々整備に向ひ、市の事業としては、明治二十四年上水道の敷設工事に着手せるを初めとし、次で同二十七年には下水道工事が起り、更に市民生活及び其の教化に緊要の関係ある保健施設、教育施設等に対しても、之が改善拡充の計画を進むることゝなつた。

併し此の期に於て特筆すべき市の事業は、明治三十年の第一次市域拡張と、築港工事の二である。第一次市域拡張は別項記載の如くであるが、大阪の築港工事は当時に於ては実に破天荒の大事業であつた。当時大阪市の歳計予算は百万円内外であつたのに、工費千八百余万円を投じて築港を拵へると云ふのであるから、其の計画たるや無謀に近いものであつた。而も横浜、神戸の如く国の事業として行ふのでなく、市独自の力を以て之を為し遂げんとするのであるから、実に容易の業ではなかつた。然るに市制施行後十年を出でず、総てが創成準備期にある当時に於て、大阪市が斯かる大事業を計画し、凡ゆる障害を排して遂に之を大成したのは、市の実力の致す所とは云へ、先覚者の着眼努力と市民の意気の然らしめた所であつて、大に誇るに足るものがある。大阪港をして昔の儘の河港たらしめたならば、日露戦争及び欧州大戦に際して、大阪が経済都市としての大使命を果し得たかは疑問である。

之を要するに、特別市制時代の大阪は、制度こそ変態的であり、又輿論は之が廃止に終始してゐたものゝ、既に維新以来の沈滞不振の世相から離脱し、市制に基く自治都市として創成の完きを期してゐたのである。次いで欧米文化の輸入に伴つて経済財政の機構も改まり、商業の繁盛を促す外、工業に於ても紡績業を先鋒として、各種工場工業の漸進的勃興を見つゝあつたが、殊に日清戦争を転機として商工業の発達更に著しさを加へ、市勢は頓に進展して、徳川時代の商業都市は、一躍現代的商工都市の列に加はることゝなつた。

二　第一次市域拡張時代の大阪

拡張前の市域　維新直後の大阪市街地は、町奉行支配地として、天満組、北組、南組の三郷六百二十町を以て形成されてゐたことは、既に之を述べた。此等町の中には、往々他に飛地を為すものもあり、自他両属の両役地さへあり、其の境界は錯綜を極めたものであつた。其の後諸制度の整備に伴ひ、屢々地域に変更が加へられ、漸次面目を一新するに至つたが、明治十二年「郡区町村編制法」の実施に依り、東西南北の四区が編制せられ、従来の変動常ならざる市域も、漸く十五平方粁を占むる領域として安定するに至つた。之と同時に市郡境域の変更及び町名の改称が行はれたが、当時の町数は東区百五十七町、南区九十七町、西区百七十五町、北区九十四町計五百二十三町であつた。尚ほ此の四区制の下

江之子島時代の大阪市役所

には旧の小区を分画と改め、其の数は三十五を算したが、翌十三年戸長配置及び選挙法制定せられ、各町戸長を置くものと、数町聯合して置くものとに分れ、同年七月分画は廃止せられた。

更に翌十四年八月、戸長配置及び選挙法の改正を見東区、南区各九、西区十一、北区八計三十七分画となつたが、之も亦十七年戸長が官選となるに及んで廃せられ、戸長役場管理区域が制定された。此の管理区域は、東区九、西区十一、南区十三、北区十合計四十二を算し、各管理区域に属する町は、之を聯合と称した。併し此の聯合十九年戸長役場廃止に至り、全く有名無実に帰した。

斯く区の内部の編制は、幾度となく変改されたが、市域は明治十二年以来長く変更さるゝことなく、殊に同二十二年四月市制の実施を見るに至り、四区全域を以て市の区域とされたので、茲に先づ大阪市域が確定されたわけであつた。其の市域は船場、島の内、堀江、天満を主要部とした一塊の地形をなし、それに亀岡街道（天神橋筋）及び紀州街道（日本橋筋）に沿ふて発達した街道町と六軒家川合流点に至る安治川沿ひの両側の町とが、長く触鬚の如く不規則に突出したものであつた。尚ほ現在の区と比較すれば北は北区北半及び淀川以東、東は東区の中玉造以南、南は浪速、天王寺両区、西は此花、港、大正各区の地域は全く之を含まなかつた。従つて当時の市域は、大阪の海陸の門戸とも云ふべき大阪港、大阪駅附近の一帯は、全く市外にある有様であつた。

市域拡張の顚末　市制の施行以来、漸次都市の面目を改めつゝあつた大阪市は、日清戦争を契機として、経済力の発展益々顕著となり、眞に商工都市に躍進したことは既述の如くである。然るに其の市域は僅か十五平方粁にも足らざるに明治二十八年には人口五十万に垂んとする勢を示し、市内は市民の住宅は勿論工場の建設にさへ狭隘を告げ、将来の商工業の発達の為めには其の余地を接続町村に求むるの已むなきに至つた。当時の調査に依れば、接続町村に於ける工業会社は四十五箇所、其の資金千二十五万余円、製作場九十四箇所、其の資金百三十八万余円、其の他諸種の会社十箇所其の資金八万余円を算し、此等設立者若しくは資金醸出者は、殆んど大阪市民であり、又該地営業の関係に於ても、生活の度合に於ても、事実上大阪市と何等択ぶところなく、果ては発達の急激なる余り、境界互に錯綜して、一見市郡の区画の分界を明かにすることが出来ないやうになつた。

斯く本市進展の余勢は、接続町村の市街化を馴致し、市郡の関係は年と共に密接の度を加へて停止するところを知らなかつたが、行政区域の所属を異にするにより、衛生、警備、交通、財政、教育等の各方面に於て、市の被る不便と損害は甚大なるものあり、之が為めには接続町村を編入して、統制ある行政の下に置くの外なく、且つ又大阪市が巨資を投ぜる上下水道工事の竣工近きにあるも、周囲部の編入なくして、保健衛生上の効果を収め難きは極めて明瞭なので、市の地域拡張は当然の帰結となつた。此の外接続町村編入の機運を早めたものは、築港工事急施の必要であつた。大阪築港の実現如何は、大阪永遠の盛衰を左右する問題で、其の工事の速成は当時官民有識者間に最も熱心に唱道せられたのであるが、不条理にも築港施工区域は前記の通り市外に在つたので、築港問題の解決は、接近町村の編入を以て、其の先決要件とすることになつた。

茲に於てか、明治二十六七年の交、接続町村編入の機運熟し、大阪市参事会は近郊三十一ヶ町村に就き、財政、経済、衛生其の他諸般に亘り調査を開始した。斯くて市参事会は、明治二十七年九月其の結果を、全市会議員に内報する所あり、翌二十八年二月、大阪市参事会山田信道大阪府知事は、市に編入せんとする接続町村長に向つて、編入に異議なきや否やの照会を発し、愈々編入実現への一歩を進むるに至つた。該照会の内容は、編入遂行の利益を力説するとともに、編入後町村公費の負担は、監督官庁に於て増する可なりと認むる迄は、一時に増加せざること、現在の市と同一の体面を保つに至らしむべき程度の設営は、緩急前後の順序を誤らず、計画を円満に設立せしむること、現に所有する町村の財産は、編入後も従来の区域の共有として存続せしむること、治水に関する事業は、従来の慣例に依ること等の条件を附し町村の同意を促したものであつた。此の照会に対する回答は早くも翌三月中には出揃ひ、三十一ヶ町村中、二三の町村を除く外は、大部分異議なき旨を記載してあり、茲に町村編入の大綱は、内決せられた訳であつた。

明治二十八年四月、市会は市参事会報告の調査書に依り、市参事会員と共同して、編入希望町村と協議に従事した市会議員十五名の建議を容れ、接近町村編入に関し、府知事に建議するの議を可決した。同年九月府知事は調査委員会を組織し、市会建議の採否に関し調査を開始せしめたが、翌二十九年一月、同調査委員長は、詳細に亘る意見書を知事に提出し、町村編入の遂行は時宜に適せるものとなし、編入区域は市会の建議を参酌して、府自体に於て査定すべきことを主張した。同年三月九日、大阪府知事内海忠勝は大阪市会に対し、接続町村編入の諮問を発したので市会は時を移さず、同月十三日全会一致を以て、同諮問に異議なき旨の答申を発することに可決した。斯くて同年七月十日大阪府告示第百八十五号を以て、接近町村編入の告示が発せらるゝと同時に、勅令第二百六十七号を以て、大阪市の区域変更の勅令が発布せられ、明治三十年四月一日より実施されることゝなり、茲に多年の懸案たる接続町村編入の問題は、解決せられたのである。

拡張後の市域　大阪市に編入せられた接近町村は、大阪府告示に依れば次の通りである。

大阪府告示第百八十五号
市制及町村制第四条ニ依リ明治三十年四月一日ヨリ左ノ区域ヲ大阪市ニ編入ス
一　西成郡九条村
二　西成郡三軒家村
三　西成郡天保町
四　西成郡川南村ノ内木津川以西
五　西成郡川北村ノ内伝法川以南
六　西成郡伝法村大字北伝法ノ内字東明石島及大字南伝法ノ内字南

十ノ割堤防敷地及其以西
七　西成郡西浜町
八　西成郡難波村
九　西成郡木津村ノ内勝間街道ヨリ西ハ字高畑、字東開ノ北ヲ通スル道路南端以北字開キ東ノ樋ヨリ開キ大樋ニ達スル井路以北、勝間街道ヨリ東ハ大阪鉄道線路敷地南端以北
十　西成郡今宮村ノ内大阪鉄道線路敷地南端以北
十一　東成郡天王寺村ノ内大阪鉄道線路中本線ト城東線ト分岐スル所ヨリ西ハ線路敷地南端以北、本線ト城東線ト分岐スル所ヨリ北ハ城東線敷地東端以西
十二　東成郡生野村大字国分ノ内大阪鉄道城東線敷地東端以西
十三　東成郡西高津村
十四　東成郡東平野町
十五　東成郡清堀村
十六　東成郡玉造町
十七　東成郡鶴橋村ノ内大阪鉄道線路城東線ト猫間川ト接スル所ヨリ南ハ城東線敷地東端以西、城東線ト猫間川ト接スル所ヨリ北ハ猫間川以西
十八　東成郡中本村ノ内猫間川以西
十九　西成郡北野村
二十　西成郡曾根崎村
二十一　西成郡上福島村
二十二　西成郡下福島村
二十三　西成郡川崎村ノ内字西流山悪水路右岸以南
二十四　西成郡野田村ノ内中津川以東
二十五　西成郡豊崎村ノ内大字国分寺、大字本庄ノ内字東流山千五十一番地以南字東流山ト字猿楽ノ間ヲ通スル悪水路ノ右岸以南字浮田八百二十四番地ノ北ヨリ字上中野四百七十六番地ノ北ニ通スル道路ノ北端以南字南中野四百五番地以南字三昧ノ側二百九十一番地乃至二百九十三番地以南大字南浜ノ内字蘆原、蓮田及石橋ヲ通スル悪水路ノ右岸以南
二十六　東成郡鯰江村ノ内大阪鉄道線路城東線敷地東端以西
二十七　東成郡都島村ノ内大字善源寺字九ヶ悪水路右岸以南
二十八　東成郡野田村ノ内字東七反田ノ西ヲ通スル井路ノ左岸以西

明治二十九年七月十日　大阪府知事　内海忠勝

以上を以て見ても、当時の市域拡張は、東成、西成両郡の二十八ヶ町村の全部又は一部に亘つて行はれ、相当大規模のものであつた。其の区劃決定の標準は、行政区域に依らずして地理的に行はれ、河川、街道或は鉄道線路等を以て、市郡の境界とせるものなることが窺はれる。斯くて市域は、北端は伝法川に至り、東部及び東南部は略々大阪鉄道線路を境界とし、南端は木津川沿岸に伸び、西南は海岸線に達すること、なつたので、本市海陸の門戸たる大阪港及び大阪駅は勿論工場地及び田畑も之に包含され、商工都市将来の発展に、充分なる余地を与ふるに至つた。之に依つて市の面積は、従前の十五平方粁に比し、約三倍半の五五平方粁に拡大し、人口も亦明治二十二年の四十七万二千に比して約五割の増加を来し、七十五万八千を算するに至つた。

三　第二次市域拡張迄の大阪

日露戦争前後の大阪　前記の如く、明治三十年四月一日の市域拡張に依つて、面目を一新せる大阪市は、更に翌三十一年十月一日、官治主義に基く市制特例の廃止と共に、一般市制の適用を受くること、なり、茲に独立の自治体として活躍を開始するに至つた。田村太兵衛氏が従来の官選市長に代つて、市民の公選に依る初代大阪市長に就任し、助役、収入役、書記其の他市吏員を置き、事務を教育、産業、土木、衛生、庶務、会計等の各課に分掌せしむるなど、専ら市政機構の確立と、市民本来の自治生活に基く市政発展の開拓に力めたが、次で明治三十二年十二月九日には、市制施行以来府庁内に開庁せられてゐた市庁舎を、西区江之子島上ノ町木津川橋東詰に移転した。爾来市勢の進展に伴ひ、自治体としての事務も益々繁劇を加へ、殊に日露戦争前後に於ては、各方面の活気に伴ひ、市の営む施設並に事業も見るべきものが多かつた。今其の主なるものを挙ぐれば、次の通りである。

近接町村編入前後より開始されてゐた上下水道城張改良工事（工費上水道は八十八万円、下水道は約百万円）は、明治三十四年に完成し、更に上水道は同四十一年に水源地を柴島に相して、第二次拡張工事を起し、下水道は翌四十二年に改良工事に着手した。

明治三十年来施工中の築港工事は日露戦争勃発間近に、同三十六年八月防波堤工事及び港内一部の浚渫工事完了を機とし、其の利用を開始したので、茲に大阪港は貿易港として発展の緒に就いた。当時の輸出額は一千八百万円であつたが、日露間交戦開始の三十七年には、一躍三千万円に上り、戦後更に躍進して四十年には六千万円への増加を示すに至つた。之は戦勝に依つて増進した本邦品の需要が、主として大阪に求められ、従来神戸を経過した貨物の多くが、築港開放に伴ひ、直接大阪より輸出さる、こと、なつた為めである。一方輸入に就ても、開放当時は一

千六百万円なりしものが其の後財界の好況と工業都市への顕著なる進展とに依り、機械類及び原料品其の他を、外国に求むるの傾向を激増せしめた為め、戦後の四十年には一躍三千四百万円に増加するに至つた。

斯く築港が市民の経済的発展に大なる役割を演ずるに至つては、交通機関を開設して築港と市街地との距離を短縮せしめ、其の埋立地の利用開発に資する所がなくてはならぬ。茲に於てか明治三十六年築港開放後間もなく、現在の港区花園橋より築港埠頭に至る五粁〇五三の間に、経費十五万二千余円を以て、単線軌道を敷設し、電車の営業を開始した。是れ即ち本市々営電車の濫觴である。然るに市営電車の成績が意外に良好であつたのに動かされ、市内電車の出願を為するのが簇出するので、市は電車市営の方針を定め、同年十一月其の筋の認可を得て其の主義を確立した。斯くて向後敷設すべき市街鉄道は、総て市営にすること丶なつた。尚ほ電燈及び電力供給に就ては、屢々大阪電燈株式会社と交渉した結果、明治三十九年五月市会は、電燈電力供給事業市営の議決をなすと共に、電燈については会社との間に報償契約を締結し、会社をして「明治四十年一月一日より満十五ヶ年以後に於て本市の買収に応ずべき」旨を約せしめ、茲に電燈事業市営の端緒を開くに至つた。斯くて本市の電力事業は電車経営に附帯して、所謂電気軌道第二期線（明治三十九年三月市の中央を貫徹せる東西線及び南北線）と共に起工せる発電所及び変電所の竣功を俟つて創始せられ、明治四十四年には工業其の他一般に対し、電力の供給を開始するに至つた。電燈電力と同様、市民の日常生活に関係深い瓦斯に就いては、之より先き明治三十六年八月、市は大阪瓦斯株式会社と報償契約を結び、「開業の日より満五十ヶ年の後に至り市の希望に依り買収に応ずべき」旨を約したが、自治体と民間会社との間に結ばれた報償契約としては、之が本邦最初のものであつた。

保健衛生施設としては、明治三十六年尻無川尻福崎町に、同四十年市外長柄に、各塵芥焼却場を設立して（後何れも大正五年廃止）都市将来の塵芥洪水に備へ、同三十九年西区阿波堀通三丁目に衛生試験所を設けて、衛生上の学術的研究調査機関に充て、同四十年には埋火葬事業を市営に移し、四十二年には今の大正区南恩加島町に木津川屠場を開設するなど、都市の衛生に関して万全を期し、教育施設としては、明治三十年編入地域の尋常小学校に、高等科併置を奨励し、三十四年には、市立大阪高等商業学校を、四十年には、都島工業学校及び盲唖学校等を設立する外、教育の普及、校舎拡築に万遺憾なからしめた。

之を要するに、日露戦争前後の大阪は、明治三十年の市域拡張に依つて、先づ地域的に活動の舞台を造り、翌三十一年の市制特例の廃止に由つて、事業の自治的経営に一歩を踏み出したのであるが、日露戦役後に於ては戦勝の勢に乗じて、市勢の振興と「大大阪」の建設に勇ましい躍進を続けたのであつた。

大阪市が日露戦争前後に於て、自治都市として活動を続け諸種の事業並に施設を整へて、年と共に面目を改め、市勢の上に著しき躍進を示したことは上述の如くである。然るに此の躍進と共に、大阪市は明治四十四年四月、旧市制全般に亘つて変改補足せられた改正市制の公布を見るに至り、茲に制度の上に大なる変革を見ること丶なつた。其の改正の要点は、従来合議制の執行機関たりし市参事会を改めて、単なる議決機関と為したること、市長を独任制の執行機関と為したること、市会議員の任期六年を四年としたること、新に市参与を設け、市吏員の任用権を市長の専権とせること等である。

市制の改正と共に、市政事務も益々増加拡張を来し、従来の前記仮市庁舎を以てしては、事務の処理に支障を来たすことが多いので、四十五年五月、北区堂島浜通二丁目の新庁舎に移つたが之れ亦十年を出でずして狭隘を告げ、執務上の不便尠なからざるのみならず、火災の危険もあり新時代に相応しい耐震耐火の永久的構造の必要に迫られ、大正六年市会の議決を経て、同年度より四ヶ年に亘る継続事業として、庁舎を新築

堂島時代の大阪市役所

することゝなり、翌七年六月起工、建築費約三百五十万円を費して、同十年五月竣功を見るに至つた。之が即ち中之島に尖塔高く聳ゆる近世復興式地階共六階建の現市庁舎である。

欧州大戦前後の大阪　今茲に欧州大戦前後より大正末期第二次市域拡張に至る問の市勢を通観して大大阪への発展の経過を顧みれば、実に左の如きものがある。

日露戦争後、企業熱の勃興に依つて、一時財界は好転したが、明治四十年の初を其の最盛期とし、二月に入つて忽ち反動現はれ、欧米財界の悪化対支貿易の不振等も影響して、財界は不況を極めた。而して不況は其の後も続き、明治四十五年上半期に至り一時活況を見せたが、間もなく下半期に於て悪化し、更に　明治天皇の崩御により財界は一層沈衰した。斯く欧州大戦前の財界は一般に不況を呈し、市の財政に於ても一時緊縮方針を採るの余儀なきに至り、築港事業さへ之を中止し、唯収入源となる電気軌道、上水道拡張事業の完成以外には新規事業を見ざるの有様であつた。此の大戦前の不況を大阪港外国貿易に徴して観ても、其の盛衰明かなるものがある。即ち日露戦争直後は、諸企業勃興の為め、工業用原料品の輸入旺盛となり、輸出も之に従ひ、輸出入総額明治三十八年の七千四百万円が、同三十九年には八千四百万円に進み、同四十年には更に上つて九千四百万円の最高額を示したが、翌四十一年より著しく減少して、七千二百万円となり、四十二、四十三の両年は七千万円台にて、翌四十四年には六千万円台に減退した。

斯かる財界萎縮期も大正に入り対支輸出の回復に依り漸く活況の兆を示し、工業都市としての大阪に必要なる棉花、粗糖其の他の諸工業原料品の輸入を促進せしめ、大正二年には貿易額一億円に達し、爾後それ以下に下らざるに至つた。殊に大正三年突如として切つて落された欧州大戦の幕は、世界の経済界に大波瀾を生ぜしめ、其の影響は我が国に及び、一時杜絶した輸出入は数月にして一変し、交戦国は勿論、欧米品輸入杜絶に基く支那、南洋、印度等の需要激増して、輸出品工業と貿易市場とは俄に拡大せられ、戦局の進展は益々此の勢を顕著ならしめた。大阪の外国貿易も全く之と軌を一にし、日に月に進展の一路を辿り、大戦勃発の大正三年には、七千四百万円台であつた輸出額が、翌四年には九千三百万円を示し、同五年には一億四千万円を突破し、同六年には二億五千万円に上り、休戦条約締結の同七年には四億円台に飛躍した。又輸入額も大正三年には五千万円足らずのものが、同四年に五千万円、同五年に八千万円、同六年に九千万円の累増を見せ、同七年には一億円台に達した。今此の中大正七年の貿易額を、明治三十六年の築港開放当時のそれと比較すれば、輸出に於て二十二倍、輸入に於て八倍の増加を示してゐる。斯く大阪の外国貿易は、戦乱の影響を蒙り、未曾有の大飛躍を遂げたが、休戦後と雖も、其の直接影響を受くることなく、依然として明治三十四年来の輸出超過を持続して、発展を停止しなかつた。尤も大正九年三月より現はれた好景気の反動と物価の暴落とは、財界に恐慌を起し、貿易に於ても十年より十二年の三ヶ年に於て多少の打撃を受け、貿易額の減少は免かれなかつたが、之とて十三年には再び増加し始め、十四年の如きは輸出五億円、輸入三億円の巨額に達し、茲に外国貿易上に於ける大阪の地位は、牢固として抜く可からざるものとなつた。

以上貿易の示す如く、欧州大戦勃発以来の大阪市は、商工業の発達実に目覚ましく、従つて人口の集中之に伴つて、日露戦争時の明治三十七、八年の人口百万は、大戦勃発の大正三年には、百四十二万に上り、休戦の同七年には百六十三万を算し、明治三十年の第一次市域拡張時の七十五万八千に比し、優に倍加を示してゐる。斯かる人口の集中は都市の凝集的拡大を来し、交通、衛生、保安、経済等、市民の日常生活に不可欠の諸施設を、合理的に計画実施するの必要が愈々切実に感ぜらるゝに至つた。茲に於て大正七年四月本市に東京市区改正条例及び其の附属命令が準用せられ、翌八年都市計画法及び市街地建築物法の公布を見九年より施行せらるゝなど、着々都市計画の確立に向つた。大正十年大阪府市街地建築物法施行細則の施行と共に、全部関係法令は完備したが、本市は之に先立ち、大正六年都市改良計画調査会を設け、計画設計の調査を進め、同八年大阪市区改正設計の成案を得た。而して共の設計中最も急を要するものと、既設重要街路の路面鋪装事業に関して、同十年三月内閣の認可を得るに至つた。之が所謂本市の第一次都市計画事業である。此の事業が漸く施行の緒に就いて間もなく、大正十二年九月突発した関東地方大震火災の惨害に鑑み、事業更正の必要を感じ、市会は全会一致之が建議案を可決したので、市は各方面の意見を徴して、更正事業案を作成し、翌十三年十一月遂に内閣の認可を得た。所謂更正第一次都市計画事業は即ちそれで、大正十四年度以降、九ヶ年の継続事業として施行せらるゝことになつた。尚都市計画の施行範囲は単に市域内に止まらず、当時市と有機的一体を為す地域は固より、市の発展を予定せらるゝ近郊地に及ぼすべきものであるとし、大正十一年四月決定した大阪都市計画区域には、市の内外に亘る面積二百十七平方粁の一市五十五ヶ町を含ましめることになつた。

世界大戦後の膨脹発展著しきにつれ、市廓漸く乱雑無秩序に流れんとするに際し、幸にして都市計画が樹てられたことゝて、其の事業の進捗につれ、市街は新粧を凝らして整成せられ、現代的都市としての体裁を備ふることゝなつた。之に関聯して市の経営する事業並に施設も益々多岐複雑を加えると共に、規模昔日に倍して宏大となり、従つて市の財政も、多少当時物価騰貴の関係とは云へ、驚くべき膨脹を来すに至つた。明治二十二年市制施行当時の純歳出は、僅かに二十万円にも足らなかつたものが、市制特例廃止の同三十一年には、三百万円台に上り、日露戦争当時の三十七八年には四五百万円程度で、四十二年に漸く一千万円台に達したが、欧州大戦終了後激増を重ね、大正七年には二千万円、翌八年に三千万円となり、遂に大正十三年には八千万円の巨額に達し、僅々三十余年間に約四百倍と云ふ、驚異的増加を示すに至つた。

市の歳出が斯かる膨脹を来すに至つた原因は、主として各般の事業班に施設であるが、今其の重なるものを挙ぐれば、次の如くである。

戦乱前後を通じて、市民の経済的発展に最も大なる役割を演じた大阪港は、益々船舶貨物の輻輳を来し、港湾設備の完成一日も忽諸に附すべからざるに至り、一時中止してゐた築港工事を再開し、大正六年、第一号繋船岸の築設に着手し、翌七年九月、第二、第六、第七号繋船岸の築造、第一、第三突堤其の他の埋立、港内浚渫並に附帯設備等の工事を起して施設の充実を図つた。

陸上交通機関としては、前記明治三十六年、本市電気軌道第一期線開通以来、第二、第三期線等計画せられ、其の工費約三千四百万円を要して夫々竣成を見、沿線の道路整理と相俟ち、市内の面目を一新したが、更に大正十一年、工費千九百三十万円を以て第四期線を完成し、爾後都市計画事業の進捗に伴ひ、電気軌道の拡張整備は大に見るべきものがあつた。一方電燈、電力事業に於ても、電気軌道の延長につれて、益々給電区域を拡大し、殊に大正四年以降の経済界の活況につれて、電燈電力に対する需要の増加著しく、本事業市営の輿論は急角度を以て台頭して来たので、遂に大正十二年七月市会の議決を経、多年の懸案たる大阪電燈株式会社の買収を実行し、十月一日より電燈電力事業の市営を開始することゝなつた。

此の期間に於ける保健衛生の施設も亦大なる進境を示した。柴島水源地の大阪市上水道は、大正三年三月工費千四十六万余円を以て竣功し、其の後人口の激増に伴ひ、上水の需要日に増加するに及んで、一日最大能力百三十五万石を給水し得る補充設備を施したが、尚不足を告ぐるので大正八年九月千四十万余円を以て、水源地の拡張及び配水幹線増設工事を起し、同十一年三月竣功を見るに至り、一日給水能力二百十万石、市内配水管延長は約千二百粁の長さを示すことゝなつた。下水道は、明治四十四年度以降十ヶ年継続事業として施工中のものを、大正三年国庫補助の確定に伴ひ、一部財政計画を変更して、同十一年度に延長し、工費五百八十八万円を以て工事を竣成し、更に其の以後は都市計画事業として実施することゝなり、其の第一期事業として、工費四百一万余円、第二期事業として工費四百八万円の二工事を起し、下水道の完備を図つた。塵芥並に屎尿等の汚物処理設備としては市は木津川西岸（今の大正区南恩加島町）に、大正五年二月工費五万二千円を以て第一焼芥場を、同七年六月工費二十万円を以て第二焼芥場を、相次いで設立する外、同十一年には兵庫県津名郡仮屋町（淡路）に、工費三十四万円を以て屎尿処理工場を建設した。更に大正六年以降、四ヶ年継続事業として、四十一万余円を以て桃山病院の大増改築に着手し、同六年六月府下豊能郡刀根山に、結核療養所を竣成し、同十二年市民病院を起工するなど保健及び医療施設の大拡充を行つた。次に社会施設に於ても此の期間に成績の見るべきものが尠くない失業保護施設としては、大正八年に、職業紹介所六ヶ所（中央、九条、西野田、天六、京橋、今宮）同九年に二ヶ所（梅田、築港）同十一年に一ヶ所（玉造）の、相次いで創立せらるゝあり、且つ大戦後の好況以来、住宅難の傾向著しきものあるに鑑み、大正八年以来、約二千戸に近き市営住宅を建設して之が緩和に努めた。又市内在住の単身労働者に対しては、大正八年三ヶ所（今宮、西野田、鶴町）の共同宿泊所を創設して之に充て、少額所得者に関しては、同十三年市営質舗を開始して利用に供した母性及び児童保護施設としては大正八年来、本庄、天王寺（今宮産院の前身）、阿波堀の三産院を始め堀川、今宮の両乳児院及び五ヶ所の託児所を開設し、更に大正十年には堅実なる市民性の涵養を目的として、隣保事業の為めに北市民館を創設した。

斯くの如く此の期に於ける社会施設は、各方面共に拡充整備を見たが、産業、教育の諸施設も亦同様であつた。大正五年には工業研究所が創立せられ、同七年には本邦最初の試みたる小売市場四ヶ所（境川、天王寺、福島及び谷町）の創設せらる、あり、殊に市場は、当時の物価暴騰に苦しむ市民に、生活必需品の市価の標準を示し、且つ需給の円滑を図つたので、米騒動の勃発に方り、市民厚生利用の機関として、其の真価を認めらる、に至つた。本市に貿易調査機関が設けられ、始めて上海に其の調査所が開設されたのも、此の期の大正十一年のことである。

教育施設としては、明治末期以来の初等教育制統一問題に関聯して、大正六年十二月学区経費補助規程を定め、七年度より九年度迄、毎年二十万円を学区に補助することとし、校地校舎無償貸与の制を設けて、経費負担の均整と二部教授撤廃とに努めた。七年七月市会は、学区統一の意見書を知事に提出したが、其の決定を見るに至らず、已むなく十年度より教育諸給与の統一を断行した。市の中等教育に就ては、本市が商工都市たる関係上、専ら実業教育に意を注ぎ、大正八年に実業学校、市岡商業学校、九年に東商業学校、十年に西区商業学校、泉尾工業学校、十一年に工芸学校、十二年に扇町商業学校等を相次いで設立し、尚市民教化の振興策としては、青年聯合団、婦人聯合会の組織の外、大正八年に御大典記念事業の一として、市民博物館を開設し、同十年に四ヶ所の図書館（西野田、阿波座、満水谷、御蔵跡）を創設した。同十二年には、第六回極東選手権大会開催を機として、市立運動場が設置され、其の他動物園、公園、小運動場等に於ても、大なる改善を見るに至つた。

以上の如く、日露戦役前後に於て目覚しき発展を遂げた本市は、欧州大戦を界として一層の雄飛的躍進を念し、「東洋の大阪」より「世界の大阪」へ向上したのであるが、此の間に於ける清新潑溂たる世相は、総て「大大阪」完成への意義ある誘因を為すものであつた。斯くて第一次市域拡張当時、相当大規模と見られた市域も、忽ち十年を出でずして狭隘を告げ、市民の実生活に適せざること、なり、再び接近町村の編入を余儀なくするに至つた。大正末期に於ける第二次市域拡張は、実に此の趨勢の実現に外ならなかつたのである。

第二章　市域拡張当時の状況

一　概説

大正十四年四月一日、本市は東西両成郡四十四ヶ町村を併合して、一躍本邦第一位、世界第六位の大都市となつたのであるが、此の市域の拡張は、規模の宏大なりし点に於て寔に我国都市行政史上特筆すべき空前の事象であつた。

都市と云へば、直ちに人口稠密、家屋櫛比の地を意味するのが、普通の観念であり、内務省に於ても従前は右の如き意味に於ける地域でなければ、之を市内に編入することを許さぬ方針であつた。然るに本市域第二次拡張に対しては、遂に従来の伝統を破り、七千町歩に垂んとする耕地を、市域内に包容することを認めたのである。之は爾後他都市に於ける市域城張の先例となつたのであつて、此の意味に於ても寔に画期的の事業であつた。併し斯くの如き耕地を含む広大なる地域の併合は、決して形式的市格の向上を策する皮相の計画に基いて成就されたものではない。其処には市域の拡張を必要とする幾多の事情が集積してゐたのである。即ち本市と之を囲繞する接近町村とは、之を統一的一体として同一自治体の支配の下に置かなければ、今後の発展を期することが出来ない情勢に立ち至つてゐたのである。然らば第二次市域拡張直前に於ける本市及び接近町村は如何なる状況にあつたのであらうか。

之を大阪市の状況に就いて見るに、当時既に市勢は逐年発展の一路を辿り、法制上の市域内では、最早発展の余地を見出すことが出来ず、従つて其の勢は溢れて郊外の町村に及び、漸次其の都市化を促すに至つたのである。もとより此等町村の中には、独自の力に依り、当時既に都市としての形態を備へてゐたものもないではなかつたが、其の大部分は本

人口密度図

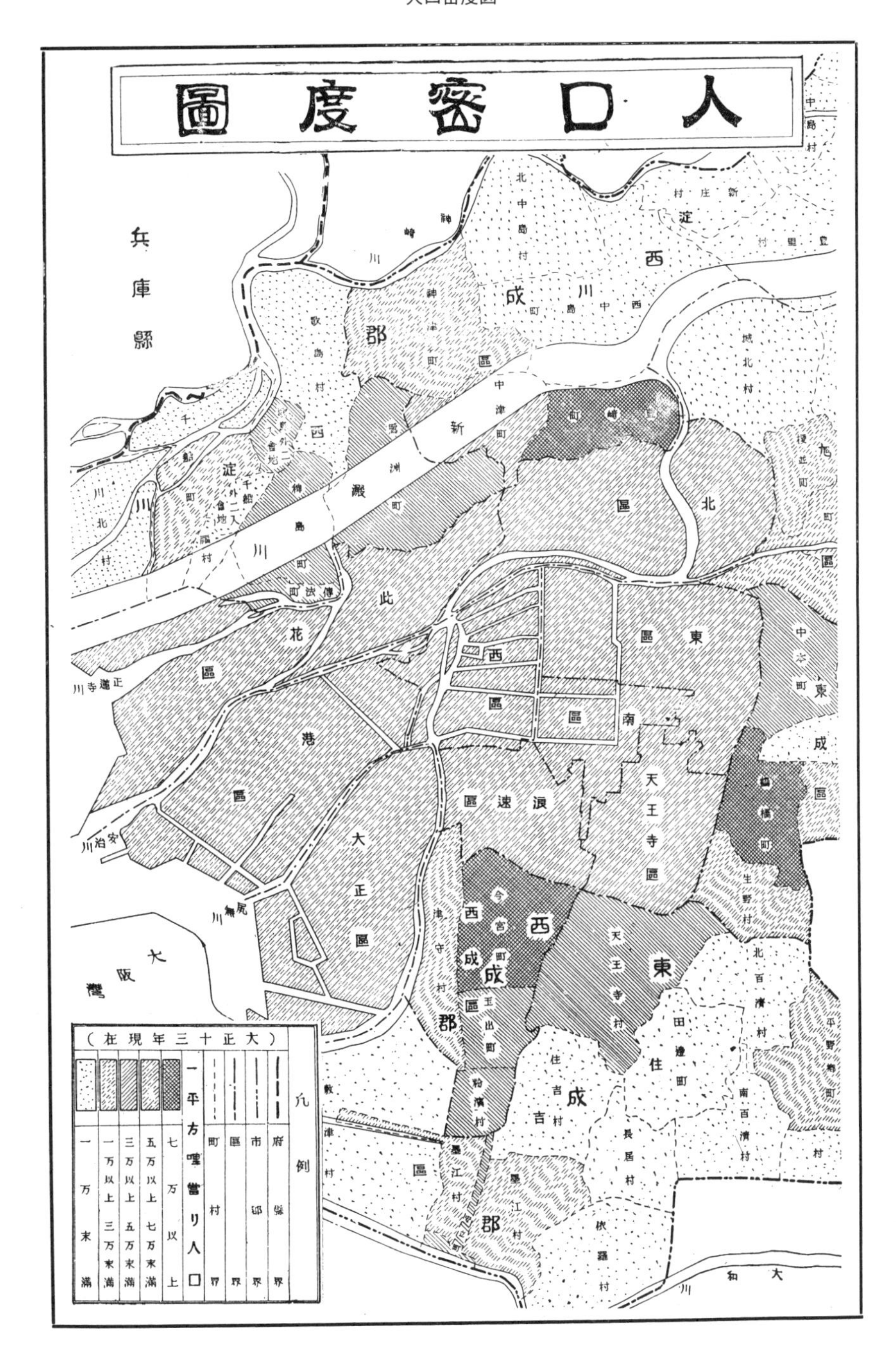
人口密度圖
兵庫縣
西成郡
北區
東區
西區
南區
此花區
港區
大正區
浪速區
天王寺區
東成區
東成郡
住吉郡
新淀川
大阪灣
大和川
凡例
府縣界
市郡界
區界
町村界
一平方哩當リ人口
七万以上
五万以上七万未満
三万以上五万未満
一万以上三万未満
一万未満
（大正十三年現在）

市の経済的発展力に因つて生成発達したものに過ぎなかつた。本市は市域拡張直前既に我国商工業の中心地として、本邦経済の心臓部たる地位を占めてゐたのであるが、斯かる経済力の発展は、必然的に郊外町村に於ける人口の増加を伴はしめた。即ち全国各地より本市に聚落せる人口は、市域内に居住する代りに家賃又は地代の低廉な郊外に居を定め、又大規模の企業の勃興に伴ふ大会社等も経費の関係上、其の工場を郊外に設くるものが多く、従つて其の通勤者も亦附近に居住することゝなり、市内に於ける人口密度の高まるに従つて郊外の空地は潮の如き勢を以て、人家と工場を以て填充せらるゝことゝなつた。斯かる事情の下に郊外の町村が、密住状況並に生活態様に於て、全く都市的色彩を帯び来るは自然の勢であるが、住民としても、町村民としてよりは、寧ろ大阪市民たらんとする意識強く、又市の文明的施設の利益に均霑せんとする願望は頗る熾なるものがあつた。即ち市域拡張前に於ても郊外町村は、事実上既に本市と全く生活利害を同うする渾然たる単一の都市的社会を構成して居つたのである。

　併しそれにも拘らず、事実上統一的都市と見るべき此の広き環境内には、一市四十四ヶ町村の行政区画が存在して、各独立の自治体として行動し、其の間殆んど連絡統一の見るべきもの無き状態であつた。従つて市と町村又は町村相互間に於て各方面に亘つて、施政上種々の錯雑、混乱を来し、為めに相互の発展を阻害することが尠くなかつた。従つて教育、保健、警察、社会施設、土木、交通等の部落割拠より来る不備不便は云ふまでもなく、就中最る悩の種となつてゐたのは財政上の問題であつた。増加する人口に対して、都市的施設を完備するには、町村の財政は余りに貧弱であり、此の難関を打開するには、本市に之を併合し、豊富なる財力に依つて各般の行政事務を整理するの外なかつた。

　加之、特殊行政部門たる都市計画、市街地建築物の取締、郵政、汚物掃除等に関しては、従来とても法制上の市域と離れ、接近町村をも含む特定の地域に対して、其の法令を適用してゐたので、此の各種法域は一応実質的に大大阪の範域を示唆して居つたのである。併し、此等の法域は特殊行政部門の相違に依り、夫々異つた地域を包括したので、各種法域の錯綜を来すのを免れなかつた。此の事は第二次市域拡張を必要とした原因とは云ひ難いが、一面市域拡張範囲を決定する標準となつたことは、否み難い事実である。就中大正十一年四月に決定せられた大阪都市計画区域（一市六郡五十五ヶ町村に亘る）が、大体に於て大大阪の範域を暗示したものと見るべく、之が第二次市域拡張の先駆となつたことは疑ふべくもない。

二　市勢の発展

産業の発展　動力の使用に依る機械工業は維新後我国にも移植せられ、大量生産を目的とする工場工業は、従来の手工業又は家内工業に取つて代ることゝなつた。而して此の新工業が、原料の調達、動力及び労力の供給、製品の販売等、経営上幾多の便宜を有する都市、特に大都市に集中するのは是亦自然の勢である。本市は内外交通の要衝に当り古来商業都市として発達し来たのであるが、維新後新工業の移植と共に、従前の商業都市より漸く商工業都市に転じ、日清日露の両役を経て、其の基礎を確立し、世界大戦当時の好景気時代に於て飛躍的発展を遂げ、第二次市域拡張前に於ては、遂に我国工業都市の首位を占むるに至つた。

　第二次市域拡張前、既に本市の工業が如何に長足の進歩を為せしかは、大正十三年以前十ヶ年間に於ける本市の工業生産額、工場数及び職工数の著しき増加を見ても明である。即ち各種工業生産額は大正四年には二億三千五百万円に過ぎなかつたが、其の後年々増加して大正八年には七億円を超え、而して大戦後襲来した不況時代にも拘らず、大正十三年に於ても尚ほ五億五千二百万円を維持し、此の十年間に於て実に二倍以上に躍進したのであつた。又同期間内に於て工場数は一千八百五十八より五千二百八十四に、職工数は九万七千余人より十一万四千余人に増加した。之を表示すれば左表の如くである。

工業生産額工場数及職工数調

年次	生産額（千円）	工場数	職工数（人）
大正四年	二三五、二八四	一、八五八	九七、八一三
同　五年	三五六、〇一一	二、一〇六	一〇八、三〇五
同　六年	四五二、〇〇七	二、二七三	一二三、一九二
同　七年	五八一、三八八	二、三二四	一二四、〇七九
同　八年	七〇五、八〇二	二、九五七	一三九、二〇二
同　九年	五五八、七二六	三、五五一	九四、九八二
同　十年	四五四、六六〇	四、〇一九	一〇六、一八七
同十一年	四六四、二六五	四、三三四	一〇六、八七九
同十二年	五一四、三五八	四、九八一	一〇九、八六一
同十三年	五五二、五五四	五、二八四	一一四、八一五

備考　大阪市統計書に依る、職工数は一日平均数を示す

本市の工業の発展に伴ひ、其の他の各種産業も亦、此の期間に於て、著しき躍進を示した。試みに大阪手形交換所に於ける手形交換高を見るに、大正四年には三十三億円に過ぎなかつたものが、其の後年々増加の跡を辿り、同九年には実に二百四十四億円の巨額に達した。而して同年に勃発した金融恐慌は、一時増加の趨勢を阻止したが、同十三年には更に激増して二百六十八億円となつた。

大阪手形交換所手形交換高調

年次	手形交換高（千円）
大正四年	三、三九八、八七七
同　五年	六、〇三五、一六〇
同　六年	一〇、八四八、一七五
同　七年	一七、八〇〇、四〇〇
同　八年	二三、五一六、六一〇
大正九年	二四、四二七、五四七
同　十年	二三、九五五、四五六
同十一年	二三、八一六、五七三
同十二年	二三、九九三、一九三
同十三年	二六、八八〇、四〇三

次に各種企業経営の主体たる会社数に就いて見るに、左表に示したる如く、大正四年には一千二百に過ぎなかつたものが、十三年には三千二百二十一の多きに及び、其の資本金は同期間内に総額に於て三億一千九百万円より二十五億二千四百万円に、払込又は出資額に於て、二億三千七百万円より十八億一千四百万円に増加し、何れも約八倍以上の激増を示した。

会社数及資本金調

年次	会社数				資本金	
	株式会社	合資会社	合名会社	合計	総額（千円）	払込又は出資額（千円）
大正四年	二一〇	六九六	二九四	一、二〇〇	三一九、一六六	二三七、六〇六
同　五年	二五九	八三八	三三八	一、四三五	四九八、九五四	二八三、五七五
同　六年	三八三	一、〇四五	四〇一	一、八二九	七七二、〇二九	五〇三、三三一
同　七年	四六六	五八六	三〇七	一、三五九	一、〇一五、三〇九	六五五、五三八
同　八年	五九五	六三二	三四八	一、五七五	一、三二八、一九七	八六五、〇三六
同　九年	八六一	七五九	四六七	二、〇八七	二、一〇二、九九五	一、二五七、四八〇
同　十年	九六六	一、〇三三	五七九	二、五七八	二、四二九、九八五	一、五七九、六三七
同十一年	一、〇四二	一、一五七	六二〇	二、八一九	二、五六〇、一四七	一、七二七、〇二一
同十二年	一、〇九八	一、三九一	六九六	三、一八五	二、六五三、九六〇	一、七六五、二八一
同十三年	一、一二二	一、三九七	七〇二	三、二二一	二、五二四、〇五九	一、八一四、四六八

備考　大阪市統計書に依る

右の如く、市域拡張前に於ける本市産業の発展は、実に目覚ましきものがあり、将来に於ける之が進運の見るべきものあるは、容易に想像し得る所であつた。而して就中大戦以来勃興した工場企業発展助成の為めには、空地に富み且つ地価の低廉なる郊外地に於て、適当なる工場地帯を求むるの要あり、之が為めには当時既に都市化してゐた接続町村のみに止らず、将来工場地と為し得べき広大なる耕地を有する町村をも、市域に編入して置くことが肝腎であつた。

人口の増加　異常なる産業の発展に伴ひ、大阪市の人口は年々著しく

増加した。即ち第一次市域拡張当時の明治三十年には大阪市の人口は僅かに七十五万八千余人に過ぎなかつたが、日露戦役当時には百万人を突破するに至り、明治四十二年の北区大火は一時人口の減少を来したが、其の後益々増加の勢を加へ、大正の初年に於ては百三十万人以上を算し、大戦当時の好景気時代には遂に百六十万人を超えることゝなつた。大正九年に行はれた第一回国勢調査の結果、従来の公簿人口に比し著しく其の減少を見、百二十五万二千九百余人となつたが、市域拡張の直前たる十三年には百四十三万一千五百人（推計）を算するに至つた。之を明治三十年の人口に比較するに実数に於て六十七万三千二百余人を増加（増加率八割九分）し、此の二十七年間に於て、殆んど倍加するに至つた。即ち左表の如くである。

大阪市人口調

年次	人口（人）	前年に比し増△減	年次	人口（人）	前年に比し増△減
明治三十年	七五八、二八五	—	大正元年	一、三三一、九九四	五八、三一四
同三十一年	八一一、八五五	五三、五七〇	同　二年	一、三八八、九〇九	五六、九一五
同三十二年	八四九、一七一	三七、三一六	同　三年	一、四二四、五九六	三五、六八七
同三十三年	八八一、三四四	三二、一七三	同　四年	一、四六〇、二一八	三五、六二二
同三十四年	九二一、六一七	四〇、二七三	同　五年	一、五〇八、六七七	四八、四五九
同三十五年	九五一、四九六	二九、八七九	同　六年	一、五五七、九八六	四九、三〇九
同三十六年	九八八、七二八	三七、二三二	同　七年	一、六三三、三三八	七五、三五二
同三十七年	一、〇二六、七六七	三八、〇三九	同　八年	一、五八三、六五〇	△四九、六八八
同三十八年	一、〇六九、四五八	四二、六九一	同　九年	一、二五二、九八三	△三三〇、六六七
同三十九年	一、一一七、一五一	四七、六九三	同　十年	一、二九六、二〇〇	四三、二一七
同四十　年	一、一七二、一三八	五四、九八七	同十一年	一、三四一、〇〇〇	四四、八〇〇
同四十一年	一、二一七、七六五	四五、六二七	同十二年	一、三八七、二〇〇	四六、二〇〇
同四十二年	一、二〇四、五七七	△一三、一八八	同十三年	一、四三一、五〇〇	四四、三〇〇
同四十三年	一、二三九、三七三	三四、七九六	計	—	六七三、二一五
同四十四年	一、二七三、六八〇	三四、三〇七			

備考　大阪市統計書に依る

而も此の人口増加たるや、所謂自然増加に因るものは極めて少く、其の大部分は地方よりの来住者に因るものであつた。即ち大正九年の国勢調査の結果に拠れば、左表に示す如く、市内に於て出生したる者は、四十六万六千二百余人（総人口の僅かに三割七分）で、七十八万六千五百余人（総人口の六割三分）は市外に出生地を有し、本市に来住した者であつた。

大阪市人口出生地別調

出生地	人口（人）
大阪市内	四六六、三九〇
大阪市外	七八六、五九三
合計	一、二五二、九八三

（市外人口内訳）

出生地	人口（人）	出生地	人口（人）
大阪府	九三、八五〇	外国	二、一三〇
他府県	六八五、五八六	水上	二三
植民地	五、〇〇四		

斯くの如く本市の人口は、累年増加の一途を辿り、市域拡張の直前に於て、其の密度は将に飽和点に達せんとして居た。即ち大正十三年に於て、一平方哩当り実に六万二千八百余人を算し、而も市勢の発展は愈々人口の増加を来し、益々密集生活の弊を大にするに至つた。従つて市は過剰人口を散開する必要に迫られ、而して之が為めには、郊外地に向つて諸般の施設を営み、其処に好適なる住宅地を造成することが、急務であつた。当時大阪市に於ては、市内は一平方哩当り九万人、市外は同じく四万人を以て密度の飽和点と認め、之に基いて各般の計画を樹てゝ居たが、仮りに明治四十二年より大正七年に至る満十ヶ年間の本市人口を基礎とし、最小自乗法に依り計算するものとせば、市内の人口の飽和点に達するのは、大正二十六年（昭和十二年）であり、其の時に至れば市内人口は優に二百万を突破するものと予想されてゐた。従つて人口の飽和点に達したる暁に、過剰人口を適当に散開する為めには、当時既に密集状況に於て本市と同等又は本市以上の状況に在つた所謂接続町村のみを編入するは、無意味のことであり、将来住宅地に造成し得べき空地又は耕地を包容する町村をも市域に取込む必要のあつたことは、覆ふべからざる事実であつた。

市勢発展の障碍　斯くの如く大阪市の産業は異常なる発展を遂げ、之

南部町村の花畑

に伴うて人口は激増したにも拘らず、市の周囲には無秩序、無統制のまゝ、発展した接続町村が、犬牙交錯して市を包囲し、以て大に外方への発展を阻止せるのみならず此の地域は常に疾病、犯罪、火災等の発源地として、市民の生活を脅かしつゝあつたのである。即ち此等の町村に於ける衛生施設は、極めて完全であつて、下水道の設なく、降雨一度到れば、腐水汚物を混じて街上に氾濫し、道路狭隘不潔にして屈曲多く、大都市郊外の交通路としての用を為さず、消防夫の手不足は、給水設備の不完備と相俟つて、火災等の場合には、恐るべき災害となり、其処此処の「スラム」街には、不逞無頼の徒、棲托徘徊して奸を為し、之が為めに蒙る市民の脅威と不安は実に莫大なるものがあつた。それ故に此等の地域を市に編入して大整理を行ひ、斯くして大都市の社会的禍根を掃蕩することは市の自衛上の立場よりしても、極めて緊要事であつた。

三　接続町村の都市化

第二次市域拡張直前に於て都市化しつゝあつた地域は、標準の如何によりて広狭幾様になるが、併し従来適用せられたる各種都市的法制の法域を通じて観察するときは、大体東西両成郡を以て其の範囲と認められたやうである。而して此の地域内に於ける都市化の様相としては急激なる人口の増加、従つて之に伴ふ密住生活並に都市的産業の分布を挙げることが出来やう。

地域　第二次市域拡張直前に於て都市化の程度の濃厚であつたもの、及び当時未だ農村の域を脱して居なかつたが早晩都市化すべきものと見られてゐた地域は、大体北は神崎川、南は大和川、東は摂津、河内の国境線以内の地、即ち西成郡及び東成郡の四十四ヶ町村であつた。其の面積は四十二平方哩に及び、之を当時の本市の面積二十二平方哩と比べると、殆んど二倍にも及ぶ広大なる地域で、其の中には次に示すやうに実に七千町歩に垂んとする耕地を含んでゐた。

地目調（大正十三年四月一日現在）

市郡	田	畑	宅地	池沼	山林	原野	雑種地	其他	合計
	(町歩)	(町歩)	(町歩)	(町歩)	(町歩)	(町歩)	(町歩)	(町歩)	(町歩)
西成郡	一、八七七・二	七九六・二	七九八・九	五六・五	一一・二	一四五・八	八・九	四九五・一	四、一八九・七
東成郡	三、一七八・九	一、一一七・二	六六八・九	一二七・二	二五・一	三七・八	二七・三	五七四・六	五、七五七・〇
計	五、〇五六・一	一、九一三・四	一、四六七・八	一八三・七	三六・二	一八三・六	三六・二	一、〇六九・七	九、九四六・七
大阪市	二九七・一	三〇三・五	二、二五三・五	三五・四	三・九	五六七・三	二八・四	四四〇・三	三、九二九・四
総計	五、三五三・二	二、二一六・九	三、七二一・三	二一九・一	四〇・一	七五〇・九	六四・六	一、五一〇・〇	一三、八七六・一

右地域内の町村の都市化の程度に甲乙のあつたことは言ふ迄もない。而して此等の町村を市よりの距離の遠近及び都市化の程度を標準として分類すれば大体左の通り三圏内に夫々之を包容することが出来やう。即ち第一圏は大体に於て市に接続して市と全く同様の外観を呈し、当時既に都市化の過程を終へた地域で、第二圏は概して第一圏の外側に接続し、当時未だ全く都市化するには至らなかつたが、都市化の徴候が顕著に現はれてゐた地域を指すのである。而して第三圏は当時の市より遠隔の地に在つて、未だ純農村の域を脱して居なかつた地域を包括するものである。しかし第三圏内の農村は普通の所謂農村とは大いに其の趣を異にし、一度都市的施設を施すに於ては、近き将来に於て都市化せらるべき素質を多分に有つて居たのであつた。今各圏に属するものと認むる町村を挙ぐれば左の通である。

第一図
西成郡―伝法町、鷺洲町、中津町、豊崎町、玉出町、粉浜町、今宮町、稗島町
東成郡―天王寺村、生野村、鶴橋町、中本町、鯰江町、榎並町、住吉村、安立町

第二園
西成郡―津守村、西中島町、神津町、千船町
東成郡―神路村、小路村、城東村、城北村、平野郷町、北百済村、田辺町、墨江村

第三園
西成郡―豊里村、大道村、中島村、新庄村、北中島村、歌島村、福村、川北村
東成郡―榎本村、古市村、清水村、喜連村、南百済村、依羅村、長居村、敷津村

右の分類は大体の傾向を示したもので、あとより正確を期したものではない。之を各圏内の町村に就いて見るに、第一圏と第三圏に属するものは、各自の間に大なる相違はないが、第二圏に属せしめた町村の中には、或は第一圏又は第三圏の何れかに属せしめる方が、一層実情に適して居ると云ひ得るものもある。例へば平野郷町の如きは、当時既に都市としての形態を備へて居つたのであるから、考へ様に依つては寧ろ第一圏に属せしめた方が適当であつたかも知れない。併し一面平野郷町は第一圏の特徴たる市に接続すると云ふ条件に合致しないので、之を第二圏に配したのである。それは兎も角、面積より見れば第三圏最も広く第二圏之に次ぎ第一圏は最も狭いにも拘らず、人口の点では全く反対になつてゐるのは、其の間自ら都市化の程度に相違のあることを物語るものである。即ち左表は之を示してゐる。

圏別町村数、面積及人口調（大正十三年）

圏別	町村数	面積（平方哩）	人口（人）
第一圏	一六	一二・〇〇	四八四、九四八
第二圏	一二	一四・〇一	一五六、九一七
第三圏	一六	一六・九二	五八、二七三
計	四四	四二・九三	七〇〇、一三八

人口　接近町村に於ける最る顕著な現象は、急激なる人口の増加であつた。之を統計に徴するに、大正元年に於ける東西両成郡の総人口は、二十六万九千八百五十五人に過ぎなかつたが、同三年には三十万を突破し、大戦当時の好景気時代たる同七年には、遂に四十万を超えるやうになつた。而して戦後襲来した不景気にも拘らず、滔々たる人口増加の趨勢は底止する所を知らず、同十年には遂に五十万を算し、市域拡張直前の同十三年には、元年の約二倍半たる七十万百三十八人に達した。其の増加率は実に十五割九分四厘に当つて居る。之を同期間内に於ける市内の増加率僅かに七分八厘に比べるときは、如何に郊外に於ける人口増加の勢が猛烈であつたかを想像することが出来やう。併し大正九年国勢調

南部方面の家屋櫛比の状況

査以前の人口は、所謂公簿に依る人口であるから、必ずしも正確を期し難いのであるが、仮りに大正九年の人口を基礎として、同十三年に至る間の増加率を見ても、東西両成郡は三割五分九厘を示して居るのに、同期間に於ける大阪市の増加率は僅かに一割四分四厘に過ぎない。左に大正元年以降に於ける市郡人口累年増加の状況を掲げて比較に便ずること、する。

市郡人口累年増加表

年次	大阪市（人）	郡部 西成郡（人）	郡部 東成郡（人）	郡部 計（人）	総計
大正元年	一、三三〇、七〇九	一五〇、六三二	一一九、二二三	二六九、八五五	一、六〇〇、五六四
同二年	一、三八七、三六六	一六三、七一七	一三〇、〇七一	二九三、七八八	一、六八一、一五四
同三年	一、四二三、〇五七	一六六、〇〇九	一四〇、〇三九	三〇六、〇四八	一、七二九、一〇五
同四年	一、四五八、八六一	一七三、一四三	一四八、四四三	三二一、五八六	一、七八〇、四四七
同五年	一、五〇七、一六〇	一八八、五六八	一六〇、七五七	三四九、三二五	一、八五六、四八五
同六年	一、五五六、三七七	二〇六、〇四三	一七二、九一五	三七八、九五八	一、九三五、三三五
同七年	一、六三三、三三八	二二九、九三二	一九〇、〇〇七	四一九、九三九	二、〇五三、二七七
同八年	一、五八三、六五〇	二四九、六三七	二〇一、一〇二	四五〇、七三九	二、〇三四、三八九
同九年	一、二五二、九七二	二八六、八八三	二二八、四二二	五一五、三〇五	一、七六八、二七七
同十年	一、三四六、四七一	二八一、〇一〇	二三七、五三七	五一八、五四七	一、八六五、〇一八
同十一年	一、三四一、〇〇〇	三四〇、四〇〇	二六五、六〇〇	六〇六、〇〇〇	一、九四七、〇〇〇
同十二年	一、三九一、五八八	三四四、二二二	二九五、八四〇	六四〇、〇六二	二、〇三一、六五〇
同十三年	一、四三三、八六二	三五九、四四一	三四〇、六九七	七〇〇、一三八	二、一三四、〇〇〇
大正元年以降 **増加数**	人 **一〇三、一五三**	人 **二〇八、八〇九**	人 **二二一、四七四**	人 **四三〇、二八三**	人 **五三三、四三六**
同 増加率	割 〇・七八	割 一三・八六	割 一八・五八	割 一五・九四	割 三・三三
大正九年以降 **増加数**	人 **一八〇、八九〇**	人 **七二、五五八**	人 **一一二、二七五**	人 **一八四、八三三**	人 **三六五、七二三**
同 増加率	割 一・四四	割 二・五三	割 四・九二	割 三・五九	割 二・〇七

備考　大阪府統計書に依る

右のやうに郊外に於ける人口は急激なる増加を示してゐるが之は接近町村自体の力に依つて起つた現象ではなく、其の反面には当時の大阪市が人口の収容力に於て既に飽和点に達しつゝあつた為めに、人口都市集中の波に乗つて本市に蝟集した人達が、多く郊外に安住の地を求むるに至つたことを、物語るものであつて、全く郊外町村発展の原動力が、大阪市に在つたことは疑ふべからざる事実である。従つて大阪市に最も接近して居る第一圏内の人口増加が最も著しく、大正元年より十三年に至る間に於て実に十九割九分の増加率を示して居る。次に第二圏は同じく十二割四分七厘、第三圏は五割二分二厘で、市よりの距離が遠くなるにつれて、人口増加率は逓減して居るのであるが、増加率の最も少い第三圏と雖も之を大阪市のそれに比べると、遥かに高位に在ることは左表に依つて明かである。

各圏内人口増加調

種別	大正元年（人）	大正十三年（人）	増加数（人）	増加率（割）
第一圏	一六一、七二二	四八四、九四八	三二三、二二六	一九・九九
第二圏	六九、八四九	一五六、九一七	八七、〇六八	一二・四七
第三圏	三八、二八四	五八、二七三	一九、九八九	五・二二
計	**二六九、八五五**	**七〇〇、一三八**	**四三〇、二八三**	**一五・九四**
大阪市	一、三三〇、七〇九	一、四三三、八六二	一〇三、一五三	〇・七八

　右の如き情勢の下に接近町村の人口は累年増加の一路を辿り来つたが為めに、編入直前たる大正十三年頃に至つては、甚しき密住状態を示した町村は決して少くなかつた。当時大阪市の人口密度は次表に示すやうに、一平方哩当六万二千八百余人の多きに達してゐたのであるが、接近町村の中には密住状況に於て市を凌駕するものすら存在した。即ち豊崎町の如きは最も甚しく、一平方哩当実に七万七千六百九十人を算し、今宮町、鶴橋町之に次ぎ何れも市の密度以上に達してゐたのであつて、伝法町、鷺州町、玉出町、稗島町、天王寺村、中本町、安立町等は、密度に於て大阪市のそれには及ばなかつたが、何れも一平方哩当三万人以上を包容して居つたのである。

　併し東西両成郡全町村の平均密度は、一平方哩当一万六千三百九人であり、大阪市の六万二千八百三十四人に比べるときは遥かに低く、又東成郡の一万三千七百九十三人は西成郡の一万九千七百十七八人に比しては其の密度が低い。殊に東成郡敷津村の如きは、一平方哩当僅かに千二百二十九人に過ぎず、西成郡の大道村、中島村、川北村と共に、最も人口稀薄な農村で、尚ほ多くの空地又は農地が存在して居つた。さればこそ大阪市の、将来に於ける人口散開地域として着目せられたのであつた。

　接近町村に於ける一般的の密住状況特に人口の密度高き町村と低き町村は右に述べた所であるが、大体に於て大阪市に接近してゐる周囲部に於て、最も密住状況が甚しく現はれ、市よりの距離が大となるに随つて、人口が稀薄となつてゐたことは、云ふまでもない。恰も此等の町村は、大阪市と云ふ磁石の磁場であり、住民は之に吸引せられた鉄粉の如く、磁極に近い部分程濃密となつてゐたのである。即ち各圏内に於ける人口密度は第一圏に於て最も大に、一平方哩当四万四百十二人を数へ、第二圏の一万一千二百人が之に次ぎ、第三圏は最も少く三千四百四十四人となつて居る事実に依つて明かに証明せられるであらう。

　各圏の密度を六大都市のそれと比較するに、第三圏はもとより問題ではないが、第一圏は大正九年当時の東京及び大阪両市の密度に次ぐものであつて、第二圏と雖も大正十年の名古屋市の密度より大であることは左に示すが如くである。之に依つても、近郊の町村が密住状態に於て、如何に都市化してゐたかを、窺ふことが出来やう。

六大都市人口密度表　一平方哩当（大正九年、但し名古屋市は大正十年）

都市	密度（人）	都市	密度（人）	都市	密度（人）
東京市	七一、八四一	横浜市	二九、八四七	京都市	二五、五四三
大阪市	五五、五一五	神戸市	二五、七〇二	名古屋市	一〇、一〇五

　接近町村人口増加の状況を各町村別に示せば左表の通りである。

市町村別面積、戸数、人口調

町村名	面積（平方哩）	戸数（戸）	人口 大正元年（人）	人口 大正十二年（人）	増加人口（人）	増加率（割）	密度（一平方哩当）
西成郡	**一八・二三**	**八六、三四五**	**一五〇、六三三**	**三五九、四四一**	**二〇八、八〇九**	**一三・八六**	**一九、七一七**
伝法町	〇・二四	二、二五一	八、六〇七	一一、三五一	二、七四四	三・一九	四七、二九六
鷲州町	一・一六	一三、六六八	二〇、五〇八	四八、三五四	二七、八四六	一三・五八	四一、六八四
中津町	〇・四〇	五、六七一	一二、六三九	二六、八二八	一四、一八九	一一・二三	六七、〇七〇
豊崎町	〇・七八	一四、五七〇	二〇、九五四	六〇、五九八	三九、六四四	一八・九二	七七、六九〇
玉出町	〇・五六	六、三二六	一〇、六九四	二四、五二〇	一三、八二六	一二・九三	四三、七八六
粉浜村	〇・三四	二、六二一	七、七五六	一〇、九一一	三、一五五	四・〇七	三二、〇九一
津守村	〇・八四	一、八二一	三、六〇七	一〇、三一四	六、七〇七	一八・五九	一二、二七九
今宮町	一・〇四	一八、四六七	一二、七九九	七五、四一〇	六二、六一一	四八・九二	七二、五一〇
西中島町	一・七二	三、六二七	一〇、六六〇	一五、六八一	五、〇二一	四・七一	九、一一七
豊里村	〇・七三	五三二	二、三六三	二、四九四	一三一	〇・五五	三、四一六
大道村	〇・九五	二八八	一、四二九	一、二四二	△一八七	一・三一	一、三〇七
中島村	〇・七二	二四九	七五二	一、一九一	四三九	五・八四	一、六五四
新庄村	〇・六一	三六五	一、五〇一	一、七七〇	二六九	一・七九	二、九〇二
北中島村	一・三七	一、六七〇	三、一三九	六、八〇一	三、六六二	一一・六七	四、九六四
神津村	一・六三	四、四四九	九、六三八	一七、八七八	八、二四〇	八・五五	一〇、九六八
歌島村	一・七一	一、九〇五	四、一三四	八、五六八	四、四三四	一〇・七三	五、〇〇一
稗島町	〇・三八	二、八九九	七、三六六	一二、四六五	五、〇九九	六・九二	三二、八〇三
福村	〇・四〇	五七〇	二、四七六	二、七九五	三一九	一・二九	六、九八八
千船町	一・一四	三、九六六	七、九七六	一八、三九九	一〇、四二三	一・三一	一六、一三九
川北村	一・五一	四三〇	一、六三四	一、八七一	二三七	一・四五	一、二三九
東成郡	**二四・七〇**	**七九、二四一**	**一一九、二二三**	**三四〇、六九七**	**二二一、四七四**	**一八・五八**	**一三、七九三**
天王寺村	一・七九	一三、四〇七	一一、五八二	五八、八三三	四七、二五一	四〇・八〇	三二、八六八
生野村	〇・七六	三、二五九	二、〇五七	一二、二三二	一〇、一七五	四九・四七	一六、〇九五
鶴橋町	〇・八九	一三、三三〇	八、八九六	六三、〇四七	五四、一五一	六〇・八七	七〇、八三九
中本町	一・〇四	九、六一八	一五、七二七	三九、八〇四	二四、〇七七	一五・三一	三八、二七三
神路村	〇・八九	二、一三四	三、一三六	八、七五一	五、六一五	一七・九〇	九、八三三
小路村	〇・九九	二、四一八	二、三四七	一〇、一五六	七、八〇九	三三・二七	一〇、二五九
城東村	〇・七六	四、〇五五	四、六四九	一八、二四七	一三、五九八	二九・二五	二四、〇〇九
榎本村	一・二五	一、九九〇	五、四二三	七、二四一	一、八一八	三・三五	五、七九三
鯰江町	〇・八二	五、四一二	一一、一九一	二一、六四八	一〇、四五七	九・三四	二六、四〇〇
榎並町	〇・五四	一、九四〇	三、九六一	七、三三六	三、三七五	八・五二	一三、五八五
城北村	一・八一	三、二五四	三、九五九	一四、六八五	一〇、七二六	二七・〇九	八、一一三
古市村	一・〇六	一、五四三	二、四〇六	六、一〇一	三、六九五	一五・三六	五、七五六
清水村	〇・六九	一、〇七九	一、八一二	三、六一八	一、八〇六	九・九七	五、二四三
平野郷町	〇・八五	三、七四二	一〇、七四二	一六、五二四	五、七八二	五・三八	一九、四四〇
喜連村	〇・七一	三八〇	一、九一七	二、〇四八	一三一	〇・六八	二、八八五
北百済村	〇・八七	八一九	二、五八二	三、四七九	八九七	三・四七	三、九九九
南百済村	〇・八八	六五八	一、七九〇	二、八七九	一、〇八九	六・〇八	三、二七二
田辺町	一・一五	二、三七二	三、二五一	九、〇七九	五、八二八	一七・九三	七、八九五
依羅村	一・二四	六三一	三、三二〇	三、九八五	六六五	二・〇〇	三、二一四
長居村	〇・七四	五八三	二、七一〇	二、七八二	七二	〇・二七	三、七五九
墨江村	一・三六	三、二九九	七、三〇二	一三、七二四	六、四二二	八・七九	一〇、〇九一
住吉村	一・一二	一、五六二	三、八二〇	六、九三七	三、一一七	八・一六	六、一九四
安立町	〇・一四	一、一七八	三、一六五	四、六七四	一、五〇九	四・七七	三三、三八六
敷津村	二・三五	六七八	一、四七八	二、八八七	一、四〇九	九・五三	一、二二九
郡部計	**四二・九三**	**一六五、五八六**	**二六九、八五五**	**七〇〇、一三八**	**四三〇、二八三**	**一五・九四**	**一六、三〇九**
大阪市	**二二・八二**	**三二〇、二三七**	**一、三三〇、七〇九**	**一、四三三、八六二**	**一〇三、一五三**	**〇・七八**	**六二、八三四**
総　計	**六五・七五**	**四八五、八二三**	**一、六〇〇、五六四**	**二、一三四、〇〇〇**	**五三三、四三六**	**三・三二**	**三二、四五六**

備考　一、大阪府統計書に依る。二、面積、戸数及密度は大正十三年現在とす

産業　接近町村都市化の趨勢は右に述べた人口の急激なる増加及び之に伴ふ密住生活にのみ止まらない。それは此等町村住民の産業上にも明かに反映せられてゐた。即ち其処では農村としての産業が年々影を薄めて行つたのに反し、一方都市的色彩を帯びた産業が著しく増加の傾向を示して行つた。此の事は東西両成郡に於ける職業別戸数が最も有力に之を証明してゐる。

試みに大正十二年に於ける職業別戸数を見るに原始産業と目すべき農業、飼畜業、園芸業及び漁業に従事してゐた戸数は僅かに九千百六十六戸に過ぎなかつた。之に反し工業、商業、交通業公務及び自由業の如く、都市的職業に従事してゐた戸数は六万九千百五十戸の多きに及んで居つたのである。之に依つても如何に此等町村の産業が最早農村の域を脱してゐたかを推測するに充分であらう。更に此等町村に於ける職業転化の状況を見るに、大正八年から同十二年に至る四ヶ年間に、原始産業に従事せる戸数は二百九戸を減じてゐるのに、商工業等所謂都市的色彩を帯びた職業に従事せる戸数は、実に二万七千五十九戸を増加して居るのである。此等の関係を表示すれば、次表の如くである。

東成郡の工場地帯

職業別戸数調

種類	大正八年 西成都 戸	大正八年 東成都 戸	大正八年 計 戸	大正十二年 西成都 戸	大正十二年 東成都 戸	大正十二年 計 戸	増△減
農業	三、一八九	五、六五六	九、三七五	三、四三八	四、七四一	九、一六六	△二〇九
飼蓄業	八〇	六一		二九五	二〇〇		
園芸業	一九	一二		九四	六		
漁業	二八六	七二	四二、〇九一	三三八	六四	六九、一五〇	二七、〇五九
工業	六、三九一	四、一九四		一二、三〇九	五、三三七		
商業	一二、五一四	一〇、九九三		一八、三〇四	一四、八二五		
交通業	九六四	二五五		二、四四四	八二六		
公務及自由業	四、八三二	一、九四八		一〇、六七九	四、四三六		
雑	二六、一〇八	二〇、六九一	四六、七九九	二二、六九二	二七、二一九	四九、九一一	三、一一二
無職	三、一二一	四、二七五	七、三九六	九、四五四	四、〇四九	一三、五〇三	六、一〇七
計	五七、五〇四	四八、一五七	一〇五、六六一	八〇、〇三七	六一、六九三	一四一、七三〇	三六、〇六九

以上は一般的産業都市化の状況を述べたのであるが、就中其の典型的なものとして挙ぐべきは此等町村に於ける工場及び会社の分布状況である。大正十三年に於ける各町村勢調査の結果に依れば、東西両成郡に於ける工場数は二千三百六十七の多きに達し、職工数六万四千八百九十六人、年生産額二億七千六百万円以上に及んで居つた。而して町村中最も多数の工場を有してゐたのは今宮町で、其の数五百四十五を算し、鷺州町三百九十三、豊崎町二百七十七、平野郷町二百六十一、鯰江町百十七、鶴橋町百四等之に次ぐの状態であつた。今工業別工場数を挙ぐれば左の通りである。

工業別工場数調（大正十三年）

郡別	染職	機械	化学	飲食器	雑種	特種	計
西成郡	二六〇	四〇〇	二五六	一二六	五〇三	八	一、五五三
東成郡	一一八	一四二	一〇三	七六	三七二	三	八一四
計	三七八	五四二	三五九	二〇二	八七五	一一	二、三六七

次に此等町村に於ける会社数及び其の資本金の状況を見るに次の通り

会社数は合計三百九十一社に及んでゐた。其の資本金は十万円以下のものは、其の数百七十六社に上つてゐるが、就中百万円以上のもの五十六社、一千万円以上のもの十三社を数へてゐるのは、郊外町村に如何に多くの大会社があつたかを示すものである。

会礼数及資本金調（大正十二年十一月三十日現在）

郡別	会社数					資本金					
	株式会社	合資会社	株式合資会社	合名会社	計	十万円未満	十万円以上	五十万円以上	百万円以上	千万円以上	計
西成郡	一三三	八九	二	三五	二五九	一一〇	七〇	三六	四〇	三	二五九
東成郡	六八	四七	一	一六	一三二	六六	三〇	一〇	一六	一〇	一三二
計	二〇一	一三六	三	五一	三九一	一七六	一〇〇	四六	五六	一三	三九一

以上は大体第二次市域拡張直前に於ける接近町村の産業が既に都市化してゐた事を実証したのであるが、更に観点を変へて此等町村と大阪市との産業経済関係がどうであつたかを見るに、両者の間に於ける商取引が密接な関係に在つたことは言を俟たない所であるが、先に述べた大小多数の会社、工場にして大阪市民の経営に係るもの又は市民が之に関与して居るもの、頗る多数に上つてゐたことは事実である。又之を農地に付て見るも西成郡川北村、津守村、東成郡敷津村の如きは、其の地域の大部分が市内某富豪の専有に帰してゐた。更に当時接近町村より市内に通勤する者の数は、四万人を超ゆるものと推定せられてゐたが、此の事は彼等が其の所得源を市内に求めて居つたことを物語るものであつて、要するに此等の事業は大阪市と接近町村との産業経済関係が密接不離のものであつたことを実証するものである。

結言　接近町村は、以上述べた所に依つて明かなやうに、第二次市域拡張直前に於て、人口は遂年増加の一途を辿り、従つて其の密度は市と比肩すべき程度に達したのみならず、市を凌駕するものすら現はるゝに至つた。更らに其の産業は農村の域より脱して、都市的産業へ転化しつつあつたので、而かも町村と市との産業経済上に於ける連繋は極めて密なるものがあつたのである。此等の事実は要するに接近町村と市とが社会的、経済的には渾然たる単一の都市的社会を構成してゐたことを示すものであつて、独り法制上のみは、之を別箇の存在として取扱つてゐたのであつた。併し茲に忘れてはならないのは、接近町村が斯かる情勢に進むに至つたのは、仮令多少の例外はあつたとしても、其の大部分は大阪市発展の余勢を受けた結果に外ならないと云ふことである。従つて市の力に依つて発展し且つ市と社会的、経済的条件を一にする此等の町村を市域に包容し、以て其の間に存した矛盾を解き且つ相互の共存共栄を図ることこそ、市城拡張の主たる眼目であつたのである。

［1－B］『第一次大阪都市計画事業誌』（大阪市役所、一九四四年、一～六、六一一～六四六頁）

第一編　総説編

第一章　沿革

第一節　市街地整理の準備時代

大阪は紀元九百七十三年の昔、仁徳天皇の高津宮奠都により政治の中枢地として発達をはじめた。其の後都を大和に遷されるに及んでも尚繁栄を続け、再び難波長柄豊碕宮地として大化改新の都となり、三たび難波宮のもとに天平の都ともなり、平安奠都以後衰勢は免れなかつたが依然として其の余光を保ち、明応以降復一大発展を遂げ得たる所以のものは、一つに大阪の地が内外交通の要衝に当つてゐたが故である。市内の交通は古来縦横に通じたる河川により、時代を逐うて商工業の殷盛を極めて来た。大阪の交通運輸が多く河川を利用したことは、街路の発達の之に伴はなかつた遠因であることも否めない。

大阪地方の市街地としての発達は石山本願寺門前町時代（紀元二一五六年以降室町時代）に遡るが、稍組織的な市街地改良の行はれ始めたのは豊臣時代からである。徳川時代に於ける一般土木構築事業は彌々華やかである。而して明治時代に入るや、産業機構の急激なる変革は近代的都市相を随処に招来し、都市改良施設への考慮が識者間の認識を深くするに至つた。明治十七年十二月、東京に於ては市区改正の建議があり、府知事が市区改正審査会を設立したのに鑑み、大阪府区部会に於ても都市改良計画の実現を企て、明治十九年十二月十日全会一致を以て議長亀岡徳太郎の名に於て市区改正の計画を請ふの建議を議決し、之を大阪府知事に提出した。

府知事は右の建議の趣旨を容れ、大阪市区改正方案取調委員会を設け、戸口増減の情勢・道路・橋梁・河川・下水・溝渠及び鉄道等数十項に渉り基本調査を為す事とし、就中都市改良の根幹たる道路に就ては一等（幅員十五間）から四等（幅員八間）に至る各等級の路線三十線を選定し、審議の原案を作成したが、本案は財源其他の関係に依り実施するに至らなかつた。一方帝都に於ては、明治二十一年八月に東京市区改正条例が、翌二十二年一月に東京市区改正土地建物処分規則が夫々公布され、市区改正に関する法的根拠が与へられること、なつた。

斯くて歳月を経るに従ひ、本市の経済活動は愈々発展の一途を辿り、人口の集中また特に留意を要する事態を生じつある裡に、明治三十年四月の市域拡張が実施された。これは延いて新市域の発展に対する規格を要求し、且つ旧市の市区整理の急施を促進するに至つたので、本市は工学博士山口半六を聘して之れが調査に当らしめ、明治三十二年其の設計を了し、大阪市新設市街設計書として発表した。之即ち街路、堀川、公園、臨時停車場、町名地番等諸般の施設に関し調査研究せられたものであつて、其の概要は街路を一等（幅員十五間）乃至七等（幅員三間三分）に分ち、其の新設及び拡築を予定したるもの百八十七線、堀川は一等（二十五間）乃至四等（八間）とし、更に等外（三間乃至五間）を設け、新設を予定したるもの十八線、改修を予定せるもの三線、公園は之を大小二種に分ち、新設及び拡築を予定したるもの大公園五ヶ所、小公園二十四ヶ所で、其の計画は相当広汎なものであつた。明治三十三年には市区整理

大阪市市域拡張沿革

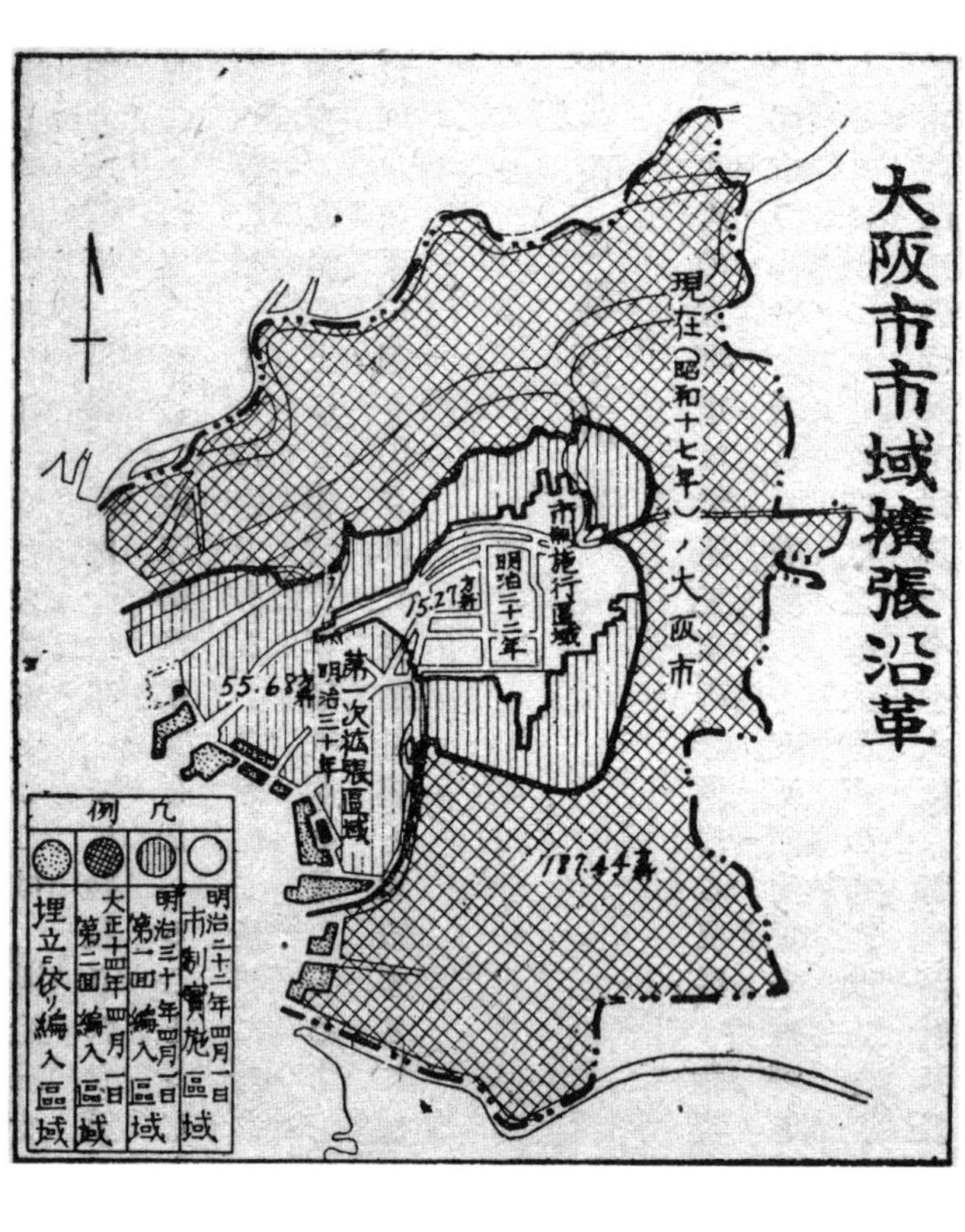

委員会を設け、右調査案に基き更に調査研究を重ねたが、時恰も日露戦争前後に於ける我国経済界の沈衰期であつたがために、斯様な大規模の市区改正は到底実現し得なかつたのは余義ない次第であつた。

然し乍ら新市域に於て無秩序に街衢の膨脹しつゝあつたことは依然同様である。仍つて市はその整理等に就ては相当注意を払ふところがあり、市に於て測量の助成を為し土地整理の共同施行を行はしめる等、今日の土地区画整理に類するが如き事業も局部的に実施してゐた。また明治四十二年の北区大火、並びに同四十五年の南区大火の罹災地域の市街地にも局部的に整理が加へられてゐる。特に市街電気軌道の敷設は、街路の新設拡築を相当達成したものであつて、或程度の市区改正は之によつて行はれて来たと言へる。即ち、往時は幅員四間三分以上の街路を殆んど有しなかつた大阪市としては、明治三十六年九月始めて開通した花園橋—築港間市電第一期線、同四十二年までに敷設された第二—三期線、其後の第四期線及び期外線等によつて、新しい幹線街路系統を加へることゝなり、今日に於ける市内電車網の基をとゝのへることゝなつたのである。之等は、後年に於ける都市計画諸事業並びに防空計画等の調査、立案の上にも相当重要な役割を果してゐるものであるが、これを以て現代の都市計画理念の下に割り出された交通計画と比較するには猶相当の懸隔を認めねばならない。

第二節　市区改正と都市計画

大正三年第一次世界大戦の勃発以来、我国の大都市は製造工業の急激なる発展、物質移動の増大、人口の加速度的増加等近代都市の特徴を著しく発揮し、交通・衛生・保安・経済等に関し合理的計画確立の必要が痛感せらるゝに至つた。政府は之等大都市の市区改正を急速に施行することゝし、前節記述の東京市区改正条例及び附属命令を大阪・京都・横浜・神戸及び名古屋の各都市にも準用すべく、大正七年四月法律第三十六号及び勅令第百八十四号を以て共の旨を公示した。尚また東京市区改正委員会の組織権限に関する勅令及び之が準用勅令をも公布して、六大都市に於ける市区改正の施行に資した。茲において大阪の都市計画も新に法的根拠の下に再出発すべく見えたが、時勢の進運は右条例の根本的改正を要求して止まず、大正八年四月には都市計画法及び市街地建築物法の公布があり、前者は大正九年一月から、後者は同十二月から六大都市に施行され、市区改正条例は廃された。之に続き大阪府の市街地建築物法施行細則が大正十年一月から施行せられ、茲に今日の都市計画の基たる関係法令は一応完備するに至つたのである。

第一次都市計画事業の源流を繹ねればそれは前節の如く明治初期に遡ることが出来るが、極めて近代に於ける出発点をもとむるならば、大体東京市区改正条例の準用後と謂ふことが出来る。即ち、大阪市は大正六年四月都市改良計画調査会を設置して市区改正の大綱を審議しつゝあつたが、大正七年五月以降は市区改正部に於て計画案の調査を進め、大正八年十二月二十三日基準計画を大阪市区改正設計として内閣の認可を受けたのである。之によつて街路の新設及び拡築、路幅の整理、路面の舗装等、市内道路改良の基準が決定された。この基準計画を実施に移すため、大阪都市計画事業、即ち本誌の記録する第一次都市計画事業が大正十年三月内閣の認可を経て決定を見たのである。

大正十四年の第二次市域拡張につき昭和三年五月には大阪都市計画区域全般に亘る総合的な大阪都市計画が決定した。此の計画を基として後年の第二次都市計画事業、第三次都市計画事業、下水処理事業、墓地園事業、公園事業等が実施を見てゐる。また、十大放射路線事業、高速鉄道建設事業、大阪駅附近都市計画事業、大阪駅前土地区画整理事業なども相前後して着手されてゐる。之等は本記録の上に直接の関係を有しないが、参考の為第四編に掲記する。

独り大阪市のみならず、本邦都市計画の動向は、大正期に於ては大都市の彌縫的修理を専らとし、昭和期に入ると共に総合的都市計画の如き地方計画的一分野を拓くことゝなつて来た。昭和八年の都市計画法の改正は大都市主義から転じて一般市町村の計画的助長に移つたことを示してゐる。而して昭和十二年の支那事変の勃発、殊に大東亜戦争以降に於ける世界情勢の緊迫は、都市計画を防空計画の線に則せしむることゝなり、本邦都市計画をして高度国防国家建設上の施策として一層重大なる役割を演ぜしむることゝなつた。此の大正、昭和両時代を通じての楔となつた第一次大阪都市計画事業こそは、我が大阪市未曾有の都市改造事業として市史を飾るに止まらず、本邦各都市の計画の勃興を誘起し、都市計画の進路を瞭かにし、今日及び将来の都市計画の上に幾多の示唆を与へてゐる点に於て、我国都市計画史中の圧巻を為してゐる。

第四編 余録編

第一部 第一次都市計画事業余録

大阪都市計画十年財政の苦心

關 一

註――本稿ハ故關大阪市長ガ、大阪都市計画事業着手十周年（昭和六年）ニ際シ、大阪都市協会発行「大大阪」（第七巻第六号）ニ寄稿セラレタモノデアル、第一次都市計画事業立案執行ノ当事者トシテノ腐心ヲ窺フニ余ストコロナク、大阪都市計画財政小史トモ称スベキモノデアル（写真ハ本稿執筆当時ノ關博士）

一

本市が現に施行中の所謂第一次都市計画事業は、大正十年三月十九日内閣の認可を得て成立したものであつて本市の都市計画事業としては、全く嚆矢のものである。爾来幾多の問題はあつたにせよ、着々其の歩武を進め、茲に十周年を迎へ得たことは、本市発展の為め誠に同慶に堪へぬ所である。抑も本市の都市計画は、其の端を遠く明治十九年に発し、後大正六年本市に都市改良計画調査会を設けて、市街改良計画の根本的調査を遂げた。翌七年六月東京市区改正条例が本市に準用せられたので、大阪市区改正委員会が公式に設けられ、其調査の結果が今日尚ほ本市都市計画の基調を為せる大阪市区改正設計として、同九年一月に決定せられたのである。然し是等は全く基本的計画であつて、未だ之を実施するの運びには至らなかつた。其年本邦都市計画の総合的法制たる都市計画法が施行せらるゝに及び、本市に於ける都市計画事業に実施の機運が俄かに熟した。其処で市区改正設計中緊急施行を要するものを選択して、同年十二月都市計画大阪地方委員会の議に付し、翌十年三月内閣の認可を得て成立を見たのであつて、之が所謂第一次都市計画事業である。此の事業の概要は(1)御堂筋外二十四路線の街路の新設及拡張、(2)既設街路中面積凡二十五万坪の舗装及び(3)面積凡六万七千坪の路幅整理事業の施行で、経費総額一億四千二十万円を以て大正十年度乃至同十六年度迄の継続事業として実施せむとするものであつて本市都市計画の議を生じたる明治十九年より見れば実に三十数年来の懸案が茲に解決せられたものであり、都市計画事業史上、誠に特筆すべき事象である。

此の第一次都市計画事業に付ては、大正十二年九月関東大震火災の惨害に鑑み既定計画を拡張するの必要を認め、翌十三年十一月内閣の認可を得た。之れが現在の所謂更正第一次都市計画事業である。従つて其の経費総額は二億二千二百四十万余円に上り、昭和八年度迄の継続事業として現に施行の道程にある。此の更正計画によれば(1)街路の幅員を増し四十二路線の新設及拡張を行ひ、(2)八十二橋を耐震耐火的構造に改築し、(3)既設街路面積凡十八万坪の舗装、(4)面積六万七千坪の路幅整理及び(5)五路線に渉る建築敷地の造成事業の施行であつて、本市現行の都市計画事業の代表的のものである。然しながら此の事業の遂行には巨額の資金を要するのに、現行法制上与へらるゝ所の特種財源が誠に乏しき為め当初より財政計画上かなり苦心をしたのみならず、事業中途に於て予定の国庫補助金は政府財政の都合に依り打切りとなり、当初政府が制定を公約した税制の制定なき為め税収入に著しき欠陥を生じた。且つ又政府の非募債政策に会して起債の許可常に遅滞せるものがあつて、既定年度割による昭和五年度迄の起債予定額は七千百四十六万円なるに、其の許可を得たものは漸く四千八百九十八万三千余円に過ぎない。而かも最近許可せらるゝものは、年額六百余万円を出でないので、年々予定財源の充足を欠き、事業執行上少からぬ苦心を重ねつゝあるが、幸に橋梁の改築、路面舗装及び路幅整理事業の如きは、殆んど完成に近づき、街路の新設拡張事業も五割六分余の工程にありて、全事業を通じ六割余の工程に達した。然し之を予定年度割の工程七割九分なるに比すれば相当多くの遅延を示し、夫れだけ市民の期待に反してゐることは事情已むなしとするも、誠に遺憾である。加之、今後事業年度中に於て、其の不足財源を回収し難きものあるが為め、本事業は茲に再び更正の已むなきに立至つてゐる。

關一博士

二

第一次都市計画事業と並び本市として重要なるものは、所謂第二次都市計画事業である。前者が本市の既成街衢の改造事業なれば、後者は本市の建設事業である。而かも前者は道路中心主義の計画なりしも、後者は更に運河、公園、下水道、墓地に関するものを加へて、実に本市の総合的都市計画とも言ひ得べきものである。即ち此の第二次都市計画は、本市が大正十四年東西両成郡下四十四ヶ町村を編入したる後を受けて、旧市と新市との連繫的発展に資する為め企画せられたものであつて、其の計画は当然新旧両市域に渉り、(1)百一路線の街路新設及び拡張、(2)十五の運河開鑿、(3)五ヶ所の下水処理場及び八ヶ所の抽水所の設置、(4)四十六ヶ所の大小公園及び十二ヶ所の公園道の設置及び十二ヶ所の墓地の建設であつて、其の工費総額は実に四億六千万円に上るものである。

右の外本市の都市計画事業としては、第一期乃至第三期に亘る下水道改良事業があり、寝屋川附近都市計画事業があり、第一期高速鉄道建設事業があり、又大阪駅前整理都市計画事業がある。就中下水道改良事業に付ては其の工費二千六百四十万余円を以て、既に大正十一年度より着手し、其の一期及び二期工事は既に完成し、目下第三期事業に着手中であり、寝屋川附近都市計画事業は、工費三百六万五千余円を以て、昭和二年度より工事を起し、昭和六年度に於て完成の予定であり、第一期高速鉄道建設事業は工費七千五十六万余円を以て、目下工を急ぎつゝある。然れども第二次都市計画は其の財源に充当すべきもの全く乏しき為め、未だ之を事業として施工するに至らず、大阪駅前整理都市計画事業は、既に事業年度に達したるも、財界不況の為め財源難に禍され、其の工を起すの機に到達しないのである。尤も第二次都市計画は、所謂大大阪建設の為め、特種の意義を包蔵せるものなるを以て、之が実施に付ては不断の努力を費しつゝあるを以て、近く具体的計画の樹立を見得るものと思はれる。

三

上来述べたる如く、大正十年第一次都市計画事業が決定せられて以来、本市に於ける都市計画及び其の事業は誠に長足の進歩を遂げつゝあるも、其の実行が常に必ずしも之に伴はざるものあるは、誠に遺憾とする所である。由来都市計画事業の遂行は都市百年の大計を具現するものであり、殊に本市の如く各般に渉り施設経営を為すに方りては、其の遂行上巨費を要すべきに、之が為め与へられたる特種財源は極めて狭少なるを以て、勢ひ一般市民の負担に依り、一般市財政の遣繰により此の巨額な財源を捻出しなければならないのであるから、計画と実施とが動もすれば齟齬せんとするのである。即ち現に都市計画法が齎したる特種財源としては、都市計画特別税（都市計画法第八条）、受益者負担金（同法第六条）及び国有河岸地収入（同法第九条）に外ならぬ。而して是等の特種財源に依り、果して何程の事業費を産み出せるかと云ふに、国有地収入の如き年収僅に一万国円に過ぎず、又事業財源として重要な役割を持つ受益者負担金にありては、事業費の四分の一乃至二分の一を徴収し得るに似たれども、現行受益者負担金徴収の規定を以てしては、巨費を投ずる橋梁に関しては受益者負担金の徴収を認められず、其の他の街路事業に付ても沿道の有租地に関してのみ課税を認められるの結果、無租地及び公水面を多数に包蔵する本市にありては、其の実際収入は予定収入の七〇％乃至七八％に過ぎない。而かも負担金の徴収は工事着手後に於て行われるのであるから、用地買収後工事着手迄に相当の歳月を経るので、其の間工事費は他の財源から立替て置かねばならぬ実情であり、いざ負担金を課して見ても引続く財界の不況は義務者の負担力を減殺して居るが為めか、関係者から種々の苦情が出て、果ては長期の分納と云ふことになる。而かも年々多数の滞納者を生じ、之が整理督励の為め思はぬ努力を要するのである。斯様な有様であるから折角の事業財源たる受益者負担金も畢竟事業の為め借入れた公債の利払に充てるの外はないのである。

四

都市計画特別税は都市計画法の与へたる唯一の恒久的財源ではあるが、其の税種が必ずしも事業の性質に合致せるものとは云へず、而かも税制改正の都度本税に少なからぬ脅威を齎し、之亦主たる事業財源として信頼を繋ぐには力乏しい感がある。本市が第一次都市計画事業の実行計画を立つるに方り、最も貴重なる財源と認め、而かも政府当局の了解を得て計上した土地増価税の如き、其の当時は殆んど成案を見、近く実施せらるべかりしものであつたが、何が故か今日迄実現を見ない。之が為め本市は年額七十余万円乃至百十余万円の予定歳入に欠陥を来しつゝある。而かも今年地租法の改正により地租が土地の賃貸価格を課税標準とするに及んで、土地増價税の出現は益々困難を加へ来つた。尚当時土地価税と併び論ぜられたものに間地税があつた。之れも都市計画特別税としては、相当有意義のものであつたが、今日では実現の可能性はないものと見なければならぬ。斯くして都市計画法第八条は、勅令を以て特別なる税種を指定し得ることゝはなつてゐるが、是等意義ある税種にして指定せられざる限り、先づ当分見込なきものと思はねばならぬ。都市計画事業が主として土地の改良的施設なるに鑑みる時は、其の事業財源は相当之を土地負担に求むべきものなるに、上来の二税にして成立せざる今日にありては、僅に地租割及び特別地税の両者の外なきも、後者は殆んど挙げ得べき税収入なく、前者にありても決して満足すべきものでない。本市都市計画特別税の実例に徴しても営業収益税割及家屋税が九〇％を占むるに地租割は僅々一〇％であつて、其の課税の権衡は必ずしも妥当とは認め難い。

営業収益税割は大正十五年税制改正に際し、従来外形標準をとりたる営業税を、営業の純益を標準とする営業収益税に変へた結果、本税額は著しく減少し、而かも近時財界の不況が反映して、此の営業収益税割は年と共に減少して居る。加之、第五十九議会で、地租法の制定及びロンドン海軍条約の結果による減税案の成立に伴ひ、本市の如き営業収益税に於て著しき減少を来すのであるのに、都市計画特別税にあつては地租割の税率を低下しながら、営業収益税割の増率をしなかつた。此の結果、本市の如き更に年々相当の減収を来すものと覚悟しなければならない。

五

斯くして都市計画法の齎した特別財源は巨費を要する本市都市計画事業の全般を満足せしむることは出来ないので、結局他の財源を以て補足するのでなければ、此の大事業を遂行することは出来ない。其処で第一期乃至第三期の下水道改良事業に付ては、上水道事業の収入金を以て事業債の償還に充て、高速鉄道建設事業に付ては、其の事業経営開始後の収入金を似て事業債の償還に充つることゝし、又寝屋川附近都市計画事業に付ては、事業に因て生ずる造成宅地の売却代を財源に充つる等、各事業特有の財政計画を樹てゝ事業に着手して居る次第である。

第一次都市計画事業は、かゝる特種の財源を保有しないので、其の財政計画を樹つることは、当時かなりの苦心であつて、結局普通市税、電気軌道利益金、国庫補助金及び造成宅地の売却利益金等を以てし、尚ほ不足金八千九百七十万円の公債を起すことゝとし、大正十四年度以降昭和八年度迄に継続費二億三千四百五十余万円を設けて工事を進めたのである。所が国庫補助金に付ては、当時政府の取扱は道路工事費の三分の一を下付せらるゝのであつたから、事業年度中千九十余万円の収入を予定したが、後国庫財政の都合上俄に補助金を打切り、大正十四年度迄の既支出額に対してのみ補助せらるゝことになり、而かも其の下附金は年々二三十万円を出ないと云ふ有様で、之が為め事業年度中に八百余万円の収入欠陥を来す虞を生じた。夫れに新市方面五路線の沿道に建築敷地を造成し、之を相当価格に売却して事業財源に充当せむとしたのであるが、新市方面には本市助成の下に、多数の土地区画整理組合が急速に発達した関係から、最早本市自ら建築敷地の造成事業を行ふの必要なきに至つたので之に因て挙げ得べかりし千百万円の不動産収入に欠陥を生じた。

右の外前に既に述べた所の受益者負担金に於て約八百五十万円、都市計画特別税に於ても約一千万円の減収を来したので、本事業財源としては実に三千数百万の喰違ひを生ぜむとして居る。此の歳入不足を生じた原因は本市としては全く受動的のものであつて如何ともし難いが、其の国に関するものに付ては、年来機会ある毎に政府当局に事情を陳述して考慮を求め、市民に関するものに付ては、懇々事情の諒察を求むる等、市としては常に最善の努力を致し来つたのに、尚ほ且つかゝる結果を呈しつゝあることは、誠に已むを得ない次第である。本事業は既に多年継続施行中のものであり、且つ其の使命の重大なるに鑑みるとき、事業の中絶遅滞は決して許容すべきでない。されど如上巨額の財源に不足を来しつゝあるので、之れを如何にすべきか、其の善後措置は実に本市年来の懸案であつた。幸に近時物価の下落に伴ひ工事費に相当節約の余地を生じたると、一面金利低下に伴ひ公債計画上有利なるものあるに依り、事業執行上一段の緊縮を加ふるに於ては、今後の所要額に於て多額の節減を行ひ得るものがある。且つ又本市各般の事業の進捗と交通状態の変遷とにより、既定計画事業にして之を縮少し又は繰延べ得るものを生じたので、客年来慎重調査を遂げ将来是等事業の一部を打切り繰延ぶる等、事業及び財政計画上かなりの更正を加へむとするにある。斯くせば今後の進捗を危まれた第一次都市計画事業の前途も安定し、依て以て其の齎す使命を果すに遺憾なきを得るものと思はれる。

六

斯くて残る問題は、第二次都市計画の実行の点であるが、之は四億数千万円の巨費を要するものであるから、総てを一気に施工に移すことは、本市財政の到底許す所でもなく、且つ本市は既に其の一部に付き具体的計画を定めて、主務省に内申中なるも、恰も財政緊縮の折柄とて、之れすらも許容せられそうにもないのであるから、俄かに全計画を事業となすことは殆んど不可能に近い。故に其の一部の道路及び運河に付ては、客年失業救済事業として小規模ながら工を起し、更に本市将来の発展上緊急差措き難い街路及び運河事業を選択して、目下其の具体案の作成を急いで居る。然し之れとても、既述の如く僅に都市計画特別税の一部の保留財源があるの外、特種財源とてないのであり、且つ今尚ほ財政緊縮を高調せられる折柄でもあり、其の実現には今後幾多の曲折を見るであらう。

第二次都市計画事業の一たる公園計画に付ては之亦相当の巨資を要するが故に、兼ねて事業の財源として保留されてゐる天王寺公園の一部、通称新世界の土地二万余坪を売却し、其の収入金を蓄積して公園資金の造成に努め、其の成果を以て公園の新設拡張事業資金に充当することにした。之に付ては既に蓄積の計画成り、目下土地処分に着手しては居るが、此の土地は長き沿革を存して居るので、関係市民各自の協力を得なければ予期の効果を挙げ難い。

又下水処理事業に付ては、中部及び北部の両処理区の工事を行ふ為め、工費千七百万円を以て昭和五年度乃至十年度迄の継続事業として、目下主務省に手続中である。此の事業の財政計画として、特に苦慮したのは、元来下水道事業は街路や公園事業と共に、不収益事業であるが為め、特種の財源としては既定国庫補助金の外他にないのであつて、其の財源難は常に緊要なる下水道の完成を阻止してゐたのである。然しながら都市衛生の見地よりすれば、下水道の完成が急務であり、殊に此の下水処理事業開始後に於ては、今日行はれてゐる不自然なる屎尿処分が、極めて簡易に且つ合理的に解決し得る。従つて現在市民各自が負担せる屎尿の汲取費や溝渫費の如きは全く不要に帰し、又ビルディング等の為しつあある浄化装置も無用となり、各戸から出る屎尿汚水は直に下水道に放流し得るのであるから、此の事業に依り市民は保健上利益を享くるのみならず、経済上にも直接の利益を受くること、なる。故に此の事業の完成を一日早むれば早むるだけ、多くの利益を市民が享受し得るのであるから、処理事業完成後に於て少額の下水道使用料を徴収し、之を以て本事業に投じたる公債の償還に充てむとするものである。此のことは我国としては初めての試みであるが、今日の如く多数の事業を控えながら、財源難の為め立遅れとなれる公益事業の促進上已むを得ない措置である。

如斯本市都市計画事業は、大正十年以来長足の発展を遂げたが、其の巨額の費用を支辨すべき特種財源もなく、市の課税権は依然として拡張せられないので、之を予期通りに実現して行くことは誠に至難の業である。斯くて過去十年間は本市都市計画事業にかなり多くの苦き経験を嘗してゐる。恰も本年其の十周年に際会したのであるから、之を一転機に事業の促進を図りたいと念じて已まない。

大阪の都市計画

瀧山良一

註——本稿ハ瀧山元大阪市助役ガ本事業誌編纂着手ニ当り、本編ノタメニ提供セラレタモノデアル原文ハ大阪商科大学発行経済学雑誌（第六巻、第一号）ニ掲載ノモノデ、筆者ハソノ一部（二、現状概況）ヲ訂正ノ遑無ク他界サレタ　依テ茲ニハ原文ノ儘採録スルコトトシタガ「一、其の経過」ハ本事業誌沿革編トシテ貴重ナル資料デアル

一　其の経過

難波、浪速津の古より大阪と云ふ都市に到る迄歴史は二千年余の長き歳月を閲して居る。恐らく現代世界の都市に於てローマ、ロンドンと匹敵して更に世界最古の大都市として大阪は其の雄なるものであらう。都市計画なる近代語を是等の都市に適用する場合、之れが米国のヂョージャ洲や、濠洲や、ニュージーランドの新興都市の場合と甚しく異なる意味をもつことは誰れしも想定がつくことであらう。だから倫敦でのTown Planningが一局部一方面に限られ逐時施行せられた（仮令ストランド改良工事の如き）様な順序となるのは当然と見られるのである。之れと同様に古き歴史や、伝統のある我国の従来の都市改良の計画が旧大陸のそれと行き方を等しくして漸進的となるのは自然である。但し、東京の如く一面市区改正の事業の進行中、彼の関東大震災の大破壊の機を得て一挙非常時大改造を為し遂けたが如きは先例がないでもないが特例である。大阪市に於ては明治四十二年の北の大火と、大正二年の南の大火とにより一部の改正を行ふたが、今日より之を見れば孰れも取るに足らぬ程度のものであつた。

大阪市の過去を茲に検討する必要はないが、都市計画との関係は不可分であるから此点に一応の回顧を試みて見よう。大阪市の発達の急速度であつた事は都市計画上軽視出来ぬ事実である。日露戦争の後、人口百万を突破し、世界大戦後大正十四年接続二郡を併合し二百万以上となり、満洲事変勃発当時三百万を越え、現に三百四十万人に及んだのである。

此の大量人口の集中増加に備ふる大都市的施設は果して即応好適の設備を得たであらうか。市民の都市生活は日々向上し繁激を加ふる点から見れば其の設備は遅々として進まざるの憾があるのである。乍去、都市の改造の如きは実際容易の業ではない。大局より視て事業の経過を考察すれば、大阪市の計画並に事業は徐ろに且つ堅実に進行しつつあると断言したいのである。前記東京の如く天災＝不可抗力としての大破壊の機会を得る事なき大阪市は奄々として旧態の破壊より初めて其の建設を続けねばならぬ。本事業に於て破壊は建設に勝る労苦がある事は、之が実行者のみの知る特種の苦難である。破壊＝清掃＝建設の作業は順次に遂行せられ時勢の進運に追従しつつあるを認容し、且つその功績を唱すべきであると思ふ。

由来近代都市は人口百万を算するに至るときは、各般の施設に於て旧套を脱する必要に迫まらるるものと見て差支へがない。今日名古屋、京都、神戸の如き都市的設備の改造の必要に直面するのは概ね是れである。即ち、此の時機は一大飛躍の時である。大阪市は日露戦争の頃より率先して電車交通市営てふ市是を定め近代都市への発足を切つたのである。が惟ふにそれ迄の大阪市は全く封建時代の町家の密集地で辛じて河筋街道により諸運搬を取扱つて居たのである。東京に於ては帝都としての面目上市区改正の計画もあつたが、大阪は実際交通上の支障に直面して電車事業より都市改良の実に入つたのである。之に関する市当局の発表する所を要録して参考に資さう。

『由来大阪市の道路の狭溢なことは有名なものであつた。而して之を拡築する為には市民は多額の経費を負担せなければならなかつたのである。幸にも大阪市に於ては電鉄線路の敷説と共に電鉄の負担に於て道路を拡築して来たので今日あるを致したのであるが、若し電車を民営にしてあつたならば、今日の如き道路の拡築は到底之を見ることが出来なかつたであらう。電鉄の敷設に依つて道路の拡築を実行して来たのは他の都市には例のないことである。若し仮りに市が今日迄電鉄敷設の為めに拡築し来つた道路のために、その用地費と家屋移転費を一般経済に於て負担したならば、市電は大正十一年度迄（以後都市計画事業費を以て是等の経費を支辨することとなつた）に支出したる用地費と軌道費の決算額三千百六十七万円の内用地費千百四十一万円と道路築造費二百十二万円、計千三百五十三万円は市税を以て負担するより外なかつたであらう。併し、道路拡築の為めに市税を増す如きことは事情が許さない。若し、それが出来たとしても財源の捻出が困難とあれば工事はこれ丈後れることとなる。然るに大阪市は一文も市税を増すことなく比較的容易に市内の道路を拡築し得たことは全く電車市営のお蔭であると云つて可い。殊に税であるとそれは全部市民の負担に帰するが、電鉄収入は之れが利用者たる乗客、即ち市民以外の人々も之を負担するのであるからそれ丈市民の負担は軽減せられる訳である。

それから電車通りの人道車馬道の修繕及び費用である。此等は当り前ならば普通土木費支辨として市税に財源を求めるべき訳である。大阪市に於ては之れも電鉄に於て全部負担して居る。而してその額は最近一年に三十万円を下らないから之れも決して少額でない（都市計画事業経済支辨に至る迄）云々』

以上の如く電気鉄道経済支辨により最初の道路事業が経営せられ、交通機関の施設と道路の一元的出発を見たのである。

都市計画法が実施せらるるに当り大阪市は所謂第一次都市計画事業を決定した、大正十年三月の事である。尤も大正七年法律第三十六号及び勅令第百八十四号を以て東京市区改正条例及び其の附属命令が大阪市に準用せられたので、内務省及び府市当局は市内は市内外に亘る都市改良計画の大綱を決定することとし、殊に道路を先にし大正八年十二月其の筋の認可を得たものである。即ち後年大阪市が都市計画事業として施行せられたものの基根となつたものである。筆者は前記市区改正計画より都市計画樹立の頃、偶々職を其の関係部局に奉仕したので其当時の模様を回想し、爰に附記するも亦強ち無益でないと思ふ。

欧洲大戦の頃より大阪市は頻に殷賑を極めた。殊に市街交通の状態は所謂景気を反映する最適の標準となつた。従つて当時問題となつたのは市内の交通問題で殊に城東線の踏切りの如き又梅田、湊町駅の如き皆それがあつた。市電の交通量は大正年間に飛躍時代を示した。それと同時に新線の延長は前記道路拡築と共に施行せられ、電車網は密に敷設せられ、而かも市電の経済は最も恵まれた時代であつた。大正三四年の頃より第三期線完成の時代西道頓堀天王寺線や焼跡線の工事の頃は湊町駅の移転を希望する論があり、従つて梅田駅や鉄道線路各駅の研究が八ヶ釜敷かつたのを記憶する。論議の中に梅田、湊町、天王寺、片町などの省線駅を一丸として一大乗客本位の駅を市内の中央部に設備しては如何、其の場合貨物駅を如何にするかなど、結局鉄道は現在の儘、梅田も湊町、天王寺も動かぬ、大貨物駅は梅田に決定し本屋と路面にて相通ずる事とし、本線は高架にて市内に乗入れ、城東線高架とし大阪駅の改築を急ぐこと等が決論となつた。殊に当時は大阪港の発展と相俟つて臨港鉄道の敷設が実行に移された為め、市と鉄道当局との交渉は極めて繁多密接なものがあつた。かくて鉄道の基本が決定せられたので市内交綱の研究より更に高速度鉄道—地下鉄—の計画を樹立するに至つたのである。それと同時に都市計画は先づ道路より着手の事と、新設拡築を幹根とし路幅の整理更に路面の舗装—橋梁の改築を含めて事業を樹立したのである。実際を省ると今にして大阪市が極めて好個の人材を網羅して此事に当り得たのを偶然にも幸福の至りであつたと思ふ。それは故關一博士（当時助役）の下に軌道の権威と云はる、清水技師と土木工学の泰斗たる直木博士とを双臂として広汎なる研究項目を提げ、当局との交渉に当られた事は回顧として其花々しさを思ひ只管往時を追懐するものである。

是等の結果現在の高速鉄道の計画設計は、帝国鉄道協会及び土木学会への依託となり都市計画事業として施行せらる、所となつた。

要するに、大阪市の都計事業は交通問題より入つて旧大阪市の改造となつたのである。そして都市計画は旧市街地、即ち人口と地域に於て既に充実飽和状態にあつた。旧来の都邑に先づ必要に迫られた事情より発足したので結局都市計画とは云ひながら単なる街路の改良事業となつたのである。所謂第一次計画事業であるが、大阪市は是れが完成を俟つ迄に更に計画を進めなければならぬ事態に遭遇したのは自然の推移であつた。

二　現状概説

第一次事業の開始に当り偶々関東の大震火災があつた。之れは一大衝撃を都市計画事業の実施に齎さずには済まぬ。其の実験的例証により計画も変更し又追加する等の事態となつた。恁ふして事業の進行に努力を致した一面、大正十四年には所謂「大大阪」としての市域の拡張となつた。是に対し更に都市計画事業を決定せねばならぬ。即ち、昭和三年五月の所謂第二次都市計画事業が決定せられたのである。本計画の対象は新市域であるが、従来の事業の残部と両々相俟つて総合せらる丶ものであつた。即ち、旧市街地の街路事業と新市域に於ける各種必要なる施設と合せて全体的計画を樹立すべきである。殊に新市域は旧市と全く其の趣を異にし、当時一望千里とか、米穀収穫十万石などと標語に伝へられた程の地域もあつた。かくて計画決定後も商工業の発展、各種文化施設の実施等の影響を受け局部的には変更を見つ、結局現行計画として総合的に実行の緒に付けるものを列記すれば左の通りである。

1　街路の部　一一六路線
2　運河の部　一五線
3　下水道の部　五処理区
4　公園の部　一〇九ヶ所
5　墓地の部　二ヶ所
6　土地区画整理の部　二地区

是等はいづれも基準計画であつて全部を直ちに実施に移さうとするものではないが、其の内主要のものを採つて夫々財政計画を樹て事業として実施さる丶に至つたものは

1　街路の部　四四路線
2　運河の部　五線
3　下水道の部　五処理区
4　公園の部　八五ヶ所
5　墓地の部　二ヶ所
6　土地区画整理の部　一地区

である。

筆者は以上の各事業の内容を詳記するの繁を避け、夫等の各項は大阪市の実際的発展の必要度に応じて着手せらる丶ものなることを茲に特記するであらう。即ち第一次に於ける事業が主として旧市域内の街路に限られたるを、今次の事業は其の内容に於て多岐に亘り殊に下水道事業と其の処理を事業として旧市域は殆んど余す所なく新地域に於ても緊急必要のものを採択し、人口の大半に及び排水面積一五、五〇〇ヘクタールに達した。凡そ近代の都市計画事業を実施せんとし而かも実行に当り最も緊急の要ありて、尚其の着手に困難を感ずるものは下水道事業を措いて他にあるまいと思ふ。即ち我邦の都市の通有性として在来より下水道に関しては一般が甚だ無頓着であつたと云へ様、都市の外観に於て見劣りなき所も一度下水道事業の普及度を観察すれば直ちに都市の格式を疑はる丶ものがある。大阪市の如きも亦是の例に洩れぬと遺憾ながら言はざるを得ないのである。蓋し現時の事業の進捗により稍々面目を施し得ると言え様も、此点に於て更に全市隈なく下水道処理の徹底を期する迄は到底大都市の物的資格の要素を充たしたるものと言へぬ。こ丶に市当局の絶大の努力を請ふ次第である。筆者が此の事業の普及を高調する所以のものは、蓋し市民の保険衛生の見地より彼の恐るべき各種伝染病の

伝播に対する唯一無二の施設であるからである。

次に大阪市の必要性に於て軽視し得ざるものは公園緑地である。市の当局亦之を重じ既に八五ヶ所の公園設置を事業として面積約一四一・三一ヘクタールに及び其の経費一三、六〇〇余万円に達する事業に対し去る五月内閣の認可を得たのである。公園緑地は前記下水道事業と相俟つて市民の生活向上の的となり、保健上特に大阪市に於て重大なる施設なるが故に之を以て甘んずべきでないと言ひたいのである。乍去非常時に際し物資豊富ならざる今日であるから忍ぶべきは忍び、尚産業資源に培ふ所以として是等の事業遂行を期待するものである。今や大阪市は都市計画及び其の事業により諸般の施設を総合統轄しつ順を追ひ着々工事の進捗を見るに至つた事を幸とせねばなるまい。

現行計画及び其の事業の行程は、市当局の時々発表にかゝる諸報告等にも示さるゝのであるから之れ以上の縷述を差控へるであらう。最後に今日の大阪を達観し現状より来るべきものを静観する時、今の所謂市計画の建前が将来に対し果して万全の対策となるべきや、否や之れを以て事足れりとなし得や否や、時勢の運行愈々目まくろしき現下の事態に対応して大阪なる産業都市の任務として為すべきもの果して如何の問題に触れざるを得ないのである。

三　展望期待

資本主義経済機構の下に一挙に勃興を極めた我が国の産業界は云はずもがな、凡ゆる社会の分野に於ては唯趁はるゝが儘に追従し伸展した形跡が歴然として存するのである。我が国大都市の現状の如き亦夫れであらう。茲に大阪を取り上げて見ても明瞭である。茲に於て今日より将来を展望すれば新しき観点観測の必要が感ぜらるゝのである。即ち現行の都市計画を大阪の総合的計画であり、又事業でありとなすけれども次代に対する大阪の地位＝使命的＝より観れば是等のものを以て晏如たり得べきでないと断ぜらるゝのである。筆者は茲に所謂地方計画と云ふべきもの、又は国土計画と称すべきものかは断定し得ないが、大阪の既に有する産業経済上の特性と使命を今後最も有効適切に発揚し、興亜の事業に貢献せんとするには翻然限を四囲に放つて観測するの必要を痛感するのである。端的に云へば現状に捕へられて、大阪は大阪本位に、神戸は神戸本位に、堺市は堺市本位に、又京都は京都本位に都市の計画を樹立するは既に時代遅れの所為であると観たいのである。少くとも興亜の精神より新たに開かれたる満支の新天地に対しては、大阪の伝統的使命を中心として近畿一体の機能を総動員して之に対処すべく各市各村邑総合的の産業能力の開展の為め総ての施設を融合協和すべきものと信ずるのである。抽象的の論述を避けて一例を言へば、琵琶湖の水を対象とする近畿各都市の水道事業に対しては一元的計画を要するであらう。又工場用地の如き、工場用水の如き、皆各府県をも貫いての計画が樹立されてこそ機能に事かゝぬ最高最善の計画が現はるゝのである。そして各都市は其の大綱の下に其の特性を発揮する様自治的生活の向上を図るべきである。如斯地方産業大系の成就と其の運営の為め道路、運河は素より、港湾、飛行場等の諸施設に対し再検討を試み遠き慮を以て都市と云ふべきか、地方と云ふべきか、兎も角も総合的の計画を要望するものである。

都市計画は元来一市一町の事業でない。国家の事業たる建前であるのだから総合的性質を有するのは当然である。此の意味の適用を実際的に活用すべき時代が爰に現はれたと見てもよい。

筆者夙に地方行政の改革の第一歩を先づ府県廃合より発足するのが至当であるとの主張であるが、之れは容易の業でないとすれば此の都市計画の地方化の見地に立つて新計画樹立の途に出づべき時代であると信ずるのである。夙聞するに大阪市に於ては市域の拡張を計画中であるとか云ふ事であるが、布施市や堺市其の他接続町村が大阪市勢の影響により市域内に入るのは必然的の事態と見らるゝので、現行地方行政の下に於て大都市発展の順序としては当然の行き方である。所が筆者が此の際特に実際問題に対して感興を覚え且つ検討を欲するのは、大阪市が此の拡張を為すに当り問題となるのは尼崎市乃至西宮市である。堺市、布施市の併合と同じ意味に於て少くとも尼崎市に望むべきであらう。唯行政上府県を異にする所以で産業都市の興隆が阻止さるゝは遺憾であり又不利でもある。茲に府県に関する考察が必要とせられ地方計画の実象が描かるのである。将来の事であるから是れ以上の予断を許さないであらうが、要するに我国経済産業の中枢であり心臓であると云はるゝ大阪が其の指導の中心になるのは自明の理であり、亦其の責務でもあらうと思ふ。茲に将来を展望しその前途に大なる期待を持つ所以である。そして此等の問題に関し具体的考察をなすべき機会を得たいと思ふ。

第二部　雑録輯

第一　大阪都市計画及び同事業の全貌

第一次大阪都市計画事業は、大阪都市計画各種事業中の大宗を占むるものであることは既述の通りである。本章は主として大阪都市計画各種施設の中に於ける第一次都市計画事業の位置を示す目的を以て掲出すること、した。本章は言はば、大阪市に関係ある都市計画及び都市計画事業の全貌を示すものである。

一　都市計画区域、地域及び地区

一　大阪都市計画区域

都市計画区域は都市計画の各種施設を行ふべき区域であつて、大阪都市計画区域は大正十一年四月二十四日内閣の認可を得て決定された。爾後、市町村の区域変更があり、現在は下欄の通りである。

	決定当時ノ区域	現在ノ区域
大阪市	全部	大正十四年大阪市トナル
東成郡及西成郡	四十四ヶ町村	
三島郡	吹田町、千里村	昭和十六年吹田市トナル（旧豊津村ヲ含ム）
豊能郡	庄内村、豊津村、小曽根村、中豊島村、南豊島村	庄内町、小曽根村、中豊島村、南豊島村
北河内郡	守口町	守口町
中河内郡	巽村、瓜破村、矢田村	巽村、瓜破村、矢田村
右面積	二二〇・一五平方粁	二二七・九二平方粁（埋立編入ニヨリ増加）

二　用途地域

建築物の利用を地域的に統制し、土地の状況に応じて目的を同じふする建築物を同一地域に集団せしめ、市民の生活を快適、便利ならしむると共に当該地域に適応した施設を集中して其の利用を増進せしむるのが地域制の目的である。大阪都市計画地域制は大正十四年三月内閣の認可を得、同年五月一日から施行された。其の後数次の変更があつたが、決定当時及び現在の地域分布を掲ぐれば次表の通りである。

	決定当時ノ地域	全面積ノ	現在ノ地域	全面積ノ
住居地域	二二、〇〇〇千坪	三四・一％	六七・二一平方粁	三〇・九％
商業地域	七、一一〇	一一・〇	三三・四六	一五・四
工業地域	一九、五〇〇	三〇・二	九一・八五	四二・三
未指定地	一五、九五〇	二四・七	二四・六九	一一・四
合計	六四、五六〇千坪（一一三・三七平方粁）（新淀川ノ面積ヲ除ク）	一〇〇・〇	二一七・二一平方粁（新淀川ノ面積ヲ除ク）	一〇〇・〇

三　防火地区

産業経済の中心を為す枢要部に一定の防火地区を指定し、火災を予防

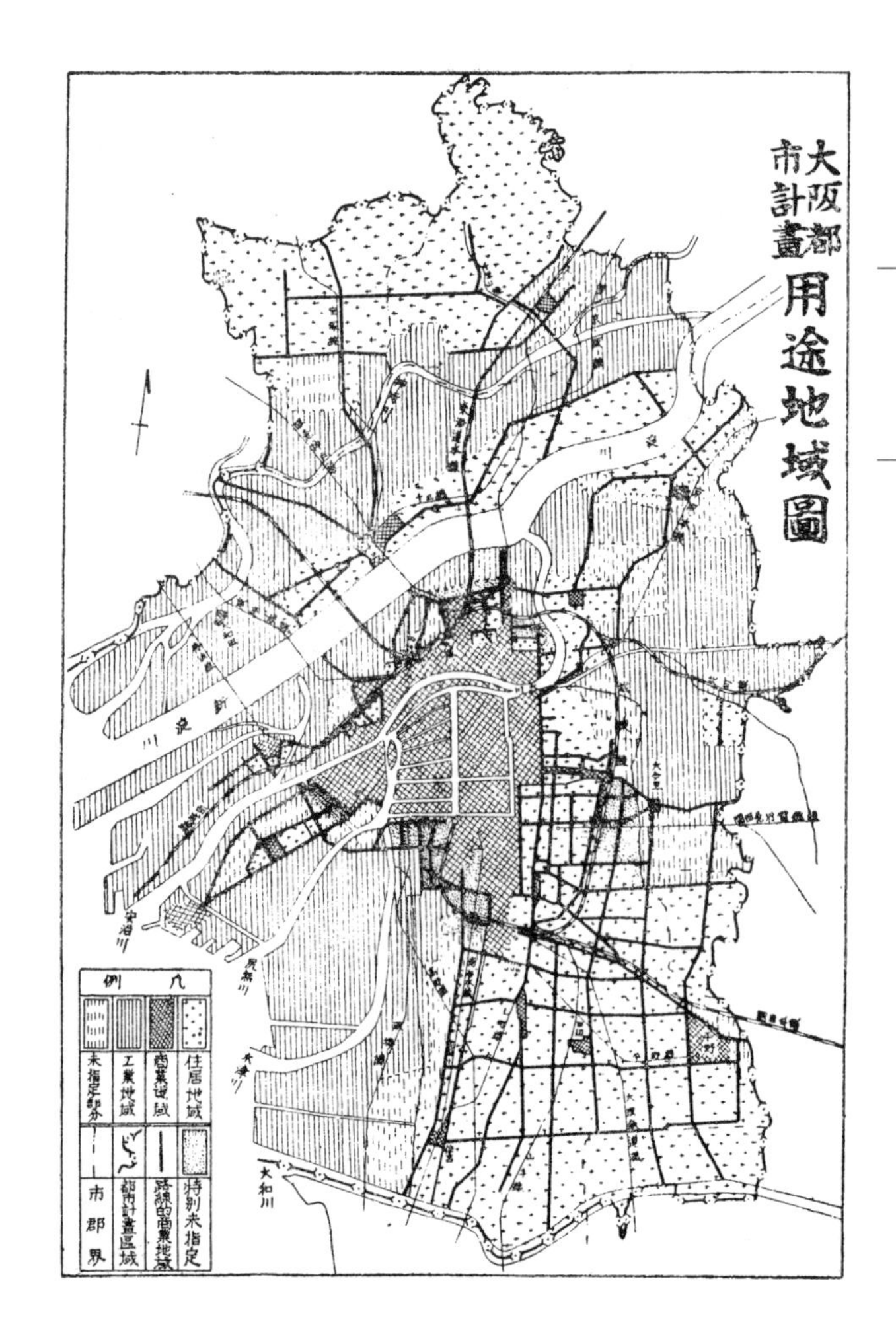

せんとするもので地区内建築物の新築に際しては総て耐火構造を要することになつてゐる。大阪都市計画防火地区は大正十二年六月内閣の認可を経、同年十月一日から実施されたが、昭和十一年四月之に追加変更が加へられ今日に至つてゐる。

	決定当時ノ地区	現在ノ地区
甲種集団式	約一八六、〇〇〇平方米	甲種防火地区約四、二五八、〇〇〇平方米
〃路線式	約三一八、〇〇〇	
乙種路線式	約一五四、〇〇〇	
合計	約六五九、〇〇〇平方米（市面積ノ約〇・三五％）	約四、二五八、〇〇〇平方米（市面積ノ二・二％）

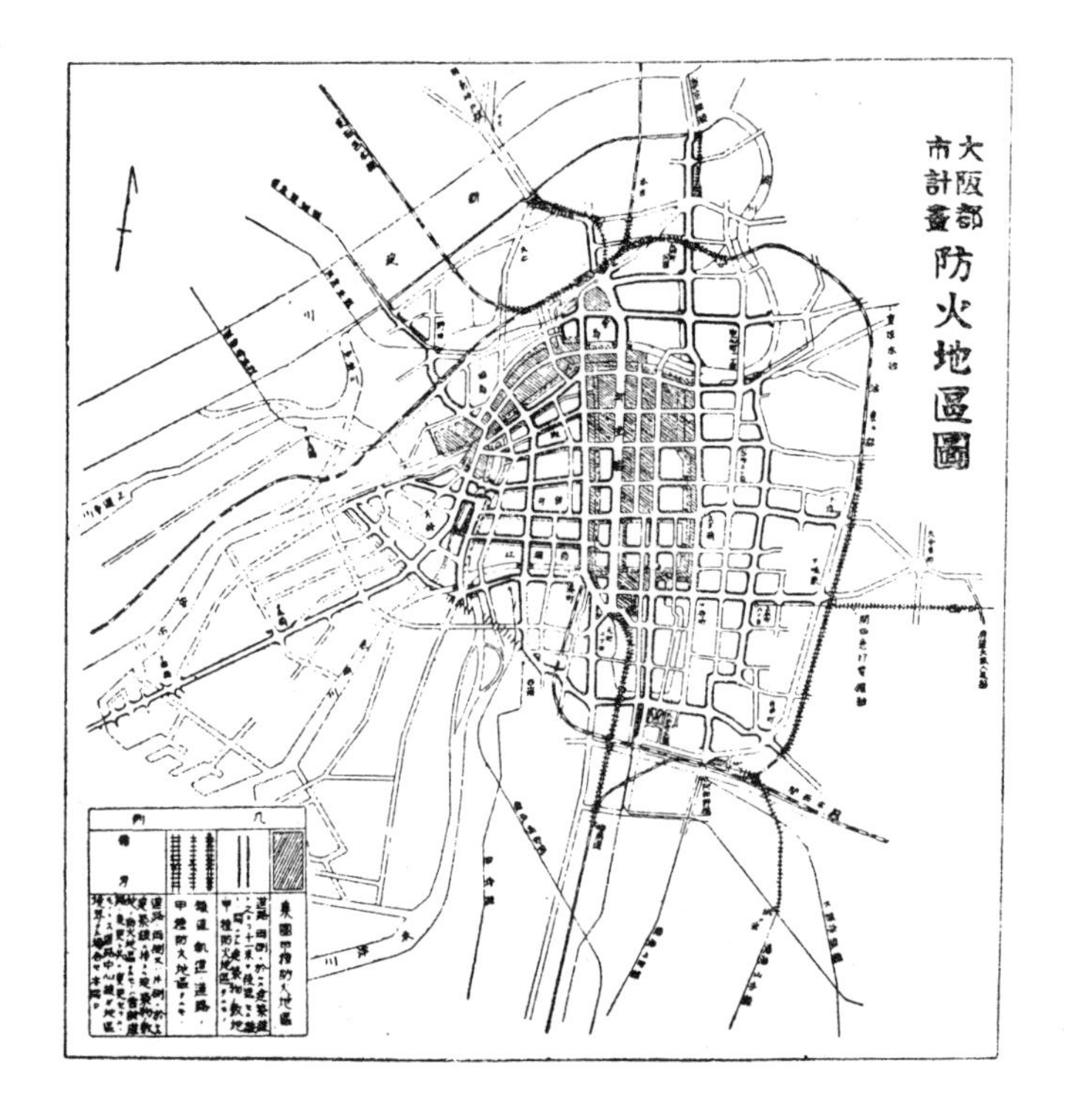

四　風致地区

風致保存に対する制度である。即ち、都市内外の自然美の破壊せらるるのを防ぎ、都市美の維持に資せんとするもので、大阪都市計画風致地区は昭和八年四月十日内閣の認可を得て決定された。其の地区は千里山外二十四箇所、合計面積約十九平方粁に亘つてゐる。

五　美観地区

建築美の創成を目的とするもので、昭和九年十二月七日内閣の認可を得て決定されたものである。此の面積は約一・二五平方粁である。

一　中之島を中心とし土佐堀川、堂島川沿岸一帯及び阿倍野橋附近を以て形成する一国の地区

二　大阪駅附近より桜橋を経て渡辺橋に至る街路、大阪駅より難波に至る御堂筋線、桜橋梅田新道間、堂島浜筋、阪大医学部附近、大阪城外濠に面する法円阪町線等の街路の両側地区

三　省線大阪駅附近、京阪電鉄天満橋停留場附近、（関西急行鉄道）大阪電軌上本町停留場附近、南海鉄道難波駅附近、（南海山手線及同天王寺線）阪和、南海及び大阪鉄道阿部野橋終点附近

合計十三箇所、総面積約百二十五万六千二百平方米（水面を除く）

尚右美観地区の内、大阪駅前の一団地に於ては昭和十一年一月十三日大阪府令を以て高度最低限の制限を行ふこと丶した。即ち、最も低き区域に於て十一米以上、最も高き区域に於ては二十米以上の建物を建築せしむること丶指定した。

二　都市計画

一　大阪市区改正設計

都市計画法施行前に於て、東京市区改正条例を準用して決定せられた本市の街路網計画である。本書第一次大阪都市計画事業の基本となつたことは屢述の通りである（第一編参照）

二　大阪都市計画（綜合計画）

大正十四年の市域拡張を機として都市計画区域の全般に亘り道路、公園、運河、下水道及び墓地等に関する根本的綜合都市の調査を進め、関係諸官庁の意見を徴して成案を得、昭和三年五月二十九日内閣の認可を得たものがこの大阪都市計画である。市区改正設計を第一次の計画と見て、本計画を「二次都市計画」と俗称することがある。

本計画は最初決定の後、数次の追加変更があつた。之を併記すれば次表の通りである。

計画内容	決定当時ノ計画	現在ノ計画
街路之部	一〇一路線	一一五路線
運河之部	一五線	一四線
下水道之部	五処理区	五処理区
公園之部	五八個所	一〇八個所
墓地之部	二個所	二個所
土地区画整理之部	二地区	

三　大阪都市計画高速度交通機関

都市計画としての高速度交通機関は大正十五年三月二十九日内閣の認可を得た。本計画に係る路線数は四線で総延長は五四粁余である。本計画中、第一期事業は末記の如く大阪市がその事業を執行し既に一部営業中である。

三　都市計画事業

一　大阪都市計画事業

本書に記録するところの第一次都市計画事業である。大阪市区改正設計中から最も急施を要するものを選んで事業としたもので、大正十年三月十九日内閣の認可を得た。

本事業は今回完成に至るまで数次の変更を経たことは屢述の通りである。

（現行事業概要）

街路ノ新設及ビ拡築	三九路線
路面鋪装	約五九五、〇〇〇平方米（一八万坪）
路幅整理	約二三一、五〇〇平方米（六万七千坪）
橋梁改築	八一橋

（大阪市長執行）

二　寝屋川附近都市計画事業

本事業は前述第一次都市計画事業の追加として昭和二年四月十一日内閣の認可を得たもので、昭和八年三月全工程を竣へた。

此の事業は、寝屋川流末の附替及び廃川敷の埋立等を施行し、之によつて市内河川汚濁の弊を除去し、都市計画街路寝屋川線を開設し、其の附近に建築敷地の造成を行つたものである。

（事業概要）

河川改修	一川
街路ノ新設拡築	一路線
建築敷地造成	四一、八〇〇平方米
執行年度	自昭和二年度至昭和七年度六ヶ年
事業費	二、二二一、〇〇〇円

（大阪市長執行）

三　大阪駅附近都市計画事業

本事業の当初計画では、大阪駅附近の市街地を整理する目的を以て、第一次都市計画事業街路の新設及び拡築の追加として昭和三年五月二十二日内閣の認可を得た。然るに、市財政の都合及び大阪駅改良工事等の関係から着手遅延し、昭和九年三月三十一日変更計画による内閣認可を得た。本事業は街路に関する事業と土地区画整理に関する事業の二つに分れてゐる。

イ　大阪駅附近都市計画（街路）事業

街路の新設、拡築及び広場の新設を行ふもので其の内容は次の如くである。

（現行事業概要）

街路ノ新設及拡築	九路線
地下道ノ新設	七線
地下道広場ノ新設	二個所
広場ノ新設	約一三、八八〇平方米（約四千二百坪）
執行年度	自昭和九年度至昭和十七年度
事業費	七、一七〇、五三二円

（大阪市長執行）

ロ　土地区画整理事業

都市計画法第十三条による土地区劃整理である。昭和十年四月二十二日内務大臣から大阪市に対し執行命令があり、事業費額二百六十三万円を以て昭和十五年に完成した。整理地区面積は一万四千七百余坪（四八、六五〇平方米）で、此処に五区画の高層建築敷地を造成し、土地の利用増進を図ると共に都市の美観昂揚を期したものである。（大阪市執行）

四　第二次大阪都市計画事業

前述の昭和三年決定の大阪都市計画中から、緊急実施を要するものを選定し、昭和七年十月二十八日内閣の認可を得て事業としたものである。

（昭和十五年三月変更）

（現行事業概要）

街路ノ新設及拡築	二八路線（内二線ハ市区改正設計街路ヨリ選定）
路面鋪装	八六八、四四四平方米
運河新設及拡築	一線

執行年度　自昭和七年度　至昭和十九年度
事業費　五九、六九六、五〇〇円

（大阪市長執行）

五　第三次大阪都市計画事業

叙上第一次、第二次都市計画事業の他に、更に既定大阪都市計画中から緊急なるものを選び、之に路面鋪装及び橋梁改築等の事業を加へて執行すべく昭和十二年三月二日内閣の認可を得たものである。（昭和十四年五月変更）

（大阪市長執行）

（現行事業概要）
街路ノ新設及拡築　一三路線（内三線ハ市区改正設計ヨリ選定）
路面鋪装　三〇六、六一七平方米
橋梁改築　三三橋
運河ノ新設及拡築　二線
執行年度　自昭和十二年度　至昭和二十年度　九ヶ年
事業費　三〇、六八七、九二四円

六　大阪都市計画街路墓地事業

既定大阪都市計画中の墓地二箇所及び之に接続する街路二路線を都市計画事業として実施したもので、昭和十三年三月十日内閣の認可を得た。

（現行事業概要）
街路新設　二路線
墓地園新設　二箇所
北墓地　豊中市　二一二、八〇〇平方米
南墓地　瓜破村　一七九、四〇〇平方米
計　三九二、二〇〇平方米
執行年度　自昭和十二年度　至昭和十六年度
事業費　約二、四〇八、八七四円

七　都市計画事業高速度交通機関

（大阪市長執行）

大正十五年三月内閣認可の大阪市高速度交通機関の内急施を要するものを選び、第一期事業として執行すべく昭和四年六月十四日内閣の認可を得たもので、其の後数次の緩更が加へられ現行事業は左記の通りである。

（現行事業概要）
高速地下鉄道建設　南方町―我孫子間　一六・二二粁
大国町―辰己通間　三・七二粁
執行年度　自昭和四年度　至昭和十八年度
事業費　一二九、二四七、七〇三円

（大阪市執行）

八　都市計画下水道事業

大阪都市計画下水道事業には、既記の昭和三年五月認可に係る大阪都市計画として決定したものから選び都市計画事業として執行中のもの及び大阪都市計画の決定前から執行されてゐるものとの二つがある。大阪都市計画決定前に実施若は決定されたものは次の三事業である。

イ　第一期都市計画下水道事業　大正十一年六月内閣認可　大正十四年三月事業完了
排水区域及面積　市岡、泉尾、三軒家及西野田方面（約二、五三九、〇〇〇平方米）
下水抽水場　新設二ヶ所、拡張八ヶ所
下水浄化装置　新設一ヶ所
執行年度　自大正十一年度　至大正十三年度　三ヶ年
事業費（決算額）　四、〇一七、七六〇円

ロ　第二期都市計画下水道事業　大正十三年五月内閣認可　昭和三年三月事業完了

排水区域及面積　善源寺、東野田、四貫島、春日出、西野田北部方面（約四、三〇一、〇〇〇平方米）
下水抽水所　新設二ヶ所、拡張一ヶ所
執行年度　自大正十三年度 至昭和二年度 四ヶ年
事業費（決算額）　四、〇八八、七八四円

ハ　第三期都市計画下水道事業　昭和三年三月内閣認可 昭和十三年三月事業完了
排水区域及面積　八幡屋市岡、長柄中津、大仁海老江、天王寺中道、今宮玉出、平野方面（二〇、四三〇、〇〇〇平方米）
下水抽水所　新設四ヶ所、拡張二ヶ所
執行年度　自昭和三年度 至昭和十二年度 十ヶ年
事業費（決算額）　一六、二四五、三四七円

大阪都市計画を基本として事業化されたものは次の二事業である。

イ　都市計画下水処理事業（第四期事業）　昭和六年一月内閣認可 昭和十五年三月事業完了
処理区域　中部処理区及ビ北部処理区ノ各一部（約二四、〇八九、〇〇〇平方米）
処理場　二ヶ所
執行年度　自昭和五年度 至昭和十四年度 十ヶ年
事業費　二一、六〇〇、〇〇〇円

(ロ)　都市計画第五期下水道事業　昭和十二年四月内閣認可
処理区域　中部、南部、北部、淀川北部、東部各処理区ノ一部（約六三、一五八、九〇〇平方米）
処理場　六ヶ所
抽水所　七ヶ所
執行年度　自昭和十一年度 至昭和十七年度 七ヶ年
事業費　約五八、五〇〇、〇〇〇円

（大阪市長執行）

九　大阪都市計画公園緑地事業

昭和三年五月内閣認可の大阪都市計画中に予定した公園のうち、緊急施行を要するものを事業化して昭和十四年五月十二日付内閣の認可を得たものである。本事業は其の後緑地事業を加へ、昭和十六年十一月八日左記の如く変更せられた。

（現行事業概要）
公園数　八十八個所（内緑地一ヶ所）
合計面積　三一三・一一ヘクタール
執行年度　自昭和十四年度 至昭和二十年度 七ヶ年
事業費　二三、三一一、六八六円

（大阪市長執行）

一〇　府知事執行大阪都市計画事業

大阪市及び其の近接地に於ける大阪都市計画事業として、大阪府知事が執行者となつてゐるものに左の各種事業がある。

イ　第一次都市計画追加事業（放射路線）　大正十五年六月内閣認可 昭和十六年三月完成
街路の新設及拡築　一〇路線
執行年度　自大正十五年度 至昭和十六年度
事業費　二六、〇二二、六一三円

ロ　都市計画河川改修事業　昭和七年十月内閣認可 昭和九年三月完成
河川改修（神崎川本川改修）　一線
執行年度　自昭和七年度 至昭和八年度
事業費　八八八、二七七円

ハ　大阪都市計画街路並運河事業　昭和十一年四月内閣認可
街路ノ新設及拡築　一路線
運河ノ新設　一線
執行年度　自昭和十五年度 至昭和十七年度
事業費　二、四六八、〇〇〇円

ニ　都市計画河川改修事業　昭和十四年三月内閣認可
市内河川改修　三線

施行年度　自昭和十四年度
　　　　　至昭和二十一年度
事業費　二九、五七九、〇一二円

第2章 近郊の開発
耕地整理・区画整理・土地会社

[2−A]『大阪建設史夜話』(玉置豊次郎、一九八〇年、一七一〜一二四頁)

第二十二話 イギリスの田園都市運動に便乗した大阪私鉄沿線の住宅地開発

大阪と東京の相異

幕政時代の難波三郷は全域が町人町であった。そして谷町筋から西では、幕末には民政を担当した西町奉行所があった外は、大阪城を初め幕政関係の建造物は、総て谷町筋から東に集結されていた。

ところで明治維新後は、本町橋詰のその西町奉行所趾が博物場になった外は、谷町筋から東の旧幕関係の土地はおいおいに全部陸軍用地に転換されていった。かくて旧幕関係の土地で、民需に開放された土地は先ずなかった。

これに対して東京では旧幕時代に、その七割以上が江戸城を初めとした侍屋敷であった。それが明治維新後には、本郷の前田侯邸趾が東京帝国大学に、その北接の水戸侯邸趾が第一高等学校に、小石川の水戸侯趾が砲兵本廠に、市ケ谷の尾州侯上屋敷が陸軍士官学校に、同じく尾州侯の戸山の屋敷が陸軍戸山学校に、赤坂の紀州趾が赤坂離宮に、新宿の内藤駿河守の屋敷が新宿御苑になった。とりわけ大侯の屋敷趾には公用されたものもあったが、他の大部分の大名邸趾は民間に開放されたのであった。

とくに本郷・小石川・牛込・赤坂・麻布・芝では、寺院の敷地を除くと九割以上が侍屋敷であったが、その殆ど全域が民需に転換された。ただ僅かに赤坂の青山大膳の屋敷の部分が青山墓地になった。本所・深川の大部分と下谷の過半も大名屋敷であった。そして本所の御蔵趾が陸軍の被服廠になった外は、ここも全域が開放されて市民の小住宅が多く建てられた。いずれにしても屋敷が広大であっただけに、大名屋敷が一箇所開放されると、数百戸の民家を建てることができた。

維新で東京の人口は一時激減したとはいえ、明治二十年頃には、漸く旧に復することになり、爾後日清戦争を期に、人口は急増を続けるのであるが、これらの急増した人口も、当座は難なく開放された屋敷趾に居を構えることができた。

以上のように東京では相当期間、人口が増加しても、建築敷地獲得には事欠くことはなかった。それに引き替えて、大阪では東京のような恩恵には微塵もあずかることはできなかった。

河内・和泉・摂津といえば、わが国の文化発祥の地である。大和と共に早くから農耕が進んでいた。それも高きは削り、低きは埋めて一面の田圃とした。山麓とか人家の敷地の外は全部が田圃であった。かくて摂河泉の各集落は全部田圃でかこまれていた。大阪も例外ではなかった。従って大阪の人口が増加して、そのために建築敷地が必要になると、先ず場末の田圃を埋め立てて、建築敷地を造成するということになる。ところで一面が田圃であるから、埋め立て用の土の入手が大変に困難である。今日のように、トラックで遠方からでも容易に土が運べる時代ではなかった。

従って一応埋め立てができても、次の埋め立てが容易でないだけに、その土地は十二分に活用しなければならない。換言すると最少限住宅を可能な限り多く建てねばならないことになる。その結果は言うまでもなく、恐ろしく過密ということになる。これがやがて前に記述したスプロールになるのであった。

日本の全部の都市が大阪と同様だというわけではない。完全に田圃で囲まれていたのは六大都市の中では開墾が最も進んでいたがための大阪だけであった。

東京の西郊は多摩までの武蔵野の広域な地域で、国木田独歩が記述するところの楢・櫟・欅の美林の連続で、どこにでも点々と眺めの良い住宅を随時建てることができて、建築敷地に事欠くことはなかった。

名古屋の東郊も桶狭間・長久手まで、延々と利用されなかった丘陵が続いていた。ここは酸性土壌で農耕にも植林にも不向きであった。尾張侯は濃尾平野で大量の貢納があり、木曽の美林があったので、敢えて酸性土壌の改良にまで金をかけることもなかった。これが今日住宅地として活発に開発されている。長久手まで届くのはまだまだ先の事である。名古屋はまた木曽川・長良川・揖斐川を持っている。水資源は無尽蔵である。土地も水もふんだんにある。名古屋は永遠の青年都市である。

横浜も神戸も福岡も、その背後地に格好な住宅適地を持っている。適切な手入れが待たれるだけである。

その点、大阪は先ず田圃を犠牲にすることから始めねばならない。そして苦労して地揚げ用の土を集めねばならなかった。従って、充分な地揚げがされないままの、湿潤な土地が多かった。これがまた同時に、家庭や工場の廃水のたれ流しにつながるのであった。このような不適格敷地に、矮小住宅と群小工場がひしめき合った。一部上町台地の桃山辺を除いて大阪の周辺東西南北全域が、皆こういった状況であった。

一方しか見ない国定教科書

かつての難波三郷であった東西南北四区の周辺に新市として編入されたこれらの区域には、数千に上る各種の工場が乱立した。既記の如く、これらの工場は全部四六時中濛々たる黒煙を煙突から撒き散らした。同時に毒ガス・悪臭・振動・騒音を無遠慮に発散していた。黒煙は濃い程、騒音は激しい程工場の繁栄を象徴するものであった。やがてこれが日本国中どこにも見られない大阪独特の現象になって、むしろ他都市からは羨望の的ですらあった。

当時の小学校の国定教科書は、既記のようにこの状況を記述し黒煙に覆われた大阪の空の絵を掲げて、東洋のマンチェスターであると賞賛した。確かに繊維の大工場は大阪の独占する所であった。マンチェスターも繊維の大生産地であった。イギリスの工業は繊維を手がけることから出発しているので、工業国イギリスの中でもマンチェスターの地位は高いものであった。大阪をそのマンチェスターになぞらえたのである。大阪としては当然光栄の筈である。

ところでわが国定教科書はマンチェスターの繁栄ぶりだけを見て、マンチェスターの他の一面である工場労働者の生活状況を見ることにまでは気附かなかったのである。

フリードリッヒ・エンゲルスの父は、マンチェスターで紡績工場を経営していた。彼はこのマンチェスターで十年間に渉って、工場労働者住宅とその生活状態を調査して、一八四五年に「イギリスに於ける労働者階級の状態」という著書に膨大な調査データを集録している。十年間に渉る調査だけに精細なだけではなく、読む程に身の毛のよだつ陰惨の極致を書き綴っているのである。

道は狭くて曲りくねっている。裏通りに沿った家の建て方はお粗末を極めている。少しでもきれいにしようという気風は微塵も見られないむき出しのままの労働者住宅窟である。二人ならんで通れる道は先ずない。その狭い道の頭上にまだ家が突き出て建てられている。家々は互いにつかみあうように詰め込まれている。新しく建てられる家程それがひどいのである。狭い道の脇に共同便所がある。便所のまわりには腐敗した大小便の浮いているよどんだ水たまりがある。

以上は長い長いエンゲルスの記述のほんの序の口である。これから延々と精細な報告が続くのである。しかしこれを読んでいると、とてもマンチェスターとは思えなくて、大阪のスプロールを書いているのではないかと錯覚を起こす程に、工業の繁栄だけでなく、スプロールの悲惨さまでが似ていたのである。イギリスではエンゲルスという偉大な人物がいて、その悲惨さを摘発しているのであるが、日本政府はそれには全く気が附いていないのであった。かくてやがては、大阪にもマンチェスター同様にコレラやペストの騒ぎが起こるのであった。

エンゲルスはマンチェスターでの体験で彼の史的唯物論の理論と科学的社会主義の体系に確信を持った。そしてマンチェスターの報告書を出した二年後の一八四七年に、マルクスと共に共産党宣言をつくり上げたのである。

ヨーロッパでのユートピア運動

第十九話で、ロンドンのイーストエンドが犯罪と疫病の巣窟であることに堪えかねて、一八四八年、政府は初めて公衆衛生法を公布し、続いてスラム対策を徐々に強化していった経過を略述しておいた。

しかし民間でエンゲルスがマンチェスターの報告書を出したのは、その前の一八四五年であった。更にそれよりもまだ前にスラムを研究し、その対策を実践する運動があったのである。

由来、撚糸と織布は、最初はどこの国でも農家の仕事であった。ところでイギリスでは最初にこれが工場生産に移された。一七八四年に水力を利用した機械織機が使用され、更にその翌年に蒸気機関が使用されることになってからは、規模も大きくなり、各工場で石炭で蒸気が沸かされ、煙突から黒煙が舞うことになった。産業革命が始まったのである。

農村の余剰人口がこの工場に工員としてでてきた。工場側ではこれらの工員の受け入れ態勢が全然ないままだったので、工員らは高い煉瓦の煙突を見上げながら豚小屋にも似た矮屋にひしめいた。ここでは低賃金で最低の生活をしていた。彼らは田舎に帰ればより広い住いと緑豊かな農園と実り多い収穫があるのに、敢えてドス黒い空の下に騒音、振動をも気にしないまま、一日中機械と共に働き続けるのであった。彼らは工場のある都市に、かけがえのない不思議な魅力を感じていたのである。イギリスでは時々飢饉があった。とくに一七九七年の飢饉は多くの農夫を工場に走らせた。

ロバート・オーエンは一七八九年に小さな紡績機械の製造工場を始めた。そして成功したので、紡績工場の方へも手を伸ばすことを考えた。しかし一般の紡績工場の工員の悲惨な生活にひどく同情していたので、新しい経営を考慮したのである。

彼は幸いにして一七九九年スコットランドのニュー・ラナークで、紡績工場を手に入れることができた。ここで世界最初のユートピアが建設されようとしたのである。

先ず労働者に良好な住宅の提供をはかり、更に教養を高めるための施設を造るために都市計画を考えたのである。勿論、高賃金、労働時間の短縮も重要課題であった。

実りあるコミュニティにするために、先ず幼児に保育所、そこを終えたものに読み書き、算術、裁縫、編物を教える場所、更に大人に舞踊、音楽、社交の施設を備えて、労働の余暇を充分に楽しめるものにしようとした。尚図書館、礼拝堂、体育施設、共同炊事場と食堂、特に住宅については親子四人のために四室を考えた。

オーエンが理想とするコミュニティは、人口が一千人ぐらいで、土地が一千から一千五百エーカーであった。（一エーカーは一千二百二十四坪、四十・四六アール）

ニュー・ラナークでは彼の理想は充分に実現させることができなかった。しかし建物は煉瓦造りであったから、今日現在までそのままに残っているが、ユートピアの廃墟は寒村になっている。

彼はラナークで果たせなかった理想を実現するために、一八二五年アメリカに渡ってインディアナ州に三万エーカーの土地を購入して、同志八百人と共に共同生活に入った。そしてこの村をニューハーモニーと命名した。オーエンのユートピアは最初のうちは素晴らしい活動をした。

しかし、やがて同志の間に思想の対立が起きて、一部が分裂して別のコミュニティを創設した。それで一八二八年にはオーエンは、土地を売却してイギリスに帰り、組合運動に専念することになった。しかしユートピアの考え方は、いっさいの階級と闘争を否定し、平等と幸福の社会を構成しようという高邁な理想であっただけに共鳴者が続いた。一八三九年から一八四五年にかけて、ハンプシャー州クインズウッドでも、オーエン主義のコミュニティが活動した。

一方シャルル・フーリエもユートピアの詳細な都市構想、即ちファランステールを発表し、アメリカで一八四〇年から一八五〇年の間に、共鳴者によって四十一のコミュニティ即ちファランジュが建設された。特にジョージ・リプリのマサチューセッツ州ウェスト・ロクスバリーのブルック農場や、ジャン・バティスト・ゴダンのニューメキシコ州ノース・アメリカンファランクスは四百世帯にも及びもっとも成功した。

トーマスモアのユートピアの影響を受けたといわれるエテイェンヌ・カベーは、理想国イカリアとその首都イカラの都市計画構想を発表した。一八四八年にはこれに共鳴した四百人が、イリノイ州ミズリー河畔ノヴー村にイカリアを建設したのを初め、イカリアは各地に続いて建設された。

ユートピア主義者の描いた理想都市像は、反目と競争の激烈な社会をよそにして、素晴らしく高潔な理念で画かれた社会を創造しようとしただけに、共鳴者は絶えなくて、名も出ないままのユートピアも各所で試みられていたらしい。しかし人間の思想は一生不変なものではなくて、一時共鳴して共同生活に入っても、やがて思想の対立で離合集散が絶えることなく、永続するものはなかった。そしてアイオア州アマナのコミュニティも、一時一千人からの、最後まで残った唯一の集団であったが、一九三〇年の不況で崩壊してしまった。

ヨーロッパにはユートピア思想を発表するだけの論客は多かったが、それが実験されたのは、殆どがアメリカの地であった。数千エーカーの土地はアメリカでなければたやすく入手できなかったからである。

イギリスの田園都市運動

工場主の都市脱出

ユートピアは共産村と同意語であると解されていた場合が多い。共産主義ということになると、一部に同調者を得ても必ずしも全部の人の共鳴を得ることは無理であった。しかしイギリスの工場主の中には、自己の工場経営について、ユートピア思想に触発される人も出てくるのであった。都市の中の狭くて拡張の余地もない工場であくせくと働いたり、工員を不衛生な陋屋に押し込めておかないで、地価の安い田舎で広々とした敷地へ工場を移し、同時に全工員には菜園附きの真新しい住宅を建設して、ユートピアを夢見さすことこそが、何よりも工場経営に有利であると考えたのである。

一八四六年にリチャードソンは、アイルランドのベスブルックに、自分の工場を移して労働者の住宅村を建設した。

一八五三年にタイタス・ソールトは、工場と住宅群のソールテアを建設した。

一八五三年にブライスは、プロムバラにろうそく工場を移して、労働者のために住宅村を造った。

一八七九年にカドバレーは、バーミンガムのチョコレート工場を郊外のボーンビルに転出した。敷地は四百十六エーカー、そのうち工場六・六％、道路一二％、公園一〇％、住宅庭園六四・八％、住宅六・六％、その他学校・教会・倶楽部・市場を完備した理想的なものが最初に完成された（図54）。

一八八七年にリーヴァーは、リバプールのポートサンライトに石鹸工場を転出した。敷地は五百四十七エーカーで、工場・労働者住宅の他に、教会・学校・病院・公会堂・倶楽部・図書館・運動場等一切を完備した。

労働者住宅は一エーカーに十戸を限度とし、一階にリビングルーム・台所・浴室、二階にベッドルーム三室が設けられた。各住戸には五百平方メートルの庭園があって、花園・菜園を設け、収穫の余剰は市場に出した（図55）。

工場の郊外転出はヨーロッパ大陸でも行われていた。

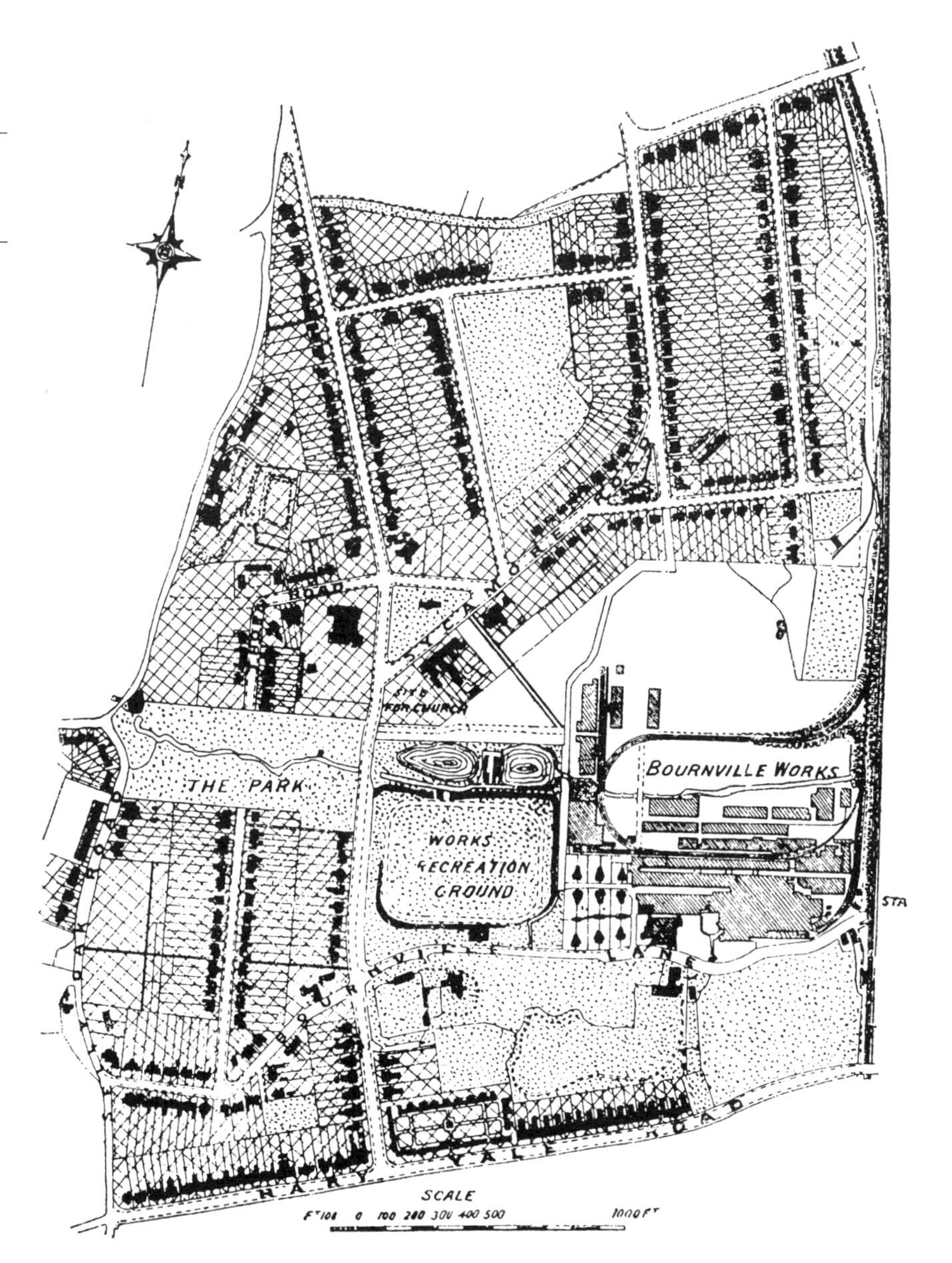

図54　ボーンビル田園工場

図55　ポートサンライト田園工場

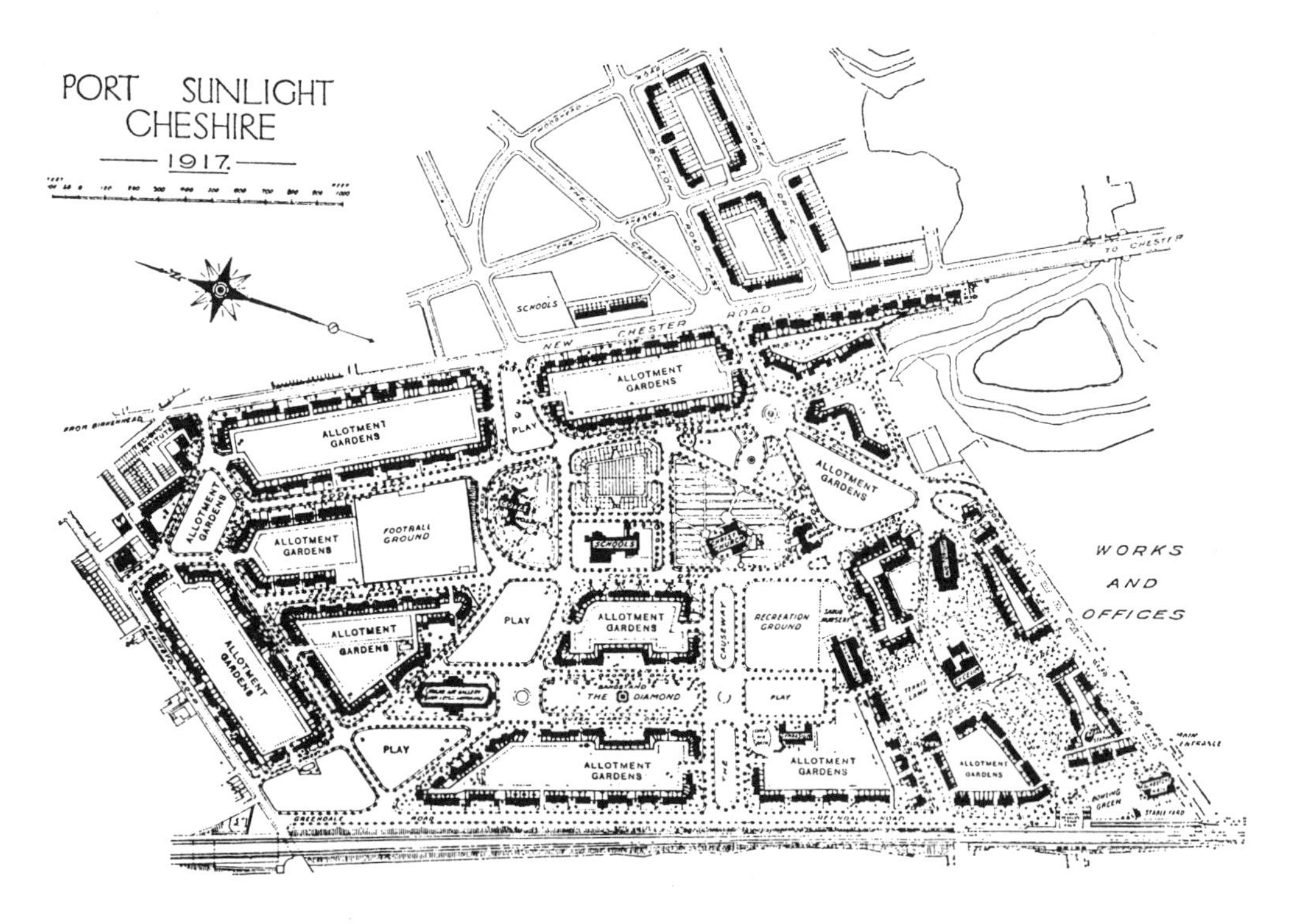

図56　エッセンのクルップ職工農村の一部

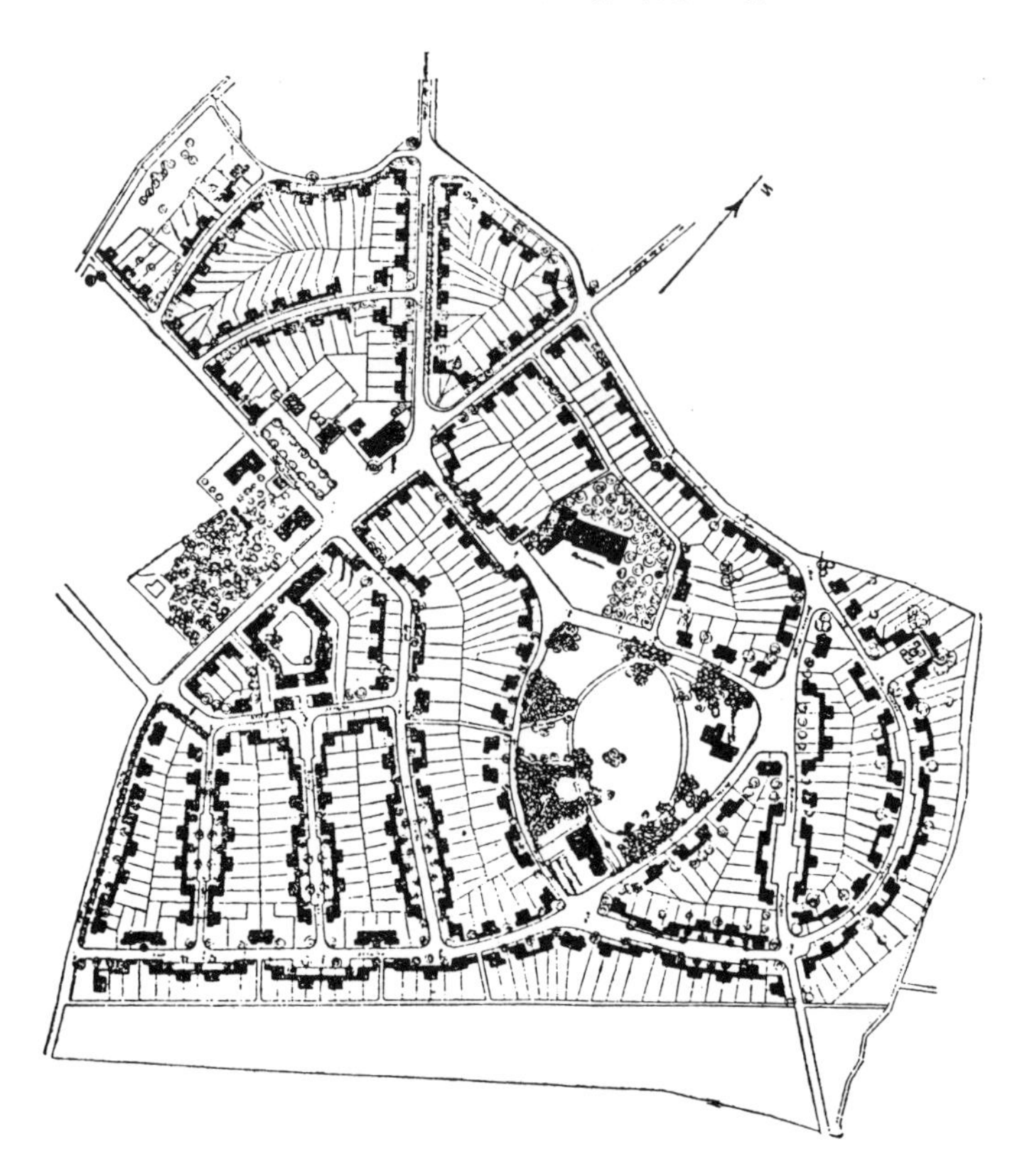

一八二五年には既に、ベルギーの工場主ドウゴルジュが、グランドルヌに工場と労働者住宅を転出した。

一八五五年から一八七五年にかけて、クルップがエッセンの郊外に、大規模な職工農村を建設した。ここでも菜園を営ませ、新鮮な野菜を自給することができた。学校・図書館・倶楽部等一切は勿論完備して、最も有名であった（図56）。

その外にイタリアでは、工場主ポースがヴァルダンドルに模範田園工場村を建設し、スイスでもスチャードシーのチョコレート工場を、セリエールの田園工場村に移設した。

更に、この工場経営の理念はアメリカにも渡って、多くの田園工場が建設され、特にシカゴ郊外カルメットのプルマン車両会社の田園工場は著名であった。

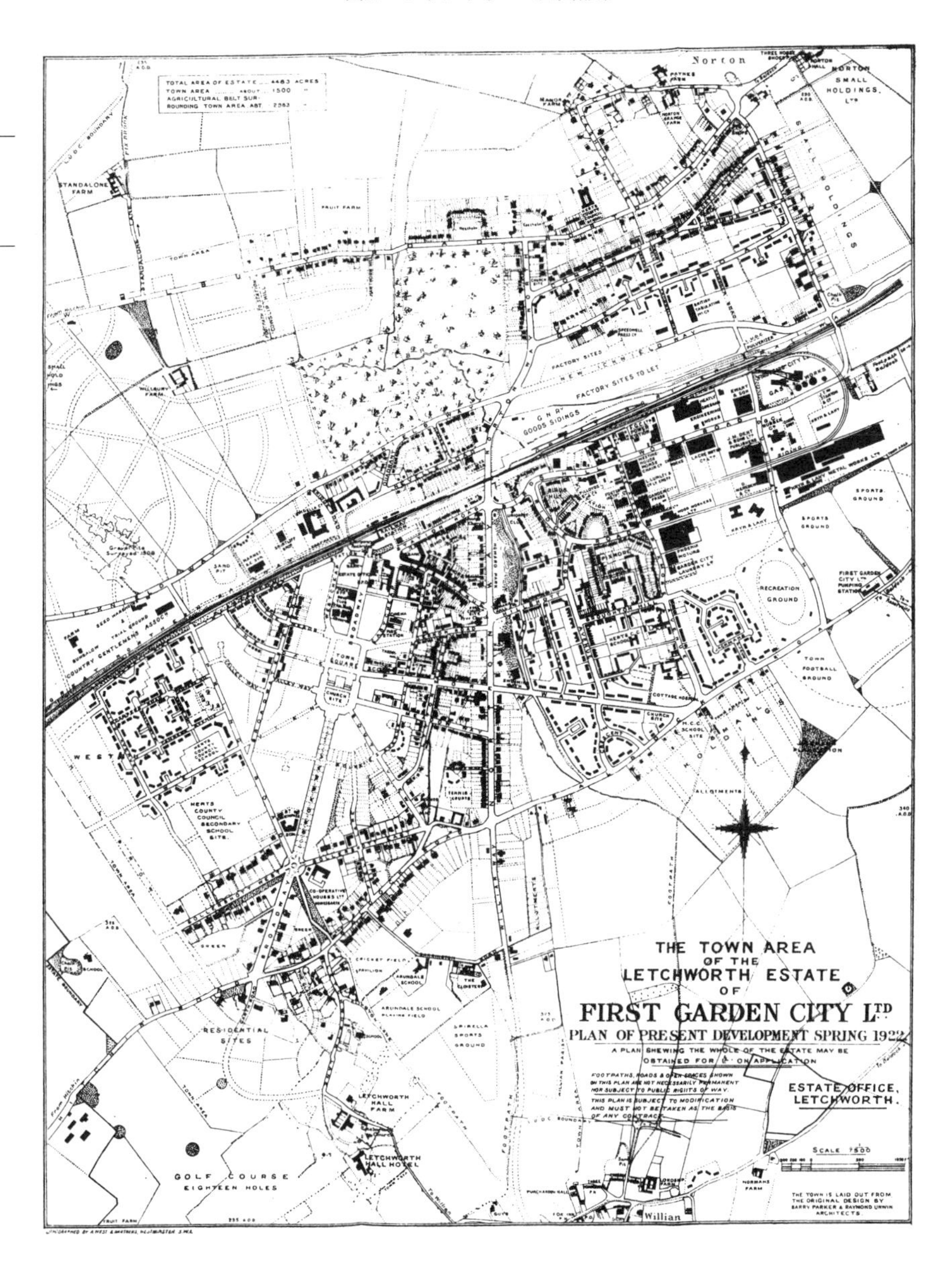

図57　レッチウォース田園都市

ハウワードの田園都市

以上のそれぞれの田園工場では、労働者に都市では得られない自然の恵沢を満喫させた上に、整備された工場での労働能率を大いに向上させた。しかしこれらは、いずれも単独工場での独自の計画であって、それぞれの実績を挙げていたのである。

図58　ウェルウィン田園都市

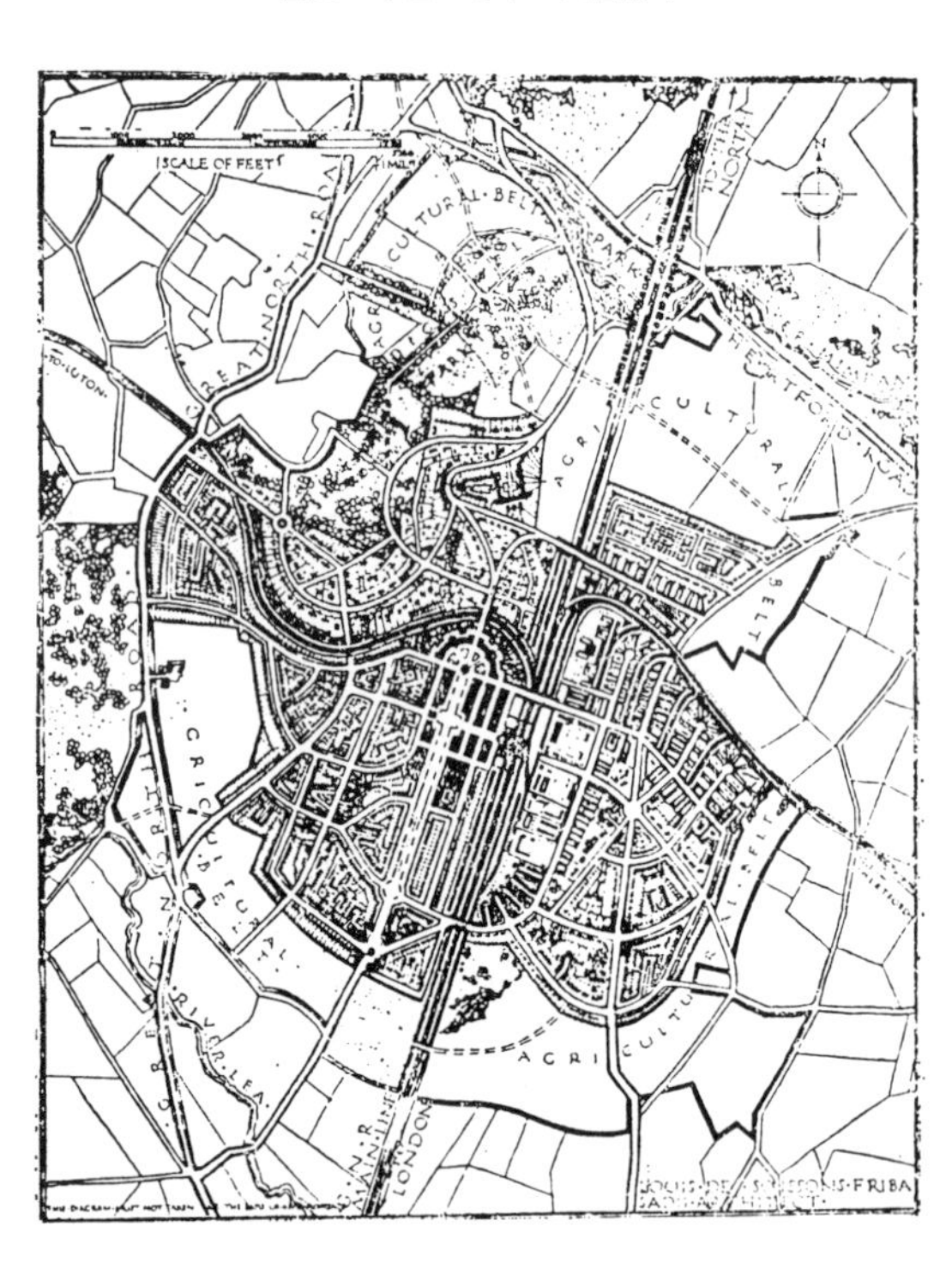

そこで大都市内の狭隘な敷地で経営に悩んでいる工場が集団で移転して、同時に衛生的住宅群を建設して、労働者もそこに転出して、理想的都市を建設しようという構想が発案されてきた。

一八九八年エベネッツアー・ハウワードが、「明日」と題して出版した。ハウワードは都市と農村の得失をそれぞれ論じて、両者の利点を取り挙げ欠点を除くと田園都市になるとした。ハウワードの理論には、特に偏した思想背景がなかっただけに、大変な好評を博した。それで一九〇二年に、「明日の田園都市」と改題して出版したら益々多くの共感を得た。

翌年さっそく、先にボーンビルを建設したカドバレーや、ポートサンライトを建設したリーヴァー等も出資者になって、第一田園都市株式会社が設立され、レッチウォースに最初の田園都市が建設されることになって、設計はバリ・パーカーとレイモンド・アンウィンが当たった。敷地は最初三千八百十八エーカーが準備され、そのうち一千二百エーカーが都市区域、二千六百エーカーが農業区域と定められ、都市区域には百四十四の工場と労働者三万人が予定された。一エーカー二十五人の割であり、一エーカー当たり六戸を限度とした。一戸当たり二百坪である(図57)。

一九二〇年には、第二の田園都市ウェルウィンが建設された。敷地は四千二百三十エーカー、人口四万人ないし五万人で計画され、市街地と農地の分離、市街地の各施設は完備された(図58)。

これらの田園都市は、相当成功を収め適時拡張されたので、地積人口等の数値は発表の年次によって漸増した。いずれにしてもこれは民間事業である。そこでイギリス政府も手をこまねいて見ているだけでは済まなくなって、遅ればせながら、一九四六年に新都市法を公布し、公営田園都市を全国に十八箇所建設することにした。

日本へ田園都市思想の波及

日本でのユートピアと田園都市のとらえ方

ヨーロッパやアメリカでは、ユートピアは共産主義者の町と割り切られていた場合もあった。しかし日本では一部の人を除いて、一般には理想郷・桃源郷或いは宗教色を除いた極楽浄土、もっとくだけて、おとぎの国位にしか受けとられていなかったのではないか。日本にユートピアという言葉が伝来してきた頃には、資本主義の弊害がまだ論じられる以前であったから、ユートピアのとらえ方は曖昧だったということでよいのではないか。事実日本では数千エーカーもの土地を獲得することは不可能であったから、夢物語に過ぎなかったのであろう。

一方、田園都市については、明治四十年末に内務省地方局有志によって、田園都市と題した著書が出された。ハウワードの田園都市論やポートサンライトやボーンビル等が詳細に紹介された。同時に花園農村も提

図59　ハンプステッド田園郊外

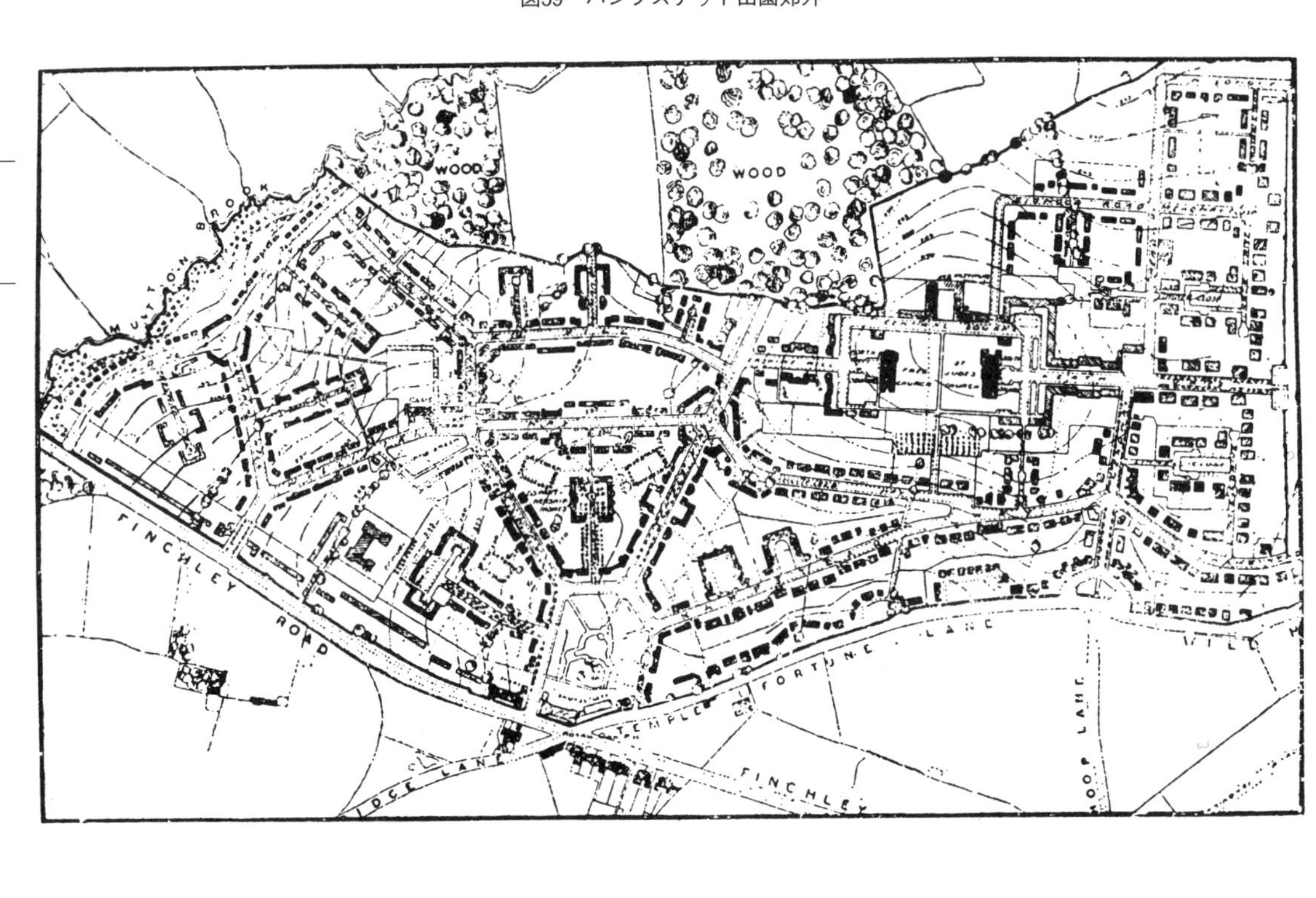

唱されて、当時既に非常な卓見の士の居られたことに感銘を深くしたのであるが、街にこの言葉が広く流れるのは、しばらくして大阪からであった。その時田園都市という言葉には大変なあこがれが懐かれていたようである。明治の頃には市区改正といえば、道路を造ることぐらいにしか考えられていなかったのが、都市計画に変わってから、にわかに大変身近な感を懐いたのと全く同様のようであった。

それにしても、この時大阪では、レッチウォースやウェルウィン等の正統的田園都市ではなくて、大都市周辺の田園郊外や、衛星都市が考えられていたのである。

事実イギリスに於いても、一九〇七年にロンドンの東郊にレイモンド・アンウインの設計で、ハンプステッド田園郊外が建設された。総敷地三百二十エーカー、うち八十エーカーは公共広場、一エーカーに建設される住宅は平均八戸、一戸百五十三坪であった。(図59)このハンプステッドの田園郊外は大変な好評を博した。そしてロンドン及び他の都市の周辺にも田園郊外の建設が続いた。

イギリスでは、田園都市と田園郊外は区別されていたが、日本に渡ってきた時には田園都市の一語だけであった。しかも一般にはそれで田園郊外を考えていたのであった。

大阪私鉄沿線での住宅地開発

ホワイトカラーのための住宅地のなかった大阪

難波三郷は町人の町であって、商家が軒を並べていた。これらの商家では家内中が商売を手伝っていた。そして大きな店になると番頭・丁稚・女中の数がふえた。大番頭・中番頭・小番頭・丁稚・小僧・ぼんさん、女中も上女中・中女中・下女中と段階があった。男の使用人は店の間とか店の二階で寝た。女中は台所とかその二階で寝た。大番頭らと女中とが仲よくなると、旦那さんのお許しを得て近くの露路の中の借家で世帯を持たしてもらって初めて通勤ということになる。そして旦那さんの信用がいよいよ増してくると、暖簾分けしてもらって一軒店を持つことが許されて別家となる。特に出来のよい者は、店のお嬢さんの入婿となって、店を継がしてもらう。店に雇人が何人いても通勤するものは極く僅かであったから、それらの人々のために、多くの住宅が特に必要ということはなかった。

一方、明治になって大阪の人口が増加してきたが、最初それらの人の多くは、大阪周辺を取り巻いた数千に上る工場の工員が大部分であって、工場の近くにスプロール化した長屋に住んで事足りていた。

ところがだんだんにホワイトカラーという新しい階層が出現してきた。これらの階層は、これまでの角帯前垂れの番頭と違って、洋服と靴ばきで毎日通勤してくるのであった。店舗が大きくなって会社組織になると、番頭も丁稚も皆会社員でホワイトカラーに転身するのであった。銀行ができたり役所ができたりすると、ここにもホワイトカラーが増加した。

大阪ではこれらの人のための住宅は全くなくて、彼等は途方に暮れていて救いがなかったのである。特に他都市から大阪に転勤してきた人が困った。

アメリカ郊外での住宅地開発

産業革命からは、世界の大都市で、人口が急増し始めた。そのためにそれらの都市では、市域を郊外に向けて、大拡張を続けた。その拡張の続け方は都市によってさまざまであった。最初からスプロール化することを予想して、統制の舵をうまく取ったところと、大阪のようにぶざまなところなど、極端から極端まであった。

それについてアメリカの場合と大阪の場合には、面白い対照をしているので、アメリカの場合を取り挙げてみよう。アメリカの各市の都市計画は、世界中で一番うまく行っているようである。アメリカの多くの都市では市全域に渉って、幹線道路は勿論、細道路網まで全部決定し、ゼネラルプランとして、これを公表し、建築は全部このプランで実施している。そして日本のように都市計画道路の位置は決定しても、いつ実施されるか見込みの全然ないというのと違って、市役所は幹線道路を郊外にまで、どんどん延ばして建設している。各家庭は全部自動車を持っているから、幹線道路の遥か遠方に家を新築しても、その幹線道路の数が多くて幅員が広いから、どの幹線道路も混雑してスピードが落ちるようなことは先ずない。そこで幹線道路沿いに長く家が続く。

シカゴ辺りではこの幹線道路に沿って家が続いているのをストリップと言っている。日本人がシカゴを訪れて、ストリップに宿を収っておいたと言われて驚いたのであるが、ただのホテルであってがっかりしたというのである。ここでのストリップは直線という意味であって、郊外に出る直線道路沿いのホテルを契約しておいたということなのであった。ストリップを走りさえすれば家はどこにでも建てることができて不自由はない。当然ながら地価の高騰もない。

イギリスでも郊外の幹線道路沿いに、街が延びて行くので、イギリスではこれを「リボン状発展」と称している。ところでイギリスではアメリカ程に、郊外幹線がないので大変に混雑する。そこでリボン状に発展することを嫌って、リボン状発展制限法という法律を一九三五年につくって、幹線道路に直面しないで横町に建てることを希望している。

いずれにしても、外国では郊外道路が発達しており、自動車が早くから普及していたので、住宅地の獲得が容易であって、土地問題はそれほどやかましくない。

大阪郊外での住宅地開発の発端

ところが日本では、アメリカのようには行かない。特に大阪では自動車で郊外に容易に出られるようになったのは、ほんのここ数年前からである。公共投資が全くおろそかにされていたのである。

大阪でそれを補ったのが私鉄である。今日大阪で私鉄が発達しているのを誇りであるかのような話があるが、それはとんでもないことである。国や公共団体の手遅れの結果であって、外国からはむしろ批判されているのである。大阪程私鉄が幅をきかせている都市は、世界中どこにもない。そして大阪程私鉄のターミナルが繁昌しているところもどこにもない。

放射道路の建設もされず、自家用車の普及も充分でなければ、自然都市が郊外に伸びるためには、私鉄だけが頼りになるのであった。

現在、国有鉄道になっている関西線（明治二十二年湊町―柏原間二十五年柏原―奈良間開通・旧大阪鉄道）、片町線（明治二十八年開通・旧浪速鉄道）、環状線（明治二十八年・旧大阪鉄道）等は最初私鉄であったが、いずれも開通後数年で国鉄が買収したものの運転回数が極端に少なかったために郊外の発展には殆ど貢献していなかった。また、東海道線など、もともと国有鉄道であった路線も貢献していない点では同様であった。

それに引き替え私鉄は、回数も多くサービスもよかったので利用された。ここで私鉄が建設された状況を見ると

明治十八年、阪堺鉄道が難波―大和川間に初めて開通する。

明治三十一年、阪堺鉄道が和歌山まで延長して、南海鉄道になる。

明治三十八年、阪神電鉄出入橋―三宮間が開通、芦屋駅ができる。翌年梅田に乗り入れてくる。

明治四十年、阪神電鉄は香櫨園駅、西宮駅等完備。

明治四十三年、京阪電鉄大阪天満橋と京都間開通。

同年、箕面有馬電軌、梅田―宝塚間並びに石橋―箕面間開通。

同年、阪南電鉄（現南海上町線）阿倍野橋―住吉間開通。

明治四十四年、南海鉄道電化して駅数を増す。

明治四十五年、阪堺鉄道（現南海鉄道）恵美須町―浜寺間開通。

大正三年、大阪電気軌道（現近鉄）上六―奈良間開通。

大正三年、阪堺鉄道今池―平野間開通。

大正四年、南海鉄道高野線汐見橋―高野間開通。

大正七年、南海鉄道羽衣―高師浜間開通。

大正九年、箕有電軌は阪急電鉄と改称して、神戸線開通。

大正十一年、新京阪電鉄天六―四条大宮間開通。

大正十二年、新京阪千里山線開通。

同年、河南鉄道（富田林―柏原間）が大阪鉄道と改称して、道明寺から阿倍野橋へ乗り入れてくる（現近鉄南大阪線）。

大正十三年、阪神伝法線開通。

昭和二年、阪神国道電鉄開通。

昭和四年、阪和電鉄開通。

以上は大阪の郊外私鉄開通状況をおおざっぱに見てきたのであるが、これらの開通状況に応じて、それぞれの沿線に住宅地が開発されてきたのである。

先ず最初に開通したのが、南海鉄道であったが、その時の最初の駅天下茶屋は、大阪南辺のスプロール区域を飛び越えて、野趣豊かで静閑な地であり、且つ秀吉の紀州下りの折、抹茶を献じたという良水の地でもあったので、後記の如くいち早く別荘が多く建てられた。更に次の駅の住吉までに中流住宅も建てられた。

次が阪神電鉄である。先ず芦屋川の松林から香櫨園に、大阪神戸の実業家の邸宅が点々と建てられた。

阪神電鉄は自らの手で、初めて明治四十二年には西宮に賃貸住宅を、明治四十三年には鳴尾に分譲住宅を建築した。これらの住宅は芦屋香櫨園の高級なものではなくて、前述のホワイトカラーを狙ったものであった。これまで郊外電車に乗るということは、用件の時でなければ、物見遊山の場合に限られていた。日々の通勤は徒歩ということに決まってい

図60　箕有電軌経営の桜井住宅地区

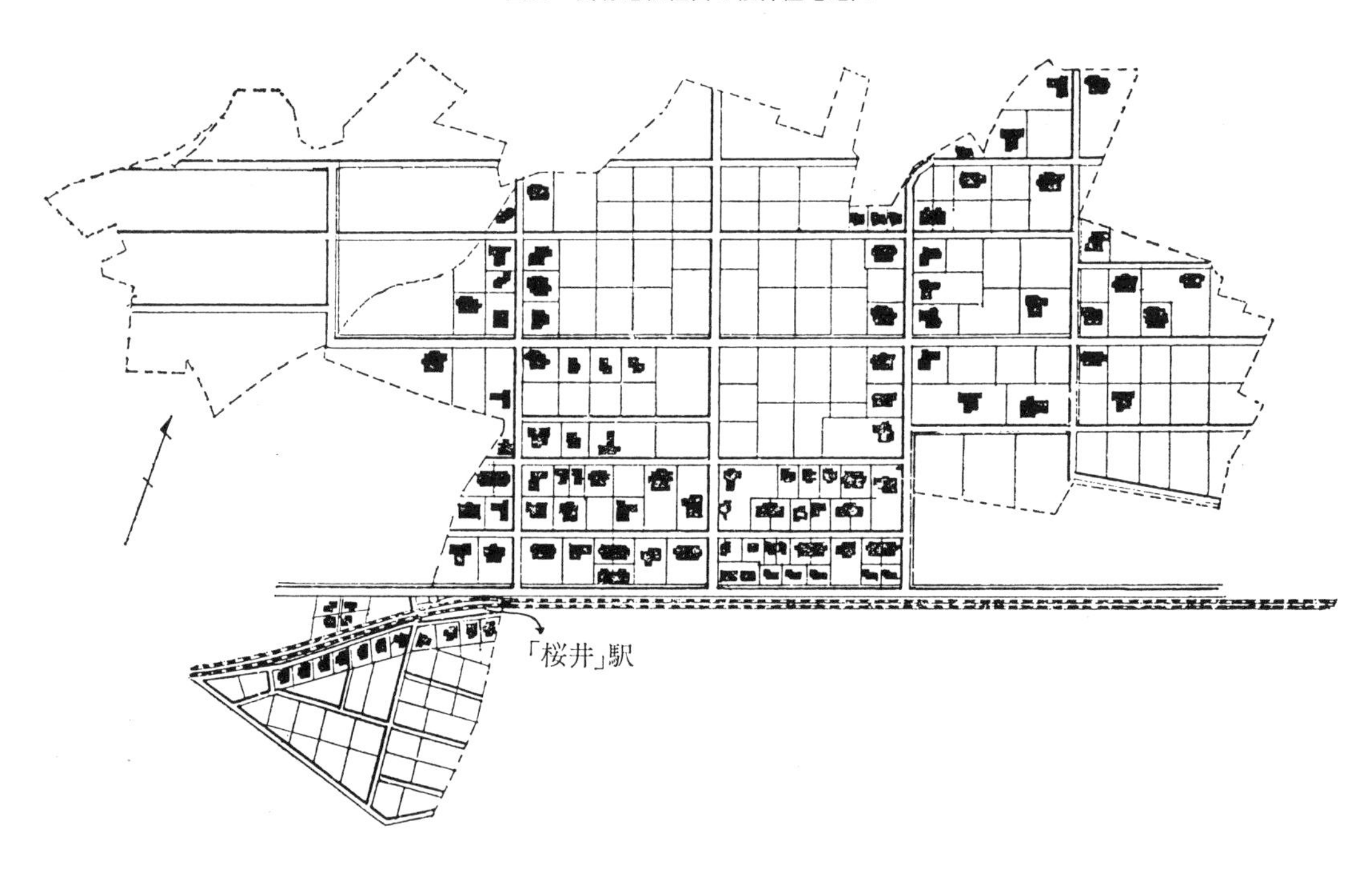

て、朝晩の往復に電車賃を支払うことなんかは想像もされていなかったのであるが、電鉄会社は不定期客だけの不定収入では物足りなくて、定期客による定額収入をこのホワイトカラーに求めたのであった。

明治四十三年に箕面有馬電軌が開通した。この電鉄は名前そのままに、箕面の紅葉と有馬の温泉を目当てにしたものである。宝塚と有馬の間が難工事のために結局宝塚で打ち切られたが、いずれにしても物見遊山客が担い手である。阪神電車が大阪と神戸を結び、尚沿線に尼崎、西宮、御影があって、年中乗客があるのに対して、箕有電軌は沿線では池田の町ぐらいで、開通はしたものの毎日空車で走り続けねばならなかった。そこで早急に宝塚に温泉を造ったり、その余興に少女歌劇を始めたりしたが、不定期客では不定収入しか上ってこない。

そこで定期収入のためにホワイトカラー向きの住宅建設を急いだ。明治四十四年に先ず桜井に、翌四十五年に池田室町と服部に、そして大正三年には豊中にそれぞれ建売住宅を建設した。これらの住宅が右から左へと直ぐ売れたわけではない。宣伝にこれつとめねばならなかった。その時のキャッチフレーズがなんと田園都市だったのである。田園都市服部、田園都市豊中が盛んに叫ばれた。日本で一番早く田園都市という言葉が一般化したのは、実にこの時の宣伝からであった。確かに「田園都市」という言葉は、黒煙をかぶっている大阪人にとってはよいひびきをもっていた。そしてこれからの大阪周辺各地の住宅地経営には、田園都市は常套語になったのである。

東京の私鉄第一号は、明治四十年に漸く玉川電鉄ができて、渋谷―三軒茶屋間が開通した。そして東京の一部識者の間に、田園都市という名称を考えた方もおられたようであるが、それが正面に顔を出したのが大阪より五、六年後の大正七年であって、玉川電鉄沿線開発のために田園都市株式会社が設立された。そして工事着手は漸く大正十一年からであった。東京では大阪程に土地問題が切実でなかったからである。

箕有電軌は豊中駅の西側に一期二期に分けて分譲住宅を建設したが売れ残った。そこで宣伝のために、大正四年に第三期工事予定の敷地で、朝日新聞社主催の全国中等学校野球大会を開催した。その時筆者も中学生であって見に行った。そして住宅が分譲されていることを初めて知った。他の多くの人もそうであったろう。宣伝ができたので第三期工事も始められることになった。商売敵の阪神電鉄は鳴尾にたくさん土地を持っていたので、それから後の野球を鳴尾に失敬することにした。かくて全国高校野球大会は今日大変な人気を呼んでいるが、実は田園都市の落し子なのであった。

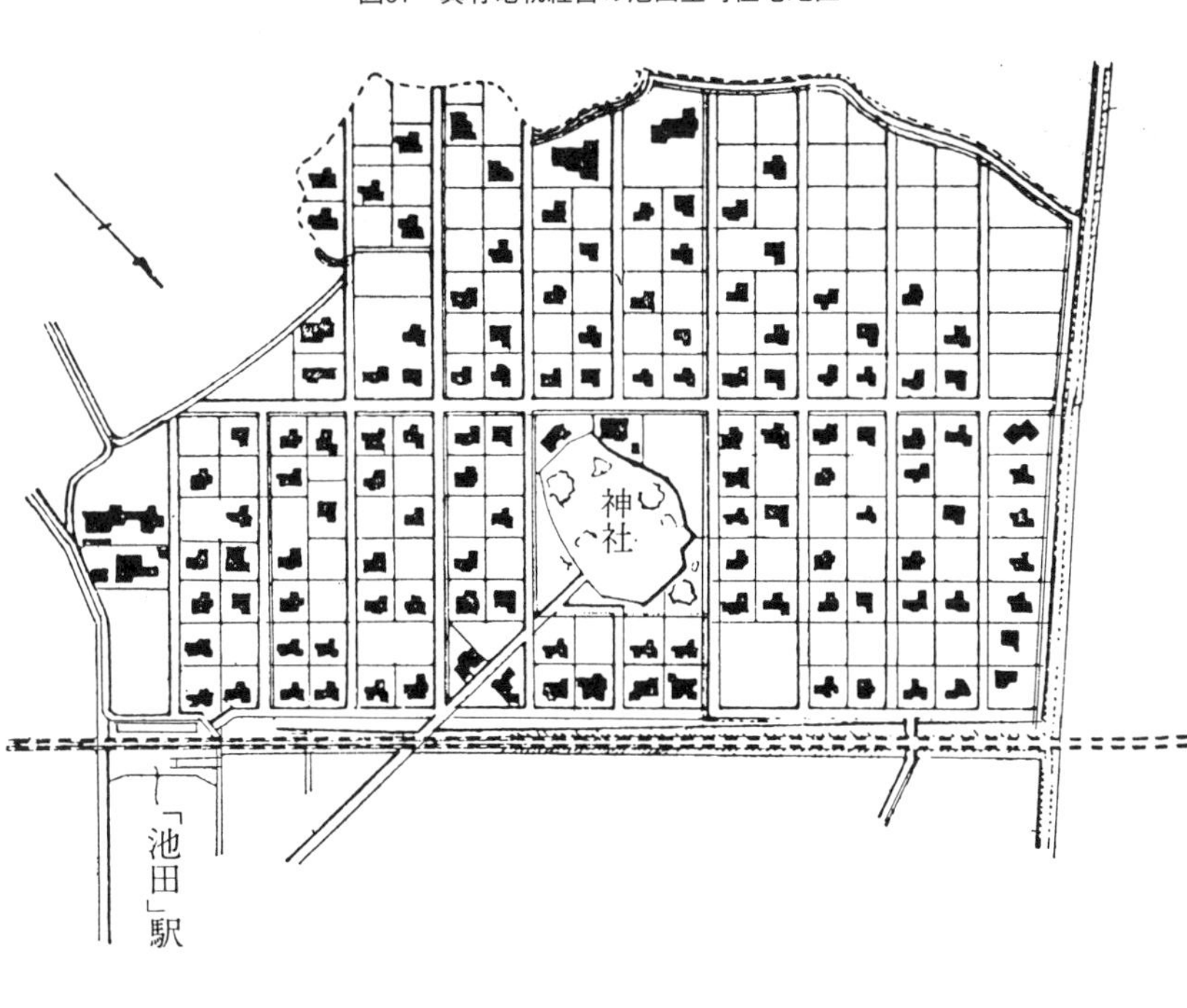

図61　箕有電軌経営の池田室町住宅地区

そしてこれらの分譲住宅は、大阪にちょっとした住宅革命をもたらした。これらの分譲住宅には畳も建具も、みな揃っていて、食器と布団を持って行きさえすれば、その晩から住めるのであった。

今日にすればそれは当然なことであるが、実はそれ以前は建売住宅でも貸家でも、前にも書いた通り総て雑作抜きつまり裸なのであった。建具も畳も入る人が自分で調達するのが昔からの大阪の慣習なのであった。それで街には出来合いの建具や畳を商う店がたくさんにあって、いろいろとより好みができて、別に不自由を感じることはなかった。

ところが今度は西宮や鳴尾・池田・豊中では、大阪の市内のようなわけにはいかない。そこで全部雑作附きということで売りに出した。これがまた好評であって、これを皮切りにこれからの分譲住宅は全部が、雑作完備になるのであった。やがて昔からの大阪市内の貸家にも雑作が附くようになって、街の出来合いの建具屋はだんだん姿を消してしまって、今日では殆ど見られなくなった。

それから通勤のために、毎日郊外電車賃を支払うようなことは、これまで考えた人はなかったから、電鉄会社も最初その点をもっとも心配したのであろう。住宅購入者に大阪までの優待乗車券を一枚進呈した。有効期間は最初六箇月、だんだんに三箇月、一箇月になったが、ともかく苦労して田園住宅にお客を引き寄せねばならなかった。

阪神・阪急の業績を見て、他の電鉄も一斉に住宅地経営に乗り出してきた。ただし京阪電鉄に限って、その沿線は大阪から見れば表鬼門、京都からは裏鬼門、それでこの沿線だけは敬遠されたのである。

電鉄が先鞭をつけたのがきっかけで、これは結構商売になるとみて、分譲住宅専門の土地会社が各電鉄沿線に、雨後の筍のようにたくさんにできてきた。その建設戸数が多かっただけに、電鉄会社の経営地を尻り目に、大いに繁栄した。そしてやがては通勤に電車賃を支払うのは常識になったのである。

これらの土地会社については、いずれ稿をあらためることにするが、これらの分譲地はいずれも田園都市を表看板にし、中には大美野田園都市と公称するものもあった。

閑話休題、最近日本人の生活は著しく向上した。しかし住に関する限り、欧米とはかけ離れて見劣りがする。外国の図54から図59と日本の図60・61とを見比べていただきたい。肩身が狭くなる。

欧米の市内のマンションはともかくとして、郊外に出ると、総ての住宅が、うらやましい程の広い庭を持っている。イギリスのイングランドには殆ど山がない。フランスの大部分や、ドイツの北半にも山はない。アメリカの大半は原野である。狭い日本はその七割が山であってあとの三割に田畑と一億以上の人間がひしめいている。兎小屋はどうも宿命のようである。

大阪での別荘地の顚末

私鉄沿線のサラリーマン住宅地の開発とは全く別系統である別荘地の発展というのが同時に進展していた。

由来わが国では朝廷は本宮殿の他に、別宮を造営されるならわしがあって、数箇所に及ぶこともしばしばであった。特に吉野離宮は有名である。廷臣も高官になると競って別業を営む人が多かった。

聖武天皇が一時都を恭仁京に遷されるが、ここには先に甕原離宮があり、時の右大臣橘諸兄の別壁のあった地である。

桓武天皇も一時長岡京に都されるが、ここには遷都をはかった藤原種継の別業が先から所在していた。

宇治平等院が藤原頼通の、京都河原町の枳殻邸が河原朝臣の別荘であったことは著名である。

徳川幕府は、大名諸法度で城郭の拡張修復は厳重に禁じていたが、各大名が別邸を営んで、そこに大庭園を造営することには何ら制裁を加えることはなかった。それが今日各地の名園となって残っている。

しかし幕府は一般庶民には奢侈禁止令で、別店舗以外に別荘を造ることなどは許さなかった。ところが明治になってからは一時大阪の富豪の間に流行的に造られることになった。

幕政時代の大阪には、今日流の社交機関というものは勿論なかった。従って、お客さんは総て自宅に招待するために客間が必要であった。大住宅では専用の客間があって、ふだんは使用されなかった。中住宅では主な座敷が客間になった。

ところが明治の中期位からのようであるが、富豪の間に別荘を造ってお客さんを特にそこに招待し、或いは閑日には、ここに来て足を伸ばすことが流行し始めた。敷地は何百坪或いは何千坪にも及び、庭には本格的茶室も造られて、客待ち・門・つくばい等一通り揃えられた。

最初のうちは交通機関があるわけでないから、徒歩圏内でなければならない。それで上町の寺町の周辺にできた。鴻池善右衛門を初め富豪数人がここに別荘を造り始めた。

やがて阪堺鉄道（現南海鉄道）の天下茶屋界隈が便利であるので、ここに別荘がたくさんに建てられるようになった。一時天下茶屋は別荘地で通っていた。やがて船場の大商店では職住分離で、本宅を天下茶屋に移す人も多くでてきた。

その後市電が阿倍野橋まで延びるようになって、阿倍野橋の南東に別荘が建ちかけたが、あまり評判はよくなかった。

これらの別荘地のうち、寺町にはスプロールが拡がり、界隈がスラム化してきたので、別荘は壊滅した。そして寺町と四天王寺の間の高台にだけ、大阪には珍しく桃畑等があったので、その方に移動した。阿倍野橋界隈も周囲がだんだんに繁華街になってきて、ここも駄目になった。

天下茶屋界隈には数も多かったので、ここだけは長持ちしたが、戦後急速に没落し始めた。戦後の財産税のために維持が困難になったのである。この財産税は全財産没収にも等しい苛烈なものであり、一方、たくさんの女中下男を傭うことが不可能になったので、多くの人は大邸宅を財産税の身代りに物納せざるを得なかった。そしてそこには公営住宅数棟が建てられたり、官舎に化けたりした。そして今日でも尚邸宅開放が続いて、繁茂した樹木は全部切り払われて、その跡に小間切れの建売小住宅が十戸、二十戸と建てられている。それで今日では大阪のど真中であるというのに、小学校の児童が増えて、晴明丘小学校は増築に増築を重ねている。

第二十三話　耕地整理で造成された宅地

日本の人口増加と食糧

徳川二百五十年間は、その初期でも末期でも、日本の総人口にはたいした変動はなくて、大体三千万人程度であったらしい。人口統計がないから明瞭なことは判明しないが、作附面積に大きな増加がみられないので、人口にも大きな変動がなかったものとみてよい。作附面積と人口は比例するからである。

今日のような農業技術の顕著な進歩もなかったので、反当たりの収穫米の増加もなかったし、一部を除いて新田の著しい開発もなかったから、年による豊凶は別として、例年の米収には各藩共に大きな変動はなかったであろう。

従って子供がたくさん生まれても、食べさせる米がふえない以上は、子供を皆育てることはできない。そこで止むを得ず余分に生まれてきた子供は間引かねばならなかった。藩によって子供の間引き方をいろいろと指導した文献も出されたようであり、民間の口伝もいろいろあったようである。水子の処分を思い切れない若女房を非難するようなこともあったようである。かくて徳川二百五十年間の人口は、間引きによって三千万人の水準を維持してきた。

明治政府になってからは、富国強兵のために、これまでは公然の秘密であった間引きが、最大の罪悪であるということになって、間引きでもしようものなら極刑に処せられることになった。そうすると、通常の夫婦であれば、皆子供を五、六人生むことになる。多産な人は一ダースも生む。そこで明治になってからは急激に日本の人口は増加することになった。当然食糧が不足することになる。政府は各地に多数の農業試験所を造って農作物の増産を研究したが、なかなか追いつかない。

ちょうど台湾を植民地とし、その台湾で盛んに米作にはげんだ。それで一時を凌ぐことができた。しかしやがて足りなくなり、つづいて朝鮮も植民地化した。一番力を入れたのは朝鮮米の改良であって朝鮮米がたくさん送られてくるようになった。しかしそれも束の間であった。満州を手中にした最初の仕事は、大開拓団を満州に送り込むことであった。人口が増加を続ける以上、それらの人々を皆食べさせねばならない。そのためには、海外進出は背に腹は換えられぬ大国策ということであったのである。

耕地整理の推進

海外へ米作地を拡げて行った一方、内地での田作の改良も大いに手掛けたのである。その一つが耕地整理である。通水路を整理し、揚水装置

表11　新市内の耕地整理組合表

《新市内》

地区名	施行区域	面積（単位千坪）	設立年月日
今宮村第一組合	梅南通南半から柳通の間	一一四、九	明四三、二、七
今宮村第二組合	北開から梅南通北半までの間	四四一、九	明四四、四、二八
住吉村第一組合	帝塚山中	四七、一	大二、二、三
天王寺村組合	山王町から聖天下の間	八九、一	大三、三、一二
鶴橋組合	猪飼野	四九八、〇	大八、三、一九
古市組合	森小路大宮町	一四七、〇	大一三、三、二六
田辺組合	西今川町、田辺松原町	四〇一、〇	大一三、七、三
神津組合	木川町、十三東、堀上町、三津屋町	六四五、〇	大一三、一一、五
小路組合	片江町、腹見町、大友町、中川町	四八二、〇	大一四、三、四
住吉神一組合	住吉村	一四、四	大一四、四、二一
住吉第二組合	大領町、万代町、帝塚山東	三〇五、〇	大一四、五、四
矢田村第一組合	矢田村	七三、〇	大一五、一二、四
加美巽長瀬組合	加美村、巽村、長瀬村	二〇四六、〇	昭二、九、六
矢田村第二組合	矢田村	三九、八	昭二、一二、七
苅田村組合	苅田村	一二〇、〇	昭六、三、二四
矢田部組合	矢田村矢田部	七七、〇	昭八、三、七
大道組合	西成郡大道町	九一、八	昭三、五、九

表12　接続町村の耕地整理組合表

《接続町村》

地区名	施行区域	面積（単位千坪）	設立年月日
服部第一組合	豊能郡中豊島村	五八、五	明四三、二、二四
小曽根組合	豊能郡小曽根村	二四八、二	大一四、七、一八
東守口組合	北河内郡守口町	一八、八	昭四、六、一
三郷村組合	北河内郡三郷村	一三六、〇	昭六、二、一七
高井田組合	中河内郡高井田村	七六、〇	昭六、三、二七
布施組合	中河内郡布施町	五〇七、〇	昭二、九、六
岸田堂組合	中河内郡布施町	一五、三	大一四、一、二六
大平寺組合	中河内郡布施町	三二、〇	大一四、一、二一
小阪組合	中河内郡小阪町	五三、八	昭七、一二、二七
横沼組合	中河内郡長瀬村	四九、七	昭五、九、一
長瀬第一組合	中河内郡長瀬村	一七、八	昭三、一一、二一
長瀬第二組合	中河内郡長瀬村	二八、一	昭四、七、二九
三宝組合	堺市三宝	五三四、〇	大九、三、一九

を新設し、溜め池を拡張して、新たに田作地を開発した外に、無駄な畔道を廃して区画の整理を行い耕地面積の増加をはかった。政府はこのために調査・設計・工事監督・工事費の国庫補助をはかった。

大阪では日露戦争頃から始められて、大正末から昭和の初め頃が最盛期のようであった。元来摂河泉は日本最初の穀倉地帯であっただけに、新しい時代の耕作法に転換することも必要であったのであろう。それで府下には多数の耕地整理組合が設立された。工事費の二割の補助があり、整理後は耕地面積も増加するので、事業は急速に進展したようである。

大阪市は数次に渉って市域の拡張を行っているが、新規編入前の旧村時代に耕地整理組合を設立していたところが相当あった。それを一覧にしたのが表11である。

このうち大道組合の場合は、揚水工事だけであったが、他は全部区画整理を施工している。

尚参考に大阪市に接続した地域で耕地整理が行われたものを拾ってみると表12のようになる。

このうち小曽根の組合は、通水路の改廃だけで区画整理は行わなかった。

施工区域の地名は、組合設立当時の旧名であったり、換地後の新町名であったり、更にその後改正されたものであったりで、必ずしも統一していないが、捜し出した地図に記入されているものを、そのままに記載した。

例えば住吉村第一組合地区は今日の帝塚山であるが、組合設立申請当時は単に住吉村と記載されているだけで、換地後には東西南北の全道路にそれぞれ新町名が命名され、その後帝塚山中一丁目から五丁目に変えられている。

全組合について帝塚山の場合と同様に地名の変動があるから、組合の施行区域については図62で判断を願いたい。

図62　昭和13年大阪市内外耕地整理組合地区分布図

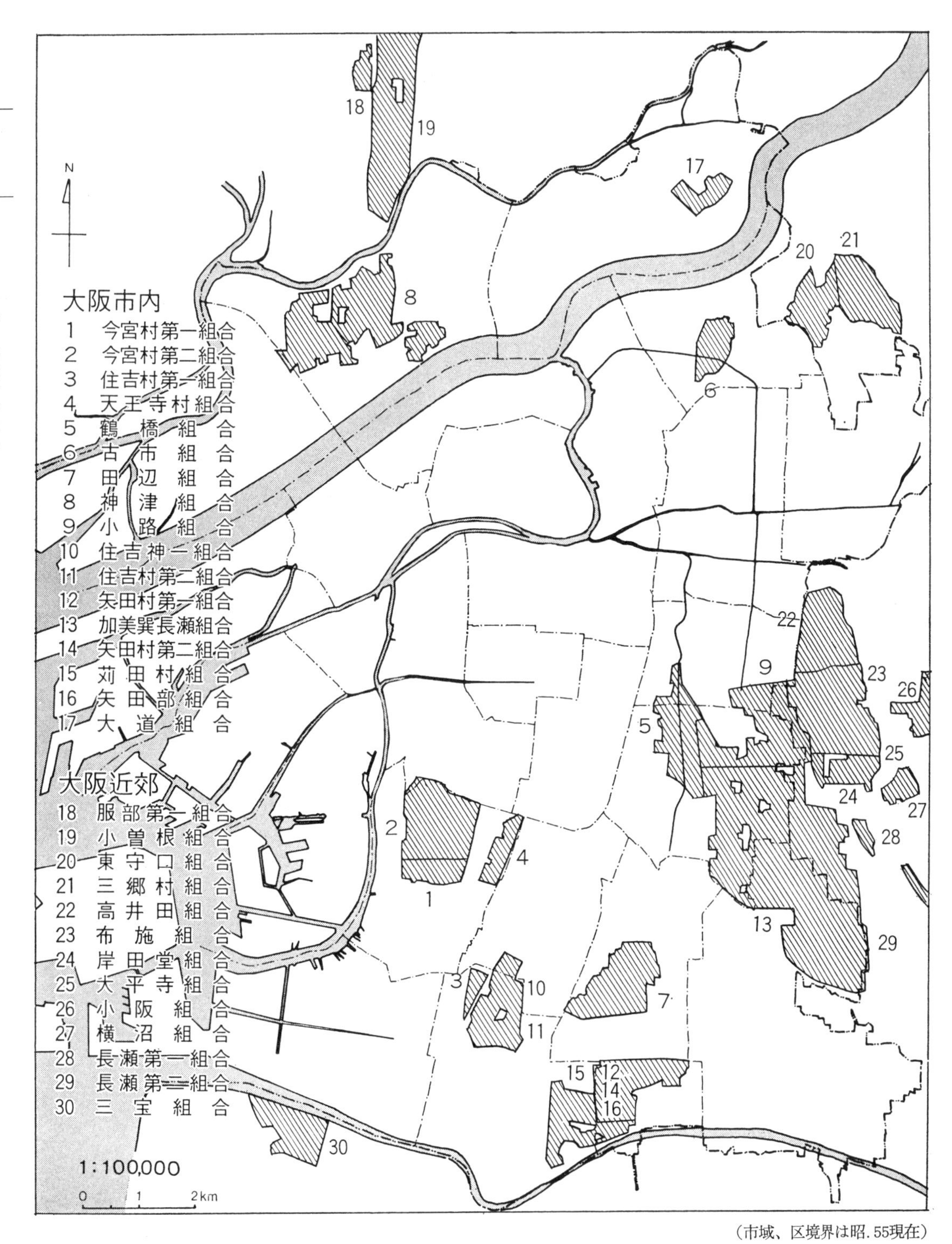

（市域、区境界は昭.55現在）

図63　住吉村第一・第二耕地整理組合地区

殆どの組合は設立が認可されると、即刻工事に着手している。そして長く田圃を休ませておけないので、面積にもよるが工事期間は皆短い。そして換地処分も終わって、はやばやと組合を解散している所が多い。

耕地整理地区内の建築

住吉村第一耕地整理組合の地区は、前記の通り今日の帝塚山中通の一帯であって（図63）、それに東接する住吉村第二耕地整理組合地区と共に大阪城から南に延びる上町台地の根本にも当たる地域であって、大阪市内では最も高燥であるから、灌漑用の水がふんだんに流れてくるような地勢ではない。従って、普通であれば田圃の造れるような場所ではないのであるが、昔から生きるためには田作は至上命令であったから、このような高地でも、可能な限り雨水を唯一の頼りにして稲を植えたようである。そのために溜池が多く造られた。古地図を見ると名称も記載されていない池が無数にあった。その殆どは今日では埋め立てられたが、住吉村第二組合地区には今も万代池が残っており、その東に狭められたが桃ケ池・長池がある。

しかし住吉村第一地区の方は、耕地整理の工事完了と同時に耕地である筈であったのが住宅地に早変わりした。ここはもともと山田市郎兵衛氏が社長であった東成土地株式会社の経営地であった。天下茶屋別荘地の連続であり、特に阿倍野神社の前面一帯であったから、格好の住宅適地である。かくてここには大阪では珍しい高級住宅地が出現した。結局ここでは耕地整理に便乗して住宅地を造ることにしたのであろう。事実換地完了の時に東西南北の全道路に姫松町とか大原町・山北町等余り広くもない区域に十数の町名が附けられていて、そのうち帝塚山町は史趾帝塚山に通じる東西の一本の道路の両側だけの町名であった。全部の道路に最初から町名を附したということは、当初から耕地でなくて宅地造成を考えていたことを明瞭に証するものである。本当の耕地であれば大字小字番地で良い筈である。

今宮村第一・第二両組合も換地の時に路線式町名が東西方向の全道路に附けられた。北開が北端で柳通が南端である。ここでは秀吉が船場島之内を造成した時と同様に、街郭の中央に東西に水路を造っている（図64）。この地区でも換地終了と同時に全域で人家が建ち始めているから、この水路には灌漑の用水を流す間もなく、人家の排水が流れるのであった。従って、ここも田圃造成よりも、すぐ宅地に転換されることを予想されていたのであろう。

天王寺村組合地区は国鉄関西線を挟んで新世界に南接していた。そしてやがてこの組合地区の中央に飛田遊廓が造られることになった。そのために急速に家が建ち始めて全地域を埋めてしまった。新世界と飛田遊廓を結んで、ジャンジャン横丁ができた。この飛田遊廓はこれまでの曽根崎新地や新町・堀江の廓等とは違って、東京の新吉原式であったから大繁昌して、界隈はたちまち繁華街になった。そしてまたこの一角に寄

図64　今宮村第一・第二耕地整理組合地区

図65　鶴橋耕地整理組合地区

席芸人が集団居住して、よそでは見られない雰囲気をつくるのであった。かくてことも整地工事完了と同時に田植えの暇もあらばこそ、全域が早急に市街地化した。

最も徹底していたのは鶴橋組合の地区であった。ここは城東線（現環状線）を越えてスプロールが急進展している地域に連接していた。元来スプロール地域では個人が道路を思い思いに造り、不整形な敷地に無理矢理に建築を余儀なくされてきたのであった。ところが組合地区では道路は造られ、敷地は整理され、均一に地揚げもできて、建築は非常に便宜になっていた（図65）。そこで整地工事の進行を待ちかねて建築が追いかけることになった。鶴橋の組合は大正八年の設立であるが、仮換地の発表を待ちかねて大正末までに猛烈に建築が続き、昭和二年には殆ど全域建ち塞がった。この時にたまたま筆者は大阪府警察部で建築監督官をしていたが、毎日毎日鶴橋警察署から、組合地区内に長屋を建てたいという建築認可申請書が束になって送られて来た。そしてたちまちのうちに全地区は長屋で埋まった。

今宮村の二組合も住吉村の組合も、組合結成が早かっただけに、換地処分も鶴橋よりも早くて大正時代の前半に既に終了していた。掲示の航空写真は昭和三年当時に撮影されたものであるが、それぞれを比較することによって、鶴橋の建築の進行状況の差が明瞭に見分けられるのである。この当時の在阪朝鮮人はその数二十万人を超えた。大阪市の人口二十人に一人は朝鮮人であった。そして鶴橋附近に集団居住して既に大繁華街をなしていた。そして人口増加の余勢がこの組合地区に押し寄せてきたのであった。恐らく大阪膨張史の中で、ここほど建築が急増した所は、外には見られないのではないか。従ってここも耕地整理とは名ばかりであって、整理工事完了即宅地完成ということであった。

耕地整理区域が全部同前というわけではない。たまたま上記の各組合地区が大阪の市街地に直接隣り合っていたから、市域に引き込まれたということであって、他の府下全域に拡がっていた数十の組合地区ではいずれも所期の目的を果たして、田圃として見事に整理されて実効を挙げていた。

耕地整理組合地区内の人口密度

ところで住吉村の三組合の地区は、天下茶屋別荘地区に繋がっており、かつ高地であったから、一応の住宅が建てられたが、今宮村の二組合と天王寺村及び鶴橋の計四組合の地区は、前に記したことのある明治の都市計画無政府時代にスプロールした区域に接続していたので、これらの地区内にもスプロールが伸展してきたような状況になってきた。

北の大火の直後に、大阪府建築取締規則が公布されて、各戸の建築物は確かに良くなった。しかし建築取締規則は必ずしも都市計画的ではなかった。従って今宮村等の四組合地区の個々の建物は、従前のスプロール地区のスラムのようなことでは勿論なかったが、長屋がギッシリ押し並んだ。

元来耕地整理は耕地の整備が目的であって、宅地造成の手助けを予想するものではなかった。それでブロックの大きさも耕作に都合の良いように、六十間角にされており、その中央に灌漑用の水路が貫流して造られていた。この六十間角の大きさのブロックは、庶民向きの住宅を建築するのには余りにも不向きである。一方耕地の場合の道路の幅員は、牛車が一方通行できる位あれば良いのであって、広い幅員の道路は必要でなかった。事実狭い道を造る場合には、工事費に国庫の補助は附いたが、広い道を造ろうとすると、その道路に限って国庫補助対象からはずされることになっていた。そのため道を広くしたくてもそれはできなかった。これでは耕地整理組合地区が市街化されてくると、大変に不都合だということになる。ところがこのような悪条件にも拘わらず、長屋が棟を接して押し並べられた。

農民は、骨を折って田圃で稲を植えても、それからの年収は僅かであった。その田圃を建売業者に地貸しすると、今度は遊んでいて、以前の収入より遥かに多い地代が入ってきた。すると全部の百姓が土地を地貸しに出したくなる。建売業者はそれを借りて貸長屋を建て、その長屋にはさっそく借り手がつく。そうすると確実に家賃が入ってくる。その長屋を売りに出す。小金を持っている質屋や魚屋が建売業者から長屋一棟ずつを買う。五、六戸建の長屋を一棟買っておくと、一応その家賃収入だけで食べていける。だから長屋はさっそく売れる。売れると建売業者は、また次に建てていく。

建売屋は結構商売になるので、貸長屋が大変な勢いで建てられた。かくて大阪は百姓の地貸しと建売業者の貸長屋建築で、市域を周辺にぐんぐんと拡げ、人口は急速に増加して行った。

たまたまこの時筆者は、欧米の例に倣って初めて大阪の人口密度図なるものをつくってみた。そうするとその時今宮と天王寺・鶴橋の各耕地整理組合地区に限って、人口密度が大阪で最大な部に入ることが判明した。結局道路面積が小さく、敷地が整理されているために、長屋を詰め込めたわけである。その結果人口が著しく過密なものになった。この現象は都市計画的には大変まずい。何よりも衛生上保安上問題である。当時まだ整地工事中で建築を待たれていた古市・田辺・神津・小路やその他の組合地区があったが、それが皆、今宮・鶴橋と同様な人口密度になったら困るため、早急に対策を考えねばならないことになった。

第二十四話 欧米に刺激された建築線制度による宅地開発

欧州の都市と日本の都市

ヨーロッパでは、ギリシャ時代から近世末までは、おおまかに言うと全部の都市がそれぞれ独立していて、所謂、都市国家であった。各都市は周辺に農産物供給圏を持って割拠していた。そしてしばしば隣接の都市同士が激しく争った。いつ襲撃されるか判らない。ギリシャ時代にはもし負けでもしたら、市民全部が奴隷にされ、夫婦親子は全部バラバラになることを余儀なくされた。そのために金輪際負けてはならない。そこで何よりも自衛が最大の要件であった。

この自衛のために町の建設に大変な苦労をした。日常の生活もしなければならないから不便な地であってはならない。それで通商の便と要害を天秤に掛けながら適地が選ばれた。通常交通の要衝の小丘に町が建設されて、おまけに町の周辺を頑丈な城壁で擁護した。ヨーロッパ大陸を自動車旅行すると、このような丘の上に城壁で囲まれた町を随所に見かける。ところで山の上であるから水がない。これには大変に困ったようである。ローマの町も七つの丘の上に建てられた。それで水がない。止むを得ず煉瓦や石で天井川を造って、遥か遠方より水を引いてくるのであった。ローマでは八本の水道が造られて、そのうちの三本は現在も使用されているが、これは大変な工事であった。コンスタンチノープルやカイロのような大都市には勿論造られていて、今日尚その遺跡が残っている。小さな町でも身分不相応な水道溝渠を持っている所が数多くある。

一方町を擁護するための城壁はヨーロッパの町だけでなく、インドでも中国でも全部が持っていた。北アメリカでも南アメリカでも最初に植民地が造られた時には、城壁で町を守護せねばならなかった。

町の周囲に城壁を持つ必要のなかったのは、世界中で日本だけであって、世界都市史の中で日本だけが唯一の例外であった。

町に人間が移り住みたいというのは、古来どこでも人間の願望であった。町が城壁に囲まれていて、城壁内に人家が建て詰まっていると、その町に移りたくても入れない。そうすると止むを得ず城壁外に家を建てて住むことになる。そこで隣町と戦争が始まると、城壁外の人は城内に急いで避難してくる。城内では応戦はしなければならないし、避難民がごった返してくる。そこで城壁外に家が建つということは迷惑千万ということになって、各都市共に城壁外の建築を厳重に禁止した。

ところで町へ移り住みたい人は、あくまで移りたい。そこで城壁内では平屋を二階にして二階を貸してやる。それを更に三階にして三階も貸してやる。そして最後には全部の家が歩いて上がれる限度である五階、六階建になってしまう。

ヨーロッパ大陸のどの町も、今日全部が五階、六階建であって、各階にそれぞれ別人が別世帯を持っているのは、こういった来歴によるのである。

昔のアテネやローマ、或いは近世のパリ等では止むを得ず、度々城壁の拡張をやっているが、拡張された所を皆が欲しがる。そうすると権利が生じてくる。パリではこの権利をめぐって、いろいろな政治史が展開されたのである。

パリでは七回城壁の拡張を行っているが、その最後は一八四一年から一八四五年に完成せしめている。これは日本の徳川幕末天保弘化の頃に当たる。この頃尚、パリは城壁を必要とする程に物騒なのであった。

ヨーロッパに統一国家の成立

ヨーロッパの歴史年表によると、フランク王国や神聖ローマ帝国が、早くからあったことになっているが、果たしてこれらの君主はどの程度の実権を握っていたのであろうか。事実首府という一定の居所はなく、小さな城を転々と移り住んでいたのであった。ところが日本の幕末近くになって、ヨーロッパの情勢は著しく変わってきた。ナポレオン戦争が終わった頃から、ドイツ帝国、オーストリア帝国、スイス連邦、オランダ王国、ベルギー王国、フランスブルボン王朝、イタリア王国等の強国が相次いで出現してきた。そして、これらの連邦や王国が国防を引き受けてくれることになって、これまで各都市が自衛していたのが、各都市にはもはやその必要がなくなって、国に防備を依頼することができるようになった。これはヨーロッパの都市にとっては大変なエポックになったのである。

そうなると、これまで都市を著しく拘束していたのは周辺の城壁であったが、その城壁はもはや必要でないということになった。この城壁に市民全部の生命と財産を委嘱していただけに、その維持管理に相当犠牲を払ってきた。ところが今度はその城壁が邪魔物だということになってきた。そこで一斉にその城壁の取り払いに掛かった。パリの最後の城壁は一八四五年に完成したばかりであり、これは長大なものであったが、完成後いくばくもなく取り払われ、その跡は広い道路になり、ウイーンでは有名なブールバードになった。大都市ではローマだけが、また小都市では取り払いの経費が許さないままに、今日尚城壁を残している所が相当ある。

城壁が取り払われただけでなく、かつての城外にも、どしどし建物を建てて良いことになった。この時たまたま産業革命が追いかけてきたので、ヨーロッパの町の情勢は急変することになってきた。

ヨーロッパの建築線制度

元来ヨーロッパの町々は、自然発生的の聚落を城壁で囲んだものであった。そのために日本古来の町が全部計画して造られたのとは違って、城内の道路は曲りくねって、しかも道幅は狭いものであり建築敷地もいびつなものばかりであった。そこで前述した通り、文芸復興でこれらの町に美化の大手術が加えられた。

そこで今度は、郊外にグングン伸びて良いということになると、その郊外部分だけは城内と同様に自然発生的ではなく、計画あるものにしたいという考えが当然起こってくるのである。

一八六一年三月エマヌエル一世は、イタリアのこれまでの数多い国々を統一してイタリア王国を建設した。そしてエマヌエル一世はさっそく郊外統制をはかるために、一八六五年に建築線法を公布した。この法律で各市に郊外膨脹の統制計画樹立の権限を与え、人口一万人以上の市に郊外開発を計画することを命じた。これが現代都市計画の端緒をなすものであって、最も貴重な記録となったのである。かくて現代都市計画はこの発足から百有余年を経過している。

イタリアの建築線法は最初の試みであっただけに、各市がどの程度のことを考えたか、今日その記録を求めることができないのは甚だ遺憾である。

しかしイタリアのこの思想にプロシヤはさっそく共鳴した。一八七一年プロシヤは普仏戦争に大勝し、その余勢で二十五の連邦を糾合して、ドイツ帝国を建設したのであるが、そのプロシヤが一八七五年にさっそく都市の開発問題を重視して建築線法を公布したのである。その法律の正式名称は、「一八七五年七月二日都市及び地方市街地に於ける街路及び広場の新設変更に関する法律」というのである。全二十条の短いものであるが、都市構成規制のために、各都市に相当大きな権限を与えたもので、都市建設の大憲章マグナカルタ・リベルタータスと称され、公布からさっそく顕著な威力を発揮して、プロシヤの都市建設に偉大な貢献をしたのである。

イタリアの場合も、プロシヤの場合も国家体制の確立と同時に、時を移さず都市開発規制を完了したのであるが、日本の場合、東京市区改正条令の発令や大阪市に同条令を準用するのに大変手間取っており、わが国の為政者の都市に対する意識の低さを痛感させられるのであった。

さてプロシヤの建築線法の内容であるが、日本のその後の法律に影響を与えた主な項目を摘出してみると、第一条に

街路及広場並小公園を新設又は変更する為、市町村長は街路境界線及建築線を指定することを得

街路境界線を以て建築線とす

建築線を超えて建築することを得ず

とこの三要点を記している。そして第十二条に

一般交通及沿道建築に必要な施設の完成せざる街路に出口を有する建築物の建築を禁止す

以上の四点が制度の主な眼目であってその他の条項でその運営手続を規定している。

プロシヤの建築線法の効果を見たバイエルンその他の連邦も続いて建築線法を制定した。そしてやがてはこの精神は北欧諸国でも採用され、イギリスでは一九〇九年の住宅及び都市計画法にも取り入れられ、大西洋を越えてアメリカにも渡ったのである。

ところでプロシヤの当時の建築線法は、今日流に言えば都市計画法に当たるのであって当時ドイツではまだ都市計画法という言葉はなかった。そしてドイツ帝国の二十五の連邦が、全部それぞれの建築線法を持ったのではなくて、二十五の連邦が二派に分れていた。

プロシヤの外の数連邦は単独の建築線法を採ったが、ザクセンその他の多数の連邦では一般建築物法の中に建築線制度を採り入れていた。ザクセンのこの場合の一般建築物法は、日本の都市計画法と建築物法をひとまとめにしたようなものである。従って一般建築物法とは言っても、土地利用計画に該当する建築計画から、建築線制度、土地区画整理制度等都市計画全般をも合わせ規定していた。

そしてこの二派とも、その運営に当たっては警察が深く関与していた。日本で大正八年に都市計画法と市街地建築物法が公布されたが、法案作成に当たっては、イギリス・フランス・ドイツ・アメリカの諸規定が随分研究されて、それぞれの長所が採用されているが、建築線制度についてはプロシヤの影響を最も多く受けている。

アメリカの建築線制度

アメリカの建築線制度とその運営については、これまで日本で紹介されたことは一度もない。しかし建築線制度を最も成功させたのはアメリカ合衆国であった。アメリカの各都市は市域全般に渉って、幹線道路網から細道路の配置まで、全部の計画をこの建築線制度で作成している。そして各市はこの幹線道路を次々に完成させており、建築する人も細道路網計画を忠実に守っている。そのおかげでアメリカでは、今日都市建設には殆ど障害はなく、アメリカの都市には他国で見られるようなスプロールは全くない。

一八八七年、大西洋岸のデラウェアという小さな州で、アメリカ最初の建築線法が公布されて、ウイルミントン市に適用された。プロシヤからは十六年後になる。

一八九一年にはペンシルベニア州で制定された。この時の法律の名称は建築線法ではなくて、総合計画法であったが、内容は同趣旨のものであった。そしてその後につづく他の州でも総合計画法と称する所もあった。ペンシルベニア州では最初州内主要都市に適用されていたが、やがて州内第三級都市にまで適用を拡げ、州道等の幹線道路の建設もこの法律で施行された。

アメリカでは合衆国が建国される以前の一六八二年に、ウイリアム・

図66　ウイリアム・ペンのフィラデルフィア計画

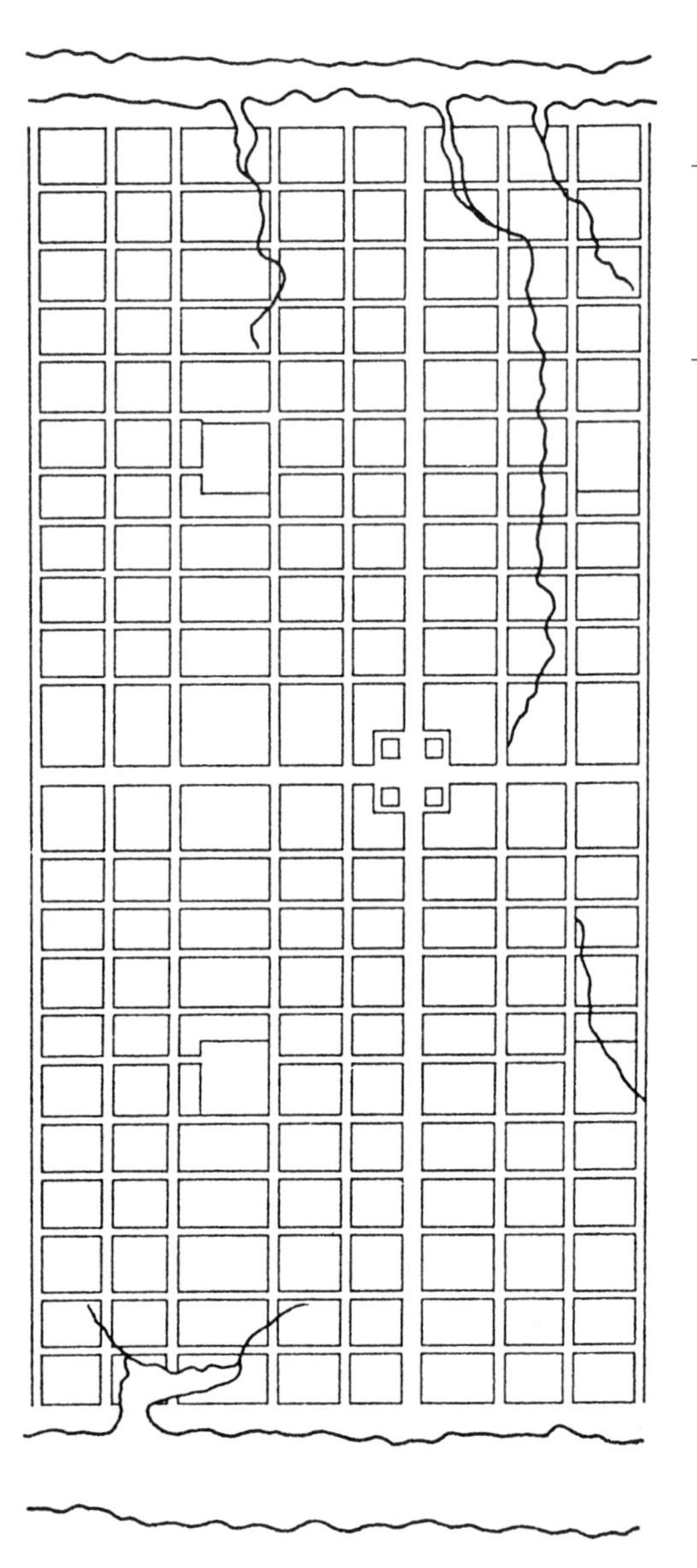

ペンがフィラデルフィアにヨーロッパでは見られたことのない碁盤割の秀吉の大坂のような町割を計画して、一六八六年に完成させている（図66）。

一七一〇年には、フランスがビャン・ヴィルに命じて、ニューオーリンズをやはり碁盤割に計画し、一七一八年に完成させている。（図67）。

合衆国は一七七六年に独立したが、先のウイリアム・ペンの建設したフィラデルフィアを首府とし、やがて新首府ワシントンが、フランス人ランファンの設計でヨーロッパの文芸復興型の放射道路の多い町に建設された。（図68）

しかし、その後は各市が建設される時には文芸復興型ではなくてフィラデルフィアの碁盤割を殆どの町が採用した。そしてニューヨーク市がダウンタウン以北を一八〇七年に、南北道路は一番街から十一番街、東西道路は一丁目から二百二十丁目までをきれいな格子割にしたのである。

最初更地に新市が計画される時には敢えて取り締まりの法律を必要としない。しかし、その後人口増で町が拡張されるようになったり、民間で都市建設が計画されるようになると、取締規則が必要になってくる。そこで前述のデラウェア州で、一八八七年に最初の建築線法が制定されたのである。これを皮切りに一八九一年にペンシルベニア州、一九一二年にニュージャージー州、一九二六年にニューヨーク州にと全州に拡大採用されるのであった。

アメリカのことであるから、各州各都市ごとに制度が違ったり、用語が違ったりするのであるが、市域全域に建築線を指定したり、計画道路を決定する。これが地図の上に記入されると、その道路をマップト・ストリートと称され、その地図をオフィシャル・マップと言われて、計画は大変権威あるものになる。

アメリカにはダニエル・ハドソン・バーンハムという有名な都市計画

家が、十九世紀から二十世紀にかけて活躍した。この人はシカゴの万国博の設計で大変名声を博した人であるが、一九〇六年に大震災後のサンフランシスコの改良計画を、そして一九〇九年にシカゴの改造計画を発表して、世界中に大きな反響を呼んだのである。しかし当局はいずれも、マップト・ストリートを盾にして、バーンハムの計画を無視したのである。アメリカでは建築線制度は大変権威があるので、その計画を簡単に変更することを許さなかった。州によって、警察力の大きなバックアップがあったからでもある。

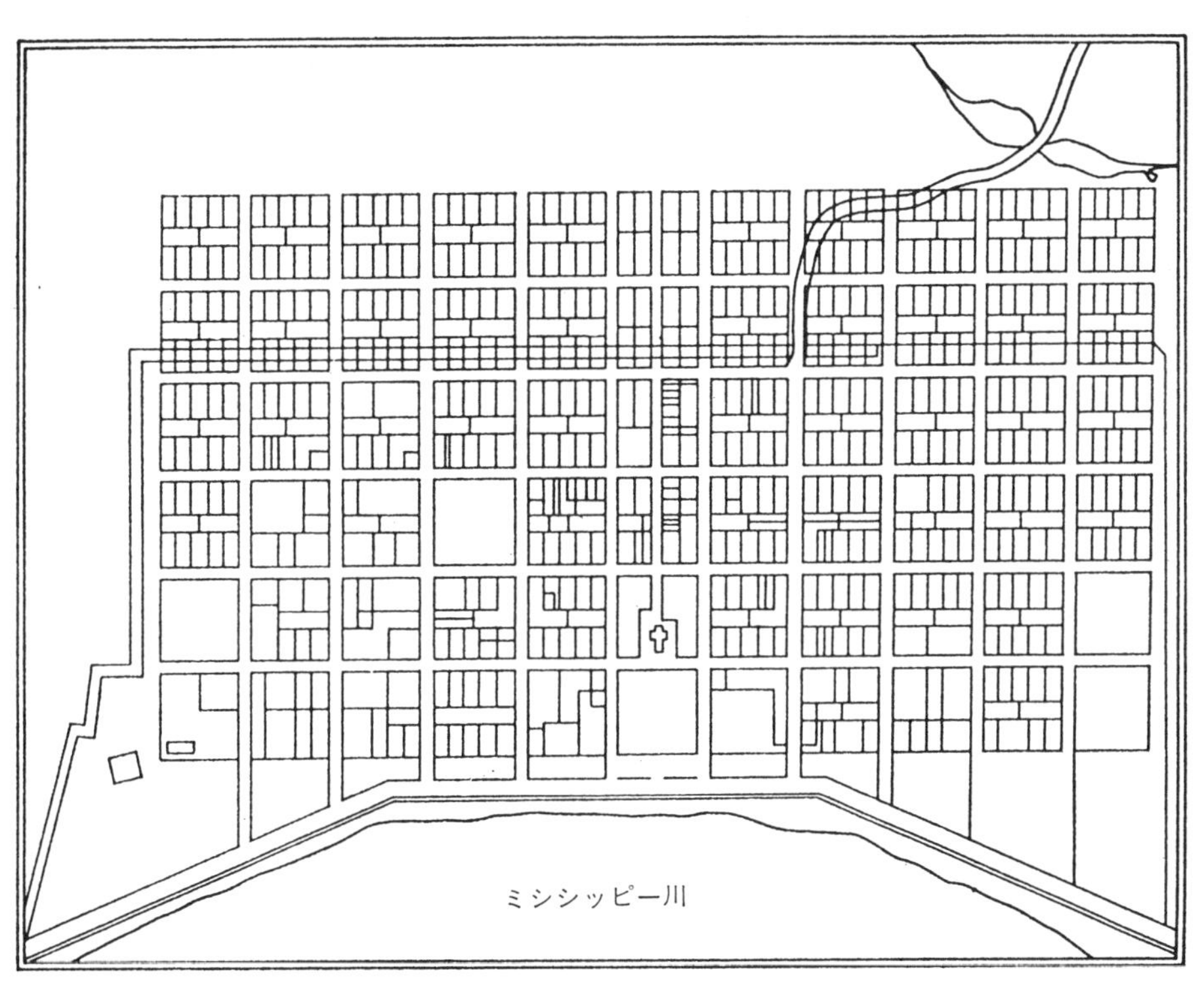

図67　ビャンヴィルのニューオーリンズ計画

日本の建築線制度

大正の初め頃、日本にイギリスのタウンプランニング、アメリカのシティープランニング、ドイツのシュテッテバウ、フランスのウルバニズムの全貌が、盛んに伝えられてくるようになった。いずれも日本語に訳すると都市計画である。

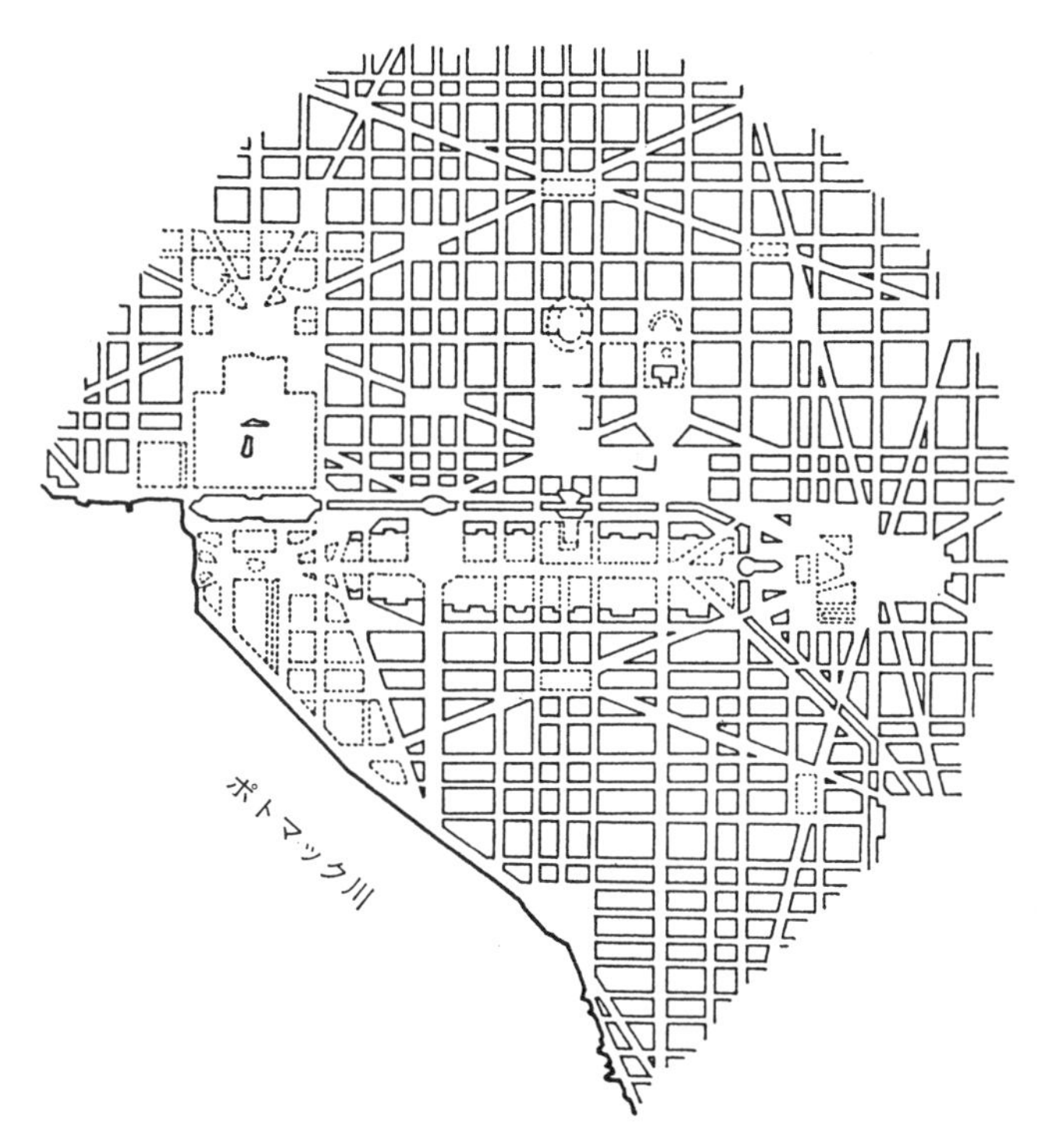

図68　ランファンのワシントン計画

日本ではこれまで市区改正であったが、従前の市区改正とこの都市計画では内容が著しく相違した。従前の市区改正は公共施設が主をなしていたが、新しい都市計画は公共事業はその一部に過ぎなくて市民生活の利便と衛生と安全と豊かさを維持増進するためには、都市はいかにあるべきかを計画しようとするもので、民間の建物を考えることが主眼目になってきたのである。それだけに都市計画は市区改正よりも身近なものになったのである。

そこで日本でも市区改正条令に代って、早急に都市計画法を立案しようということになった。内務省の書記官池田宏氏が取りまとめ役で、東京帝国大学建築学科の佐野利器教授・内田祥三教授の三人で案が練られた。諸外国の関係法令は虱つぶしに調査されて、それぞれの長所が採用されることになった。従ってある条項はイギリス式であり、またある条項はドイツ式であったり、アメリカ式であったりしている。

最初の頃の草案を見ると、ドイツのザクセンの建築物法の様式のようであった。ザクセンの建築物法を都市計画法と呼び替えたような形式であった。ところが条文をならべてみると、建築の規定が余りに多過ぎるので、途中から都市計画法案と市街地建築物法案に分割されることになった。ドイツのプロシヤの場合には、建築線法が都市計画法に該当し、建築取り締まりは州法でなく各都市が別々に市の条令として施行していた。欧米では最初建築取締規則は各市がそれぞれ独自に制定していた。

かくて日本でも建築線制度は是非採用しなければならないということになって、これは民間建築の取り締まりが目的であるから、市街地建築物法の中に規定されることになった。それでこの時の建築線制度に関する条文を拾い出してみると、

第七条　道路敷地の境界線を以て建築線とす但し特別の事由あるときは行政官庁は別に建築線を指定することを得

第八条　建築物の敷地は建築線に接せしむることを要す

第九条　建築物は建築線より突出せしめることを得ず

この日本の条文を先のプロシヤの建築線法と対比すると、この第七条と第九条はプロシヤの第一条と、そしてこの第八条はプロシヤの第十二条と全く同じなのである。

この第七条に、特別の事由あるときは行政官庁は別に建築線を指定することを得とあるが、プロシヤの場合には、この指定をする時の関係官公庁との連絡を詳細に規定している。日本の場合は、行政官庁だけで指定できるという絶大な権限が附与されたことになっている。アメリカでは多くの州が日本と同様に、当該官庁が独断でやれることになっている。

かくて日本でも建築線制度によって、都市が立派に構成されていくことを、大いに期待したのであった。

大阪での建築線制度の活用

既に述べた通り、大阪は明治になって旧難波三郷の周辺にどんどんスプロール化していった。それが今回の空襲で殆ど全部が、市街の中心部同様焦土と化してしまって、戦後は新たな形で復興してきたので、今ではその当時の面影を残すところはないが、とにかく当時の惨状は一通りのものではなかった。そのため既述の通り市議会からも度々スプロール対策の急務であることが建議されていたのである。

大正八年に都市計画法と市街地建築物法が公布されて、漸くスプロール対策の軌道が敷かれることになった。一つは市街地建築物法の中の建築線制度であり、もう一つは都市計画法の中の土地区画整理の制度であった。

大正十二年九月一日に関東大震災が勃発した。全くの偶然であるが、この二つの法律は震災復興計画樹立のために、あらかじめ準備されていたかのような形になった。そこでさっそくこの法律に準拠して、帝都復興院で筆者は、土地区画整理を根幹とした帝都復興計画の原案を書かし

てもらった。ところが土地区画整理が引っ掛かって、東京市会でも、府会でも国会ででも、復興計画案は総スカンを食って、一時絶望に近い状態になったが、幹部交代で漸くすべり出すことができるようになった。やがて新道路開設のために、二十万棟の震災後急増されたバラックを新換地に移転さす工事も順調に進行するようになった。これで後はもう大丈夫だということで、郷里の大阪府庁に転勤させてもらうことになって、大阪府警察部建築課で市街地建築物法の運営に当たることになった。

　ともかく大阪での急務はスプロールの防止と、耐震耐火建築の促進であったが、とりあえずスプロール対策を急ぐことにして、建築線係を特設してさっそくこれを担当した。

　これまでは空いている土地があれば出鱈目に家を建てるのであった。そして家と家との隙間が道ということになっていた。だから家の前も道、横も道、裏も道で迷路から迷路に繋がった。これでは、上下水道もガスも電気も、その敷設は不経済千万であっただけでなく、不完全なものになった。

　そこで、とりあえずこれから建築される場合には、建築線係で建築線法を活用することにした。むかしの難波三郷の拡張時には先ず道路を完成させて、敷地が整備されてから建築が認められたのと同様に、何よりも道路を造ることが先決であるという慣習の確立を目指したのである。

　法律では知事が一方的に指定できることになってはいたが、そこは建築主の都合もあるので、建築主から建築線指定を申請してもらうことになった。

建築線指定方針

　建築線制度の趣旨を生かすためには、その目的を達し得られるような方針が考えられねばならない。当時、内務省からはまだ何ら指示はなかった。最初からドイツやアメリカのようにはいかないが、大阪では、徐々にレベルを上げねばならなかった。

　先ず道路の位置を明確にするために、道路の肩石を入れてもらう。

　道路は延長に応じて幅員を広くする。当時法律では道路幅員は九尺あれば良いことになっていたが、ザクセンの建築法規では、建築物の種類によって、六メートル、一七メートルが最小になっていたのとは大変な相違で、できるだけ広く造り、家の前にも、横にも道があるというのではなく、道路の数は減らす代わりに立派なものにする方針でのぞんだ。

　幹線道路には、ブロックの長手を平行せしめ、その小口を面せしめないこと、小口が面すると、道路交差が多くなって通行に支障をきたすからである。東京の銀座では長手が銀座通りに平行していたが、日本橋では小口が日本橋通りに面していたので、復興計画の時に日本橋のブロックを銀座並みに配置転換しようとしたが、既に相当耐久建築物があって、遂に実現できなかったことがあった。しかし今日では既に長手を幹線道路に平行させることは常識にまでなってくれている。

　鉄道軌道沿いに道路を新設する。こうすると道路は片側道になって不経済であるが、汽車、電車の窓からは家の前面を見た方が美しく、家の背面には、たらいや芥箱が置いてあったり、洗濯物が干してあったりでゴミゴミして美しくない。早くにできた阪堺線や平野線や阪神線の窓からは裏ばかりが見えた。が後に開発された阪和線・近鉄南大阪線・京阪線の沿線には両側に道がだいぶできた。

　道路の配置に当たって過小敷地にならないよう配慮すること。

　低湿地は充分に地揚げすること。

　排水施設を完備すること。

　ともかく当初はスラム防止が主眼目であって、理想的町づくりというのはまだ夢のまた夢であった。

　しかし、こうした建築線に面して建築された建築物は、従前のスプロール地区と比較すると、田圃に鶴が下りたように見えた。同じ家を建てても、立派な道に面している時と、狭い道に面する時とでは、見ばえがまるで違った。

　従って建築線指定申請という手続きは増したが、結果が喜ばれたので殆ど抵抗はなかった。そしてやがてスラム防止に十二分の確信が持てるようになった。

　イギリスでは、スラムは発生するものであるか成長するものであるかが、大いに論議されたことがあった。また、スラムの改造に当たって、元の居住者を復帰せしむべきか復帰せしむべきでないかが、大変な議論になった。復帰せしめなかったら、一箇所のスラムは改造されても、数箇所に分散し、却ってスラムの数が増すという意見と、一方、復帰せしむべきだという意見もあって、復帰せしめた例が多かったが、これは失敗であった。しかし分散するにしても、分散先がスラムにならないような予防措置がとれていれば良いのであるが、イギリスでは、その措置が大変に遅れていた。この場合日本では建築線制度が大いに貢献したのである。

耕地整理組合地区を建築線指定で改造

　第二十三話で述べた通り、初期にできた今宮・天王寺・鶴橋の耕地整理組合地区では、道路幅は農道並みしかなく、その上道路の配置が大まかである。それがスプロール地区に隣接していたから、たちまち市街化することになるのであるが、小住宅が無茶苦茶に押し込められることになった。

　耕地整理の道路は狭いながらも一応一直線に通っているが、裏道が思い思いに無数に造られて、そこに長屋が互にかみ合うように建てられた。そのために大阪一の高人口密度地区になって、全くスプロール地区同然になった。

　大阪周辺には市街地に隣接して、古市・田辺その外多数の未建築耕地整理組合地区があった。これらを放置しておくと、一様に今宮や鶴橋のようになることは必定である。

　そこで各組合に呼び掛けて、早急にその対策を講ずることにした。幸に皆が今宮・鶴橋を見ているだけに、尚地価の維持も考えねばならないから、設計の手入れに応じてくれることになった。

　先ず全道路を建築線指定で大幅に拡幅することにし、灌漑水路は将来埋め立てられるものとして、水路の両側にも大幅に建築線を指定した。その外、それぞれの場所に大きく手入れをして、ともかく整然とした宅地が造成され、狭小敷地にならないように配慮することを第一とした。

　特に淀川区の神津耕地整理組合地区では格別に大幅な建築線を多く指定して、完成後の道路面積率は全大阪中随一になるようにしておいた筈である。

　ともかく建築線制度で市街化する耕地整理組合地区を土地区画整理地区並みに、或いはそれ以上に一応設計更正されることになった。

建築線指定実績

　昭和十三年二月に内務省が、各府県で前年度に建築された住宅商店の前面道路幅員を調査したものを発表した。東京・京都等報告書を提出しなかった所もあったが、千件以上のものだけを挙げると、表13の通りである。

　大阪は明治・大正の頃の軒切り前の狭い道が標準にされて、大阪の道は狭いという悪名が天下に広がっていたが、これで新市方面ではだいぶ挽回できた。

　尚大正十五年から昭和十二年までの建築線指定の月ごとの統計が残っているが、総合計だけを挙げると――

件数＝九千五百八
道路延長＝三百二十一万一千四百五十二・一尺（九十六万三千四百三十五・

六メートル）

道路面積＝百五十二万九千三百七十九・二坪（五百四万六千九百五十一・四平方メートル）

十二年間に百五十万坪という莫大な面積の土地を、建築主が私道として提供したのである。これにはビタ一文公共の補助はない。このうち相当数が今日市道になっているが全部無償である。

昭和十三年以降は、係員の大半が兵役に召集されたり、建築物資配給や、都市防空が急務になってきて、臨戦体制に転換することになって、統計がつくれなくなった。

昭和二年に幅員九十六尺、延長二千五十六・二尺、面積五千四百八十三・二坪の建築線を指定している。十六間幅である。これは朝日橋から桜島までの電車道が幅員八間しかなかった。そのうち政岡土地会社の所は相当家が建っていたが、その先の北港土地会社の所には未建築地が多かったので、会社と相談して両側で四間ずつ後退して、十六間になるようお願いして承諾を得たものである。従って桜島へ行く今日の市道は半分がただである。幅員十間以上の道路は市内の随所で造られている。六間以上になれば一層その数を増す。それが全部無償提供である。一万件近い指定場所は全部時々の大阪府公報に詳細に記載されている。かくて

表13　住宅商店の前面道路幅員調査

府県別	四メートル未満	四メートル以上	合計件数
北海道	二七五	一九七三	二二四八
群馬	四六三	六六九	一一三二
茨城	七六二	三六五	一一二七
新潟	三一〇	七八四	一〇九四
神奈川	五二四六	二七九一	八〇三七
静岡	八八三	一六〇四	二四八七
大阪	**七七六**	**九八一四**	**一〇五九〇**
兵庫	四〇五九	三五六六	二六二五
広島	二四六〇	一一〇五	三五六五
長崎	一〇七六	五八五	一六六一

（注）四メートル未満は主として九尺のこと。

建築線制度は大阪で一応の成果を得た。同時にその沿道に非常に多くの建築敷地が造成された。

それにしても引き続いてドイツ・イギリス・アメリカの関係図書が入ってきた。それらの国々の場合と比較すると、とてもひけ目を感ぜざるを得ず、まだまだ次の手が必要なのであった。

（注）戦後市街地建築物法が廃止されて、建築基準法になった。この時建築線という言葉が消えて道路になり、役所でその位置を単独で指定することもできなくなり、著しく後退した。

第二十五話　宅地造成への土地会社の貢献

土地ブームの開幕

阪神・阪急の宣伝効果

阪神電車が明治四十二年、西宮停留所前に、日本で最初の郊外住宅を三十戸建設した。しかしこれは貸家であって、工事中に全部が予約済みになったという。その次の四十三年に、鳴尾に七十戸、御影山手に二十戸を建設した。

これが分譲住宅のハシリである。

明治四十三年に開通した箕有電鉄は、さっそく桜井・池田・服部に分譲住宅を建設した。しかし、建売りは、阪神の貸家のように工事中から予約済みというわけにはいかなくて、右から左へと直ぐ売れたわけではない。大正三年に豊中で建売りを始めたが、やはりぼちぼちであった。そこで、大いに宣伝をしなければならないので、人集めのために豊中の第三期工事予定地で、大正四年、朝日新聞に全国中等学校野球大会を開催してもらったことは既記の通り。これは確かに宣伝効果があった。

桜井や池田で売り出しても遠方であるために、大阪の人は無関心であったが、野球を見に行った人は、建売住宅地の中を歩かされた。そして初めて庭附き一戸建住宅というものを見せられた。これまでの大阪人は

> 町中で軒を接した建物だけしか見ていなかったが、
> 生垣に囲まれた異色の住宅は確かに関心を引いた。

かねがね田園郊外住宅の宣伝を聞かされていた人々も初めてここで実物に接したわけであって、住宅に対して開眼させられたと言っても過言ではない。

郊外での分譲住宅は勿論、日本では初めてのことである。そこで宣伝の継続が肝要であった。

先ず阪神電鉄は鳴尾・御影の売り出しに先がけて、明治四十一年に「市外居住のすすめ」というパンフレットを出し、阪大医学部の前身である大阪府立高等医学校の先生方に依頼して、「衛生的なる住宅」について執筆してもらっている。

箕有電軌も、明治四十三年から、小林一三氏自ら筆をとられたパンフレットをたくさんつくり、「郊外生活」と題されたもの、「如何なる土地を選ぶべきか」「如何なる家屋に住むべきか」「月拾弐円で買へる土地家屋」等々が次々に配布された。その中にはいろいろな名文句もあった。

> 美しき水の都は昔の夢と消えて　空暗き煙の都に住む不幸なる我が
> 大阪市民諸君よ

から始まって、

> 出産率十人に対し死亡率十一人強に当る大阪市民の衛生状態に注意する諸君は慄然として　都市生活の心細さを感じ給ふべし同時に田園趣味に富める楽しき郊外生活を　懐ふの念や切なるべし

ここに出生率十人に対し死亡率十一人とあるが、これは今日の人にしてみれば偽瞞的にも見られそうな数字であるが、当時これは事実だったのである。大阪では昔から、「三代家は続かない」と言われたことがあった。三代目には都市生活に弱って死に絶えるというのであった。そこをうまく突いて田園郊外におびき出そうという魂胆なのである。

そしてそのためには、

> 郊外生活に伴ふ最初の条件は交通機関の便利なるにあるとす　箕面有馬電車は風光明媚なる沿線に郊外生活に最も適当なる三十万坪の土地を所有し　自由に諸君の選択に委せんとす　これ各電鉄会社中独り当社のみなり

として、一区画平均百坪、建坪十八坪位の二階建、庭附きで二千円から二千五百円、頭金五十円で残金は十年間毎月二十四円払いの割賦方式、土地だけだと月十二円位、これは正しく小林氏の独創商法であった。

小林氏は月給取りの平均給料を計算し、その人々の手が届くものでなければならないとした。これを聞いて皆が右へ倣えをやることになった。

不動産革命

眼を覆いたくなるような、大阪周辺のスプロールに飽き飽きしてきた人びとにとっては、田園郊外に庭附き一戸建が持てるということは素晴らしいことであった。そして新しい住宅観が生まれることになって、これは正に大阪の住宅史の中では不動産革命にも該当し、そしてそれが今日の先達になるのであった。

この当時郊外電車は、運送事業の外に、沿線に電灯電力供給事業の兼営が許可されていた。従って会社名も阪神電気鉄道株式会社であった。

これで電鉄沿線では、電気を簡単に引いて貰える便宜があり、電鉄側も沿線に住宅が増すと、輸送と電気の両面で利益を挙げることができた。

かくて郊外電車が沿線に住宅建設の口火を切ったのであるが、企業家はこれを見逃すことはなかった。そしてこれを動機に、土地ブームが始まることになり、資本を結集して土地会社が続々生まれた。

土地会社は郊外電車の沿線だけでなく、大阪市内には既にその先に輩

出していた。しかし郊外の土地会社と、市内の土地会社とは性格も規模も相違していた。これに便乗して、個人の多くが同じく土地売買に手を出した。そしてたくさんの土地成金が生まれた。この土地ブームには、大阪の人口の急増があと押しをしていたことになるのである。

郊外の土地会社

郊外電鉄の経営地は殆どが駅の近接地に限られていた。しかし駅を中心にして、その周囲には何百倍、何千倍の土地が拡がっている。土地会社はそれらの土地を買いあさった。殆どが農民の所有地である。これまで農民は先祖代々から受け継いだ土地で、毎年同じ作物をつくって僅かな決まった収入しか得ていなかった。そこへ大阪から大金を持ってきて、土地を買ってやろうと言って乗り込んできた。話を聞いてみると、土地を売れば、これまで夢にも見たことのない大金が一時に転がってくるので、売買の話は簡単についた。田舎にしてみれば開闢以来の出来事であった。

最初、阪神電鉄と箕有電軌が先鞭をつけたのであったが、土地ブームが起こると全郊外電鉄沿線にも一斉に土地会社ができた。

たまたま筆者は職掌柄、土地会社の開発地を注目していなければならなかった。そこで土地会社の数・その設立時・土地会社の規模即ち資本金そしてその経営地を調査し続けた。

終始調査を続けていたが、ここに土地会社ができかけた極く初期のものと、最盛期と思われる頃のものとを紹介したい。

(表14・15)

この表に記載されている会社は、調査日現在に活動していたものだけであって、会社はあっても、その日現在活動していなかったものは省略してある。

表14を見ると、土地会社設立の時期が大正七・八・九年に集中している。

この時が土地ブームが沸騰を始めた時期なのである。

阪神・箕有の売り出しが、明治の終わりから大正の初めであったから、田園郊外住宅の良さが一般に了承されるまでには、やはり年月が掛っていたことが判る。宣伝効果の難しさもさることながら、理解されるとそのあとは一気であることもこれで知ることができる。

大正十年現在では、電鉄会社は民間会社が活躍を始めたことに満足して、自身で手をつけることを一時休んでいたようである。

資本金の百万とか二百万は、今日では桁が違い過ぎて理解し難いかのようであるが、経営地積を見ると、相当な規模のものであったことが判る。当時が第一の土地会社時代で、今日は第二の土地会社時代と見てよいのであるが、今日の土地会社と比較すると、規模は当時の方が相当大きなものであったといえよう。

勿論大部分が、阪神・箕有の数倍の面積を経営していたことになる。

これらの土地会社には、土地を造成して土地だけを分譲するものと、造成土地に家屋を建てて、土地附き住宅を分譲するものとの二手であったが、阪急沿線には大口の土地分譲が多く、他の沿線では住宅分譲の方が多かったようである。

表15の昭和七年の調査では、土地会社に利益を独占されているのを見かねて、全電鉄会社が巻き返しをはかって、一斉に自営をやっているのが目立つ。

経営地を売り尽すと、解散してしまう会社もあったようだが、次次に土地を買いあさって、事業を拡張して行くものもあった。特に関西土地が全沿線で最も手広く仕事をしていた。建売りである。

大阪市内では、寺町以外には緑がなかったが、これらの田園郊外では、道路ぎわに少し自然石の腰積みをしてその上に生垣を揃えていたので、でき立ての町並みは美しく統一がとれていて、確かに住み心地は良さそ

表15　大阪近郊土地会社経営地分布　　昭和７年３月現在

土地会社名	経営地積(坪)	経　営　地
阪神沿線		
関　西	10,000	尼崎
阪　神	20,000	甲子園
大　林	60,000	甲子園
夙　川	37,000	香枦園
電鉄自営	300,000	甲子園
阪急神戸線		
関　西	100,000	塚口
伊　丹	30,000	伊丹
日本住宅	100,000	西宮、芦屋、仁川
大神中央	150,000	夙川
住　友	15,000	夙川
甲　陽	100,000	甲陽園
平　塚	45,000	逆瀬川
電鉄自営	67,000	福野、西宮、甲東園、仁川
阪急宝塚線		
井　栄	6,000	服部
北大阪	70,000	豊中
住　友	18,000	石橋
日本住宅	120,000	石橋、雲雀ケ丘
田　村	120,000	桜井
関　西	20,000	牧落
細　原	50,000	花屋敷
浪　花	100,000	中山
電鉄自営	237,000	服部、曽根、岡町、豊中、石橋、桜井、箕面、池田
新京阪沿線		
住　友	20,000	正雀
関　西	18,000	高槻
電鉄自営	359,000	神崎川、垂水、大学前、千里山、富田、高槻
京阪沿線		
関　西	230,000	橋本、森小路
電鉄自営	202,000	香里、枚方、牧野
大軌沿線		
住　友	100,000	山本
日本住宅	20,000	瓢簞山
石　切	18,000	石切
石切山荘	20,000	石切
関　西	55,000	瓢簞山額田
電鉄自営	65,000	小坂、長瀬、山本、生駒
大鉄沿線		
小　谷	30,000	松原
電鉄自営	181,000	矢田、恵我荘、藤井寺、古市
阪和沿線		
新　興	150,000	上ノ芝
大阪近郊	30,000	葛葉
立　石	40,000	信太山
電鉄自営	35,000	上ノ芝
南海沿線		
竹　中	25,000	住ノ江
大　浜	23,000	大浜
堺大浜	20,000	大浜
浜　寺	20,000	浜寺
南　海	25,000	高師浜
関　西	435,000	高師浜、助松、大美野

表14　大阪近郊土地会社経営地分布　　大正10年４月現在

土地会社名	設立年月	資本金(円)	経営地積(坪)
阪神沿線			
大神中央	大7. 3	4,000,000	111,470
尼　崎	大8. 7	5,000,000	11,464
尼崎城内	大8.11	1,500,000	9,681
阪神住宅	大9. 3	10,000,000	44,826
阪急沿線			
花屋敷	大6.10	1,600,000	96,499
甲　陽	大7. 5	2,500,000	322,611
芦　屋	大7.10	1,000,000	29,035
石　橋	大8. 6	1,200,000	25,928
塚　口	大8.11	3,000,000	72,888
宝　甲	大8.11	5,000,000	600,000
大阪郊外	大8.12	4,000,000	130,000
新花屋敷温泉	大8.12	2,000,000	510,000
西　宮	大8.12	3,000,000	50,340
六　甲	大9. 1	10,000,000	789,580
桜　井	大9. 3	1,500,000	23,000
御　影	大9. 3	2,500,000	100,000
ラジウム	大9. 8	2,000,000	67,408
新京阪沿線			
大阪住宅経営	大9. 3	10,000,000	130,000
京阪沿線			
日本家禽	大8. 6	2,000,000	47,747
京　阪	大8.11	5,000,000	85,582
帝国信託	大8.12	3,000,000	71,903
片町沿線			
大阪土地運河	大9. 4	7,000,000	102,920
大軌沿線			
東大阪	大5.11	1,000,000	72,249
瓢簞山	大8. 5	4,000,000	75,041
生　駒	大8. 9	1,000,000	16,000
生駒聖天	大8. 9	1,000,000	66,000
石　切	大8.11	1,000,000	177,711
枚　岡	大8.12	1,200,000	40,000
日下温泉	大9. 1	1,500,000	84,990
生駒中央	大9. 1	1,000,000	60,000
大　軌	大9. 4	1,300,000	130,000
大生駒	大9. 9	2,000,000	183,363
南海沿線			
日本土地	大7. 4	2,000,000	34,392
浜　寺	大7. 7	1,000,000	31,866
南　海	大8. 5	1,500,000	3,513
北浜寺	大8. 6	1,000,000	24,620
堺大浜	大8.10	1,500,000	16,670
南浜寺	大9. 2	1,000,000	14,676

表16　大阪市内土地会社調査　大正10年4月現在

土地会社名	設立年月	資本金(円)	経営地積(坪)
泉尾	明36.12	5,000,000	250,265
大阪	明44. 7	3,000,000	——
浪速	明45. 4	2,425,000	178,954
大阪港	明45. 5	5,000,000	85,234
摂津	明45. 6	3,500,000	334,291
千日	大 2. 4	5,000,000	1,324
市岡	大 5. 6	4,300,000	135,144
阪南	大 5. 8	3,000,000	22,630
南大阪	大 5.11	500,000	117,334
北大阪	大 6. 3	2,000,000	93,473
木津川	大 6. 4	1,000,000	21,200
安治川	大 6.12	25,000,000	506,202
網島	大 7. 3	2,000,000	23,301
阪神	大 7. 4	1,400,000	44,535
四ツ橋	大 7. 8	300,000	499
城南	大 7. 8	1,000,000	6,680
城東	大 7.10	10,000,000	289,231
大東	大 7.10	6,000,000	184,481
城北	大 8. 5	3,000,000	323,291
大阪千日前	大 8. 7	2,000,000	2,000
大阪天王寺	大 8. 8	1,000,000	49,671
木津川土地運河	大 8. 9	10,000,000	175,145
市岡沿岸	大 8. 9	8,000,000	18,448
大阪北港	大 8.12	35,000,000	823,978
大阪野江	大 8.12	2,500,000	22,465
大阪住宅経営	大 9. 3	10,000,000	15,000
阪東	大 9. 4	10,000,000	100,000

表17　大阪市内土地会社調査　昭和6年6月現在

土地会社名	設立年月	資本金(円)	経営地積(坪)
泉尾	明36.12	3,900,000	172,386
政岡	明40.11	838,500	111,000
和田	明40	個人	240,000
杉村	明42	個人	42,000
大阪	明44. 7	7,500,000	24,800
千島	明45. 4	2,000,000	499,645
大阪港	明45. 5	2,500,000	94,000
市岡	大 5. 6	4,300,000	135,000
木津川	大 6. 4	1,000,000	14,778
南福崎	大 6. 7	1,000,000	45,456
安治川	大 6.12	25,000,000	487,114
外村	大 6	2,000,000	87,500
和久	大 6	個人	75,000
城東	大 7.10	1,706,250	289,231
城北	大 8. 5	3,000,000	323,291
天王寺	大 8. 8	1,000,000	49,671
岩田	大 8.10	1,000,000	146,527
大阪北港	大 8.12	35,000,000	743,044
白山殖産	大10. 3	10,000,000	190,688
高津	大11. 3	2,000,000	3,067
都島	大13. 4	100,000	2,990
新大阪	大14. 5	10,000,000	40,000
今里	大14	3,600,000	80,000

うであった。そして最初はやはり駅の近くから開発されて行くから便利であり、大阪の都心に出るのに時間もかからなく、電車賃を払うことにも漸く慣らされてきたようである。

今日は住宅を獲得するのに、いろいろな融資の便が豊富に与えられているが、当時は勿論今日のような便宜はなかった。それでも郊外住宅には人気があって、大阪は郊外へ郊外へと拡張して行った。

大正九年に阪急神戸線が開通するのを見越して、六甲山麓に大規模な土地会社が多くできたが、ここではかねてから大阪の富豪の別邸や、第一次世界大戦の好景気に便乗した俄か成金の大邸宅が、多く建てられ、精道村こと芦屋等が誕生するのであった。そして大正十二年には既に精道村は、鉄筋コンクリート三階建の日本一の村役場が建設できるまで税収入を上げていた。鉄筋三階の村役場、勿論、これは日本中ではここだけで、当時、大阪府庁はまだ江の子島にいた。

市内の土地会社

第二十三話で述べた通り、帝塚山では東成土地会社が耕地整理に便乗して宅地造成をやり、いち早く分譲してしまって会社を解散している。その他の市内の土地会社の経営地は、スプロール地区に隣接するものがあっただけに、それが波及することのないように、特別に注意を払わねばならなかった。

そして郊外と同時に、大正十年現在と昭和六年現在に活動をしていた土地会社の一覧表をおめにかけよう。(表16・17)

市内の土地会社は、郊外の土地会社といろいろな点で著しく相違していた。市内の土地会社は、郊外のように全部が住宅地供給を目的としたのではなかった。

名称は土地会社であるが、劇場や歓楽街を経営していたもの、工場や貯木場に土地を提供していたもの、或いは大阪市営の大阪港に接して、

図69　昭和６年大阪市内土地会社経営地分布図

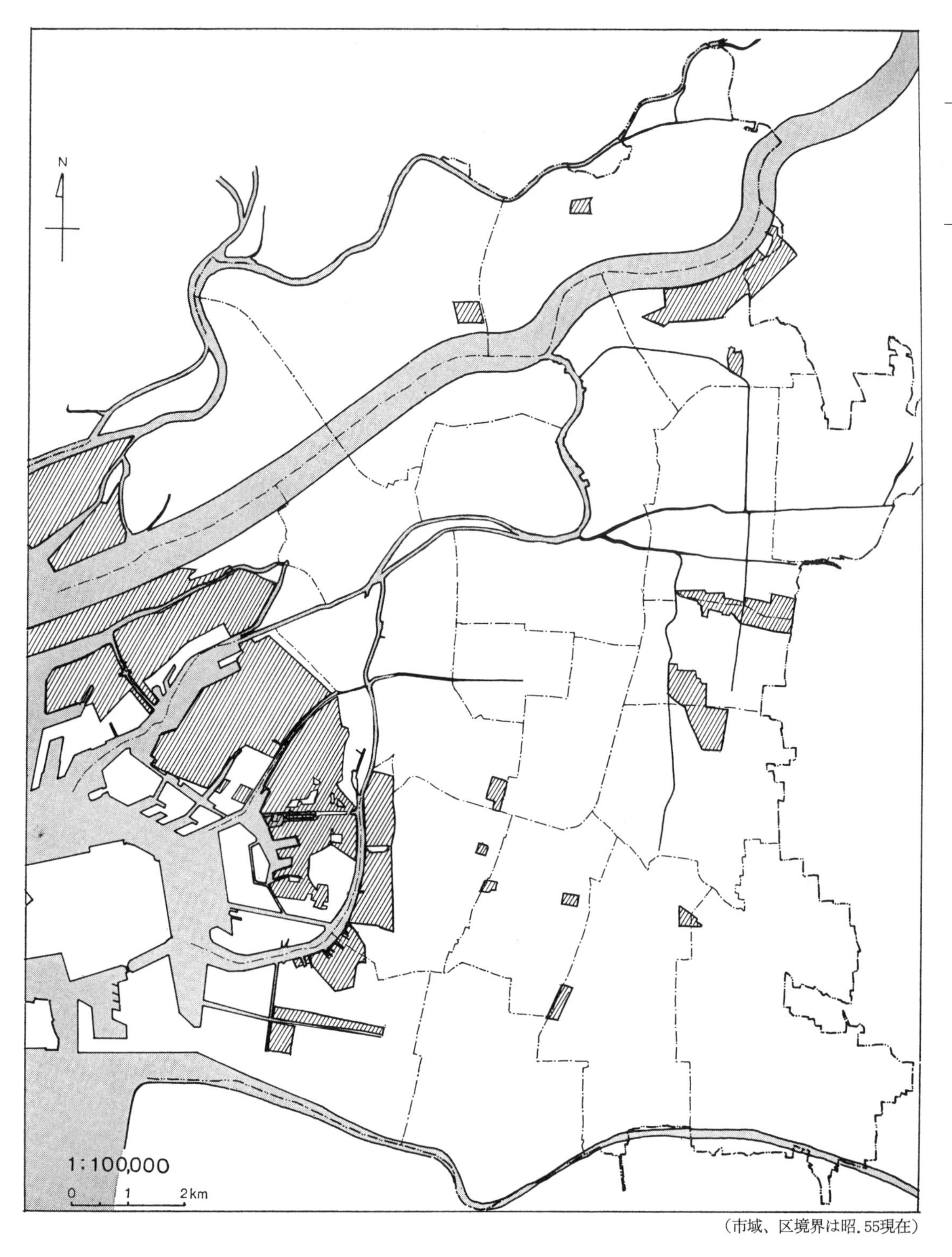

（市域、区境界は昭.55現在）

図70　昭和３年桜島の工場地帯

図71　昭和３年泉尾の貯木場地帯

港湾の経営に乗り出すものなどがあった。しかし過半の土地はやはり住宅用に当てられた。

そして市内に劇場や歓楽街が造られた場合を除くと、殆どがかつての沖合いに展開された新田が、土地会社の経営地になったのである。

表16の四ツ橋土地四九九坪、これは、南区佐野屋橋の文楽座である。千日前の二箇所は映画館と楽天地である。楽天地は後に歌舞伎座になり、千日デパートになった。明治四十四年の大阪土地は、第五回勧業博覧会の会場跡地の東半が、天王寺公園になったので、その西半を譲り受けて新世界を開設した。最初ルナパークと称し、ここでは通天閣を建て、その下に映画館を多数隣接させて、千日前に対抗して大繁昌していた。勿論当時、梅田界隈はまだ淋しいものであった。この大阪土地は続いて飛田遊廓も造って、会社は高配当を続け、株価もトップクラスであった。大阪湾に直面した土地会社では、いずれも応分の港湾業務を行っていた。特に大阪北港は、大阪市の事業の継承のようなものである。一方、新田に若干地揚げして随所に工場が建設されたり、泉尾では逆に掘り下げて多くの貯木池が経営された（図70・71）。

勿論当時住宅の需要が多かったから、相当住宅も建設された。

土地会社の特性と経営方法

当時の土地会社の性格というか、経営方法というか、これは郊外の土地会社と市内の大部分の土地会社とでは著しく相違していた。

郊外の土地会社の殆ど全部は、阪神・箕有の場合と同様に分譲が主であった。土地を造成して、その土地だけを分譲するものと、住宅を建築して土地附住宅として分譲し、最終的には不動産を手離してしまっていた。

それに引き替えて、市内の土地会社は淀川の改修によって、廃川敷となった土地を買い受けた城北土地や、歓楽街専門の大阪土地などは分譲

図72　昭和3年八幡屋町の住宅地帯

してしまっていたが、その他の大部分は、かつての新田所有の大地主が経営を株式会社組織に改組しただけであって、土地は引き続いて所有しながら、賃貸に出そうとしたのである。従って土地会社の所有地に工場ができたり、木場になったりしている場合でも、工場や木場の経営者は、殆どが賃借人であった。住宅が建築されている場合でも、貸地に出されたものを、建売業者が借り受けて、貸長屋を建築した。それに全部借家人が入った頃に売りに出す。そして小金を持っている人がその長屋を一棟ずつ買う。従って西大阪の新田跡には、庭附き一戸建住宅というのは全然なくて、全部が貸長屋という形式になった。この建物と土地の所有者がそれぞれ別の場合、この建物を底抜けとか底無しとか言っていた。

かつての新田の所有者は、僅かな小作料の収入よりも、土地を賃貸しにした方が得であるから、殆どの新田が一斉に株式会社に組織替えして、小作料から地代収入に振り変わった。

当時の土地会社の規模

表17に、個人経営に和田というのがある。和田あいさんという女主人で当時大阪一の大地主であったが、株式への改組が遅れていたのであろう。大阪第二の大地主は住友吉左衛門氏で、この方の土地の相当部分が大阪北港になった。現在の恩貴島酉島の一帯の地で、今日住友系の工場が多い。

当時の土地会社は土地経営が専業であった。今日商事会社や製造会社が地価の値上がりを見越して、土地投機だけが目的で、土地の買い占めをやっているのとは違っていた。

土地経営だけが専業であったが、規模は大変大きかった。阪急電鉄は輸送事業・電気事業、そして分譲住宅をやっていたが、資本金は三千万円であった。日本全国に網を張っていた勧業銀行が四千万円、興業銀行が五千万円であった。それに大阪の一土地会社の資本金が、三千五百万円を頭に一千万円はいくらもあった。結局、経営地積が非常に広大であったからである。

当時市内の土地会社の殆どの株は、北浜株式取引所に上場されていた。ともかく膨大な資産を持っている。そして毎月地代が確実に入ってくる。特に高配当はしていなかったが、土地会社の株は大変人気があった。たまたま昭和六・七年頃は非常な不況であったが、土地会社の株価だけは、いつも高値を持続していた。事実土地会社の重役には当時の財界の巨頭の名が並んでいたので、それだけでも信用されていたのであろう。

ところが、これは大阪独特の現象であって、東京では土地会社の地位は大阪程ではなかった。それだけに大阪の土地会社が、大阪の発展に大きく貢献してきたのであって、大阪経済を論ずるときに、大阪の土地会社を無視することはできないのである。

経営地の設計

終戦直後から今日までの永い間に、住宅問題は叫び続けられてきた。そして今日では量の問題は一応形がついたので、これからは質の向上であるとして、これは既に世論も一致している。

ところで戦前の大阪では、量の問題はまずまず起こらなかった。とにかく不足しそうになると、建売屋が建ててくれた。量の問題がなかったら、質が考えられたかと言うと、それは全く無関心であった。郊外の庭附一戸建住宅は別として、大阪市の周辺には、スプロールが拡がっていたが、市民は、スプロールに慣らされていて、それが当たり前であると考えていた。そこで第二十四話に記載の通り建築線制度で、その防止に取り組んだ。

土地会社は膨大な土地をもっているので、その経営地は是非健全な発展をしてもらわなければならない。

都市計画法や市街地建築物法発令前のものや、その適用区域外のものは別であるが、適用区域内の土地会社の経営地については、会社と相談していかにも大大阪の一部にふさわしい設計をしてもらうように頼んだ。会社にしてみれば経営地が良くなるのであるから、異存のある筈はない。ともかく道路網をしっかりしたものにすることである。第一はやはり広い道を造ることである。前にも述べた通り、大阪北港土地では市の電車道が八間であったが、会社の負担で倍の十六間にして貰ったように、各土地会社には全部それぞれ辛抱して貰った。そして、やはり前に建築線指定で、百五十三万坪の道路が無償で新設されたことを述べたが、その何割かは土地会社の提供になるものであった。

ともかく土地会社の経営地には、きれいな格子型の町割が揃って、ここではスプロール現象は完全に防止することができた（図72）。

土地ブームの様相

ニューヨークからのおびき出し

明治四十四年にはニューヨークに在住していた岡本米蔵なる人が、日本で「紐育市内外の地所」と題して出版した。先ず巻頭に

ルーズベルト日く世に最も確実にして最も安全なる立身の方法は益々発達する地方の選択宜しきを得たる地所に投資するに如かず

如何となれば地所は　あらゆる富の基礎たればなり

と掲げ、ニューヨークのマンハッタンを、一六二六年オランダ人ピーターミニットが、現地人から四十八円（この時一ドルは二円位）で購入したのであるが、二百八十四年後にはその課税地価は百二十億円に高騰したと述べ、それからマンハッタン区の各所及び他の区の郊外で、何年間に地価が何百倍、何千倍と上がった例を数十列記し、ニューヨークの有数な土地成金ジョセフ・フェルスの告白

余は地所に放資し其地価の騰貴を待つことの外　更に何ら労する所無くして一大富豪とはなれり

古今東西個人団体の別なく　苟も大なる富の因りて来る源を尋ぬれば　其地所に非らざるは稀なり

と、そして地所により富を成す者、必ずしも資本家たるを要せず、またニューヨークは世界最大の都会であるから、今後も地価はまだまだ上がるだろうとして、それを数々の資料で説明している。中にニューヨーク・ロンドン・大阪の地価を比較したものがある。

紐育　一坪　四万八千六百円
倫敦　一坪　二万四千四百四十四円

大阪　一坪　千円

大変な開きである。そしてニューヨークでは地価が高いので、地所の売買単位は

一方吋（インチ）　一方同（フィート）

一呎間口　一ロット

一ブロット　一エーカー

ここで一呎間口は、間口は一呎であって、奥行はニューヨークのマンハッタンでは大体一定していた。一ロットは間口二十呎から二十五呎、奥行百呎位。一ブロットはロットが三、四集まったもの。一エーカーは約千二百二十坪。別にエイカレッヂという取引単位があるとしている。いずれにしても、一方吋が取引単位であるということは、如何に地価が高いものであるかを物語るものである。

そしてニューヨーク市の内外には、無慮数千の地所建物会社がある。いずれにしても、ニューヨーク市内外の地所は、正に世界の宝の山であるが、その所有者は日下十万人以内であって、そのうちニューヨーク市民は四分の一に過ぎない。四分の三前後は、市民以外のアメリカ人と多数の外国人であって、日本人もニューヨークでは、建物所有者にも、土地所有者にもなれるとして、それを証する法文を記載している。

明治四十年では日本にはまだ土地ブームは起こっていなかったから、この本は日本でどのように読まれただろうか。

ところが大正六・七年になると、大阪に大変な勢いで土地ブームが起こってきていることを聞いた岡本は、早速日本に戻って来て、岡本がニューヨークで経営しようとする土地会社への投資を勧誘して回った。その相手は主として小学校、中学校の校長や上級先生方であって、岡本は講堂で生徒を集めてアメリカの講演をもやった。筆者も聞かされた一人である。富国強兵が旗じるしの当時であったから、日本人がニューヨークに土地を持つということは、国威の発揚にもなるというので、殆どの先生方はなにがしかの投資をした。しかし、やがてニューヨーク駐在の日本の新聞記者によって、これがインチキであることがばれた。刑事事件だとして騒がれたが、相手がニューヨークで結末はどうなったか判らない。

土地ブームの顚末

校長先生までが土地ブームに躍らされたのであるから、当時土地会社だけでなく、多くの個人が土地買出しに走り回った。昨日買った土地は、今日既に何割か上がっているのである。鞘を稼いでは、また買い漁る。農民はまた買いに来てくれるのを待っているのである。多くの土地成金が生まれた。このとき、この売買に周旋屋が間に入って大活躍した。ところがこの周旋屋の中には、いかさま師がたくさんいた。これには、ずいぶん問題が起きた。

悪口で周旋屋とは言わないで、千三つ屋と呼んだ。千喋っても、その中で本当のことは三つしかないというのである。仲人口どころではない。一般の人もよく心得てそのつもりでつき合うのであった。箕有電鉄が池田で売り出した時のパンフレットに、池田―梅田間の電車の所要時間が二十三分と書いてあった。明治四十三年にである。

ところでブームはいつまでも続くものではない。世の中が不景気になると、土地の取り引きも減じて小休止になり、やがて満州事変が起こってくると大休止ということになり、買っておいた土地が焦げついてしまった。

町の人が買った田畑は当然休耕地になっていた。ところが戦争の進展で食糧増産が叫ばれるようになり、その休耕地も農民に耕してもらわなければならないことになった。

やがて終戦が来た。それから農地開放である。そして国に取り上げられてしまって、買った時の数分の一に減価され、さらにインフレで、最

後はチョンということになった。

第二十六話 抜群の実績を挙げた大阪の土地区画整理

日本の手本となったドイツの土地区画整理

都市の郊外発展

イギリスの都市は、世界に率先して産業革命で大発展をした。ドイツの都市は、普仏戦争でプロシヤが大勝を博したのに乗じて大繁栄することになり、たまたまプロシヤは早くから強国であったので都市城壁外の建築規制は、他国程厳格ではなかったらしく、戦勝を期して郊外への膨脹が始まった。そして、ドイツ帝国の傘下に加わったプロシヤ以外の各連邦の都市ででも、同様に人口が増加して、郊外への拡張が始まるのであった。

この時首府のベルリンでは、郊外の発展を見越して、にわかに土地熱が勃発して、土地投機が盛んになり、投機だけが目的の土地会社が雨後の筍のように続出した。これが都市の健全な発展を阻害することは言うまでもない。土地熱は外の連邦の都市にも伝染するのであった。

プロシヤのアルトナ市にアヂケスという市長がいた。この市長は都市の経綸に卓抜の手腕をもった人であって、一八八四年にドイツで最初に建築容積地域制を敷いて、都市に建築の過密を防止しようとする皮切りをした。

その慧眼が買われてフランクフルト・アム・マイン市は、同氏を市長に懇請した。アヂケスはフランクフルトに大規模な用途地域制を制定した。この地域制もドイツで最初のもっとも完備した制度で、他市へ範を示すことになった。

アヂケスは更に都市郊外の無統制膨脹に眼を光らした。個人のミニ開発や、土地会社の勝手な宅地造成を見かねて、フランクフルト・アム・マイン市の全市的見地から、郊外全般の土地利用計画を考慮しつつ町割計画を樹立すべきであるとした。それには建築物が建築される前に、未開発地の土地区画整理が最善の措置であるとして、それが可能なように土地区画整理制度の創設を急ぐことにした。

もっとも土地区画整理はアヂケスの独創になるものではなくて、既に少数の前例があった。

一八八一年にヘッセン大侯国は、マインツ市拡張のために土地区画整理を可能にする法律を発布していた。

一八九二年末にハンブルグが、同趣旨の法律を出した。

一八九五年にプロシヤのプロッテロードに大火があって、焼跡の復興に土地の併合整理が可能になるように規定した。

アヂケスはフランクフルト・アム・マイン市の隣のマインツ市で、土地区画整理が先行されているのを見て、当然自分の都市に於いても是非これを施行すべきであると考えたのであろう。

通称アヂケス法

一八九二年にアヂケスは、「都市拡張及地域収用に関する法律」案の審議を、プロシヤ国会に要求した。次年に亘って審議され上院は修正して承認したが、下院委員会では討論されたが否決された。

一九〇一年にプロシヤ政府は、フランクフルト・アム・マイン市に適用する土地区画整理法を提出したが、再度下院はこれを審議未了にしてしまった。

翌一九〇二年に漸く両院を通過して、フランクフルト・アム・マイン市にだけ適用されることになった。アヂケスが飽くまで食いさがって通過せしめたので、人これを呼んでアヂケス法と称した。

プロシヤ政府が法案を提出した時の説明書の冒頭に

本法案は、一八七五年七月二日の建築線法及び一八七四年七月十四日の土地収用法に関連するが、区画整理の性質上特別に規定を要する。

と述べており、建築線法より一歩前進するものであることをほのめかしている。

アヂケス法の内容を通観すると

区画整理は行政機関が自らこれを行う場合と、区域内の面積の二分の一以上の土地を所有する土地所有者総数の二分の一以上の者が申請する場合とがある。

道路広場の設計の外に、建築密度や特別用途を同時に計画することを要する。

道路広場等公共用に必要な土地が、地主の提供した土地の三割を超えたときは、地主に補償しなければならない。

所有者の異なる過小画地は、合併して共有地とする。

前項の協議が成立しない時には、金銭をもって清算する。

以上の外に手続規定が大部分であって、詳細であるが従って繁雑である。

地主の無償提供三割は、その後の改正で、行政機関が施行の場合には三割五分に、地主申請の場合には四割に増額変更された。

フランクフルト市では、同法施行後十年間に三百七十五エーカーの面積を整理することができ、分散した土地の合筆で筆数が四割以下になったという。

フランクフルト市での成功で、同法は一九〇七年及び一九一一年に近隣都市にも適用されることになり、一九一五年には東部プロシヤの都市にも拡大された。

このアヂケスの土地区画整理法は、先の建築線法と共に、一九一八年三月二十八日のプロシヤ住宅法に一括包含されることになった。

プロシヤの成功で、ドイツの他の連邦やオーストリア、スイス等でも右へ倣えをするのであった。

土地区画整理の要旨

整然とした道路を築造し、健全な建築敷地を造成する点では、建築線制度と区画整理制度とは目的は同一である。

しからば建築線制度と区画整理制度の相違点は何か。

建築線制度では既存の里道や溝渠、並びに各筆境はそのままに手をつけないで、道路を造り敷地を造成しようとするものである。従って当然手続きが簡単で工事の施工も容易である。

ところが従前の筆境が建築敷地造成にまことに不都合なものがあったり、里道が狭かったり曲折が多かったりして、そのままではとうてい市街地の道路になり難いものや、溝渠が多数の家庭の排水に適当でないものがあって、元の地形のままでは市街地になることが不都合だというのが一般郊外の常態なのである。そこで全区域を一応白紙に戻して、市街地計画を新規に立案し直し、道路と街郭と画地を理想的のものにするための工事と、各筆の交換分合を行うのが土地区画整理である。従って土地区画整理制度の方が、建築線制度に比して、抜本的であって理想の町並を造ることができる。

一方、道路新設や公共施設造成のために必要な用地だけを買収すると、しばしば使用にたえない狭小な土地が残ったり、不整形な残地にされたりする場合が多い。これに対処するために、関係筆地以外に隣接筆地も併せ買収して、先の不整形残地と追加買収隣接筆地を分合して、正常な敷地に直すことを超過収用と称しているが、この超過収用は区画整理の一種である。アヂケス法の正式の名称が「都市拡張及地域収用に関する法律」と称せられているのは、この超過収用をも目指したものであったからである。

日本での土地区画整理

日本では明治三十年（一八九七）法律第三十号「土地区画改良に関する件」が発布されて、土地改良のために市町村内の土地所有者の三分の二以上の同意がある時には、土地の区画形状を変更せんとする場合に、簡単な手続きだけで整理ができる制度が認められたことがあった。これは、アヂケス法より五年も早かったのである。大阪では九条方面がこの法律によって区画が形成されているので、特記しておかねばならない。

しかしこの法律は全国的に余り活用されなかったらしく、明治四十二年に廃止された。

一方、明治三十二年三月二十二日に耕地整理法が制定された。これは勿論耕地・畦畔・灌漑の整理が目的であったが、大都市周辺では宅地造

図73　大阪市生野土地区画整理組合地区原形図

大阪市生野土地區劃整理組合地區原形圖

成のために、耕地整理法に便乗することもあった。大阪については既述の通りであるが、名古屋市に於いては特に多くの便乗組合ができた。

大正八年に都市計画法が発令されて、その中に土地区画整理制度が規定された。そして東京では、都市計画法施行後いくばくもなく、新宿その他で数ヘクタールの大火があったので、さっそくその焼跡が区画整理された。

大正十二年の関東大震災後の復興計画は有史以来最大規模のものであった。多数の道路が新設拡張されることになって、多くの新道路用地が必要になり、このために消滅する建築敷地や不整形に削り残される敷地ができたりすることになる。そこで公平な敷地の減歩と正常な敷地造成のために、全面土地区画整理を根幹として計画が進められた。しかし、たまたまアヂケス法の三割五分とか四割減歩の話が街に流れたために、大変に誤解され復興計画は総反撃を受けて一時立往生の形になった。実質的には減歩は一割程度で、それを超過することがあれば補償するとい

図74　大阪市生野土地区画整理組合地区予定図

うことで、やっとのことで大復興事業もめでたく完成されることになった。

大阪での土地区画整理

日本の都市計画法では土地区画整理はドイツのアヂケス法に倣って都市計画として行う場合と、土地所有者が任意に行う場合とがあることになっている。そして後者の場合には主として組合を組織して施行する。

戦前の大阪では大阪駅前の区画整理ただ一箇所だけが都市計画であった他は、全部が組合によって施行された。これを換言すると、駅前だけに公費が支出されたが、他の全部の組合では地主等関係者だけが、自己の負担で施行したのである。しかも大阪の場合には、その組合数・総面積は全国抜群であって、他府県を引き離すのであった。かくて新市方面の殆どは、市民自らが街造りを完成させたのであって、このことは永久に特記されるべきである。

大阪の最初の区画整理は、阪南土地区画整理組合であった。筆者が内務省都市計画局で区画整理を担当していた時に、この組合の設立認可申請書が、最初に筆者の手に回ってきた。総面積三十九万六千坪からあっただけに大変嵩高い書類であった。この組合は大阪での最初の組合であっただけでなく、規模も大変大きなものであった。書類を下宿にまで持ち帰って、徹夜で一気呵成に調べあげ、たくさんの附箋をつけた。以前から内務省は「眠れる獅子」と言われていて、外部から見ると仕事をしているのかいないのか判らないような役所である。〝徹夜で調べました〟と先輩にいったら、笑われ、これがきっかけで戦前までの大阪の全組合に関係を持つことになった。

ドイツの多くの区画整理の設計を見てきただけに、阪南の設計は甚だ物足りなかった。道路は格子割りにきれいに配置されていたが、道幅は狭く、隅切りはない。公園その他公共地は一切考えられていない。それやこれやでたくさんの附箋をつけたが、筆者の手を離れてあちこちまわされているうちに、関東大震災で内務省の木造の本館が焼けた時、この書類も焼けたらしい。筆者は帝都復興院へ替ったので、再提出の書類は見ていない。結局無修正で認可になったらしく、道路は狭いまま、隅切りは全然ないままに現場の工事は完了した。最初であったから止むを得なかったのであろう。

第二が都島の組合である。第三が住之江、第四が生野、この時分には大阪府庁に帰って建築線係をやっていたので、組合で一度決定した設計を建築線で直してもらうことも度々あった。生野の大部分の道路は三間であったのを、了解を得て一つ置きに四間になるよう建築線を指定したりした。

一般に建築線指定では、その区域だけは良くなるが、そこへ行くまでの肝腎の畦畔や水路は狭くて曲がったままである。これでは良い街は絶対にできない。アヂケスはプロシヤに既に建築線法があるにも拘わらず、区画整理法を要求したのは当然である。そこで建築線係でありながら、区画整理勧誘にまわることにならざるを得なかった。建築認可申請の書類を見ていると、大阪のどの辺に建築物が多く建つかが判る。それで大阪市の場合には、市の都市計画課、後には地理課の整地係長西川太三郎君に、大阪市以外の各市の場合には府の都市計画課の田中清志君に、それぞれ建築物の多く建つ場所を示して、その区域の区画整理の設計を急いでもらう。設計ができたら筆者の所で建築主に、区画整理の設計に合わして、建築してもらうようにお願いをする。建築主にしてみれば建築計画のやり直しで予定が狂って迷惑千万な話であるが、これで界隈が見違えるほど良くなって、建物の値打ちも上がるからと、ともかく頭を下げ続ける。そうすると全部の建築主が承知してくれる。尚その上に区画整理の同意書も出してもらう。それを西川君や田中君にまわす。

土地区画整理組合成立の進捗

一方区画整理を急ぐ区域で、まだ建築を考えていない地主を、所轄警察署の二階に集まってもらって説明する。出席者の殆どは即座に同意書に印を押してくれる。それもまわす。

ある程度同意書が集まったら、府市でそれぞれ組合をつくる世話をする。同意の集まり具合で、大きな組合や小さな組合でばらばらである。急ぐとそうなる。

図75　大阪市阪南土地区画整理組合図（昭和４年）

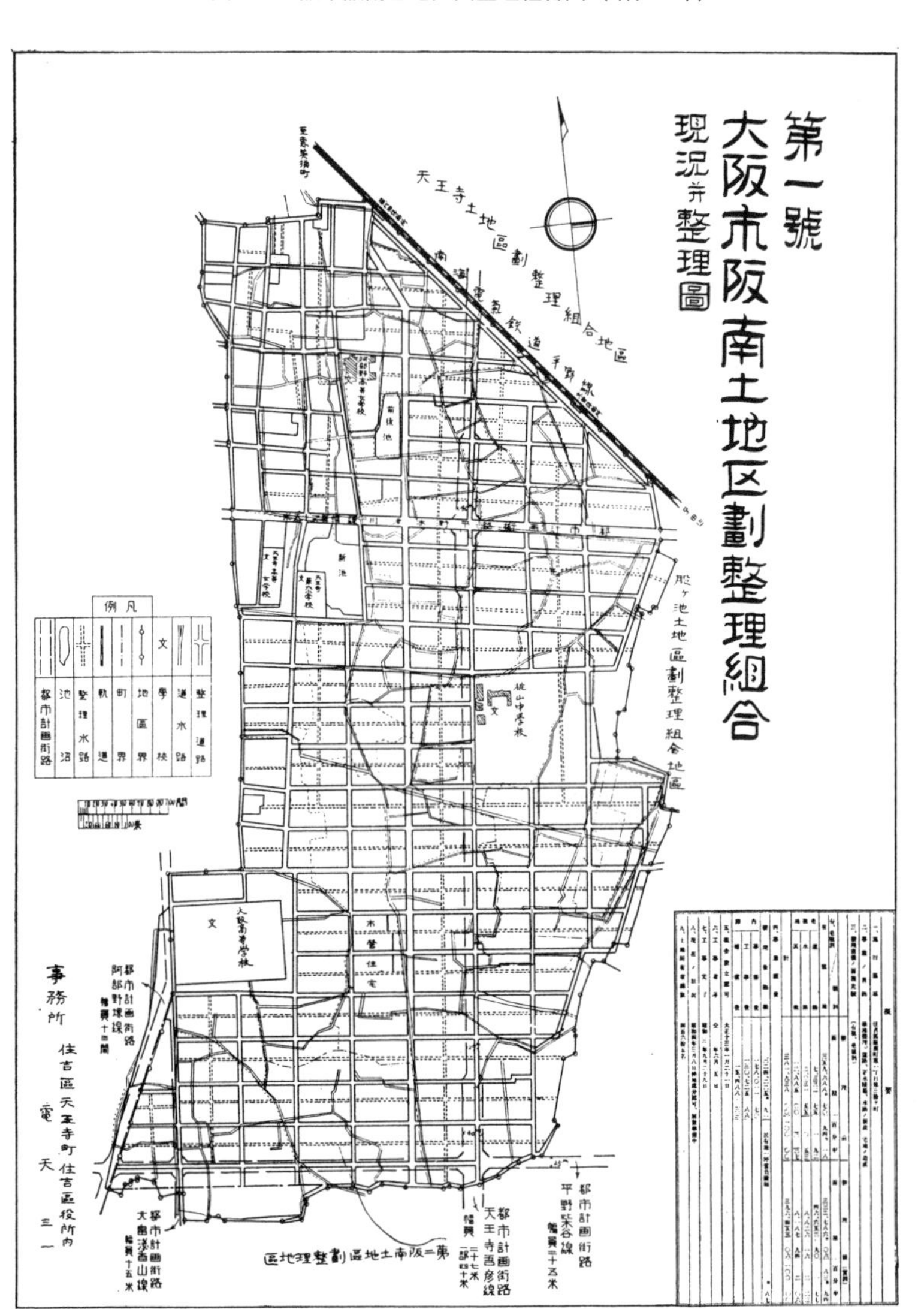

尚でき易い所だけやるのではない。市の周辺の未建築地は残らず区画整理をしなければ家は建てられないのだということをだんだんにたたき込んだ。事実これまでのスプロール地区の悲惨な状況を皆が見ている。区画整理をやれば見違える程に良くなる。従って、反対する人は一人もいない。関東大震火災後の復興計画の時には、枢密院以下、国会、府会、市会から市民全部が減歩は憲法違反だと大騒ぎであったが、その経験があったので大阪では最初から用心しておいたので、一度だって憲法違反

表18　大阪市内土地区画整理組合調査表

昭和14年9月末現在

組合名	施行区域	施行面積(坪)	認可年月日
阪南	住吉区天王田外	396,241	大13. 6.30
都島	北区沢上江外	254,892	大14. 5. 6
友渕	旭区友渕外	19,266	大14. 7.10
生野	東成区生野田島外	244,471	大15. 5. 4
住之江	住吉区住之江外	65,631	大15. 5. 5
第二阪南	住吉区西長居外	30,860	大15.10. 1
城北	旭区生江外	446,380	大15.12. 8
福田	旭区野江	20,055	昭 2. 1.17
股ケ池	住吉区南田辺外	93,649	昭 2. 8. 5
菫之莊	旭区千林外	457,000	昭 2.11.29
瑞光寺	東淀川区西大道外	93,611	昭 2.12.21
天王寺	住吉区天王寺外	575,310	昭 3. 2. 3
野江	旭区野江外	48,789	昭 3. 2.10
佃	西淀川区大和田外	136,466	昭 3. 5.12
深江	東成区深江外	227,120	昭 3. 5.12
墨江第一	住吉区浜口外	37,598	昭 3. 5.25
西平野	住吉区馬場外	51,061	昭 3. 6.29
墨江第二	住吉区遠里小野外	65,772	昭 3. 8. 8
今里片江	東成区片江外	95,764	昭 3.11.28
西長居	住吉区西長居	54,953	昭 3.12.17
森小路	東成区両国町外	186,466	昭 4. 2.27
上中島	東淀川区江口外	172,374	昭 4. 3.15
北船場	旭区上辻外	270,668	昭 4. 5.27
神崎川	東淀川区江口外	68,000	昭 4. 7. 3
京阪沿線	旭区関目外	279,160	昭 4. 8.23
崇禅寺	東淀川区山口外	32,316	昭 4. 8.24
西中島	東淀川区南方外	263,626	昭 4. 9. 9
西田辺	住吉区西長居外	134,979	昭 4.10.10
今福	旭区今福外	245,939	昭 4.12. 7
片江中川	東成区片江外	151,945	昭 4.12.24
大宮	旭区森小路外	501,743	昭 4.12.27
墨江第三	住吉区南浜口外	49,265	昭 5. 3.27
住吉園南	住吉区浜口	37,945	昭 5. 4. 5
伝法	西淀川区伝法外	10,580	昭 5. 4. 8
阪神国道沿線	西淀川区佃外	532,546	昭 5. 4.14
榎並莊	旭区中宮外	254,177	昭 5. 7. 1
清水	旭区北清水外	29,822	昭 5.10. 2
平野	住吉区平野外	1,169,800	昭 5.12.12
鷹合	住吉区鷹合外	171,113	昭 6. 1.24
港	大正区小林町外	890,670	昭 6. 3. 9
姫之里	西淀川区姫里外	61,345	昭 6. 4.13
姫島福	西淀川区姫島外	183,862	昭 6. 4.15
淡路	東淀川区下新庄外	67,278	昭 6. 9.17
寝屋川	東区市橋	9,547	昭 6.11.15
神路	東成区大今里外	264,375	昭 7. 8.23
浜口	住吉区浜口	38,720	昭 7. 8.24
安住	住吉区住之江外	25,859	昭 7.10.10
三軒家	大正区三軒家	11,847	昭 7.10.15
桜川	住吉区庄右ヱ門町外	2,063	昭 8. 4.11
中加賀屋	住吉区北加賀屋外	122,563	昭 8. 6.13

組合名	施行区域	施行面積(坪)	認可年月日
我孫子	住吉区我孫子外	236,000	昭 8.11.17
北生野	東成区北生野外	2,664	昭 9.12.11
中野	住吉区平野外	11,906	昭10. 2.22
放出	旭区放出外	56,223	昭10. 3.13
花ノ里	住吉区東長居外	65,963	昭10. 3.23
塚本	西淀川区塚本外	116,352	昭10. 3.26
△大阪駅前	北区東梅田外	14,666	昭10. 4.23
西加賀屋	住吉区庄右ヱ門	30,921	昭10.11.16
商大附近	住吉区杉本町外	229,628	昭10.12.13
釜口	住吉区釜口	60,842	昭11. 4.28
野里	西淀川区野里外	32,236	昭11. 7. 4
御崎	住吉区南加賀屋外	74,687	昭11. 7.15
西放出	旭区西放出外	82,490	昭11. 8.26
南加賀屋	住吉区南加賀屋外	185,234	昭11. 9.15
城東	東成区中本町外	379,120	昭11. 9.28
今津	旭区今津外	327,955	昭12. 3.11
北島	住吉区北島外	336,433	昭12. 3.16
毛馬	旭区毛馬外	101,310	昭12. 3.16
南住吉	住吉区沢野町	225,694	昭12.12.25
田島	東成区田島	41,436	昭12. 4.28
諏訪	旭区東専道	58,350	昭12. 6.18
木津川南	住吉区柴谷外	52,900	昭13. 4. 1
湯里	住吉区湯里外	136,890	昭13. 5.27
大和田	西淀川区大和田外	73,638	昭13. 8. 2
淀川北岸	東淀川区下新庄外	74,000	昭14. 1.24
東長居	住吉区長居外	97,000	昭14. 1.24
北陽	東淀川区下新庄	94,000	昭14. 2.24
桜井	住吉区村上外	37,000	昭14. 5.29
東平野	住吉区平野	40,000	昭14. 9.27
喜連	住吉区喜連	491,000	昭14. 9.29
加島	西淀川区佃	210,000	設計済
西住吉	住吉区浜口	33,000	準備中
鶴見	旭区鶴見	60,000	〃
津守第一	西成区津守	123,000	〃
東平野	住吉区平野	40,000	〃
川北	西淀川区中島	704,000	〃
淀川	東淀川区上新庄外	700,000	〃
南淡路	東淀川区国次	21,000	〃
下新庄	東淀川区下新庄		〃
柴島	東淀川区柴島町		〃
宮原方面	東淀川区国次		〃
十八条方面	東淀川区十八条		〃
三国本町方面	東淀川区三国		〃
橋寺町方面	旭区橋寺		〃
別所町方面	旭区別所		〃
津守第二	西成区津守		〃
平林方面	住吉区平林		〃
南加賀屋方面	住吉区南加賀屋		〃

(註) 区名町名は設立当時のもの
△印　都市計画事業

図76　昭和14年大阪市内土地区画整理組合分布図

（市域、区境界線は昭.55現在）

だと言われたことはなかった。

組合の成立は順調に運んだ。次から次から同意書が集まってくるので、田中君と西川君は目が回る位に忙がしい。住吉の辺で地主に集まってもらった時に、他所ばかり先にやって、なぜここをこんなに後まわしにしたのかと怒られたというか文句を言われたが、御本人はたぶん戯談であったのであろう。

ドイツのアヂケス法では恐ろしく手続きが大変であった。強制的にでも施行しようとしたからである。日本の組合の場合には、土地関係者の自発的な意志によっただけに頗る簡単で、これは非常な救いであった。かくて表18のように次から次から組合ができて、先の耕地整理組合地区と共に、大阪市も堺市も組合地区で完全に市街地の周辺部を包囲することができた（図76・80）。

これで徳川時代の難波三郷の場合と同様に、建築着工の前に道路と下水が完成され電気、水道、瓦斯も大変に引き易くなった。

尚区画整理の設計であるが、建築線をスタートしたのはスプロールの防止であって、理想都市建設は夢であった。しかし田中君、西川君にはそれぞれ注文を出した。内務省で区画整理設計標準ができたのはずっと後であったので、道幅を追々に拡げてもらったり、公園も造ろうではないかと相談した。三人の意向がいつも完全に合っていただけに話は早かった。

公共用地の率は最初は少なかったが、二割五分位に上げたかった。これで都市計画道路用地も全部地主が無償提供することになったが、後発の一部の組合で、市はその用地費のなにがしかを負担したこともあった。それにしても、殆どの組合地区に都市計画道路がある。

それを大阪市は、事業費もなし補助金も出さないで頂戴に及ぶことができたのである。それだけではない。土地会社も耕地整理組合も区画整理組合は勿論、地区内の下水はそれぞれ各自で完備してくれたのである。

都市にこれだけの大建設工事をするのに、府も大阪市以外の各市も皆、組合へは鐚一文の補助金や助成金を出さなかっただけでなく、この仕事を担当したのは大阪市では西川君ら二十人、府の田中君の所は四人位、筆者の所で十五、六人位であった。ともかく仕事は増えても増員の要求はしたことがなかった。

土地区画整理こぼれ話

府下全部で百以上の組合と幾万の地主との短期間の交渉であっただけに、いろいろなことがあった。

旭区の赤川で地主に集まってもらった。三丁目辺の地主さんが、この辺で区画整理をやっても家は建たないのではないかと言うのである。当時市電は片町から都島本通りで天六に曲がっていた。赤川三丁目から都島本通りまで三キロ以上ある。京阪の各駅もそれ以上遠い。だから区画整理しても何もならんと言うのである。

そこで市電をとこまで引いてもらったらよいではないかと言った。そんなことができるか。よし電気局へ行って頼んでやる。その代りに市電が通れる広い道を造ればよいのではないか、ということから始まった。

大阪市電が最後まで残していた守口線は、都島本通りから赤川町を通って守口に行っている。都島本通りから守口までのあの広い道路は都市計画道路でもなんでもなく、組合が自発的に市電が通れるように造ったのである。そこでどこまで市電を引いてもらうかということになったので、遠い方が良いのにきまっている。そのためにはできるだけ遠い所に電車の車庫の敷地も市に寄附すれば、車庫まで来るのは間違いないではないかと説得した。そこで近隣の組合が皆申し合わせて大阪市をはずれた守口土地区画整理組合地区の中央に車庫の敷地を寄付することにきまった。大阪市である東淀川区にも西淀川区にも市電がないのに、守口市に大阪市電が走っていたのは、こう言ういきさつからである。そこは今電車でなくバス車庫になっている。この時大変骨を折られたのは土地の大地主であり、城北・大宮・榎並之荘・菫之荘の四組合長を兼ね、且つ市会議員でもあった寺西圓次郎さんである。この方はいかにも大家の旦那さんで人望の厚い人であった。

西淀川に蔭山貞吉という国会議員がおられた。大きなからだであるが、この方も大変温厚な実に立派な紳士である。突然組合を造るからといって、嵩の高い書類をご自身で持ってみえた。区画整理の書類はいつも筆者が一番に下見していた。この組合については西川君から何も聞いていなかったが、図面を開いて見ると、かねがね市に注文をしていた設計になっていない。組合地区に阪神電車が走っている。電車線路の両側には必ず道路をつけるよう頼んでおいたが、電車の窓から家の裏が見える設計になっている。前に記した通り家の裏は汚い、電車から見る街は大阪の顔である。特に阪神電車の沿線は汚なかったから、なんとか美しくならないかと考えていたのに、裏向きの家をまだ増す設計である。これでは困る。話を聞いてみると市の別の係の人が内職かなんかで造ったらしい。しかしこれを今設計変更するとなると大変である。書類の書き替えに何箇月もかかるし金銭もかかる。訪ねてこられる度に、お互いに困りましたなの繰り返しで、書類は机に積んだままである。

かれこれ一箇月程もたったある朝、新聞を見て愕然とした。大変なことが起こった。えらいことになった。府庁へ出勤する元気もなくなって、ただ茫然とするだけであった。本当に困ってしまった。

雨の降っている朝、蔭山代議士のお嬢さんが傘を差して登校中、阪神電車の見通しの悪い踏み切りで電車にはねられて即死されたのである。蔭山さんとはいろいろな話をしていたのであるが、その中で道路を造るときには隅切りをする。本当は電車の踏み切りも隅切りをしないと遠見がきかなくて事故が起こる。それにも拘わらず踏み切りで隅を切っている所はない。しかし踏み切りの場合、どの位隅を切ってよいか計算はでてこないだろう。だから線路に沿わして道路を造っておけば、これに越したことはないと話していたのであった。この話が蔭山さんにはお嬢さんの死を予告したようになってしまったのである。

半月程たったであろう。蔭山さんはボソボソやってこられた。そこで犠牲者は私の娘一人でたくさんです、設計変更しますと言って、大きな書類をご自身で持ってお帰りになった。

［2―B］
「大大阪新開地風景」（『大大阪』八巻七・八・一〇〜一三号、九巻一〜四・七・九・一一号、一九三二年七月〜一九三三年一一月）

［2―B―①］
尾関岩二「森小路附近」／武田徳倫「千船」（『大大阪』八巻七号、一九三二年七月、一三一〜一四三頁）

大大阪新開地風景

都市の高度の変展は、都市の顔を複雑に変へてゆく。いままでの古い現象がとり壊されて、新しい現象が発達し、そこに新開地が展開されて来る。

この新開地には新しい人情と、美と醜と、未生長若々しい感触がある。われわれは日々の業務に追はれて、これ等の新開地に接する余暇を待たない。

そこで大大阪に於ける新開地を次ぎ〳〵とり挙げこれに精査と分析とを与へ、単なる机上の統計でなく、足で書いた具体的な、しかも一幅の風景画として御紹介したい。

今月は先づ「森小路」附近と「千舟」とを。来月からは写真とスケッチとを満載し、この欄へカレンダーの如く生きた風景画を紹介したいと思ふ。

森小路附近

尾関岩二

今福附近――

大大阪の大きさを見るには、今福方面に来てみるといい。今福に行くには、今の所巡航船によるほかはない。もつともタキシーに乗るならば、一円をふんぱつすれば行くかも知れない。しかし今福に行くには巡行船によるのが普通で、天満橋の下の乗場から行く。陸の上から見る景色と、川の面まで下りて見る景色とはかうも違ふものかと思はれる。

川に下りて見れば、川もまた、なかなか忙しい。荷足船が発動機船にひかれて下を下つたり上つたりしてゐる。

巡航船にのると、しかし、大阪にゐるといふことを忘れてしまひさうになる。瀬戸内海の沿岸の村々を拾つては、港々へ、人と荷物と噂とを運んで行く、それらの船と、大してかはりがない。船の心理は互々の気安さである。五馬力のエンヂンがゴトンゴトンと音を立て、サツサツと波を分けて行く。

「京に田舎あり」といふ、子供の頃によくとつたいろはかるたの言葉を思ひ出させてくれる。寝屋川筋に入ると、両岸の石垣には青草が茂つてゐる。そしてその上に、案外近々と大坂城の天守閣が、さしのぞくのである。黒と金と白と、それは古い古い風景であつたもの、再現だが、しかしまた、新らしい大阪の風景としての特色でもある。両岸の風景は悪くはない。山紫水明といふわけにはいかない。保津川を下つたり、犬山城の下を下る様なさうした味はひもとよりないが、しかし両岸のゴミゴミした家々が裏からのぞかれる。それらも都会の平凡な長屋の一つにしか過ぎないのであらうが、裏から見れば、いろいろな洗濯がほされてゐたり、ことに二階の出窓にゼラニウムの赤い花がさいてゐたり、表から見るよりも、どれだけなつかしく見られるか判らない。

赤とか、青とかの単色の衣服をまとひながら、石炭がらの上に語り合ふ朝鮮婦人の姿も、このあたりを特色づける一つの景物でなければならぬ。

たゞいけないことは、このあたりの水のいかにも黒々とにごつてゐることである。下水溝独特の臭気がむれた日の光と共に、水の表から湧き上つてゐる。思い出した様に川のそこから、ブクブクと泡をふきあげてゐる。この川の水がすまないのは、人為的に作つた川の悲しさである。その昔は、大阪城の守りの為に作られたものであつたらうが、今は城東の工場へと材料と熱源とを運んで行く大切な水路なのである。だから、どこからも清冽な水がそゝぐ所がない。上流で流す、猫や鼠の死骸、西瓜の皮や葱の根つ子が、落潮に誘はれて、寝屋川に流れこむ、それらが流れてしまはぬうちに、今度はあげ潮で逆流となつて上つて来る。上つたり下つたり、何度かやつてゐるうちに腐つて、とけて沈んでしまふ。

そして水はくさく、黒くなつて行くばかりなのである。この川が上流では、河内の田圃を養つてゐるので、田植頃になると、川は上へ上へと流れ、秋ともなれば浮草が一面に漂ふ。そして、それもまた腐つて沈んで行くのだ。

この川へそゝぐ水では猫間川の水が一番汚い。楠根川の水は黄ににごつてゐる。一番美しいのは鯰江川の水で、これは瀬をなして流れてゐる。

今福へ行くには朝は朝までバスの便もあるといふが、巡航船の方が便利だ。しかし巡航船は天満橋で七時何分かが最終だから、それ以後はこのあたりの若いものは、蚊に食われながら寝るよりほかにはしかたがないといふ。川は汚なし、田圃は近いといふのだから、蚊のひどいことは誰でも想像はできる。文化には一番遠くとも、蚊蚊には恵まれてゐるといふわけ、それにこの地方民の一番困るのは塵埃焼却場の煙が、曇つた日などには川筋をはひ下つて来て、やがては人家を襲うことださうである。

このあたり一帯は工場地帯である。これといふ目星い工場は一つもないが、職工二十人、三十人の小工場がドツサリある。住んでゐる人々も工場で働く人が多くさうした人々の中に朝鮮同胞の四千人があるのだ。この四千人をめぐつて、この辺では借家問題が、いつもごたごたしてゐる。日本人に家を借て入つたが最後一ケ月か二ケ月の家賃を払つて、その後はめつたに家賃を払はぬ、出ろと言へば多額の立退料を取る。鮮人の労銀は安いが、その生活程度は未だ安いのだから、鮮人といへども、一般に貧乏とばかりは言はれない。このあたりでは故郷へ送金する額だけでも大したものだ。それに現金をそのまゝ送る価格表記郵便といふのを盛んに利用する。現金といふものを尊重する習慣が、そこには現れてゐるのである。一軒の家を借りたものは、多くの下宿人を置き、そこからは間代なんかもキチンキチンと取り立てるといふのだから、たちがよくない。

鮮人といへば家を借す者がなくなる。そこで川つぷちや野原のまん中に一夜作りの小屋を作つてすむ、追いはらつてもすぐまた小屋を作る。若い者が大勢来てゐるだけに、子供も多いが、就学するものは多くはなく、小さい間から、何か仕事を与へるといふ風である。

労働者街であるだけに、不景気は深刻にこたへる。大工場でさへも立ち行かぬといふ時代なのだからみんな失業の危険に直面してゐる。失業しても、故郷に帰りもしないで、やつぱりこの辺に居ついてゐる相である。そこへ、他から入りこんで来る人もあつて、人口は殖える一方で、空家も少くないが、密度はだんだん濃くなつて行く。

かうした状態の下では、伝染病と犯罪とが、跳梁することは、言はでものことであつて一年二百七十五件の赤痢を出して居り、ヂフテリア、チフス等も相当多い。犯罪では窃盗、賭博が多く、本年二月の記録では窃盗七十二件、検挙数六十といふから、成績はいゝ方だらう。伝染病でも犯罪でも、鮮人が多い。この方面の問題は内鮮融和といふことで終始するだらう。

大区画整理地——

今福、野江、清水、森小路に亘る大区画整理地の風景は大大阪市としては異色あるものである。大都市の目貫とまでは行かなくとも、その動脈の一つたる京阪沿線にこれほどの大きな野原があらうとは、誰もが想像しなかつたところであらう。

見はるかすかなたに、村落が、小さく見える。豆のやうな電車が走り、遠くかすかに巨大な瓦斯タンクが見えるところたしかに都市の外廓だといふ香はする。しかし、こゝ整理地の中に踞して、雑草を渡る風のそよぎを思つてみれば、それはそのまゝ大古の面影とも見られなくはない。しかし、それは太古の姿ではない既に道路は、幾何学的の線をもつて、将来の街路を既に截然と規定してゐる。新開地の風景ではないかもしれない。しか未開地と、新開地との中間の風景ではある。将来こゝにギツシリと家の埋まつた日には、こゝに雲雀がこんなにもたくさん、あちらにも、こちらにも、囀つてゐたと誰が想像することができるであらう。キンポーゲや、蘭が、この辺一帯の地面をしめてゐたと誰が想像することができるであらう。

中央を大運河が貫流してゐる。その水の美しさ、青く澄んで、空の雲を浮べてゆつたりとたゝへた姿、寝屋川の、黒く腐つた水を見て来たせいでもあらうが、田舎者の健康と、明朗を思はせるやうなあちら、こち

これから市街化す野ツ原の区画整理にヒユーム管を埋める工事

城北運河

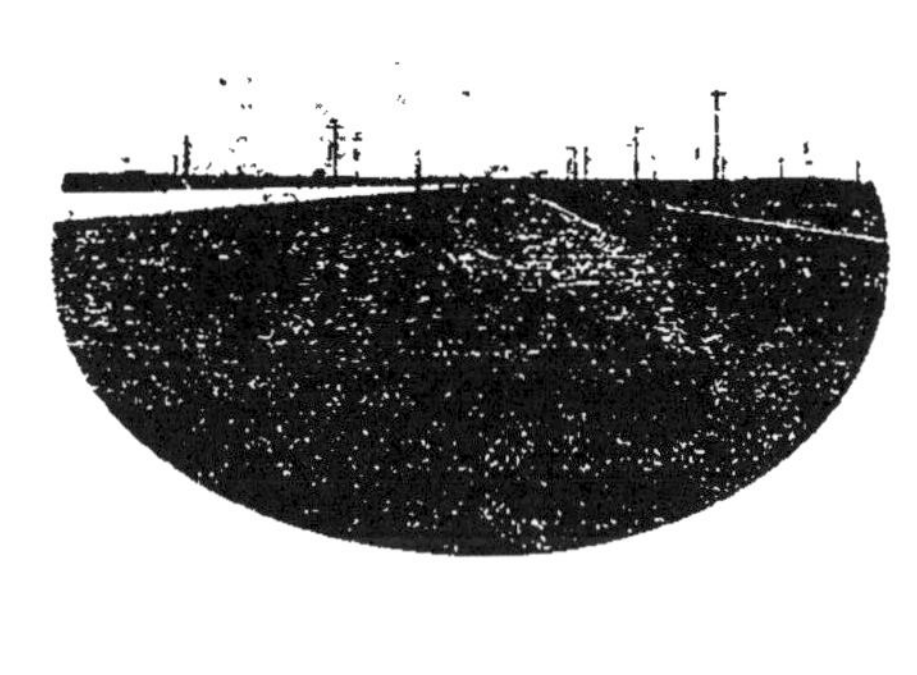

らに釣をたれる人もある。網をうつ人もある。寝屋川では不可能な遊びである。日曜など、この辺の原でねころびながら、ハーモニカを吹いたり、本を読んだりしてゐる若い人達をも見つける。用達帰りの小僧さんが、自転車をたてかけて。申わけばかり葉の出たプラタンの樹蔭で瞑想にふけつてゐる。

植かへられたばかりのためか、プラタンはまだいくらも芽界をふいてゐない。しかし行儀よくならんだプラタンだ。今のうちに繁るがいゝ、太るがいゝ、今にお前の上に、青空がなくなるだらう。清新な風のさゝやきが消えて行くだらう。

運河の上には、今第三番目の橋がかけられてゐる。

人の住まぬ町、厚つぼい町の中に橋をかける仕事を見ながら、いつか映画で見たトルクシフ鉄道の事を思いついた。そして子供の時きいたロシアの都市建設法のことをきいた。

「ロシヤはのう。人の居らんとこに駅をも作つて、水道や、瓦斯や、鉄気をひつぱるげな。家のないとこに、郵便局が立つとるげな。そしたら、いつの間にやら、町が出来るちうでの。」

お伽噺の国の話のやうに聞いた、その昔の話が、今こゝに実現されてゐるのである。

何十万坪？といふこの平野が、こゝしばらくは不毛の曠野だ惜い気がしないこともない。またこの土地を唯一の生活の資本としたそれらの農夫の運命も思はないわけには行かぬ。隅々に女々しく残つた、蚕豆の畠などが妙に悲惨に見えて来るのはいたしかたがない。

この広い広い土地の地主は、土地の高価に売れる日を待ちながら、どこかで昼寝してゐるのだらうが、目論見どほり、いつになつたら現金とかへられるのだらう。それまでの生活費や税金はどうなるのだらう。いらぬおせつかいながら、そんなことも考へて見たくなる。

それらは皆、大阪が大きくなる為の犠牲なのだと言へばそれまでだ。英雄はいつも犠牲を要求するものなのだ。

昔ならば、無理な所に家が建つた。しかし、この広い区画整理地に、まだ一軒も家が建ちかけてゐないのは一体どうしたといふのだらう。まだ許可する運びに到らないのか、それとも不景気なのか、さうだとすれば、今日の不景気はこれほど深刻なのかと始めて、うなづいても見たのである。

野江――

京阪電車はうまいことをやると考へた野江停留所といふ大切な交通機関を目当に家を作らせ、住ませておいて、今度は自分の都合で、区画整理地の方へよつて行つた。みんなおいてきぼりを食つた形である。旧野江の町は変なことになつてしまつた。バスにでも乗つて出なければ大阪の中心部へ出にくゝなつてしまつた省線貨物線と、京阪電車二つの高架線の中に弓型の土地がボカツと開いてしまつた。そこに、京阪アパートの立札が一本そのほかには立木一本ないんだからさつぱりしたものである。交通路のそばへよりたがる人間は、いまにこゝへウヂヤウヂヤと集まるだらう。家のないのもいゝそれは本の白いページの様で、すつきりとした感じである。

森小路――

森小路もかはつた、新森小路と、新森小路千林の二つの駅ができてゐる。一つの代りに二つの駅を獲得したわけではあるが、下りるに迷う人も少くはなからう。千林といへば、実にゴミ〳〵した安借家の町だつたものが、駅から出てみて驚いた、彩旗は風にひるがへり、飲食店、雑貨店、カフエ、バーがすつかり立ちならんだ、町といふものはかうも変れば、変れるものか、二層も、三層も驚いた。たゞ町幅がせまいのがきづだ。

東京の高円寺附近が、やはり駅を中心に、町がひろがつて、文士仲間では、高円寺ブラは、新ブラに続くものぐらゐには思はれてゐる。森小路ブラもなか〳〵い、に相違ない。ラヂオ屋があつちこつちにあつて、歩きながら、「打ちました、打ちました」といふ、野球放送も続けて聞いてゐる。

「立教が×点になつたよ。今度は君におごらせなくつちゃ」なんかとやれもする。

ダンスの心得があれば、フオクストロットのステツプもふめ様といふものだ。

そこへ高島屋の出張で、十銭二十銭の均一店が、ハイカラな洋館で目をひく、中はお客さまではちきれ相だ。関屋敏子の唄がひよいとカフエーの窓から逃て来たりするのも面白い、路がせまいだけに、よけい面白いかも知れぬ。

京阪百貨店も近日開業といふから、森小路もなか〳〵立派なモダン都市を形づくるわけだ。京阪百貨店の隣が映画館になつてゐて、そこからは軍歌のメロデイが、しきりにお客に入れ入れといふ。前にづらりと自転車の行列がある。いや今日はかなりの入りだなど、人の財布まで気にしたくなる。自転車無料預かりの看板が、だいぶお客をよぶに都合がい、のだらう。

電車の中から見た森小路は、とてもこれだけの店を維持出来さうな町ではないのに、私の胸の不審が、すつととけた感じである。

森小路には、昔の面影はなくなつたがそれでも溝のそばに柳の木が立つてゐたりすると、その溝のふちを伝つては友人の家を訪問した時代の事が思ひ出される。

友人O君が夫婦で魚を釣つたといふので、よく笑はれた淀川添ひの藪も今はなくなつて、ゆるいカーブを見せながら、プラタンの葉の涼しい十二間道路が通る路の上で鶏がしきりに餌をさがしてゐるのも三二年の新開地を特色づける風景であらう。

何も何も、みんな流転の姿である。顧みて、自分が平凡に年をとつたことが悲しくもなる。

だが、そんな小主観を精算して、森小路、谷町三丁目間のバスは愉快だ。電車のないバス専用路であるだけ愉快だ。プラタンの葉裏が白い。

この辺全体をひつくるめて。今福署管内の娯楽設備を一わたり見てみやう。この娯楽設備はこのあたりの人全体のものではない。中央の娯楽機関の方がより多く、利用されてゐるとも考へられるから。

活動写真常設館が六つ、寄席興行場が二つ、飲食店九十九、料理屋が十八、カフエ、バー合せて百八つ、それに働く女給さんが二百二十一人、まあ一店に二人といふところ、麻雀屋が二十二軒、玉撞其他の娯楽場が百九軒、ちよつとカフエバーと競争の形、一番はるのは夜店の移動遊戯で、一銭入れては、カチンとやるやつである。

もう十年たてば、この辺はまた一変するだらう。もう雲雀もなかなくならうしプラタンも太るだらう。

新森小路の高架駅

千船

武田徳倫
（絵）阪田一郎

動く大阪。堂々たる生産面に立つて、大阪は四方八方に手を振り、足を延ばして動いてゐるのだ。機械も、人間も、煙も、路上も、オフィスも、大阪の総ては動いてゐるのだ。過去を清算しつゝ日本のクライシスを背負つて激しい息吹きを吐きつゝ新興日本の盛大の団円の幕を舞台に引かさうとしてゐる大阪の姿こそ壮なりと言ふべきである。

一日、私は大阪の西の手に触れて見た野田阪神、姫島、大和田、蒲島、佃が大阪の西手の五指か。私の乗つた電車は野田、姫島を過ぎて千舟に停車した。「新開地千舟風景」是が私に与へられた命題だ。私は自らを、千舟風景の中に投げこんで生で千舟に触れて見た。

「浜きよく
　うらなつかしき
神代より
　千舟のとまる大和田の浦」

千舟。水と離す事の出来ない千舟だ。神崎川の本支流によつて千舟は大和田、蒲島、佃の三つに三分されてゐる。大和田は商人の地そして亦享楽の面。蒲島は知識階級の地。佃は労働階級の地。

町名	家屋	男人口	女人口
大和田	四五四八	八二一九	八三七五
蒲島	六六六	八四〇	八三〇
佃	二九二三	三三四〇	三五四〇

私は千舟大橋に立つた。今でこそ此の橋の下には、モボとダンサを乗せたボートが走つてゐるが、市場に運び入れる荷物船が幾艘も碇泊してゐるが、釣船が煙草の輪を吹きあげてゐるが、料理船から艶めいた声が波の上に躍り出てゐるが、明治の御代には、キツネとタヌキとオヒハギの労働地帯だつた。三好さんが私にさう話して呉れた。神崎川の歴史を調べれば源義経、豊臣秀吉、菅原道真、徳川家康等をめぐる面白い話があるらしいが新開地風景の的を外れるので、住吉神社を一拝の後、漁師街（全国素人相撲大会勧進元の家がある）の名残を止めてゐる川沿ひの街を通つて大橋通りに出た。こゝが千舟の新開地風景を代表する地帯と言へるであらう。新町会、共栄会、大橋会、昭和会、此の四つの商人の集団が此の地帯に長細い商陣を張つてゐる。天神橋通り、浄正橋通り等の商店街に比してヒケ目を感じない近代装飾をほどこした賑やかな町だ。この商店街にあつて異色あるは高島屋十銭ストアーだ。本年の二月開店して此の商店街の王座を奪取した。然し高島屋対一般商店の商戦は、さう激しいものでなく、どちらも決定的な優劣を持つてゐない。この地帯の書店で一等良く売れるのはキングを筆頭とする娯楽雑誌の群だ。新聞は大朝大毎の次が時事関中。そして安物の蓄音器、甘いものが良く売れるそうだ。此の地帯に、新開地に有り勝な毒々しいエロ味のないのが良い。此の大橋通りに密接して両側に三つの市場（千舟市場。大和田市場。公認クラブ市場）と四つの小屋（大和田クラブ大源座。金春座。金明館）がある。商店も市場も仲々活気が横溢してゐて、真実は知らないが儲かつてゐる様に見える。だが僅な家屋数に比して余りに商家が多過ぎはしないか。大橋通り等は百四十軒の商店が並び、是に密接して約三百五十軒の市場の店があるのだ。是れでは、余り儲かつてゐないのでは

なからうか。でも、何れの商人の顔も皆元気さうだ。大和田クラブは東活ものを、大源座は新興キネマものを、金春館は昭進団の芝居を、上映或は上演してゐる。千舟の人はチヤンバラものを好み大源座をヒイキにしてゐる。金春館の客は主に尼崎から吸収してゐる。こゝは銀座裏にあつたコンパル館の名を引いて来たのだ。里見義郎経営の看板が、客を引いてゐるコンパル館は香椎園子経営したところのカフエヤンヤと共にシナリオ「新開地千舟風景」のクローズアップすべきところだ。系列中の重要な系列なんだ。

　トーキーの来襲に一敗、松竹座から勇退した敗軍の将里見義郎の新陣コンパル館は大和田に於ける偉大なる存在と言はねばならぬ。何故かなればコンパル館の出現は千舟銀座を作りあげた。コンパル館を中心に銀座遊技場ギンザフラワ、ヤンヤ、バベル、シンガー、ナシヨナル等のモダンカフエが千舟銀座の華やかな風景が大和田の一角に輝きを以て浮き出されてゐる。

—関西学院のホワイトシスターの映画会でお逢ひしてから、もう十年になりますね。

—そうでしたね。

—夏枯が来ますね？

—否。夏枯どころかコンパルは夏栄ゆですよ。

里見義郎（大写）

—どうして？

—夏になると、千舟大橋を中心として男女が近隣の町々から密集して来るんですよ。そして、その余徳で、コンパル満員、大入が出るといふことになるんですね。

—そうですか。成る程、さうですね。

—松本英一、香椎園子の愛の巣はどうなつてるんですか。

—ヤンヤは彼氏彼女の共同経営から代が移りましたよ。

—千舟尖端紅恋風景が見られないといふ訳ですね。

—………。

—料亭はどんなとこがありますか。

—千歳川経営するところの千とせ、牧勇経営するところのスズラン亭ですかな。

—玉つきや美粧院はありますか。いゝのが？

—ビリヤードも美粧院も麻雀もありますが、これといつていゝのはありません。

—このあたりにダンサアは住んでませんか。

—川を渡つた蒲島にはチヨイチヨイダンサアのネグラがありますよ。

—ダンスホールは行きますか。

—友達があれば……

—ダンサア達が客をコンパルに誘ひこむ風景等はありませんか。

—時折ありますよ。

—この町で変つた風景は？

—特別変つた風景はありませんが、千舟には野球狂が多いですね。夏の大会の時分になると、皆自転車で西走するですよ。

—………

—………

—サヨナラ

―グッドバイ

銀座通を通つてカフエをのぞいて、珈琲を飲んだ、ブラジレイロで飲みなれてゐるコヒーマニアの私にはタヨりない味だが優しい乙女と千舟風景のことについて話たり話されたりしてゐるうちに、水の町千舟に灯がはいつた。暮色が下りて来た。遊技場に這入つたら女達が「一つどうです?」を私に浴びせかけてきた。曰く半弓。煙草落し。金魚スクヒ。水玉落し。輪投。バチバチ。

夜になる。急行訪問を試みる。

浄土宗一乗寺別院は素通りで、真宗禅念寺を訪れる。豊臣末期に開山の古い寺だ。門を這入る時に私がスレチがツた老女はナムアビダブツナムアビダブツ、と私の耳に念仏を残して行つた。古色蒼然たる楠の木を仰ぎ見て私は私が淡路の叶堂寺でした寺の生活を追憶した。和尚との対話は簡単にして堂々たる西洋建築の西淀川区役所を左に見て北進し大和田第一小学校に宿直の先生を訪ねた。収容児童二〇〇一人上級学校へ進む者は少く。児童の生活は中以下。幼稚園は千舟に二つあつて、一つは大和田にある希望社の幼稚園と佃にある市立幼稚園。こゝも簡単にして、帰路についた。

近代悲歌（キンダイエレジイ）を乗せたボートが神崎川を幾つも幾つも紅い灯影を波に落して上下してゐる。私は一つのボートから聞えて来る女の唄ふ悲歌に耳を傾けた。すすり泣く青白い音律が、つぎつぎに私の胸に嘆きかけてくる。あの女は失恋したダンサアだらう?女給だらう?と考へながら、大橋を渡つて、椿丘住宅地に立つた。こゝも亦千舟風景から抹殺する事の出来ないところだ。土着の男女は、こゝを別荘と呼ぶのは妥当ではないであらう。建築も古いし、別荘地帯の香りは失せて、こゝもまた世界経済恐慌の嵐に前線で戦ふ男女の戦の疲れを安めるネグラの場であらう。家賃平均三十五円位と見受けられた。軒数は六十軒位であらうか。一個の共同風呂を持つてゐる。二三人の家主が此の住宅を分有してゐるさうだ。団欒の気が此の地帯に見受けられたのは気持がよい。路上で逢ふ人々は、お互に丁寧に挨拶を交してゐた。此の一群の家が、消費組合やら、共同娯楽機関やら互助組合やら（失業の時等は互助する）一つのテニスコートでも有つてゐたらと思つた。

千舟小橋を渡つて佃に這入つた。工場地帯だ。労働者の町だ。生産の面だ。ムシパン屋を捉へて此地帯にある工場の名を聴いた。佃食品化学研究所、レコード石鹸。リングスピンドル制磨工場。明正紡績工場。等等等。道から見える女達の腰の赤旗。カーキ色の服。文芸戦線の古本。メーデーゴツコ。蒼白い栄養不良の顔。此の煙と歯車と汗と貧困の町を歩む魚屋は、一日歩き廻つて、四円あがらないとゴボシてゐたがコボす方が無理か。阪神国道に出て左門橋に立てば月が出た月下に林立する煙突が北から南から私の視線を引いた。私のカメラアイは北から半円を描いて南に、南から半円を描いてく労働者の妻。ハイヒールのダンサアの北にバアンした。『大阪の手と神戸の手が握手してゐる』コンニヤクを提げて往濶歩。芸者を乗せて疾走する自動車。一群の女学生を乗せて走る国道電車。

耳に聴こえて来るジヤズの音律!文明は爛熟した文明が都を十字架に懸けた風景それが私の心の底に記録された今日の新開地風景だ。

出来島公園

神崎川の中にある出来島の東端で面積約二千坪、中央に横断する道路は旧阪神国道である。

その左方は野球場、並にトラツクセユールその他テニスコート等一般運動競技場を設け、右方は主として児童本位の公園並に花壇及び日本式庭園を配する。

こゝから対岸の樺島町及び千船方面には橋がかゝり非常時に際しては唯一の避難所となるだろう。

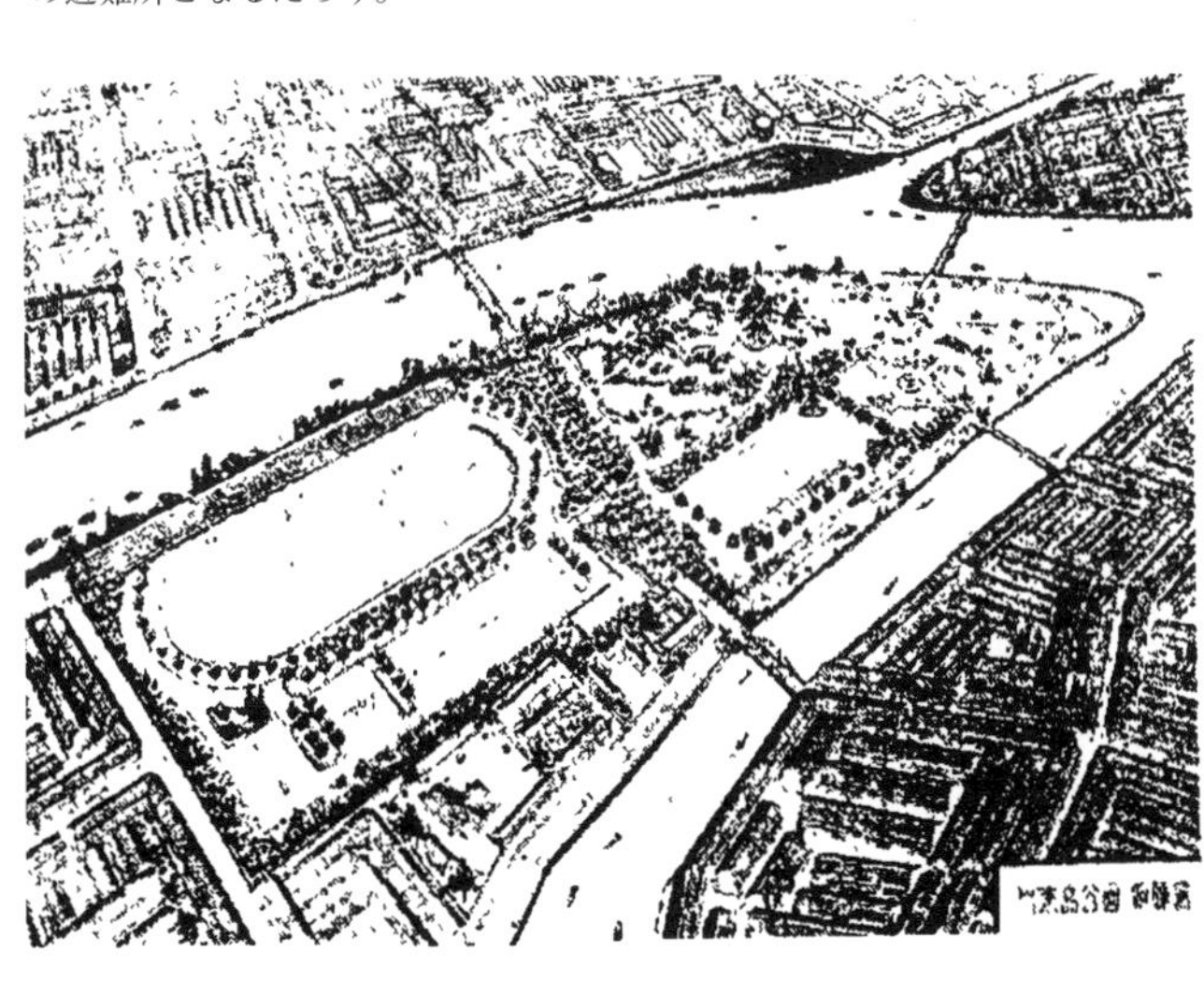

【2-B-②】

小松一郎「近代色を加へた遊境今里新地——東大阪に歓楽街の出現」（『大大阪』八巻八号、一九三二年八月、七五〜八一頁）

近代色を加へた遊境今里新地

東大阪に歓楽街の出現

小松一郎

東大阪南部の中心地

蝟集する交通網

旧市としての中心地帯は、既に南方が南海難波駅附近で北方は大阪駅、阪急前が着々中心地の基礎を築きつゝある。難波駅附近は、同駅の改築に依つて一段と光彩を増し、近く開場される娯楽の殿堂歌舞伎座の竣功、南北を貫く大道路の出現に愈々殷盛を極めむとしてゐる。又大阪駅前は高層建築区域の実現の可能も近き将来にあり、同時に阪神電鉄の地下線の阪急前乗入れ、市の高速電車南北幹線の起点に、その面目を更めることゝなる。

然し、これは旧市のこと。大大阪新興の勢力が遺憾なく伸びて行く先は、地理的関係から見て、どうしても東部方面でなければならない。即ち市内の交通機関は同方面に向つて蝟集せむとしてゐる。従来は大軌と市電今里線、布施上六間のバスがあつたに過ぎぬが、最近青バスは終点下味原の延長許可に依つて今里新地に進出し、市の失業救済道路森小路

今里への道（鶴橋線）

大和川線は、大今里生野間の十六間道路が完成し、今里新地への大門を開いた。一方省線城東線は高架に改築されて、旧市との交通の障壁は一年に取除かれ、近くは今や殆ど買収を終つた。玉造と市電今里終点の結合に依つて、府の失業救済道路大阪枚岡間路線と連り、今里新地の北の交通路たらむとしてゐる。

従つて、是等の路線への市電の延長、バスの乗入れの実現も間近く、加ふるに市の高速電車東西の幹線長堀橋線は、高架の城東線を越えて今里に達する。

恁うして今里附近は実に期せずして是等交通網の一大集結地となり、将来北部の中心たるべき野江、蒲生に対して、見事東大阪南部の中心地たるの王座を贏ち得た理で、旧市の難波駅附近、大阪駅前と共に大大阪三大中心の一つを形成するに至つたことは、寔に異常の変遷と云はねばならぬ。

此の必然の勢ひは、言ふ迄もなく他の方面の行詰りに反して、非常な馬力で商店街、住宅街の進出を見せた。然も「女ならでは好の明けぬ国」今里を中心に有つだけに、他のどの部分よりもスピード・アップされつゝあることは特筆すべきことだ。かくして、此処に一大商店街出現の可能も、愈々確立したのである。

歓楽境今里新地の一部

田圃変じて絃歌の巷

今里土地の出現

東大阪南部の中心地今里附近は、今里新地、片江、大今里のトリオに依つて完成される。両三年前、突如として「芸妓住宅指定地」と記された棒杭が田圃の真中に建てられた。間もなく周囲の耕作が歇むで「今里土地株式会社経営地」の棒杭がもう一本加へられた。それから瞬く間に四囲の状況が一変され、絃歌湧く脂粉漲る巷にならうとは、誰が予知し得たであらう。片江と云へばその昔大阪城の片江口と云つたところ、一望たゞ田圃であつた。その今里片江が僅両三年の間に今日の殷賑を極むるに至つた裏面に、営利会社とは云へ此の土地会社の出現は重大なパートを勤めてゐることを認めねばなるまい。

今里土地会社の創設は昭和四年十二月廿五日。最初の会社所有地は八万千六百余坪。此の中六間乃至四間の縦横貫通道路、下水敷及小公園などに二万八千百余坪を提供して、残る約五万二千五百坪が芸妓住宅地として分割売却されつゝあるのである。そして最近既に土地一万四千坪が売却されて、その状況は別表の如くである。

今里新地総戸数（六月末現在）

芸妓屋	六五	料理屋	一八一
飲食店	一八	旅館	一
市場	一	商店	九二
浴場	二	理髪店	三
住宅	一一七	事務所	三
		……小計	四八三
未使用家屋五九（建築未完成を含む）		……合計	五四二

なほ五月以降数戸を加へてゐるから現在では約五百二十余戸を有することゝなる。創業以来の毎年の増加状況を見ると昭和五年度が一六〇戸（月約一三戸の割）同六年度が二一八戸（同一八戸）、同七年度一月以降五月末が五三戸（同一〇戸）と云ふ割合で、昨年は五八戸（月当約五戸）の増加を見せ、そのスピーデイな発展振りを如実に示してゐる。殊に本年度は六月迄に既に六五戸と云ふ数字を示し、未使用家屋五六戸を加へると一二〇戸と云ふ好率である。正に不景気風は何処を吹くかと云ふ有様で、此の分で行けば本年末は前年度を凌ぐだらうことは容易に肯ける。即ち尠くとも合計六百三十余戸となるだらう。

女の世界今里新地

大阪一の大花街？

数字が示す驚く可き発展振りは以上の如くであるが、新地の内容をもう少し詳しく見やう。

既に三十余軒の商店を連ねた日用品物資供給の市場がある。二個の浴場は遉に立派である。殊に設備の整つたところは土地柄を思はせる。又数字に見える女湯の浴客が断然リードしてゐる点なども面白い。理髪店三に対して髪結所の数の目立つのも、又技芸の稽古場の多いところなども、他所とは違つた業態だと云へやう。此の外にカフエー、バー、テイールームなど御多分に洩れず、歓楽境の道具立に遺憾はない。

が、目につくのは何と云つても料理屋の一八一戸と芸妓屋の六五だらう。料理屋は総戸数四六二戸に対し約四割である。そしてこゝに寝起する芸妓の数が八百数十人。全住民三千三百人の約二割六分に相当する。が。夫に伴ふ女将、仲居乃至女中などを加へると宛然たる女護ケ島で「女ならでは夜の明けぬ国」たるの面目は寔に躍如として、何と云つても女の幅の利く別天地。

料理屋と云ふのは、勿論青楼、待合のことだ。たゞ恁う云ふ名目が許されない為めで、割烹と云ふ変つた看板を掲げたのが、所謂料理屋である。だから、此処では板場の無い料理屋がズラリと軒を並べてゐる。思

夜開く準備——稽古場を覗く、やがて、旧市の花街を圧倒せんと汗みどろの精進ぶり

ひ思ひの門構へに、前庭後庭の空地、さては街路にまで緑濃き樹木を以つて彩られてゐる状は、確に異色である。

さて、こゝで一寸芸妓の状況を調べて見やう。と、それは別表の如くで、私が調査に行つた十八日（六月）には早くも八四五人と云ふ増加で、此の儘行けば本年中に千人にならうと云ふ有様。南地五花街を凌駕するのも遠い将来ではない。之れを年度に依る増加に割出すと、昭和五年度が一四五人の増加（月平均十二人余）、同七年以降五月末までに二〇八人の増加（同四一人余）と云ふもの物凄さである。

今里新地芸妓数

昭和四年末	一一三人
同　五年末	二五八人
同　六年末	五九〇人
同　七年六月末	八〇六人

次に本年一月以降の遊客と芸妓の稼ぎ高を見ると、遊客数は次表の如くで

遊客数

一月	一一、四〇六人
二月	八、五九九人
三月	九、一八七人
四月	九、六三三人
五月	九、七二八人

此の五ヶ月間の芸妓の稼ぎ高、約三百五万二千六十本、月平均約六十一万四百十二本、芸妓数月平均四八一として、一人月平均四〇二本売つたと云ふ勘定になる。尤も此の数には休むでゐる妓も半玉も加はつてゐるから、実際一人前の芸妓の稼ぎ高はズッと高率の筈で、四月、五月は不景気（実際は比較的多い時期）だと彼女達が滾すにも関らず、売れつ妓は二千数百本を売つて、旧市の彼女達を呆然たらしめている。

独特な新地の情緒

気安さと和平さ

大軌今里片江駅を降りると、もう新地の匂ひはフンダンに漂つてゐる。そして、駅頭に見る芸妓とお客の姿に、まだ何となくエキゾテイクな感じを覚えるのも、却つて新開地らしいニユアンスがあつて好い。

「一寸、オーさん。わてラムネ飲む間、待つてとうわ。」

若い妓がお客の背をトンと叩いて、バタ〳〵と駆け出して行く。

「しようのない奴やナ。」

姐さん株のとお客が顔を見合はせて苦笑してゐる。電車待つ間にも、こんなプリミティヴな情景が描き出される。ラムネで満足するほど簡単な彼女達、悪く云へば安つぽい。だが、此の安直さが人気を呼ぶ。

一本十五銭、初年が七本、二時間目から六本で追つて行く。約束は四時間の廿五本、貰ひが三本（普通二時間は貰へない）、と云ふ花代。だが、

万事サービスの今の世間から見て、貰ひ花も二本が一本に減らさうとの相談もあり、紋日花廃止の議も出てゐるとか。

花代と云へば、先般恁うした新興の勢ひの趨くところが、又同業者の争ひの禍因を醸してか、一部に花代割当ての改正が叫ばれ、芸妓八銭五厘、芸妓屋一銭五厘、検番五厘、料理屋四銭五厘と云ふのを、芸妓屋が八厘に、検番を七厘に、料理屋は五銭と云ふ風にしやうなどと色々な案が出て、果ては裁判所を煩はして、組合総会停止処分を行つたなど、少々色消しな問題を起したとか。然し之も伸び行く悩みか、こゝらしい挿話（エピソード）でもある。

閑話休題。這は女の世界、どの横辻から出て来るのも、女、女、女だ。さゞめきも艶めかしい。お湯へ、稽古場へ、髪結ひに、さては買物に、彼女達の往来は昼間の交通を浚つて行く。絃歌の音、太鼓の響きも早くも街並に漂ふ。開けた硝子戸から気附けの模様が見える。見透せる実の彼方此方に色つぽい姿も見えれば、湯上りの若やかな肌さへ覗かれる。彼女達は頗る明けつぱなしだ。それだけに、ツンと乙う取り澄した旧市の芸妓たち違つた気安さがあるのだ。

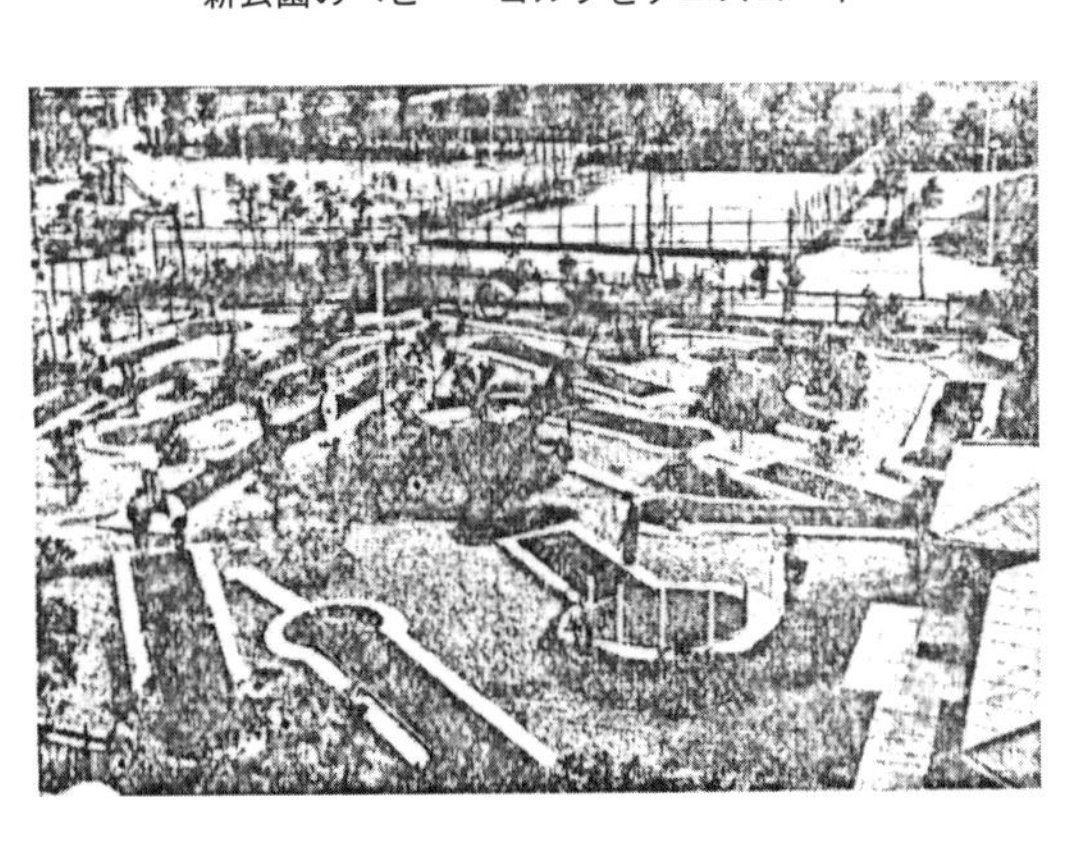
新公園のベビー・ゴルフとテニスコート

風呂帰りの仲居さんが、金盥を抱えながら新公園のベンチにお客さんと話合つてる。迚ても他所では見られぬ光景だ。公園は今一つだけ、此の前に今里湯があり、二百七十坪のベビー・ゴルフ、庭球場、遊戯場などの設備は次々に加へられてゐる。その東北隅にはお稲荷さんが鎮座ましまして、優しい彼女達の祈願はこゝで籠められるのだ。

夜の世界は此処の本領。新しい木の香の漂ひ、新緑に包まれた街並みの快よさは人の心を唆らないで置かない。然も当世のことだ。彼女たちのサービス百パーセントは疑ひもない。たゞ、土地が広い為か旧市で見るやうな雑沓はない。それに少々暗すぎる。建物が新しいからか、全体が何となく安価に見えて、何処かの芝居の道具立のやうにも感じられる。

「周囲をウンと明るくして、中は薄暗い方が、外部からは目につくし、お客さんは入り易い。つまり当今のカフエー式だんナ……」

と説明を聴けば成程さうかも知れぬ。さうだ、カフエー式だ。と云ふよりは旧式の青楼とカフエーの間を行く当世好みの尖端方式といふ感じだ。

今里への道、それは、前述の通り都市計画の進捗につれて縦横無尽に、つながることになるが、いまのところ、旧市から入るはには、大てい味原交叉点から高架になつた城東線の下をくゞり鶴橋線を行くのが最も便利だ。

それまで大軌前のゴー・ストップで焦れつたいお客を乗せた円タクは味原交叉点でまた一とまり、ついで城東線にひッかゝつたものだつたが、今度の高架になつてからは、勢ひよく風のやうにパス出来る。今里新地へ続く円タク、オンパレード、これは新地の生んだ景物であらう。

それに、帰り客を当てたおでん屋やバー、玉突、麻雀屋が市電今里車庫の附近に簇生し、寄席、万歳の常設小屋に、映画館が一つ、このあたりの素張らしい発展振りは全くのレコード破りだ。東に延びる大大阪の手、これは注目に値する。

［2－B－③］
上井榊「新阪堺国道沿線街――小役人と学生の街」（『大大阪』八巻一〇号、一九三二年九月、二四～二九頁）

新阪堺国道沿線街

小役人と学生の街

上井榊

国道に沿ふて一里

大大阪を東西南北に放射する十数本の幹線道路建設は着々と、市民よりの都市計画特別税、主務省よりの国庫補助、及び失業救済基金を根元として営繕されてきた。こゝに著現なる道路として、余りに完備したのはこの阪堺国道線である。

阿部野橋の主要部との分岐点を発し大和川畔に至る坦々一里余の補装道路がこれである。旧紀州街道（現今宮、粉浜、住吉を通ずる海道筋）の殷賑を東部の上町線に奪つてこの新道路は、その左右に逃避した市民の適応した住宅地を殖繁した。虫と納涼の名所図絵であつたこの界隈は、田園的な牧歌を憶はす知的人種のよき場処として更生してきた。

インテリ人種の安息地

東天下茶屋に至る帯状の街は、知識階級人の夜の安息にふさはしい諸般の設備をなし、且てのブルジヨア階級街を、適当の街に変へ、ブルジヨア階級を、遥南海の海岸線及阪神沿線に追ひやつた。小市民的安価な生存はこうして生れ、マーケットを中心とした小住宅の並列、遊戯場乃至キヤフエが著しく増加したのである。マーケットに於ける考現学は、その街の人種を判別させるものであり、若いインテリ主婦の、収支計算簿に現れるトマト・じやが芋・キヤベツ・鰯など栄養価百%の食料品によつても明かである。浴場の、旧市部に見られない立派な設備、散歩道を基本として営まれつゝある各種の営業状態なども、如何にインテリ趣味を尊重しつゝあるかを充分に得心させるものがある。試みにステツキをとつて散歩せんか—、坦々たる道は、灯ともし頃より活気を呈し、若きサラリーマン夫婦の円満なる点綴を見せる。洋画材料店、洋雑貨店、喫茶寮、花屋、文房具店、書籍店、麻雀等々がほのかな夜の空気に、インテリ人種に瞬きを投てゐる。

逃避市民の集団

前項で落したが、周囲部の現象は実に不思議なる明暗色を見せてゐる。例へば工場街を中心とする逃避市民の集団、株式取引街を中心とする逃避市民の集団、役人を中心とする逃避市民の集団—の如く、大大阪の地図の最境界線に近き新興街のスナツプは、かのゲルマン民族の偉大なる移動の如く自然的な集団をつくつてゐる。

労働者街。遊玄人街。役人街。商人街。大工、手傅（しゆはく）、左官の如き職人街。手工業者街。サラリーマン街。の如くこゝ数年の日月は、奇現象をつくつたのである。

で、この阪堺国道街は前述の如く、小市民を中心として各種営業は整備されたのである。

街への咽喉—アベノ橋

住吉区役所管轄—阿部野警察署管内がこれから記述する街の区域である。田園と学校を東部に、樹木と丘陵を西部に、南海上町線と、市営乗合自動車と、大阪乗合自動車の三つの交通網によつて連絡されるこの街は、将来も、帯のように南へ南へと発展するであらう。

まづこの街への門扉アベノ橋から書いてゆこう。

国境のようにあまりにはつきりと異色ある北と南。天王寺公園の正門、各郊外電鉄の乗場（将来はビルディング化するといふ）省線の陸橋、この陸橋一つ越せばがらりと違つた空気をたゝえたインテリ街が続くのである。

朝夕のラツシユアワーには黒い布のようにサラリーマンと女事務員の通勤で道は止ざされてしまふ。この何万と云ふ人々が街との闘争に、主要部へ急ぐのである。疲労と明色。これが少市民の蒼白い頬の色だ。この急かちな行進は、彼等の呼吸とデモを想はせる。

市民病院とホテル

街が煙で空の気圧を変へ市民の呼吸で汚濁され始める頃は、アベノ橋は夏の陽に舗道のアスハルトを涸熱させる閑寂さだ。トラツクが遠く、南北の間を、産業と工業の交換に走るだけだ。この時刻、農園から農作物を街へ忙しく行商する群が、交通機関を利用しない徒歩でよちよちと現れる。かのラツシユアワーの激しい空気に比較し余りにも衰弱した姿だ。

交通巡査の白い姿も、痛々しい位に、信号標灯の上で疲れてみえる昼だ。河内泉南方面の門戸も、この朝夕を除いては閑寂な交通風景に過ぎない。

アベノ橋ホテルの近代式型が古風なお休宿の群拠を目下に、市民病院の建物と共に遠くに見えてゐる。近代人のエロチシズムに対する常識が、この小ホテル群出アパート出現となつたのだ。

役人街—常磐通

常磐通—まず大阪府官舎を西方に、東北部に鉄道省官舎を抱き、未だ役人街の空気を失はない。閑寂なブルジョワ街の冷たい静けさが、南海平野、今池線の横断点まで延びてゐる。しかし、このブルジョワ街を包む塀は、所謂インテリ人種を目標とする商店街だ。気の利いた茶寮とか、書籍店が新しい粧ひで並ぶ。ガソリン、セールの広場は、街道筋の自動車交通量を語るに充分だ。大阪バスのモダン車庫だつて葬儀所前に建設されてゐる。いかに、スピーデイな近代人的神経を持つ人々の街かゞこの経営上にさへ判然してゐるではないか―。

大衆化した―東天下茶屋

古くから大阪の郊外として、智識階級人に愛された東天下茶屋附近は、すつかり大衆的に推移した。小住宅の建築が増加し、人口を倍加した。住吉区一方理に対する密度七四、二〇〇余の実に1／3をこの地域でしめてゐる。田園地域住吉区の躍動は、近代的バックを持つこの附近のみに見られ、文の里、田辺、のプチブル街の比ではない。

でこの阿部野署管内のみに付いて見るに、カフエ二六〇軒、女給数四六〇人、麻雀二五軒は数へることが出来る。如何にインテリの要求が、切つめた生活の中にも安息を求めてゐるかがよく判るのである。

若い夫婦の街―阪南、松虫

阪南、松虫、カツレゲ、其他のアパートには、独身者以外に若い夫婦が急激に増加した。彼らは生活を能率的な事務に解釈し始めた一つの現象である。こゝ新宿と比較し、新宿の如く独自性のある一つの地域的発展に伴ふ、キネマ・パレス、ダンス・ホール、レヴュー館の興隆を、この地域に見られない不思議は前述の如く、この地域人は時間的に道頓堀、新世界へ足を延ばせるからである。で常設館は、子供相手のセカンド級の一つが閑散に存在するだけである。

智能犯とエロチツク犯

縁日は賑やかだ。舗道に副うて、数町の長さで人々の散歩を激増させる。気の利いた露天商品から見ても、この町の趣味性がよく判る。インテリ街の解剖的描写程困難なものはない。何故ならば、スラムとか、歓楽地帯とか、労働者街の階級的風景とか、ブルジョワ街の華麗さとか、一つの特色を、極端な街の匂をキヤツチすることが出来ないからだ。犯罪方面、情痴方面、街の伝統方面とか云つた部門が、まるで見出せない。それだけに街を考察するなれば、実に面白いのだ。血と卑猥の唄は聞えないが、現下の急流のような思想的陣痛の声が聞える。彼等は一切の口を閉ぢて、一切の行動を束縛されながら、柔順でない家畜だ。この結果が、選挙とか、犯罪に表れるのだ。智能犯とかエロチツク犯がこの街の産物で強力犯は稀である。

彼等は、ニユースに対し各自の気持から正直に批判する。つゝましい礼儀が言葉を弱めてゐて、決して口頭泡を飛ばすそれではない。往年の社民領袖B・S氏の当選も、落選もこの街の人々の静かな批判が簡単に解決したからだ。

北畠、姫松、帝塚山

大阪バス操車場より南、高等学校でこの帯状の街は切れて、南方に発生した小集団とやがては握手する時があらうが、古いハガキの儘、松原が美しく並木となつて続いてゐる。松原の間に間に、生垣とか、コンクリートに囲まれた大邸宅が悠然と座して、インテリ街進出をニコリともしないで遮断してゐる。

北畠、姫松、帝塚山、―上住吉町の部落に入る。この地域を部落と呼んだのは余りに古く一つの田舎町を形造つてゐたから、新興的な町の何ものも見出すことが出来なかつたからだ。

殿辻町。沢之町。浜口町。西方安立町の存在を概念的に説明すれば、階級的交替の過渡期的風景とも云へる。

造船事業不振、各工業界不況からくる労働者の逃避に、安価な生活を求めて移動したサラリーマンの侵入だ。こゝで、国道は大和川の流れに遮断されて切れてゐる。

朗らかな学生風景

各種の学校が、インテリ街にふさわしく存在するに伴い、此地域は彼の英国に於ける牛津、剣橋の大学が自然的に一つの街を形成し、学生街として特異性のあるスタイルを造りあげたように、この附近にも、学校を中心として学生町を思はす雰囲気が、町を徐々に変化しつゝ流れてゐることが判る。

大阪高等学校

この学生を中心とする生活集団は、遂に町の経済乃至は営業状態にまで波及した。

つまりは学生を目標とするアパート、喫茶店、酒場、書籍店、古本屋、質商、麻雀、撞球屋、文房具商、おでん屋、素人下宿等等の出現であつて、その装飾、内容等は、あくまでカレツヂ・ライフを濃厚に賛美したものである。

この自然的形成は、遂に全市に散在する学生生活をこの地域に移動さすべく充実したこの学生達が、学校を素だつた後も、この町に対する一種の愛着から、住居の本居を動かさない原因は町全体の空気がインテリ的であり、プチブル的な好個な条件を完全に保持しているからである。

而しながら、右の如き学生の有力な主体が町の自治に対しては何等の力を持たないのは、学園内自治が、生活に迄各個に及んでゐることである。その満足感が因をなしてゐる。

学生風景の朗らかな青春は、町を若くし、一種の情操をかきたてゝゐる。この町の春は、新入学生のトランクから始まるようだ。

帯状のインテリの巣

この帯状の地域に存在する官公衙、学校、建築物は住吉区役所本庁、阿部野警察署、天王寺消防署出張所、住吉警察署、大阪高等学校、住吉中学校、帝塚山学院女子専門学校、古屋英学塾、大谷高女、阿部野高女、桃山中学、阿部野神社、住吉神社、阿部王子神社、松虫、播磨其他の五塚、府立難波病院、共楽園、等で如何に学園がこの地域に進出してゐるかゞ街の客観的情勢から察知できる。

少くとも、政治的、経済的乃至工業的進出は求め得られない迄も、この地域がインテリ街として、大阪市、政方面に、将来大きな参画を為すことは予知出来る事実である。

【前号訂正】　大大阪新開地風景「今里新地」七十九頁下段中頃より八十頁上段中頃まで左の通り訂正。

此一月以後五ヶ月間の芸妓数累計三、四五一人中休業芸妓五四九人を控除したる二、九〇二人に対する一人当り売上平均花数は一、〇五〇本と云ふ事になるが実際は売れツ妓になると一人三千本から四千本を売るものが「ざら」にあつて旧市の彼女達を呆然たらしめて居る。

［2－B－④］

酒井義雄「探訪記的に描いた千鳥橋・四貫島」（『大大阪』八巻一一号、一九三二年一〇月、九〇～九九頁）

探訪記的に描いた千鳥島・四貫島

酒井義雄

千鳥橋通り――アッパッパの通る平凡な街

桜島行き市電を千鳥橋停留所で拾つたのが午後三時頃、初夏の陽は暮るにはまだ早かつた。

此処千鳥橋停留所は、東西に横たわつた広い電車道路を更に二間幅位の道路が南北に串差しになつた交叉路である。北へ半丁も歩めば、新淀川の支流に架つた古ぼけた木造の千鳥橋。南は通称千鳥橋通り、此の界隈の商店街である。左手の氷屋と右手の牛肉屋が、さしづめ凱旋門と云つた格好で此の通りは始まる。僕の足は自然に此の通りへ向つてゐた。コンクリート道路はまばらに片側だけ打ち水がしてあり、その片側の家の軒から、向ひの軒へ日覆が一面に張られて初夏らしい気分が漂つてゐる。両側は何れも間口二間位の果物屋、古着屋、菓子屋、食器屋、喫茶店等々と云つた何の変哲もない平凡な店並び。小市民プロレタリアの住居を控へた商店街として、市中何処にも見られる、何らの新しい感覚をそゝる刺戟もない。何か変つた街頭風景でもと、大きくもない目を皿の様にしても、アツパツパの主婦が通り、板床の上では据わりがよいだらうお尻の大きい女中が通り、安背広の男が通り、自転車の小僧が走り、そしてまた白布の鮮人が、更に老人が、子供が、女が、男が、相当に通つてはゐるが、犬の喧嘩もなければ、噂に聞いた軍艦町の白首も見当たらない。

　此処の通行人の顔を、姿を、一々目の痛くなるほど点検しても、誰一人、近代的な神経質も叡智美も認められない。それは教養の低さと、生活のレベルを裏書する機械的で無表情な、下手な人形師の造つたロボットの群なのだ。

或る労働者――掃だめ漁りで日に四十銭

　二三丁ばかり南に進めば、商店街がつきて、焼板でめぐらされた東洋紡績の舎宅である。――無用の者立入るべからず――とか、何とか書かれた門の近くに来ると、門前に、靴で蹴つても壊れそうなアイスケーキの屋台車を据えて、赤銅色に焦げて顳顬に頭痛膏を張つた老婆が腰掛けてゐる。

「おばさん、売れるかね?」と訊いてみる。

「あかしまへん。此の節はさつぱり売れまへん。女工さんが此処五六年の間にうんと減つたさかい……。」と不服そうな顔容で、何を訊いてもにべもない返辞だ。そこから桜島へ通ふ関西線のガアドを潜ると、左手は広場で、鮮人の夫婦者や青年や、子供達が二十人ばかり集まつて、拾ひ集めて来たらしい紙屑を撰り分けてゐた。僕はバットに火を点けると、悧溌そうな顔容の、一人の青年の傍に近づいた。

　僕は界隈の話を聞くためにバットの箱を差出して
「鳥渡でい丶んだが、君達の生活について聞かして呉れないかね。」

すると、彼は塵を払つて立上つた。

「はあ、何でも話したげますよ。」と仲々愛嬌者。

　左は彼と僕との一問一答である。

「一日にどれ位の収入があるかね?」

「まあ平均一人当り四十銭位ですね。それも雨が続いたりすると出られませんから、四十銭切れる月もあります。」

「それぢや部屋借りをしてゐても家賃に殆んどか丶るだらうが、何麼ところで住んでゐるかね?」

「皆たいてい共同で家を借りてゐます。一人当り畳一畳ほどの場処で寝起きしてゐるやうな訳です。」

「君は酒を飲むかね。」

「あまり飲みたいとも思ひませんが、飲みたくとも、其麼余裕がありません。煙草はそれでもたまに喫ひます。」

「病気でもしたら忽ち困るだらうね。」

「内地の人は皆然う云ひますが、病気するやうな者は滅多のありませんよ。」と殊更に青年は語気を強めて、身体が違ひますよと云つた風に微笑する。

「君は細君があるの?」

「細君ありません。」

「ぢや、たまに女郎買いでもやるんだらう?」

「い丶え、やりません。」僕の愚問に対して、彼は余りに素直で世間並みの愚痴は滾してゐても、彼等の顔容は朗かで無欲である。朝の七時から夕の七時までの十二時間を、埃を浴びて、戸毎に掃溜を漁つて歩く生活に、唯明日の雨だけが心配であるといふ彼等の人生観は、自然との抗争に、所詮は打ち勝ち得ない人間の力の微弱さを悟つた彼の宿命詩人の心境にも等しいものであるかもしれぬ。

「忙しい処を済まなかつたね。暑いだらう。氷水でも飲んでくれたまへ。」僕は尻のポケットの底に拾銭白銅をさぐると固辞する青年の掌に、無理に押しつけてて踵を返した。

紹介所と食堂――忽ち乱れ飛ぶ喧嘩の火花

　千鳥橋停留場から北へ行くと、左手が尼崎へ通ずる阪神電車千鳥橋停留場。右側の角は自動車のガレージ。それの北隣りが、最近出来たとい

ふ市営の大衆食堂。埃つぽい附近には不調和な、新しい明朗な感じの近代的ビルディングである。更にその北隣りが市立千鳥橋職業紹介所と市の施設がかたまつてゐる所だ。

鳥渡就職風景を覗いてみやう。僕は黒のベロアを阿弥陀に被り直すと、レーンコートを肩に引つかけた。蒼白い顔ではまさか地廻りのギャングとも見へまいがあらくれた労働者に口の一つも利いて貰ふには、これ位のたくまない技巧も、時に必要と云ふものではないか。そこで僕は態と肩を怒らせ乍ら、間口三尺程の入口をブラリと潜つた。腹掛け、シャツ、菜葉服と云つたルンペン労働者が三四十人、勿論鮮人も交つてゐる。十坪程の広さの、椅子もないタヽキの上で、或る者は掲示された張紙に見入つたり、或る者は呆然と煙草を吹かしたり、思ひ思ひの姿勢で立ちはだかつてゐた。

郵便局の窓口のやうに、仕切られた事務室の中では三人の係員が控へてゐる。入口に近い窓口では、銀貨や白銅を入れた渋張りの金入れを前に置いて、日に焼けた青年が、腕を組んで黙然と僕の顔を怪視そうに凝視めてゐる。彼の背後には卓子(テーブル)が置かれ、その向ふで白い詰襟の洋服を着たガツシリとした体格で、年恰好は四十五六にもならうか、此処の所長らしく、傍で算盤を弾いてゐる最う一人の係員に、椅子から立つたまゝ何か指図をしたり、忙しそうに事務の整理をしてゐた。と、その所長が立つてゐる奥まつた窓口で一人の男が、大勢の労働者に背後を囲まれ乍ら、何か大声でわめいてゐるのだ。僕は思はず好奇心にかられて奥の方へ彼等を肩で割つて進んだ。

「こらッ！云ふ事があつたら出て来い、俺はな、正義の為に云ふのだぞ。酒を飲んだから云ふのと違ふぞ。正義の為だ判つたか。ゴトウ、こらッ、出て来い。」

見ると、シヤツの上に腹掛けをした五分刈の五十近い労働者だ。彼は呂律の廻らないのを、無理に廻らせやうと努力するためか、声が一層高くなる。窓口の中では、当の所長は、馬耳東風と云つたよそ〳〵しさで、顔面筋肉一つ動かさない落着振りだ。所でむらがつた労働者達は酔つぱらひの同僚が、何の為に彼麼に怒つてゐるかと云ふことなどは、てんで問題でないらしく、殆どがたゞ好奇心にかられた眼容である。が、不図気附くと、僕が入口を潜る時に見かけた筈の、赤茶けたカンカン帽の、まだ三十にならない若い労働者が、何時の間にか、僕の背後で、僕の外着のポケツトを頻に物色してゐるではないか。思はず僕はポケツトに手をやつた。だが、一冊の月刊雑誌が膨らんでゐるだけだつた。

「君あれはどうしたんかね?」と訊くと、彼はそれに答へないで、「あんた本を持つてるね。」と云つた。酒臭い呼吸だ。

「あれが怒るのはあたりめえなんだ。所長が依怙贔屓をするからなんだ。公平にやらないからなんだ。」

「そいつあ面白そうだね、彼処で話してくれないかね。」僕は顋で入口の方をしやくつてみせた。瞬間彼はたじろぐ様子だつたが、それでも従ひて来た。

「僕は此処の者ぢやないんだ。他所から来てゐる者なんだ。」依然として昂奮口調である。すると傍にゐた髭面の法被を着た労働者が、彼と僕との中へ割つて入つた。その男は、僕を警戒する様に、隠語らしい言葉で、青年に突か丶つてゐたが、最後に、――ばらしちやふか――と云ふのが聞えた。此の男も矢張り酔つぱらつてゐた。青年は僕へ最初に好意を示した手前、今更引込みがつかなくなつて、髭面の労働者を宥めるやうに追ひやると自分もこそ〳〵と逃げるやうに奥の方へ姿を隠した。

河口の荷揚場――上下する青物船と砂船

僕はエキストラ風景描きだ。それ以上彼を追求する任務もない。踵をめぐらすと、前は道を距て丶、川に沿つた広い船の荷揚場である。

海に近い河口は広く、西日は、流れるとも見えぬ淀んだ水面一ぱいに輝いて、広い荷揚場の中程、十幾艘の和船が繋留されてゐる。

灰色の夜の帳が、クリーム色に明けて行く朝の三時半、四時頃には、油の様な水面が、河口から逆上る青物船の為に、静寂な眠りから揺り醒されるのである。川口の中央市場に送り込まれる青物類は尼ヶ崎稗島一帯の農家で栽培されたものを、船によつて毎朝此処の荷揚場に運ばれる。右の青物船の他にダンペイ船、阿波の砂船等がある。これらは淀川口や神崎川近辺から、砂や粘土を採取して来ては、此処へ運び上げるのだ。砂はビルディング建築のコンクリート用として、粘土は日本家屋の壁土用として、此処から八方に散つて行くのである。聞けば千鳥橋職業紹介所の設置は、最初は此処の荷揚人夫供給が目的であつたといふことだ。

四貫島大通り――工場相手の小料理屋繁昌

阪神電車千鳥橋停車場を右に見て、市電軌道に沿ふて足を西方に進めると、四貫島大通り、東北の角が日本座で、新興キネマの封切場だ。五六年前までは此の辺から西へ、茫洋たる草原で、今の日本座もその当時は、日本座建築場と書かれた白柱が、人家のはづれに立てられてゐたのだが、野原を北港海岸へ通ふ市電の中から眺められたものだが、茲数年の間に、いつぱしの中商工街として、紛装をこらした新開地と化してゐる。道を南へとれば東南が高島屋十銭ストア。更に進めば西側に住吉市場、四貫島市場が並び、それに続いて映画館山口座がある。その南隣りが茨住吉神社だ。夜の十一時頃ともなれば、此処の境内は、闇のサタンにそ丶のかされたイヴがアダムを誘惑するエデンの園と化すそうだ。尚此の境内の一隅には稲荷大明神が安置され、日夜此の界隈の黒襟ついた女達の踵が引きも切らないとのことである。然う云へば此の辺り一帯はカフエは数へる程もなく、御料理屋の看板を掲げた小造りな飲食屋が多い。土地通の話に聞けば、斯うした土地柄は、その原因を意外にも労働運動の発展に求められると云ふのである。事情は斯うだ。

大阪市労働課の調査統計に徴すれば、工場数に於いて此花区は全市中第三位であり、労働者の数に於いて第二位であり就中千鳥橋以西にあつては、大阪瓦斯会社、大阪鉄工所、大阪製鋼所、住友伸銅所、汽車会社、住友電線工場、安治川鉄度所、大阪連鎖工場、セイミコークス会社、尚千鳥橋を少し東に寄つて東洋紡績等の、大工場が密集し、此の地域一帯は此花区に於ける中心工場街とも目されるのである。

労働者王国――最有利な条件に恵まれて

従つて労働運動も早くから発展し、大阪市に於ける草分け地帯であるとも謂はれてゐる。歴史は今を去る大正七年に逆上る。

現在総同盟系に属する西尾末廣氏、総聯合系に属する阪本孝三郎の両氏が、当時大阪鉄工所の職工として働いてゐた頃職工期成同盟会なる名称のもとに、単純なる相互扶助的機関を創設したのに端を発し、爾来幾多の試練と破乱曲折を経て組合の結成発展が行はれ、従つて果敢なる対資本家闘争も続出し、此の地域一帯の工場労働者の意識水準は、自然一般に高揚せしめられずにはゐなかつた。一例を挙げれば、普選の第一次の代議士として西尾末廣氏、同第一次の市会議員として大矢省三氏、同第一次の府会議員として塚本勇蔵氏等何れも職工出身として当選し、その他にも一般に知られた労働運動の指導者として、且その後の市議として阪本孝三郎、山内鉄吉、堂前孫三郎諸氏があり、更に共産党事件に引懸つた三田村四郎、鍋山貞親、中村義明等、何れも此の地が生んだ労働者であつた。此の様に、労働者自身の覚醒によつて、労働運動を今日の如く、組織的たらしめたといふ意味に於いて、全国労働運動界の特殊地帯と見做されてゐるほどで、従つて生活権獲得に於いても、今や此の地域一帯の工場労働者は、全市中最も有利な条件の許に置かれ、殆んど半永久的に彼等の生活が保証される状態にまでなつたゝめ、期せずして、半永久的労働者街が此の近辺に繁栄するに至つたとのことである。現在千鳥橋以西に於ける住宅は殆どが労働者に依つて占められ、サラリーマンは一少部分にしか過ぎないそうだ。

軍艦町色――意地と張りに生きる女たち

斯うした土地柄であつて見れば、享楽的機関も、自然労働者の嗜好を対象として生れるのは当然であつた。彼等の感覚は欧風化された近代的色彩に紛飾されたカフヱーやジヤズレコードよりも、よしや調子はづれの爪びきであつたとしても声自慢の隠し芸に興趣を添へてくれる突き襟の女や、四畳半が懐しまれるのだ。斯うした意味から、飲み屋が巾を利かす此の界隈であつてみれば、軍艦町の繁栄も亦環境が生んだ必然的な特産物でなければならぬ。

扨てサヴタイトルが長きに過ぎたが、これからが、名物軍艦町のスナツプである。

茨住吉神社の前を斜東南に、幅一間位の道路に足を踏入れると、入口の両側に正月の門松のやうに、庇に届く位の植木を配置した、何れも間口二間位の家が、道の両側に並んでゐて、申し合せた様に入口を這入つた所が夕、キで、其傍に直に二階に続く段梯子があり、入口から裏庭の板塀が突抜けて見られる、何のことはない路次裏の長屋を改造して、或は支那風に、或は日本風に、粗末なペンキ塗りの料理業を表はした看板で飾られてゐるのだ。戸毎に打水がしてあり、早や夜の準備が出来てゐて、白く塗り立てた女達が、戸外に床几を持出して腰掛けてゐるのもあれば、上り框に腰を下して戸外の道行く人を眺めてゐるのもある。彼女達の服装はアツパツパ、安物の浴衣等とり〴〵である。が、押しなべて容貌は、二番成りの南瓜をメリケン粉の中に転がして、目鼻を描いた態である。

客の中では二円位の飲食をして、彼女達を見事射落とす腕利きもあれば、十円近く費消しても、なほ且振られて帰るピユーリタンもあると云ふ。表向きは料理店でも、其実は公然の秘密として黙過された私娼窟だが、今宮、釜ケ崎などと趣の違ふのは、此処の女達は肉をひさぐにも一人間としての、或は女性としての意地と張りを持つことを許されてゐることだ。それだけに客の方でも腕の冴えが必要といふものである。ところで取引の機微についてでは、素通りしただけの僕にとつて、詳しくは知るよしもないが、猟奇心を満足させやうと思へば、鳥渡ばかり顔面筋肉を緩めて見せることだ。始終その筋を警戒してゐるらしい彼女達の単純な嗅覚は、それだけでたあいもなく誤間化されて仕舞ふのである。「ちょいと洋服さん。」と、グロテスクな笑を湛えて挑みかゝつて来ることだけは、物好きな紳士諸君の為に、自信をもつて附言して置いてもよい。

恩貴島橋通り――バスの通る小綺麗な商店街

四貫島大通りの停留場を西へ進めば、北側に此花楽園がある。新世界の通天閣を小さくした感じの門を潜ると中央に、金網で覆はれた猿の屋舎があり、子供の運動に備えた辷り台、ブランコがあつて煎餅屋、氷水屋等が並び、東北と、西南の隅に浪速キネマと末広館の二つの映写館が睨み合つて立ち、安価な観覧料で附近の人気を呼び、園内は無心に戯れる子供達、猿を眺め乍ら呆然と、あり余つた時間を享楽する人々等で賑ひ、貧しくとも一定の規則ある生活を営む此の界隈のプロレタリアにとつて、文字通り唯一の楽園である。此処の裏門を抜けて左へ電車道へ出て、少し進むと此附近一帯の中心繁華街恩貴島橋通りで、北角が公認朝日市場、不景気でもルンペン、プロレタリアでない限り、三度の食事は欠かさない。きすれば住民の台所を一と所に集合せしめた市場は何処でも活気を呈してゐる。此処から北へ恩貴島橋までが、南で云へば心斎橋筋に匹敵する。スマートな子供服屋、呉服店、果物屋、喫茶店、理髪店等々と、何れも小綺麗なインテリ好みの小店舗が、綺羅星の如く居流れた恰好。道幅の割合に人通りも多く、今では市バスが、大きな図体を恩貴島橋際まで乗り入れて、朝夕のラツシユアワーには、川の北岸西島一帯のサラリーマンをビジネスセンターへの送り迎へに忙しい。ビジネス・アワーが過ぎて灯の光が、洪水のやうに此の通りに氾濫する頃になると北は西島住宅、西は春日出北港住宅から流れて来るインテリ、サラリーマン連中にとつて、夜のオアシスともなるプロムナードと化すそうだ。おしなべて何処の新開地にも見られる特殊性は、大都市の中心地から離れた関係で、其処に必然的に自給自足の商店繁華街が発生することだ。こゝ、恩貴島橋通りの殷賑も然うした理由に基くものであらう。

街のゴシップ――取巻く若い独身者の群

さて、街のゴシップでも拾つてみやうか。僕は歩き疲れた足を休めるために、此処の通りの中程東側に、鶴屋と書いた喫茶店の入口を潜つた。

「被来いませ。」出て来たのは、日本髷に京好みの舞子姿。年の頃なら十八九でもあらうか。僕の取り出した煙草に、早速気を利かした燐寸の磨り方だ。みつ豆とコールコーヒーを通して貰ふ。

「レコードもかけませうか。」と云ふのを断つて、街の噂を聞かしてくれないかと頼むと、彼女は快く承諾して僕の傍に椅子を引寄せた。

「今年の二月頃だつたでせうか、一度新聞に書かれたことがあつたんですの。」と冒頭して、彼女は外見よりも鳥渡ませた年増口調で語つてくれた。

「不思議なことに、此処の通りは、恩貴島橋南詰から南へ、停留場までの、両側のどの店にも、必ず娘さんがゐて、お客さんに対してサービスをやりますの。尤も純粋なサービスだけで済ます処もあるでせうが、エロサービスを勇敢にやる人もあるそうですわ。そんな関係で此処の通りのお客は、若い独身の男の方が多いそうです。都島や天六あたりから、それがために態々下宿を引越して来た人もかなりあるつて噂ですわ。此処の向ひの散髪屋の娘さん、それから、此処から南へ寄つた電車道に近い西側の呉服屋の娘さん等が中でも最も有名なんですの。どんな意味で有名かつてゞすか。そうですね。散髪屋の娘さんは、お客さんと馴染になつて、幾度も駈落ちしたんですが、その度に相手の男の人が違つてゐて、幾度駈け落ちしても発見されて呼び戻されるんです。今ですか、え、矢張り呼び戻されて店に出てゐる筈ですが、……それから呉服店の娘さんは姉妹三人ゐるんですが三人とも美人で有名ですの、そんなことが評判になつてから、新聞記者や雑誌社の方などが、種を漁りに来てよく私の方へお立寄りになりますわ。此処の通りについてならその位のものでせうね。」

彼女は斯う結んで、新しく取り出した僕の煙草に燐寸を点てくれた。

表へ出ると駈け落ちの常習の娘がゐるといふ向ひの散髪屋を覗いて見た。当の本人か、入口に近い椅子に腰を下した若い女が、掌に顎を支へて、往来をボンヤリ眺めてゐた。

喫茶店の娘の話に好奇心を唆られた僕はとまれ、ゴシップ実地探検と、恩貴島橋南詰まで来て、両側の店を戸毎に注視し乍ら、元来た道を電車道まで逆戻りしたものである。その揚句所謂三美人で有名の呉服店を見つけ出したが、普通そこらあたりを歩いてゐる町の娘といつた感じの外、これがエロサービスの選手とは受取れず、恐らくは、甘けに於いて堂に入つた、インチキ新聞雑誌記者が、幾人も、僕の様にして訪ねたものでもあらう。との結論がつく位だつた。

春日出北港——海水浴とバンガロー式住宅

恩貴島橋から河口へ下ると、川を堺に北に酉島住宅、南に春日出北港住宅がある。何れも住友土地会社の大阪市の低利資金による委任経営になるものだそうであるか、此処の住宅地は、区画整然として、道路が碁盤目の様に交叉し、建物は赤瓦硝子障子の明朗なバンカロオ式である。そして、プラタナス、アカシヤ等の街路樹が一定の距離を措いて、どの筋にも繁茂して、煤煙の防止をつとめ、特に初夏の夜などは、窓辺に涼をとる一家団楽の子供達の為に、ロマンチックな夢をも織るのだ。

戸数にして凡そ四五百戸。小市民プロレタリア住宅地域の西北隅に、異彩を放つた文化住宅地帯ではある。住居者は、主としてサラリーマン、学校教員、官公吏、市電従業員等であるといふ。

以上で新開地とも見做さるべき千鳥橋以西を殆ど歩き尽した様であるが、春日出葬儀場前で、市電を拾ひ、西へ桜島まで、芦の生えた原ツぱを長駆すれば、北港海岸である。五六年前此処に海水浴場が開かれ、北港潮湯が建てられてから、水はあまり綺麗ではないが、遠浅で女子供の水泳に適してゐるといふのと、今一つ往復十二銭の市電で、手軽に一日の清遊が試みられる関係から、海水浴のシーズンが始まると、北大阪一帯のプロレタリアの家族連れが、此処の海岸へと押し寄せる。

真赤に焼けたゞれた太陽が、水平線のまぢかに傾むく頃になると、赤銅色に焦げた河童の群を鈴成りにした、天満行きの市電が潮の香と藻の匂ひを孕んで、幾台も街を通り過ぎて行くのが見受けられるのも、これから夏の終りへかけての、此の辺りの特殊な風景画の一つであらう。

（一九三一、六、三〇）

〔2－B－⑤〕
和田有司「西野田展望」（『大大阪』八巻一二号、一九三二年一一月、五〇～五四頁）

西野田展望

和田有司

大阪の勝手口――薄暗い賑やかな街

大阪の玄関は？――といへば「梅田」と答へるでせうが、さうすると、西野田方面はさしづめ大阪の勝手口といふ所でせう。勝手口はどこでもごた〳〵したものです。西野田もごた〳〵してゐます。ごた〳〵し街に附物のどぶ川もあります。黒い水が澱んでゐて、瓦斯の泡がまるで雨降のやうに水の表面で割れては波紋を描いてゐます。そしてもう何年前から停つてゐるか分らない朽た船が傾きかゝつたまゝ片側を泥に突込んでゐます。

このどぶ川の上には「新橋」といふ橋が架ゝてゐます。名は立派ですが小さい汚い橋です。けれども小さくても流石は「新橋」だけあつて、この橋筋は狭くて薄暗いながら賑やかな街です。軒なみに売出しの赤旗をひらひらさせて、玩具屋やら帽子屋やら時計屋もあります。人通りも相當ありますが、重に老人と中年以上の女が多いのは妙です。勿論子供がうろ〳〵してゐるのは云ふ迄もありませんが――それといふのが、此の附近に住んでゐる人の職業を検べてみると直ぐ理解できます。

働き手の行列――街に溢れる子供

数字によりますと、此の辺の人口が六、四一五名（昭和四年調、以下同）で、その内

自主営業者――七九〇名
給料生活者――二九七名
労働者――一三六五名

となつてゐて、街を歩く機会を持たない職業の人が如何に多いかゞ分るでせう。随つて街を歩いてゐる人に老人や家庭の女房の多いのは尤もなことです。が夕方と朝とはその反対です。街は仕事に出かける「働き手」の行列で一杯です。そして老人と女房は殆ど家の中に引込んでゐます。それは其の筈です。女房は家の用事で天手古舞をしてゐますし、老人はそれの邪魔にならないやうに子供の守をしてゐなければなりません。此の辺の子供の數といつたら夥しいもので、五歳以下の子供は七三九名即ち総人口の一一%を示して断然第一のパーセンテージに据つてゐるのです。

群小カフエー――寺が一軒もない

こんな訳ですから子供を持つた親たちは大いに稼がざるを得ません。所で一体彼等の収入とはどれ位あるでせうか？一寸台所を覗いてみませう。七〇円以下六〇円以上のものが最多で一一・六%、六〇円以下五〇円以上が次点で一〇・九%、五〇円以下四〇円以上が第三位で一〇・七%、と順次に下降してゐます。反対に七〇円以上と順次に減少してゐますが、一〇〇円以上の収入者が急に一〇・八%といふ変則的な多数に昇つてゐるのは、自主業営中に大きな商人や工業家が雑つてゐるからです。これは他の新開地と多少趣を異にしてゐる点でせう。

所で、斯うした果報者もあるにはあつても、何がさて貧乏人の多い世の中ですから、平均しますと、一人當りの収入は五五・八四円となり、やつぱり足りない勝の世帯です。つい自棄を起すこともあるでせう。気保養だなどと云つて、うろ〳〵出かけて行けば落ち着く先は知れてゐま

す――酒か女か。まさか困つてゐるから寺詣りでもしようといふやうな抹香臭い考えを持つ人もゐないでせう。だからよくしたもので、此処には寺は一軒もありません。余り無さ過ぎる位です。極最近、福島警察署の調査によりますと、管内のカフエが二五八軒、飲食店が一一一軒、料理屋が一一軒といふことで、カフエが断然頭角を抜いてゐます。

内職に忙しい――大家族のお神さん

さういふ訳で、何とか内職でもして暮し向きの立つようにと考へます。が内職だとて、此の不景気ではオイソレとあるものではありません。やつと百人余りの人が漸くそれを見付けて、僅な収益を得てゐる次第です。そして其の仕事といふのが、

竹の皮揃へ、焼芋屋、一文菓子屋、刷毛植、清涼飲料水小売、仕立物、足袋底付け、夜店、メリヤスミシン、関東煮屋、傘の骨作り、雑貨メリヤ、商、メリヤスボタン付け、洋服まとめ、ボタン細工、箸紙袋入れ、化粧品、ダンボール、紙箱造り、編物、靴下止め

大体右のやうなものです。メリヤスミシンに従事する者が一番多く、次が一文菓子屋、次が仕立屋です。収入から見ますと、五円以下の者が最も多く、次が十円以下、その次が十五円以下それから二〇円以下と下つて来て、五〇円以下といふ侮れない収益を挙げてゐるものが一名あります。それは化粧品を売つてゐます。

所で茲に面白い現象は四〇円以下の世帯収入に内職するものが少く、最も多く内職に従つてゐるものは五〇円以上一二〇以下の世帯収入者を持つてゐる者の家庭にあることです。此の統計は吾々に多く考へさせる所があります。

二二〇戸の戸数の内で、持家は僅に四六戸に過ぎず其の他は総て借家であります。型式は長屋が最も多いのです。

続く長屋ビル――十一室に八世帯

偖是等の人の住宅はといひますと、一て、軍艦長屋、蜂の巣長屋、芝田長屋といふ三つの特種長屋があります。

軍艦長屋といふのは病院のやうに、各室の中央に廊下があつて、まるで船室の並んでゐるやうな形をしてゐる処から呼ばれたので、建物は棟割の二階建で階上は六室階下は一〇室で其処に一四世帯が薄暗い非衛生的な混合生活をしてゐます。

蜂の巣長屋は各室の窓が不規則に家屋の諸所に散在してゐるのでさういふ名がついたのです。一一室に八世帯が混合生活をしてゐます。田舎の木賃宿をホテルと呼ぶやうに、此の辺の物好きがこの家を「ビル」と呼んでゐます。笑ふにしては余りに深酷です。

芝田長屋に到つては九室に八世帯が住んでゐます。

が斯ういふ特種な生活者は別として、平均しますと、一世帯の畳數は一二・二十九畳となつてゐて泉尾、鶴橋方面の一〇畳以下とは比較にならない余猶を見せてゐます。所有室数から見ますと、一室のもの一九二世帯、二室のもの四四三世帯、三室のもの三七五世帯、四室のもの二五一世帯、五室のもの二一二世帯、六室以上のもの五〇世帯でありまして、二室三室のものが最も多いのです。平均一世帯室数が三室であります。

家賃は二〇円前後を支払ふものが最高数で、四〇円以上支払ふ者と一〇円以下支払つてゐるものとが同数です。

都市の前衛――労働運動に敏感

大体右のやうな状態にある西野田は、総括的に見ますと決して「貧し過ぎる」街ではありません。北に浦江大仁の大工場区を持ち南に堂島川を距て、大商業区に接し東は大阪の神経中枢梅田堂島に続いてゐて、他の新開地がやゝもすると「田舎臭」をいつ迄も待ち続け勝ちなのに引換、こゝは如何にも潑剌とした都市の前衛といふ感じがします。労働運動に

最も敏感なのも此処です。此の点に掛けては大阪中の労働運動の神経中枢をなしてゐるかの観があります。此の辺にも勤人階級所謂インテリもかなり住まつてゐますが、他の新開地や住宅地に住つてゐる者と気風の違つてゐるのも妙です。自個韜晦と偸安と事大思想に傾き勝な勤人が、此処に住まつてゐると自主的になり果敢になり言を曲げて屈する事をしなくなります。土地の気風がさうなのですから、自然に染むのです。

両部の鼓動――直接響いて来る

斯うした弾力性に富んだ気風は何処から生れるかといへば、あの沢山な工場と大阪商業の中心に重大な関係を持つ阪神国道の入口をしてゐて、絶えず大阪神戸両都会の心臓の鼓動が直接に響いて来るからです。

試みに阪神電車と阪神国道の交叉点に立つてごらんなさい。あの沢山なトラック、馬車、自転車、自動車、バス、電車が沸くやうに来往してゐるのを見られるでせう。

此処が大阪の勝手口でなくて何でせう。そしてあの夥しい貨物の洪水。西野田は如何にも大世帯の勝手口らしく、朝早くから夜更けまで、潑溂として交通の車馬を吞吐し続けてゐます。全く壮観です。

［2-B-⑥］

高瀬嘉男「東野田・都島・片町・桜宮」（『大大阪』八巻一二号、一九三二年一二月、八八～九五頁）

東野田・都島・片町・桜宮

高瀬嘉男

市の東北部に局在するこの地域は、近年すばらしく発展を見るに至つた。市電の片町から沢上江町二丁目に走る一条の軌道を境として左右に振分けられた長方形の地帯。特記すべき交通網の稠密さである。幼時、遠足か何かで一二度、四条畷まで乗つた記憶のある片町駅は、相変らず当時のまゝの寒駅の跡をとゞめてゐる。この片町線の京橋は天王寺からの城東線を受けて梅田へ出る交通駅、更に京橋から淀川貨物駅の視線を岐ち、京阪電車の蒲生停留所の上を走つてゐる。

一昨年竣工した東洋一の贅美な吊橋「桜宮大橋」は一名銀橋の異名がある、こゝから東へ突入する大道路は、昔の京街道に代つて坦々たる新京阪国道である「東野田六丁目」のガードをくゞつて一路京都へ延びてゐる。この一帯の街は、ガードを村落の門戸にならべたが如く、互ひに繋ぎ合つてゐる。概してガード下に出来た街の感じがある。市街地を走る省線の駅としては片町、京橋、桜宮駅等いづれも古風な姿をとゞめてゐるのも面白い。最近電化の運びに至つたから、いづれは近き日に颯爽たるモダーンな様式に改められ、面目を一新するだらう。

古風な時代色――走る水車蒸汽船

省線と京阪電車と市電と国道とバスと淀川支流の水道。この大川には

電化した城東高架線

桜宮橋の観

明治時代の面影を残して遡行する伏見京都行きの水車式蒸汽が、今も尚時代的なテンポで悠長なリズムを河面に響かせながら動いてゐる。一寸他では見られない、錦絵中の構図である。市電の京橋から桜宮大橋へ出る東岸の一帯は藤田別邸を中にして古風な屋敷街の跡をとゞめてゐる。このあたりは、今昔些して変りがないやうである。長く廻らしたコンクリートの白い塀、崩れかゝつた赤練瓦の塀に蔦のからんだ閑寂な、ゆるやかな傾斜路は、冬の真中でも陽溜りのするロマンチックな風趣である。

淀川新公園――銀色に輝く桜宮橋

更に、この河筋を北へ遡るにつれて大川を主題とした伸々とした一幅の絵画が展けて行く。

市が莫大な費用を投じて完成した淀川新公園は、春、桜の季節に都人士の巷塵を払ふに恰好な場所であり、中之島公園と比べて遥に暢達としてスケールの大きさを見せてゐる市民の慰安所である。桜宮大橋から望む天守閣の朝夕の眺望は、確に大阪随一の壮美の観であらう。源八渡附近の流木の溜り場は野趣が深い。この辺りには、殊に口碑、伝説が多い。土堤の下には野菜畑が展けてゐる。その間に人家が点綴した様子も伸びやかな景色である。今から二十年ほど前までは、この辺りで川遊び、只今のピクニツクに出かけて来た人達は、川水を汲んで煮焚が出来たほど清冽な水だつたといふが、その頃は遠出にはまだ草鞋が幅を利かしてゐたことであらう。川筋の探索は、これ位にして、街中へはいつていかう。

京都への関門――東野田の発展

大阪で野田といへば、誰しも西野田のことを考へるだらう。東に東野田のあることは、贅六生れの青年でも、最近までよくは知らないと思ふ。それほど大阪市の中心から隔離されたかの感があり、僻地扱ひをうけてゐる。だが、近年に至つて素晴らしい膨張を見せた。西野田が神戸をう

—（大大阪新開地風景）—

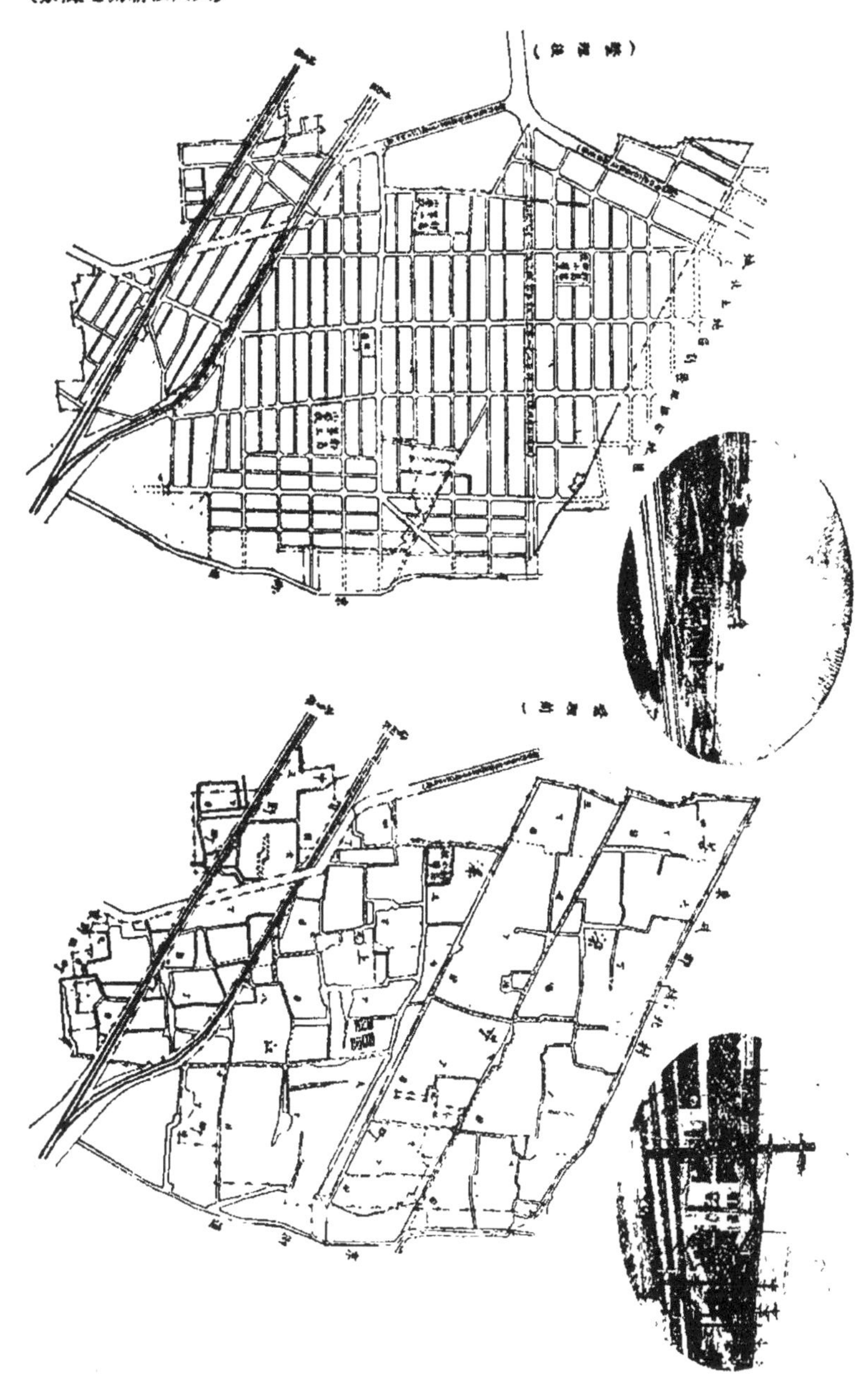

城東高架線のガード下

ける門戸のやうに、東野田は京都への関門である。

片町方面の網島町は、総じて建物も古く、居住者も古いやうだ。裏通りにはいると洫川に縁どられて平屋建ての棟長割屋が多く、京街道の名残りをとゞめる道程標が、ところどころの四つ角に見うけられる。ラッシユ・アワアに片町停留所で乗り降りする足数から見ても人口の稠密さが察しられる。

この辺りは表通りの、概して小商工業者についで、家内工業者が多く、役所向きの勤人、日雇労働者、行商人、出稼人等の居住者が多い。それだけ街も汚く陋巷の感じが深い。斯うした事象は單に片町方面に限られたことではなく、東野田中野町、沢上江町一帯も同断であるが、東野田方面は、古くからあるいは土着人同然の長屋居住者のほかに勤人階級の居る街筋が、ところ〴〵に屯在してゐる。そして未だに茅葺屋根で紅殻塗りの格子の嵌つた旧家を見うけるのも珍しい。

ボロイ地主――部落制度の名残

この附近で毅然と構へてゐる旧家と称せられる家は、互に何かの繋がりで姻戚関係にあるのも面白い。急に発展して市街地に変わつたもの丶未だに部落制度の名残りが見られる。つい、こ丶十年ほど前までは、市中の糞尿汲に肥船に棹さしてゐた人達は、今では地主となつて、空地にどん〴〵借家を建て丶屋主として納まつてゐる。一例が明治年間の中葉、この辺りの地主（田畑の）番頭をしてゐた小作男が、主人の亡くなると同時に自分名義に切換へて主家を横奪したといふのがある。斯丶る例は枚挙に遑まがないがその悪徳漢は懐中手して一代で巨万の財を成して、土地で君臨してゐるといふ。

今の工業大学の附近は元車庫があり、附近に巨きな池があつたさうだが、埋立てして安普請の借家街が簇生した。工場が建つ、風呂屋、散髪屋が出来るといつた順序で、漸次に畑が住宅地に変つてゆく。だが、東野田には、あちらこちらに野菜畑が残つてゐる。その傍に茅葺きの百姓家が存在してゐるのも新市街風景の潤ひであらう。

盛んな家内工場――にぎあふガード下

最近ガード附近の土堤下や、バラスのぼこぼこの埋立地に、テントや板囲ひの古道具店が、めつきり殖えた。それと前後して、おでん屋、飾屋の屋台が軒を並べてゐる。鮮人長屋がある。今だに不況のおかげで市中で凧揚げのできる広場が至るところにあるのは、子供たちにとつて幸福であらう。ところどころに、ルンペンが屯して、塵捨場から蒐めてきた古畳や破れ戸で堀立小屋を作つて、周囲の草つ原を開墾して、菜葉を作つたり、玉蜀黍の枯茎を垣根に見立ててコスモスの花が咲いてゐるなど流雑な人生風情である。東野田から中野町にかけて、メリヤスの家内工業が盛んである。いづれの街筋を通つても、どこかの二階から、ミシンを踏む音が流れてくる。西野田から福島方面にかけても同様であるが、この点、野田といふ地名の下に一脈の関聯をもつてゐる。

安価な文化色——交通量ふえる

表通りには、近頃、急に安飯屋や大衆食堂が殖えた。薄給のサラリーマンや、労働者、殊に自動車の運転手相手の経営である。同時に、また土地にはふさはしい怪しげなカフエーが続出した。灯ともし頃から、脂粉濃い女が、店先に出張つてゐる。中野町は、工業大学や貿易語学校を控へて素人下宿屋が多い。大低一軒に二枚の表札を貼るやうな居住者から成り立つてゐる。沢上江六丁目のガードから以北には、所謂文化住宅の夢を見勝な勤人の趣向に適するやうな赤や青のタイルの粗雑な住宅街が、あちこちに出来てゐる。それだけに周囲の街は、ごみごみしてゐるが居住者は一見フレツシユな感がある。勿論フレツシユといつても、いづこもお定まりのやうに、今時のサラリーマンは陰惨ではあるが、沢上江町は一体に、区画整理がよく行き届いてゐる。それだけ町としても新しいやうだ。裏通りにはいると、安月給とりの巣窟のやうである。他の町と比較して交通量の多いことも、この間の事実を説明してゐる。市立都島工業学校、都島車庫に至るあひだ、諸種の飲食店の数も一等多い。

第二の玉造——沢上江二丁目辺

以上の街の所轄署の網島警察で今春調査した「芝居茶屋、席貸、料理屋、飲食店等調査表」といふのに依ると

業態別	営業所数	客室数	卓子数	従事員数			月給又は手当	食費等徴収数
				仲居	女給	其他		
料理屋	二五	八一	一四	六四	三	三	一	
飲食店(日本間)	一〇	二一	一六	二	二	二	二	
食堂(レストラン)	二一	二三	七七	×	×	七	五	
カフエー	五六	一〇五	三二〇	四	一八四	五	六	一
喫茶店	三七	九	二一〇	×	五七	五	一一	
麺類店	四五	四	二三二	×	×	九	二	
合計	一九四	二四三	八六九	七〇	二四六	三一	二七	一

次に、撞球場三〇、麻雀店一五、自働球遊器十二、射的場(弓場等)四、ベビー・ゴルフに魚釣は無し、その他といつても漠然とした慰安場所が五ケ所、この方の統計は五月末現在の数字である。公衆娯楽のための機関としては、現在では活動小屋の桜宮劇場ほか一、二の小屋に過ぎない。不況つゞきで現在、空小屋になつてゐるところもある。

街は、どうしても劇場や市場の附近がその土地での大通りになるらしい。桜宮大通りもさうだし、沢上江町四丁目の東西の広小路、東野田四丁目の国道沿ひの通り、片町駅前の通りなどは、やはり極めて小規模の心ブラ地域であり、盛り場である。最近、沢上江二丁目の停留所附近が、めつきり明るくなり面目を改めた。

ここは赤川町、森小路を経て守口へ通ふ市電の分岐点だけに、表通りは雑然としてゐるが、大きな店舗が陸続として現出した。その上、電車路に並行して裏側に京阪の森小路へ通じる大道路が出来たために、茲数年を出でずして最も繁華な街にならうとする約束がある市電守口線の沿道は、現在では茫漠たる原つぱつゞきであるが、景気恢復後の膨脹発展さが考へられる。その辺りは、市内とはいへ、全く田舎田舎した荒野であるから、そこに新市街が現出すれば、さしづめ北大阪、南大阪への交通の咽喉を扼する沢上江二丁目附近は第二の玉造になるのではなからうか。

新商売靴直し——パチパチに代つて

さきに自働球遊器といふ名称を挙げたが、これは通称パチパチのことで、極めて移動に便利な大衆娯楽の寵児である。今春から夏の終りにかけて最も華やかに動いた。いづこでも階級を超越して大持てに騒がれたものであつた。小資本を投じただけで拱手して忽ちのうちに産を成した目ざとい果報者もあつたさうだが、夏の日ポプラの緑蔭や、ガード下、縁日や夜店で、一望パチパチ屋台の列をなす盛況を呈したことがある。

沢上江町二丁目附近

なんでも府令で、年内に斯種の射倖機関を撲滅するとかで、近頃では、街中から姿を消してしまつた。いづれは娯楽用のものであれば、多少は射倖心をそそるものと限られたやうである。それだけ利害相半ばする訳だが、後れ近にパチパチの屋台車を曳き始めた失業者から浮び上つた人達には一掬の同情が感じられる。それとは全然性質の異なつたものだが、街頭靴直し屋が、諸所の街角で行人の足許を見張つてゐる。二三年の新商売の一つとして数へることが出来よう。

（下の写真は都島工業）

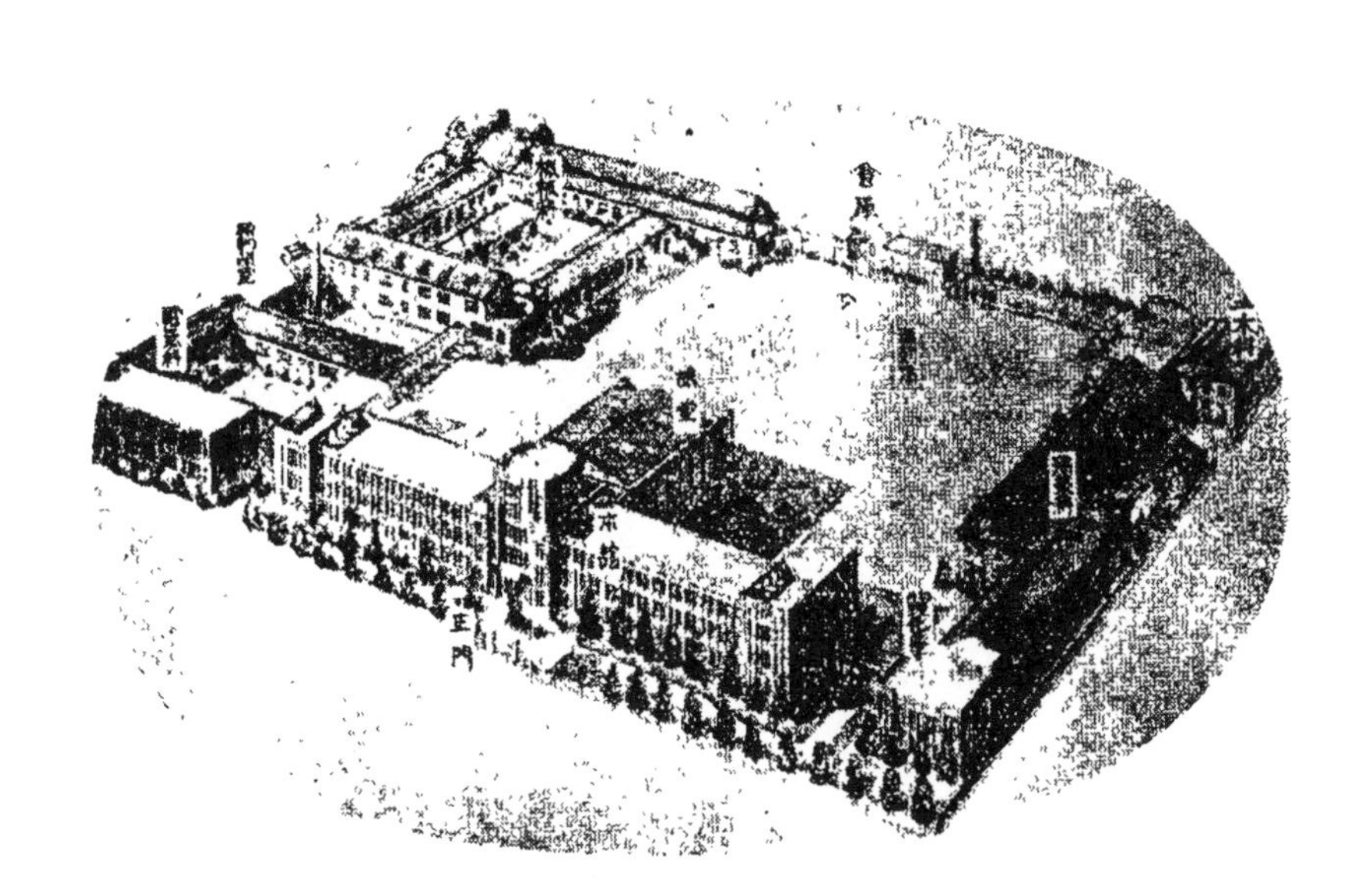

〔2-B-⑦〕

小出六郎「大正区ところ〳〵」（『大大阪』九巻一号、一九三三年一月、三七～四六頁）

大正区ところ〳〵

木津川運河、大運橋、鶴町

小出六郎

取巻く運河——独立区新偉容

木津川運河、大運橋、鶴町一帯は、港区の旧三軒家、泉尾聯合の全地域に渡つての、——その西南部端に位する尖端新開地なのである。

三軒家、泉尾方面は、地勢上、木津川尻無川の間に介在する一大地域で、四面水を以て囲まれ、他方面との交通は、わづかに数ヶ所の渡船に依るほか、ことごとく大正橋に迂廻しなければならない。しかもその面積からいつても旧港区の二分の一を占め、人口十万余、産業その他何れの点から見ても、自ら堂々たる一大行政区に比すべきものがあるので、今度、港区役所では、この三軒家、泉尾連合の地域を管轄するために新に出張所を設置し、更にそれが大正区といふ独立の世帯を持つことになつた。築港方面に接し、北は岩崎運河に依り、西区、東は木津川を隔て丶、浪速、西成、住吉の各区に隣接し、自ら独立地域を形成してゐる。管内の戸数は約二万、人口十万余、会社二百余、大小工場千三百（製材、造船、鉄工其の他各種の工業）あり、近時著しく発達し、水陸運輸の便益と、広汎なる地域とは、工場地帯として、益々発展膨脹の勢ひを示してをり、現在、人口、教育機関及その他一般行政上の現状から見れば、南区や門司市に匹敵するとのことである。

その西南部は、なほ広漠なる空地で、着々地揚げ工事が行はれてをり、港湾の改良事業が進捗するにつれ、水運の便が拓けて、木材市場をはじめ、各種工業地として、ますます優秀なる位置を占むるに至つたのであるが、加ふるに、船町方面は、国際飛行場、造船業があり、いま大小多種の工場が続々建ちつ丶ある。如上の現状をもつ一大地域を背負つた西南部端、——海を埋立てて町にしたといふ船町、福町、鶴町一帯が、木津川運河、大運橋附近の地理的全貌であり、素描であり旧市といつても新開地雰囲気の溢充するこれら一大地域の瞥見でもある。

雑草中の桟橋——或る労働者の話

十月の或晴た一日、僕は、大運橋、木津川運河行といふ電車に揺れてゐた。大正橋、三軒家、泉尾、小林町といつた順序で電車は走るのだが、小林町から新千歳橋、南恩加島町附近一帯は、広々と雑草の繁茂した草原で、点々と家々が侘びしく佇立してゐる状態である。電車の窓から僕は、木津川運河を遠眺する。煤煙で灰色に曇つた空の下に、たくさんの工場の煙突が、黒い煙を吐いてゐる。木津河運河終点に電車をすてるとそこはもう対岸の工場に渡る渡船場である。僕は工場地らしい特殊な臭ひや響を神経にイライラさせながら、藤永田造船所専用桟橋、浪速造船所専用桟橋、名村造船所専用桟橋などの立看板を眺めてゐると、労働者らしい男が、めづらしさうに附近をあちこちながめてゐるので、僕は、近寄つて対岸を指差しながら、「君この辺は随分変つたかね。」と訊ねると、「随分変りましたよ。この辺一帯は埋立地で、大正八九年頃は、未だじめじめした土地だつたですが、この頃では土地はガッチリ固まつたし、工場だつてたくさん殖えましたよ。現に中山薄鉄板工場などは不景気になつてから出来たんですからね。」と、対岸の中山薄鉄工場を僕に示して、感慨深さうだつた。「わたしは、この辺の者ではないのですが、以前は長らくこちらでゐたこともあるので、けふは用事で一寸こちらへ来たので、今変つたもんだなあと眺めてゐるやうなしまつです。」

僕は渡しで対岸にわたる。藤永田、浪速、名村の各造船所、星製薬株式会社大阪工場敷地、大阪礦油精製所、大阪硫酸会社、帝国人造肥料会社、大日本人造肥料木津川工場、等々がある。僕は工場群にはさまれた道路をあちこち歩き、広々とした海岸線の見える草原に出た。草原の横手に日本航空輸送株式会社がある。逓信省航空局大阪飛行場といふ看板が掲つてゐて、大きな格納庫が二つ腰をすえてゐる。こゝには飛行食堂といふのがあり、この可愛い食堂では、コツクらしい若い青年が何か歌をうたつてゐた。僕は急に大便をもよほしたので、W・Cの壺をのぞいたら、「豪快、空の勇士」といふ一号の見出しの大きな新聞紙が落ちてゐたのには、思はず微苦笑を禁じ得なかつたものである。

飛行器と渡船――減りゆく和型帆船

僕は、草原を西に歩いて行く。広い草原には、雑草が繁茂し、何んの鳥か群々に飛び立つた。草原の西方に西田飛行研究所がある。一台の飛行機がプロペラを唸らせてゐた。翼近く一人の青年をつかまへて聴いて見ると、日本学生航空聯盟の者とかで、学生たちの飛行練習であつた。

僕は再び運河に渡しをわたる。老船頭は、海港からの季節の微風を頰にうけながらのんきさうに撓をあやつつてゐた僕は、昨年、これらの渡し船頭たちが、全民党などの後援のもとに組合を結成しかれらの生活改善を市当局に嘆願したことを思ひ出し、その後の結果を聴いて見たりした。老船頭の話では、現在木津川尻無川の渡船は十五ヶ所あり、大阪市全般の渡し船頭は三百人余も居る、さうして一日の渡し往復数が百四五十回数に上るといふことだつた。

木津川入港船舶年次統計を調べると、

年次	洋型帆船艘数	和型帆船艘数
大正元年	五、七六〇	一七、〇九三
大正十年	一四、五三一	二、二一五
昭和二年	一八、三五一	一、七四四
同　五年	一八、五七九	一五、九〇三

となり、昭和二年度に於いん洋型帆船艘数は、和型帆船艘数より一、六〇七といふ増加数を示してゐる。今年度の船舶統計は今僕の手元にないが、その後和型帆船いよ〳〵影薄くなつたことゝ思ふ。かふした洋型帆船の勢力ある海上占有は文化的時代性の威力の必然的な推移傾向であらう。和型帆船所有者は其の後都市移住者に、較替するといふ、永らくの海上生活者たちが、都市居住者として平安に暮せるかどうか、これは大きな疑問である。

自動車と石油――ひと頃のアメリカ臭

運河に沿つて資本主義を鼓吹するゼネラル・モオタース株式会社は、最近はどんな状態なのだらうか。争議で永らく新聞面を騒がせてゐたが、元気で自動車製作で、交通テムポを狂躁させてゐるのか知ら。一頃は、千五百人の職工たちが一日平均百五十台の自動車を作つてゐたのだが、現在の社会不振では、この米国資本主義の移行工場も憂鬱であらう。その他運河沿岸には旭石油、小倉石油、日本石油、ライジングサン石油株式会社等々大小工場が多数である。

草分け市営住宅――永住の共同宿泊所

大正八年草ッ原の中に二階建ちの市営住宅が建ち出した時、成る程市電はあるが買物に不便だと喞つたのが、今は約八百五十戸の市営住宅を中心に一廓の繁栄振を見せてゐる。

鶴町一町目には鶴町共同宿泊所がある。

同所の佐藤正英氏に会ふ、鶴町船町一帯は、ほとんど工場群だから、無数の労働者の出入がおびたゞしいわけである筈なんだが、今宮、西野田、天六附近のやうに、場末らしい都会的な特殊な文化や情緒がない上、地理上からも不便な位置にあるので、たいへん淋れてゐるといふ。こゝに宿泊する人たちの多くは、永住宿泊人が多く、その日その日や数日間の宿泊者は尠いとのことである。共同宿泊所としては清潔で、キチンと、のつてゐる。

宿泊人員を調べてみると、

月別	延人員	内新宿泊者	出タル宿泊者
昭和七年二月	四二三八	三三四	三三七
同　三月	四四六二	三七八	三八三
同　四月	四二二八	三三八	三八七
同　五月	四一七〇	三〇八	四二〇

といふ統計になつてをり、宿泊所を出て行く人が多い。宿泊者の多くは附近の工場労働に通ふ人が多いから、工場で一定の賃金を貰つて、生活の余裕がつけば、自然ルンペン的生活圏内から足を洗ふのであらう。

【写真説明】
木津川尻飛行場は写真の通り海岸ではあるが、工場地帯に在つて、工場の高い建物や煤煙や霧の障害物に禍されることが多いので、今度、大和田尻北岸地廿七万坪を埋立てしそこに理想的な飛行場を作ることになつた。(本誌第八巻第四号「大阪市の新事業船町飛行場の移転地の造成」参照

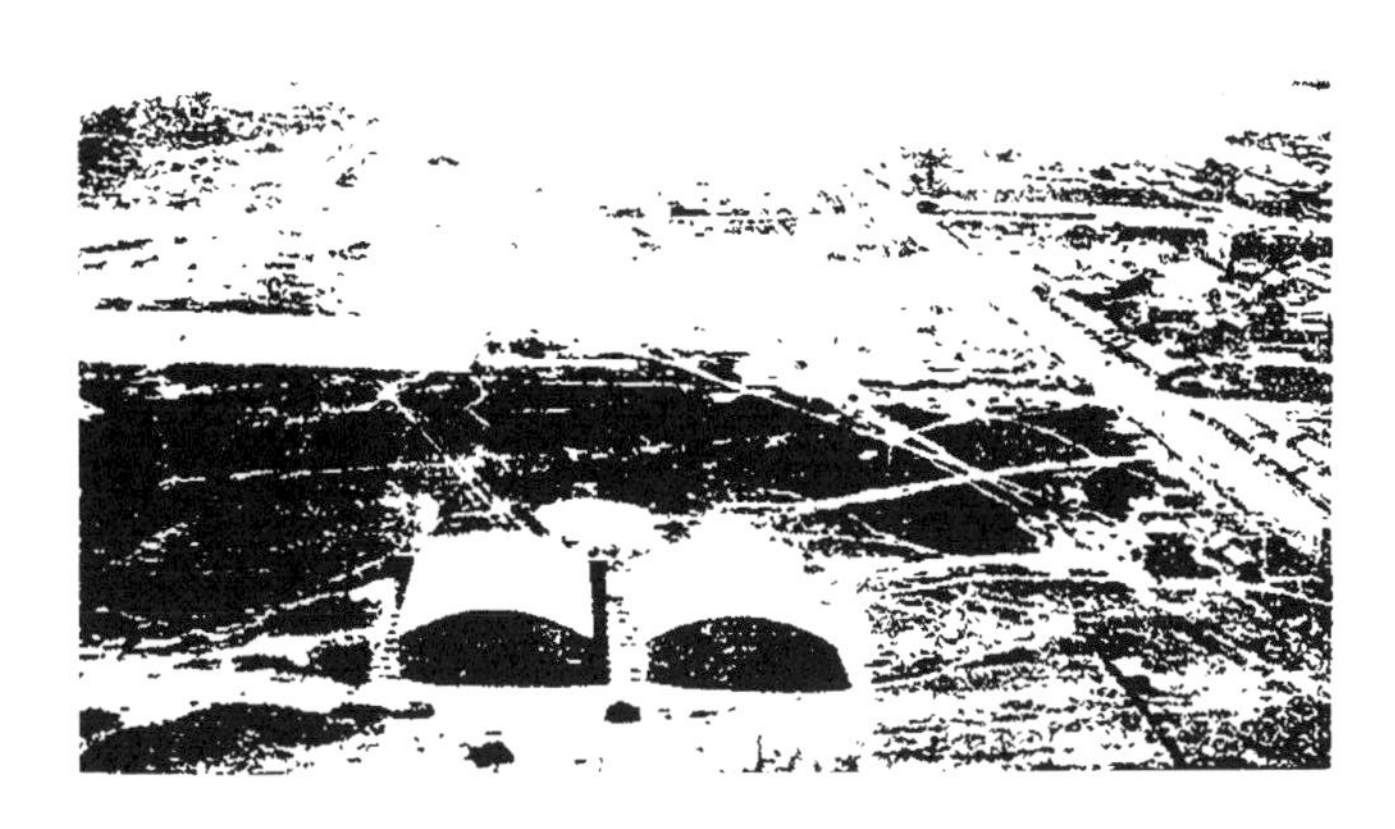

【鶴町の市営住宅】このあたりの発展に草分けとなつたもの

内鮮協和会の経営する木津川鮮人住宅

木造平家建五棟、戸数七十四戸、一戸の間取りは六畳一間、便所共同、家賃五円

鮮人の生活図――掘立小屋の集団

電車の軌道に沿つて、大運橋通に出、木津川筋千本松渡船場附近を歩く人は、誰しもこの地のミジンも情緒的雰囲気のない実質的な貧民長屋に一驚するであらう。この一帯は、南恩加島町といひ、朝鮮人の割拠地である。ヨゴレたホオゼ、シミの這入つた蒲団が乾かしてあり、あちらこちらプンプン特殊なくさい臭気が匂つてゐる。臭をかきまぜるやうに長屋から長屋を鶏がかけ廻る。長屋にはさまれて、一寸小綺麗な事務所がある。内鮮協和会といひ、木津川職業紹介所、木津川隣保館といふ立掛がある。

国際飛行場が現れない前の、ある日の大阪日日新聞に次のやうな記事が掲載されてゐる。「鮮人の内地へ移住するものは、日を逐ふて激増するに反して「生活の糧」ともなる職が尠く何かと恵まれざるは、まだしもとして、住むに家なく漸く附近の雑木や蓆を集めて掘立小屋を造り漸く雨露を凌ぎ居るものはその大半を占めてゐる。

取り分け港区船町に住む世帯数五十八この家族十百九十二名を妙め、同区小林町（木津川土地内）の六十七世帯五百十三名、同区大運橋南恩加島町の七十二世帯四百余名――合計千七百五十三名の人々は、「十数年前終日終夜粒々辛苦して低廉な賃金で埋立工事をした」といふ土に対する愛着からして、――尤も一面から云へば土地権を無視したとの議もあらうが、――住み馴れた掘立小屋は、今や国際飛行場の敷地として追はるる運命に逢着してゐるのである。

斯くて事態が漸く急となり一視同仁の我が国民の一部たる鮮人のみが、

内鮮協和会の経営する豊崎鮮人住宅

木造二階建八棟、戸数三十一戸、一戸の間取り五畳半一間、三畳一間、便所畳建、具付家賃上六円五十銭、下七円五十銭

斯かるを憂き目見るは気の毒であると亜細亜聯盟総務木本國三氏、栄信会、長張孝架氏、同理事陳淛夏氏等中心となつて船町の市有地二千坪を借受け約十万円を同情ある有志の醵金に俟つて二階建百四十戸を建設すべく目下市当局にも立退き延期と是れが借受け方を願出てゐる。

　内鮮協和会の横手の二階からオルガンの音が響くので看板を見ると、木津川朝鮮ヤソ教会、木津川朝鮮夜学校と書いてある。で、僕は早速その家に飛び込むでいろいろ話して見た。が、佗びしさうな顔して多くを語らない。内鮮協和会はその附近七八十戸の長屋の世話をしてゐるとのことで、つまり大阪日日新聞の記事内容が実現したものであるらしい。朝鮮ヤソ教会や夜学校は、職がないので仕方なく掲げた看板で、つまり何でもよいからその日の飯にありつきたいとのことである。

木津川塵埃焼却場

南恩加島町に在り木津川に沿ふて舟で運んで来る。塵埃を四十六の施設で一日十三万貫を焼く、大阪では一番大きい焼却場である

焼く市民の塵——市廰舎の高さに

木津川尻には、有名な市立塵芥焼却場がある。大阪全市二百万市民の大世帯から一日に掃出すゴミの量は二十五万貫、容積にすると、四日間で市廰舎と同じ位の大きな山が出来るさうである。このゴミを処理するため大阪市では年に七十九万九千八十円の費用と千百四十四人の人を使ひ、二十九ヶ所の河岸集収所から舟で寝屋川上流と木津川下流の焼却場へ運び七十近い釜で毎日約二十万貫を焼すて残り五万貫は地方又は島々へ堆肥として積み出し焼却したくづはカマスに入れて肥料に売りまたはクリンカーといふ瓦様のものに仕上げ一立方坪二円位で売ると云つた風に処分してゐるとのことである。

電車のねぐら——朗らかな車庫風景

鶴町には、俗にいふ電車長屋がある。長屋といつても写真の通り堂々たる木造二階建で、そこらの安月給取りなどは追ッつかぬ外観を持つ、こゝに住む車掌、運転手が約八十家族、三百名を越える。例の柳行李型の弁当籠を掲げた金ボタンの群が、朝、昼、晩の交代時間に近くの鶴町車庫から出てくると、赤ン坊をおんぶしたり、学校通ひの子供を連れてお上さんたちが迎へに出たりするのは、ちよつとうれしい風景だ。

　市民の足になつて終日、塵と埃の大大阪の街を駈廻つた電車も眠る、一風呂あびて、食後のひとゝきをワンタンの笛が淋しく流して歩く。

材木の流れ——生活の河は静かに

麻雀や尺八に興じてゐる電車長屋もやがて眠る。一日歩き廻つたので夕ぐれ、僕は疲れて、鶴町車庫、車庫附近に点在する二三軒のバーを横ぎつて同町三丁目市営住宅に知人をたずねて足をのばした。数年前、この地で暮した僕はビールを飲みながら、子供たちと草原に飛行機を逐つた話や、海べに出て、石を投げたり遠く築港辺の夜の灯や市岡パラダイ

スの美しく中空に点滅するイルミネエシヨンなどの話をした。僕は、久々にバラエテイに富むだ少年の夢に溺れた。いや意識的に溺れやうともした。童心の世界は、僕たちの生活力をゆたかに、直線的にしてくれる。少年の瞳や夢やロマンは僕の愛する一つの感情である。

夜の帳りがたれこめ、淡い星が光り出してから、知人の家の去り、僕は北泉尾辺の広ッ原を電車の窓に揺れてゐた。この附近一望は、広い貯水池で、たくさんの木材が流され、冬が来ると霜が下りて白々と木材を覆ふのだが、夜が暗くて何も見えず、木津川附近の空には、一団の星が神秘にかゞやいてゐた。生活の響をきくよしもない。空には天の河があり、地上には生活の河があるわけだが、木津川運河は、実に生活の河である。運河は労働者たちの生活垢ででもあらうか赤く濁つてゐる。赤く濁る河、——その象徴の全貌が、つまり木津川運河の一円の風景である。

鶴町の市電長屋

といはれる車掌、運転手たちの市営住宅でこのあたり界隈は電車気分に横溢する別世界。

市電鶴町車庫

こゝに終日市民の足となつて疲れた車体を休める

木津川尻無川にかけての我が国第一の木材貯蔵場で北米から年に二千万円の輸入がある

泉尾心斎橋——鈴蘭灯に輝く

三軒家は元和年間難破村の漁夫助右衛門氏ほか二名が家を造り住んだのが三軒家の名の起りで明治三年四月一日大阪市に編入。泉尾町は元三軒家に接続せる海辺寄洲で三軒家浦と呼び、元禄十一年の和泉国大島郡踞尾村の北村六右衛門氏が幕府の許可を得て開発和泉の泉と踞尾村の尾の字を取つて泉尾新田と名づけ、恩加島、小林、平尾の各町名は開発者や譲渡者の名を称用し、福町、鶴町、船町は万葉集田辺福麻呂の難の難

破宮からとつた。（橋本出張所所長の談による）

次には教育方面では、学童男女合せて一万四千百七十六名（昭和十年七月末現在　現在の十校に収容し切れず南恩賀島町の港南校、千島町の泉尾第一校ではやむなく二部教授をしてゐるが、大正区を記念して来春小林町に約千名を収容する大正校が竣工。

また国際オリンピックに健闘した眞保女史が教鞭をとる泉尾高女と泉尾工業もある、大正区の中心地、泉尾心斎橋筋泉尾中通の鈴蘭灯は新区設定の歓喜にまたたき、新区誕生のめでたき第一年を迎へんとする喜びに満ちてゐる。

泉に心斎橋の名ある中通の一部

［2-B-⑧］
小瀧冬三「旭区ところ〴〵」（九巻二号、一九三三年二月、二二一～二二七頁）

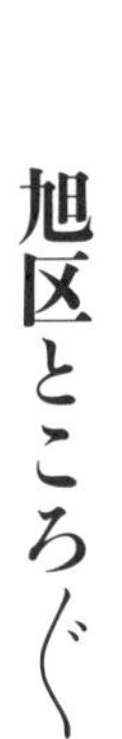

旭区ところ〴〵

都会と田舎のカクテル

小瀧冬三

大大阪の東を、北の端から大方南の端まで都会と田舎の緩衝地帯として、長く横たはつて居た東成区が分裂して、旭区が生れた。それで、これからその「旭区ところ〴〵」を書かねばならない事となつたが、もう数丁東か、北であれば、光栄ある新区の市民であり得た場所に住みながら、実は大阪全区の内でも、この区程に不案内な区はない。併し世には、道頓堀から千日前へかけての、あの数多いカフエーと、バーと、喫茶店との名を、軒並に、いとも正確に暗じて居ても、隣家の名前さえ知らぬ人もあるのだから、知ると知らぬは、距離のみの関係ぢやない。だから、たま〳〵の運動会に、京阪電車で、蒲生から森小路へと、区を西南から東北に、斜に横切る事の外、足を踏み入れた事もない人は、案外多い事だらふ。かう云へば、如何にも、辺陬の片田舎視する様だが、決して〳〵。あの何だか文化的?な感じを抱かす住吉区にさえまだ見ぬ市電が、こゝには立派に走つて居る事は、充分私も知つて居る。

旭区役所

バスに揺られて——まづ森小路へ

さて知らない「旭区ところ〴〵」を書く為には、その横顔だけでも、見ねばならないわけとなるのだ。そこで先ず、順序として、区役所の所在地争ひに勝鬨をあげた、この区のメトロポリス森小路へ祝意と敬意を表する為に、谷町三丁目から市バスに乗る。バスの窓から見下ろす程に低い屋根の、商家の間の狭い道を、時少く恐ろしく揺られて、田圃の中の、坦々たるコンクリート道路に出る。どこかで肴屋らしい男が、下りてからは乗客は唯一人。全くのノンストップで、素晴らしいスピードで、飛ぶ〳〵。車が堺筋あたりでは一寸見られぬ旧型である事だけを我慢するなら、彼氏と彼女のドライブは、十銭オーンリイなんだ。……だが軽卒に次の日曜を約束してはいけない。この線だとて、いつも、乗客は彼氏と彼女の二人切りの、閑散さではあるまいから……。とにかく、バスの窓より低い屋根、田圃の中のコンクリート道路、これこそ先ず見る一〇〇パーセント旭区風景である。

森小路の発展——家と人がふえる

住宅地としての、森小路の近来の発展は目覚しい、と云ふ。成る程、新らしい借家が並んで、一と頃流行した。青や赤の屋根瓦の、文化住宅も点在する。市場帰りのバスケットを提た、若い奥さんの姿にも、住宅地森小路の面影がある。「世は不景気でも、何しろ家と人とが、増えるんですから」と云ふ商人の気焔に、街頭到る所、吊り下げられた、年末入売出しのポスターは、威勢よく飜めいて居るけれど、或る活動写真館と並んだ、それにも劣らぬ、大きな商店風の建物には、貸家札が、淋しく斜にはられて居た。

野江を過ぎて、守口行きの市電の軌道まで歩く。遮る人家もなく、広い野原の彼方を、走る電車が見えたので、建てつめた家々の間を、戸毎に表札を覗いて歩いても、而も二度も三度も、同じ場所を廻らされる様な懼は、如何に土地不案内でもさら〳〵ない。

電車は、弱い初冬の光を浴びて、鈍く銀色に光る二本のレールを、寒々と、その後に残して、田と原の彼方に、消えて行く。軌道の向ふには、釣池の紅い旗が飜る。東淀川区と境する、淀川の長い堤防は、若草の燃ゆる頃の幾組かのランデブーの私語を、黙々と、秘めて、長く〳〵横たはつて居る。こゝでは、インフレ景気に悩む、サラリーマンも、僅六銭を惜しまないなら、いとも朗らかな、郊外ピクニックの気分に、浸り得るのだ。恐らく、車掌の、帽子のマークを見るまでは、それが市内電車であらふとは、誰も気附かぬ所であらふから……。

一銭洋食の匂ひ——アリランの唄よ

方角も判らぬまゝ、足に任せてやゝ歩くと、殆ど掘立小屋の様な、一群の家が雑然とした狭い、汚い街に入る。屑買らしい朝鮮人、易者らしい跛の男、眼を病んだ女など、生活のどん底に喘ぐ人々の二人、三人が、そこゝゝに寄り合つて、立話しては、全く空虚に全く習慣的に、笑つて

次第に浸蝕されゆく田園風景

居るが、その笑ひには何の感情もない。野菜や、肴や、乾物などを、少しづゝ並べた店先に、売買の懸引をする、争ひ言の様な、大きな声が聞える。長煙管を啣へた立膝の女の、白粉焼に荒んだ頬が、この寒空に、殆ど、戸、障子もない家の奥に見通せる。釜山館、向鮮館など朝鮮名のカフエーの、机に寄りかゝつた、朝鮮の娘が、物倦げに表の通りに落した、力ない瞳は、かつては、アリランの唄の哀調に、涙ぐんだ、あの若さと情熱とを、どこに置き忘れたのだらふ。総ては、華やかな大都市が、地上に投げた暗い影だ。その影は、生活に疲れた人々の、嘆息を包んで、都市の伸び行くと共に、益々濃く、大きくなつて行く。間口一間程の、洋食屋の軒下に、コロツケ一銭、オムレツ一銭の貼札も物悲しく、これ等と並べて、殊更に洋食一銭と書いたナンセンスも、こゝでは笑えないのだ。道端に入交つて、遊んで居た、内地人と、朝鮮人の子供達は、「洋服紳士や、怖いぞ」と小声で云ひ交して、私を見送つた。私は何とはなしに、胸のせまる気持がして、追はれる様に、沢上江町の市電で急いだ。

省線電車の響——放出の痔医者

この区を田舎だなどと、独断する人は片町線の、あのスマートな、モダン電車の疾走振りを見るがいゝ。関西最初の省線電車は、その警笛の第一声を、断然この区に、響かせたのだ。この省線電車で片町から放出へ、区を西から東へ横断する。京橋附近の、工場地帯を抜けて、畑と田が、次第に広がり行く頃に、放出に着く。こゝは東成区放出町の気分が、未だに多分に残つた町だ。「京都府の福知山あたりからさえ、わざ〳〵来て居た人もあるんですよ」と、語り乍ら、子供連れの女数組が、改札口を出て行くのは、あの、有名な、「放出の痔医者」へ通ふ人達らしい。所がこの「有名」な痔医者が今では二軒あると云ふ。併し「あゝまでなれば、こゝの名物ですからネ」とこの土地の老人の言葉の通り、これが果して名物なれば、本家が、二軒や三軒あつたとて、決して珍しくないわけだ。

生駒の山紫に——旭屋・旭郵便局

左専道から、永田へ出る辺りは、紫色の美しい膚を、惜みなく露はした、生駒の山々までも、続くかと見える、唯広々とした田と畑である。もう取り入れも終つた、稲田の面は淋しいが、早や豌豆は、新しい生命の躍動に、活々と一、二寸にも、伸びて居る。親子らしい女が二人、長い竹竿を手に、数百匹の家鴨の一群を、餌を採らすのであらふ、葦の茂つた小沼から小沼へと、一羽ものがさず、巧に追つて行く。子牛が三匹放たれた空地には、人影もない。藁葺の家の間を、野菜を積んだ車が、二台、三台続く。この物静かな純然たる農村風景も、永田の端れに聳える、巨大な瓦斯タンクが、地上に落した不気味な影に破られる。これこそ、西の空を、黒〻と被つて居る一面の煤煙を、本隊として、日々侵蝕して来る、都会の前衛だ。

天王田へと北へ引き返す。東成区を、その儘の、薄黒くなつた表札に、旭区と墨の跡の、まだ新しいのが、所々の門口に、交つて居る。その宛名に、旭区と記してない郵便物は、延着の懼がある、と云ふ意味の旭郵便局の、親切な告知書が軒に下がつて居る。小旗で装飾した、開店披露のウドン屋の前に、飾つた花環には「旭屋サンへ」と、書いてある、それもこれも誕生間もない、新区情景である。

農村鴫野なし――大阪に結ぶ水路

鴫野南瓜、とさえ云はれた頃の、農村鴫野の面影は、今は全く亡んでしまつた。大小の工場の喧噪。ごみ〳〵と蜜集した小さい家の間を廻つた、狭い道。毒々しい色彩の看板を揚げたカフエー。鴫野の町の持つ感じは、凡そその優美な名に、値せぬものだ。この町と、新喜多町の間を流れる寝屋川には、その昔、堂島川から、中之島を見上げて通つた頃の、あの巡行船が浮んで居る。スピード時代の今日には、恐ろしくアナクロの存在だが、若しも、あなたが詩人なら、銀座の柳に抱く程の、懐かしい懐古があるかも知れないし、徳庵から、天満橋へのこの水路はこゝでは未だに、重要なものなのだ。

区の西北端、淀川沿ひの一帯には、大小の煙突が林立する、あの並び建つた、工場の汽笛が、一斉に大空高く、響き渡る日こそ屹度久しく不況に沈滞した大大阪の全市に、溌溂たる生気を蘇らしめ、華々しい発展の黎明を齎す時であらふ。

黎明の新区――煤煙と太陽の区

黄色い黎明の区、その名も、旭区である。

旭区は、都会と田舎のカクテルだ。そこには、工場と田園と、騒音と静寂と、煤煙と太陽と、コンクリートと黒き大地とが、混然として居る。而も、内部的には絶えず、都会は田舎を征服して行く。去年の田には、今年は、借家が建ち並んだ。赤いネオンの影で蓄音器に合せて歌ふ、金属的な女の声が、そこゝに聞え出す。それが、所謂、市東郊の目覚しい発展であり、旭区を生まれしめたのだ。

屋根の上に坐つて、日焼した顔を取り澄し、「秋風ぞ吹く白河の関」と歌ふ様なインチキではなく、ほんとの一部分に過ぎない乍らも、本当に歩いて、而も本当の旭区の姿は、見得なかつた。実際、数時間の内に、嘗て足を踏み入れた事もない、旭区ところ〴〵の智識を、拾ひ集めるのは、無理な仕事だ。東区ところ〴〵なら、或は、南区ところ〴〵なら、五十銭O・Kでタクシーも可成り隅々までも運んでくれる。バスも電車も、判る処、利用が出来る。併し、この区は、その面積が、余りに膨大で、交通機関が、余りに不備だ。最後にこう言つて、私の認識不足の数々の、幾分でもの、弁疎としよう。

〔2―B―⑨〕
崎山献逸「平野町から――京堀町通へ」（『大大阪』九巻三号、一九三三年三月、五六～六一頁）

平野町から

京町堀通へ

崎山献逸

一九三二年十二月七日――

僕は京町堀でバスからおりた。折から糠雨がしきりに降つてゐ、傘を持たない僕は、暖さうな光を甃石の上にそゝいでゐる京ビルをちらつと見上げた。それから肩を丸くして、東の方へ向つて歩き初めた。……

都会――大大阪――僕は大阪の真中で産れた。だから、大阪が異常な発展をとげつゝあることに、驚きの眼を見はつてゐる一人だ。昨年、僕が東京から何年か振りで帰つて来た時、救はれなければならない梅田駅を除いては、全く僕は田舎ものゝやうに、大大阪におびえてしまつた。

今、京町堀通りは黄昏れて、都会の雨しとど、南側の明治ビルディングをぬらせてゐる。

この建築物が出来る頃、僕はまだ中学生だつた。この不良な中学生は、この界隈の縁日の夜を、どんなに待ちこがれたかも知れなかつた。縁日は一と六の日――夏の夜など、賑かに団扇を持つた若い娘が歩いてゐた。風鈴を売る店があつた。金魚屋、バナゝ叩き、文房具売り、それから京町橋の袂に、もう秋を知らせる虫売りが、何時も、ノドカに煙管をふかしてゐた。籠の中では、松虫、鈴虫、コホロギ、鐘叩き虫、馬追ひ――だがそんな秋を鳴く虫の声よりも、何時もキリギリスが胡瓜を噛りながら、ギスチヨンと舌鼓をうつてゐたのを忘れないでゐる。……

有名な、そしてなつかしい平野町の縁日の東より西へつきる所、もうその一と六の日の縁日も今は昔の話となつた。

明治ビルの地下室のライオン。僕が、それより数年たつて、天晴れ文学青年だつた頃には、辻馬車の藤澤桓夫や神崎清や、田中健三が、やつぱりこのライオンに屯して、そしてビールを飲んでは文学を談じるのだつた。

あの頃から変つてゐるのは僕達ばかりではない。この京町堀の通りの両側の店々を見給へ！　紺の暖簾をおろした店はもう一軒もない。白壁のすゝけたやうな見るからに老舗といつた感じの商店も一軒もない、どの店も近代的な明朗さと微笑をたゝへて、そして僕に久濶の挨拶をした。

この通りはもと〳〵御霊神社で名高い境内は雨でもうすつかり泥濘でゐた。一昨々年だつたか、清水組の手で修築工事が出来てから、すつかり見違へるやうに若々しい処女をとりもどした神社も文楽座がなくなつてからは本当につれあいに死なれてしまつたやうにしよんぼり見える

文楽座――佐野屋橋の、あの近松座のあとの文楽座は、僕はどうしても愛する気にはなれない。はり半の洋館もどうかと思ふ。これは僕の老人的にかたより過ぎた偏執狂のせいだらうか、いや僕は自己弁護はできなくても、何だか、さうばかりもいひきれないあるものが残つてゐるやうな気がする――僕は小学校の四年生頃だつたらう、大阪の当時の交通機関は人力車と、そして東西の横堀川を走る巡航船と。巡航船は面白いものだ……僕は日本橋から乗つて京町橋まで（三銭）の間、嬉々として両側の景色を眺めてゐたものだ。それは全く変化のない、家々の裏側で、物干台には洗濯ものが乾てあつたり、夏など空つぽなした坐敷で、酔つ

新装のモダン平野町

ぱらつて寝てゐる男があつたり、少年の僕を相当愉快がらせた。文楽座の二階の廊下で、僕をつれて来てゐる伯父の熱心な観客なのに僕は驚いた。越路太夫——それを伯父は神様のやうに崇めてゐたから……南部大夫、摂津太夫、僕は伯父の観賞眼に遠く及ばないうち、不幸なことに、此等の芸術を解さないうちに、ジヤズボーイになつてしまつた。古い家だ。僕は梅月で天ぷらを食べた。今は天寅の方がうまいのださうだ——けれど僕はどうしても天寅よりも梅月に軍配をあげる。

話が枝道に迷ひこんでしまつて失礼——

御霊神社の正門前のカツフヱ、ミス宝塚で流行唄がかゝつてゐる。神主さんもたまらないだらう——この時代おくれのもう三四年も前に流行つたカツフヱ小唄。僕は神域に対してすまないやうな気がする。若い女給が、僕を招いた。唄は……

大雨に濡れたオーバをぬがせてあげた
その日眼ざめたわたしの恋よ
明日雨でもまた来てね
ねえまつてゝよ。

……だが僕はぬれたオーバをその店でぬぎはしなかつた。ぬれたオーバは僕の肩の上に本当に重いのだつた。

さあ——もう少し元気を出して東の方へ向つて歩き続けやう。

北側に新装なつた素晴らしい堺、卯、楼

——僕は十年来の食慾を舌の上に感じたみがきのかゝつた玄関の式台の上に猫が一匹丸くなつて坐つてゐた。この通りの発展も、この辺りから御堂筋に出るまでが考へやうによつては最も甚だしいかも知れない。だいちあの北角の膨大な未完成の建築物を見給え——ウカツな僕はこの通りに更に第二の歌舞伎座が再現するのかと思つた。十階に近い白く化粧した美しい壁、はりのある大きい黒瞳のやうな窓、窓、窓、がこれは大林組の手になる大阪瓦斯株式会社だつた。四百五十万円——二層になる地下室。この板塀がとれて、そしてこの御堂筋にサヴ・ウエイが走る頃の壮観さが思はれるのだ。

僕は限りなく都会を愛してゐる。都会と文明を愛してゐる。都会と文明を愛してゐる。そして僕自身は都会の石ころでしかないと思つてゐる。

僕は眼を閉ぢると、頭の中には、もうこの幹線が完成されて、十数台のタクシが一列になつて南へ南へ馳せ出してゐたタクシの競争だ！ボデイの大きいバスの見苦しさよ！交通巡査が立つてゐる。銀杏の並樹——赤いベレ帽が、ステツトソンが、そしてキートンのやうなシルクハツトが動いてゐる。真赤な壁の三階建のレコード屋からは、ジムバリストが奏するレコード。あれは、フバイの協奏曲だ

——フバイ、ハンガリイの有名な提琴家、一八五八年に産れてゐる。ハンガリイ情調の高いリズム……スケルツオを離れて第一楽章のアンダンテは第一楽章とは反対に強くない表現的な音律……

誰だ、僕の傍で、レコードに向つて拍手するのは？

よオ、ヨセフ・スタンバアクぢやないか――ひとり？きみのデイトリツヒは？

……僕の空想が破れると、銀バスが突然にがたんとひとりゆれて僕の前に停止した。

「莫迦…気をつけろ！」

吐鳴られたのは僕だ。僕は運転手の面を見上げながらにやりと笑つた。

――今に見ろ――この幹線をきみたちは恥ずかしさうに浅ましい怪物を走らさなければならないぞ！

この地下鉄の工事が、現在どの程度迄完成してゐるのか僕は専門家でない限り知らない。だが大江橋で鉄骨が倒れたとか、××組が一争議したとか、それでなくても東京の地下鉄の竣工と比べる時、何となしにまだるつこしい感じがしないでもない。

この完備した御堂筋は何時、僕の眼前に展げられるのだらうか。昔、船場のイトハンで御堂筋の老舗に育つたH子、今は南米のリオデイジャネイロにて領事の令夫人になつてゐる。彼女は文字通りの明眸皓歯で、そして遙なる土地で、天晴れ大阪娘のために万丈の気焔を見せてゐる彼女の待つ大大阪の全図は、天守閣の完成でなくて、たつたひとつ、御堂筋と、そして僅にサヴ・ウエイだつた。彼女からの手紙は海を越えて、一月余りして僕の手に這入るのだが、そのうちにこんなことが書いてあつた。

――どうして、まだ地下鉄が出来あがりませんの？妾は古いあの辺りの想ひ出などは完全に捨て、しまつてゐます。けれどもその想ひ出のうちに妾が夢に描いてゐる大大阪が未完成だといふことが残念です。

――

サヴ・ウエイが出来たら一番に乗つてそして御手紙をください、妾達の生れた土地の下を駆つてみて……

雨が晴れて、年の市を飾る赤いランタアンが目につきはじめた。十年以前と変つてはゐるかも知れない。だが「年の市」と書いて軒頭に掲げた赤いランタアンは僕には十年以前も、いやもつと昔の巡航船で京町橋を降りた頃も同じだとしか思へない。

御堂筋を東へ行くと、左側に、赤い古つぼけた煉瓦建の電話局があつた記憶がある。だがもうその姿は見えはしなかつた。夜店の日は何でも小僧総出演で、ねじ鉢巻で、割引の饅頭を売つた店も、今は素晴らしく、おつにかまへながら、洋服を着た店員が、所在なさうに夕刊を広げてゐた。

堺筋に出る――石崎合名会社、沢の鶴の酒を売る店も、一昨年か新築して、今ではまるで銀行のやうにいかめしい。古への黒ずんだ記憶は水に流さう。この町は栄えるだらう、賑ふことだらう――僕はこの町の為に祝福を祈りながら、もういちど引つ返して今来た路を歩きはじめた。

僕は疲れた――だが、京町橋から此処まで何と喫茶店の多かつたことよ。近代都市は喫茶店でいつぱいに――古い町が新しくなると其処には老舗に変つて喫茶店が頭を擡げて来るのではないか。僕は紅茶、コーヒーの類はあまり好まない。更に僕は喫茶店で、ジャズを観賞出来ない。サービスガールに冗談ひとついふのも面倒だからだ。さて僕の頭の中に這入つた京町堀の停留場から、此処までの喫茶店を数えると、
ビザン――これは京町堀の停留場のすぐ西側。それからモナミ（東京銀座のモナミの真似をしたのだらう）パイン（何のことだかわからない。松といふしやれにしては面白くない）ハルミヤ、平野町フジヤ、ライラック、マリーつてのが、ずらりと並んでゐた。もつとも此等の店は勿論、蓄音機と、サービスガールと、浮気なマダムの準備はあるんだが、ひとつ欠けてゐるものが僕にはあると思ふのだ。何か羞恥心！

僕はぶらりと今挙げた其等の一軒の店に飛びこんだ。何となく僕はま

だ、この通りに淡い心残りがしてゐたから……。

「ホツト・レモン！」

僕が註文すると、十六、七の素朴な娘さんが、微かに「はい！」といつて扉の中へ消えてゆつた。

「マダムは？」

僕が訊ねると
「御留守です。」

娘さんがはつきり答へた。この店にもマダム的存在があるのだ。僕かそのマダムを知つてゐるのではない。いい加減な出鱈目だ。

「レコードをかけませうか！」

「レコードは不必要でせう」

僕はすつぱりいつてやつた。

「君――マダムが帰つて来たら、いつておいてくれませんか。僕は今夜京町堀の通りに満腔の敬意をはらひに来たことを――」

「そして心から失望して帰るのでせう！」

彼女としては秀逸な応待語だつたかも知れない。けれど僕は欣然としていつた。

「いいや素晴らしい発見だと思つてゐる！」

一九三二・十二・八

［2－B－⑩］
草西正夫「玉造駅附近――東大阪の心臓」（『大大阪』九巻四号、一九三三年四月、五八～六一頁）

玉造駅附近

東大阪の心臓

草西正夫

僕は街の紹介をする為めには、二つの方法論を選ばなければならない。街の地図的なそれであり、他の一つは街に関するロマンスである。前者は正確を持ち、後者は感情へのソフト・フオカスだ。

――こう云ふ意味で、僕はこの紹介の中で、交々と老人のやうな憶出話が芽を出すかも知れない。

夜、玉造の終点に降りた人達は、「玉造駅」の緑のネオン・ライトに眼を一瞬注がずにはゐられないだらう。高架線のガードに架かつた文字が、殊に雨の日等潤るんで、泪つぽく柔かく含んだ「街の港」の序情詩を感じるのだ。あれから、ずつと東に続く、華やかではないが仄明い店舗の灯、南に細く斜に突進する日の出通の騒音。――久しい間、忘れてゐた玉造に出遭つた一九三三年初頭の僕は、遠い日の心斎橋筋をふつと想ひ出すのだつた。こゝにも尚、古い大阪がある。二人乗りの人力車が走つて、絵日傘と、コツボリのあつた、長堀川端の柳のある風景が、生々と僕に甦るのだ。その頃の――二十年前の玉造は殆ど田舎だつた。（僕の記憶がぐん〳〵延びて行つた。）春だつた。小さい掌に、微そかに汗が浸んでゐた。伯母は未だ生きてゐた。好きな、大好きな、そうだ、ラッパや汽車や飴ん棒を買つて呉れたあの伯母に就いての僕の感情は好意で一杯だつた。その日も、駄々をこねた挙句、玉造の伯母の家に行つたと思ふ。一面の菜畑、菜畑の向ふに百姓家が霞んだ空の下で、軟くうづくまつてゐた。伯母はいろんな唄を歌つてくれた。池の中の鯉を、調子外れな口調で、そして、それが、その頃流行だつたナッチヨラン節に変つて行つたりするのだつた、胃拡張の腹を持つた僕は、その日もやはり食に苦しみながら、夢のやうに、子守唄のやうに聞いては、短い歩調で歩いてゐた。が、僕は大便を催してきて、赤土の上にうづくまつてしまつたのだ。朗らかに、伯母の顔には困惑の色が漂つてゐた。――しかし。僕の動作がのろかつた為めに、菜の畑の色彩に似たものを、着物の裾に落してしまつた。この時が凡らく、僕の困惑の最初のものだつたと思つてゐる。

非常に余談に入つてしまつた。僕達は再び玉造駅に帰つて話さう。

城東線がこの二月、高架線の工事が殆ど完成して、電化した。省線電車が夫婦のやうに連つて交通界に生活の線を書きはじめたのだ。従来、玉造駅は城東線の各駅の中で、第一位の乗客数と出荷数を持つてゐる、この附近には福助足袋、森下仁丹の二大工場があり、ずつと点々とする小工場数も多いので、この駅だけが高架になつてからも、貨物駅を持つてゐる。乗客は最近の調査では、午前中に短距離が多く、夜間は長距離が多いと云ふ。殊に二十一日のお大師様には善男善女達が片町線の沿線からやつて来て、この駅に吐き出され、寺町に出て、天王寺へ行くのだ。朝の客の業別をすると、勤人、職工、学生等と書き列べることは出来るが殊に学生については、学校だけでも十校を数へることが出来る。六分毎に着く電車から吐き出される朝の客数はその出荷数と共に、湊町駅管轄区域の中で第三位を占めてゐると云ふ。地方の小都市等も数字的には右に出ないであらう。

玉造の盛場は日の出通りだ。町名にすると黒門町、唐居町を含む、蛇のやうに細く長い通りだ、それは、道幅僅に三間足らずして玉造の終点から斜に抜けて、城東線のガードに至る約四丁。人達はこの通りを散歩しやうと思つてはいけない。夜等うつかり口笛でも吹いてゐたら、その一節も終わらないうちに、誰かの胸に突き当らなければならない。この街の人達は絶えず急いでゐる。歩調が急速なのは感情線の激しさを教へる。一所に停つてゐられない人達の背後に、生活の嵐が生命を奪ほうとして、すさまじく吹き荒ぶのだ。第四階級の街だ。街の人達は、たゞほんの買物に出てくるだけだ。ほんの、たゞほんの享楽をしに来るだけだ。ほんの、ただほんの、――生活の計算をするなら常に銅線のやうに赤く焼けた赤字赤字。だから、常に欲望をおさへなければならない、おさへる為めに、急ぐのだ。貧乏特急。日の出通りに、いくつもの特急車が行く。活動写真を見るのは一日、十五日だ――この通りには朝日座、玉造座、ヤマト館の三つの活動小屋と、万歳小屋が一つある。一日、十五日はこれ等の小屋は文字通り満員だ。朝日、玉造の二館は日本映画で、前者は日活、後者は新興のフイルムを公開してゐるし、ヤマト一館は東大阪唯一の洋画館として、新興の気に燃えてゐる。何れも安価で、興味あるプログラムをつくつて、一日の享楽に足れりとするものがある。次に安カフエであるが、五銭のコーヒで、一時間、エロ、グロの宮殿に遊ぶことが出来る。その数については、凡らくわれ等の想像を赦さないであらう。あちらの小路、こちらの小路、軒並みに、向ひ合つて、鳴るは〳〵ジャズ小唄。小唄の蔭に女中のやうな女給が太い手をさしまねく。見られない、珍しい風景だ。

百貨店に就いて紹介するなら、髙島屋と白木屋の各出張店を挙げることが出来るが、僕はこの街自体が、平面的な百貨店と感じるのだ。髙島屋へ行かなくとも十銭で、ちょいとしたものも買へるし、腹の膨れるやうなものも売つてゐる。割引券さへあれば映画も見られるのだ。十銭亭楽の街だ。

玉造はいろんなものに包囲されてゐる名所図絵を書くなれば、まづ玉造駅から玉造稲荷神社に線を描がき、この社の口上をやるべきだらう。この稲荷はそも〳〵稲荷神社の中で最も大なるものにして、附近に未だ弓絃の製造をする家数戸ある、云々。それから、今度は真田山へ、「真田山へ一名嬟山と云ふ、真田幸村出丸を置きしよりこの名出でたり。」次、宰相山――「加賀候の陣せし辺り、今は陸軍墓地あり。」その他、味原ヶ池、桃谷練兵場、三十七聯隊、エトセトラ。

玉造は新興の意気に燃えながら、生産への行進譜を刻んでゐる。若い、聡明な少年に、僕達は強い鞭を当てゝはならないやうに、延びやうとするこの街に失礼な忠告はしないで置かう。

八・三・一五

玉造の裏を見る

○心中池跡　は地名なんです、昔はこの辺一体は湿潤地であり、こゝに池があつた、或夜若い男女が投身心中をした明治廿五年頃はこれが埋立てられ家が建てられた後も今日に至るまで心中池跡と呼ばれる、共同便所が多くて有名です。

○朝鮮人街　玉造心斎橋筋を南へ鶴橋駅まで行くと朝鮮町がある、恐ろしくきたない、彼等は平均五坪九の家に五人づゝ住んで居る、若い娘さん達は空地を利用してノルトギーを楽しむ、まあシーソーなんです、お尻を乗せないで板の弾力を利用して跳ねとぶ遊戯です、見たかつたら一度探検にお出なさい。

○玉造新地　奈良街道へ出るあたりは明治時代の所謂新築屋なる遊び場があつた、なかなか繁盛したらしいのですが松島へ客足が集中される様になつてから没落の運命に陥つた、玉造駅から東側の木賃宿がその淋しき名残だ――と云ふことです。

[2-B-⑪]　村井武生「田辺町附近」（『大大阪』九巻七号、一九三三年七月、二〇～二二頁）

田辺町附近

村井武生

1

『今度田辺へ越したよ』と云つたら、『ガラの悪いところへ行つたもんだなァ』と云ふので、『どうしてだい？』と尋ねたが、その友人もはつきりとしたことは知らないらしい。『たゞそんな噂だよ』と云ふのである。

だが、やがてその噂は実現した。と云ふのは、一夏のうちに僕は四度も空巣に入られたのであつた。

最初は、洗濯屋の小僧が玄関に置いていつたワイシャツを四五枚。二度目は、二三日京都へ遊びに行つてゐた留守の間に、トランクの中へいろんなものをつめこんで、その上自分のハッピと破れた草履をぬぎ捨て、僕の服と着替へと靴をはいて行つて了つた。これにはすつかり弱つた。三度目は窓際につるしておいたレーンコートを、四度目は、朝起きて支度をし、さて外出しようとすると、二足あつた筈の靴がいつの間にか消えて了つてゐる。――といふやうなわけで、あまりものに動じない性質の僕でも何だかうす気味悪くなり、遂にアパートへ引上げて了つた。

その家は股ヶ池のふちに面した長屋で前は原つぱ、表からも裏からも出入りが出来、風通しがよい代りにまた大へん戸閉りが悪い。その上僕が独りもので、絶へず外出がちだから、空巣覗ひに見込まれたわけなのだらう。

2

田辺町は番地が飛んでゐて大層解り難い。北田辺の一部が阪南町の中にあつたり。十数町離れた大鉄の沿線にあつたりしてゐる。

東京から僕宛に送つてくる振替には、大てい北田辺郵便局が指定局になつてゐる。ところが、僕の家からは文の里か南田辺の郵便局は十四五町も歩いてゆかねばならない。

田辺町にはサラリイマン階級が多いやうである。郵便局の帰りに、よく町をあちこち散歩するが、廿才頃の、娘かと見ると四五ヶ月のお腹をした若い女房が、市場帰りであらう——新鮮な野菜のはみ出した風呂敷包を下げて通るのを見かける。夕方近い田辺市場を覗いてみると、娘とも女房ともつかぬ水々しい女がウヨウヨしてゐる。なかなかきれいな人もゐる。又、お寒い気のするお方もゐる。

八阪神社のワキからは青バスが出ており、その向ふ側は松原住宅と称し、京阪電鉄の住宅で、この辺のブルヂユア地帯である。

3

田辺町も最近になつて大へん発展したやうである。

去年あたり迄は、阪和の南田辺駅前にトキワといふ喫茶店が一軒あつただけだが、いつの間にか五六軒も喫茶店が増えミス、田辺とかなどといふカフエーも数軒出来、ものすごい女給が通りをうろうろしてゐる。

貸家向の小住宅もあちこちに急造され新しい木の匂ひのする、まだ骨のまゝの長屋建の屋根の上で、大工氏が弁当をパクついてゐる風景ものどかである。

あちこちにあつた筈の小さな原つぱはもう家で埋まり、しかも偶然、そこに知人の表札を発見することもある。

公園になるとかいふ噂もあつた股ヶ池の一部は、何んにするのか目下埋立工事をしており、全く数年ぶりでヨイトコマケのネエさん達の黄色い声を聞いた。

池のふちの原つぱは、桃華園といふ住宅地になり、そこに青バスの停留場が一つ増えた。

4

田辺にはアパートが大へん多い。

股ヶ池アパートは最古参に属し、その当時は三階建の堂々たるものであつたが今では二流三流に落ちて了つた。

文の里昭和アパートは、かつて部屋代値下のデモがあつてから有名になつたが儲かると見えて別に建増しをし、今では八十位の部屋数があり、文士、画家、弁士などの風変りな職業を持つた人達や独りもの、職業婦人が多いので有名でもある。

日華アパートといふのがあつたが、上海事件から急に朝日アパートと看板を塗り代へた。その他アパートメントストアと書いたものも見受ける。

5

田辺町は大層便利がよい。阪堺平野線が夜の十二時迄、青バスが十一時半、阪和が一時四十分迄ある。円タクを値切れば、難波から五十銭を来る。

僕は約二ヶ年もこの田辺に住んでゐたが、最近東京へ移ることになり、もう四五日でこゝを引上げる。——これ迄ろくに町会費も納めず、決して善良な町民ではなかつたので、この際『田辺町は大へん便利がよく、住み心地のよいところで空巣に四度も入られたのは、僕の知る限りではたつた一軒にすぎない。田辺町はガラの悪いところであるといふ噂は虚言である』と、この土地の繁栄のために少々宣伝しておく。（五月廿三日）

［2－B－⑫］
近藤孝「夕凪橋附近散景抄」（『大大阪』九巻九号、一九三三年九月、五七～六〇頁）

夕凪橋附近散景抄

近藤　孝

1、市岡パラダイス通り

何処の新開地でもいい。新開地と呼ばれる街には、その街々の伝統と言ふものがない。伝統がないだけではない。伝統らしい伝統が形成されだすと、もうはや其奴を虐殺してかかるのだ。伝統を虐殺する街と、伝統を重んじる街とは、どちらが街として面白いであらうか……。

初秋の夜の街を疾走する乗合自動車のなかで、こんなことを独白してゐたボヘミヤ人は、乗合自動車が夕凪橋に停ると優れた長身を曲げながら下車した。ボヘミヤ人は四辺を見廻した。舗道のうへで自動車の運転手たちや助手たちが一団にかたまりながら、何事かを喋りあつてゐる。その光景を見ると、ボヘミヤ人は独白した。

この附近は大大阪の街なかを爆走するタクシイの過半数の棲息地帯だつたなあ。自動車の街。ガレエヂの街。自動車部分品の街。噴霧器が自動車のボデイにラツカアを吹きつける街。——だつたなあ。「大将、五十銭！」

タクシイがボヘミヤ人を招く。その五十銭がないよ。と言ふかのやうに、ボヘミヤ人は電車道を横切つて、市岡パラダイス通りの方へ歩きだした。

「カフエが多いなあ。カフエ、カフエだ。もうかるんだらうか。もう何年前になるだらうか。十年になるかな。この近辺一帯にあしが繁茂してゐたのは。川もあつたよ。池も。川には清楚な水が流れてゐたね。男や女の溺死体が浮んだ。――から十年経つた。変れば変るもんだ。今ぢゃ、ビルデイングが。カフエが。おでん屋が。蓄音器屋が。薬局が。洋品雑貨屋が。――ああ、うるさいこつた。ホントニソウナラウレシイネ。イマヂヤカヘラヌナミノソコ。流行歌はいいね。しんみりするね。ゲツプ払ひで女が欲しいね。漫歩しながら歌を覚えるよ。ひとりでに。あし。池。川。のあつた風景がなつかしい。それも、イマヂヤカヘラヌアシガハラ。か。」

カフエの女たちが表へ椅子を持ち出して鴨を捜してゐる。ボヘミヤ人は女たちをチラと見た。女たちは笑つた。

「おはいんなさいな。ね。」

ボヘミヤ人は黙つて通り過ぎると、M喫茶店へ這入つていつた。ソオダ・ウオタァを求める。一人の男がそこのマスタアらしい男に喋つてゐる。

「で、そのおもつころいと言つたらありやしませんよ。なんしろ客が、おい運転手！前の車を追ひ越せ。五円遣るぞ。つて言ふんだ。道は阪神国道と来てら。俺んち。ぶつ飛ばしたね。前の車なんか雑作ねえ。すれ違つた、と思つた瞬間。チェッ。えらいもんでさあ。前の車め。もう一丁も後にゐるんだからなあ。客の野郎、野郎呼ばわりすると済まねえが、馬鹿に喜びやがつて、おい運転手！さあ遣るぞ、取つておけ。つて手の切れるやうな札を呉れるんでさあ。モ、モチロン五円札でさあ。俺んち、運ちゃんを三年ばかしやつてるが、あんな気前のいい野郎をひろつたのははじめてだ。それからなあ、大将。」

もう分つた。と言ふかのやうにボヘミヤ人はテエブルから離れると、喫茶店を出た。

外には初秋の夜の風が流れてゐた。

説明 今尚残る電気博の呼物水晶灯

2、港新地通り

考へてみると早いもんだ。

港新地通りを中心に、電気博覧会――その電気博覧会の現在に残る唯一の遺物である港新地公園内ある三百四十尺の高塔が、取り潰されると言ふニユウスが大朝に写真入りで掲載されてゐた――が開催されてからもう八年余になる。元来博覧会場と言ふ所は殖民地的な感じのするものだ。その殖民地的な感じが好きなために、極めてつまらない博覧会へ行つたりする人が沢山ある。そんな人たち――僕もそのうちの一人だが――は博覧会へ行くのではなくて、博覧会場の殖民地的な匂ひを嗅ぎにいくのである。

とボヘミヤ人は港新地大通り（市電新池田町停留所から幸運橋停留所に至るアスハルトの大通り。春になるとこの大通りの両側には華美な桜が満開する。）を歩きながら、ボヘミヤ人らしい独白をする。

しかし、と又ボヘミヤ人は独白するのだ。

「もうその殖民地的な匂ひなんかちつともないよ。新開地の匂ひがするね。伝統を虐殺する街の匂ひがするよ。この附近は面白いよ。オチヤヤ、（片仮名で書いた方がオチヤヤの気分が出るデス）がある。劇場が。寄席が。温泉が。なんでもあるね。生産面のソレでなく消費面のアレが。」

「港劇場は汚くなつたなあ。右太衛門が目玉をむいてゐるね。川崎弘子が秋波を投げてるよ。でも開場当時は素晴らしかつたよ。こけら落しは成駒屋さ。大したもんさ。」

「港新地を歩いて意気な姐さんの顔でもみようか。三味の音もいいなあ。それとも幸運倶楽部へ這入つて万歳でも聞くか。あ、さうだ、一遍市場通りを歩いてみよう。」

ボヘミヤ人は幸運橋公設市場を中心として四方八方に拡大する市場地帯を歩き出した。

午後三時頃から六時頃まで、人波で身動きが出来ないとまで形容されるこの市場通り。推積するもろもろの商品の安価なこと、おそらく大阪随一ではなからうか、と言はれるこの市場通り。ここがその昔、詳しく言へば昭和元年、電気博覧会が開催される直前まで巨大な池であつたことが、どうして想像されよう。

「よく発展したもんだよ。」

とボヘミヤ人は、その昔を回想しながら港新地公園へ這入つていつた。

顔見知りの地廻りの与太者が笑ひながら、ボヘミヤ人の肩をたたいて通つていく。その瞬間、ボヘミヤ人の頭のなかに一つの感想が浮んだ。

「与太者の横行しない街は貧弱な街に極つてゐる。」一九三三、八、六

［2－B－⑬］

瀬古貞治「田辺附近の新開地を見る」（『大大阪』九巻一一号、一九三三年一一月、一一〇～一一七頁）

田辺附近の新開地を見る

瀬古貞治

註　この稿に就いてはすでに本誌に村井武生氏が紹介してをられるので、二重に記事が重ならないやうに努めて紹介しましたのですがだぶついてゐるところはあしからず見直して下さい。

田辺のいはれ

まづ冒頭に田辺と云ふ地名の発生に関していさゝか参考にすべきものがあるので書いてをく。苗郷名は和名抄に「百済郡南部郷」と見ゆるものが是れで、摂津志廃百済郡郷名の條に、

「南部已廃為住吉郡南田辺延喜式日凡諸国郡内郡里等名並用二字、必取嘉名故源順省田字爾」

と記してある。同志の記す如くなれば郷名は田部郷の田の字を省いたもので古く田部郷と記したものらしい。氏族志には

「聖武帝時有摂津住吉郡田辺史真立」

と見えてゐるから田辺氏の居りし所であらうとあり、これは大正大阪風土記に掲載されてゐたものであるが、いま新開地としての田辺附近を語る前に、もうすこし大正時代の田辺と云ふ町のことに就いて語る必要があらうと思ふ。即ち田辺が未だ東成郡に包含されてゐた頃の方が、昔の

情調が濃いわけで、それだけ興味のあること、思ふ。

股ヶ池の菰

東成郡と云ふ衣をかむせられてゐた折の田辺と云えば、街の人から随分辺鄙な田舎のやうに思はれてゐたらしい。その例を天下茶屋と対照さしてみると面白いのだ。天下茶屋と云へば市に編入されない其の頃でも市内と同様な心安い感が街の人にはあつたのだ。最も密接な関係にをかれてゐたのは交通の発達が何より原因してゐるのだ。いま此処に電車線をあげなくても読者諸氏にはすぐおわかりのこと、思ふが。ところでどうだらう、その頃の田辺は阪堺電車の平野線がぶ気味な股ヶ池の横を、密生した菰を押し分けて心細く通じてゐるだけだつた。平野線と云へば今池で分れて東へ葬儀場前から東南へ走つてゐるのだがその頃は今池の分岐点でもう田舎へ入つてゆくのだとの淋しさに一入包まれるものだつた。

私が旧名、天王寺村第一尋常高等小学校に学んでゐた五、六年生時代だから大正七、八年時分、よく学校の体操の時間に、しかも冬の季節、ユニホームにパンツの揃つた姿で、股ヶ池まで駈足をさせられたことがよくあつた。この薄い記憶をたどつてみても股ヶ池附近は全くの畑地で、深くしげつてゐる菰が悪魔のやうに囁き、それに今こそ池の真中の島のやうなところに住宅が建つてゐるが、その頃はあまり手を入れたことのない島でその島には池の主が住んでゐると伝へられ、恐怖で満たされてゐた位で、その淋しさと云つたら形容の言葉がないと云つても過言ではなからうと思ふのだ。

交通網の飛躍

しかし道明寺の方から北田辺東方の一部を通過して阿部野橋に至る大阪鉄道の開通、そして大阪市のマークがつけられて昭和に入るや阿部野橋を起点として田辺迄の高架、続いて、和歌山に至る高速度の阪和電鉄の開通、また阿部野橋から東天下茶屋を経て山坂神社前に至る会社バスの開通を見るに至つて、そのすさまじい交通網の飛躍と共に、人家の発達は俄然活気を呈して竹の子のやうにニヨキニヨキと首を出して新築家屋の建てられるのが眼にしみるやうになつて来た。勿論住吉区でも特にこの田辺附近が住宅地域としては経済的に非常にかなつてゐることが第一条件であつたことは論をまたない。その急激な発展振りは断然天下茶屋を圧倒して、明日を語る新興の市街として住宅地域として躍如たるものがある、就いては次に田辺附近の新開地をひろつて筆をす、ませたいのだが、田辺そのもの、本態を知るために概略的に大正時代つまり東成郡と云はれてをつた頃の町の姿を紹介してをきたい。

大正時代の田辺

東成郡凡そ現在の住吉区にあたるが、その頃の田辺はその郡の中央から稍南部に位し、旧南区天王寺の南端を距る二十余町に当り、南北十五町東西十町、面積二百四十七町四畝歩で、地勢は概ね平坦にして地味よく農産物に適し、街の西南部稍高く、東方に進むに従ひ低地となり、顕著なる高低なけれど、西方の高地には所々樹林ありて風光明媚とある。全町は南田辺、北田辺、松原、猿山の四大字に大別され駒川と云ふ幅二間半位の小川が南田辺の東方を北流して北田辺に入り、その東方を北流して北百済の方に流れてゐる。

池沼としては北股ヶ池、南股ヶ池、池田池、の三つがあり、養魚を主としてゐる。松原には住宅経営が行はれたのは大正九年、大阪住宅経営株式会社に依つて理想的なる住宅地が設けられたわけで、このことによつて田辺が世人に注目されたのも一原因である。

道路は下高野街道、庚申街道、百済街道、津守街道、旧天田街道、旧南田辺街道、阪口覆道、三本松通線等が主なもので、大正の末年は南海鉄道軌道線平野線と大阪鉄道が交通運輸にあたつてゐた。

史蹟から観る

史蹟としてまづ神社から見れば、第一に南田辺に山坂神社がある。「天穂日命を祀り俗に山阪明神とも呼ぶ。例祭は毎年七月十四日と十月十五日、域内は老松古杉鬱蒼として繁茂し、現在では小公園のやうに手入れがされてゐる。次に稲荷神社があるが、北股ヶ池内の十島上に鎮座す私も最初に一寸ペンを走らせたが、この附近は数年前は樹木鬱蒼として昼尚暗く、人影稀なため大蛇池辺に出没するとて世人の懼れたところで嘗て此所に一つの古塚を発掘せるものありしに、其の後大阪市高津三番町の角田某或る夜の夢に「神主に依頼して祈禱を捧げしに忽ち蛟龍の天空より降りて速かに祭事を営むべしと託言あり」しと見て、深く崇教の念を起し親族とはかつて塚の北側に社を建て丸高丸長の二龍王を祀つたと云ふことだ。また興味のある伝説も秘められてゐるらしい。第三に療社として土公神社、松原の浜田に鎮座、祭神は猿田彦命、村社で例祭は六月三十日になつてゐたが明治四十年春、山阪神社に合祀された由である。猿山の柳ヶ原に鎮座する稲荷神社の祭神は宇賀魂神、村社で例祭は六月三十日になつてゐたが同年の春山坂神社に合祀されるに至つた。仏閣には法楽寺がある紫金山小松院と号し、黄檗悦山筆の額には紫雲山とあり、四宗兼学にして古義真言宗大本山泉涌寺に属し、本尊は不動明王弘法大師の御作と伝ふ、毎月二十八日縁日とて参拝者夥しとある。大念寺は南田辺にあり、融通念仏宗にして無量山と号し、創建の年代詳ならず、本尊は阿弥陀如来の立像を奉安し、両側に元祖聖応大中興法明上人寿像を配祀し更に観音及び地蔵の木像を祭るとある。蓮花寺は北田辺にあり、融通念仏宗にして妙法山と号し本尊は阿弥陀如来にして木像立造高さ四尺今より約一千年前の作なりと伝ふ。西元寺は北田辺、真宗大谷派にして慈雲山と号し、本尊は阿弥陀如来である。恩楽寺は南田辺にあり、真宗大谷派で紫雲山と号し本尊は阿弥陀如来。性応寺は南田辺にあり真宗大谷派で護命山と号す。豊運庵は北田辺にあり、黄檗宗にして本尊は釈迦如来。廃寺普門寺は北田辺、平重盛の創建にして阿弥陀堂不動院と称したりと云ふ。旧蹟としては南田辺に今上天皇御野立所がある。大正三年十一月摂河泉の野に於て陸軍特別大演習挙行による。後醍醐天皇御車寄旧趾、これは南田辺浅村勝氏の所有に属し三本松と称してゐる。御厩及神馬塚、これは古来住吉神社の神馬は田辺の地にて育養せられ毎日住吉神社へ曳き行く習慣にして南北田辺に各三戸宛の舎人あり、而して各一棟宛の御厩にて神馬を飼ふ由、金子塚は南田辺にあり詳ならず」

以上地勢から神社仏閣旧蹟に至るまで大正十四年三月田辺町誌編纂委員会の手によつて発行になつた田辺町誌によつて抜き書したものであるが、此処では田辺そのものを語るのではないから沿革とか行政、産業については一切こゝではふれないことにしてをきたい。田辺そのもの、風俗習慣を語り伝へたら随分と変つた味もあるだらうと思ふが余白もそうないので大正時代の田辺はこれ位で終りたいと思ふ。

市に抱かれてから

ところで忘れることの出来ない大正十四年四月に於ける都市計画に基く大規模な拡張によつて田辺が住吉区に抱括されて市に編入、そして、年は昭和を迎へると共に先に述べた如く阪和電鉄と会社バスの開通によつて、それこそ暗空に咲く花火のやうに華やかな発展振をなした。

新開地としてのトップを切つたのは文の里であらう。南海鉄道がこゝに眼をつけての宣伝だ。明浄高等女学校設立と共に文の里停留所の設置。停留所の西手に出来上がつたのが昭和町である。雨なんかがドシヤ降りで続かうものなら早速汚水の川が出来ると云つた場所ではあるが、月給袋と絶えず別れ得ぬ俸給者には此処が指定された第一の矢であつたかも知れぬ。

阪和電鉄がもたらした幸運な場所は、南田辺駅附近である。私が山坂神社のすぐ前のところに住んでゐた時分は、この鉄路が敷設されつゝあつたころで、淋しい神社の森を見ながら、すぐその神社の裏手から聞へて来る工夫の掛声に、開通の日の喜びをかけて心待ちにしてゐたものだ。トロツコ用の豆汽関車が往来してゐるのをよく見なれてゐたのだつたが。そして開通前になると鋼鉄を誇る最新式の電車が試運転のため、つゞけさまに走るのはよかつたが、電車のならす警笛がラツパであるので、耳馴れぬと響が強いので随分弱らされたものだ。

喫茶街の繁栄

そしてその次に来るものは小売商店街の繁栄である。殊にそれが大阪人特有の眼のすばしこさ、この競争振りに興味の方向がむけられる。小阪神社から田辺の高架になる迄の鉄路に少しはなれて東側に並行した道路の両面にはそくざにして大工さんの自慢の腕によつて荒普請としか見えない新築の商店家屋が立つ。そして日を重ねて月を重ねてそれが流れてゐる内に駅の両側にも可成りの商店街が出来、現在では可成り駅の周囲は色彩ゆたかな看板の陳列によつてみたされてゐると云つていゝ。私はこの商店街のモデルー・ジオをこしらへあげると非常に新開地を語るサンプルとしていゝ資料が提供出来るのだが、いまはその時間を持ち合せないので他日に譲るとして、何と云つても一番心にピンとくるのは食道楽でもあるまいが、食物屋である。実際大阪程何処へ行つても食物に不自由するところも少い。殊に俸給者と云つてもこの駅附近を中心とする俸給者であるからたか〴〵百円位が見当で七、八十円から五、六十円級が多いことゝ思ふ。それで栄へるのは流行の寵児である喫茶店である。駅の筋向ひには一番新開地では旧いと云ふノレンを持つキヨシがある。開店当時から見れば二、三度内部を改造してゐるが、レコード音楽と共に田辺にはなじみが深いと思ふ。私も十銭玉を握つては友人とよくお茶を飲むと云ふよりも時間つぶしに朝と云つても昼頃だがガンバリに行つたものだ。一、二軒をいて南隣りにはミユジツクと云ふ明るい喫茶店がある。元はトキワと云つてあまり感心しなかつたが経営者が変つてからウント表を硝子式の明るい店にして積極的な方針にしたので、それがヒツトしてかキヨシよりも近頃では客足が増したやうに思はれる。矢張りレコード音楽はモチである。最近出来たのではキヨシから十間程北へ行つたところにミヤコまたキヨシの筋向ひに田辺フルーツ・パーラーがある。どちらもレコード音楽を聞かしてくれるが一寸せまいやうでもあるがそれでもあかぬけした立派なものだ。かうしてみると大阪の目貫に劣らぬ喫茶店が存在してゐるわけで、矢張り対照が俸給者に向けられてゐる事を物語つてゐると云つていゝ。喫茶店も主だつたものをちょいとあげただけで、まだ他に七、八軒は充分にあることゝ思ふ。カフエーは質が少し落ちるやうだが、それでも駅の南にゴンドラ、北にミス・タナベがあり、この二つが田辺の人気を背負つてるところと見ていゝ。日本酒の温泉場は大概の駅近くにはあるがいきな料理を食はす店と云ふとちよいとないものである。だがこの小阪神社の北横手には世外荘と云ふ小料理店があつて、食通の人を喜ばしてゐるそうである。まさに味覚の田辺と云つてもいゝ。其他花店とか書店とか、ラヂオ店、レコード店、器具店、手芸品店、なんでも揃つてゐる。医者の方もそれぞれ得意の科の看板をかゝげて住んでゐるし、かう書いてゆけば言葉で云へない位に物は揃つてゐるのだ。この附近に住む俸給者は実に幸福であると云わねばならぬ。

長池の桜

駅の西裏手には池がある。多分それを南股ヶ池と云つてその南隣りにあるのを地用池（長池?）と云ふのだらうと思ふのであるが、その長池は現在は埋立てられてしまつて惜い。埋立てられるまでは丁度鉄路に沿つて長方形になつてをり、池の西側には桜が植えられてあつて、丁度それが池の長さだけ続いてをるので、桜花咲く頃は花弁が池の水辺に散つてとてもロマンチックな風情があつたのだがいづれ公園にするとかの話は聞いてゐるので、どう変化されるか興味がある。何しろ駅から西へ畑地のみであつたのが土地が次第に売れて家が建ち、大分畑地風景が破壊されてしまつた。此処二、三年も立たないうちに東天下茶屋の王子町阪南町から東へ延びて来つゝある家と昭和町の名称にある駅附近の家が東へ延びて行くのとが、ピタリと接吻する時があると思ふ。その時には比較的いゝ土だとほめられてゐた田辺の畑が見られなくなる時でもあるのだ。駅の西裏手の池には貸ボートがあつて春から夏秋にかけて、一つの娯楽を供するわけだ。旅館も比較的多い。その客足の内容は知らないが、外から見れば誰が見たつて儲かりつこはないのだがそれでも減らないところに解すべき謎があるやうだ。

アパート簇生

最後にこの駅附近のモダン名所と云つたらおかしいが、名づけてアパート風景とでも云はうか、とてもアパートの影が多いのだ。阪和電鉄南田辺駅南第一踏切近く鶴ヶ丘アパートがあり、洋風のモダン建築で外観は薄い緑色で悪くはない感じだ。池の近くにはレーキサイドハウスがあるがどうも名前からしてピッタリとこない精か建物も粗雑らしい。すぐその傍と云つても寸し離れてゐるが富士アパートがある。白壁に赤茶色の甍、まるで欧洲のアルプス山麓にある建物のやうな感じで、外観から受ける感じは一番いゝ。純日本建のアパートとして其の富士アパートの後に南田辺アパートとその少し西北にあたつて阪和アパートがある。趣味の上から云つて、この種のアパートも求められるだらう。その次と云へば一番北になるのだが、股ヶ池アパートは三階建ではあるが、建築がもうひとつシツカリしてゐないので親みにくい。白色の外観とは云え、薄ツペラで冬はあまりに寒そうである。総じてアパート居住者をのぞくとこのあたりは独身者が少くて夫婦者、それも子供の出来てゐない。甘い夢の見続けと云つたやうな組が多いらしい。だからと云つて生活的には楽なめぐまれたものでもないらしい。

要するに共かせぎの輩である。近代的な生活様式ではあるが夫婦組のためにか独身者の悲鳴がさかんに出てるとか。いづれ子供でも出来ればその夫婦組も一軒家を持つことではあらうが。兎に角、阪和田辺はアパートとはかくして密接な関係にをかれてゐるらしい。昼近くともなれば洋装に日傘で下駄をはいた麗人の手籠をさげて行く姿は論を待たない公設行風景も新開地の定式ではあるが、田辺にも共栄市場、田辺公設市場、田辺旧市場、一二三市場等があつて買物には事をかゝさない。いつだつたかジャーナリストの紙面を賑はした田辺小学校前の通りを南へ行つたところに並んだ四軒の医者の住宅たしか内科、外科、眼科、歯科の四軒だつたと覚えてゐるが、これも皮肉な新開地風景だつたが、その内二軒はなくなつたと聞いてゐる。兎に角、阪和田附近は新鮮な匂ひだ。いつぞや東京の友人とこの附近を散策した時に友人は「全く新しいところだね、僕は東京に大分長らくをるのでもあるが、東京にもどつたやうな感じだ。丁度目蒲電車の沿線で武蔵小山と云ふ駅があるんだよ。降りてすぐに戸越銀座と云はれる新開地があるんだ。駅とその附近がまるでそつくりだよ。なつかしい気持だ」と感心したやうに話した。

高速度な発展

まだ私はこれで田辺附近の新開地を全部語つてはゐない。大鉄に新しく設置された駒川駅附近と南海平野線の文の里停留所附近、また阪和電鉄の美章園駅附近、それに会社バスの小阪神社から阪和電鉄南田辺駅前を北に通つた股ヶ池で西へ曲つて走つてゐる沿道も書かなければならないだろう。その沿道近くにも文の里アパート、昭和アパート、もう一つの朝日アパートがある。筆はまだ〳〵休めることが出来ない。新聞を刷る高速度輪転機のやうに不断の活躍を続けてゐる。これほどの活発な発展は南大阪でも特にこの近辺でなければ見られぬところだ。

第3章

市外居住のすゝめ

〔3-A〕『市外居住のすゝめ』（高田兼吉編、一九〇八年、目次、一～九、一一～二七、六八～七九、一二五～一五一、二〇二～二一三、二一五～二二九頁）

市外居住のすゝめ

目次　（次第不同）

市外居住のすゝめ

緒言

人生何が一番の幸福であるかとの問を発したならば、定めし色々の答を得ましよう。中には栄華の有だけを仕尽してもよい程のお金を持つたならば仕合せだらうと主張さるゝ向もあれば、金よりも名誉が大事だ有為の材として世間から尊重せらるゝに越した事はないといふ人もありましよう、すると又金や名誉といふ様な浮た宝よりも家庭の円満な方がよい、一家が洋々として和楽して行く程の愉快が他にあるものでないとお定になるもあらうし、さりとて又家庭の円満といふも子が多くあつてのこと、古の歌に「子に優す宝世にあらめやも」といはれた通り、子宝の多い程結構なことはないと仰しやる御方もありましやう。其他人様々に多少考の違つた答もありましやうが　ヨク〳〵煎じ詰むる時は身体の健康といふことが第一で、其も自分一人だけの健康でなく、家族一同打揃ふての無病健全に優したことがなからうと思はれます、イヤ金が有つての楽みも、名誉が高まる働も、乃至は家内の平和も、子宝の多いのも、皆健康が基となつて始めて望み得ることであつて見れば、一家の健全といふことは単に人生の最大幸福であるのみならず、又実に諸の希望快楽の土台となる最も肝腎のことゝいはねばなりますまい。されば昔から神仏に詣りましても第一に祈願を籠むるのは、家内安全息災延命で、諺にも息災万貫目と申します通り、一家の無病息災程の仕合は決して他にありませぬ。

偖て此一家の無病息災は如何にしたならば保ち行かるゝかといふに、人間の最大幸福とする事だけ古から色々の説があります、食物を節して腹に一杯物喰らふなとか、朝起をして家の周囲を掃除せよとか、冷水摩擦をやれの、深呼吸をやれの、毎日時を定めて郊外を散歩せよとか、一週間毎に旅行をせよとか、甚だしきに至ては物事を苦にせず職業を楽しむ様にせよなどいふ、精神的の修養までも加へた、種々の注文もありますが、其中で最も容易に、最も愉快に、又最も効能の顕著なるものとして、諸学者の説が一致して居るのは、市外居住、即ち黄塵万丈の都市を離れ空気の清新なる郊外の地に住居を撰むことである。

大阪の如き、神戸の如き、人烟稠密の都市では空気の混濁を免れない。而も地価が高く空地が少ない所から、従て植物に乏しく動物の吐く炭酸を吸収して酸素を還元し、混濁の空気を清新ならしむることが出来ぬ。夫に年一年と工業の発達し行くにつれ煙突の林立となり、煙の都の異称を取るに至るの有様故、空気の腐敗混濁は一層と甚だしい。斯る混濁の空気の中に起臥して身体の健康を望むは甚だしい無理な注文といはねばならぬ。而も永年鍛てある身体には別に障がないとしても花の如き可憐の幼児を此腐敗混濁せる空気中に生息せしむるのは実に惨酷至極の事である。花といへば先づ大阪市内の樹木に就て観察するの必要がある、植物は炭酸を養分として居るものだから空気の混濁はさまで苦にならぬ筈ではあるが、煙毒の烈しいために概して十分に繁茂成熟することが出来ず、漸次に枯死するものが多い、コハ明に市中の空気の有毒なるを証するもので、生活機能の鈍い植物既に斯の如くでありとすれば、鋭敏な人間殊に羸弱い幼児に大害あるは瞭然たる事柄といはねばならぬ、都会の人が田舎の人に比して概して体質健康の劣て居るのは此空気の関係が最も大なる原因をなすものである、ア、此大害あるを知りながら尚且経済上の都合、一身上の都合、職業上の都合若くは子弟教育上の都合等のために妨げられて、黄塵万丈の都市に不衛生の生活を続けねばならぬ人は、実に不幸な人といはねばならぬ。然し世が文明に進むに従て此等の不幸なる人々を腐敗混濁の空気中より救ふて清新なる浴せしむる事の出来る様になつたのは、誠に喜ばしい事といはねばならぬ、ソハ他ではありませぬ市内外交通機関の発達したことであります。

欧米各国の都会にては店舗と住宅とを分離し、住宅は遠く市街を距りたる閑地に構へ、電車又は汽車等の交通機関により朝夕其店舗に通勤するものが多い。我国にても此風潮漸く流行し始め、次第に模倣者を増加するの勢なるも、現在のところ其数尚甚だ少く、到底欧米の其に比較する事が出来ぬ。一体土一升に金一升とでもいふべき程に高価なる都会の地に、宏壮なる邸宅を構へるのは構へる当人に取て贅沢なるはいふ許りもなく、他の市民に取りても可惜場所塞ぎで、迷惑此上もない事である。此経済上の損失を外にして、前述の衛生上の大害ある以上は、速に欧米諸国の例に倣ふて市外居住の風を盛にし、此経済上衛生上の損害を避けねばならぬ。殊に市外居住の利益は、単に腐敗混濁の空気中に起臥するを免るゝに止まらず、古来学者が健康保全法として唱道せし種々の学説の総てに一致する所がある。即ち特に時を定め日を限りて郊外の散策や近県の旅行などをせずとも、其丈の効能は朝夕の通勤時間に之を収むることが出来る、其に通勤の都合上朝起きの習慣も附けば、運動のために食物の消化も良くなり、四辺に空地が多い所より、花卉蔬菜を培つて身心を怡ます事も出来れば、終日一所に齷齪するとは違ひ、一日の行為中自ら変化があつて面白味を感ずる等無病息災の積極的方法が一時に出来得る様になる。ナント愉快で且有益なことではありませぬか、交通機関の完備せる今日都市生活の不衛生を云為しながら尚市外居住を断行せぬのは井戸の傍に立て渇を訴えると一般といつても可なりである。

然し従来の習慣は一朝にして改めらるべきものでない以上は、居宅商業を久しき風習とせる我商家に対して、俄に欧米商人の如くせよと勧るは或は無理かも知れぬが、現に店舗をも有せず、市外居住を必要とせぬ人々、即ち官庁、諸会社、銀行及他人の商店に従事する人々は何を苦んで此不愉快にして且不衛生なる都市生活を続けて居らるゝのか、其所以を解する事が出来ぬ。私の立場からして斯かる説を吐くと或は我田引水の謗を受けるかも知れないが、市外居住には久しき習慣が一朝にして改むるを許さゞるといふの外、別に甚だしき不利不便の点があるとは思われぬ。世間往々子弟教育の不便、日用品の欠乏並に高価、電車汽車等に費す時間と賃金との空費等を云々して市外居住の不便を攻撃する人もあるやに聞けど、是等は畢竟程度問題で、一方家族の無病健全といふ大利益を得らるゝ以上は、少々の不利不便は之を忍ばねばならぬ、否少々の不利不便に代へ難い大利益のある事の明白である以上は速に之を決行せねばならぬ。殊に子弟の教育の如きは市内居住のものよりも市外居住のものゝ方が成績良好であるとの説もある位なれば、此等の不利不便を以て市外居住の大利益に代へてはならぬ。

元来我邦では衣食住の成語が示す通り、住居は第三位に置き、衣服飲食に比し重きを置かぬ風習であるが、之は大なる謬想であつて、古来居は志を移すともいひ、住居の精神及び身体に及ぼす関係は至て大なるもの故、衣服及び飲食に用ふる以上の注意を住居の上に払ふの風習を附けたいものと思ふ、家族一同の無病息災は人生の最大幸福で又最大愉快である、而も此最大幸福と最大愉快を得んと欲せば必要条件として市外居住を実行せねばならぬ。然し住居と疾病其他衛生上の関係に就ては、私如き素人が彼此いふよりも専門の学者達の説を載た方が有益で、且我田引水の謗もなからうと思ひます。依て大阪市における斯道の大家に請ふて其高説を承り、之を一冊子に纏て都市生活と市外居住との利害を明にし、江湖諸君の三考に供しやうと思ふ。若し此書が幸に諸君御研究の資料ともなり、人生の最大幸福と最大愉快を得らるゝ上に涓滴の微効をも生ずることが出来たならば、私の大に光栄とする所であります。

阪神電気鉄道株式会社専務取締役
今西林三郎謹識

都市と田園附市外生活の幸福

大阪府立医学校長医学博士　佐多愛彦君口演

凡そ一国の文明と都市の発達とは必らず並行すべき事柄であつて、都市の発達は国家富強の基であるから、素より之を助長すべきには相違ないが、他の一面において此が為に市民の健康を害することを忘れてはならぬ。されば市民たる者は此点について注意するところなくんば、市民の健康は次第に衰弱し行くのみで、家庭の快楽は為に破壊せられ、軈て一家は病人の巣窟に化するやうな有様となるは明白なことである。英国の諺に「倫敦に三代住めば一家族が絶へる」といふのがある、されば西洋の如き都市衛生に注意をして居る処でも、尚都市生活が甚だ不健康なもので、これに永住すれば漸次病羸の身となり、遂に子孫の滅亡を免れぬと云ふことを言ひ表はしたものである。日本に於ても同じやうなことがあつて、昔の日本には固より、今日の如き都会の発達と云ふことがなかつた。けれども大阪の如き人口の稠密、道路狭隘、家屋の暗湿な土地の不摂生であることは免れぬことで、昔は確かなる統計はありませんから明らかにはいはれぬが、斯る都市の不健康の地であることは粗ぼ推測し得らるゝ。随つて此都市に永住する商人は其家の繁栄を永続せんと思へば、親から子、子から孫と、順次に其血統のみに譲つて居つては、往々羸弱漸衰の弊に陥る所から、多くは皆養子制度を立てた。即ち田舎から剛健なる身体と活潑なる精神とを有する壮漢を迎へて、纔かに一家の断絶を防いだやうな次第であつて、若し此制度がなかつたならば、大阪に永住する家は倫敦見たやうに数代の間に絶滅して、更に田舎出の剛健活潑なる人々が入代つて中堅を占めるといふやうなことになるので、現に今日では其傾向歴々として見るべきものがある。

然るに維新此方、殊に最近十数年来大阪市の発達は非常なるもので、商業は申すに及ばず、工業の発達は殆ど日本に冠絶し、英吉利のマンチエスターをも凌がうといふ有様で、所謂煙突林立煤煙天に漲り、我々の呼吸する限りの空気といふ空気は煤と埃との固りであるといつても差支へはない位となつて来た。諸君は日に幾度となく鼻をおかみになるでせうが、其の中に如何に多くの黒き塵が堆積して居るかをお見受けになるでせう。斯かる有様は炭山の坑夫、或は蒸汽の火夫等に於て常に見受ける所で、斯かる空気を呼吸して居る人の肺には、多くの炭末が附着して居るが、此等は固より一種の病的現象である、私は大阪の死人を解剖して斯る現象を見ることが甚だ多い、亦以て大阪の空気が如何に汚濁なるものであるかといふ確実なる証拠である。

次ぎに今少しく細かなる統計に就て、都市と村落との死亡率の割合を調べて見ると、先づ西洋から持出すとして英国の村落にては一千人に対する死亡者の割合は、男子一七、五、女子一六、二である。然るに其の工業地たるマンチェスターにては男子三五、四、女子三五、五を示し、リバープルでは、男子四九、九、女子三六、三と云ふ事で、共に殆ど村落の倍数以上に達して居る。此は英国の例であるが、独国伯林の如き処でも粗同様である。例へば窒扶斯の死亡者を人工の粗密に依つて区別する時は、一棟に四十九人宛住んで居る町には一人の患者もないが、一棟に六十二人宛住んで居る町では一人の死亡者を見、更に又一棟に九十一人宛住んで居る町では六人から九人の死亡者を現はして居る。是は狭き処に多人数の密居して居ることが、如何に不摂生であるかを明らかに示して居る一例である。今少し統計を足して見ると、同じく伯林の例であるが。一室一人の住居で住民百に対する一年の死亡者は一、一に当り、一室二人半乃至三人の住居は同じく二、七に当つて居る。然るに一室三人以上の住居となると、三、四の多数に上つて来る。是も亦一室混居の不摂生を示した例で此外斯る例を挙ぐれば限りはないが、兎に角村落の生活と都市の生活とは衛生上非常の区別のあることで、人口稠密の都市に於ける死亡者の数は必らず村落の倍以上に当ることを示して居る。夫れで大阪の統計は如何であるかといふに、手近き所で茲に三十八年の統計に依ると大阪府の人口は、市郡合せて一百九十一万三千四百五十五人で中大阪市のが一百六万八千七百七十一人、郡部全体のが八十四万四千六百八十四人である、又其死亡者の数を比較して見るに市郡の間に大差を認めることは出来ぬけれど、之れは郡部には別に医療不十分といふ様な原因があるからの事で、若し此等を平均すれば市部の方が遥に死亡者多いに相違無い。そこで市の全死亡者は二万三千二百二十八人、其内で呼吸器病は依つて倒れましたる者六千二百二十五人、即ち全死亡者の四分の一は呼吸器病で倒れた割合である。夫れで此呼吸器病の中で肺病は如何かといふに三千九百四十四人、即ち全死亡者の六分の一以上に当つて居る。ところで郡部の全死亡者は二万千七百九十五人であつて、其内で呼吸器病に依つて死亡した者は四千八百九十五人で、矢張り全死亡者の四分の一に当つて居る、是は市と相違は無いやうであるが、其中で肺病の死亡者は如何にといふと、僅かに二千〇五人、即ち大約全死亡者の十一分の一に当るに過ぎない。しますれば、肺病の死亡者は市と郡との間に大約倍数程の相違があるといはねばならない。都市に死亡者の多いといふのは、一般に伝染病の多いことが原因をなすので、其内で殊に多数を占めて居るものは肺病である。是れまで世界中の人類の七分の一は肺病で倒れると云ふことに普通定つて居つたのであるが、段々文明の進歩、都市の発達と共に不摂生の事柄が増えるに随つて、欧州などでも肺病の死亡者は、全死亡者の六分の一に達して居る処が多い、そこで大阪府の市と郡とを平均いたしますれば七分の一以下に当るが市のみで言うて見ますると、実は五、八分の一に当つて居るので、実に非常なる多数といはねばならぬ。固より是れは一般医師の死亡届に依つての統計表ではあるが、実際に於ては肺病と判らなくて死んだ者が沢山あらうから、真正なる肺病者の死亡数は遥かに之れを超過して居ると見て差支へがない、即ち約五分の一より四分の一に相当すると認めてよかろう。

近来結核の見分け方は段々進んで来た為に、肺病に罹つて居ると云ふ人は余程能く分るやうになつた。近頃では先づ全市民の半分は確かに結核病者であるといつて差支へない位である。而して総ての病気の中で最も多くの死亡数を出すものは此の肺病であつて、私が当地で十年間解剖した成蹟で見ても、総ての屍体の半数以上は確かに肺病の痕跡があつた、其内実際肺病の為に死んだ者が半分、残りの半分は外の病気で死んだものである、此点から見て行つても矢張り全死亡者の四分の一は肺病の為めに死んだものであると云ふことに帰着する、それで前の死亡届に依る統計と考へ併せたならば正確といつてよからう。斯くの如く死亡者の大多数を占むる所の肺病が大阪人に多くある点から見れば、此大阪の不健康地たることを証明して余りあるもので、即ち前にいつた通り、人口の稠密、空気の汚濁、道路の狭猛、家屋の暗陋等が確かに其原因を占めて居るのである。

斯くの如く文明国の都市といふものは、西洋も日本も同じことで、何処も皆不摂生の事のみ集合して居るので、斯る処に生活して居る人々の不幸は誠に悲しむべきものと云はねばならぬ。若し是れが為に一家絶滅の極に至らぬまでも、家中に病人が絶えないとか云ふやうな風のことでは、家庭の快楽はいふまでもなく、一家の事業、進んでは工業、商業の発展は得て望むべからざることで、即ち病患ある一家の集合体たる病患の一市が、如何にしてせかい競争の巷に立つて、前途の大発展を望まうなどとは実に思ひも寄らぬことゝいはねばならぬ。然らば之れを小にしては一家の幸福、家庭の快楽、之を大にしては一市の発達、国家の強盛を図らんが為には、斯る不幸なる境遇を如何にして脱すべきかを講究するのが大市民たるものゝ義務でありますが、其答案は極めて簡単であると私は考える。素より都市の発達は文明の要件で様々なる作業に従事する人々が群集して、密接の中に相互の長短を補足するのが都市の目的であるから、全市民が茲に集つて働くことは勿論必要であるに相違はないが、四六時中必らずしも斯る不摂生の巣窟に蟄居しなければならぬといふ訳はない。働く時はウンと働き、休む時は楽しく休むのが、仕事の上から見ても、衛生の上から見ても、至極其の当を得たるものである以上は、出来得る限り斯る土地の永住を避けて、活潑に作業に従事すべき勤務時間の外は、市外村落の田園に休息して新鮮の空気を呼吸し、所謂緑林風清き処白砂波穏なる辺り、或は山間を漫歩し或は海浜を逍遥し、其身体と精神の健康を計りたいものである。

斯る必要からして欧州等にあつては衛生のことが段々八釜しくなり、都市と村落の健康に対する利害を色々に論究致しました結果。都市は作業の場所となり、住居は漸次市外に移されて行くので。昼間繁劇なる職務に従事して、塵埃多き空気を呼吸し、無風流の光景に疲れ果てた人々が、其勤務を終るや直ちに便利なる交通機関を利用して田園の楽境に帰り、此処に新鮮の空気を吸ひ、一家団欒の快楽を恣にすることは、自から其風をなして来たので。随つて文明の都市といへば交通機関の発達と共に市外生活、殊に田園居住の流行が漸次盛んになつた次第である。

日本に於ては今日まで交通機関の発達が不十分であつた為に、斯る事柄に気の付いて居た先覚の士でも、不健康地とは知りながら、見す〱都市に居を占めて、自分はいふまでもなく、可愛き妻子、羸弱い病人などまでも、此不潔なる空気を吸はせて、一家の不幸を増進させたものであつた。然るに今日の如く漸次市外交通機関が発達いたしまして数十分乃至数時間程の所に愉快なる田園があることゝなりました以上は、何を苦んで此煤煙多き都会の地に永住の愚を敢てするの必要があらうか。私は斯る単純なる理由からしても、諸君に事情の許す限りは田園生活に付かれたい、勤務時間の外は成るだけ早く此塵埃多き空気より遠かられたいと云ふことを切に勧告したいのである。

大阪は世界中の都会の内でも、其面積の割合に人口の頗る多き事、道路の極めて狭隘なる事、家屋の暗陋なる事、公園の無き事、煤煙の甚しき事等総て不健康なことにかけては、殆ど他に其類を見ぬ位の劣等な土地である。将来其市区の改正、建築法の設定、工場法の施行、衛生法の進歩、公園の新設等に依つて、漸次其弊害を除いて行かなければならぬが、此等は皆永久に亘る至難の問題であつて、一朝一夕に其目的をば達し得べきことではない。されば差当つての所では、斯る不摂生の土地を立退いて、唯勤務の場所とし、別に市外交通の利便を見計つて、楽しき田園生活に付くべきことは特に其必要とする所である。私は再び切に之を諸君に勧告する。

近来肺病の転地問題等に就いては、素人方にも大分其必要を感じて来たものと見えて、頗る流行の状況であるのは甚だ悦ぶ所であるが、他の一面に於ては、金銭の関係、想郷の精神などに重きを置いて、何事を放棄してまでも転地するの必要はないと唱ふる人もある。是れ亦一理あることで、今から十年程前に、独逸などに肺病の保養院と云ふものが新設されて、政府或は団体の費用で、肺病患者を病養地に送ることを始めた時分にも、病人の家族から同様なる反抗の声が揚つたことがあつた。併しながら其後学者並に経世家が種々研究した結果、此は決して其当を得たるものでないと云ふことに帰着した。肺病者の転地並に保養院入院問題は今や其効果顕然たるものとして、最早や論究の時代を過ぎて実行の期に進んで来て、欧米諸国に於ては今日盛んに行はれて居るのであります。最も村落の健康地を家とする肺病者は何も強て転地抔と騒ぐには及ばぬが、大阪の如き不健康地に居住する肺病者には転地は最も必要だと言はねばなりません。素より此転地と云ふことは、一人の肺病者を其一家族より取り離してのことであれば、金も中々に掛り至極困難な問題ではあるが、若し然らずして一家を挙げて転地と云ふことにすれば、都市の生活よりも廉価に付く場合が多からうかと考へられる。私は元々健康者に向かつてさへも、市内生活の不健康であること、住居は市外に限ることをいひたい位であるから虚弱な人は単り肺病者に限らず、如何なる種類の病気の人々にも、冀くば市内生活を避けられんことを希望せねばならぬ。

序に一言したきは、近頃市外生活の利を知りて、西に南に、電車或は鉄道等を利用して、其沿線に多くの転地計画を見るのは至極結構な事であるが。一つの土地が宜いと云へば、其土地の如何なる処でも宜いかのやうに考へて、屢々人家の頗る稠密なる、更に田園もなき街衢の中程に転地して、矢張り大阪に優れりと考へて居る呑気者流がある。併しながら是れは頗る注意すべきことで、如何なる健康地といつても矢張り其場所の関係に於て、前にいつたやうな処では衛生上何の利益をも得ることは出来ない。是非共人家の疎らなる周囲に空地の広き頗る晴れ〳〵とした、空気の清潔なる所を撰ばなければならぬ。殊に大阪近辺では其家屋及び市街の構造は大体大阪を模範として居る傾きがあるので、広濶なる土地を利用し得べき処でさへも、矢張り狭苦しき道路と庭園とを取り、極めて狭隘の家屋を建て、又建てつゝある有様であるが、此状況は西の宮を中心として其附近の稍繁華なる町に頗る多い。殊に此辺には酒造家が多いので、家の棟の高き醸造庫が沢山あるから、其周囲は年中日蔭にて、光線の顔を見ぬと云ふやうな処がある。斯る処へ転地などをしても、畢竟是れ何の役にも立たない。冀くば山に近き処、或は海岸の広々たる処に向ひ、家は如何に粗末なるものでも構わぬから、転居されたきものである。

次には転地の場所の位置と風向きの模様と家の向きであるが、家の向きは成るべく南向きが都合が宜い。風に対する関係も大阪附近では此方が好都合の様で西向きの家を建てねばならぬ処は、風が烈しい為に余り宜くないやうに考へる。此点から見て私は、大阪神戸間の或る沿岸は浜寺附近の沿岸よりも其向きが宜いと思うて居ります。

更に追加いたして置きたきは、斯る転地の場所に選ばれたる処の村民殊に其土地の先覚者の覚悟である。交通機関の発達、衛生智識の進歩等からして、昔は荒廃したる田園であつた所の土地も、今は土地一升金一升の都を凌ぐと云ふ位の価格をも生じたやうな有様との事、斯る村落の為には頗る悦ぶべきことに相違ない。然し祖先伝来の遺産が斯くの如く其価格の向上したといふも、誠に意外なる文明の賜物であるからして、此賜物に向つては十分に感謝の意を表して、其賜物を成るべく好都合に利用するやう図らねばならぬことである。然るに世には目前の利得に心奪はれて、将に発達せんとする土地に向つて、其利用の途を過り、一時の利慾に迷はされ、真正なる発達の機会を妨害せんとする向が往々ある。甚だしきは村民の不注意、或は先覚者の不用意から、折角の移住者を極めて住み悪くからしむる様に、なし来つた処も少なくないとのことである。是等は移住者も村民も双方から十分に注意して、お互に幸福を図らねばならぬことで。即ち大阪神戸の如き大市を控へたる村落は、最早や昔のやうに一郡一村の村落ではなくて、世界の大都会の公園地たる覚悟を以て居るべきものである。決して昔の固陋の考へに依つて、単に一村一家の利害のみを以て打算すべきものではない。

尚此外に学問上から割出して、統計や何かを引出して申述べたきことは山々あるが、余り学問的に亘りましては却つて相済まぬと思ひますから、極めて通俗的なる分り切つた事のみを列記いたした丈で止めて置きます。

（完）

市外居住の利益

ドクトル、メヂチーネ　高安道成君口演

世の中が進むに従うて人は段々と田舎を出て都会に集まつて職業を求めるやうになる、故に都会の人口は年々急速の勢ひを以て増加し殆んど底止するところを知らぬといふ有様である。是れは独り我が大阪や東京のみならず、外国に於ても倫敦、新紐克其他何れの都府に於ても同様である。現に自分の年少の時、我が大阪の人口は三十万乃至四十万の間にあつたと云ふことを記憶して居る、夫れが今日は百二十万となり、数年の中には百五十万ともなつて、世界有数の都府とならうとする趨勢である。然し一方から考へて見ると、都会が繁栄するだけ、夫れだけ物価は高くなり、負担の諸税も多くなり、地価は上り家賃も従つて騰貴すると云ふ有様になる。夫れで都会の中央は生活費が高くなり、中以下の者は漸次都会の場末に追ひ遣られることになるは自然の勢ひである。例へば三井銀行或は住友銀行の如き大建築が始まると従来其処に住居して居つた数十戸の住民は、已むを得ずして場末に転居するより外仕方が無いやうになる。又第二期電鉄が完成するまでには現在数千の住民は都会の中央から追ひ遣られることになり、此の如くして年々大阪は四方に膨張することになり行くのである。

経済上より考へて見ると、今後多数の人々は年を逐ふて生活費の比較的低廉なる市の場末に移り行くことは免れ難き趨勢であるが、茲に一つ考へて見なければならぬことがある。元来此市の場末は貧民が多く住居して居る上に、製造場が多く集まつて居る為に甚だ不潔であつて衛生上の設備の行き届かぬ事が多い。殊に大阪に於て左様に見受けらるゝ。幾ら生活費が安くつくからと云うて、さう云ふ場末の不潔の場所に住居することいふことは甚だ面白くないことである。其処で私はこの場末よりも数哩隔つて居るところの村落、所謂英語のサバーブなる場所に住居すると云ふことが行はれて来れば大層都合が好からうと思ふ。尤も是れは電鉄其他の交通機関が益々発達して来なければ行はれぬことではあるが、このサバーブに住居すると云ふ便利は、少しく考へれば明瞭である。僅かの費用を以て迅速に市の中央まで諸用を達しに来ることが出来るやうになれば、今迄の如く必らずしも地価が高く家賃が高い処に居らずとも、都会に住んで居る位の便利は十分に享け得られる、さうして割合に生活費が低廉に上がるばかりでなく、衛生上非常に都合の好いことが多いと思ふ。

元来人の健康を保持するに必要なるは、寒暑に対する衣服も必要であり、又脳力体力を維持して行く所の食物も必要であるが、この衣食の点に就いては今日述べる限りでない、少しく是れより人工的に気候を造る所の家屋のことに就て一言述べようと思ふ。住居に関して殊に重きを置くのは、所謂採光法、換気法、夫れから上水、下水の配置、及び適当の運動を取る場所があるや否やと云ふこと等である。

先づ採光法に就いて云へば、太陽の光線が人間の生活上必要なることは今更いふまでもない、暗い所に居るのと明るい所に居るのとで、其位人乃至動物の発育の差と云ふものは、試験をして見れば直に分かる、非常に著しい差がある。夫れであるからして家屋を建てるにも南向で日当りの好い処を撰ぶと云ふことになつて居る。これは啻に健康の人に必要ばかりでなく、病人等には最も必要なる関係を有つて居る。

次に喚気法に就ては、新鮮の空気が如何に人生に必要であると云ふことは、総ての点に於て証拠立てられる。空気は何れの地に於ても酸素と窒素とから成り立つて居ると云ふ点は同じことである、が然し、都会の繁華な処ではこの空気に種々の不潔なるものが混合して居る。例へば煤煙から出た炭の粉であるとか、或は屋根やこの道路から来たところの鉱物の粉であるとか、或は砂であるとか、藁であるとか、或は棉の繊維であるとか、又は馬糞の乾いたものであるとか、其外種々雑多の病原的或は非病原的バクテリヤが無数に含まれて居るのである。それも空気の流通が自由であるときは不潔なものも比較的早く飛散して了ふけれども、さうでなくその流通の悪い処には何時までも夫れが残つて居るから随つて害を為すことが多い。現に塵を吸ふことに依つて発こる病気は随分少くない。例へば彼の石工の如き者は多年石の粉を吸ふ為めに一種の肺の病気を発こすと云ふことは著しき事実である近来大阪市中に於て庭園の樹木の葉が今までのやうに滴る如き緑色を呈せずして非常に穢く汚れて来たと云ふことは皆が認める事実であらうと思ふ。又洗濯して物干に乾して置くところの白の布は少時にして煤煙の為めに汚されて了ふ、恰も彼の倫敦で毎日々々新しくホワイトシヤツ、カラ、カフス等を取換へねばならぬ如きと同じやうになつて来たやうに思はれる。

夫れから上水下水の関係に就いて云へば、一つ処に多数集まつて居る都会の如き場所ではどうしても水道を敷いて飲料水を取り、下水工事を施して汚き水をば外へ排泄すると云ふことが必要である。この工事が完全に出来て居らなければ伝染病が流行する、完全であれば先づさう云ふ憂ひは無いことになる。田舎では是の点に就ては夫れ程完全にしなくても、随分井戸の水が飲料水に適して居りさへすれば夫れで安全である。又下水の方も都会ほど厳重にやらなくても場所が広ければ同時に自然に汚いものを清潔にする作用があるから、其辺は割合に安心である。

最後の運動についていては、田舎の地形は一歩屋外に出づれば自由に散歩し、自由に駈け廻ることが出来る程広々として居るから、従つて容易く日々運動を行ふことが出来る。運動が足れば精神を爽快ならしめ身体の健康を増すことになるから、摂生上非常に利益あることは言ふまでもないことである。

以上の諸点を考へて見れば、田舎の生活は余程愉快であつて、而して都会の生活よりも衛生の本旨に適つて居ると云ふことは明かであらうと思ふ。只之れを容易く実行することが出来るか否やは、其人々の職業に依つて岐かるゝ所であるが、彼の心斎橋通りの如き地価の高い所に住んで居る貿易商の如きは、其店舗と住居とを区別して、住居はこれを田舎に設け、店舗のみを都会に置くと云ふ方針を立てた方が得策であらう。然うなれば至極衛生上結構なことである。其他官吏とか会社員の如き、一定の時間の後は身体の自由になる人々は最も早く田舎の生活を実行せねばならぬのである。現に自分の数多の友人は尼ヶ崎伊丹、池田、西の宮地方から日々大阪市内へ通勤して居るのである。併しこの医師の如きは少しく之れを実行するに困難であらうと思ふ。夫れは職業上夜中も医院に居ることが随分必要であるから、都会と田舎と二ヶ所に住居を構へるより他に仕方がなからうと思ふ。

大阪は帝国第二の大都会である。なれども如何にせん今日の有様はまるで都市の体裁を為して居らぬと思ふ。道路は狭隘であり、家屋は建て詰まつて居り、河を除いては殆んど空地なく、都会としての装飾はなく、上水下水の工事も未だ不完全なるを免れない。殊に其他公園、遊園地、小児の遊歩場及び之れに類する衛生上の設備は殆んど欠けて居る。之れを先進国の都市に比較すれば実にお話にならぬ次第である。市区の改正が出来て衛生上の設備が出来た暁はいざ知らず。今日の場合では大阪に就いて考ふれば、市内の住居よりも寧ろ市外の住居の方が遥に優つて居ると思ふのである。

西洋で衛生思想の一般に発達して居るのは英国である。都市其他の衛生工事も見るべきものがある、夫れにも拘らず所謂倫敦ガール（少女）の顔色は頗る蒼白なるが多い。現に諸所の大病院へ行つて見れば直ぐ解る。是等は重もに下女であるとか、工女であるとか云ふ如き、二十才前後の女子で、日々労働に従事して居つて、新鮮なる空気に接する機会が少く、海辺等に遊ぶ余裕がない所から、常に不潔の空気を呼吸して居る結果で、是れも有名なものである。大阪でも大商店の店員とか、其他座業に従事して居る者、殊に中以下の人々は顔色蒼白で、一見病人としか思はれないやうな者が中々尠くない。是等は皆運動の不足、栄養の不良、空気の不潔と云ふやうなことが重もなる原因である。是等の人は所謂サバーブの田舎に住居して、日中は都市に通勤するも夜中だけでも田舎の清潔なる空気を呼吸することになれば夫れだけ衛生上に利益あることであらうと思ふ。

同じ都会でも伯林の如く、新たに家屋を建築したり、堂棲を新築するのにチヤンと方針が定まつて居つて、模範的市街が漸々と増えて行くと云ふ風になつて居れば宜しいが。大阪の如きは中々さうでない。狭い街頭に大きな荷車を曳いたり、又往来でもつて荷造りをすると云ふやうな有様で、ところへ自転車や人力車などが馳せ違ふ為めに中々危険が多い。旧幕時代と今日と市街の有様は毫も変つて居らないが、其処へもつて来て危険多き自動車とか、又は自転車の如き新しい交通機関が倍々増えて来たのであるから、市街を通る人々は中々散歩どころではない、険呑で些しの油断も出来ないのである。夫れに公園や遊歩場などの設備がないのであるから、大阪人の体格のます／＼悪くなるのは勢ひ免れないことである。

私は大阪市の市区改正に就て大いに意見を有して居る。けれども今日は只住居に就てのみの希望を言へば、大阪市の改良は是非とも市の中央を商業の中心区とし、其一部に住宅の区域を置き、劇場其他大小販売店の区域等をも定め、之れを囲む一廓には大小各種の製造場を集め、労働者の住居を其附近に設け、其又外囲に公園、遊歩地、田畑、森林等を置くことにして、尚其外囲に数多の小村落所謂サバーブを設けて市民の一部は其処に住居することにしたいのである。一寸例へて言へば市の中央には金満家であつて市外にも其他に別荘を有して居ると云ふやうな者とか、又是非市内に住まねばならぬものであると云ふやうな者が約百万人住むことし。他の五十万人は所謂サバーブなる数多の村落に居住し、而して日々数十線の電車、汽車其他の交通機関に依つて市の中心に集まり、又散ずると云ふやうな仕組にしたいと思ふ。然うなれば田舎は田舎らしく、家も風雅に、又衛生に適ふやうに庭園も広く取つて清楚と云ふ趣を生ぜしめ。又都市は都市らしく家屋も巨大に数層の建築とし、彫刻其他立派な装飾を施すことゝし。市街の各所に大中小の公園を設け、其中に美術館、画堂、或はミユーヂウム其他都市的の大建築物を設けて都市の飾りと致したいのである。

之れを要するに、阪神電鉄が開けてから、今まで大阪神戸の中央に住つた所の人々が、続々この電鉄沿道の地に移住し、電車にて日々大阪乃至神戸に通ふと云ふ風が流行して来るのを見ても、啻に経済上の利益のみではなく、衛生上尠からぬ利益あることが都人士に解つて来たことが察せらるゝのである。是れは自分も誠に良いことで大いに奨励すべきことであらうと思ふ。是れから益々諸方にさう云ふ交通機関の設備が出来る以上、如何に市街が膨張するも市外居住の策さへ執らば都市衛生の実も挙がり、自分の理想も空しからず、近き将来に於て実行されることにならうと思ふ。市外居住の可否に就きてお尋ねであるから、実は何か調べて三考になることをお話仕やうと思うたが、多忙の為め其運びにも至らず、仍て聊か思ひ浮かんだ一二の点を述べて其責を塞ぐことにしたのである。

（完）

阪神附近の健康地

大阪長谷川病院長　東京帝国六学衛生学科細菌学科専攻　長谷川清治君口演

一般人士が健康を保持する上において、注意すべき要点は何であるかといふに、先づ以て空気、食物、運動の三を挙げねばならぬ、されば西哲も空気、食物、運動を世界の三大医なりといつて居るが、此は至極の金言だと思はれる。所で百万の人口を包有する我大阪市における空気、食物、運動の三大医は如何なる状態であるかといふに、実に寒心すべきこと許りである。即ち大阪市の土地は人口に比して其面積甚だ狭隘で、人家稠密、軒楹櫛比、其セ、コマしきこと全国其比を見ずといつてよい。されば大阪目貫の場所と云ふ街路の体裁は如何であるかといふに、向側の人と互に歩を運ばすとも物品の授受が出来得る位である。而も斯かる箇所程人車の往来頻繁で、肩摩轂撃とは真に掛直なしの形容詞である。故に空気の汚濁は固よりのことであつて、試に高所に登り大阪市内を俯瞰すると、林立したる煙突より噴き出す煤煙は天に漲り、幾十万の人家も為に見ることが出来ぬ。此煤煙を外にして群居せる人々の呼吸器、及び皮膚より排泄するもの、並に諸製造所より発散する有害物の空気中に混ずることは実に夥しき数量である。

然るに運動場といつては、街路の外何物をも認むることが出来ぬ。されば此地に生息する人々は、煙臭き又何とも言へぬプンとする汚臭ある（縦令習慣上当人は悪臭を感ぜずとするも）溷濁せる空気を呼吸せねばならぬ。剰え道路は荷車や人力車の往来織るが如く、危険の虞れあつて寸時の油断も出来ぬ、斯様な所の、運動に適せぬことは固より言を俟たぬことである。尤も中の島に唯一つの公園地があるが、是は一己人の庭園にも及ばざるもので、大都会の公園として公衆の歓楽すべき、運動すべき、生気を養ふべき箇所とするに足らない。而も其公園の樹木はといふと、砂塵と煤煙とに包まれ幹木は黒く葉は灰色を呈し、火事場跡の樹木宛がらで、雨に浴せる後初めて緑色を顕わすに過ぎない。斯様な場所でどうして新鮮の空気を呼吸し、運動を取り、体質を養ひ得られようか、是亦到底出来ざる業に属するものである。故に人生保健の上に必要なる三要点、即ち空気、食物、運動の内二個は大阪市内に於て全く駄目といつて宜い。唯食物だけは金を出して買へば滋養物を取ることが出来るが、此三箇の要点は鼎立の関係を以つて居るもので、如何に食物に滋養を取るとするも、現在の不完全なる家屋の構造では、光線の透射、空気の流通全からざる為め十分の保養は出来兼ぬるのである。論より証拠、大阪市内は他との比較上、病人の多きを以て知られて居る。之れ実に大阪市の為に長大息に堪えんことである。故に之れが救済策として各人経済の許す限り、時々空気の善い運動も出来る海浜、田野或は山地に出で、所謂黄塵場裏に吸入したるものを吐出し、以て神気の爽快を計らねばならぬ。之れ実に生理上健康保持の妙案である、但し相成るべくは空気の宜敷き田舎に居住を構へ、朝夕に都会に通勤して自己の本業に従事するに越したことはない故に私は何を差措ても、此市外居住を実行せよと慫慂したいのである。例へば大阪で官衙、会社、銀行等に執務する人、及び商店、会社等を開き居る人々は、大阪を離れた適当の健康地を選択して家族の居住を定め、主人公は日々大阪に通勤する様にするのが真に衛生上の道を得たるもので、身体の健康を保つ此上ない良策である。健康の度が加はれば之に準じて業務に精勤する事も出来る。凡そ健康なる精神は健康なる身体に宿るものである事は、皆人の識る所であるが、若し身体が健康でない時は、万時不愉快であるはいふまでもなく、次第々々に神経過敏となり、癇癪も起れば性慾の誘発も多くなり、益身体を弱くするものである。故に出来得るだけ身体の健全を計り明晰なる精神を以て事を処理して行けば、普通の身体で拾時間働く処を八時間或は六時間位で成績を挙げ得らるゝものである。彼の別荘を作り悠々として娯むものゝ如き一見甚だ贅沢に似たるも、其実際においては決して然る訳ではない。尤も本邦の別荘は元本宅居住の俗塵に飽き、風月を友として一身の娯楽を得んとしたものが始めたものではあるが、それは昔時の事で今日の別荘は自ら其性質を殊にして居る。即ち昔時本宅を距る遠くもあらぬ近辺に別荘を建しが如きは、新鮮なる空気に浴し健康を保持せん抔との目的に出でたるものではなく、唯客の接待用とか、自己の閑日月を弄する為とかに過ぎなかつたものである。然るに今日都人士の郊外において空気、風景の宜しき所に別荘を営むのは、健康保持上止むを得ざるに出でたるものである。仮りに其当人の意思は何れにあるにもせよ、実際上健康保持の上に大なる利益の存するは事実の証明する所である。彼の横浜に住する欧米人は日中黄塵万丈の裡に齷齪して居るが薄暮となれば閑静なる山の手、若くは数里外の居宅に帰つて、茲に一家庭を組織して居るのを常として居る。又彼の個人衛生の発達して居る欧米各都市の人士が昼間は業務を都市に於て執り居るも、住宅は郊外の空気清新なる地に撰み、夜は此処に起臥して心身を養ひ居ることは、普く人の知つて居る所である。是等も決して贅沢の為めではない、摂生上即ち健康保持上より出来たことである。故に我都人士も是れに鑑み、彼の官吏会社銀行員等の如く、通勤して業務に妨げなき者は成るべく健康地に住宅を搆ふべきであつて。他一般商工業家の如きも営業は之を市内繁華の地に於てし、家族は市外の健康地に住せしめ、業務上必要なる人々は毎日或は隔日乃至数日目なりに繁閑を見計ひ双方間に往復させ、其一方に於て養ひ得たる健康と精力を以て業務に従事することゝせば、業務と健康と二つながら好成績を得らるゝ勘定である。而して右の如く熱沓場裏を離れ保養する人の多くなれば、其丈市内の空気は自然汚濁を少なからしむる訳であるから他の人々に取ても利益となるのはいふまでもないことである。そこで此市外の居住地は如何なる所を撰ぶべきやといふに、是又一つの大問題である。

空気良好にして且つ気候の変化甚だしからざる箇所で心神の娯楽をも得られ、尚便宜なる個所、即ち交通機関の便により三拾分乃至一時間以内にて往来し得られ、本分の業務に影響しない個所を撰択せねばならない。随分と慾深き話であるが事生命の長短、身体の健康に係るのであるから、十分の上にも十分と良いやうに望まざるを得ない。

私は右の条件を具備する最も健康保持に適した場所を得たいと苦辛して居たが、電車開通の為め交通の便利を得たので、豫て心掛けて居た健康地を僅か三十分内外にて達する事が出来る地に発見することを得た。其は他ではない世人注目の焦点となつて居る西宮神戸間である。抑も健康地卽ち養生地なるものは、洋の東西を問わず、南に海を控へ北に山を負ひ居る箇所を最良とすることは一般の定論になつて居る、斯る箇所は冬暖かに夏涼しく、寒暖の差甚たしからざる為めであつて西宮神戸間は実に此健康地として最良なる要素を具備して居る。併しながら神戸最寄の方で海岸に接する方は、人家接続して市街の体裁をなし、稍雑踏の傾きがあつて面白くない。依て此部分を除き其山の手及び住居魚崎辺より西宮迄は山の手、海浜共に宜しい。空気は固より清新で、土質も海浜は砂白く水清く山の手は砂又は赤土で飲料水も多く善良である、（夙川、芦屋川、深江、住吉川両岸、並に其附近は井水最も良く、山間谿谷より流る、小川、又は自然に湧き出す清水も清良である。其他山に近き箇所と海岸の間は掘抜井水最も良しい）。土地は面積広濶で別荘、住宅、園遊地等好み次第に出来る。殊に此等の地の附近には名所旧跡も多いから、自然歴史的聯想を惹き起し、少なからざる趣味を感せしめる、即ち西宮町に西宮神社（県社俗に蛭子）海清寺、順心寺、円満寺等の名社名刹あり、御前浜とて神功皇后が三韓より凱陣の際、筑紫より御着船ありたる古跡、越水とて細川高国の属将瓦林政頼の拠守したる城址あり。又広田村には広田神社（官弊大社）とて神功皇后摂政元年の創建に係る名社あり、甲山、打出の浜、阿保親王の墳、芦屋の里、岡本の梅林、求女塚、住吉神社（神功皇后摂政中の創建にて皇后の地上に挿み給ひし釣竿の枝葉を生したるあり）摩耶山城址其他名所旧跡数多く、何れも由緒因縁のある個所である。而かも多くは絶勝の地に在つて、奇巌怪石の屹立蟠居するあれば、或は楓樹、或は老杉古松、将た梅桜桃李の趣を添ゆるあつて遠近の眺望頗る絶佳なるものがある。芦屋川下流より深江に至る海岸は、青松自然に発育して枝葉甚だ雅致あり、一面の白砂細漣其汀を洗ひ、遥か紀淡の翠巒を煙波渺茫の間に眺め、東に大阪、西に神戸、北は六甲摩耶の連峰を望み、呼べば応へんとする如き風景は、宛然一幅のパノラマに対するの思ひがある。而も此地の土質は深部迄砂質層で表層は常に乾燥し、飲料水は頗る清潔善良である。風は西南及東北多く時に北風もあるが、暑中は東風打出の海面より、西南の風は渺たる海面を伝はり北風は六甲山麓の樹木を濾き来るより、清風衣袂を払ひ云はんかたなき爽快を覚える。又運動に適する場所の多きはいふ迄もなきことであつて前に控へし海より網を挙れば潑溂たる魚を得られ、鶏卵、蔬菜の類は自ら飼育培養せられ、殊に神戸大阪を距る遠からざるを以て魚肉菜菓を始め日需万般の品を取寄する必ずしも困難でない。斯く便利で風景もよく健康に適する地は他に多く類を見ざる所で、療養所としての成績も甚だ佳良である。即ち一昨年来西宮、打出、芦屋、深江、青木、魚崎、住吉辺に身体虚弱なる人、慢性肋膜炎、或は慢性腹膜炎、肺炎加答児等の病に罹つて転地療養をなしたるものに就て成績を聞くに永く滞留した人々は多く全快せしとのことであつた。又昨年来此方面に一家を挙げて移転し来り、小児は其地方小学に、青年は神戸或は大阪に通学せしめ、主人は大阪に通勤して居るものを見受くるが、此等の人々は在阪中多く病人の絶えしことなかりしに引代へ、其小児の如きは打て変つた健康者となり、其他も是れに準して健康を加ふるに至つた事実談を聞くことが多い。以上の如き効験は従来療養地として人口に膾炙して居た須磨地方に比べても、一歩も譲らないことは慥かなものである。彼の東海岸なる堺、浜寺、岸和田等の如きは如何であるか、先輩学者の唱導せる説を三照し之を考ふるに、どうも同一効験を見ることは六ケしかるべしと思われる。何故かといふに西に海を控へ遠く東南に山あり、山水の景或は大いに賞すべきものありとするも真正の療養地としては如何であるか、私は之を認めることが出来ぬのである。海面に向ひ家屋を建れば、冬は西風の為め寒冷強く、夏は射入の光線を受くるを以て涼気少かるべく、到底療養地と認められまい併し其詳しい理由は今之を畧して他日に譲ることゝしよう。

西海岸殊に西宮神戸間は既に前にも述べたる如く、南に海を控へ、北に山を負ひ、山麓より海に至るの間多くは阪状の勾配をなすから、地下水は常に海に向つて流下するが故に、仮令地下に不潔物の滲入することのあつても忽ちにし洗除せらるゝ。是等の関係もあつての事ならんか、同地方にて赤痢、コレラ、腸窒扶斯の如き伝染病及び脚気の重症患者を此地に転地せしめしに、僅かの時日にて軽快全治した実験もある。されば各村に規定上伝染病隔離舎の設けはあるが、之れに入るもの甚だ稀であつて、実際必要を感ずること少なしとのことである。

以上の如く大阪の附近には至極健康上に適し、僅か三拾分乃至一時間以内にて達する場所があるのであるから、其処に移住して心身を養ふ事にしたらば宜からう。天の陰雨せざるに迨んで牖戸を綢繆すと古への書物に出て居るが、人の身体も尚且然りで、未だ病気の兆さない中に健康を計るべきものである。故に縦令今日身体が無事にもせよ、何時なんどき病痾に襲はるゝやも計られないから、常に病気に罹らぬ様即ち病気に対する抵抗力を養ふことに心掛けねばならぬ。世間或は奢侈だの何んのと批評する人あらんが、それは心得違ひの甚だしひものである。人の身体は自身で製造せしものではない、天や親より賜たる最も尊重すべきものであるから身体の健康保持には最も注意せねばならぬ。其処で執務中の雑談時間や、其他の娯楽時間を健康地の往復時間に移し、以て身体の健康を計るは自身の幸福許りでなく、親孝行にも無論なるのである。

近来西宮神戸間の海浜に続々家屋の建築を見るに至つたので、前途其閑静は如何あらんかと危ぶむ人もある様であるが、それは御配慮に及ばんので、山の手方面の広濶なる個所、其他六甲山脈に連つて其下に起伏せる山と山との中間、或は又丘阜の如きものが処々にあつて、四季夫々に趣を換え、風景海浜に劣らざる箇所はまた〳〵沢山ある。此等の地は遠景を欠いては居るが、山巓に上れば四方の眺望却て宜しきものあつて遥かに白帆の徂徠するを数ふるなど無限の楽みがある。空気の宜しきことはいふまでもなく、厳寒盛夏の候も一層凌ぎ易く、健康上には一層好適の地である、此辺は松露の如きも発生する所で、気候温暖の為め他より半ケ月位も早生するとの事故、梅花の如きも之に準して早い。唯此辺は交通尚未だ不便の為め余り都人士には知られて居ないが、追々世人に知られて一小楽園となるのは余り遠いことでもあるまい。されば保養上の土地は幾許でもあるから、其辺の事は決して憂ふるに及ばない。

健康上に関し海水の如何は大に影響する所があるから、此処で聊か海水の関係について述ぶることゝしよう。抑も海水は沖合に於ては内海も外海も同一に清良であるが、海浜に於ては溷濁して不潔なる事があつて、盛夏の候などに於ては悪臭を放つことさへもある。斯の如き海辺は水浴に適せざるのみでなく、衛星上有害といはねばならぬ。然るに武庫川神戸間においては一も斯様な所がない。私が大阪神戸間を踏査したる結果、最も海水清透で塩分に富むと認めた箇所は魚崎、芦屋を最とし、其次は西宮、御影であつた。唯西は神戸、東は大阪に近づくに従つて、漸次不潔の度を増して居た。夫れは河水の瀉入や、潮流の方向に関係を有つからであるが、武庫川、枝川、夙川、芦屋川、住吉川、石屋川、大石川の如きは、常に乾涸して居るので、雨後出水の際には河水流域するも、其水は不潔物を混へず、只山土と砂礫を含むのみであるから、海水を不潔ならしむる虞なく只一時海岸に濁りを来すのみである。扨て此海水と潮流の関係は如何にといふに、大阪湾内の上ヶ潮は、外海より紀淡海峡に入り二流に分れ、一は紀州泉州の沿岸を通過し大阪尼崎を経て武庫川尻辺まで達し、一は淡路側を急流して更に二分し、其一は明石海峡に向ひ、一は和田岬前より御影、魚崎芦屋、西宮を経て武庫川尻辺まで達するものである。落ち潮は上ヶ潮と同じ方向で外海に向ふものであるが、潮流の緩慢なる所は海岸清潔ならず、急激なる処は清潔なのである。航海学者の談に依れば大阪湾内淡路、御影、魚崎、深江、芦屋辺は潮流最も急であるが、岸和田、浜寺、堺、大阪、尼崎の潮流は之に比すると著しく緩るいとのことである。之に依て見るも西海岸の清潔なることを証し得られる。斯の如く海水に於ても西宮より神戸に至る附近の清潔なることは争われぬことである。

上来健康保持に関し都人士の取るべき方法及び場所等について詳説致しましたが、凡そ物事は旧来の因襲とか習慣とかのため、新規なる事は縦令道理に適ひ実益のあることを認められながらも、躊躇逡巡いつまでも実行せぬ事が多ひものである。所で此取捨は寔に重大なる問題で都人士の最大幸福の得喪に関するのである。其最大幸福は何んであるかと云へば、速に市外居住を決行して身体の健全を計ることである。斯く言へば高が市外居住位のことに、人生の最大幸福などといふは余り看板が大きく過ぎるといはるゝ人あらんか、何といつても人間の幸福は無病息災長命延寿に如かないのであるから、人は健康であるより上越す幸福は無いのである。独国の大医ウイルシヤウ氏のいふ所によれば、人体は尚国土と一般で細胞が集つて一体を形作り、人体集りて一国をなすのである。故に細胞健全なれば其人強健に、其人強健なれば其国富強であると、誠に至言と云はねばならぬ。衛生の道を忽諸にして文明の道はない筈である。衛生の道の進んだ国は其人長命であることは事実の証明する所で、英国人は平均年齢五十五歳独逸人は四十八歳日本人は三十六歳である。如何です。同じ人間でありながら其寿命に斯の如き長短あるとは、実に歎かはしいことでありませんか。畢竟之ば国民全体の衛生思想の発達せると否とに起因する結果であるが、単に内地のみでいへば統計の示す所都人士の地方人士に比し生命の短きことは争ふべからざる事実で、此等種々の原因湊合して茲に至つたものである。都人士は商業に関する掛引に就て、如何にも敏捷なものであるが、己の生命の長短に関し牙籌を取ることは、御気の毒ながら無頓着であると云はなければならぬ。されば思ひを此所に注いで、空気不良の地にのみ跼蹐することを罷め、既に述べた如く別宅を搆るか其他便利な方法に依つて健康地に往復する方策を取り、業務のみ都会の地に於て取るに至つたならば、各自の健康と幸福とを増進し得らるることであらう。

兎角世の中の事は一方に偏するもので、商業繁盛の地は商業にのみ熱中し、所謂視線一方にのみ中して、他物を見ずと云ふ事になり易ひものである。是等は開明人の最も慎まなければならぬことで、昔時事の単純なる時代ならば衛生などに就ては固よりのこと、学問のことでも士農工商各其自己に必要なる科目を知り得ればそれで足りたのであるが、世の開明に赴くに従ひ、諸事複雑を来すは事理の免れぬ所で。万端の事に注意せなければ、忽ち其欠隙に乗ぜらるゝから、事に熱中すると同時に総ての防備をなすべきである。国富を計るには商工業の発達は画策せなければならないが、之と同時に保護防備として陸海軍の拡張もせなければならない、一個人においても亦然りである。一家の富を計るに唯富即ち金儲けをのみ見て、他を見ることなければ何れにか欠隙の生ずるものである。就中用心堅固にすべき身体に欠隙、否な身体の内外微細なる処から襲撃せらるゝのであるから、是が防備として健康地を撰択し、業務に熱中す可きは最も緊要なる事である。若し其等の事に顧念せずんば蓄積したる富と金とは病痾と云ふ畏るべきものに襲はれ消費し尽し、又起つ能はざるの悲境に沈淪するに至るものである。されば苟も身の重んずべきを知る人は是に鑑みて身体の防備に能々注意すべきである。達者で、長命で、業務に精励し、英国人の平均年齢五十五歳を凌駕する計りでなく、富の程度においても之れに準ずるの域に達せんことは、私の切に希望に堪えん所であります。

付記　西宮附近より神戸に到る沿道各部落においては、近来都人士の別宅を此地に構るもの日に益増加するの状勢であるから、今回域内の有志家相謀り、都人士の移住を歓迎するの目的を以て、左の諸条件を議定し、之れが実行に努めつゝあるとのことであるから、三考の為めに左に抄録することゝしましよう。

第一、移住者を歓迎する事

第二、旧来の悪風を改むること

其一二を例せば海浜に於て漁夫等裸体にて陰部を露すものあり此等は必ず局部を被はしむること

又遊覧人に対し悪口雑言を吐くものあり此等を戒むること

第三、土地周旋人は誠実に周旋をなし不当の利を貪らざること

第四、移住者に対して幾分物品を高価に売る弊あり之を改め均一にすること

第五、村内不潔なる所は之を清潔にし漸次地中に下水管を設け従来の吸込みを廃すること

第六、資力者は衛生に叶へる貸家を建て移住者に対し可成村費の負担を少からしむること

汚水或又病毒の地中に滲透し井水に混ずるに依る

第七、鼠賊及犬殺しに対し村内にて取締るべきこと

第八、家屋建築の際手伝人足使用に付き種々の情弊ありて迷惑を蒙るもの少なからずと此等の弊は速に一洗すること

第九、空気或は土地を不浄ならしむる製造所の新設を許さゞる事

長生の基礎は市外生活にあり

陸軍々医監医学博士　菊池常三郎君口演

昔兼好法師は「命長ければ恥多し長くとも四十に足らぬほどにて死なんこそめやすかるべけれ」といひましたが、其時代は何事も我国内だけに限り諸事至極単純であつたから、人生四十にも達すれば有為の材は既に成すべきことを成就し尽し、其以後は余命とでもいふべきものであつたかも知れぬが。現今の如く交通機関が発達して何事をするにも、全世界を対手とせねばならぬ様になつては、其準備計りにも四十年位は必要とするに至つた。されば何か世界に痕跡を残す様な事をしようと思へば、其二倍や三倍や寿命がなくてはなりません。大隈伯の如きは之を三倍位に見積つて居らるゝと見え、百二十五歳まで生きねばならぬと申して居られる様である。当代の人傑と称せらるゝ大隈伯でさへ三倍の寿命がなくてはと申さるゝ位であれば、通常の人々は其以上なくては一人前の仕事は出来ぬものと覚悟せねばならぬ。其処で長生の基礎は何であるかといふに心身の健全を計るの外はない。即ち身体だけの健全ではいかぬ是非とも精神を健全なることをも必要とする。然し精神を健全にする方法については茲にいふべき限でないが。自分一人身体の健全を得るにしても、最愛の妻や子供が尩弱多病であつては心配事が多くてとても長生は出来ない。長生の道を得るには精神の健全を得ると同時に家族全体の健全と団欒とを必要とする。然らば即ち家族全体の健全と団欒は何に依て之を求むるかといふと私は之にお答して事情の許す限り不衛生なる都市を去つて市外の健康地に居住することが第一に必要であると申します。現に私は此市外居住を実行して居る一人であるが大阪から西宮海浜へ移転して以来、家族殊に小児等の壮健になつたことは誠に著しいもので、

是れまで始終医薬に親しんで居つたものも西宮に移つてからといふものは薬一服用ゐたことがない。又私は常に運動不足といふよりは寧ろ運動する機会がないので困つて居つたが、海浜へ来てから朝夕散歩も出来るし、新鮮な空気を吸収しつ真帆片帆の行き交ふ海原を見、欸乃の声、漁夫の歌を聞いて白砂を蹈む心地と云つたらないのである。又青松の梢を越えて高く聳ゆる赭色の六甲山や、其東に連つて王者に三ずる武者姿の甲山などを眺めると、転た崇高の念が起らずには居られない。それから又往復の電車中で費す時間には新聞雑誌等を読むので、書籍に親しむ機会が多くなつたことを非常に愉快に思つて、心から交通機関即ち阪神電鉄の賜物の大なることを感謝するのである。

今市外居住の利益を衛生学上の見地から論じて見ると、大阪の如く工業の発達して居る大都市に於ては諸種の工場から立ち昇る煤烟中の炭酸量は却々盛んなもので、縦令調節作用があるにしても其平均数は、〇、四%にもなるであらうから之を田舎の〇、三%強に比較すると余程多いのである。そればかりでなく同時に塵埃の為めに汚されて居ることは市外のそれに比べて六倍乃至二十倍以上である。斯く塵の多い空気中に生活することが久しいといふと漸々健康を害するものである。況んや種々の細菌も亦田舎よりずつと多くて一立方米突中数千個を含んで居るに於てをやだ。又都会は地価が高くて連檐櫛比の有様で空地が誠に少ないから自然狭隘な薄暗い家に多人数が群居するやうになる、さうすると唯空気を汚損する許りでなく、互に近接するのと交通が頻繁なので病気を伝播する機会が多くなつて来る。論より証拠市の衛生設備は次第に改良せられて防疫機関は追々進歩するにも拘らず、ペストにしろ赤痢、虎列拉にしろ一旦這入り込むと容易に熄滅しない、又結核は年々増加の趨勢を現はして居るし、腸窒扶斯や実扶的里亜なども卸々尠くない。これ一つには是等の疾病が土地の不潔と密接の関係を持つて居るからである。

そこで事情の許す者は色々の害因に遠ざかるため市外居住の必要が起つて来るので、其為に健康を維持し奮闘的生活の基礎を作ることを得れば、唯一家一族の幸福であるのみならず、邦家の発展国運の隆盛期して待つべきである。かうなつてくると兼好法師も当今の如く交通機関が発達し四通八達の世界に生れて居りましたならば、人生観の位取りが違つて多分四百歳とでも申したでありましたらう、何と愉快ではありませんか。

市外居住に就て特に大阪市民の一顧を望む

医学博士　緒方正清君口演

市外居住の可否に就て今西君から、私に何か意見を述べろと云ふことであるから、些か思ひ浮んだ儘のことを述べて見よう。今日我国の如きは表面より観ると頗る開発進歩したるが如き有様なるも、裏面に於て稍深く考究する時は尚現今は全速力を以て発展せんとする途中である。然も発足して余り間のない途中である。殊に其生活状態などは頗る幼稚なるのみならず不規律千万であつて、執務時間と安息時間とを厳重に区別しない、従つて始終ダラ〳〵主義であるから、欧洲人の如く毎日労働と愉快とを交換的に遂行することが出来ない。今日我国は国の為め又個人的富裕の為に一意専心働くべき時代で他を顧る遑がなく従つて本問題なども尚逸早の感を発するものもあらうが、又一方より考ふる時は、此市外に転居し或は郊外に出でゝ、運動し、新鮮なる空気を呼吸して精神を慰め浩然の気を養ふと云ふのは、一般の社会に向て頗る必要なることであるのみならず「健全なる思想は健全なる体内に宿る」で、現在の如き勢の時代に於ては個人的摂生法などは決して等閑に附し得べからざる問題である。然るに我が大阪市の如きは僅か方一里内外の処に百数十万の人口を包有するのであるから、其空気の不潔にして健康に害あることは誰しも理解し得らるゝのである。故に是れが改良を施さんには、市区の改正、道路の拡張、家屋建築の方法等を更めて、欧州の如き三層或は四層の家屋を建築するにあらずんば能はぬことであるが。夫れは中々一朝一夕には行われぬことである。又個人的公園を設くる等も頗る困難である。殊に東京或は京都の如き都府に比し、我が大阪は商業の最も盛んな土地であるが故に、其居宅に於て日常商業の外殆ど他に余裕なきを以て、家族並に子弟の如きは市外に住居せしむるか、或は市街を距る交通の便利なる土地に移住せしむる事は頗る必要なのである。従来大阪の習慣として中国九州其他関西地方に向つて商業をなすには、殆んど居据りの儘に只書信の往復に依つて売買をなすが如き遣り方で、商業の為に他国に出る必要は殆んど無きかの如き因襲であつたが。今や之に反し事業の発展と共に斯くの如き居据り承認は殆んど地に落ち、自ら進んで他国に出で或は然らざるも親しく其業に従事し得意先の便を計り、又は人を使役するにも自ら進んで活潑なる働きをなすにあらざれば其業の発達を見ることが出来ぬやうになつた。殊に是等商家の家族の如きは、商業の為に狭い居宅を大半占有せらるゝにより、其主人より家族たる女子や子供などゝ云ふものは、極く奥の陰湿なる空気の流通の悪い所の狭い室に住んで居ると云ふやうな訳で。日蔭の草木の痿弱にして勢のないと一般、自然顔貌褪せ虚弱の身となり、其商売の為に健康と云ふものは全く没却されて居つた。故に大阪人は金さへ得れば健康などは何うでも宜いと云ふ趣意であつたと云はなければならぬ。総体大阪人が此狭い処で汚ない空気を吸うてヂッとして居つたと云ふのは、恰も伊太利のヴエーニスの如く、幸ひに川が沢山あり、夫れから海辺に接して居り、一方に山を控へると云ふやうな風で、天然自然的に空気の流通と云ふものが出来て居つた為に今日まで比較的に健康を害しなかつたのである。併しながら今や人口増加して数十倍となつて来た以上は、決して川や其他の物を利用して是れまでのやうな生活法を択ると云ふことは今日以後は望み得べからざることである。殊に商業、工業の発達に伴ひ無数の煙突が彼方此方に林立し、全市は殆んど煤煙を以て満たされ、尚今後不測の勢を以て発展すべき時期であるから、益々空気は煤煙の為に汚され不潔となるのみで、此市街生活は衛生上甚だしき悪影響を蒙るのである。

夫れで之れを欧羅巴風の商業地に仕ようと思ふなら、商売する場所と云ふものは、其営業上の場所のみとなして、番頭或は其他業務に必要なる者ばかりが留まり、家族は市外の地に住居して日々出勤するのである。即ち朝は出勤して夕方は帰つて了ふと云ふのが欧羅巴風の遣り方である。恰も数年前より阪神電鉄、或は阪鶴鉄道、又は南海鉄道、其他交通運搬の機関が発達すると共に、郊外に家屋を設け、其子弟等は郊外より市内へ通学し、又其妻女の如きも郊外に居住し、又其必要なる者以外は、郊外にある宅より日々通勤するが如き有様となつて来たのは実に健康上に於て宜い傾向である。今後此の大阪市内百数十万の住民が、殆んど郊外に住居して、唯市内に於ては其商業なり其他の業務を営む者のみ居住することゝしたならば、誠に健康上に利益あることであらうと思ふ。

我国民は海陸軍に於て、或は法律に於て、医学に於て、尚其他の科学上の知識に於て、輓近殆んど欧州人に匹敵するまでに発達して来たにも拘らず、個人的健康を保持する上に於て、家庭の衛生乃ち郊外の散歩とか、或は一家内の者が其日の業務を済まし睦じく手を曳き合うて身心を静かならしむる場所に散歩し、以て家庭の円満を計ると云ふやうなことは、此法律なり医学其他の物の発達して居るに較べて、全然後れて居つたのみならず殆んど無頓着であつた。然るに日露戦争後国民事業の進歩発達と共に個人的健康を保持するのに必要なことを知つた後と云ふものは、郊外に住居し或は散歩し運動をするやうな傾きになつて来たが、尚ほ吾人の遺憾に思ふのは、此大阪市附近に於ては、阪神間の如き電鉄の到る処の附近は、殆んど何れも海水浴に適して居る土地柄であるが、其海水浴の設備が無い為に、徒らに夫れを利用することが出来ない。其他公園を開くにも最も適せる地なるに拘らず、或は香櫨園とか、又は辰馬の公園の如き二三私設の公園はあるけれども未だ官設、又は共立的の一大公園の設けがないと云ふことである。併し是れも阪神電鉄の発達と共に、将来は上述の設備も着々歩を進めると云ふことを聞いて、実に喜ばしいことである。

私は我国婦女子の如き者に海水浴を勧告するものであるが、現今では残念ながら殆んど行はれて居ない。其行はれて居らないと云ふのは、彼の欧羅巴人の如きは海水浴の必要なる事柄を知つて、衛生上非常に宜いことだと云ふことを認めて居るから、喜んで行うて居るのだが、我国の如き俄かに此開明に赴いた人民のことであるから、宜からうと云ふので真似はしては見るが、何うも思切つて遣り悪いやうな傾きがある。夫れに近頃の我国の女子の如き者は、高襟風と名づけて、非常に新らしい物を好むやうになつて来て居るにも拘らず、其自分の生活の方法、起居動作等随分不規則に居ると云ふのは、畢竟其外観のみに走りて実質的、将た衛生的の思想が全然欠けて居るに由来するので、前後頗る矛盾せるものと言はねばならぬ。只外貌の美を飾るよりも其内容に於て豊富なることが望ましいので、個人の健康は其国の健全を証するのである。而して此海水浴或は温泉の如きものは、決して欧羅巴人の創意になつたものでなく、同じく日本人も昔から行うて居るのである。唯欧羅巴人は其設備が完全であるからして、縦へ海水浴にしても男女其処を別にし必要なる準備が出来て居るから、容易く実行されるのである。今後は日本人も然う云ふことに就て種々改良して貰ひたいのである。

大体日本人は驚くべき勉強もしなければ極度の愉快を取ることも仕ない人民である。何となれば、西洋人は一週六日の間頗る時間を定めて労働して、然うして日曜には家族残らず市外に散策し、山河田園の趣味を掬して愉快を取ると云ふやうな美はしい習慣があつて家庭の和楽上実に此上もない結構なことであるが。日本人は今述べたやうなダラダラ主義で甚だ不規則の生活をして居るのであるから、始終少しの労働と少しの愉快とを共に取りつゝあるも、大愉快大勉強と云ふものがないから、精神的並に身体に於ける真の愉快の感覚を受くる分量が甚だ少ない。だから夫れを改めようと思ふなら一週間の内六日間は能く努力奮励して、然うして一日間丈は能く遊ぶと云ふことにすると、事物に限界も付くし、業務も進捗し、要するに無休執務して惰気横溢せるものに比ぶれば多大の効果を収むる事を得、当事者も亦一日の安息日を目的に大なるエネルギーを投ずることが出来て、啻に一挙両得の策たるのみならず、又一面には個人の健康から論じても最上の策なのである。

夫れから尚日本人に就て男子には体育会とか武徳会とか、或は何々の会合とか種々なる名称の下に運動的娯楽が沢山催されてあるが、婦女に限り頗る放任主義であるのは実に遺憾なことである。夫れ故私は是等の者の運動法に向つて奨励したいことがある。夫れは何かと云へば彼の神社仏閣である、此神社仏閣と云ふものは殊に婦人の最も信仰の深いもので、旧来から行われて居る宮詣りなどは誠に宜い運動機関になつて居る。則ち信仰の結果此日は是非共社寺に賽せざれば自分の良心に済まぬと云ふ存念から、大抵の仕事は繰合せて巡拝する。之れが知らず識らずの運動となつて、常に陰鬱なる屋内に起臥せる人には至大の保養となり、恰も欧羅巴人が公園に散策すると同じ結果を来すものである。例へば現に此大阪附近に有ては、住吉の祭典とか、或は某稲荷の祭典、又は西の宮の蛭子、或は何寺の縁日だとか云ふ、彼等の信ずる社寺の祭祀に当つて、電気鉄道又は汽車に満載する程沢山の者が三詣し、又然う云ふ特別の場合のみでなく、平素と雖も電鉄等に乗つて斯う云ふ社寺へ三詣と云ふことをして居るのを見受けるが、頗る理論に適つた有効の仕宜と言はねばならぬ。彼の空海が開いた四国八十八ケ所を巡拝するとか、西国三十三所の観音の霊場を巡礼するが如き、或は百度三りだとか、天神社への礼拝、或は大師巡り、一と五の日には何処其処の神社、幾日と幾日は何処何処の寺と云ふやうな工合に神社仏閣に三詣すると云ふことは、実に日本人に取つては行はれ易い良い運動法の捷径である。だから此神社仏閣を最う少し拡張して、然うして其かたわら音楽とか或は演劇とか、其他の余興或は興行の如きものを催して、然うして人々を寄せるやうにしたなれば、尚ほ市民が郊外へ出ることの機会を得るから、大層面白くなるであらうと思ふ。要するに此阪神電気鉄道の如きものは、僅か数十丁の所で下車することが出来、殊に此電鉄の沿道は、海水浴の如きも各所に於て行ふことが出来、又公園なるものも自由自在に設けることが出来るから、若し今後是等の設備が出来た暁には、私の想像して居る目的を達することも近き将来に於ては成功するのであらうと信ずる。故に此際市民は宜しく郊外の運動、或は市外へ居住移転等の事柄に向つて自己の意思を傾注するは、我大阪市民焦眉の急なるのみならず、殊に婦女子或は小児等の如き虚弱の者に対しては、衛生上一日も忽諸に附すべからざる緊急問題であるを以て、聊か一言申述べた次第なのである。（完）

本書の編纂に就て

阪神電気鉄道株式会社　高田兼吉

私は此度今西林三郎君の嘱託に依て本書の編纂に従事しましたが、実の所を申せば今日まで市外居住をすれば非常に利益があるとは聞いて居りましたもの丶、何故市内に居住することが不得策であるのか、又永く市内に居住すると如何なる害を醸すのであるか等に就ては詳しく知る所がありませんでした。所が此度本書を編纂するについて諸大家の説を聞き、市内居住の害と市外居住の利とに就き大に会得する所がありました。殊に其利、其害が自分の一身にのみ止まらず子孫にまで及ぶことを明にして、市内熱閙の巷に居住することが如何にも恐ろしくなりました、コハ恐らく私ばかりでなく、本書を御覧になつた読者諸君の一様に御考へになつた所と思ひます。

欧米諸国においては田園生活とか、市外居住とか称して此種の書籍も多く発行され、中には数十版を重ねたものもあるとのことであるが、之も畢竟土地が繁華になればなるだけ、市内居住の没趣味と害毒とが酷くなるので、益々市外居住の愉快と利益を思ふことになるの結果、此種の書冊の需要を来たしたものであらう。我国において専ら市外居住の利益を奨励したものは、恐らく本書を以て嚆矢とするであらう、之も国運の隆盛に伴ふ自然の要求で、今後益都市の繁栄を見るに従ひ是等著書も次第に増すであらうが、兎に角本書が我国において市外居住を奨めた濫觴であることは、啻に阪神電気鉄道会社の名誉のみでありませぬ、実に我大阪市の名誉である。何となれば大阪市は全国に卒先して市外居住を必要とする繁栄の程度、換言すれば欧米文明国の都市と同一程度に達した故である。

近年市外に別荘を構へ其処に居住する人々や、又は市外に居住を構へて市内の営業所や工場へ通勤する人々の増加して居るのは争ふべからざる事実である。併しまだ一般に此等の人を目するに贅沢三昧を以てするの傾向があつて、多数の人士は衛生上市内居住の害毒などには頓着されて居らぬ様にも思はれる。イヤ強ち頓着しないのではなく随分と市外居住の希望を有しながらも、種々の事情に制せられて、実行に躊躇されて居る人々少くない様である。其事情の内には到底移住を許さぬ事柄もあらうが、又中には何でもない事柄の為に実行されて居らぬ人もあらう。其処で此等移住の障害となる事情とは如何なるものであるか、之を列記すれば左の如くであらふと思ふ。

第一、市外に恰好の地所を求め又は家屋を建築するに良き手蔓を得ざること

第二、借家を捜索するに憶苦にして且不便なること

第三、日用品の購買に不便多きこと

第四、人情風俗を異にするより他郷人視せらるゝこと

第五、児童の就学に不便なること

第六、租税其他につき重き負担を課せらるゝこと

第七、気候の激変、水質の良否を掛念すること

私は阪神電気鉄道に従事して居る関係上、幸に阪神間の地理、人情其他の状態には多少通じて居りますから、及ばずながら出来るだけ沿線の土地に就て紹介の労を取り、何でもない事柄故、移住を断行せられぬ方々の為めに、前記七項の障害に就て少しく研究して見ましよう。偖て阪神間といふも今日までの趨労では市内の人々が移住を望まるゝのは尼崎以西に限られ、尚其中でも西宮から御影辺までが中心となつて居る様だから、主として此辺のことを述べようと思ひますが、

第一の障害、即ち土地を求め家屋を建つるに手蔓のないといふ心配は全然無用であります。何故かといふに元来阪神間の各地は古来海陸の交通開け、殊に大都の間に介在して居ることであるから、村落とはいへ市内と殆んど径庭なきまでに発達して居ります。随て土地購入とか家屋建築とかに就ては各地紹介人や受負人に乏しくない。勿論此等営業者の常として紹介人は中間に居て暴利を貪り、受負人は粗雑を事とする様な弊はないでもなからうが、皆が皆まで左様な横着者ばかりとはいへない、中には着実なものも少くないことは保証される。依て当会社にては御希望の御方に対し相当の者を紹介もすれば、時に地所の鑑定の御需め位までには応ずる考であります。されば第一の障害たる地所を求め家屋を建つる上においての御心配は畢竟杞憂に過ぎませぬ次に

第二の障害、即ち借家の少ないことであるが、実際今日の所借家は決して多数とは申されませぬ。併し漸次に増加しつゝあるは動かすべからざることで、殊に季節に依り余程潤沢を覚ゆることもあります、避暑とか海水浴とかの目的で一時的の移住者も少なくないことですから、春より夏へかけては移住者満員の有様であるが、秋より冬へかけては空家が多くなります、故に借家希望の御方は秋より冬の間に捜索せられたならば、必ず恰好なものが得られます訳である。家賃は大抵年極の様で夏だけ借入れ様とすると甚だ不経済であるが、直段は先づ大阪神戸辺と大差がないと見て宜しい、尤も我会社では豫て家屋賃貸の計画を運らしつゝあるので、遠からず不自由なく一般御希望の御方に供給することが出来る筈ですが、夫までは会社が無手数料にて貸借上の紹介の労を採ることになつて居ますから、御希望の御方は貸借共御申込みになりますれば、出来得るだけの便宜を図る都合である。依て此点は御遠慮なく御申込になつて宜ろしい。

第三の日用品の購買に不便が多いとのことは、誰れしも左様御考へになることであらふが、実際は決して御心配に及びませぬ。御承知の如く此地方は酒造家などが散在して居りますから、他の地方に比し生活の程度一段と高く、需用供給の途も自づから開けて居て、日用品の購買について不便を感ずることはありませぬ。先づ蔬菜類にしても時候外れの早作や遅蒔のものなどは、大阪や神戸の様に調ひませんが、普通のものは相応に潤沢であります。其他魚鳥獣肉の類まで阪神地方と異ることなく、寧ろ日々戸々に配達せらるゝ便がある位で、直段も却て此地方が低廉でないかと思はれる。又牛乳や新聞も遺憾なく早朝に配達せられ、呉服類や什器類も尼崎なり、西宮なり、御影なりの町々で大抵なものは調ひますから毫も不便を感じません。尚此外沿道有力者の発起で購買組合の組織が計画されて居りますから、成立の上は一層便利に且経済になるこ

と、思はれます。夫れから

第四の人情風俗の点であるが、此は表面上の事よりも裏面の観察に属するから、容易に断言は出来ませぬが。元来阪神との交通頻繁なる地方で、僻陬の田舎といふではないから、市内と著しき相違のある筈はないのである。土民の業務は半商半農で少々の漁業者が交て居る位のもので、教育の程度も低くはないが、政治熱などのために狂奔する様なことはない。風俗も華美に流れず粗野に失して居らぬ。産業には上下とも励む方で諸種の製造業も発達して居る。酒造時期となると他所より一時造酒の労働者も多数入込んで来るが、雇主と被雇人との間柄も常に良く調和せられ、軋轢などの模様は少しも見へない。勿論都会に近いだけ営利心には富んで居るに相違なからふが、さりとて余り陋劣ケましい心情も認められぬ、どちらかといへば人情に敦く風儀も宜しい方であらう。又村落では鎮守の祭礼や一家内の慶吊にまで村附合といつて強制的の交際のあるものであるが、此地方には絶へて左様の例を見ませぬ、交際などは至極淡泊で移住者には寧ろ住み易い地であらうと思ふ。

第五の児童就学の不便に就ては人の親として最も顧慮すべきことであるが、実際此等の地に居住したとして別に何等の不便を感ぜぬのである。今沿道各地における教育の状況につき少しく申述べんに、何れの地方と雖も郡部にありては普通教育機関の備はれるを以て満足せねばならぬ。此地方にても特種の学校とては御影町に兵庫県立師範学校あるのみで、其他は小学校程度の学校計りである。小学校は各町村に一ヶ所乃至三ヶ所位まで設けられて居るが、其内高等科は就学児童の数に応じ他の町村と組合になつて居て、村によつては設立されて居らぬ所もある。又尼ヶ崎町や御影町には女学校や幼稚園の設もありて、相当の設備も出来て居る様である。御影師範学校は校舎の宏壮にして設備の完全なるは全国に冠絶して居ると称せられた程であるから、其附属小学校の如きも最も完全なものと見てよからうと思ふ。既に今日の如く教科書が国定となり、其設備に至つても一定の法規に準拠し、市郡および府県の監督を受くる組織となつて居るから、教育の程度などは市と町村との間において相違のない筈である。たゞ村落は土地の広き割合に児童が少ない為に、高等科の如き村々に設けらるゝことなき所より、通学の道程の如き市内の様に近い訳にはゆかない。此点は不便といへば不便なるに相違なからんも、道程の遠いのは不知不識の裡に児童の健康を助け忍耐力を養成する等反面の利益もあること故決して顧慮すべきことではない。又聞く所によれば此等地方は御影師範学校の影響を受け、教育の方法は他の地方に比し異彩を放つて居るとのことで、我々門外漢には此等の事は判りませぬが、小学時代の薫陶は自ら性となつて生長後に多大の効果を与ふるものであるから、少しでも良好の点があるとすれば、其に浴せしむるを得策とせねばならぬ。従来学童の成蹟において郡部の市部に優れることは屢々耳にする処で其原因は教授の方法や設備の如何によるが、郡部における教員は之を都市の教員に比し献身的のものが多い、設備の上に就ていふも郡部の学校は校舎の壮麗、諸種の標本其他参考品の豊富なる点においては、到底市内の学校に及ぶ処ではあるまいが、校舎や運動場の広くして樹木花卉に富み、四囲の状況の優劣なるは市内学校の如何にしても郡部学校に企て及ばぬ所である。尚其上において教育上嫌忌すべき芝居、寄席其他花柳の風俗に接する機会等の郡部学校に少ないことは、学童に取つて非常なる利益とする所で、自然に快濶豪健の気象を涵養することは、遥に郡部学校の優れて居る所である。されば通学の道程の遠きより起る不便の如き問題となるべき価値なきものといつてよからう。其中学以上の生徒にありては、電車の便を籍つて都市に通学すること猶主人公の通勤と同じくすればよいので、健康に資する所の大なると車中書物に親しむ便ある等のことは、往復に要する時間の損失を償ふに余りあることである。次に

第六の町村税賦課の事は所によつて状況を異にして居るから一般には

いへませぬ。或る一二の町村では移住者に不権衡な賦課をなしたとの噂さを聞きましたが、是は必ずしも排外思想の上から故意に軽重を附したものではなからう。元来月給生活のものは其収入が明確であるに反し商人などは明白に知難い、其に村方では各家々の資格即ち家柄が前々から署定まつて居るので容易に動かすことが出来ぬ。其処で自然新規の外来者と均衡を失する様のこともあつたのださうで、都市にても此傾向は免れ難いのである。然しながら移住者の多寡は其町村の盛衰に大なる関係を有し、外来者を歓迎せねば其繁栄を他に奪はれることが明瞭になつた、今日では各町村共に大に反省する所あつて、公益上の観念から競ふて他郷人を迎ふるに、力め此等の弊は追々と矯正されて居ます。尤も町村税の課率は各町村の状況に依り素より一様には行かぬ多少軽重のあること は謂ふまでもなく又近時国家の発展と自治体の進運につれて租税の賦課は郡村と雖も漸次加重して居りますから大阪神戸等に比し大差ないと見て宜しからふ。

最後の衛生上のことは夫々専門家の名論卓説があつたので、今更私如き素人の何も蛇足を加ふるには及びませぬが、此等地方の気候と飲料水についての大体を一言致しますと。気候については別段寒熱の度数を示すまでもなく、南は海に面して夏は涼風を送られ、北は山を負ふて冬は寒風を防ぎ、寒熱ともに酷烈でない。近来刀圭家諸氏が此地に別荘を置かれ又は病院を開かるゝ上から見ても、此地の気候が衛生上に適応したるを証するものである。又飲料水は大阪神戸の如く水道の設備はないが、沿線各地の井水は大抵其儘にて飲料に供することが出来る、中には少しく濁色を帯びたものもないではないが、此等とても濾過さへすれば飲料に差支はない。併し沿道濾過器を用意して居る家の甚だ少ない所を見ると、別に濾過せずとも飲料に供して差支なきものと思つて宜からう。尤も水質の良否は試験を経れば直ちに明瞭なもので、其良否は一村内でも所に依り相違があつて、甚だしきに至ると隣り合せの家でも一様には行かない。されば移住者は必ず一通りの注意を払つて水質の良否を試験して貰ふことの必要はあらうと思ふ。

之を要するに阪神電鉄の沿線は交通の利便、需要品の潤沢其他凡ての機関が完備して居て、衛生上の見地よりするも一の欠点なく、常住地として最も適当の場所かと思はれます。加之此等の地には人為や金力を以て他に求むることの出来ぬ利益があります。夫れは此地方が山海の風光明媚にして四時遊楽の勝地に富み、山は猟するに任せ海は漁するに委し、而も名所旧蹟の多きこと他に類が少ないので、門前一歩を出づれば鬱を散し閑を消すに足り、幼者は即ち修学の材豊に、老者は為に晩年を楽しむの料饒である。天下又何処か此楽地あらんやと称するも決して誇張でない。私は都市の人士が速に市外居住を決行して一身の健康と一家の平和を保ち、人生の最大幸福を享け、事を処するに一層の勇気と愉快とを以て国家に貢献せらるゝ所あらんことを望むものである、即ち本書を編纂するに当り茲に一言して移住者の参考に供します。

終に臨で大阪市内諸大家が各甚深なる研究により、非常に有益にして且頗る興味ある意見を洩らされたる光栄を感謝し。併て本書の配列が専ら印刷上の都合に出で、固より次第不同のものたることを此処に表明致して置きます。

〔3－B〕『最も有望なる電車』（箕面有馬電気軌道会社、一九〇八年）

最も有望なる電車

◉箕面有馬電気軌道会社の開業はいつごろですか。

▲明治四十三年四月一日の予定です。先づ第一期線として大阪梅田から宝塚迄十五哩三十七鎖及箕面支線二哩四十四鎖合計十八哩一鎖丈を開業するつもりです。そして全線複線で阪神電気鉄道と凡て同一式であります。

◉夫だけの大仕事が現在の払込金即ち第一回払込金百三十七万五千円で出来ますか。それとも払込金を取るお考へですか。

▲株主が喜んで払込金をする時迄払込を取らなくて屹度開業して御覧に入れます。

◉是は近頃以て不思議なお話を聞くものかな。他社の振合を聞くにいづれも第二回以上の払込金を取らなければ開業はサテ置き工事を進行することも出来ないと聞て居りますのに箕面有馬電鉄は払込金をとらなくてどうしてやりますか。

▲第一期工事予算額に対する支辦法を左の如く定めましたからです。

一金二百七十万円　大阪宝塚間及箕面支線、複線延長十八哩間建設費
一金十万三千百二十五円　未開業中年五分の利息配当金
一金五万円　未開業中借入金利息
合計金二百八十五万三千百二十五円
一金二百八十五万三千百二十五円　第一期建設費予算額
内金百三十七万五千円　第一回払込金
差引金百四十七万八千百二十五円　不足額
内金百三十万円　輸入材料品ニ対スル借入金額
再差引不足額十七万八千百二十五円
外ニ
一金二十万円　住宅地買収予定額
合計金三十七万八千百二十五円　不足額

百三十万円の借入金は年利六分手数料二分五厘にて他の会社よりも尚有利の方法を選み三井物産の仲介及金融によつて既に約束致しました。尚不足金三十七万余円の借入先も承諾を得て居り升から安心です。

◉成程判明ました。然し聞く処によれば何れの電鉄線路も一哩の建設費は二十二三万円かゝると云ふ話であるのに箕面有馬電鉄丈が僅に一十六七万円で出来ると云ふは何か特別な理由があるからですか。

▲大に有ります。其詳細の事は省き一寸概略だけ申上升

一創業以来経費の掛からざる組織で出来上つた特別の会社であると云ふ事が他と大に異る事
一経済界の沈静なる時に事業に着手するから材料の買入土工の費用等凡てのものが一割以上も下落して居るといふ点だけでも好景気の時に施工した他の会社より利益すくなからざる事
一測量設計等阪鶴鉄道会社が梅田直通線に投資した諸材料を無償にて譲受けた為に経費を省き得たる事
一最大工事と予期せられた新淀川の鉄橋が最も進歩したる設計によつて約二十二万円位にて出来る快便の鉄橋を敷設し得る事
一工事進行に伴ひ巨額の資金を要する上に尤も困難のものと覚悟したる梅田の起点より東海道線を越ゆる陸橋架設及梅田附近土地買収の件が大阪市と契約が出来て道路敷地買収費を会社より寄附し

八間幅の新道路が出来其上に電鉄を敷設する事となりましたから
　万事速急に成就し従つて経費を省き得る事
一世人が当会社を解散すべきものと誤認して居りました間に着々計
　画を進捗しましたから凡て予想以外外万事安価に処置し得た利益
　大なる事

◉大に判明ました。そこで利益及配当の御見込は何うですか。

▲未開業中は定款によつて年五分の配当をいたし升又開業の上の利益及配当は何人が御覧になつても直に御会得が出来るやうに明細表が御座い升から委しいことはそれを御覧下さることに願ひまして一言に申上升れば開業後八分の配当をなし得ること、信じます。尤も今会社が計画して居り升事業が予定の如くうまくゆけば一割以上の配当は何んでもない事と考へます。

◉それは余りうますぎる話だと思ひますが、何か他に計画して居る事があるのですか。

▲それは外国の電鉄会社が盛にやつて居る住宅地経営の事です。会社の所有となるべき土地が気候適順風景絶佳の場所に約二十万坪僅に梅田から十五分乃至二十分でゆけるところにあります。此所に停留所を設け大に土地開発の策を講じて沿道の乗客を殖し同時に土地の利益を得やうと云ふ考です。

◉箕面有馬電鉄の沿道はそんなによいところですか。

▲これは委しく申上る迄もありません。何人でも宜敷大阪附近を跋渉して御覧なさい。吹田方面、桃山、天王寺、天下茶屋、住吉、浜寺それから阪神線の沿道を御一覧になつた上比較べて見て下さい。此の沿道は飲料水の清澄なること冬は山を北に背にして暖く夏は大阪湾を見下して吹き来る汐風の涼しく春は花秋は紅葉と申分のないことは論より証拠でご一覧になるのが一番早わかりが致します。

◉大ざつぱに承はりましただけでも箕面有馬電鉄の有望なることは判りました。然し尚一応もつと委しいことを承知したいと思ひますが何うしたら宜敷ふ御座います。

▲それならばこれから先の明細なる説明を御面倒ながら御一覧を願ひます。

○　　　　西行法師

雨しのぐみのをの里の柴垣に
　すだちはじむる鶯の声

○　　　　津守国助

忘れては雨かとぞおもふ滝の音に
　みのをの山の名をやからまし

箕面有馬電気軌道線路図

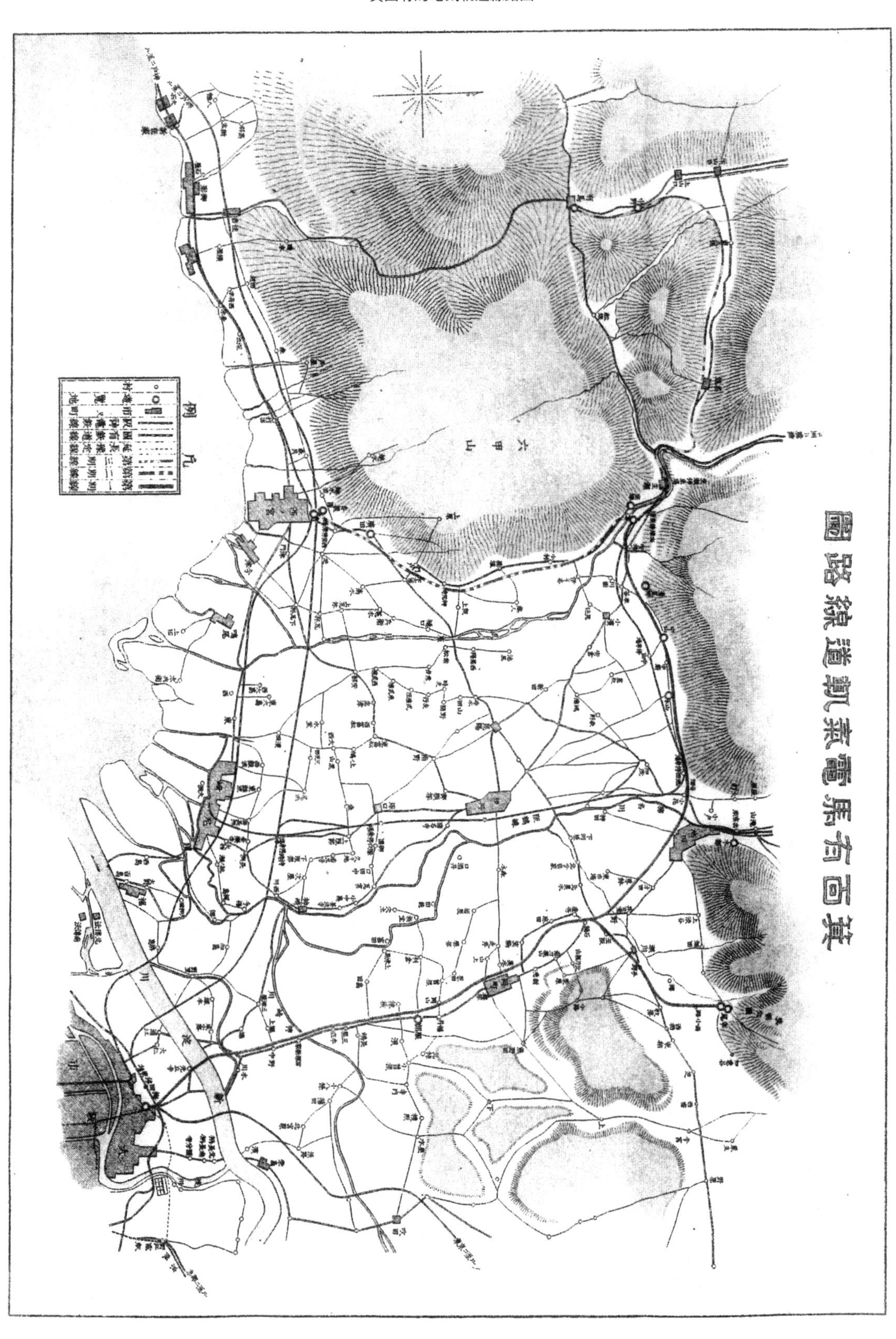

箕面の滝

宝塚温泉

目次

大阪宝塚間及箕面支線工事予算表

科目	金額（円）		備考
測量費	13,000	000	一大阪梅田宝塚間十五哩三十七鎖箕面支線二哩四十四鎖合計十八哩一鎖ノ複線 一利息配当金ハ明治四十三年三月三十一日迄年五分ノ割合 一開業予定期日ハ明治四十三年四月一日
工事監督費	45,000	000	
用地費	432,800	000	
土工費	206,598	500	
橋梁費	416,700	000	
溝橋費	44,000	000	
伏樋費	12,090	000	
軌道費	445,893	000	
発電所費	348,739	000	
変圧所費	43,385	000	
車両費	248,850	000	
諸建物費	85,000	000	
器械場費	25,000	000	
運送費	3,700	000	
建築用具費	2,405	000	
柵垣及境界杭費	1,850	000	
電線路費	170,040	000	
電信線架設費	5,365	000	
総係費	45,000	000	
予備費	104,584	500	
合計	2,700,000	000	
外ニ　利息配当金	103,125	000	
建設時代借入金利子	50,000	000	
建設費合計	2,853,125	000	
平均一哩	158,396	946	
内　第一回払込金	1,375,000	000	
外国材料借入金	1,300,000	000	
差引不足金	178,125	000	
外ニ住宅用土地買収費	200,000	000	
再差引不足金	378,125	000	

一ヶ年収入賃金予算表

区間	一日片道乗車人員（人）	往復一ヶ年乗車人員（人）	一人ノ乗車賃（円）		一ヶ年乗車賃（円）		記事
大阪　箕面	2,000	1,460,000		100	146,000	000	宝塚行ハ賃銭片道二十銭割引往復三十五銭大割引往復三十銭ノ見込 箕面公園行賃銭片道十五銭割引往復二十五銭大割引往復二十銭ノ見込 平均一人ノ乗車賃銀十一銭強 一日運転車輌百九十二回一回平均五十一人強ノ割合（十分間発車ノ予定）
大阪　池田	1,000	730,000		120	87,600	000	
大阪　中山米谷	500	365,000		150	54,750	000	
大阪　宝塚	1,000	730,000		150	109,500	000	
大阪　淀川	200	146,000		030	4,380	000	
大阪　岡町附近	100	73,000		080	5,840	000	
一区間　大阪　池田間	100	73,000		050	3,650	000	
池田　宝塚間	50	36,500		050	1,825	000	
計	4,950	3,613,500			413,545	000	

支出金予算表

科目	金額（円）		備考
総経費	18,000	000	借入金利子ハ建設費金二百八十五万三千百二十五円ニ対シ払込金百三十七万五千円ヲ差引タル不足金百四十七万八千百二十五円ニ対スル年八分五厘ノ割合 住宅用土地買収費二十万円ニ対スル利息ハ別途決算ノ見込ユヘ省略ス
運輸費	26,280	000	
車両保存費	15,221	000	
電線保存費	5,285	000	
軌道保存費	19,820	000	
発電費	38,053	000	
税金	10,000	000	
広告費	12,000	000	
借入金利子	125,640	000	
予備費	8,500	000	
一ヶ年総支出	278,799	000	

注意　電気鉄道の経営に就て最も注意すべきは経費の厖大に流るゝを防ぐに在り、当会社の特点は初より最も少なき経費を以て最も巧妙に処理せんとする方針に遵ひ事務の配置は勿論万般の設備を金のかゝらぬ様に定めたるにありとす、蓋し何れの事業を問はず経費の節約に必要の条件なれ共言ふは易く行ふは難き実際の有様なれば俄かに其節約を強ゆるは至難の業なるが故に当会社は創業の当時より一大方針として金のかゝらぬ事に工夫したる結果事業の割合に経費を要せざる功果を収むべきを確信せんとす

収支予算表

摘要	金額（円）		備考
一ヶ年総収入	413,545	000	
一ヶ年総支出	278,799	000	
差引益金	134,746	000	
法定積立金	6,800	000	
役員賞与金	6,800	000	
配当金	110,000	000	年利八朱
後期繰越金	11,146	000	

●収入金予算の説明

八分の配当をなし得る最低度の乗客は全線に於て一日平均僅に四千九百五十人あれば充分なり果して四千九百五十人の乗客あるや否やは左記に明瞭なりとす而して開業の暁漸次設備を完了せば一割以上の配当をなし得ること至難の業にあらず貨物輸送の利益も亦少なからざれ共資金の増大を避くる為め此種の計画は一切見合したり蓋し乗客のみにて開業後八朱の配当あるを予定し得るが故に外ならず。

▲一日平均四千九百五十人の乗客あれば八分の配当は容易なり

現在阪鶴鉄道線の中池田、中山、宝塚停車場の乗客の一日平均数は約千五百人、吹田、茨木、伊丹各駅に於ける乗客の中当然当線路によるべき見込の数三百人及十三橋を渡る人の数は大阪府の調によれば平均二千五百人を下らざるが故に単に現状を標準としても開業即日より少く共三千人の乗客を期待するを得べし而して電車開通と同時に増加すべき沿道の乗客並に遊覧電車として大阪市民を名所遊覧場に誘引し得べきが故に予定の乗客を得ること頗る容易なりと確信す、況んや宝塚以北に於ける阪鶴線の乗客は近来山陰道方面に於ける開発と相俟つて二隻の阪鶴丸により舞鶴港に輸送する乗客著しく増加し為に舞鶴直通の各列車は殆んど満員の盛況を呈し居れるが故に電車の開通は宝塚以北の乗客を吸収し得ること少なからざるに於てをや。

▲電燈兼業は又直に配当金を一分以上増加し得る見込みなり。

発電所の余力を利用し優に十六燭光二千燈を点火し得るが故に既に出願せる電燈兼営事業が認可せらるれば電車の開通と同時に開業すべき見込なりとす。電燈業に要する固定資本は建設費予備金十万四千余円の内五万円を流用する予定なるが其収入は最初の需用者千五百燈一燈一円五

大阪（櫛田）停留所附近設備図

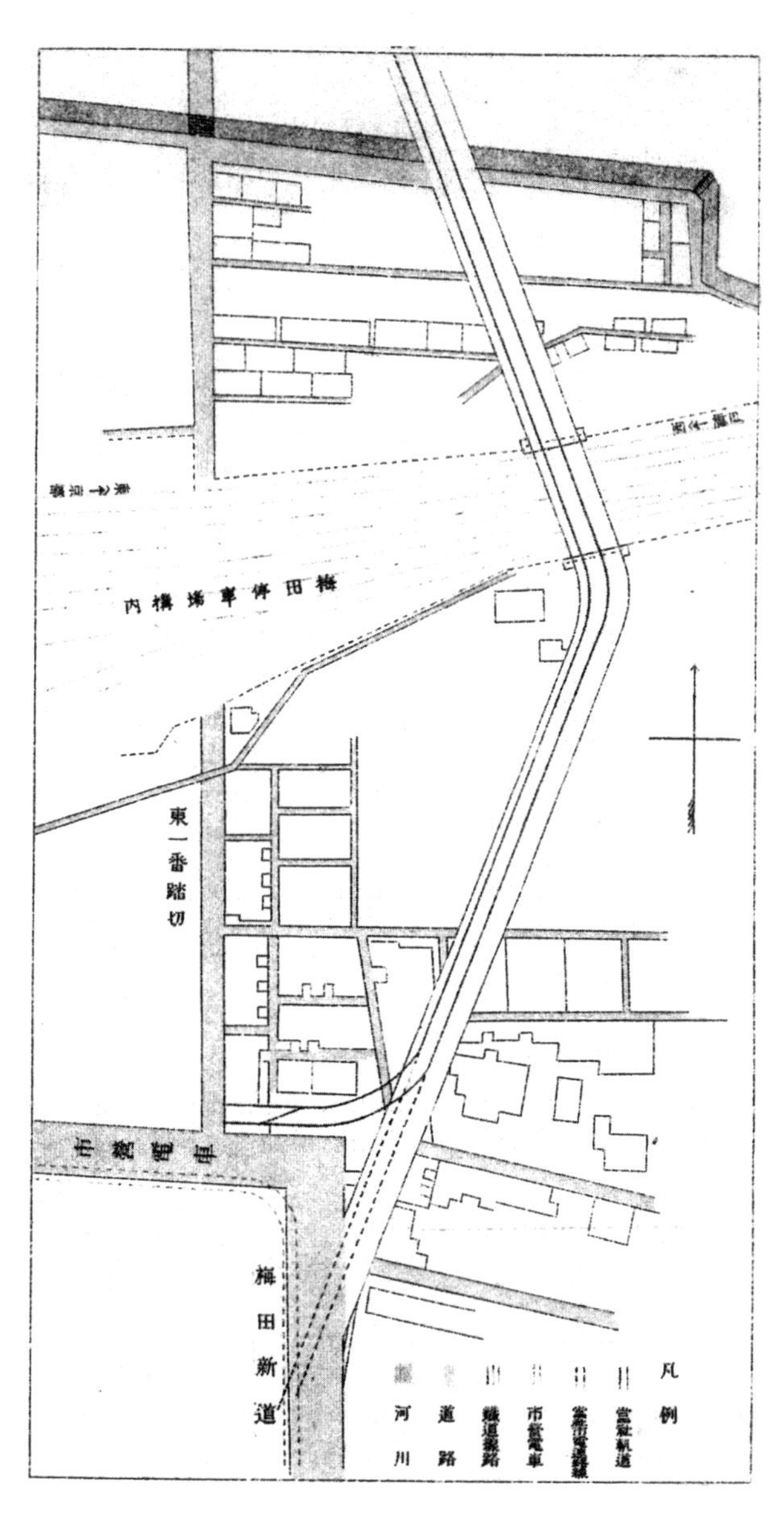

（参考）
梅田跨線橋に対する大阪市と契約の要点
一新道路買収費を会社より市に寄附すること
一道路築造は会社の負担たること
一道路以外の用地及踏切其他の入費は凡て市の負担たること
但跨線橋は鉄道庁にて架設すること

十銭として一ヶ年二万七千円なり。経費約一万円を差引く共利益一万七千円を得べし。宝塚四百燈池田九百燈箕面公園及沿道にて二百燈と仮定しても開業直に千五百燈の需要あるが故に巨額の資本を要せざる電燈兼業の如き実に好望なりと云ふべし。

●建設工事の説明

▲起点（梅田停留所のこと）

凡そ運輸交通の事業に於て其最も必要なる点は陸に於ては停車場水にありては波止場の位地如何にありとす殊に電気鉄道の如きは市民に与ふべき便利の度合によつて其盛衰甚だしきが故に停車場の位地は最も注意すべきものなりとす。然るに幸にも当会社の起点は梅田角田町の正面にして市営電鉄に連絡し阪神、京阪両電鉄の集合点たる梅田停車場に密接するが故に東西南北自由自在の便あり且つ東海道線は勿論関西城東線及西成線往復の衝に当るが故に最も便利なる停車場として実に日本第一なりと広言して憚からざる起点を有する当会社の前途有望なるは又以て想像するに足るべし。

▲梅田跨線橋

梅田町の起点より如何にして東海道鉄道線を越ゆべきかは当会社の苦心したる点なりとす。而して用地の買収其他鉄道庁後来の発展に伴ひ関連すべき跨線橋の設計等之を迅速に落成せしむるは難中の難とす。然るに大阪市と協定の結果大阪市に於て梅田新道より一直線に当会社の起点たる角田町正面より八間幅の新道路を築造することになりたるが故に大阪市の事業として急速に着手する予定なれば遠からずして堂々たる八間隔の街道は二十分の一或は二十五分の一の勾配を以て坦々として斜めに南北に走るを見るに至るべし。当会社は此新道路に軌道を敷設し鉄道を越へ更に新設軌道によることになりたれば全線の中一番困難なりと覚悟したる跨線橋は最も容易に落成すべき予定なり。左の画面の如し。

▲新淀川鉄橋

新淀川は輓近の改修に係る関西唯一の大河にして其幅員二千四百呎に達し随つて之れが架橋には多大の困難と巨額の工費とを覚悟せざるべからず。現在の官線に於ては二ヶ所阪神電気鉄道線に於て一ヶ所の架橋あり何れも巨額の費用を要したれ共当会社は本川架橋の方法に就き極めて周到なる調査を遂げ事の実際に臨みては勉めて構造の堅牢を経とし価格の低廉を緯とし設計上些の遺漏なきを期せり。最新式の設計により僅に廿二三万円を超過せざる範囲内に於て快便なる鉄橋を架設し得べき特許を得るに至れり。其構造の大要は橋脚は鋼製「Iビーム」を以て構成し其脚数を四十一組とし橋桁は「プレートガーダー」を用ひ其径間を五十呎総数四十二径間とせり。橋桁は単線構造なるを以て之を二列に架設し以て複線を敷設するものとす。要之架橋費に大節約を加ふることを得たる主要なる原因は従来百呎径間なりし橋桁に代ふるに五十呎の「プレートガーダー」を以てするにありと雖も其他に於ても基礎工工事監督費並に之れに付帯する諸経費の如き苟も人為を以て節し得べきもの及び橋梁其物を堅牢ならしむるに関係なきものは極力之を節し冗費を避け得たる額も亦侮るべからざるものあるを確信す。四十一年十一月工事に着手し四十二年十一月落成の見込、材料は既に注文済。四十二年三月到着の予定。

▲発電所及変圧所

発電所は神崎川三国橋畔に決定し其用地は既に買収済なりとす。発電機はゼネラルエレクトリック社タービン式にて一千キロワット二基汽罐はバブコックウイルコックス社水管式四百馬力三個とし其他節炭機通風機給炭機等苟も発電所の経済的能力を充分発揮せしむべき最近精良の器機は一として完備せざるなし。而して第一変圧所は池田町に設置の予定なり。

●遊覧電鉄の真価

大阪市の如き乾燥無味の大都会に在つて市民に最も必要なるものは其紅塵を一洗する利器なりとす。然るに大阪市内には只だ一の中の島公園あるのみにて市民を満足せしめ能はざるが故に彼の煤煙の下なる桜の宮又は新淀川の堤防の如き何等の風致もなく趣味もなき場所に於てすらも春秋二季には市民の楽園として雲霞の如く蝟集するを見れば如何に大阪市民が行楽の場所に苦むかを知るに足るべし。茲に於てか浜寺、堺、住吉、香櫨園の如きは実に大阪市民独占の公園なるが如き観を呈して賑盛を極むること理ありと云ふべきなり。然れども浜寺、堺、住吉、香櫨園と区限せられたる大阪市民は如何に不幸なりしかを発見する時代は来れり。当会社の沿道には市民を満足せしむべきあらゆる機関を具備したる名所遊覧場頗る多く而かも其起点は市民の最も便利とする梅田の角田町にありて市営電鉄及阪神京阪の三電鉄に連絡するが故に市民は四季絶へず当会社の沿道に出遊し以て俗塵を洗ふに至るべし。当会社も亦遊覧電鉄の真価を発揮し其設備を完了し賃銭を低廉にし其沿道一帯の山水丘陵を市民の公園たらしめんことを期せんとす試に左に名所遊覧場の概略を説明すべし。

▲服部の天神

梅田より五哩服部停留場の前に在り人皇六十五代花山天皇の再建にかゝる古社の由にて少毘古那大神及菅原天神の二座を齋祀す往古より遠近の参詣者常に群集し男女芸人等の信仰頗る深く殊に脚気病に対しては霊験不思議に現はれ祈禱神水薬草履を乞へば病痾忽ちに熄むを以て全治の信者報謝草履と称し異形の草履を社頭に捧る者おびたゞし。依て一名を脚気天神と世に伝はるゝに至れり。同社境内の東数十間にして樹木蓊鬱たる深林の中に住吉神社あり土地高燥にして清風徐ろに通ず。傍に流るゝ天笠川の堤上より眺むれば三島豊能の一円眸中に在りて風景画の如く堤上の松林はやがて大阪市民の好別荘地たるに至るべし。同社の取調によれば四十年度に於ける参詣者の一番多き月は二月、七月、十月にて一ヶ年合計三万四千八百人なりといふ。

▲箕面公園

梅田より十哩四十二鎖三十分間以内にて到着すべし箕面山は平尾村の北にして海抜五百米突勝尾山の南秦山の東北に在り、箕面川の源より流れに添ふて下ること二十町。日本一の大公園として其名声近畿に嘖々たり、齋藤拙堂遊記に曰く。

箕面の山盤廻して而して之を上れば則ち浄境別に開け清渓奔駛し紅欄橋架す焉此間竹経松緯一往幽折寺門に至る。稍前めは左右磴有り左を行者堂となし右を辨天宮となす。並に宏麗にして之を合せ名づけて滝安寺と曰ふ。満山皆楓爛然として霜に飽き色渥丹の如し。水は岩間に緯錯し時に墜錦有りて波に映し杳然として流れさる談者多く言ふ其勝高雄の上にありと意ふに然らん。後門に出で径に沿ふて而して行く。楓尽きて松来り水窮りて石出づ。巨岩竦峙し大さ厦屋の如きあり唐人戻と曰ふ、戻の言たる反る也相伝ふ昔外国の人有り来遊して此に至り険を畏れて反り去る故に名づくと更に進む大声鞺鞳山谷に震ふを聞く。径転して瀑布の絶壁に掛るを望見す。長さ二百尺可り噴沫空に飛跳擲して而して下り潭底に至て復逆上し輙ち轟然として雷動す一佛堂在りて瀑に面す登りみる焉凜然魄悸久しく留まると能はずして而して去る聞く近畿の瀑布那智を以て第一と為し此瀑之に亜ぐと想ふに当さに然るべし堂の右より磴を躡んで而して上る瀑頂に出づ頂凹蓄碧方三丈上流灌注し底深測られず盖し瀑の源也。

以て其一般を知るに足るべし。

世八箕面公園の紅葉天下に冠たるを知れ。共春の桜は嵐山以上なること、眼に青葉、山ほとゝぎす、夏は涼しき緑蔭に川の流、秋立つ夕には汐見が岡の月露に七草の乱れて風情ある、松の雫に香しき松茸の名所等を知る人少なきぞ憾みなる。

箕面公園の真価は四季を通じ絶へず其風景を新にして市民を楽ましむる点に在りとす、梅の花、桜の花、青葉、若葉、山つゝじ、さつき別けて夏は画尚寒き二百尺の瀑布あり避暑地として海抜五百メートルの涼味奪ふべからざる七草、茸狩、紅葉、時雨、冬は雪見に箕面温泉等市民諸君の公園として何不足なき天与の風景に加へて道路を開き架橋を増加し其他あらゆる人工を加へて其設備を完了せしめ以て諸君を満足せしめんとす。

現在に於ける箕面公園は只だ紅葉の時季に市民を吸収するに過ぎず梅田より池田迄汽車賃往復四十銭池田より箕面迄人力車往復七十五銭を費すも尚且つ紅葉の真盛には日曜日二万五千人以上、平日一万五千人以上の遊客ありといふ、電車開通の上は十五銭未満の賃銭と卅分の時間とを以て自由自在に往来し得る故に大阪府の公園たる名称に背かず真に市民の一大楽園たるに至るべきこと疑ふべがらず

▲勝尾寺

箕面の山つゞき行くこと約一里にして勝尾寺あり西国巡礼第二十三番の札所にて楼門観音堂、開山堂、般若台弥陀堂等ありて緑樹蓊鬱、盛夏暑さを知らず又楓樹に富む。

▲池田町

大阪梅田より十哩四十鎖卅分間以内にて到着す豊能郡役所所在の町にて戸数約二千戸城山を囲み猪名川の隘口を占む、商業殷盛風景佳美なる小都会として前途甚だ有望なり。此町の特色は五月山を肩にし猪名川の流を俯視して遠く大阪湾を眺むべき山脈丘陵に富む健康地に在りとす。

　五月山は海抜凡二百米突秦野山の西嶺に在り、池田城趾、大広寺、愛宕祠等池田の公園となるべき名所多し。

呉服神社の大祭、五月山のつゝじ、大広寺の李畑、猪名川の鮎狩、秦野山の茸狩等遊覧場所少なからず

▲能勢妙見

池田町を距る約三里能勢郡吉川村妙見山上にあり妙見菩薩を祀る初め能勢職人当山に拠りし時城中の守護仏なりしといふ。爾来霊験現著なりとて近郷近在は勿論遠く海山を隔て来賽する者極めて多く殊に厄難病苦に罹る者の如きは此地寵堂に宿泊し日々堂下十余丁を隔つる滝に浴せんが為めに法華題目を唱へて峻路を上下し賑盛を極む摂津名所図絵に日く、当山の繁昌賽人の群集平生法莚の如しと、四十年度に於ける参詣人は同社の調によれば十三万六千人なりと云ふ。

▲山本の牡丹

梅田より十三哩三十五分間以内にて着す阪鶴線池田停車場の北丘より山に添ふて麓を西に行くこと一里此附近気候温暖にして夏は却て涼しく沿道到るところ果樹園及植木畑あり殊に牡丹の花の艶なるに至つては天下に冠たり其他薔薇、菊の苗等一望涯なく、春夏秋冬花の色衰ゑず香気馥郁として野に満つ、他日必ず大阪市民の遊ぶべき楽園に変ずべし。

▲中山の観音

大阪梅田より三十五分以内にて着す、西国三十三所第二十四番の札所にて現域二万坪真言宗に属し、金堂本尊観世音を置き、薬師堂、地蔵堂、太子堂、羅漢堂、十王堂等あり慶長八年豊臣氏の重修するところとなりと云ふ中山の山腹に在つて眺望絶佳常に都人士女の参詣絶へず、本堂附近の岡陵数十万坪天然の公園たり麓の西に小川あり橋を渡つて行くこと一町にして中山温泉に至る当時の調によれば春秋会式に十七万人の参詣者あつて四十年中の合計は三十四万六千人なりといふ。

▲売布神社

中山寺より西数丁山腹に延喜式売布神社あり殿宇石苔古色蒼然たり境内の老松古杉鬱として青空に聳ゆ、谷あり池あり風景絶佳にして而かも閑雅静逸誠に得難き一大仙境と言ふべし此附近に停留場を設くるが故に別荘地としては無二の場所となるべし。

▲米谷の梅林

川辺郡小浜村米谷の梅林は其広さ約三万坪谷の戸渡る鶯の初音と共に、かほる梅が香の、野と言はず山と言はず馥郁として春風に散る、きさらぎ頃には月ヶ瀬に次ぐの名所として杖を曳くに足るべし。

▲日本一清荒神

米谷より五丁日本一清荒神あり宇多天皇の勅願により本覚大師の建立せし所にして三宝及大日如来を祀れり谷の流れ淙々として山深く桜あり、

楓あり、境内広く茸狩の好場所あり四季参詣者多し四十年度に於ける同社の参詣人は合計十万九千三百人なりと云ふ。

▲宝塚温泉

梅田より十五哩三十鎖四十分以内にて着す、武庫川の両岸に跨つて既に温泉の町をなす宝塚ホテルあり其他高楼櫛比浴客常に室に充つ、避暑避寒共に適するが故に日に益々繁華となれり。

▲宝塚梅林

宝塚温泉場の西南数丁の山上にあり園圃広く老樹数千槎枒枝を交へ整然として並ぶ清葩老幹花時枝を曳かば満園一白雪の如く絮の如く恍として身は香世界にあり真に羽化登仙の思あらしむ加ふるに眺望佳絶画の如き風光一眸の下に在り近畿稀に見る梅林なりとす。

●最も適当なる住宅地

大阪市の最も繁華なる船場心斎橋筋方面を除けば市内到処に煙突ありて有害なる煤煙を噴出するが為め市内居住の不愉快なること名状すべからず殊に大阪は東京と異り所謂山の手の如き翠葉緑樹に乏しく丘陵高台の邸園なきが為め近時郊外生活を希望するもの著しく増加したるは蓋し理由なきにあらず而して市内電鉄の開通と共に俄かに市外生活を望むもの益増加し競ふて好住宅地を得るに腐心せつもの、如し蓋し大阪市民の住宅地として何れの方面が最も適当なるやは大に研究すべき問題なりと云ふべし従来交通の便ある天下茶屋、住吉、浜寺及天王寺又は阪神線の沿道は既に〳〵市民の探求し尽したる所にして一定の評あり例へば南海線の海岸は落日を受けて夏は炎熱甚だしく冬は六甲摩耶の木枯寒く天下茶屋、天王寺以南は飲料水乏しくて蚊軍多きが如き阪神線は十哩以西即ち香櫨園より先にあらざれば住宅地なく山を好むものには距離遠きに過ぐるが如く而かも地価亦廉ならざるが故に従つて一般市外生活者の輿望を満たす能はざるが如し。然るに当会社の沿道は至る処飲料水良好にして丘陵起伏し延々として尽きざるは岡山より宝塚まで十哩其内山を背にし近く東南に大阪市及海面を俯瞰し塵寰を離脱せる仙境多く又附近遊覧地を点綴せるが故に四時の行楽に適し夏涼冬暖の好適地として決して他に求むべからざる健康地に富めるは到る処蜜柑水蜜桃杏李等の果樹其他花卉の本場たるを以て之を証明するに足るべし。而してこの天恵の山手は実に将来大阪人の住宅地たるべき運命を有するものと信して疑わず当会社は之沿道に約廿万坪の地所を所有し得べく大阪梅田より僅に五哩乃至八哩時間に於て約十五分乃至二十分を以て往来し得るが故に大阪の市場に対する連絡は市内に住居すると少しも異ならざるのみならず所謂田園生活の受くべき利益は直接と間接とを問はず頗る大なるべければ大阪市の膨張発展と共に別荘地住宅地として大阪市民の赴くべき場所は当会社の沿道なるを断定するを得べし。

此天与の場所を有する当会社は線路開通に至る迄に能ふ限り諸種の設備を施し住民吸収の策として大略左の方針を以て土地を経営せんとす。而して会社の所有し得べき土地は実測一坪約一円にして買収し得る予定なるが故に開通後地価の騰貴によつて受べき利益巨額なるを信して疑はず

▲土地経営の説明

一、買収土地を一区劃一万坪乃至二万坪に区別し其中に道路及び下水を設け住宅区域を明確にし三分の一を一軒百坪乃至百五十坪内外を限度とし原価を以て売渡すこと。

一、中央便利の場所に倶楽部購買組合等を設け居住人の便利を計ること。

一、如此にして他の三分の二の土地の価格を騰貴せしめ会社の利益とな

すこと。

右の如く大躰の方針を定めたり尚詳細に渉り説明すべき点多しと雖も繁雑に流るゝが故に之を省略す要するに土地其もの、利益を得るのみならず乗客を増加せしめんとする目的に外ならざるなり。

●阪神、京阪直通連絡市内延長線の件

阪神及京阪電鉄直通連絡線たるべき当会社の市内延長線は梅田起点より北野西ノ町天神橋筋を経淀川を渡り東成郡榎並村大字野江に達し京阪電気鉄道会社に接続する二哩四十鎖の独特の線路にして既に大阪市と契約を取結び明治四十一年二月五日附を以て内務大臣に宛て該線路の特許申請書を提出したり。而して大阪市に対する京阪、阪神、両電鉄会社が大阪市内乗入の契約は一時間に両電車十二回づゝ市営電車三十六回即ち一時間六十回一分発車の割合なるが故に両電車は五分間発車の割合にて乗入れ他日京都、神戸を連絡する土台たらしめんとするもの、如し思ふに京阪及市電第三期線開通し各電車連絡の暁には鉄道庁の態度或は一変すべく賃銭其他競争の時代来るべきものと予期して可なり其時代に起るべき問題は努めて（1）短距離に神戸、京都を連絡すること、（2）出来る丈早き速力を以て京都神戸を急行すること、（3）成るべく安き賃銭を以て乗客を吸収せざるべからさること等にあるべく而して他日是等の事が識者の考究を要する頃に至り能く京阪阪神を接続し直通一貫京都神戸の連絡楔子となり優に前記の三大目的を達し得べきものは唯一の当会社市内延長線あるのみ是此延長線の前途有望なる所以なり。

［3-C］『如何なる土地を選ぶべきか、如何なる家屋に住むべきか（住宅地御案内）』（箕面有馬電気軌道会社、一九一〇年）

如何なる土地を選ぶべきか

美しき水の都は昔の夢と消えて、空暗き煙の都に住む不幸なる我が大阪市民諸君よ！

　出産率十人に対し死亡率十一人強に当る、大阪市民の衛生状態に注意する諸君は、慄然として都会生活の心細きを感じ給ふべし、同時に田園趣味に富める楽しき郊外生活を懐ふの念や切なるべし。

　郊外生活に伴ふ最初の条件は、交通機関の便利なるに在りとす、今や、大阪市内電車の縦横に開通せんとするに際し、阪神、南海の既成線、並に京阪、箕面有馬の各電車は東西南北より市の内外を結びつけ、各々其沿道に於ける特色を発揮し、諸君の希望を満足せしめんとするもの、如し。この時に於いて箕面有馬電車たるものは、風光明媚なる其沿道住宅地を説明し『如何なる土地を選ぶべきか』の問題を諸君に提供すべき義務あるを信ぜんとす、何となれば、最も適当なる場所に三十余万坪の土地を所有し、自由に諸君の選択に委し得べきは、各電鉄会社中、独り当会社あるのみなればなり。

　『如何なる土地を選ぶべきか』の問題の前には、如何なる土地を所有せるやを明瞭ならしめざるべからず、折柄天高く、秋爽の清気人に迫り、黄ばめる稲原を渡る風は、やがて全線十八哩半、野山の錦、二月の花よりも紅なる紅葉に音づれて、海内無双の箕面公園に遊ぶべき時、其沿道を跋渉せんとする諸君のために、試みに自ら薦めんか。

　三十余万坪の田や畑や、山林、原野、これを十区に別つ、大阪より四哩余、服部天神よりゆく〳〵二哩毎に、停車場あるところ、必ず其附近に会社の所有地あり、木標を辿りて歩めば、畑に果物熟り、其処に培養せらる、植木、苗樹に不断の花を見るべし、森あれば池あり、山あれば流あり、而して東南に面せる丘陵一帯、蜿蜒として岡山より箕面、宝塚に走る。所謂る戌亥に住みて辰己に通ふ理想的住宅地は左に詳かなりとす。

	場所	大阪より	大阪より	坪数
第一区	梅田	—哩—鎖	—分	八八〇坪
第二区	服部天神附近	四、七一	一〇	一五、六〇〇
第三区	曽根附近	五、四〇	一一	三三、七〇〇
第四区	岡町附近	六、二六	一三	六四、七〇〇
第五区	同	六、二六	一三	五〇、〇〇〇
第六区	麻田附近	七、二五	一六	一二、六四〇
第七区	分岐点附近	八、四九	二〇	二七、九〇〇
第八区	池田新住宅地及附近	九、七八	二三	三三、〇二〇
第九区	中山及米谷梅林附近	一三、五〇	三〇／三五	一一、九〇〇
第十区	箕面公園附近	一一、一一	二五	六一、九二〇
	合計			約三一二、二六〇

　会社所有土地は八十六町余、此価格三十万余円（市内を除く）なれば一反平均僅かに三百六十余円に過ぎず、是れを実測すれば三十余万坪に上るべし、理想的郊外生活の新住宅地として、諸君の選択に任すべき三十余万坪を、一大楽園たらしめんには勢ひ諸君の移住を待たざるべからず、梢に宿る月に影あれば、沖の白波に千鳥の友呼ぶ声あり、然れば会社も

亦た自ら進んで模範的新住宅地を経営し、大いに大阪市民諸君の趣味に訴へんとするなり。住宅地として各々好む処を選ぶ以上は其風光に調和し、尚ほ且つ衛生的設備の完全したる家屋即ち住宅其物の設計も亦た等閑視すべきにあらず。茲に於いて諸君は如何なる家屋に住むべきかといふ問題に遭著すべき愉快を禁ぜざるべし。

如何なる家屋に住むべきか

家屋は諸君の城砦にして安息場所なり。古より衣食住といへど、実は住食衣といふが自然の順序なるべし、家庭の平和、人体の健康等、家屋の構造に原因すること尠しとせず、世人の家屋に意を払ふこと、切なる理ありといふべきなり。

人各々其趣味を異にすれば、家屋の構造、壁柵の好みに就いても意見一ならざるべしと雖も、凡そ烟塵の大阪を去りて郊外に居住を構へんと企画せらるゝ諸君は、現在各電車の沿線に在る所謂る郊外生活の家屋を一覧せられよ、共設計が人家の稠密せる大阪市街の家屋と同様型にあらざれば、棟割長屋的の不愉快なるものにして、且つ塀を高くし垣を厳にせる没趣味なる、如何に諸君の希望に添はざるの甚だしきかに驚かるべし。

巨万の財宝を投じ、山を築き水を導き、大廈高楼を誇らんとする富豪の別荘なるものは暫く措き、郊外に居住し日々市内に出でて終日の勤務に脳漿を絞り、疲労したる身体を其家庭に慰安せんとせらるゝ諸君は、晨に後庭の鶏鳴に目覚め、夕に前栽の蟲声を楽しみ、新しき手造りの野菜を賞味し、以て田園的趣味ある生活を欲望すべく、従つて庭園は広きを要すべし、家屋の構造、居間、客間の工合、出入に便に、日当り風通し等、屋内に些かも陰鬱の影を止めざるが如き理想的住宅を要求せらるゝや必せり。

若し斯かる理想的家屋が、諸君の眼前に提出せられたりと仮定せんか、諸君は躊躇なく、郊外生活を断行せらるゝに至るべし、果然！　諸君の眼前に模範的新住宅地、理想的新家屋は提供せられたるに非ずや。諸君は即ち『模範的郊外生活、池田新市街』を精読せざるべからず。

第4章 余暇生活と郊外

［4－A］『余暇生活の研究（労働調査報告19）』（大阪市社会部調査課編、弘文堂書房、一九二三年、二一八〜二三一頁）

第五章　郊外電車と余暇利用

物体には必ず求心力と遠心力があり随つて集注的運動があれば同時に又必ず放射的運動がなくてはならぬ。是れ物理学上の原則であつて都市に於てもこの例に洩るゝことを得ない。即ち都市発展の趨勢は近世史上の一大驚異にして吾国亦この大勢に巻き込まれその商工業の発達に伴ひ都市の集注的傾向は益々著しきを加へ吾大阪市の如き最も痛切にこの感を深からしめらるゝのである。然るに集注的勢力には必ず之に反対する放射的勢力が作用する。されば大阪市が近年その経済的勢力に依つて年々人口の集注を来しつゝあると同時に一方に於ては亦都市生活の不健康と精神的不安とを脱却すべく放射的に郊外へ郊外へと居を移すものが加速度的に増加して来た。居を移す能はざるものも熱閙の都市生活に疲れ切つた心身を医すべく休日には郊外に出で、自然の天地に抱擁さるゝ必要がある。斯うした傾向は都市の膨張すればするほどその必然性を増してくることは云ふ迄もないことである。然るに如何に都市生活の不安を感ずるもあまりに散開的に都市を離るゝことは困難であり又都市そのものも亦この欠陥を補ひ市民の生活を幸福にせんとするもその能力は膨張の急速度なるに伴ふ能はざるの観がある。この欠を補ひ前述の二大傾向を調和する機関としての使命を有するものが都市及その附近を縦横に連絡する高速度の郊外電車である。この必要に最も迫られたるはわが大阪市にして日露戦後の企業熱の勃興は急速に物質的大膨張を齎しその結果は本市をして我国に於て郊外交通機関の最も発達したる都市たらしめたのである。即ち今日大阪を中心として四方に放射するものに阪神、阪急、北大阪、京阪、大軌、南海、高野の七郊外電車が存在して居る。（右の中高野は近く南海に合併せられたが）之等の各電車が一ヶ年に呑吐する乗降客数は蓋し幾千万人に上るであらう。乍し併らこは本節の論ぜんとするところではなく茲では郊外電車が市民の余暇生活と如何なる関係を有して居るかを研究せんとするものである。随つて左に掲ぐる表に於ても全線に亘る乗降客数は本問題と直接に関係なきを以て之を省き大阪終点に於ける乗降客数及近郊に散在せる娯楽場、遊覧地又は運動場に一日の行楽を貪らんがための乗客、併せて之等娯楽場、運動場の利用状態を示すに止める。尤も郊外電車に限らず鉄道又は船舶による利用客の多数に上ること勿論である。加之郊外電車の利用者とても必ずしも余暇利用に限るわけでなくそれにあらざるものも多く例へば郊外に住居して市内に往来するもの、多きことは前述の如くである。されば左表の如きもその中幾何が余暇の利用者なるか甚だ判然し難いとは云へ之を各月に就て仔細に点検する時は季節に依つて著しい高低を示すが故に大体の観察を下すに難くはないと思ふ。

南海電車

先づ南海電車に就て見るにこの沿線は地勢の関係上早く発展せるも近時殊に著しく膨張を来し随つて郊外居住者の乗客激増を来したとは云へ猶遊覧的乗客は依然として大部分を占め即ち住吉公園、堺の大浜公園、浜寺公園又は泉南の名勝淡輪遊園等に遊ぶもの及び紀州和歌浦、高野山への旅客亦夥しき数に上つて居る。左に大正十年中に於ける乗客を各月に就て見やう。

月別	大阪終点 乗客数	大阪終点 降客数	自大阪至浜寺 乗客数	自大阪至大浜 乗客数
一月	七八二、三六〇	七九六、二三八	一五、五一〇	六六、七五七
二月	七四五、七五〇	七五八、三八二	一九、四九五	六七、三八三
三月	七八八、三四四	八〇〇、一二二	一七、八〇四	六六、二四八
四月	九六二、七一〇	九八一、三五〇	二三、八九三	九三、四四九
五月	九六七、九八七	九九五、七九二	二五、九八三	七九、四五三
六月	七七三、四八三	七九〇、三二〇	二三、一五一	六七、一四二
七月	九三七、八六三	九五一、七〇三	七六、六六一	一〇四、七七七
八月	九四七、八五二	九六九、五四三	一〇三、六五二	一〇二、八九五
九月	九四一、一三〇	一、〇五九、一三四	三三、四四八	一一五、七三六
十月	一、〇四四、二四九	一、〇五九、一三四	二六、〇〇八	九一、七四五
十一月	九〇二、二二〇	九一三、六一六	二三、〇四二	七一、九二七
十二月	八八九、九一一	八九九、〇七八	一九、八七六	七五、六一九
計	一〇、六八三、八五九	一〇、八七二、〇五六	四〇八、五二三	一、〇〇三、一三一

大阪終点よりの乗客は一年を通じて十月最高を占め以下五月、四月、八月、九月等の順序である。最も少いのは二月及び六月、一月等である。四、五、十月が年中の行楽季節であり之等の月に多いのも当然である。又七、八、九月は沿線の海水浴場が賑ふ。之に反して一、二月は厳寒六月は梅雨期従つて之等の月には遊覧客の減少するに敢て不思議はない。

而して大阪終点に於ける乗客及降客を比較して見る時降客の数の多いといふ事実は吾人が曩に述べた都市の集中的勢力を雄弁に物語るものである。次に浜寺行が七、八月に多いのは敢て説明を俟たぬであらう。大浜行も之と同様の現象を示して居る。

京阪電車

次に京阪電車の利用状態を見るに次の如くである。

月別	大阪天満橋終点 乗客数	自天満橋至京都 乗客数	自天満橋至宇治 乗客数
一月	七〇一、三五八	一三八、七九四	二、九九三
二月	五三三、一三〇	一〇六、九二九	二、九七四
三月	六〇八、四八六	一四〇、七四九	四、八五六
四月	七四六、四五七	二一六、九三一	一四、六三八
五月	七〇二、一三五	一七二、三九〇	一九、七七四
六月	五七二、二三一	一一二、五七〇	二一、八三一
七月	五八九、一二〇	一二七、九六一	四、五九二
八月	六一六、〇八〇	一三〇、九七四	五、五九一
九月	五九六、一四七	一二一、一四二	四、五二六
十月	七三四、七五一	一六三、二九五	五、五一二
十一月	六二七、六五三	一四二、九九三	五、三〇六
十二月	六〇七、六一九	一一四、一四六	二、九五一
計	七、六三五、一六七	一、六八八、八七四	一〇五、五四四

本線の沿線も近来郊外住宅の建設せらるゝもの極めて多く且名勝遊覧地としての京都、宇治を控ふることゝて市民の本線に依つて之等の地に遊ぶもの亦少くない。

右の表を見るに大阪天満橋終点よりの乗客は大正十年中に於て七、六三五、一六七人に達するがこの中には業務上その他の所用によるもの多数を占むること勿論であるが自己の余暇を利用して遊覧に参拝に其他種々の目的を抱いて乗るもの、尠くないことは容易に想像されるところである。これは天満橋より京都及宇治行の乗客に就ても同様に云ひ得らる、。即ち前例の如く各月に就て観察するに大体に於て最も少い月は余暇利用の乗客の最も少い時之に反して乗客の多き月程かゝる乗客の多いことを予想し（尤も季節により業務に繁閑あり従つて乗客にも増減を来すことがある）。各月に於ける乗客の増減に依つて余暇利用の乗客増減を判断することも強ち誤ではあるまいと思ふ。

かくの如き前提の下に見る時は次の如き結果を生ずる。

天満橋に於ける乗客は四月、十月に最も多く次は五月、一月、十一月といふ順序である。少い月としては二月、六月、七月、九月を数へることが出来る。天満より京都行の乗客も之と殆ど大同小異にて四、五、十、十一の月に多く二、六、十二、九の月に少い。然るに天満より宇治行の乗客に至つては前者と多少その趣を異にするものがある。即ち六月が最も多く以下五月、四月、八月少いのは十一月、二月、一月といふ順序を示して居る。

元来京阪電車は二大都市連絡の目的を以て始められたものであるが故京都行の乗客の多数に上ることは当然であるが宇治支線は事実上遊覧のための施設と見られ得る。

商工業地としての存在の意義を有するに非ざる宇治が大阪市民と直接交渉を有することの最も大なるは遊覧地たる点である。これが事実は上記の表の明かに證明するところであつて四、五月の花見季節は別とし普通何れの郊外電車も最も乗客の少き六月、八月（尤も海水浴場行は可成多いが）に於て大阪市民を惹きつけることの最も多いといふのは梅雨であるにも拘らず宇治の六月は蛍狩の最好期であり八月亦舟遊に納涼に絶好の季節であることを忘れてはならない。

大軌電車

次は大軌電車に就て述べる。本線は大阪奈良間を連絡すべく企図されたもので現今では支線をも完成し、創設後日尚久しからざるに拘らず郊外電車として他に遜色なき良好の成績を示して居る。然も本線の沿線も御多分に洩れず住宅の建築は雨後の筍の如く簇出し市内への通勤者の本線を利用するもの夥しく増加して来た。加之終点奈良は京都に亜ぐ遊覧地であり猶関西信仰の中心たる生駒聖天及瓢箪山稲荷等を沿線に有し又天理支線も開通し関西の善男善女を集め且遊覧客を惹くに於て本線の如き蓋し最も形勝の位地を占むるものであらう。

月別	大阪上本町六丁目終点乗客数	自大阪至奈良乗客数	自大阪至郡山乗客数	自大阪至生駒乗客数	自大阪瓢箪山乗客数
一月	一、〇四三、九一二	四七、九〇六	未開通	九五、九二九	二二、〇九二
二月	九二九、九六一	四八、四三六	未開通	八四、七九五	一九、三二四
三月	一、〇六九、二三六	七一、五三二	未開通	八八、五二六	二一、一八三
四月	一、六三四、七〇五	一七三、六〇八	四二、四八五	六五、一一九	三〇、三〇一
五月	一、二四二、四八三	一一八、六二九	三一、五〇七	八〇、四〇八	三〇、六七三
六月	九三六、六六二	四一、一五七	七、五八二	六三、二七七	二〇、九七五
七月	九四八、一二四	三八、六二二	七、九六六	六九、九九八	一九、四四九
八月	一、一三三、〇〇二	四五、三〇三	九、七九三	八七、七六五	二九、三一一
九月	一、三二八、五七〇	四八、一六七	九、一二六	八三、九三八	二二、五六〇
十月	一、三三二、一三二	一四八、七〇七	三七、四五九	八七、六五七	三三、四七八
十一月	一、〇四六、八〇一	七四、二一七	一二、九三二	七五、五七一	二一、三八八
十二月	一、一七二、〇六九	四二、八六三	八、六五六	六八、七三三	一七、九二四
計	一三、八一七、六五七	八九九、一四七	一六七、四八六	九五一、七一六	二八八、六五八

大阪上本町六丁目に於ける大正十年中の乗客数は一三、八一七、六五七人にして之を各月に就て見るに他の郊外電車とその乗客の増減に於ては殆ど大差なく四月、十月の人の出盛りに最も多く九月、五月之に次ぎ少い月では二月、六月、七月の順序である。次に大阪より奈良、郡山行の乗客に就て見るに奈良行は四、十、五、十一、三月に多く郡山行は四、十、五、十一月に多い。少ない月では奈良行の七、六、十二月郡山行は六、七、十二月といふ順序で酷暑厳寒雨季及繁忙の季節に遊覧客の少きは自然の勢であらう。之等と多少趣を異にするは大阪より生駒又は瓢箪山行の乗客である。即ち生駒行は一月最も多く三、八、十月之に次ぎ瓢箪山行は十月最も多く五、四、八月之に次ぐ。生駒は近来遊覧地として相当客を惹き殊に納涼には恰好の土地であるが既に述べた如く関西の迷信家が随喜渇仰の的となれる生駒聖天の鎮座せることとなれば大軌沿線中最も多くの客を呑吐するところとせられて居る。さればこそ遊楽の月であるに拘らず普通乗客の多からぬ一月に所謂信心深き市民の初詣りを吸収して居るのである。

阪急電車

次に阪急電車は最初は阪神、南海、京阪電車の如く自然的交通頻繁の要衝に当るといふでもなく又之等の如く線路の延長も長からず唯箕面、宝塚の如き遊覧地を連絡する所謂遊覧電車として企図されたものなるが故に本電車の運命は創設当時世にその存続を疑はれたに拘らず経営そのよろしきを得箕面公園、宝塚温泉等の設備の完成に鋭意力を尽し殊に近年大阪神戸間の新線を開通してより乗客頓に激増して驚くべき発展を遂ぐるに至つた。又他の郊外電車と同じく沿線に住宅の建築せらるゝもの多く今や田園都市を漸次現出しつゝある有様である。大正十年中に於ける乗客の利用状態を左に掲げやう。

月別	梅田終点乗降客数	宝塚駅		箕面駅	
		乗客数	降客数	乗客数	降客数
一月	一、〇〇八、三三三	一〇四、七七六	一〇五、一七三	二四、九三五	二五、二六六
二月	八五四、六二二	八九、〇〇三	八九、三四〇	一九、六九七	一九、九五八
三月	一、〇一四、四八一	一〇一、三九七	一〇一、七八〇	二三、九〇八	二四、一二八
四月	一、二〇三、五一九	一二一、六七六	一二二、一三六	五〇、五七〇	五〇、九五五
五月	一、二四一、三三三	一一一、五三六	一一一、九五八	四七、一八九	四七、五四二
六月	一、〇一七、八一六	九二、三八四	九二、七三三	二〇、八〇三	二一、〇九五
七月	一、一二二、七九一	一〇〇、二七〇	一〇〇、六四九	二三、四三三	二三、七四九
八月	一、二二六、八一七	一二九、五六二	一三〇、〇五二	四三、六〇九	四三、六〇九
九月	一、一四八、一一三	一一四、九一六	一一五、三五〇	三八、三一六	三八、六七九
十月	一、四七三、九五四	一三六、三三二	一三六、八三八	五五、四五四	五五、八八四
十一月	一、二八四、〇八四	一三五、四二五	一三六、一三一	七八、一七五	七九、二四一
十二月	一、一五五、九一〇	一一四、六八九	一一四、九二〇	二四、三八四	二四、九七一
計	一三、七五一、七五三	一、三五一、九五六	一、三五七、〇六〇	四五〇、〇六三	四五五、〇七七

各電鉄会社を通じて画一的調査をなすこと不可能なるため各表の間に統一を欠くを免れぬは甚だ遺憾である。本表の如きも梅田終点に於ける乗降客数を明細に分離すること能はず唯両者の合計を知るに過ぎぬが元来乗降客は大約相半するを常とするが故に読者その心して見られむことを希望する。

即ち梅田終点に於ける乗降客を各月に就て見るに他と大差なく十月に最も多く以下十一月、五月、八月、四月といふ順序である。而して二月、一月、三月、六月に最も少い。

宝塚駅及箕面駅に於ける降客（乗降客孰れに就て述ぶるも結局同一なるが故便宜上降客を採る）に就て見る。尤も降客の全部が大阪よりの乗客でないこと勿論であるが尠くともその大部分がそれであることは疑ふ余地がない。而して宝塚では十月、十一月、八月、四月に箕面では十一月、十月、四月、五月に最も多い。四、五月に多いは云はずもがな八月は学生の休暇でもあり且納涼客が多いためか十月、十一月に至つては敢て吾人の贅するを待つまでもない箕面は紅葉に於て天下一品の称がある。

阪急沿線宝塚は古来有馬温泉と並び称せられた大温泉場で阪急会社は此処に東洋一の大浴場を建設し尚之に附帯してかの有名な少女歌劇々場の経営を始めたものである。勿論この少女歌劇は阪急電車の発展策の一として同社の専務小林氏が企てたものであるが而して従来の大阪人の趣味とはかなり懸け離れたものではあつたが愈々初めて見ると案外人気に投じ今では宝塚の少女歌劇と云へばその人気は正に旭日昇天の概がある。尤も同社経営の温泉の入浴料さへ払へば歌劇の観覧は無料であるが然し強ち無料だから栄えるのだとばかり見るのは酷であらう。

兎に角宝塚が大阪の延長だと見るならばかうした新しい劇も大阪の新しい民衆には十分受け入れられるものと見える。今大正十年中の歌劇の公演回数、日数、入場者等を掲ぐれば左の如くである。

月別	公演回数	公演日数	入場者数
一月	三〇	二二	六八、八五四
二月	一〇	五	二九、三〇三
三月	一四	一二	四六、六〇七
四月	三四	三〇	七八、二一四
五月	二七	二二	六二、六九八
六月	八	四	二八、二一一

七月	二五	一五	四七、〇八二
八月	三四	三一	一〇、〇六五
九月	八	四	三八、一一四
十月	二五	一五	一〇〇、一八五
十一月	三四	三〇	八八、九四五
十二月	八	四	一八、六一五
計	二五七	一九四	七〇七、〇一三

（備考）温泉、歌劇共通入場料は大人二〇銭小人五銭、歌劇の特別座席料三〇銭といふ民衆娯楽場としては割安安価である。

各月に依つて公演回数を異にして随つて日数も同じからざるが故各月の入場者も亦之に依つて増減さるゝは当然であるかの如く思はるゝが実際は必ずしも然らずして八月の如き公演回数日数の最も多いに拘らず入場者は各月中最も少いといふ有様である。夏は人の心も海へ海へと惹きつけられ温泉場よりも海水浴場が繁昌するのは蓋し人情の自然であらう。次いで少いのは師走であるが之は別に不思議はない。之に反して多い月では十月を筆頭に十一月、四月、一月、五月といふ順序である。

阪神電車

大阪神戸の二大都市を連絡する交通機関として鉄道省線及既記の阪急電車の外阪神電車がある。阪神電車は郊外電車中古き沿革を有し自然的に最も交通の要衝に当り且その沿線は風光極めて明媚にして理想的住宅地を形成せるが故阪神二市より移り住むもの最も多く随つて郊外住宅地として早くより発達したるの観がある。されば乗客も亦南海、京阪、阪急等のそれに比し優るとも決して劣らぬ成績を挙げて居ることは吾人の疑わぬところであるが不幸にして統計を欠くため梅田終点に於ける乗降客数を知ることは得ないが鳴尾及香櫨園行の乗客を左に掲げやう。

月別	自梅田至鳴尾及香櫨園乗客数
一月	五八、三七一
二月	三九、二五三
三月	四四、八五二
四月	五九、五三六
五月	六二、三一三
六月	四八、四四一
七月	五三、四七〇
八月	一二五、二〇五
九月	四三、一九二
十月	六七、六一六
十一月	四九、七七四
十二月	五〇、二二六
計	七〇二、二四九

阪神電車沿線の遊覧地は勿論多くあるが鳴尾には同社の経営にかゝる大グラウンドがあり香櫨園には海水浴場の設備のあるが故仮りに梅田よりこの二ヶ所行の乗客を掲げたものであるが大阪よりの乗客は梅田に限らず野田、福島等より乗車したものゝ多数あることは云ふ迄もない。

各月を通じて乗客は海に親しむことの最も多い八月が筆頭を占め十月、五月、四月といふやうな順序になつて居る。少い方では二月、九月、三月である。

高野電車

高野電車は元来高野登山客を目的として創設されたもので他の郊外電車の如く大都市間の連絡交通機関たる使命を有すること割合に少くさりとて遊覧電車と称すべく沿線にあまりに遊覧地や娯楽施設を有することが少い。然も亦この沿線は郊外住宅地としての適不適は別として他の郊外電車に比し郊外住宅の発達の最も遅いことも事実である。乍併本節に於てはその原因の研究などを議論の目的となす必要はなく唯高野電車の現状がかくあり主として高野参詣客を吸引することを目的として居ることを述ぶれば足るのである。尤も近く南海電車に合併されたため今後の経営方針に依り如何なる方向に利用さるゝことゝなるかは自ら別問題である。

例に依つて大正十年中の大阪汐見橋終点に於ける乗降客数を掲ぐれば左の如くである。

月別	汐見橋終点 乗客数	汐見橋終点 降客数
一月	五五、二三三	四九、八四三
二月	五四、八一一	四九、五七八
三月	五九、一九二	四七、六七〇
四月	八〇、九一六	八〇、三九四
五月	八一、八七八	七四、九三九
六月	四八、九六四	四六、二四六
七月	五五、〇五三	五一、一二〇
八月	五九、二六七	五五、二七〇
九月	五六、三〇七	四八、四一二
十月	八六、二七三	八五、六〇六
十一月	五五、二四四	五一、三八九
十二月	五〇、五三六	四六、五一一
計	七四三、六七三	六八六、九七八

各月に於ける利用状態を見るに流石に十、五、四の三ヶ月には著しく増加を見せて居るが他の月は殆ど平均され大なる出入を見出さない。又他の電車に於ては乗客より降客数の多きを常とするに拘らず本線は之と反対の現象を示し乗客数のより多いといふことも他と異なるところである。之はこの電車を利用して高野登山をなすものが大阪市民よりも寧ろ地方人に多く之等の人々は大阪を経由するも帰途は奈良或は和歌山に道をとるものであるとも考へられる。

［4－B］『新大阪大観』（中川倫、一九二三年、一〇九二～一一四三頁）

第三章　交通系統

第一節　概説

総論第三章に於て大体論じた如く大阪市を中心とする交通状態は先づ以て海運並に陸運の二大別にされる、而して陸上の交通は市営電気軌道が市の南北に東西に幹線補助線各々敷設せられ延長将に七十余哩に及んで居る、其終点は概ね市郡界に達し此処より所謂郊外電車の連絡するありて北東は京都、宇治、伏見桃山へ東は奈良生駒山、小阪、宝隆寺へ東南は道明寺、金剛山、長野、高野山へ南は和歌山に到る紀州泉州各都市を、北西は宝塚、箕面、神戸等に何づれも高速度交通機関を以て通達すべき利便がある、加之国有鉄道は市内、梅田に於て東海道幹線、天王寺及び湊町に於て関西線並に和歌山線啓け更に東部片町に於て片町線走り各私設線の基幹となつて居る、故に現状に於ても官私線を按ずれば大体乍ら西部を除いて放射状に交通網が敷かれて居るが各郊外電鉄会社は進んで会社線の拡張を目論見其敷設特許線を申請して居るを以て近き将来には一層細目なる交通網の実現されるは謂ふ迄もない所である、今既設と許可を得たる特許線を挙ぐれば、

京阪線（京都大阪間）、大軌線（奈良大阪間）、河南線（大阪長野間）、南海坂堺線（大阪堺和歌山間）、高野線（大阪高野間）、阪急線（大阪宝塚、箕面、神戸間、阪神線（大阪、尼ヶ崎、神戸間）、北大阪線（大阪、十三、千里山間）信貴線（大阪、信貴間）但し大軌線に因つて大阪と連絡す

上は即ち既設線である而して

一、新京阪線（大阪、京都間但し淀川北岸を官線東海道線と平行に走り京都四条大宮に達す）

二、玉造線（市東端玉造より東南に先り東成郡八尾町より南下し高井田に於て奈良、大阪、府県界の山脈を横り一路奈良県八木町に達するもの）

三、日下長柄線（市北端桜宮を起点とし北河内郡の南端を東行して中河内郡日下滝に達する線）

四、龍田郡山線（前記玉造線に高井田附近に於て連絡し奈良県龍田町並に郡山町に通ずるもの）

五、阪神海岸線（市西部より既設阪神線の南側を走りて神戸市に入る線）

六、和泉線（市外今宮より堺大浜に通ずる線）

七、枚方生駒線（京阪沿線枚方より生駒山に至る）

等は其主なる特許線であるが尚市営の高架線として所謂高速度交通機関たる玉造築港間、梅田築港間梅田天王寺間の電鉄線は之れ亦近く敷設される筈である、斯くの如く陸上の交通は早晩東西南北を通じて益々都市の接近を齎し同時に経済関係の密接を致す事情があるのであるが偖而海運を一瞥する時は陸運に比し遥かに遜色あるは地理的関係に因つて洵に已むを得ざる事情にある、併し乍ら海運と雖も西部より瀬戸内海各都市、淡路四国九州各方面に達するには殆ど独立独歩の地位を占め大阪商船、日本郵便、尼ヶ崎汽船、高松高浜線を筆頭とし市内各河川には貨物運搬船ありて交通運輸の利便を啓いて居る事勿論である、市港湾部にありては此等の事情に顧みて大ひに築港の修理を行ひ貨物海運の途を啓くに勉めつゝあるから尚一層将来は進展するであらふ。

第二節　郊外電車

前節に於て概説したる交通系統中大阪市経営の市電に就ては既に屢々述べたが大体に於て南北を貫通する上本町線、堺筋線、境川線、桜川線等あり東西を走るものに梅田築港線、天満橋福島線北浜築港線、谷町野田阪神線、上本町境川線、玉造築港線、天王寺境川線等あり其間更に泉尾線を始めとし都島線の如き各支線網の如く敷設せられ尚将来都市計画に伴ひて漸次各方面に敷設せられんとして居る、而して此等市電の終点からは各私設会社の郊外電車開設せられ、奈良、京都、和歌山、神戸、宝塚、高野、等各都市に通ずる事が出来る、目下既設の京阪、大軌、南海、阪神、阪急、北大阪及び河南信貴鉄道会社と未設線、生駒電気、新京阪線に就いて以下述べん。

第一欵　京阪電気鉄道株式会社

大阪市天満橋を起点とし延長十三里北東して遥かに京都市三条大橋に通じ尚山城宇治に至る高速度電気鉄道は之れ京阪電気鉄道株式会社の経営線である該線は独り大阪京都両市を相接触せしむるのみならず沿線の各都市村洛を通じて両大都市の文化を移植せしむる交通系統にして偶々両府下の開発に至大なる貢献を為す事然りである。

会社の沿革　此会社は現下政友会の重鎮たる岡崎邦輔氏を中心として明治三十九年始めて創立せられ当時資本金七百万円を以て経営せられたものである、創立時代の京阪交通路を顧みれば京都大阪間の交通機関は僅かに官線たる東海道線が梅田駅を発し淀川北岸を走り京都七条駅に至る以外には淀川上を上下する貨物船舶を見るに過ぎなかつた、而して他は之れ華城の東部片町より出て、大阪府下東成中河内、北河内三郡の南端山脈の脚下を掠めて京都府下木津町に至る所謂片町線に因り迂回して京都市に至るを得るのみであつた、従つて徳川氏執政時代から江戸街道に当る淀川南岸各宿即ち牧方、八幡伏見等の各町村は南歩して片町線に赴くか然らずんば北渡して東海道線に因るなくんば遂に交通機関の便を得ざる状態であつた、則ち京阪電鉄会社の創立を見た所以は実に此取り残された路線の開発にあつたのである、明治四十三年十月其敷設事業の進展と共に沿道各町村民の絶大な歓迎を受け次いで事業拡張の必要に迫りて茲に資本千五十万円に増資し大正七年十二月には更に千六百万円に増加して同八年十月は新設線を断行する為め二千万円とし、更に之れを三千六百万円に増資したのである。

営業の状態　斯くて創設を見たる同会社は明治四十三年四月運輸事業を開業し大阪天満橋より京部市五条大橋間の運転を始め大正二年六月には山城宇治線を完成して中書島、宇治間の業務を啓き、大正四年十月に至つて京都五条大橋同三条大橋間の工事完成し茲に天満橋より三条大橋、山城宇治間の全線を開通したのである、今日に於ては電鉄運輸の主業を営むと同時に一方沿線一帯に亘りて電動力及び電燈供給の副業をも経営し大ひに社業の発展を致しつゝあるのであるが運輸経営の方法を一瞥するに

普通車……沿線各停留所に停車する

急行車……大阪京都間に於て京阪運動場前、牧方東口、八幡、中書島、伏見桃山、稲荷、七条、五条、四条、三条以外に停車せぬ

単行車……特に乗客多き区間をのみ運行する、譬へば大阪、守口間、京都、中書島、深草間

支線車……中書島、宇治間

の如き一は常時の経営方法を定め他は臨機応変の方策を試み、巧みに独特の技を以て乗客の便に供へて居る、然も秘策としては幸ひに沿線各所

に名所古蹟の多きを利用し其祭礼節期に当つては労を惜まず其敷衍を援け乗容の吸収を目論見車台を増発して参詣客の意を満たすのである、加之最近運動熱の旺盛なるに鑑み沿線寝屋川に約五万坪の高地を下して京阪グラウンドの設備を為しファンの為に屢々大競技を開催し京阪運動界の人気を集めて居る、之れを大正十年下半期（自大正十年十月至十一年三月）の成績に見るも如何に経営の図に当つて居るかを発見するであらう即ち未だ大運動場の開設せざる同期に於ても運転営業績は乗容人員一千三百九十一万四千二百六十人、同収入二百二十九万九千三百七十五円四十六銭、同手荷物収入一万三千八百八十円、貨物収人五万九千九百六十七円五十七銭に達し一日平均の乗客人員は七万六千四百五十二人収入一万二千百三十九円四十銭、手荷物収入七十六円二十六銭貨物収入三百二十九円四十九銭で期を重ねる毎に各々八分乃至二割の増加を示して居るのである。

又電燈事業は既に大阪府下東成郡の二町三ヶ村北河内郡内二町二十六ヶ村、三島郡内三町二十七ヶ村、西成郡五ヶ村豊能郡二ヶ村、京都府乙訓郡一ヶ村、綴喜郡一町四ヶ村久世郡一町二ヶ村紀伊郡三ヶ村に亘りて九万六千九百三燈を供給し、動力は八千七百五馬力を供給して居る、以上の如き隆盛を致して居るので同会社の毎期利益配当は一割を持続し尚其株相場は関西市場に於ても甚だ高価を唱へる有様である其の将来叙上の通り同社の前途は殆ど競争線なく独占的に社運の発展を企画されて行く、然も慧眼なる経営者は動もすれば競争線敷設の余地ある淀川南岸にして省線に併行する地域を下し逸早く新京阪線の特許を得姉妹会社として経営する計画を樹て大正十一年六月二十八日之れが創立を為し先づ以て会社将来の優先的地歩を固めたのである、更に遠く和歌山水力電気株式会社を合併して永遠の計を為し京阪線を紀州方面に延長すべき素地を造つて居るのである従つて其将来の如きは深く冥して所判出来やう、

同社重役……京阪電鉄会社の重役は悉く新進の手腕家を以て同業者間に推賞せらる、諸氏で左の通りである、

社長岡崎邦輔、常務取締役太田光熙、取締役兼技師長馬場斎吉、取締役兼支配人三上真吾、取締役渡辺嘉一、同浜崎健吉、同大原孫三郎

因に同社の財産は四千一百〇五万八千六百三十六円二銭である。

第二欵　大阪電気軌道株式会社

大阪市南区上本町六丁目を起点とし旧都奈良市に通ずる高速度交通機関は之れを大軌電車と云ふのである、該線は大阪府下東成郡、中河内郡の中央部を通貫し中河内日下滝に於て大阪府と奈良県とを境界する生駒山下を隧道し直ちに奈良県生駒村に突出し東行して遥かに奈良市の中央部に達する、途中西大寺より支線岐れ南行し郡山城下を横り額田部に至りて再び東西一文字の支線を加へ東は丹波市町に終り西は法隆寺に通ず、其間流石に往時奈良朝時代の旧都たりし関係上名所旧蹟処々に之れを数ふべく独り交通上に多大の便宜を致すのみならず又以て一種探勝故新の遊覧に途を啓く事大なりと云はねばならぬ、此電鉄は則ち大阪電気軌道株式会社の経営する所で同社は華城財界の元老片岡氏の後援を有し永田系統橋本、大概、金森、鍵田、森、三谷、小林の諸氏が中枢となつて事業の開発を急いで居る訳けである。

沿革及業況……同社は大阪市と奈良市との間に軌道を敷設し一般運輸の業を営み併て沿線に電燈電力を供給する目的の下に明治四十三年九月資本金三百万円を以て創立せられしが起工に当り最捷路を選び生駒山腹に隧道を開鑿すること、し大正三年四月全線の開通を見た併し生駒隧道は意外の難工事なりしと軌道敷設に際し完全と堅牢を期し最新式の設備を為せるに依り巨額の建設費を要せし為め開業早々一時経営難に陥り之が整理の為め大正四年十二月に担保付社債三百万円及優先株二百五十万円を募集し翌五年三月旧株式三百万円を二百万円に減少し総資本金を四

百五十万円となし然るに期を重するに従ひ遊覧電車として地の利を占め且つ車輛其他設備の完全なので逸早く江湖の認識する所となり殊に生駒トンネル及歓喜天は近畿の名所となり乗客の蝟集月を遂ひて著しく業績忽ち改らんとする時偶々欧州戦乱勃発し我財界の好況展開し来りて茲に急激なる進展を見る事となつた即ち配当率の如きも整理当時に於ては漸く一分二厘に過ぎざりしもの急に増加して大正七年上半期には八朱となり其後更に向上して十年上半期より一割五分を継続するに至つたのである。

一方新線拡張に腐心し大正七年十一月畝傍延長線特許を得てより茲に会社は拡張の時期に入り之が建設資金として資本金五百五十万円を増加し大正十年一月には天理鉄道を買収し十一年一月には生駒鋼索鉄道株式会社を合併し又同年四月には新に特許を得たる信貴線八木線の両延長線（双方合して約三十哩）建設の為め資本金一千万円を増加して総資本金を二千万円とし現在に及んだのである。

因に当会社の開業線及未開業線並に電燈電力供給は次の如し

開業線……本線（大阪奈良間）一九哩一一鎖強、畝傍支線の内（西大寺平端間）六、九強、天理鉄道線（新法隆寺天理間）五、四三強

未開業線……畝傍支線の内（平端畝傍間）八、三〇（十二年三月開通）、信貴支線（布施村、国分、郡山）一九、五強（十三年三月開通）、八木支線（国分八木間）一〇、三七強（十三年三月開通）、玉造線（大阪玉造布施村間）一、六〇（大正十三年三月開通）、四條畷線（大阪天満橋、四條畷、弘舎衙間）九、一八（十四年三月開通）、

電燈、電力……電燈数三九、七七二燈（大正十一年三月末現在）電力馬力数八八三馬力七五（同上）

同社の重役……曩に説きたる如く大軌電鉄の業は固之れ華城財界の重鎮が相集つて企画したもので其経営方法も故に頗る特色がある、殊に各方面に有力なる後援を有する事とて新設特許線の如きは大阪府奈良県下両方面に著しく之れを併有し一名特許獲取の本尊と称へられて居る、要するに之れは其業務執行の衝に当る重役諸氏の手腕縦横なるの結果である事勿論である、現任重役諸氏は左記の如し

社長大槻龍治、専務取締役金森又一郎、取締役永田仁助、鍵田忠次郎、片岡直方、森平蔵、監査役三谷軌秀森久兵衛、小林左太郎

尚同社の財産は金額に換算して一千七百十二万七千九百二十五円八十七銭に達する。

第三款　南海鉄道株式会社

大阪市をして直ちに太平洋岸に連結せしむるものは実に南海鉄道である、謂ふ迄も無く南海鉄道は摂津、和泉を通貫し大阪湾に沿ふて南下し、終に紀州和歌山市に延びて居る鉄道で大阪市の商工業に側面から多大の貢献をして居る、其沿線には到る所名所古蹟介在し風景の佳、海浜の清風を求めんとすれば一路悉く倦む所を知らざる景勝地であろう、例へば住吉公園は須磨に比肩すべく大浜、浜寺の海岸は海水浴に遊園地に開放されて四季尚人の踵を接する盛況を呈して居る、若し夫れ和歌の浦に至つては凡そ現代作家の洗礼地とも云ふべき場所で名状すべからざる優雅な所である、南海鉄道は凡て此等の勝地を縫ふて南下する、大阪市より赴かんとすれば南区難波及び恵美須町の二個所に於て連絡して居る市内電車を以て直ちに相接する為め至便此の上も無い、殊に府下堺市、岸和田市との交通は是非共斯線に因つて行はれねばならぬ。

更に他線との連絡を記せば関西線即ち官線を介して河南、奈良、参宮の三鉄道と連り貨客何づれも連帯運輸を為すのである、又関西線及官線梅田を経て西成線と連絡し、延ひて阪鶴線に及ぶ、尚和歌山市に於ては紀和線に、岸の里に於ては高野登山線に各々連結される、

叙上の如く南海鉄道会社は既に地の利に拠つて八方に交渉を有するの

で現在にあつて尤も確固たる発展を画するのみならず将来益々隆盛ならんとして居る以下少しく社勢一般に就き記さん

会社の沿革……南海鉄道の起源は明治二十六年で当時の財界に傑出せる松本童太郎、田中市兵衛、竹尾治右衛門、鳥井駒吉、岡村平兵衛、川端三郎平、横山勝三郎、宇野四一郎、佐々木政又、寺田甚与茂、渡辺鉄心、宮本吉右衛門、北島七兵衛、垂井清右衛門の諸氏が中心となつて大阪市と和歌山との運輸連絡を計らん為め計画されたに基因する、其後二十八年に至つて当時大阪堺間を営業中なる阪堺鉄道を始め阪紀鉄道等を合併し南陽鉄道の名称を改め以て南海鉄道と称す事となつた、而して同年九月堺停車場より起りて和歌山市に達する延長三十六哩余の線路を起工し漸次開通したのである、然し乍ら当初の計画は凡て当時の官線に倣つて蒸気機関車を主眼とし未だ電力応用の如きは想定だもせなかつたのであつたが一方電気事業の急激な進歩は各種工業の之れが利用を促し交通機関の如きも漸く電車の発達を見んとする気運を伴つた、茲に於て同会社に於ては明治三十八年に及びて難波、浜寺公園間及天下茶屋、天王寺間に電車併用を企画し住の江に発電所を設け尋て同三十九年十月には浜寺、貝塚間電車併用並に電燈兼営を策し四十年三月貝塚和歌山市間を延長して遂ひに全線の電車併用を見出したのである、超えて明治四十二年浪速電車軌道を買収し兼営とし之を上町連絡線を称し四十三年十月天王寺西門、住吉神社前間の営業を開始した、同時に上町乗入線中天王寺西門、谷町六丁目間の乗入を行ひ延ひて天満橋に延長したが四十四年一月之れを廃止するに至つた、尚大正四年六月には阪堺電気軌道株式会社を併合し恵美須町浜寺公園間、今池平野間、宿院大浜公園間の軌道をも兼業としたのである。

会社の現状……斬くて漸く現在に及んだ此会社は恰も鉄道省線が大阪和歌山間を連絡するに遠く大和を迂廻せねばならぬ不便ありて長時間を要する関係上運賃に時間に甚だ不得策なるに反し僅々一時間余にして達し蒸気機関を以て貨物車用の運搬機関に供し電車を以て乗客専用に充当するので貨客何れも会社線に依る為め出で、益々殷盛を極むるに至り、従って収入も甚大なるものがある、加之、会社の基礎は逐年強固の度を加へ来つて内外の信憑亦押しも押されもせぬ域に達して居る、然も社是は啻に交通機関として雄を誇るに止まらず進んで電燈供給事業をも併せて断行する事となり大正元年八月沿道町村たる泉北、泉南両郡内並海草郡内に供給したのを皮切りとして大正四年以降堺市及西成郡東成郡に亘りて如才なく供給を行ふので有形無形の基礎頓みに加へられつゝある若し会社の盛殷なる一般を採算するに其資本金を以てするならば此会社は現に二千二百万円のそれを有して居る其の経過は最初資本金は明治二十八年金二百八十万円なりしが三十二年総資本金五百万円となり同三十八年難波、浜寺公園間並天下茶屋、天王寺間電車併用の為め金七十万円を増資し同三十九年浜寺公園、貝塚間電車併用延長其他改良費として金百六十万円を増資して総資本金七百三十万円となり尋て同四十年全線電車併用の為め金九十万円を増資し同四十二年総資本金八百五十四万円となり同時に軌道共用契約に基き大阪市へ納付金其他の為め社債金二百万円を募集同四十四年電燈電力供給土地家屋兼営並既成線改良費として金百四十六万円を増資して総資本金一千万円となり大正四年阪堺軌道と合併の為め金三百六十万円を増資し総資本金一千三百六十万円とし別に阪堺軌道起債に係る社債金百五十万円を継承して社債合計金三百五十万円となり大正六年社債二百万円償還和泉水力電気と合併の為め資金八十万円増加、同七年七百五十六万増資の決議を為し遂に二千二百万円に向上、大正十年社債中二百五十六万円を償還し大正十一年には高野大師鉄道会社を合併資本金二千三百万円としたのである故に資金の方面より観るも尚如何に盛んなるかを窺知する事が出来るであろう、更に株数を見るに総株即ち五十円払込旧株と其新株との合計数は実に四十四万に上つて居る而して株主の如きは全国に亘つて著名な貴顕紳商を網羅して居り徳川

頼倫侯の如きも二千数百株を所持する有様であるが会社は易々とし常に一割三分の配当をして居る勢ひである、

同社重役……而して常に会社の中枢となつて其発展と経営を策動する人々は関西実業界の猛者連であるが現に重役となつて居るのは左の諸氏である。

社長片岡直輝、取締役肥塚源次郎、永田仁助、垂井清右衛門、専務取締役大塚惟明、取締役佐々木勇太郎、本山彦一、寺田甚与茂、渡辺千代三郎、市来崎佐一郎、根津嘉一郎、大塚晃長、監査役、宅徳平監査役宮本吉右衛門、寺田元吉

第四欵　阪神電気鉄道株式会社

大阪市と神戸市を連鎖する高速度交通機関には阪神、阪急の両線がある、何れも大阪市梅田を発して途中淀川を始め十有三川を横断し官線下之関線に伴ふて西下するのである、而して此中大阪湾に接して尼ヶ崎、西宮、御影、三宮等を過ぎ神戸市に入る線を阪神電車と云ふのである。

阪神電車は既に約三十年前創設せられる阪神電気鉄道株式会社の経営線で其路線は広軌式復線である、主として官設線の恩恵に浴せざる而も附近船便多き海岸地方に着目して敷設せられたので創立当時は点在する部落民の僅かに好機心に唆られ乍ら乗用するのみであつたが過去数十年に亘る不断の経営は遂に沿線各所の啓発を促し或は部落より村へ村より町に開拓せしめ加ふるに都会生活の遷移は時代と共に漸く紅塵烟雲の不浄地を厭ひ郊外居住の流行を致すに至り尚且つ自然を利用する各種娯楽の要求は更に一段阪神沿線の開発動機を為し次いで同社隆盛の端著を成すに至つたのである、併し乍ら阪神電車を以て単に営利を主眼としたる私設線と云ふは洵に当らない、即ち大阪市と神戸市との関係は之れを関東に於ける東京市と横浜市との関係に比すべきものがある。而も後者の単なる延長関係であるに反し前者は商工都市の前門として密接な状態にあるは謂ふ迄もないのである、従つて大阪神戸間の距離の短縮は直ちに商工業振否に重大な関係を及ぼし其能率の増進にも影響甚大である、殊に最近両市の急激な膨脹は郊外に向つて漸次拡大される傾向を生じ阪神間到る所の町村に部会民の移住が行はれるに至つた、故に若し此等実状に引照して先づ両市の接触、郊外生活者の便、将た亦我国商工業の遺憾なき進展を抜けんとせば所謂完全な交通機関の設備を以て運輸の其に充つべきであろう、阪神電車は他なし此大目的の為めに創設せられた理由がある、而して開業以来此大綱に忠実なる努力を払つて沿線の開拓、機関の改造其他万般に異常の貢献を試み来つたのである、偶々大阪北郊方面が共工場増加し製造工業の隆盛洵に見るべきものあるや之れが交通の途を啓かんが営め沿線野田停留所より市内北郊を廻ぐり大仁、北野等を経て天神橋筋六丁目に遂する野田阪神線を敷設したるが如き公益機関として自任する顕著な證左である。

抑も同会社は小西新右衛門氏外二十九名の発起に困りて明治二十四年頃計画されたもので当初の計画は資本金六十万円を以て神戸大阪間に軽易なる電気鉄道を敷設し乗客貨物運輸の業を営まんとせしものにして軌道条例に準拠し明治二十六年十二月二十七日神戸尼崎間線路敷設の特許申請（明治三十年六月二十九日特許）をなし次いで同二十八年五月三十一日尼崎大阪間線路延長敷設の特許申請（明治三十一年八月二十二日特許）をなし村野山人氏外六名創立委員となり明治三十七年七月三十一日会社発起申請（明治三十年九月二十一日認可）同年十一月二十六日創立総会を開き外山修造氏社長に前川槙造氏専務取締役に就任した。越て明治三十二年五月三十日会社設立の免許を申請し同年六月十二日免許を得て茲に資本金百五十万円の株式会社成立し引続き電気使用及工事施行の認可を申請せしが常時都市連絡の電気鉄道は我国に於ては創始に属するを以て阪神線の如き将来期し得べき繁栄の区間に於ける電気鉄道は模範的設備を調べ

世の文化に貢献すると共に社運の発達を期成すべきを以て斯業研究の為め技術長三崎省三を米国に派遣せり而して世運の趨勢に鑑み事業地域の将来を推究すれば規模を拡張し広軌高速の鉄道ならざれば交通機関の本能を発揮すること能はざるを以て其計画を変更し建設費予算額を金三百万円に増加し工事方法も亦之を改めたのである。然るに監督官庁に於て本鉄道許可の詮議遷延したると且つ経済界不振の為め資金の調達を阻害し事業の停頓を見ること数年其間専務取締役前川槙造氏死亡せしが外山社長の堅忍不抜は遂に安田善次郎氏より補足資金として社債百五十万円の供給を得明治三十六年六月八日工を起すに至り次いで同年八月五日杉村正太郎氏専務取締役に就任以来鋭意建設に力を致し同三十八年二月資本金を三百万円に変更越て四月神戸市加納町大阪市出入橋間復線軌道線路亘長十九哩の竣工を告げ発電所及車庫は尼崎御影の両地に設け同月十二日より運輸営業を開始したのである。是れ本邦に於ける都市を連絡する広軌高速電車の嚆矢にして阪神間一帯の交通は其面目を一新し沿線市町村は為めに生気に満ち今日の如き殷盛を極むるの緒を拓いた。此年十二月二十八日外山社長は功成り病至るを以て任を辞した其後運輸開始以来乗客日に増加し社運春の如きものあり会々日露戦役は我国の大捷に依り平和を克復せるを以て財界活境を呈し会社も亦業績の昂れるに伴ひ増資問題を生じ杉村専務取締役は意見を異にし明治四十年二月二十六日遂に辞任し五月七日取締役今西林三郎専務取締役に就任越て九月三日資本金を六百万円に増加し明治四十一年十月電燈電力供給を開始し電気鉄道と相俟て業績益々良好に進めり明治四十三年十月十一日北大阪電気鉄道株式会社を合併し資本金七百万円に改め同会社の有せる大阪市北区西野田より同区天神橋筋六丁目に至る軌道敷設特許灌は同年十二月十七日共継承を許可せらる共後財界の変調に伴ひ成績に多少の張弛ありしも大正三年六月十二日梅田出入橋復線軌道を完成し神戸大阪両市の電気鉄道と密接することを得大に交通の便を助長し又同年八月十九日北大阪線の工事成り営業を開始した。偶々欧洲戦乱の勃発するや国力急激に発展し就中阪神両地は商工業発達の中心たりしより之に介在する同社の事業も亦之に伴ひ優良の成績を収め大正五年十月廿五日資本金を一千五十万円に増加す翌六年十一月二十一日今西林三郎専務取締役を辞し片岡直輝氏社長に三崎省三氏専務取締役に互選せられ大正八年十二月二十日事業発展の為め資本金を更に二千五百万円に改め極力設備の改善並に事業の拡張に努め大正十年六月尼崎市東浜に出力一万二千六百基の大発電所を設置し従来より供給を得つゝある大阪電燈株式会社よりの購入電力と相俟て電車運転用の電力、電燈及電力供給事業に対して其送電に遺憾なきを期し又伝法経由尼崎間の軌道工事を進め或は神阪復々線軌道の敷設其他阪神沿線の発達に献貢せんことを期し今日に及んだのである。

経営政策　同社の経営方法は当初極めて保守主義を以て進み来つたのであるが其内容充実するや財界好況の機に乗じて荐りに営業改善を試み殊に阪神急行線の実現と共に競争線起るに及んでは旧来の方針を以て晏如たる能はず屢々運転上の改革を為すに至った現今では

一、**単車急行**……途中主要停留所にのみ停車
二、**二車聯結急行**……右同断
三、**普通単車**……全停留所に停車
四、**二車聯結普通**……右同断
五、**短距離運転**……野田天神橋六丁目間の阪神野田線、梅田尼崎間、神戸御影間

此の外夏期に至つては沿線西宮及び新在家等の海岸に海水浴の設備あるを以て浴客団体学生等の為めに特別車を仕立て便宜を提供し尚運動熱の旺んなるに乗じて創設したる鳴尾の競馬及野球場には時を期して大ひに大会を開催し観客の吸収に勉めて居る尚一方電力供給には沿線全般に之れを支給する策に出で、効を奏し健実なる地歩を持続するのである従つて毎期の配当率の如きも常に一割三分以上に当り株市価は殆ど倍額を

称へて居る

同社重役　同社の隆盛は蓋し有力なる重役が交々代りて其賢策を致した結果に外ならない、而して最近迄は大阪財界の亘頭たる片岡直輝氏と島徳蔵氏とが珍らしくも相倚り相援けて一方は社長一方は取締役となり協力しつゝあり併せて創立以来技術長として殆ど全部の計画計論を掌りし三崎省三氏が専務取締役となりて社勢を発展せしめつゝあつたが片岡氏は隠退し現在は左記諸氏が重役となつて居る。

専務取締役三崎省三、取締役今西林三郎、小曾根喜一郎、小川為次郎、島　徳蔵、監査役渡辺　至、小西新右衛門、野村　徳

第五款　阪神急行電鉄株式会社

阪神急行電鉄株式会社は明治四十年十月創立せられたる会社にして当時資本金二千二百二十一万円を投じ大阪市と神戸市とを連絡すべき高速度交通機関を業とする目的であつた。然るに時既に交通機関としては梅田神戸間を通ずる官設鉄道線の外之れに平行して専ら大阪湾の北岸を縫ふ阪神電車あり何づれも乗容を吸収して至らざるなき状態であつた。従つて単に大阪神戸間の交通を目論見んとせば勢ひ以上両線に制肘を受け甚だ不利なるを以て茲に設立の大方針を改め遊覧線に供すると同時に都市人口の膨脹に着目し此等人士の為めに住宅の利便をも併せて提供する事となつた、茲に於て其路線は一、梅田を起点とし神崎川、塚口、西の宮北口御影、六甲等を経て神戸市に至る、二、右本線の塚口より岐れて醸酒の名地伊丹に通する支線、三、本線西の宮北口に岐れ北上して宝塚に至る幹線、四、十三より岐れ石橋、能勢口、を経て宝塚に至る宝塚線、五、宝塚線石橋より岐れて桜井を経勝地箕面に達する箕面線、等を計画し更に十三駅に於ては北大阪電鉄会社と提携して相連絡し以て崇禅寺馬場東西吹田、関西大学前を過ぎて理想的住宅地千里山に通ず、宝塚線能勢口に於ては能勢電鉄線と連絡して能勢の妙見山に達する事とした、而して沿線到る所を開拓し住宅経営は勿論遊園地、勝地等を復活せしめ大ひに宝塚温泉の完備を期し箕面一帯の整備に力を須ゐ一方芸術的見地から最近世界的流行となつて居る歌舞劇を興し宝塚の景地をトして少女歌劇団を設けて之れが公開試演の劇場を経営し更に進んでは新温泉を開鑿し全国各地に紹介する事を怠らぬ、斯くの如くにして巧みに其競争線たる阪神電車と趣きを変へ主線に於ては多少鎬を削る状態にあるが併し乍ら阪急電車は自ら開発したる住宅地並に勝地に至る乗容を吸収するに努め阪神交通機関としては最早動かすべからざる潜勢力を持つて居るのである、

営業政策……阪神急行は其沿線に於て頗る多く天恵を有して居る而も経営其宜しきを以ても苟天恵なりと認むる所は労を惜まず財を投じて之れが発展の途を啓いて行くのである、従つて創立未だ十余年なるに早くも大阪市郊外電車同業中にありて嶄然たる頭角を現はすに至つた、殊に独特なる営業政策は極めて進歩主義にして一異彩を放つて居るのである、同社の根本策として交通機関の敷設は要するに地方開発の先駆たるべきものと思惟し此観念より発して則ち交通機関を継営するのである、従つて都市あり部落ありて始めて電鉄の敷設を試みる様な事はない、之れなくとも先づ以て敷設し然る後に自ら開拓者となり公園、運動場、住宅地等凡ゆる方面の創設又は修理を為し次いで都会人士の糾合を決行するのである、今日既成線に於て其実例を摘記すれば洵に多々ある、箕面公園、宝塚グランド、豊中住宅、箕面、布引滝、六甲山ブルフ村、苦楽園等数ふるに暇あらざる有様であるが詳細は沿線勝地の章に於て載録する、兎に角四季に応じ地の利に顧み而も都会人士の歓迎する点に甚大の努力を払つて一面公益機関の責に任じ他面会社自体の膨張に尽瘁して居る、益々強大な基礎を確立しつゝ一方沿線一帯に電力供給を兼業し毎期一割の配当を持続して居る。

重役諸氏……同社の資本金は現在三千万円に達して居る、其内払込未済額六百万円であるが創立当時より今日に至る間に事業は隆盛に向ふ一方にして収益も各期毎に一百万円を下らない有様である、抑も此異常なる発展は決して偶然ではない偏に営業政策と経営其宜しきを得たに基因するのである、果して然らば其劃策の衝に当る各重役の達識なるを敢て認めざるを得まい、現任重役は左記諸氏であるが社長平賀氏は銀行家実業家として関西に錚々たる人、専務小林氏は事業界の傑物と謡はれる人其他重役も潜勢力を多量に把持して居るのである、

社長平賀　敏　専務取締役小林一三、取締役速水太郎、井上　周、山本辰六郎、岸本兼太郎、上田　寧、監査役清水栄次郎、浜崎照道

第六款　北大阪電気鉄道株式会社

沿革概要　天神橋六丁目市電終点を起点とし柴島、吹川、垂水を経て千里山に至る数哩の大阪北郊電鉄は同社の経営する所である。

大阪市を中心として其周囲の交通状態を観察するに東海道、関西、西成、城東の各鉄道線路の外南に南海、東に京阪大軌、西には阪神、西北には阪急の箕面宝塚線の各電鉄があり是等諸線は何れも交通頻繁にして為に沿道の発達を醸成促進せしめた就中南海及び阪神沿線の如き十年前に於ては一小漁村若くは原野たるに過ぎなかつたのであるが今や人家櫛比の街衢と化し大阪神戸間並に大阪和歌山間の如き現に両々相接近せんとするの勢に在る、

然る大阪の北郊は市の中心を距ること極めて近く三島郡吹田町を中心として豊津、新田、山田、岸部、大道、中島、新庄、西中島の村落其周囲に星列し又吹田の大日本麦酒工場、柴島の鐘淵紡績工場を始めとして幾多の工場があり且吹田町の背後千里山一帯の台地は恰も東京の山の手に酷似したる高燥なる丘陵であつて大阪を距る三哩半乃至六哩に過ぎず気候穏和、風光明媚、近郊に其比なき好個の住宅地である、如斯大阪の北部は南方を凌駕すべき地の利を有するに拘らず其発展遅々として進まぬは全く交通機関の不備に基くのである、故に同社は茲に着目して大阪北郊の交通機関を経営するに至ったのである。

住宅経営　他方に於て大阪市の膨脹に伴ふ住宅難は益々甚だしく現在家屋敷の戸数に比して其不足十万を超へ僅に一小借家を求むるにも数ヶ月を費し尚且巨額の立退料を要する窮状を呈するに大阪市及接続町村の膨脹率は人口毎年六七万を下らず且都市計劃にして実施せらるゝ暁には今後数年間に渉り更に数万の家屋を取払はざるを得ずして大阪市の自然増加戸数と相俟つて将来益々住宅の不足を来さんとする時に方り同社の努力たるや大に貢献さるゝものあるを信ずる。

同社の電鉄線路は大阪市営電鉄天神橋六丁目終点より淀川を渡り柴島、新庄、吹田を経て三島郡千里村大字佐井寺に至る、延長五哩三分の本線及本線の中途柴島の北方崇禅寺より分岐して西成郡神津村阪神急行電鉄十三停留場に至る延長二哩七分の支線である、大阪北郊の開拓者を以て自任する同社は会社創立中即はち大正五年より住宅経営地の買入に着手したが各地共深く本事業の企劃を歓迎して格段なる廉価を以て買取に応じたので買取常時既に割安であつて平面単価公薄面一坪五円九十四銭実測面積一坪四円五十九銭を出でず是等沿線の住宅経営地は納五十万坪に及んだ。而して該地域は何れも停留場設置の要地に属し大阪迄僅々十分乃至二十分にて到達し得る地点である。元来国富の増進と財界の幾展は大大阪勃興の前提となり欧洲大戦に伴ふ財界の妖境及大阪市の膨脹に依り近郊の地価は著しく昂騰し殊に都市計画の発表により同社の経営地は全部大大阪に編入せられんとするのみならず、由来千里山地方は桃林蜜柑園の名所として世人に宣伝せらるゝ所であつて気候穏和且北に箕面勝尾寺の名山を負ひ地勢東西南の三面に展開し土地は高燥、風光は明媚水質も亦清良豊富実に住宅経営地として理想の好適地である。従つて会社

経営の住宅地の如きは未だ電鉄竣成前に於てすら取得当時の数倍の騰貴を見るに至つたのである、其住宅経営地の総面積は公薄面三十九万三千九百四十六坪一合九勺此実側面積五十万九千三百五坪である

営業状態　同社の経営する路線は高速度交通機関ではないが併し乍ら大阪市と北郊千里山一帯の新開地との連絡には是非とも欠くべからざるものである、該線は阪急線十三停留所より新淀川に平行して崇禅寺馬場に至り北折して下新庄、東四吹田を横ぎりて千里山に達する其間延長に於て他の郊外電鉄に優るべくもないが旧蹟多く且つ風景佳絶なる地域多きを以て乗客の如きも四季に応じて多く尚固定的乗用車頗る多数ある為め大正九年末既設線となつたに拘らず大正十年三月末の統計に依れば営業日数百八十二日乗客七十四万七千二百二十五人収入五万六千六十七円九十九銭、貨物一万四百五十六噸、収入二千百三十五円二十三銭の成績を挙げ尚兼営事業たる住宅地に就ても優秀な結果を示して居る、而して同社の将来は運輸方面は新規計画を見たる新京阪電車の創設開業を俟たば十三に於ては阪急線を以て神戸に至るべく吹田附近より新京阪線に因りて遥かに京都四条大宮に達し尚目下工事中の大阪市北部の路線出来と共に大阪市より直接運輸の途が啓かれる訳けである、従つてさなきだに特許線獲得に熱中して居る各電鉄会社は之れが併合談に競争するであろうが今や同会社は事実上京阪電鉄系統の左右する所となり僅かに土地経営は神戸信託系統の所属となつて居るから到底之れを変更すべからざるものと信ぜられて居る。

第七欵　大阪鉄道株式会社

大阪鉄道とは曾つて河南鉄道と称へられた私設線で従来関西線柏原駅に端を発し大阪府下南河内郡を横断し史上に名高き金剛山及び葛城山麓を過ぎ沿線一帯には聖徳太子の御廟を始め歴代帝陵、楠公誕生地赤坂、千早城趾の所謂南朝時代の遺蹟を包括しつゝ、道明寺天満宮、誉田八幡、滝谷不動等の著名なる名勝を有する交通機関であつたが終点は南朝当時の記念地たる長野町に収め道明寺駅より大阪市乗入線を断行すべく出で、大阪市阿部野橋に至る新線を増設して将に旧来の軽便汽車を電化せんしつゝあるのである、而して河南鉄道会社は大正七年三月に至り大ひに将来の発展を試みんが為め新規に組織変更をなし資本金五百万円の大阪鉄道株式会社を起して一切の権利を引継ぎ事実上河南鉄道並に同株式会社の名義を去つたのである、則ち変更変遷は実に於て何等移動したる意味に非ずして只登記の形式が当初明治二十九年三月の設立に係る河陽鉄道が三十一年三月、次ぎに資本金三十万円を以て生れたる河南鉄道会社に買収され暫く業務拡張の理由に依り看板を変へて大阪鉄道会社と名義を変更し営業方針の積極的発展を為すに至ったのである

線路概観……大阪鉄道は前記の如く河南鉄道を母体とするものにして其線路も関西線柏原駅より東行して大和川を渡り道明寺、誉田、古市、富田林、滝谷不動、汐の宮等を経て長野町に至る鉄道線を基幹として居るのであるが時代の趨勢に順応すべく全線の狭軌式を改造し其単線を複線とする計画を樹て従来柏原駅省線に連絡するは単に関西省線にのみ顧客を送りて而も不便極りなき状態であつたから此営業方針を一新し特に大阪市乗入の権利を獲得し道明寺駅より南行して藤井寺に出で更に西折して高鷲、松原、高見等の村落を過ぎ大和川に鉄橋を架して対岸矢田に出で田辺を経て直ちに市内天王寺駅南側に突出して市電並に南海線との連絡を開拓する事となつた、而して当該線は既に道明寺高見間大和川鉄橋等竣成し大正十二年四月には全線開通の筈である、

其の特点……以上の如く一方は関西線を通じて奈良、名古屋等に連絡を取り他面大阪市より直ちに往年武陵桃源たりし南河内郡に入り豊饒なる名勝古蹟に交渉を啓く大阪鉄道とは他電鉄線に比し特長亦甚だ多いのである、先づ史蹟に於て枚挙に遑あらざるものあり春は花夏は金剛葛城

二山を尤とする丘陵に濃緑を掬すべく秋は一帯の平原に亘る平和なる風景を浴する事が出来やう。而も冬季に入りては地形上暖温稀れに見る所にして千余年の文化を語る史蹟に白雪を帯びたる霊姿は蓋し心ある者をして嘆称せしめる之れを一言にして断ずれは即ち詩趣甚大なのである、殊に軌道は坦々として勾配尠く概ね直路となつて居る、加之線路は電化され旧式の汽缶運転を改めて斬新な**カテナリー**式を用ゐ聚電装置も電鉄業者の先駆となつてボールを用ゐず**『パンダグラフ』**を採用して客車の設備も採光通風を慮り車内の装置にも多大の意を払ひ、四百馬力の電動機を据付け最高速度を保ち乗客本位に改造した事も特点である、

沿線風光……同線の生命は須く古蹟多きに基因する、共線に従つて之れを摘記すると左の如くでゐる、長野は南朝時代の行宮所として有名なる所、汐宮は温泉ありて霊効あり、滝谷不動は不動尊鎮座し霊験内外に轟く又富田林は遊園地あり商業を以て河南に雄視する所である、而して此等は沿線駅程であるが之れより石川を渡りて北すれば附近一帯は南北両朝の争覇戦に殆ど中心地となつた地方で金剛山葛城山聳え山腹には城趾千早赤坂小根田等あり且つ延命寺、観心寺、建水分神社、慈眼寺、河合寺、広川寺、高貴寺等の古寺散在し楠公誕生地、楠妣庵寺等探るべきもの頗る多い、遊園地として長野に大規模のものあり、三日市温泉、汐の宮温泉、富田林遊園と共に遊士の栞となるのである、又沿線太子呈比志より古市、誉田道明寺に至る両側は実に我邦に於ける帝陵地区とも謂ふべき所にして先づ其南側には日本武尊陵、清寧、賢仁、応仁、仲哀四天皇陵あり来自皇子陵、仲哀皇后陵もある其他美久留御魂神社、誉田八幡、道明寺、野中寺等がある、又北側に入りては聖徳太子廟を始め用明、孝徳、推古、敏達、安閑各帝陵と山田皇女、尾張大納言廟源家王将軍墓等の外山城大仏、泥掛地蔵尊、上太子叡福寺、大黒寺、白鳥神社、岩見重太郎（薄田隼人）の墓等がある又桃花桜花の名所としては両側に玉手山遊園地、植生桃園等著名である、更に道明寺駅より柏原に至る線並に大阪市に通ずる線との間には允恭帝雄畧帝陵を始め天満宮、藤井寺観音仲哀帝陵、犬塚山、四南来迎寺、柴籬神社、浅香稲荷、阿麻美許会神社あり高見駅より大阪天王寺に至る間には我孫子観音、桃山中学等がある。

社運向上……同社線は別記の名勝を有して居るので市内乗入と共に今後益々多事ならんとして居る従つて社運は頓に向上するであろう、現在に於ては株主二百八十二人に対して配当する利益は旧株、第一新、第二新、第三新株を通じて年一割であるが近き将来には一割五分乃至二割に相当する見込が充分である、此等営業策に従事し当面の業務執行に当つて居る重役諸氏は左の通りである。

社長越井醇三、専務野川広三郎、取締役内藤為三郎、泉弥市、岡幸次郎、広居精一郎、山岡倭、監番役松永長三郎、森平蔵、河盛勘次郎、相談役山岡順太郎

第八欵　新京阪電気鉄道株式会社

新京阪電鉄会社は京阪電鉄の姉妹会社にして其延長とも断ずべきものである、則ち京阪電鉄の大阪天満橋を起点とし京都市三条山城宇治に至る経路が淀川本流の南岸を通ずるを新京阪電鉄は淀川の北岸を省線東海道線に沿ひて北行し山崎町附近に於て省線を横り一路京都市四条大宮に達するのである、而も其経路は省線と淀川との間を山崎町迄走り此処より未だ交通機関の恩恵に浴せざる地方に出で、京都市との交通を開拓せんとはする。一面から言へば京阪線の延長を此方面に試みた事となるのである、殊に京阪電鉄が曩に大阪府下城東線の一部払下を得且つ北大阪電鉄株式会社に過半数の株を得て其実権を握り大阪市内乗入権及び千里山に達する線路の制止権を収めたる事歴に顧みれば要するに主務省の認可が当初現在の営業権のみなるを以て折角取得したる権利行使をなす能はざるの結果新京成と銘じて別法人を組織し集めたる利権と新規に淀川

北岸に於ける交通路を啓かんが為め即ち新京阪電鉄会社か組成せられたものである。故に其重役株主等も多くは京阪電鉄と共通して居る。

同社の特色……同社の特色は大阪梅田附近より京都市四条大宮に達する時間僅かに四十分にして最新式広軌高速度である事であろう其哩数は約三十哩に及び大正十三年末より営業を開始すべく軌道敷設車輛購入等諸設備を完成せんとして居る、資本金は二千五百万円内十分の一払込済で株式五十万株ある、同線竣成の上は沿線吹田、茨木、山崎等の古蹟名所等忽ち開拓せられ暫くは阪神沿線の如く山啓けて人家稠密するは必定である、

同社の重役……其重役諸氏は左の通りである
社長岡崎邦輔、常務太田光熙、取締役永田仁助、井上周、渡辺嘉一、大野盛郁、村井貞之輔、監査役、島村安次郎、浜崎健吉、岩佐吉左衛門

第九欵　生駒電気鉄道株式会社

既に京阪線ありて大阪、京阪間の交通を便し、大軌線ありて大阪奈良間を連絡し大阪市より東行するには此等放射式交通路線に因りて万般の用を弁すべしと雖も市内電車及び官設城東線以外には東方部郊外に於て何等横断的交通線なく従つて京阪、阪奈間の住民は勿論京阪二大都市の住民も等しく既設線以外の有数町村には直接接触すべく途なきは文化上将た亦経済政治産業の各方面より甚だ遺憾とすべき事実である殊に古記に有名なる交野の原を始め小楠公の誠忠終焉地たる四條畷の如きも頗る不便の結果自然顧みられぬ状態である、生駒電気鉄道株式会社は則ち従来着目せられざりし這般の不備を啓き敢て横断的交通機関を創設して未だ文化の恩典に浴せざる地方民の為め便を提供せんが為めに生れたる会社である、而して其予定線を専ら京阪、大軌両線の連絡を計り京阪沿線の乗客を牧方東口より吸収して大軌線、生駒に通ぜしめ奈良、大軌線の遊客を大阪迂回の不便を避けて京阪線に送るべく計画されて居る従つて起点は大軌線生駒停留所に置き京阪線牧方東口を終点とし途中は北倭、田原、磐船、交野、川越、牧野等の各村を通過し延長九哩五十六鎖に達する予定である、其内京阪牧方東口より大阪府北河内郡盤舟村に至る延長二哩五分の路線は大正十一年八月より土地買収に着手し十二年六月を以て敷設済みとなり七月より開業する事に決定して居る。

沿革概要　同線の必要なるは最早議論の余地がない、従来も屢々此種線路の計画は取の沙汰されたのであるが併し乍ら未だ具体化するに至らなかつた、偶々大正十年初春京阪関係の有力者と大軌系の有力者が中心となり尚枚方町其他沿線地域各町村の有力家相提携する事となり創立談大ひに進み愈々生駒線の発起計画を試みるに至り総資本金二百万円を以て起業目論見書を造り株式招募の結果以外の好況に接し忽ち満株となったので十年七月十五日大阪商業会議所に於て創立総会を開き、定欵変更、役員選挙を為し尚重役として社長篠野乙次郎、専務取締山口定亮、取締役鍵田忠次郎、加島安治郎、井上千吉、野村正次、今井徳之助、監査役二宮秀、南喜三郎、稲葉丑太郎、相談役太田光熙、金森又一郎、藤本清兵衛の諸氏を挙げ超へて諸般の準備を調へ大正十一年二月全線の実測を終了したのである、次いで四月第一回営業報告を為し年五分に相当する利息配当を断行した。

其の将来　斯くの如き経過に因って大正十一年八月より土地買収に着手し十二年七月には其一部の営業開始をする予定で更に全線の開通は遅くも十三年末迄に竣功すべき計画である、其沿道は名所旧蹟甚だ多く即ち

起点大軌線生駒停留所の北八丁なる北生駒村俵口には聖徳太子の開

かれた古き長福寺がある毘沙門天を安置せる本堂は特別保護建造物で国賓等観るべきものが多い又此附近に脚気婦人病に霊験ある『おまつ』の宮及び毘沙門天皇同王妃をまつる岩蔵寺、又檜窪山に饒速日命の墳墓がある其他危難頓除の十一面観世音を安置せる長弓寺等がある長弓寺は有名にして聖武天皇御発心の霊域で建物は保護建造物である我建国史上に見逃す事の出来ないのは金鵄発祥地たる『とび』山である。神武天皇東征の際金鵄の瑞祥を発現した所である此附近は古蹟非常に多い更に本線の中間約一哩は磐船山峡で此勝景こそは実に天下稀有である。而かも磐船神社は其神体実に船軸の形をなす巨厳であつて上古饒速日命が十種の神宝を奉じて天の岩樟船に乗り大空より降臨し給ふと伝ふ昼尚暗い森林渓谷に響く清流奇岩怪石総て神代の有様を目前に見るが如く誠に天下の仙境である又磐船山の北方薬師如来を安置せる獅子窟寺がある。境内に嶽窟あり其状獅子の開口の如く又城河摂播の山川都鄙を一目に眺めらる、絶勝の地である又星田交野村は人口多く富裕なる村落である。尚此附近に星田妙見があり又倉治の桃園は甚だ有名で陽春四月頃遊客甚だ多い又源氏の滝は雄大にて直下五丈あり夏季遊浴に適します実に古蹟名勝沿道に並んで居る。

従つて乗客貨物等の吸収力に於ては優に期待すべきもの多い、況んや其支線開拓の策を須ゐる時は将に余地綽々たるものがあつて発展隆盛は期して保つべきものがある。

第三節　沿線状態

交通機関の発達と共に大阪市は左なきだに豊公を最近とし難波の旧都時代の遺蹟開拓せられ更に商工殷盛の結果は益々各方面の繁栄を来す事となつた、而して一時豊臣氏を中心として関西武士の集合地となり稍商工業の渋滞を招いた姿であつたが徳川氏執政の当時より関東中心主義の政策に影響を受け俄然地の利河川の利便に因り商工業の進展を見るに至り明治維新後は直接海外の影響を蒙りて忽ち我国商工業の牛耳を把握する都市と変じたのである、従つて其旧蹟に於て将た亦経済力の豊富なるに委せて開発したる名勝も亦見るべきの頗る多い、而も一度市外に出で、各郊電車の便を駆り四遊すれば日本文化の発祥地たる奈良あり京都あり其他和歌山神戸宝塚等行くとして著名ならざるはない、今其主要なる勝地を電鉄線に則り欵を追ふて列記する。

第一欵　市内名所

大阪市内に於ては、名所頗る多し、即ち、大阪城、四天王寺、天満天神、築港桟橋、南北御堂、中之島公園、天王寺公囲、淀川公園、千日前、新世界、四遊廓演舞場、三越、白木屋、高島屋、大丸、十合、平亀屋、井筒屋、各種大会社、銀行等の建物を初め、商業殷盛なる街路として堺筋、心斎橋、九条二番道路等重なるものである

大阪城……大阪城は市の東端に有り、謂ふまでもなく、天正年間豊臣秀吉が粋を尽くして、築いたものである、始め、本願寺の寺領なりしが、抑々、要害堅固にして、前に淀川の流域を控へ遥かに大和川を帯びて周囲には更に数条の堀をめぐらして居る、今は昔日の城装を見るべくもないが、僅かに点在する建物に依り、徐ろに其の雄大さを、回想する事が出来る、天主閣は、頗る高く、市内の大半を俯瞰するに適す、明治以後、第四師団司令部を置く

天王寺……四天王寺は、聖徳太子の建立にかゝり由緒深き古刹なり、市の南東部に位し、善男善女の参拝日に絶ゆる事なし

天満天神……天満天神は菅原道実公を祀れる社にして市民の挙りで帰

依する所毎年盛大な祭礼を行ふは以て名高し

豊国神社……豊国神社は、豊臣秀吉を祀れる社にして、其銅像あり淀川分流に莅み、中之島に位す

築港桟橋……築港桟橋は、大阪湾に莅み、瀬戸内海を控へ、四国九州北海道等、内地航路の泊りにして、尚神戸と共に外国航路の出発点で其貨客の関門に当り頗る壮観を呈して居る

三大公園……三大公園とは、天王寺、中之島、淀川三公園を称す、前二者は、既設に属し、後者は近く竣成する筈である、花壇運動場、公会堂動物園等其内にあり

新世界……新世界は近代大阪の開拓したる遊覧地である、主として大阪土地建物会社の経営する所で活動写真、劇場、料亭美妓を備へ観客、好劇家及び遊蕩士を招くに足る就中通天閣は鉄骨製の高塔でエレベーターに因り頂点に客を送り眺望に便ならしむ、附近に高津、生国魂両神社を始め茶臼山、四天王寺、天王寺公園等あり

道頓堀……道頓堀は徳川幕府当時より芸術旺盛の地である、現に千日前、楽天地と俗に呼称する所で有名な劇場櫛比し我国劇界の中心点となつて居る、之れを東京に対比せんか優に浅草公園数を凌駕し京都の新京極を瞠着せしむ、附近一帯は大阪第一の島之内と称する遊地にして若し夫れ情的大阪の真髄を探ぐらんとせば以て其半面を知るに足る所である

四遊廓……四遊廓と称するは難波新地、堀江、新町及び北の新地を総称するのである、勿論名詮自称芸妓あり娼妓ありて一般社会に卑下せらる、所であるが而も事実商取引に将た亦精神静養の美名を附し乍ら荐りに顧客となつて居る更に其可憐なる妓士等が芸を練り技を競ふ機関として演舞場がある、則ち木の花踊り、浪花踊り、あし踊り等著名なる芸術の奏演場である

橋梁……水の都たる大阪市には到る所大小橋梁が架設されて居るが就中天満天神、難波、大正橋等或は古く或は長く夫れ〴〵有名である

建物……元来商工都市である関係上大会社官庁等数ふるに暇がない、従つて此等会社の建物は最近都市建築の傾向に乗じて立体的建築を実行したので九層階八層階以下四層階の白亜、赤館甚だ多い

商業街路……到る所之れ商業街路と称すべきも就中、船場一帯の地は大商人の集合する所で各種卸商多し、又宛然デパートメントストアを自然に組織する所に心斎橋筋、堺筋、九条二番道路等がある

此の外枝川河川の舟船踵を接して走るもの、川口方面に於ける内外人雑居するが如き、或は川口、西野田、淀川沿岸東野田方面一帯を通じ大小工場重設せられ其長短定まりなき煙突林の如くなるも他に比類なき偉観と称すべきであろう。

第二款　京阪沿線

京阪沿線とは京阪電車の沿線にして其線が大阪京都間並に中書島宇治間を連絡するを以て附近到る所名所古蹟甚だ多し先づ之れを其電車停留所に順じて列記すれば

○天満橋停留場大阪城、造幣局、泉布観○野田橋大長寺、桜の宮、母恩等、長柄橋趾○蒲生城東練兵場、京橋停車場○野江郊外住宅地○森小路高瀬の淀、高瀬神社○守口難宗寺、盛泉寺、江口の里、君の堂、歌塚、本門仏立講○門真菜の花と蛍○古川願得寺○萱島四條畷古戦場、四條畷神社、小楠公墓、楠公夫人碑、和田賢秀墓、野崎観音、龍尾寺○寝屋川佐太天満宮、菅相寺、来迎寺、野見宿禰墓○香里香里園、菅相塚、新四国、蹉跎天満宮、浄土院、本厳寺○光善寺、光善寺、蓮如上人遺跡、杉子絶間跡○校方枚方遊図、くらわんか船、鷹塚山、意賀美神社、桜新地、走り谷梅林、鍵屋○枚方東口天の川、交野原、桓武天皇行宮遺趾、百済王神社、和田寺、源氏の滝、倉治桃林○牧野渚院旧蹟、片野神社帝釈天、山田池○樟葉久修園院、交野神社、本澄寺、二の宮神社○橋本西遊寺、

本橋遊廓、渡船場、天王山、妙喜庵、宝寺、水無瀬神林、桜井駅、柳谷魂音○八幡雄徳山、男山八幡宮、石清水社、景溝塚、太子坂の楓、神応寺、楠公手植楠、杉山不務尊、引目の滝、大石塔、淀屋辰五郎墓、松華堂墓、小野頼風墓、善法律寺、正法寺、女郎花塚、紅葉寺、八角院、円福寺、洞ヶ峠○淀淀城址、興杼神社、美豆の桃林、粟生光明寺、長岡天満宮○中書島志士殉難碑、大黒寺、弁財天祠、中書島遊廓○伏見桃山御陵、桃山東御陵、御香宮、伏見義民碑、伏見城址○丹波橋桓武天皇御陵、農事試験場○墨染墨染寺、裂裟御前塚、藤森神社、北向不動院、城南神社、橦木町○旗塚、嘉票寺、深草十二陵、第十六師団○深草瑞光寺、雀のお宿、宝塔寺○稲荷稲荷神社○鳥羽街道千年の古都○東福寺、東福寺、通大の紅葉、法性寺、藤原俊成墓、兆殿司墓、泉涌寺、今熊野観音、剣神社、三十三間堂、養源院、新熊野神社、東寺○七条停留場、京部停車場○五条京都の門戸がある。

小楠公墓

四条畷古戦場

尚宇治線に於ては○観月橋観月橋、指月の森、三夜荘、巨椋池、崇光院御陵、桃山天満宮、龍雲寺○御陵前伏見桃山御陵○六地蔵醍醐三宝院、日野薬師、醍醐帝陵、朱雀帝陵、花見山、平平衡墓、鴨長明方丈石○木幡山木幡神社、宇治陵喜撰法師旧蹟○黄檗黄檗山萬福寺、隠元禅師墓○宇治史と詩の地、宇治橋、桐原日桁宮址、平等院、鳳凰堂、扇の芝、浄土院、県神社橋媛神社、浮島十三塔、朝日山、興聖寺、橘小島崎、断砕、三室戸崎寺、天ヶ瀬滝等がある。

而して主なる名打古蹟を詳記すると左の如くである。

四條畷古戦場　鞍ヶ峰の大連峰によりて限らる丶処、日本歴史の精華は一にこ丶に収められ萱島停留場は実にこれが関門として、最も便宜の地点にあり、即ち連峰の一部飯盛山麓一帯、四條畷の地は、正平四年正月五日楠正行弟正時と共に高師直の兵を迎へて悪戦苦闘こ丶に芳名を埋めたる所その背後に聳ゆる飯盛山は楠氏数代の戦蹟

四條畷神社　飯盛山の西腹、甲可村大字南野にあり、贈従二位正行、正時以下二十四人の霊を合祀す、明治二十二年の創建にして別格官幣社たり毎年四月三日より五日まで春季大祭あり

香里園　香里園は昔者畠山氏の所領にして俚俗御所山と称し、天然の景勝四時の行楽に適し現に清洒な公園設置せられ都人の遊に備ふ

菅相塚　菅相塚は延喜元年五月二十日菅公筑紫左遷の途次、此地に来り将に船に搭じて西に去らんとし、都の名残りを惜みて丘上に登り、遥かに帝部を帳望せし旧地にして、公去るの後息女苅屋姫跡を慕ふて茲所に来り空しく西天を嘱望して惆悵の極蹉跎して悲嘆せしよりこの一帯の丘陵を蹉跎山と呼ぶ

橋本遊廓　橋本遊廓は源平時代に於て既に絃歌の巷として殷賑を極め関白兼家が還暦の賀莚に河陽の妓を召して酒間を斡旋せしめたとある、左馬頭義朝の妾義平の母も亦た橋本の遊女たりし事は人の知る処であり爾来、興亡盛衰幾変遷今復た昔年の面影を見るよしもないが、而も青楼

軒を並べて艶姿嬌態徂徠する者多く呉客越人こゝに一夕の宴を張る者尠しとせず

天王山　標高二百七十米突、天正十年羽柴秀吉、明智光秀の軍を破りし古戦場として知られ近くは元治元年七月筑後の志士真木保臣、長門の志士久坂通武等会津の藩兵と戦ひ破れて山中なる観音寺に屯したる所

桜井駅　桜井駅は三島郡島本村字桜井にあり、橋本停留場より淀河を隔て、山崎街道に沿ひ、楠公旗建松と一大石碑あり、砕に（楠公訣児所）の五字を刻せり、延元元年五月、楠正成、足利尊氏の西上を防がんと死を決して闕下を拝辞し、兵庫湊川に赴くの途次、その子正行に勤王の大義を遺訓したる処

雄徳山　雄徳山は一に男山といふ、元貴顕の埋葬地たりしが、八幡宮鎮座以来八幡山と称へ又山容香炉に似たるを以て香炉山の名あり淀川を挟みて山崎に面し、西国街道の要衝たるより古来屢々戦乱の中心となり、正平六年後村上天皇吉野の皇居を出で、この山に幸し給ひ、源顕信、楠正儀、和田正興等これに従ひし所

石清水八幡　雄徳山頂にあり、大江匡房が『昔は万乗の君、今は百王

石清水八幡

墨染寺

袈裟御前の墓

の祖なり、一天の下、其徳輝を戴き、四海の中、其恩沢に霑ふ』と敬称せる所、応神天皇、神功皇后、王依媛の三座を祭り、清和天皇の貞観年間南都大安寺の僧行教勅許を得て宇佐八幡の神霊を勧請したるを以て始めとし、我国に於ける神仏混淆の嚆矢なりといふ、明治二年男山八幡宮と改称して官幣大社に列せられ伊勢大廟に亜で朝庭の尊敬浅からず、山麓より社頭まで五丁、古松老杉天を摩し、石階苔蒸して森厳の気全山に満つ、毎年一月十五日より十九日に至る五日間は放生会にして、九月十五日男山祭を執行せられ、日本三勅祭の一として荘厳なる御式あり、若

伏見稲荷神社

宮殿はその東に位して宇体姫、呉体姫を祀れり

志士殉難碑　中書島遊廓の北、流れを隔てたる対岸寺田屋旅館内にあり文久二年四月薩藩の志士有馬新七外八名藩候の鎮撫使と議合はず、白刃を交へて奮死せる所寺田屋には今尚阪本龍馬、新七の遺墨、龍馬遺愛の刀鍔新七殉難当時の鎗の穂尖等秘蔵せり

弁財天祠　中書島遊廓の東南端にあり、真言宗醍醐派に属し、本尊弁財天は弘法大師の作にして、往昔伏見城内の鎮守たりしを、元禄十二年五月伏見奉行建部匠頭当寺を草創してこゝに遷せり例年六月十五日弁天祭を執行す

中書島遊廓　文禄年中向島に塁を築くとあるは中書島の事にして、今は遊廓地域たり、伏見城の廃滅と共に久しく荒蕪の地たりしを、徳川氏中世の頃此地に遊女を許し以て今日に至る、紅燈影華やかに絃歌水に響く所また一種の情趣がある

御香宮　一に御諸神社と称し桃山の西南端にあり、神功皇后を祀る、清和天皇貞観四年境内より香水湧出せしより勅して御香宮と称せらる

袈裟御前塚　紀伊郡下鳥羽村恋塚寺にあり鳥羽帝の皇女西門院統子内親王北面の武士源左衛門尉の妻袈裟が遠藤武者盛遠の横恋慕を辞するに由なく、策を構へて盛遠の手に死したる事は人の知る所にして袈裟時に年十六歳辞世あり露深き浅茅か原に迷ふ身のいとゞ暗路に入るぞ悲しき盛遠則ち剃髪して袈裟の屍をこゝに埋め、菩提を吊ふこと三年君ゆへに浮世にそむく姿をは苔の下にもさこそ見るらむの一種を遺して去る、俚俗鳥羽の恋塚と呼び文覚上人袈裟御前の像を安置し、縁結びの霊験ありとして遠近より来り賽する者多し

稲荷神社　深草町稲荷山麓にあり、宇迦之御魂大神、佐用彦大神、能売大神の三柱を斎きまつる淳和天皇天長四年詔して従五位の位階を授け給ひてより後屢々位階昇叙の御沙汰あり、朱雀天皇天慶五年正一位に進められ、文徳天皇仁寿二年の秋奉幣祈雨の御願ありてより毎年五穀豊饒

宇治橋

を祈られ、後三条天皇延久三年三月行幸の御事ありてより、白河堀川、鳥羽、崇徳、近衛、二条後鳥羽、土御門、順徳、後深草の天皇上皇等行幸あり歴代の御崇敬浅からず、明治九年十二月十九日には照憲皇太后の行啓あり、社殿は延喜八年藤原時平の修造、応仁二年の兵燹にかゝりしを、天正十七年豊太閤新たに造営し、殿堂、楼門甍を列ね、朱欄碧瓦燦爛として壮麗を極むるに至り、今の本殿即ちこれなり、毎年二の午の日を期し、荘厳なる御幸の式祭あり、爾来稲荷祭又は氏子祭と称して毎年四月二の午祭典を執行す

東福寺　城南の古刹にして大和大路一の橋の南にあり、臨済宗東福寺派の本山にして聖一国師の開山にかゝり、所謂五山の第四なり、元奈良東大寺興福寺に擬して東福寺と名づけしものなりと

伏見桃山御陵　明治大帝の偉業と鴻徳とは宇内万衆の耳目に新たなる所にして、今茲に贅するも畏こし、陛下曾て此地に行幸あられられ、深くその風光を愛でさせ給ひたるより、其神去り給ふやこゝに御斂葬あらせられ、千古不磨の英霊を永劫にこの地に鎮り給ふ、然るに其後年余にして昭憲皇太后陛下の崩御あり、国民悲痛の涙の裡に桃山東御陵を加へさせらる

平等院　宇治橋の南約二丁、始め河原左大臣源融の別業なりしが、後陽成宇多、朱雀の三上皇の離宮となり、更に関白道長の別業となりて宇治関白頼通に伝はり、永承七年寺院となし、法華三昧を修して平等院といふ、水石幽奇にして勝景多く得難し

鳳凰堂（南三丁）　平等院境内にあり、永承七年の造営にして丈六阿弥陀如来の座像を安置し、四方の梁には五十二仏楽器を奏して紫雲に乗れる像を置く、四壁の釈迦八相及び浄土九品の図は安麻為成の筆色紙の観音経九門品は堀川左大臣俊房の筆なり、結構壮麗にして丹碧燦爛、鳳凰の両翼を張りたるに象りたるものにて藤原氏全盛時代の遺物として、日本美術界の誇りとする所

県神社（南三丁）　木花咲耶姫を祭る、古は弓削道鏡を祀れりといふ、名高き宇治の県祭は、毎年六月五日を以て執行し深夜燈火を滅して渡御の式あり、近郷近在は更なり、遠く京阪の地より来り賽する者非常に多し

浮島十三層塔（東南四丁）　浮島は一に塔ヶ島といひ、平等院前の川中にある一小島なり、長さ四十九間地勢高からざるも、如何なる洪水の際も隠るゝことなしとて浮島の名あり

第三款　大軌沿線

大軌沿線とは大阪奈良間を連絡する大軌電車則ち大阪電気軌道株式会社の経営に係る高速度交通機関の沿線である、其路線は始め河内平野を横断し生駒山を通貫して奈良朝時代の旧都生駒郡に入り一は奈良市に達し一は西大寺、他は郡山町等に走るを以て沿線赴く所著名なる遺蹟数ふるに遑あらざるなり。之れを沿道各停留所に就いて詳記せんか則ち
○上本町停留場大坂城、四天王寺、天王寺公園、新世界、道頓堀、千日前、赤十字病院、桃山中学校、女子師範学校、桃山、味原池、産湯、仁徳天皇居址○鶴橋市立高等商業学校、府立農学校、百済野、鶴橋、御勝山、舎利寺、比売許曾神社、大小橋胞衣塚、生野村の眼鏡○片江大念仏寺、小路神社、偏増寺、妙法寺、横野神社、菅の産地○深江都留美神社、法明上人の墓、中将姫の墓、長堂のまじない、法明寺、放出駅○小阪停留場長栄寺、鴨高田神社、御厨、川俣神社意岐部神社、清水井○若江若江鏡神社、蓮城寺、若江城趾、薬師寺、飯島三郎右衛門尉墓、山口重信の墓、木村長門守の墓、御野県主神社、玉串神社、仲野神社、加津良神社、八尾御堂、八尾中学校、八尾停車場、八尾地蔵、八尾城址○瓢箪山瓢箪山稲荷神社、四條畷古戦場、往生院、小楠公の墓、大楠公の碑、梶無神社、高安明神、北高安の遊園、十三峠、鳴川、千光寺、十三塚、高安城趾、千塚、高安の里○枚岡官幣大社枚岡神社、枚岡梅園、暗峠、芭蕉翁句碑、髪切山慈光寺、辻の地蔵堂、額田寺、玄清寺、戒松、廃不動寺趾、長尾の滝○石切停留場正興寺、光堂千手寺、石切剣箭神社、瑞雲山大滝寺、目下の滝、草香山、稲荷山遊園地、鷲尾山興法寺、辻子越、経塚、白水龍王、生駒山、生駒大隧道○生駒停留場生駒聖天、清滝山大乗滝寺、清水の滝、長福寺、岩屋山岩蔵寺、長命寺、生駒神社、鳴川千光寺○富雄停留場海灘山王龍寺、真弓山長弓寺、真弓塚、饒速日命墓、鳥見白庭山、鵄山、添御県座神社、鼻高山霊山寺、十六所神社、安康帝陵、富雄川の蛍、○西大寺西大寺、菅原神社、喜光寺、垂仁天皇陵、唐招提寺、楽師寺、秋篠寺、神功皇后陵、成務天皇陵、日葉酸媛陵、孝謙天皇陵、平城天皇陵、磐之媛陵、大極殿趾、法華寺、海龍王寺、不退寺
○奈良停留場猿沢池、興福寺、金堂、南円堂、三重塔、北円堂、東金堂、花の松、五層塔、春日の馴鹿、春日野、浅茅原、雪消沢春日燈籠、春日若宮、春日本宮、嫩草山、武蔵野、手向山神社、三月堂、二月堂、鐘堂、大仏殿、本尊大仏、南大門、正倉院、公園運動場、博物館、春日山、鷲滝、公園外名勝尚其重なる勝地を摘記すると左の通りである。

若江停留場附近は大阪落城史を飾る古戦場にして若江鏡神社、若江城趾、美女山、薬師寺、山口重信の墓碑、木村長門守の墓所を存す一里にして八尾町に達す、八尾地蔵（常光寺）甚だ有名なり、字木戸の地、八尾城趾なりと伝ふ、正平二十三年左馬頭楠正儀、義旗を飜すや、八尾城は義軍の一根拠地であつた而して之等の地、一邑一郷皆元和夏の役の戦蹟を語るものである、

瓢箪山稲荷神社

玉視神社

稲荷山遊園地
生駒大隧道西口

〇八尾城趾　正平二十三年三月十五日、楠左馬頭正儀の和田和泉守正武と共に、赤阪千早飯盛八尾の四城に一時に義旗を飜し破れたる所

〇八尾地蔵　八尾村大字西郷に在り、臨済宗南禅寺派にして初日山と号せり寺伝に依れば、天平年中僧行基の霊地を相して築きし、二十五廟壇の一である

〇八尾御坊　八尾町の繁昌は八尾御坊を中心と為せり真宗大谷派に属す、慶長十二年三月、教如上人石山本願寺在住の時、徳川家康より八尾壮四町の地を賜ひ、一宇を創建せしもの即ち当寺なり

〇瓢箪山稲荷神社　吉凶を卜して運命を開く、瓢箪山辻占の名近畿に高し来り賽するもの、一日二百人を下らず講社二千五百、毎歳二月午日は近く京阪、紀、和、摂、泉より、遠きは、播、但、三備に及ぶ、陸続相接して、詣ずるもの幾十万を知らず、伝へ謂ふ、豊公深く此神を信仰し、常に御瓢を受け能く海内統一の偉功を奏せり、是全く此神徳に依れりと為し旗差物に瓢箪を用ひられしと伝説頗る妙味ありと謂ふべし毎月十八日及午日を例祭日とし初午祭は二月二十五日夏祭は七月十八日とす、辻占判断時間は午前七時より午後十時までゞある

〇官幣大社枚岡神社　天児屋根大命及び御后神比売大神経津主命及び武甕槌命を祀り本邦唯一の古社にして、古来歴朝の崇敬武将の崇敬、武将の尊信甚だ厚く明治四年官幣大社に列せられ、毎年二月一日の例祭には、奉幣使参向し祭儀極めて厳粛なり、

〇長尾の滝　額田より入る長尾山の渓谷にあり雄滝は高さ二十余尺巌面に一文あり、数十歩にして雌滝あり、亦二十尺、共に素練を垂れて石に濺ぎ、明珠を散し巨岩累々として蘇苔滑かに、実に銷夏の一適地を為す、

〇生駒大隧道　西麓日下より生駒を貫通して、東麓谷田に至る大隧道は延長実に、一万千八十八呎にして、院線笹子隧道一万五千二百七十九呎に亜ぐ、本邦第二の最長隧道たり、然も本隧道は復線広軌式軌道にして、其容積の大なると難工事たるとに於て、実に第一に位す、本隧道の測量は明治四十四年一月十五日着手し、東西両口中心高底に対する三角及高低の測量をなし、尚其正確を期する為め、隧道中心線中央の地へ海抜千八百五十呎高櫓を設け、これに機械を据付け観測の計画を立てたり、然も山頂は風力強く、随て震動を生じ、充分に其目的を達し得ざるを以て、毎朝四時其風力少き時を選み、観測して、大正三年一月三十一日寸毫の齟齬なく東西両口の貫通を得たり、或は資を投ずること実に参百万円、堅牢無比完全なる大隧道は竣工期間の新記録を作りたるものである

〇生駒聖天　歴代の勅願所として有名なる生駒山宝山寺にあり、毎年四月一日国家安寧、四恩報答の為め、大護摩秘法を修行し、五月一日より十日間大般若式を行い、宝物の拝観を許す

〇西大寺　は真言律宗の本山にして七大寺の一なり、天平神護元年孝謙天皇の勅願に成り僧常騰の開基に係り高野寺と称す本堂は賽暦二年の造立にして、叡尊作と伝ふる釈迦如来を本尊とし、文殊、弥勒四仏等を

安じ愛染堂には愛染明王（世に一矢の愛染又日和の愛染と称す）とし観音堂の東方にありて十一面観世音立像（長一丈六尺）を本尊とし四天王像を安ず奥院は西方三町に在り五輪塔婆を立つ興正菩薩の墓といへり、宝物は空海筆と伝ふる十二天画像、十六羅漢屏風、金銅舎利塔四種（一は亀山天皇の勅封と称し二は叡尊感得と称し一は瓶形のものなり）金光明最勝王経（跋云天平宝字六年百済豊忠敬写）大毘盧遮那経（跋云天平神護二年吉備由利奉写）資財流記帳（宝亀十一年十二月勘奉）吉文書等珍什頗多し、豊心丹（腹一切の病によろし価五銭）は当寺より発売せり其処方は道室律師唐土より伝来する所と伝ふ、例年十月一日より八日まで一週間一昼夜不断光明真言大法会修行あり

奈良市は　千有余年の古都、歴史の地、景勝の地、芸術の地で左の名所がある

　猿沢池周囲百八十六間、漣波に紅の影を浮べて、八景の一に数へらる興福寺は藤原氏が祈願所にして、優秀なる仏体宝器を存し現に法相宗の本山たり、南円堂は弘仁四年藤原冬嗣先考内麻呂の遺願により創立する所、西国三十三札所の第九番にして不空羂索観音座像を本尊とす、北円堂南円堂の北方にあり、養老五年元明元正二帝不比等追善の為めに造営せしめ給ひしもの、境内最古の建築にして藤原時代建造の優たるものに属す、春日の馴鹿神杉矗々として生ひ茂れる、木の下影は目も遥るに雑草の華氈を敷くとも見ゆるが中を、子鹿親鹿群れて人懐つかしく慕ひ寄りて物を乞ふ様、甚だ哀れ深かし、春日若宮は天児屋根命の子天忍雲命を祀る、春日本宮緑蔭は丹塗の社殿に映え、廻廊は地形に従ふて自然に高低して廻る四棟造りの所謂春日式の建築甚だ典雅なるを見る、嫩草山は一面の芝生青氈を敷き詰めて緑樹森厳なる右方の春日山と照映して一段の風致を為す、毎春若草を焼払ふを以て聞ゆ、手向山神社は嫩草山に隣して紅葉に名あり山麗に聖武天皇の宇佐八幡宮を勧請し給ひし手向山八幡宮あり、三月堂は天平五年良弁僧正の開創したるものにして大仏の建立に先つ事十五年、実に奈良第一の古建築たり、二月堂は天平勝宝四

手向山八幡宮

二月堂

年良弁の高弟実忠和向の建立する所、今の堂は寛文九年徳川家綱の再興に係れり、本尊は十一面観音の銅像にして別に身人の暖みありといふ秘仏の小観音あり奈良の御水取は有名である、本尊大仏は奈良を代表せるものにして、結跏趺座高五丈三尺五寸、面長一丈六尺広九尺五寸、目長三尺九寸、口長三尺七寸他之に倣ふ、一千二百年前の鋳造たり、正倉院は東大寺の境内なりしを維新後帝室の有となりたるもの所謂校倉にして、孝謙帝の大仏に献納せられし御物を納む、其蔵する処の実器無慮三千点と称せらる。

第四欵　南海沿線

夫れ南海電鉄会社は大阪市と和歌山市とを連絡し官線が遠く高野山下を迂回して和歌山市に通じ而も泉州紀州等の海岸地方に何等の恩恵なきに鑑みて高速度交通機並に鉄道等を此地方に敷設したる関係上今や純然たる官線を凌駕するの盛況を呈し更に曾つては其競争線たりし阪堺電鉄即ち大阪市恵美須町より平野、住吉等を経て堺市に到り延びて大浜に達する線を買収して其経営となし尚大正十一年九月には予ねて交渉を進めつゝあつた高野電気鉄道線即ち大阪市汐見橋より長駆高野山下に至る線をも買収し茲に大阪市の難波、恵美須町、天王寺駅前及び汐見橋より和歌山、高野山、堺浜寺、大浜等の各方面に通貫する事となつた、而して其沿線の如きは何づれも日本歴史上古代以下近代に至る迄或は戦乱の中心となり或は文化の中心となり或は風流佳人の棲地となり一として著名ならざるはない今線路の状態を見るに左記の如くである。

鉄道本線……南海電車の鉄道本線は大阪『難波』ステーションから泉州の海岸に沿ふて一すぢに紀州『和歌山市』の城下に達す

天王寺線……鉄道本線天下茶屋から大阪『天王寺』ステーションにゆく分岐線である

高師浜線……鉄道本線羽衣から高師浜へは支線となり、この辺りは浜寺公園のつゞきにて郊外住宅地である。

軌道阪堺線……大阪新世界前の恵美須町から鉄道本線に並行して堺市内の中央をとほり浜寺公園に達す

軌道大濱線……名高い堺大浜へは阪堺線堺市内の『宿院』よりわかれて電車は恵美須町のりばから大浜ゆきがある。

軌道平野線……阪堺線『今池』からわかれて平野に達す電車は恵美須町のりばから平野行

軌道上町線……これは天王寺駅前より大阪の南郊を経て『住吉公園』に達す

更に其線路に沿ふ各駅に近き重なる名所古蹟を部別すれば大畧左記の如し　○駅名

（大阪市内）○千日前、難波、○道頓堀　難波、○新世界、恵売須町、○天王寺公園、恵美須町、○天王寺、天王寺駅前、○今宮戎神社今宮戎、○飛田遊廓、今池、○聖天山、北天下茶屋（二丁）○阿倍野神社、宮の下、○帝塚山遊園、勝間（三丁）○住吉神社住吉鳥居前○住吉公園、住吉公園、○あびこ観音、○我孫子道（十五丁）、（堺市内）妙国寺蘇鉄、○妙国寺前（二丁）、○大仙陵、大小路（十五丁）、○北波止公園、堺（三丁）、○龍神遊廓、龍神、○大浜公園、大浜公園、○水族館、大浜公園、○菊人形館、大浜公園、○大湾潮湯、大浜海岸、○乳守遊廓、少林寺橋、○みなと遊園、湊、○浜寺公園、浜寺公園、○浜寺公会堂、浜寺公園、○大鳥神社、浜寺公園（九丁）、○槇尾寺、浜寺公園（四里自動車あり）、○家原文珠、浜寺公園（十五丁）、○信太森葛葉稲荷、葛葉（八丁）、○牛龍山紅葉、岸和田（三里自動車あり）○蛸地蔵、蛸地蔵（三丁）岸○和田城趾、蛸地蔵（三丁）、〇貝塚遊廓、貝塚、〇水間寺観音、貝塚（五十丁）〇犬鳴山、佐野（三里）、〇樽井浜遊園、樽井、〇林昌寺山、樽井（十五丁）、〇砂川奇勝、樽井（廿五丁）、〇金熊寺梅渓、桜井口の千本迄廿丁、〇田山稲荷、箱作（八丁）、〇淡輪遊園、淡輪、〇深日浦、深日、〇大川浦円光大師、深日（一里半）、〇紀淡海峡、深日（二里）加〇太淡島神社、加太軽鉄、（和歌山電車）〇和歌山城趾、公園前、〇和歌浦、和歌浦、〇新和歌浦、新和歌浦、〇雑賀崎奇勝、新和歌（三十丁）、〇紀三井寺、紀三井寺、〇琴の浦、琴の浦、（鉄道省線）〇根来寺、岩出（一里）、〇粉河寺、粉河（五丁）、〇高野山、高野口（三里）、（淡路）〇三熊山公園、洲本、〇四州園、洲本（十八丁）

尚之れを其四季の花暦に準じて区別する時は頗る妙にして則ち（新年）住吉神社、（蓮）住吉公園、和歌山城趾（初戎）今宮ゑびす、（海水浴）浜寺、堺大浜、みなと、樽井（節分）住吉神社、あびこ観音、堺方違神社淡輪、和歌浦、加太、洲本、四州園、（梅）金熊寺渓、砂川奇勝、（水族館）堺大浜、（初午）水間寺観音、葛葉稲荷、田山稲荷（大魚市）七月卅一日夜堺大浜（彼岸）紀三井寺、水間寺（月見草）諏訪の森、高師の浜（桜）紀三井寺、根来寺、黒江日限地蔵、和歌山公園、淡輪遊園、岸和田城趾（観月）新和歌浦、和歌浦、三熊山公園、浜寺公園、みなと、堺大浜（桃）箱作山、久米田池（菊人形）堺大浜（摘草）帝塚山、大和川、高師の浜（萩）淡輪遊園（菜花）あびこ観音、葛葉稲荷（宝の市）十月十七日住吉神社（汐干狩）堺北波止、みなと、樽井、淡輪黒江、加太（紅葉）牛滝山、犬鳴山、根来山（魚釣）淡輪、深日浦、箱作浦（藤）住吉公園、淡輪遊園（網虫）淡輪、樽井、（躑躅）淡輪遊園、砂川奇勝、林昌寺山（茸狩）孝子山、箱作山（霧島人形）堺大演（蜜柑狩）林昌寺山（蕨狩）箱作山、淡輪山（遊獵）淡輪山、深日山（菖蒲）住吉菖蒲園（潮湯）堺大浜等見るべきもの頗る多い、最後に沿線の著名なる勝地中主なる例を摘記して本欵を結ぶ事とする

住吉神社……同社は住吉停留所附近に鎮座する官幣大社で表筒男命、中筒男命底筒男命及び神功皇后の四神を合祀する所境内広く由緒深く凡そ一千六百数十年連綿として霊顕洵に顕かなる神社である毎年七月三十一日八月一日の両日に亘り大祭礼を行ふ

堺市……堺市は南海沿線中第一の都邑で人口五万余を有し水利啓け商業発達し大工場を擁して遥かに大阪市に模倣するに似る、西本願寺別院等善長寺、成就寺、寺珠院、妙国寺、開口神社其他の伽藍と古蹟に富み且つ徳川幕政時代には奉行所を置いたので之れに関連する諸事歴甚だ多い、又百舌耳原北陵即ち反正天皇の御陵及び履中天皇の御陵等其附近に在り

大浜……大浜は所謂前面に茅海を控へ後に旧砲台を廻らし燈台此所にありて航海上甚だ肝要な所であると同時に眺望大ひに佳絶なるを以て古来より屢々遊園地として開拓されたのである、今や大阪府は其地の利に顧みて純然たる遊園として経営するに到り為めに観覧物、料亭等甚だ調ひ尚大阪市内の各新聞社が挙つて種々の催しを試み毎年夏季を利用しては海水浴を奨励するので須磨、明石を凌駕する遊山地とは化したのである

浜寺……浜寺も亦大演に劣らざる景勝の地で有名なる浜寺公園ある海水浴場、自砂青松を以て著はる、公園敷は甚だ広く南北二十余町、東西十余町に及び風景佳絶なる沿線中第一と称すべきであろう、最近大阪市民の上流社会には其青純なる風物と清新なる情気を愛で或は別荘を下し居を構へる者多く今や郊外住宅地に使途れさつゝある

木積観音……は泉南郡西葛城にあり南海線貝塚駅より里余にして達す、行基菩薩の自ら彫刻した観世音あり聖武天皇の勅願で神亀三寅年開基された所である尚此処を去る約三丁余にして水間寺がある、之れは同じく行基法師が天平十六年に建立せし所霊顕多き観世音あり

岸和田市……大正十一年市制を敷かれた沿線第二位の都邑である人口

三万余紡績織物工業の旺んな所、昔は南朝忠臣の楠氏が連技たる和田新兵衛高家の築ぎたる岸和田城あり其他著名なる蛸地蔵尊、久米田寺、橘諸兄公の塚及び孝明皇后の塚等がある

樫井戦場……は佐野停留場の附近にある古戦場で大阪夏の陣に当り塙団右衛門淡輪六郎兵衛の両勇士が奮戦力闘し遂に戦死した土地である、従つて右両将の墓碑あり

淡輪海岸……は風光明媚にして目下都会人士の賞讃に遭ひ愈々開拓せられんとす殊に海湾一帯に魚族多く糸を垂れる者其数を知らず

和歌山市……は旧徳川紀州公の城下にして人口八万を有し南海第一の都会である市内には和歌山城を筆頭に神仏社公園等有名なるもの甚だ多し

第五欵　阪神沿線

阪神電気軌道株式会社の経営に係る阪神電車は阪急線と相平行を保ちつ、大阪神戸間を連絡す、従つて其沿線の如きも概ぬ名所古蹟を同ふする観あり只併し乍ら阪急線には西宝線、伊丹線、宝塚線及び箕面線等の各支線あるを以て此等沿線に於ける勝地は独り其特有のものとす、故に若し夫れ阪神沿線の遺蹟勝地を語らんとせば須く神戸、大阪間の著名所を含ましめて之れに譲るべし況んや其会社創設の古き過去には沿線の開拓を抑も当初に試みたる功績あれば敢て不可なしと信ずる次第である、偖考其本線に順じて西すれば主なるものは

大物……官線阪鶴線に面し尼ヶ崎市の北端にある　**尼ケ崎**……は沿線第一の都市にして造酒工業等頗る旺んにして附近に阪神変電所本興寺、竹谷新田等あり庄下川は汽船を通ずべし　**武庫川**……は甲山麓より流下する清流にして上瓦林附近に於て枝川と分岐し共に川鞘を以て名あり

鳴尾……鳴尾は岡太神社、松岡城趾を北にして武庫川技川に挟まる、洲に似たり直ちに海岸に面し平原掬すべく阪神電鉄会社直営の大運動場及び競馬場を有す毎年春秋二季は好球好馬家の参集するもの実に十数万人に達す　**香櫨園**……は夙川畔にあり附近　**西宮**と共に戎神社の勝地を有し尚海水浴場ありこ、より六川ラジウム温泉苦楽園は駅より北十数丁、地は海抜四百尺六甲アルプスの山脚に連り甲山を東に見て眺望絶佳激賞するの値あり冬は南を受けて暖かく夏は夕陽を遮りて涼し春は躑躅、秋は七艸全山に咲き乱れ浴場、旅館、料亭の設備も亦完し甲山大師は甲陽園より北十二丁余にあり官幣大社広田神社は東北七町越水城趾の下を通りて広田村に出つれば社前の馬場に達す伊勢内宮に座坐す天照大神の荒魂の御神を奉斎す、神功皇后三韓征伐に由緒深く社域広濶、老松古杉鬱蒼として茂り、謹厳の感自ら生ず西之宮戎神社は夙川の清流松並木のトンネルに沿ひて下る事五丁余、世に西之宮蛭子尊として名高く又其の総本社なり、正月十日の祭礼には阪神両市より福を授からんと詣ずるもの殊の外多し芦屋川阪神間の遊園地として名あり、白砂青松の長堤、清流の両岸は閑静なる住宅地として風景愛すべし、駅の上流に汐見桜あり、其の満開は最も早く毎年四月上旬を以て例とす一株の老樹白雲万朶春色濃かにして、宵あけほの、雅客、一瓢を携へる者又少なからず双北すれば岡本あり岡本は古来梅花を以て人に知らる六甲の南麓に在て駅より爪先上りに約二丁余、うしろに翠轡を負ひ前に茅海数十里の展望あり、斜面せる梅林は周囲二十町歩に余り、一目千本宛かも白砂を布けるが如く、芳香馥郁として遠く春風に飛ぶ

岡本梅林の西、樹木繁茂したる山嶺に大谷光瑞師遺建の二楽荘あり、今は甲南中学校の一部に属し居れども其の建物今尚ほ雲間に聳ゆ住吉には有名な住吉神社がある御影灘七郷の一として知られ今は知識階級の紳士街として知らる茲より六甲越へ有馬街道あり、俗に住吉越として名あり、急坂胸付き八丁に汗すれば行程二里半余にして有馬温泉に達す六甲山は六甲外人村及びゴルフ場あり東北七丁に古利一王山十善寺あり、延

暦十四年弘法大師当山に病魔征伏を祈りて十一面観世音を感得せられ自ら尊像を彫みて此処に安置せりと云ふ、山内に八十八ヶ所の大師堂あり境内広くして幽翠閑雅楓樹多く満山の紅葉霜に飽くの時は其の美観極なし初夏新緑の候には皐月の花一時に咲き揃ふ、山礎に一王山温泉あり常

甲陽園

芦屋川駅　汐見楼

香櫨園　海水浴場

に遠近よりの浴客多し

第六欵　阪急沿線

阪急沿線とは阪神急行電鉄株式会社の経営に係る阪急線の沿線を呼称するものにして先づ神戸大阪間、大阪宝塚間、西宮宝塚間伊丹支線箕面線等一帯に渡るものを含有すべし然れども同線の生命とも称すべきは寧ろ神戸大阪両市の都会人と宝塚箕面其他の景勝地との交渉を企図するにあり従つて同会社は凡ゆる沿線に全力を傾注して開拓を試みる事然りであるが而も巧みに前記支線を主眼として経営之れ勉めつゝあるのである、故に茲には主として各支線沿線を列記する事とする。

伊丹支線……（延長一哩八分）伊丹支線は直線にして中間に稲野駅を挟め稲野郊外住宅地として最も快よきは、四季豊富なる清流の絶えざるにあり、阪神急行電鉄会社はこゝに数万坪の土地を卜し直営住宅地の経営をなす、伊丹酩酒白雪、由多加織の産出地にして川辺郡の都会なり、駅の北五丁に、懸社猪名野神社あり、延喜四年素盞鳴尊を祀る、毎年十月十四日大祭執行せらる、伊丹城趾は町の東端伊丹駅より東四丁の地点にあり、其の最初の城主は加藤治郎景廉にして伊丹氏の祖なり、数代の後天正二年荒木摂津守村重の領する所となり寛文元年近衛家の采地となる彼の大弐三位が詠みたる『有馬山いなのさゝはら』の名歌は、此の城趾に面した猪名川の笹原を詠みたるものなりといふ、俳人鬼貫の墓は駅より二丁墨染寺にあり其他県立伊丹中学校、伊丹高等女学校、川辺郡役所、伊丹区裁判所等あり

西宝支線……（延長四哩八分）西宝支線の第一駅を門戸厄神前に置く、門戸厄神前より西三丁余にして門戸厄神東光寺あり、人皇五十二代嵯峨天皇の厄難除道聖運の御勅願所なりしと伝へらる、甲東園前駅の後丘に芝川氏の別荘甲東園あり又武庫、仁川の松堤蜒蜿として絵の如し駅の前面数万坪は阪神急行電鉄会社直営の住宅経営予定地なり、逆瀬川は郊外行楽の理想的住宅地にして心地よし附近の小山は松茸の名産地として名あり毎年茸狩を催す人多し、宝塚南口は宝塚町の南端宝梅園の下にあり西宮北口より僅かに十三分にて達す、宝塚町は古来天然霊泉を以て名あり、

生瀬武田尾の翠巒を流れ来る武庫川の両岸一帯に高楼軒を並べ其の清流に面す、一日行楽の設備尽せりと云ふべし、温泉は新旧二泉あり、新温泉は阪神急行電鉄の直営にして其の規模壮大建物総面積三千余坪、構内に動物園、パラダイス、レセプションホール、大小歌劇場、図書室、大食堂、球戯場写真室、理髪室、女髪結室、納涼室、家族温泉、婦人室等其の設備完全せり、殊に新温泉直属の宝塚少女歌劇は宝塚の名物として今や我邦唯一の日本歌劇創設者として其の名声天下に普ねし

梅田駅より宝塚行の電車に便乗すれば北野なり阪神電車北大阪市街線は此処にて交叉連絡をなせり附近に業平寺として名ある導通寺あり三国は神崎川の流れを汲みて晒工場多く又三国紡績、日本醋酸中島機械工場、国際セルロード工場、浪速織物会社帝国化学工業会社東洋製薬会社等大小数多の工場諸所に散在し居れり、服部は古くより脚気天神として知られたる服部天神社のある所なり曾根はに萩の寺あり萩の寺は東光院と云ふ小野篁の作になるあごなし地蔵尊は今は国宝として指定せらる、岡町岡町は曾根と隣接し土地高燥、松林縦横に点在す西南一帯は岡町住宅経営会社の経営する岡町新市街にして、四時緑を湛へ風光明媚郊外生活者の住宅を並べ、日用生活品の供給設備又整ひ居れり梅田より僅かに十九分にて達す、豊中は関西第一の大グラウンドの所在地として其名最も高し、住宅、グラウンド共に阪急電鉄の直営に属し、住友銀行、十五銀行山口銀行、近江銀行等の寄宿寮あり又日本生命保険会社、日本生糸会社其他個人商店の舎宅合宿所等頗る多し、池田能勢街道に沿うて行く事一哩余にして箕面支線の分岐点たる石橋駅に着く

宝塚新温泉男浴室

新温泉観劇場

宝塚グラレド

箕面公園弁天と境内の桜

箕面支線……（延長二哩五分）石橋は時鳥で名高き待兼山の麓にあり、待兼山には大阪医科大学予科校舎あり、北五丁の地に郡立農商学校、西三丁に宣真高等女学校等あり石橋にて箕面支線に乗換へなは次は桜井なり、桜井は阪急電鉄直営に係る新市街にして物資の供給又至便なり、駅より西へ開拓せられたる中央土地信託会社の道路を行く事二丁にして桜ヶ丘住宅地に達す、箕面は石橋より二哩五分大阪梅田より二十九分間にて達す、箕面公園の山姿翠巒山内に箕面山滝安寺あり、滝安寺弁天境内を出で、流れに沿ふて上り行けば、幽邃閑寂の情益深く、一日千本、唐人の戻り岩等を左右に見て、行く事九丁にして、直下二百尺の箕面滝に達す、夏尚ほ寒きを覚ゆ山道を往く事三十丁山腹に、西国巡礼二十三番の御札所なる勝尾寺なり、池田、池田町は五月山の麓猪名川の左岸にあり、大阪府立師範学校、郷社呉服神社、回生病院、増本産婦人科病院其他学校、神社仏閣官衙等数多あり、茲に阪急電鉄庫工場、操車場、医局、寄宿舎等の設備あり

能勢妙見線……能勢口にて能勢電車に乗換ゆれば能勢妙見田神社、平野温泉、牡丹の名所木の部に行く、能勢妙見は終点より更に一里半東郷村の高峰妙見山にあり、二尺五寸の本尊妙見大士の像は日蓮宗中興日乾上人が此地の邑主能勢頼重に授与したるものにして、霊験灼々、熊本の妙見と共に海内著名の霊場なり、多田神社は多田満仲公を祠れる所平野温泉は一の鳥居終点前にあり、能勢口駅を西南へ一段小高く長尾釣鐘山の裾に花屋数、雲雀ヶ丘の両駅あり、阪鶴線池田駅の連絡に便にして眺望広潤たり、花屋敷に桃園温泉と呼ぶ天然鉱泉あり、又銭屋五兵衛の墓あり、満願寺は茲より北十丁の山腹にあり、雲雀ヶ丘は阪急宝塚線に於ける最高級の住宅地にして阿部荘園事務所の経営に係れり、上下水道の設備は勿論、絶対に煙を絶つ目的の為め瓦斯の設備あり、丘陵に添ふて傾斜したる白砂の道路の両側に、棕櫚の並木を植ゑ、東西に跨る坦々たる大道は花屋敷方面に通貫せり、中山観音あり、西国二十四番の札所紫雲山中山寺は駅の前にあり、真言宗御室派別格本山にして、堂塔殿閣山中に巍立し、其の境内亦広し例年四月中旬の頃には無縁大法会を執行せられ又八月九日には年中行事中の最大行事たる星祭を執行せらる、此日は阪神急行電車も終夜運転をなし参詣者の利便を計り遠近より善男善女相聚りて境内に溢る

第七欵　北大阪沿線

北大阪沿線とは市外十三より千里山の仙境に達する北大阪電気軌道の沿線にして北大阪電鉄会社の経営する所なり、其延長他の電鉄線に対すれば甚だ短しと雖も其沿線には大阪市の経営する柴島水源地、毛間閘門魚梯、崇禅寺仇討の旧蹟瑞光寺観音、朝日ビール会社、岸辺の鴨池、垂

水の桃園等の外関西大学新設敷地、佐井寺を始め曾つて後鳥羽院が来ぬ人を得兼山のはと丶ぎす傾く月のげに啼くなりと詠ぜられたる絶麗の別天地千里山等の勝地を悉く採り得べし則ち以下其概要を列記せん

大阪市水道柴島水源地　乃ち柴島城址にして天文十八年、三好長慶等の兵乱によりて城を廃墟に帰したる処、滄桑一変、今や大阪市民に供給する上水道の氷源地となる、**毛間の閘門**は起伏堰と相俟つて大阪市内河川水位の調節を為す所、崇福寺馬場は正徳年間、大和国郡山の藩士遠城治左衛門兄弟が其仇敵たる同藩生田伝八郎を此地に邀撃して果さず却つて敵の計に陥り千古の恨を呑んで虐殺せられたる所聴くもの嗚咽せざる所なし世に崇禅寺馬場の仇打所なるもの即ち是なり、崇禅寺天平年間僧行基の創建に係り曹洞禅林の古刹なり永享年間、播磨国主赤松満祐、将軍義教を弑し西走の途上其首を此地に葬る後管領細川持賢乃ち寺を建て之を弔祭す、境内には崇禅馬寺傷仇打に虐殺せられたる遠城治左衛門兄弟の墳あり寺には当時此二義士の用ひたる刀剣鎖維子手裏剣其他の武器類寺宝として今尚蔵存せり

淡路停車場附近　鐘淵紡績工場規模の宏壮と設備の完成せる東洋無比の同工場で朝夕幾千の工男工女活躍し其状実に目覚し

下新庄停留場附近　此地延宝の頃毎夜霊光を放ちしかば人々奇異の思ひをなし以て天然の瑞光なりとし寺に名づく寺は臨済宗の巨刹にして元聖徳太子の創建に係り本尊聖観世音は即ち太子自ら彫刻し給ひじものなり除厄懐胎又は安産に霊顕ありと称し遠近より詣づるもの多し

東吹田停車場附近　吹田町朝日ビールを以て有名なる此地は水質極めて良好にして豊富、為めに（水の吹く田）として地名の濫觴を成せりされば東洋第一と称する大日本麦酒会社は工場を実に此地に設け其産出のビールは此清冽無比の良水に依りて醸造せるものなり、護国寺曹洞宗の巨刹にして地蔵尊を本尊とし足利義満の祈願所たりしも後織田氏の兵燹に罹りて灰燼に帰し寛文年中再興せるもの寺宝には聖観音銅像、隠元の筆、足利義満の寄附状、前田利家の画像、足利義満寄附の陣太鼓、大徹和尚所持の鱗形彫手杖逸品少からず

豊津停車場附近　垂水の桃林往昔より吹田の桃林と称せられ大阪近郊桃の名所とし又行楽の地として知られたるは此垂水地方の桃林を指したるものなり桃花の季節に到れば地方人士年中行事の一として競ふて観楽を試み又大阪より枚を曳く者夥し、垂水神社祭神は豊城彦尊を主神とし相殿に太己貴尊と少彦名尊とを奉祀す延喜式内神社にして旱災を救護する神として名高く供御之高樋は本殿の東数歩の社頭にあり埋れたれども共遺跡常に湿ひて往古の史蹟を偲ばしむ

千里山停車場附近　佐井寺の観音崎井山と号し千里村大字佐井寺の中央佐井ヶ原に在り、古義真言宗に属し元は無本山なりしが今は紀の高野山金剛峰寺南院の末寺たり本尊は十一面観世音、脇士として毘沙門天及び韋多天を安置し天平七年僧正開基に係れり、伊射奈岐神社山田小川の西南に亘れる丘陵の半腹に在り伊弉諾命を祭れり、蓋伊勢国山田の原の名を移せしものならん場内は老樹蒼鬱として社頭を蔽ひ鶏犬の声は遠く聞へて幽致を極め坐ろ崇敬の念に堪へざらしむ

［4―C］

『大阪案内』（大阪商品研究会編集部、一九二六年、一〇九～一一三、一七一～二〇七頁）

九会社の郊外電鉄

優秀電車揃ひ

大阪附近の郊外電鉄は九会社十三線あつて、その延長八百七十四粁四、一日平均九十四万人を輸送してゐる。車輛の優秀な点、延長距離の長い点、高度の速度を持つ点等、何れの角度から見ても、他地方のものより優れてゐる。

阪神電気鉄道

一般に「阪神」と言ふ。大阪梅田から尼崎、西宮両市を抜けて神戸滝道まで三十一粁三が本線で、所要時間約三十五分。沿線には有名な酒造地灘地方があり、全国中等学校の野球試合で知られた甲子園球場、甲子園・香櫨園の二海水浴場がある。沿線至る所好適な住宅地があり、阪神財界人の住む者が多い。西野田・天神橋六丁目間、尼崎・千鳥橋間、出屋敷・東浜間の支線がある。

阪神国道に敷設されてゐる国道線も、この会社の経営で、大阪西野田・東神戸間、延長二十五粁八。上甲子園から中津の浜までの支線がある。

阪神急行電鉄

所謂「阪急」である。神戸線（大阪梅田・神戸上筒井）及び宝塚線（大阪梅田・宝塚）の二線がある。「阪神」の本線、国道線共に海岸沿ひを走るのに反して、「阪急」神戸線は六甲山脈に近い山手沿いの高燥な住宅地を抜けてゆく。この延長三十粁を二十四分で連絡する特急電車はスピード好みの都会人を喜ばせてゐる。塚口から伊丹へ、西宮北口から宝塚へ、夙川から甲陽公園への三支線がある。

宝塚線は梅田から新淀川を渡るまで神戸線と平行して走り、十三で分岐して、少女歌劇と温泉で有名な宝塚に至る二十五粁。途中石橋から岐れて紅葉の名所箕面公園に至る支線がある。

京阪電気鉄道

京都大阪間は省線を除けばこの会社の独占舞台である。京阪線（大阪天満橋・京都三条）、新京阪線（大阪天神橋六丁目・京都四条大宮）の二線があり、支線を合せて営業路線百三十六粁四。

京阪線は淀川の左岸に沿つて上る。途中明治天皇の桃山御陵があつて、四季参拝者が多い。京都中書島から茶の名所宇治へ、三条から琵琶湖畔大津市に至る二支線がある。

新京成線は淀川の右岸を走るもので、四十二粁四を僅か三十四分で突破する快速電車の乗心地は痛快で申分がない。途中桂から名峡嵐山へ、淡路から千里山住宅地及び阪急線十三へ連絡する支線がある。

大阪電気軌道

俗に「大軌」と言ふのがこれである。本線は大阪上本町六丁目を出て、長い生駒トンネルを抜け古都奈良に至る三十粁八、途中西大寺から橿原に至り吉野線に連絡する支線を出し、京都へゆく奈良電鉄と連絡し、更に橿原線の平端から天理教で有名な天理、新法隆寺に至る支線がある。

全営業路線百三十七粁九。「京阪」より若干長く、「阪神」「阪急」の約二倍である。

八木線は本線布施から岐れて奈良県桜井に至るもので、桜井から宇治山田市に至る同資本系統の参宮急行電鉄（参急）と連絡する。これによつて大阪・宇治山田市間の所要時間は二時間に短縮され、大阪から日帰りの伊勢参宮が出来るやうになつた。

大阪鉄道

大阪鉄道局の略称とまぎらはしいが、普通「大鉄」と言ふ。省線天王寺駅の南側阿部野橋を出て、大和川を渡り南河内平野を東へ抜けて奈良県に入り、久米寺で大軌吉野線に乗り入れて、桜の名所吉野に至るもので、全営業路線五十四粁一。道明寺から柏原へ、古市から長野へ至る支線があり、尺土から御所へ南和電鉄に連絡する。

阪和電気鉄道

省線天王寺駅東側を出て和歌山市の国鉄紀勢線東和歌山駅に着く。白浜、湯崎等の温泉地、遊覧場を控へた紀勢線及び阪和中之島で省線の和歌山線との連絡があるだけに遊覧客が多い。新らしい設備の高速度車は乗心地がよい。鳳から浜寺までの支線を合せて延長六二粁八。

南海鉄道

全営業路線百五十粁七。昭和八年中の一日平均乗客二十六万四千人。路線延長、乗客数とも九会社中の最高位である。

本線の大阪難波・和歌山市間六十四粁四は、わが国の私設鉄道の先駆をなしたもので、その歴史も古く設備も充分である。全路線は大阪湾沿岸の明朗な風景を見乍ら走り、省線和歌山市駅で紀勢線及び省線の和歌山線と連絡する。羽衣から高師の浜へ、天下茶屋から省線天王寺駅へ出る二支線がある。

高野線は大阪汐見橋から紀伊高野下まで五十四粁八。然し高野下行きの電車は難波から出る。高野下から高野登山電鉄、ケーブルに連絡し、弘法大師の高野山詣りに便利である。阪堺線は大阪恵美須町から、堺市を経て海水浴場浜寺まで十粁八あり、堺宿院から大浜へ、大阪今池から住吉区平野町へ至る二支線がある。

新阪堺電鉄

市内蘆原橋から堺市湊浜に至る九粁五である。

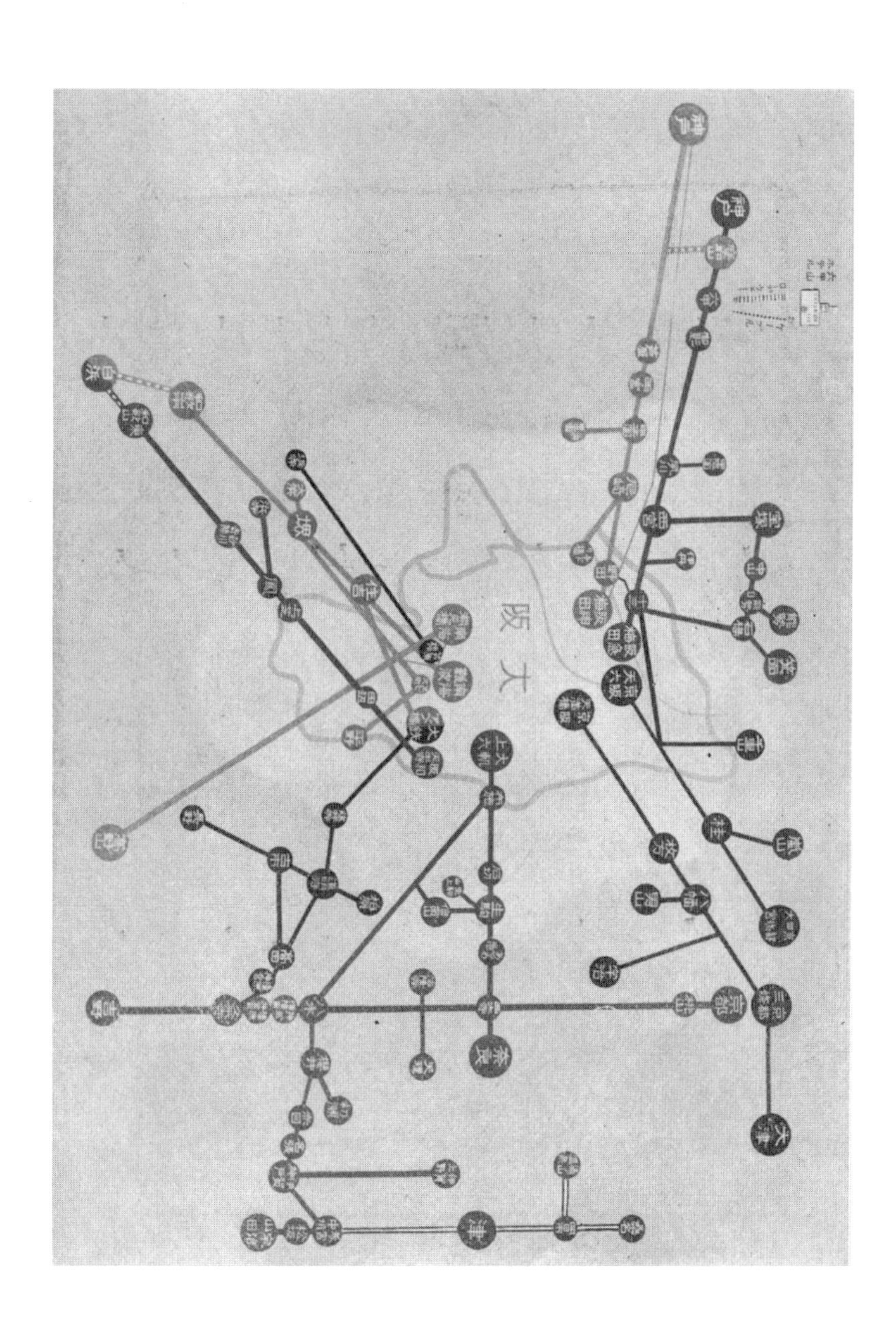

近郊

大阪から神戸まで

阪神沿線

概観

大阪は「煙の都」の名の如く、無数の工場から吐く煤煙の煙幕が張られ、空気も常に汚れてゐて衛生上甚だ宜しくないが、一歩市中を離れると、泳ぐに海近く、登るに山近く、白砂青松あり緑叢清泉あつて、気を伸べ目を楽しますに足り、また、歴史と共に発達して、古い土地である関係上、名所古蹟は至るところに残される。且つ郊外電車が四通八達し、交通網の完備せる点も日本随一である。大阪の郊外電車は、阪神、阪急、京阪、大軌、阪和、大鉄、南海、新阪堺の八社による。各社各沿線それ〳〵の趣を呈する。

尼崎附近

大阪梅田から神戸まで海岸線に近く走り、「阪神」大阪神戸間は、阪神国道バス、阪神国道電車省線、阪急の五線と平行する。梅田の始点から西に向つて、福島、野田を過ぎ、淀川を渡つて姫島から千船、大物駅である。このあたり、工場地帯で頗る雑然としてゐる。野田は阪神国道の起点で、国道電車もこゝから発車する。千船は釣客の集るところ。大物浦は謡曲船弁慶や歌舞伎の渡海屋などの史蹟で、大物主神社は清盛が厳島の弁天を勧請したもの。そこに尼ヶ崎市がある。阪神間の衛星都市の一つで、交通の要路に当る。日蓮宗の本興寺、秀吉が光秀の臣に追はれた時味噌すり坊主に化けて難を免れた広徳寺、阿菊が南京皿を破つて殺された皿屋敷で有名な深正院、義経が静御前と別れを惜しんだ別れ橋(大物橋)、栖賢寺の外、法円寺、貴布禰神社などあり、この市の名産として蒲鉾、らんぷ飴が知られる。

鳴尾附近

その西に競馬場と苺狩りで賑はふ鳴尾がある。「遠く鳴尾の沖過ぎて」とうたはれた、月の名所であつた。競馬場は大阪新名物の一で、毎年春秋の定期競馬には、遠近の観客が群集する。その西の甲子園の、駅の直前に聳え立つ大鉄傘が、有名な大野球場。収容人員実に十万人、世界屈指の模範的球場である。体育熱勃興に乗じ阪神電鉄で巨費百万円を投じ、大正十三年竣成、更に昭和四年春、約六十万円で増築改造を行つた。わが代表的野球戦はこゝで、行はれる。南方に昭和四年春建設にかゝつた南運動場あり、日本最初のラグビー、サッカーの正式競技場である。プール、庭球コートも最新の設備。この辺一帯は白砂青松の郊外散策地として申し分なく、附近には種々の運動器具あり、子女の遊歩場である。海岸には海水浴場もある。更に西へ、久寿川には福応神社あり、海上の守護神として信仰され、今津の昌林寺は多田満仲の子美女丸とその臣仲光の子孝寿丸との物語りで知られ、国宝の本尊阿弥陀仏や源頼光作の不動明王あり、四天王の墓、阪田金時手植の松などもある。

門戸厄神、広田神社、神呪寺

つぎの西宮東口から行く門戸厄神は、弘法大師作厄神明王が、厄除、開運、和合、結縁に霊験あり、月の十八九日の厄神詣で賑はふ。北十数丁の広田山麓には広田神社あり、天照大神の荒魂を祀る式内の官幣大社。社域高燥、老松欝蒼とし、春の花殊によく、且つ社頭から遠く摂河泉の山海を一眸に眺める。そこから更に十五丁で甲山上に神呪寺がある。本尊は如意輪観音。山中に四国八十八ヶ所の写しあり、境内桜樹多く、つゞく一帯が名次山で、万葉集にうたはれる。

西宮戎神社

一西宮は、五郷随一の酒造地として名高い。五郷とは今津、魚崎、西宮、御影、西郷で、何れも良酒の名産地。醸造年額五十万余石、日本全産額の過半を占める。特にこゝで名高いのは西宮戎神社である。阪神線の中央に、一むら茂れる森がそれで、日本一の福の神。天蛭児命をまつり、平安朝以後、皇室の尊崇あつく、慶長年間、豊臣秀頼社殿を造営し、のち焼けて徳川家綱の再建したもののこる。国宝建造物である。美しい八棟造りである。操人形の祖、百太夫の墓がある。毎年正月十日の戎祭は最も殷盛を極め、節分の福寿守授与にも賑ふ。

芦屋、住吉

その西の香爐園は、武庫川の松林美しく、夏期は海水浴場として賑はふ。六甲苦楽園行きの自動車がある。園は海抜約百十メートル、六甲アルプスの山腹にあつて、眺望絶佳。夙川から芦屋に至る白砂の岸が打出の浜で、松茸狩に知られる。芦屋は阪神沿線のブルヂョアーで、知名の士の別荘が多く、町には仏教会館がある。附近に名木塩見桜、猿丸太夫の墓、業平の邸址その他がある。またこの辺の松林には松露を産する。

宗右衛門町　お勤の暇に買物に出掛る姐さん。廓の画も情緒たつぷり

北の新地　ラヂオの合ひ間に聞える三味の音お稽古熱心な妓の精進

大阪城公園　桃山時代に見る如き豪華な天守閣が樹間の水に映る。

名物踊松や、片葉の芦で有名な銚子が池を訪れるには深江で下車する。そこに神戸高等商船学校もある。その西の魚崎は三韓征伐に五百艘の御舟が出たところ。本住吉神社ある住吉を過ぎて御影である。灘の銘酒の産地として聞える醸造地。御影も酒の産地で、近来、町の発展著しく、御影の松、御影の浜など由緒があるずつと西へ三の宮は、源平の戦で名高い生田神社、布引滝などがある。こゝはすでに神戸市でやがて終点神戸駅となる。

生駒山上　大阪の近郊遊園地。古都奈良に近く、四季遊ぶ者多し。

阪急沿線

豊中附近まで

阪急は大阪梅田を起点とし、左の諸線がある。

梅田―宝塚線（途中「石橋」から分れて「箕面」行）

梅田―神戸線（途中「塚口」から分れて「伊丹」行、「西宮北口」から分れて「今津」行と「宝塚」行、「夙川」から分れて「甲陽園」行）

梅田の始発駅を出でて、十三から三国を経て服部駅である。服部天神は脚気に霊験ありと伝へられ、附近の天笠川は美しい小渓流である。曽根の辺一帯は住宅地で、萩の寺は秋期境内一面に萩の花開いて美しく、句会茶会など雅莚の敷かれることが多い。岡町の原田神社は古式獅子祭あり、つぎの豊中は阪急直営の住宅地がにぎはひ、グラウンドがあり、また附近に豊中中学、梅花女学校、大阪楽専などがある。市立蛍ヶ池療養所、浪速高等学校、円満寺などを経て、石橋は箕面線との分岐点。附近の待兼山は古歌に名高く勝景の地である。阪大予科がある桜井まで来ると四辺の風物一変して、箕面の翠色鮮である。瀬川古戦場は建武三年新田義貞と足利尊氏の戦跡で、畑の梅林には、赤穂義士の一人であつた萱野三平の墓と邸跡がある。牧落には百楽荘の住宅地がある。赤穂義士の一人萱野三平が住んでゐた。

箕面公園

終点箕面駅に着く。箕面山一帯八十五町歩が公園地帯となつて、紅葉は日本一と言はれる、停留所から七丁余上れば瀧安寺がある。本尊は白雉元年役小角が霊木で刻んだ弁財天で、竹生島、江の島、厳島と共に日本四弁天と称せられ境内に行場がある。寺から十余町上れば高さ百十尺幅十五尺の大瀑布がある。滝の右側を上ると勝尾寺があり、境内に北朝光明院の御陵がある。

池田、能勢口

石橋から分れて池田に至る。池田は清酒の名産地、北摂第一の旧町で、古来文人墨客の清遊の跡が多い。呉服神社は応仁天皇の御代に来朝した呉媛を祭る。猪名川は鮎狩によく、川畔に五月山がある。電車は猪名川を渡つて能勢口に着く。能勢妙見に到る能勢電車および妙見ケーブル、省線池田駅と連絡するところ。能勢妙見はもと土地の豪農能勢家の鎮守祠であつたが、慶長年間日乾上人が法華の霊場とし妙見を祀る。山内に新滝、本滝、京滝がある。

花屋敷、平井

花屋敷からは、満願寺（天禄年間源満仲こゝに築城し観世音を祀る。伽藍を建立したが後世兵火にかゝり、現在の堂宇は慶安年間再建）新花温泉跡へ到る街道がある。雲雀丘のつぎの平井には最明寺時頼が鑑賞した最明寺滝があり、この辺一帯つゝじの名所。つぎの山本は牡丹の名所として知られ、中山には中山寺あり。聖徳太子の創始にかゝり西国第二十四番の札所で、本尊十一面観音は聖徳太子の御作と運慶、湛慶の三体を祀る。四月十五日から一週間に亘る無縁経大法会、八月九日の星下り大会式が名高い。売布神社に詣る。つぎの駅が清荒神。満荒神は宇多天皇から「日本第一清荒神」の勅号を賜はつた名刹で、本尊大日如来は弘法大師の作といふ。かくて終点、宝塚である。

宝　塚

宝塚は湯の町である。新温泉は宝塚少女歌劇で全国的に著名で、大浴場の外に五千人を容れる大劇場もあつたが昭和十年一月火を失して焼失。日下再建を急がれてゐる。尚ほ中劇場、小劇場があり、室内遊戯場、図書館など諸設備が整ひ、今尚ほ沿線第一の歓楽境となつてゐる。さらにパラダイス、動物園、五十米公認プールなどがある。新温泉から迎賓橋を渡ると旧温泉がある。褐色の冷泉が沸き出て真の湯治客を迎へてゐる。新旧温泉の附近には料亭、旅館軒を並べ四時賑はつてゐる。またこの地から武田尾、有馬の両温泉へ通じる自動車便がある。

夙　川

阪急神戸線は、十三から神崎川を経て塚口駅である。塚口には伊丹行きの支線あり、附近に塚口住宅地、阪急住宅地、園田競馬場がある。附近の広済寺には近松門左衛門の墓の伝説がのこる。西宮北口からは宝塚南口へ連絡する支線がある。門戸厄神は弘法大師作の厄神明王を祀り日本厄除三体の一つ、一月十八、九日には厄神祭、八月十九日には柴燈大護摩などがあつて賑ふ。（阪神線参照）次の夙川からは苦楽園行きの自動車あり、苦楽園はラヂウム鉱泉に附随し料亭旅館などがある閑静地。甲陽公園は甲山、六甲山の翠緑に臨み風好絶佳。甲山神呪寺は甲山の山腹にあり、淳和天皇の皇妃がこの山に遁れ給ひ一字を建立し、如意輪の呪を唱へられたといふ伝説があり、本尊如意輪観音は弘法太師の作といふ。（阪神線参照）。附近は桜、菜の花の眺めよし。

六　甲

六甲駅は六甲の登山口で、停留場前から六甲登山ロープウェーに連絡し、一気に山頂に達することが出来る。山頂には六甲山ホテル、食堂、郵便局、ゴルフ場、スケート場等があり、大阪湾を一望の下に収めることが出来る。六甲縦走、ハイキングの客で四時賑つてゐる。また山頂から有馬温泉へ抜けて宝塚へ通じる自動車便がある。有馬温泉は古来「お医者さまでも有馬の湯でも」の俗謡で有名な温泉地で炭酸質の冷泉が湧出してゐる。町内に旅館、料亭、土産物屋が櫛比してゐる。土産物には有馬筆、竹細工、湯染め布類、塗器、せんべい等がある。終点神戸駅からは停留場北三十丁のところから摩耶山ケーブルがあり、山頂に達する。摩耶山は海抜二千三百尺、六甲連峰中の最高峰で、その天上寺の本尊は、釈尊が生育報恩のため母君摩耶夫人へ贈つた十一面観音が後世転々して当寺に安置されるに至つたものといふ。

大阪から京都まで

新京阪沿線

茨木、富田、高槻

京阪電車は天神橋筋六丁目から京都四条大宮に至る新京阪線と、天満橋詰から三条に至る京阪本線に大別され、新京阪線から十三線、千里山線、嵐山線が分れ、京阪本線から宇治線、大津線などが分れてゐる。

新京阪は沿線に天六の繁華街、長柄橋、新淀川、柴島水源地などあつて、「淡路」で十三行と千里山行に分岐する。十三線には仇討で名高い崇禅寺があり、十三で阪急線と連絡する。千里山には花壇、ゴルフ場、関西大学などがある。京都に向つては茨木町駅前に、弘誓の松で有名な茨木別院、日本遊女の鼻祖といはれる江口君を祀つた江口君堂、腫物に効験ありといはれる「いぼの水」の磯良神社、ゴルフリンクなどがある。富田町では西国二十二番札所の總持寺がある。つぎの高槻町には住宅経営地、大阪高等医専、工兵第四大隊、国立化学研究所、名勝地摂津耶馬渓などがあり、上牧桜井の駅は歴史に名高い楠公父子訣別の址あり。

山崎、長岡、桂

大山崎には利休の作つた茶室で聞えた妙喜庵、水無瀬離宮の跡である水無瀬宮、天王山の古戦場などがある。長岡天神は霧島躑躅で有名。桂には桂離宮、西山別院などあり、こゝから嵐山線が分岐し、上桂は苔で名高い西芳新寺、造酒の祖神松尾神社等を経て嵐山に至る。また桂から保津川行きのバスがある。そして終点京阪京都駅となる。

京阪沿線

萱島、寝屋川、枚方

京阪線の天満橋は、中之島公園、大阪城、桜宮などを控へ、萱島に至る。楠正行の史蹟四條畷、四條畷神社、小楠公の墓など、こゝからバスの便がある。又お染久松で知られた野崎観音慈眼寺がある。野江、森小路、守口等を経て寝屋川の運動場前で下車すると、アカシヤ道を東に数丁で京阪経営の寝屋川グラウンドがある。阪神の甲子園と共に、年中競技を以て人を集める。つぎの香里には昭和九年成田不動別院が建立された。附近は住宅地としてしきりに発展する。菅原道真公が左遷の時、名残りを惜しんだ菅相塚や、その女刈屋姫のため自ら木像を刻んだ蹉跎天満宮、聖母女学院がある。古寺光善寺の有名な方丈（石川丈山設計）を見て枚方につく。枚方遊園は四季の催で賑はひ、ことに菊人形で名高く、桜新地には遊廓がある。江戸時代淀川の水駅で、諸候参勤交替の宿所があつた。枚方東口から信貴生駒電車がある。その北の橋本には、国宝建造物の交野天満宮、遊廓があり、対岸山崎と渡船連絡の便もある。

男山八幡、淀、中書島

八幡駅では、男山ケーブルに乗替へ、官幣大社石清水八幡宮へ行く。同社は亀山上皇の蒙古襲来掃攘の御祈願、後村上天皇の足利軍追討の御戦場、孝明天皇の攘夷御祈禱など歴代十八度の行幸あり、社殿の黄金雨樋は淀屋辰五郎の寄進にかゝるものと言はれてゐる。一月十五日から十九日まで厄除大祭、九月十五日の勅祭石清水祭は名高い祭典で厄除けの白羽の弓を授与する。「ほとゝぎす八幡山崎なきかはす声の中行く淀の川舟。」附近に筒井順慶が光秀、秀吉の戦を傍観した洞ヶ峠がある。又周囲三里の巨椋池がある。そこから木津、宇治の二大鉄橋を渡ると淀である、淀君の居城であつた淀城趾や城の汀に水車を設け、城中の用水をひいた有名な淀の川瀬の水車も今は名のみ。淀競馬場の競馬は、毎年四月、十二月に行はれ、全国からファンが集まる。この附近の淀川は、昔の面影を偲ぶに足る風景で、今ボートレースも行はれる。土御門御陵も附近にある。つぎが中書島である。宇治線が分岐する。寺田屋は文久二年薩藩の有馬新七外八名が幕臣の襲撃に遇つて斃れた維新史に有名な寺田屋騒動のあつたところ。庭内に殉難碑がある。また附近に中書島遊廓がある。こゝから宇治線によると、観月橋を渡る。附近から巨椋池が見える。巨椋池には、淡水魚介、水生植物の珍なるものが多い。また六地蔵からは豊公花見の跡で知られた醍醐寺、乳薬師として信仰される日野薬師に詣るべく、隠元禅寺開基の純支那風殿堂を持つ黄檗総本山萬福寺などがある。此の附近は宇治茶の茶畑多く、宇治には藤原時代建築の粋である平等院鳳凰堂、裸祭りで名高い縣神社、浮島十三塔、宇治橋などあり、名勝古蹟に富む。

伏見、桃山、稲荷

本線に帰つて、中書島の次の駅、伏見桃山には明治大帝の御陵である桃山御陵、昭憲皇太后の桃山東陵、明治大帝に殉死した乃木将軍を祀る乃木神社、豊公の築いた桃山城址、県社御香宮（御諸神社）などがある。次駅の墨染には、戯曲「関の扉」に脚色された墨染桜のある墨染寺、袈裟御前塚、藤森神社がある。また深草には深草十二御陵、第十六師団、雀のお宿などがある。かくて、官幣大社伏見稲荷の駅である。全国的に有名な神社で四時賽者の絶える時がない。七条駅より京都市内に入り、三条終点で京津線と連絡し、浜大津に至り、さらに大津線は石山、浜大津、坂本に通ずる。比叡登山、琵琶湖廻りなどには、別に連絡船車がある。

大阪から奈良、伊勢へ

大軌沿線

若江岩田附近

大軌電車は上本町六丁目から布施、生駒、西大寺を経て奈良に至る奈良線と、布施から分岐し八木、伊賀神戸を経て宇治山田に入る参急線に大別され、数ヶ所に短距離の支線があつて巡拝遊覧に便じてゐる。始発駅上六から今里までは大阪市内。附近一帯田野であつたのも昔語りとなり、今は住宅商家軒をならべる。融通大念仏寺、小路神社、偏増寺を近くに見て、布施駅である。都留美神社、北蛇草阿弥陀堂、そこには中将姫の墓と伝へる古蹟あり、つぎの小阪から若江岩田である。元和大阪陣の古戦場で、木村重成の戦死した所には、三間四方に石垣を囲らし、三段重ねの立派な墓標が建ててある。こゝを無念塚とよぶ。附近の鏡神社は神功皇后と大雷火明神を祭る、雷の森がある。次駅の花園にはラグビー場あり、大競技のある際はさらに近所に臨時停車場が設けられる。この附近土地高燥、水質よく、住宅地として発達する。

瓢箪山稲荷、枚岡神社、石切神社

古来辻占で有名な瓢箪山稲荷がある。こゝから四條畷と堅下葡萄園行きのバスが出る。南方一帯、四條畷の古戦場で、小楠公の戦死したところ。岩滝山麓に往生院あり、小楠公の墓と大楠公の碑がある。山麓に沿つて北行し枚岡につく。天種子命外三柱を祭る官幣大社枚岡神社、梅林などがある。町は附近唯一の小都邑で、小工業盛である。こゝから更に直進北行すると額田寺のある額田を過ぎて石切である。石切劒箭神社は神武天皇長髄彦を征し給ふときこの地を通過され、傍の石を見給ひて「われ長髄彦を征し得べくばこの石が抜けるであらう」と占はせ給ひ、その巨石を蹴上げ給へば石は飛んで姿を消したとの伝説がある。今はその伝説より腫物一切に霊験ありと信じられ、参詣者が絶えない。禅宗正興寺、黄檗宗大龍寺もある。次ぎが鷲尾から生駒である。

生駒山の聖天

難波潟漕き出でて見ればかみさふる生駒高嶺に雲ぞたなびく—こゝが大阪府・奈良県の分水嶺生駒山。生駒トンネルは生駒山腹を縦貫する三・三八九キロメートルの大トンネルで急行電車で数分を要する。生駒山宝山寺は山頂にある。歓喜天で知られ、麓からケーブルの便がある。この寺は役行者修法の霊地で延宝四年宝山和尚の建立にかゝる。また生駒山上海抜六百四十二メートルの地は三十余万坪の盆地となつてゐて、近畿十一ヶ国を一眸の中に収め、飛行塔、航空標識、料亭など近代設備があり、夏期はテント村が設けられる。生駒山から信貴山又は高安山を縦走するハイキングコースがあり、信貴生駒電車と連絡する。

富雄、西大寺

富雄川の鉄橋を渡ると富雄である。そこの真弓山長久寺は行基の開基で、本堂は弘安二年に再建され、今は国宝建造物になる。長久寺の北方十町にある高山は神武天皇御東征の際、この地で金鵄が御弓に止まつた、国史上に名高い金鵄発祥の霊地と伝へられる。次ぎがあやめ池。遊園地は十万坪の大池にボート、ウオーターシュートを浮べ、池を囲つて子供遊技場、浴場、食堂などがある。西大寺からは郡山、八木を経て吉野に至る支線と、巨椋池を経て京都に至る奈良電ある。西大寺は真言律宗の本山で南都七大寺の一であつたが、後世に焼けて今は鎌倉時代再建の金堂、愛染堂、観音堂などが僅にその面影を止めてゐる。附近に秋篠寺、大極殿址、歴代天皇御陵など史蹟が多い。かくて奈良に入る。奈良の名所は頗る多く、興福寺、大仏殿、三笠山、二月堂、三月堂、春日神社、猿沢池などの名勝古蹟は遊覧の沿道に並ぶ。

郡山、天理

また西大寺から分岐して行く郡山は、柳沢の旧城下で、古の平城京の南端に当る。町内に郡山遊廓があり、城跡は夜桜で賑はふ。郡山のつぎの平端では、天理教の本殿のある天理へ至る線と、飛鳥朝時代芸術の粋を集めた国宝法隆寺に至る線が分岐してゐる。昭和九年秋ごろから法隆寺へは、その堂塔修理に伴つて杖をひくものが多い。平端から梅忠で名高い「新ノ口」を継て八木に至り、吉野線、参急線とに合流する。

甲子園球場　朝日の中等校野球。見よ。数万の観衆。炎天下に歓声上る

橿原神宮、吉野線

八木から分れて神武天皇御陵前を過ぎれば、橿原神宮前である。神武天皇を祭り奉る橿原神宮は建国の大廟として参詣絶えず、附近に畝傍山、御陵などを拝する聖地である。それから久米寺である。吉野川に濯ぐ女の白脛を見て神通力を失つたといふ久米仙人を祀る。附近に西国第七番札所である岡寺、聖徳太子御建立の橘寺がある。又「壺阪山」にはお里沢市の観音霊験記で名高い壺阪寺がある。省線吉野口を経て、吉野川に近く鮎の産地で、歌舞伎「義経千本桜」で名高い弥助の釣瓶ずしで知られる下市口から、いよ〳〵軍書に悲しき吉野である。桜の名所として人口に膾炙し、南朝五十余年を語る史蹟が花間に点綴される。美吉野グラ

諏訪の森　南海沿線の住宅地・海に近く快適。浜寺海水浴場から数丁。

宝塚（上） 箕面の滝（下）、共に阪急電鉄沿線。宝塚は少女歌劇と温泉のあるところ、清流の眺めもよく遊楽に申分ない。対岸の白い大きい建物は歌劇上演の大劇場。箕面の滝は紅葉の名所。渓流に沿ふ散策路は都塵を洗ふに十二分。

ウンドは新しく出来た競技場である。

参急線

信貴山

上六を張し布施から奈良線と分岐し、八尾に至る。こゝには大阪競馬場があり、その次の山本で、信貴山急行と連絡する。信貴山は生駒聖天と並んで大阪の二大人気の神様で、ことに株式、興行、花街関係の信仰が厚い。聖徳太子御建立で、太子こゝで毘沙門天を拝し仏敵退散を祈られたといひ伝へられてゐる。現今の堂宇は秀吉の再建にかゝる。それから堅下である。近畿第一の広い葡萄園がある。

桜井、多武峯

桜井では省線桜井駅と合流する。初瀬街道の要衝で、初瀬行の支線がある。附近に三輪神社、三輪の茶屋、天の香久山など芝居と歌枕に馴染の深い旧蹟がある。また多武峰談山神社は桜井から自動車の便がある。関西の日光と称せられる勝景の地で、藤原鎌足を祭る別格官幣社。境内に十三層の塔があり、宝庫の後方「談所の森」は天智天皇が鎌足と共に入鹿誅伐を議せられたところと伝へられる。

長谷寺、名張

長谷寺は聖武天皇の勅により建立された伽藍で、西国第八番の札所。本尊十一面観音は御丈二丈六尺で、鎌倉の長谷寺と同木の御像といはれてゐる。百九間の廻廊の左右には牡丹の花畑があつて、開花時は頗る賑かである。つぎに伊賀の名張に入る。名張川の清流に臨む要路で、附近物産の集散地であり、遊廓がある。香落渓は名張からバスの便あり、清流と断崖の作る絶景の地で春秋遊覧客が多い。赤目四十八滝は伊賀大和の国境にある一仙境。香落渓と共に景勝が謳はれてゐる。

伊賀上野、宇治山田

伊賀神戸駅から伊賀上野まで支線が延び、講談の世界で名高い柳生十兵衛の寓居跡、荒木又右衛門三十六番斬りの鍵屋ケ辻などを探ることが出来、上野町からバスで梅の名所月ヶ瀬へ通じる。参急中川では、再び支線で伊勢の津市、阿漕浦などへ通じ、終点、宇治山田に達する。伊勢大廟、二見浦、朝熊山などから、さらに鳥羽、志摩めぐりなどの連絡がある。

大阪から和歌山、高野へ

阪和沿線

概　観

阪和電車は、阿部野橋（阪和天王寺）から「阪和東和歌山」に通ずる線で、南海本線と併行し、山手を走る。また省線和歌山線と中之島で連絡し、紀州白浜湯崎行の黒潮列車を運転してゐる。

近郊の駅々

阪和天王寺を発して、あびこ観音前。我孫子観音は行基の作、厄除け観音として有名で、節分には賽者頗る賑はふ。ついで阪和堺駅は堺市の東方に位し、浅香山、輜重兵大隊、堺刑務所、百舌鳥八幡がある。仁徳御陵前から仁徳大帝の大仙陵が拝され、鳳からは浜寺海岸南端に通じる支線があつて、夏期は海水浴場が設けられる。つぎに阪和葛葉駅は、歌舞伎の「葛葉子別れ」で知られてゐる葛葉稲荷がある。信太山には野砲聯隊がある。

水間観音、日根神社

和泉橋本で、水間電車と連絡し、水間観音に至る。小間観音は聖武帝の勅を奉じ行基の開基した霊域で、本堂背後には龍の滝があり、またお夏清十郎の墓がある。日根野からバスで連絡する日根神社は和泉五社の一であり、犬鳴山は役小角の開基にかゝる古義真言宗の名刹で、忠犬が飼主の危難を救つた伝説で名高い。

砂川、山中渓、和歌山

砂川附近は、白砂が自然の作為によつて奇岩怪渓の状を現はした砂川奇勝、金熊寺梅渓など景勝地がある。山中渓駅から六十谷駅までの間に、新しいハイキングコース、紀泉アルプスがある。コースは山中渓、六十谷縦走十五キロと、山中渓、小パノラマ台往復の六キロがある。山麓に温泉がある。かくて電車は阪和東和歌山駅につき、和歌山市に入る。

大鉄沿線

大鉄長野線

大鉄は阿倍野橋から出て、道明寺で柏原行が分れ、古市で富田林、汐の宮、長野方面行と、玉手山、土尺方面行に分岐し、土尺で御所町行きの支線が延び、本線は橿原神宮、壺阪を経て吉野に達してゐる。

藤井寺、道明寺

阿倍野橋を発して、藤井寺駅に藤井寺がある。西国五番の札所で、行基の創建にかゝり千手観音を祀る。楠正行の古戦場で附近に仲哀、応神天皇の御陵がある。近代設備としては藤井寺球場がある。また羽曳山の桃の名所は手近なハイキングコースになつてゐる。道明寺駅の道明寺天満宮は、菅公が太宰府に流された時、伯母覚寿尼のため自分の木像を刻んで遺品に与へられた所で、今はそれを御神体としてゐる。境内に名木「常成梅」がある。社後の道明寺は菅家の祖先土師氏の菩提寺、昔は天満宮と同じ境内にあつたものである。

富田林、滝谷不動、赤坂城址

富田林は南河内第一の町で、東部に富田林御堂の称ある興正寺別院がある。つぎの駅、滝谷不動で下車し、瀧谷不動尊明王寺におまゐりする。寺は弘法大師の建立で、大師作の不動明王を安置する。寺域に清泉があつて眼疾者はこの水で眼を洗つて祈願をこめる風がある。赤坂城址は不動の東南一里のところにあり、楠正成の居城の跡。附近に正成造営の建水分神社、正成を祀つた南木大明神など遺跡多く、さらに楠妣庵、観心寺（南海高野線の項参照）などあつて、昭和十年五月楠公記念祭に賑ひをみせた。汐の宮には温泉あり、遊園の設備を整へ、遊山客を迎へてゐる。かくて長野駅で南海高野線と連絡する。

吉野線

古市で分岐した吉野線は、まづ玉手山がある。遊園地が設けられ、家族連れのピクニツクに利用されてゐる。上の太子は聖徳太子御十六歳の植髪像が安置され、太子廟は太子、母后、妃の三骨一廟と伝へられてゐる。十三塔は後鳥羽上皇の御建立といはれてゐる。（當麻寺以下吉野までは大軌沿線参照）

南海沿線

南海の五線

南海鉄道は大阪市内に左記の五つの発着駅を設け、各所からの乗降に便じてゐる。

一、南海本線（難波駅から和歌山市に至る）
　南海高野線（難波駅から高野山に至る）
二、汐見橋線（汐見橋駅から岸の里を経て、住吉東で高野線に入る）
三、恵美須町線（恵美須町駅から阿部野、住吉を経て堺宿院で大浜行と、浜寺行が分岐するものと、恵美須町平野間往復のもの）
四、上町線（阿部野橋駅から帝塚山を経て住吉駅で本線と合流する）
五、天王寺線（省線天王寺駅構内から、飛田南門裏を経て本線天下茶屋に入るもの）

なほ、各線沿道の案内は既に市内の項で記したから、こゝには、本線と高野線のみを記すことにする。

南海本線

萩の茶屋、天下茶屋

難波を始発駅とし、まづ、萩の茶屋である。大阪における女給の群居地として名高く、午前二時難波発の最終電車はこれら女給で満員となり「女給電車」の名がある。岸の里駅では豊公が住吉参詣の途中休憩し、利休の師である紹鷗の茶を賞した天下茶屋、紹鷗の森（天神森）、天下茶屋仇討の跡、北畠顕家、親房の霊を祀る別格官幣社阿倍野神社がある。

住吉公園、住吉神社

住吉公園に下車すると、官幣大社住吉神社がある。底筒男、中筒男、表筒男および神功皇后を祭る日本有数の大社で、社殿は建築上「住吉造り」といふ特別の様式を備へてゐる。商都を護らせ給ふ神とも、海運の神と崇められ、全市の信仰を集め正月の初詣で、六月十四日の御田植、八月一日の夏祭、十月十七日の宝の市神事など大祭典の外、毎月初卯に参詣多く、末社の楠珺社は初辰の参詣で賑はふ。境内に有名な反橋があり、社前沿道には名物の住吉踊人形、伝説人形、蒸芋、蛤などの店が並んでゐる。住吉公園は松林の公園でその西端に高燈籠がありさらに数町西にスポーツ向きの住之江公園がある。また駅の南方安立町の笠松は日本三老松の一といはれてゐるが、今は世人に忘れられて独り淋しく枝を拡げてゐる。附近浜口町には住吉新地の花街がある。（以上住吉の項参照）

堺市の内外

龍神は恵美須町堺線の交又点で、附近に龍神遊廓がある。大浜には海水浴場、大浜潮湯、大浜公園内には堺市立水族館、公会堂、物産陳列所などがある。また次駅湊との中間に日本航空飛行会社の格納庫がある。堺市には西本願寺別院、仏人を殺した咎によつて屠腹した土佐藩士で名高い妙国寺、またその藩士の墓所である宝珠院、開口神社、一休和尚と地獄太夫の伝説で知られる乳守遊廓、その他探るべき名所が多い。

浜寺公園

見事な松林の続く公園で、「千両松」、「羽衣松」その他名木が多い。明治初年松原が伐られる破目に陥つた時、大久保利通が「音に聞く高石の浜の松が枝も世の仇浪はのがれざりけり」の歌を詠んだため採伐を免れた。いま公園内にその歌を彫つた惜松碑が建つてゐるが、昭和九年秋の風水害で相当の被害を被つた。浜寺海岸は大阪毎日新聞社主催の海水浴場はじめ大阪時事新報、週刊朝日、阪和電鉄、村営の浴場が並んで、夏期はテントの町が出現する。附近に官幣大社大鳥神社がある。つぎの葛葉は信太の森、葛葉裕荷があり、附近は住宅地が経営されてゐる。又春木の附近に競馬場がある。（阪和沿線参照）

岸和田

岸和田は旧岡部藩城下で、紀州路の要路であり、岸城神社は祭礼に地車が出て賑ふ。岸和田から久米田寺、久米田池および紅葉の名所牛滝山に通ずるバスがある。

貝塚、佐野、樽井

貝塚下車、願泉寺は顕如上人の中興した泉南の巨刹。貝塚町は紀州への要路で貝塚遊廓がある。貝塚駅から水間電車で水間観音に通じる（阪和参照）。佐野は木綿の産地、附近に謡曲「蟻通し」の史蹟、蟻通神社、塙団右衛門戦死の跡及びその墓などがある。樽井は海水浴、魚釣などで名高く、金熊寺、砂川奇勝（共に阪和の項参照）に通じるバスがある。

尾崎、淡輪

尾崎には西本願寺別院「尾崎御坊」がある。また山手に閑寂な小川温泉がある。附近の法福寺は関白秀次の落胤菊女が夫に殉死したところで、同女の像を祀りお菊寺の通称がある。淡輪には海に臨んだ遊園地があり、躑躅の名所である。海岸は魚釣で名高く、対岸淡路の洲本との間を汽船で連絡する。深日浦の海水浴、谷川、小島住吉の魚釣などもこの附近からバスが通じてゐる。そして終点省線和歌山市駅となる。和歌山市内、和歌浦、新和歌浦、紀三井寺などの名所多く、また加太電車と連絡し淡島神社参詣、魚釣り、深山重砲兵聯隊要塞見学、島めぐり等が出来、省線と連絡し道成寺、白浜湯崎に遊べる外、阪和と同様黒潮列車を運転してゐる。

高野線

長野、観心寺

難波駅と汐見橋駅と双方から発し、住吉東を経て、我孫子前、浅香山、堺東、百舌鳥八幡（阪和の項参照）を過ぎて長野に至る。長野の駅前に長野遊園あり、附近に楠公遺跡の楠妣庵、河合寺、観心寺があり、昭和十年五月楠公六百年記念祭が催された。観心寺は楠氏の菩提寺で境内に正成の建立半ばで出陣した二重塔、後村上天皇御陵、正成の首塚などあり、宝庫に南朝遺品が多い。寺は実慧上人の開基で七星観音を祀る。また紅葉の名所延命寺等見るべきところが多い。また長野から西南一里半、自動車で女人高野天野山に通じる。寺域二万余坪、桜の名所として知られ、後村上天皇の行在所があり、南北両朝の史蹟がある。山門、食堂、多宝塔など見るべき建築も多い。つぎの三日市町には錦渓温泉がある。

千早口、金剛寺、九度山

千早口から千早、金剛山である。秋は栗拾ひ、松茸狩、冬は兎狩などで人出多く、清水地蔵寺はほとゝぎすの名所として風流人の杖をひくものが多い。駅の東方二里のところに千早村があり、金剛山の登山口で、附近に楠正成が築いた千早城址、楠公を祀る千早神社などがあり、金剛山は海抜三千七百尺で相当峻しく、往昔要害の地であつたことを思はせる。また学文路には石童丸母子の投宿した旅館玉屋は今尚残存しており、石童丸の母千里の墓がある。つぎに九度山は真田幸村隠栖地で、慈尊院には弘法大師母堂の廟がある。また高野山旧道には明治七年村上兄弟が仇討をした明治仇討の跡ある。

高野山

弘法大師開基の真言宗大本山で、極楽橋から女人堂までケーブルがあり、山頂には百三十余の僧坊甍を連ね、諸国から参詣の人々の宿坊に供してゐる。金剛峯寺は一山の宗務を司るところで秀次自刃の部屋があり、門前に六時鐘、金堂、三鈷松、大門、萱苅堂、燈籠堂、御廟橋、御廟など拝すべきものが多い。また奥の院の諸大名の墓所も他に類のないものだ。

新阪堺沿線

芦原橋、堺間

新阪堺電車は浪速区芦原橋から西浜、十三間堀川、鶴見橋、津守など木津川の東岸近くを通つて堺に到る新線であるが、昭和九年秋の風水害にほとんど全線全滅の被害を蒙つた。

芦原橋――恵美須町の西方十数丁、桜川市電交又点の南方数丁のところにある。

津守――木津川岸近くに大日本紡津守工場あり、それより下流は昔の木津川千本松の名残を止めてゐる。

新公園――住之江公園（南海本線の項参照）への近路。

阪堺大橋――大和川に架し夏期は納涼の設備がある。

松屋田園――風水禍の被害激甚の地で、当時数丈の高潮に襲はれ大和川脳病院と錦、湊、少林寺の三小学校は忽ち倒壊し、二百五十余名の死者を出し、今は昭和の悲しい遭難史蹟となつた。

城南何処不桃花
遊客都迷十里霞
一酔林間茆店酒
夢裡漁艇訪傴家
呉　策

白浜・湯崎

榕樹茂る南海の桃源境

紀勢西線が開通してこれに阪和・南海両電鉄が連絡握手し、大阪からの所要時間僅に三時間となつて、時間的距離の著しい短縮をみ、又両電鉄及び温泉側の宣伝よろしきを得て、白浜・湯崎は、大阪の近郊としての地位を急速にしかも確実に把握した。

和歌山市を離れて、幾つとなくあるトンネルを抜け、黒潮の寄せる岬々の岸壁の真上を列車が走るあたりから、南紀特有の明朗な海浜風景が展開し、墜道一つを抜ける度に視野の明るさに心を打たれるのだ。白浜口駅で降り、明光バスによつて海岸を伝ひ、御幸通りの赫土道をゆくこと十分、緑色の花リボンのやうな小さな岬に抱かれた波静かな入江の内ふところに、白砂と滴るばかりの常緑樹に飾られた集落がある。これ即ち南紀の桃源境白浜温泉である。南へ更にバスによれば、湯崎温泉がある。

白浜・湯崎共に高温、無色透明のアルカリ性炭酸泉で、合せて数十軒の温泉旅館があり、何れも内湯を持つて設備に申分はない。中でも水族館のある東白浜の別天地及び白浜の白良荘、錦城館、温泉ホテル、白浜館、湯崎の桃之井、酒井屋、米栄別荘等推すに足るべく、内湯で面白くなければ、タオルをぶらさげて白良浜の海中に噴出する銀砂湯を訪れるのもよく、また湯崎・中の湯の岩窟をくり抜いた天然浴槽によつて原始気分を満喫するのも悪くない。

入湯にあいたならば京大の臨海実験所、眺望絶佳な番所山遊園地を訪れるのもよく、南へ足を向ければサンド・スキー場があり、更に湯崎では奇巌重畳たる三段壁、或は千畳敷の眺めがある。これ等の風景の特徴

白浜（遠景）湯崎（近景）温泉全景

円月島の絶景

三段壁の奇勝

は、明るさの一言で尽きる。南国的な明るさと暖さ、生活にも風景にも浸み透つた明朗さだ。此処に、煤煙と塵埃の巷を逃れた人々は、あはたゞしい生存意識を忘却の淵へ投げ込むのである。温泉の宣伝係は言ふ、願はくば一日此処に杖をひき、君が命を洗ひたまへと。白浜・湯崎にして此の言葉のあるのはもつともである。

和歌山市から白浜に至る沿線は、名だたる紀州蜜柑の産地で、名所としては安珍清姫で知られた道成寺、紀三井寺その他数多く、梅見には南部、田鶴等、桜は権現平、魚釣りは沿線至る所に好適地がある。中でも下津、湯浅湾、鹿島等。白浜から更に足を伸ばして国立公園熊野、瀞の周遊もまた一興であらう。

［4－D］

「沿線開発とアミューズメント施設」（橋爪紳也、『阪神間モダニズム』淡交社、一九九七年、二二二～二二六頁）

沿線開発とアミューズメント施設

沿線開発と遊楽地

明治末から昭和初期にかけて、大阪に著しい人口の集中がみられた。同じ頃、母都市を核に放射線状に広がる電気軌道が相ついで開通、周辺町村にひろがる田園の宅地化、いわゆる「郊外開発」がはじまる。

同時に、沿線の景勝地を拓き、行楽の客を誘致する遊園事業も具体化する。初期においては、地元や大阪の資産家も開発を主導したが、規模の大きい事例では電鉄会社そのものがデベロッパーとなる場合が多い。沿線の自社所有地において宅地開発を進めるとともに、アミューズメント施設群の建設を企てたわけだ。休日における新規の乗客を開拓することと、開発によって、自社が所有する不動産の資産価値を高めることが主たるねらいであった。

その多くが、欧米の先例にモデルを求めた。たとえば阪神電鉄では、技術長・三崎省三が主唱、海水浴場に野球場などのスポーツ群施設、さらには遊園地を組み合わせたリゾート都市の建設を構想する。三崎は社員をニューヨークに派遣、コニーアイランドの海浜遊園地、ポログラウンドやヤンキース・スタジアムなど、最新の野球場建築の設計と運営を学ばせている。

またこれらの遊園地の経営において電鉄会社は、新聞社と連携、スポーツ・イヴェントや博覧会、文化事業などのメディア・イヴェントを実施し、さまざまな階層の集客をはかった。電鉄会社は割引乗車券を用意、新聞社は購読者へのサービス用にイヴェントの入場券を配布する。相互の売り上げ向上にメリットがあるという判断であった。なかには建設会社とタイアップ、新しい提案に充たされた住宅を展示し、その跡地を住宅地として分譲するイヴェントもあった。

以下では、おもに阪神沿線の事例について紹介しておきたい。

鳴尾百花園と香櫨園

明治三十八年、大阪と神戸とを連絡して阪神電鉄が運行をはじめる。沿線に開設されたアミューズメント施設のさきがけとなったのが、明治三十八年、酒造業者・辰馬半右衛門が武庫川鉄橋の西南に経営した「鳴尾百花園」である。のちに阪神電鉄が買収、都会の児童に自然と親しむ機会を提供する郊外学舎「武庫川学園」に改める。さらに川筋に面して千本もの桜を植樹、「武庫川遊園」を開設した。春には花見の宴を楽しむ家族連れや団体客で賑わった。また当時、鳴尾名物であった苺狩り、潮干狩り、蛍狩り、月見など、季節ごとの行楽を広く宣伝、多くの遊客を集めた。

六甲山の麓では「香櫨園」の例が早い。夙川の西に広がる一万坪ほどの丘陵地を、砂糖商・香野蔵治と株仲買人・櫨山慶次郎が借り受け、動物舎や奏楽堂、グラウンドや博物館などを建設、内澱池に落ちるウォーターシュート、曙池に面するように宿泊施設「エビス・ホテル」を建設した。乗客の増加をもくろむ阪神電鉄から、資金提供と新駅設置という

香櫨園浜の奏楽堂　阪神電鉄提供

大正２年９月に香櫨園は廃園となるが、奏楽堂と博物館は香櫨園浜で利用された。
写真は大正３年に移設された当時の記録。

援助を受けて、明治四十年四月に開園している。名称は二名の創業者の姓から、一文字ずつとったものと伝える。

名物は、当時、民営としては国内最大規模の動物園である。「千匹猿」と呼ばれた猿舎、オランウータンや大蛇、白熊や駝鳥、象やライオンといった珍しい鳥獣を集めていた。博物館では、台湾の山地にすむ少数民族の展覧会、浅草で評判をとった「珍世界」と題する「ゲテモノ」を並べた展示など、興味本位の企画が用意された。

催し物も面白い。運動場では自転車競走、運動会、凧上げ、模型飛行機大会などがおこなわれた。また明治四十三年には、早稲田とシカゴのチームを招聘、関西で最初の日米野球が開催されている。

しかし香櫨園の寿命は短かった。大正二年、外国人向けの住宅地を開発しようとした英国系の企業が土地を買収した。継続を要望する声も強かったが、やむをえず廃園にいたっている。動物たちは箕面公園内の動物園に、奏楽堂など主だった施設は阪神電鉄が経営していた「香櫨園海水浴場」に移されている。

苦楽園と甲陽園

六甲山の中腹に位置する苦楽園は、明治三十九年、鉱泉が湧出したのを契機に注目された温泉リゾートである。しかし交通の便があまりにも悪く、周辺の開発は遅れたようだ。ようやく明治四十四年、この地に惚れこんだ中村伊三郎が土地を買収、道路の拡幅や上水道をひいて開発に着手する。大正二年にはラジウム温泉も発見され、湯治客や遊客は阪神の香櫨園や打出駅から人力車や馬車で往還した。

一方、甲山の南に位置する甲陽園は、大正七年、本庄京三郎が中心となって設立した甲陽土地株式会社の手によって開発がはじまる。デベロッパーは、まず不便さを克服するべく、基盤の整備に着手した。

御手洗川に沿って、幅員三間、延長十二キロメートルの道路を計画するとともに、上水道、電灯の設備を確保する。またクラブハウスや温泉、旅館などを設置、各種の施設を整えたことで、大阪や神戸の有力者たちが、相ついで別荘を構え、おおいに発展をみた。遊園には、高速回転する遊具「サークリングウエーブ」や滑り台などが置かれた。このグラウンドに面して甲陽劇場というシアターがあった。その用地は、のちに東亜キネマの撮影場に転じている。また「つる家」や「はり半」といった一流料亭も営業をはじめた。

もっとも甲陽園・苦楽園ともにレクリエーションの場としては、長続きはしない。阪急の箕面・宝塚、阪神の甲子園・鳴尾など、より交通の便の良い場所に出現した近代的な遊園地に客を奪われる。阪急電鉄が山手に向けて支線を延ばし、交通の便がいくぶん改善されてからは、ともに緑豊かな住宅地として再評価されるようになる。

阪神パークと水族館

阪神電鉄が関与した遊園地で、戦後まで継承されたのが「阪神パーク」である。大正十一年、武庫川の治水、堤防改修工事に際して、阪神は事業費を負担する代わりに、埋め立てられた支流の枝川・申川の廃河川跡を入手する。電鉄会社は、従前、鳴尾浜ですすめていた運動施設整備などの事業を、この新しく取得した用地で展開、かねて念願であったアメリカ流のリゾート都市の建設に着手する。新経営地は、その年暦にちなんで甲子園と名づけられた。

まず手はじめに銀傘を備える本格的な野球場が開設された。野球というスポーツが大衆にまで普及していなかった当時、これほど大型の観客席を有するスタジアムの建設を実現させたのは、阪神電鉄経営陣の大英断であったといってよいだろう。やがてテニスコート、陸上競技場、プールなど数多くのスポーツ施設群、海水浴場、遊園地、ホテルなどが順次、整備され、一大アミューズメントセンターが出現する。

遊園地の事業は、やや遅れて、昭和に入ってから着手された。昭和三年九月、甲子園経営地をひろく宣伝する目的から、阪神電鉄は、旧枝川の流路跡一帯で「御大典記念国産振興阪神大博覧会」を開催、細長い会場内に地方芸能館、展示館、物産館などが特設された。この時、設けられたパビリオンのうち、「大演芸館」「汐湯」を会期が終了した後も保存、模様替えを施して、翌年「甲子園娯楽場」の名で恒常的な営業をはじめる。これが甲子園における遊園地事業の嚆矢である。

「甲子園娯楽場」は、飛行塔や子ども用の汽車など遊具の充実を重ね、敷地も三万坪にまで拡張される。昭和七年に「阪神パーク」と改称、動物園と遊園地、「汐湯」と演芸場からなる総合レジャーランドとなる。

なかで人気を集めたのが動物園である。ここでは柵の代用に堀で動物園を囲む、ドイツのハーゲンベックが創案した新しい展示手法を全面的に採択した。島の中央に猿を放し飼いとする「お猿島」の趣向、遊泳する姿を見せる「ペンギンの海」、坂を登る習性を利用した「山羊の峰」など、一種の生態展示が試みられていた。当時としては、大胆かつ画期的な展示として、全国的に注目された。

また芸を教え込んだ動物を中心に「動物サーカス団」と称する移動動物園を編成、開園の年から全国を巡業した。動物園の事業としてはユニークであり、その成功を見て、各地で追随するところが出てきたという。

昭和十年、隣接する海水浴場の用地内に「水族館」が建設される。従前の薄暗く洞窟のような水族館の姿を払拭するべく、「明るく愉快な水族館」を目標に、工夫が凝らされた。頭の上に泳ぐ鯉を見せる展示、わざわざベルギーから板硝子を取り寄せて建設した日本一の巨大水槽など、

昭和７年に阪急創立25周年を記念して開かれた「宝塚婦人とこども博覧会」のパンフレット　橋爪紳也蔵
宝塚新温泉、ルナパーク、植物園、図書館、遊園地などを総合的に使用した博覧会であった。

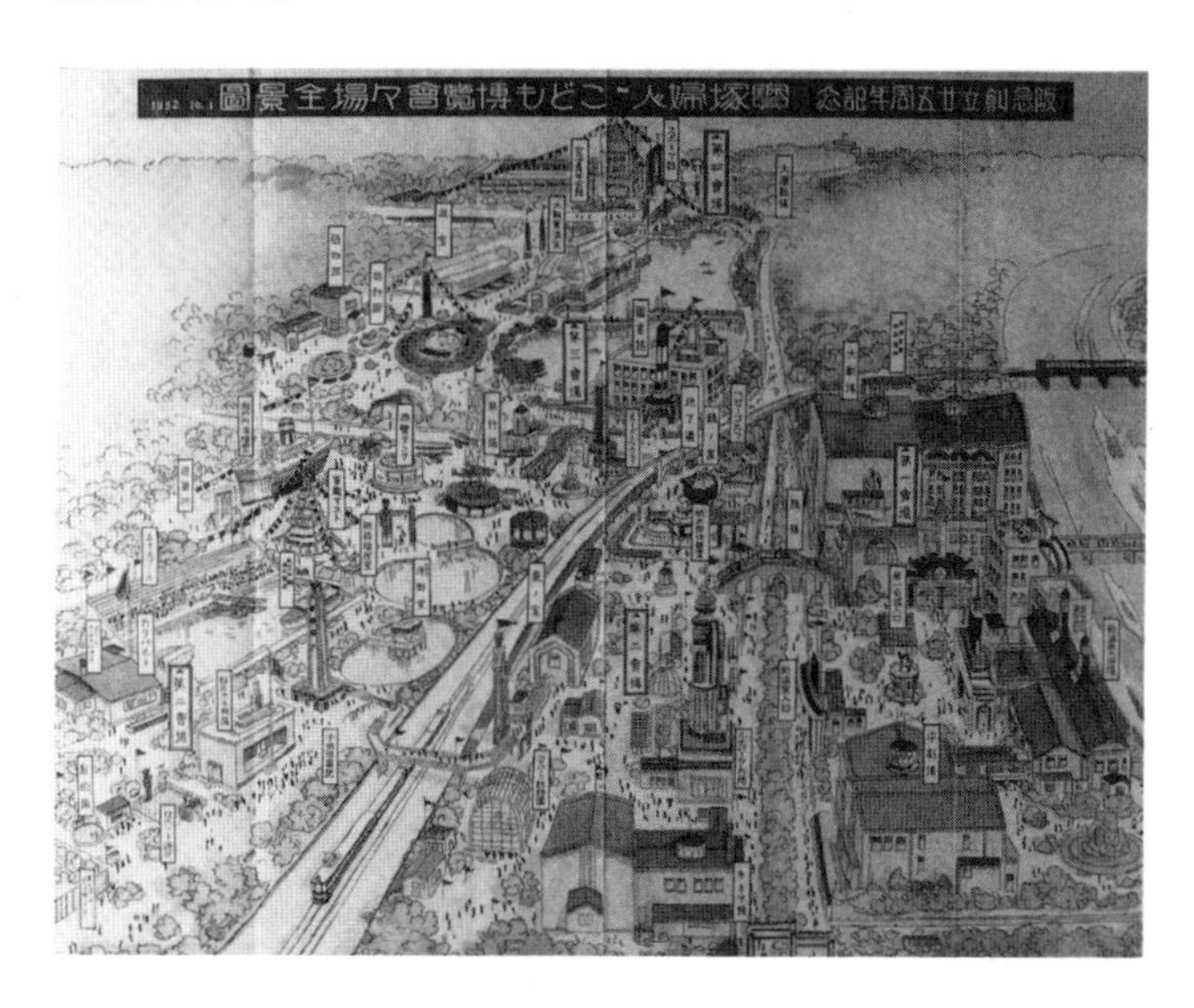

阪神パーク案内パンフレット　昭和18年　橋爪紳也蔵
表には「よい子つよい子御国の宝」と書かれ戦時色を感じさせる。

阪神沿線の甲子園、香櫨園の海水浴場の案内パンフレット　橋爪紳也蔵

阪神パークをはじめとする阪神沿線「春」のパンフレット　昭和10年頃　橋爪紳也蔵

話題性のある試みが展開された。日本で初めて鯨の飼育展示を試みたことでも知られている。教育目的よりも楽しさを提供することに重きを置く、レジャーランド型の水族館であった。

博覧会と宅地開発

電鉄各社は、これらの遊園地などを会場に、新聞社や建設会社と提携して各種のメディア・イヴェントを実施、沿線開発の手法として有効に利用した。地域の魅力を宣伝し、地域イメージを向上させることで、のちの宅地開発の先鞭としようとしたわけだ。

阪神電鉄も例外ではない。創業当時から夏の誘客策として、打出浜で海水浴場を経営したが、その翌年には大阪毎日新聞社との提携を実現させている。もっともこのタイアップは、毎日側が南海電鉄の浜寺海水浴場でのイヴェント事業に本腰を入れることになり、解消されている。

阪神沿線で催されたメディア・イヴェントのなかでも、最も成功した例が甲子園球場における全国高等学校野球選手権である。大阪朝日新聞、大阪毎日新聞と協力、はじめは地元だけで注目された催しであったが、NHKのラジオ放送によって全国的に知られることになった。甲子園球場を会場としたスポーツ・イヴェントでは、ジャンプ台を仮設し雪を運びこんで開催された「全日本スキージャンプ甲子園大会」（昭和十四年他）などもおもしろい。

さらに注目されるメディア・イヴェントが「博覧会」である。明治時代の「博覧会」は、勧業をおもな目的に、政府や地方自治体が主催するものであった。それが大正期以降、新聞社が大衆の啓蒙と売り上げ向上を目的に、私鉄沿線の遊園地や百貨店などを会場に実施した文化事業にも「博覧会」の名称が使用されるようになる。電鉄会社は新聞社と提携、博覧会を集客事業と位置づけていたようだ。

甲子園経営地でも何度か「博覧会」「展覧会」とうたうイヴェントが開催されている。「阪神パーク」を生む契機となった先述の「御大典記念国産振興阪神大博覧会」のほか、昭和六年には大林組と組んで「浜甲子園健康住宅展覧会」を主催、会場跡地および周辺の六万坪を五百戸あまりの住宅地として、順次、開発した。また昭和十一年の春にも「輝く日本大博覧会」を実施、グラウンドや宅地整備のきっかけとしている。「阪神パーク」では「少国民海軍博覧会」（昭和十一年）など、甲子園球場のフィールド内でおこなわれたものでは「芝居博覧会」（昭和三年）、「戦車展示会」（昭和十四年）などがある。

阪急沿線では西宮球場と外園、大運動場が、しばしば博覧会場に転用された。「大阪毎日フェアランド　日独防共協定記念博覧会」（昭和十二年）、「大東亜建設博覧会」（昭和十四年）、「国防科学大博覧会（昭和十六年）」など、時局を反映する主題のイヴェントが挙行されている。なかでも大阪朝日新聞社が主催した「日支事変聖戦博覧会」（昭和十三年）では、戦車や戦闘機、野戦陣地などの展示が人気を集め、二カ月の開催期間中に百五十万人もの動員を果たした。

宝塚新温泉でも「博覧会」と称する催事があった。大正三年春の「婚礼博覧会」では、余興として準備された宝塚少女歌劇の第一回公演『どんぶらこ』が人気を集めた。その後、阪急電鉄創立二十五周年を記念する「宝塚婦人とこども博覧会」（昭和七年）、逓信局の後援を受けた「逓信文化博覧会」（昭和十年）などが開催されている。

ハーゲンベックサーカスと動物園のポスター　阪神電鉄提供
球場の竣工につづいてテニスコート、浜甲子園プール、南運動場などがつぎつぎと建設され、昭和７年９月には阪神パークが開設される。その翌年７月に南運動場の北側にハーゲンベックサーカスが来日した。

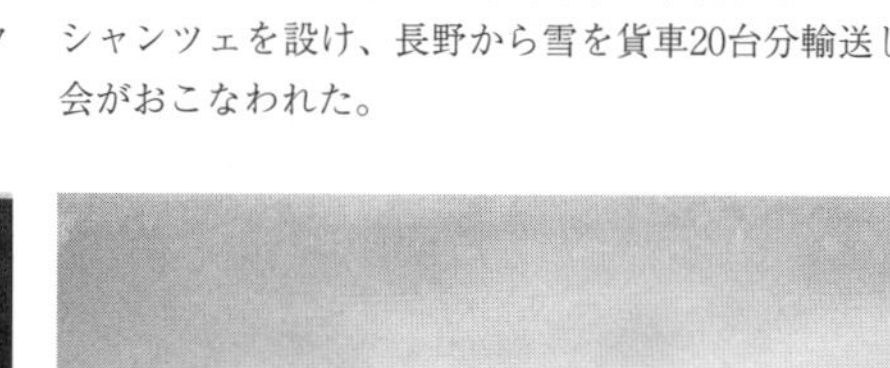
全日本スキージャンプ甲子園大会　阪神電鉄提供
昭和３年２月、甲子園球場外野席の東側、地上40メートルの仮設シャンツェを設け、長野から雪を貨車20台分輸送してジャンプ大会がおこなわれた。

戦車展　阪神電鉄提供
昭和16年春、日本は中国への侵攻を広げ、各種の外来スポーツが禁止されプロ野球も中断した。このような時局に軍部からの要請で、甲子園球場を利用した戦車の展示会が戦意高揚の名のもとに開催されている。

第5章 鉄道会社と沿線開発

［5－A］
『輸送奉仕の五十年』（阪神電気鉄道株式会社、一九五五年、六九～八九、一三七～一七七頁）

「郊外居住のすゝめ」に大童

太宰政夫

開業前年の明治三十七年三月に入社させてもらった。それまでは慶応を出るとすぐ藤山雷太氏のお世話になり、運輸主任という名で東京電気鉄道の開業準備に当っていたが、運賃問題がもつれて藤山氏が辞任されたので私も辞めた。ちょうどその時安田の資金関係で外山社長が東京へきておられて藤山さんから紹介して頂き、急に阪神電車への入社が決ったのである。阪神では建設工事の真っ最中で、三崎技師長が運輸課長と工務課長の一人三役で大活躍をされており、私はここでも運輸主任という大役を与えられ、一切の運転準備を命ぜられた。

いま開業前後の思い出をたどるとまことに感慨に耐えない。

発電機が露艦に撃沈

当時のわが機械工業はまだ幼稚なため電車、レール、発電所の機械類、淀川をはじめ各橋梁の鉄材など一切外国品の輸入を仰ぐ状態で、東明と尼崎の両発電所の汽缶は英人の技師が来て取付をしてくれた。たまたま発電所用の発電機二台の予備品が米国から英船のナイトコマンダー号で輸送の途中、三十七年七月伊豆沖でウラヂオ艦隊に撃沈されたという情報が入った。早速杉村専務の命を受け、神戸にあった輸入依頼先の米国貿易会社へ交渉に行ったが、戦時輸送中のことではあり、責任問題よりも急速に補充しないとたちまち開業や今後の事業計画に支障を来たすので、最も敏速な方法で代品の取寄せを依頼して翌年二月到着、開業に間に合わせることができたが、このため八千九百余円も失費した。

苦労したダイヤ作成

運輸従事員を採用訓練したり、各種の操業規則をつくったり、いろいろの開業準備のうち一番困ったのはダイヤグラムの作成であった。ダイヤは当時「スケジュール」と呼んでいたが一番の難点はスピードであった。古臭い軌道条例には相変らず「一時間八マイル以内」と制限しているが〝道路との併用軌道ならともかく、電車だけの専用軌道にまでタツタ八マイルとは聞えませぬ〟と会社は前々から再三速力の増加を申請したがなかなか許可してくれない。最初は明治三十六年六月に「一時間三十マイル」、さらに九月には一躍「五十マイル」と訂正出願したが、夢のような理想論として扱われ、十二月「二十五マイル」に半減して伺い出たが、三十七年七月ついに却下されてしまった。

こんなことでは広軌高速どころかテンで商売にもならないので、三崎技師長の部屋で秘密裡にいろいろ案を練ったが、米国でも規定通りの運転はしていないとのお話もあり、運転時分と停車時分を比較し、試運転の成績をみて、一応九十分運転、十二分間隔で開業したが、スケジュールよりも早く運転できるので間もなく八十分の十分間隔、さらに七十二分の七分間隔と繰上げ、三十九年には出入橋・梅田間の延長運転をなし、四十年には六十六分の五、六分間隔までに漕ぎつけたが、速度制限緩和の陳情は再三続けたものである。

駅名を隠して高速

車両は三十両で本系統としては十八軸くらいでよかったが「ラッシュ

アワー」……当時そんな言葉はなかったが朝夕の混雑時には臨時車を頻発させたものである。操車係は臨時車をE車（Extraの略）と呼んでいた。今でもこの言葉は残っているらしい。

最初はダイヤのみ考えていたので、乗務員を乗せるとなるとダイヤよりも頭をつかった。電車なら故障のない限り何回も使えたが人間はそうはいかぬ。出勤から休憩、交代、入庫とあらゆる点を考慮して十時間勤務が単位であったが、三往復を原則として系統が公平に循環するように考えて「乗務系統」を作った。三往復といっても今の三往復とは比較にならない。どの電車も各駅停車で、車内での切符売り、それにカーブではポールが外れないよう注意したり、満員でもなると車外につかまらねばならず、雨や雪の日は吹き込むしつらかったことと思うが、開業当初のことではあり、皆が張り切って長く乗務を希望していたほどであった。

ダイヤも平日、紋日、雨天用と三種を作り、大体前日に天候や催し物の関係をみて決めるのだが、天気予報は今のようにラジオなどの速報があるわけでなし、中之島の近くにあった測候所から毎日定時に電話で通報をうけた。運転手に時計とスタフ（運転時間表）を持たしたが、それを見ると一時間八マイルの規則違反が分るので、主要駅をローマ字で例えば梅田をU、尼崎をA、西宮をNなどとちょっと見ても分らないようにカムフラージをして運転速度の確保に努めた。

反響を呼んだ移住奨励本

開通の当初、両市を除く沿線の人口はわずかに八万八千人に過ぎなかった。会社としてはとにかくお客に沢山乗ってもらわねばならない。それには遊園地や催し物も必要であるが、恒久策としては沿線に住宅地を開発し、人口を密集さすことであった。

郊外生活は今では常識であり、別して北に山を背負い、南は海に臨み、気候と空気と風光の三拍子がそろい、しかも大都市を両翼にもち、交通に恵まれたわが阪神沿線ほど理想的な郊外住宅地も珍らしいが、そのころは都会からの移住は何かと困難な事情があり、何よりも郊外のよさが都会人によく分っていなかった。そこで健康地として沿線を推奨するには、自己宣伝よりも権威ある医師の所見を紹介することが効果的だと思い、明治四十年に大阪府立医学校長（今の阪大の前身）の佐多愛彦博士にご相談して著名な刀圭家十四氏の寄稿を求め、都会と郊外とが日常生活に及ぼす利害を学理と実際の両面から比較した「市外居住のすすめ」を発刊することになり、これに沿線の名所や風景写真を豊富に入れて出版した。欧米ではこうした田園生活に関する書籍や雑誌は多く、中には数十版も重ねたものもあるそうだが、わが国でこれを奨励した図書はおそらく本書が最初であろう。

幸い売行きもよく、あちこちへお頒けもしたが、最も効果のあったのは神戸で西洋食料品店を営んでいた小田久太郎さん（後に三越の専務）が神戸市内の一流のお得意へ品物の配達のとき景品に添えて下さったことで、これがえらい反響を呼び、住吉や御影方面に土地斡旋の依頼が増え、続々と住宅が建ちはじめた。

住宅経営のさきがけ

会社では一般の人でも手軽に移住できるようにと、沿線の土地住宅案内を梅田終点や電灯事務所で行い、引越し荷物はとくに無賃扱として優遇し、明治四十二年西宮に貸家三十戸を建てたのを最初として、鳴尾、御影などと理想的の土地を選び、次々に住宅経営をひろげていった。おそらく電鉄界におけるこの種事業の先駆であろう。その頃東京の三越で光琳風の模様展覧会を見て、その模様にヒントを得て美しい表紙のパンフレットを作り、住宅宣伝にバラ撒いたこともあった。

これより先明治四十一年八月に大阪市電の南北線が開通し、梅田で市電と阪神電車との連絡がとれるようになったのを機会に、沿線居住者の利便をはかって夏季の終夜運転をはじめ、ついで同四十三年には新聞電車と電車郵便を開始した。

新聞電車は大阪市内で発行する新聞の最新版を、阪神沿線の各家庭へも市内と同様その日の未明に配達できるよう、夜中の一時半に特発させたもので、新聞社とタイアップした沿線へのサービスである。

電車郵便というのは沿線の主な停留場の上下にポストを設け、大阪、神戸の両郵便局から二時間ごとに集配人を乗組まして次々に集め、直にその局に送る仕組であって、通常二日間以上を要したものが即日配達できる便を開いた。

○

趣味の雑誌「郊外生活」

電車の開通によって沿線への移住は年々に激増し、ことに山と海に恵まれた西部阪神の各町村は大正三年ごろになると開通当時の四、五割から八割近くも人口がふくれ上った。そこで会社としては単に健康上から郊外生活を勧めるばかりでなく、園芸趣味を一段と鼓吹し、併せて家庭に高尚な読物と娯楽を提供するため、一月から月刊雑誌「郊外生活」を発刊した。

創刊号は佐多愛彦博士の「都住居は三代にして滅びる」、菊池幽芳氏の「私自身の園芸」、薄田泣菫氏の「神様と談話のできる郊外生活」をはじめ、やわらかい読物を満載し、名越国三郎氏の美しい表紙、口絵などが趣味の写真とともに彩りをそえていた。

後には六甲山もしきりに宣伝した。そのころ六甲は大石から駕の便があったが、外人以外はあまり登らず、六甲開発のためにはまず足場が大切なので、山上のある人の別荘を阪神倶楽部として譲り受け、長谷川如是閑氏や大江素天氏らを案内して紹介文をお願いした。六甲山も今ではスッカリ山の公園と化してしまったが、駕で登った時代の山路を知っている人は少なかろう。（元取締役、支配人、昭和二十九年八月談話筆記）

5―A　阪神電気鉄道株式会社『輸送奉仕の五十年』

にぎわった香櫨園遊園地

故上野直吉

今どき「香櫨園遊園地」とか「香櫨園運動場」とかいっても、〝一体どこにあったのか〟と不審がる人が多いでしょう。あたり一帯が西宮屈指の住宅街となってしまった今日では昔の面影もありませんが、郊外遊園地のさきがけとして、明治の末期に阪神電車が力を入れた一大楽園が夙川のほとりにあったのです。南は国鉄の線路に沿い、北は今の阪急線路を越え、東は清流夙川に臨み、西は陵地を境とする広茫八万坪の一画がつまりありし日の「香櫨園遊園地」の跡ですから、その頃何かと造園の仕事にたずさわった私としてはまことに今昔の感に耐えません。

一体あの辺はもとは雑木雑草が生い茂り、狐や狸の棲みそうな原野でした。しかし土地に変化があり、山を負い海に臨み景色がよいので、その頃本業の砂糖商よりも太っ腹な投資家として北浜筋で知られた香野蔵治と、大株の仲買人であった櫨山慶次郎の二人が阪神電車の開通を機会に開拓に着手したもので、二人の苗字を一字ずつとって「香櫨園」と名づけ、阪神がこれに協力して大々的に遊園設備をして、明治四十年四月はじめに花々しく開園しました。

○

四季とりどりの草木を植え、道をつけ橋を架け、動物園や博物館、運動場、遊戯としては内濈池にボートや水上自転車、さては五十メートルの高台から滑りおりて水しぶきをあげるウオターシュート、奏楽堂の近くにはメリーゴーラウンドなど当時としては珍しいものばかりです。それに春は梅、桃、桜が咲きほこり、夏は蛍狩り、秋は菊花壇、冬は砿泉といった具合で四季それぞれの趣きがありました。今のカソリック教会の丘のところには、恵美須ホテルという百畳敷の旅館が出来て、会社の

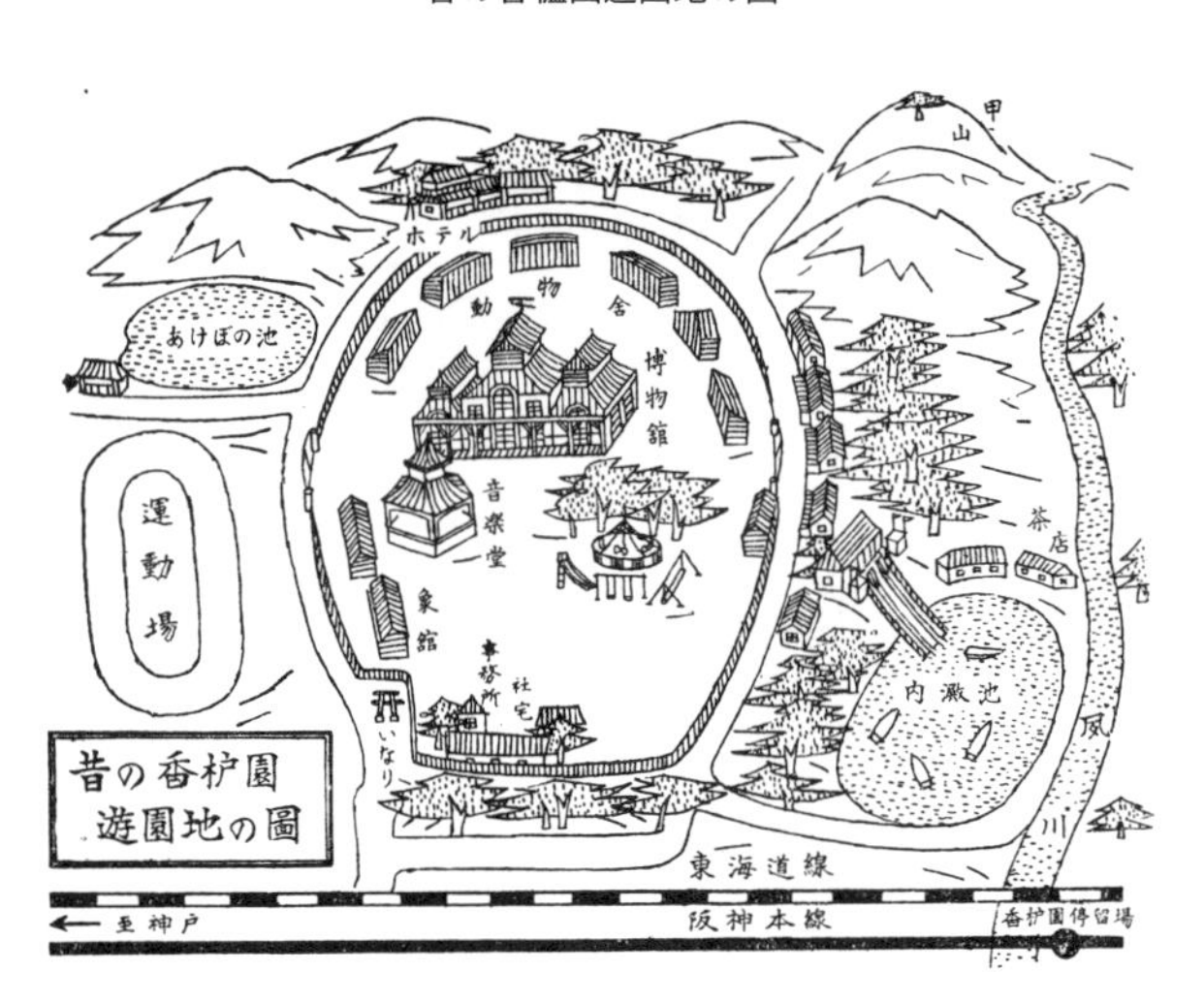

昔の香櫨園遊園地の図

上野直吉

慰安会や演芸会にも使われ、その下の曙池には水鳥が泳いでいました。

○

中でも動物園はその頃は東京と京都くらいで、大阪の天王寺や神戸の諏訪山などはずっと後のことであり、子供にも大人にも大人気でした。京都の動物園長のお世話で専門家を招き、他の飼育係にも皆園内に住んでもらったのです。神戸の中田動物商会の先代が次々と珍らしい動物を連れて来ました。

最初は猿を沢山いれて、「千匹猿」と名づけ評判を呼び、オーランウータン（ボルネオ産のキングコング）は一層人気を博し、さらに大蛇、丹頂鶴、象、ライオン、虎、白熊、駝鳥といった珍しい鳥獣が続々入ってくるので客足は絶えません。

いつでしたか象が夜中に逃げ出したことがあり、怪我人でも出しては大変と探しまわった揚句、曙池で芋を食べ、悠々と水浴しているところを捕らえました。兎狩や猪狩をやったこともありましたが、棒やロープを持って狩りたてるという騒ぎでした。

○

運動場では自転車競争、運動会、凧揚げ、模型飛行機大会などよくありましたが、明治四十三年早稲田とシカゴチームによる関西最初の日米野球試合が行われた時は、グラウンドの設計も分らず、百科辞典で研究したり、大毎の高石、奥村氏にも相談して急設しましたが、満員の盛況で米選手がボールを上手に捕らえるのはまるで手品師のようでした。

博物館では台湾の生蕃展や、浅草で評判であった「珍世界」というゲテモノ展を持ってきたり変った催物をやりました。この頃の言葉でいえばまァ「レクリエーション・センター」の草分といえましょう。

○

このなじまれた折角の香櫨園も、土地の所有が外人の手に移り、いろいろの事情で大正二年九月に廃園と決り、地元からは継続の陳情もありましたが、動物園は箕面の動物園へ園長も一緒に移し、博物館や音楽堂は香櫨園の海浜に移され、象館は尼崎本社の事務所の一部に改築されたりして、遊園地は阪神間の人々に惜まれながらその幕を閉じました。今ではスッカリ住宅街となり、わずかに川沿いの「内澱池」が在りし日を偲ばせているに過ぎません。（元電気・運輸課長、元摩耶鋼索鉄道株式会社専務取締役、昭和二十九年八月談話筆記、同三十年一月二十三日逝去）

関西最初の国際野球戦

西尾守一

▽……昔の「香櫨園」もスッカリ変って、あの夙川一帯が住宅街となってしまった今日では、その当時を偲ぶよすがもあるまいが、明治の末期に阪神電車が経営していた遊園地内の「グラウンド」というよりも「広っぱ」で、日米大学中の両強豪早稲田とシカゴによって、関西最初という歴史的な国際大野球試合が華々しく行われた。しかもかく申す私は実は当時の早大のマネージャーで、かつその試合の球審をやったのだから、あそこは私にとって実に懐しい思い出の地である。

▽……国際試合といえば明治四十年にハワイのセントルイスという半プロチームが、慶応に招かれて来たのが日本における最初であろう。もっともその前でもアメリカの東洋艦隊が横浜へ入港したときなど、乗組チームと一戦交えたことはあったが、これは正式の外来チームとはいえない。続いて太平洋沿岸の大学チームが、早慶いずれかよりの招待交歓試合の申込みに応じて来朝し、こちらからも隔年ごとに遠征していたが、早大では〝もっと手ごわいチームを呼ぼうじゃないか〟という野球部長の安部磯雄先生の発案で、明治四十三年の秋にシカゴ大学軍を早大の賓客として迎えた。

▽……シカゴは有名なスタッグというコーチに鍛えられ、ハーバードと並んで全米大学中の双璧とさえうたわれていた強チームである。早稲田はこのシカゴ出身のプレヤーで東京に来ていた宣教師のコーチを受けていたので、その因縁でシカゴを招いたのであるが、さすがに向うで鳴りひびいた怪投手左腕ページを擁した同チームは、これまでのチームとは段違いで、東京では早慶とも見事に三戦連敗を喫してしまったが、それだけにえらい評判となった。

▽……当時京浜地方の野球熱はなかなか盛んであった。かの早慶戦が両校の大げさな応援ぶりが災いして、ついに明治三十九年の決勝戦を前に中止されてからというものは、この二大チームは一高とか三高、横浜の外人チームなどを相手に、わずかに渇をいやしていた程度であったから、外来チーム、ことにシカゴのような強チームが来るとファンが騒いだのも無理はない。

▽……これを見た大阪毎日ではぜひ関西でもシカゴと早稲田の国際試合をやってほしいと、時の通信部長の奥村信太郎氏（後に社長）から熱心な申出があった。実費は負担するというのだし、シカゴも関西見物を望んでいたので快諾したが、さて大阪付近には適当な運動場がない。

▽……当時の関西球界は三高が牛耳り、毎年近畿中等学校野球大会を開いたり、神戸のクリケットクラブという在留外人チームと定期戦をやっている程度であって、大阪などはサッパリ野球の動きが見られず、一般の関心はとても薄い。もちろん球場といったものはどこにもない。そこで選ばれたのが香櫨園の運動場で、広っぱに毛のはえた程度であったが、私が下検分に来て、毎日や阪神の係りの人達といろいろ応急設備の打合せをやり〝まずまずよかろう〟と決めた。かくて秋もたけなわな十月下旬、両軍は大挙西下した。早稲田のチームは安部先生を中心に大村隆行、松田捨吉、大井斎、伊勢田剛らの諸君がおり、いまなお学生野球の育成に情熱を傾けている飛田穂洲君は主将で二塁手であった。

シカゴ・チーム　左下は名投手ページ
右下は早大西尾選手　明治43.10.23付大阪毎日より

▽……何がさて関西空前の国際戦とあって、大毎ではジャンジャン書きたて、大阪駅には大阪の高商、高工、高医をはじめ学生の有志や、阪神、毎日の社員たちを動員し、大急ぎで作った歓迎歌も高らかに、選手の人力車の列を中央に、手に手に角行灯、高張、ぼんぼりなどを掲げて、大阪ホテルまで数町におよぶ提灯行列というお祭り騒ぎであった。これにはシカゴの連中も度胆を抜かれていたようであった。そのときの歌詞がまた振るっていたので今もうろ覚えに覚えているがザッと次の文句で、例の「四百余州をこぞる……」という昔学生間に愛唱された「元寇」のメロデイであったように思う。

四十三年秋の　　気も澄む　月今宵
来れり大阪に　　日米野球団
米の精鋭シカゴ　　日本に早稲田あり
天下の野球戦　　乾坤一擲香櫨園……

▽……翌日両軍は阪神が特別に飾ってくれた美しい花電車で香櫨園に乗りこんだ。あの辺はまだ遊園地のほかは余り家もなく、いかにも郊外らしい風景であったが、どの電車も満員々々で、停留場から夙川堤へかけてえらい行列が続いていた。はじめての国際試合という珍しさに加えて、東京で勝ち続けたシカゴ、負けぬいた早稲田であるが、この関西ではひっくり返るかも知れぬという興味にあふられて、当時としては大変な観衆が押し寄せた。むろん大部分は京阪神の学生であったが、その頃はやったひさし髪に真赤なリボンとか、高島田にヒラヒラした花かんざしといった可憐な娘さん達も交っていたし、神戸あたりの外人達は妻君や子供を連れて大勢シカゴの応援に来ていた。

▽……グラウンドは園内の動物館の左手の丘で、今の阪急夙川の西南方にあった。五千坪くらいはあったろうが、急造のこととて柵もスタンドもない。わずかに一塁側の背後が少し高台になっていたに過ぎない。「地はこれ関西無二の好グラウンド」とか何とか宣伝されていたが、実は左翼の方は本塁から三十間ほどのところからダラダラのスロープとなり、ここへ長打をカッ飛ばされると、追っかけてつかんでもどこへ送球したらよいのかサッパリ分らぬといった大変なグラウンドであった。

▽……早稲田の名物男吉岡弥次将軍はいつもの憎まれ口にも似ず〝東京羽田のグラウンド（京浜電車の経営）もこれに比べると顔色なしだ。ここで復讐戦、痛快々々！〟と目をむいて感嘆したように新聞に出ていたが、事実はかくの如しだ。

▽……さていよいよ試合は植村大阪市長の始球式によって火蓋を切ったが、シカゴの健棒はこの鬼門へカンカン打ちこむので耐らない。ここ

でも三日とも歯が立たなかった。ことに二日目などは20―0とペチャンコにやられた。せっかく京都から大挙応援に来てくれた三高生も忌々しげに「猫の子、猫の子、オッチョコチョイノチョイ」と珍妙な応援歌みたいなものをがなりたてて観衆を吹き出させていた。これも当時の毎日の紙面を見直すと、早大ナインはその夜安部先生から〝明日もし今日の如き零敗に終らば、諸君はよろしくバットを折って罪を天下に謝し、野球を止めよ〟ときついお叱りを蒙ったように書いてある。どうもそんな記憶はないが、翌日は12―2で辛くも零敗を免れた。

▽……しかし大学生の国際試合は非常に面白いということが知れわたったことは大収穫であった。私もこれが機縁となって翌年卒業とともに大毎に入社した。おそらく運動記者としては日本で最初だろう。当時は新聞社の中でも年寄り連中は野球といえば〝あァ球ほりか〟といった程度の認識で、スポーツ記事の書けるような人はほとんどなく、記事を電話で吹き送ってもうまく筆記してくれる人がいなかった。

▽……さらにこの試合が動機となって「関西にもっとよい運動場を作ろう」という気運が高まり、大正のはじめ箕有電車がまず豊中に、ついで阪神電車が鳴尾にそれぞれ当時としては立派なグラウンドを開設されるにいたった。あれから星霜四十年、思えば遠い昔語りではある。

(元大阪毎日新聞社運動部長、現寿通商株式会社取締役、昭和二十九年七月談話筆記)

航空鳴尾の思い出

大道弘雄

マースはじめて飛ぶ

今から思うと全くウソのようだが「飛行機」なんていう言葉はまだまだわれわれ日本人にはピンと来なかった明治の末期、アメリカのライト兄弟が有史以来はじめて飛んでから八年しかたたぬ明治四十四年三月、米人マースが朝日新聞社に招かれて来朝し、大阪城東練兵場でこの「人間の奇蹟」をはじめて関西の人々に見せ、さらに阪神沿線の鳴尾競馬場の上空を飛んだ。

前年大朝に入社したばかりの私は、大江素天君(後の社会部長)たちとこの歴史的な飛行大会の記事を書いたが、いま練兵場関係の切抜きを読み返えして見ると吹き出しそうになる。

「虚空に憑り長風を御すとは、二千年のその昔、列子の空想と思ひきや、今日ただ今列子の想像以上に事を現実に顕し来る飛行機という大発明ありて……」といった書き出しで、

「……時に一時二十七分十秒、実にこれ日本における最初の飛行なり。百万の観衆はこの見事なる飛行に驚嘆して暫く鳴りを静め、唯アレよアレよと叫びつつ、澄み渡りたる大空にその名の雲雀(注、カーチス複葉機ひばり号)の如く愉快に飛び廻る飛行機の行方を眺むるのみ……」

〝見事な飛行〟といっても、最初はこの頃の競輪やオートバイ競走のように、練兵場の中を長い間滑走するだけなので気をもんだ。やっとのことで地上を離れ飛行機の裏底が見えたわけで、それもただ大阪城の上空をグルグル旋回したに過ぎないが、夢でも物語でもない。現実に人が自由自在に飛び回るのをはじめて見た当時の人々の驚きはとても今の人には想像もできまい。

鳴尾の方は一週間後のことでマースが自発的に四日間催した。その頃の飛行機は翼も布張りであり、操縦席も発動機もまる見えという幼稚なもので、機体が軽いためか滑走路もさほど要しないが、それでも大観衆の前で飛べるような広っぱはまァ鳴尾くらいであった。鳴尾の時は雪まじりの六甲おろしに悩まされていたが、後半は快晴に恵まれ、東は尼崎から西は今津あたり、南は謡曲「高砂」の文句じゃないが遠く鳴尾の沖にまで当時としては大飛行をやった。しかも最後には競馬場のスタンド

すれすれまで急降下したため、観衆が悲鳴をあげてくたばってしまったことを覚えている。

それから数年間、朝日新聞社はしきりに各種の飛行大会を催して初期のわが民間航空をもり立てていたが、その都度晴れの会場には陸上機は鳴尾、水上機の時は香櫨園浜が選ばれていた。従ってこれらの土地はわが日本航空史の上に不朽の名を留めたわけである。

▽

日本最初の水上飛行

翌年六月八日には米人アットウオーターによる日本最初の海上飛行が香櫨園浜で催された。その日旧砲台前のテント内に西村天囚、長谷川如是閑をはじめ大朝編集の幹部がつめかけている写真や、大江君と交換し合った記念絵ハガキを取り出して見ると、あの時の印象がマザマザと甦ってくる。

水上機はカーチス複葉機「かもめ号」というのであるが、これもまた最初は涼しそうに滑走するばかりなので心配した。やっと離水すると夥しい観覧船から一斉に汽笛が鳴る。広告船からは煙火がポンポン打揚げられるといった騒ぎであった。二日目は雨が降り出したが京都から今の皇后様の父君である久邇連隊長宮、同妃、多嘉王の三殿下がお見えになったので二回飛んだ。久邇宮さんも操縦席にのぼられたが、お背が低いので亀のように足をピンピンしていられたのが今に眼に残る。最終日にはアットウオーターの肥った夫人と、朝日の小山黒天風という通訳担当の記者が同乗飛行を試みたが、いずれも滑走のみで飛揚しなかった。重過ぎたからだろう。しかし小山君は新聞記者としてわが国最初の搭乗者となったわけで、彼は早速〝飛ばざるの記〟を書いていた。

この日二等巡洋艦平戸が試運転のため黒煙を吐きながら西宮沖に雄姿を現した。ちょうど飛行中のア氏は早速艦上に大旋回を試み、この意外の珍客に敬意を表したが、西宮浜から芦屋浜にかけ水陸十余万の大観衆は、計らずも未来の空海戦を想像することができて、とても印象的な光景であった。

噫！　武石浩玻

その翌大正二年五月には新帰朝者武石浩玻による本邦最初の民間飛行が催された。三日は鳴尾で旋回飛行をやり、四日には大阪を経て京都への都市連絡往復飛行を試みたが、まさに深草練兵場へ着陸の際、機首を地上に激しく打ちつけて民間最初の犠牲者となったことは痛恨の極みであった。

この武石という人は始終ニコニコした温和な人で、鳴尾でも〝万歳々々〟の歓呼に脱帽した後やがて愛機の前でしばし黙禱の後、ポケットから金襴の包みを取り出してハンドルに結びつけ「八幡様は日本の飛行機の神様ですよ」とニッコリしていた。下検分のとき、わざわざ参拝した男山八幡宮のお守りであった。同じく八幡の白羽の矢も結びつけてあった。

大阪練兵場に着いてからも、テント内で軽い食事をした際、私が「一つ記念のサインをして下さい」と頼むと「先きが気になりますから無事にすんでからにして下さい。ではいって参ります」と丁寧に一礼して、サイダーを一口飲んで機上の人となったが全く最後の言葉となった。出発後われわれは時計ばかり眺めていたが、遠く被服廠か砲兵工廠かどこかへ電話を借りに行っていた男が飛んで来て「大変々々、深草へ着いたらしいが、着陸の際墜落して、どうやら危いらしい」というので村山社長以下われわれはハッとなり顔を見合せた。

約十万という深草の大観衆、ことに着陸と同時に愛機に「白鳩」と命名される予定であった久邇宮さまの御前で「つばめ返し」の放れ業を演じようとしてこの惨事を招いたものであろうか。ともあれマースが大阪練兵場の上を飛んだ以外何人も未だ飛翔を試みなかった阪神間、大阪ならびに京阪間の空をはじめて征服し、三都の人心を沸き立たせ、しかも忽ち桜花の散るような潔い最期を遂げたのであるから、その名はたちどころに海内にとどろき、弔慰金は三万五千余円に達し、活動写真館――当時は映画館なんてしゃれた言葉はなかった――はどこも満員続きであった。

越えて九日、朝日は大阪長柄において社葬を営み、主筆の西村天囚博士は得意の薩摩琵琶歌をものして霊前に吟ぜしめ、全参列者の涙をしぼらせた。私はよい記念と思いその原稿と、白鳩号の支柱や翼の破片などを今でも大切に保存している。その琵琶歌「武石浩玻」の一節を摘録しよう。

「……比は大正二年、夏の初めの比かとよ、錦をかざる故郷の、空すみ渡る五月四日、都市連絡の大飛行、鳴尾を出でて浪華潟、三つの浜を見おろして、早くも飛び来る天王寺、公園上を旋回し、天辺高く舞ふたるは、雁かつばめか白雲の、中より聞ゆる機関の音、遠雷の轟々たる如く、疾風落葉を捲くに似て、壮観譬へん方もなし……八幡、山崎、淀、伏見、行程二十五哩を、二十五分に飛行して、姿は高く現れぬ。スワ来れりと見るうちに、角度を変えて下り来り、今着陸の折しもあれ、鉄片飛んで墜落す。無惨や君は今此に、三十年を一期とし、深草に置く露の身の、消えてはかなくなりければ、只悄然たるばかりにて、人皆涙の其中に、長岡中将の令嬢は、君が成功祝せんと、玉のやうなる手にもちし、うつくしの花環こそ、今は手向となりにけれ……」

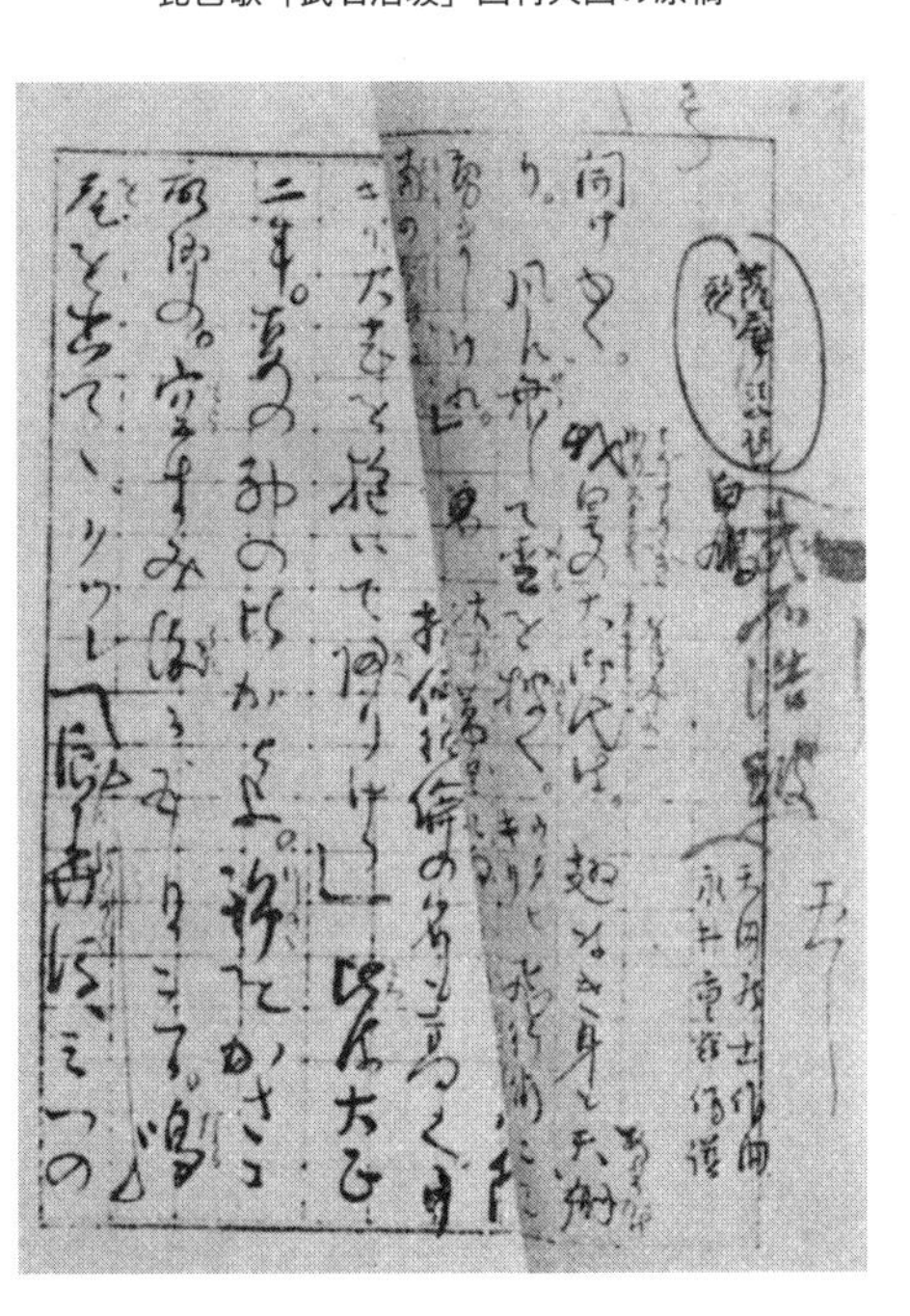

琵琶歌「武石浩玻」西村天囚の原稿

全く惻々として胸を打つものがあった。

飛行機が車庫入り

同じ年の十一月には続いて帰朝した幾原知重の飛行会をやはり朝日が主催した。この幾原機は鳴尾からはじめて神戸を訪問したが、帰途急に黒煙をはいて枝川の中洲の芋畑に不時着してしまった。この芋畑は後に苺畑に変ったが、これが今日の甲子園地帯なのであるのも面白い。ところで修繕が厄介である。その頃大阪ではまだモーターを研究した技師がないので民間篤志家の島津鉄工所主島津楢蔵氏を煩わし、横須賀海軍航空隊にも頼んで機関大尉中島知久平氏（後の中島飛行機製作所長・元鉄相）に来てもらい、阪神電鉄の電気技師前田恒吉氏も助力され、約二十日の後やっと飛べるようになり、改めて大阪訪問飛行をしたが、またも阪神電鉄新淀川鉄橋下流の中洲に不時着してしまった。こんな時は機体が簡単だから解体も早く、電車で尼崎の車庫に運んでしまった。

第一回の民間飛行大会

翌大正三年六月、民間鳥人が数氏期せずして帰朝し、大阪付近に集ったのを機会に、帝国飛行協会の主催、朝日の後援で第一回民間飛行大会が華々しく鳴尾で催された。今まで二機以上飛んだことがないのでえらい人気であった。

最初の民間飛行大会の第一日、梅田停留場前の群衆
梅田・出入橋間はその前日の12日仮線から本線に切替え、駅舎も新築された大正3.6.14付大阪朝日より

当時の記事の切抜きには、

「一分毎に梅田を発車する電車にはハチ切れるほどのお客、救助網に腰掛ける者、昇降口にブラ下るもの、鈴生りになって『早く出せ出せ』とわめき立て……」

と物凄かった人出を描写している。荻田常三郎、高左右隆之、磯部鉄吉、阪本寿一といった面々が二日にわたって活躍したが、結局航空時間では阪本が三十分余りで一等、高度では荻田が二千三百メートルで首位を占めた。荻田君は京都の呉服屋の若旦那で、非常に愉快な男で、私とも懇意にしていたが、惜しや武石氏の後を追い、翌大正四年一月三日、ところも同じ深草練兵場で民間第二の犠牲者となったのも気の毒であった。

▽

悲壮だった第二回大会

翌大正四年も押しつまった十二月、第二回の民間飛行大会が二日間行われた。阪本、高左右に新顔は中沢家康だけで前回ほどの人気はなく、師走の寒空に民間鳥人の先駆者たちは悲壮な努力をつづけたが、どういうものかどの機も西手の枝川下流の芋畑あたりへ不時着するので「飛行機はお芋がお好き」なんかと謡われて笑われたりしたものである。しかしこのときは大正天皇の御大典の直後であって私は天囚、素天の三人で苦楽園の久方庵という家にこもり、御大典記録の編纂中で、鳴尾には行かなかったが、近いし山の手だからよく見られた。

▽

ナイルス、スミスの宙返り

第二回の民間大会後わずか四十日後の大正五年一月半ば、朝日は米人ナイルスを招聘して、その頃欧米の飛行界で行われはじめた「宙返り飛行」を二日間開催した。ただ飛ぶのさえなかなかの難事とされていた当時にこの〝命知らずの曲乗り〟を公開するというのだから、厳寒ものの

かわ、観衆は周囲二十町にわたる飛行場の大半を囲んだ。

続いてその年の四月にはナイルスに優る宙返りの名手アート・スミスを招いた。スミスは飛び上るや否や枝川二千メートルあたりの上空から十数回の連続回転をやって幾万観衆の心胆を寒からしめ、スモークポットから黄煙をサッと噴出しつつ、「キルク抜き」「木の葉落し」の妙技、さては横転、逆落しなどと、今日から見れば児戯に類するかも知れないが、当時の人々には神技とも見えるスリルの連続であった。最終日には日本で最初の夜間飛行が決行された。鳴尾の場内は篝火やアーク灯で明々と照らし、百五十人ほどの人夫が手に手に提灯を持って滑走路に並んだのだから面白い。スミス機は五彩の光を曳きながら宙返りを行ったが、この夜の観衆は十万を突破し、阪神電車はお客を運び切るのに払暁までかかり、同夜特別電車で大阪の宿舎へ帰るはずであったスミスも遂に格納庫のテント内で毛布にくるまって一夜を明かさざるを得なかった。とにかく物凄い人気で当時忽ち世上の話題の中心となり、

“空飛ぶ飛行機はナイルス、スミス　スミス飛行機は舵々まかせ
わたしゃあなたの舵の執りようで　あの宙返り”

とか何とかいった流行歌がいたるところ口ずさまれた。

阪神電鉄では一夕スミス一行と朝日の関係者を招き慰労宴を張ったが、席上三崎技師長はその妙技に対し、

「我国が長夜の夢を破って文明の光明に浴したことを米使ペルリの来訪に帰する人々は、今回スミス氏の来訪をもって我国飛行界の迷夢を覚ましたものと認めざるを得ません…」

と絶賛の言葉を贈られたことを覚えている。

スミスは翌六年五月再び招かれて、お馴染みの鳴尾で「きりもみ」「アーチ抜け」など前回にまさる妙技を見せ、大阪上空最初の夜間飛行をもやってのけたが、私はもうその頃はめったに外へ出ないようになっていたので自然飛行機とも遠ざかった。あれから四十有余年……盛んな国際航空網の現状に想到するとき、まことに今昔の感に耐えない。

（元朝日新聞社出版局顧問、現同社々友、昭和二十九年七月談話筆記）

広すぎた鳴尾運動場

春日弘

関西唯一の総合運動場

大正時代のスポーツマン、ことに関西の愛好者にとって忘れられない心の古里は鳴尾運動場であろう。一周一マイルにも及ぶ競馬場のトラック内にスッポリ抱かれた陸上競技場、野球場、テニスコート、さてはプールなど……。無論そのいずれもが近代的なスポーツセンター「甲子園」には比すべくもないが、当時にあっては関西唯一の総合運動場であり、今から見れば不完全だらけのあの母胎から幾多の名選手が生まれ、世界的飛躍への素地が培われたのであるから、わがスポーツ史上に一時期を画したといっても過言ではなかろう。

揺籃時代のスポーツ界

鳴尾に運動場ができた大正五年といえば、日本のスポーツはまさに揺籃期から這い出そうとする時代であった。

一体日本のスポーツは欧米にくらべて二十年は遅れていた。記録を重んずる各種の外国スポーツは明治時代すでに一通り移入されてはいたが微々たるもので、勿論統制するスポーツ団体があるわけでなく、陸上競技といえば諸学校の運動会が中心で「鰌つかみ」とか「提灯競走」などの余興ものがまだ幅を利かし、庭球は軟式ばかり、水泳にいたっては日本泳法が主で、クロール、バックなどは夢にも考えられなかった。

この昏迷の斯界を揺り起した暁鐘は明治四十四年七月、嘉納治五郎先

往時の鳴尾運動場図

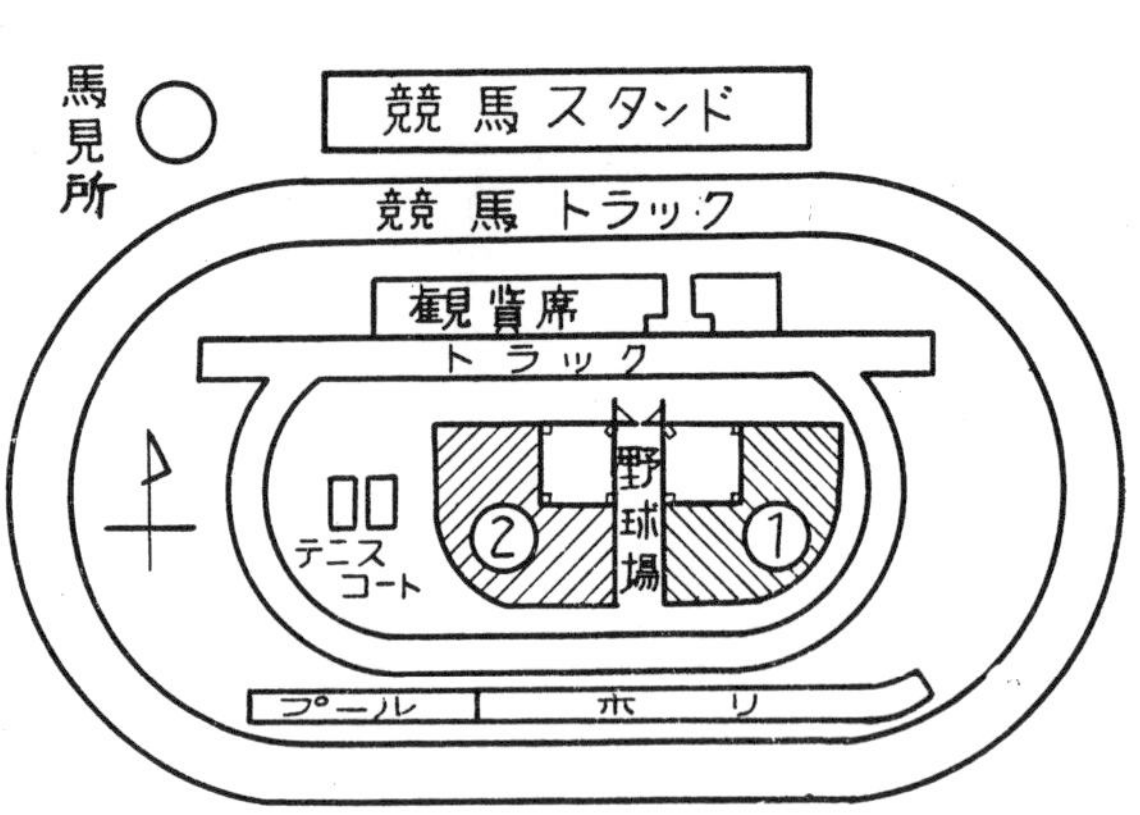

生の首唱による大日本体育協会の結成であって、翌年（一九一二年）ストックホルムにおける第五回オリンピック大会にはじめて三島弥彦、金栗四三の二選手が派遣され、世界の檜舞台を踏むに及んで、日本が余りにも立ちおくれていることがわかり、関係者の真剣なスポーツ啓蒙運動が展開された。

私はあたかも体協ができた年に東大を卒えて関西の人となり、在学中陸上競技をやっていた関係で、四十数年後の今もアマチュア・スポーツ機関に関与しているが、あのころ関西スポーツ界の興隆に尽された武田千代三郎先生（大阪高商校長）をはじめ、大阪医大の木下東作博士、京大法科の田島錦治博士、住友の同僚だった阪本信一君ら親しい先輩、知友の多くがいまはすでに亡く、感概に耐えない。

スタートは東西対抗

さて大正五年は、翌春東京芝浦において開かれる第三回極東競技大会を控えて、急に国内にスポーツ熱が高まった年である。大正二年のマニラ、同四年の上海には日本はまだ申訳的に数名出場したに過ぎなかった。今度は日本における最初の国際競技のこととて「はたして成算があるかどうか」と選手たちは必死の努力をつづけたので、わが陸上競技界はめざましい躍進をとげた。この機運に乗じて斯界に一層の刺激を与えるため、大阪朝日はこの年の十月二十七日極東大会の予選会、ついで翌二十八日には第一回の関東関西対抗陸上競技会を挙行した。これは愛知、岐阜、石川の三県以西を関西、それ以東を関東として、双方から五十名づつの一流選手を選び出場させたもので、まさに斯界最初の総動員であった。

鳴尾運動場はこの晴れの会場にあてるため、打ち続く雨天と蒸気ローラーの破損などの故障に悩まされながら、新設工事が急がれたのであった。

甲子園球場の四倍

運動場の企画は阪神電鉄の三崎技師長と運輸課長の山口覚二氏が担当し、私と木下博士、朝日の橋戸頑鉄、毎日の西尾守一、それに高瀬養、平岡寅之助、小林彦次君らが相談に与ったように記憶している。

競馬場は砂地であったが排水をよくするため下に石ころを敷きつめ、その上を粘ば土とシンダー（石炭殻をふるいにかけたもの）を適度に混ぜて固められた。この土の配合については山口さんが熱心に研究されていた。

さてグラウンドの広さであるが、鳴尾競馬場の内側は実に四万四千坪、東洋一を誇る甲子園球場の全敷地の約四倍というべら棒に大きな空地を利用しようというのだから気が大きい。ついに直線コース四百メートル、一周八百メートルという途方もない大運場動ができ上り〝まさに世界一だ〃といわれたが、実のところ少々持て余した。四百メートルの競走なら四コーナーを一周するのが普通であって、直線コースでは勝手が違うためか敬遠され、後には半円を走ったものだ。

トラックは二尺ほど高く盛土されたが、一周八百メートルもあると、向う側を走っているときの選手の顔はこちらのスタンドからは遠すぎて見にくい。その上フィールドの中に葦の生えた沼が残っていて、走っている選手が草の茂みにかくれて、首から上より見えなかったり、急に鳥が飛び立ったりして、まことに珍妙なグラウンドであった。

私は東西対抗のとき木下、阪本の両氏と関西軍の選考委員となり、さらに大会の運営にも加わった。この時は生憎の風雨であったが「学生はできるだけ学業を休まないよう」という体協の方針により、関東軍は夜行で払焼乗りこみ、ビショぬれになって健闘して即夜引揚げるという強行軍であった。

スポーツ校長がマラソン

この競技には有名な〃スポーツ校長〃愛知一中の日比野寛氏がオリンピック選手の金栗君ら若人に伍し、二十五マイルのマラソンを突っ走ったことや、令兄の佐伯信男君（当時三高）とともに出場した佐伯巌君（当時大阪高商）が、例の直線コースで四百四十ヤードに五十二秒1/5の快記録をつくったことなどが印象に残っている。佐伯君は後に同コースで四百メートルを五十二秒で走り、久しく記録保持者となっていたが、この秀でたスポーツ兄弟もすでに物故されてしまった。

第一回の東西対抗は関東が勝ったが、今まで陸上競技といえば精鋭は東京付近に偏在していたのが、この頃から続々関西に現れ出した。その温床となったのが鳴尾であろう。

主導権をにぎった関西勢

翌年芝浦における極東大会は大日本体育協会が主催し、日本ははじめて比支を破ったが、この大会によって関西側の実力は一段と認められ、体協も東京集中主義を排して東京、大阪の両支部に分けられ、大正二年以来毎年東京で開催して来た陸上競技会を第五回のこの年はじめて関西に移し、十一月鳴尾で挙行し、その後は交互に開くことになったのは大きな収穫であった。

関西勢はさらに翌七年鳴尾における第二回の東西対抗に見事雪辱し、次第にわが陸上競技界の主導権を握るようになった。その頃鳴尾で活躍した選手のうち関東側には東大の辰野保、服部譲治、東京高師の河津彦四郎、東口真平、関西側には下関車掌区の谷三三五、愛知一中教諭の多久儀四郎、北中の鴻沢吾老君などが印象に残っている。

飛んだナイター

毎年夏と冬の二回ずつ朝日が催していた陸上競技の練習会、専門学校、中等学校、一般青年などの定期競技会、対校競技会、国際オリンピックとか極東大会の予選会など、鳴尾グラウンドに次々と展開されたスポーツの祭典を一々追懐することは煩に耐えないが、いつだったか関西の陸上競技界で鳴らしていた神戸高商と関西学院の定期戦を審判したとき、競技がひどくもめて遂に夜となり、やむなく炎々と篝火を焚いてナイターを強行した記憶は忘れられない。

よしず囲いのテニスコート

フィールドの西寄りにテニスコートが二面あった。朝日が硬式庭球を普及するため芝浦の極東大会に出場した日比代表選手を招待することになり、そのため竣工を急いだと聞いているが、海に近く西風が強いためよしずが張りめぐらされてあった。あのときの日本側は前年米国に遠征を試みた熊谷一弥、三神八四郎の両氏をはじめ慶応の精鋭で、比島軍も歯が立たなかった。後に熊谷氏と組んでデヴィスカップ戦にチャレンジ・ラウンドまで進んだ清水善造氏もその妙技を見せ、あのお粗末な木造スタンドに盛り上った大観衆を魅了したものである。

水草が生えたプール

陸上競技場のすぐ南側に、トラックに並行してかれこれ四百メートルほどの細長い堀割があった。トラックに盛土をするため掘った跡らしい。これがいわゆる「プール」で、その頃の新聞には「鳴尾タンク」と書かれていた。全くタンクという方が適切であろう。四囲を板張りにし、杭で止めたに過ぎない。勢よく飛込むと水が濁った。余り長過ぎるため西端から百メートルのところに木橋のスタート台を架け、その以西のみを使っていたため、東の方はいつしか水草に覆われてしまった。このタンクでも、しばしば権威ある競泳会が催され、西宮の帝国水友会の三好康和、札幌農大の内田正練、東京高師の斎藤兼吉、日本水泳研究会の則末芳三君らが活躍していたが、とくに水泳界の大御所である御影の藤井正太郎翁が床しい古流泳法を見せられたのが眼底に残っている。

二つ並んだ野球場

さらに野球場は、大正六年の第三回から十三年甲子園に移るまでの数年間、夏の中等野球の晴れの会場として、全国球児の憧れの的であったことはいうまでもない。しかも夏の大会のためフィールド内に球場が二つ設けられていたことも他に見られない特色であろう。全く鳴尾は陸上競技場も、プールも、野球場もスケールだけは大きかった。

球場では夏の大会に先だち、大正六年の春極東大会に出場した日比の代表、早大とフイリッピン大学の野球試合が二日間、さきに話した日比庭球戦と同時に挙行された。このときは大変な観衆で、二日目にはついに阪神電車は「満員につき御来車謝絶」の掲示を梅田、三宮の両停留場に出したそうだ。

さらにこの球場では早慶明などの先輩による全関東、関西野球大会、アメリカの大学チーム、プロチームなどによる国際試合、実業団野球などが頻りに催されよく観に行ったが、大正十二年大阪における第六回極東競技大会を前に大阪築港に市営の近代的総合運動場ができて、陸上、水上競技場としての鳴尾は急にその価値を薄め、野球場としてはこれまた大観衆を容れるに足らず、翌年甲子園の出現によって鳴尾はついに閉鎖されるにいたった。いまでは競馬場すらも仁川の方に引越してしまってスッカリ変貌した。「夏草やつわものどもが夢の跡」の感慨を禁じ得ない。

（日本陸上競技連盟副会長、大阪金属工業株式会社取締役会長、昭和二十九年七月談話筆記）

鳴尾時代の夏の野球大会

故　山口覚二

▽……青春の意気と熱で全国ファンの人気をさらっている「夏の高校野球」もいつの間にやら満四十年という長い歴史を刻んだ。

創始時代に活躍した紅顔の少年選手たちも、今では還暦に近い年輩になっている。中にはお孫さんの顔を見ている人も多かろうし、すでに故人となった人もかなりあろう。豊中から鳴尾へ、さらに甲子園へと舞台は変り、豊中や鳴尾のグラウンドはいつしか姿を消してしまった。満二十周年の時旧枝川堤の緑の松林にクッキリそびえ立った純白の野球塔も、戦争のまき添えをくって今は跡形もないほど世の中は激しい移り変りを見せて来たが、あの大会独特の雰囲気は今も昔も変らない。

▽……私も毎年シーズンになると、かつて運営の当事者として熱砂まじりの汗にまみれながら、あの広い競馬場内のグラウンドを駆けずり回った鳴尾時代がしのばれてジッとしておられず、この年になっても、たいてい一度は会場へ出かけている。（編者注、山口氏は御影の自宅でこの回顧談をされて間もなく八十歳の生涯を終られた）

▽……大会が豊中で発足したのは大正四年の八月であるが、その年の秋私は入社以来の会計課長一本槍から運輸課長兼務となった。その頃遊園地とか海水浴場とか運動、催し物などすべての誘致事業は運輸課の所管であったので、私は何か恒久的の事業をやって会社を発展させねばならぬといろいろ考えた。幸い朝日新聞の幹部には明治四十四年のマースによる初飛行以来各種の飛行大会が鳴尾で催されている関係などで、よく話合う機会があったので、その頃販売部長であった小西勝一さんに打明けた。〝何か一つ新聞社の方でまとまったことを沿線においてやってもらえまいか。そうすれば私の方もできるだけ協力し、利用していただく。豊中での全国中等学校優勝野球大会では観衆が一日に二、三千人くらいあったかも知れぬが、うまくはけきれなかったようだ。こちらは客さばきにも自信がある。何か一つ考えてもらえまいか〟と話をした。

スタンド風景　岡本一平の漫画
大正12.8.18付大阪朝日より

野球大會實感　一平
スタンドの後の柱から葭簀張の天井へぶら下つた蝙蝠おやぢ、見物の頭の上を傳り乍ら『どこぞへ入れてくれませんか』と頼んでる。
2
見物は硬軟兩説に分れいかん〳〵と怒鳴るものと向ふへ行けといふものと、可愛相だから入れてやれといふものと議が決しない。おやぢ堪り兼ねて『もう手がだるうて落ちまんね』

▽……朝日としてはあの野球大会にはグラウンドが二つないと困るという意見であった。そのころは選手の滞在費は各校の自弁であったから、会期が長引くのを心配されたのであろう。〝何とか四、五日で切上げたい。それには二つ要る。阪神の方でもし二つつくる決心があるなら一つ考えて見よう〟という話であった。早速帰って三崎技師長に相談したが、もともと二人とも運動好きだから話は一決し、場所も鳴尾競馬場を利用することになった。

▽……そのころの競馬場は不況で弱って売込みがあり、結局あそこのトラック内四万四千坪という大きな空地を阪神が借りて整地の上、陸上運動場でも設けようと決めていたので、早速球場二つを併置することにした。朝日の方では社会部長の長谷川如是閑君も来られて〝本当に阪神の方でやるのか。万一しくじられたら社の面目に関するから……〟と念を押し、万事は橋戸頑鉄君（早大出身の運動記者）と相談してということになった。そこで橋戸君と検分に出かけた。

▽……古歌にも謳われた鳴尾の里ではあるが、田圃に砂を運んで競馬場をつくったこととてほとんど砂土である。〝こんな砂っ原ではベースボールはできない〟というので土探しになった。甲山の赤土を試験的に持って来たが粘土質が強過ぎ、ベトベトしてスパイクに引っかかって動けない。困った揚句請負の中島組に探させた。ところが淡路の洲本近く

試合を中断させた大観衆　一平の漫画
大正12.8.20付大阪初日より

野球大會實感 二 一平
群集の浪がラインに打ち寄せ場内整理の手に終へない。整理委員にもし唄の心得があらば恐らく古い都々逸をかうもぢつて微吟したに違ひない『あちら立てればこちらが立たぬ兩方立てれば場は休止』云々
2

に山を削った土がある。これを橋戸君に見せると〝これならよかろう〟とのこと、そこで千五百坪か二千坪の土を船で運び、不足の分は黒い土を混ぜた。橋戸君は毎日来ては雨の影響やらスタンドの配置まで心配してくれた。

▽……スタンドは競馬場の中だから高い固定スタンドは造れない。わずか八段、長さ二間くらいの移動スタンドを沢山造って大会の時には本塁の後方から左右両翼に並べたが、豊中に比べると収容力において数倍し、グラウンドとの境は低いながらも球止めの板囲いで仕切った。こうして大会は大正六年の第三回からこの鳴尾に移された。大会の壁頭を飾る入場式もこの年から行われたが、観衆はもちろん豊中時代よりウンと激増した。

▽……翌七年の第四回には例の米騒動が勃発した。富山県の一角に起って、たちまち全国に波及し、大阪では軍隊まで出動する騒ぎとなり、神戸では暴徒が滝道の終点付近にも押し寄せて、ついに一時運転不能に陥った。ことに神戸では鈴木商店が米の買占めで恨みの中心になっていたが、鈴木の工場が鳴尾運動場の近くにある。昼間はよいが野球見物の後でどんな騒ぎになるかも知れないというのでついに中止となった。すでに各チームは鳴尾付近に集結し、試合番組まで決っていたのに実に残念でたまらなかった。

▽……中止の後をうけた第五回からはさらに観衆は激増し、第七回ごろからは夜を徹してのファンが目立ってきた。二つある球場の一つでさえその全周を包むに足りなかった移動スタンドが、ついには第一球場はもとより、第二球場も陸上競技のトラックに妨げられてスタンドの置き場のないライト方面を除いては、ほとんど全部据えつけるまでに設備が拡げられたが追っつかない。ついに大正十二年第九回大会の准優勝戦の日にいたって、数千の観衆がグラウンドの中へあふれ出し、一時間余りにわたって試合が中断されたのみか、第十回以後の大会を同じ鳴尾で続開することはとてもできない状態になってしまった。

▽……なんぼ大観衆が押し寄せても輸送には自信満々の阪神ではあるが、あそこでは打つ手がなくなった。思い切って枝川廃川地に東洋一の大球場「甲子園」建設の吐が決まったわけである。しかもその甲子園球場が生れてからでもすでに三十年……あの色あせた真紅の大旆を見るにつけても〝遙けくそ来つるものかな〟の感慨を禁じ得ない。

（元常務取締役、昭和二十九年三月病床において談話筆記）

六甲経営の跡をたどって

野田社長のよもやま話

当社は昭和のはじめ阪神地方の誇る秀嶺六甲山上に広大な処女地を得て以来約三十年、多彩な文化的施設によってひたすら開発につとめて来たが、幸い野田社長は当初からきっきょ経営に当って来られた社内における六甲通の第一人者なので、本誌編纂関係者は昨昭和二十九年八月末、涼冷の山上「星雲荘」に社長を囲み、次のような打ちくつろいだ懐旧談に盛夏の数刻を過ごした。

大正以前の山上風景

――社長、騒々しい都心からわずか三十分か一時間そこそこで、海抜三千尺の別天地に来られるなんて、阪神地方ほど「山」に恵まれたところはちょっと他の大都市には見られませんな。早いもので、阪神電車が六甲の開発に本格的に乗り出してからかれこれ三十年近くにもなります。そこできょうは、最初からこの大きな山上経営を手がけてこられた社長のよもやま話をうかがいたいと思います。では阪神が登場する以前の山の状況あたりからどうぞ…

特徴は高原と水

六甲山が別荘地とかレクリエーションの場所としていいということになった原因は、山が高いからというのでなくて、一つの高原をなして水があるからだと思う。山高きをもって貴しとせず、とがった山で雨が降ったらさっと水が流れてしまうという普通の山ではなくて、池や谷間に溜まる。それを飲料水として人間が住めるということになるのです。

六甲のいわれについては、神功皇后が三韓征伐の帰りにカブトを埋めたとか、むこうに見える山というので六甲山というとか、山の上に小さな丘が六つほどあるので六甲山というのだとか、いろいろいい伝えられているが、そんなことはあてにならんけれども、山岳でしかも高原であるということ、これが一つの特徴です。

水は昔からあった。阪神の経営地だけでも大小まぜて四十三ぐらいの池がある。そこの水が冬になると凍って厚い氷が張る。そこでこの辺は今は神戸市になったが、もとは有馬郡の有野村だったから、村の連中が氷を切って穴に埋めて囲っておいて、夏になると「寒氷々々」と呼びながら阪神地方へ売りに行っていたものです。もちろん製氷会社のできる前の話だが……。

妙な話だが富士山なんかもそうらしい。あそこで張った氷を埋めておいて真夏になると掘り出し、葵の紋のついた長持に入れて将軍家へ献上していたものらしい。まずそういう具合で六甲は水があって、人間の住める要素を持っておるわけです。

ところで山上の土地は有野村唐櫃部落の共有林であって、薪をとったり、松茸をとったり、氷を切り出したりして、部落の人が時々登る程度で長い年月が平穏に過ぎていたのです。

忽然と現れた外人村

ところが神戸が港になって外人が沢山やって来るようになり、その中に英国人でA・H・グルームというのがいた。そのグルームが或る日狩猟に六甲山へ登ったところ水がある。見晴しもよい。

往時石屋川からの登山道

〝これはよい〟というわけで明治二十八年ごろですな、今の六甲にしたら西の端になるが三国岩の辺に別荘をつくって、次々に仲間の外人を引っぱって来たらしい。三十一年ごろには外人の別荘が二、三十軒もできたんです。その別荘へ出かけるうちに元来英国人はゴルフが好きなもんだからゴルフ場をつくり出した。今のゴルフ場は十八ホールスで一人前だが、最初は四コースだった。でき上ったのは一九〇二年（明治三十六年）です。これが日本のゴルフ場の一番最初のものであった。いま世界に誇る一番古いゴルフ場は英国のスコットランドにあるセントアンドリウスというのですから、六甲のは日本におけるセントアンドリウスであり、ゴルフ発祥のメッカといわれるべきものと思う。

そのうちに日本人の連中も〝山の上に赤い屋根の外人村があって妙なことをやってるぜ、ちょっと見に行こうか〟とやって来る。登ると眺望もよい。それで登山者が増えて来たんです。中にはゴルフ・クラブにも入会する。神戸付近の物持ち連が別荘を構えるというわけで、日本人の別荘もできて来だした。

その時分は土地は部落の共有のもので、売れないから貸していたんです。地上権の設定ですな。大体三十年ぐらいの契約だが、それも縄でザッと測って〝三千坪借りたぜ〟といって五千坪ほども使用しているといったすこぶる大ざっぱなものだった。借料も段当り一年間にわずか二円くらいだったらしい。

その時分表側からの道といったら住吉から上る有馬道と、今のケーブルの西から登って、前カ辻の水呑み茶屋のところへ出る道くらいなのです。うちの電車が開通し盛んに山登りを勧め出してからというものは、登山者が増えたので駕籠が現れたが、外人なんかは藤椅子みたいなものに乗っていたなァ。

阪神がクラブと電灯

こうしてだんだん賑わって来たので、阪神でも登山者の便宜に供し、社員のレクリエーションにも使うため「阪神クラブ」というのを明治の末当りに設けた。いまの六甲山ホテルの西の方にあった小寺氏の別荘を買ったものだが、これがまァうちの六甲進出のはじめだと思う。

そのうちに欧州戦争が起って、外人村の連中がどんどん帰国し出した。それに代って好況の日本人の別荘が急激に増えて来たが、その頃は当社は電車の他に阪神間の電気供給事業をやっていたので、山の連中に頼まれて電灯線を引っぱったんです。もともと山上も阪神の電灯供給区域だが、その時分は容易じゃないですよ。ここまで線を引っぱって来るのは……。それでクラブの建物を電灯散宿所、つまり派出所に兼用したが、それでもまだ山は淋しかった。

大経営地を買収

広茫七十五万坪

そのうちに大正十五年ごろになって有野村の方で小学校を建てる資金に部落の共有地の一部を売却することになり、県からその許可を得たわ

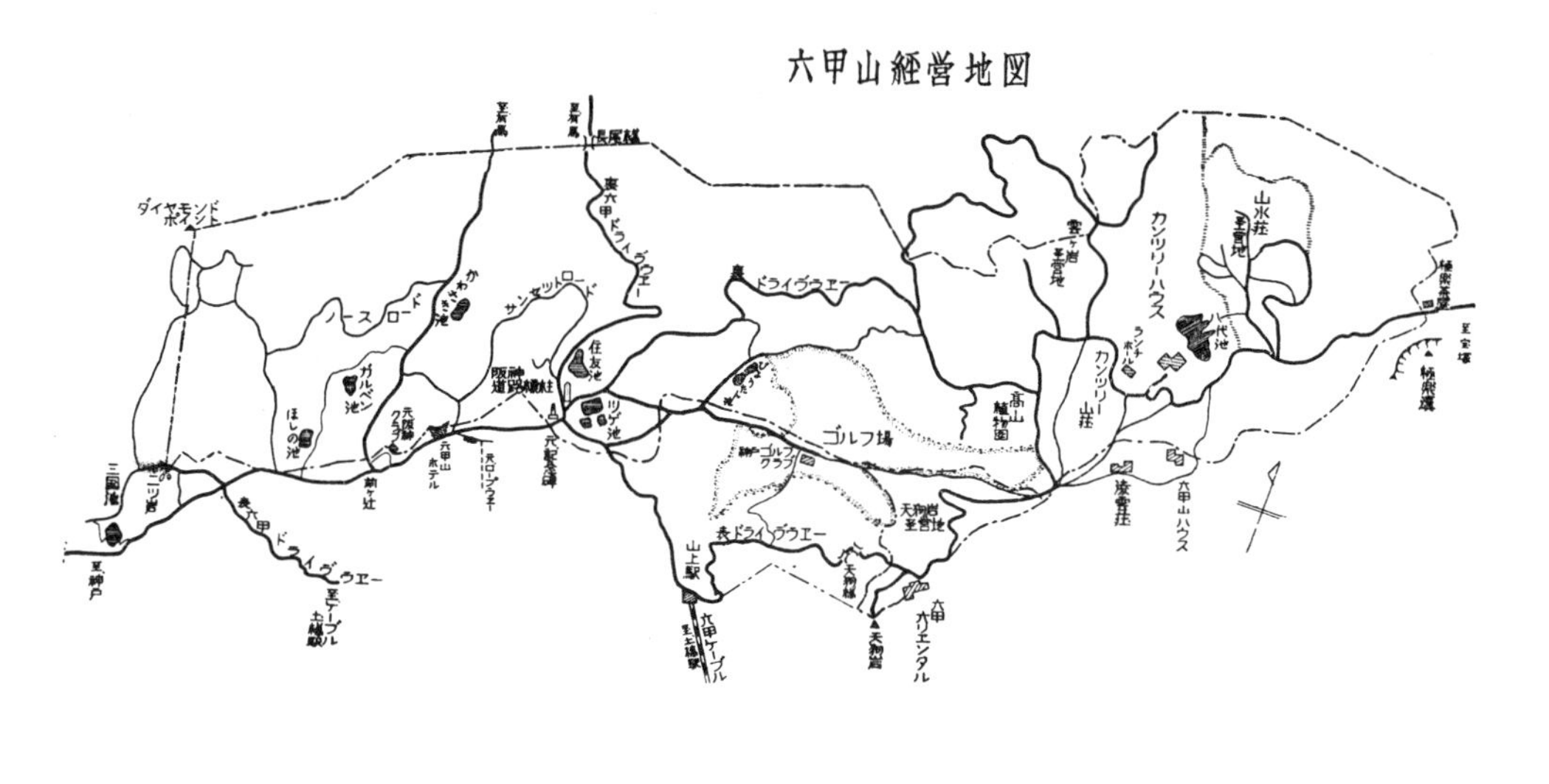

六甲山経営地図

けなんです。二百五十一町歩すなわち七十五万三千坪である。分譲するのはめんどうくさいものだから、全部まとめて売りに回った揚句、ついに阪神の方へ持って来た。そこで当社では一同相談の結果、これを買受けて六甲経営に乗り出すことに肚をきめ、昭和二年の五月に売買契約をしたわけです。

その場所というのは、西は二つ岩のところから東は最高峰に近い極楽渓の上、北はダイヤモンドポイントからいまの裏六甲ドライブウエイの長尾橋、雲カ岩を結ぶ線、南は前カ辻から旧記念碑（六甲開祖グルームの碑）、ゴルフ場の中央を横切って極楽渓にいたる線に囲まれ、東西が約二里、南北が約十町という広大な地域です。これを百六十万円で買収した。これで有野村では学校が建ち、余った金は唐櫃の部落民で配分し、一戸当り一万円ほどみなもらったらしい。その時分の一万円といったら大金ですよ。

――買収費は坪当り二円余りになりますが、当時としては安かったでしょうなァ。

それは一山だからねハッハ……。しかし高原で眺望もよし、水も豊富で住宅地として絶好の場所もあれば、断崖絶壁の場所も混っているから、そこで一山いくらというわけだ。値段もまァまァかな。

残雪にキジの足跡

それで僕の思い出だが、二月ごろ下検分に来たんですよ。土地課員の高橋、東川の両君をつれて三人で登ったが雪がチラついていた。御影の方から登り、記念碑の前の黄楊（ツゲ）という茶屋に泊って二日がかりで見てまわったが、図面と照らし合わしても広い山のことだから一通り頭へ入れるのに難儀した。山の道はホンの猟師道、杣道で、残雪の中に点々とキジの足跡がついているといった実に寂莫というか静かなところでしたよ。その時分から見たら全く隔世の感ですな。

――この山を買われたとき、何でも二百人ほどの人達で、百七、八十町歩かの地上権がすでに設定されていたそうですが、そのままで買われたのですか。

そうそう、そっくり引継いだわけです。むろんその時分は地上権をもっていても実際に家の建っているのはごくわずかでしたがね。とにかく地上権の買収と整理をはじめたんです。地上権者を一々回って、不用の人からは適当な評価で地上権を買ってその登記を抹消してしまい、別荘を建てておられる方には所有地を買ってもらい、こんなに沢山の土地はいらぬ、半分でよいという人には半分の土地所有権を渡して半分の地上権は抹消してしまうというように次々に整理を行った。

まず山上に回遊道路

標柱に刻む苦心の開設

山の開発には道路が第一だというわけで、まず記念碑のところから極楽渓の上まで三キロ余りをつけた。いま東六甲ドライブウエイの一部となっている道です。昭和七年に完成した。それからケーブルが出来るので山上駅から記念碑前へ、つづいて東へいまの植物園前までの表ドライブウエイをつくって回遊道路を竣工させた。幅員六メートル、延長七キロ余りです。

その時分のドライブウェイというと、昭和三年の末に今のケーブルの乗場の西から上って、前カ辻の西へ出る表六甲ドライブウエイと、つづいて裏側の唐櫃から登る裏六甲ドライブウエイを県がつくっていたが、山上はほとんど道というものはなかった。それをグルグルッと阪神が苦労してつけたんです。でき上っている今日から見れば何でもないが、測量から設計、土地課工事係の人は苦労したものだった。うちの道路の入口、つまり記念碑の北側の方に石柱が立っているでしょう。あれに「六甲山廻遊道路（延長七一〇〇米）昭和七年十月阪神電鉄建設」という鉄板がはめこんであるのが竣工碑です。もっとも、この道路はよそのバスも盛んに走るので、最近供用道路として県道並に認定され、市が管理補修することになったが、所有権はやはり阪神にあるんですよ。

県と軍の手で縦走路

さてこの山上の回遊道路ができたから、県ではそれに結びつけようとして極楽渓から六甲東端の逆瀬川までの東六甲縦走ドライブウェイを昭和九年につけたが、この時は山上発展のためだからと頼まれ、うちは実に約半分の三十万円ほど工事費を寄付したんです。神戸の平野から小部峠を経て伸びて来る西六甲ドライブウエイですね、あれは戦争になってから、陸軍が摩耶山の頂上のいま「掬星台」というているところへ高射砲陣地を設けるため突貫工事でやった道です。そこでこれに前カ辻に連絡する道ができて、いわゆる六甲縦走路が開通したわけですね。

急坂で自動車の優秀くらべ

ところで県の表六甲ドライブウエイの話にさかのぼるが、あの竣工式の時はうちの電灯散宿所の庭を式場に使った。寒い時分でしたな。みな式に出るため続々と自動車で登って来たのはよかったが、急坂だから自動車の優劣がよくわかったね。舶来の上等の車はさっと上っていくが、たいていのやつは途中でみなエンコしてしまう。上らんのだ。馬力がないから……。そのため落伍車が多かったんです。それほどあの道ははじめから非常に無理だった。その後崖くずれが続き、しまいに昭和十三年の大風水害で木っ葉微塵にやられてしまった。ところが話はウンと飛びますが、今度また神戸市が復活しようというんです。できるだけ緩いカーブにするそうだが、根本的に六甲山の南側はだめだと思う。市の方では神戸からの最短距離だから、観光道路としてつけぬといかんというて着工するらしいが、うまく成功すればよいがと思っている。

僕がこんなことをいうと、何かケーブル擁護のように聞こえるかも知れんが、そんなことは毛頭思っていない。急坂の無理な道に大金をかけるよりも、現在傷んでいるが、ちゃんとできている既設の縦走道路を修繕する方がよいのではあるまいかと思う。

表六甲にケーブル

名目だけの会社を買収

さて六甲の開発には山の道路敷設と同時に、登山者の便利を計らねばならぬというので、ケーブルの敷設にも一生懸命になったわけです。

ケーブルは最初阪神が地面を買う時分から、「六甲越有馬鉄道株式会社」という別途の会社をつくった人々があってね。すでに大正十一年の末に免許を受けていた。その時分は免許さえとっておけばいずれは金になるというので、まァ利権取りみたいなことが非常に流行しておってね。それで名前だけ有馬行の会社がちゃんとできておった。これを昭和三年の春にうちが買収して傍系会社にしたわけです。

向うの計画では六甲村の徳井あたりから六甲山を越えて有馬まで七マイルの間を、ズーッと路面電車とケーブルとで結びつけ、しかもケーブルは五カ所も設ける。どのケーブルにも下に車のついた三角型の遷車台を取りつけ、路面電車が坂道にかかるとそのままこの台に乗せ、ロープでひっぱり上げ、お客さんには乗換なしで三千代の山を越えてもらおうというちょっと奇抜な案だった。その権利を阪神が買ったが、こんな計画では莫大な金がかかる。技術的にも無理が多い。そこでご破算にして、

六甲山回遊道路の標柱

六甲山上の景観　川西英画

新在家から山麓の土橋までバスを出して、ケーブルで登るということに変更したわけです。開通は昭和七年の春だった。

――山上から有馬へ下りる計画は放棄されたのですか。

懸案は有馬へのロープウエイ

いや山上はバスで連絡して、「極楽渓から有馬まではロープウエイをつける設計がちゃんとできていて、僕ら検分したんですよ。この谷へ柱を建てて、この辺へロープを引っぱってというところまで調べた。それと同時に有馬の方にも応援を求めたわけや。向うはむろん大乗気なんだが当時は財政的に恵まれず、地元の負担金はつらいという点もあったんですな。その上五十三ミリの太いロープを英国へ注文せねばならんという時に時局が悪化し、ついに発注ができなかった。しかし時世は変った。有馬もこのごろは非常に発展して来ましたよ。もうできるよ。登山するものだって同じコースの往復はつまらんから、うんと利用者があるだろう。それから山上はバス連絡のほかに、空中のロープウエイで展望をほしいままにするという手もある。そんなことをしてもいいわけですね。

土地経営の発足

――では本筋の土地住宅経営を伺いましょう。最初唐櫃から買った七十五万坪以外にその後経営地はふくれましたか。

五地区に分けて永久策

ふくれましたよ。今の六甲オリエンタルの近くのところね、あれは甲上土地会社が住吉村と契約していた三十余町歩の地上権を、ケーブル開通の前年に買収したんです。この凌雲荘のある遊園地一帯も、ある人が住吉村から借りていたのを譲ってもらった。その他を含めて十四、五万坪くらいふくれたでしょう。

ところでね、ここで六甲経営の根本方針ということになるんですが、阪神はこの高原にただ道をつけ、別荘や住宅地をつくって、金さえあげたらよいというような場当り的のやり方じゃないんです。六甲を永く発展さすためには永久的、根本的の方針がなくちゃいけないというのでいろいろ考えたわけです。第一水に限りがある。これだけの水で何戸くらい賄えるかということを見通し、それ以上は建てないことにせぬといかん。同時に水源を涵養するための森林、大勢の人がやって来たときの遊園地、山上の住民のための商店などが必要になる。それで全経営地を住宅別荘地区、水源地区、森林地区、遊園地区、商業地区の五つの地区に分け、昭和五年ごろから八年頃にかけてちゃんと調べ、着々実施しているわけです。

それでまァゴルフ場にしたって、あの十万坪は財団法人神戸ゴルフクラブというのが、うちと住吉村から約半々ずつ借りてやっておったが、二、三年前にうちの方との地上権の期限が切れたのです。そのとき〝あんなゴルフ場なんか止めさして別荘地にしたらよい〟という人があったが、これは極めて愚案であって、六甲山というものがちょっとハイカラな感じがするのは、あのゴルフ場の緑がズーッと連っておるからこそ引立つわけなんだ。しかも日本での最初のゴルフ場であり、すなわち英国におけるセントアンドリウスの如くゴルフ場のメッカだから、こいつは残さんならんというわけですね。小さな土地会社のやることならいざ知らず、いやしくも阪神が経営している以上、ただ地面さえ売ってしまって後は失敬というわけにはいかん。それがわれわれの使命なんです。

山上の人口調節ということも考えなければなるまい。ホテルをどんどんつくっても水がない、さっぱりやということになったら駄目です。下から水をポンプであげるということは容易じゃない。だから経営は慎重にやらねばならん。六甲経営の根本方針はこの永久の繁栄という点にあるんです。

――それでは別荘とかホテルなどの経営について……

スタートは天狗岩辺の開発

まず昭和八年、今のオリエンタルの上のところに四戸立派な貸別荘を建てたのが最切です。いま天狗岩住宅地というている。山に別荘一つ持とうかという人を勧誘するためには、山で生活させんと山のよさがわからない。それでまァ山の朝晩の爽やかな気分や景色を味ってもらうためにつくったんです。この頃やってる貸別荘は、これは別荘は建てぬけれども、一ぺん泊りたいという人を相手やが、その時分はブルジョア目がけてやったので立派でしたな。みな部屋が五間、六間ぐらいあった。それからすぐに十一戸つくったのです。そういうところで真夏を送った人はみな別荘を建てたですね。僕も山を知るために借りたことがある。二十五坪くらいの家だったが六百円でした。

それと前後してあそこへホテルをつくった。これも山を上品に発展させるためです。神戸のオリエンタルホテルへ話したところ、賛成だが建てる資金がないというんですね。それでうちが建てて貸したのです。こうしてホテルと貸別荘ができて、あの天狗岩辺を一つの賑わせの中心地にしたわけです。

ホテルができたから相当外人も来て泊るし、夏なんかダンスパーティをやったり、映写会をやったりして非常に賑やかになった。それであの辺の別荘地が相当売れた。それと同時にあっちこっちに別荘が建って来だしたので、万一病人ができてはと診療所もつくったり、山に電話局ができるのを援助したりして開発したんです。電話局の敷地は阪神が寄付し、本省へ陳情したりして、その頃尖端のダイヤル式電話器で、線は山の風致をそこなわぬよう全部地下線としてもらった。

カンツリーハウスは誘致灯

今のカンツリーハウスのところね、あれがまた先にも話したように人跡未踏みたいなところだったのを住宅地にすることになり、その中心点として、昭和十二年日華事変の起きた年ですが、カンツリーハウスというのをつくったんですよ。まァ一つの賑やかなセンターにしようというわけですな。

人間というものは失礼ながら結局夏の虫みたいなもので、何か明るい灯を目がけて集まってくるという本能があるらしい。〝この辺静かで景色がよいでしょう〟だけではいけない。人間は非常に閑寂なところを好むのと同時に、また賑やかなところを好むんですね。お祭なんかえらい人出で〝困った〟といいながら喜んでおる。そんなわけで、うまいものを食って遊べるレクリエーションの場所をつくったわけだ。五万坪の内園を利用して、すがすがしい緑の芝生に庭園兼用の小さいゴルフ場と、かあいらしいベビーゴルフ場をつくったり、八代池で鱒釣りをやらしたり……。その魚もカンツリーハウスやオリエンタルホテル用には自給自足をやらないかんというので、夏も冬も水温の差が少い湧水を利用して鱒の人工孵化をやったり、その下流の林間で椎茸を栽培したり、林檎畑や栗林までつくったり、いろいろのことをやったね。

――カンツリーハウスはいかにも山にふさわしい建築ですな。赤い屋根、白い壁、英国風の切妻造りなど周囲の線とよく調和がとれて…。

あれは一つ山にふさわしい建物をということで、今うちの傍系会社の阪神土木の常務殿村君（注、元当社建築部長）が設計したんです。山にふさわしいなかなかよい設計ですよ。アメリカのヨセミテ国立公園の中に

シイタケの栽培

あるアワネーホテルなどもちょうどあんな風で、みんな丸太でやっていますよ。西洋人でも山の建築にはああいう式を好むようですね。

さてカンツリーハウスを建てた前後に、近くの雲カ岩とか、カンツリーの南側の山腹にまた沢山貸別荘をつくった。「カンツリー山荘」というていますがね。そしてあの辺に住んでみると気持がいいんだが、ちょっと淋しいでしょう。山のことだから…。そういう連中がカンツリーハウスをクラブみたいにする。登山者も遊ぶというわけで、その辺が開発されていったのです。

「山水荘」の語源

カンツリーハウスからは見えないが、東北の正面の上のすぐ向い側にも別荘地の売出しや建売りをやり出した。「山水荘」というんですがね。

ニジマスの養鱒池

ここの建売別荘は天狗岩の方よりは少し簡単なので、まァ別荘の大衆化ですな。

ところで「山水荘」という名は僕がつけたのだ。余談ですがね、ベルリンからちょっと離れたところにバンゼーといういいところがあるんですよ、大きな湖水もあって……。そこに往年フレデリック大王が別荘を持っていましてね。その名前が「サンスーシー」というんです。フレデリック大王は若い時ドイツの皇太子でありながらフランスが好きで、フランス語の勉強ばかりしておったんです。まァ一個の文学青年みたいで……。〝こんな者しようがない〟というので、お父さんの勘気にふれ監獄へほりこまれよったんだな。それが後年普仏戦争にも大勝し、武勲赫々たる大帝王になったのだけれども、若い時はそんな有様だったんだな。それで自分の別荘に「サンスーシー」という名をつけたんです。あれはフランス語で「憂いなき国」つまり「無憂園」というのです。それで僕はその発音をもじって「山水荘」という名前にしたんですよ。山も水もあるしね、あそこは……。

植物園と遊園地域

――植物園は日本で唯一の高山植物園やそうですな。

学術的価値の高い植物園

あれは最初ケーブルの方で開業早々つくったのです。誘致施設の一つとしてね。六甲には下では育たぬいろいろの高山植物があるんですよ。「イワカガミ」とか「ヤマシャクヤク」とか「ホソバノヤマハハコ」とか……。それを一つ集めてはというので、隠れた民間の植物学者の中村誠忠という人が中心になってつくったんです。しかし六甲の植物だけじゃ規模が貧弱でしょう。そこで北海道とか日本アルプスとかを見てまわって、高山とか寒冷地に生える特異なもの……たとえば白樺とか、トド松、カラ松なんかでも六甲なら育つ。そんなわけで「コマ草」「黒百合」「水バショウ」「イワカガミ」などをはじめ千何百種をあの清水谷一万坪の地に移植して、高山植物園というものを開設したのです。大衆の教化を目的とし、採算は別として、社会文化に貢献しようじゃないかという阪神の伝統的精神の一つの現れだなァ……。だから案の定あいつは損ばっかりだ。ケーブルも閉口して、終戦の直前に親元の阪神へ経営を押しつけてきた。人件費でかないませんいうて……。

学術的価値いうたら大したものらしい。この間も万国ロックガーデンのメンバーが、忙がしい日程を割いて来たほどだ。

入園者もさまざま

これは戦前の話だがお茶の宗匠や花の宗匠連と一度この植物園へ行ったが、ご連中は一時間くらいの予定を三時間も見物してまだおりたがっていた。これは何で、これは風情がいいとか、これがどこそこにある品種で、これは昔だったら加賀の白山にしかなかったとかいうようなことで、よく知っとるんですよ。そんなわけでスッカリ予定がおくれてしまったことがある。

ところがまた園長に聞くとね、若いアベックがよく来る。そんな連中はね、タッタ十分ほどしたら出て来て〝おじさん、高山植物ってどこにあるの?〟というんだな。一々名札のブラ下っているところを走りまわってこの始末だ。〝もうガッカリします〟というておったがね。

しかしこんな人達が多いからってサジ投げては駄目なんでね。やっぱり日本唯一の高山植物園があるんだから、興味のない連中でもまァ引っぱりこんで、だんだん育成していかなくちゃいかんと思うんだな。社会的にも日本のレベルを上げる元になるんだからね。

――遊園地一帯の施設……たとえばこの凌雲荘をはじめ運動場、山の家などはケーブルの経営ですね。

雲上の星を仰ぐ凌雲荘

凌雲荘はケーブルが開通して間もなく建てた日本式旅館であり、この「星雲荘」は三年ほど前に建てた別館で、カンツリーハウスと同様一年中開業している。夏は満員つづきだが、一ヵ年通じるとパッとしない。

大体日本人は六甲を以前は暑い夏を主とし、せいぜい春先から初秋にかけて珍重するけれど、外人は秋も深くなって、人があまり登らん時が一番いいというんだ。ところが日本人もだんだんそうした趣味になりつつあるようだし、雪が降って来たら、スキーやスケートのできぬ人でも、山へ登って来ると冬景色はまた格別だというわけで増えて来てね、これはますます発展すると思うがね。

運動場と林間学舎

遊園地は学校の団体が春や秋によくやって来るでしょう。その生徒らのため展望の一番よいところへ運動場をつくったんです。三百メートルくらいのトラックもあってね。

遊園地の下手にある「六甲山ハウス」つまり「山の家」を建てたのは例の紀元二千六百年の年だった。学校関係の連中が集団的に山で勉強もし、レクリエーションもしたいという希望が多かったので、阪神が建てケーブル会社に経営を委ねたんです。広間でズーッと並んで寝るような式で、まァ林間学校みたいなものだなァ。そのうちに戦争が激しくなると「錬成々々」の声で、青年学校なんかが続々と来て「八紘一宇の精神」をしみこますための錬成道場に使ったんです。いまは本来の学舎姿に復活したがね……。

世紀の嵐に山上異変

――戦時下の話が出ましたが、下界と離れたこの山上でも、戦時中から戦後へかけてずいぶん変ったでしょうな。

ゴルフ場変じて薬草畑

そりゃひどい変り方だったな。戦時中は全く寒々としたさびれ方だった。この凌雲荘でもお客はサッパリ……いや、そうそう来とった。兵隊が二、三人ね。毎晩望遠鏡で下界の灯火管制をにらんでいるのだ。そうして電話をかけよる。〝どこそこに灯つけとる、叱れッ〟というわけだな。

カンツリーハウスも開店休業さ。それに海軍の要請があってね、朝鮮朝顔をあそこのゴルフ場に沢山作らされた。芝をめくって……。神戸ゴルフクラブのゴルフ場も、一番の打出しの下の谷なんかに植えたんです。六甲中学の生徒が日に百五十人ほど勤労動員で来たな。

朝鮮朝顔はマスイ薬でしてね。負傷兵の手術をするときのマスイ薬がないから作れというわけや。兵隊が来て遙拝して、鍬入式をやったものだ。勿論ゴルフ場は昭和十七年ごろから中絶です。それでね、朝顔はだんだんツルがのびて、今から実るというときに八月十五日が来てしまった。

種芋作りから炭焼まで

もう一つ、あそこのゴルフ場の一部がじゃが芋畑になったたな。じゃが芋は内地でできたのはバイヤス病という病気にかかりやすいので、寒い北海道で種芋をつくって全国へ配給していた。ところが戦時下では輸送が大変だし、食糧事情で沢山種芋がいるわけだからな。それでまァ六甲の上なら北海道のような気温だからというわけで、兵庫県で県下に配給する種芋を栽培したのだ。それで見渡す限りじゃが芋畑になった。これは三回くらい作ったでしょうな。朝顔はせっぱ詰ってやったから役に立たなかったけれども…。

それでまァゴルフ場はめちゃくちゃだったが戦後は進駐軍に接収され、同時に復旧にとりかかり、向うで人夫雇って草刈ってきれいにし、昭和二十七年の夏に接収解除で返還となった。同時に前からの会員やら戦後の流行の波にのった新らしいゴルファが沢山登ってきて、昔以上の賑やかなゴルフ場となっている。

そうそう……終戦前後に炭焼もやったですよ。カンツリーハウスのズーッと端っこで。社用の木炭をね。それから薪もつくった。

社用の炭焼小屋

ホテルも大ゆらぎ

オリエンタルホテルの方はあれは戦前は真夏の七、八月だけ開業しとったが、戦争が激しくなって泊り客が減って来たので、借り主の神戸オリエンタルが閉鎖するといい出し返えして来た。空家にしている時、日本へきたドイツの潜水艦で国に帰れぬ乗組員の収容所になったことがある。このUボートは長途日本へ来たものの、帰りは戦争がはげしくって帰れず、当局が六甲に収容したものであった。

戦後も荒れ放題だった。オリエンタルの方では神戸のホテルの再開に手一ぱいの時分でね。とても山の上までは……」と手を上げよったんです。それで大修繕して昭和二十五年から阪神の直営で再開したわけです。名前は「オリエンタルホテル」だったのを「六甲オリエンタル」と改めた。今度は水道用モーターの凍らない四月から十一月まで開業しているが、夏分はえらい繁盛ですよ。

ケーブルも有為転変

——六甲ケーブルも荒波を乗り越えて来たのでしょうな。

痛かった試練の大水害

ケーブルは戦災よりも、その前の昭和十三年の大風水害の時にひどくいかれたな。あそこは百五十万円の会社やったが、復旧費だけで百三十万円かかった。実にひどいことでね、今のはルートが変っていますよ。全部流れてしまって……。

ケーブルの道床へ山崩れした岩石が物すごく落ちてきてトンネルはつぶれる。下手の方ではレールなんかフッ飛んでしまって谷川になっておる。貯蔵してあった予備の巻きかえのロープも、二年後に五町くらい下手の川床の中から発見されたほどで、何もかも根こそぎいかれてしまった。

あれをやり直したら新設するのと同じだというので、阪神でも放棄の意見が多かったのを、僕らが頑張って、とうとう復旧の方針にして工事にとりかかった。工事期間実に七カ月、工費も莫大だったが、やっておいてよかった。

終戦で命拾い

その次は鉄材回収というわけで撤去の運命に直面した。戦争が激しくなって来てね。

何でも全国で二十五カ所のケーブルのうち第一回に十カ所やられた。その次に日光とか高野山など六つを残して、あと全部撤去の命令が下った。六甲はケーブルとロープウェイのどちらか一つをというのだ。もちろん阪神はケーブル、阪急はロープを残したいから、双方とも助命運動をしたんだね。そしたら結局両方とも罷りならんというわけで、ケーブルは昭和十九年の紀元節の日から営業を休止され、撤去をはじめたんです。ところが人夫の不足で、姉妹会社の摩耶ケーブルの力がなかなかつぶし切れん。そこでその方が片付いてからこちらにかかろうという段取りで、その間六甲の方は自家用に運転をつづけているうちに終戦となり、危く命拾いをしたんです。ロープの方は設備が簡単だからすぐ取外しがすんだようだった。昨今ケーブルは乗客がウンと増えたので、普通の車輌にオープンカーを直結し四軸運転しているが、この方式は日本で最初の試みですよ。

――ついでに摩耶ケーブルの近況を一つ。

更生近い摩耶ケーブル

あれは復旧しましょう。元来摩耶の方はですね、すでに大正の末に開通し、戦争で取りつぶされているが、道床はそのままであり、復旧工事も大したことはないと思う。また復興というても意味が戦前と違って来た……というのは、戦前は山上の駅から天上寺まで十何町かの坂や石段を登って、お詣りするとまた同じコースを引返えすので、しんどいばかりで変化が少なかった。

今度はさきほども触れたが、戦時中あの高射砲陣地にされていた「掬星台」へいま神戸辺からどしどしドライブして来る。旅館なんかもできたり、遊園地みたいになって来た。天上寺詣りもわけない。そこから元の摩耶山上駅まで、近く神戸市がロープウエイを引っぱるというんです。それでケーブルを復旧することになったんだが、完成すると同じコースを往復しなくてもよいから、お客がウンと増えるでしょう。（編者注、摩耶ケーブルは同年十月から復旧工事に着手した。今春四月末開通の予定）

夏と冬の景物詩

――あの緑陰にバンガローやテントが点々としているキャンプ村と、白銀のスロープや氷盤上に跳躍するスキー、スケートは、いかにもほほえましい夏と冬の点景ですな。

あれはまァ若い連中の天国だなァ。キャンプ村の方はホテルなんか高くつくし、缶詰でも買うて行って、毛布を借りて、山で一ぺん泊りこんだろうという簡易な山上宿泊希望者を収容するところだな。阪神とケーブルと、それに阪急の共同経営ですよ。

以前はケーブルが小規模でやっていたが、戦争で中断されてしまった。これを復活しようと考えたわけなんだが、阪急としたらロープは撤収されてしまったが、どうしたって地の利上阪急の六甲口から登る者が多いでしょう。そこで山上にキャンプ村があると、向うも収益になるのだから結構だという。神戸から有馬行の神戸電鉄だって、裏からの登山者が増えるから希望したわけです。しかし少々の設営では大きく宣伝できない。相当まとまったものをつくるにはケーブルだけではまァ荷が重かった。終戦直後だったからな……。そこで三者の共同経営となったわけです。バンガローとテントで百くらいあるだろうな。結局六甲にはいま大衆的なものから高級なものまで全部あるわけですね。

スケートはね、今でこそ町の真ん中にスケートリンクがあるが、そんなものがない時分ですね。どこかで覚えて来た連中が池の凍るのを待って登って来たんだな。八代池、三国池、ひょうたん池などをはじめ山全体の池だ。さっき話した地上権の中には、スケートのために池だけの地上権をもっている同好会さえあるんですよ……清水谷の下なんかにね。

スキーはゴルフ場のスロープでやるんだが、多い時は三千人くらい登るでしょう。えらい混雑だ。まァ一冬に四回くらいかな、最近は……。

洋々たる経営地の将来

——戦後の土地経営の状況はいかがですか。

六甲の紹介者は阪神

土地はね、今まで十五万坪くらい売れたでしょう。全般的にまだ五十万坪ばかり阪神の土地があるわけですな。貸別荘も数年前から、またカンツリーハウスや山水荘あたりに次々と建てましたよ。とにかくこんな大都会に近くてよい所だから発展するのは間違いないですよ。ことに阪神経営地は六甲のよいところばかりです。

もともと六甲は西端の三国岩からいま六甲山ホテルのある辺が開けておった。神戸に一番近いからね。西洋人もそこに尻を落着けたわけです。

しかし六甲自体からみると東の方ほど高くなって最高峰もあるでしょう。眺望だって向うは神戸と淡路島の辺が見えるだけだが、こちらへ来てはじめて一望遮るものもない大景観を見おろせるんだ。けれどもこの辺はほとんど人跡未踏だった。それを阪神が開発に力を入れて来たのです。六甲のよさを発見し、天下に紹介したのは阪神だと思う。土地が高くてスロープあり、奇岩あり、滝あり、谷川ありで変化に富んでいる。

山水荘の建売住宅

望ましい舗装道路

雄大な「山岳公園」である六甲をさらに開発さすためには、僕がさっきいうた通り水源を確保する。植林する。現に阪神は約十五万坪の森林地区に杉、ヒノキ、モミ、カラ松などをウンと植林したんですよ。ああいう風に一定のプランをつくって、道なら道にしたって自動車の通らない遊歩道路もつくる。ドライブウエイはちゃんと舗装してしまうというのでなければいけないと思う。それにはやはり阪神がリードするという気でないといかん。

——全くです。もし舗装されたら山の面目は一新することでしょう。今だっていろいろの観光バスやら乗用車が盛んに上下しているんですから。ことに夏分神戸や大阪から繰り出す納涼バスなどえらい人気ですな。夕闇深いカンツリーハウスの芝生でジャズを聞いたり、表六甲から「百万ドルの大夜景」を見おろしたり、三千尺の山上でのレクリエーションがいとも手軽にできるなんて、本当に恵まれたところです。

珍釈「百万ドルの夜景」

神戸からわずかに三十分、大阪からでも一時間で来られるんだからね。ところで「百万ドルの夜景」ということだがね、アメリカなどはちょっと素晴らしいものにはすぐに「百万ドル」とつけたがる。

この辺から見おろす大阪湾沿岸一帯の大夜景をだれが百万ドルとつけたか知らんが、これを科学的に証明した人があるんですよ。この間ロータリークラブの連中の会をこの星雲荘でやって、ダイヤモンドをちりばめたような夜景を見おろしたんだ。〝これ百万ドルの夜景や〟というわけでね。そしたら会員で関西電力副社長の中村鼎さんが〝ここから阪神間の電灯がズッと見えるが、この電灯代が月に三億円や、だからまさに百万ドルになるなァ〟というておられた。やっぱり見方が違うねハッハ……。

――さすがは餅は餅屋ですな。どうもいろいろ珍らしいお話を有難うございました。（終り）

武庫山　（注、六甲山は往時「武庫山」と呼ばれていた）

木の葉吹く武庫の山風立ちぬらしあしやの軒の海士の釣舟　慈鎮（夫木集）

播磨路や漕出で見れば雲かかる武庫山桜いまさかりなり　公朝（夫木集）

むこ山につきあたる千鳥かな　薄雪

六甲山　草山元政上人（寛政八年没）

六甲山者昔神功皇后征三韓後、磬聚兵器瘞之於絶頂之処、夢翁所謂六甲山名

童子知六山故知者稀是也。

兵是凶器不可挙　有時用之復何去　神后昔日征三韓　終聚兵器瘞此許

自是山有六甲名　示天下不復用兵　挙之措之各有道　一張一弛済蒼生

胸次有山高且幽　須弥鉄囲不得儔　若能於中埋却去　百万戈矛曷足憂

甲子園の三十年

社内関係者の座談会

甲子園球場が生れて早くも三旬の齢を重ねた。今もゆるがぬ「東洋一」の大スタジアムをトップに、相ついで現れた南運動場、国際庭球場、大小のプールなど豪華な総合運動場施設も、一時は世紀の嵐に打ちひしがれたが、再びスポーツの殿堂として全国ファンの期待と声援に応え、さらに明日の躍進を期している。本誌はこれを機会に、三十周年を迎えた昨昭和二十九年八月のひと日、往年球場の設計に当った野田社長をはじめ、各種の施設運営にたずさわって来た最もゆかりの深い人々の参集を乞い、〝巨人甲子園〟の足跡を回顧してもらった。

語る人

社長　野田誠三
専務取締役　泉谷平次郎
常務取締役　前田純一
取締役技師長　清水又一
元事業部長（関西庭球協会理事）　辰馬龍雄
元運動課長（元オリンピック水上選手）　石田恒信
本誌編纂員

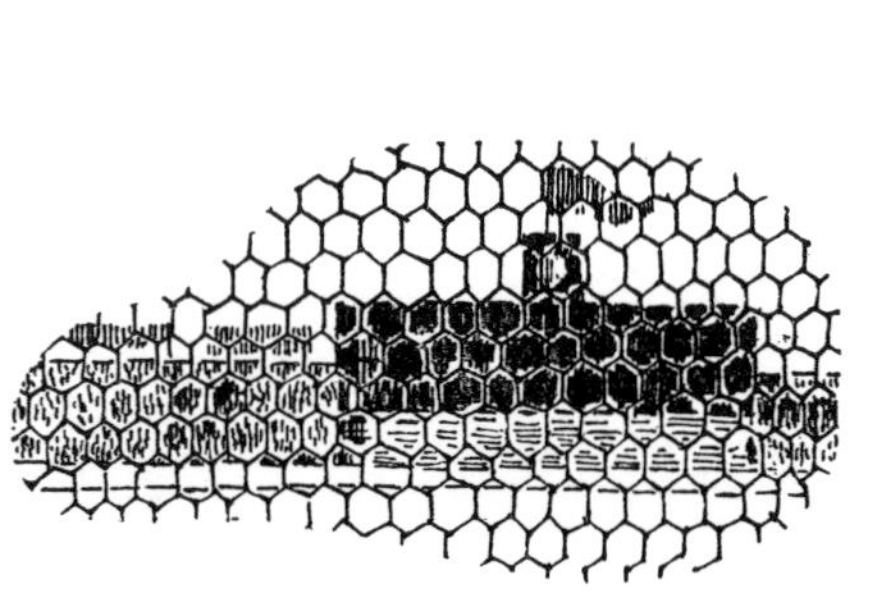

甲子園はもと河原

――わが国のスポーツ史上に一新紀元を画した大球場の誕生から、各競技場の続設、あの原頭にくりひろげられた多彩な体育絵巻、さらに広大な全甲子園の土地経営など、永の歳月を顧られると定めし感概深いものがありましょう。ではまず甲子園という土地の発祥あたりから、懐しい思い出の数々をお話願います。

野田　今甲子園といっているところは、もとの枝川の廃川地なのです。枝川は今の甲子園ホテルの辺から武庫川の支流として枝のように分離し、西南の方へ流れておった川であり、さらに今の球場の辺りで申川（さる）というのが分れておった。僕が入社した大正十一年頃は、あの付近はみな川敷で、両脇が松林であり、今の停留場はただの鉄橋で、人家も何もなかった。元来阪神間の川は砂利川で、平日はカラカラ、大雨が降ると一時にドッと水が流れ、ために武庫川などはよく氾濫したものです。そこで兵庫県では少々の水害でもビクともせぬようにと堤防を補強し、武庫川を完璧な川に改修するために不必要な下方の枝川、申川は廃川にし、その払下げ代金で本流の改修をしようということを大正十年ごろ県会で議決した。

枝川は長さが三十五町、申川は十二、三町で、総面積は約二十二万五千坪ですが、これをまとめて売ろうと方々へ持って回っても、細長い川の跡など買手がない。もっとも川敷といえば低地のように思われるが、芦屋川や住吉川などが川の下を国鉄がトンネルで抜けているのを見てもわかるように、川敷の方が付近の田畑より高く、住宅地には好適な土地なのです。それに目をつけた当社が買受けることに決心し、大正十一年の晩秋に県と当社との間に払下げ契約ができたのです。

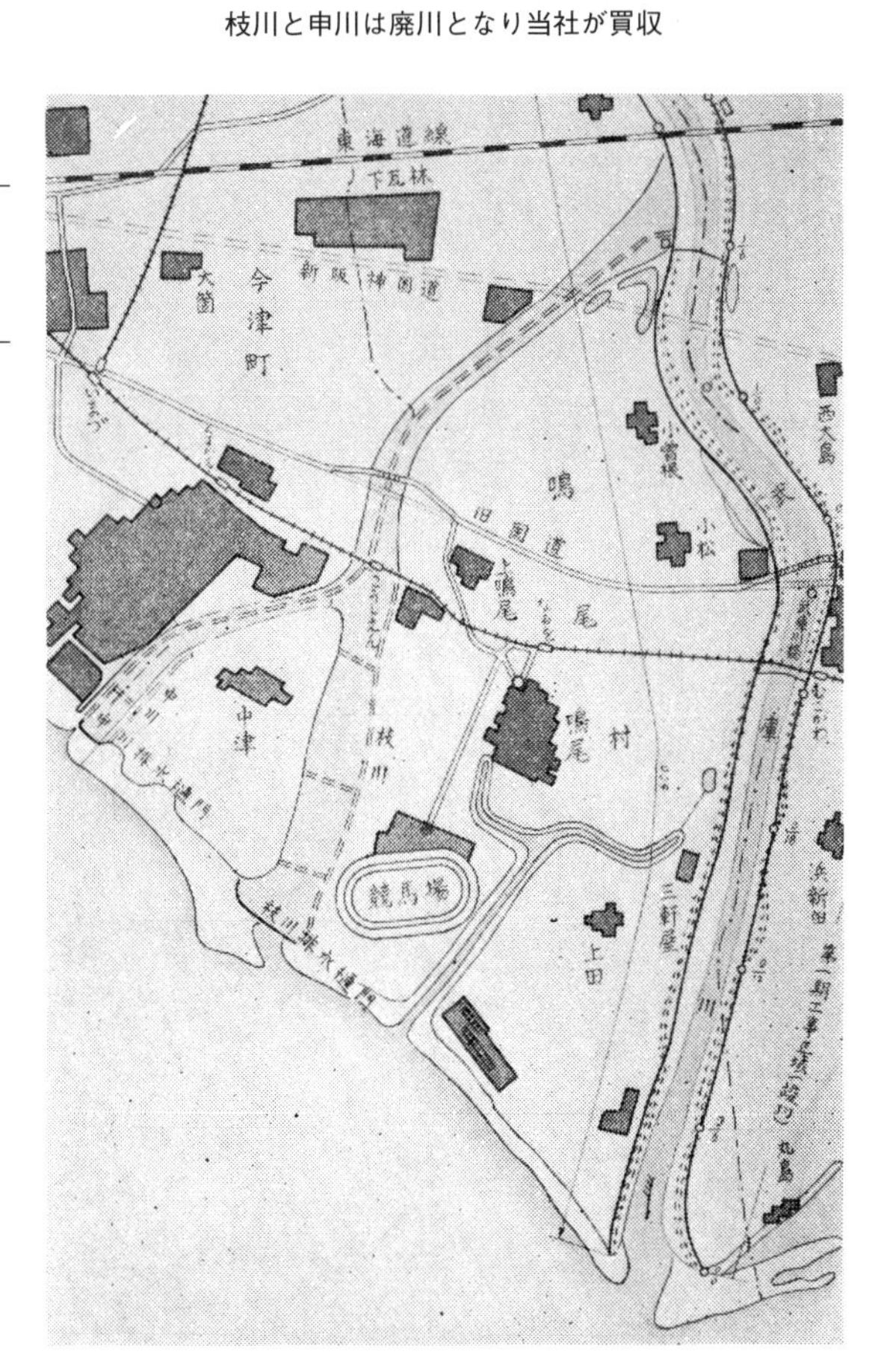

武庫川改修工事当時の地図
枝川と申川は廃川となり当社が買収

——買収した当時の構想は？

野田　会社ではこの土地を住宅経営地や大運動場施設とか、レクリエーション地にもしようという計画をもっていた。当時鳴尾の競馬場の中に二つのお粗末なグラウンドをつくって、大朝主催の全国中等学校野球大会やその他実業団野球大会を開催しておったが、年ごとに野球熱が高まり観衆を収容し切れぬ状態となり、朝日新聞の方でも大きな球場をという話もあり、こちらの考えとも一致したので、本線鉄橋のすぐ下手にある枝川と申川との分岐点の広いところを選び、これに下手に拡がっている三角形の土地一万数千坪を買い足し、計三万坪ぐらいの広っぱにして大きな野球場をつくることになった。この辺り一体はジャングルのように草木が生い茂っていたものだから、廃川地を買った時には皆が驚いたものです。ずいぶんひどいところだったからね……。

スポーツ重視は社風

——買収した廃川地で大野球場のほかに、将来庭球場とかプールなどを含めたスポーツ・センターをつくろうということは、最初はまだそこまで考えられていなかったのでしょうか。

野田　いや当時すでに総合運動場をつくりたいという漠然たる考えはあった。由来阪神はあゝした健全スポーツという方面は伝統的に好きで、力を入れて来たですな。遠く明治時代には香櫨園の遊園地にグラウンドをつくり、外人チームを迎えた歴史がある。大正に入ると鳴尾でお粗末ながら陸上競技場、二つの球場、テニスコート、プールと当時関西唯一のスポーツ・センターをつくって斯界に貢献している。枝川の廃川地を買うときも鉄橋（今の甲子園停留場）から上手を住宅経営地に、下手は浜まで約十五町は全部スポーツ・センターと遊園地にしようという遠大な構想であった。

当社は昔から剛健な精神と、健全な体格をつくるというスポーツ方面に力を入れる方で、軟派の方は不得手であり、またやろうともしなかったのです。剛健な体育施設に重点をおくことは、一方からいえば商売が下手ということになるかも知れんが……。球場でも陸上競技場でもテニスコートでも一年中使っているわけでなし、収益率はごく低いもので金もうけには縁が遠い。しかしこの一貫した経営方針はちょっと誇るべきものかと思う。電鉄それ自体が公共企業だから、こうした体位向上、文化向上の社会奉仕的事業はできるだけ押し進めてゆきたい。

——兼営事業というても、このような国民体育の向上といった高い理想と方針で来たことは、社会もひとしく認めておりましょう。春や夏のあの純真な学生野球大会だけを見ても、甲子園こそスポーツのメッカつまり「聖地」という感じを深くしますからな……。

清水　こういう伝統的精神は入社のときでも言い渡されたことはないが、皆がそういう感じでおりました。

アメリカに譲らぬ球場

——では球場設計の構想といったところを……。

野田　廃川地を買うと真っ先に球場建設を急げということになった。というのは十二年の夏の大会が超満員で観衆がグラウンドに溢れ、プレーができぬこと再々、大球場をつくらねばならぬという必要に迫られ、

明治四十年頃の枝川風景　左は申川
鉄橋辺は現在甲子園停留場
手前の川杭辺以南は大球場

その年の十一月の末に球場の建設が役員会で正式に決議された。しかし実はその前から内々で準備を進め、一応の設計はできておったのです。当時の専務は三崎省三さんで、社長はいなかった。この人は電気工学の研究で、アメリカへ行っていて向うの野球を見、非常に興味をもっておられた。そこで日本でもきっと盛んになるという考えで球場の建設を発案され、入社間なしの僕に〝君一つ設計をやれ〟といわれて僕がやりかけたわけです。そこでまず建設関係やスポーツ関係のアメリカの雑誌をウンと買いこんで調べましたよ。

当時アメリカの各大学はフットボールの大きなグラウンドをもっておったので、それを参考にした。野球はプロ野球が盛んで、学生のスポーツはフットボールが非常に盛んであり、大学の運動場で五万人から十万人ぐらい収容できるものがザラにあり、競技場というものは少くとも観衆数万人は入れるべきものだという考え方に僕自身もなってしまった。そこで図面をつくり、予算案を出したわけです。

その時に世界一といわれたニューヨークのヤンキー・スタジアムが新設されたので、百聞一見にしかずと思い、三崎専務に〝アメリカに行って実際に見て来たいです〟といったが、〝仕事が急ぐから見に行く間がないよ〟とうまく断られた。この頃なら飛行機でわけないのだがな……。で、ヤンキースへ設計図を一部送ってくれと頼んだが返事がなかった。しかしあちらの新聞に〝阪神電車というところからいうてきた。大きなグラウンドをつくる計画らしい〟という記事が出た。僕もそれを見たので、そのうちに設計図を送ってくれるだろうと待っておったが結局送って来なかった。（笑声）

球場は三崎専務の英断

――建設費はどのくらいかかったのですか。

野田　第一期でザッと百万円くらいだったと思う。ただし外野は土塁だから、今の内野スタンドを主とした工事です。全部完成までの費用は百五、六十万円くらいですね。それから戦後には補修費や銀傘費用などにまた莫大な金を要している。

清水　最初にこれくらいでやれという金額の指示はなかったのですか。

野田　はじめは小じんまりしたものという気だったが、アメリカあたりの例を見るうちに気も大きくなり、どうせ造るなら五万人くらいでは少い。もっと大きなものをというわけでそれを提案したが、三崎専務らが賛成され、ついに内野スタンド五十段、土塁三十段、約六万人収容という東洋一の大球場をつくることに落ちついた。その頃日本には大きい球場はどこにもなく、明治神宮の球場も甲子園ができてから大勢の人が見学に見えて、いろいろな材料を持って帰ってつくったものだ。つづいて後楽園が竣工し、あとからあとからと方々に球場ができた。どれも甲子園球場の例を見て、満員になるという自信を得てつくったが、こちらは最初で、サッパリ見当がつかない時に思いきってつくったのだから非常に値打ちがある。この時の三崎さんの英断は実にえらいと思うね。

辰馬　鳴尾は何人くらい入っておったのですか。

野田　一つの球場で二、三千人、両方で五千人くらいかナ。競馬場と併用だから目ざわりになるような固定の設備ができない。十段ほどの木のスタンドで、競馬シーズンにはヨイショヨイショと担いで、外へほり出すという始末です。満員になると足も動かせず、観覧者が熱狂したら外野の中へ雪崩れこみプレーが中止されてとても整理がつかなかったものです。

辰馬　今の甲子園は鳴尾の二つの球場の二十倍ですね。昭和四年に東西にアルプス・スタンドが竣工し、十一年には外野も全部五十段に改装されて、いわゆる「マンモス・スタンド」が完成し、十万の大観衆を平気でのんでしまうのだから今の球場はえらいものですね。

野田　最初だってケタ外れだよ。設計の顧問を佐伯達夫、小西作太郎、腰本寿、加藤吉兵衛、松田捨吉といった球界の先輩たち十人くらいにお頼みして、電気倶楽部で何度も会合をやった。というのは当時は球場の型式がきまってなく、球場の創造期だから何から何まで万遺漏なきよう設計するため、それらの方々に知識を借りたわけです。たとえばピッチャー・プレートの高さとか、水はけをどうするかといった、いろいろな点を聞くための会合です。ピッチャーが投げる方向、つまり球場がどの方向にあると全部の選手が逆光線を見ないでプレーがしやすいとか、ネットはこれくらいの高さがよいとか、万端にわたる相談をした。

苦心した土の配合

――グラウンドの土についてはずいぶん研究されたのでしょうな。色だって周囲の土の色とまるで違いますね。

野田　グラウンドは水はけをよくするため、付近の土地より全体に三尺くらい盛り上げた。内野から本塁の後方のところは、五寸角から一尺角くらいの大きな石を敷き詰めてその上に小石を敷きならべ、さらに石炭殻と砂の混合したものを敷きつめ、これを基礎としたのです。上の仕上げの上は山土でないといけないが、阪神間は白砂青松の地で土が白い。白くては選手も見物衆も目が疲れるから黒土を探したところ、尼崎に蓬川というのがある。あそこの泥が黒いというので、バケツで汲んできたが、乾くとまっ白になった。（笑声）次に「熊内大根」で有名な神戸の熊内の土がよいというので、そこの土を運んだが、この黒土はバサバサして粘土気がない。淡路に赤土があるというのでそれを買って混ぜ、赤黒い色にして二寸から三寸敷きつめたが、この土代だけで五、六万円はかかった。この辺りの土が一立坪二円しているときに、淡路から船で運んだ土は五十円についた。甲子園住宅地の売出し値が坪四十円くらいだのに、土だけで五十円というと大したものです。

――鳴尾に運動場をつくった時も淡路の洲本から土を運んだということですね。

野田　淡路の土は粘土気があってよろしい。そこへ黒い土を混ぜると赤黒くて目のためによく、粘土気からはすべりこみの時にパッと砂ぼこりが立つというのが理想的なわけです

石田　土があまり固いとすべりこみがききません。といってやわらかすぎるとスパイクにくっつくし……。

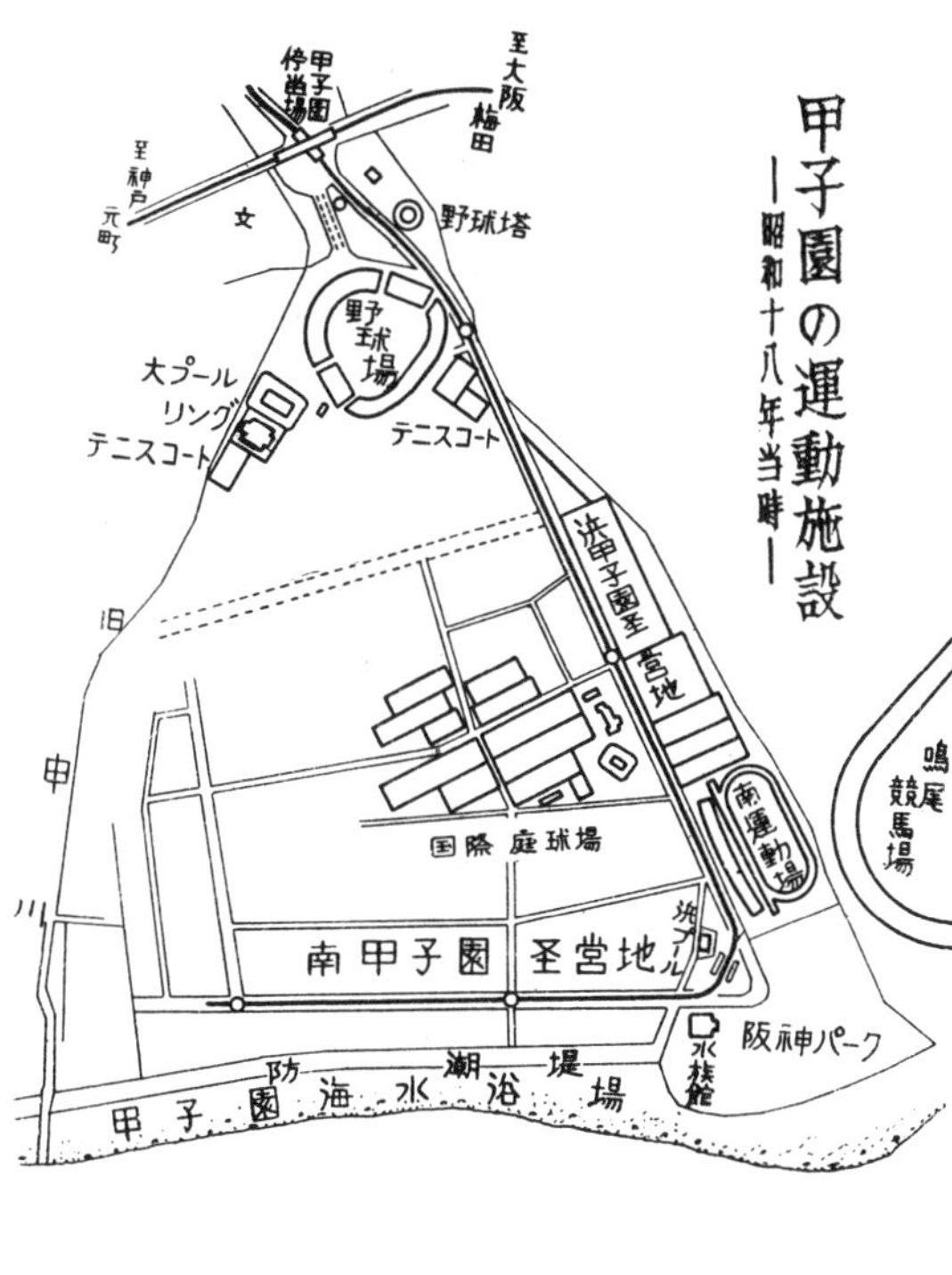

野田　だから非常に土の加減はむつかしい。もと慶応の投手だった石川真良君というのが当時用度課にいて、工事場のセメント係りだった。この人が非常に熱心で、工事現場に来て五坪くらいの広さのサンプルを十二、三つくって色目と固さを実験した。何トンのローラーで何べんかけたという違ったものをつくり、本人が颯爽たるユニホーム姿で、スパイクを履いて毎日すべりこみをやっていたがあれには感心した。一人でころげ回っているものだから、大林組の人夫らは〝何をしとるのか？〟と目を見張り、不思議がっていた。（笑声）ともかく土には非常に苦心をし、またウンと金をつかった。そして一つの標準型をつくったわけです。

鉄傘とスタンドの勾配

――スタンドの大鉄傘ですが、あれも一気呵成に進める予定だったのでしょうか。

野田　うちはアメリカのポロなどと違い、朝日の野球大会のように夏の暑いときが多いから、屋根をつけなければいかんということは最初から考えておった。

前田　大英断でしたな、鉄傘は……。

――ラグビー兼用という点を考慮したためグラウンドを拡げすぎたとか、スタンドの勾配を緩すぎるくらいにしたということはありませんか。

野田　これは最初はね、野球場としてだけの考えだったが、もったいないというので、ラグビーも陸上競技もできるようにと広くした。ところが使ってみると工合が悪いので、昭和四年に南運動場をつくり、あそ

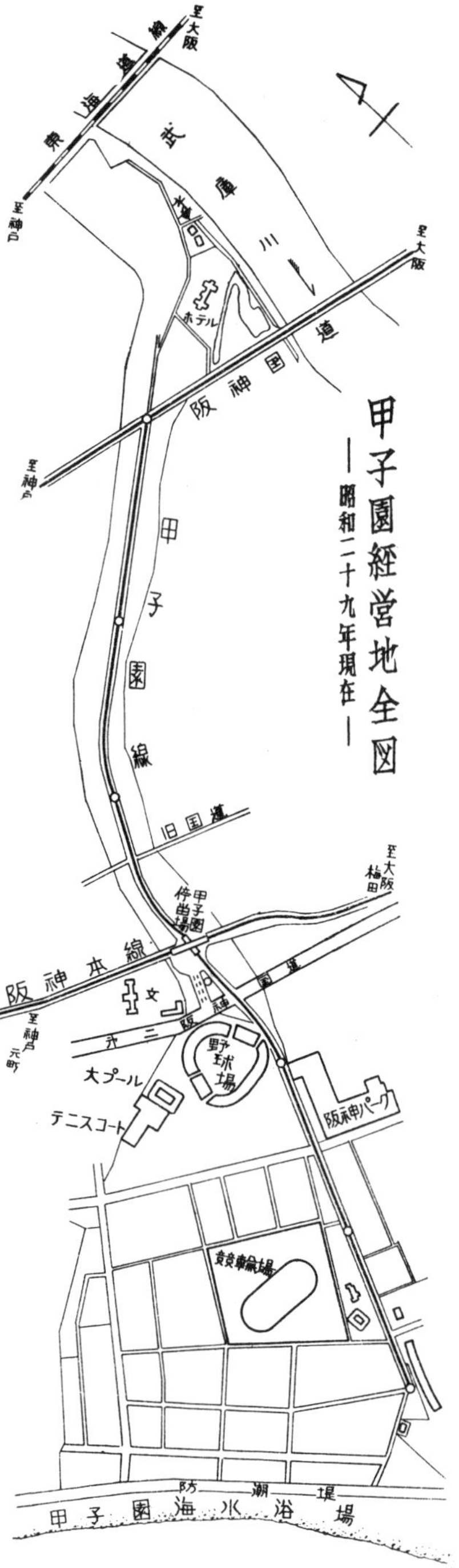

甲子園経営地全図
―昭和二十九年現在―

こは野球専門にしてしまったため、外野がグッと中へ入ってきた。最初より狭くなっている。

それからスタンドの勾配の問題も、観客を多く収容しようと思うと面積に余裕をもたさなければならない。球場によっては急角度のため、見物席から転げるとすぐ下へ落ちそうな気のするところがある。甲子園のスタンドは真ん中で三尺くらいへこんでいる。スタンドが直線であると、視界がそれぞれ違ってくる。だからどの場所におっても、なるべく同じように見えるようにするためには、スタンドの傾斜を放物線を描いた球面にしなければならないわけだが、これは仕事が非常に厄介で、計算に難儀したですよ。あとからの球場も、これを真似ることをようしなかった。これには高等数学を必要とするが、アメリカにはやっているところがある。甲子園は日本で一番初めにつくって、最新式のことをやっています。

泉谷　スタンドを上っていくと分るが、ステップの高さが違いますよ。

清水　トントンと上れない。ちょっと上りにくいでしょう。

――あの「甲子園」という名は今では全国の子供もみな知っていますが、どなたのご命名なんですか。

野田　これは工事中に何か名を考えろといわれて、僕らもいろいろ案を出したが採用されずに、結局重役会の方でつけられた。非常にアカぬけしたいい名前ですよ。ご承知のように六甲山が付近にあって、甲陽だとか、甲南だとかいっているが、その「甲」とは意味が違うからね。大正十三年が甲子の年だった。甲子とは十干、十二支のおのおのの初めの甲（きのえ）と子（ね）で、これは六十一年目に還ってくるのですが、ちょうどその年でしたので「甲子園」と命名されたのです。その頃の重役は漢学の素養があったわけですな。

五カ月の突貫工事

——工事は非常なスピードで進められたそうですな。

野田　そうです。大正十三年の三月十日に地鎮祭、翌日起工式をやった。それから夏の大会までに五ヵ月よりない。突貫工事ですな。大林組に〝やるか〟というと〝やる〟というので委せたわけです。砂とバラスはコンクリートの元ですが、砂地の川床だからこれだけはそこら中に無尽蔵にある。そこで非常に速かった。また外野の土塁は廃川で不要になった堤防の土を利用したので、これも楽にいった。いよいよやりかけた時、建設の相談相手の松田君と腰本君が見に来られたが、現場にはこれだけがグラウンドだと周りに縄張りがしてあったに過ぎない。これを見て〝なんと広いな〟とびっくりしておった。まだ松が生えて雑然としていたから余計に広く見えたのです。〝ピッチャーのとこはどこや、キヤッチャーは？〟〝ここや〟。見ておった松田君が〝これは遠うてあかんわ、スタンドからは球がみられへんで、ボールが見えんわ〟という。僕もその時はしょんぼりしたね。（笑声）大きなのをこしらえて、人を何万入れても、ボールが見えないではしかたがないのでガッカリして二、三日は憂鬱だった。しかし乗り出した船だからとそのまま進めたわけだが、今では結構見えている。（笑声）

——話は飛びますが、スコアボールド、あれは非常に大規模なものですな。ちょうど昭和七年の夏、例の中京、明石の二十五回戦という記録的な大延長戦のすぐ後に改装され、翌年春の選抜大会から使われていますが……。

野田　あれは日本一の立派なものをつくろうと、当時の車両部長の丸山君が主となって設計したのです。スコアを出すのはすべて電気仕掛け、あの上の方には圧搾空気が箱一杯に入っており、パイプが出ている。この空気をバルブで止めているが、スイッチが入ると圧搾空気が出て、その力で回転してスコアが出る。この式はどこにもなく、必要以上に凝りすぎたものです。ヤンキー・スタジアムでも普通の式ですから……。

マイク設備も、もとはスコアボールドの上にあって、こちらの方から〝本日は〟といえば〝本日は〟と反響してくる。音楽会などやった時これではいかんというので下へおろし、周囲の柵のところへ幾つもつけたので、非常に聞きよくなった。

前田　音響の力のバランスをとった。

開設早々から満員

——今度は一つ球場雑観といった思い出話を……。

野田　まず最初ね、突貫工事が完成して、八月一日に盛大な竣工式を挙げ、その日に阪神間学童の体育大会をやったのが球場の幕開きです。さていよいよ十三日、夏の野球大会の第一日は来た。祈るように思っていたが広すぎてとても外野まで埋まらず悲観した。ところが三日目の土曜だったかにドッと押し寄せて一ぱい。翌日は超々満員で盛り上るようになったので嬉しかった。三崎さんも嬉しそうな顔をしておられた。当時は野球は判らんがとにかく行って見よう、行けば大きなスタンドで、寝ながら見られて涼しいという程度の連中も多かった。それらが見ているうちにだんだん判ってくる。ファンというのはこうしてできてきた。鳴尾時代はほとんどが学生であった。これが甲子園ができて、楽に見られるというので今までそう好きでなかった連中がよけいに面白くなったんでしょう。西宮のある八百屋さんで「野球大会中休業」という店が現

大運動場（球場の旧称）開き
大正13.8.1, 阪神間学童体育大会

れたりした。とにかく大きいものができたゾ、一度見に行こうという程度の動機から燎原の火の如くひろがって行った。こういった意味でもこの球場は日本の野球の発達ということに大きな貢献をしておるね。

——鉄傘のおかげで女性のファンができたことも功績でしょう。

野田　鉄傘も三崎さんの肚一つで決ったのです。三崎さんは実に偉い人だった。あの人があの大球場をいい出して、あの人がつくったようなもので、日本の野球界にとっては大恩人です。

——観衆が一番多くつめかけたのは……。

前田　甲子園で満員とか超満員というのはいつものことで、余り問題にならないわけです。昭和十三年十一月に「国民精神作興大会」で早慶戦をやった。東京のリーグ以外でやった最初だからすごかった。

石田　十二年か十三年だったか春の選抜の三日か四日目、十二万五千というのがあったでしょう、あれが最高じゃないでしょうか。

野田　やはり阪神・巨人戦だよ。いつだったか驚いたのはアルプス・スタンドと外野の境のところにある柵の下の土を一生懸命掘っているんですね。中では〝ワァーワァー〟いっている。満員で絶対に入れない。そこでもぐら戦術を考えだした。必死ですよ。（笑声）しかも雨がショボショボ降っていてね、そんなことがあった。

——これは漫画のタネになりますね。

珍奇な試みの数々

——圧倒的人気のある夏の大会、春の選抜など甲子園の歴史とともに歩んできたのですから、あの大会で試みられたことはほとんど全国のトップを切っていますね。プレヨグラフや高校野球の実況放送、最近はテレビなど……。

野田　プレヨグラフは面白かった。電話で報らせてくる戦況をためておいて、芝居気たっぷりに動かしてね。（笑声）

——ピッチャーの球が動かないと、あァよく考えているなァと感心し

たものですよ。（笑声）

前田　玉が曲ったりなんかして。（笑声）

――「アルプス・スタンド」という名はあれが増設された年の大会に岡本一平氏が漫画で初めてつけた名ですが、これなども懐しいですね。よその球場でも真似しているところがあります。

前田　非常に愛称されているな。正式の名は東スタンド、西スタンドです。

大會 畫ノ速報台　一平

アルプススタンド

入リ切ラヌ入場者ノタメ今年ハスタンドノ両翼ヲ増設シタ、両方デ八千人餘計入ル、ソノスタンドハマダ素敵ニ高ク見エル、アルプススタンドダ、上ノ方ニハ萬年雪ガアリサウダ。

愛称「アルプス・スタンド」の起り
昭和4.8.14付大阪朝日、岡本一平の漫画

――にわか雨の時などよくガソリンを燃やしましたな。

野田　あれはあまり効果はない。火は下でなく上へ上るから……。しかしパッと燃えると焼けて乾くように見えてね、観衆は納得するが実際には役に立たない。あんなときは大きなキャンバスを内野一面にかぶせるよりほか方法がない。

清水　甲子園独得の野外大スクリーンね、あれは夕方まで野球をやって、その夜直ちに映画をやろうという時のため、あんな奇抜なものができたのです。

前田　あれは実用新案特許ですよ。特許の範囲は野外の百畳敷くらいのスクリーンに車をつけて、レールの上を移動するという点や。特許権を買いに来たら売ってやろうと思っていたのだが、だれも買いに来なんだ。（笑声）

球場での催し変り種

――永い歴史ですから学生野球、プロ野球、ノンプロ野球、さては往年のベーブ・ルースなどから最近では昨秋のニューヨーク・ジャイアンツにいたる数々の国際野球など、ファンを熱狂させた試合はそれこそ数え切れないでしょうし、他の競技もずいぶん行われて来ましたが、時々あの球場で目先の変った催しもありましたな。

野田　スキーをやったことなど面白いね。何回やったかな？

泉谷　二回かな?。大林組が非常に高い櫓を組んだ。

前田　わざわざ雪を買いに行って……。あれは石田君だな。片道でよかった。行き（雪）だけで、帰りは消えてしまった。（笑声）

石田　初めは貨車十五両分買って来ました。一回のときは信州の田口、二回目は城崎です。城崎のはだいぶんザラメでした。信州の雪は灰のように滑らかで……。

——どこで買う話をするんですか。

石田　買うといっても、一面に積っていて向うは捨てるのに困っている。人夫が貨車に積んで川へ捨てに行く。で私が行くと〝えッ、雪を買うのか?〟と変な顔をしたものです。事情を話すと大喜びで、駅長が指図して積込作業をやってくれる。こちらは運賃だけを出す。調べてみると運賃の中に「雪」というのがチャンとありますね。駅側にしてみれば、捨てるのを運賃が逆に入ってくるわけだから、除雪作業と共に一石二鳥というわけです。

野田　大雪の時に「雪買いに来んか」という葉書よこさんかね。（笑声）

泉谷　一晩雨が降るとできなくなる。実に冒険な話だった。

辰馬　雨を一番心配しましたね。西宮駅で下ろし、トラックで外野へほうり込む。その間にシャンツェが出来ている。大会前は夜通しでした。北海道の関とかいったオリンピック選手がやって来て〝大体いいな〟というわけ……。大会の前に試走をやる。ピューとうまく飛んでくれたのでホッとしましたね。

前田　昭和十四年の二月四日から十二日まで戦車大展覧会で、すぐあとの十八日がスキージャンプ大会なんだ。それで戦車展のときから、スキーの櫓を組んでおったが、スキーの主催は毎日、戦車は朝日だから、朝日の連中は〝あの櫓何んや、目ざわりになるから包んでおいてくれ〟などと両方がいいあっておった。ともかくあの球場で戦車展などと軍隊のようなことをやったり、スキー場に早変りしたのですから……。また国民精神作興大会の中に入っていたが馬術もやった。

石田　西大尉なんかも来ました。

——野外のチャンバラ劇もやったのではありませんか、本ものの馬を使って。

前田　馬を使ったのは古式の鷹狩りですよ。それより画期的といえば野球場へ菊五郎が来たときだ。星空のもと、十万観衆を前に野外歌舞伎ですよ。

野田　あれは大したものだった。

その頃の南運動場

——球場にお別れして、次に在りし日の南運動場を回顧して下さい。

前田　先ほどお話のあったとおり、いわば甲子園レクリエーション・センター案というような総合計画にもとずき、ラグビー、サッカー、アメリカン・フットボールなどの蹴球競技と、陸上競技のグラウンドを開設しようという計画が進められた。昭和三年の秋でしたが、当時社内にはこういう競技をやった人が少ない。入社して間もない私が多少かじっているというわけで、研究するよう命ぜられたのです。蹴球場と陸上競技場とを別々につくることも考えられるが、土地の経済とか運用の利便などから考えると、やはりどちらもやれる総合競技場をつくる方が得策という結論が出たが、一応最高度の国際競技を支障なくやれるということを目標にして研究してみると、なかなかむつかしいものです。

その頃関西で最新の競技場といえば築港の大阪市立運動場ですが、ここは大正十二年五月に開かれた極東大会の会場として急いでつくられたもので、規模も構想も失礼ながらそう大したものではなかった。その他は京都の下鴨植物園や、寝屋川の運動場くらいなもので、これらは本格的なものではない。大正十三年にでき上った明治神宮競技場は最新最大の競技場で、トラックは直線二百メートル、一周四百メートル、そのフィールドの中へ、ラグビーとサッカーの競技場をむりやりに押し込んだような形で、その上出発点や決勝点へ審判員などがたくさん集ると、スタンドの観衆は次々に立ったりして、どこからも見にくくなったので、このような欠点をどうするか、フットボールとトラック、フィールドをどんな風に調和さすかが問題でした。

本邦無比の総合運動場

――陸上競技場一本槍でないだけに、設計にはずいぶんお骨が折れたでしょうな。

国際ラグビー試合のポスター
昭和11.1南運動場にて

前田　盲蛇におじずで、京大で仲間の連中の意見を聞いたり、図書館や教室から資料を出したりして、一応アイデアをまとめあげました。まずトラックは一周五百メートルとする。次にコーナーを半円形とせずに三心円の方式とする。こうすると緩いカーブとなり、フィールドは縦幅の開いたものとなる。第三にその結果サッカー・グラウンドとして幅七十五メートル、長さ百十九メートル、ラグビー・グラウンドとして幅七十五ヤード、長さ百十ヤードがとれ、国際試合の標準に適格となる。第四は幅跳、高跳などの砂場はフィールドの外へ出して、トラックとスタンドとの中間に設ける。第五にスタンドの前面を地上二メートルくらいの高さとする。こうすると観衆が競技場へ入れず、スタンド全体が高くなるから、決勝点や出発点がどこからでもよく見える。それからスタンドの前面の線を弓形とし、跳躍の砂場をその中へ設けると砂場が蹴球の邪魔にならず、見物の目の前でやるから非常によく見えるというような結論が出たので、こういう方法でやろうということになったわけです。

　工事は球場で十分経験を重ねている技術陣を動員したから、短時日に立派にできて、陸上競技連盟や、蹴球協会の連中もえらいご満悦でした。鉄筋コンクリートの観覧席は収容人員二万人、当時はもちろん、現在でもこれだけの総合運動場はどこにもなかろう。しかもバック・ストレッチ側は松林で風致もよかった。スタンド内には貴賓室、集会場などのほか宿泊の設備もあった。昭和四年の二月十六日に工を起し、五月の二十二日に竣工したのです。

泉谷　工事は三カ月くらいでこれも突貫工事だった。

前田　開場式には秩父宮さまと妃殿下をお迎えして五月二十六日に華々しく行われ、つづいて秩父宮賜杯第二回日本学生陸上競技選手権大会が行われたのを皮切りに、いろいろの大会が開かれ、いろいろな記録が作られた。日米対抗競技、日芬対抗競技、日独対抗競技、日本対豪洲とか日本対ニュージーランドのラグビー、日本対米国のアメリカンフットボールなど数々の国際競技もここで開かれ、戦争のまきぞえを食うまで、この運動場が果した使命は実に大きなものですね。

昭和十八年四月、お隣の阪神パークや水族館とともに海軍航空当局の要請に一切をゆだねたという次第で、そして敗戦、占領、接収といまだに暗い運命がつづいている。あの南運動場の緑の芝生に、若人のはつらつたる姿が見られるのはいつの日のことでしょう。

泉谷 いいおくれましたが、十五年六月には五百メートル走路の外側に六百メートルの自転車走路をつくった。その時に第一回自転車競技をやった。あの走路はコンクリートで、桃色のような色をしておった。

前田 戦後自転車競技法による競輪がはじめられるとき、議会や通産省へ説明する唯一の材料は、甲子園走路に関するいろいろの資料であったそうです。後日振興会総連合の専務理事になった一条君から〝あの時はお陰で助かりました〟とお礼をいわれたね。

テニスの殿堂の発足

――甲子園のテニスも黄金時代がありましたな。ひとつ生い立ちを……。

辰馬 ご承知のように日本のテニスは最初軟式でしたが、大正時代になって諸外国の一流選手が相ついで来まして、関西では鳴尾をはじめ、浜寺、大阪築港のコートなどで硬球による妙技を見せました。これに刺激され、何とか外国に負けないようにという機運が起り、甲子園に総合運動場の一環として、硬式テニスの殿堂をつくろうということになったのです。

大正十五年ですが、まず野球場の西側にクレーコートと木造スタンドのセンターコート、それにクラブハウスを建設し「甲子園ローンテニス・クラブ」が誕生しました。当時関西には築港や浜寺のほか阪急の神崎川、豊中、神戸などにもクラブがあったが、甲子園庭球場は次第に発展して、外野裏にも三十面ほどの貸コートをつくり、総数四十面ほどできました。こうして全日本の庭球界に重きをなすようになったのです。最初の年にデ盃戦出場のため渡米するフィリピンチームのアラゴン兄弟一行が来たのをはじめ、アメリカの名手リチャーズ、世界一の女流選手ムーディ夫人、フランスの強豪コーシエ、ブルニヨンなど世界的のプレーヤーが、ここでわが一流選手と模範試合をやったことが深く印象に残っております。

その後大阪瓦斯会社から社外重役として入っておられた片岡直方さんが有名なテニス党で、もっと世界一の大きな国際的なコートをということになり、百面コートを目ざして新らたに甲子園九番町の方に場所を選定され、昭和十二年に今までのクラブは解散した。そうして強力な「甲子園国際庭球倶楽部」が発足し、クラブハウスとアンツーカ・コートの建設にとりかかったのです。ご存知でしょうがアンツーカというのは、赤い煉瓦の粉を表面に二、三分まいて、その下に石炭ガラを置き、さらにその下にクリ石を入れます。土のコートですと、雨でも降ると水が溜って試合がお流れとなるが、アンツーカは水を早く吸収するので、夕立が降っても二、三十分ほどすれば元通りになっている。これは最初フランスでやったそうです。これをつくるのに当社の澄川技師が小さな面のサンプルをつくって水をかけ、吸収の状態などをよく研究していました。今では規格が完成されていますが、当時は尖端を行ったわけですから、いろいろ苦心をしたものです。野田社長がロンドンで手に入れられたアンツーカ工法の仕様書なども参考にしましたが、とにかくむつかしかった。

世界一の百面コート

――百面コートといった大規模のものはよそにもありますか。

辰馬 世界中どこにもありませんね。

野田 大したものだ。その真ん中に大きな庭球会館がある。本館も別館もスパニッシュ風の堂々たるものです。あれを中心にしてセンターコートがあり、周りに何十面かズッとある。このセンターコートのスタンドは一万人収容できる。

百面というのがいかに大きいかということは、ロンドン郊外にウインブルドンという庭球場があるが、中央に玉座があり、格式では世界第一でしょう。しかしここでもメインコート二面をふくめて、全部で二十面ほどしかない。またアメリカのフォレストヒルスは三十五か四十ぐらいだから、それらに対しても甲子園はまさに世界一なわけです。

――庭球寮もあって相当活用されていたそうですね。

辰馬 庭球寮は平屋でしたが、本館は十五畳の部屋が十室、それに運動具などの店舗もありました。その後、寮の別館ができて西館と呼ばれていたが、本館と同じほどの広さでした。安く泊めて一流選手の強化練習をさせたり、国際試合に役立つような庭球人を養成しようという意図と、日常生活にプラスとなるテニス精神の涵養といった意図をふくんでいました。また陸上競技や、野球選手の宿泊にも使われたが大変好評でした。

時局が緊迫するにつれて、庭球人の練成のため「早起きテニス会」というのができました。昭和十四年でしたが四月から六ヵ月間、片岡会長以下寮へ泊り込みで毎朝五時から「行」のように鍛錬をしたものです。その時は兵隊に見習って全部丸坊主でした。片岡さんも丸坊主で、私のロッカーが隣りだったから出あった時〝お前まだ頭刈っとらん〟といわれて、しまいには刈ってしまった思い出があります。参加者はとくに十銭で十分な朝食が食べられた。毎朝四、五百人も来て非常に盛会でした。

このように国際庭球倶楽部が発展してきたので、野球場西のコートは一時会社、銀行などに貸し、木造のスタンドがあるセンターコートは「甲子園リング」と改称してボクシングとか、工場相撲などに使ったわけです。

前田 この古いセンターコートは収容人員三、四千人ほどでしたが、アメリカのチルデンとか、ヴァインズ、シャープなどもここでやった。

野田 国際クラブのセンターコートでもえらいのが来たね。

初期のテニスコート
球場のスタンド上から見おろす

辰馬　昭和十二年にドイツのクラム、ヘンケル、十三年にはユーゴー、ベルギーのデ盃選手をはじめ続々一流選手が来ています。

——世界にも類例のない甲子園の百面コートが、日本の庭球界に及ぼした影響は……。

辰馬　まず庭球人が増えたということが第一でしょう。次に若い庭球人の技量をウンと伸ばした。関西の一流選手は全部ここのメンバーです。庭球人のほとんどはあの頃をなつかしみ、再現しないあの華やかな時代のいろいろの思い出を寄ると語り合っています。昭和十九年にはついにクラブが閉鎖され、終戦と同時に接収されました。

浜と球場内にプール

——ではプールに飛込みましょう。最初にできたのは浜甲子園でしたな。

野田　最初廃川地を買ったとき、浜の方に海水浴場をつくることにした。しかし当時は人家もないので子供連れなどはやはり香櫨園の方へ行く。そこで甲子園浜は団体をねらい、大阪の学校などに呼びかけ、だんだん大きくなったが、海の中ばかりで泳いでいては記録がわからない。そこで昭和三年の夏、まず二十五メートルの「浜甲子園プール」をつくった。やるからには世界的の選手を出すのが一つの眼目で、甲子園水泳研究所というものを永続的にやっているわけです。香櫨園は帝国水友会という名前だったが、水友会からは高石勝男選手などが出ている。

石田　私もそうです。（注、オリンピック選手として活躍す）

野田　さて折角プールはつくったが、残念ながら二十五メートルでは小さいんですね、スタンドもないし。日本選手権をやるためには大きいのが必要だから、後年野球場の西側へ五十メートルの国際水上競技場をつくったわけです。

石田　大プールよりも前に昭和七年に二十五メートルの室内プールができました。室内プールというても総ての水を浄化や滅菌したり、温水にする大きな機関装置が完備された非常に近代的なものです。東京のYMCAに日本でただ一つの室内プールがあるが、これを検討してつくったものです。真冬に一般市民がプールで泳ぐということは望めなかった当時において、日本ではじめて公開の温水プールができたわけです。これは大いに日本水泳界に貢献したといえましょう。

野田　野球場の東アルプス・スタンドの下だったね。西側の下はバスケットやバレーボール、柔剣道などの室内競技場で、どちらもなかなか立派なものであった。アルプス・スタンドは昭和四年にできたが、真ん中に柱がなくてガラン洞になっているのでこれを活用した。

石田　甲子園室内水泳クラブが結成され、クラブ員は自分らのプールだという考えで、すべてに尽力してやっていました。練習時間は夜で、昼間は一般の人に泳がしたが、最初はまだ冬に裸になって飛び込むという人は少なかったです。

——冬季の温水は相当経費がかさむでしょう。

野田　経費の点もあるが、それよりも温めすぎて銭湯のようになると工合が悪い。

石田　だいたい二十度くらいを標準に調節します。場所がちょうど球場の下になり、煙が出ては野球に差支えるので、重油専門のボイラーを備えつけたりしました。そういう立派な装置で冬季の競技会とか、極東大会の予選会などもやったのです。

三拍子揃った大プール

――大プールは立派なものですな。

石田　昭和十二年の夏開設されましたが、実に完備したプールです。元来水上競技というものは飛込みと水球と競泳、この三つが完全にできなければ実際の競技というものはなりたたない。その頃三つとも揃っていたのは神宮プールだけだったのです。そこで神宮プールを参考に水球もできる五十メートルの競泳用と、二十五メートルの飛込用とを具備した大プールができました。飛込プールは深さが五メートルを必要としますので非常に大工事になったのです。競泳の方は面積は広いが深さの関係上、水は同じ量です。また最初から夜間照明装置ができていたし、スタンドは二十五段で約一万人収容でき、神宮プールとともに東西相呼応しての偉容を誇ったわけです。

それからちょっと思い出したことですが、戦時中に予科練の連中が借りにきました。兵曹長でしたか、若い連中を集めて飛込みのところへ行って〝このプールは飛込プール〟といって教えている。〝一番低いのは三メートル、その次ぎは五メートル、一番上は十メートル、これを大ビング、中を中ビング、一番下を小ビングという……。〟(笑声)

――ダイビングをやりますからね。(笑声)

前田　メディカが来て、日米対抗をやったのは大プールができた年だったなァ。

石田　あの時は競技の最中に大雨で、皆がズブぬれになりました。それから日本選手権もやっています。

辰馬　水泳以外では玉の海一行の大相撲がきましたね。

石田　それに柔道大会、鵜飼、納涼花火大会など……。何しろ照明装置があるから夜間いろいろな催しができました。

野田　関西におけるナイターというのは阪神が元祖だね。

多彩な外苑の催し物

――各競技場以外の外苑でも催しとか施設といったものが相当あったのではないでしょうか。たしか弓道場も……。

前田　現在のテニスコートのところです。ずいぶん盛んにやったが空襲で焼けてしまった。昭和三年に「阪神大博覧会」をやった。

野田　停留場から浜まで旧枝川堤の松林が続いていたが、ここでやった。これはいわゆる博覧会屋というのに委したから失敗したが、十一年に毎日主催の「輝く日本博覧会」をやってこれは盛んだった。それから双葉山全盛時代の大相撲があったね。

前田　双葉山の時のは大日本大相撲関西大場所という名でした。

野田　大相撲は二回やった。九番町のところに特設国技館をつくって。また昭和八年ハーゲンベック・サーカスが来たときは南運動場の北側の空地でやった。この辺りは広々としていたものです。

辰馬　この広場はいま駐留軍が接収して家を建てております。

土地経営と水道

――それでは話題をかえて、甲子園一帯の土地経営とか水道の敷設についてどうぞ。

野田　廃川地にまず野球場をつくったでしょう。さてあとの広大な川底の用途については、先にもいったように最初は下手をスッカリ遊園地にして水族館だとか、動物園、植物園などをつくり、これらを全部観れば一日中かかるというプランに決めたのです。上手の方は住宅地にするために、地割をして道をつける仕事をはじめた。そしてまず阪神国道の少し南の方に標準型の中流住宅を建てて、売出したのです。サンプルに……。しかし甲子園はいたるところ大きな松の木があったりして、中流向の住宅には適しない。建売などは金持連中は買わないと見当をつけ、大きくとった地面で売ることにした。つまり高級豪華住宅地の売出しをやったわけです。それと同時に水道が入用になり、武庫川と元の枝川の分岐点に水源地をつくった。そのころは地元の瓦木にも鳴尾にも水道などはなかった。なかなか立派な水道ができましたよ。

――浜手一帯の遊園地計画はどうなりましたか。

野田　まず下流の旧川床を地上げするため、海中の土砂を払下げてもらい、サンドポンプで水もろとも砂をすくい上げて整地をしたわけです。一方この辺の旧枝川と中川尻に挟まれた海岸沿いの土地を、蓬萊土地会社と個人が合せて十二万坪余り持っていたのを次々に買った。ところで最初は大きい遊園地を考えていたが、無茶に大きすぎると金の問題もあるし、浜の方も一部住宅地に売ろうという方針に変ったのです。その土地は今いうた十二万坪ほどで、このうち早く手に入った約五万坪ほどは、昭和四年ごろ大林組が委せてくれといって、お手のものの小住宅をつくって建売りをはじめた。残りの土地は、神戸地下線工事のとき、掘上げた土砂を運んで地ならしをした上、昭和十一年に「輝く日本博覧会」をやり、その後は阪大の運動場と、うちの直営の住宅地とした。これが浜甲子園住宅地の初期のあらましです。

前田　浜甲子園は健康住宅地という名でやっていた。海岸は全部国有だから、これを借りて海水浴場にしていたが、大蔵省から売りつけられて全部買いました。

野田　結局甲子園の土地は何回にもわたって買増しをしたわけです。

武庫川畔にホテル

――経営地の北端近くにあるあの瀟洒な甲子園ホテルは、阪神の力添えによって建てられたのですか。

野田　あれは廃川地を買ったとき、浜辺に大きな海浜ホテルをつくる考えで、京大の武田五一博士に設計を頼んだのが発端です。当時の社長は島徳蔵さんですが〝よろしい、やろう〟ということになり、誰にやらそうかと人選していたところ、ちょうど東京の帝国ホテルの専務をしていた林愛作という人が専務を辞めておられたので、その人に白羽の矢をたて、呼んで来て計画を説明し、浜辺の候補地を見に行った。私も一緒に行ったが、林さんは〝こんなところは珍しくない〟というので上手の今のホテルのところへ行った。ここは武庫川畔で松林も鬱蒼としており、前には池があり、結局ここに決った。土地は川床だけでは足らんので東側の土地を買い足して、昭和五年の春に建てた。帝国ホテルと同じライト式の非常に立派なホテルができた。直営の話もあったが、結局「株式会社甲子園ホテル」という別個の会社にしたわけです。直営にしておったらこの頃のようにストが多いと困ったことがたびたび起る。（笑声）開業後間もなく高松宮さまが新婚旅行でお泊りになったが、そういう高級ホテルです。

前田　秩父宮さまも東西対抗ラクビーで南運動場に来られた際、このホテルで食事をされた。

甲子園線の起り

——それでは大甲子園経営の一環として、廃川地に敷かれた甲子園線についてうかがいます。あの線は旧鉄橋から浜までは大正十五年七月、上手の阪神国道までは昭和三年七月と、この間正式の開業に二ヵ年の開きがありますが…。

泉谷　甲子園線というのは大正十三年に野球場ができてすぐ夏の大会が迫ってきた時、大観衆をどうして早くさばくかという問題に直面し、大急ぎで川底につくった留置線がそもそもの発端です。もちろんあの辺に停留場はなかったから、臨時停留場を鉄橋のすぐ東に設けたが、観衆を待たせずに運ぶため、一旦北側のスロープを川底へ下り、今度は逆に南へ鉄橋の下をくぐって四百メートルほどの留置線を敷いて、何両かを待機させるというやり方で、これは相当思い切った設計でした。

空から見た初期の甲子園線と球場
線路は旧川床に単線

清水　大量輸送を迅速にやるため、それまでにずいぶん研究したものです。

泉谷　大会後はこの留置線を延ばし、廃川の砂利を本線用に使うため川底に枕木だけならべ、うねうねと海岸の方まで簡単な砂利採り線を引っぱった。まるで工兵の演習のような早さで……。これが浜甲子園線の最初の姿です。キチンと舗装するまでには一、二度段階を経ている。鉄橋を取外して正式に甲子園停留場ができたのは海水浴場の開設と同じ大正十四年です。

野田　本線から上手の開通がおくれたのは、阪神国道もまだできておらず、客の乗り手がないから、住宅地の経営と併行してつくったわけです。それから廃川地の全経営地を上手から一番町、二番町……というているあの町名は僕がつけた。一番分りよいと思ってワン・ツー・スリーでいったが（笑声）……あまりよい名前とは思っていない。

泉谷　海から一、二といかず逆にいったが、今では別におかしくもないですね。

手痛い戦争の犠牲

——思い出も生々しい戦争による痛手をしのんで下さい。供出、撤去、接収、最後は空襲と全く散々でしたな。供出の筆頭は大鉄傘ですか。

泉谷　鉄傘は海軍から毎日ヤイヤイいって来た。買主は神戸製鋼でした。しかたなしに出したがトン当り九十円、全部でタダの九万円、今なら小屋も建てられん。

前田　下村海南さんが体協の会長で貴族院議員だったので頼みに行っ

球場内に入りこんだ軍需輸送隊

た。日華事変中はそれでおさまっておったが、太平洋戦争が苛烈を極める頃、また〝出せ出せ〟といって来た。下村さんに会うと〝鉄傘どころじゃない。もう自分の手に負えないから諦めてくれ〟といわれた。一つは金属回収の宣伝に考えたんですね。十八年の七月撤去した。

清水　取りはずした鉄傘は、戦争が済むまでどこかへ置きっ放しであった。

前田　神戸の海軍人事部長と会った時〝あれで駆逐艦が半分よりできん。僕個人としては勿体ないことをしたと思っている〟というていたね。

――先ほどもお話になりましたが、昭和十八年には南運動場が、阪神パークや水族館と運命を共にしましたな。

野田　そうです。その前に軍の命令が来て価格の交渉に海軍省へ行った。寒い時だったが部屋の中へ入れてくれず廊下に待たされた。安い値段がつけられて結局四月に閉鎖し、五月に売ったのです。

辰馬　世界一を誇った国際庭球場も海軍に強制買上げされて、飛行機の試験場になってしまいましたな。しかしセンターコートだけは今も阪神に所有権だけはありますね。

前田　手違いでね……。あれは一時陸軍の高射砲の弾薬庫になっていた。

泉谷　十九年の春でしたか甲子園に近畿軍需輸送隊の本隊が置かれて、数十名の兵隊がクラブハウスに常駐した。うちの傍系の阪神バスが協力して運営の衝に当ったが、とにかく外野はトラックの置場となり、外野スタンド下はその修理場となってしまった。西アルプス下の室内運動場は川西航空機の製品倉庫に使われ、その他内野下の事務所を除いて球場全体が軍需工場となったわけです。

石田　トラックはむろん木炭車ですから炭がその辺一面にこぼれる。美しい芝生もワダチの跡だらけで全く散々でした。

野田　要するに甲子園施設の大部分が軍需工場などになったのです。もちろん野球どころではなかった。室内プールも阪大から来て使っていた。どうするかというと軍艦や潜水艦の来襲を音で知ろうという研究なんです。

――撤去されたものには甲子園線の一部レールとか、野球塔などもありますね。

泉谷　レールの方は浜甲子園、中津浜間七百八十メートルほどで、これは庭球場が飛行機の検査場となっていたので、そこへ飛行機を運ぶ通路として使用するため、終戦の年の一月早々取除かれたのです。

前田　野球塔は夏の大会の二十周年記念事業として、昭和九年に朝日が球場横の松林に建てたのだが、これも塔が高すぎて、飛行機の離着陸に危いからというので主塔が取りこぼたれた。残骸は戦後になって五十メートルの道路計画にひっかかり、ついに姿を消してしまったのです。

——空襲でやられたのは終戦間際でしたな。

泉谷　広島に原爆が投下されたあの八月六日の未明ですよ。グラウンドには五、六千個くらいかと思うが、とにかく無数の焼夷弾が突き刺さり、まるで墓場の花筒が林立しているようでした。外野スタンドから西アルプス間は内部が焼け、球場の窓ガラスはほとんどこわれ、西アルプス下のスタンドを支えている鉄のアーチもへし曲り、そのためこの部分のスタンドの立入りはしばらく禁止したほどです。

辰馬　室内運動場につまっている飛行機の部分品には機械油が塗ってありましたが、それが燃え出す。外野の三階にいた鉄工所の貯蔵油が流れ落ちて一面の火の海となるといった有様で、物凄い黒焔が全球場をつつんでしまいました。スタンドには十数ヵ所も穴があき、トラック用の木炭の山は二、三日間も燃えつづけるという目も当てられぬ惨状でした。

戦後は進駐軍が占拠

——終戦後も甲子園の各競技場はなかなか解放されませんでしたな。今度は進駐軍に接収されて……。

野田　戦争が済んだと思ったら九月の末頃、進駐軍の先発隊が和歌山から大阪、神戸へのり込んできた翌日、とつぜん武装した進駐軍が二十人ほどジープで来て、社長に出てこいというわけだ。代りに行くと、兵営にするため球場やプールを即刻接収するといって、命令書を渡された。閉口してね……。まァ何か接待でもしてやれと、サイダーか何か持って行ったのだが、一つも飲まん。怒った顔してね。

——進駐早々の時が時ですからな。

辰馬　接収前後の思い出はつきませんね。終戦となって間もなく兵庫県の内政部から公文書で「日本国民の体位向上のため至急グラウンドの設備相成り度し」と来た。係員一同は張りきって無数の焼夷弾を掘り起こし、地ならしをやっていたところ、たしか九月二十九日に進駐軍の武装した将校が乗りこんで来た。球場から私（当時運動課長）に急報があったので駆けつけたら〝球場の内部の図面を出せ〟というのです。その時にはすでにジープでどんどん部隊が入ってきて、どうすることもできません。県からの公文書の話をしても通らん。一将校が〝この球場の飲料水はどこから来ておるか〟と尋ねるので、直営の水道浄水地があるというとすぐ案内を命ぜられ、ジープに私一人乗せられ実地調査に行った。この時はちょっと気味が悪かったが、私のジープの乗りはじめです。翌日県庁に行って〝話が違う〟と善処方を申し入れたが〝どうもいたし方がないな〟ということで、そのまま一年六カ月ほど球場は使用不可能となりました。公文書では接収が昭和二十年（一九四五年）十月三日で、球場のスタンド解除が二十二年一月十日となっています。

球場の貴賓室は最高将校の宿舎となり、内野二階の廊下などにはどんどん折畳みのベッドが持ちこまれ、階下に炊事場が急造される。沖縄からの最初の進駐部隊なので、中には気の荒い兵隊もいたので、ずいぶん気疲れしました。

野田　結局接収されて兵営になったのです。また彼等は体育学校もつくった。それは各地に進駐しておる連中の体育指導員を養成する学校だというんだ。ボクシングや野球をやっておった。プールではケネリーという元オリンピックの水泳の総監督をしていたのが来ていた。

石田　キッパスより先輩やそうです。

野田　翌年の二月ごろ一度様子を見に行ったら室内プールはスッカリ清掃されて中には二三十人元気そうに泳いでいた。〝やっとるな〟と思って外へ出た。その辺が料理場になっているんですよ。ちょうど昼前だったがそこにはあちらから持って来た食糧品が山とある。密封されたブリキ缶を切ると、卵クリームのようなのが一ぱい入っているのだ。横にフライパンがある。そのクリームをまぶして鶏の片足のうまそうなのを無数に揚げている。水泳を終った連中がそれを食べるというわけだ。自分自身を振り返ると寒々とした国民服で、弁当入れのカバンを下げていてね、アルミニュームの弁当箱の中には豆めしが入っている。その時だね「戦争に負けた」とつくづく感じたのは。（笑声）

前田　戦争による影響は大きいですよ。接収ということも、戦時中に日本政府に買収されたのと、終戦後に進駐軍に接収されたのとがあり、また進駐軍に接収されただけのと、戦時中に政府に接収されたものが軍事施設であるというので、進駐軍に二重に接収されたものとがあり、球場とかプールなど二重のものは全部返って来たが、二重の分がまだ残っているわけです。

辰馬　話はまた進駐軍が球場へ乗りこんで来た当時の思い出にもどりますが「速かに整理、清掃せよ」というオーダーを受けました。場内の各軍需工場の大きな機械もそれぞれの会社が片づけねばならんが、戦後のどさくさで連絡がつかぬ。人夫もなかなか集らない。命令はお構いなしに来る。全くのテンヤワンヤでした。野田社長もガラスの徴発に進駐軍とジープで、たしか旭ガラスに行かれた。私も木津川尻の浅野セメントに行って、大量のセメントをいわば徴発のようにして獲得した。戦時中に球場内の各工場が散々ゴミ類を流しこんだ後へ進駐軍がきて、炊事場から大量の脂っこいものを流すので下水管がつまってしまい、マンホールに汚水が溢れた。即刻消防ポンプに出動命令が下った。空襲のときこき使って、機能の弱っている西宮の消防車を数台繰出してもらったが、ご迷惑だったことと思う。しかし進駐軍の威力には誰も勝てなかった。一時は外野の通路から部屋という部屋は全部進駐軍で一ぱいで、二千人くらいはいたでしょう。

冬が近づいて来たら「球場全体の廊下を二十度、各室を二十四度くらいに至急電熱設備をせよ」とのオーダーが来た。配電会社が焼け跡にある生き残りのトランスをかき集めて運んだが、球場の周囲に大電柱を二十本ほど進駐軍の穴掘り用の特殊機械のついたトラックで、いとも簡単に次々と建てられた時にはみなが驚きましたね。おそらく野戦で壕を掘ったり柱を建てたりする時の新鋭機械でしょう。球場の接収と同時に国際庭球場、南運動場、鳴尾競馬場、阪神パーク跡など甲子園一帯はジープ、大型トラック、進駐軍でうずまりました。西宮球場が接収されず、甲子園球場が接収されたのは、結局阪神国道をひかえて交通の便がよく、設備もととのい、進駐軍にとって理想的な環境であったからでしょう。

再びスポーツの聖地に

――戦時中から戦後にかけて全く泣きづらに蜂でしたな。接収解除にはずいぶん骨が折れたでしょう。

辰馬　とにかく終戦の年はただもうあわただしく過ぎてしまって春が来ました。毎日新聞社の選抜野球がせまったので、二月頃から解除の歎願書を出しはじめたが、時期的に駄目、夏の朝日新聞社の大会も駄目で、これは西宮球場の方で復活されました。その後神戸ベースに当時の小曽根社長もご自身再三足を運ばれ、私たちも日参して、ついに翌二十二年の一月十日に全面解除ではありませんが、春の選抜野球大会がやれるようになり、一同ホッとしました。懐しの甲子園球場がわれわれの手に還り、久しぶりの大会が華々しく再開されたということは、日本全体のスポーツの再興という点はむろんのこと、全国民の士気の昂揚にどれほど大きな力になったことか……。久々で球場の門は開かれ、集って来た大観衆は私たちと同様全く歓喜の絶頂にありました。本当に劇的シーンでした。

入場式に招待した神戸ベースの接収事務担当のハミルトン大佐も十万の観衆を見て〝これほど甲子園の大会が日本の民衆と直結し、溶けあったものとは思わなかった〟と非常に感動していたほどでした。

庭球場の再建についても再三歎願書を出して、当時モータープールに使用していた大プールの西側に、やっと十二面のクレーコートと、簡単なクラブ・ハウスを建設する許可を得て再発足しました。これが現在の甲子園テニスクラブです。

石田　大プールの方は球場より約一年遅れて、二十三年の三月一日に還って来ました。さっそくその年の七月に近畿選手権大会が行われ、越えて九月はじめ、高松宮さまをお迎えして、関西最初のインターカレッジ（日本学生選手権大会）が三日間開かれましたが連日超満員です。日大の古橋君が八百メートルと四百メートル自由型に世界最高記録をつくって、戦後の国際水泳界を驚かしたのはこの時でした。橋爪君も八百に新記録を出しました。こうしてあの大プールも、重くるしい占領下に明るい復活ぶりを見せたのです。

辰馬　その後球場の内部もジリジリと解除になり、今のように銀傘もスコアボールドの大時計も新しく取りつけられ、阪神パークも現在の新天地で再興され、甲子園も戦前をほうふつさすまでに立直ったことは喜びに耐えません。

――歴史が古く、舞台が広いため、全甲子園に関する話題は尽きませんが、この辺で座談会を閉じることにしましょう。どうも有難うございました。

センバツ点景　横山隆一の漫画
昭和29.4.3, 付毎日新聞より
とり小屋のダンナたち（民間放送）
このにわとりのえさは選手の一挙一動だが、陽の目もみないのは可哀そう。

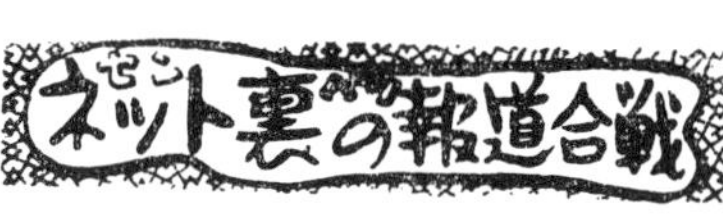

夏の大会点景　清水崑の漫画
昭和29.8.21付朝日新聞より
号令　応援団長の号令やケシかけや歓喜の言葉は何いうてるのかさっぱり分らんが、応援団はようきき分けていちいち和しとる。訓練のタマモノやな。

［5－B］
『阪神電気鉄道百年史』（阪神電気鉄道株式会社、二〇〇五年、九一～一〇〇、一六〇～一七七頁）

第2章 開業と先駆的沿線開発

第4節 兼営事業の開始

2．不動産・開発事業での先駆

『市外居住のすすめ』『郊外生活』の刊行

井上友一など内務省地方局有志によって、1907（明治40）年12月に『田園都市』が出版された。同書は健康で衛生的な田園都市の理想像を具体的に示した啓蒙書として、多方面に大きな影響を与えたが、阪神電鉄ではそのわずか3週間後、1908年1月1日付けで『市外居住のすすめ』を出版した。この本に収録された講演会が何回かに分けて開催されたとすると、『田園都市』とは異なるまったく独自の情報にもとづいて制作された可能性が高いと考えられる。

阪神電鉄の『市外居住のすすめ』に登場する14人の大阪を代表する名医は、いずれも市外への移住、郊外での生活を強く勧めている。このなかで、高名な緒方洪庵直系の医師である緒方銈次郎は、「私の思ひます所にては阪神電気鉄道会社にて市外住居を勧めらるる以上は一層奮って比付近の健康地を購ひ、市内に通勤する人士の為に衛生に適したる家屋を建設し、之を相当なる価格を以て貸与する方法を建てられたならば如何であるか」と提言し、また堀見克礼医師も、「多数移住者と利益の相反する虞のない阪神電鉄自身に遣るの外がない」として、「第一、沿線各所適当の地を選んで阪神電鉄の模範村を建置し万般の設備を完全にすること。第二、阪神電鉄模範村購買消費組合を設け会社の直営とすること」など、きわめて具体的な方策を提唱していた。[注7] こうした権威ある医師の発言は、阪神電鉄の経営者にも大きな影響を与えずにはおかなかったであろう。

さらに、1914（大正3）年1月からは月刊誌『郊外生活』が発行された。阪神電鉄沿線での郊外生活の良さを定期的にPRするためのもので、その創刊号において専務取締役の今西林三郎は、「電鉄経営の初期に於ては各種の催し物に乗客を吸集し、或は遊園地の如きを設けて沿線の紹介に努むべきも、開業後既に十数年を経て、存在の基礎動くべからざるを認められたる会社にありては、他に何等か永久的経営法のなかるべからず（中略）郊外生活を慫慂するのみにては少しく足らざるを覚え、之を更に深き趣味より入るの道として熱心に園芸を奨励せり。則ち阪神電鉄は趣味を以て経営の方針としたるに外ならず（中略）是に由りて阪神電鉄は雑誌『郊外生活』を発行して趣味研究の機関誌とし、併せて家庭に高尚なる読物と娯楽とを提供せむ」[注8] と発行の趣旨を述べている。つまり、イベントや遊覧施設で旅客誘致を図ることは、あくまでも一時的な手段にすぎず、また沿線の恒久的な発展を目指すには、ただ郊外生活をPRするだけでも駄目で、趣味の園芸を通して郊外生活を楽しむ方法を提案していくと宣言したのである。

このように『市外居住のすすめ』と『郊外生活』は、ともに沿線開発の目的から刊行されたのであるが、この時期に具体的な事業として行われたのは、後述する西宮停留場前と鳴尾における貸家経営、御影での住宅分譲にとどまった。ただし、今後推進しなければならない沿線の開発

『市外居住のすすめ』と『郊外生活』

について、阪神電鉄が単なる住宅地の造成・販売という不動産事業を超えた視点を、当初からもっていたことは特記すべきであろう。そして、第3章の時期になると、こうした不動産開発における先見性は、甲子園や六甲山の開発で実際に発揮されるのである。

なお、『郊外生活』は、1部12銭の定価がつけられていたが、希望者には無料で頒布され[注9]、1915年11月には編集を担当していた運輸課長の太宰政夫が退職したのにともない、約2年間の刊行をもって廃刊となった。

貸家経営と住宅分譲

阪神電鉄における不動産事業の始まりは、西宮停留場前の貸家経営である。上述の『市外居住のすすめ』が阪神電鉄沿線への移住者の増加を意図したものであったことは、すでにみたとおりであるが、同書の刊行から約1年後、1909（明治42）年1月19日の取締役会は、こうした目的から旅客誘致を図るための一方策として、「西宮停留場構内空地ニ貸家建築ノ件」を正式に決議した。

この件について、1909年4月23日の株主総会で説明した今西専務は、以下のように大変熱のこもった演説を行っていた。

貸家ヲ建築シタノハ沿道居住者ヲ増スベキ策略デアル。市外居住トカ田園生活トカ云フコトガ流行シテ参リマシテ、皆空気ノヨイ所ヘ移ルト云フ形勢デアル。当社ハ予テ貸家ノ周旋ヲシテ移住者ヲ勧誘シ、其希望者ニハ一々案内ヲシテ荷物ノ運搬迄モ引受テ便利ヲ図ッテ居リマスガ、兎角家賃ガ高イカラ移住セヌ又家賃ガ安ケレバ移住スルモノハ多クナル見込デアリマスカラ幸ヒ、西宮ニ空地ガアルノデ建築シタノデ、大阪ナリ神戸ナリノ家賃ヨリ割安クシテ貸ス積リデアル。普通ヨリ以上ノ立派ナモノヲ建テ一般ノ模範的ニナレバ他ノ家賃モ低下スル。左スレバ自然移住者ガ多クナル訳デ、先ツ西宮ノ成績ガヨケレバ追々他ニモ増築スル積リデアリマス。今カラ申込ガ余程多イ、最早満員ノ姿デアル。是ハ比較的安イカラダロウト思イマス。元資ヲ償却スルコトニハ見テ居リマセヌガ、修繕費ヲ見積テ約一割位ニナッテ居リマス。移住者ガアレバ随テ往来スルモノガ多クナルカラ電車ノ収入ハ勿論、電灯需用モ増加スル。是等ヲ加フレバ或ハ一割二分ヤ三分位ニ見ルコトガ出来ヨウト存ジマス。[注10]

すなわち、沿線の居住者を増加させることが目的であるが、「普通ヨリ以上ノ立派ナ」住宅を建て、しかも家賃を割安に設定すれば、多くの人が移り住もうとし、また沿線の家賃相場も低位に誘導され、自然と住みやすい環境が整えられて、旅客も増加すると訴えたのである。西宮停留場前の貸家は、1909年9月に14棟（32戸）が落成した。

つづいて、鳴尾村西畑の枝川のたもとに約5500坪の土地を買収し、貸家の建築を行った。西宮停留場前の貸家が好評であったことを受けて取り組まれたもので、西宮の場合は阪神電鉄が保有していた駅前の空き地を利用したのに対して、鳴尾では貸家経営のためにまとまった土地を購入していた。1909年12月3日の取締役会で9万6513円63銭の工事費予算で貸家を建築することを決議し、1910年9月には50棟（64戸）の貸家が新築落成した。

西宮停留場前の貸家

阪神電鉄は、第3章で触れる阪神土地の合併に半年ほど先だち、1926（大正15）年10月に「土地家屋ノ売買」を定款の目的に追加し、北大阪線の沿線や大規模開発地である甲子園において、本格的な土地家屋の分譲事業を開始するが、すでにこの時期から住宅の分譲が行われていた。すなわち、1911年3月21日の取締役会で「御影東明両地内当会社（編注：阪神電鉄）所有地ニ住宅新築一時又ハ延払ノ方法ニ依リ売却ノ積ヲ以テ予約申込者ヲ募集シタルニ応募者アリタルニ付本案ノ通リ工事施行方受負ハシメントスルナリ」[注11]と、7万1395円で分譲住宅を建設することを決議し、同年下期に19戸の住宅を完成させたのである。

これらの分譲住宅は、阪神電鉄の固定資産帳簿によると、1912年度末に19戸の合計で7万8334円と計上されており、1913～14年度には2戸が除却された。その後、1915年度に3戸、1916年度には5戸というように徐々に数を減らし、1921年度の2戸を最後に19戸すべてが帳簿から消えている。

香櫨園

旅客誘致策としての遊園地経営は、つぎに述べる香櫨園の以前にも、設備費に対する年6％の補助金と年額6000円以内の維持管理料を援助するかわり、入園料を無料とするという方針のもとに、1907（明治40）年に芦屋川遊園地に「金壱千参百五拾円以内ヲ以テ休憩場、便所、其他運動用具ヲ設備シ寄付」[注12]したといわれる。つまり、直営で遊園地を経営するのではなく、すでに施設をもっている者へ補助する形態をとり、参入を図ろうとしたのであるが、香櫨園の事業も、こうした考え方の延長線上に生まれてきたものである。

阪神電鉄香櫨園停留場の北側一帯の約8万坪に及ぶ山林原野は、大阪の砂糖問屋兼貿易商である吉野屋の香野蔵治によって、1896年9月ごろから買収され始めていた。香野とパートナーの櫨山喜一は、阪神電鉄の開通にあわせて、ここに「一大楽園地」を建設することを企画し、[注13]1907年1月から造園工事を行って、4月1日には部分的ながら開園するに至った。これが香櫨園であり、園内には大運動場、庭園、奏楽堂、阪神電鉄直営の動物園や博物館のほか、ウォーター・シュートなどの遊具も設けられ、また宿泊施設として恵美須ホテルが建設されるなど、当時の一大テーマパークであった。ちなみに香櫨園の名は、香野と櫨山からそれぞれ1字をとってつけられたといわれる。阪神電鉄は、香櫨園停留場を設置して遊客誘致に努めるとともに、香野から香櫨園内の土地約1万坪を賃借して動物園と博物館を直営したのである。

香櫨園は沿線の住民たちから好評をもって迎えられ、かなり盛況であったようである。エピソードを1つ紹介しておくと、1910年10月25日からの3日間、香櫨園内に急造された4700坪のグラウンドで、早稲田大学とシカゴ大学との野球試合が大阪毎日新聞社の主催で行われている。試合は早稲田大学が3戦全敗と、日本の野球ファンには残念な結果であったが、「不完全なグラウンドなので入場料は徴収せず、観戦の申し込みを受けた学校団体を優先させただけで、全試合を一般に無料開放し」[注14]て、地域住民や野球ファンへのサービスに努めた。なお、当時の私鉄系グラウンドとしては、1909年に京浜電気鉄道の羽田運動場が開設されたばかりであった。[注15]

このように、沿線の人びとに親しまれた香櫨園であったが、1913年9月9日の取締役会で「従来香櫨園ニ娯楽設備ヲ為シ来リシ処、経費多額ヲ要シ営業上利益ヲ認メ難キニ依リ廃止」[注16]することが決議された。当時の新聞記事によれば、すでに「遊覧電車の域を脱し」た阪神電鉄は、「最早営業費を濫費して迄大袈裟なる客寄せ政策を執るの用なきに至り、今年（編注：1913年）夏の如き西の宮海水浴場の外殆ど総ての遊覧設備を撤退」[注17]したと伝えられている。経費の増大については、1913年10月25日に開かれた株主総会で今西専務が、「香櫨園ハ経費ノ割合ニ収入少ク、殊ニ今回同土地ガ外国人ノ所有トナリ地代モ高ク契約モ面倒トナリマシタカラ」[注18]と説明しているように、香櫨園の所有者が変わったことで、賃借土地の地代が急激に引き上げられたことがあったと考えられる。

1913年9月に香櫨園娯楽施設の廃止を決めた阪神電鉄は、園内に設けていた直営娯楽施設を後述の香櫨園海水浴場に移設し、敷地を地主に返還した。また、香櫨園の名物となっていたインド産の老虎は、ゾウやサルなどとともに、園長の移籍先である箕面有馬電気軌道の箕面動物園に売却された。

海水浴場経営

阪神電鉄でもっとも早く手がけられた娯楽施設は海水浴場である。最初の娯楽施設となった打出海水浴場は、1905（明治38）年7月に開設された。

当時、海水浴はすでに行楽として一般大衆の間に広まりつつあり、1899年7月には伊予鉄道が梅津寺海水浴場で温浴場・休憩所を開設し、私鉄業界の先鞭を切っていた。[注19]阪神電鉄の打出海水浴場には、休憩所、食堂、脱衣場などが設置され、貸ボートも用意された。開設当初はチンドン屋を雇って宣伝する一方、仕掛け花火や軍楽隊の演奏を行ったり、社章入りの団扇を配布したりするなど、客寄せのための知恵をしぼった結果、かなりの人出で賑わった。

1906年には大阪毎日新聞と提携し、新聞紙面を通じて大々的に宣伝を行ったが、海浜に海水浴場として多少不適当な点が生じていたこともあり、同年限りで打出海水浴場は廃止となった。これにともない、1907年7月に打出海水浴場の施設を東隣の香櫨園浜に移設した。

また、1908年3月10日の取締役会では、「西宮海浜ハ風景ニ富ミ衛生上ノ適地ニシテ、海水浴其他遊覧人逐年増加ニ付、之ニ支線ヲ布設シ交通ニ便ニシ益々遊覧者ヲ誘致セン」[注20]との意図から、香櫨園海浜支線敷設の出願を決議している。この出願は西宮海浜支線敷設特許として、3月16日に申請された。その後、6月30日の取締役会で「香櫨園停留場ヨリ夙川西堤防ヲ経、香櫨園内ヘ支線布設ノ儀出願セントス」[注21]と報告されているように、7月10日には西宮海浜支線を香櫨園支線敷設特許申請に更改したが、結局却下された。

1913（大正2）年9月に香櫨園娯楽施設の廃止が決まると、博物館や音楽堂を撤去する必要が生じたため、阪神電鉄はこれらの施設を夙川尻東側に位置する香櫨園浜の直営海水浴場へ移築することとした。また、すでに阪神電鉄では、勝海舟が築造したという西宮旧砲台跡地を、1万1112円の価格で払い下げを受けていた。こうして、打出海水浴場と香櫨園に開設された諸設備は、香櫨園浜の直営海水浴場に集結されるとともに、西宮旧砲台跡地を利用して海水浴客にビヤホールとして開放した。さらに、香櫨園浜に移設した公会堂は、スイトピー、ダリヤなどの園芸展示会など四季折々の各種行事にも利用された。

香櫨園海水浴場に移設された音楽堂

浪速土地の「紅州園」計画

紅州園というのは、浪速土地が計画した遊園地の名称である。その計画によれば、西成郡鷺洲町海老江字北島の旧淀川敷地に、15万円以上の資金を投じて、「大礼記念ノ為メ運動場ヲ設ケ遊園ヲ建設」するとされていた。建設予定地の旧淀川敷地は浪速土地の所有地で、1913（大正2）年7月に阪神電鉄へこの企画が持ち込まれた。

これに対して阪神電鉄は、1913年8月20日付けで浪速土地と契約を結んだ。その内容は、およそつぎのようであった。

> 第二条　甲（浪速土地）ハ前条設備工事ノ外相当ノ資金ヲ投シ阪神電気鉄道稗島停留所付近ヨリ紅州ニ達スル電気軌道ヲ敷設シ、無償ニテ乙（阪神電鉄）ノ使用ニ供スベシ
>
> 第三条（前略）乙ハ之等工事進行ノ程度ニ応シ其資金ノ一部トシテ金十万円迄ヲ（中略）甲ニ貸与ス（後略）
>
> 第七条　乙ハ稗島停留所以東ヨリノ乗客ニ対シ紅洲ニ於ケル無料入場ヲ認許スル往復乗車券ヲ発売スルコトヲ得（後略）[注22]

つまり、遊園地のデベロッパー（浪速土地）と、受益者となる沿線電鉄会社（阪神電鉄）との業務提携であった。この契約に先立って阪神電鉄は、1913年8月8日に稗島—野里間の電気軌道の特許を申請し、10月29日にその特許を受けた。

しかし、翌1914年になると、浪速土地と関係の深い北浜銀行で取付が始まり、浪速土地をめぐる経営環境がにわかに動きだした。このた

め、阪神電鉄側から浪速土地に対して、紅州園にかかわる契約の「一時解約」について「慫慂」がなされ、その結果、6月に浪速土地から「大正弐年八月二十日付契約ニ基ク紅洲経営ノ件ハ他日更メテ協定スルモノトシ一時解約御慫慂ノ趣ヲ諒シ尚且ツ財界ノ現状ニ鑑ミ止ムヲ得ザルモノト思料シ御提議ニ賛同仕候」[注23]との申し入れがあって、両社間の契約が解除された。

これにともなって、阪神電鉄が代行する予定の稗島—歌島間の電気鉄道敷設計画も中止となり、1914年6月25日には稗島—野里間特許状を返戻した。その後、紅州園が計画された敷地を含む淀川西岸の地区は、新京阪鉄道との乗り入れ問題と関連して再び登場し、最終的に阪神電鉄が約4万坪の土地を取得して経営地とするが、これらについては次章で触れる。

阪神土地信託の分離

第3節で述べたように、北大阪線の建設は沿線の土地経営が大きなインセンティブとなっていたが、土地価格の協定があったため、阪神電鉄が直接分譲を行うとこれに抵触し、土地の売却で利益をあげることができなかった。そこで、阪神電鉄は不動産を保有する別会社を設立し、北大阪線沿線をはじめとする遊休土地を移管することとした。こうして、1918（大正7）年6月4日に資本金140万円で設立されたのが、阪神土地信託株式会社である。役員はすべて阪神電鉄の関係者で占められ、社長には小西新右衛門が就任し、取締役は小曽根喜一郎、山内卯之助、浅井辰蔵、野村徳、監査役は小川平助、今西林三郎、渡辺至であった。

当時、大阪では土地会社の設立がブームになっていた。[注24]その背景には、第1次大戦下の好況による工業発展とともに、工場用地の需要が増大したこと、人口の都市集中にともない住宅地が不足したこと、余剰資本が土地投資に向けられたことなどがあり、地価の高騰が土地経営の事業を有利なものとしていた。

1917年10月25日に開かれた阪神電鉄の株主総会では、北大阪線付近の鷺洲町ほか3カ所の6万3961坪・建物19棟を115万3121円、本線付近の鳴尾村と住吉村の1万1383坪・建物50棟を13万394円で、阪神土地信託に売却することが決議されているが、実際には7万5613坪の土地が116万9366円で、109戸（71棟）の建物が3万1140円で譲渡された。この価格は簿価が適用されたため、1坪当たりの土地価格は15円46銭と当時の相場からすれば異様に安く、時価の半額程度にすぎなかった。

このように、阪神土地信託は恵まれた経営条件のもとにスタートしたが、1916年12月27日の株主総会で今西専務が「北大阪線及本線沿道ニ所有スル土地建物ノ一部ヲ、会社ノ大株主ト役員が発起シ組織スベキ土地会社（編注：阪神土地信託）ニ割安ニテ売却シ、阪神ノ株主ニ割当テントスルモノナリ」[注25]と述べているとおり、同社設立の目的が1つには阪神電鉄株主への利益還元にあったからである。実際、北大阪線開通後の沿線における土地需要の増大と地価の高騰により、阪神土地信託の営業は順調に推移した。1918年度以降、阪神土地信託では1割の配当を実施し、とくに19年下期（1920年1～3月）には土地の評価益を計上して40割の特別配当を行った。

鳴尾運動場

日露戦争後、馬匹改良の機運が高まった日本では、その一方策として競馬の普及が図られた。それ以前から競馬は行われていたが、一般的に馬券は発売されておらず、競馬の人気を高めるために、馬券つき競馬を実施することとしたのである。

1906（明治39）年にはその運営組織である東京競馬会が発足し、

同年11月から東京・大森の池上競馬場で初めて本格的な馬券つき競馬が開催された。こうしたなかで阪神地域では、大林芳五郎、島徳蔵ら8人が中心になり、1907年6月に関西馬匹改良が設立され、同社を母体に競馬の運営主体として関西競馬倶楽部（のちに阪神競馬倶楽部と改称）が発足した。同年11月には鳴尾停留場の南約700mに広さ約6万坪の関西競馬場（のちに鳴尾競馬場と改称）が完成し、関西で最初の馬券つき競馬が開催された。

しかし、馬券の発売は賭博を禁じた法令に触れるとの判断もあり、1908年10月には全面的に中止されるに至った。1910年になると関西馬匹改良は解散に追い込まれ、競馬場も遊休化したため、1911年3月ごろから場内のトラックを利用して、新聞社の後援で飛行大会が開催され、マース、武石浩玻など民間飛行家の挑戦が人気を集めた。競馬場のトラックを利用した飛行大会は、つぎにみる阪神電鉄との賃貸契約後も継続され、1914年6月に帝国飛行協会の主催で第1回の民間飛行大会が、15年12月には第2回大会が開催された。さらに、16年1月にはナイルス、4月にはスミスがアメリカから招かれ、大観衆を前に飛行演技を披露した。

阪神電鉄は遊休化した鳴尾競馬場の活用を図るべく、1914（大正3）年4月に阪神競馬倶楽部と契約を結び、競馬場の敷地と付属建物を年額800円で借用することとした。そして、1916年春には競馬場内に直線コース400mおよび1周800mの陸上競技場と、プールを備えた鳴尾運動場を開設した。完成した鳴尾運動場では、同年10月に第3回極東オリンピック大会の予選会が開かれた。また、フィールド内には、1917年の極東大会に出場した日本とフィリピンの代表選手を朝日新聞社が招待するため、テニスコートが設けられていたが、このコートは一般に開放され、1922年6月にはカリフォルニア州立大学の選手を迎えて対抗試合が行われた。

鳴尾運動場に開設されたもう1つのスポーツ施設が野球場であった。この野球場もフィールド内にあり、固定スタンドはホームベースの後方に設けられたのみで、ほかは8段の移動スタンドを利用することになっており、すべて木造であった。同時開催の可能な2つの野球場が併設され、当時の水準では設備の整った大規模な野球場であった。事実、大阪朝日新聞社主催の全国中等学校優勝野球大会も、1917年8月の第3回大会以降、箕面有馬電気軌道の豊中球場から会場を移して開催されるようになった。その後、1924年に甲子園球場が建設されるまで、全国中等学校優勝野球大会は、この鳴尾の野球場で行われ、同年8月の甲子園球場開設とともに、鳴尾運動場は閉鎖された。

なお、1910年以降も鳴尾競馬場では、阪神競馬倶楽部が政府補助金による競馬を細々と施行していたが、1923年秋には馬券の発売が再度公認され、馬券つき競馬が復活した。

注7 阪神電鉄『市外居住のすすめ』1908年、82・159～160頁
注8 阪神電鉄『郊外生活』第1巻第1号、1914年、巻頭
注9 阪神電鉄『郊外生活』第1巻第11号、1914年、4頁
注10 阪神電鉄「株主総会議事録」1909年4月23日
注11 阪神電鉄「取締役会決議書」1911年3月21日
注12 阪神電鉄「取締役会決議書」1906年12月25日
注13 『西宮町誌』1926年、348頁
注14 『阪神タイガース　昭和のあゆみ（プロ野球前史）』1991年、84頁
注15 『京浜急行八十年史』1980年、492頁
注16 阪神電鉄「取締役会決議書」1913年9月9日
注17 『大阪毎日新聞』1913年9月16日（「大阪の郊外電車」連載

記事）
注18　阪神電鉄「株主総会議事録」１９１３年10月25日
注19　『伊予鉄道百年史』１９８７年、84頁
注20　阪神電鉄「取締役会決議書」１９０８年３月10日
注21　阪神電鉄「取締役会決議書」１９０８年６月30日
注22　「浪速土地株式会社ト運動場設置及資金貸与等ノ契約書」１９１３年８月20日（『重要契約書綴』）
注23　浪速土地「阪神電鉄宛書簡」１９１４年６月19日（『重要契約書綴』）
注24　「大阪日日新聞」１９１９年12月28日
注25　阪神電鉄「株主総会議事録」１９０６年12月27日

第３章　競争の激化と戦時体制

第４節　電気供給事業・不動産事業の発展

２．甲子園の開発

枝川・申川廃川敷の払い下げ

２００５（平成17）年に開業１００周年を迎えた阪神電鉄では、西梅田地区にホテル・商業区域・オフィスが渾然一体となった新都市空間を創造したが、阪神電鉄における総合的デベロッパー事業は、以下に述べる甲子園の開発を嚆矢とし、現在の西梅田地区を上回る大規模な開発事業として取り組まれた。

甲子園の開発は、１９２２（大正11）年10月に兵庫県から22万４０００坪の枝川・申川廃川敷を４１０万円で譲渡されたことに始まる。阪神電鉄ではさらに、分岐する廃川に挟まれた下流域の一帯に敷地を求め、合計42万坪以上に及ぶ用地を確保して、野球場や阪神パークなどスポーツ・レジャー施設の開設、大規模な住宅地の開発など総合的デベロッパー事業を展開したのである。24年７月に完成して開発事業の第一弾となった野球場は、中等学校（高校）野球の隆盛とともに甲子園の名を全国的に高め、１９２８（昭和３）年７月から第１回の分譲が開始された住宅地は、戦前の阪神間における民間の住宅地開発として、商業的にも成功を収めた。

篠山盆地を水源とする武庫川は、宝塚を通って逆瀬川、仁川を合流したのち、東海道線鉄橋の下流で西側に枝川を分岐させ、さらにこの枝川は、阪神電鉄本線の枝川鉄橋の下流で西側に申川を分流する。武庫川は河床が高い天井川で、１８９６（明治29）年とその翌年には武庫川堤が決壊して多数の死傷者を出すなど、根本的な改修工事が必要とされてきた。１９１０年代になると下流域での住宅地や工場用地の利用が進展し、武庫川改修の一環として水害の元凶となっている枝川・申川を廃川とする計画が浮上した。廃川敷地については、民間のデベロッパーへ売却することによって、武庫川改修工事および阪神国道建設工事の財源にあてる方針がとられた。

当時、枝川・申川の流域一帯は鳴尾村と呼ばれ、１９５１年には西宮市に統合されるが、この廃川敷地を阪神電鉄が買収して甲子園の開発を進めたのである。１９１０年６～11月に外遊した三崎技術長は、「武庫川ヲハドソン河、マタハテームズ河ニ」見たて、「現今ノ枝川及武庫川ハ、住宅地ニ」し、「鳴尾ヨリ西宮ノ海岸ヲ、遊覧地即チブリックプール及ブライトンマタハコニー・アイランドニスル」という考えをもっていた。こうした三崎技術長の構想は、「阪神が率先シテ、立派ナ都会ヲ

図３－４　甲子園開発の概念図

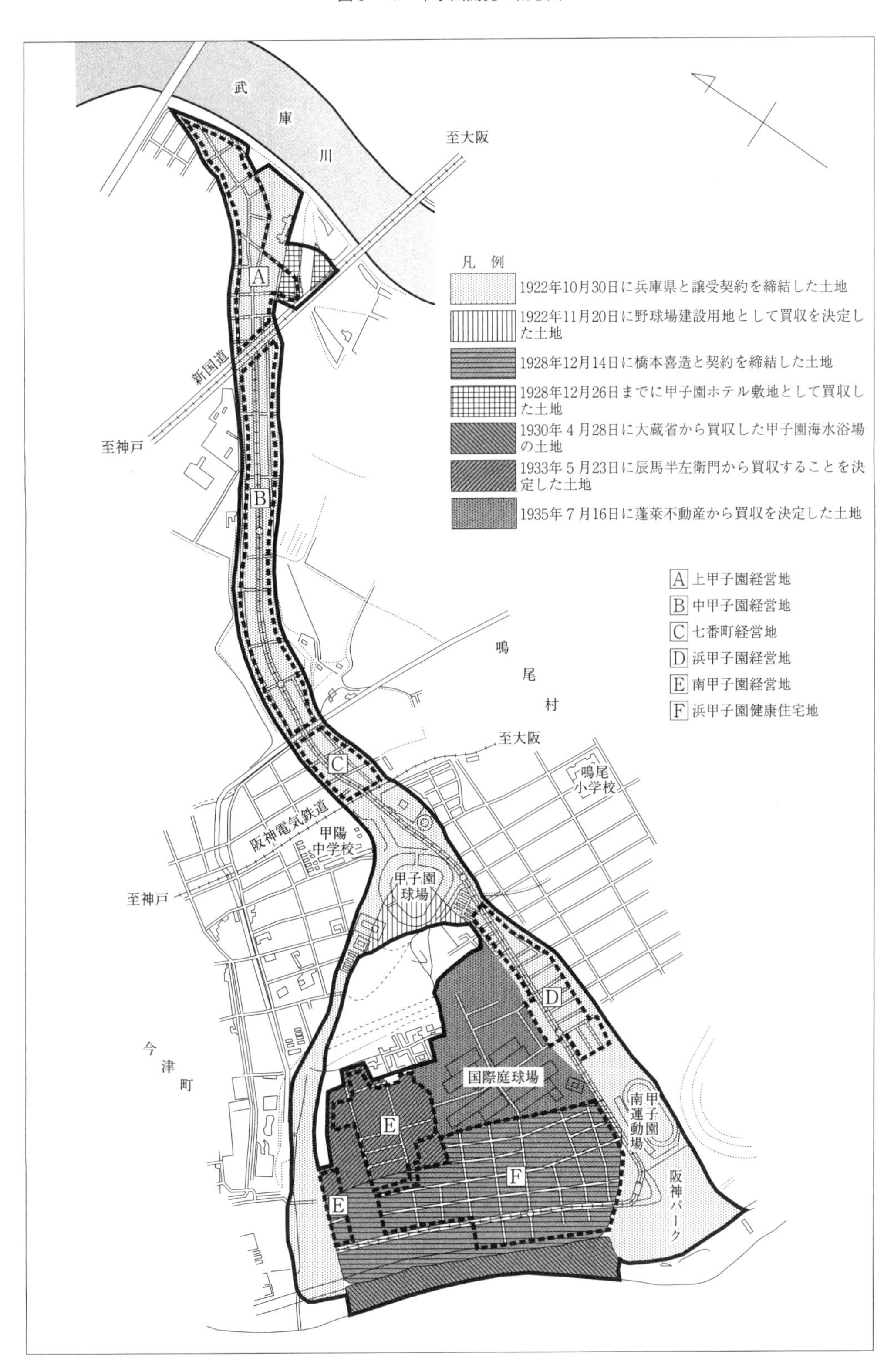

造ルノ外、早ヤ道ガナイ」と述べられているように、都市基盤整備の面における先駆者としての自負と強烈な使命感にもとづくものであった。[注5]

　このように甲子園開発のコンセプトは、レジャー事業と不動産事業を融合した総合的な都市開発であった。こうした考えのもとに阪神電鉄は、公園設計の専門家である大屋霊城や、京都帝国大学の武田五一博士に甲子園開発のマスタープランの作成を依頼していた。たとえば、１９２５年に発表された「二つの花苑都市建設に就いて」という論文のなかで大屋霊城は、甲子園開発の基本的な方針は「花苑都市の企て」であるとし、「一方遊園地を造って人を呼び他方気持のいい住宅街を設けてそこに割合に沢山の人を住ませ一種の田園都市風に施設しようと云ふにある、謂はば遊覧都市とも見るべきもので会社の人気事業であり又沿線の発展計画でもあろう」としている。具体的な計画としては、甲子園の阪神電鉄本線以南を遊覧地とし、以北を住宅地とすることが構想されていた。[注6]

　枝川・申川の廃川を含む武庫川改修工事は、１９１９年に兵庫県が着手していた阪神国道の建設工事とあわせて、翌20年8月から開始され、22年にはほぼ完成したが、すべての工事が完了したのは、枝川が締め切られた23年3月であった。この間、阪神電鉄は前田房之助の斡旋によって、22年10月30日に兵庫県と枝川・申川廃川敷地の売買契約を締結した。その内容は、廃川敷地の総面積24万４５９６坪に対して、道路や水路敷地用の2万５９６坪を除く22万４０００坪について、総額４１０万円を約6年の間に計7回の分割払いで支払うというもので、これに加えて廃川敷地の整地と農業用水路の整備費用に20万３０００円を負担することとされた。

　阪神電鉄は、枝川・申川の廃川敷地を有効に利用し、総合的な開発を図るため、図3-4に示したように、両川の分岐後それに挟まれる甲子園浜までの三角形をなす地域について、積極的な買収を進めていった。まず、野球場の建設用地として、１９２２年11月20日に申川分岐点周辺の土地約７９００坪を1坪当たり19円90銭で買収することを決議し、28年12月には海浜寄りの鳴尾村中津に約9万坪の土地を１００万円で橋本汽船社長の橋本喜造から買収した。ついで、30年4月には甲子園海水浴場として国から賃借していた海岸約1万７０００坪を、33年5月には三角形の中央部にあたる申川沿いの土地約2万８０００坪を辰馬半左衛門から1坪当たり10円で、それぞれ譲り受けた。また、中央部の枝川側の約5万８０００坪については、35年7月に蓬莱不動産から1坪当たり14円50銭で買収した。こうして、30年代半ばまでに甲子園開発の総面積は、42万４９００坪に達したのである。

甲子園球場の開設

　１９１６（大正5）年に阪神電鉄が開設した鳴尾運動場には野球場が設けられ、大阪朝日新聞社が主催する全国中等学校優勝野球大会などの会場として使用されていたが、年々高まる野球熱のもとで鳴尾運動場では観客を収容しきれなくなっていた。かねて野球に興味をもっていた三崎専務と、大規模な球場を希望する大阪朝日新聞社の思惑が一致し、甲子園の開発で最初に着手された施設は野球場となった。ちなみに、鳴尾球場に移されるまでの全国中等学校優勝野球大会は、阪急の豊中運動場で開催されており、すでに阪急は22年6月に宝塚大運動場を新設していた。阪神電鉄が甲子園開発の早々に野球場の建設を選んだのは、こうした阪急への対抗心がその背景にあった。

　三崎専務の野球に対する関心はアメリカ滞在時代以来のもので、１９０８（明治41）年の時点ですでに「きっと日本でも（編注：野球が）盛んになる」[注7]と見越し、自身の「懐中日記」に野球場の設計図をメモしていた。その後もアメリカの参考書を手がかりにするなど、三崎専務は野球場の研究を怠らなかったといわれるが、21年9月には車両課長の丸山繁をアメリカに派遣して、ニューヨーク・ジャイアンツの本拠地ポログラウンドの設計書を入手した。

したがって、野球場の建設計画は枝川・申川廃川敷地の買収以前から存在したのであるが、甲子園の開発は三崎専務にとって「渡りに舟」ともいえる用地の確保となった。さっそく本線鉄橋下流の枝川・申川分岐点に野球場の立地を決定し、前述のように、廃川敷地の買収契約が完了した3週間後の1922年11月20日には、野球場の用地として分岐点からさらに下手の土地を約7900坪ほど購入した。こうして野球場の予定地に3万坪の土地が確保され、当時新入社員であった野田誠三が設計にあたることになった。

のちに竣工年の干支にちなんで甲子園大運動場と命名されるこの野球場は、当初は枝川運動場という名称のもとに、1923年11月28日の取締役会で正式に建設が決議された。設計に際しては、アメリカの野球場

竣工当時の甲子園球場

をモデルに約6万人を収容する日本最大級のものが目指され、これに対して社内には過大な計画であるとの消極論もあったが、三崎専務は「大きいやつをやらないかん」[注8]と大規模球場案を支持した。

甲子園球場の第1期工事は、総額100万円の建設費を見込んで、1924年3月11日に起工し、大林組の施工により同年7月31日に完成した。翌8月1日には沿線各町村長や学校長、官署長、スポーツ界の関係者など約1000人を招待して竣工式が挙行された。

敷地総面積1万4000坪の甲子園球場は、運動場に5900坪、観覧席に5000坪が使用され、残りの3000坪は拡張予備地にあてられた。その結果、甲子園球場は総収容人員8万人という大規模を誇り、観覧席の内野部分には50段の座席を有する鉄筋コンクリート造りのメインスタンド、外野部分には20段の築堤式木造スタンドが設けられて、合計5万人分の観覧座席を備える世界水準の野球場となった。また、球場設備の充実も図られ、スタンドの下に集会所、選手控席、貴賓席、更衣室、バス、シャワー、売店などが設けられたほか、選手席後方には4台の扇風機が置かれていた。阪神電鉄では甲子園球場の開業にあわせて、甲子園臨時停留場を設置する一方、従来の鳴尾運動場を閉鎖した。

竣工とともに甲子園球場では、大阪朝日新聞社主催の第10回全国中等学校優勝野球大会が開催され、1925年からは名古屋の八事球場で行っていた大阪毎日新聞社主催の選抜中等学校野球大会も実施されるようになった。甲子園球場は、日本における本格的野球場の先駆として大きな意義をもち、26年に開設された神宮球場も甲子園を手本としていた。

その後、中等学校野球大会の人気は衰えることなく、開催期間中の甲子園球場には多数の入場者が押し寄せたが、これにともない、阪神電鉄は甲子園球場の増築・改築を逐次実施していった。1929（昭和4）年3月にはメインスタンドの内部を大改築し、貴賓休憩室を新設するとともに、観衆の出入り・食事などの利便を増進するための改造を施した。

また、同年7月には築堤式外野スタンドの第1期増設工事が完成し、これによって収容人員が1万人ほど増加した。アルプススタンドと呼ばれるメインスタンドの東西両翼に設けられた50段の観客席がそれで、31年7月にはこのアルプススタンドに鉄骨スレート葺きの屋根を新設した。設備改良の面では、スコアボードを電気制御により圧搾空気でスコア板を回転させる方式に改装し、34年春の選抜中等学校野球大会から使用した。なお、同年における甲子園球場の入場者総数は147万人に達し、1日の最大入場者数は10万人を記録する盛況を呈していた。その後、36年11月には築堤式外野スタンドの第2期増設工事が行われ、第1期と同様に20段の座席が50段に増やされて、観覧座席は合計7万人分にまで増加した。

当初、甲子園球場はラグビーの試合や陸上競技などにも利用するため、グラウンドを広くする設計が考えられ、1927年2月には東西対抗ラグビー試合を行っていた。しかし、多機能グラウンドには不具合が生じることが判明し、新たに海岸寄りの場所に南運動場が設置された。29年5月26日に開場した南運動場は、敷地面積1万坪のなかに1周500m・直線200mのトラックを備え、芝生の張られたフィールド内は、ラグビーやサッカーの正式競技場として利用できた。

甲子園のスポーツ施設としては、野球場や運動場のほかにも庭球場が開設されており、1926年5月には日本とフィリピンのデビスカップ出場選手による試合が、野球場の西側に設けられた9面のテニスコートを使用して行われた。28年2月になると甲子園ローンテニスクラブが創設され、翌29年2月にはクラブハウスも竣工したが、37年の甲子園国際庭球場と庭球会館の開設にともない、甲子園ローンテニスクラブは解散され、甲子園国際庭球倶楽部として装いを新たに発足した。また、同年には一流選手の強化、国際的な庭球人の養成を目的に庭球寮が開設された。テニスコートの増設も意欲的に進められ、29年に野球場の南側に17面、31年には野球場外野の南側に10面と甲子園九番町の南運動場北側に21面、37年にはアンツーカーコート6面を新設した。さらに、40年12月にはテニスコートが102面に拡充され、甲子園国際庭球倶楽部は700人の会員を擁するまでになっていた。

そのほか、1925年7月には甲子園海水浴場を開設し、28年8月から浜甲子園停留場の北側で甲子園浜プール（25mの短水路公認プール）の営業を開始した。また、この間にはスイミングスクールとして甲子園水泳研究所が設けられた。その後、プールについては、32年10月に甲子園球場の東アルプススタンドの階下を利用して甲子園室内プール（25m）を、37年8月には甲子園球場の西側に甲子園水上競技場を開設した。水球もできる50mの競泳用プールと、25mの飛び込み用プールからなる甲子園水上競技場は、夜間照明や1万人収容のスタンドを備え、全日本選手権大会などの競技会が開催された。

阪神球団の創設

スポーツを奨励する社風があった阪神電鉄では、1910年代の初期にはすでに社内で実業野球団のチームを組織していた。慶応大学で活躍した日下輝などが草創期のメンバーに名を連ねており、1914（大正3）年ごろには大阪の有力チーム約20チーム中、Aクラスの大阪毎日新聞社や大阪朝日新聞社、Bクラスの宇治川電気、古豪の大阪税関などにつぐクラスに位置した。本業の鉄道における競争関係と同様に、箕面有馬電気軌道（阪急）とは野球においても、「いづれも兄たり難く、弟たり難く」[注9]というライバル同士であった。

東京六大学野球をはじめ中等学校野球大会など、アマチュア野球の人気の高まりは、1920年代に入るとプロ野球チームの結成へとつながっていった。大阪では、22年6月に宝塚大運動場を開設していた阪急が、24年2月には芝浦協会を買収して宝塚野球協会（阪急宝塚軍）に改組した。

芝浦協会とは、21年に誕生した日本最初のプロ野球チームである。しかし、興行面での成功に結びつく適当な対戦相手がなく、阪急宝塚軍は結局、1929（昭和4）年7月に解散へと追い込まれた。

阪神電鉄とプロ野球との関係は、1931年11月と34年11月に甲子園球場でアメリカ大リーグの選抜チームが、学生野球の選手で編成された日本選抜チームと試合を行い、この興行が成功したことがきっかけとなって芽生えた。これを一挙に大阪野球倶楽部（現、阪神タイガース）の発足へと促したのは、34年12月に日本選抜チームを土台に巨人軍を結成した読売新聞社の社長・正力松太郎である。正力は、プロ野球を発展・成功させるためには、いくつかの球団によって連盟をつくり、そのもとにリーグ戦を行う方式が欠かせないとして、阪神電鉄の細野躋取締役支配人に対してプロ野球チームの結成を打診したのである。甲子園球場をもつ阪神電鉄にとって、春・夏の全国中等学校野球大会のほかに、これといった催物のなかった当時、プロ野球の試合は大きな魅力があった。

球団経営の計画は、野球に関心の高かった細野を中心に練り上げられ、1935年9月17日の取締役会で全員一致によりゴーサインが出された。

大阪タイガースのポスター

こうして、同年12月10日に株式会社大阪野球倶楽部が設立され、阪神電鉄はプロ野球チームを所有することになった。大阪野球倶楽部の資本金は20万円で、取締役会長には大阪中央放送局理事長の松方正雄が就任した。チームのニックネームは、阪神電鉄の社内で懸賞募集が行われた結果、「タイガース」と決定し、36年1月の若林忠志選手の入団発表と同時に日本の野球ファンに伝えられた。なお、3月には在阪の知名人約200人を甲子園ホテルに招いて、チーム編成の完了を報告するとともに、現在も歌い継がれる「六甲颪」で有名な応援歌「大阪タイガースの歌」（作詞は佐藤惣之助、作曲は古関裕而）の披露を行った。

1936年4月、大阪タイガースは東京セネタースと名古屋の金鯱軍を甲子園球場に迎えて結成披露試合を行った。この時点で日本のプロ野球チームは、大阪タイガースを含めて7チームあり、関西では阪神電鉄につづいて、36年1月に阪急がプロ野球チームを結成し、西宮北口に球場を開設した。阪神電鉄の細野取締役は、本業における阪急とのライバル関係をプロ野球の観客動員に活かすことを考え、阪急の岩倉専務取締役に定期戦の実施を呼びかけた。こうして大阪タイガース―阪急の第1回定期戦は、36年9月に実現し、タイガースの初代主将の松木謙治郎は、「草創期は、親会社同士の競争意識もあり、ある意味では巨人以上に阪急とのゲームは、ライバル意識に燃えた[注10]」と証言している。

阪神パークの開設

総合デベロッパー事業として取り組まれた甲子園の開発では、甲子園球場をはじめとする各種スポーツ施設の建設、住宅地の造成・分譲などに加えて、動物園や水族館を備えた遊園施設として阪神パークを開設した。

阪神パークは、1928（昭和3）年に開かれた御大典阪神大博覧会の会場設備の一部を利用し、翌29年7月6日に甲子園娯楽場の名称で営業を開始した。阪神大博覧会は、28年9月から同年11月を会期として開催され、旧枝川河川敷の約17万坪の敷地に、延べ面積9000坪余の建築物を設けるという、かなり大規模なイベントであった。甲子園娯楽場の敷地には約2万坪があてられ、各所に運動具が設備されたほか、阪神電鉄が直営食堂を出店していた潮湯、映画場を中心とする余興場などの施設があった。なお、阪神電鉄では前述のように、26年7月に開通した甲子園線に最寄り駅として浜甲子園停留場を設けていた。

1932年9月には動物園と遊戯設備を増強すると同時に、甲子園娯楽場を阪神パークと改称し、動物サーカス団を編成した。動物園では放し飼い方式が採用され、「オ猿島ヤ、アシカノ海ヤ、山羊ノ峰」などを設置して遊覧客を楽しませた。また、当時は名古屋動物園に7羽しかいなかったペンギンを48羽飼育し、猿のコレクションとしてモンキーアパートを設けたことが自慢であった。

1935年3月になると、当時「世界一ノ大水槽」を擁する阪神水族館が開設された。この水族館は、「観覧設備ヤ採取船ヲ有スル事ニ於テ我国第一ノモノ」であるといわれ、とくに18トンの魚類採取船・阪神丸は、世界有数のアメリカ・ジョンジーセット水族館が運搬用に専用列車を保有していることと比較しても、けっして引けをとらないとしていた。[注11]

阪神パークの入場者数は、1934年の時点で66万5000人、1日の最大入場者数は1万8000人であった。

甲子園住宅地経営

甲子園の住宅地は、旧枝川の廃川敷を中心に中甲子園・上甲子園・七番町・浜甲子園の各経営地、廃川敷以外では浜甲子園健康住宅地と南甲子園経営地が開発された。

第1回の分譲は、阪神電鉄本線甲子園停留場北側の旧国道以北の甲子園線沿いにおいて、1928（昭和3）年7月1日から実施された。約1万坪の住宅地を1区画200坪前後に分割して合計50区画を売り出し、坪単価は38～70円で、中心価格帯は50円台であった。当時すでに甲子園の開発地には、野球場や庭球場といった運動施設のほか、児童遊戯場、海水浴場、水泳プールなどのレクリエーション施設が開設され、さらに阪神パークの動物園や水族館、「パームハウス、ジムナジュム、ローマンシアター、公会堂、ホテル等」[注12]の設置が予定されていた。

1930年2月には第2回の分譲を行い、第1回の分譲地から阪神電鉄国道線上甲子園停留場までの甲子園線沿いの住宅地2万1172坪について、平均59円25銭の坪単価で合計73区画を販売した。居住者本人もしくは家族のうち1人に、サービスとして大阪または神戸への1年間無賃乗車券を贈呈した。

これら2回の分譲は、廃川敷を開発した中甲子園経営地と呼ばれる地域で行われたが、そのほかにも廃川敷では、国道線上甲子園停留場北側の上甲子園経営地、本線甲子園停留場北側の七番町経営地、甲子園球場の南側で甲子園線沿いの浜甲子園経営地において、住宅地の分譲が実施された。

廃川敷以外における住宅地の開発としては、造成後に浜甲子園健康住宅地と名づけられる分譲地がある。同地は旧枝川・中川の間の海岸沿いに位置し、1928年12月に9万坪を追加買収した土地の一部で、29年5月には全体の約6割に相当する5万6000坪について、大林組との間で土地委託経営契約が締結された。大林組は浜甲子園の住宅地造成を進め、31年初めに道路、上下水道、緑地帯を完成させるとともに、日用品の販売店舗、居住者のクラブハウス、幼稚園などを建設した。分譲地は1区画100坪ほどに分割され、合計約500区画が坪単価30～40円で販売された。不況の影響で完売までに5年を要したが、37年に大林組はクラブハウスと幼稚園を地域に寄付し、浜甲子園健康住宅地の経営から撤退した。阪神電鉄では、浜甲子園健康住宅地の開発にともなって、甲子園線の浜甲子園―中津浜間を延長敷設し、30年7月9日に営業を開始した。

南甲子園経営地も廃川敷の地区ではなく、1933年に買収した浜甲子園健康住宅地北側の旧申川沿いの約2万8000坪と、28年に取得していた土地の一部をあわせた約5万坪の住宅地開発であった。37年4月から1区画当たり45～220坪程度の約280区画が坪単価35～48円で販売され、当初は住宅地分譲の売り出しであったが、39年9月に建売住宅を11戸、40年4月に20戸、さらに43年2月には15戸を販売した。なお、中甲子園経営地での場合と同様、浜甲子園健康住宅地と南甲子園経営地の分譲でも、居住者に大阪または神戸までの1年間無賃乗車券を発行した。

甲子園の経営地では、区域内の各施設での使用にあてるとともに、住宅地の分譲開発を促進するため、阪神電鉄が水道事業を直営で行った。武庫川と旧枝川の分岐点の豊富な水源に恵まれた上水道の設備は、1932年3月に完成し、79年1月に西宮市に移管されるまで阪神電鉄のもとで水道事業がつづけられた。

浜甲子園健康住宅地

甲子園ホテル

阪神電鉄では、甲子園に大規模なホテルを建設すべく、当初は海浜ホテルとして甲子園浜の立地を計画していた。ところが、阪神電鉄が専門家として迎えた帝国ホテル元常務の林愛作は、島社長も同意していた海浜に近い場所が気に入らなかった。そのため、ホテルの立地は松林が鬱蒼とした武庫川畔の景勝地である鳴尾村小曽根に変更されることになり、同地の東側に土地を買い足す必要が生じた。建物の設計は、東京の帝国ホテルをつくったフランク・ロイド・ライト門下の遠藤新で、鉄筋コンクリート4階建て、延べ面積2000坪であった。

甲子園ホテルは、1930（昭和5）年2月設立の株式会社甲子園ホテルによって経営され、同年4月に開業した。阪神電鉄が直営方式をとらず、別会社形式としたのは、ホテル経営の専門性を十分考慮したうえでの判断であった。甲子園ホテルの社長には井上周、専務には林愛作が就任し、阪神電鉄は同社に敷地を賃貸するとともに、建設資金の全額を長期・低利で融資するなど、必ずしも順調とはいえなかったホテル経営を一貫して支援した。群を抜く広大な敷地に端麗な建築美と鬱蒼たる庭園美とをあわせもった甲子園ホテルは、阪神間の社交クラブとして機能するとともに、甲子園経営地の象徴として彩りを添えた。

しかし、外観の華やかさとは裏腹に、甲子園ホテルは経営的には恵まれなかった。1934年2月19日の取締役会では甲子園ホテルが共同経営を申し入れてきた旨が報告され、これに対して阪神電鉄は、「従来通リ貸金トシテ存置スル方利益ナリ」[注13]と決議していた。

甲子園ホテルの華やかな時期はきわめて短く、1944年6月に川西航空機の施設に転用されたあと、翌7月には大阪海軍病院として海軍省に接収された。ホテル経営が継続できなくなった甲子園ホテルは、すでに44年6月の株主総会で解散を決議していた。

3．六甲山の諸事業

六甲山の経営

六甲山における阪神電鉄と阪急の競争は、具体的には不動産やロープウェーなど兼営事業の分野で展開されたが、1920年代以降に繰り広げられた両社の熾烈な競争のなかでは、最後の勢力圏争奪競争として位置づけられる。

1927（昭和2）年5月26日に兵庫県有野村から251町歩の土地を買収した阪神電鉄は、34年ごろには六甲山において、「土地経営、ホテル、貸別荘を直営し、傍系の六甲越有馬鉄道会社をしてケーブルカー、自動車（バス及貸切車）を経営せしめ」ていた。これに対して阪急も、「土地経営、貸別荘を直営し、傍系の宝塚ホテル会社をしてホテル、食堂を、同六甲登山架空索道会社をしてロープウェーを、六甲山乗合自動車会社をして乗合自動車を経営せしめ」るなど、「（編注：阪神電鉄と）殆ど同一の事業を両社各個に経営して競争せる」という状況にあったのである。[注14]

海抜1000m弱の六甲山は、1895（明治28）年にイギリス人のA・H・グルームにより初めて山荘が創設され、別荘・観光地として開発の端緒が開かれた。以後、外国人の建てた山荘が徐々に増加していき、1898年には20～30の山荘が確認されるが、1903年にグルームが六甲山上にわが国最初のゴルフ場を開設すると、その利用者をはじめ登山者や別荘所有者など、六甲山を訪れる日本人も数多くみられるようになった。

1908年に刊行された『阪神電気鉄道沿線名所案内』が、「夏季の避暑地として実に得難き最適地なり」と宣伝しているように、阪神電鉄は早くから避暑地としての六甲山に着目していた。1910年8月には外遊中の三崎技術長がスイスに立ち寄り、「将来六甲、摩耶の両山に対しては索道敷設の新計画もあるを以て」[注15]、各地の登山鉄道を積極的に調査した。三崎技術長の調査は具体的かつ徹底したもので、ケーブルカーのメーカーであるギーゼリエバーン社を訪問した際には、23項目に及ぶ細大もらさぬメモをとっていたといわれる。当時、阪神電鉄で検討されていたケーブルカーのルートは大石（または住吉）―六甲―有馬間の7マイルで、建設費に120万円を見込み、阪神電鉄の出資により別会社を設立して経営させるとしていた。

1912年2月13日には「電車乗客誘引策」[注16]として登山者用の山小屋を設けることを決議し、六甲山上の別荘を譲り受けて阪神クラブを開設した。阪神クラブは六甲登山客に珍重され、たとえば、1915（大正4）年2月の紀元節には雪山を目指す登山客がつめかけ、「各室とも大入満員、入り切れずに広い庭は人で一っぱい」[注17]という盛況を示していた。

1926年になると六甲山の土地を所有する有野村が、小学校の建設資金を調達するために、村有林東部一帯の251町歩（75万3000坪）の売却を決定し、阪神電鉄に買収を打診した。これを受けて阪神電鉄は、27年3月3日の取締役会で当該山林地区の購入を決議し、山頂付近を含む表六甲の中心部を構成する広大な土地を160万円で買収した。そして、5月には六甲越有馬鉄道と覚書を取り交わし、同社を傘下に収めたが、こうした土地と鉄道の早期確保が、阪神電鉄の六甲山における勢力圏争いを優位に展開させ、阪急に本格的な六甲山開発の芽を封じ込める最大の要因となっていた。なお、六甲越有馬鉄道を系列化する経緯については、次項で後述する。

1927年5月に六甲山の土地を取得した阪神電鉄は、早くも翌28年

10月には経営地の売り出しを行っているが、土地課長の野田誠三らは六甲山の長期的な発展を目指し、計画的開発の必要を訴えた。そのため、水源との関係からくる人口の限度、水源を涵養する森林、遊園地、商店などを考慮して、30～33年ごろには六甲山の全経営地を、住宅別荘地区、水源地区、森林地区、遊園地区、商業地区の5区に分けて開発が進められた。また、この間に六甲山開発事業への取り組みを表明した兵庫県は、阪神地方開発資金100万円のなかから、26万5000円を支出して道路等の整備を進め、28年に裏六甲ドライブウェイを、翌29年には表六甲ドライブウェイを完成させたが、阪神電鉄も32年に六甲山回遊道路を建設した。

こうして六甲山の本格的な開発が始まり、1932年には雲ガ岩付近の2万8000坪について、合計40区画の別荘地を坪単価6～23円で分譲した。翌33年5月には六甲越有馬鉄道が旅客誘致施設として高山植物園を開設し、阪神電鉄はその北側一帯の1万5000坪を別荘地として、36年4～5月に坪単価10円で販売した。さらに、同年6月からは六甲越有馬鉄道の旅館凌雲荘が営業を開始し、37年6月には敷地面積5万坪の六甲山カンツリーハウスが開業した。カンツリーハウスは六甲山における観光・遊覧地の中核施設となり、園内には八代池畔のバンガロー風建物、9ホールのゴルフ場、テニスコート2面、魚釣池などが設けられた。分譲事業の中心もカンツリーハウスの東側で行う建売別荘の販売に移り、38年の第1次では10戸、40年の第2次では10戸、41年の第3次では10戸を売り出した。

賃貸事業としての貸別荘は、1933年6月に天狗岩付近の4戸が完成してから始まった。上流階級を対象に当時としては比較的広めの間取りとなっており、延べ面積24～33坪ほどに5～6部屋を備えた別荘であった。ついで、36年には第2・3回分としてそれぞれ11戸と5戸の貸別荘が建設され、37年にも第4回分の10戸が完成して貸別荘に加わった。

そのほか、阪神電鉄は天狗岩付近に建坪344坪の木造平屋建てのホテルを建設し、神戸のオリエンタルホテルに賃貸した。1934年7月に開業した六甲オリエンタルホテルがそれで、上品で落ち着いた雰囲気の客室が24室設備された。ホテルの営業期間は六甲山の避暑地としての特質から夏場の3カ月間と定め、開業当初の営業成績は良好であった。

六甲越有馬鉄道

六甲—有馬間の軌道敷設について、まず名乗りをあげたのは、1918（大正7）年9月に申請を行った六甲越有馬鉄道である。出願されたルートは、六甲村徳井（阪急六甲）から六甲登山道にほぼ並行してゴルフ場東端に達し、そこから左折して有馬温泉に至るというものであった。ついで、同年10月に六甲軌道が武庫郡六甲村から有馬郡有馬村までの8マイル40チェーンを出願し、20年8月には阪急が武庫郡六甲村から六甲山嶺に至る2マイル40チェーンについて六甲登山電車を企画して申請した。

阿部元松、大塚晃長、林安繁、藤田茂、坂田貢ら19名の発起による六甲越有馬鉄道の特許出願は、1922年12月に免許されたものの、第1次大戦後の不況の影響で会社設立は容易に進まず、ようやく翌23年10月14日に六甲越有馬鉄道株式会社が資本金200万円で設立された。当初、六甲越有馬鉄道は計画の起点が八幡（阪急六甲駅）であることから、阪急の支援を期待していたが、そのころ大プロジェクトをいくつも抱え込んでいた阪急は、はっきりとした回答を与えなかった。そこで、阿部らは起点を阪神電鉄の石屋川停留場に変更し、阪神電鉄にそっくり計画を持ち込んだのである。

六甲山へのアプローチとしては地理的に阪急のほうが有利であったため、六甲に直結する六甲越有馬鉄道の計画は、阪急にしても譲れない事情があったと考えられる。一方、阪神電鉄もまだ現実に土地を取得するには至っていなかったとはいえ、足を奪われる事態は避けなければならなかった。こうして阪神電鉄は阪急への対抗策をとる必要があると判断し、1925年11月7日には「六甲越有馬鉄道株式会社株式一万株ヲ一株四円五十銭割ヲ以テ買入ルルコト[注18]」を決議した。また、26年10月に土居通憲が六甲越有馬鉄道の社長に就任すると、阪神電鉄は取締役として若林与左衛門、山口覚二、久島辰雄を就任させた。

1928（昭和3）年3月13日には土居通憲の所有する六甲越有馬鉄道の株式を、阪神電鉄が全部引き取ることとし、翌4月に土居は持株の1万370株を阪神電鉄に譲渡するとともに、六甲越有馬鉄道の社長を辞任し、代わって島徳蔵が社長に就任した。その結果、阪神電鉄は2万370株を所有する筆頭株主となり、六甲越有馬鉄道は阪神電鉄の傍系会社に加えられた。

阪神電鉄は工事を開始するにあたって、六甲村徳井－有馬間を路面電車とケーブルで結び、路面電車に「遷車台式鋼索線五ヶ所[注19]」を設けるとした六甲越有馬鉄道の計画を変更した。1928年7月の工事着手期限延期許可申請書によると、変更理由は「遷車台ニ対シテハ常ニ相当ノ保修費ヲ要スルモノト見サルヘカラス且ツ移乗箇所多キタメ当然多額ノ人件費ヲ要スヘシ[注20]」という点にあった。つまり、遷車台式は資金的・技術的にも無理が多いと疑問視され、最終的に阪神電鉄は路面電車の計画を中止したのである。阪神電鉄との連絡が予定された路面電車の計画区間については、新在家から山麓の土橋までの間をバス運行で代替することとし、ケーブルの敷設は土橋―六甲山間のみが実施された。

六甲越有馬鉄道の土橋―六甲山間のケーブルは、1932年3月に開通し、繁忙期を迎えた7月には新在家―土橋間のバス運転を開始した。さらに、同年12月からは六甲山上におけるバス循環路線の営業も始められた。

摩耶鋼索鉄道

摩耶鋼索鉄道は、1922（大正11）年2月に武庫郡西灘村高尾から摩耶に至る0・6マイルの鋼索線を免許され、同年10月12日に資本金200万円で設立された。同社のプロモーターは神戸で最古参の弁護士として知られた市会議長の太田保太郎らであり、起業の目的は摩耶山の古刹・天上寺への参拝者の便宜を図ることであった。しかし、摩耶鋼索鉄道は設立後に資金面での困難に陥り、鉄道の敷設工事は停滞した。

こうしたなかで、1924年6月24日に阪神電鉄は摩耶鋼索鉄道の株式を1万5000株以内の範囲で買い入れることを決議した。六甲越有馬鉄道の場合と同様に、摩耶鋼索鉄道との提携は阪神電鉄の六甲山事業につながるものであったため、同社を阪急陣営に取り込まれることは極力避けなければならなかった。摩耶鋼索鉄道が阪神電鉄と資本関係を結ぶようになった背景には、19年6月に阪神電鉄が摩耶鋼索鉄道の主唱者である太田保太郎を法律顧問に嘱託として遇していたことがあった。24年上期末の時点で阪神電鉄は摩耶鋼索鉄道の株式を1万5000株保有し、その発行済み株式総数に占める比率は37・5％であった。

摩耶鋼索鉄道は、高尾－摩耶間の高低差1025フィートの鋼索鉄道を総工費67万8000円で建設し、1925年1月からケーブルカーの営業を開始した。同時に、神戸市電の上筒井終点からケーブル高尾駅までの間を連絡するため、乗合自動車の運行を開始した。そして、29（昭和4）年1月からは摩耶鋼索鉄道と阪神電鉄との連帯運輸が開始され、また山上駅東側に浴場や演芸場を併設した鉄筋4階建て延べ700坪の温泉付洋式ホテルを建設し、同年11月に開業した。

なお、六甲越有馬鉄道の乗合自動車営業路線の一部は1933年11月に、摩耶鋼索鉄道の乗合自動車営業権は34年8月に、それぞれ神戸市に譲渡された。

4．阪神土地の合併と分譲事業の拡大

阪神土地の合併

北大阪線の沿線に保有する土地の分譲・賃貸など、不動産業を営んでいた阪神土地信託は、同沿線の急速な発展により所有地が値上がりしたため、1910年代には巨利を収めていた。1924（大正13）年3月末の時点で野田停留場付近に8000坪、海老江に2300坪、南浦江に6300坪、大仁に1万4400坪を所有し、これら合計3万1231坪にのぼる土地は、住宅地や工場・倉庫の用地として、いっそう価値を高めることが期待された。ちなみに、当時の平均時価は1坪当たり120円で、買い入れ原価の2・4倍に相当しており、阪神土地信託の資産内容はきわめて充実したものであった。

1923年1月に信託業法が施行されるのに先だち、22年12月に阪神土地信託は「土地建物ノ信託」を定款の営業目的から削除し、阪神土地株式会社と改称した。一方、22年に枝川・申川廃川敷地22万4000坪の払い下げを受け、甲子園の開発に乗り出そうとしていた阪神電鉄は、不動産事業を一本化して拡充・強化することを目的に、阪神土地を吸収合併しようとした。その具体化に向けて動き始めたのは26年のことで、10月には阪神電鉄と阪神土地との間で合併契約が締結された。10月25日に開催された阪神電鉄の株主総会では、「阪神土地ハ内輪ニ見積ツテモ三百五六十万円位ノ財産ガアル。大阪市内ニ三万坪余リノ価値アル土地ガアリマス。夫レ等ノ土地ハ当会社ニ入用デアルカラ本会社ハ大イニ利益デアル」[注21]と三崎専務が説明して株主の了解を求め、阪神土地の合併にともなう1000万円の増資を可決している。

1927（昭和2）年3月7日に阪神土地は阪神電鉄に合併され、2万8950坪の土地が阪神電鉄に引き渡された。合併時における阪神土地の経営陣は、社長が小西新右衛門、取締役が小曽根喜一郎と山内卯之助、監査役が小川平助と若林与左衛門であった。阪神電鉄は、同年3月24日に逓信省から土地建物売買業の許可を受け、阪神土地から継承した北大阪線沿線の経営地で事業を開始した。

新阪神土地と野里経営地

阪神電鉄は、1926（大正15）年11月に新京阪との間で締結した「新京阪鉄道株式会社ト土地会社設立並ニ電車乗入ニ関スル覚書」にもとづき、1927（昭和2）年1月14日に新阪神土地株式会社を設立した。新阪神土地の資本金は300万円（75万円払込済み）で、新京阪および新大阪土地との共同出資という形がとられた。なお、新阪神土地の設立に関する阪神電鉄と新京阪との直接的な契約は、26年12月に結ばれた「新京阪鉄道株式会社と新阪神土地会社設立契約」であり、新大阪土地とは、25年5月に資本金50万円で設立された「実質上島徳蔵氏ノ所有」[注22]という会社であった。

このころ、第3節で触れたように、阪神電鉄と新京阪とは、実現には至らなかったものの、十三—姫島間をつなぐ線路を敷設して、相互乗り入れにより京都—神戸間の直通運転を行う、という意欲的な計画をもっていた。十三—姫島間の沿線を中心に土地を保有し、不動産事業を営むことを目的とした新阪神土地の設立は、こうした計画のなかから生まれた話であった。1926年11月の覚書では具体的に、①阪急神戸線以西で新淀川以北に京阪土地が所有する土地全部を分割して新土地会社を設立すること、②新土地会社の株式は、阪神電鉄と京阪電鉄およびその双方が承諾する第三者に3等分して割り当てること、などの内容が取り決められていた。京阪土地が新土地会社に譲渡する土地は15万坪ともいわれ、沿線に広大な用地を確保することで、新線計画にともなう地価の上昇を期待していたのである。

設立時における新阪神土地の経営陣は、代表取締役が山口覚二であり、

取締役に三崎省三、島徳蔵、太田光凞、監査役に今西与三郎、松島寛三郎、岡甫が就任した。1927年下期末の時点で阪神電鉄は、新阪神土地の株式を2万4600株（41・0%）所有していた。

しかし、肝心の姫島—十三間の鉄道計画は進まず、1938年4月には特許が失効するが、すでに30年ごろから阪神電鉄は新阪神土地への対応を変化させていた。すなわち、同年9月16日の取締役会で「新阪神土地会社（中略）ニ対スル貸金ト同社株券トヲ共ニ同社所有土地ト交換シ、今後同社ト関係ヲ絶ツノ方針ヲ以テ交渉ヲ進ムルコト」[注23]を決議し、31年2月17日には新阪神土地の経営から撤退するとともに、出資・債権に見合った土地建物を同社から収得するという条件で、新阪神土地の減資に応じることを決定したのである。こうして、31年6月に新阪神土地は資本金を100万円に減資し、阪神電鉄はその対価として、約4万坪に及ぶ淀川野里の土地を取得した。

阪神電鉄では同地を野里経営地として開発し、1937年4月に6000坪、翌38年7月には1万1000坪、さらに40年7月には2万2000坪のうち3000坪を、それぞれ分譲住宅地として売り出した。太平洋戦争下の42年6月にも住宅地の販売は継続され、「貸家アパート向最適地」[注24]という宣伝文句のもとに、国道線野里停留場の北側約1万坪が坪単価80～140円でなお分譲中であった。

そのほかにも大規模な土地買収がいくつか行われており、1919年11月27日の取締役会では車両工場用として尼崎市金楽寺に、約3万3000坪の土地を1坪当たり10円内外で買収することを決議した。これにもとづき、20年上期までに約2万5000坪を取得したものの、車両工場の用地としては利用されず、37年11月から尼崎金楽寺経営地として売り出され、44年までにそのほとんど（2万3000坪）が販売された。また、24年12月20日には出屋敷停留場南方の土地約3万3000坪を1坪当たり19円で尼崎土地から買収することが決議され、25年上期に買収を完了した。同地は西高洲経営地として、28年10月から売り出しを開始し、44年までに約2万5000坪を販売した。さらに、34年11月8日には取締役会で阪国バス沿線の武庫郡武庫村に、約5万坪の土地を1坪当たり5円程度で買収することを決議した。当時の『大阪毎日新聞』は、「武庫平野の真中に大住宅地建設の計画」と報じ、「武庫村西昆陽を中心に同村時友、川辺郡稲野村山田の一部にわたる総面積三万五六千坪におよぶもの」[注25]と伝えている。しかし、この土地が経営地として開発されることはなく、第2次大戦後の46年に農地として貸与され、51年3月には農地のまま売却された。

注5 三崎省三『出鱈目日記』1910年8月2日

注6 大屋霊城「二つの花苑都市建設に就いて」（『建築と社会』第9巻第12号、1926年、23頁）。なお、これ以前に阪神電鉄が神戸の設楽工営所に設計を依頼した、との新聞報道がある（『大阪朝日新聞』神戸付録、1923年2月17日）。

注7 阪神電鉄「甲子園回顧座談会速記録」1954年、23頁

注8 前掲「甲子園回顧座談会速記録」36頁

注9 「大阪の実業野球団」（『郊外生活』第1巻第3号、1914年、46頁）

注10 『阪神タイガース　昭和のあゆみ』1991年、2頁

注11 『阪神電気鉄道八十年史』1985年、214頁

注12 阪神電鉄「甲子園住宅経営地パンフレット」1928年

注13 阪神電鉄「取締役会決議書」1934年2月19日

注14 大蔵公望「大阪地方交通統制に関する報告書」1936年、55頁

注15 『鉄道時報』第559号、1910年、14頁

注16 阪神電鉄「取締役会決議書」1912年2月13日

注17 「雪の六甲登り」（『郊外生活』第2巻第2号、1915年、5頁）
注18 阪神電鉄「取締役会決議書」1925年11月7日
注19 『地方鉄道及軌道一覧』1932年、135頁
注20 六甲越有馬鉄道「工事着手期限延期許可申請書」1928年7月2日
注21 阪神電鉄「株主総会議事録」1926年10月25日
注22 阪神電鉄「総務部作成文書」1931年11月10日
注23 阪神電鉄「取締役会決議書」1930年9月16日
注24 『社報』1942年6月
注25 『大阪毎日新聞』1940年1月27日

〔5－C〕
『逸翁自叙伝』（小林一三、一九五三年、一七二～一七七頁）

五　箕面電車の開業

会社の設立と共に、工事の進行を具体化する為めに非常に恵まれたことは、大林組の大林芳五郎君が全力を挙げて乗り出したからである。大林君は天王寺の内国博覧会の工事請負の頃から成功して、初めて岩下氏に見込まれてその庇護を受け、日露戦争時代に於いて飛躍を遂げた北浜銀行系の有力な事業家であつた。

この人は西郷隆盛のやうな堂堂たる体軀のみならず、その容貌も能く似てゐる。市井仁俠の親分肌で「よし俺が引き受けた」と言へば、損得を度外視して引受けるといふ度胸もあるが、いつの間にか立派に資産家の列に這入つてゐるところを見ると、中々もつて損益を度外視しない、算盤は確かな人であつたに違ひない。

私達は工事促進の方法について、速水、上田両君の立案に基き、無条件に大林組に一任するから、何か文句が起つたならばあとで話合ふ、先づ仕事が第一だ、そして一番むづかしい仕事から始めるといふ工合に着々として進行した。勿論予算はつくる、然し予算にこだはらない、仕事が先だ、あとで精算する。随分論争があつて、「もうこの電車の仕事は御免だ」と、投出しかけたこともあつたが、速水、上田両君の強引と誠実とに勝つものはなかつた。結局我々は四十三年四月一日開業といふ目途をもつて進行した。

京阪電車も、神戸市電も、兵庫電車も、南海の電化も、先の雁があとになり一番先に開業したのは箕有電車である。四月一日と予定して、既に世間に発表して居つた計画案よりも、二十一日早く三月十日に開業した。

私は「最も有望なる電車」（参照）といふパンフレットを、確か一万冊だと思ふが、四十一年十月に発行、紙数三十七頁、建設費予算からその工事説明、収支予算、住宅地の経営、遊覧電鉄の真価等を詳述したものを市内に配布した。

今日から見れば何でもない広告であるけれど、その当時、自己の会社の計画、設計、内容等を宣伝するが如きは、一種の山師の仕事だといふ風に解釈した時代であつたから、これを発行するについても、もしこの通りに出来なかつたならば、重役の責任はどうなるか、といふ反対的態度で、同僚重役から質問を受けたものである。

同僚重役といふけれど、設立の時から、私が専務取締役といふわけで、その他の諸君が重役に選任されたことは、即ち井上保次郎、松方幸次郎、志方勢七、藤本清兵衛氏の四人は寝耳に水であつたと思ふ。「僕が話しておくから」と軽く岩下さんが言はれて居つたので、選挙の後、何分宜しくと書類を持つて廻つてお眼にかゝると、松方、藤本両氏は快く引受けて下すつたけれど、井上、志方両氏は頗る不機嫌で、その書類を置いてゆき給へ、と言はれて、私はスゴスゴ引返したのである。

桜の宮の井上邸にお伺ひした時「これが婿の周です」と、初めてお目にかゝつた青年は紅顔豊麗、実に瀟洒たる貴公子、年はまだ二十七八か、江戸前の男振り、つい近頃まで東西花柳界の寵児として色男の標本であつた。今日では、あの頭の禿げた周君、彼はこの時の関係からその後大正四年にこの会社の取締役に選任されたのであるが、その養父の井上保次郎氏は「致し方がない、今辞めるといふのも困るだらうから、この次の総会まで」と、念を押されて引受けられたが、その翌年四月に辞職した、志方氏もその次の総会、四十一年十月に辞職した。

○

この会社の生命ともいふべき住宅経営について、土地選定の標準は、一坪一円と見積もつたけれど、それは線路用地を買収した後でなければ困る、住宅経営のため万一土地代が高くなつては予算が狂ふからといふので、多少延々になり、自然価格も上つたけれど、大体予想通り進行した。電車開通後、直ちに売出すものとすれば、山林原野よりも町村につづく新しい市街地を建設することにして池田、豊中、桜井といふ順序をたて、先づ第一に、池田室町二百屋敷を実現することにした。そして「最も有望なる電車」に引きつゞき、明治四十二年秋、箕面公園の紅葉の頃を見計つて「住宅地御案内」＝如何なる土地を選ぶべきか・如何なる家屋に住むべきか＝（参照）といふパンフレットを発行した。

この冊子は、やゝ文学的に美辞麗句をならべて、住宅地の説明や郊外生活の理想的環境など、興味本位に記述して、最後には「もしそれ、その明細なる内規を詳らかにせんとする諸君に対しては、梅田停留所の新事務室に於いて、改めてその温容に接せんことを望む。大阪市民諸君！往け、北摂風光絶佳の地、往きて而して卿等が天与の寿と家庭の和楽を全うせん哉」といふ風に気取つて書いたものである。

池田室町は一番町より十番町、碁盤の目の如く百坪一構にして、大体二階建、五・六室、二・三十坪として土地家屋、庭園施設一式にて二千五百円乃至三千円、頭金を売価の二割とつて残金を十ヶ年賦、一ヶ月廿四円仕払へば所有移転するといふのである。売出すと殆ど全部売れたので、順次豊中、桜井その他停留所附近に小規模の住宅経営を続行して、こゝに阪急沿線は理想の住宅地として現在に至つたのであるが、成功ばかりではない、失敗したことも沢山あつた。

その一つは購買組合と倶楽部の設置である。購買組合や倶楽部は、新市街の人達には、一致団結とその親睦交遊の上からも、当然うまくゆく筈のものであるべきに、会社からそれ等の施設には相当に高い犠牲を払つて維持して居つたけれど、中々うまくゆかない。その当時に理想的施設として、池田室町の中心地点に倶楽部をつくり、同時にそこに購買組合を設け、住民諸君の互選によつてそれぞれ役員をお願ひした。購買組合の主要消費物品は、米穀薪炭等日用品が主なるものであるから、十日間乃至半ヶ月所用又は一ヶ月所用量のお米を仕入れる、相当多量の石数であるから、随分安く仕入れて買へる、伝票一枚の注文で配給されるから、初めは薪炭、酒、醤油、味噌等々、誠に重宝がられて、好評であつたが、これ等の物品には市場相場の高低がある、この市場相場が高い時はよいが下落してくると、市中の商人がドシ〳〵売込みに来る。組合員には、安いものを買つてはいけないといふ拘束はないから、さうなると組合は、高値仕入れの物品の手持を抱へて結局赤字になる。市価の高低に拘らず長い眼で見るときには、その方がお互ひの利益になるからといふ理窟は判つて居つても、それが厳守されない以上は苦労の仕甲斐がない上に、その管理者が悪るく言はれる、これは池田室町の購買組合に限らない、適当な人さへあればうまくゆくからと希望されて、その後も二三ヶ所で試みたが、結局失敗に終つた。

倶楽部の如きも一二年はつゞくけれど、どういふ理由か衰微して閉鎖する。これは郊外住宅といふ一種の家庭生活は、朝夕市内に往来する主人としては、家庭を飛出して倶楽部に遊ぶといふのは余程熱心の碁敵でもあらざる限りは、矢張り家庭本位の自宅中心になるので、誠に結構な話だが、要するに倶楽部など必要はないといふ事になるのである。

住宅地設計計画についても、第一番初めに売出した池田室町の如きは、三万坪を地ならしするために、どんなにか無駄な費用を払つたことであらう。あとから出来た東隣の地つゞき満寿美住宅の如きは、実にうまく出来上つてゐる。下水のはけ口の落差を計算して、五六町乃至は十町も先までの勾配を算出して現形のまゝに道路だけを切下げて設計する。能勢口鶴の荘の如くに屋敷が高地になつて、室町のやうな地ならしの費用を省くことが出来る。新道路の土木工事は最終点の下水のはけ口を起点にして遡ればよいといふ、この簡易なことすらも知らなかつたのである。

○

失敗の其二は、西洋館の新築である。今日まで何千何百軒の建売をしたけれど、阪神間高級住宅においてすらも、純洋式の売家には買手がない、いつも売れ残つて結局貸家にする。四五年貸家にして置くと、安く叩かれて損をして売るといふのが落である。近頃は大分生活様式が進歩したからといふが、寝台的設計よりも畳敷が愛されて、純洋式は不評である。私は今でも洋式礼賛論者で、宅の女中部屋の如きも、押入れにすべき所を二段棚の寝台に造りつけて、その利用を勧めるけれど使はない。畳に対する執着力は寝室、客間、居間といろ〳〵に便利だからといふばかりではない。坐つて暮らすのが国民的習慣だからといふばかりでもない。この二重生活がいつまでつゞくか私には判らないが、寝台によつて毛布が採用され、寝具を廃止する時代の一日も早く来ることを希望する。

此の新宅物語は実際にあつた話である。

「美しいお宅ですことね、羨ましいわ」と十八九のうひ〳〵しい丸髷の妻君は二階の欄にもたれ、箕面の翠山を渡り来る涼風に髪の乱るるを厭はぬのである。「昼日中もそれはそれは涼しいのよ、水がよくつて蚊も少ないし」と此の家の主婦は冷した水蜜桃を進めながら「此の桃も宅の庭で出来たのよ、召上つて頂戴な」と言ひながら青簾を捲き上げる。「間取もいゝし何もかも便利に、よくこんなに建つたものですわ」と感心しながら、丸髷の妻君「甚だ失礼ですが、家賃は如何ほどですか」「家賃ではないのよ、大阪にゐて借りる家賃よりも安い月賦で買ひましたの」「アラ、さう、月賦ツてどういふ風にするの」「土地、家屋、台所のかまど迄ついてタッタ千二百円なの、それを月賦で買ふと月に十二円づつ払へば自分の物になるの、それに此の桜井にはもう百軒も新築が出来て日用品なぞ少しも不自由がないの、貴女もこちらへ入らつしやいましな」「さう、わたし、旦那様にお願ひしてこちらへ移りませう、大阪で家賃を出すなぞ馬鹿らしいわ」と新宅の二階座敷で仲好し同士の物語。と写真入りの記事が、東京の婦人雑誌に載つたところ、ある会社の連中から七軒そろへて建てゝくれといふ注文が来た。土地は五・六十坪、半ばの残地を利用して、下が二間、二階一間の小さい二階建であるが、さて五十坪位の残地がないので困つたのである。已むを得ず数百坪の新地を五十坪くらいに区画して建築すると、如何にもせゝこましい。市内ならば辛抱出来るが、これでは郊外住宅の気分が出ないと苦情をいはれて、半分破約になつたことを記憶する。その頃の阪急沿線の住宅は、どこでも空地が十分であつたから、さういふ贅沢を言はれたものである。

○

会社の設立後一ヶ年の間に仕事はドシ〳〵進行する。その頃新淀川には、あやしげな木造の仮橋が架つて洪水の度毎に不通になるといふ時、鉄橋工事は目覚しく進捗して、生きた広告が道ゆく人達の眼を側だてたが、四十二年九月には早くも竣工した。梅田の東海道線を越す跨線橋工事と梅田停車場たるべき予定地の看板は、この会社の信用を高めた。もう何人にも御迷惑をかける心配はないので、私は岩下氏に社長をお願ひした。それは設立一ヶ年後の四十一年十月であつた。

新淀川の鉄橋に就いて岩下氏の一挿話がある。工事費を節約するために橋桁をプレートガーター式とした。官鉄並に阪神電車はトラスガーター式であつた。プレートガーター式は如何にも貧弱であるけれど、その強度を増加せしむる必要ある時は、簡単に施工し得る利益があるといふので、私達は我が箕有電車の建設費が如何に安く出来上るかの一例に、それを自慢したものである。ところが岩下氏は、どこで聞いて来たのか

「阪神電車がトラスガーターである時に、うちの鉄橋に欄干のないのは困る。君方専門家から見れば欄干の有無は問題ではあるまいが、一般素人の乗客から見れば、危険視するであらう。お客商売には民衆の心理状態を摑む必要がある。木製でもよい、鉄橋に欄干をつけよ」といふのである。

速水君、上田君は思案投首、どういふ工合に欄干を取付けるべきかと苦心してゐるのを見て、私は図面だけ丁重に造り給へ、そしてそんな馬鹿々々しい仕事は止めることだ。あとは僕が引受けるからと一笑に付して居つたところ、岩下さんは現場を見て来ると、まだかまだかと催促する。開通前までには出来ませう、と図々しく引延ばしてゐると、いつの間にか忘れて結局黙認に終つたが、私は反対すると却つて意地になる岩下さんの性質を知つているから、黙つて仕事さへして居ればよいと考へて居つたのである。

○

四十三年三月十日に、梅田箕面、梅田宝塚間の電車が開通した。「箕面電車の開通」と題した朝日新聞の記事は、如何にそれが四十四年の昔であつたとしても、今から見れば子供だましのやうなお祝であつたことがわかる。

「いよ〳〵今十日より開通につき梅田、池田、宝塚の三停留所には草花を以てアーチを造り、夜間はイルミネーションを点じ、沿道の各町村は国旗球燈を出し煙花を打揚げ、宝塚に於ては芸妓の踊屋台二台を十、十一両日曳出して賑を添へ、箕面にては停留所を囲めるロケット形敷地の中央広場にて仁輪加、太神楽を催し、又た中之島公園、北野梅花女学校前、野田の三ヶ所より会社名入りの軽気球を飛ばし且つ百発の号砲を発す。猶当日は同社に於て作歌せし「箕面有馬電車唱歌」を印刷して市内各小学校全部、及び沿道小学校に配布す。因みに開業式は四月頃を期し改めて箕面山にて盛大に挙行し、十三日には会社設立に就て尽力せし人々を招待して各沿線を案内すること既報の如し。電車は双方共午前五時より午後十二時迄運転す。茲に掲げたるは梅田跨線橋上を電車の往来する実景也」

と跨線橋の上を電車が往来する写真が載せてあつた。

斯くして開業した実績は如何。四十三年三月二十一日の大阪毎日新聞の記事は――

「箕電八日間の成績　去る十日開業したる箕面電車の開業八日間の収入成績を見るに

十　日　千六百五十円
十一日　千二百十円
十二日　七百五十七円
十三日　千五百六十円
十四日　千九円
十五日　八百二十二円
十六日　八百七十一円
十七日　八百四十三円

合計八千七百二十二円にして一日平均収入千九十円なるが、同電鉄の予算せる三月中は開業月なれば三百円乃至四百円を以て満足し四月以降は一日平均千二百円を収得するとして七朱配当をなし得べしといへるに対比すれば、今日迄の成績は良好なりと言ふを得べし、然れども八日間の事故に至つては電車の衝突二件、三名を殺し数名を傷つけたるが如き甚だ感心出来ずとの評高し」

かういふ記事を見ると、私は今昔の感転た大なりである。

最も有望なる電車

（略）→資料［3-B］参照

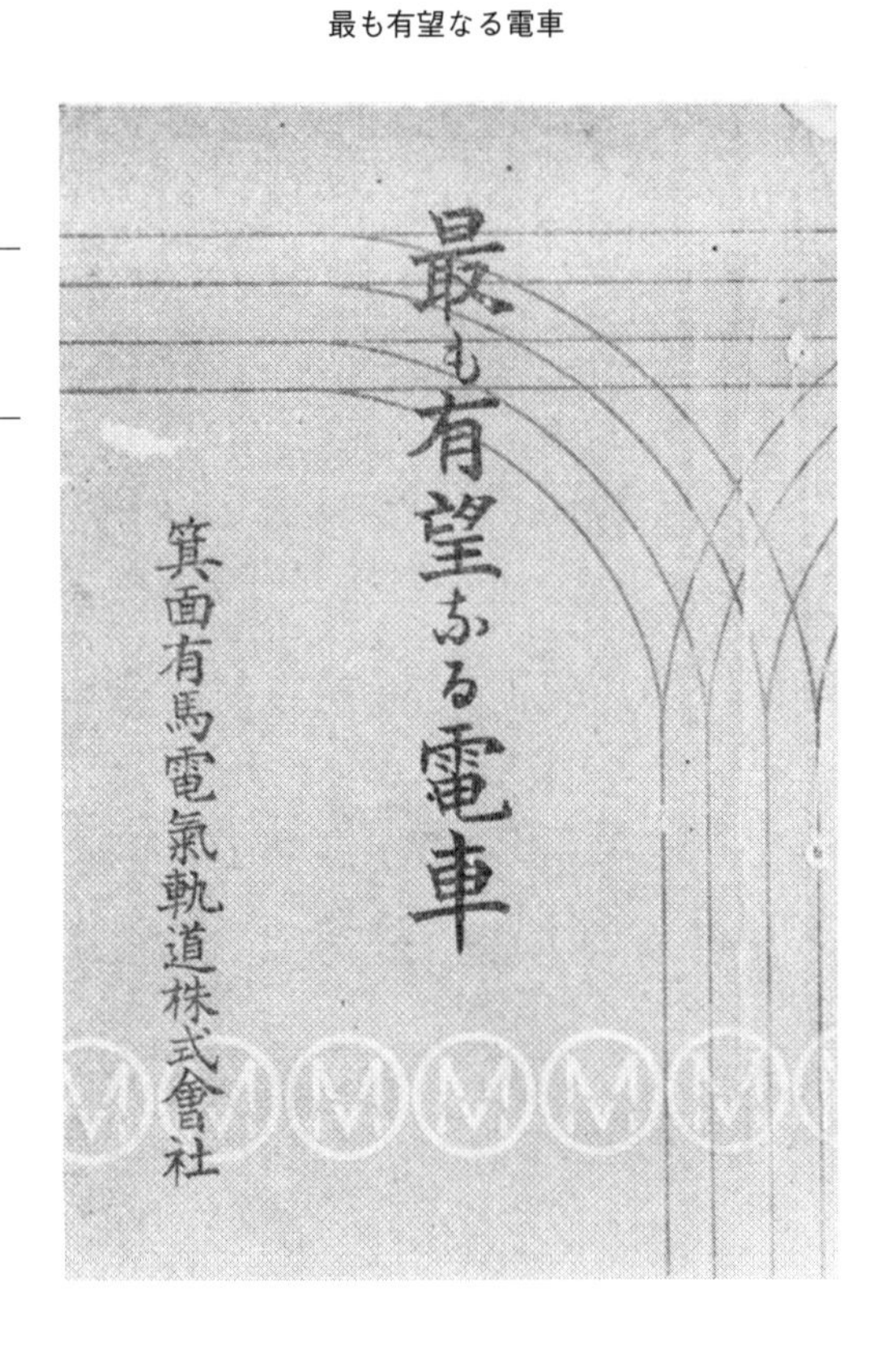
最も有望なる電車
箕面有馬電氣軌道株式會社
最も有望なる電車

如何なる土地を選ぶべきか

（略）→資料［3-C］参照

如何なる家屋に住むべきか

（略）→資料［3-C］参照

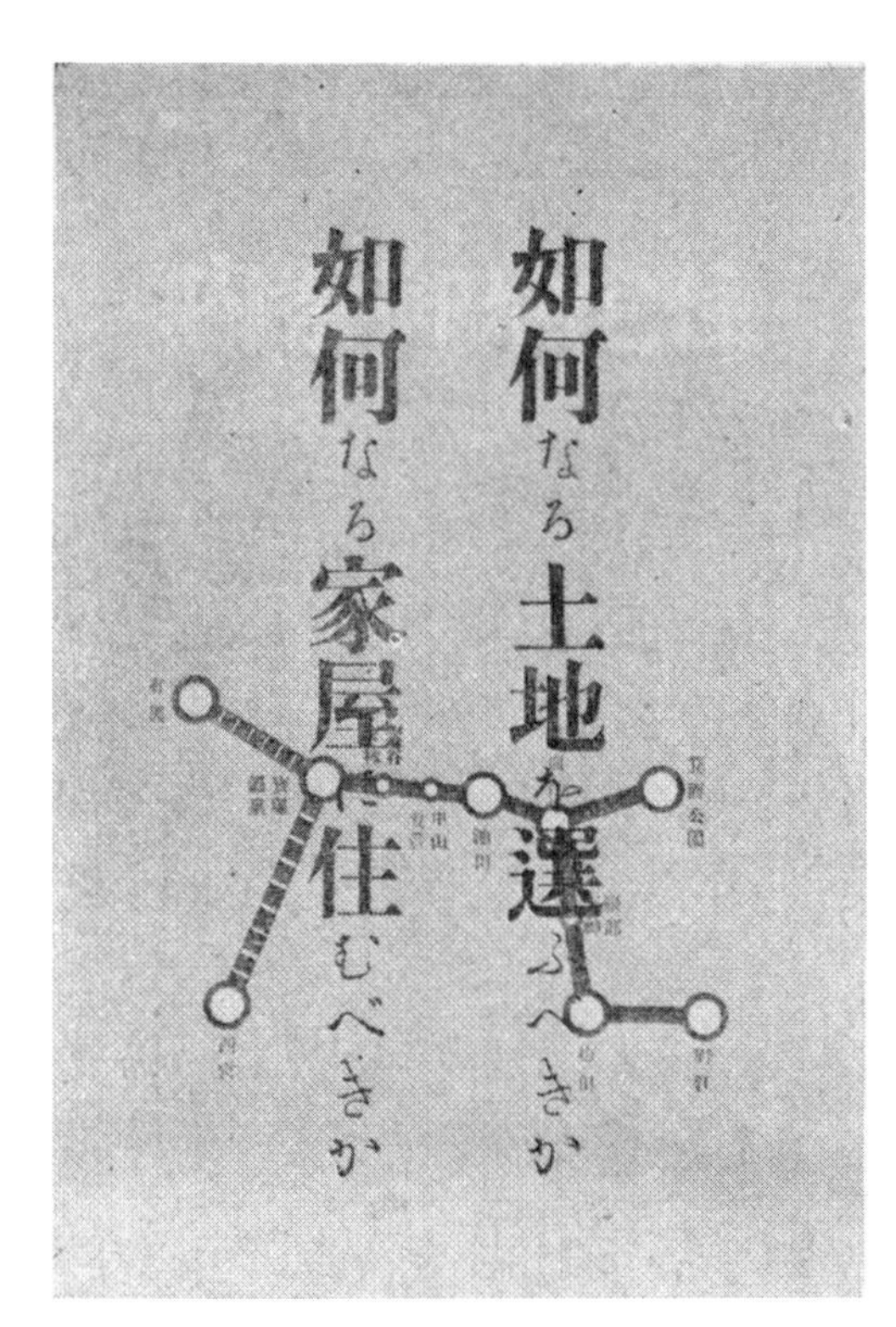
如何なる土地を選ぶべきか
如何なる家屋に住むべきか
住宅地御案内

六、動物園の失敗

「咲くや此花梅田より、電車に乗つてゆく先は」といふ唱歌を、大阪市の小学児童に歌はせた宣伝は成功した。遊覧電車の元祖である箕面電車の開業によつて、南は住吉、堺の浜、たゞそれだけが、市民行楽の場所であり、奈良、京都、和歌山地方は旅行地として考へられて来た時代であつたから、郊外の行楽を旗印として、新しく出発した箕面電車は、それからそれと客引きの新案を叫ばざるを得なかつたのである。

会社の名称が箕面電車であるその第一の目的地箕面公園は、電車の開通と同時に、日一日と春めく花だよりを機会に、箕面動物園を開場した。

『行くや公園一の橋
渡る谷間の水清く
溯りゆく源は
青葉の空に霧こめて
夏尚寒く雪とちる
滝の高さは二百尺』

この唱歌を、高らかに歌ふ遠足児童の数万人に、一枚づつ絵葉書と小旗を与へて、それを父兄へのお土産とする。恐らく初めての宣伝で、頗る評判がよかつた。

公園入口左手の動物園は、渓流に日光の神橋を写した朱塗の橋を渡つて、二間四方朱塗の山門から左へ登りゆくのである。園の広さは三万坪、だら〳〵坂を曲りまがつて中央の広場には余興の舞台がある。数十町の道に沿うて動物舎がある、渓流の一端を閉ぢて池を造り、金網を張つた大きい水禽舎には数十羽の白鶴が高く舞ふ。

そのころは京都以外に、動物園はなかつた時代であるから、遊覧客は中々多い、殊に自然の岳岩を利用し、四角の箱の中に飼育せしめたものと異り、猛獣の生活を自由ならしめた自然境の施設は自慢の広告材料であつた。園内の絶頂には鉄骨の回転展望車を造つて、大阪湾を一眸の裡に望むといふのであるが、結局失敗に終つて閉鎖した。

○

失敗の原因の一つは、自慢して居つた自然環境の猛獣舎であつた。ちよつとした軽微の地震でも、岳岩の亀裂、土砂の崩壊等が起つて戦慄した数回の経験から、我国の如き地震国は何時どんな大地震が突発しないとも限られない、万一の危険を予防するものとせば、普通の動物園の如く鉄棒四角の檻が一番安全であるから、変に改造の必要があるのである。しかも観衆の興味を呼ぶ動物の禽獣は多くは熱帯産であるから、生育に骨が折れるのみならず、燃料と維持費でやりきれない、この種の不適当なる施設を取除き、単に客寄せの遊園地とするものとせば、箕面公園の渓流に沿ふ風景と五十歩百歩にて、殊更にこゝに遊園地の必要はないと言ひ得るのである。

尚ほそれよりも大きい問題に当面した。箕面公園は春は桜の花、若葉青葉新緑の涼しい夏を送つて初秋の七草千草、やがて満山燃ゆるが如き紅葉の名所として、既に〳〵天下に名あり、煤煙と俗塵の大阪から半時間を要せずして、この仙境に遊ぶ。これは箕面電車の至宝であるから、この清麗な環境を、徒らに俗化することは大阪市民の期待に反し、レクリエーションの精神に反する結果にもなる、出来るならば、俗化せざる渓谷森林の自然美と、高尚にして風雅なる天然公園を維持し保有することが、この会社の使命であるといふ大方針を討議することになつたのである。

たま〳〵、宝塚温泉とその大衆的施設の充実によつて、市民歓楽のルツボを大成すべしと確定し、動物園のみならず、箕面公会堂もまた宝塚境内に移転したのである。

○

箕面動物園を廃止すると共に、箕面に於ける大衆向きの施設を宝塚へ移転するに当つて、更に箕面公園をして森林渓流の自然大観を充実するため、山上湖建設の積極的計画を研究した。

渓流に沿うて登りゆく左岸の中程にある二の橋から、右側急坂の小径を登り詰めた流域に、岩盤の基礎地を得て、こゝに高いダムを造る。そして若干量の滝を造る。滝を作るのが目的ではない。この落口を途切つて、更に東方の石積の滝の落口を途切れば、箕面山西方一帯の低地、周囲約二里の湖水が出来る。湖水の周辺から全山に植林して、とこゝに箱根芦の湖のやうな神秘的自然美を夢みたものである。

然しその頃の箕面電車は、さういふ計画を実現し得る力がなかつたから、只だ青写真を見て楽しむのみに終つた。湖水に行く人口は、動物園西隣から斜めに新道を造れば自動車の通行も可能であると思ふが、これは実測したのではないから、再調査すべきである。

上　第一期時代の梅田停留場
（明治四十三年——大正三年）

下　第二期時代の梅田停留場
（大正三年十月——同九年七月）

第三期時代の梅田停留場（神戸線開通）
（大正九年七月——同十五年七月）

七、松風閣の思ひ出

箕面動物園は廃止されて、その園内に残れる有名なる松風閣は、岩下氏外七名の出資による一種の匿名倶楽部として、北浜銀行関係同人の来賓接待に使用されたのである。その設計新築は、建築道楽を以て有名なる志方勢七翁の宰領によつて完成した。勾配の多い庭園を巧みに利用し、宏大なる二階造り、地下室を入れると三階になる。風流高雅、静閑の山荘、大阪第一として世人を驚かした。

土地は会社所有地、建築物は倶楽部同人の岩下氏、山本條太郎、志方、大林、谷口氏等七名と記憶する。各一万円の出資、箕面電車会社は地代を取らざる代償として、会員同様に自由に使用が出来るといふ不文律であつた。私はこの松風閣に於いて、岩下氏の来賓たりし数多くの貴顕紳士に接近し得た光栄を忘れることが出来ない。

山県公爵は夫人同伴（或は愛妾であったかもしれない）益田孝氏と三人、紅葉にはまだ早い秋涼の一日であつた。特別電車で私が御案内した。お伴は岩下氏と花外の女将だけであつた。電車を降りると、松風閣の玄関先まで公爵と夫人は人力車で、一行は徒歩である。下座敷の小さい部屋であつた。料理は琴の家からの出張、公爵は中々御元気で低い声で能くお話しになつてゐる、お膳が運ばれて、公爵と夫人と、益田さんと岩下さんと、四人だけであつたが、花外の内儀と私にもと御注意があつたけれど、私は御遠慮して席を下がつた。岩下さんは末席であつて談笑平素に少しも異らない、片言隻句、時に政治上の批評なども露骨にするが、益田さんは実に慇懃丁重の口ぶり、お話する時は必ず軽く頭を下げて御返事するだけである、その態度には驚いた。

公爵夫人とは、御縁のある間柄であるといふにも拘らず、恰も主従の如き応答で、その間に立つて縦横に談笑する岩下さんは少しも遠慮して居らない、そして極度に尊敬して居られて、少しも感情を害さない。岩下さんの交際術は実に堂に入つたものと感心した。

箕面で昼飯がすみ、再び特別電車で宝塚へ御案内する。新温泉の一隅にまだ花外楼の別荘があつた頃で、その新築座敷にて夕飯、かれこれ一日の清遊中、新聞や雑誌などで悪るく言はれる公爵の欠点など、私には少しも発見が出来ない、おとなしい威厳の備はつた、まことに上品な元老として尊敬の念を増すばかりであつた。

今夜は鴻池家が松風閣に井上侯爵を御案内するから、特別電車を出すと言ふ通知を受けて、私は箕面公園の停留場にお迎へに出た。岩下さんの姿は見えなかつた、人力車を数台、お件の連中に鴻池家の重役二人だけであつた、お接待の女達は富田屋から五六人、早く待ち受けて居つた。

私はこの日は何かの都合で、黒の立襟の制服制帽であつた、富田屋の女達の中には知つてゐる顔もあつたが、鴻池側の主人方には芦田順三郎さんより外、顔見知りはなかつたから、挨拶もしなかつたが、万一何か不都合があつては申訳がないと思つて、別段に用事はないけれど、台所の一室に控へて居つた。

お座敷の様子は判らないが大分賑かで御機嫌がよい、かういふ場合私は、支配人といふ名義である留守居をしてある某氏（名を忘れた）の室でいつも雑談するのが楽しい一と時であつた、此の支配人は書画骨董が判り、松風閣全部の什器のみならず、書画幅、花器、香炉等、貴重品を預り、其の使ひ方も中々堂に入つてゐる、お客様の顔ぶれに応じて立派なものを使ふ。或る時、今日は後藤新平男だと聞くと、光筆版の掛物をかけて、これでよろしいとすましている横着な老人で、志方氏がどこから連れて来たか、字も能く書く、俳句も詩も作る、料理屋や旅館の主人よりも一段と上品に出来た旦那風の男で、そののち松風閣の料理を引受けて居られた琴の家の女将お琴さんの入婿になつて、老楽の夫婦として終生したが、此の人と食事をすませ、傍にあつた酒の燗番をしてゐると、

知りあひの富田屋の若い妓が二人、一寸息ぬきに、ヤレヤレといつた風情で、私達の中に加はつて話をしてゐる。

其の頃は、私もまだ若い、血気盛んな悪童であつたから、つい話がはずむ。彼女達も高笑ひして、楽しさうに興じてゐると、だしぬけに白髪の老人が顔を出して、

「お前達何をしてゐるのか、あんなぬるい酒が飲めると思ふか」とえらい権幕で怒鳴るのである、女達はあわたゞしく逃げるやうに出て行つた、私は横を向いて知らぬ顔をしてゐた。

「お前は誰か」と突立つたまゝ、叱るやうに言ふ、私は勿論返事をしない。

「聞いてゐるぢやないか、なぜ返事をしない」

「私は鴻池の使用人ではありません。そんなに叱らなくてもいゝでせう」と言つて、出てゆかうとした。制服制帽の私を運輸係の一員と思つたのであらう、芸妓をつかまへて油を売つて居つたのが、癪にさはつたと見えての立腹であらう。此の老爺、とてもしつッこい。私の後姿を見て「君は誰だ」と又も詰問するのである。私は、〝専務取締役　小林一三〟といふ名刺を出した。

「今夜は不行届で誠に申訳がありません」と丁重にお辞儀をした。名刺と私の顔をジッと見くらべて、俄に態度を変へて、腰を低くかゞめて「どうも済みません〳〵」と高師直が若狭之助にペコ〳〵するやうな、一寸芝居がかつた一幕は、其の晩、女達からきくと、相手が有名なる怪物原田二郎翁であつただけに、実に痛快なエピソードであつたと、今に忘れ得ないのである。

○

紅葉の盛りの某日のことである。五六日滞在するから用意をして置いてくれ、と岩下さんから注意があつた。桂公爵が静養するからと言ふの

である。どういふ訳か、其の日には特別電車もいらないといふので、私は箕面停留所で、はつきりしない時間を行違つて要領を得なかつた為めに、茫然と待ち受けざるを得なかつたのである。

昼過ぎ二時頃であつたと思ふ。駅長室に待ちぼけて居つた私のところへ、「只今お客さまがお尋ねです」と言ふ駅夫の知らせを受けて私が行つて見ると、とても素晴らしい美人が二人、田中家の女将の母親であるとかいふ老婦人と三人、「今日は紅葉を見て、夢の家に泊り度いと思ひますから宜しくたのみます、岩下さんのお言づけで……」と言ふのである。

桂公爵は今朝、京都から東京へ、都合によつてお帰りになりましたから、松風閣をやめて琴の家で御厄介になり度いと言ふのである。

此の美人は写真で知つている新橋のお鯉で、も一人は、附添ひとは言ふもの、、立派な服装をしたお友達のやうな美人であつた。私は松風閣と琴の家と、それぞれ手配し、それから東道の主人として三婦人と共に、流れに添うて歩き出した。滝安寺の弁天さまへ参詣、境内の茶屋にて一と休み、渋茶を呑みながらつくづくと桂公の愛妓として有名なる鯉さんを見た。

何一つ欠点のない、申分のない別嬪であつた。いま私の記憶に残つてゐることは、裾をちよつと褄からげて、帯止にはさむ、下着の下から長襦袢の派手な樺色の匹田鹿の子がダラリと垂れ下つて、其の濃艶な匂ひを漂はせ、白い脚を床几にのせて、片足の足袋をぬいで足袋の中の砂を払つてゐる右手の指には、大きいエメラルドが光る、仇つぽい粋な江戸つ子の彼女に、私は、恍惚として見とれたのである。

滝の見物は明日といふことにして、琴の家まで送り届けて、私はひとり帰つたのである。お鯉さんに遇つたのは、たゞこの一度だけである。其の後、何十年後であつたか、誰かの紹介状によつて東京電燈の社長室に於いて、お鯉物語を書くといふので対談したことがある。こんなにも様子が変るものかと美人の薄命を痛感した。

松風閣に案内しなかつたのは、岩下さんとしては、桂さんと同行ならば文句はないが、といふ一線を画して、お鯉さん一人を迎賓館にお招きすることは出来ない、といふ理由であつたと思ふ。

○

同人の倶楽部としての松風閣に於いて、北浜銀行事件の当時、私は検事局の取調べを受けた。あれは箕面鉄道会社のものか、誰のものかといふのである。その建築及び設備費合計八万余円が北浜銀行の帳簿に仮出金から支出してゐるのを見ても、電鉄会社のものでないことは明かである。然らば何人のものか、私が岩下氏外数人の倶楽部のやうなもので、会員から全部払込次第、其仮出金は消滅するであらう、といふ簡単な認明で片付いたが、実は会社所有でないものを岩下さんからのお話だとしても、会証の金を支出することは出来ない、と頑固に主張して、私と北銀支配人小塚君との間に意見が合致しないために、暫く電鉄会社の帳簿に仮出金として計上されて居つたが、これでは困るからと、北銀に移したものである。勿論世間一般は、殊に岩下さんの友人の間柄では、箕面電鉄のものと解釈して居つたのである。此の内容を何かの機会に、私は岸本兼太郎さんにお話した。それは松風閣並びに此の庭園敷地全部を売却する必要が起つたからである。

北浜銀行事件の当時に、松風閣を使用する必要がない窮境に陥つたから、保管の責任を負はされてゐる私としては、一日も早く処分しなければ毎月の経費を支出するだけでも大変である。

岸本さんは、第一次世界戦争に於ける船成金の第一人者であることを承知して居つたから、買つてほしいとお頼みした。岸本さんは今日迄の行き筋をきいて、私の方針と其の態度に同情されて快よく引受けて下すつた。土地家屋全部で確か十五六万円だと記憶する。爾来、松風閣は岸本家別荘として、更に頂上に純洋館の一棟を新築し、箕面沿線第一の壮麗なる邸宅として有名であつたのである。

八、破天荒の社債

箕面電車が開通して営業成績も順調に進んだ時、日本にはじめての社債発行二百万円売出しが成功した。従来、社債の引受けといふが如きは、銀行か、信託会社か、さういふ金融機関の手を煩はしたものであるが、破天荒にも、株屋の中でも、どちらかと言へば仲買人より軽視されて居つた現物問屋を選んで引受けて貰つたのである。即ちその当時、大阪の現物問屋と呼ばれた黒川、竹原、野村三店の連合によつて売出されたのである。

この社債発行、証券の売出しといふ新しい商売は、かねてから岩下氏の理想であり、即ち私が三井銀行を辞めたのも、島株式店を買収して新しい証券会社を設立しようとしたけれど、うまくゆかなかつた因縁つきの岩下氏の計画であつた。その腹案がたまたま斯界の新人であり、麒麟児であつた野村徳七君によつて実現されたのである。

野村徳七君は、日露戦後の好景気に買でまうけ、最後に売で勝利を得た大成金である。明治四十年から二三年の間に、その頃の金額で少くとも五百万円を利得したといふ評判であつた。彼の長所は、旧式の相場師でなく、統計と、調査と、研究と、その事業会社の経営者と、綜合的に人智をつくし、あらゆる方面から検討した結論によつて売買する。そしてその研究材料を詳記したニユースを発行して、顧客にサーヴィスするのが野村商店の方針であり、大阪毎日から橋本奇策君、大阪新報から小林某（名を忘れた）等の経済記者を採用し、事業会社の研究調査を克明に実行したものである。

今ならば、ダイヤモンド誌だとか、東洋経済新報だとか、それぞれ専門の雑誌があるから、少しも珍らしくないが、実はこれ等の専門雑誌は、野村商店の商報を真似たものである。野村徳七氏が明治四十年以来僅かに十ヶ年の間に、野村財閥と言はるゝまでに充実発展したのも、この研究調査の参謀本部が聡明であつたからだと、私は信じてゐる。

「野村商店の調査により黒川、竹原両店も参加し、箕面電車の内容と会社の前途の確実性を説明し、社債を売出したのである。幸ひに売切れたそのお祝ひの小宴の時、岩下氏は、「この種の証券取引の新しい商売が実現したことは大阪の名誉であり、現物問屋の信用を天下に広告した力は大きい。殊に春秋に富む野村君の前途恐るべし、私は刮目して期待する」といふ挨拶をした、野村君は「世間では我々株屋を兎角軽視する時、岩下さんは、いつも我々を経済人として重要視して居られるのを感謝する」といふ意味を述べられたが、丁度その頃、桂公が来阪せられて、藤田男爵方に止宿中、野村君、島君外三四名の北浜人を同道紹介して、御馳走になつたといふ話を聞いたことがあつた。

九、疑獄事件の真相

順調の話ばかりではない。申訳のない大失敗をして、友人先輩に御迷惑をかけた、終生忘れることの出来ない事件があつた。それは大阪市高級助役法学士松村敏夫君の疑獄事件である。

松村君は若槻礼次郎氏と同級の秀才で、大阪弁護士界の若手のチャキチャキであつた。その頃市政のタマニー派と噂された連中の参謀格で、ボスの天川某、市役所の七里清介君等の天下で、ロボット市長は誰れであつたか忘れたが、松村助役が大小となく采配をふつて、威勢隆々たる我が世の春を誇つたのであつた。この連中に、どう取入つたか、誰の策戦であつたか、その主謀者は誰であつたか、思ひ出せないが、事件の真相はかうである。

　箕面電車は、阪神電車に売りつける、といふ風説に頓着なく、本格的に建設を進捗せしめてゐる。然したとひこの電車が開通するとしても箕面、宝塚の如き山村の沿道を走る田舎電車である以上は、到底阪神、京阪、南海等の信用に及ぶべくもない。永久に田舎電車として腰を低くしてゐることは、我々としては到底辛抱が出来ない、何とか発展の工夫はないものか、といつも語り合つて居つたのである。幸ひに神戸の長老である、万年知事であつた服部一三、神戸電鉄（今の市電）社長村野山人、川崎の松方幸次郎氏等によつて発起され、既に認可を得ている灘巡環電車といふ未創立の会社があつた。先づこの会社を買収又は協同経営により、箕面電車西宮線と連絡して阪神電車を包囲する。更に京阪電車と箕面電車を連絡せしむる線路の認可を得て、そして京阪神、近畿電鉄を統一する合同計画に就いて想を練つたものである。その当時はまだ新京阪線は生れて居らないから、京阪と箕面電車をどういふ工合に連絡せしむればよいか、最も近き距離を選び、梅田起点より京阪の野江に達する何哩かの市内線の特許を受くることが上策であると一決したのである。その特許を受くる為めには、市会の承認を得て、市内乗入れの契約を締結し、その契約書を添付して鉄道省に出願、認可を受けるのが順序である。

　我々は、直ちに野江線認可の手続に着手した。その時、どうすれば市会の承認が得られるか、誰に相談すれば文句なしにうまく進行するかに就き、天川、七里、松村三氏の力を借るより外に途なしといふ結論に達したけれど、私は従来、嘗つてこの三氏とは何等の交渉も関係もない間柄であるから、私が主謀者として策戦する資格は無い、誰かの注意と援助によつて、市会の承認を得たのであるが、この時一役買つて出て我々の仕事を助けてくれた黒幕の一人に、松永安左衛門君が潜在してゐたのである。その頃松永君は神戸に福松商会といふ店で石炭コークス販売に成功し、大阪における私達悪友グループの一人として既に有名であつたが、彼はどうして天川氏と昵懇であつたか、その筋道は思ひ出せないが、同君の援助によつて市内乗入れ野江線契約を完遂し得たのである。この時たまたま市政改革と、タマニー派攻撃の輿論による検挙事件が突発し、野江線契約もほぢくり出され使つた運動費が松村助役に累を及ぼして、私と松永君は司直の取調べを受けた、結局松村君は有罪の判決を受け、一生を日蔭に送つて、秀才の前途をあやまるに至つたその不運に引替へ、私達は幸福に生活してゐるのであるから、実にお気の毒で、痛ましく思ふのである。

　斯くの如くにして得た野江線の計画とその描いて居つた夢は、幻しの如くに怨めしく消え失せたのである。野江線――若しこの特許線が実現されたものとせば、恐らくその後に出来た新京阪は生れ得なかつたであらう。灘巡環線と共に箕面電車は、阪神、京阪両電車を牛耳つて畿内統一の理想に狂奔したかもしれない。然しさう問屋は卸さない。我々は灘巡環電鉄発起人と交渉して、速水君の努力によつてその権利を買収し、兎も角も会社を設立して、徐ろに時節到来を待つてゐる間に、北浜銀行事件が突発した。そして箕面電車は窮境に陥つて、北浜銀行の整理に伴ひ、灘巡環の整理を余儀なくされた。然しこれは、整理の出来なかつたのが箕面電車の天佑的奇蹟的の幸福となつて、後日、神戸急行線と飛躍することが出来たのであるが、野江線計画は、中々うまくゆかない、大阪市では、そのうち市内線は市営とする方針によつて、野江線の着工期限の延期がむづかしき問題となり、結局京阪電鉄に譲り渡すことより外に途なしとあきらめざるを得なくなつた。

　京阪電鉄は其の起点たる天満橋を支線とし、梅田に乗入れて梅田を起点とすることが出来るから、喜んで引受けるものと考へて居つたが、案に相違して、野江線によつて梅田に乗入れ箕面電車に連絡するよりは、寧ろ単独に天満橋を起点として、現在の新京阪線を出願したい意見だと、断られたのである。其の時の相手は常務太田光熈君であつた。「此の線を放棄するのは如何にも残念だ。箕面電車は御承知の如く岩下氏事件の為めに非常に悪影響を受け、株価は暴落する、信用はゼロだ、積極的に新しい仕事が出来ないのであるから、京阪が引受けて置いて、将来必要な梅田乗入れの発展策としてほしい」とお願ひしたけれど、京阪側の評議は、寧ろ野江線の特許消滅を希望するといふので、残念至極にも、放棄せざるを得ない運命に落込んだのである。

松村君事件の本体は、勿論野江線のみでないけれど、野江線問題も採り上げられたのであるから、私は其の責任を感じてゐる。灘巡環線は速水君をして一時たりとも、会社設立違反の罪名を蒙らしめたる如き、我箕面電車は、幾度が波瀾重畳の運命に飜弄されたものである。

十、宝塚新温泉の計画

開通後半ヶ年もたたぬ間に、又一つのトラブルが起つた。元来此の会社の名称が箕面有馬電気軌道株式会社と言ふのであるから、設立当初の目的は箕面公園と有馬温泉とであつたのである。箕面公園には山間動物園を造置、有馬温泉に行くまでに、終点宝塚に従来からの温泉とは別に、日本一の――その当時には実に日本一であつた――宏壮華麗な温泉経営に主力を注いだ。その結果、宝塚の繁昌は素晴らしい人気をよんで、殊に旧温泉側はどこまで発展するか、その指導と、その設計の如何によつては、恐らく四五年の間には、現在見るが如き田舎じみた小規模のものでなく、立派な湯の町が生れ得るものと期待し、その大きな夢の幻しを語りあつたものである。然るに彼等は宝塚発展の大局を忘れて、水道の権利だとか、元湯の使用権や、その分配の独占権だとか、四五人のボスの頑強なる自己主義と、俄かに値上りした地主の欲張りから、私達の希望は到底容れられない。あるがままの自然の発達――御覧の如き田舎めいた湯の町に終始したていたらくであるが、若しあの時に、私達の計画、元湯を二つに分けて、火力の熱を借りる温い湯と冷たい湯、冷たい湯といふのはをかしいが、元来、この温泉は冷泉であり炭酸泉で「カロール・ナトリーム」の多い、そしてまた大量に湧出する資源に恵まれてゐるから、先づ元湯を完全に確保し、高地にタンクを作つて湯桶を設け、即ち旧温泉としての大衆風呂と、各旅館毎に内湯を配給する、そしてもう一つ、冷泉炭酸風呂を新設する、これは会社が引受けてもよい、といふ大体のプランによつて、新しい宝塚を創設したいと、何度か話合つたことであらう。然しすべてが空論に終つたから、私は武庫川原の埋立地を買収して、ここに現在の新温泉を作つたのである。

新温泉は明治四十四年五月一日開業した。その影響を受けて旧温泉地区も繁昌した。旧温泉地区の繁昌に驚いたのは有馬温泉の連中である。彼等は四十何年後の今日、宝塚旧温泉が現状の如き微々たる田舎温泉で終始するものとせば、或ひは文句はなかつたかもしれないが、その当時は、宝塚はどこまで発展するかと恐怖に襲はれて居つたのであるから、ここに事件が起つたのである。「箕面電車の設立目的地である有馬への開通計画は何年何月であるか」といふ質問である。

宝塚の町は、生れたとは言へ、まだ赤児の如く貧弱な村落で、これから育ててゆく私達の心持は、一先づこの終点を立派な市に築き上げたい。築き上げた上は、更に有馬に延長したい、といふ考へであつたから、開通どころか、着手の計画すらもないのである。有馬の連中は「着手の計画すらないといふ会社は無責任だ。敷設特許を持つて居つて敷設しないならば、その特許権を放棄せよ」と言ふのである。

有馬の連中の背景には黒い影が動いてゐた。それは神戸にある鉄道局長長谷川氏（であつたか、名前はたしかでない）の煽動である。彼は神経痛か、リョウマチか、足の不自由な病気で、有馬温泉の常客であつた関係から「君達が、箕面電車が、有馬線の工事に着手せざる意志を明白にしたならば、その特許権を放棄することが判れば、僕達が三田から有馬への鉄道を敷かう。これは村山君（朝日の社長）や住友さん、井上保次郎さん等、別荘主の希望もある。五朱配当の補助を受ける地方鉄道法による会社を作つてあげる」云々といふ後押があるから、どうしても会社に対して特許権を放棄せよと主張するのである。

私は屈服した。斯くして三田、有馬間の地方鉄道法による五朱配当保証の会社が出来て、箕面電車の特訓練が無償によつて譲渡せられ、その大部分が活用せられたのである。箕面電車の幹線として計画されて居つた宝塚有馬間の電車は、ここに永久に葬られたのである。これは有馬温泉のプラスであるか、マイナスであるか、恐らく今尚ほ疑問とするところであらう。何となれば、三田と有馬間の鉄道は出来たけれども、有馬は依然として昔のままの有馬である。その当時は、河原に新しい大衆浴場が出来、イルミネーションのレストランが、線香花火の如く輝いたけれど、それもこれも一瞬時の夢に終つた。そして有馬町は再びもがき出した、神戸から有馬へ、更にその地方鉄道を包容して三田までの電気鉄道が敷設された。これが現在の神戸有馬電鉄である。神有電鉄の開設によつて、再び有馬は線香花火の如き景気を演出したのである。然し有名なる有馬温泉、奈良朝以来数代にわたつて、しばしば行幸を得た信仰と伝統と、千二百年からの古い歴史を持つた有馬温泉の現状は如何。凡そ計画性のない、大局の見通しのつかない、小細工、小器用の、器用貧乏の、此の種の仕事の範囲には、限界がある。これはいづれの事業に於いても、会社組織でも、個人の仕事でも、大きくなる人、どこまでも発展する人、行きどまる人、縮こまる人、その運命は断じて偶然ではない。理想を持つて、計画性を持つて、辛抱力の強い、堅い信念にもとづく、そして胆大心小の精神的指導力が必要であることを痛感する。

○

古い文句に曰く、失敗は成功の母なりと、私は宝塚温泉の建設に於いても、自ら顧みて赤面を禁し得ざる場合のいくつかゞある。明治四十五年七月一日に開業したパラダイスの建築と室内水泳場と、それは、これによつてちょつと遊覧客を驚かした、その水泳場の失敗に就いて懺悔するであらう。

十一、宝塚歌劇団の誕生

大衆娯楽施設の全部を宝塚に集中した。宝塚の欠点は平素流量の少ない武庫川原の殺風景である。私達は新温泉を建設すると共に、今の西宮線鉄橋あたりに、一段の堰堤をつくつて上流旧温泉あたりまで一面の貯水域を築き、風景の美と船遊の便と、一挙両得、理想的観光地として計画したけれど、惜むらくは其両岸が埋立地であるために浸潤湧水、湿地として埋没するといふので、中止せざるを得なかつたが、若し紅葉谷支流附近の岩盤から上流を堰止めて貯水するものとせば、茲に山峡の瀞何町かゞ出来、生瀬鉄橋あたりまで船楫自在の便を得、其両岸の地域は宝塚一等地として新局面を開き、こゝに寿楼を中心として、炭酸温泉を囲む湯の町が生れるものと信じてゐる。

然し宝塚の人達は、この種の計画によつて、箕面電車と歩調を共にすることを許さなかつたから、私達は新温泉によつて、宝塚の繁栄を期することに全力をつくしたのである。

○

明治四十四年五月一日に開業した新温泉は、我国に於ける初めての構想であり、大理石の浴槽と、宏壮な施設により、毎日何千人の浴客を誘致して繁昌した。婦人化粧室、婦人休憩所等、専ら女子供の歓心を買ふ各室があつたことは記憶してゐるが、その外にどういふ施設があつたかちよつと思ひ出せない。勿論食堂はあつたけれども、その大多数のお客様は、園内にて武庫川に臨む掛桟敷の鳥菊の親子丼に集つたのである、鳥菊の本店は道修町五丁目にあり、堺、浜寺はもとより、凡そ市民群集の盛り場には十五銭の鳥菊の親子丼といへば、大阪を風靡した有名なもので、出雲屋の鰻丼（まむし）と共に、浪花名物であつたのである。

四十五年七月一日には、新温泉に連絡するパラダイスの新館が落成した。パラダイスは、最新式の水泳場を中心にした娯楽場である。この水泳場は大失敗であつた。標準プールには到底及ばないが、飛込の出来る深さと、子供達の遊ぶ浅さと、斜めに出来て居つたから、開場当初の間は、いつ百人近い若い人達を得たけれど、その頃は男女の同浴を許さないのみならず、水中に於ける各種競技を、二階から見物することすらも許されなかつた。

然しそれだから失敗したといふのではない。屋内の水泳場は日光の直射がないから、僅かに五分間も泳ぐことの出来ないほど冷たい。外国の水泳場には水中に鉄管を入れ、そこに蒸気を送つて適度に温めてゐることを知らなかつたのである。結局、泳者がないので閉鎖することにしたが、その跡始末に困つた。

丁度その頃、結婚博覧会だとか、婦人博覧会、芝居博覧会、家庭博覧会等々、シーズンには、それからそれへと、何等かの客寄せを催して居つたから、取り敢へず水槽に板張をして、広間に利用して居つたのである。この種の博覧会は、宝塚に於いて初めて企画され、実行されたものである。

○

その頃、大阪の三越呉服店には、少年音楽隊なるものがあつた。二三十人の可愛らしい楽士が養成され、赤地格子縞の洋装に鳥の羽根のついた帽子を斜めに被つて、ちよつとチャァミングないでたちで各所の余興にサーヴィスをして好評であつた。宝塚新温泉もこれを真似て三越の指導を受け、こゝに唱歌隊を編成することにした。十五六名の女の児を雇入れて教育するのである。宝塚少女歌劇なるものが、そのうち、全国を風靡するに至つた理由の一つには、この時に来てくれた先生がえらい人であり、立派な人であつたからである。

三浦環（旧姓柴田）といふ世界的オペラシンガーが上野音楽学校を卒業した時に、そのクラスの中に三浦環の競争者であつて、それを負かして首席で出た小室智恵子といふ一人の女性があつた。彼女の父は三井物産の重役で、長らく外国生活をして来た小室三吉氏である。幼き頃彼地で教育を受けた智恵子さんは帰国して上野で勉強する頃、同級生の秀才安藤弘といふ青年とローマンスがあり、夫婦となつてから、世話女房に煤けて居つたけれど、天才的の夫婦であるといふので、宝塚にお願ひすることにした。それは新温泉の従業員であつた三田出身の藤本一二君の妹さんが、環、智恵子両女史と同級のピアニストである関係から、お世話をして頂いたものである。

安藤夫妻を中心として、女子唱歌隊養成の準備が出来た。当初は歌と同時に、それ〴〵の楽器をも練習させたところが頗る成績が良いといふのである。本格的の教授法であり、殊に安藤先生は作曲家としてオペラに対する野心家であつたから、十五六歳の女の児に教へるといふやうな教育は、牛刀を以て鶏を割くうらみがあり、どうしても男性も養成したいといふのであつた。

其頃、たま〳〵私は、東京帝国劇場にて清水金太郎、柴田環女史等のオペラ「熊野」を見物して、初めてオペラの将来性について、考へさせられた。三階の中央部に、男女一団の学生達が見物をして居つた。日本語で歌ふ歌の調子が突拍子もない時に、満場の見物人は大声を出して笑ふ、評判の悪いことおびたゞしい。私は冷評悪罵に集まる廊下の見物人の群をぬけて三階にゆき、男女一団の学生達の礼讃の辞と、それにあこがれてゐる真剣の態度に対して、遠慮なくその説明と理由を聞いてゐたのである。そして「熊野」を嘲笑する無理解の人達も、やがてその信者になるであらうと観破して帰阪したのである。

宝塚に男性加入の論は今に始まつたことではない、創設当時から早く既に安藤先生から主張されたものである。若しその時、男女共習を実行したとせば、少女歌劇といふ変則の宝塚専売の芸術は生れなかつたであらう、そして男女本格的の歌劇が或ひは育ち得たかもしれない。或ひは育ち得るまでに至らずして挫折したかもしれない。

その頃、私には何等の確信もなかつたのであるから――ただ経費の一点と、少女達を囲む若い男の世界が危険であることゝ、そのオテテコ芝居めいたオペラが想像し得なかつたから、一番無事で既に売込んでゐる三越の少年音楽隊に競争しても、宝塚の女子唱歌隊ならば宣伝価値満点であるといふ、イーヂーゴーイングから出発したものであつた。

○

大正二年七月一日から始めた女子唱歌隊は、連日の教習から、単に学校用の唱歌では売ものにならない、どうしても舞台で唱ふものとすれば、教材も資料も皆無である我国に於いては、勢ひ西洋ものから手ほどきの必要がある、それは中々むづかしいといふので、其の時、世間に発表されてゐるものには、本居長世氏作の喜歌劇「浮れ達磨」と北村季晴氏作歌劇「ドンブラコ」即ちお伽桃太郎一代記あるのみであつたから、先づそれを唯一の教科書として練習すると、此の調子では彼女達でも舞台にのせる事が出来るといふ結論が出て、それなら宝塚唱歌隊といふが如き幼稚なる名称より、宝塚少女歌劇団と改名して旗上げしようといふことにきまつたのである。

学習と稽古とに九ヶ月かかつて大正三年四月一日、いよいよ処女公演の幕が開いたのである。これより先き、舞台をどうするかといふ問題が起きた、曩に失敗したパラダイスの室内水泳場を利用することとなり、其の水槽の全面に床を設けて客席に、脱衣場を舞台に、舞台下を楽屋に、二階見物席を桟敷に改造した。正面平土間は坐つて見る。二階桟敷は腰掛け、観客収容数五百人といふのである。パラダイス全体は同時に婚礼博覧会を開催した。四月一日の大阪毎日新聞には、婚礼博覧会陳列品の詳しい説明と批評があり、歌劇に就いては、次のやうである。

「特に愛らしきは八月以来、五人の音楽家と三人の教師によつて仕組まれたる十七人の少女歌劇団が、無邪気な歌劇「ドンブラコ」四幕（桃太郎鬼退治）や意外に整頓したオーケストラや、合唱、独唱や、若い天女のやうな数番のダンス等にて、是等若き音楽家等は、何れも良家の児の音楽好きを選べるにて、特に左の七人は天才と称せらるるものなりと。

桃太郎になる高峰妙子（十四）△爺さんになる外山咲子（十五）△婆さんになる雄島艶子（十六）△猿になる雲井浪子（十二）△犬になる八十島楫子（十四）△雉子になる由良道子（十二）」

此の処女公演は「ドンブラコ」、「浮れ達磨」、「胡蝶の舞」で四月一日から五月三十日までの二ヶ月大入満員であつた。今から思へば、それは温泉場の余興として生れたと言ふものの或る意味に於いては、日本歌劇に於ける先人未踏の新分野を開拓せんが為めに、健気にも振り上げた最初の鍬であつたのである。たとひ其の鍬は小さく、振上ぐる腕は弱かつたとはいへ、掘り起された地面には、やがて新国民劇として大成すべき可憐なる芽生えが、微かに其の双葉を覗かせてゐたのである。

○

この処女公演の成功に勇躍した私達は、其の公演回数を春夏秋冬の四回に定め、相次いで新作歌劇を公演した。大正三年中の新作には「浦島太郎」、「故郷の空」、「音楽カッフェー」等、いづれも安藤弘氏の作及び作曲で、音楽の専門家には相当の刺戟を与へたものである。彼等の多くは作曲する手腕とその楽しみがあつても、これをオーケストライズし、更にこれを実演して、舞台効果の如何を検討するが如き機会は未だ嘗つて日本の何処にもなかつたのである。その芸術的の夢が兎にも角にも宝塚に生れ、それを試み得るといふことは福音であつた。然しまた若い音楽家や声楽家達を懊悩せしめたものがあつた、宝塚は女子供のアマチュアの遊戯でなしに「私達に活きた糧を与えてほしい」と叫び出した要望の声もあつた。安藤先生の野心は、ややもすれば理想に走つて、宝塚こそを男女本格歌劇の揺籃地たらしむべく、一挙にこれを遂行すべく計画せんとするのである。然し芸術家として燃ゆるが如き信念も、私から見れば、それに集まる無責任の浮浪のやからと、凡そ道徳的に縁遠き彼女達の名声を無条件に受入れる勇気がないので、結局空論に終らざるを得なかつたのである。或ひはこれは宝塚の失敗であつたかもしれないが、営利会社の経営者としては、恐らく此の程度で満足することの安全なるに如かずとあきらめて居つたのである。

元来私は音痴である、音楽が判らない低級さであるのを能く承知してゐるが、眼をねむつてウツラウツラと舞台稽古を見て、それでも此の歌劇は当る、これではお客は来ない、といふ観測は、五十年近いお客商売に功を積んだお蔭で判るつもりである。要するに芸術的批判の力はないが、商売的鑑賞の術を心得てゐるつもりである、であるから、創設した当初に於いても、安藤先生の作品は、賞めるけれど、これは駄目だと顧みて他を言ふ場合も多い。安藤先生から見れば、素人に何が判るものかと言ふ其の心持わかる、或る時、彼は自分の作曲した楽譜の全部を持つて、雲隠れしたこともあり、お客様を前にして公演に困つたこともある、然し私にはその昔の文学青年であつたお蔭で、中学校や師範学校の音楽教科書をいろいろと集めて面白い歌だけを選抜し、鋏と糊とさへあれば、音譜を継ぎ足して一幕くらゐ仕上げる芸があるから、私は一夜にして「紅葉狩」や「村雨松風」の拙作をならべ得たのである。私の蛮勇には太刀打が出来なくて、彼は不平を言ひながら宝塚に於ける初期の功労者として勤続して居つたのである。

○

宝塚少女歌劇が、時代の新興芸術として目ざましく浮彫されて来ると、その年の十二月、大阪毎日新聞は、大毎慈善団基金募集の為めに、大阪北浜帝国座に於いて、三日間（そののち一週間）興行を連続して成功し、爾来、毎年年末行事として大正十一年まで帝国座、浪花座、中央公会堂等、観客の増加するに従つて、収容数を増加し得る積極的効果を挙げ得たことは、大毎の支援し同情によると共に、宝塚の真価が広く世間に認められたものと感謝してゐるのである。

〔5－D〕
『75年のあゆみ　記述編』（阪急電鉄株式会社、一九八二年、一～一五、三六～三八、一六七～一八一頁）

第1章　箕面有馬電気軌道の創立

第1節　明治期における日本の鉄道

"陸蒸気"の開通

慶応から明治と改元されて数年のうちは、社会全体に旧時代の色合いがまだ色濃く残っていた。しかし、明治4年の廃藩置県によって古い藩体制が消滅し、明治政府による中央集権的な統一国家が生まれて、徐々にではあるが、日本の近代化が進められようとしていた。そうした"文明開化"の時代を象徴するかのように登場したのが、明治5年9月にわが国で初めて新橋—横浜に開通した蒸気鉄道である。

わが国の鉄道建設は、幕末の頃からすでに外国人の手によって計画され、免許の請願が行なわれていたのだが、いずれも免許がおりず、後年にいたって明治政府の手で実現されたのが、わが国鉄道の出発点であった。当時、明治新政府は「富国強兵」「殖産興業」の旗じるしのもとに近代産業を先進国から導入し、これを育成することに努めていた。幕末における近代産業といえば、徳川幕府や薩摩、水戸などの大藩が所有していた工場、主として兵器製造工場や造船所があるのみであった。新政府は、まずこれらの工場を譲り受け、新たに工場を建設して、軍需工場、造船、機械、製鉄、繊維などの諸工場を自ら経営し、鉱山と合わせて、鉄道、電信、郵便の諸事業も官営とする方針を打ちだした。

そして明治2年、東京から京都、大阪、兵庫にいたる幹線と東京から横浜にいたる支線などの敷設を閣議で決定したが、これを推進するにあたって政府が最も苦慮したのは、国を挙げての鉄道敷設反対運動であった。反対論者たちは「我国体を損して啻に外国人の便利さを増す」「皇地ヲ裂テ外藩ニ与フルノ策」と異議をとなえ、「わが神州の土地を抵当に外債を募る、これ正に国を売るの賊臣なり」と、鉄道建設推進の当事者をののしった。鉄道反対の世論は着工後もますます強まり、建設の推進にあたる伊藤博文、大隈重信をはじめ、政府の役人は刺客に生命をねらわれるという不穏な状態が続いた。

こうした四面楚歌の状況におかれながらも、「国家百年の大計」を優先して鉄道敷設の努力が続けられ、新橋—横浜間の開通を見たのである。開通に先立って木戸孝允、大久保利通ら政府首脳部が試乗したが、木戸は「今日成功の一端を見る不堪喜也」と述べ、大久保は「始て蒸気車に乗り候処、実に百聞は一見に如かず、愉快に堪へず、此便起こさずば必ず国を起すこと能はざるべし」と、鉄道効用論を日記に書きのこしている。初めのうちは不安の目で見ていた一般の民衆もしだいに身近なものとして理解するようになり、開業後しばらくは弁当持ちの観衆で沿線が賑わったといわれる。

開通して5年後の明治10年、九州で西南戦争が起きたが、その時、鉄道という輸送機関の持つ画期的な性格がいちだんと発揮された。当時すでに開通していた京浜間をはじめ、大阪—神戸間（明治7年）、大阪—京都間（明治10年）の鉄道は、九州に向かう兵士や巡査の輸送に活躍、これによって、当初、鉄道の敷設に強硬に反対していた兵部省も認識を改め、むしろ鉄道拡大論を唱えるようになった。

長谷川小信作「大阪府鉄道寮ステン所（現大阪駅）之図」鬼洞文庫所蔵

明治7年に大阪―神戸間が開通、レンガ造りの大阪梅田ステン所を発車した列車が十三川（淀川）を渡り、尼崎、西宮を経て一路神戸に向かって驀進した。当時、ステン所構内の時刻表下に「乗車せんと欲する者は、この表示の時刻より十分前にステン所に来り、切符買入その他の手都合なすべし、云々」という乗客心得が記されていた。

急伸する私設鉄道

明治初年以来、政治的な立場からこの「文明の利器」導入を先取りしてきた政府であったが、明治10年代にいたって、最初の官設官営の方針を変更し、私設鉄道を認めることとなった。

当時、西南戦争の戦費調達のための紙幣乱造によってインフレーションがまき起こり、その収束のために明治14年から大蔵卿松方正義によるデフレーション政策がとられた。これに伴い、それまで政府がとり続けてきた殖産興業政策も新たな局面を迎えることとなり、同年「工場払下概則」が公布されて官営工場の払下げ方針がかたまった。従来の直接方式から間接指導方式への転換であった。

もちろん、鉄道建設の計画もこの時期は停滞気味であった。当初の官設鉄道計画は、東京─京都間の幹線とこれに接続する支線であったが、支線のうち開港場と都市を結ぶ京浜間、京神間は明治10年までに開通していたものの、以後の幹線建設は財政のひっ迫で早期完成が望むべくもなく、コマ切れ予算によるコマ切れ建設という状態であった。

このような状況のもとで、鉄道の建設を民間企業に委託する方針が政府内部に生まれ、明治14年、わが国初の民間鉄道会社「日本鉄道会社」が設立されるにいたった。華士族授産の意味をもつこの会社は、政府の保護政策によりはじめてその基盤を確立したのであるが、幹線国有主義をはじめて変更した政府は、国の資金導入によって実質的には政府の手で鉄道の建設・運営を進めるという、いわば名を捨てて実をとった方式であった。しかし、この会社の経験は、企業家たちに、鉄道経営をかなり有利なものとして印象づけた。鉄道を計画すれば政府から援助が受けられ、しかも利益保証によって、利潤を確保できるというイメージが広まり、それが鉄道企業をさせることとなった。

明治18年、松方正義大蔵卿によるデフレーション政策はほぼ終息し、資本主義の本格的発展への端緒が開かれたが、この時期に入ると、企業投資がいっせいに拡大し、資本主義産業の基礎はしだいに確立していった。鉄道の分野でも、日本鉄道株式会社にならって各地に私設鉄道の設立が計画され、出願が続出した。しかし、そのほとんどは投機本位の計画であったため、明治25年までに出願された46社中、開業したのは14社に過ぎなかった。

もちろん、その中に在地企業家による地域振興のための建設計画もあった。その最初の例は大阪─堺間を結ぶ「阪堺鉄道会社」であった。こうした活発な動きの中で、明治22年に官設の東海道線が全通し、24年には、日本鉄道による上野─青森間が全通した。

しかしながら、明治23年、わが国最初の資本主義恐慌がおこって、民間企業としての私設鉄道は各社とも大打撃を受け、明治25年にいたるまで、沈滞の状況から脱出することができなかった。このような状況の中で、民間に私設鉄道の国家による買い上げを求める声も生まれ、政府内部、とくに鉄道庁でこの恐慌を契機に一挙に鉄道政策の主導権を確実に把握し、さらに鉄道国有化を実現しようとする動きが起こってきた。明治25年の「鉄道敷設法」の公布は、まさにその布石といえるものであった。

第2節　新会社の設立前夜

鉄道新時代を画する〝国有化〟

明治30年代にいたって、鉄道は陸上交通の中心としての地位をますます強めたが、なかでも私設鉄道の発達はめざましいものがあった。大阪の経済人によって計画された山陽鉄道は、明治27年に広島まで開通し、明治34年に馬関（明治35年、下関と改称）まで全通、ようやく、本土縦貫鉄道が完成した。このほか29年には、九州鉄道が八代まで開通しており、岩越（磐越西線）、総武、房総、七尾、参宮、阪鶴（福知山線）、京都（山陰本線）、北越（信越線）、豊州（日豊本線）など、各地方の重要な路線が私設鉄道として開通していた。

　こうした全国的な鉄道網の広まりと共に、東京、大阪などの主要都市で電気鉄道ブームが起きていた。初期段階では、都市内部の馬車鉄道が電車に移行し、明治37年の日露戦争後には、都市と都市を結ぶ交通機関にも電車が登場したのである。京阪神地区でも電気鉄道の出願ラッシュが続いた。しかし、その多くは、20年代の私設鉄道の出願ブーム同様に、投機的要素が強く、ブーム騒ぎの中で株価のつり上げを狙ったものもあった。当時の新聞も「電鉄熱の悪弊、真面目の企業絶無」（大阪朝日新聞・明治43年3月1日）といった見出しで、鋭く批判するほどであった。

　しかしながら特許の出願を行なった企業すべてが「不真面目な企業」ではなく、それらの中で、人的資金的裏づけを持った「真面目な企業」が選ばれて、特許を取得、着々と電気鉄道の建設を進めた。しかし、こうした私設鉄道の経営は、政府の手厚い保護を受けている日本鉄道、山陽鉄道、九州鉄道、北海道炭鉱鉄道などの大手と異なり、最初の目論見ほど楽ではなかった。明治32年の不況時にも鉄道買い上げ論が生まれる一方、33年には「私設鉄道法」「鉄道営業法」が公布され、政府における監督権の拡張が図られた。そして明治39年、日露戦争後まもなく「鉄道国有法」が制定されるにおよんで、鉄道国有化の路線がはっきり定まったのである。

阪鶴鉄道の国有化で新会社設立へ

明治中期に鎮守府が置かれ、軍港の町として新しい発展を見せていた舞鶴と大阪を結ぶ鉄道の敷設を計画して、大阪府豊能郡池田町（現・池田市）に「阪鶴鉄道株式会社」が設立された。そして明治29年に線路敷設を完了、営業を開始した。この大阪—舞鶴間の路線は、大阪から宝塚（現在の当社宝塚線宝塚駅付近）を通り、福知山を経て、舞鶴に達するもので、現在の国鉄福知山線の前身である。

　しかしながら、明治39年の「鉄道国有法」にもとづいて、この阪鶴鉄道は全国の私設鉄道会社17路線と共に政府に買収され、国有化されることになった。ここで阪鶴鉄道は10年の歴史を閉じたわけだが、関係者たちは、それより以前に取得していた大阪—池田間の計画路線を生かし、それをベースに新たに箕面有馬電気鉄道株式会社の設立を図ったのである。

　この時の計画は、当時の起業目論見書によると、梅田を起点に宝塚を経て、有馬にいたる路線を基軸に、宝塚から分岐して西宮にいたって現在の阪神電気鉄道に結ぶ路線と、さらに国有鉄道西宮停留所付近で分かれて御影方向に向かい、阪神電気鉄道東明停留所に連絡する路線の建設であった。

　ところが、当時、大阪—池田間に別グループによる「大阪池田鉄道株式会社」が計画され、認可申請中であった。同一地区に二社の路線が出

箕面有馬電気鉄道株式会社特許状

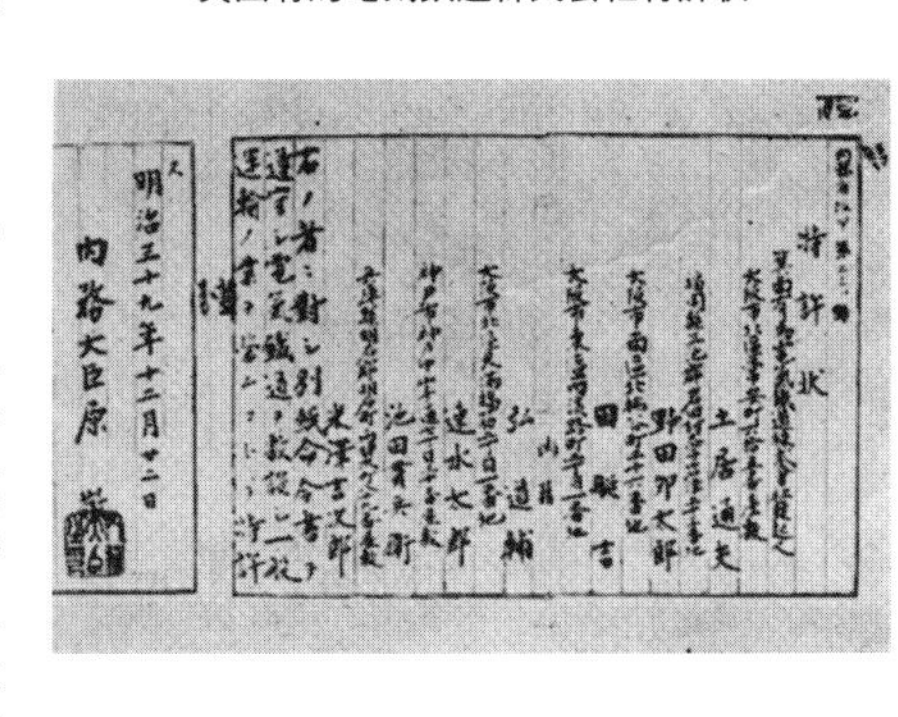
特許状

明治三十九年十二月二十二日

内務大臣原

現するわけである。両社線を一本化すべきであるとの考えに立ち、箕面有馬電気鉄道は、大阪池田電鉄の発起人と交渉し、鉄道敷設が特許された際には、株式の一部を大阪池田電鉄の発起人に割り当てることを条件に、同電鉄の申請を取り下げるよう要望した。

明治39年4月、大阪梅田から有馬にいたる路線と、宝塚—西宮間（7・7km）の鉄道敷設認可申請を行ない、同年12月、認可がおりるや、会社設立のための株式募集を進めた。しかしながら、当時は日露戦争時における好況の反動で、わが国経済は深刻な不況に見舞われていた。そのため、株式払い込みも予定どおり捗らず、第1回の払い込みでは資本金550万円、総株式11万株のうち、約半数に近い5万4104株が払い込まれず、失権株になってしまった。この結果、設立か解散かの瀬戸際に追い込まれたのである。その頃すでに、阪神電気鉄道（明治38年営業開始）が運転しており、また、蒸気鉄道として営業していた南海鉄道が明治40年に電化されたほか、京阪電気鉄道、神戸市電、兵庫電軌（現在の山陽電鉄）も設立されて路線建設が進められており、京阪神地区は新たな私設鉄道時代を迎えていた。

第3節　小林一三の活躍

新会社設立の背景

予想外の失権株によって箕面有馬電気鉄道の創立事務は一頓挫をきたし、設立か解散かの土壇場に追い込まれた。善後策をいかに講じるかの協議が関係者の間で連日続けられていた。小林一三がこの会社の創立に関わるのは、この頃からである。

「小林一三は、明治40年1月に三井銀行を退職し、大阪の北浜銀行頭取岩下清周（後に当社初代社長に就任）の招きを受け、証券業界で身を立てるべく大阪に来たのであったが、折からの大不況で株式は大暴落し、志半ばにして時勢の回復を待つより仕方がなかった。しかし、かねてより、小林の才気を高く評価していた岩下清周の再度の要請に従い、同年4月阪鶴鉄道の監査役に就任し、国有化による会社解散後は清算人となって箕面有馬電気鉄道の創立に深い関わりをもつことになったのである。

新会社設立のむずかしさを知り尽くしていた小林一三であったがあることをきっかけに鉄道業務の将来性を予見し、新会社の設立に深い関心を寄せ、事業の経営に乗り出すことになる。この辺の事情を、小林一三は、彼の『逸翁自叙伝』の中で次のように語っている。

「阪鶴鉄道会社の本社は、いまの省線池田駅の山手の丘にあった。そこでいつも発起人会や重役会が開かれていた。私はそこに出席する機会に、大阪から池田まで、計画の線路敷を二度ばかり往復した。

この間に、沿線には住宅地として適当な土地が沢山あるのを見て、住宅経営の新案を考えて、これならきっとウマク行くという企業計画を空想した。そして岩下清周氏を訪問して『この電鉄敷設に必要な諸機械や主な材料を三井物産から買うことが出来れば、第1回払込株金137万5000円あれば開業することが出来る見込みである。私はこの仕事をやってみたいと思います。現在未引受株は5万余あるが、これを何とかして引受人をこしらえて頂いて、そしてこの仕事を私にやらして頂けませんか』とお願いしたところ、岩下氏は『機械などは飯田君に話せば出来る。幸い米国から岩原謙三君が帰ってきて、何かウマイ仕事はないかといわれているから、心配するに及ばないと思う。開業してから払えばよい。が、只問題は、君が、私に仕事をやらせて頂きたいというような無責任では駄目だ。君は三井を飛び出して独立したのであるから、自分一生の仕事として責任を持ってやってみるという決心が必要だ。その決心があるなら面白い事業だと思う。全体、仕事自体が大丈夫かい』という質問であった。

創業者小林一三

阪鶴鉄道株式会社本社

『仕事のことは私には判りませんが、建設費や損益計算等の予算は、もうすでに阪鶴鉄道が実際に調査し尽したもので、これらは信用してよいと思います。乗客の数、経費等は大体コレコレの計算になっておりますが、私には皆目判りません。ただきっとウマク行くだろうと思うことは、この会社は設立難で信用がゼロである。そのうちには解散されるだろうものと見られている。仮に何とか工夫して会社が設立出来たとしても、結局は駄目だろうと沿道一般の人達は考えている。これを幸い沿線が住宅地として最も適当なる土地を仮に1坪1円で50万坪買う、開業後1坪について2円50銭利益があるとして半期毎に5万坪売れば12万5000円はもうかる。毎期5万坪果して売れるかどうかは判らないけれど、電車が開通すれば1坪5円位の値打は出ると思う。電車がもうからなくてもこのような副業を考えれば株主を安心させることが出来る。尚土地が果して買収出来るかどうかという点であるが、沿線の人達は、こんな会社は出来るものでないから、土地を買って又投げ出すにきまっているという風に馬鹿にしている。或は、ウマクゆくかも知れない』と私の夢のような空想――住宅経営の大要――を話したところ、『未引受株の引受人を新につくるとして、君の手でどの位出来る見込みか』『1万か2万か、やってみなければ判りませんが、結局はその不足を引受けるという人があるとないとで非常に違うと思いますが』『よし判った。君は出来るだけこしらえて見給え。僕は島君にも相談する。結局不足分は引受けることにするから』と云われたのである。」

（『逸翁自叙伝』より）

岩下清周の励ましを受けて、小林一三は、いよいよ箕面有馬電気鉄

創立総会開催を伝える新聞記事

●箕面有馬電鉄創立総会　十九日午前大阪商業会議所に於て開催、出席株主三十六名発起人より会社創立に関する事務の報告ありて取締役及び監査役の選挙を行ひたるに取締役に井上保次郎、松方幸次郎、志方勢七、藤本清兵衛、小林一三の五氏監査役に野田卯太郎、平賀敏、速水太郎の三氏当選し商法第百三十四条に依る調査報告あり、定款は役員の部に於て取締役の互選を以て社長一名とあるを社長一名専務一名と修正し及び社長の報酬年額を三千円、専務同額、取締役監査役は千五百円と規定したり株主中より鈴木久五郎外二名よりの起訴に就き質問あり小林氏より会社の為答ふべき事項にあらざる旨を答へ無事散会したり

道を引き受ける決意を固め、発起人会委員長田艇吉をはじめ発起人たちと交渉して明治40年6月、追加発起人になるとともに、発起人会で全権を委任してもらうよう同意を得た。

　すべてを託された小林一三は、ただちに新会社創立事務所を豊能郡池田町の阪鶴鉄道本社から、大阪市高麗橋一丁目の桜セメント株式会社ビルの2階の一室を賃借して移転した。この桜セメントは、平賀敏（当社の第2代社長）が三井銀行を退社して、初めて事業を興した会社であり、当社創立事務所の従業員をはじめ、電話、電灯にいたるまで、すべて面倒を見てもらうという状態であった。しかも、創立事務費の負担を軽くするために阪鶴鉄道当時からの従業員全員を整理し、後に残った事務員は佐藤博夫（当社第5代社長）ほか2名という小世帯であった。

箕面有馬電気軌道株式会社の誕生

　明治41年の春、北浜銀行堂島支店の新築を機に、事務所を同銀行の3階に移した。一方、鉄道敷設の作業はすべて鉄道工務所に委託し、準備は着々と進められた。この鉄道工務所は、明治29年に大阪に設立された鉄道工事の設計監督を専門とする事務所で、明治後半期の電鉄興隆に際し、専門的ノウハウをいかんなく発揮して活躍した会社である。

　このようにして会社設立の準備体制は整った。しかしながら、未引受株の引受人をどうするかが次なる課題であったが最終的には、未引受株5万4000余株のうち1万株近くについて、根津嘉一郎、小野金六ら数十人の人たちに、残りは一時、北浜銀行の引き受けとなって、いよいよ会社設立の段階となったのである。

　この間、失権株主の数十名が連名で証拠金取り戻しの訴訟を起こした。法律上では当方に何の問題もなく、正々堂々と争えば容易に解決できる事柄であった。しかし、工事の進行にくるいが生じてはという懸念から、やむを得ず示談金を支払い、事の解決を図ったのであった。

　そして明治40年6月、社名を「箕面有馬電気軌道株式会社」とし、同年10月19日、大阪商業会議所で創立総会を開くにいたった。この時をもって、本社を兵庫県川辺郡川西村寺畑八番地の一に置き、社長は特に選出せず、小林一三が専務取締役に就任した。

第4節　宝塚線・箕面支線の開通

建設資金難を乗り越えて

　創立事務一切を完了した当社は、翌41年8月5日、大阪（梅田）―池田間および箕面支線、ならびに池田―宝塚間、総延長28・9kmの軌道敷設工事の認可申請を行ない、同年10月22日付で認可を得た。当時、京阪神地域には、先に述べたように京阪電鉄、神戸市電、兵庫電軌の3社が、当社に先立ち半年～1年も前に設立されており、しかも線路敷設工事が急ピッチで進められていた。それらから遅れた形でスタートした当社であったが、電車を走らせるのは他社より一日も早くという決意で、建設工事に取りかかったのである。

工事の進捗に合わせて資金需要は次第に増加していった。しかも、当時は深刻な経済不況下にあり、ただちに第2回の株式払込金を徴収することはむずかしかった。このため建設資金に必要な285万円の支払いについては、第1回払込金137万5000円と三井物産の仲介による金融で借り入れた130万円余りをもって、これに当てた。ところが、こうした当社の努力をあえてわい曲した思わしからぬ風評が流れた。とくに、当社は箕面、宝塚、有馬を主眼とした単なる「遊覧電鉄」に過ぎないとして、当社そのものの存在を中傷した声がその一つであった。これをそのまま座視することは、会社の名誉と存亡に関わるという判断から、明治41年10月、『最も有望なる電車』と題する今日の「企業広告」ともいうべきパンフレットを作成して、株主ならびに関係者に配布、認識を深めさせることに努めた。しかし、こうした努力にもかかわらず、事態はますます切迫し、第2回の払い込みを徴収しなければ、工事の完成が望めなくなった。そこで、明治42年10月、1株につき、7円50銭、総額82万5000円、翌43年4月の第3回払い込みでは1株につき5円を徴収、さらに同年7月には第1回社債金200万円を発行して、借入金の返済および電灯、電力、車両建造等の費用に当て、難局を打開することになった。

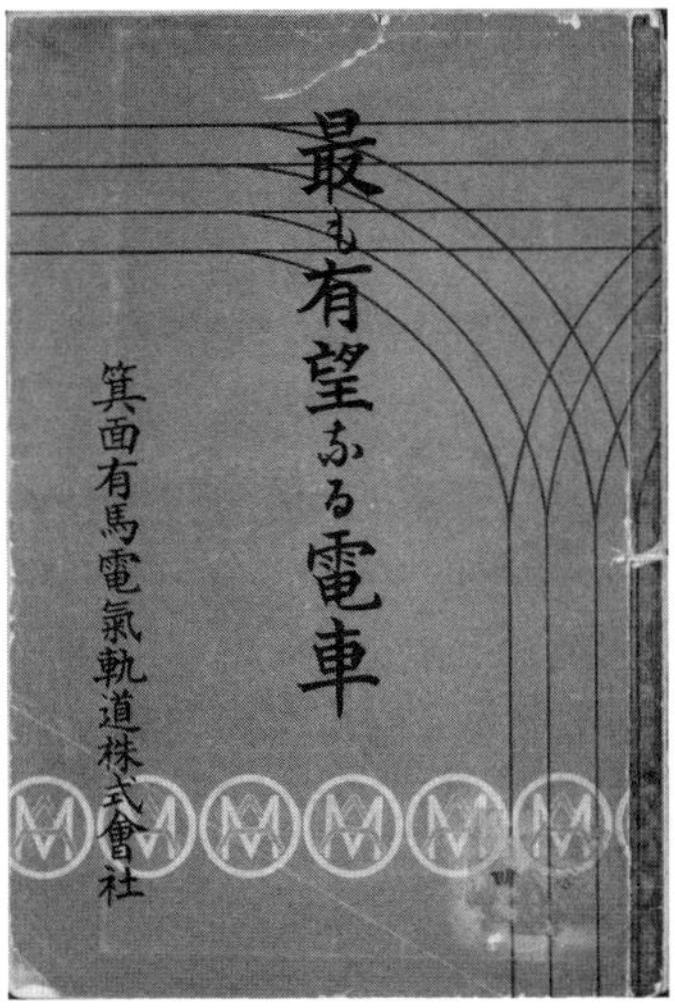

いずれにせよ、当時のような不況期にあっては、新設会社の財政難は当然のことであるが、客観情勢はことのほか厳しかった。その頃、12円50銭であった当社株は、市場では7円内外で取り引きされていたことを思うと、世間の当社に対する評価がいかに厳しいものであったか窺い知ることができる。

池田付近の線路工事（明治42年）

パンフレット『最も有望なる電車』

難産の〝梅田駅〟

資金面の問題もさることながら、工事面においても難問が山積していた。なかでも、起点となる梅田駅の設置、国鉄線横断の梅田跨線橋の建設、それに新淀川大架橋は本工事における最も大きな課題であった。

たとえば、梅田駅の「位置」の問題については、当初、大阪市は当社線の起点を梅田付近に置くことを認めなかった。しかし、当社としては、梅田に起点駅を設置できなければ、これまでのすべての計画は水泡に帰するため、何としても梅田を確保する必要があった。幾度も大阪市と交渉を重ねた結果、駅の予定地を国鉄線の南側に決定し、明治41年9月、

開業当時の梅田駅

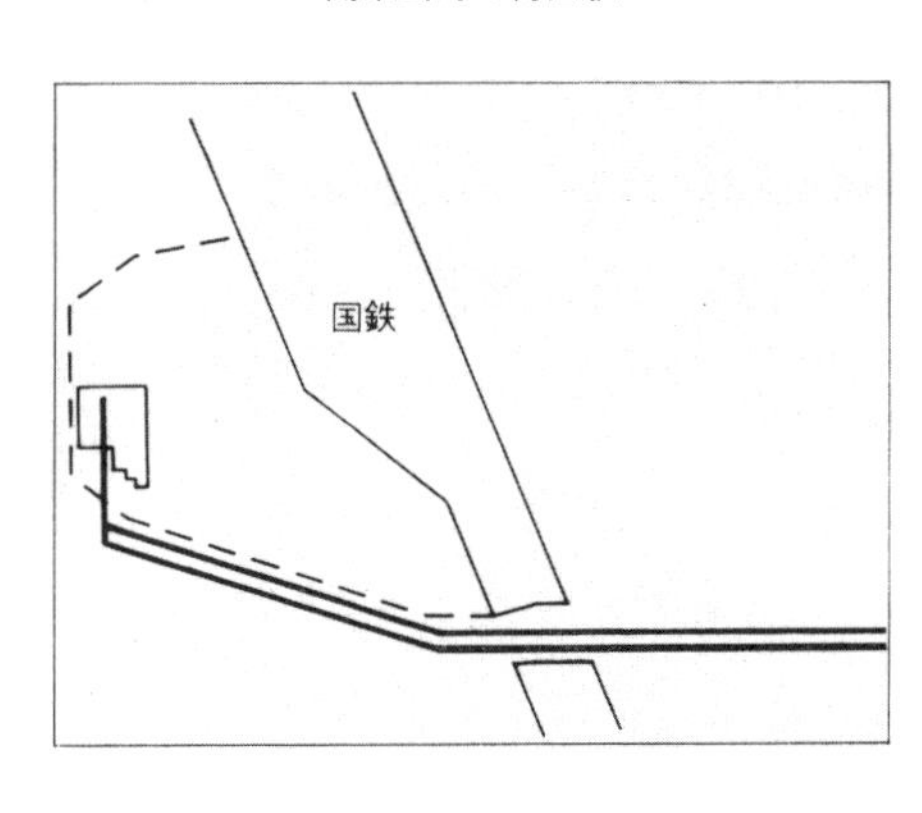

明治43年、工事中の梅田駅と本社事務所

新淀川大架橋

大阪市参事会の承諾を得、続いて、鉄道省からも梅田駅東1番踏切道に跨線橋を架設することの許可を得た。

　大阪市との交渉に手間どり、ようやく決定した地点は、結果的には国鉄大阪駅との連絡上、絶好の位置を占めることになり、そのことは以後の当社の隆盛を約束したといえる。

　新淀川大架橋については、幅員728mの関西一の大河に架設する橋梁であるため、当時における最新の技術を動員して進められた。この大橋梁は鋼製で脚数41基、橋桁はプレートガーダーを用い、径間15・2m、総数42径間とされ、約1年間の工期を経て、明治42年9月に完成した。

　こうして、全線にわたりハード面の準備態勢は整えられつつあったわけだが、ソフト面、とりわけ、従業員の養成については、当社にこれといった施設や経験がなく、この方の態勢づくりが懸案となっていた。そこで、運転士は南海鉄道へ、車掌は阪神電気鉄道へと、それぞれ合わせて100名を派遣両社への委託教習によって開業に備えたのである。

総延長28・9kmの第1期線開業

明治43年3月、梅田―宝塚間24・9km、箕面―石橋間4kmの第一期線の敷設工事が完成した。完成日の目途がついた段階で、開業日を3月10日とし、運転開始の準備を整えた。3月9日に運輸営業開始の許可を受け、翌10日、いよいよ永久に記念すべき営業開始の日を迎えることになった。

　なお開通路線および車両運輸状況は次のとおりであった。

・本線……梅田―宝塚24・9km
・支線……箕面―石橋4km
・使用車両……18両（1両定員82人）、木造ボギー車
・営業時間……午前5時30分～午後11時30分
・運転時分……梅田―宝塚間50分
・運賃……1区5銭（全線4区）、ほかに通行税1銭
・開通日（3月10日）の売り上げ金額……1650円

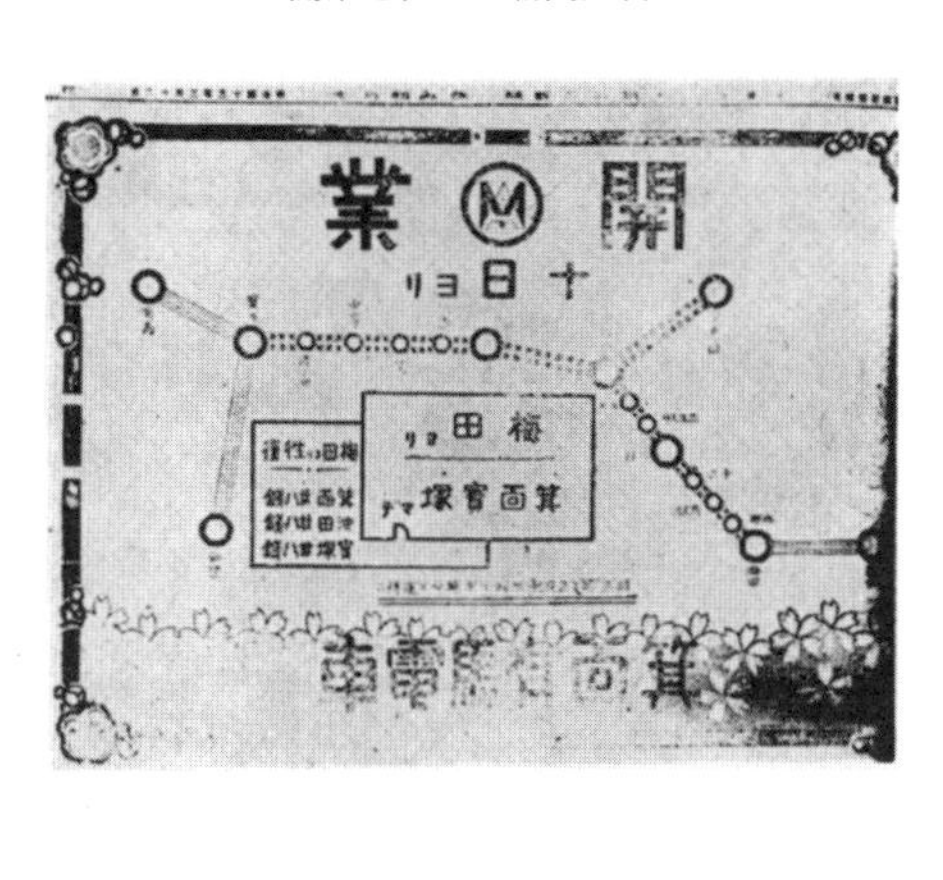

開業を伝える新聞広告

開業当日の梅田駅

第5節　土地住宅経営の推進

民鉄界初の建売り住宅

開業した当時の沿線は農村地帯で、輸送需要の増加を見るまでには道遠しの感があった。しかし、かつて小林一三が構想したように、沿線各地には住宅地に適した土地があり、これを中心に沿線開発を進めて行けば、当社線自らの輸送需要を増大させ、安定した旅客収入の確保が図れるというのが、創立当初からの計画であった。この計画を実現するため、開業に先立って沿線予定地を広く買収し、開業時にはすでにおよそ82万㎡（25万坪）を所有するにいたっていた。

まず手はじめに明治43年6月、池田室町住宅地約9万1000㎡の分譲を開始した。約330㎡を1区画とし、2階建て5～6室、延床面積66㎡～99㎡の建て売り住宅200戸、当時としては珍しい「電灯付き住宅」であった。販売方法は、頭金を50円とし、残金を毎月24円ずつ10ヵ年にわたって支払っていく方式である。こうした割賦方式による土地分譲、地所家屋の販売は、今日のローン販売の先駆けともいえるもので、当時の常識では全く考えられない画期的な販売方法であった。もちろん、この池田室町住宅地の開発は、わが国民鉄における沿線土地開発の嚆矢とされるものである。

画期的な販売方式によって、いち早く完売を見た池田室町住宅に引き続き、箕面村桜井の18万1500㎡の販売も行なわれたが、ここでも予想を上回る成果を収めるにいたった。運輸経営の苦難にひきかえ、副次的に始めた土地住宅開発部門はまさに順風満帆であった。

当時、大阪市民に沿線の土地住宅をPRするために配布したパンフレットには、次のようなキャッチフレーズ、コピーが記載されているが、それには、当社の土地・住宅に対する考え方が如実に表現されていて、

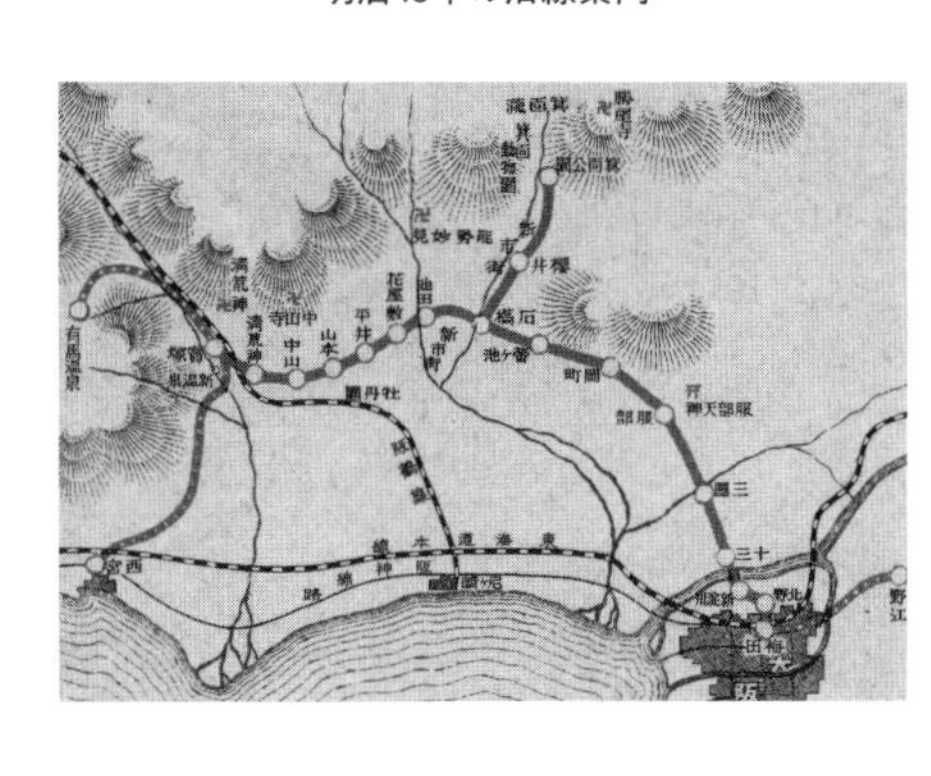
明治43年の沿線案内

池田室町住宅

興味深い。

○如何なる土地を選ぶべきか

美しき水の都は昔の夢と消えて、空暗き煙の都に住む不幸なる我が大阪市民諸君よ！

出産率10人に対して死亡率11人強に当る大阪市民の衛生状態に注意する諸君は、慄然として都会生活の心細きを感じ給うべし。同時に田園趣味に富める楽しき郊外生活を懐うの念や切なるべし。

郊外生活に伴う最初の条件は、交通機関の便利なるにありとす。箕面有馬電車は風光明媚なる沿線に郊外生活に最も適当なる30万坪の土地を所有し、自由に諸君の選択に委せんとす。これ各電鉄会社中、独り当社のみなり。折柄天高く、秋爽の清気人に迫り、黄ばめる稲原を渡る風はやがて全線18哩半、野山の錦、4月の花よりも紅なる紅葉の訪れに海内無双の箕面公園に遊ぶべき時、その沿道を跋渉せんとする諸兄のために自ら薦めんか。

30余万坪の田や畑や、山林、原野これを10区に分つ。大阪より4哩余り、服部天神よりゆくゆく2哩毎に停車場あるところ必ずその附近に会社の所有地あり。木標を辿りて歩めば、如に果物熟し、植木、苗木に不断の花をみるべし。森あれば池あり、山あれば流れあり。しかして東南に面せる丘陵一帯、えんえんとして箕面、宝塚に至る。所謂、「戌亥に住みて辰巳に通う」の理想的住宅地は別表に詳かなりとす。

会社所有地は86町余、比の価格30万余円（市内除く）なれば、1反平均僅かに３５０余円に過ぎず。これを実測すれば30余万坪によるべし。理想的郊外生活の新住宅地として、諸君の選択に任すべき30余万坪を一大楽園たらしめんには勢い諸君の移住を待たざるべからず。梢に宿る月に影あれば、沖の白波に千鳥の友呼ぶ声あり。然れば会社も亦自ら進んで模範的新住宅地を経営し、大いに大阪市民の趣味に訴えんとするなり。住宅地として各々好む処を選ぶ以上は其の風光に調和し、なお且つ衛生的設備の完全なる家屋即ち住宅其物の設計も亦た等閑視すべきにあらず。ここにおいて諸君は如何なる家屋に住むべきかと云う問題に逢着すべき愉快を禁ぜざるべし。

○如何なる家屋に住むべきか

家屋は諸君の城砦にして安息場所なり。古より衣食住といえど、実は住食衣と云うが自然の順序なるべし。家庭の平和、人体の健康等、家屋如何に原因すること少なしとせず。世人の家屋に意を払う事切なる理ありと云うべきなり。人各々其趣味を異にすれば、家屋の構造、壁冊の好みに就いても意見一つならざるべしといえども、凡そ烟塵の大阪を去りて郊外に居住を構えんと企画せらるる諸君は、現在各電車の沿線に在る所謂、郊外生活の家屋を一覧せられよ。其の設計が人家の稠密せる大阪市街の家屋と同様の型にあらざれば、棟割長屋的の不愉快なるものにして、且つ塀を高くし垣を厳にせる没趣味なる、如何に諸君の希望に添わざるの甚だしきかに驚かるべし。

巨万の財宝を投じ、山を築き水を導き、大廈高楼を誇らんとする富豪の別荘なるものは暫く措き、郊外に居住し、日々市内に出でて終日の勤務に脳漿を絞り、疲労したる身体を其家庭に慰安せんとせらるる諸君は、晨に後庭の鶏鳴に目覚め、夕に前栽の虫声を楽しみ、新しい手造りの野菜を賞味し、以て田園的趣味ある生活を欲望すべく、従って庭園に広きを要すべし。家屋の構造、居間、客間の工合、出入に便に、日当り風通し等、屋内に些かも陰鬱の影を止めざるが如き理想的住宅を要求せらるるや必せり。

若し斯かる理想的家屋が諸君の眼前に提出せられたりと仮定せんか、諸君は躊躇なく郊外生活を断行せらるるに至るべし。果然！諸君の眼前に模範的新住宅地、理想的新家屋は提供せられたるに非ずや。諸君は、即ち「模範的郊外生活、池田新市街」を精読せざる

月賦販売の案内パンフレット
（明治43年６月池田住宅）

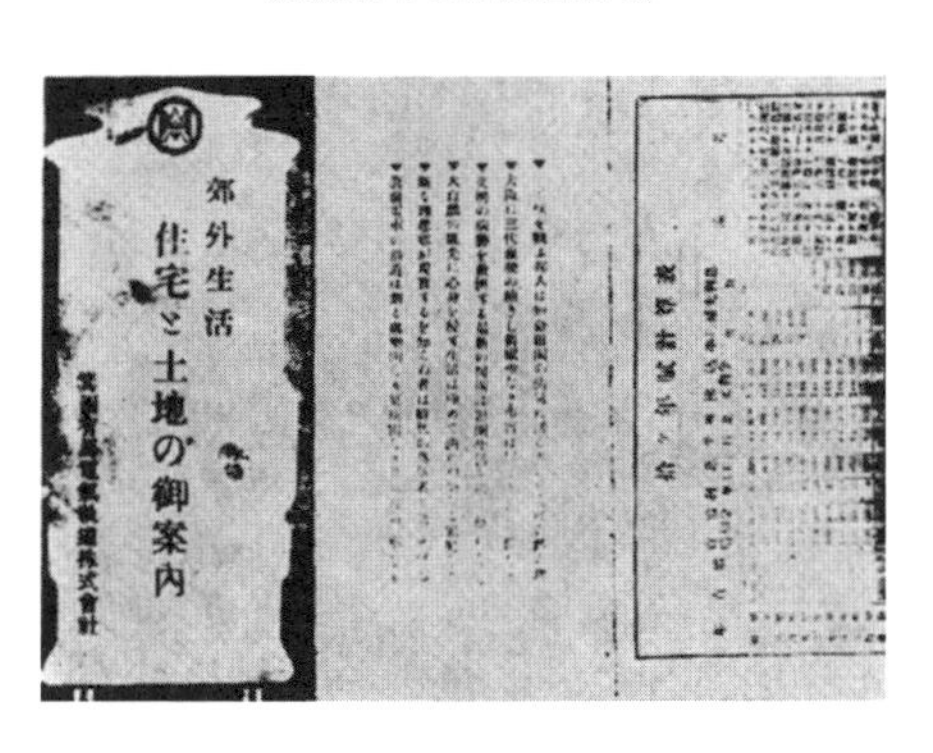
郊外生活
住宅と土地の御案内

桜井住宅のパンフレット

開業に先立ち、土地経営を宣伝するために発行したパンフレット

如何なる土地を選ぶべきか
如何なる家屋に住むべきか

べからず。

なお、こうした沿線住宅の開発に呼応して、明治41年10月電鉄敷設の特許を受けて、まもなく沿線各町村や当社経営の住宅地に対する電灯電力の供給事業を出願し、43年3月、その許可を取得した。当時、新淀川以北では、まだ石油ランプ中心の生活が行なわれており、許可を受けるやただちに工事に着手、同年7月に完成して電灯の供給を開始した。

その後、有馬電気、猪名川水力電気などを合併、事業規模を拡大していったが、昭和16年に配電統制令が公布されるに及んで、翌年、当社の事業は関西配電（現在の関西電力）に引き継がれたのである。

有馬町の街灯

第6節　観光拠点〝たからづか〟の誕生

山峡の湯の街・宝塚新温泉

かねてから当社は、自らの輸送需要を高めるために、沿線地域の開発をめざして大規模な不動産事業を展開してきたが、一方では、箕面・宝塚などの観光地開発にも努めてきた。創業時の当社沿線最大の観光地は箕面であり、滝安寺を中心とした広大な森林地帯は、大阪府から天然公園の指定を受けていた。当社が開業した明治43年の11月に箕面動物園を開設し、それから以降も博覧会などを随時開催して、観光客の誘致に積極的に取り組んできた。だが、当社が将来を見越し、特に力を入れて新たな開発を進めたのは〝たからづか〟であった。

古い時代から、池田から宝塚、生瀬にかけての山麓地帯には、炭酸性の鉱泉が湧出し、なかでも宝塚周辺は「の湯」と呼ばれた温泉があったが、明治18年頃、「宝塚」が温泉名として定着するようになった。その後明治25年に鉱泉を引いた浴場が開かれて湯治客も次第に増え、さらに阪鶴鉄道の開通で活気を呈するようになった。

当社は、この宝塚を観光地の目玉とするため、数案に及ぶ開発計画をたてた。その一つは、武庫川が平常時水量が少ないことに着目し、現在の今津線鉄橋付近に一段の堰堤を築き、そこから上流の旧温泉付近までを一面の貯水域とし、美しい風光を楽しみながら船遊びのできる理想的な観光地をつくることであった。ところが、武庫川両岸が埋立地であったために、種々の条件が十分と言えず実現不可能となった。さらに一つは、紅葉谷支流付近の岩盤から上流を堰止めて貯水し、ここに山峡の〝瀞〟を出現させ、生瀬鉄橋の辺りまで船で上るようにすれば、両岸地域は宝塚の一等地区となり、風光明媚な山峡の湯の町が出現するという計画であった。しかし、これも地域の人たちの賛同を得ることができず、

宝塚新温泉パラダイス

箕面動物園正門

開業当時の宝塚新温泉

パラダイスの室内水泳場

実現を見るにいたらなかった。

こうした計画が雲散霧消したのち、やむなく当社は、武庫川左岸の埋立地（在来の温泉街の反対岸）を買収して、そこに大理石づくりの大浴場と家族向き温泉を建設、「宝塚新温泉」と称して開場した。箕面有馬電気軌道が開通して約1年後の明治44年5月のことであった。

宝塚少女歌劇の幕開け

宝塚新温泉は人気を博し、宝塚はひとときの安らぎを求めて訪れる人たちで賑わった。こうした人たちにさらに新たな楽しみをと、新温泉に近代的な洋館を建設し、室内プールやさまざまな娯楽設備を整えて宝塚新温泉パラダイスと名付けた。

その頃、時を同じくして、大阪の三越呉服店（現在の三越百貨店）は少年音楽隊を結成し、人気を博していた。これに注目した小林一三は、少年に代って少女の唱歌隊を編成し、宝塚新温泉の新しい魅力として売り出すことを計画し、「宝塚少女唱歌隊」と名づけて少女を募集した。そ

宝塚少女唱歌隊による弦楽初演奏

ドンブラコの舞台

してそれを単なる座興程度の唱歌隊とせず、本格的な歌唱力、演技力を備えたプロ集団とするため、指導者に、わが国歌劇界にあって一家言を持つ東京上野音楽学校出身の安藤弘、ちゑ子夫妻を迎え、本格的なレッスンを開始した。大正2年の第1期生には高峰妙子ほか15名、次いで滝川末子ほか3名が第2期生として参加した。その年の12月、「宝塚少女唱歌隊」は「宝塚少女歌劇養成会」と名を改め、翌3年4月から開催された婚礼博覧会の余興として第1回公演が華々しく催されることになった。公演会場には、閉鎖された室内プールを改造して、500人収容のパラダイス劇場がつくられた。

宝塚少女歌劇養成会の初演プログラムとして、「ドンブラコ」「浮かれ達磨」「胡蝶の舞」の3つの演目が用意され、4月1日から5月30日までの2カ月間にわたるロングランであったが、連日、大入満員であった。こうして宝塚少女歌劇、現在の宝塚歌劇は華麗なるデビューを飾ったのである。当初、宝塚新温泉の客寄せ手段として発足した宝塚の少女歌劇であったが、その芸術的な光彩が多くのファンを呼び、大正7年、ついに東京・帝国劇場で公演するまでに成長するにいたった。東京公演は各新聞にとり上げられ、絶賛を博し、大成功を収めることができた。当時わが国の新劇運動のリーダーとして活躍していた小山内薫（1881～1928）は時事新報に一文を載せ、「日本歌劇の曙光」と評したが、それは今日の宝塚歌劇の隆盛を予見するものであった。

大正8年1月、宝塚少女歌劇養成会を解散し、新たに宝塚音楽歌劇学校を創立した。これが現在の宝塚音楽学校である。

第3章　経営基盤拡大へのアプローチ

第5節　住宅地経営を積極的に推進

沿線各地に良質な住宅地開発

開業当時から池田室町をはじめ沿線住宅地の開発に取り組んできた当社は、大正に入ってからも、神戸線、伊丹線、西宝線（現在の今津線）の開通後、これら沿線地域を重点的に開発し、岡本、甲東園、稲野などの住宅地を経営、昭和にいたってからも、伊丹、東豊中、塚口、新伊丹と、矢つぎ早やに開発を進めてきた。一方、京都線（当時の新京阪鉄道・新京阪線）沿線では、千里山、柱、相川、高槻、瑞光（上新庄）などが開発分譲されてきたのである。

昭和10年、耕地整理法の制定にともない、当社は同法にもとづく土地区画整理事業として、宅地造成に当たり、園田、武庫之荘経営地に駅前広場、公園をつくり、道路を舗装して、1戸当たり１００～１２０㎡の高級住宅を建設、売価６０００円～2万円で、しかも15年月賦という長期分割方法により分譲を開始した。この月賦販売は、当社が開業当時、池田室町住宅の分譲に際し、業界に先駆けて企画し、多大の好評を博した販売方式である。このほか昭和7年から分譲した石橋の温室村、伊丹の養鶏村も、沿線開発の新しい試みとして注目を集めた。

昭和20年、戦争が終結して平和の時代は訪れたが、日本は完全に廃墟であった。戦災で住宅はことごとく焼失し、わずかに残った経営地の売却、月賦代金ならびに賃貸家屋の家賃集金整理業務は実質的に開店休業に等しかった。こうした状況に加えて、昭和21年10月、農地法（自作農創設特別措置法）が制定され、ますます苦境に立たされた。同法は戦後の食糧不足に対応して、増産意欲にあふれた自作農をつくることが目的であった。これにより、住宅用地を確保するため所有地の一部を農園経営または小作させていた当社は、農地法施行とともにこれらの土地の所有権を失うことになった。この法律の施行により受けた痛手は大きいものがあったが、世の中が次第に落ち着くにつれて、人々の関心も「食」から「住」へと移りはじめ、これとともに数少ない経営地で建売住宅の建設等を手始めに業務も次第に増えはじめて行った。

「公庫融資付計画建売住宅」の第1号

終戦直後の住宅問題は、きわめて切実なるものがあった。都市は焦土と化し、多数の復員者、海外からの引揚者で不足する住宅は４２０万戸に達していた。この重大な社会問題を解決するため政府は住宅金融公庫法を制定し、住宅に困窮していること、頭金として一定額を負担できること、土地を準備していることを条件に、建築資金の融資を開始した。しかし、土地を用意し、煩雑な手続きで融資を受け、しかも適切な建築業者を個人で選ぶことはすこぶる困難であった。そこで当社は、土地を斡旋し、設計監督を引き受け、公庫の手続きを一切行なう業務、すなわち、住宅金融公庫法に伴う宅地の斡旋と建築の受託サービスを開始した。こうして受託した住宅の建築数は、昭和25年の1年間で従来の数年分にのぼるにいたった。

ところが、ここに一つの問題が持ち上がった。つまり、所所方方の沿線住宅地に、公庫融資利用者の注文を聞き、それぞれ異なったタイプの住宅を数百戸にわたって建築することは容易でない。そこで当社は、「計画建売住宅」の認可を住宅金融公庫に申請し、昭和29年認可されることになった。これを受けて、ただちに「公庫融資付計画建売住宅」の分譲に乗り出した。もちろん、業界に先駆けての試みであった。

この時の第1回計画建売住宅は、京都線茨木三島公園住宅地の20戸で

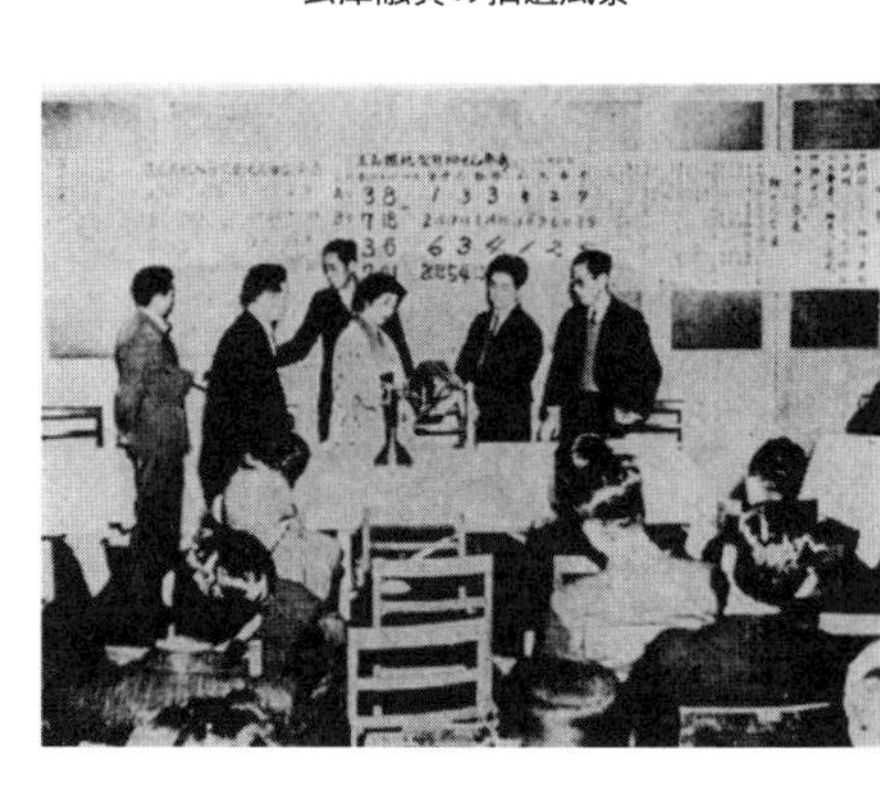
公庫融資の抽選風景

あった。その後、この制度を採用した経営地はいずれも好評を博し、公庫融資付住宅分譲による住宅建設時代の先導的役割を果たした。その後も民鉄業界最大の公庫融資付住宅を続々建設、〝阪急住宅〟の名を定着させるに至った。こと、住宅分譲に関し、ユーザーの立場に立った販売システムを生み出す思想は、創業時に池田の住宅経営において、当時の常識を破った月賦販売を行なった時以来、当社に息づくもので、この思想は戦後の土地住宅経営事業の発展を大きく導いたといえる。

急ピッチに進めた京都線沿線の開発

当社の場合、創業線である宝塚線沿線や続いて建設された神戸線沿線などの開発が、古くから進められていたが、京都線は、昭和18年に当社と京阪電鉄が合併するまで当社線でなかったこともあって、社有地が少ないうえに、大阪から見て鬼門の方角に当たるとされていたため、開発が遅れていた。

そこで昭和28年、京都線沿線各都市に対し、当社住宅の誘致について打診を行なったところ、次々と反応があり、用地も地元市町村の協力でほぼ順調に確保することができた。このようにして生まれた当社経営地の主なものは、三島町（現摂津市）の住宅、茨木市の稲葉荘住宅、高槻市の昭和台住宅、島本町の駅前住宅、長岡町の開田住宅、向日町の大極殿住宅などであった。

これら各市町村は、誘致に際し、数々の特例をもって開発を優遇したのであるが、開発負担金を納付しない限り、開発を進めることができない今日を思うと、隔世の感がある。

なお、この時も、公庫融資付計画建売住宅として売り出され、いずれの経営地も発売と同時に完売という盛況であった。

第4章　地域社会の発展をめざして

第1節　沿線のまちづくり

1　地価急騰の続く中で

用地入手難に対する新手法

明治43年3月、宝塚線の開業とほぼ時を同じくして、当社の土地住宅経営が始められ、以後、路線の拡大に合わせて、沿線各地にいわゆる「阪急住宅」とよばれる住宅地の開発が進められてきた。その活動は、戦時ならびに戦後の混乱期に一時沈滞のやむなきにいたったが、昭和30年代に入り日本経済が高度成長を遂げるにおよんで再び活況をとり戻し始めた。

昭和32年、経済白書に「もはや戦後ではない」と書かれたが、こと、住宅に関しては戦後そのままに住宅難時代が続き、どんなに小さくてもマイホームを手に入れたいという人々の願いには、切なるものがあった。

当社は、こうした時代のニーズに応え、公庫融資付計画建売住宅を中心に積極的な土地住宅経営を推し進め、昭和30年から39年にいたる10年間に、およそ3600戸の分譲を行なった。この頃の経営地としては、京都線高槻昭和台、柳川町、天王町、藤の里、長岡花山、梅が丘、茨木大池などがある。

こうした30年代に、年々分譲戸数は急上昇したのであるが、これに伴い、新しい経営用地の確保が、土地経営部の重要な課題となってきた。経済が急成長し、「所得倍増論」が謳われ、人々の暮らしは豊かさを増してきたが、それとともに地価の上昇が顕著になってきた。そのため、住宅地の開発は都心から少しずつ遠のき、遠隔地通勤の傾向が現われ始めた。

こうした現象に並行して、新たな開発用地の入手がますます困難になってきた。といって、住宅経営を続ける限り、用地をできるだけ広範囲に確保しなければならなかった。地価上昇に対する売主の思惑、農業専業者の田畑に対する執着など、さまざまな壁にぶつかりながら用地の確保が積極的に続けられた。

このような努力を続ける一方、当社は、用地取得に際し、公的機関による取得同様、税法上の恩典が認められる「都市計画による一団地の住宅経営」の適用を申請、建設大臣の特許を受けるなど用地入手難に対処した。このような努力のもとに開発した経営団地には、京都線の桂川島、茨木玉瀬町、神戸線の武庫之荘南、宝塚線の宝塚売布、星の荘、宝塚鶴之荘がある。

公庫融資付住宅の価格制限で戦術転換

昭和40年代に入っても地価はなお急騰を続けていた。とりわけ、当社沿線は、当社が創業時より積極的に開発に取り組み、環境のよい住宅地域を形成していたため、地価の上昇率はきわめて高かった。それに加えて、昭和39年度から住宅金融公庫の基準が変わり、対象が住宅に困って

造成中の売布住宅地（昭和33年11月）

桂川島住宅地（昭和41年10月）

武庫之荘住宅地（昭和51年６月）

いる低額所得層になり、かつ民間の計画建売住宅の譲渡価格総額規制が350万円以下となったため、当社沿線での公庫融資付の分譲は難しくなってきた。事実、昭和39年以降の当社の公庫融資付住宅建設戸数は、それ以前と比べて半減し、昭和43年の京都線上牧住宅地での20戸の建設を最後に、1戸建て木造の公庫融資付住宅は、当社の住宅経営から姿を消すにいたった。ちなみに上牧住宅の分譲価格は、敷地194・16㎡、建物56・57㎡、販売価格391万円、そしてこの時の公庫融資額は120万円であった。

このように、住宅金融公庫の融資付計画建売住宅の急激な減少に伴い、土地住宅部門は業容の変化を余儀なくされ、これを機会に宅地分譲ならびに一般建売住宅の販売に力をそそぐことになった。そして、住宅金融公庫融資に代わる融資制度として、昭和40年から、銀行の「住宅ローン」を採用し、一般建売住宅需要の喚起に努め、さらに、販売政策の一つとして、福利厚生施策に持家制度を採用している企業に当社の宅地および住宅のPRを行ない、販売に努めたのである。

2　「住宅地づくり」から「街づくり」へ

高層住宅の建設に乗り出す

住宅金融公庫の融資付計画建売住宅は、当社が創業以来、土地住宅経営の基本的理念としてきた「より良い住まいをより安く」にかなったものであった。それが、沿線地域の急激な地価高騰により、公庫融資付一戸建て住宅からやむなく撤退せざるを得なくなったのだが、これに代わる公庫融資付の住宅建設構想として、面的開発による高層集合住宅の建設に乗り出した。

その代表的なものとして、昭和44年2月、高層の分譲住宅「南茨木ハイタウン」の建設計画の具体化を打ち出し、京都線正雀駅と茨木市駅のほぼ中間にあって、中央環状線と交差する地点を中心とした南茨木周辺約20万1000㎡に高層住宅を建設した。もともとこの南茨木地域は、昭和45年の万国博覧会の輸送拠点の一つとして南茨木駅の新設を計画した際、新駅建設を機会に、「駅ぐるみの開発」を推進する予定であった。こうしたことと併せて、宅地の有効利用を実践した11階建ての高層分譲住宅の建設が進められたのである。建設はまず美沢地区から始まり、昭和44年10月に第一回公庫融資付住宅の分譲を開始、昭和46年11月までに同地区で合計7棟720戸、次いで昭和48年1月から駅前地区の開発を進め、昭和51年7月までに合計10棟666戸を分譲した。この間に駅ビルを建設、スーパーマーケット、飲食店、クリニックなどを誘致し、その後、住宅建設の進捗に合わせて金融機関も進出してきた。続いて店舗専用ビル「阪急グリーンプラザ」を完成、引き続き昭和52年5月から、東奈良地区の開発にも着手し、昭和54年9月までに合計6棟472戸が建設され、公庫融資付住宅として分護されたのである。ちなみに美沢住宅の分譲価格は、住居専有面積60・72㎡で615万円、うち公庫融資は348万円であった。

こうして、3地区合わせて23棟1877戸の「南茨木ハイタウン」は、約11年の歳月をかけてようやく完成したのであるが、この高層住宅の建設は、当社の土地住宅経営に大きな変革をもたらしたばかりでなく、民鉄の不動産事業に巨大な一石を投じたのである。つまり、それは従来の沿線としての便利さを謳った平面的な「住宅地づくり」を脱して、立体的な「街づくり」の方向を示唆したものであり、新しい土地住宅経営のあり方を示すものであった。

新しい街づくりのモデルケース――王子と間谷

「南茨木ハイタウン」の建設が進み、昭和47年に美沢地区の完成を見た頃、千里線沿線の千里ニュータウン内、南千里駅と北千里駅のほぼ中間に山田駅が新設（昭和48年11月開設）されることになり、付近の「王子住宅」の街づくりが進められていた。山田駅の東側約15万2000㎡の地に1戸建て住宅370戸と、公庫融資付高層住宅258戸という規模で、当社としては初めての連棟式住宅（テラスハウス）23戸の建設も計画された。独創的な一戸建て住宅、緑ゆたかな環境に合わせた瀟洒なデザインの高層住宅、斬新なイメージをたたえるテラスハウス、これら新しい感覚の住宅が整然と並ぶ新しい混合住宅の街づくりが進められていた。

一方、北千里駅の北、箕面連山のふもとでは、昭和46年7月から「外院の里住宅地」約11万3000㎡、500区画が、また、昭和49年7月から東箕面「間谷住宅地」の分譲が開始され、いずれも好評を博した。

なかでも、「間谷住宅地」は、北千里駅の北東約5・4㎞のところにあり、総面積25万3000㎡に744区画が造成され、急ピッチで住宅の建設が進められている。この分譲に先立ち、当社は、同住宅地の〝足〟として「阪急ミディバスシステム」を導入した。

・阪急ミディバスシステムとは…

阪急バスが開発した新しいシステム。間谷住宅地と千里線北千里駅間を定時運行しており、住宅地内でご利用客がある時、その中に乗り入れて循環するデマンドバスの一種。つまり、ご利用客が、住宅地内の停留所に設置されたコールポール（C・P）の呼び出しボタンを押すと、有線でつないだモニタリングポスト（M・P）が微弱電波でバスに乗客のあることを知らせ、バスはそれに応じて住宅地を循環するという仕組みである。

3　土地新法時代を迎えて

土地問題の切り札「国土利用計画法」の制定

かつて国土調査機関から、今世紀末までに日本の人口の8割近くが主として太平洋岸の都市地帯に集中することになる、という長期展望が出された。明治以来続いてきた都市化への波は、とりわけ昭和30年以降の

南茨木駅付近（昭和50年4月）

千里王子住宅地（昭和50年6月）

外院の里住宅地（46年6月）

高度成長期にいたって急カーブを描き出した。東京、大阪など大都市周辺では、すでに人間の生活は飽和点に達し、片道1時間以上も費やし通勤に明け暮れるサラリーマン、モータリゼーションの急激な進展による都市内における交通機能のマヒ状態、工場や自動車のまき散らす公害、それらはいずれもある意味で経済的繁栄のシンボルであるかのようであった。

このような都市問題を解決するため、政府は「新都市計画法」を施行し、都市地域の土地の合理的利用の方向を示した。同法の柱は何といっても都市計画区域を、都市化を促進する市街化区域と、都市化を抑制する市街化調整区域に分け、無秩序な市街化に歯止めをかけ、公共投資のムダを省こうとするものであり、併せて「開発許可制度」を「住宅地造成事業法」から引き継ぐものであった。が、その反面市街化区域での地価の上昇、土地の売り惜しみなどが一層顕著になり、一方では、市街化調整区域での開発条件が厳しくなった。また、開発指導要綱が各市自治体で順次制定され、公共施設の整備に要する開発業者負担が大きくなり、結果として販売価格の高騰を招く恐れが生じてきた。つまり、それだけ土地の取得、利用が困難になってきたわけである。昭和44年の「南茨木ハイタウン」、昭和47年の「王子住宅」などの開発構想は、いずれもこうした環境の変化を見通し、それに対応するために生まれたものであった。

また、昭和48年4月、異常な地価高騰と法人による土地の投機的取引の抑制ならびに土地の供給促進を図るため、「租税特別措置法」と「地方税法」の一部を改正する法律が公布され、土地の譲渡益重課税の制度および特別土地保有税の制度が創設された。前者は昭和44年1月以後に取得した土地の譲渡益に対して通常の法人税とは別に20％の税率で重課するものであり、後者は新たに取得する土地の取得価格に3％、4年1月以降に取得した土地を保有している場合、毎年取得価格の1・4％の税率で重課するというものである。ただし適正利益（譲渡価格の27％以下）により、販売するもののみ重課の適用が除外された。この税法改正ならびに新設は、不動産専業各社はとにかく、本業の鉄道部門の赤字補完として不動産事業を営む鉄道会社にとっては、大きな負担となることは明らかであった。時あたかも民鉄および民鉄系不動産会社28社による社団法人「都市開発協会」が発足、新土地税制に対する対策等、不動産事業に関する重要問題が当協会を中心にいろいろ論議され、必要な対策がさまざまな形で講じられた。当社では、建売住宅を増強するとともに宅地造成および建築などの質を向上させ、増収を図ったのである。

また、翌49年5月には、地価抑制を最大の狙いとして「国土利用計画法」が国会で成立したが、この法律は、これまで自由に売買されていた土地取引に歯止めをかけようというもので、土地対策に乏しいわが国では、きわめて画期的といえるものであった。それは、土地の投機的取引が集中して行なわれるとか、その恐れがあるといった場合、あるいは地価が急激に上がるとか、またその恐れがあるといった場合に、都道府県知事が規制して、その区域内の土地取引を許可制とすること、また、一定規模以上の土地取引も知事への届け出制としていることである。さらに遊休地対策として3年以上放置の未利用地を知事より地主に早期利用を促し、受け入れない場合は買い上げることができることなどが盛り込まれている。この法律の不動産業界に与える影響はきわめて大であったが、当時の地価高騰ぶりや建築費の異常な値上がりを考えた場合、この土地新法の成立はやむを得ないことであった。

このように、昭和40年半ばから後半にかけて、不動産業界に対するさまざまな制約が生まれ、しかも、困難に輪をかけるかのように、昭和48年10月、第1次石油ショックが起こり、その後も続く不況ムードの中で、当社の土地住宅経営も大きな試練に立たされたのである。しかしながら、長年の歴史につちかわれた伝統と「阪急住宅」に対する信用に支えられ、

沿線別経営地

神戸線（1,162,498㎡）　(単位㎡)

駅名	面積	売出始期	主要経営地名
梅田			
神崎川	13,884	昭和29. 7	ゴルフ場北側
園田	262,148	〃 10.11	園田１期～４期
塚口	401,652	〃 9. 3	塚口、塚口駅前
武庫之荘	263,436	〃 12.10	武庫之荘、武庫之荘南
西宮北口	86,151	〃 5. 3	西宮北口
夙川	30,743	〃 25. 9	夙川、夙川清水町
芦屋川	8,264	〃 27. 3	三条町、大原町
岡本	59,527	大正10. 3	岡本
御影	29,090	昭和13. 4	御影高台
六甲	7,603	〃 26. 8	六甲高台、六甲貸別荘
西灘			
春日野道			
三宮			

今津線（1,009,113㎡）

駅名	面積	売出始期	主要経営地名
今津			
阪神国道			
門戸厄神	99,504	昭和19. 7	門戸東、門戸駅前
甲東園	33,057	大正12. 3	甲東園
仁川	431,854	〃 13. 9	仁川台、鹿塩、高丸
小林			
逆瀬川	55,867	昭和27. 9	宝南荘、逆瀬川、高台
宝塚南口	388,831	〃 18. 3	宝塚南口、武庫山

甲陽線（150,785㎡）

駅名	面積	売出始期	主要経営地名
苦楽園口			
甲陽園	150,785	昭和34. 3	甲陽園、新甲陽

伊丹線（604,958㎡）

駅名	面積	売出始期	主要経営地名
稲野	127,603	大正14. 5	稲野、稲野南野
新伊丹	276,694	昭和10. 3	新伊丹
伊丹	200,661	〃 8. 1	伊丹養鶏村、伊丹高台

嵐山線

駅名	面積	売出始期	主要経営地名
上桂			
松尾			
嵐山			

千里線（2,749,513㎡）

駅名	面積	売出始期	主要経営地名
天神橋筋六丁目			
柴島			
下新庄	17,851	大正10	下新庄
吹田	124,561	昭和8	吹田町
豊津	135,537	〃 10	豊津、西垂水
関大前	273,719	〃 7	大学前、花壇町
千里山	1,287,228	〃 6	新田、松ヶ丘、佐井寺南
南千里			
山田	92,049	〃 47, 8	王子
北千里	353,262	〃 46, 7	外院の里、間谷、立会山
千里丘陵	465,306	〃 41.12	万博、阪大、小橋

宝塚線（2,188,625㎡）　(単位㎡)

駅名	面積	売出始期	主要経営地名
中津			
十三	33,536	大正12	十三
三国			
庄内			
服部	44,628	明治45	服部
曽根	49,586	昭和6. 5	曽根
岡町	13,223	〃 26. 3	岡町
豊中	1,187,497	大正3. 8	豊中、東豊中、宮山、春日荘、熊野田
蛍池	42,288	昭和9. 2	蛍池、待兼山
石橋	66,446	大正13. 7	石橋荘園
池田	91,605	明治43. 3	室町、早苗ノ森
川西、能勢口	225,956	昭和37. 5	能勢口、能勢吉川、山下
雲雀丘、花屋敷	115,877	昭和11. 3	雲雀丘、雲雀丘高台、花屋敷
山本	8,674	昭和43.10	山本
中山	52,885	昭和17. 3	中山東、星の荘
売布神社	72,396	大正9. 6	松風荘、売布
清荒神	29,752	〃 9. 6	清荒神駅前、鶴之荘
宝塚	154,276	昭和26. 3	御殿山、南御殿山、生瀬

箕面線（397,294㎡）

駅名	面積	売出始期	主要経営地名
桜井	245,950	明治44. 6	桜井、桜ヶ丘
牧落			
箕面	151,344	大正 8.12	箕面、箕面高台

京都線（3,199,704㎡）

駅名	面積	売出始期	主要経営地名
南方	70,082	大正11	南方町、南方駅前
崇禅寺			
淡路			
上新庄	200,787	昭和8	瑞光
相川	134,000	〃 4	相川町
正雀	137,851	〃 31. 3	正雀、味舌、三島荘
南茨木	128,104	〃 44.11	美沢、浜、駅前、東奈良
茨木市	210,402	〃 28. 8	駅前、大池、稲葉荘、玉瀬、白川
総持寺	500,826	〃 11	総持寺、昭和台、柳川町
富田	66,115	〃 9	桜ヶ丘
高槻市	318,031	〃 4	藤の里、日吉台、弥生が丘
上牧	144,442	〃 42. 4	上牧
水無瀬	76,033	〃 26. 5	水無瀬
大山崎			
長岡天神	288,728	昭和29. 3	長岡東台、花山、梅ガ丘
西向日	99,834	〃 4	西向日町、大極殿
東向日	192,370	〃 31. 6	東向日町、右京の里
桂	572,595	〃 2	桂、川岡、川島、桂南
西京極	59,504	〃 10	西京極
西院			
大宮			

その他（51,804㎡）　　（単位㎡）

駅　名	面　積	売出始期	主要経営地名
琴電原	11,298	昭和49.11	香川県牟礼
北急緑地公園	1,302	〃 51,11	北急緑地公園駅前
国鉄野洲	7,899	〃 56. 1	野洲
神鉄有馬口	31,118	〃 55. 9	新有馬
国鉄宮津	187	〃 57. 3	江尻

最近の年度別販売戸数

年度別	住宅金融公庫	その他	計
45	200	229	429
46	418	146	564
47	89	162	251
48	185	253	438
49	145	159	304
50	183	147	330
51	321	93	414
52	132	156	288
53	226	136	362
54	101	114	215
55	145	95	240
56	234	101	335

どの経営地の販売も順調であった。

「技術」と「信頼」で明日をひらく

明治43年、宝塚沿線の開発に始まった当社の土地・住宅経営の歩みは、今、73年目を迎え新たな局面に立っている。これからの住環境づくりは、その地域の環境行政との密接な連携のもと、人間生活に必要な条件を備えた街づくりをめざして計画されなければならない。当社の土地・住宅経営の歩んだ道は決して平坦なものではなかった。しかしその長い歴史の中で築き上げ磨き上げた知識と経験は「南茨木ハイタウン」や「王子住宅」などにおける新しい街として見事な結実を見せている。

　その経験とノウハウを生かして、昭和54年3月から「東茨木ハイタウン」の建設に新たに取り組んでいる。茨木市駅から東へ約２・５kmの茨木白川住宅地総面積約22万８０００㎡、高層住宅１０２０戸、一戸建て住宅３８０戸、合計１４００戸、人口５０００人の街である。すでに昭和55年9月、高層住宅の第1期分譲が行なわれ、新しい街の完成も間近である。

　このほか、滋賀県野洲でも総面積6万２０００㎡の街づくりが進められている。ここは当社沿線から離れた数少ない住宅地の一つであるが、野洲町の全面的協力を得て開発されたもので、開発の新しいパターンとしてその成果が期待されている。昭和55年8月に造成工事を完了し、久しぶりに住宅金融公庫融資付一戸建て住宅２３７区画の分譲が始まった。

　さらに続いて、箕面市小野原にも総面積18万１２４４㎡の街が造成されることになった。この小野原住宅地は、千里線北千里駅の北東約１kmの地点にあり、阪急バス外院の里線、粟生団地線および石橋線のバス停新家から約1分という交通至便の地にある。開発事業は昭和61年度まで続けられ、分譲開始はそれ以降になる予定である。

　また、昭和57年5月に「宅建業法」が改正されるが、これによると、仲介業務の分野で「専任媒介契約」を選択することができる。このことは、仲介依頼を受ける業者から見れば、確実に手数料が確保でき、依頼者側は、誠実に営業活動を行なう確かな業者を選択することができる。したがって、信用の有無いかんによって今後大きな格差が生まれることが予測される。当社では、買い換え需要の増大に対処して、新築住宅の販売促進を図るため、買い換え希望者の住宅の売買を斡旋する仲介サービスを行なってきたが、これを新規事業部門として本格的に取り組むこととし、57年2月に京都線南茨木駅前に住宅営業所を開設し、引き続き茨木市駅、宝塚線池田駅、今津線宝塚南口駅、神戸線園田駅前にも新設、営業を開始する予定である。

　昭和48年の第1次オイルショックを契機に住宅需要にかげりが見え始め、大手デベロッパーといえども大規模な開発が困難になりつつある。しかしながら、阪急沿線に住まいを希望するお客様の多いことは、われわれにとって何ものにも代えがたい励みと支えである。そうしたお客様のニーズに応えて、創業以来の精神――より良い家をより安く――を生かし、これからも新しい街づくりに当社は限りない努力を続けて行くのである。

第2節　沿線地域に新しい商業空間の創造

1　ビル経営のあゆみ

白木屋への賃貸しが始まり

大正9年7月、梅田―上筒井間が開通し、営業を開始するに伴い、梅田駅の乗降客は1日10数万人になった。これら沿線乗客に対するサービスとして、当社は同年11月に完成した5階建の本社ビルの2階に食堂を経営するとともに、1階を白木屋に貸し、日用品を販売することになった。わずか80坪の売場にすぎなかったが、これが当社におけるビル経営の始まりであった。

大正15年、梅田―十三間の高架複々線が完成して、輸送力がいちだんと増強されるに及んで、梅田駅の規模拡大と当社経営による本格的な百貨店経営を行なうため、同ビルの増築が行なわれた。昭和4年3月、第1期工事（新館）が竣工、ここに地上8階、地下2階の大ビルディングが出現した。これを契機にターミナルデパートとしてますます盛況を呈するようになり、昭和6年12月に第2期、翌7年11月に第3期工事を完成させたあと、昭和11年2月にも第4期増築工事を完成、国鉄線と当社線の切り換え工事（昭和9年）後の梅田駅をいちだんとスケールアップするとともに、より美しく装いを一新した。

戦後は、それまで直営であった百貨店部が独立して株式会社阪急百貨店となり、当ビルも百貨店に賃貸しされることになった。その後も梅田周辺地域の発展に合わせて、昭和32年6月に第5期、昭和36年4月に第6期と矢つぎ早やに増築工事を実施。百貨店の売場拡張に努めた。

昭和40年代に入って、ますます拡張の要に迫られ、昭和44年11月に第7期工事を行なったが、それでもまだ追いつかず、昭和48年3月に当社の本社事務所ビル（地上12階、地下2階、延べ床面積1万1400㎡）を竣工、先に竣工していた百貨店売場部分とあわせて、第8期の増築を完了した。

このようにして、梅田阪急ビルは、当社路線の拡がりに合わせて発展の一途をたどる梅田駅とともに拡大を続け、今では賃貸面積も約10万5000㎡に及ぶマンモス・ビルになっている。

ターミナルを拠点にひろがる

京都線がまだ新京阪線と称していた大正15年7月に、同線の大阪側起点天神橋駅に「天神橋ビル」が建設された。その後、長い間天神橋筋界隈のランドマーク的存在として、この地域発展の核になってきたが、昭和24年12月、京阪電鉄が分離した時に、同ビルは引き続き当社の賃貸ビルになったのである。その後、昭和44年10月、京都線と大阪市交通局地下鉄堺筋線が相互乗り入れ運転を実施するに伴い、天神橋駅（現天神橋筋六丁目駅）は地下駅となり、同時に中間駅となった。そのため、ターミナルビルとしての性格から離れることになった。そして、新しく同地域のビジネスセンターとしての道を歩むことになった。昭和46年8月、地上8階建てに増改築され、賃貸面積を約1万㎡に拡張、阪急共栄ストアをキー・テナントとし、他に会社事務所など40数社が入居している。

一方、昭和11年4月に神戸線終端駅神戸に「神戸阪急ビル」が完成した。神戸線開業時の終端駅上筒井駅より、路線を延長して、ここ三宮へ乗り入れを計画した際（大正8年）、終点神戸駅（現三宮駅）に、ターミナルビルの建設も予定していた。当社は、高架線による乗り入れを申請したのに対し、これが容易に認められず、延長線の敷設はもとより、ターミナルビルの建設が立ち遅れ、ようやく完成を見たのは昭和11年であった。同ビルは地下1階、地上5階で、駅ホームを挟んで西側にも同じく地下1階、地上3階のビルを建て、このビルに平行している国鉄高架下を当局から借り受け、ここに一連の歓楽街をつくった。それ以後、三宮地域は急速に発展するが、その基礎はこの時築かれたといえる。

このほか、昭和13年5月に梅田阪急ビル東側に「阪急航空ビル」(地下2階、地上1階)が建設されたが、戦後の昭和26年8月に地上9階建てに増築、2階以上を賃貸しビルとした。

このようにして当社のビル経営は、梅田、天神橋、三宮にターミナルビルを建設することから始まったのであるが、戦後、梅田地域の発展がいちじるしく進行したため、梅田を中心とする地域開発の必要に迫られ、昭和27年9月、阪急不動産株式会社(資本金1億円)を設立して、これに対応した。なお、「阪急航空ビル」は、同社設立の際、当社から譲渡した物件の一つであった。

2　安定収入をめざして——積極的なビル建設

100億円を超える賃貸収入

高度経済成長時の幕を開けた昭和30年代後半、当社沿線各都市の人口は急速にふくらみ始め、めざましい発展を見せていた。

これに伴い、当社各線の輸送力増強が重要課題となり、昭和34年2月の梅田—十三間の三複線化工事完成に引き続き、昭和38年6月に京都地下延長線工事(京都の都心・河原町への乗り入れ)、同年8月千里山線延長第1期工事などが相次いで行なわれた。このようにして近代化輸送の幕開けを告げる輸送力増強工事が間断なく続けられたが、一方、これに対応して駅施設の近代化が進められ、同時に梅田地区の再開発をはじめ高架下社有地の有効利用等が検討され、沿線各地に次々とビルが建設された。とくに昭和43年にビル経営部が誕生、全社的に賃貸業務を統括して企画、営業、管理面の体制を整えて事業拡大に備えたのを機会に、当社のビル経営は本格化するにいたった。そして、昭和44年の梅田駅移設による「阪急三番街」の誕生、「阪急ターミナルビル」、「阪急グランドビル」をはじめ、園田駅の高架下利用、上新庄ビル等の完成により、当社の賃貸面積は43万㎡に達し、年間の賃貸収入も100億円を超えるまでに成長し、当社を支える大きな柱となっているのである。

遊休地を利用して

わが国の経済は高度成長への軌道に乗り始めた昭和30年代後半、当社沿線各都市の人口は急速にふくらみ始め、各駅地域はめざましい発展を見せていた。そうした時代の動きに合わせて、当社は沿線各都市でビルの建設を進めたが、その目的は、

(1)駅施設の改造および改善を目的とした駅ビル建設および社有地、遊休地を利用したビル建設

(2)都市再開発計画にもとづく駅前整備事業など行政レベルの計画に対応して進められたもの

(3)線路の高架、立体交差化工事に伴う高架下利用としての施設建設

以上の3つであったが、いずれにおいても当社沿線の地域発展をめざしたものであることに変わりはなかった。

当社が駅施設の近代化ならびに社有地、遊休地の利用を図って独自でビルの建設を進めたものの一つに、まず、昭和39年12月に宝塚線池田駅前に完成した「池田阪急ビル」があげられる。地下1階、地上5階の総合ビルで、地下1階はマーケット、地上1階はバス待合所、銀行、名店街で構成され、開設当初2階より上は結婚式場、宝塚ホテル経営のレストラン、貸室などであった。なお、同ビルは昭和41年8月に増築工事を

行ない、バス・ターミナルを新設したほか、ボウリング場なども開設した。

続いて、昭和43年3月に京都線大宮駅に完成した「大宮阪急ビル」、これも駅施設の改造に伴い、建設されたビルである。改造前の大宮駅は昭和6年に京阪電鉄新京阪線が西院から大宮駅まで地下線で延長された時にできたもので、木造2階建てであった。新しく鉄筋コンクリート4階建ての近代的なビルになり、1階には阪急百貨店京都食堂街、阪急交通社の営業所、タクシーのりばが設けられ、当初2～3階はボウリング場であった。

その年の12月に完成した「六甲阪急ビル」、これも駅の近代化と駅前の混雑緩和のために建設されたものである。とくに同駅は、神戸高速鉄道の開通（昭和44年春）により、山陽電鉄が当社神戸線に乗り入れることになったため、それに備えて駅施設の拡充をめざして進められたものであった。地下1階、地上2階の駅ビルで、バス、タクシーのターミナルも整備され、2階には店舗街「六甲プラザ」が設けられた。

その後、昭和49年6月、京都線南茨木駅東側に「南茨木阪急ビル」4階建てが誕生した。南茨木ハイタウンに住む人たちのためのショッピングセンターづくりをめざしたもので、1～2階を阪急共栄ストア、3階を飲食街とし、4階に医療施設が入居した。続いて51年11月、「阪急グリーンプラザ」もオープン、新しい街にふさわしいショッピングゾーンが出現した。

その後引き続き、昭和53年12月に「箕面阪急ビル」、翌54年3月に

梅田付近のビル群（梅田阪急ビルとグランドビル、ターミナルビル）

池田阪急ビル（昭和41年8月）

昭和6年頃の大宮駅ビル（京阪電車のネオンサインが見える）

六甲阪急ビル（昭和43年2月）

南茨木阪急ビル（昭和49年6月）

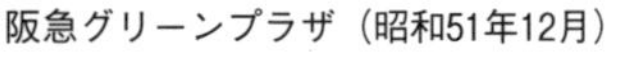

阪急グリーンプラザ（昭和51年12月）

伊丹タミータウン（昭和43年11月）

「岡本阪急ビル」、55年12月に「長岡天神阪急プラザ」と、各沿線地域に新しいビルが次々と誕生、それぞれの街の新しい個性として話題をよんだ。

沿線都市との連携のもとに

都市郊外の人口増加に伴い、通勤客は年ごとに増え、いずれの郊外駅もバスと電車をつなぐ結節点となり、駅前広場の確保が重要視されるようになってきた。そのため、沿線各都市では、都市再開発の一環としてまず駅前広場の整備を取り上げ、当社と協議のうえ、これを事業化して推進する動きが、ここ10数年、きわめて活発化してきた。

　昭和40年頃から、当社伊丹駅を中心に伊丹市の進めた都市再開発、阪急伊丹駅前土地区画整理事業がその一例である。この公共事業に呼応して、当社では、市内交通の円滑化を図るために駅舎ならびに線路を高架化し、同時に在来駅の西北約200mの地点に駅舎を移すことにした。そして、昭和42年7月に着工、1年3ヵ月余の月日をかけて工事を行ない、翌43年11月に新駅ビル（2階建）を完成した。駅ビルの1階にバス、タクシーの案内所、銀行、それに近代的なショッピングセンター「タミータウン」、2階には駅施設と銀行、それに当初はボウリング場（後に「タミータウン」となる）としてオープンした。

　また、旧駅跡地には、昭和45年4月、映画館のある「伊丹東阪急ビル」が建ち、翌46年11月に「伊丹阪急ビル」が竣工、いずれのビルもそれぞれの持ち味を発揮して、伊丹市の新しいタウンスポットになっている。

　伊丹駅ビルに続いて、昭和44年4月に竣工した豊中駅前整備事業も豊中市の都市再開発計画に当社が協力して進めたものである。この時、駅前整備によって生まれた遊休地を効果的に利用して、「豊中阪急ビル」が完成した。「豊中阪急ビル」は地下1階、地上6階、延べ面積2278㎡で、1～4階には銀行、5～6階は各種クリニックおよび会社事務所が入居した。また、駅前広場は鉄骨架構コンクリート舗装の2階建てで、面積は人工広場1200㎡、その下の広場は1373㎡でバス、タクシーのターミナルになっており、このほか売店などが整理統合されて全体がきわめて機能的にまとめ上げられている。こうして豊中駅前は市の表玄関として装いを一新したのである。

一方、京都線茨木市駅周辺でも、昭和43年9月から、万国博輸送の要として同駅前の整備事業が建設省と茨木市の間で進められていた。当社もこの事業に阪急バス、阪急タクシー共々、駅前広場整備に技術的、資金的協力を行ない、同時に、茨木市駅の整備拡充をめざして「茨木阪急ビル」5階建ての建設を進め、昭和54年3月に完成を見た。1階は西改札口ほか駅務施設と銀行、2~5階は銀行の一部および機械室とした。

続いて昭和48年6月、同駅の東側に「茨木東阪急ビル」4階建てを竣工、1~2階を「阪急ショッピングプラザ」、3階を「文化と保健のフロア」とし、4階には生命保険、損害保険会社の営業所が入居した。

さらに昭和54年12月、神戸線夙川駅に「夙川阪急プラザII」翌55年9月に「プラザIII」、その翌月に「プラザI」が建設された。これらは、西宮市の駅前整備事業に呼応したもので、「プラザI」は駅改造を目的としたビル建設、「プラザII」「プラザIII」は遊休地を利用したビル建設で、駅前開発の新しい方向を示唆するものとして注目を集めた。

高架下を利用して

神戸駅の三宮乗り入れ当時、当社では神戸の中心繁華街であった新開地のような賑わいを三宮地区にも呼び込むため、当社の「神戸阪急ビル」に隣接する国鉄線高架下を国鉄より借り受け、当社線の高架下と合わせて、ここに映画館を開設し、有名料理店も誘致して一大歓楽街ができ上がった。しかも、当時としては珍しい冷暖房完備であった。こうした新しい試みが功を奏して人気を呼び、西の新開地をしのぐほどの賑わいを見せ、今日の三宮における繁栄の基礎を築いた。

このような高架下の有効利用は、昭和9年の梅田高架下利用に始まるが、昭和32年当時で全線高架下の経営面積は約7万㎡、テナント数は1000戸以上に達していた。

西灘駅高架下に店舗付住宅が建設されたのは、昭和36年2月である。

伊丹東阪急ビル（昭和45年4月）

伊丹阪急ビル（昭和46年11月）

茨木阪急ビル（昭和45年3月）

ここでは店舗は駅の南側に16戸建ち並び、新しい食堂街を形成した。続く昭和40年9月には、京都線水無瀬駅を新装なった高架下へ移設すると同時に、高架下のショッピングセンターならびに倉庫街が完成した。これは、昭和38年に京都線上牧、大山崎付近は国鉄東海道新幹線建設工事の際、当社線と新幹線との共同盛り土による高架工事が進められたが、そのうち水無瀬駅付近は約280mにわたって高架橋となった。その高架下を利用してショッピング街の建設が計画され、工事が進められ、桜井架道橋と島本架道橋の間120mのうち、駅施設とタクシー案内所の設置個所以外は、島本商業協同組合加盟店による「島本センター」（40店舗）が入居、開業した。なお、島本架道橋以東の高架橋下は賃貸用倉庫として利用されることになった。

昭和43年9月完成の神戸線西宮高架下利用計画は、西宮市の都市計画事業と一体になって進められ、商店街「ニュー札場」（約38店舗）に続いて、「双葉市場」（41店舗）、「阪急夙川センター」（38店舗）がオープンした。このほか、高架下5カ所に児童公園が設置され、市民の憩いの場として親しまれているが、従来に見られなかった新手法は、高架下利用の新しいあり方として、関係各界に多くの示唆を与えた。

このほか、昭和42年3月、千里線北千里駅の新設に当たって、同駅高架下に商店街が完成、千里ニュータウンに住む人たちに親しまれている。

さらに、昭和46年3月に今津線宝塚南口駅の高架下、同年11月に宝塚線池田の高架下、48年5月には豊崎高架下と、高架の利用が各地で進められ、それぞれにショッピング街、倉庫、貸事務所などがつくられた。

なかでも、宝塚南口駅の高架化は、宝塚市の南口駅周辺再開発事業の一環として進められたもので、高架駅ビルの3階を駅ホームとし、2階に改出札口、駅務施設、1階にタクシー乗り場がそれぞれ設けられ、高架下の1～2階には店舗数20店の「宝南ショップス」が開店した。

続く宝塚線池田駅－石橋駅間の高架下（総面積1380㎡）では、まず46年11月に10店舗が集まる「石橋ショップス」、翌47年2月に倉庫、貸事務所16区画、48年6月にも倉庫、貸事務所51区画が完成、続いて49年11月に14店舗の「城南ファミリーマート1号館」3年後の52年6月に同

茨木東阪急ビル（昭和48年6月）

昭和11年頃の三宮高架下貸ガレージ

神戸阪急ビル（三宮・昭和11年）

池田駅高架下に開業したクリエテ阪急（昭和53年3月）

じく「城南ファミリーマート2号館」（18店舗）がそれぞれ完成した。

この間、51年12月に伊丹高架下の利用も図られ、大手の家具店が店舗を構え、「家具一番街」の名で開業した。ここには、地元市民のふれ合いの場となるコミュニティ・ホールが設けられ、フリーマーケットも併設されて、高架下の新しい利用法として注目を集めている。

園田・上新庄における新しい街づくり

昭和40年代にいたって当社は輸送力増強と安全輸送をめざして線路の高架化工事を進め、同時にその高架下を有効に利用したショッピング街づくりに取り組んできたことは前述の通りである。

昭和47年に、京都線上新庄駅付近の高架化に伴い、上新庄駅は、在来線の地点からやや京都寄りに移して高架駅としたが、昭和53年11月、その高架下に「上新庄阪急プラザ・センターショップス、らぶらぶ横丁」また同駅東隣りに4階建ての「上新庄阪急ビル」を完成させ、さらに昭和55年5月に、同駅京都方改札口に「上新庄阪急プラザ・きたショップス」を誕生させた。

続いて翌56年3月、「上新庄南阪急ビル、上新庄阪急プラザ・みなみショップス」を完成した。そして、ビルならびにプラザには銀行2店舗をはじめ、クリニック、美容院、音楽教室、学習塾のほか、ファーストフード、書籍、薬局などの店舗が44店も入居し、「南北にのびる4つの街」として周辺地区の人たちに親しまれている。このほか、付帯施設として倉庫、駐車場も配し、園田駅とほぼ同じスケールの高架利用によって、地域の発展に大きく貢献している。

一方、神戸線園田駅にも、昭和49年に着工した同駅付近の高架化工事に合わせて「園田阪急プラザ」が誕生した。園田駅は、昭和55年4月、駅も高架化され新装されたが、これと並行して「高架下ショッピング・タウン」の建設も進められて、高架完成と同時にオープンしたのである。1階は「プラザ東町」、「お菓子と食品のまち」「お食事とくつろぎのまち」、音楽教室、2階は「おしゃれと暮らしのまち」「ぶらっと横丁」で構成され、合わせて16店舗が個性を競うことになったが、その中心には

宝南ショップス拡張オープン（昭和49年10月25日）

城南ファミリーマートのオープン（昭和49年11月1日）

●ビルディング施設

竣工年月	名　称	賃貸面積（㎡）
大. 9.11	梅田阪急ビル	105,782
15. 7	天六阪急ビル	10,829
昭.11. 4	神戸阪急ビル	14,446
39.12	池田阪急ビル	2,441
42.12	西院建物	750
43. 3	大宮阪急ビル	2,225
11	阪急伊丹駅ビル	6,614
12	六甲阪急ビル	2,350
44. 4	豊中阪急ビル	1,465
45. 3	茨木阪急ビル	1,514
4	伊丹東阪急ビル	1,697
11	天七阪急ビル	4,465
46.11	伊丹阪急ビル	3,757
47. 3	阪急ターミナルビル	26,431
11	エンゼルビル（名古屋）	26,274
11	芦屋川店舗	582
48. 6	茨木東阪急ビル	2,582
11	門戸厄神店舗	825
49. 6	南茨木阪急ビル	1,134
51.11	阪急グリーンプラザ	780
52. 8	阪急グランドビル	32,676
53. 5	緑地駅ビル	6,226
11	上新庄阪急ビル	4,924
12	箕面阪急ビル	511
54. 3	緑地東ビル	2,465
54. 3	岡本阪急ビル	803
54.12	夙川阪急プラザ、I･I･II	1,160
55.12	長岡天神店舗	111
計		265,819

「りんごの池」と「りんごの広場」があり、世代を超えて誰にでも親しまれている。

この果実をイメージシンボルに使った新しい試みは、地元の人たちとの間に心あたたまるコミュニケーションを作りあげている。

かつては、大きな音を響かせて電車は走り、コンクリートの柱が建ち並び、殺風景な一画でしかなかった高架下も、今ではビル街に劣らぬ美しい街並みを見せている。当社の手がけた高架下開発は決してその場限りの利用ではない。沿線地域が快適な生活環境を整え、新しい機能を備え始めた今日、これに見合った新しい街づくりの一環として、これら高架下の有効利用が計画されたのである。輸送力の増強に合わせて進められる線路の立体化とともに、これからもさらに新しい高架下の街づくりは続けられて行くことだろう。

●高架下施設

竣工年月	名　称	賃貸面積(㎡)
	梅田高架下	18,790
	天神橋高架下	1,122
	柴島高架下	691
	桂高架下	1,387
昭.36	灘高架下	31,081
40. 9	水無瀬高架下	1,640
42. 3	北千里高架下	1,911
43. 9	西宮高架下	12,163
44.12	阪急三番街（梅田）	37,412
45. 8	南千里高架下	989
46. 3	宝塚南口高架下	2,384
11	池田高架下	6,990
48. 5	豊崎高架下	526
50.12	芝田町高架下(かっぱ横丁)	3,418
51.11	伊丹高架下	2,472
55. 4	園田阪急プラザ	4,872
計		127,848

●その他（1）　（㎡）

昭.35.12	天橋立ホテル	9,358
44. 9	呉阪急ホテル	1,253
51. 7	ヤングイン天橋立	708
54. 3	ユースイン京都四条	1,171
計		12,490

●その他（2）

	その他沿線貸家	15,925
	〃　貸地	12,611
計		28,536
賃貸総面積		434,693㎡

S57. 3現在

［5－E］『南海沿線百年史』（南海電気鉄道株式会社、一九八五年、一二一〜一三四頁）

沿線の町づくり・開発

明治・大正時代の大阪

大阪の住宅

河内、和泉、摂津といえば、わが国文化発祥の地である。大和とともに早くから農耕が進んでいた。山麓とか人家の敷地の外は全部が田圃であり、大阪も例外ではなかった。

人口が増えて建築敷地が必要になると、まず場末の田圃を埋め立てて建築敷地を造成することになる。ところで一面が田圃であるから埋め立て用の土地の入手が大変に困難である。また一応の埋め立てができても次の埋め立てが容易でないだけに、最小限住宅を可能な限り多く建てなければならないことになる。その結果は言うまでもなく恐ろしく過密となり、スプロール化していった。それは当時、大阪が住宅地に転換しやすい田圃に囲まれていたからである。

十分な地揚げがされないままの湿潤な土地が多かった大阪は、また家庭や工場の廃水のたれ流しにつながった。

もともと大阪の市街は、徳川時代に現在の本町筋を境にして、北部を北組、南部を南組と称し、のちに大川（淀川）以北の天満組を加えて、大阪三郷というようになったが、この三郷は町人の町であって、商家が軒を並べていた。近くの露路の中の借家で世帯を持たしてもらった番頭クラスと、暖簾分けしてもらって一軒店を持った者以外は通勤するものはごく僅かであったから、多くの住宅が特に必要ということはなかった。

大阪の人口が、明治以前に最高に達したのは明和二年（一七六五）の四十二万三千四百五十三人であるが、幕末に近づくに従って漸減し、明治元年（一八六八）、二十八万一千三百六人と著しく減っている。これは大阪配属の幕府の武士が離職して帰郷したことと、幕府解体の結果、経済破綻による商工業が沈滞したためである。大阪の人口減の極限は明治五年（一八七二）、二十五万九千九百八十六人にまで低落した。

ところでその後の人口の変動をみると、明治政府の体制が整うに従って、人口も次第に回復し、明治十五年には三十三万人にまで戻っている。その後、日清戦争に勝利をおさめてから大阪にも産業革命の波が押し寄せてきて、大阪の人口はにわかに増加し、さらに日露戦争後の人口増加は急激であった。

このようにして、大阪の人口は増加してきたが、最初それらの人の多くは、大阪周辺をとりまいた数千にのぼる工場の工員が大部分であって、工場近くにスプロールした長屋に住んでこと足れりとしていた。ところがだんだんホワイトカラーという新しい階層が出現して

表1. 大阪の人口の移りかわり
（大阪府の歴史、大阪建設史夜話）

年　代	人　口（人）
寛文5（1665）	268,760
元禄12（1699）	364,154
享保14（1729）	385,431
明和2（1765）	423,453
文政3（1820）	378,940
嘉永3（1850）	330,637
明治元（1868）	281,306
〃 5（1872）	259,986
〃 15（1882）	332,426
〃 22（1889）	472,247
〃 30（1897）	758,285
〃 32（1899）	848,678
〃 40（1907）	1,171,193
大正元（1912）	1,330,709
〃 9（1920）	1,252,972

きた。

一方、問屋や商店の店舗も大きくなって会社組織になると、番頭も丁稚もみな会社員でホワイトカラーに転進することになり、銀行ができたり、役所ができたりすると、ここにもホワイトカラー族と呼ばれる人々が増加していったのである。

郊外住宅の発端

今日、大阪で私鉄が発達しているのは、国や公共団体の対策の遅れた結果であって、大阪ほど私鉄が幅をきかせている都市は世界中どこにもない。

大阪郊外の私鉄開通状況に応じて、それぞれの沿線に住宅地が開発されてきた。

まず最初に開通したのが南海電鉄であったが、その時の最初の駅、天下茶屋は大阪南辺のスプロール区域を飛び越えて野趣豊かな静閑の地であり、かつ秀吉の紀州下りの折り、抹茶を献じたという良水の地でもあったので、いち早く別荘が多く建てられ、さらに次の駅の住吉までの間にも次々と中流住宅が建てられていった。これらの住宅はホワイトカラー族を狙ったものであった。

これまで郊外電車に乗るということは、大事な用件のあるときか物見遊山の場合ぐらいで、日々の通勤は徒歩ということに決まっていた。したがって朝晩の往復に電車賃を支払うなどということは想像もされなかったのである。そこで電鉄会社は定額収入をホワイトカラー族によって確保するため、サラリーマン向きの住宅建設を急いだ。

明治四十四年の阪急桜井、四十五年の池田室町と服部がこれであり、大正三年には「田園都市」をキャッチフレーズに、豊中の建て売り住宅が建設された。一区画平均百坪、建坪十八坪ぐらいの二階建て、庭付きで二千円から二千五百円、頭金五十円で残金は十年間毎月二十四円払いの割賦方式、土地だけだと月十二円ぐらいであった。

それからの大阪周辺各地の住宅地経営には、田園都市という言葉が常套語として使われるようになり、大阪周辺のスプロール化に飽き飽きしていた当時の人々にとっては田園郊外の庭付き一戸建てが持てるということは素晴らしいことであった。

そしてここに新しい住宅観が生まれることになったが、これは大阪の住宅史の中では、まさに不動産革命にも該当するものである。

当時、郊外電車は運送事業の外に、沿線に電灯電力供給事業の兼営が許可されていた。それで電鉄の沿線では電気を簡単に引いてもらえる便宜があり、電鉄側も沿線に住宅が増えると輸送と電気の両面で利益を挙げることができた。

表2.　私鉄建設状況　（大阪建設史夜話）

年	事項
明治18年	阪堺鉄道が難波—大和川間に初めて開通する
明治31年	阪堺鉄道が和歌山迄延長して南海鉄道となる
〃38〃	阪神電鉄、出入橋—三宮間が開通、芦屋駅ができる 翌年、梅田に乗り入れてくる
〃40〃	阪神電鉄は香炉園駅、西宮駅等完備
〃43〃	京阪電鉄、大阪天満橋と京都間開通
〃43〃	箕面有馬電軌、梅田—宝塚間並びに石橋—箕面間開通
〃43〃	阪堺電気軌道（現南海上町線）阿倍野—住吉間開通
〃44〃	南海鉄道、電化して駅数を増す
〃45〃	阪堺鉄道、恵美須町—浜寺間開通
大正3〃	大阪電気軌道（現近鉄）上六—奈良間開通
〃3〃	阪堺鉄道、今池—平野間開通
〃4〃	南海鉄道、高野線汐見橋—高野間開通
〃7〃	南海鉄道、羽衣—高師浜間開通
〃9〃	箕有電軌は阪急電鉄と改称して神戸線開通
〃11〃	新京阪電鉄、天六—四条大宮間開通
〃12〃	新京阪千里山線開通
〃12〃	河南鉄道（富田林—柏原間）が大阪鉄道と改称して、道明寺から阿倍野橋へ乗り入れてくる（現近鉄南大阪線）
〃13〃	阪神伝法線開通
昭和2〃	阪神国道線開通
〃4〃	阪和電鉄開通

電鉄が先鞭をつけたのがきっかけで、分譲住宅専門の土地会社が各電鉄沿線に雨後の筍のようにたくさんできたが、その建設戸数が多かっただけに、各社とも大いに繁栄し、やがては通勤に電車賃を支払うのは常識となったのである。こうした土地会社は郊外電車の沿線だけでなく、それまでに大阪市内に簇生しており、これに便乗した個人の多くも同じように土地の売買に手を出していた。この土地ブームは大阪の人口の急増によるものである。

　そのうえ、郊外電鉄が開発して住宅経営に乗り出したといっても、その経営地はほとんど駅の近接地に限られていたから、大正七、八年ごろにはその周辺を買いあさる土地会社が続出し、土地ブームとなった。

　これらの土地会社には造成した土地だけを分譲するものと、土地付き住宅を分譲するものとの二手があったが、郊外住宅には人気があって、需要が多く、結果として大阪は郊外へ郊外へとその市域を広げていった。

　一方、市内では劇場や歓楽街が造られた場合を除くと、ほとんどがかつて沖合に展開された新田が土地会社の経営地となった。そして郊外の土地会社の場合が主に分譲であったのに対してこの方は全部貸し長屋という形式になった。

　たまたま昭和六、七年ごろは大変な不況であったが、大阪の土地会社の株価だけはいつも高値を継続していた。それだけに大阪の土地会社は大阪の発展に大きく貢献したのであって、大阪経済の歴史を論じる場合、土地会社の存在を無視することはできないのである。

表3.　南海沿線近郊土地会社　（大阪建設史夜話）

土地会社名	設立年月日	資本金(円)	経営地積(坪)
日本土地	大正7年4月	2,000,000	34,392
浜　寺	〃 7 〃 7 〃	1,000,000	31,866
南　海	〃 8 〃 5 〃	1,500,000	3,513
北浜寺	〃 8 〃 6 〃	1,000,000	24,620
堺大浜	〃 8 〃 10 〃	1,500,000	16,670
南浜寺	〃 9 〃 2 〃	1,000,000	14,676

大阪の別荘地

私鉄沿線のサラリーマン住宅地の開発とは全く別系統である別荘地が同時に造られ始めていた。

　幕政時代の大阪には、今日流の社交機関というものは、もちろん無かった。従って客はすべて自宅に招待するものとされ、必然的に客間が必要であった。ところが、明治の中ごろくらいのようであるが、富豪の間に別荘を造って、客を呼んだり、暇なときにそこでくつろぐことが流行しはじめた。最初のうちは交通機関があるわけではないから徒歩圏内でなければならない。それでまず上町の寺町周辺に、鴻池善右衛門を初めとする数人の人々による別荘が建てられはじめた。

　そして、やがて阪堺鉄道の天下茶屋界隈が便利であるというので、ここに別荘がたくさん造られるようになり、一時天下茶屋は別荘地で通っていた。そのうち船場の大きな商店でも職住分離が進み、本宅を天下茶屋に移す人も多くなったが、戦後、財産税のために維持が困難になって、この辺りも急速に没落しはじめていった。

耕地整理

明治になってからの急激な人口増加は、当然食糧不足を招くことになり、海外へ米作地を広げていく一方、内地での田作りの改良も大いに手がけた。その一つが耕地整理であるが、大阪で始められたのは日露戦争の明治三十七、八年ごろで、大正の末から昭和の初めごろが最盛期であった。もともと大阪は摂河泉と呼ばれた時代から、わが国最初の穀倉地帯であっただけに、事業は急速に進展したようである。

　その一つ、住吉村第一耕作地整理組合の地区は今日の帝塚山一帯であるが、ここは東に隣接する住吉村第二耕作地整理組合とともに、大阪城から南に延びる上町台地の根元に当たり、市内では最も高いところにあるので、多くの溜池が造られた。万代池、股ヶ池、長池がそれである。この第一地区は天下茶屋の別荘地であり、特に阿部野神社の前面一帯は格好の住宅適地であったので、大阪としては珍しい高級住宅地が出現した。耕地であるはずが住宅地に早変わりしたのである。これは耕地整理に便乗して住宅地を造ることにしたのであろう。

そのころ、今宮村第一、第二両組合の地区でも、換地終了と同時に全域で人家が建ちはじめている。今宮村の二組合と天王寺村および鶴橋の四組合の地区は、明治の都市計画がまるで無かった時代にスプロールした区域に接続していたので、スラムになるようなことはなかったが、長屋がぎっしりと並んでいた。そして国鉄をはさんで新世界に接していた天王寺村組合地区の中央に飛田遊郭が造られてからこの辺りは急速に家が建ちはじめ、やがて全域を埋めてしまった。

しかし耕地整理組合の土地が全部宅地になったわけではない。たまたまこれらの地区が大阪の市街地に直接隣り合っていたから、市域に引き込まれたということであって、他の府下全域に広がっていた数十の組合地区ではいずれも所期の目的を果たして、田圃として見事に整理され、実効を挙げていた。

第一次大戦前後の堺

大戦景気と戦後の不況

大正三年（一九一四）、第一次大戦が起こると、戦争に直接参加することが少く、軍需品調達の立場にあった日本は、輸出超過となって国内産業が発達し、世界でも一流の資本主義国に成長した。

堺市では土地が安く労働力の得やすい周辺地区に、工場がぞくぞくと建設され、大正元年の二倍以上にのぼった。そして工場の増加につれて住宅が増え、農地が減って、大正九年（一九二〇）には湊、向井の両地域が堺市に合併され、さらに大正十五年には三宝地区も加えられて、その市域がにわかに広がった。このため市の財政も大きくなり、学校の整備や大和川の底を横切って大阪から水を引くといった大きな工事も行われたのである。

こうして堺は、阪神工業地帯の一翼を担う重要工業都市としてその地位を固めていったが、工業の発展につれて労働力が必要となった。そして堺、大阪の周辺地区で人口の集中した新地域は近郊化しはじめ、浜寺町に例をとると、大正九年（一九二〇）に人口八千五百五十一人であったのが、十四年には一万二千四百四十九人に増加しており、この事実をはっきり示している。

そして企業が大きくなり、景気もよくはなったが、物価の値上がりほどには賃金が上がらなかった。米は大正三年ごろ、一升二十銭以下であったのが、七年夏には五十銭を超えた。当時の労働者の日給についてみると、男は一円、女は六十銭前後といったところであったから、米価の値上がりは庶民の生活をひどくおびやかした。

また交通手段についてみても、通勤人口が増加し、南北の交通は南海本線の複線化や南海線と高野線の結合などで便利にはなったものの、東西の交通は依然として不便で、徒歩か自転車にたよるほかはなかった。

第一次世界大戦が終わると、ヨーロッパ諸国は自国の需要はもとよりアジアに進出できるほど復興したため、産業施設はたちまち生産過剰に苦しみはじめた。大正九年（一九二〇）四月ごろになると、株価、米価、綿糸、生糸の相場が暴落し、弱小会社は倒れ、銀行の破産するものもでてきた。こうした大戦による商工業の盛衰は敏感に人口の増減に反映した。すなわち戦争景気を謳歌した大正四年から八年（一九一五－一九一九）

にかけては人口が増加し、大戦の終わった大正九年ごろからは減少しはじめ、十一年からほぼ安定した増え方に戻っている。

高級住宅地「大美野」

新市域は、戦中戦後にかけて①農家の減少　②工場地帯化　③住宅地帯化の形で近郊化し、人口増による通勤者も増えていったが、まず浜寺が二十万坪（六十六万平方㍍）、神石が九万坪（三十万平方㍍）を住宅地としてつくり、昭和四年（一九二九）、阪和電鉄の開通に伴って、その沿線が急速に開発される素地をつくった。また鳳町でも町営の宅地化に乗り出しているし、電鉄会社自身も踞尾村で住宅経営に乗り出している。南海鉄道が阪和電鉄に対抗して昭和五年から難波—和歌山間を一時間で結ぶ計画をたてたのもこのころのことである。

昭和三年（一九二八）、関西土地会社（のちの関西不動産株式会社）が、高

空中撮影した大美野住宅地（昭和６年春）

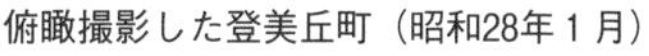

俯瞰撮影した登美丘町（昭和28年１月）

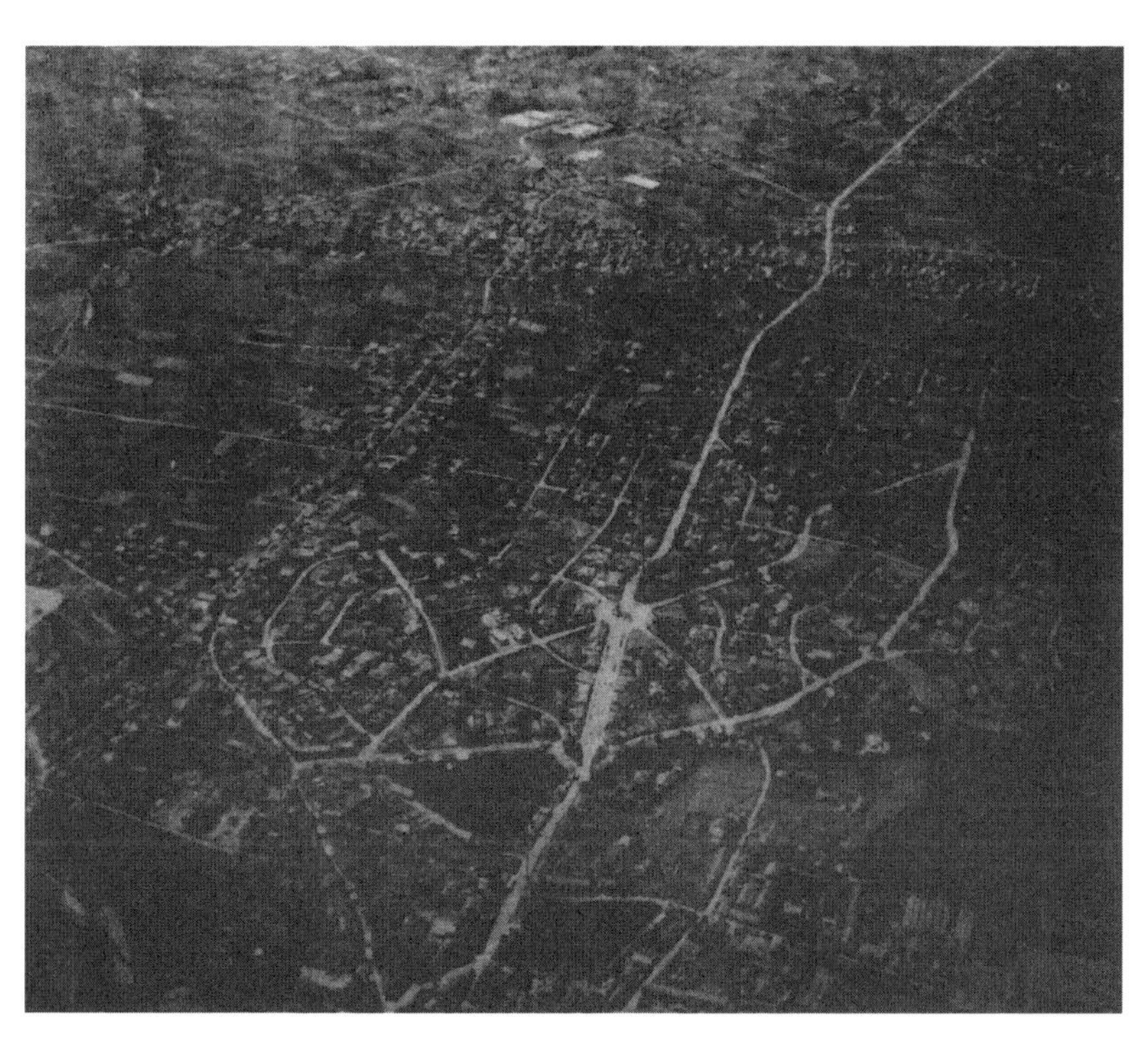

野線の沿線、登美丘地区の四十万坪（百三十二万平方メートル）の地に、ロータリーを中心とする高級住宅地を放射線状につくったが、海浜の浜寺地区と好対象を示し、農村地帯の住宅開発として辺りに異彩を放った。当時、このあたりに農地もあったが、場所によっては茅やススキ、イバラの生い茂る中を狐狸が走り回る光景もみられる寂しいところであった。

この事業を始めるに当たって、会社は社員を欧米に派遣し各国の田園都市を詳細に見学させた。住宅地の名称「大美野」は懸賞募集で決められたものであるが、建設は昭和六年から始められ、逐次分譲。十六年には土地家屋全部の売却を終わり、太平洋戦争終結の翌年二十一年には世帯数もようやく五百余りになった。

市街の整備

昭和六年（一九三一）、満州事変が起こり、堺の町は活況を取り戻した。産業道路に続いて、翌七年には国道26号線が完成、アスファルトで舗装され、沿道にはアカシアやプラタナスの並木が植えられて、その景観は当時関西随一といわれた。こうして、道路がよくなるにつれ、バス路線も増え、向陽、三国丘、金岡など市の東部は区画整理ができて新しい家が立ち並び、宿院－大小路間には鉄筋の建物が増加する一方、栄橋、龍神、乳守にはカフェーなどができて華やかな町がつくられていった。

電車の沿線の各町村も漸次人口が増え、昭和十年（一九三五）には大正九年の二倍近くにふくれ上がり、工場労働者の数も大正八年から急激に増加して昭和十一年には千四百人と同七年当時の二倍になっている。

さらに堺市は、昭和十三年から神石村に続いて金岡、百舌鳥、五箇荘と合併、その地域の人口一万九千二百九十四人を加えて、全国十六位に達したのである。太平洋戦争が起きた昭和十六年の翌年、堺市は鳳、浜寺、踞尾、深井、東百舌鳥、八田荘の六町村を合併し、十九年には新庁舎の完成をみた。

ところが本土空襲が必至となった十九年、千五百九十一世帯が疎開したあと戦争末期の二十年春から夏にかけて連続五回の爆撃を受けた。その結果、市内の一万八千戸が焼けて被災者も七万人に及び、旧市域の六二・一％が焼失した。

戦後の町づくり

住宅金融公庫の発足

敗戦国として終戦を迎えたわが国の戦争の被害は、特に住宅の面で大きく、住宅の不足は四百二十万戸にのぼったが、これに対して昭和二十年度の新築は四千三百戸にとどまり、既存の建物の転用を含めても八万一千戸が応急的に供給されただけであった。

住宅復興事業は二十一年度から公共事業によって実施され、国庫補助賃貸庶民住宅などの建設が行われたが、こうした政府の一連の対策と国民の旺盛な復興意欲に支えられて、建設戸数は二十一年度が約四十六万戸、二十二年度六十三万戸、二十三年度七十四万戸と大幅に伸び、終戦後の住宅建設戸数は二百万戸にのぼったが、その八割は民間の自力によるものであった。しかし、こうした努力にもかかわらず、二十四年四月の時点でも、住宅はなお三百六十八万戸が不足し、終戦当時の不足数四百二十万戸の解消にはほど遠く、政府の資金的裏づけも年間わずかに十万戸程度に過ぎなかった。

昭和二十三年、建設省では既存の金融機関や制度によっては長期低利の住宅資金の確保は困難であると判断し、新たに国の出資による住宅機関を設ける必要があるとして、具体案の検討が行われ、二十五年の住宅金融公庫の発足となった。民間の個人住宅建設意欲を誘発するよう個人の住宅建設に長期低利の融資をはかる道が開かれ、さらに二十九年には、公庫融資制度の改正があって、分譲住宅貸し付け業務が新たに開始された。当初、住宅分譲を行う公的機関を主として融資対象者にしたが、公的機関による分譲だけでは人々の需要を満たすことができず、これは公庫の事業計画を達成するためには民間事業にもその一部を委ねる必要があったからである。いわゆる計画建て売り住宅貸付である。

これは建設する事業主体が、あらかじめその建設事業計画について公庫の承認を受け、建設した住宅を購入したものに対して、公庫が購入資金を貸し付けるものであり、住宅を建設する事業主体に対し、公庫が直接に融資を行わない。

その事業主体の条件を　①公共的または公益的性格が強く　②分譲事業に能力を有し、信用度が高く　③適格な組織、能力等の体制を整備しているもの、であることとしたため、特に公益性の強い電鉄会社が指定される結果となった。これによって私鉄系の住宅分譲が本格的に開始されることになった。

堺の復興

終戦とともに、浜寺公園は進駐軍の家族の住宅地として接収され、二十年十一月、堺市も国から戦災都市に指定された。そこで市では翌二十一年から五年計画で人口五十万人程度の商工都市、文化都市を目標に、大阪府の事業として復興をはかることになった。

まず中央部を商業区に指定して、ここから優先的に復興計画を実施することにしたが、先祖伝来の土地に対する市民の執着が強いうえ、寺院や墓地も含まれていたので計画は遅々として進まず、堺は全国でも最も復興の遅い都市といわれた。そしてこの事業計画が終わったのは二十年後の昭和四十年である。

それでも人口は次第に増加し、二十五年には二十一万人に達し、新市域全体の増加率は三三・八％となっている。しかしこのころの堺は市の意図に反して、すでに商工都市というより大阪のベッドタウンとしての性格を強めていた。

それはともかく、復興の進むにつれて人口の増加は著しく、三十一年には三十一万人になり、これに伴って街筋も次第に整備されていった。たとえば二十七年には綾之町から南半町までの二・五キロの大道筋が完成したし、一条通り—南海堺駅間の五十メートル幅の道路の完工に当たっては不死鳥になぞらえてフェニックスを植え、堺市再生のシンボルにしたのである。

ところで堺東駅は、市街が東に発展したのと市役所がすぐ前にできたので、堺の玄関口となった。

その手始めに着手されたのが南海電鉄堺東駅の改造である。南海電鉄では地上五階（一部六階）、地下二階の堺東ビルを建て、その二階に駅を収容し、三十九年に完成した。これと同時に駅前広場も整備され、衛星都市初の百貨店として髙島屋が進出した。

また市役所前の中央商店街は、戦後マーケットとして誕生したものであるが、三十七年、堺東防災街区造成組合を結成し、同商店街をとりこわして防災ビルを建設する計画をたてたが、難航の末五十六年になってようやくオープンした。

西の方、南海本線では南海電鉄が三十年に龍神駅を北に移して新しい堺駅をつくり、駅前を整備した。そして同じ年、住宅不足緩和のため長尾町に堺で初めての三十八棟百八十七戸、五千人収容の住宅団地が完成した。しかし、当時幹線道路の両側にはいたるところに空き地があり、その個所は二百カ所にのぼったが、こんな例は他の都市にみられないことである。その理由は地価の異常な高騰によって所有者が手ばなさなかったためとみられる。
　そこで市は四十一年、民有地に住宅公団のゲタばき高層住宅の誘致を計画、土地の高度利用と市街地再開発が進行しはじめた。ついで大浜地区にも、四十五年に市営の高層アパート、四十七年に高層の公団住宅が建てられて近代化が促進され、この間に大浜公園もスポーツセンターに造りかえられた。

ニサンザイ古墳（堺市百舌鳥付近）昭和31年（堺市役所提供）

　一方、都心部周辺の非戦災地区には住宅と工場が混在し、老朽化、過密化がひどく、住宅環境の悪さが目立つようになったので、改良住宅が建設された。
　また昭和三十年代の急激な都市化の進行は、都市環境整備の上から都市河川の在り方を根本的に検討することが必要とされるにいたり、その一つとして土居川が埋め立てられた。土居川は明治二十二年（一八八九）、

ニサンザイ古墳付近の比較昭和58年（堺市役所提供）
（堺市は仁徳御陵をはじめ古墳の多いところである。その周辺も30年足らずの間に大きく変貌した。）

市制発足当時の旧堺市の周囲をコの字型に流れていた延長四キロ、幅九メートルの堀割で、古い堺の町はこの堀の中で栄え、川は運河の役目を兼ねていたので、全盛期にはたくさんの商品を積んだ船が往来していた。そして昭和の初めまではきれいな水が流れ、イナなどがよく釣れたという。

泉北ニュータウンの建設

昭和三十九年には、泉北地区の泉ケ丘・栂・光明池の三つの丘陵地にニュータウンの建設が始められた。公営住宅、公団住宅、分譲住宅を含めて四万七千戸、十八万人（ほかに和泉市一万人）の大規模な計画であった。

このニュータウンは高度成長の波に乗った人口急増に起因する宅地難を解消するとともに、欧米にもない新型の総合的ベッドタウンをつくるため千里ニュータウンに次いで建設されたもので、五十七年度にほぼ事業を終えた。ここでは丘陵地帯を開発し、高層の団地ビルを木々の中に配するとともに個人の住宅も多数建てられ、新しい住宅街をつくり出している。全体が大公園にすっぽり包まれたように見えるほど緑が多く、緑化率では、〝先輩格〟の千里ニュータウンを上回るといわれる。そして四十六年には鉄道が新設され、南海高野線の中百舌鳥駅と結ばれた。この泉北高速鉄道の乗り入れによって、泉北ニュータウンは堺東、難波とも連絡が便利となったが、その運営は南海電鉄に委託されている。

泉北高速鉄道の建設に伴って姿を消したものに中モズ総合運動場がある。競技場に隣接している中百舌鳥ゴルフ場の一部が鉄道用敷地としてつぶされることになり、競技場とテニスコート用地の大半をゴルフ場に当てることになっていた計画は変更されて住宅公団に売り渡され、十一階建て五棟、二千戸の団地となっている。

なお、大阪府都市計画審議会は五十九年七月末、住宅・都市整備公団が泉北ニュータウン南の広大な中央丘陵に計画している和泉ニュータウン建設事業を了承しているが、このニュータウンは約三百七十ヘクタール、泉北、千里に次いで三番目の広さをもち、数年後には八千五百戸、人口約三万二千人の町が出現することになっている。

泉南地域の開発と人口の変化

泉南地方は岸和田、貝塚、泉佐野、泉南と熊取、田尻、阪南、岬の四市四町からなり、人口四十七万三千人、府下の六％を占めている。

泉南地方は明治年間から岸和田、貝塚、泉佐野という江戸時代からの都市的核を中心として紡績、タオル工業が発達し、阪神工業地帯の一翼を形成してきた。この地域の集団住宅地の建設は、公営住宅が昭和二十五年ごろから始まり、四十年代に入って民間の開発が急増した。民間の開発は北部に比べて、およそ十年の遅れがみられ、人口でも堺、高石、泉大津、和泉、忠岡といった泉北地域に比べ、伸びが鈍い。

また泉南の各市町を比較してみると、阪南、熊取、泉南の伸びが大きく、泉佐野、岸和田が中ぐらいで、貝塚、岬、田尻が低く、上位の市や町の伸びの目覚ましいのは一九七〇年代に入ってからである。

泉南地域各市町の集団住宅地の建設は、昭和二十年代には、泉南市以北の南海本線沿いに市営住宅を中心に建設が進められ、三十年代前半に入って阪和線沿いに中心が移行し、三十年代後半になると南海本線より海岸側はほとんど建設がみられない。

しかし四十年代前半になると、泉南市以南の南海本線沿いにも建設が始まり、阪和線沿線でも熊取町まで開発が進み、四十年代後半になると、泉南市の山の手一帯の開発が始まってくる。

また民間と公営との建設の年次、地域差についてみると、民間は四十年代に入ると急増し、公営を上回るようになるが、公営は二十年代後半

表4. 泉南各市町の人口の推移

A)　（人、%）

	1950年	1960年	1970年	1977年
大阪府	3,857,047(100)	5,504,746(143)	7,620,480(198)	8,391,134(218)
泉　北	371,510(100)	530,829(143)	828,028(223)	1,058,082(285)
泉　南	273,806(100)	329,453(120)	421,790(154)	483,732(177)

B)　（人）

	岸和田	貝塚	泉佐野	田尻	泉南	熊取	阪南	岬
1950年	98,821	53,586	47,036	6,179	23,463	9,463	16,792	18,463
1960	120,265	61,067	56,827	8,204	32,075	10,815	21,067	19,133
1970	162,022	73,306	77,000	8,382	38,206	13,808	28,322	20,684
1980	179,038	81,049	90,246	7,437	52,027	21,901	41,061	22,459

以降、数の上では大きな変化はない。地域的には民間は泉南市、泉南郡四町にかなり集中し、公営は泉佐野以北の三市にほぼ集中している。

一方、南海本線から海岸側と、南海本線と阪和線の間および阪和線から山の手側に分けて考えてみると、三十年代前半までは海岸寄りに、四十年代以降は山寄りに宅地開発が進められている。

南港ポートタウン

大阪南港は阪神都市圏の玄関口という要衝に位置する立地条件から、その果たす役割はますます重大なものとなっている。

南港の埋め立ては昭和三十三年に着工され、埋め立て面積九百三十七ヘクタール、このうちの百ヘクタールに一万戸の高層住宅と生活関連施設を一体的に整備し、人口四万人の町づくりをしたもので、水と緑にあふれた快適な環境と学校・ショッピングセンター・公共施設、そして新交通システムを交通機関とした新しい住宅地である。

住宅事情の推移

大阪府では戦後の復興期から経済の高度成長期にかけて長期にわたり住宅不足の時代が続き、特に一九六〇年代の十年間には社会増を主として二百万人を超える全国最大の人口増加をみた。このような急激な人口増加による膨大な住宅需要の続くなかで、公共、民間あわせて大量の住宅建設が行われた結果、四十三年住宅統計調査において、ようやく住宅数が世帯数を上回るに至った。五十三年の同調査では、その差は開く一方であり、三十二万戸に達している。

この間、千里、泉北ニュータウンをはじめ、地方公共団体などによる団地開発が積極的に行われ、五十四年では府下世帯数に対し、公営住宅数の占める割合が八・五％（全国五・五％）、住宅公団、住宅供給公社の賃貸住宅を含めた公共賃貸住宅の割合が一三・一％（全国七・七％）と、いずれも全国都道府県の中で最高の比率を示している。公共住宅はこれまで住宅の不足解消に寄与し、良好な団地環境を形成してきた。

民間住宅の供給内容を大阪府についてみると、高度成長期から今日までにかけて大きな変化がみられる。一九六〇年代においては、質的にみて低い木造賃貸住宅が中心を占めていたが、七〇年代に入ると、年を経るにしたがって民間の持ち家住宅の建設量が伸びてきている。それも注文住宅に比べて分譲住宅の供給比率が高まっており、民間賃貸住宅の供給は著しく落ちこんでいる。例えば昭和五十四年度についてみると、建設戸数の一八％に過ぎない。

次に府下における近年の住宅建設状況は、強い持ち家希望を反映して建設総戸数のうち分譲住宅が過半数を占め、需要者自らが建設する。住宅を含めて七〇%が持ち家であり、借家建設が七七%を占めた三十七年ごろに比べると、住宅建設の内容の変化は著しいものがある。

しかしこれも子細にみてゆくと、地価の高騰、関連公共施設の整備に要する負担増などにより、住宅の価格と需要者の取得能力との開きが大きいうえ、強い一戸建て志向の影響もあって、いわゆる「ミニ開発」が数多く行われ、社会問題化しているところも出てきている。

大阪の都心部は業務特化が進み、周辺の住工混在地区では、公園・緑地の不足、自動車公害などから住宅環境は一層悪化し、狭小過密の住宅地区では老朽化が進んでいるが、一方、周辺衛星都市では一部を除き無計画なスプロール的バラ建てやマンション建設が行われており、公共施設の整備も立ち遅れたまま市街地の形成が進んできた。しかも新規開発適地の不足や地価の高騰によって計画的開発はますます難しくなっている。

大阪府下の宅地開発と地域別の比較（四五年—五三年）

府下を三分して、北大阪（豊能町、池田市、箕面市、豊中市、吹田市、茨木市、高槻市、摂津市、島本町）、東大阪（枚方市、寝屋川市、交野市、四条畷市、大東市、門真市、守口市、東大阪市、八尾市、柏原市）および南大阪（松原市、藤井寺市、羽曳野市、美原町、太子町、河南町、富田林市、千早赤坂村、狭山町、河内長野市＝以上南河内。堺市、高石市、泉大津市、忠岡町、和泉市、貝塚市、熊取町、泉佐野市、田尻町、泉南市、阪南町、岬町＝以上泉州）に区分し、開発件数についてみると、東大阪は四十五年から四十九年にかけては他より優位にあり、四十六年、三七四件、四十八年、三八七件と最も多くなっているが、五十年には九九件、五十三年には二一六件と中位に後退している。これに対して北大阪は四十五、四十六年と中位であったのが、四十七年以降は最も低くなっている。

一方、南大阪は四十五、四十六年は一番低いが四十八、四十九年は中位となり、五十、五十二年と増え、五十三年には三〇七件で最も多くなっている。もっとも南大阪のうちでは南河内が低調で、圧倒的に多いのは泉州である。

これを四十五年から五十三年の累計でみてみると、東大阪が二、三〇五件で最も多く、次いで南大阪の一、九七六件、北大阪一、八七五件の順となっている。

またこれを府下全般の数字でみると、四十六年から四十八年までは高原的に件数が多く、四十九、五十年は落ち込み、五十二、五十三年と持ち直している。

次に開発面積では南大阪が四十七年、二百七十二万平方メートル、四十八年、三百十二万平方メートルとずば抜けて大きく、五十年、五十三年も他より優位に立っており、特に五十三年は三百七十万平方メートルと断然他を引き離している。これはそれまで開発の遅れていた南大阪に、大型の開発が集中したことを示している。

東大阪と北大阪は四十五年から五十一年にかけてほぼ同様の傾向で、四十六年以降は毎年漸減傾向にあり、五十一年からは北大阪が東大阪より開発件数も多く、開発面積も大きい。そして四十五年から五十三年の累計では、南大阪が千六百三十万平方メートルと最も大きく、次いで、北大阪の千百四万平方メートル、東大阪九百五十九万平方メートルとなっている。このように開発面積の広さも開発件数と同じで、四十六、四十七、四十八年と増大し、この傾向は高度成長時代に合致しているのがわかる。

南海沿線の住宅開発

南海電鉄直営としては、古くは戦前、昭和十年の初芝経営地、十三年の青葉台（狭山）、十五年の狭山の各経営地があり、昭和十五年、阪和電

開発初期の狭山ニュータウン

鉄との合併により南海電鉄の直営となったものに、向ケ丘（上野芝）、霞ケ丘（上野芝）、聖ケ丘（北信太）の各経営地があり、延十万坪を数える。そして戦後二十九年には、羽衣、高石、伽羅橋、翌三十年にも伽羅橋、湊、初芝（萩原天神）、大美野、金剛の各経営地ができている。

このほか三十年代の経営地としては虹ケ丘、船尾、大宮、忠岡、北野田、高石、泉大津、中百舌鳥、狭山、芦ケ池、初芝、白鷺、千代田があり、四十年代には東白鷺、萩原天神、近義の里、狭山ニュータウン（二三〇㌶、六、〇〇〇戸）および小山田の各経営地があり、五十年代になると熊取ニュータウン（七三㌶、一、九〇〇戸）、橋本林間田園都市、南三日市と続く。

公営のめぼしいものとしては、二十年代の府営の浅香山、金岡、三十年代の公団の金岡、白鷺、助松につづいて、四十年代には泉北ニュータ

開発進む橋本林間田園都市

ウン、府営の八田荘、堺戎島、公社の堺原山台、公団の浅香山、中百舌鳥、金剛、金剛東、鶴山台（和泉）、五十年代には公社の南花台（河内長野）、公団の光明池があり、民間のものとしては、四十年代の希望ケ丘（河内長野）、イトーピア長野、サニータウン（河内長野）、小塩台（河内長野）、箱の浦（阪南）、南海（阪南）、五十年代に緑ケ丘（阪南）がある。

　これらの概況をとりまとめると、昭和四十一年から五十年までの十年間に、泉北ニュータウンの千五百六十六㌶をはじめ、金岡東の一四三・三㌶、光明池の一二七・八㌶などの大規模開発が進み、開発規模五㌶以上のものだけで約三千㌶が供給されている。そしてこれを市町別にみてみると、堺市が千九百㌶で最も多く、和泉市二百九十㌶、阪南町百七十㌶、岸和田市百六十㌶、泉佐野市百五十㌶の順となっており、堺市、和泉市では公的開発のウェートが高く、阪南町、泉佐野市などでは民間による開発のウェートが高い。

《なおこの項については、松岡茂樹氏（南海電鉄―住興商事）のご協力を得ました。》

［5－F］
「郊外住宅地の形成」（坂本勝比古、『阪神間モダニズム』淡交社、一九九七年、二六～五四頁）

郊外住宅地の形成

近代の夜明け

明治十八年（一八八五）頃の大阪・神戸間の地図（図1の上図）をみると、武庫平野から六甲山南麓の田園地帯をひた走る一条の鉄路が目につく。それは東半分はほぼ直線で、西半分ではゆるやかに蛇行しながら両都市間を結んでいる。

この鉄路こそは、近代日本の黎明を告げる蒸気機関車の軌道を意味するものであった。

事実この鉄道は明治五年に開通した東京新橋、横浜桜木町を結ぶわが国最初の官営鉄道につぐ二番目の路線で、同七年五月十一日、大阪・神戸間約三三キロを七十分で突っ走る画期的な出来事であった。

途中の停車駅は三宮、住吉、西宮、神崎のみであり、このうち住吉に停車したことは、のちにこの村を日本一の長者村に成長させることとなる。

明治の二十年前後、いまだのどかな田園風景が繰り広げられていた阪神間は、明治の後半になって急速な発展をはじめることとなった。

その最大の要因は、わが国の産業革命（それはほとんどが欧米先進国からの移植によってもたらされた）によって生じたもろもろの現象が、近世以来この国最大の商業都市であった大阪や、近代になって新しく開港した国際貿易都市神戸という二つの大都市を基軸として、活発に展開したからにほかならない。

わが国の近代資本主義経済は、政府が唱えた殖産興業政策によって、多くの歪を抱えながら進展をつづけることとなる。各種産業の勃興は都市への人口の集中を招き、大阪のような既成の商業都市は、容易に工業都市的性格を合わせもつようになって、都市としての活力を高めていった。

その中心に位置したのが紡績業であった。

明治十六年三月に創立した大阪紡績会社は、大阪市内の三軒家にレンガ造りの工場を建て、イギリスから輸入した蒸気機関による操業を開始したのである。

当時の紡績工場はほとんどが水車に動力をたよっていたのに比して、蒸気を動力とした生産手段は、日本の近代紡績業の先駆的役割を果たした。この会社は、大正三年、三重紡績との合併により東洋紡績となり、やがて日本最大の紡績会社に発展する。

一方、明治元年（一八六八）十二月に開港した神戸港は、横浜とならんで日本最大の貿易港となり、関西における紡績業は、原綿の輸入、綿製品の輸出が盛んで、加えて大正期の第一次世界大戦の勃発に際しては、空前の好況を迎えるにいたった。

このような両都市の生産的なエネルギーの需要は、多くの労働力を必要とし、都市の人口の増大は、新たな都市問題を引き起こすこととなった。またこれにともなって交通機関の広がりを招き、大都市の胎動が、郊外地の土地利用を誘発していくことになるのである。

図１　明治17-18年の阪神間（上図）と昭和７年の阪神間（下図）
「明治前期・昭和前期」「神戸都市地図」（柏書房（株）、平成５年）より転載

自然環境

阪神間の西部には六甲山脈が連なって神戸市の中央部から須磨のほうへ延びるが、六甲山の最高峰は本山村の北方にあり、その高さは九三二メートルである。この山脈は強い北風を防ぎ、南面の山麓は段丘状となり、その地質は主として花崗岩で、風化した砂粘土は、長い年月を経て海岸に向かって流出し、堆積した沖積層が平地を形成していった。

この南斜面の山麓台地は起伏に富み、ある台地は海岸線より遠く（夙川の上流、苦楽園、甲陽園地域）、ある台地は海岸線に近く（阪急岡本付近）、その地形は変化に富み、恵まれた雛段形式の宅地造成に適していた。

また山麓から湧出する水は、良好な水質を生んで、灘の酒造の宮水にも用いられている。

さらに気候温暖、緑も豊富で、眺望にも恵まれ、山と海が住宅地に近接しているため、その自然環境は非常に親しみやすいということができる。加えて六甲山から流れ出る中小河川は、河岸に独特の風致を形成することを可能とし、夙川、芦屋川といった緑豊かな河川景観を生んでいる。

人為的環境

この地域が住宅地として発展した要因に、人為的に構成された環境があった。その大きな要素に、交通機関の発達がある。官営の鉄道はさきに述べたように明治七年に開通するが、ついで開通したのは私鉄の阪神電気鉄道であった。この電車は、明治三十八年大阪出入橋と神戸三宮間を九十分で結ぶ、初めての大都市間電気軌道となった。この路線は阪神間の海岸寄りの町村、集落をつないで走った。また明治四十三年に開設された箕面有馬電気軌道（のちの阪急電鉄）が、大正九年に大阪梅田と神戸上筒井間を開業した。この路線は阪神間の山麓を走り、ここに中間帯を結ぶ官営鉄道（現ＪＲ線）と、海岸寄りと山麓を走る三本の主要幹線が成立した。この後昭和二年に第二国道上を走る国道電車や、阪急の西宝線（西宮北口・宝塚間）が大正十年、甲陽線（夙川・甲陽園間）が大正十三年に開通するなど、交通網の充実が進んでいく（図1の下図）。

また居住環境を高めるうえで吸引力をもたらすのは、文教施設重視の風潮であった。阪神間に分散する教育施設は、この地域の住宅地を魅力あるものにした。それはこの地域にいち早く住居を構えた有産階層の人びとの発想から生まれた。明治四十三年の春、住吉村に移り住んでいた関西の実業家たちは、私立の幼稚園、小学校の開設を提案し、住吉村字反高林の村有林を借り受け、翌四十四年九月私立の甲南幼稚園が開設された。引きつづいて四十五年四月に小学校が開校し、この学校はのちに

阪神間の四本の鉄道

阪神間の発展は、私鉄の発達と切り離せない。現在も六甲山と海に挟まれた市街地に阪神、阪急、ＪＲの三本の鉄道が並走している。それゆえに三社の競争ははげしく、価格、スピードなどさまざまな面で阪神間の人びとに質の高いサービスを提供している。

●

阪神電気鉄道は、わが国初の大都市間連絡電車として明治三十八年に大阪の出入橋・神戸間が開通した。すでに明治七年に開通していた官営の東海道線の海側を走り、阪神間の海岸線の町村や集落を九十分で結んだ。同三十九年には芦屋の打出浜に関西初の海水浴場、四十年には西宮の香櫨園遊園地、大正十三年には甲子園球場などさまざまな郊外開発もおこなった。昭和二年には大阪・神戸間を路面電車で結ぶ阪神国道電車が開通（昭和四十九年廃線）し、四本が一キロメートル余の間に肩をならべた。

●

阪急電鉄は、明治四十三年社名を箕面有馬電気軌道として大阪から箕面、宝塚への両線を開通させた。同年に箕面に動物園を、四十四年には宝塚に新温泉のちに宝塚歌劇、遊園地などを開場させ、同時に沿線の住宅地開発をすすめていった。大正九年に大阪・神戸（上筒井）間（神戸線）と塚口・伊丹間（伊丹線）を開通させ、社名も阪神急行電気鉄道と改称した。同十一年に宝塚・西宮北口間（西宝線）十三年には夙川・甲陽園間（甲陽線）を相ついで開通させた。神戸線は、四本のなかで一番山側を走っている。（三宅正弘）

旧制七年制の甲南高等学校に発展する。また、昭和初期になると、神戸市内にあったミッション系の関西学院大学が昭和四年西宮の甲東園に移り、神戸女学院も昭和八年西宮岡田山に移転するなど、私学の有名校が阪神間に移動していくことが注目される。

さらに、健康的で物見遊山が楽しめる、スポーツ・娯楽施設の建設も重要な誘因であった。

たとえば、香櫨園（明治四十年）は、大阪の事業家・香野蔵治、櫨山喜一が開いたもので、阪神の沿線に一大遊園地を開設した。他に苦楽園、甲陽園などが、明治の末期から大正期にかけて集客施設として建設されている。

スポーツ施設として著名なのが、大正十三年に完成した甲子園球場で、阪神電鉄の直営として他にテニスコートやプール、レクリエーションの諸施設が設けられた。

このように阪神間に介在した交通機関、文教施設、スポーツ・娯楽施設の充実と、大都市に近在する六甲山の自然、南麓の恵まれた地形は、良好な住宅地としての魅力を十二分に提供するものとなった。

郊外居住のすすめ

阪神間の住宅地形成に最も貢献したもののひとつに交通機関の発達があったことはさきに述べた。しかしこの開通がただちに阪神間住宅地の発展に直結したものではなかった。

むしろそのためにはもうしばらく、大阪と神戸が大都市として成熟することを待つ必要があった。それは、商、工業都市として、大阪市内の居住地が充足されていくことが先決だったからである。大阪市内に住む労働者にとって、郊外の戸建ての住宅に住むということはいまだ高根の花であった。とくに阪神間は、大阪市内の交通機関の発達が遅れていた時代では、大阪の都心や南の工場地帯からやや離れた位置にあった。大阪の都心を取り囲む区域である、港区、西成区、東成区、住吉区などにみられるおびただしい数の長屋群はその現れであった。

阪神間を走る私鉄にとって、沿線に住む人口を増やすことは至上の課題であった。明治四十一年に刊行された『市外居住のすすめ』は、阪神電鉄がそのような願いをこめて発行したものであり、そのなかで「阪神付近の健康地」と題した大阪長谷川病院院長の長谷川清治はつぎのように述べている。

「（前略）抑も健康地即ち養生地なるものは、洋の東西を問はず、南に海を控へ北に山を負ひ居る箇所を最良とすることは一般の定論になって居る、斯る箇所は冬暖かに夏涼しく、寒暖の差甚だしからざる為めであって西宮神戸間は実に比健康地として最良なる要素を具備して居る。併しながら神戸最寄の方で海岸に接する方は、人家接続して市街の体裁をなし、稍雑踏の傾きがあって面白くない。依て此部分を除き其山の手及び住吉魚崎辺より西宮迄は山の手、海浜共に宜しい。空気は固より清新で、土質も海浜は砂白く水清く山の手は砂又は赤土で飲料水も多く善良である、（夙川、芦屋川、深江、住吉川両岸、並に其付近は井水最も良く、山間谿谷より流る、小川、又は自然に湧き出す清水も清良である。其他山に近き箇所と海岸の間は堀抜井水最も良しい）土地は面積広濶で別荘、住宅、園遊地等好み次第に出来る（後略）」

この書は全編、郊外住宅地が健康に良いことを強調している。このほか阪神電鉄はさらに月刊誌『郊外生活』（大正三年創刊）を出し、阪急電鉄も『山容水態』（大正二年創刊）を刊行して、郊外居住の良さをＰＲした。

郊外住宅地経営の手法

明治の三十年代の後半から動きをみせる阪神間の住宅地は、どのような手法で展開したかについて考察すると、およそつぎのように分類することができる。

〔一〕私鉄による住宅地経営
〔二〕土地会社による住宅地経営
〔三〕耕地整理による住宅地分譲
〔四〕その他

〔一〕私鉄による住宅地経営

（イ）阪急電鉄の場合

私鉄による住宅地経営は、関西がわが国で先鞭をつけたといわれている。なかでも阪急電鉄は、小林一三の経営方針によって積極的な沿線住宅地の開発を進めた。創業当時のパンフレットによると、「如何なる土地を選ぶべきか」と題して、「美しき水の都は昔の夢と消えて、空暗き煙の都に住む不幸なる我が大阪市民諸君よ！」と呼びかけ、「諸君の選択に任すべき三〇余万坪を一大楽園たらしめんには勢ひ諸君の移住を待

Column 郊外住宅地の形成

苦楽園

当時の住宅地開発のタイプには、別荘地や住宅地といった「住む」ことを中心とするものと、温泉、旅館、遊園地など「娯楽」を中心とするものの二タイプがあった。苦楽園の開発はその後者にあたる。開発前夜には石材採掘の場であったところに、明治三十九年に明礬谷保勝会が組織され、明礬泉を利用した温泉浴場の新設がおこなわれたが、交通の不便さや財界不況のため客足が途絶えた。明治四十四年になりこの地の景勝に着眼した大阪の中村伊三郎がこの土地を購入し、新たな造成につとめ大正二年にはラジウム温泉場を開設し、旅館や住宅地の事業がおこなわれる。苦楽園の名称は中村の秘蔵の瓢「苦楽瓢」から取られたものといわれている。

その後、園内約五〇万坪の経営も大正八年には西宮土地株式会社に移っていった。

甲陽園と甲陽土地株式会社

甲陽土地株式会社は、大正七年、西尾謙吉（取締役社長）、本庄京三郎（専務取締役）らによって設立されている。「東洋一の大公園」と喧伝され、歌舞劇場、音楽堂、キネマ撮影所など総合的なレジャー開発がおこなわれた「甲陽園」の経営にあたった甲陽土地は、住宅経営にとどまらず遊園地、運動場、植物園、旅館、温泉、送迎自動車、石材販売など多岐にわたる経営を展開した。

会社の事務所内にあった甲陽社から発行された民衆娯楽雑誌『甲陽』には、甲陽土地の役員や社員の原稿が多く載せられてあり、会社の多角的な試みを読み取ることができる。

（三宅正弘）

図2　阪急経営岡本住宅地案内図

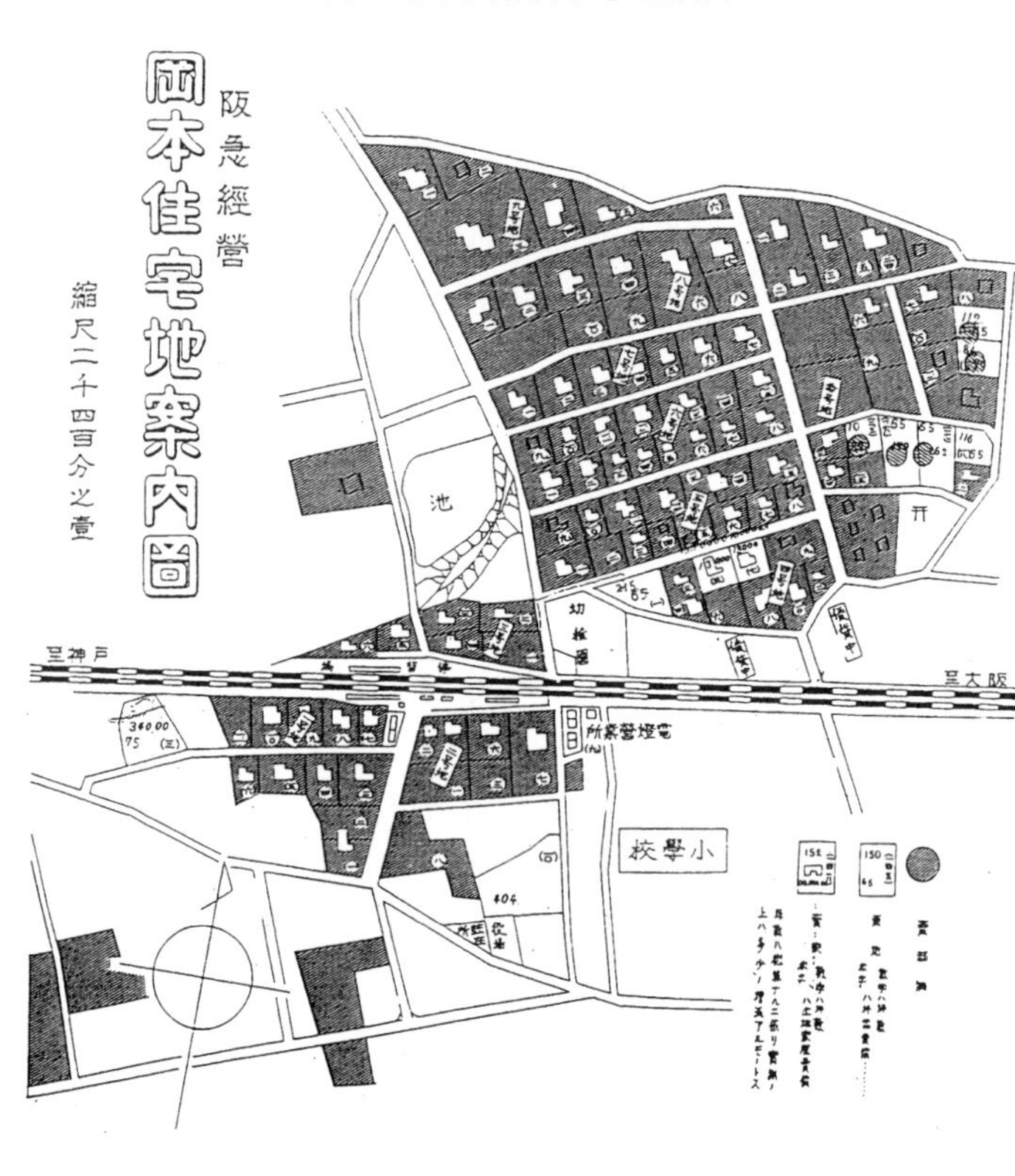

たざるべからず。特に宿る月に影あれば、沖の白波に千鳥の友呼ぶ声あり、然れば会社も亦た自ら進んで模範的新住宅地を経営し、大いに大阪市民諸君の趣味に訴へんとするなり」と記している。

さらに「如何なる家屋に住むべきか」と題しては「巨万の財宝を投じ、山を築き水を導き、大厦高楼を誇らんとする富豪の別荘なるものは暫く措き、郊外に居住し、日々市内に出で、終日の勤務に脳漿を絞り、疲労したる身体を其家庭に慰安せんとせらる、諸君は、（後略）」として、明らかに中堅サラリーマンにターゲットを絞った勧誘をおこなっている。

阪急電鉄は、最初の事例として、宝塚線に沿う池田室町の住宅地経営を明治四十三年に開始した。この住宅地は、呉服神社の境内を囲む約三三、〇〇〇坪の土地を碁盤目状として二百二十一区画に分割し、一区画は一二〇坪程度を標準とした。ここに木造二階建てあるいは平屋建て、建て坪二〇坪、延べ坪三〇坪前後の主として和風住宅を建設した。この住宅地は後につづく、桜井（明治四十四年）、豊中（大正二年）などの原形となった。

神戸線の開通は、大正九年七月十六日、本線三〇・三キロを約四十二分で走った。この神戸線は、人家がまばらであった山麓を走るものであったので、直線での運行が可能であり、先発の阪神電鉄と競合する路線として注目された。

神戸線の住宅地経営で最初に手がけられたのは岡本住宅地（現在神戸

Column　郊外住宅地の形成

『市外居住のすゝめ』

阪神電鉄は、郊外住宅地経営にさきがけ明治四十一年に『市外居住のすすめ』を刊行している。専務取締役・今西林三郎の呼びかけに応じて、当時の多くの医療関係者が講演あるいは論述したものを取りまとめたものである。「空気の善悪と市外居住の可否」「虚弱者は須らく市外居住を断行せよ」「長生の基礎は市外生活にあり」などの十四の小稿からなっている。郊外居住の優れた点として論者は

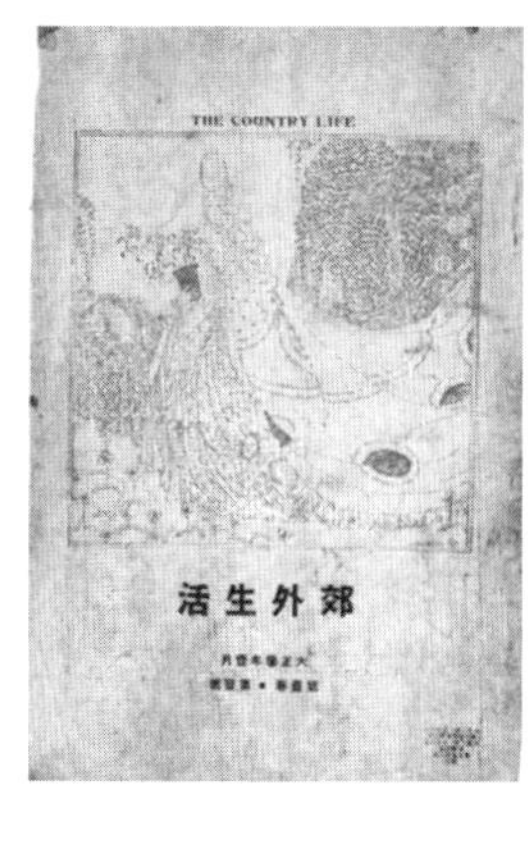

共通して健康に良いということ、雅趣に富んでいることを挙げているが、健康面についての記述がとくに強調されている。その背景には、当時の大阪の環境悪化とともに明治三十八年から四十年末にかけては一時鳴りをひそめていたペストが大阪市民をふたたび脅かし、六百人近い死者を出していたこともあった。今西林三郎が医療関係者に呼びかけたこと自体、健康面からの訴えかけが当時においては最も説得力をもつと考えていたことを示している。●

『郊外生活』

阪神電鉄は『市外居住のすゝめ』の刊行後、大正三年には郊外生活の魅力を紹介する月刊誌『郊外生活』（大正三年一月―大正四年十一月）を発行している。今西林三郎は「巻頭」で「郊外生活を慫慂するのみにては少しく足らざるを覚え、之れを更に深き趣味より入るの道として熱心に園芸を奨励せり。即ち阪神電鉄は趣味を以て経営の方針としたるに外ならず（中略）是に由りて阪神電鉄は雑誌『郊外生活』を発行して趣味研究の機関とし」としている。雑誌の内容は「霜の花守」「盛花用睡蓮の栽培」といった園芸を中心として、連載「阪神沿線の史蹟」などの随筆、評論家・長谷川如是閑や詩人・薄田泣菫の記事などがあり、そのほとんどが園芸家、学者、医師、新聞記者などからの寄稿であった。●

『山容水態』

箕面有馬電気軌道（阪急電鉄）は鉄道開通前夜の明治四十二年秋にパンフレット『住宅地御案内如何なる土地を選ぶべきか・如何なる家屋に住むべきか』を発行している。その冒頭で「美しき水の都は夢と消えて、空暗き煙の都に住む不幸なる我が大阪市民諸君よ！」と呼びかけ、「如何なる土地・家屋」つまり田園趣味に富む郊外の居住をすすめ、その模範的新住宅地の理想的新家屋「池田新市街」の住宅地案内をしている。小林一三は「この冊子はやや文学的に美辞麗句を並べて、住宅地の説明や郊外生活の理想的環境など、興味本位に記述して」と『自叙伝』のなかで述べている。

開通後の大正二年七月からは月刊誌『山容水態』が発行され、PRも本格化していく。これには沿線の名所旧跡やイヴェントの紹介とともに、郊外住宅地にまつわる記事が数多掲載されている。とくに「池田新市街」「桜井新市街」「豊中新市街」といった経営住宅地の様子を、街全体や家屋、倶楽部、周辺環境などの写真を多く使って詳しく紹介するとともに、医療や飲料水といった郊外生活への不安を解消するような記事も多い。

また「新宅物語」「僕の住宅」「ランチオンタイム」「姉妹」「都に住める姉上へ」といった住宅地で繰り広げられる物語を通して郊外生活のもつ魅力を伝えている。読者に郊外生活のイメージを具体的に提示するために工夫されたのであろう。（三宅正弘）

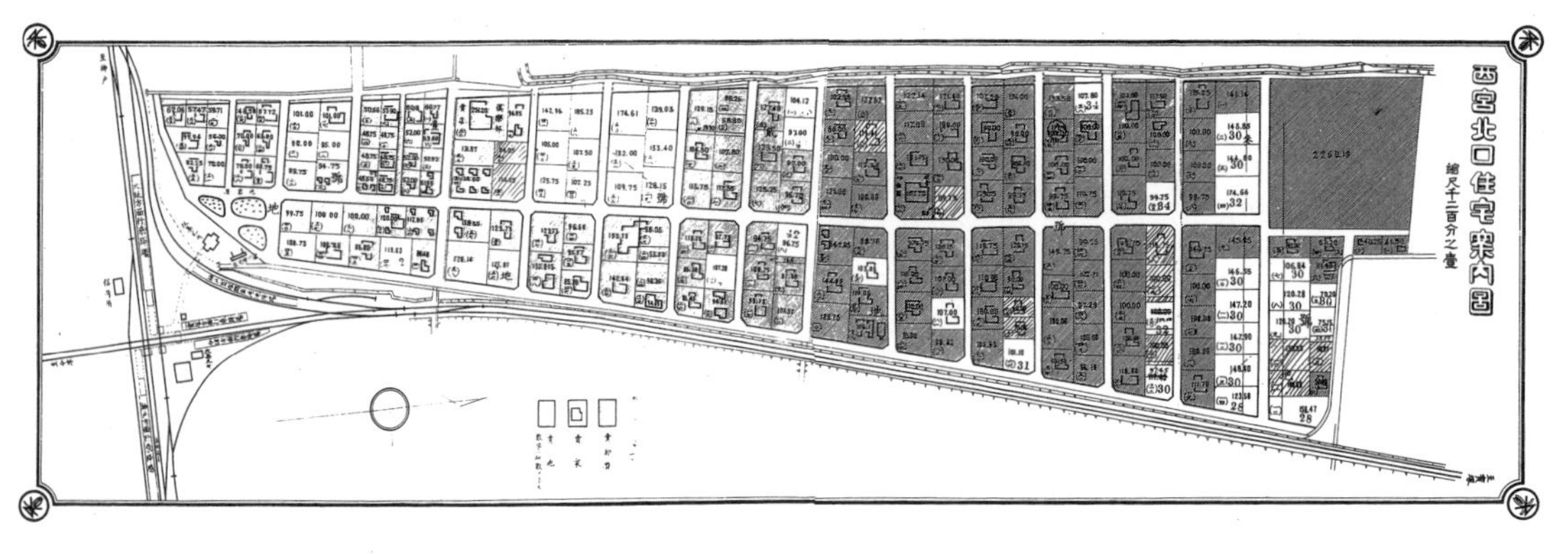

図3　西宮北口甲風園住宅地案内図　個人蔵

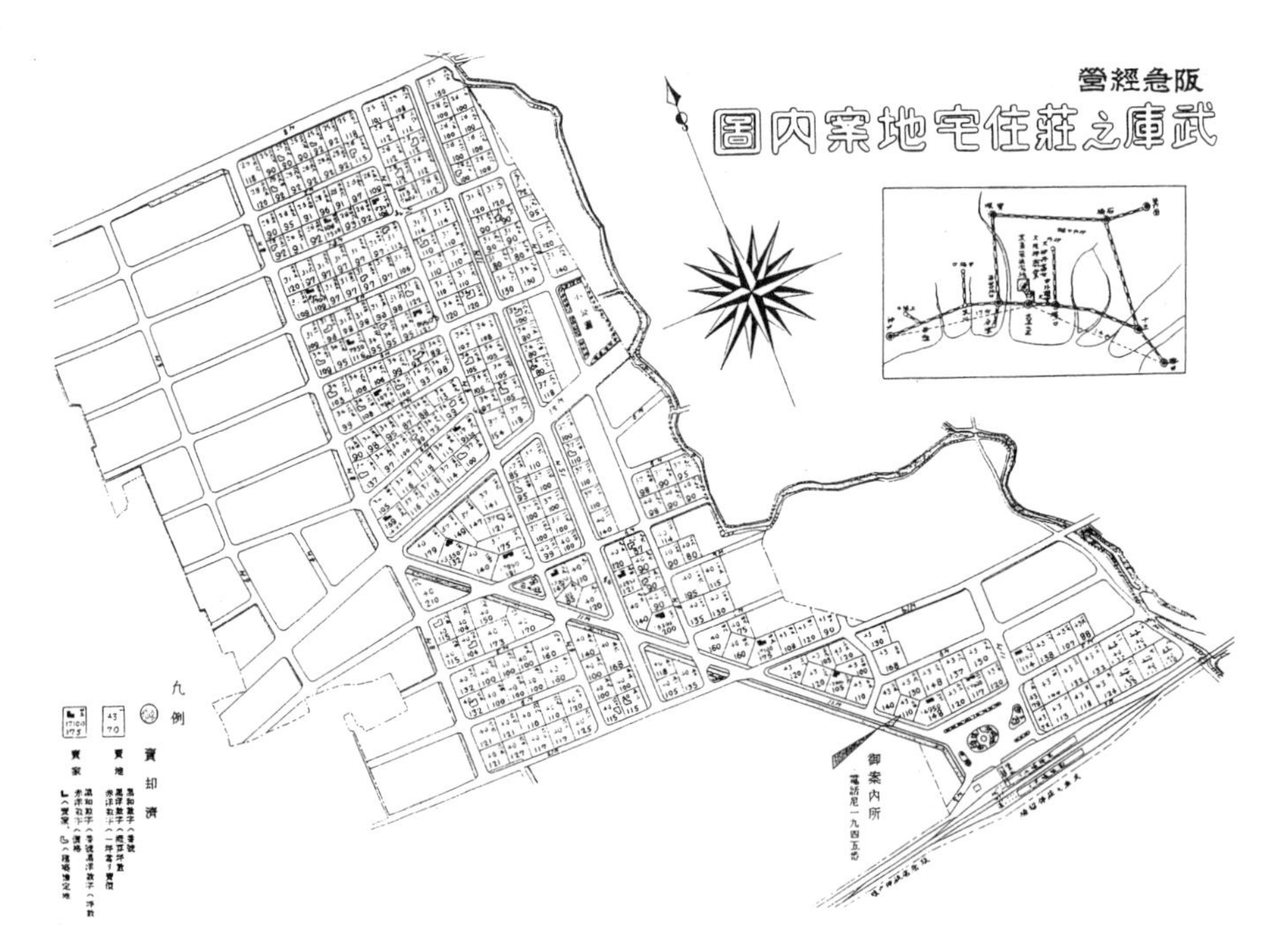

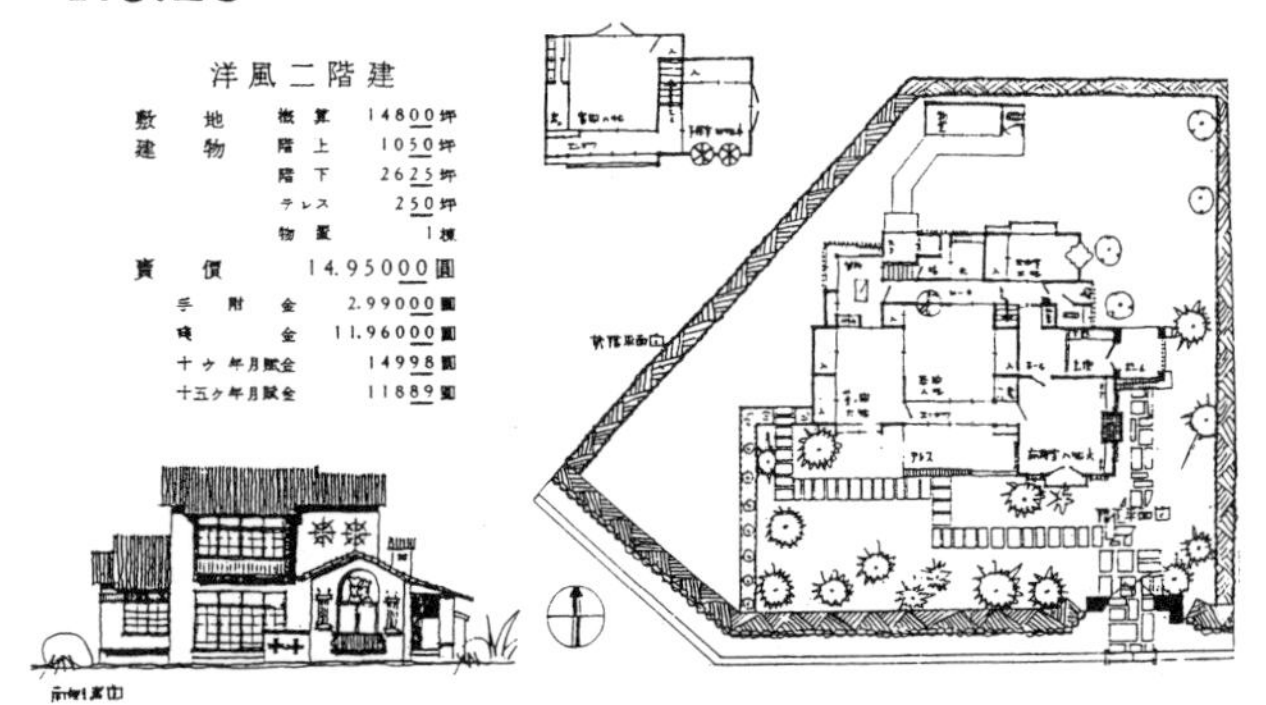

図4　武庫之荘住宅地案内図　その1　個人蔵
武庫之荘住宅地はある程度まとまった規模の住宅地を総合的に開発する手法がとられた点で阪神間で最も整った住宅地計画といえる。

図5　武庫之荘住宅地案内図　その2　個人蔵

①岡本住宅地の初期住宅　その1

②岡本住宅地の初期住宅　その2

③西宮北口甲風園住宅地　その1
昭和戦前期の住宅地風景。手前の線路は阪急電鉄西宝線、和風住宅が目につく。

④西宮北口甲風園住宅地　その2
石垣と生け垣のある町並み、ニッカーボッカーズをはいた貿易商の小沢嘉一郎氏は、シェパードを連れて散歩中。絣の着物に唐草模様の大きな風呂敷包みを抱えた近所のお手伝いさんが通る。戦前阪急電鉄分譲地の平和な風景のひとコマである。

⑤西宮北口甲風園住宅地　その3
昭和5年に分譲を開始した阪急電鉄の分譲地であったが、ちょうど大阪・神戸の中間に位置し、特急の停車駅であったので、交通の便利さで人気があった。つい最近まで2階建て和風の住宅が軒を連ねていたが、今回の震災でその多くが失われた。

⑥武庫之荘駅前住宅地に建てられた洋館のひとつ。
白い壁、黄土色の瓦、まとまりのある意匠で魅力的な住宅であったが、1年ほど前に姿を消してしまった。

市東灘区）であり、開通の翌年大正十年に、岡本駅周辺を含む約一七、五五七坪の土地が分譲された（図2）。この住宅地のうち北側の山手側はゆるやかな南斜面であるため、典型的な雛壇形式が可能で、その種の宅地が造成され、ここにも入母屋日本瓦葺き、杉皮を張った和風住宅が好んで建てられている（①②）。

阪急電鉄の住宅地経営で目につくのは、和風住宅が多いことである。これについて小林一三は自叙伝のなかで、つぎのように述べている。

「失敗の其二は、西洋館の新築である。今日まで何千何百軒の建売をしたけれど、阪神間高級住宅においてすらも、純洋式の売家には買手がない。いつも売れ残つて結局貸家にする。四、五年貸家にして置くと、安く叩かれて損をして売るといふのが落である。近頃は大分生活様式が進歩したからといふが、寝台的設計よりも畳敷が愛されて、純洋式は不評である」と。しかし、これは阪急の経営地のみの特徴ではなく、阪神間全体の住宅地に共通してみられる現象であった。

このほか神戸線で西宮北口甲風園（昭和五年／③④⑤、図3）、塚口（昭和九年）、武庫之荘（昭和十二年）、伊丹線で稲野（大正十四年）、新伊丹（昭和十年）などが、まとまった規模で開発された。

そのうち武庫之荘の例をみると、駅前にロータリーが設けられ、この駅前から放射状に北西に延びる幅員一一メートルの道路とこれに交差する一五メートルの道路を軸線として、要所に小公園あるいはポケットパークをつくり、約一〇〇坪前後の敷地をもつ十～十二区画のブロックを設け、ユニークな住宅地計画を示した（図4）。またそこに建つ住宅も、和洋のモデル住宅がいくつか建てられた。この頃になると、モデル住宅に洋風の例が目につく。たとえば武庫之荘駅前に面した敷地番号23の住宅（⑥、図5）は、角地ということもあって敷地面積一四八坪、洋風二階建てで、階上一〇・五〇坪、階下二六・二五坪、テラス二・五〇坪、物置き一棟という規模で、しゃれたスパニッシュ風の姿をみせていた。

この住宅のプランをみると、敷地の東南にある門を潜って玄関ポーチにいたるアプローチがある。東側妻入りの玄関、ホールの南側に八畳大の応接室を配し、これにも洋間にふさわしい暖炉（煙突付）がある。中廊下式のプランで中央に床の間、縁側のある居間八畳があり、外にテラスをつけ、西側は茶の間六畳があって、これは北側の台所に接していた。廊下の北側は内玄関、浴室、化粧室、女中室が並び、トイレは玄関北側にある。二階は八畳の床の間、違い棚付の和室に縁側があり、東南の角は子供部屋（四畳半）となっていて、大変コンパクトなまとまりの良いプランである。意匠は応接間の外壁にアーチ型の装飾、二階子供室窓に鉄製グリル、二階縁側の手摺は、板状の繰型付手摺子を並べ、オイルステイン仕上げ壁は淡いクリーム色、色セメント掻き落し仕上げ、屋根は瀬戸産黄褐色S型瓦を葺いて、当時流行していたスペイン調のものであった。

この住宅の分譲価格は、当時の資料で、土地、建物、付帯工事共で一万四千九百五十円、十五年月賦で百十八円八十九銭という。駅前の一等地としては、今では信じられないほど安価であった。武庫之荘のような阪急電鉄の住宅地経営は、明らかに専門的な建築技術者の参加をともなうものであり、会社の組織のなかでは、大正九年には地所課が、昭和十一年には土地経営部が設けられ、体制を整えている。

（ロ）阪神電鉄の場合

阪神電鉄は、阪急に先んじて開業しながら、沿線住宅地の経営では、やや遅れをとっていた。しかし大正十一年兵庫県会で承認された武庫川改修工事にともないその支流であった枝川、申川の廃川によって生じる広大な敷地約八〇・七二ヘクタールのうち、道路および水路敷をのぞく七三・九二ヘクタール（約二二三四、〇〇〇坪）を阪神電鉄が取得するにおよんで、本格的な住宅地経営に乗り出すこととなる。ただ阪神電鉄としては、単なる住宅地としてのみでなく、スポーツや娯楽施設をともなう多角的な土地利用計画を構想し実行した。

その最たるものは甲子園球場の建設であった。この球場は、大正十三年七月に完成した。収容人員六万人といわれ、全国高等学校野球大会の会場であり、阪神タイガースのホームグラウンドとしてあまりにも有名である。

枝川の河川敷は、東海道線のすぐ南側の武庫川から分岐して、ゆるやかに湾曲して大阪湾に流れ込んでいたので、甲子園の住宅地は、南北に細長い、弓型の形状を示すこととなった（図6）。阪神電鉄ではこの住宅地を上甲子園、中甲子園、七番町経営地、浜甲子園経営地に分け、昭和三年以降、順次売り出した。

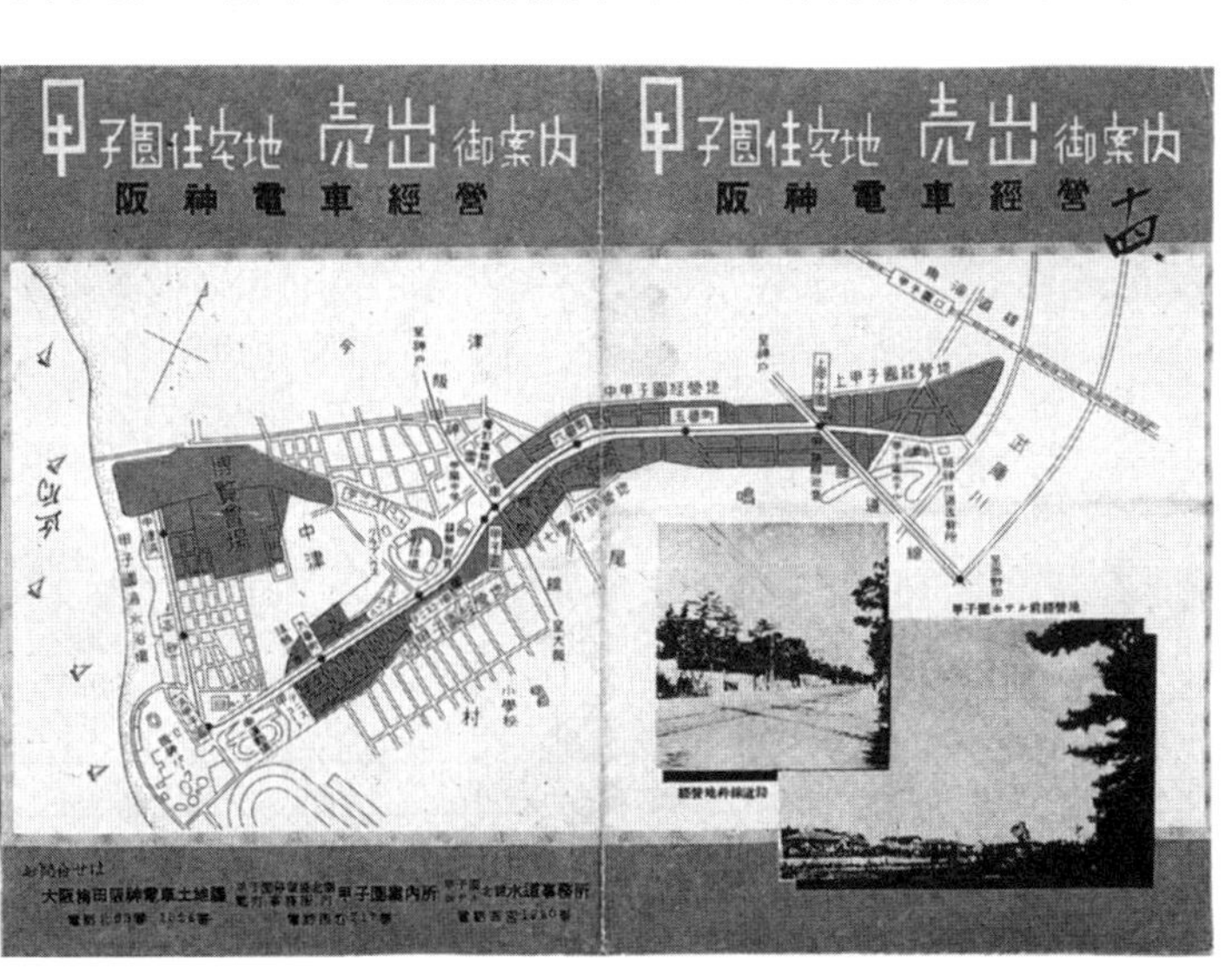

図6　甲子園住宅経営地案内　個人蔵　阪神電気鉄道株式会社事業部／阪神電鉄は甲子園地域に集中してスポーツ施設、リゾートホテルの建設のほか、住宅地の分譲をおこなった。阪急電鉄の小規模な分散型の住宅地開発とちがって、大規模多角的な経営であった。この図は、その全容を鳥瞰図風のイラストで、興味深く描いている。

さきに述べたように阪神電鉄も『市外居住のすゝめ』なる案内書を明治四十一年という早い時期に発行し、同四十三年には枝川沿いの鳴尾村西畑に七十戸の文化住宅を建て、沿線住宅地の経営をおこなった実績をもっており、その経験を生かして、この地域に集中した住宅地経営をおこなった。またさらに海岸地帯の約一二万坪を買収して昭和三年頃より南甲子園住宅地が形成されている。阪神電鉄が当時宣伝した案内書の冒頭をみるとつぎのようにある。

「本経営地は阪神両市間の中央、甲子園停留所を中心に、広袤三十余万坪の青松果しなき、風光明媚にして空気清澄の秀麗の地、南は内海の緑波洋々として畑靄の裡に四国紀州の連山を望み、仰げば北に六甲摩耶の麗峰、長しへに平和の雲を頂き、近くは武庫川の清流、碧海に流れ行く辺り、寔に山海の絶勝を一眸の裡に聚めたる理想的健康住宅地でありまして、夏期は涼風、衣袂を吹きて、海浜は海水浴に適し、然も、経営地内には全日本の国民的熱血を沸かす大野球場を初めとし、双竜玉を争ふラグビー、サツカー、あらゆる陸上競技がおこなはれる南運動場、水

小林一三

小林一三は、明治四十年、三十四歳のときに三井銀行を退職して、証券業界で身を立てようと決意した。しかし、折からの大不況により志を断念せざるを得なかった。そこで、当時設立されようとしていた阪鶴鉄道の監査役を経て箕面有馬電気軌道の設立に請われ取締役として就任した。

小林は、沿線の土地開発を進めることによって旅客収入を得ることを創立当初より計画し、開業時より開発された池田室町住宅は、日本の私鉄経営土地の先駆となった。一方で、終点である箕面、宝塚に娯楽施設を設け、観光客の誘致に取り組んだ。温泉、室内プールなどを整えた宝塚は、後に宝塚歌劇の本拠地としてその名を知られる。そのほかターミナル百貨店の経営など、それらのすべてが小林の発案によるものであった。また、茶道具をはじめとする美術品の蒐集家であり茶人でもあった。企業家として阪神間の郊外住宅地および文化の形成に印した足跡は大きい。

（河崎晃一）

泳プール、テニスコート、遊園地さては運動を通じての社交場として知らる丶クラブハウス、建築と眺望の完備せる甲子園ホテル等がありまして、あらゆる文明の交通機関は縦横に馳駆し、大阪神戸へ廿分内外にて到し得られ、尚、経営地に接して小学校、中等学校、設備完成の病院等もあり、日常の物資赤た、安価で且、便宜に得られ、子女教育上、将又、保健衛生上から見ても、理想的でありまして、自然の恩恵を併せ有する健康住宅地は之を措いて他に求むる事は出来ますまい」と自讃している。

また優待方法のひとつとして分譲地を購入し住宅を新築したものに、大阪または神戸への一年間の無賃乗車券を贈呈するというサービスも実施していた。

この阪神電鉄の住宅地経営の方針は、甲子園球場や甲子園ホテル、レクリエーション施設を併存させる手法をとり、阪急電鉄の分散型の住宅地開発に比して、一局集中型ともいえる方法で、独特の住宅地形成をおこなった。

とくに浜甲子園の海浜側の住宅地は、その造成、販売を総合請負会社大林組に委託し、大林組は住宅部を通して積極的な住宅の建設販売をおこなった。その規模は、約四百戸の宅地を造成し、そのうちの一部は日本建築協会が募集した懸賞当選案をモデルに建てられた。

一方この住宅地経営にあたって、阪神電鉄は都市計画や造園に明るい大屋霊城に依頼して、その全体構想について意見を求めている（図7）。大屋はこの計画のなかで阪神電鉄より南側を遊園地、北側を住宅地として区分し、南側の海浜にいたる河川敷は、ゆるやかな幅広い道路の両側に緑豊かな住宅を点在させ、さらに海側に動物園、遊戯場、海水浴場を配するアイディアを出したものであった。しかしこのような花苑を重視した発想も、現実には採り入れられなかった。

六甲山の別荘地としての開発は、阪神電鉄によって先鞭がつけられた。阪神間の後背部にある六甲山は、この地域の最も魅力ある自然環境の残されたところであり、今日のように冷房機器のなかった当時においては、都会に近い絶好の避暑地であった。ただこの地の魅力を最初にみつけたのは、神戸在住の外国人たちであった。明治二十年代の後半にイギリス人貿易商A・H・グルームらが山荘を営み、ゴルフ場を建設するにおよんで、多数の外国人が別荘を建て、サンセット・ロード、サンライズ・ロードなどと名づけた道路を設けて、大正期には外国人村が出現するほどであった。

阪神電鉄はこの地の開発を早くから意図していたが、そのためには交通手段が優先することを考え、大正十四年摩耶ケーブル、昭和二年に表六甲ドライブウェー（土橋・丁字ヶ辻間）、同七年には六甲ケーブル（土橋・六甲山上駅間）を完成させるなど交通施設を充実させ、六甲ゴルフ場を含む山頂の広大な土地を購入して、別荘地の分譲を開始し、大都市に近接した保養地として売り出した（ジャケット参照）。

阪神電鉄土地課が当時発行した『六甲山経営地の栞』をみると、医学博士・三田谷啓は、「六甲山を讃す」と題したなかでつぎのような一文を草している。「六甲山は阪神何れよりも極めて登り易い地位に在り、海抜九百三十二メートル、山上に立つて南を望むと眼下には神戸港、遠くは大阪湾、紀州の山々、北は遥かに播州の野と山と里が見える。緑の萌えいづる春、涼風袂を払ふ夏、天澄みわたる秋、氷結ぶ冬、この四季を通じて六甲に登つたものはいかにも自然の美と力との偉大なるに驚かぬものはないであらう」と。

六甲山はまた阪神間に住む富豪たちにとっても恰好な避暑地であった。東京の富豪たちが軽井沢や箱根に夏の避暑地を設けたのと同様、阪神間では、そんなに遠くではなく、朝夕に見なれた六甲山にその地を求めたのは当然ともいえる成り行きであり、とくに第一次世界大戦で外国人の勢いが弱まる反面、裕福な日本人が多くこの地に別荘を求めた。

阪急電鉄も、このような動きを等閑視していたわけではなく、昭和四

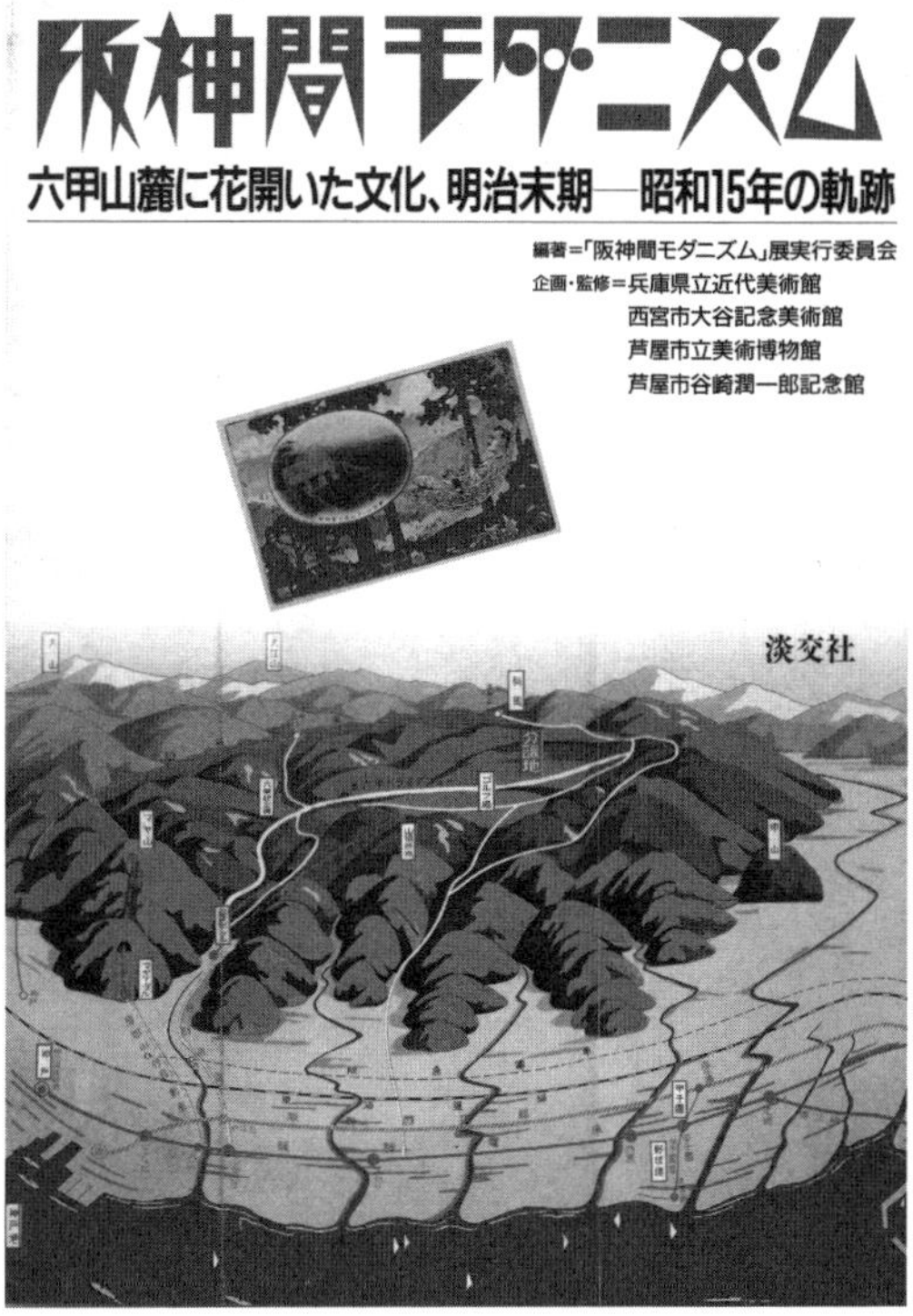

『阪神間モダニズム』ジャケット

年には六甲山ホテルを山頂記念碑近くに建て、山荘風の意匠で存在感を高めた。

（二）土地会社による住宅地経営

阪神間の住宅地のなかで、とくに優れた住宅地としての彩りを添えているのは、民間土地会社が経営した住宅地であった。これはさきに述べた私鉄の経営地が、自ずから中間サラリーマン階層を対象とし、なるべく多くの戸数を建てて沿線人口の増大を意図したものであり、また後に述べる耕地整理法にもとづいた区画整理事業による住宅地形成の手法は、耕地整理組合を組織しておこなった事業であったので、これも一戸あたりの宅地面積をそれほど大きく取ることは少なく、むしろ碁盤目状の整然とした街路割りを主眼としていた点などを考えると、民間土地会社による住宅地経営は、比較的自由な発想の住宅地形成を可能とした。したがってここに紹介される二、三の事例は、そのなかでも特色ある質の高い住宅地を生み出した点で注目されるのである。

（イ）大神中央土地株式会社、夙川香櫨園経営地

この地域は西宮市の西北、夙川の西岸旧森具地区、現在の弓場町、屋敷町、松園町、松下町から北へ阪急電鉄の神戸線をこえて、雲井町、殿山町、相生町、高塚町などを含む、かなり広い範囲におよんでいる。

この香櫨園という名称は、大阪の株屋・香野蔵治と櫨山喜一が、明治三十八年の阪神電鉄の開通後、この地に着目して、道路、橋梁をつくり、鑑賞用植物を栽培するほか、ウォーターシュートや飲食店を開いて一大遊園地を開設し、両者の頭文字をとって香櫨園と名づけた。最初のうちは賑わっていたのであるが、まもなく衰退し、娯楽施設は香櫨園の浜のほうへ移され、この地は神戸の外国商社サミュエル商会が入手する。その意図は明らかではないが、たぶん阪神間に外国人向けの住宅地の開設をもくろんだものであろう。しかしこの計画も、第一次世界大戦などが起こって実現せず、大正六年に大神中央土地株式会社に譲渡されることとなった。

大神中央土地株式会社は大正七年三月に創立され、資本金三百万円、香櫨園、阪急夙川駅周辺に一〇万坪の土地を所有してユニークな住宅地経営に乗り出した。社長は大阪の質商で阪堺電鉄の監査役、妙見鋼索鉄道、千早川水力電気の取締役であった加納由兵衛で、専務取締役に宮崎弥作⑦、他に坂野鉄次郎、野田吉兵衛、西尾謙吉らが名を連ねている。なおこの会社は大正八年十月夙川新開土地株式会社（代表加島安治郎）と合併し、同氏名義の土地二八、五〇〇坪の土地を加え、昭和十二年頃その規模は約一五万坪に増えている。

この会社の営業報告をみると、大正九年に開通が予定されていた夙川駅周辺は、その開通にともなう利便性があって、経営地の人気のきわめて高いことが述べられており、同年三月の営業報告に「快速ナル阪急電

図7　浜甲子園経営地売出図（上）と大屋霊城の花苑都市案（下）『建築と社会』大正15年12号より
造園家の立場からわが国の都市計画を考えた農学博士の大屋霊城は、阪神電鉄から依頼されて枝川廃川敷の住宅地計画をおこなった。甲子園球場から甲子園の浜に通ずる河川敷の計画は、ゆるやかに蛇行した主道路の西側に、緑に囲まれた戸建て住宅を配する何とも贅沢な、しかも理想に満ちた、いかにも彼らしい計画であったが、その案はまったく実現されることなく終わっている。

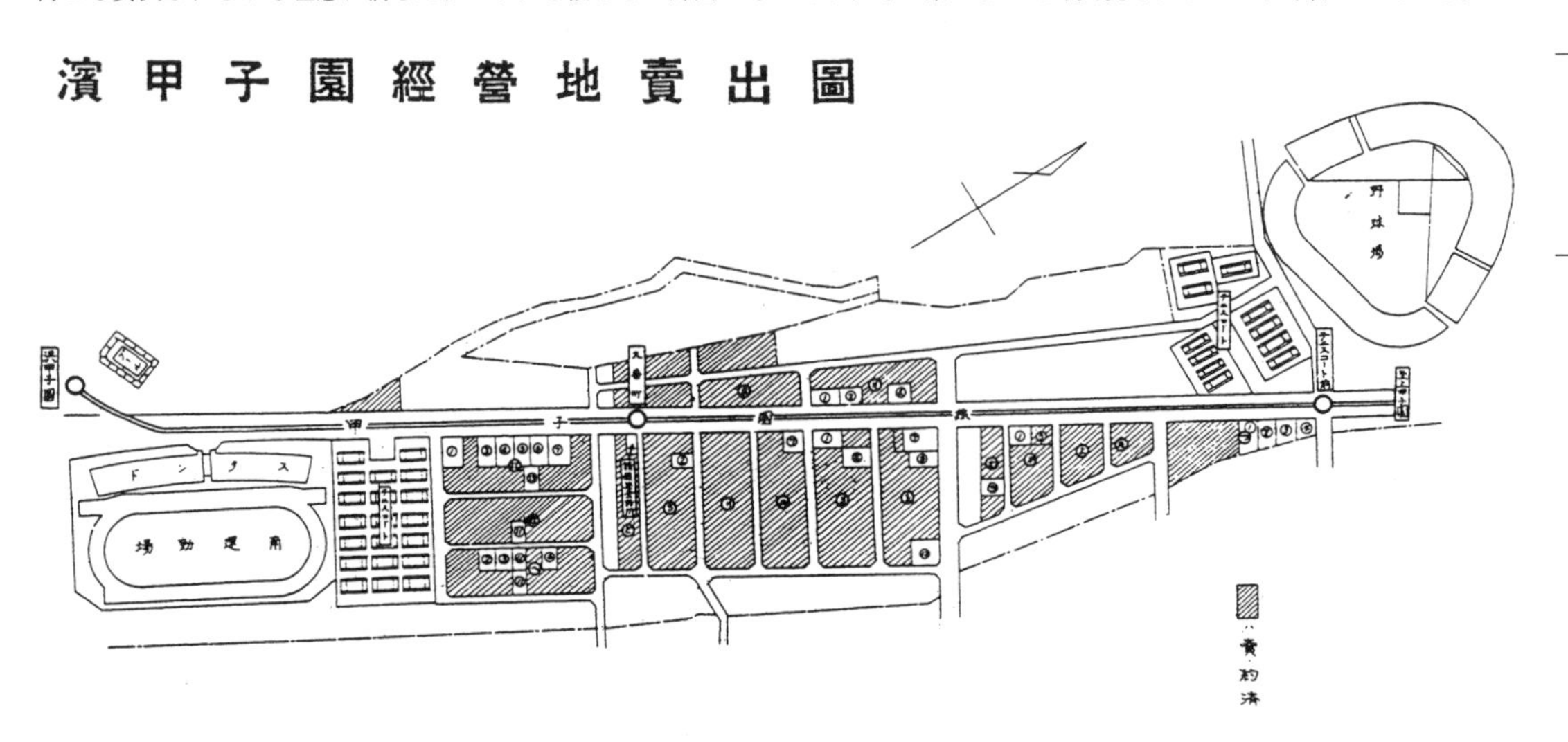

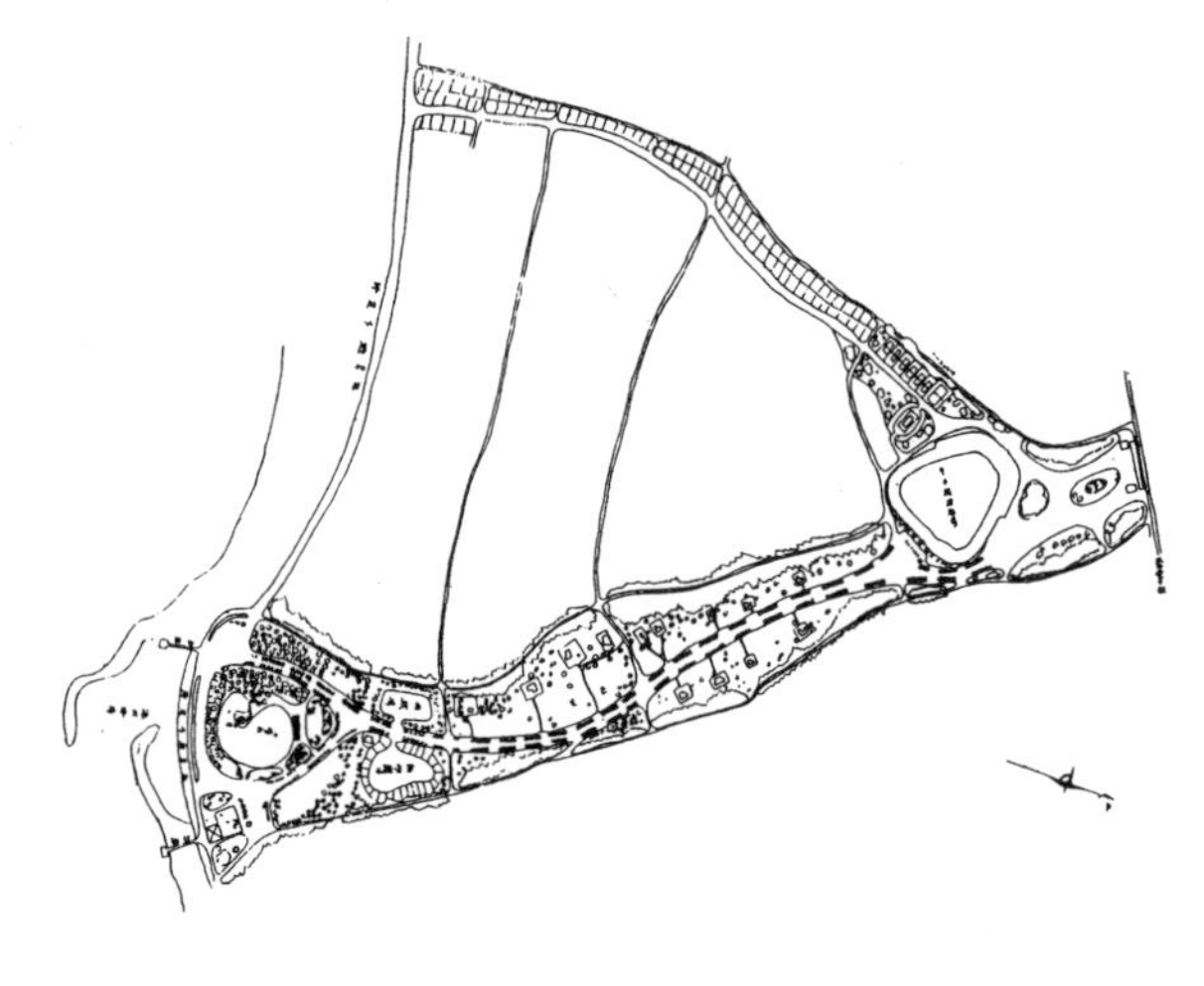

車ノ雲井橋畔ヲ走行スルノ日モ蓋シ遠キニアラサルヘク斯クテ阪神間唯一ノ当社経営地ハ阪急線ノ開通ニ依リ更ニ錦上花ヲ添ヘ益共真価ヲ発揮スルコトヲ確信スルモノナリ」とある。

さらにこの経営地に目をつけたのは、在阪、在神の外国系企業で、昭和に入ってからであるが、ナショナル・シティ銀行、日本ウエスチングハウス電気、ゼネラルモーターズなどの会社の幹部住宅が建ち、多くの外国人が居住するようになった。加えて短期滞在型のホテル兼アパートメントとしてパインクレストを直営の下に建設し好評を博していた。

魅力ある住宅地の形成にあたっては、まず最初は、その地域の地形、緑を含む自然環境をどのように認識するかの問題から検討されなければならない。起伏のある地形や、良好な樹林のある土地は、道路を通じるにあたって十分な配慮が必要であろう。後に述べる耕地整理または区画整理事業にもとづく住宅地の造成の手法は、ほとんどが画一的な碁盤目状の街路計画であった。そのような手法はありきたりで、それほど興味をそそられるものではない。湾曲した意外性のある道路や豊かな緑を取り込んだ住宅地景観を生み出す工夫が必要である。夙川香櫨園の住宅地景観はこのような工夫が巧みに取り込まれている（四三四頁参照）。それは今日の時点でその良さを十分感じ取れるのであるが、すでに昭和十二年に刊行された『日本地理風俗大系』のなかで、この住宅経営地について触れられている。

「大神中央土地会社の経営している夙川香櫨園経営地は、位置阪神間の中央に位し、北は山を負ひ南大阪湾に面する理想的の丘陵地で、天然の地形や鬱蒼たる松林を巧に利用した理想的の住宅地である。大正七年の開設で現在戸数五〇〇余戸、概ね富豪の住宅でその九割は大阪市において職業を有する人、他の一割は神戸市に通勤する人々である。外人の居住者もまた珍らしくない」と率直に評価している。

さらにこの住宅地に建つ住宅の質的な高さが、この町の評価を高めるうえで役立っていた。

明治末期に渡満し、満鉄に入った建築家・安井武雄は、大正十年帰国し片岡安の事務所に迎えられるが、同十三年独立して関西を中心に設計活動を開始した。その安井武雄の自邸が昭和七年雲井町に建てられる。これは当時としては数少ないモダニズムの建物であった。京都の建築家・池田総一郎の設計した殿山町の前田邸（昭和八年／⑧）もインターナショナル・スタイルであった。

住友の建築家だった笹川慎一の設計した宮崎弥七郎邸（大正十五年／⑨）、大林組住宅部の泉勤一邸（昭和九年／⑩）があり、さらに外国人用の住宅にヴォーリズの作品がみられる。

いずれにしてもこの経営地は大正後半から昭和戦前期において、阪神間が最も充実していた時代に形成された民間土地会社の手になる住宅地であった。

⑦宮崎弥作
大阪で代々鋳物商を営んだ宮崎商店主・宮崎弥三郎の弟で明治８年生まれ。大神中央土地会社の専務から社長に就任し、ほかに諸会社の役員を務めた。

（ロ）株式会社六麓荘　六麓荘経営地

現在の芦屋市の山麓海抜一〇〇～二〇〇メートルの高地に設けられた住宅地で、昭和四年頃、大阪の富商・内藤為三郎が、同じ大阪人の森本喜太郎と共同で、現在地に百九十七区画、数万坪にのぼる宅地造成をおこなったものである（⑪、図8）。

この地はもともと国有林であったところを払い下げを受け、土地高燥、空気清澄、加えるに風光明媚、眺望絶佳という好条件を生かして、東洋一の住宅地とすべく、その計画にあたっては香港の白人専用の住宅地をひとつのモデルとして、南斜面の起伏のある恵まれた地形を有効に利用して、スケールの大きな住宅地が形成された。たとえば細い山道にすぎなかった道を幅六メートル以上に拡幅して、一区画少なくとも三〇〇～四〇〇坪以上を標準とし、自然の地形をできるだけ生かし、たとえば敷地内を流れる山からの湧水を小川として取り込むほか、溜池や道路を横切る川には橋を架け、高い所より羽衣のたき、雲渓橋、もみじたき、紅葉橋、月見橋、落合橋、劔谷橋、清見橋などと名づけている。さらに特色として、当時の案内書をみると「青松其他の緑樹を以て経営地全面を満し、其樹間は躑躅及萩を以て掩ひ、且つ古色を帯びたる庭石の散在無数でありまして、共自然の風致は一大庭園をなして居ります」とある。上水道は経営地の最高部に貯水池を設け、下水道はヒューム管を埋設、さらに都市ガスを導入している。また電気は電柱が著しく風致を損なうとして、多額の費用をかけて地下埋設とし、道路の保全と美観上の問題を含めて、全面的な道路舗装をおこない、あわせて歩道を設けるなど、安全上にも留意された。このほか遊園地、テニスコート、子供用の運動場なども設けられた。さらにこのような山上に近い住宅地であることから、

『阪神間モダニズム』
夙川香櫨園経営地案内図　昭和３年
大神中央土地（株）によって阪急電鉄夙川駅の西側一帯に開発された地域

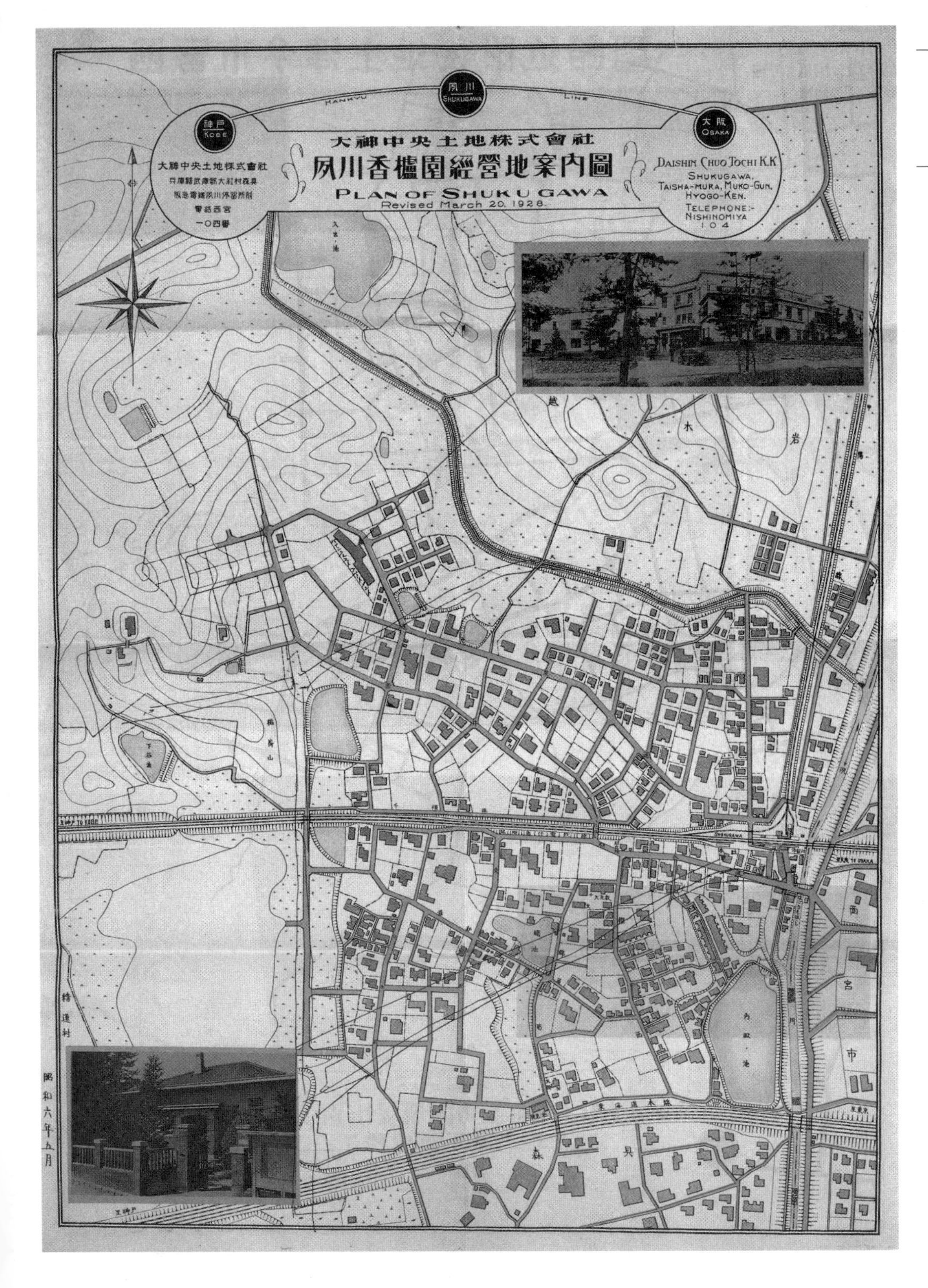

図8　六麓荘経営地区画図　個人蔵／六甲山南麓の高地に設けられたこの住宅地は、電柱を地下埋設にするほか、上下水道、道路の舗装、遊歩道、公園など、地形に合わせたゆとりのある住宅地計画がたてられた。

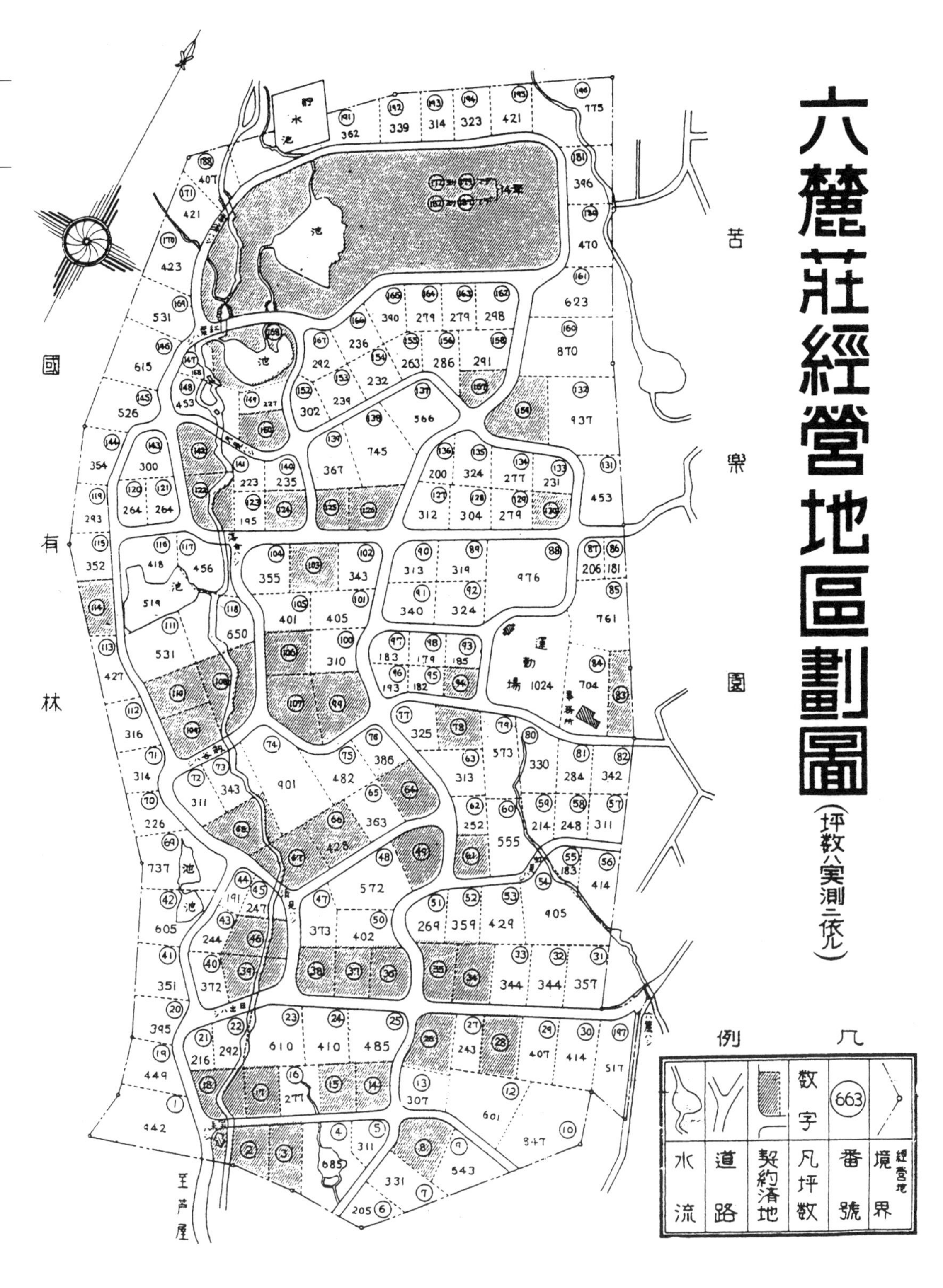

⑧旧前田邸　昭和８年　西宮市　設計＝池田総一郎

⑨旧宮崎弥七邸　大正15年　西宮市　設計＝笹川慎一

⑪造成中の六麓荘

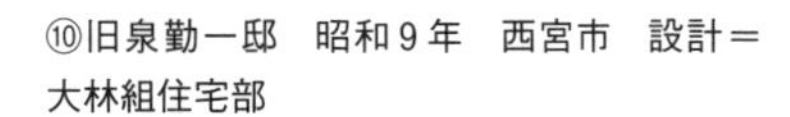

⑩旧泉勤一邸　昭和９年　西宮市　設計＝大林組住宅部

交通機関について、最寄りの駅から乗合自動車の運行、タクシーの利用がはかられていた。

いずれにしても大都市近郊の海抜一〇〇メートルをこえる高地の住宅地が昭和初期の段階で進行したことは、まさに先進的な試みであった。住友にいた建築家・小川安一郎の設計になる平野邸洋館⑫、野田六郎邸などが建てられた。

なおこの会社の専務でのちに社長となる森本喜太郎は、大軌土地、城東電気鉄道、六麓荘苦楽園自動車株式会社社長、今里土地、日本索道取締役など、多くの会社の重役を兼ねた実業家であった。

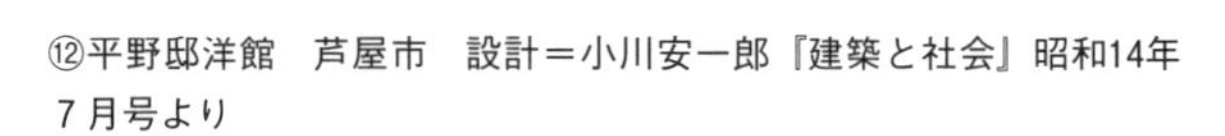

⑫平野邸洋館　芦屋市　設計＝小川安一郎『建築と社会』昭和14年７月号より

〔三〕 耕地整理法による住宅地分譲

明治三十年に施行された耕地整理法は、その第一条に「本令ニ於テ耕地整理ト称スルハ土地ノ農業上ノ利用ヲ増進スル目的ヲ以テ（云々）」とある。まさに農業用の耕地を整理するうえでは適当な方法であったが、大正八年の都市計画法の制定によって、その十二条に「都市計画区域内ニ於ケル土地ニ付テハ其ノ宅地トシテノ利用ヲ増進スル為土地区画整理ヲ施行スルコトヲ得、2、前項ノ土地区画整理ニ関シテハ本法ニ別段ノ定アル場合ヲ除クノ外耕地整理法ヲ準用ス」と定められた。

これによって宅地を生むための手段として耕地整理法の適用が認められたこととなり、大正初期から昭和初期にかけて、活発な宅地造成事業が各地で進められた。この手法は未開の農地に適用する場合はスプロール化を防ぐ意味で効果があるが、すでに住宅地として発展している地域にこの手法を取り入れると、いろいろな問題を派生する原因をともなうこととなる。

阪神間の郊外住宅地をみると、この手法によって開発された宅地がいかに多いかは、その施行範囲の広さによって理解することができる。たとえば大正五年からはじめられた芦屋市（当時精道村など）の耕地整理組合は、昭和十三年までに十六地区四〇三・四六二ヘクタールにおよび、ほとんど市の中心部から山手にかけての広範囲を占め、西宮市（当時の大社村、鳴尾村、今津、瓦木村などを含む）では大正九年の西宮第一耕地整理組合約二二一ヘクタールから昭和十五年まで、三十三地区一、一〇八ヘクタールの土地が宅地化された。西宮市では市の中心部はのぞかれているが、いずれにしても広大な面積で、先行していた民間土地会社の経営を圧迫する結果を招いた。

⑬芦屋市船戸町の町並み

⑭芦屋市松之内町の町並み　その1

⑮芦屋市松之内町の町並み　その2

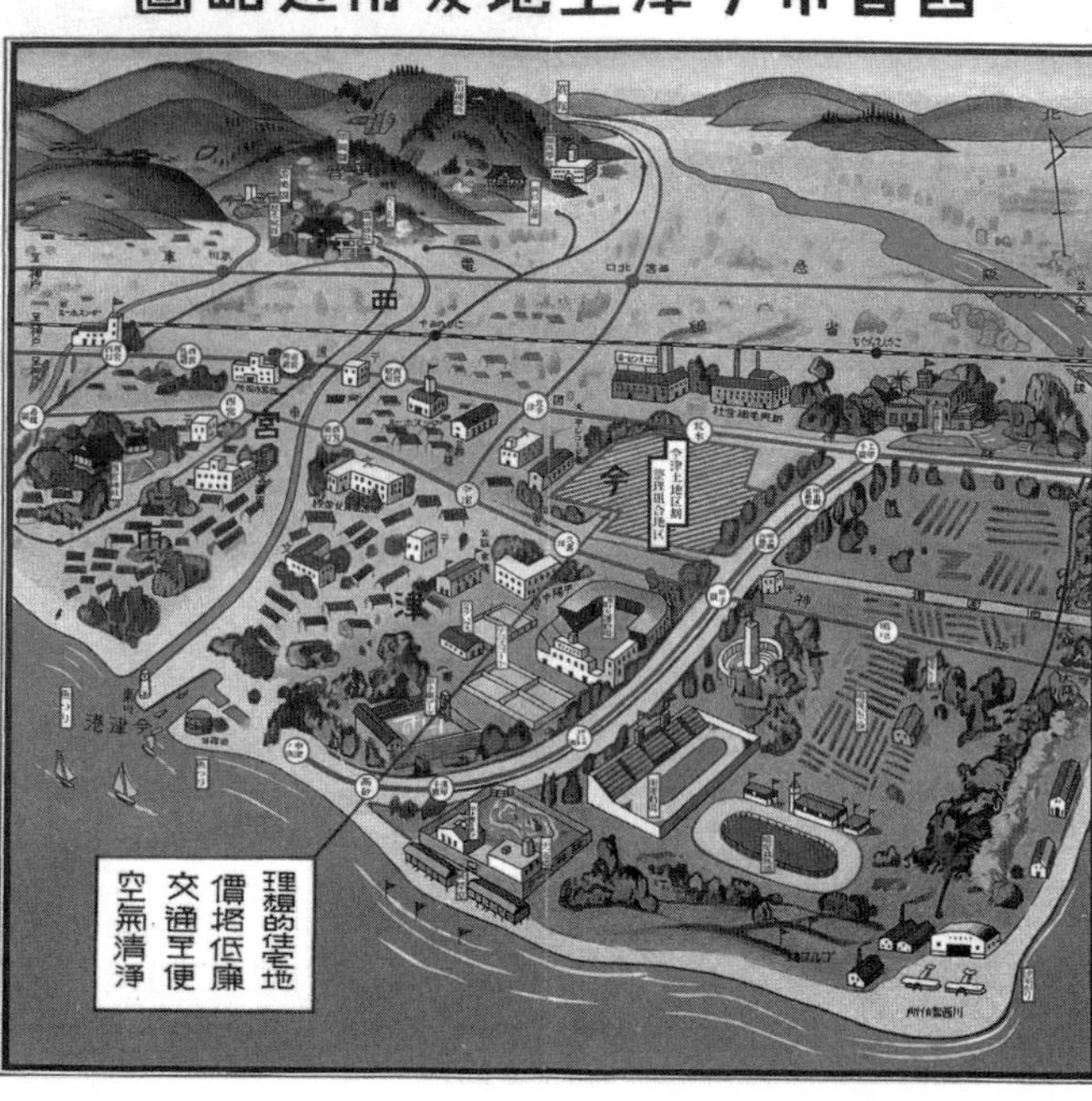

『阪神間モダニズム』
西宮市今津土地及付近略図　昭和9年
甲子園球場の北、国道2号線と阪神電鉄の間の地域

この耕地整理の事業を進めるにあたっては、耕地整理組合の設立が必要であり、組合員はその地区内に土地を有するものと定められている。

(イ) 精道村第二、三、五、六耕地整理地区

この事業は、大正二年に開設された官営、芦屋駅周辺の整備が背景にあったと考えられる。芦屋の旧家猿丸又左ヱ門を組合長として、大正七年十一月に着工し、同十三、四年に完成している。その形状はいわゆる碁盤目状で道路の交差部は角切りとし、たとえば一ブロックあたり約一一、六〇〇平方メートルあり、他の耕地整理地区と比べ敷地の規模が大きいため、良好な住宅地景観を生んでいる。

とくに芦屋駅山側に位置する現在の船戸町、松之内町は大正末期頃から分譲がはじめられ、品格のある整然とした町並みが形成された（⑬⑭⑮）。これらの地所の購入者には、会社の重役クラス、地主、酒造会社、大阪の資産家などが含まれていて、和風、洋風の都市住宅が建ち並ぶ、いわゆる私鉄の経営地とは若干趣を異にする住宅地景観をみせていた。

(ロ) 西宮市今津土地区画整理組合

西宮今津健康住宅地

この住宅地は西宮市のやや東、枝川廃川敷に設けられた阪神電鉄の甲子園経営地に隣接する位置にあり、恵まれた環境を有している。

昭和九年に設立された西宮市今津土地区画整理組合によって進められ、三七・六一三ヘクタールの面積が分譲された。なおこの種の住宅地としては珍しく当時の分譲案内（上図参照）が残されており、これをみると、「環境ト交通」として「摂津平野ヲ四囲ニ連ネ東洋一ヲ誇ル甲子園球場ニ隣接シ阪神パーク海水浴場及ビ鳴尾競馬場モ亦数町ヲ距ルノミ特ニ阪神両市トノ連絡ニハ国道電車、全バス、阪神電車、省線電車、旧国道バス、阪急電車等ノ交通機関完備シ其所要時間ハ大阪へ十五分神戸へ二十分ニ過ギス」とある。また設備として、「上水道、瓦斯、電灯、電話ノ設備ノ外地区ノ中央ニ公園及ビ学校敷地ヲ準備シ幅員十一米及至六米ノ路線ヲ縦横ニ配置シテ四通八達ノ道路網ヲ造リ（云々）」としている。

宅地の面積にかなりバラツキがあるが、平均して一〇〇坪前後のものが多く、東西に長いブロックを並列させるオーソドックスな手法がとられている。また地区の中心部に広い公園用地と学校用地を設け公共性を重視した姿勢がうかがえる。

〔四〕その他

住宅地の形成にあたっては、今までに述べてきたようにいろいろな方

法が取り上げられてきている。これらはいずれも企業や組合が組織的な住宅地経営をおこなった例であるが、このような手段とは別な方法で住宅地の形成がおこなわれた例があった。それは小規模な宅地造成による土地の分譲、あるいは、個人地主との売買方式で土地が取得され、住宅地が形成されたという事例である。このような方法は各地でみられる手法であるが、そのような手法がかなり大規模におこなわれて良好な住宅地を生んだ事例として、阪神間では御影・住吉地区の例があった。

御影・住吉邸宅街の成立

これまでに述べた郊外住宅地の成立にさきがけ御影・住吉の山手地区は、明治の後半から大正時代にかけて、規模の大きな邸宅が建てられていた。

昭和戦前期の阪神間を描写した記事は少ない。そのなかで、新聞記者であった北尾鎌之助が書いたつぎの一文は、当時の阪神間の風景や生活をよく伝えている。

「阪急電車も、阪神電車も、乃至国道電車も、その停留所の乗降客によつて、土地の生活分布を知ることが出来る。

阪急電車では、六甲、御影から多くの西洋人が乗つた。神戸から毎日必ず顔を合はせる品のよい老人があつた。その人はいつも御影で降りた。日曜日など、若い娘にニツカーを穿かせて、リユツクサツクを背負つた西洋人の一家が、よく六甲で降りて山に入るのを見た。私はいつも、その人たちの逞しい体格や、人を圧するような風貌を羨ましく見送る。御影あたりに住んでゐる西洋人の細君たちは、神戸の市場で求めた食糧品をバスケツトにつめ込んで、この電車で帰つて行つた。何とかいふ露西亜の美しいダンサーの顔もしば〳〵見受けた。

御影＝岡本＝芦屋川では阪神間における、最もモダーンな色彩を乗せる。それは大概、ブルジョアの家族たちで、目のさめるやうな振袖か、でなければ、スマートな洋装である。それは阪神における、有名な実業家の誰々と指すことの出来るやうな人たちであつた。若い細君たちは、長いクラブを抱へて、よく、その日のゴルフゲームの話をした」

少し長くなったが、これは昭和四年に書かれた「阪神風景漫歩」の一節である。

昭和四年といえばいまだ阪神間は豊かな田園地帯が広がり、恵まれた郊外住宅地として発展する大きな可能性を含んでいた。

そもそもこの地域が優れた住宅地として発展する原因となったのは、明治七年の官営鉄道の開通にともない設けられた住吉駅に起因するが、その具体的な現れは、明治三十年代の中頃から、大阪の富商といわれる人びとが、大阪市内の居住環境の悪化にともない、郊外への転出を意識したことにはじまるといってよい。しかし彼らはかならずしも皆が阪神間に目を向けていたわけではない。島之内鰻谷の住友家が、本邸の最初の移転先を大阪南天王寺の茶臼山に求めたのは明治二十八年のことであった。

また大阪南の交通機関として阪堺鉄道が明治二十一年五月に開通し、同四十三年十月には天王寺西門・住吉神社前間が開通するなど、天下茶屋、北畠、帝塚山方面への住宅地開発が進行しつつあった。

阿部元太郎

明治三十八年、阪神間における郊外住宅地の嚆矢となった住吉村観音林は、阿部元太郎によってその礎が開かれた。住宅地開発の先駆者となった阿部は、その後、日本住宅株式会社取締役社長として雲雀丘（宝塚市）、松風山荘（芦屋市）など阪神間の代表的な住宅地をつぎつぎと手がけた。

また阿部の仕事は、住宅地開発だけにとどまらずコミュニティーにも力をそそいだ。観音林倶楽部の設立や、甲南幼稚園、甲南小学校の発起人として設立事務にあたり、雲雀丘小学校も阿部の首唱の下に設立されている。郊外生活の総合プロデューサーともいえるであろう。住宅地開発の先例のない時代におけるソフトづくりなど、阪神間の地域開発におけるその功績は小林一三とならび、果たした役割は大きい。（三宅正弘）

しかし明治三十三年頃、朝日新聞の創業者のひとり村山龍平は、御影町郡家に数千坪の土地を取得した。この時船場の富商たちに「村山は正気を失ったのではないか」といわれたと伝えられている。また住友銀行の初代支配人だった田辺貞吉も、同三十八年頃には住吉村反高林に二千坪をこえる土地を取得し、同じく住友家の総理事を務めた鈴木馬左也も、同三十八年御影町郡家にかなりな土地を取得する。

このような動きに呼応するように阿部元太郎（のちの日本住宅株式会社社長）は、住吉川に沿う観音林、反高林の土地を明治四十年頃から分譲をはじめた。ただこの地域の土地の所有権は住吉村に属し、村は基本的に土地の譲渡をおこなっていなかったので、ほとんどは地上権の分譲ではなかったかと思われる。

いずれにしてもこのような動きは、当時いまだ狐狸が出没していたといわれるこの地域の住宅地化を急速に進めるものであった。

この阿部元太郎が分譲した反高林の土地の一部は、のちに東洋紡績の社長となる阿部房次郎が取得している。

さらに岩井商店主・岩井勝次郎も、明治三十八年御影町郡家兼安の土地を取得しており、大日本紡の創業者の田代重右衛門も同四十五年、住吉村雨ノ神に居宅を構えることとなった。このような人びとの土地取得の規模は単位が一千坪前後を下らないものであり、各邸宅はいずれも豪壮な建築が少なくなく、この地域にこれだけ密度高く建つ例は、全国的にみても少ないのではないかと考えられる。

前述のほかこの地域に建った規模の大きな邸宅として、大阪茶臼山から移転してきた住友本邸（住吉村反高林、大正十四年）、東洋紡社長・小寺源吾邸（住吉村牛神前、大正元年）、鐘ヶ淵紡績社長・武藤山治邸（住吉村観音林、大正中頃）、日本生命社長・弘世助三郎邸（住吉村牛神、明治四十一年）などの和風邸宅があり、さらに洋風を加えると、野村財閥をつくった野村徳七邸（住吉村小林、大正十年、設計＝竹中工務店）、大林組社長・大林義雄邸（御影町上ノ山、昭和七年、設計＝大林組）、野村銀行社長・野村元五郎邸（住吉村観音林、昭和七年、設計＝安井武雄）、尼崎紡績の監査役で、小寺源吾の養父であった小寺成蔵家を継いだ関西学院大学教授・小寺敬一邸（住吉村手崎、昭和五年、設計＝W・M・ヴォーリズ）、手広く海運業などを営んだ広海商店主・広海二三郎邸（住吉村川向、昭和十四年、設計＝ヴォーリズ）、乾汽船社長・乾豊彦邸（住吉村井手口、昭和十一年、設計＝渡辺節）、大阪の大地主の和田久左衛門邸（住吉村小坂山、昭和七年、設計＝長谷部鋭吉）、武田薬品工業社長・武田長兵衛邸（住吉村手崎、昭和七年、設計＝松室重光）、住友義輝邸（住吉村手神東、昭和七年、設計＝住友合資工作部）など、いずれも密度の高い規模の大きい邸宅群で、これらが御影・住吉の緑の多い六甲山麓の恵まれた環境のなかに点在していた。

加えて住吉川の東岸で行政区域としては本山村になるのであるが、住吉川をはさんで隣接する野寄に、久原御殿とも呼ばれる久原房之助の大邸宅があった。これは敷地が一万坪をこえ、六甲山系から水を引き、庭内に池を配し、和洋の建物を併立させた豪邸で、明治三十七年に建てられたといわれている。その立地場所からして、御影・住吉の大邸宅地帯の一翼をになっていたといってよい。

このようにみていくと、この地域は明治、大正、昭和戦前期にかけて、日本で最も豊かな富を形成していた紡績業関係会社、しかも、日紡、東洋紡、鐘紡などそのなかでも大手に属する企業のオーナー・社長の私邸、三井、三菱とならぶ関西系財閥の住友家関係の本家、重役の私邸、そのほかにも生命保険の筆頭だった日本生命、貿易関係で関西に本拠をおく岩井産業、安宅産業、伊藤忠、丸紅、兼松、江商といった有力商社の社長宅、さらには野村財閥、製薬会社、不動産業などを営む船場の富商たちが、競ってこの地に私邸を構えていったことがうかがえる。

これらの邸宅は建物にそれぞれ風格をもつものが多いが、建物のみでなく門構えや地元で採れる大きな花崗岩（通称、御影石と呼ばれる名はこの

Column 郊外住宅地の形成

久原房之助

住吉川のほとり、現在豪華マンションが建つあたりに、かつて久原房之助の大邸宅があった。その敷地は一万坪をこえ、宏大な敷地に雁行する和館、壮麗な洋館、茶室、宴会場、クジャクやフラミンゴを飼った鉄骨の大鳥籠、六甲山より冷風を引き込んだ風洞、住吉川の伏流水で造られた池をもつ回遊式庭園など、緑の木立に囲まれた贅を凝らした邸宅であった。とくに寿昌楼はロシアの校倉風の建物で偉観を誇っていた。その邸宅は、内外の貴賓を迎える応接所としても活用され、大正十一年英国皇族コンノート公の来日に際し歓迎の宴が催されている。

久原房之助（一八六九－一九六五）は長州萩の出身で、商法講習所、慶應義塾を卒業し、貿易商社森村組を経て、叔父・藤田伝三郎の主宰する藤田組に入り、秋田県小坂鉱山の再建に成功した後、実業界で活躍する。彼は大正元年久原鉱業株式会社を設立、第一次世界大戦では空前の好況の波に乗って事業を拡大し、日立製作所をはじめ、海運、水産、電力、商事、不動産、保健など各分野に進出して多角経営をおこなって成功する。しかし昭和三年、その事業の一切を義兄・鮎川義介に委ねて政界入りをし、同年衆議院議員に初当選し、田中義一内閣の逓信大臣となり、その後、立憲政友会の幹事長そして総裁に就任している。戦後は日中・日ソの国交回復に尽力した。

久原は豪放磊落で情が厚く、この地を居宅に選んだのは、この地の風土が母親の健康に良いとの判断からであったといわれる。久原はまた地域の環境を整えるにあたって惜しみなく私財を投じた。とくに甲南小学校・中学校の運営には注意を払い、大正四年には教員優待基金として一万円を寄付、さらに甲南学園の発展のためとして大正七年頃、三十万円という大金を寄付している。しかし、政界入りしてのちは、東京での生活が主となり、渋沢栄一から、現在八芳園と呼ばれる芝白金の邸宅を譲り受け本邸とした。政治には金がかかるの言葉どおり、やがて住吉河畔の邸宅も地所も人手に渡り、今や昔日の面影を見ることはできない。掲載の写真は、久原房之助の長女・元吉泰子氏の所蔵になるもので、当時を偲ばせる数少ない資料のひとつである。　（坂本勝比古）

久原房之助　大正時代中頃

⑯福本貞喜邸　吉武泰水蔵

大正９年の阪急御影駅の開設はこの地域の住宅地開発に新たな動きをもたらした。あめりか屋の設計になるこの住宅もそのひとつ。周囲にはいまだ田園風景を残している。

地から起こっている）を用いた石積みの塀が、生け垣と組み合わさって独特の風趣を形成していた。

さらに、それほど規模が大きいものでなくても、著名な建築家たちの設計になる住宅も多数存在していたことも見逃せない。

たとえば渡辺節（明治四十一年、東大建築学科卒）は住吉村新堂に住んでいた。彼の設計に市川誠次邸（御影町郡家、大正十五年）、奥村邸（御影町篠原、昭和五年）があり、宗兵蔵（明治二十三年、東大建築学科卒）は自らも住吉村小原田に住み、松岡道治邸（住吉村小原田、大正十年）、千浦友七郎邸（住吉村宮守堂、大正中頃）などを設計している。いずれも様式建築の味わい深いものであるが、宗兵蔵の作品にはウィーンで花咲いたセセッションの影響が見受けられた。このほか、甲南学園の発展に尽くし、のちに文部大臣にまでなる平生釟三郎邸（住吉村雨ノ神、大正十三年）は、分離派の驍将として活躍した石本喜久治の作品であった。

住友営繕の建築家として知られた小川安一郎（明治四十年、京都高等工芸

⑰野口孫市邸　東灘区住吉　設計＝野口孫市

洋風建築に達者な腕をみせる野口も自邸は和風でまとめている。石塀は地元で採れる御影石。

卒）は、住友の重役で「おいらくの恋」の主人公として有名になった歌人・川田順の御影の自邸を設計し、ついで阪急御影駅に近い御影町城の前の木水栄太郎邸（大正十五年）を設計している。

兵庫県営繕課長であった置塩章（明治四十三年、東大建築学科卒）は、同じ御影駅前の木水邸とならんで小川瑳五郎邸（昭和五年）を設計した。これらはいずれも瀟洒な西洋館であった。ちなみに置塩章は自らも御影町上ノ山に住み、小川瑳五郎は、県立病院の院長、木水栄太郎は百貨店十合の社長経験者であった。

大正十四年に設置された大林組住宅部では、副社長であった大林賢四郎（明治四十四年、東大建築学科卒）が、建設業界における住宅建設の重要性を主張して住宅部を設け、松本儀八（明治四十一年、京都高等工芸卒）を部長に据え、阪神間で活発な住宅の設計施工をおこなった。その傾向はスパニッシュ・スタイルのものが多く、流行に拍車をかけ、阪神間でも少なからぬ作品を生んでいる。明治四十二年橋口信助によって東京に創立された「あめりか屋」は、アメリカ式の組立住宅を売り出し、大正六年大阪に進出するが、この地域でも同様の住宅を手がけていく。大正十年頃御影町に建った福本邸⑯はその一例である。

なお、さきに述べた住友の田辺貞吉邸は、イギリスのハーフティンバ

⑱白鶴美術館　東灘区住吉
住吉川の上流にあるこの美術館は和風の構成で、昭和初期の国粋主義の風潮を反映している。

⑲観音林倶楽部　外観、内部『野口孫市建築作品集』より／この倶楽部は地域のコミュニティーの中心であった。松林のなかに建つ建物と室内のビリヤード・ルーム。

ーを用いた西洋館であり、これは住友本店臨時建築部の技師長であった野口孫市（明治二十七年、東大建築学科卒）の設計で、このたびの阪神淡路大震災で被災するが、関係者の努力で京都の北、曼珠院近くの武田薬品工業の薬草園に移築保存された。

野口孫市は自らも住吉村に土地を買い求めて自邸を建てている。ただし彼の住宅は和風であった⑰。また村山龍平は御影の山手に広い土地を取得したのち、建築家・河合幾次（明治二十五年、東大建築学科卒）の手になる西洋館を建てた。大正期に入ってその北側に唐破風の車寄せをもつ和館棟を建て、長い渡廊下を経て書院棟（大正七年十月三日上棟）と結んでいる。またさらに北へ延びる渡廊下の先には茶室棟があり、藪内家「燕庵」の写しといわれる茶室「玄庵」（明治四十四年十月十七日上棟）と、茶室「香雪」を建てている。これらの建物は、うっそうとした樹林のなかにあり、周囲の開発が進むなかで、昔日の面影をよくとどめている。

この御影・住吉の大邸宅ではかならずといってよいくらい茶室が置かれていた。茶道は当時この地では社交上も欠かせない存在であった。たとえば村山邸に近い位置にあった野村徳七の邸宅は、別名「棲宜荘」と呼ばれ、レンガ造り風の大建築で、高い塔屋をもっていた。この邸宅の庭園には、築山の裏手東寄りに「龍松軒」、山の麓西手うっそうとした樹間に腰掛待合、屋敷の西北隅に蔵前の茶室というように、いくつもの席がほどよく配置されていたという。ただこれらの建物は、第二次大戦の空爆で被災し焼失している。

阪神間が恵まれた住宅地として発展するうえで子女の教育施設の充実は、必須の要件であった。この点についてさきに述べた阿部元太郎は、田辺貞吉、野口孫市らと相談し、明治四十四年という早い時期に私立の甲南幼稚園を開園し、翌四十五年に甲南小学校を開校した。この学園は移住してきた有産階級の人びとの財政的援助があって発展していく。大

Column　郊外住宅地の形成

雲雀丘、花屋敷住宅地

阪急電鉄宝塚線の沿線にあるこの住宅地は、その牧歌的な駅名で知られるが、高級住宅地としても有名なところである。この地域は宝塚市の東端部と川西市の西部にまたがり、西摂平野の西北に位置し、長尾山系の丘陵地にあるので、その南斜面の宅地は、日照や眺望に恵まれ、早くから良好な郊外住宅地として注目されてきた。この住宅地は雲雀丘住宅地と花屋敷住宅地からなり、雲雀丘は大正のはじめ阿部元太郎によって開発され、花屋敷は大正六年十月に設立された花屋敷土地株式会社（社長＝河崎助太郎）によって拓かれることとなる。阿部元太郎は大正五年一月号の『山容水態』のなかで、つぎのように述べている。「私は現在阪神沿線住吉観音林に住んで居りまして、住宅経営には多少の経験を持って居るのであります。最近観音林に数万坪の地所を買ひまして大分多くの住宅を建てたのでありますが、どうも従来郊外生活を思ひ立って、家を作くられる方が地価の非常に高い市内に住まれた習慣から、マア百坪か三百坪の地所があればよからうといふので精々奮発せられても五六百坪か千坪か当りであります。其れが為折角郊外に出て広々とした天地に、郊外生活の真価を味ふ事が出来ぬのであります。併し千坪以上の地所を買ふには、第一に地価の安い市内へ往復に便利な、気候のよい、水質の良好な、風景のよい場所を選ばねばなりません。それで近郊を種々探しました結果、この雲雀ケ丘を最も適当な場所と認めまし

て、愈茲に大経営を始める事に決心したのであります」と。

このような阿部元太郎の案内は、のちに彼が社長となる日本住宅株式会社の雲雀丘経営地となり、その実際の規模は約十万坪、上下水道ガス設備を整えた住宅地として発展した。この住宅地は旧雲雀丘駅前から山手に延びる約一〇〇メートルあまりの直線道路を設け、歩車道を分離し、両側にはシュロの植栽をして駅前の「美観を整えている。住宅地は山麓特有の起伏のある街路が通り、比較的規模の大きい敷地に和洋の住宅が点在し、年輪を重ねた樹木が繁り、崩れ石積みや生け垣が風趣ある景観を生んでいる。阿部は自らもこの地に移ってあめりか屋が建てた洋館に住み、田園生活を楽しんだ。

阿部の長男・泰一夫人の阿部弥生氏は「元太郎は洋風好みの人で、和洋の二重生活ではなく洋風生活を愛した」と語っている。阿部元太郎は昭和十九年十一月、雲雀丘の自邸で死去した。

花屋敷の住宅地は、同じ山麓の東側に連なり、雲雀丘とほぼ同時期の開発。およそ五万六千坪で当時の住宅地案内によると「冬は暖かに、夏は涼し、加へ遙かに大阪湾を望み、脚下に猪名の清流と、加茂の桃園を俯瞰し、風光明媚にして四時の眺望に富み、園芸盛んにして花卉常に絶えず、花屋敷の称の依つて来る所以なり」とある。ただこの住宅地はその後複数の会社によって経営され、大正九年には新花屋敷温泉土地会社となり、昭和三年には温泉地と結ぶトロリーバスの営業をはじめ日本軌道電車株式会社と名称を変更するなどの変遷があった。

現存する住宅も雲雀丘には安田辰治郎邸（大正十年）、東洋食品研究所高碕記念館（大正十二年　設計＝ヴォーリズ）、正司泰一郎邸（大正期　設計＝あめりか屋）などの洋館のほか、石田邸、井下邸などの和風住宅があり、さらに建築家・日高胖の自邸（現・小山邸　大正十一年）も残されている。いずれにしてもこの地域の高級感のある住宅地景観は、阪神間のそれらがこのたびの地震で大きく損なわれた現在、貴重な存在であることはいうまでもない。

（坂本勝比古）

雲雀丘駅前の阿部家の人びと　阿部弥生蔵

乗用車は英国製ヒルマン。シュロの並木と生け垣、西洋館が高級住宅地の雰囲気を伝える。

正八年には中学校が開校し、同十一年七年制高等学校を設置するにいたった。さきに述べた平生釟三郎は、献身的にこの学園の成長に努力するが、平生の後を継いだ校長天野貞祐の在任期間は短かく、彼は昭和二十一年第一高等学校校長に招かれてこの学校を去った。しかしこの旧制甲南高校から数多くの英才が育ち、阪神間の教育水準の高揚に役立った。近年全国で東京大学入学に最も高い合格率をほこった灘高等学校も、昭和二年、地元の酒造業で、灘の銘酒「白鶴」の醸造元である嘉納治兵衛らによって創立された。この嘉納治兵衛の私邸も阪急御影駅の山手に和風の大邸宅として建てられていた。また住吉川の上流にある白鶴美術館（昭和九年開館／⑱）は、七代目嘉納治兵衛の収集した中国青銅器を中心に展示されている。

さきに述べた甲南学園の設立に尽力した田辺貞吉や野口孫市、阿部元太郎らは、さらにこの地域のコミュニティーのたいせつさを思い、明治四十五年「観音林倶楽部」を設立した。発起人には他に野村元五郎、芝川栄助、静藤治郎らがおり、座談会、講演会のほか、囲碁、玉突、謡曲、さらには夫人らのいけばな、散髪もできたといわれる。会員には久原房之助や安宅弥吉、野村徳七らがおり、毎年正月には新年の名刺交換会も開かれていたといわれる。なお最初のクラブ・ハウスの建物（⑲）は野口孫市が自ら設計している。

さらにこの地域で重要であったのは病院の問題であった。医療機関の設置は、良好な住宅地形成のうえで欠かせない要件であり、平生釟三郎もこの点に気づき、昭和九年御影の山麓台地に甲南病院が開設された。なおこの病院の建設にあたっても平生釟三郎の努力は大きなものがあった。

このようにこの地域の住宅地環境の整備は著しく、その発展過程は、私鉄や土地会社の経営地とは異なった方法で進められた。

田園都市への幻想

わが国では田園都市という言葉が、いとも安易に使われてきたきらいはないであろうか。曰く田園都市株式会社、曰く〇〇田園都市、はては田園都市線という私鉄の路線まで生まれている。しかしこの「田園都市」という言葉の本来の意味やその精神は、それほど安易に用いられてよいものであろうかとも思う。

むしろこのように便宜的な「田園都市」の言葉の使用のなかに、この国の土地政策、住宅政策に対する根本的な欠陥や矛盾のあることを読み取らなければならないであろう。

田園都市とは

では本来の田園都市とはどのような理念のもので、わが国にどのようにして伝えられたものであろうか。それにはちょうど今から一世紀前の一八九八年（明治三十一）にさかのぼらなければならない。この年、イギリス人エベネーザー・ハワード（Ebenezer Howard 一八五〇－一九三八）は、『明日――真の改革にいたる平和な道』と題した小型な著書を刊行した。この図書は一九〇二年に改訂され、『明日の田園都市（Garden City of To-morrow）』（鹿島研究所出版会）と題してふたたび出版された。

ここで著者が最初に主張したことは「都市生活と農村生活の二者択一があるのではなく、じっさいは第三の選択――すなわちきわめて精力的で活動的な都市生活のあらゆる利点と、農村のすべての美しさと楽しさが完全に融合した――が存在する」ということであり、三つの磁石を提示して説明した。この三つの磁石の図解（図9）は、人民を中心に据えて、これに三つの磁石が鼎立するダイヤグラムのなかに、「都市」と「農村」が合体した磁石の利点が説明されている。そしてさらに重要なことは、ハワードが唱えた田園都市（図10）は、既成の大都市から離れて、豊かな田園に囲まれた小さいながらも独立した都市機能をもっており、その都市で働き、その都市で生活するという、職住近接の形態をとった理想的な居住環境が目標とされていたことである。加えてこの都市の規模は、六、〇〇〇エーカー（約二、四二三ヘクタール）とし、その中心には一、〇〇〇エーカーの都市部が設けられ、人口は三万二千人を限度としていた。さらに重要な点は、この土地は、買収した公的機関によって管理、運営され、個人の所有物として売買することを禁じていたことである。

したがって、そこは、土地の所有権を認め、営利の対象として売買し、土地価格の高騰による居住環境の混乱や通勤地獄を招いているわが国の田園都市と称する住宅地開発とは根本的に異なるユートピアの世界を標榜したものであった。そしてそれは単に机上の計画としてではなく、驚くべきことに、具体的な事実として実行に移されたのである。

英京ロンドンの北方三五マイルのグレート・ノーザン・ラインの鉄路に沿う町レッチワースがそれであった[20]。ハワードがその著書で唱えたガーデン・シティの構想は、一九〇二年から動きだし、今日では最初の田園都市として、みごとな都市計画のもとに、緑豊かな農耕地に囲まれて実現されている。実際この町を訪れると「ファースト・ガーデン・シティ」と書かれた看板が誇らしげに掲げられているのが目につく。

わが国への伝播

それではこの「田園都市」の理想や実情がどのようにわが国に伝えられ、それがどのように歪められたのであろうか、それを見てみたい。ガーデン・シティという言葉がわが国にはじめて登場したのは明治三十九年（一九〇六）十一月、当時の優秀な内務官僚であった井上友一（一八七一―一九一九）が、中央報徳会の機関雑誌『斯民』のなかで「花園都市と花園農村」との一文を寄せたのが最初ではないかと思われる。井上友一はそのなかで、「花園都市なるものは、如何にして出来たかと云ふと、是は時代の必要に迫られて出来たのである。又同時に花園都市に依て新しい時代を造るのである。如何なる訳で時代の必要に迫られたかと云ふと。近来農村の人口が、段々都会へ集つて来る、是は工業の発達の為に已むを得ないのであるが、甚しきに至つては、英国は全体の人口が三千万ある内千万人が都会の人口になつて居る」と述べ、さらに「それを初めてやつたのはエベネゼル、ハワードと云ふ一種の大企業家である。彼は自己の会社に使用する所の総ての労働者を倫敦を距ること三十四理の地に住居せしめ、其所に一の都会を造つた。其都会は中央に花園を設けて、其周囲には簡易の図書館を造り、或は浴場を造り、公会堂を造り、洗濯所の如きも造り、又郵便局を設けて郵便貯金も出来るやうにし、其後方へ円形に配列して住家を造つてそれに悉く菜園農場を付属せしめた、之を名付けて『円形の花園都市』と云ふて居る」と述べ、一部誤りもあるがかなり正確にこの都市のことを紹介している。そしてこの時はいまだ田園といわずに花園都市として翻訳している。

井上友一は、金沢の出身で、明治二十六年東京帝国大学法科大学英吉利法律科を出て内務省に入り、同三十三年パリで開かれた万国公私救済事業会議に日本政府の委員として出席し、この時欧米諸国を視察して見聞を広めていた。

井上は同三十九年十二月に著した『欧西自治の大観』のなかでもこの問題に触れ、「田園的都市」又は「花園的農村」と呼んで紹介する。ただしその主旨は、英国農村の衰頽と農業再興論のなかで述べられており、「田園都市」を農村問題振興の一施策として理解しようとしていたのではないかと思われる。当時彼は内務省地方局府県課長のポストにあり、日本の国力を高めるうえで農村の振興は最重要課題のひとつであった。

明治四十年に内務省地方局有志の名で刊行された『田園都市』は、数次の増刊がなされたというほど人気があり、この国に「田園都市」なる言葉を広める要因となった。当然この書の刊行を督励したのは、若い官僚たちの上司であった井上友一であったと思われる。しかしこの書は、およその書名から受ける印象とはまったく異なる記述によって占められていた。

たとえば全十五章のうち、第一章＝田園都市の理想、第二章＝田園都市の範例、のほかには田園都市の表題をつけたものはなく、第三章＝田園生活の趣味、以下、住居家庭の斉善、保健事業の要義、国民勤労の気風、矯風節酒の施設等々となっており、以前ハワードが説いた田園都市実現のための諸施策、たとえば、理念、歳入、歳出、行政体の組織、管理、業務内容といった技術的な手法、農地の処分、考慮すべき障害といった問題についての解説はここからは読み取れないのである。つまり、田園都市を具体的に実現するためには当然その都市を運営する歳出、歳入の問題が議論されなければならないが、そのような問題には触れず、日本人の国民性として自然に対する関心の高さや、花鳥風月を愛でる趣味の豊かさを称揚するような記述があるなど、それは一種の地方の生活改善、地方の改良運動につながるような意図がうかがえるのである。またレッチワースの田園都市の実情を伝える最初の記述が、建築家や都市行政にたずさわる役人ではなく、貧しい生活を営む人びとを救う社会事業家の立場の人が、はじめてレポートを寄せていることは興味深い。

図９　三つの磁石　『明日の田園都市』（鹿島研究所出版会）より

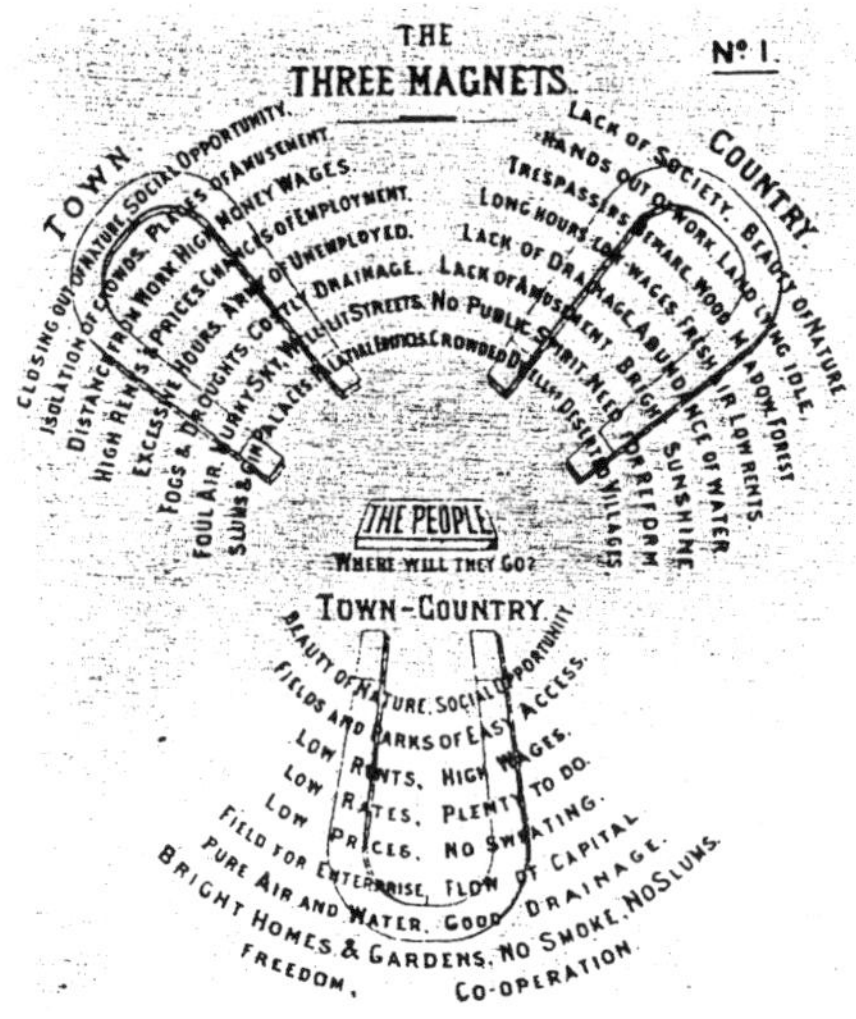

図10　田園都市のダイアグラム『LETCHWORTH The First Garden City by Meruyn Miller」（Phillimore & Co. 1989）より

ハワードの提案は、中央に円形の公園があり、これから放射状に延びる並木道があって、これに直交する大公園街路が同心円状に取り囲まれている。中央の公園を囲んでは、美術館、市民ホール、音楽ホール、劇場、図書館、病院などが並び、大公園街路と中央公園の間には、クリスタルパレス（水晶宮）と呼ばれるガラスのアーケードが取り巻く。大公園街路には、花園をもった住宅、学校、教会が散在し、その外周に家具工場、衣服工場、印刷工場、ジャム工場、石炭や木材集積場、さらに環状鉄道が町全体を取り囲んでいる。そして駅に近くマーケットが設けられ、さらにその外側にひろびろとした大農場、酪農場が大きくこの都市を包み込む構想であった。このようにハワードの田園都市は、周辺から独立した都市機能をもつことを目的としたことがうかがえる。

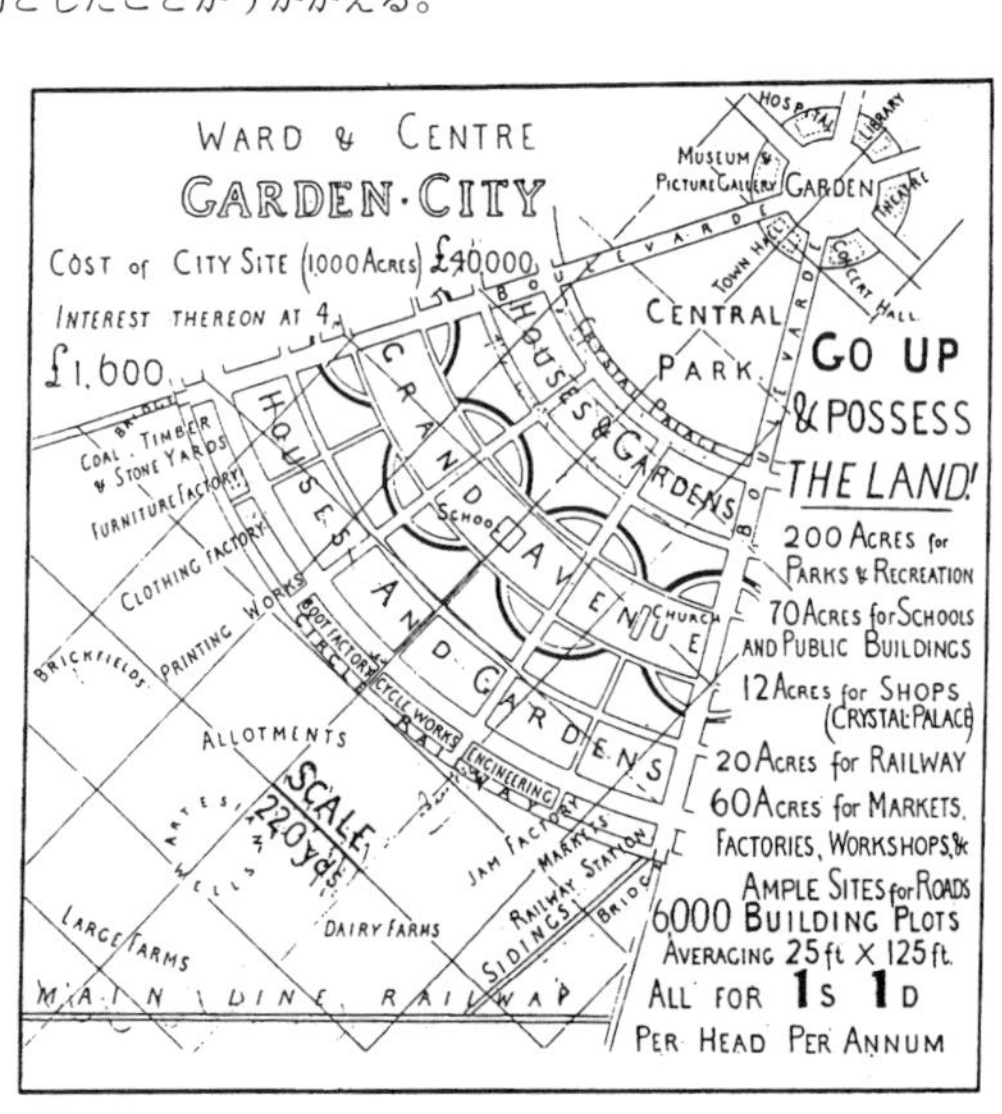

その人は生江孝之（一八六七―一九五七）で、明治二十三年東京英和学校（のちの青山学院）高等科二年で中退し、アメリカ人宣教師の通訳となり、同三十三年社会事業研究のため渡米、ボストン大学に学んだのち、同三十六年帰朝した。彼は同三十七年神戸市外事係長として勤務したこともあった。生江孝之は同四十一年、内務省、大阪市、神戸市および大阪毎日新聞社の嘱託として、欧米の社会事業および都市行政調査のため渡欧し、翌四十二年帰国した。彼がこの渡欧にあたり、井上友一の依頼を受け、レッチワースの田園都市視察の日程が組まれたのである。

明治四十二年五月五日の『人道』に特別寄書として「英国の貧民改良と田園都市」と題した生江孝之の一文が寄せられている。そのなかで最も印象深いことは、彼がレッチワースに二週間の滞在中E・ハワードに出会い、その高潔な人格に尊敬の念を禁じえないとするレポートを寄せていることである。

このようにみていくと、ハワードの田園都市構想のわが国への伝播は、比較的早くにもたらされるが、その主旨は農村の振興や都市の社会事業の一貫として受け止められていて、都市工学の問題として浮上してくるには、なお若干の時間の経過が必要であった。

ただ具体的な都市問題提起として同四十一年十月に刊行された三宅磐の『都市の研究』は、第八章で田園都市計画を取り上げ、都市の一極集中型を排して、都市散開の新計画として田園都市の構想を推賞している。またこの書で紹介される田園都市に対する概念や考察は、かなり正確に伝えられていることがわかる。

一方、日本の建築家や建築学者の団体である日本建築学会での反応は、それほど顕著なものではなかった。

關一の意図

大正、昭和初期に名市長として活躍した關一は、大阪市の近代化のため貢献したが、彼も田園都市問題に強い関心をもっていたひとりであった。關一は大正三年大阪市の助役に推薦され、同十二年第七代大阪市長となり、昭和十年亡くなるまでその職にあった。彼は大阪市に入る前は、東京高等商業学校（現一橋大学）の教授であり、明治三十一年から三年間ベルギー、ドイツに留学の経験を有していたが、大正二年一月という早い時点で「花園都市ト都市計画」と題した一文を発表し、都市への人口集中にともなう住宅問題は緊急を要する課題であるとして、ハワードが唱え実行に移したレッチワースを例にひいて「花園都市」のことを詳細に説明している。

さらに同七年関西建築協会雑誌（のちの日本建築協会機関誌『建築と社会』）の十二月号で、「都市住宅問題」と題した講演記録を掲載しているが、そのなかで關一は「英国では『ボルンビル』、『ポートサンライス』など理想的の田園都市を打ち建て、其所に自分の工場の使用人を住まはせたという実例がある、それからして所謂田園都市運動といふ可成り大きな運動が起つて来た。日本に於ても是等のことを是非やらなければならぬと思ふのであります」と述べて、その必要性を強調した。

また關一は大正十年十月の『国民経済雑誌』で「英国住宅政策及都市計画」と題した論文のなかでふたたび田園都市について触れ、さらに「此田園都市の運動は英国以外の諸国に普及した計りでなく此思想に基いた新現象を見るに至つた。即ち独立の田園都市として新たなる都会を建設する計りでなく、大都会の近傍に田園郊外（Garden Suburb）の発達を促がした。其著しい例は一九〇九年倫敦の郊外ハムステッドに出来た田園郊外である」と述べ、この時すでに、田園都市と田園郊外との違い、すなわち田園都市が独立した都市機能を有するのに対して、田園郊外は都市の通勤圏に位置する住宅地で、それ自体は独立した都市機能を有していないということを指摘、紹介している。關一は大阪市長として、大阪市域の市区改正、都市計画に熱心に取り組むが、彼の重点的な施策のひとつであった住宅問題を解決する方策として、直接阪神間の住宅地を名指したわけではないが、その考え方のなかには、ロンドン郊外のハムステッド(㉑㉒)について紹介するなど、阪神間の住宅地が、十分位置づけられていたと考えられる。

田園都市株式会社

大正五年十一月渋沢栄一らは、東京市郊外に田園都市経営のための土地会社を設立する創立委員会を開いている。これは東京の西郊荏原郡玉川村、調布村、碑衾村などに約四五万坪の土地を購入し、ここに中流以下の勤め人に適した貸家を建築する目的をもつものとされた(図11)。この会社は同七年九月二日に創立され、営業を開始した。同十二年に同社が出した『田園都市案内』をみると、英国の田園都市を参考にしたというが、その根本において異なっており、立地条件においても、「田園郊外」の域を出ず、購入した地所を自由に売買できる点において、まったくハワードの田園都市とは異なる内容の住宅地開発といえる。

これは昭和五年頃より関西でも、大阪の南方現在堺市となっている河内和泉の丘陵地約四〇万坪に建設された大美野田園都市(図12)も同様であった。これは関西土地株式会社の経営になる関西で最もまとまった住宅地開発であったが、南海電車難波駅から二十五分程度の距離にあって、その住宅地計画はきわめて質の高い内容をもつものであったが、田園郊外住宅地の域を出るものではなかった。

このようにわが国の田園都市計画は、その日本への伝播に意欲を示しながら、実情としてはかなり日本的な解決方法がとられ、ハワードが理想とした田園都市への夢は幻想の域を出なかったといえるのである。

⑳レッチワースの並木道

中央道路の両側には並木の植えられたグリーンベルトがあり、その内側に遊歩道があって、戸建て住宅の生け垣がある。

㉑ハムステッド・ガーデン・サバーブ　その1

ロンドンの西北郊外、地下鉄でも行けるハムステッド・ヒースの丘に展開されたこの住宅地は、社会慈善家D.H.バーネット夫人の発案に、都市計画家のR.アンウィンや建築家のE.ラッチェンスが協力したものでみごとな魅力ある郊外住宅地が形成された。現在ではロンドンの田園郊外住宅地として、最も評判の高い地域として知られている。

㉒ハムステッド・ガーデン・サバーブ　その2

図11　田園調布の全体計画図
駅を中心に同心円状に広がる街路は、放射状にのびる道路と交差して、独特の街路景観を形成した。この住宅地は最初、田園都市株式会社、多摩川台分譲地と呼ばれていた。

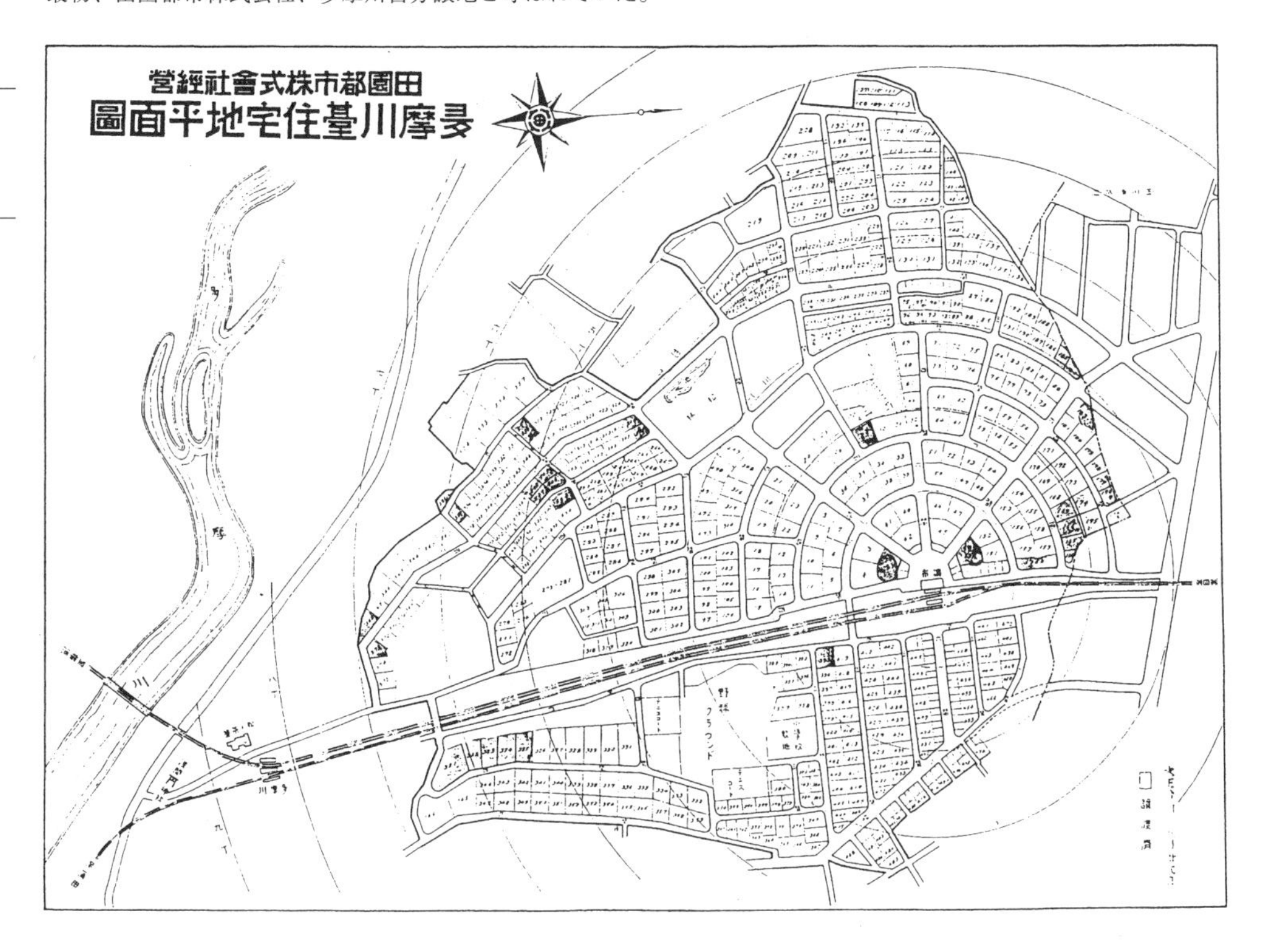

図12　大美野田園都市
大阪の南泉北の丘陵地に広がるこの住宅地は、関西土地株式会社の経営になるものであり、その街路計画の自由度、クルドサックの導入など見応えのある計画であった。なおクルドサックとは奥が行き止まりの袋小路でありながら、自動車が入っても廻って出られるゆとりをもつ小街路のこと。

阪神間の住宅開発一覧

地図は「兵庫県交通線路及史蹟」(大阪朝日新聞、昭和4年11月1日)をもとに作成

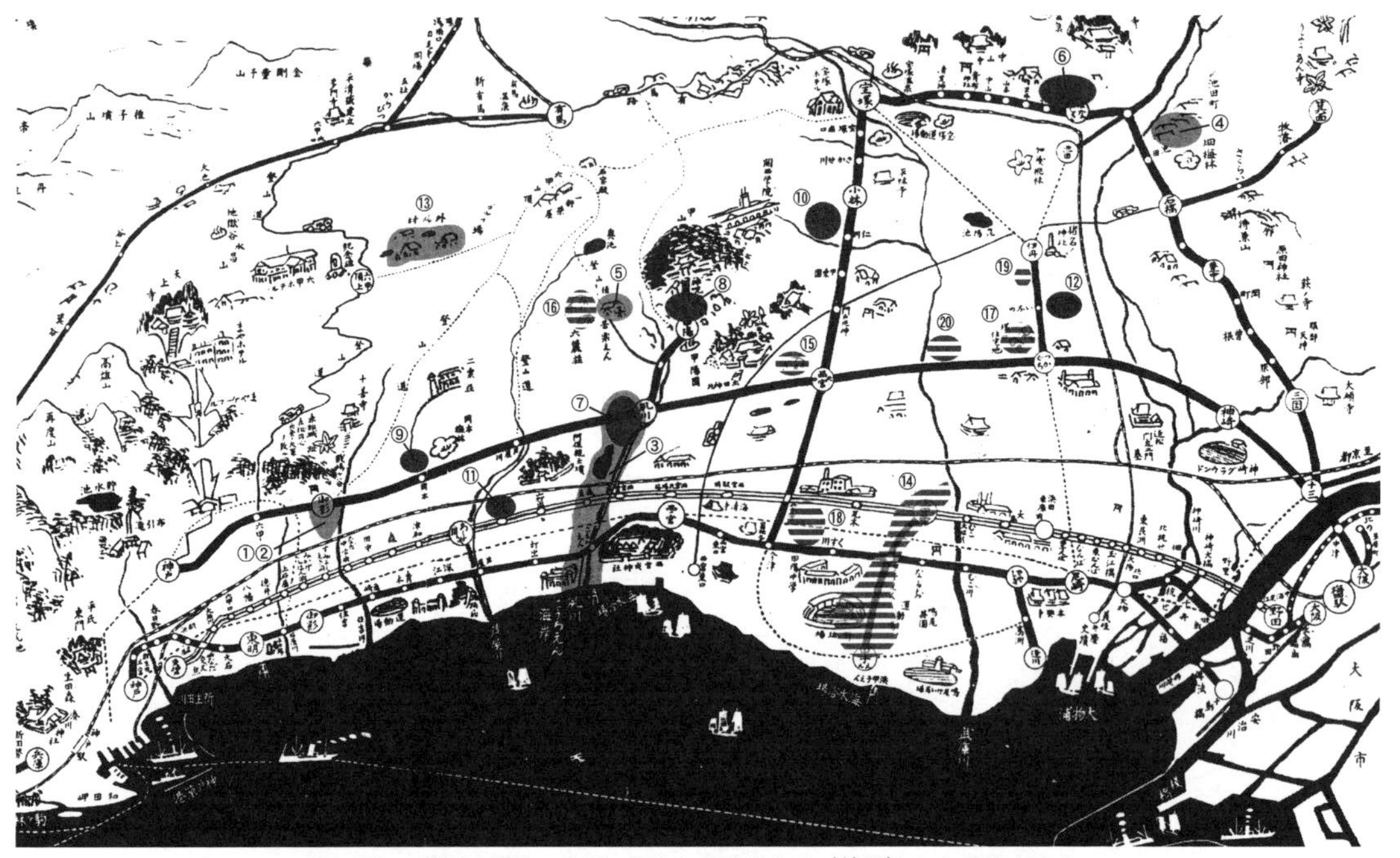

＊それぞれの範囲は明治・大正・昭和に住宅地として開発された地域を表す。

明治
大正
昭和

①御影・住吉（明治30年代）
②反高林・観音林（明治40年頃）
③香櫨園（明治40年頃）
④池田住宅地経営（明治43年）
⑤苦楽園（明治44年）
⑥雲雀丘、花屋敷住宅地（大正6年）
⑦大神中央土地株式会社（大正7年）
⑧甲陽園（大正7年）
⑨岡本住宅地（大正10年）
⑩仁川（大正13年）
⑪精道村芦屋駅周辺（大正13年頃）
⑫稲野（大正14年）
⑬六甲山（明治28年頃・昭和初期）
⑭甲子園住宅地（昭和3年）
⑮西宮北口甲風園（昭和5年）
⑯六麓荘経営地（昭和5年頃）
⑰塚口（昭和9年）
⑱西宮今津健康住宅地（昭和9年）
⑲新伊丹（昭和10年）
⑳武庫之荘（昭和12年）

なおわが国の田園都市の呼称について、都市計画技師で造園家としても知られている大屋霊城は『二つの花苑都市建設に就いて』のなかで、この言葉の使い方に配慮してつぎのように述べている。

「茲に『花苑都市』と云ふ言葉を選んだのは田園都市と云へば社会政策的の意味の加はつた所謂ハウワード氏のガーデンシチ風に考へられる虞れがあるので田園と云ふ字を用ひず又遊覧都市と云へば例えば奈良、京都の如き名所の遊覧を以て人を集めこれによつて立つて居る都会の如き感じを与へ余り面白くないのでよした訳である。又花園都市と云つてもよからうかと思ふか花園と書くと花園とも読まれ何だか固有名詞であるような感じもあるのでこの苑の字を借りて来たのである」

と述べている。大屋霊城は、大正四年東京帝国大学農科大学農学科を卒業し、明治神宮造営局に入ってのち、大阪府技師に転じた人であった。彼は田園都市の本来の主旨をよく理解していたひとりで、心ある人にとって田園都市の用語については、さすがに慎重であったことがうかがえる。

第6章

戦後復興とニュータウン

〔6―A〕『千里ニュータウンの研究　計画的都市建築の軌跡・その技術と思想』（片寄俊秀、長崎総合科学大学生活空間論研究室、一九七九年、梗概、第1章～第5章、第8章、第9章、第12章）

梗概

本論文は「ニュータウンの建設過程に関する研究」と題し、事例として設定した、わが国最初の大規模ニュータウン建設である大阪府千里ニュータウンを対象に、その建設過程に関する構造的な解明を通じて、今後の合理的な都市建設の方向とそのための課題を明らかにすることを目的としている。

本論文は、4編19章および1補章より成る。

第1章　研究の目的と方法

この章では、本研究が千里ニュータウン（以下千里NT）建設を対象とする一例研究として行われる理由およびその目的について述べ、それを⑴大規模なNT建設がそれを含む地域一帯に与えた影響を明らかにすること、⑵「計画的都市建設」たるNT建設における「計画」の意味と役割を明らかにすること、⑶千里NT建設を通じて開発された「NT建設技術」の内容と問題点を明らかにすること、⑷以上を通じて「壮大なる実験」ともいうべき千里NT建設が、わが国の今後の都市建設に与える諸教訓を明らかにすること、の4点に集約するとともに、本研究の独自性の所在について述べている。なお、本研究の方法は、千里NT建設に関して入手し得た限りの公開、非公開資料と関係者ヒヤリング資料の整理分析による。

第2章　序論──都市建設論序説──

本章では、わが国において今日、都市域の拡大を規制しなければならぬさし迫った必要性があることを、主として「宅造災害」の視点から明らかにし、にもかかわらず現行のすべての政策が都市域の拡大をむしろ促進する方向にあること、なかんずく「住宅問題の解決」を標榜するNT開発およびその延長上にある諸開発行為がその主役とされていることを指摘し、その問題の所在と今後の展望について総括的に論じている。

〔第1編　ニュータウン開発論〕

第3章　千里NT建設着手の背景

NT建設の意義、目的、方針、地域的な位置づけ等に関する議論を総称して「開発論」と定義づけ、本編にて千里NT建設に関する開発論的考察を行っている。そのうち本章では、わが国の住宅政策史における位置づけと着手の背景としての政治経済的、行政的、技術的諸蓄積状況および直接的動機について明らかにしている。

第4章　千里NT開発論の変遷過程

千里NT建設は、当初大都市集中人口「収容」策としての単なるベッドタウンの建設として企画され、これを「短期、大規模、独立採算」原則によっていかに事業化するかという、「立地論」的論議にのみ基いて着手されたが、事業は間もなく「大阪地域開発」の中軸プロジェクトの1つに位置づけられて、その性格は基本的な変質を遂げた。本章ではその変遷過程と問題点について論じている。

第5章　千里NT建設と地域変容

本章では、千里NT建設を一つの重要な契機として1960年代において北大阪地域一帯で繰りひろげられた大規模な地域変容の状況を概述するとともに、その結果として「小部分の計画的建設が地域全体を無計画的状況に陥れた」経過を、空間的側面および地域自治体の側面から実証している。

第6章　千里NT用地取得過程と地域住民の対応

「全面買収」手法によるNT開発方式は、地域における歴史的蓄積の連続性を切断した上に、事業主体の手でNT建設を推進する手法であり、その場合地域住民は単なる「用地提供者」としての役割が与えられるにすぎない。したがってこれに対する地域住民の側の「抵抗」には、地域づくりの「本来の主体者」による復権要求としての本質がありうる。本章ではこの点に関する経過分析を行い、千里NT用地買収に対して「抵抗」農民が示した高い自治能力、組織能力および地域づくりに関する主体的なビジョンの作成能力のすべてを圧殺せざるを得なかったNT建設の本質に対する疑問点を明らかにしている。

第7章　本日の結論――NT開発の基本論理――

本章では千里NT建設の開発論的考察の結論として、その地域的な位置づけに関する総括を行うとともに、これが結果として関係地域住民にとってきわめて不本意な地域空間形成を推進し、よって多大かつ不可逆的な損失を与えた理由として、そこに地域住民の要求とは基本的に対立した関係にある「ニュータウン開発の論理」が存在することを示唆し、その論理構造に関する考察を試論的に行っている。

補章　宅地開発と文化遺産の保全について
――保存問題を通じてこれからの地域づくり町づくりのあり方を考える――

本編にはとくに補章を設け、従来ともすれば対立した概念として把えられてきた文化遺産の「保存」と「開発」の問題について、これが生活空間の計画的構築にむけていかなる方向にて止揚さるべきであるかを考古学者と開発技術者の対話形式で論じている。

〔第2編　ニュータウン計画論〕

NT建設自体の具体的な内容とそのあり方等に関する議論を総称して「計画論」と定義づけ、本編にて千里NT建設に関する計画論的考察を行っている。

第8章　住宅地計画論の蓄積状況

本章では、わが国における住宅地計画論に関する第2次大戦前からの諸蓄積を概述したうえで、千里NT建設に直接的な影響を与えたと考えられる日本住宅公団香里団地の建設過程の諸教訓、日笠端らによる「共同住区論」から「新住宅都市論」に至る計画論的蓄積および西山研究室による「北大阪丘陵開発計画」の蓄積等について、その概要と問題点を明らかにしている。

第9章　千里NT基本計画作成過程

千里NT建設は「計画」に基いて建設されたとされているが、当初段階において「計画」は委託研究の積重ね等によって大いに可変的に展開する一方、最初の大枠の定まった段階で関係当局との事務折衝や用地買収交渉が進められてこれが「計画」内容を逆に規定するなど、きわめて複雑な経過で形成されている点に特徴がある。本章ではこの経過を整理して、「当初基本計画」が相当の幅をもった内容であったことを明らかにしている。

第10章　基本計画の変遷過程⑴「システム計画」、および、第11章同⑵「空間計画」

この2章では、当初基本計画がさらに建設過程において変遷を遂げていった軌跡を明らかにしている。⑴では方針、体系に関しとくに事業推進計画、住宅供給計画、教育施設体系計画、保健医療施設体系計画、購買施設体系計画について、⑵では空間計画に関しとくに土地利用計画、周辺緑地計画、道路パターン計画について論じ、これらの変遷過程には一定の法則性の存在が認められること、すなわち建設当事者の質的、量的な増え方に深いかかわりがあり、とくに入居開始段階以降は「基本計画」の性格がNT空間の形態的な実現のための単なる「ガイド・プラン」に変質を遂げたとみるべきことを明らかにしている。

第12章　本編の結編

本章では千里NT建設の計画論的考察の結論として、基本計画の変遷過程に関する総括を行うとともに、結果として当初基本計画が志向した「物的サービス重視の全体構成」が崩壊した理由について論じている。第1はNT建設における「基本計画」の変遷がむしろ当〃然であって、重要なのは「基本計画の策定も含めた建設推進体制の全体」であるということに関する認識が事業主体において欠落していたこと、第2はその変遷が入居開始段階以降本格的に始まったことから明らかなように変遷要求の主体が入居者であり、いいかえればその段階が居住者の主体的要求にもとづく真の「基本計画」着手段階に他ならないこと、第3に、にも拘らず事業推進の立場からは入居者の要求運動を「基本計画の実現を妨げる存在」として把握せざるを得ないという不幸な現実があったこと、すなわちそこにNT建設のもつ基本的な問題点があることを論じている。

〔第3編　ニュータウン建設技術論〕

NT建設を「計画」にもとづいて具体的に「実現」していくための手段、方法等に関する議論を総称して「建設技術論」と定義づけ、本編にて千里NT建設に関する建設技術論的考察を行っている。

第13章　NT建設の技術的課題

本章ではNT建設と都市建設一般との共通点と相異点について論じ、NT建設における技術問題を論ずる場合の視角を明らかにして本論の全体構成について述べるとともに、事業主体に課せられていた技術的課題の位置づけを明らかにするためにNT建設投資の構成、建設の全体プロセスと制御の構造、および重要な問題として土木、建築、造園等の異種の技術体系をNT空間の構築のために総合化することの困難性について論じている。

第14章　NT建設技術の蓄積、展開過程

本章では、事業推進のために事業主体内部で急速に展開、蓄積された「NT建設技術」のうち最も特徴的な住区建設技術に関して、その展開過程を、技術開発期1960～62、技術定着期1962～63、技術混迷期1963～64、量産技術確立期1964～の4期にわけ、うち前3期について詳述している。

第15章　量産技術の確立とその問題点

前章にひき続き、本章では住区建設技術の展開過程を中心に、業務の爆発的な集中のなかで必然的に量産体制と結合して技術展開が進められた状況を詳述している。その結果、「大量の技術的業務を、一定水準を保ちながら推進すること」に関して、技術的組織的蓄積が進んだと同時に、量産体制の結果として起った「ＮＴ空間の低質性」の問題を重視すべきであることを明らかにしている。

第16章　宅造設計技術論

本章では、ＮＴ建設推進のための中心的技術として千里ＮＴ建設を通じて発展した「宅造（宅地造成）設計技術」について、その内容紹介も含めて詳しく論じている。宅造設計技術の重要性については、まだ一般にほとんど認識されていないが、「計画的都市建設」の具体化段階に必須の技術として認識さるべき、土木、建築、造園等の既存技術を総合した新しい技術体系であると考える。本章ではその今後発展させるべき側面と、ＮＴ建設の「短期、大規模、独立採算」原則に規定されて奇形的に発展した側面とを明らかにしている。

第17章　ＮＴ建設組織論

ＮＴ建設のごとき複雑な事業の遂行には、その事業主体の「企画中枢」的位置に、能力あるスタッフを擁することが必須の条件であるといわれているが、本章では千里ＮＴ建設過程における「企画中枢」の存在と役割の変化の状況を明らかにするとともに、都市建設一般における建設組織のあり方を展望している。なお「企画中枢」と民間コンサルタンツの関係についても補足的に論じている。

第18章　本編の結論

本章では千里ＮＴ建設の建設技術論的考察の結論として、ＮＴ建設技術の総括的評価を行い、これがわが国で始めて本格的に体系化された「ある囲われた区域についての都市建設を、限られた期間内で集中的に行うための新しい技術体系」であることを明らかにし、その評価すべき側面を発展させるとともにそれがもつ欠陥を克服した、望ましい「都市建設技術」への展望を試論的に述べている。

〔第4編　結論〕

第19章　結論

本章はこれまでの分析の要約をふまえた上で、千里ＮＴ建設過程が与えた今後の都市建設のための教訓として、(1)ＮＴ建設を含め、この種のプロジェクト型の都市建設は、関係地域空間および住民に対して巨大かつ永続的な損失を与える可能性があり、従来の「ＮＴ開発の論理」にかわる、新たな、地域住民の立場よりする開発の論理を確立してこれを律する必要があること。(2)都市建設における「基本計画の策定も含む建設推進体制の全体」の重要性を認識し、千里ＮＴ建設を推進した事業主体方式のもつ一定の秀れた側面にも着目しつつ、新しい都市建設推進体制を確立する必要があること。(3)ＮＴ建設技術の総合性を継承しつつ同時にその奇形的性格を克服した、新しい都市建設技術の体系を創造する必要があること。の各項を明らかにしている。

第1章　研究の目的と方法

目　次

1.1　本研究の目的と方法

1．本研究の直接の目的は、1958年より事業が着手され、1970年に法的には事業完了を迎えた、大阪府千里ニュータウン（以下「千里NT」）の建設過程の全体構造を明らかにすることにある。

2．本研究は、千里NT建設を対象とする一例研究の形態をとるが、その普遍的な目的は大略次の4点にある。

(1)　大規模なNT建設が、それを含む地域一帯に与えた影響を明らかにすること。

(2)　「計画的都市建設」たるNT建設における「計画」の意味と役割を明らかにすること。

(3)　わが国最初の大規模NT建設の過程において新しく開発された、総合的な生活空間の構築のための、「建設技術」の内容と問題点を明らかにすること。

(4)　以上を通じて「壮大なる実験」ともいうべき千里NT建設が、わが国の今後の都市建設に対して与える諸教訓を明らかにすること。

3．本研究が、千里NTの建設過程の構造解明に焦点をあてた理由および本研究の独自性の所在は、次の各点にある。

(1)　千里NT建設を対象とする既往の研究が、大別して、①当初段階における基本計画作成のための研究（主として事業主体よりの委託研究として行われた）、②建設途上において解決を迫られた諸問題の個別的解決のための研究（同上）、③次期NT建設のための参考資料の収集を目的とした研究（同上）、④一般的な都市研究において他の地域と比較しつつNT生活空間の特質を論ずる研究、等にとどまっていたため、千里NT建設過程の全体像については未だ十分に解明されていないと考えられること。

(2)　千里NT建設過程については、事業主体（大阪府）による公式報告「千里ニュータウンの建設」（1970）が出されている他、担当者による若干の報告がなされているが、それらは事業推進過程における諸事象を、事業主体の立場において羅列的に記述しているにすぎず、その過程に関する客観的な立場からの資料の収集整理と構造の解析およびそこに存在する一般的法則の解明は全く行われていないこと。

4．各研究項目設定の理由は以下のごとくである。

(1)　千里NT建設は、当初単なる住宅地区開発として出発したのであったが、その過程において「大阪地域開発」の中軸プロジェクトのひとつに位置づけられ、北大阪一帯における巨大な規模での地域変容の重要な核となったと考えられるので、そのようなマクロな地域変容過程と千里NT建設との関係を構造的に解明し、よって千里NT建設のあり方を全体的に規定した論理（これを「NT開発の論理」と呼ぶ）を明らかにする必要があること。

(2)　一般にNT建設は「計画的都市建設」として、建築単体の建設などに擬して理解されており、「計画→建設」の流れがあたかも一方交通的に進行するかのごとくに理解されているが、千里NTの建設過程を振りかえるに、そのような把握の仕方には基本的な誤りがあるように思われること。すなわち千里NT建設の場合、すくなくとも「計画」はきわめて可変的であり、長期にわたる建設過程において以上のプロセスは、いわば「計画⇅建設」ともいうべき無数のフィードバックの蓄積として進められたと考えられる。その理由の1つは、もちろん千里NT建設がわが国最初の実験的経験であったことにあろうが、それ以上にこのような「計画における可変性」こそが、NT建設と建築単体の建設とを峻別する最も基本的な特徴、すなわちNT建設が都市建設の一種に他ならないということの象徴的な現れではないかと考えられること。したがって千里NT建設の全体像は、当初計画と結果のみを論ずるのみではなくその「建設過程」の構造解明を通じて明らかにすべきであり、またそれによって始めてNT建設における、「計画」の役割、あるいはそれを敷衍して、都市建設一般における「計画」の役割にまで論を発展しうる可能性があると考えられること。

(3) 千里NT建設を通じて展開された、NT空間の構築のための総合的な建設技術の体系は、わが国においてそれまで土木、建築、造園等と個別体系的に発展してきた各建設技術を、建設組織のあり方とも一体

1.2 千里ニュータウン建設の概要

表1.2.1 事業の経緯

年月	事項
1957. 5	開発計画策定（知事室企画課）
59. 3	御堂筋線、中央環状線計画決定
60.10	1団地住宅経営都市計画決定。計画規模、主要骨格配置完成
61. 3	工事着手
7	起工式
12	阪急、千里山～桜井線免許
62. 9	入居開始
11	町開式
63.	大阪市都市過密対策答申（建設省）
8	阪急、千里山～南千里開通
64.	大阪府地方計画策定（昭和39～50年の12カ年計画）
4	新住宅市街地開発事業都市計画決定
65. 1	阪急、千里山～北千里線免許
66. 5	万国博覧会正式承認（パリ RIE）
7	中国縦貫道路整備計画決定
67. 3	阪急、南千里～北千里開通
10	北大阪線免許
69. 2	北大阪線開通
3	中央地区センター街開き（千里サン・タウン）

表1.2.2 土地利用区分

土地利用区分		面積	百分比
道路	幹線道路および区画街路	125（ha）	（10.87）%
	細街路その他	124	（10.78）
	小計	249	21.65
公園緑地	地区公園	49	（4.26）
	近隣公園	35	（3.04）
	児童公園	9	（0.78）
	プレイロット	8	（0.70）
	周辺緑地その他	168	（14.61）
	水路用地	5	（0.43）
	小計	274	23.82
住宅用地	アパート用地	267	（23.21）
	独立住宅用地	238	（20.70）
	小計	505	43.91
公共施設用地	学校幼稚園	68	（5.92）
	保健センター	8	（0.70）
	小計	76	6.62
商工業施設用地	地区センター	20	（1.74）
	近隣センター	13	（1.13）
	サービス施設センター	13	（1.13）
	小計	46	4.00
	合計	1,150	100.00

表1.2.3 住宅建設戸数

年度＼種別	公営住宅	公社住宅	公団住宅	給与住宅	分譲住宅	計
1961	750	150	—	—	110	1,010
1962	1,252	350	—	58	840	2,500
1963	1,500	550	930	2,280	600	5,860
1964	2,022	700	1,826	702	1,435	6,685
1965	1,998	1,121	2,419	—	406	5,944
1966	1,500	980	1,648	1,040	1,471	6,639
1967	720	400	600	260	710	2,690
1968	340	1,307	1,760	849	191	4,447
1969	200	500	500	100	255	1,555
計	10,282	6,058	9,683	5,289	6,018	37,330

にして、地域生活空間の構築のために始めて総合化したと考えられ、これが爾後の各地のNT建設を始め都市建設一般にも大きい影響を与えたと考えられるが、その技術内容を詳細に検討するならば、そこには「短期、大規模、独立採算」原則で事業を推進するために規定された「技術内容における奇形性」を否定しがたいこと。したがって今日、すでにパターン化されたこれらの技術を機械的に適用して都市建設が進められつつあることは基本的に問題があり、これに関して千里NT建設の原点に戻ってその由来と問題点を明らかにする必要があると考えられること。

(4) 今日わが国の都市政策の基調が、依然としてNT建設およびその延長上にあるNT的都市建設に置かれていることに関し、以上の分析結果を基礎として総括的な批判を加える必要があると考えられること。

5. 以上より、本研究はその焦点を

(1) NT建設の本質を地域との関わりあいのなかで解明すること――第1編ニュータウン開発論

(2) NT建設における「計画」の意味と役割を計画策定および変遷の経過より解明すること――第2編ニュータウン計画論

(3) NT建設を具体的に進めるための技術の内容と問題点を解明すること――第3編ニュータウン建設技術論

の3つの課題におき、方法として千里NT建設に関連する諸種の公開資料と、入手し得た限りでの非公開資料および関係者に対する補足的ヒアリング調査等を整理分析することによって、これを進めるという方法をとった。

図1.2.1 建設プロセスの概要

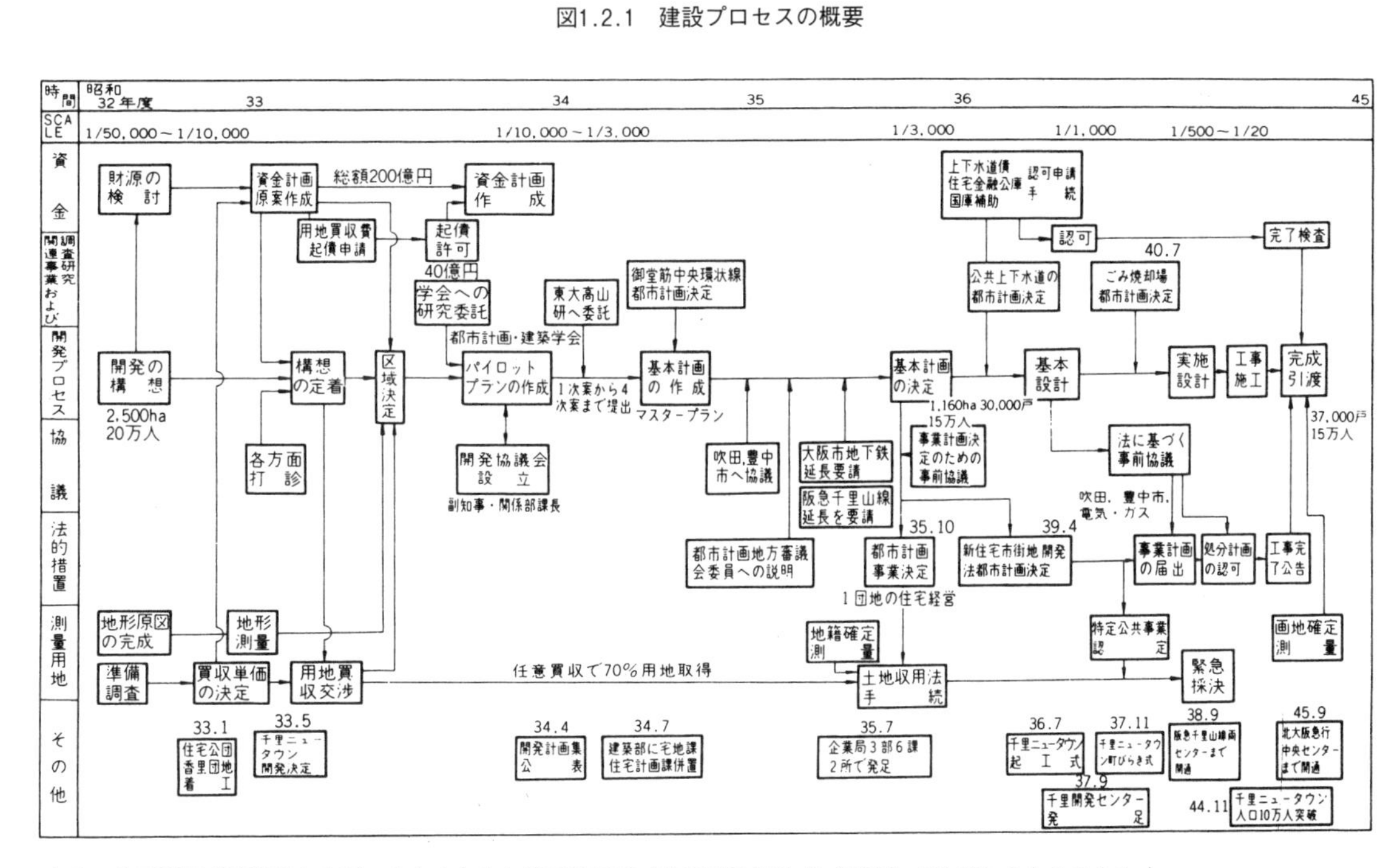

出典：今西祥郎「建築術1企画のまとめかた」彰国社1973（本表は片寄作成（1967）を改善したものである。）

図1.2.2　千里ニュータウン計画区域図（1960年現在）（大阪府企業局作成）

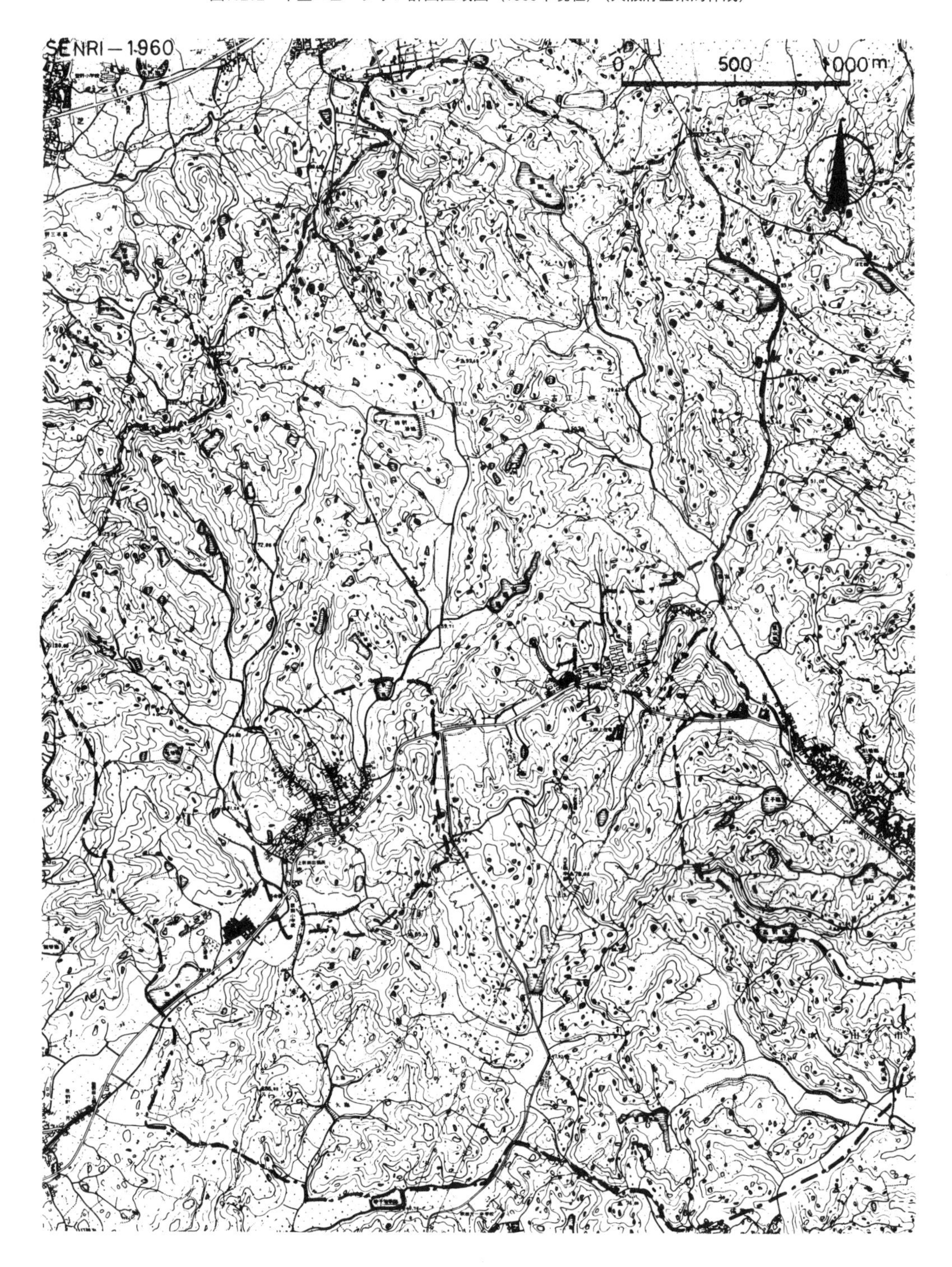

図1.2.3　千里ニュータウン完成図（1970年現在）（大阪府企業局作成）

図1.2.4　北大阪開発前状況（1956年）

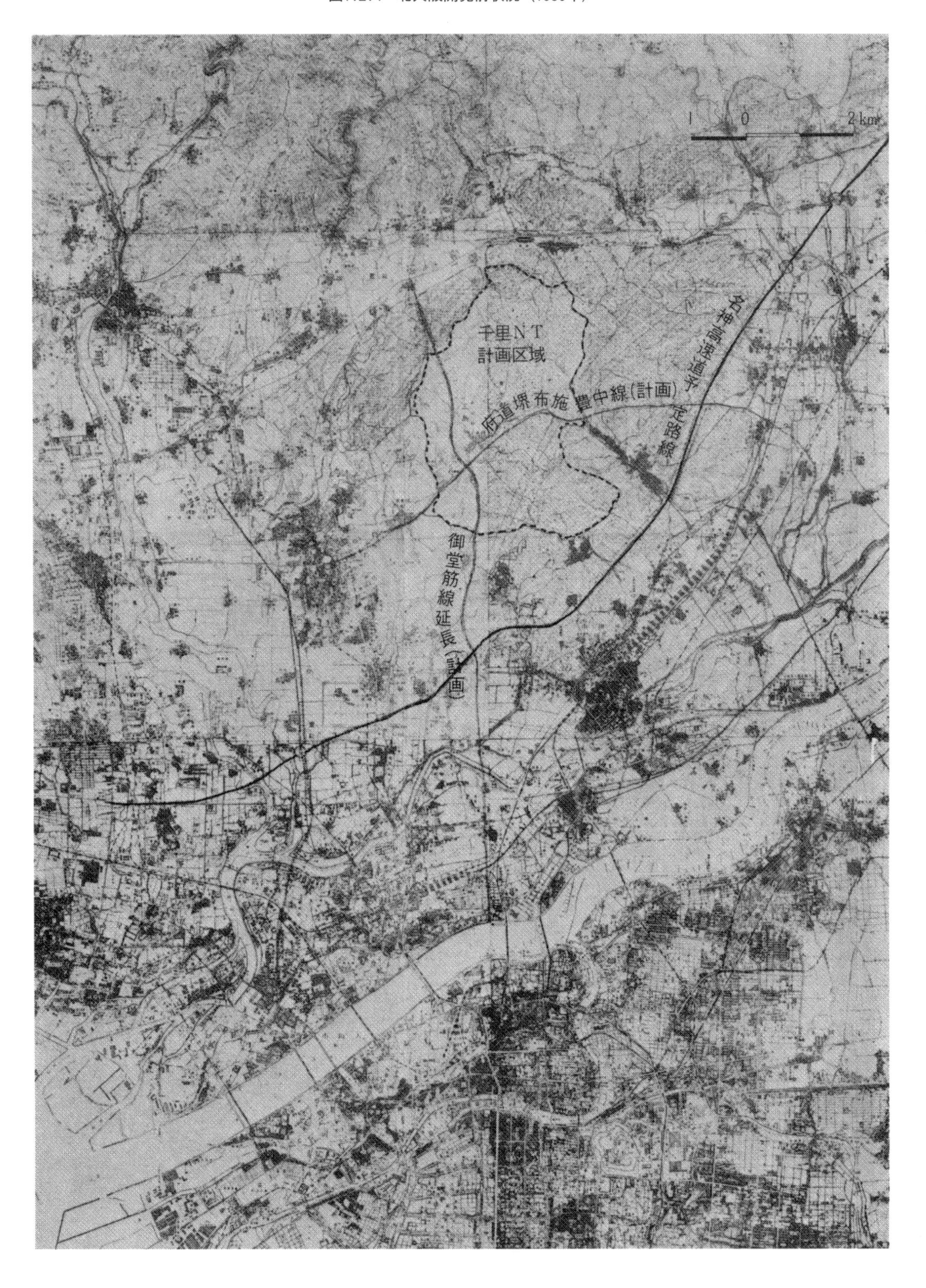

図1.2.5　北大阪開発状況（1969年）　大阪府企業局発行「千里ニュータウン」1969

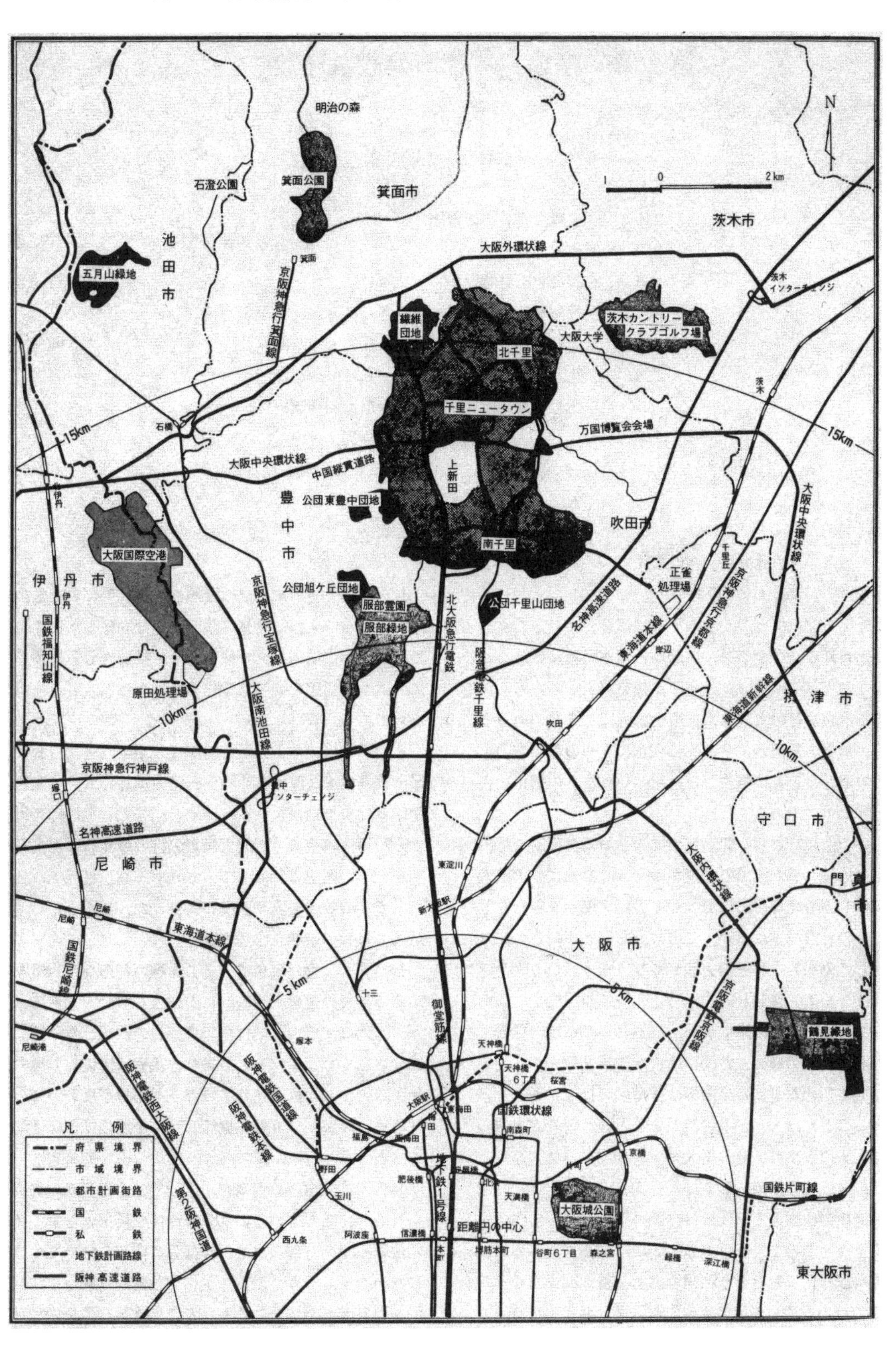

第2章　序論――都市建設論序説――

目　次

2.1　「宅造災害」への警鐘

近年、都市災害は大きくその様相を変えてきたように思われる。なかでも、従来ほとんど問題にされなかった内陸部中小河川（いわゆる都市河川）の氾らんによる水害などの激増は、都市への人口や産業のめざましい集中・集積と、その受け入れのための都市域の拡大の進行とともに発生した、新しいかたちの都市災害と呼ぶべきであろう。

この例は、恐らく都市域の拡大という物理的な行為が、地域の洪水流出の構造をかえ、これが従来の流過容量しかもたぬ河川に流入して破壊・溢水をもたらしたものと推測されるが、このような問題に対して、はたして効果的な解決の方法がありうるかというと、それはきわめて疑わしい。

詳しい事情は後述するが、第1に、都市域の拡大と洪水流出量の増大との間に明白な因果関係があったとしても、それだけの事由では都市域の拡大をおしとどめることがほとんど不可能であるという背景がある。

第2に洪水流出量の増大を災害発生に結合しないための技術的な措置としては、現在のところ大きくみて①河川の改修あるいは機械設備の設置によって洪水を安全なところまで排除する、②洪水調節ダムあるいは遊水池などを設置して河川の洪水流量調節を行なう、の二つの方法しか見出されておらず、共にさまざまな地域的条件（人文的および自然的条件）によって多くの場合その効果的な実施を望みえないという実態がある。

したがって、日本列島改造等々のかけ声にのせて、今後都市への人口・産業の集中が政策的にますます進められ、都市域の拡大が政策として推進されるなかで、このような災害の発生は激化の一途をたどらざるを得ないであろう。

その状況は、ちょうど1950年代後半より進められた、経済の高度成長政策によって、産業構造における重化学工業化の推進がはかられ、その結果として1960年代から70年代に至る全国的な産業公害の爆発的な発生をもたらした歴史に酷似して、しかもそれに累加するかたちでこの種の災害が国民に襲いかかってくるという、最悪の事態の展開を予想させる。

やがて、公害対策に倍するこの種の都市災害対策を求める住民の運動が全国的に澎湃として起るであろうが、しかし、そのときはすでに地表の状況は物理的に改変されてしまったあとであり、災害は慢性化し悪質化するとともに巨大化している。その時点において、「後追い対策」が有効に機能しうる余地はほとんどないであろう。

今日、この事態の到来を予想して、なんらかの努力を行なわんとしているのは、自治体職員なかんずく開発規制担当の一部の良心的な部分に限られているように思われる。しかし根拠とすべき技術的基盤も、法制的基盤もきわめて弱体ななかで、日常義務の枠内で彼らのなし得る範囲は限られたものでしかない。しかも開発規制に対する開発推進勢力の抵抗は強く、良心的な職員の行動に対しては体制的制約が大きく加えられている。

したがって、将来確実に起るであろう住民の運動は、これを一日でも早めることによって、今日の段階での先制的な開発規制を実現する運動にしなければならない。すなわち、将来においてこの種の災害の絶対的な被害者とならざるをえない国民の幅広い階層が、事前に一致して予防対策に立ちあがるために有効な理論の確立は、まさに急務の課題といわねばなるまい。

一方、このような都市域拡大の規制を求める国民の要求（顕在的ないしは潜在的）とは裏はらに、やはり国民の切実な要求である「住宅問題の解決」なかんずく「熾烈なる宅地需要への対応策」を標榜して、都市近郊においては公共、民間を問わぬ大規模な宅地開発が簇生しており、しかもそれに対しては一定の政策的な育成策が講じられている。国民の側も、これが他ならぬ住宅問題解決に寄与しうると思われる点に幻惑されてか、たとえば高速道路や工業地開発に対するほどの激しい抵抗を行っている事例は少い。

その象徴的存在がニュータウン開発であり、「放置しておけば無計画的な開発に蚕喰されること必至」とされた地区への先制的、計画的開発によって見事「理想的な住宅都市建設」に『成功』したとされる千里ニュータウンを嚆矢とする、「陽光と緑と静寂につつまれた美しい近代的なニュータウン」の開発は、今日、数ある地域開発プロジェクトのなかでも最も抵抗が少く実現性が高いものとして、全国各地において大いに盛んに進められている。

われわれはこの矛盾にメスを入れなければならないと考える。

そのためにはいくつかの課題が考えられる。第1に都市域の拡大と災害の危険との因果関係を明らかにする必要があろう。第2に住宅問題と宅地需要の関係およびその対応策とされる宅地開発との関係を明らかにする必要があろう。第3に諸問題の総合的解決策であるかのごとくドラマチックに展開されるニュータウン開発の諸問題を明らかにする必要があろう。そして第4にこの矛盾を止揚する方向、すなわち都市域の拡大による災害発生を防ぎつつ国民の住宅問題を含むさまざまな生活空間の問題を解決していく方向を明らかにする必要があろう。

本論は、これらの課題に応えることを最終目標としつつ、当面の焦点を都市域の拡大のための物理的行為である「宅地造成」にあわせ、それが災害発生の基盤をつくり出すことによって自然現象がひきがねとなって発生する災害——これをとくに「宅造災害」と名づける——について論ずることによって、以下の研究の導入としたいと考えるものである。

2.2　都市域の拡大

わが国の市部人口は、１９５５年に総人口の60％であったものが、以来急速に増加して70年には、７、４３５万人と総人口の72・7％に達している。

市街地の拡大についてみると、１９６０年の人口集中地区（D.I.D.）面積38・6万haは、65年に46・0万ha、さらに70年に64・4万haへと拡大し、最初の5年間の伸び率は19・0％、あとの5年間が40・0％、10年間を通せば67・0％の増加という飛躍的な拡大を遂げている。

また、D.I.D地区の居住人口は、１９６０年４、１００万人、65年４、７００万人、70年５、６００万人と、各5年間に14・6％、19・1％増、10年間を通して36・5％増であり、市街地面積の拡大に比すればややにぶいがこれも大きい増加を示している。ただし3大都市地域——京浜・中京・京阪神——におけるD.I.D.人口増加は、同じ10年間に45・2％に達している。

表2.2.1　わが国人口集中地区（D.I.D.）面積および人口の変化

	1960	1965	1970
D.I.D.面積	38.6万ha	46.0万ha	64.4万ha
増加量		7.4万ha	18.4万ha
増加率（A）		19.0%	40.0%
D.I.D.人口	4,100万人	4,700万人	5,600万人
増加数		600万人	900万人
増加率（B）		14.6%	19.1%
増加率比（B/A）		1.30	12.10

（資料）各年度国勢調査より作成

また人口増加の郊外化が進行しており、とくに3大都市圏においては都心より遠い地域での人口増加率の年次的な増大は顕著である。

以上を要約すれば、「わが国の都市域は急速に拡大しつつあり、全体的には市街地人口密度の低下を来しつつ郊外居住の増加という、一種の拡散傾向をみせつつある」といえよう。

今後の予測として、「新全国総合開発計画」（1969年）では、1985年に総人口1億2、000万～1億2、300万人のうち、D.I.D.居住人口8、420万人、D.I.D.面積94万haという数値をあげており、また「都市計画法」にもとづく市街化区域（すでに市街地を形成している区域およびおおむね10年以内に優先的かつ計画的に市街化を図るべき区域）は、最終的に120万haに達するものとみられている。

短期的には、「第2期5ヶ年計画」（71～75年度）において、住宅建設戸数950万戸のうち、新規宅地必要戸数を410万戸として、そのために必要な宅地面積の合計は7・5万ha（ミディアム・グロス面積）としており[1]、仮りに千里ニュータウンと同等程度の公共施設などがこれに付設されたとすると、全体ではこの約2倍の15万haが新規開発面積となろう。

以上、政策的な面での都市域拡大の将来予測は、すべてこれまでの拡大ペースをさらに早め、郊外開発を是認し、かつその促進を政策的に進めつつあるというべきであろう。

一方、民間企業などの手で進められている都市郊外などでの開発用地取得の進行は、すでに国土の可住地面積の10数パーセント―既成市街地の総面積に匹敵する――などといわれており、こうして取得された土地が、前述の都市域拡大政策と民間デベロッパー優遇策[2]のもとに、今後巨大な規模で「開発」されることは間違いなく、したがって巨大な量の宅地造成が都市周辺地域その他で展開することは確実である。

2.3　宅造災害激発時代

(1)　宅造災害の諸相

宅地造成がもたらす被害と損失は、単に自然現象がひきがねとなって発生する「宅造災害」のみをとり出しても、第1に一般に宅地災害と呼ばれる「狭義の宅造災害」――宅地造成にともなうがけ崩れまたは土砂の流出による災害（宅地造成等規制法第2条の規定）――があり、第2に宅地造成に起因する洪水流出量の増加によって、造成地下流域において発生する洪水災害、あるいはその防止の目的で行なわれた高水方式の河川改修の結果発生する広大な範囲の内水浸水災害などの、いわば「宅造2次災害」ともいうべき災害がある。宅地造成の進行による地域保水力の低下と伏流水の涸渇などがもたらす用水源涸渇もまた「宅造2次災害」の一種というべきであろう。

さらに宅地造成は、地域の自然生態などを大きく改変する行為であり、また地域に存続してきたところの文化遺産や歴史的風土・風致を根底から破壊し、景観を全く改変せしめて、将来の国民生活の内容をきわめて貧しいものに規定してしまう作用をもつ。

また、宅地造成の目的とする都市域の拡大の進行において一般に見られる社会的共同消費手段の不備・不足な状態は、既成市街地にも大きいマイナスのインパクトを与えて、全体として国民経済的にきわめて不合理な土地利用・国土利用を不可逆的に進めつつある。

表2.3.1　宅地造成がもたらす諸災害・諸損失

<table>
<tr><th>被害者</th><th>被害状況</th><th>名称</th></tr>
<tr><td>造成地への入居者</td><td>造成地自体に発生するがけ崩れ、地すべり、地盤沈下</td><td rowspan="2">狭義の宅造災害</td></tr>
<tr><td>造成地周辺の居住者</td><td>土砂の流入、洪水の流入、がけ崩れの来襲</td></tr>
<tr><td>造成地下流河川流域の居住者</td><td>洪水の流入およびその防災対策としての高水方式の河川改修による内水浸水の発生、保水効果の減少による渇水現象の頻発</td><td>宅造2次災害</td></tr>
<tr><td rowspan="2">入居者、周辺地区居住者、地域住民、国民全体</td><td>自然環境、生態系、景観、文化遺産、歴史的風土の破壊</td><td>地表の形状変更にともなう絶対的損失</td></tr>
<tr><td>社会的共同消費手段の不備・不足、劣悪な住環境の拡大、国民経済的損失</td><td>社会的費用の不可逆的拡大による損失</td></tr>
</table>

これらの結果として、地域空間のなりたちについての知識ももたず、地域社会や風土についての愛着心をもつこともできない「災害に対して無防備」な国民が大量に生み出され、これが新たな諸災害・諸損失の発生基盤をつくり出す。すなわち宅地造成の進行は、このようにはかりしれない拡がりをもって、災害に弱い国土と国民をつくり出しつつあるというべきであろう。（表2.3.1参照）以下において、宅造災害の激発の実態と、その発生のメカニズムについてやや詳しくみてみよう。

(2)　宅造2次災害としての都市水害の増加

都市水害の研究者の多くは、1958年9月26日から27日にかけて、主として伊豆・南関東に豪雨をもたらした狩野川台風をもって、「わが国における都市水害時代の幕開け」としている。[3]

その模様は、「この台風によって、東京や横浜で従来と著しく異なる形態の深刻な水害が発生した。東京では山手の台地を刻む谷底の平野が新しい水害の場となり、横浜では台地の到るところに崖崩れが生じた。この台風による死者行方不明は929、被害家屋は約17、000に達した」ということであった。[4]

首都近郊ではこの狩野川台風以降、集中豪雨のたびごとに山の手・下町を問わず、都市化の急速に進んだ近郊地帯や、低湿地帯において都市水害が集中的に発生した。類似の水害は、大阪・名古屋などの大都市を中心とする地域でも、あるいは人口増加の著しい地方都市においても、東京のあとを追うかたちで続々と発生した。

それは都市域拡大の爆発的な進行によって、都市中小河川の上流域における保水力が低下し、道路の舗装や屋根面の増加、下水路の完備などによって、雨水の流達時間が早まったために洪水時流出量が増大した一方、河川改修工事が地価の高騰や所管責任の不明確などの理由で放置されており、そのうえ下流部での宅地造成や、道路、鉄道などの土盛工事で排水不良がひき起されていた結果であった。都市域の拡大と洪水流出状況の変化の関係は、東京山の手の中小河川のひとつである、石神井川の1958年と66年の2度の豪雨を比較した建設省調査（表2.3.2）に明白に現われている。すなわち、総雨量、最大時雨量がともに大きかった58年の狩野川台風のときに比べて、66年の台風4号のときのピーク流出量の方が大きいという結果は、明らかに石神井川上流域におけるこの間の都市域拡大の進行による洪水流出構造の変化を物語っているというべきであろう。

都市水害の危険は年々増大し、現在、「6～7年に1回程度の豪雨で床上浸水のおそれのある区域」は、全国市街化区域面積の11・4%、人口にして11・5%を占めているといわれている。（表2.3.3）

また、洪水氾らんのおそれのある区域の面積は約365万haで、全国土面積の9・9%、可住地面積の37・2%を占めているが、人口と産業の都市への集中の結果、同区域居住人口の全国人口に対するシェアと、区域内資産密度の変化は、1960年40・9%、1、000万円／ha、65年51・3%、1、600万円／ha、70年52・4%、3、000万円／haと、年次的に飛躍的に拡大しつづけている（表2.3.5）。

表2.3.2　1958、66両年の石神井川での洪水流出の比較（根村橋地点）

	総　雨　量	最大時雨量	ピーク流出	流　出　率
1958年9月26日狩　野　川　台　風	399.1mm	76.0mm	107.9㎥/sec	0.50
1966年6月28日台　風　4　号	258.0	30.0	115.5	0.52

（資料）『建設白書68年版』

表2.3.3　床上浸水を主とする被害をこうむるおそれのある水害危険区域

時　雨　量	対全国市街化区域面積シェア	同　左の人口シェア
30mmの降雨（2、3年に1回程度の洪水）	5.6%	4.6%
50mmの降雨（6、7年に1回程度の洪水）	11.4%	11.5%

（資料）『建設白書71年版』より作成

表2.3.4　全国洪水氾らんのおそれのある区域の人口・資産の年次変化

	1960年		1965年		1970年	
	実　数	全国シェア	実　数	全国シェア	実　数	全国シェア
氾らん区域面積	310万ha	8.4%	365万ha	9.9%	365万ha	9.9%
人　口	3,800万人	40.9%	5,040万人	51.3%	5,430万人	52.4%
区域内資産	31兆円		58兆円		110兆円	
資産密度	1,000万円/ha		1,600万円/ha		3,000万円/ha	

（資料）『建設白書72年版』より作成

　このように都市水害は、①中小河川上流域の洪水流出構造の変化による洪水流出量の増加、②河川の土砂堆積等による排水能力低下および改修不能、③水害発生の予想される区域への人口と資産の集積の増加、の3つの理由で都市域の拡大とともに激増の一途をたどりつつある。

　宅地造成の進展がこのような水害発生に結合するメカニズムを、丘陵地における大規模宅地造成を例にとってのべると、以下のとおりである（図2.3.1）。

i）　造成地区内の草木の伐採と表土のハギトリ、谷部のため池や田畑の埋立てにより、雨水流出時における遅滞効果と保水力が低下し「鉄砲水」が発生、地区内の災害発生が起る。

ii）　造成によって安定を失った土砂が下流地域に流出し、直接災害を発生させ、また河川に堆積して河床を上昇させて排水能力を低下させる。「鉄砲水」が河川の排水能力をこえたとき災害が発生する。

iii）　開発完了にともない、道路面は舗装され、屋根面積がふえ、雨水は直線的に排水施設に導入される。整備された管渠や開渠をへて下流河川に達する到達時間は、開発前に比してはるかに早くなり、洪水時流出量が増加する。これが下流河川の流過能力をこえたときに災害が発生する。

iv）　下流河川の改修が急がれるが、用地取得難・工事困難などのために工事は遅れ、一方その改修方式も拡幅は最小限にとどめられて、高水方式の改修が行なわれる。高水方式の河川改修は内水域を拡大し、内水排水の問題を惹起する。さらに下流平野部でも宅地造成や高速道路・鉄道などの土盛工事・地下水の汲上げによる地盤沈下・河口部分の埋立てが行なわれるなど、地域全体の排水不良が発生して浸水被害が起る。この問題の解決のために、内水排水路や流域下水道の設置と自動排水ポンプの設置が行なわれ、一定の効果を発揮する。このことが逆に上流域の開発に対する足かせをなくする。

図2.3.1　丘陵地における大規模宅地開発を起因者とする宅造災害の循環的拡大のメカニズム

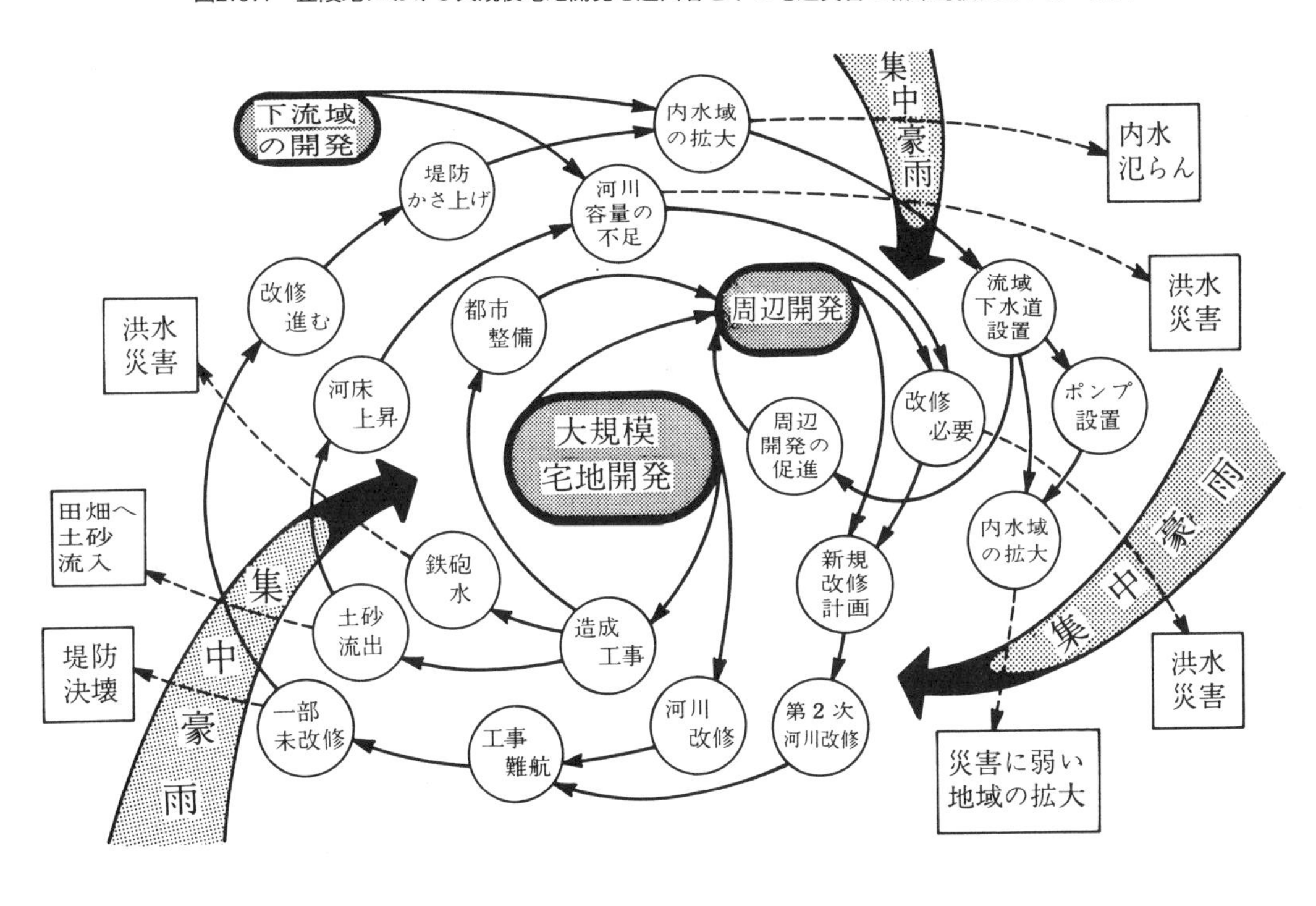

v)　一方、宅地造成区域での都市整備が進むと、その周辺の利用価値および不動産価値が上昇し、開発の波が拡がる。虫喰い的な拡がりによって河川への土砂の流入が再び発生し、洪水流出量はさらに増加する。河川の第2次改修は以前よりさらに大きい困難性をもち、幾たびかの洪水災害を経験したのち、「後追い対策」として、結局は高水方式での改修が行なわれる。その結果、内水域と下流低湿地域が一層拡大し、ポンプ排水に完全に依存した区域が拡大する。

以上より要約するならば、丘陵地における大規模宅地造成の場合、造成地での初期防災措置（土砂どめなど）の実施怠慢と、1次災害（狭義の宅造災害）防止のための急速排水措置が、下流域における災害発生基盤をつくり出し、一方、下流域における1次災害防止策であるポンプ排水方式がふたたび上流域の開発を進展させ、この過程をくりかえしつつ大規模な災害発生の基盤が、循環的かつ不可逆的に拡大するのである。

(3)　がけ崩れ災害などの増加

つぎに狭義の宅造災害ともいうべき、がけ崩れ災害などについてみる。都市域の拡大は、がけ崩れ危険地や地すべり地帯などの、災害を招く可能性の大きい地域での宅地造成をも含むことによって、今日のがけ崩れ災害の激増に拍車をかけてきている。

がけ崩れ災害は、風水害のなかでもとくに人的被害が多く、近年においては風水害による死者の過半数を占めている状況であって、1955年には水害死者中の4％であったものが、71年には70％を占めている。[5] 但しこれには宅地造成以外の要因、たとえば森林保全を怠った結果による自然がけの崩壊なども多く含まれており、宅造災害としての適確な資料は寡聞にして入手しえていない。

宅地造成に関連するがけ崩れ災害発生の例としては、

①　個別宅地の造成が粗悪な場合——たとえば増積み擁壁の崩壊、盛土

のすべり崩壊、切土の表層すべりなど。

② 宅地造成が自然がけの崩壊を誘発する場合——造成工事による表土はぎとりによって、すべり面に雨水が浸透する：あるいは自然がけの底部を不安定にする造成工事など。

③ もともと危険の予想された地域における宅地造成の場合——危険な自然がけの下部での造成、地すべり地帯や特殊土壌地帯での造成など。

このうち、とくに問題なのは「粗悪な造成工事」による災害発生であり、以下にその発生メカニズムについてのべる。

まず「粗悪な宅地造成工事」という場合の「粗悪さ」の判定基準についてみると、一般にそれは「宅地造成等規制法」関係の諸法令における技術基準におかれているように思われる。したがって、ここでは第1に設定されている基準そのものの有効性と、第2に、かかる基準が遵守されうるのかどうかという実態面からの検討を加えよう。

横浜市の調査結果では、1966年6月の台風4号によるがけ崩れ被害個所383個所のうちわけとして、自然がけ183個所、宅地造成等規制法規制区域外が16個所、同法施行以前が121個所、施行以後は63個所で、そのうち39個所が無許可の違反造成、許可を受けたものが8個所であったとのことである。[(6)] この例は、同規制法の制度的・技術的限界を如実に示す例としてきわめて興味深い内容を秘めている。第1は規制法の及ばぬ既存宅地や自然がけの崩壊が多数発生したという事実、第2は法施行以後においても無許可の違反造成が多数行なわれていたという事実、第3は許可を受けたにもかかわらず災害の発生をみているという事実である。

これらの被害者の各個人に対して正当な補償は恐らく行なわれなかったであろうから、これらの災害は「異常または不可抗力」による災害と見做されたものと思われる。そこでその「不可抗力」論の構成をみると、第1の問題は明らかに制度的な「不可抗力」の問題というべきである。これは今日に至るも依然として「急傾斜地の崩壊による災害の防止に関する法律」(1969年)、というきわめて特殊な場合にしか適用しえない法律以外には、これに関してとくに有効と思われる法体系等の存在していない分野である。

第2の問題は造成工事についての許可権をもつ自治体の業務実態がつくり出す「不可抗力」の問題である。同じく横浜市建築局指導部の業務実態について担当者は、「横浜では宅地造成される区域の周辺はほとんど市街化されている場合が多く、単なる許認可の審査や検査の事務だけでなく、工事に伴う騒音、ホコリ、工事中の被害の問題などを合わせて処理しなければならないので相当の労力を費している。それに加えて違反処理についても聴問・命令・勧告・告発・代執行と多種多様であり、これに費す日数も大変なものである。[(7)]」と、宅造申請の件数の多さとともにその業務の多忙さ、複雑さをのべているが、事実そのような業務実態のなかでの違反の摘発などの困難性は、類似の法律である建築基準法にもとづく建築指導行政において、すでに多年にわたって経験ずみであり、逆にいえばその限界性は法施行以前に行政当局の熟知していたところといわねばなるまい。すなわち、かかる法律的規制は、その実行のための業務態勢の裏づけなしには何の実効性もなく、無許可の違反造成による災害の発生は法制定以前から約束されていたというべきであろう。

第3の問題は、許可の場合の技術的基準がつくり出した「不可抗力」の問題である。規制法における技術的基準の設定は、各地方の自然的・人文的諸条件を標準化して中央基準を設定し、強化の必要な場合は府県の規則をこれに付加するという方法をとっている。この場合、各地方の自然的特殊条件、例えば、特殊土壌地帯への中央基準の盲目的適用はかえって危険を倍加する可能性がある。すなわち、地方ごとの技術的調査研究および自然的人文的諸条件に関する観測・調査態勢の確立が切に必要なるゆえんである。しかし、宅地の造成技術開発の現段階は、いかに大型機械を導入して最終フォーメーションを短期的・経済的に仕上げるかといった程度にとどまっており、現段階で設定された技術基準の信頼度は低い。しかも地域的な技術研究機関も存在せぬなかで、技術的にも十分なトレーニングを経ていない技術職員[8]が、中央基準を機械的に適用することに終始しているという逆立ちした状態にある。

以上の分析から結論としていえることは、狭義の宅造災害の激発は、一片の法律を強化することでは決して克服しえず、第1に地域全体の維持保全に関する行政責任の明確化、第2に自治体の業務構造の改善、第3に地域的な自然的・人文的諸条件に関する調査・観測・研究体制の確立なくしては克服の方向を見出しえないというべきであろう。

2.4 現行対策体系の可能性と限界

すでにのべてきたことから明らかなように、宅造災害の防止は、第1に都市域の拡大が宅造災害の激発に直結することから、都市域の拡大をできるだけ規制すること、第2にやむを得ず拡大せざるをえないときは、これを全体的な治水防災の体系に組み込み、適切な技術的措置を確実に実施すること、第3に地域的な人文条件・自然条件の調査・研究・観測の態勢を確立し、地域に適合した技術開発を進めること、が基本であるといえよう。

このような観点に立って、現行防災体系の可能性とその限界についての検討を試みる。

(1) 都市域拡大に対する現行規制策

都市域の拡大を規制し、宅地造成の進行を防止することが宅造災害の防止に有効であることは言うまでもないことであるが、この規制の方法および範囲の決定については、現状において次のような困難な問題が存在している。

第1は、都市域の拡大によって「利益」を享受するものと、それによって災害を蒙るなど「損失」を受けるものとは、多くの場合、全く別人格であり、このことは開発規制の実施によって開発期待利益を喪失するものと、これによって安全を確保しその意味で「利益」を享受するものもまた互いに別人格であることをも意味する。したがって、その得失のバランスを個人的レベルで判断することは不可能であり、当然、社会全体の問題として考えられるべき性質の問題であるという点である。この場合の社会集団の単位は、自治体を考えるべきであろうが、わが国の場合、自治体がかかる住民の損失回復と住民生活の維持保全についての明確な政策プログラムをほとんど有していない現状において、たとえ「開発期待利益」といえども、それを喪失する側は一方的に損失を蒙る可能性があると考えて差し支えない。したがって、開発規制に対する抵抗は大きく、規制の強行は非民主主義的性格を帯びる可能性がある。

第2は、開発規制の範囲の決定において、結果的にはある線を画する必要があるが、それを明確に決定するための、たとえば得失の計量化はほとんど不可能であり、したがって範囲の決定において不明確な印象を住民に与え、その決定の強行が第1の問題に加えて、非民主主義的性格を帯びる可能性があるという点である。

これまでに行なわれてきた開発規制の状況をみると、たとえば砂防法における砂防区域の指定、地すべり等防止法における地すべり防止区域の指定等の開発規制区域の設定は、問題の計量化が比較的容易でもあり、かつきわめて特殊な限られた区域であるために、いわば社会的通念に照らして、一般には納得のされやすい指定のなされ方が行なわれてきたと考えられる。

これに比して、新都市計画法による市街化区域（市街化を図るべき区域）

と市街化調整区域（市街化を抑制すべき区域）の区分の決定のいわゆる「線引き」作業は、その決定に関する合理的根拠が薄弱であるうえに、自治体における損失回復機能が全く欠如したままで決定が強行されたために、その過程においてさまざまな混乱が生じたのは当然であった。

しかし、このような一種の開発規制が大規模に行なわれたことのもつ意義は大きく、結果的にその後の運用において、各府県や市町村において「宅地開発要綱」などが設定され、市街化調整区域における開発行為によって生ずる洪水流量の増分については、当該開発事業者が原則として全額負担をして処理しなければならないとする、いわゆる原因者負担方式による開発制御の方法などが生み出され、「宅造2次災害」の循環的拡大のメカニズムに対しては、一定の有効な歯どめの役割をはたしてきたことは否めない。ただこれが原因者負担方式の開発規制であるために生ずる限界性は大きく、後述するように、原因者負担によって行なわれる技術的措置の不十分さが、結果的に規制を不十分なものにしていることも指摘しておく必要はあろう。

以上の分析より言えることは、現在の開発規制の実態はきわめて不十分であり、その基本的な原因として、規制によって生ずる損失の「回復後」に関する明確な政策プログラムが自治体段階で確立されていないことをあげなければならない。

(2)　開発内容の制御策

都市域の拡大を規制し難い場合には、全体的な治水防災の観点に立って、その開発内容を意図的に制御する必要がある。

しかしながら、都市建設は一般に事業主体を異にする多種多様な施設の建設が、交錯的に複雑な連係関係をもって行なわれているところに特徴があり、これを意図的に制御することは容易ではない。

これまでに見出された制御の方法は、内容的にはほぼ次のように大別しうると考えられる。

①　法制定・法定都市計画を手段とする法制的制御
②　公的投融資配分等を手段とする誘導的制御
③　公共事業の実施等を手段とする主導的制御
④　公共機関による企画立案、情報の集中交換、相互調整等を手段とする調整的制御

これらの各種の公共的な制御の方法がこれまで都市の建設を制御するうえで必ずしも有効に機能し得てこなかったのは、おおむね次のような理由によるものと思われる。

第1に、それぞれの制御機能が相互に関係なく実施されるにとどまり、統一性あるいは総合性が欠けていたこと。

第2に、いずれの方法も全体的な制御力としてはきわめて弱く、効果を発揮するまでに相当長時間を必要とし、実質的にはほとんど有効性をもたない場合も多かったこと。

第3に、事態の進行に対して、これらの制御は「後追い」的な性格をつよくもっており、激化する矛盾を糊塗しようとするにとどまってきたこと。

第4に、総合的計画性を欠いたなかで「後追い」的に進められる制御の実施は、むしろ都市建設の混乱を助長し、次のより大きい災害発生の基盤をつくり出す場合すらあったこと。

これらの基本的な原因は、もちろん政策的な問題として、このような制御の必要性を重視していないこと、あるいは行政機構の縦割りと呼ばれる問題等々にあることは明らかであろうが、さらに重要な問題として、都市域の拡大に対しては「先制的」な制御こそが必要であるにもかかわらず、その制御体系のあり方についての展望が国民の前にほとんど明らかにされてこなかったことをあげなければなるまい。

この段階でわれわれの求めるべき方向を概括するならば、第1にこれ

表2.4.1　現行宅造災害防止技術の内容とその技術的・制度的限界

	目　　的	手　　法	技　術　的　限　界	制　度　的　限　界
初期防災技術	①造成工事による土砂の流出の防止	沈砂地、砂防ダム、砂防柵工、土留柵工、法面防護工、植物被覆工	コロイド状に流失する土砂の流出防止はほとんど不可能。	各施設の維持管理が重要。この措置の実施怠慢がひき起す災害は、造成時点よりはるか後になり、開発事業者の責任が問われることはない。
	②盛土部分の安定と地すべり災害の防止	盛土の輾圧、すべり留盲擁壁、盲暗渠工、斜面段切工	技術的研究のきわめて遅れている問題、例えば地震時の盛土部の安定の問題などはほとんど未知の課題である。	上に同じ。しかも地中に隠される個所の問題であるため、工事施工者の良心的な工事に待つ以外になく、その責任追及は困難。
	③がけ面の安定と崩壊防止	擁壁その他諸安定工法	１次災害に対しては一定の有効性をもつが、２次災害に関しては上に同じ。	目にみえる箇所である点において１次災害に対しては宅地造成等規制法が一定の有効性をもつ。
治水制御技術	①洪水流出量の増加対策	下流河川の改修による流過能力の増加措置	河川断面積の増大のために拡幅・堤防かさ上げ、パラペット設置、河床掘下げなどが行なわれるが、一般に高水方式がとられる。感汐河川の場合はほとんど解決不可能	用地問題、水利問題、その他財政問題を含む諸種の制約から河川改修事業の実施の困難性は大きい。
	②高水方式の河川改修によって生ずる内水域の排水	都市下水路、流域下水道の設置とポンプアップ施設の設置	都市下水路の勾配が十分とれない場合が多い。ポンプ機械の故障の問題がある。	ポンプ施設の維持管理体制の問題からポンプ場の集中管理が行なわれ、それが集中的な事故の発生を招く危険がある。
	③造成工事による洪水流出量の増分をカットする	洪水調節ダム（遊水池）の設置	地形上設置不可能な場合が多い。その有効性についての理論的検証はきわめて遅れている。とくに微気候の観測態勢なしにはこの有効性は獲得できない。	施設の維持管理体制がきわめて重要。開発事業者にとって「売却できぬ空間」をつくることに対する抵抗は大きい。

までのすべての制御方法は地域の将来像の実現という目的にむけて総合化する。第2に「後追い」的性格を脱し「先制的」制御体系を実現するために、単なる制御でないダイナミズムの導入を行なう。第3に制御体系の全体を総括すると同時に、永続的な責任を負う強力な公共的制御機関としての自治体を強化する、といった方向であろう。

(3)　宅造防災技術の現段階

宅造災害を防止するための技術的措置として、現在行なわれているものは①初期防災技術、②治水制御技術の2つに大別しうるように思われる。それぞれの目的と具体的な手法および現段階における技術的な限界、制度的な限界は表2.4.1に示すとおりである。

現段階での技術的手法は、それぞれ技術的にきわめて不安定なばかりでなく、制度的にその最善の技術措置すら行なわれ難い実態があるために、宅造防災についての技術的な措置に全幅の信頼を置くことは、きわめて危険といわねばならない。

技術的手法の問題としては、宅造防災技術という一般的な技術体系が存在するという考え方には無理があり、むしろ既存の基礎的な技術を地域の特性にあわせていかに適用するかという、技術の選択と組合せの技法が主要な問題であるといえよう。したがって宅造防災に関する新しい技術手法の開発が必要なのではなく、正しい選択を可能とするに十分な客観的資料の蓄積（地域の人文的・自然的な諸条件に関する調査研究、観測資料の積み重ね）と、その選択能力をもった技術者の育成こそが重要であると考えられる。

また、十分な技術的措置を実施するための制度的な問題としては、最善の技術的措置を確実に実施させるための態勢づくりの問題がある。これは、現段階で当然なすべき防災措置の実施を怠った場合、実際に災害が発生するのは工事完了のはるか後にあることが多く、瑕し担保期間も経過した後ともなれば、開発事業者の怠慢責任は全く問われないという現在の制度そのもののもつ矛盾の問題である。

すなわち、宅地造成段階で土砂の流出を厳重に防止しなかったために、河川に土砂が堆積し河床が上昇して流過能力を著しく減じ、集中豪雨の来襲でそこに洪水災害が発生する、あるいはそのために河川改修が必要となり、高水方式の河川改修が内水域を拡大する等等のメカニズムを例にとってみると明らかなように、宅地造成段階でのほんのわずかな初期防災投資の吝嗇（りんしょく）行為が、莫大な災害対策費を必要とするという実態が存在することはきわめて大きい矛盾といわねばならない。

現行制度のもとでは、開発事業者はかかる初期防災投資の内部化を最大限避けようとするが、かりに開発事業者自身が地域全体についての維持保全責任を有するとすれば、のちの莫大な災害対策支出を避けるために、初期防災についての万全の措置を行なわざるを得ないであろう。したがって、開発事業者に少なくともこの場合に匹敵するだけの初期防災措置を行なわしめるような制度をつくり出す必要があろう。

しかし、この問題は例えば工事施工者の良心の問題につながるものであり、単なる法的規制や監視あるいは科料または報償制度等で解決がつかない問題のようにも思える。言うまでもなく現段階で期待しうる最善のケースは、地域全体についての維持保全責任を最終的に有している地域自治体自身が開発業者を兼ねるケースであろう。

2.5　巨大な宅造災害源としてのニュータウン開発

今後に予定されている都市域の拡大において、民間あるいは公共の手で進められる主要な開発方式のひとつは、大規模単位の住宅都市建設すなわちニュータウン開発方式であろう。

すでに千里ニュータウン（大阪府）を初めとする、人口10万～30万人クラスの大規模ニュータウン開発は、1960年代以降、各地で本格的に進められている。この開発方式の最も特徴的な点は、大都市後背地域のこれまで居住者のほとんどいなかった丘陵地を対象に、公的・私的投資を集中し広大な面積を一挙に宅地造成して、きわめて短期間に一定水準の都市建設を行なうという点である。

このようなニュータウン開発は、当然特有の災害と損失をひき起す。ニュータウン開発のひとつの利点は、個々の宅地造成で発生する諸種の損失を、開発規模を大きくし、投資の集中をはかることによって一挙に解決することができるという点にあるが、同時にその最大の欠点として、解決しえない災害や損失の方も集積され、複合化されることによって、より大規模化する可能性をもっている点をあげなければならない。

まず第1に絶対的損失の問題として、自然環境、自然生態系、景観、緑地的レクリエーション空間、文化遺産、歴史的風致と風土等が、ある区域を限って徹底的に破壊されるという特殊な問題の発生がある。これはひとりその開発区域内の問題にとどまらず、周辺の地域全体に大きい影響を与えるであろうし、例えば考古学、歴史地理学、自然生態史学などにおける広大な空白地帯をつくり出す可能性をもつ。この点についての損失の大きさは、いまだほとんど研究の進んでいない分野であるだけに、計り知ることができない。しかし、すでにニュータウン開発の進行によって古墳群や窯あと群、集落遺跡あるいは植物群落や動物棲息地等等の破滅的な破壊による損失が、大きく進行していることはつとに指摘されているところである。このような絶対的損失が災害発生に直接、間接に結合することは、すでに述べたところである（「はじめに」参照）。

第2の問題として、ニュータウン開発のための広大な地域の急速な宅地造成の進展がもたらす、とくに流域全体に与える「宅造2次災害」の脅威をあげなければならない。

ニュータウン開発が行なわれる丘陵部などは、多くの場合、既成市街地から一定距離はなれるが、この丘陵部に発した河川は、麓の古くからの集落の間をぬって平野に至り、そこに開けている既成市街地の間を経て一級河川または湾へと注ぐといったケースが多い。したがって、丘陵部の宅地造成によって増加した洪水流出を、そのままストレートに流せば必ず大規模な災害が発生するのは当然である。

この災害を防ぐために、下流河川の改修あるいは工事区域内での沈砂池や遊水池の設置が行なわれるわけであるが、改修工事の遅れが初期的な災害をひき起し、防災治水対策体系の基本的な誤りが河川改修の進行によりヨリ巨大な災害発生基盤の拡大をひき起すメカニズムは、すでに前項でふれた通りである。

とくにニュータウン開発では、投資の集中集積によって中心市街地の街力を高めることが可能であり、それが周辺地域全体をふくめて一帯の利用価値のポテンシャルを高め、周辺開発を大きくひきつける。これらのスプロール的な宅地造成による災害発生基盤の拡大に対しては、ニュータウン開発のもっている全体制御機能がほとんど及ばず、無責任に放置される場合が多い。

最近のとくに私的資本単独あるいは第三セクターと呼ばれる私的資本の参加した企業体によるニュータウン開発の動きとしては、中心市街地を形成する商業資本の利益の拡大がニュータウン開発の大きい眼目のひとつに置かれ、そのために中心部ポテンシャルを一層高めるために「開かれたニュータウン開発」の方式がとられて、むしろ周辺のスプロールを積極的に誘引するような計画が行なわれているし、また公的ニュータウン開発においても、「地元住民への開発利益の還元」あるいは「ニュータウンと周辺既存集落地区との融和」といった地域自治体等の要求が、「開かれたニュータウン開発」方式を積極的に推進せしめている点はとくに留意しなければならない。

公的ニュータウン開発とくに、地域全体についての恒久的な維持保全責任を有する自治体の手によるニュータウン開発の場合は、宅造災害発生の責任がいずれにしろ開発責任者である自治体の長にかかってくるために、その他の事業主体によるニュータウン開発に比してはるかに防災的であるべきであるが、実態としては独立採算制の宅地開発事業のワクにしばられるために、せいぜい狭義の宅造防災――「公共の宅造工事は手抜きが少ない」――等々に限られ、宅造2次災害、あるいは絶対的な損失に対する対策にまでは手が廻らない現状にあるように思われる。

実際に大阪府の千里ニュータウン開発についてこれをみると、河川改修の遅れが下流域における溢水破堤による洪水災害を発生せしめた事例（1966年7月1日および67年7月9日）、あるいは河川改修がパラペット設置の高水方式で進められ、「ほんの夕立程度」の雨でそれまで浸水災害と無縁であった広汎な地域に内水浸水災害をもたらした事例（例えば1967年7月2日）などをあげることはごく容易である。（第3編第16章16・6参照）

また公的ニュータウン開発が絶対的損失を拡大する例としては、遺跡調査等において「行政発掘」あるいは「行政調査」などを通じてより徹底的な破壊が進められている事例も少なくない。「行政発掘」とは、開発にともなう地区内遺跡の調査発掘を行政主体が自ら行なうことで、任命権者が開発事業者の長も兼ねることから、開発側に一方的に都合のよい調査方式をとり、遺跡破壊をより効率よく進行する可能性をもつ方式である。（第1編補章参照）

千里ニュータウンのような公的ニュータウン開発においてすら、かくの如く災害発生基盤の拡大は阻止しえないのであり、これが地域の維持保全に関する最終責任を何ら有さない他の事業主体の場合には、なおさら巨大な宅造災害源としての性格をもつと断ぜざるを得ないのである。すなわち、今後におけるニュータウン開発の進展とともに、宅造災害の激増は避けることができないであろう。

2.6 公的ニュータウン開発のもつもう一つの側面
―新しい都市建設制御体系の萌芽的要素―

ニュータウン開発は、以上のべたように巨大な宅造災害源としての特質をもつと同時に、見逃してはならないもう一つの重要な側面を有している。すなわち千里ニュータウン開発の経過に明らかなように、短期間に一定水準の都市建設を実現する方法としては、従来の諸種の方法に比してきわだった優位性を有しているという点である。したがって、公的ニュータウンの場合、これを今日の都市建設の混乱状態を公共的に制御する方法のひとつとしてとらえるならば、なるほど制御の区域が開発区域にほぼ限定されるという大きい制約があるとしても、なおその有効性を否定し去ることはできない。

たとえば公的ニュータウン開発においては、既存の都市建設の規制あるいは制御に関するあらゆる手段および方法が、あらかじめ計画された将来像の実現にむけて総合化されるとともに、それが地域全体についての永続的な維持保全責任をもつ自治体等の手で進められるというすぐれた特徴をもつ、さらに、従来の公的制御の方法がもちえなかった「先制的」な性格とダイナミズムを有する点で、われわれのかねて求めている方向に一致する。すなわち「望ましい都市建設制御体系の萌芽」としての側面である。

このような公的ニュータウン開発のもつすぐれた特質は、今日、宅造災害の激増必至という事態の到来をまえにして、何ら積極的な打開の方策を見出しえていないわれわれに大きい示唆を与えうるように思われる。たとえば両刃の剣ともいうべき公的ニュータウン開発の、否定すべき面を排除し、積極的に推進すべき面を都市全体あるいは流域全体に拡大・展開していく方策はないものであろうか。

以下に、このような観点から公的ニュータウン開発方式のもつ可能性を追求してみよう。

公的ニュータウン開発がもっている都市建設の制御機能は、基本的に

① それが公的事業であること
② 計画的都市建設事業であること
③ 事業推進のための公的事業主体が存在すること

によって構成されていると考えられる。

第1は、公的事業を行なう事業主体が、その事業を行なうことを含めてあらゆる活動の公共性を保持し、かつその正当性について絶えず国民の前に明らかにすべき責務を有しているという点である。(憲法、地方自治法、地方公務員法など)。したがって国民は、この点に依拠することによって、かかる事業自体の内容のみならず、それを包含する都市・地域全体の問題を含めて、これを国民の側の要求の立場から意図的に制御しうる一定の可能性を有している。

この点は、たとえばいわゆる民間デベロッパーなどの私企業による収益事業としての都市建設事業に、国民の制御が及びにくい現状(企業は基本的に定款あるいは株主総会等の制御を受けるにとどまり、公的規制の及ぶ範囲は限られている)に比した場合、きわだった有効性として評価しておくべきであろう(表2.6.1)。ただしその背景に、国民の強力な要求なり運動なりが存在しない限り、この有効性が真に効果を発揮するとはありえないこともまた明記しておかなくてはならない。

第2は「計画的都市建設事業」としての特質がもたらす制御機能である。ニュータウン開発は一般に〈計画→建設〉という、建築単体の建設に類似したリニアーな建設プロセスをたどるかのごとくに理解されているが、実際の進行経過を分析するならば、それは表2.6.2にみるように、他の建設内容に比してはるかに都市全体の建設の動きと同質の性格をもっている。

すなわち、計画地区が面積的に大きく、また建設期間も他の建設に比

表2.6.1　公的NTと民間企業NTとの都市建設の制御における優位性比較表

		公的ニュータウン開発	民間企業ニュータウン開発
都市建設全体についての制御能力	全体的な制御機能	公的事業として全体的な制御体系のなかに明確に位置づけるべき基本的義務あり。	収益率増大のために必要経費の外部化を追求。全体的な制御の問題は基本的に放置。
	研究開発	研究開発投資可能、研究内容の公共性、成果公開の原則。	研究投資の節約、研究内容の非公共性、機密主義。
	都市建設スピード	業務集中方式により建設スピードの獲得可能、地域的要求との調整に時間はかかる。	投下資本の早期回収を至上命令とする。地域的な関連調整に疎漏な面が起る。
	企業採算と建設内容	企業採算内でも公共性追求の義務、合併施行による採算ワク拡大の可能性。	採算ワク外の投資困難。高収益的空間利用計画の徹底的追求。および当然の帰結としての公共性の放棄。
開発の各段階における制御構造	企画段階	公務に適か否かの機構内部チェックあり。	開発許可申請までは公表なし。公的チェックなし。
	用地買収着手段階	地域住民の生活の全体に対する公的責任あり。	商取引の「対象」としてのみ地域住民をとらえる。
	建設着手段階	工事方法についての公共性保持、地元業者の優先的選定等地域還元についての政策的配慮可能。	原則として請負契約関係のみ。
	入居・管理段階	責任の所在および交渉対象は明確。議会、選挙、リコール等で住民要求実現可能。	最終的な管理責任は公共委譲。無責任管理または高負担管理方式の発生。

表2.6.2　ニュータウン開発と他の建設との比較

	建築単体(一般的に)	道路、上下水道等	住宅団地	ニュータウン	都市の全体的な動向
規模形態	点的	線的ネットワーク的	ブロック的	大きい面的・システム的	大きい面的システム的
生産形態	一品注文生産的	計画的・年次建設的	注文生産的	計画的・年次建設的	無計画的
都市全体での位置づけ	{個別活動的 (各個建築) 突出的 (超高層等)	{追い建設的 (生活下水道等) 突出先行的 (高速道路等) 地域計画的	用地先行的・突出的	用地先行的・地域計画的	
建設プロセス	計画 → 建設 一方交通的	計画 → 建設 ↑ ↓ 要求 ← 管理 「一方交通＋輪廻」的	計画 → 建設 一方交通的	計画 → 建設 ↖ ↙ 管理 「一方交通＋並列フィードバック的」	並列的・循環的・新陳代謝的
制御主体	施主(設計管理者)	施主(公共)	施主(公共・民企)	事業主体(公共・民間企業)	自治体行政当局
制御の方法	設計 工事契約 工事監理、検査	設計 工事契約 工事監理、検査	設計 工事契約 工事監理、検査	計画作成 直営事業実施 全体統括	法制的・規制的制御、公的投融資配分、公共事業の計画的実施、公的機関の企画調整
都市の全体的制御との関係	個別活動の制御と建設生産構造の体系化	地域空間計画とその実現条件の確立	同左、同々左	同左	
主導的技術	建築	土木	建築＋(土木＋造園)	(建築＋土木＋造園)＋α	(都市建設工学)

すれば長期にわたることから、地区内の各部分において計画・建設・管理の各段階が並列的に発生し、これが相互に影響を与えつつ建設が進行する。これを私は都市の建設過程に特有な「並列フィードバック・プロセス」と名づけているが、[9]このような相互影響によって必然的に発生する基本計画の修正、変更、追加の要求を、全体的な制御構造のなかに柔軟に組み入れつつ基本計画の意図を実現していくことこそ、「計画的」都市建設事業たるニュータウン開発の最も重要な技術的側面であるというべきであろう。ただしこのような計画技術は、いまだ十分に追求されておらず、現段階でのニュータウン開発事業の進め方はきわめて硬直したものにとどまっているのが実態である。

第3は、以上の制度的あるいは技術的特質を十分に把握したうえで、建設プロセスの各段階に的確に対処しつつ建設の全体を制御するための態勢を確立することの重要性である。いいかえれば、ニュータウン開発事業の進行に対してダイナミックに対処しうる「事業主体」が存在しない限りさきの諸制御機能は決して有効に機能しえない。

事業主体は事業遂行のために何らかの行動を起すが、その行動内容は事業進行の各段階における技術的あるいは行政的に幅広い選択要素のなかから、「事業主体の意志」によって選択され、実行される。したがって、国民の要求するところと事業主体の意志決定とが、合致するかしないかが最も重要なポイントとなろう。

この場合、国民のなかでも最も大きい発言権を有すべきは、当該事業区域内および事業により直接の影響を蒙る地域の居住者であるべきであるが、ニュータウン開発においては、これらの居住者の多くが、開発計画、初期建設段階ではまだ入居しておらず、建設がある程度進み、部分的に完了したところから徐々に発生せざるを得ない点に特徴がある。したがって、その意見を「事業主体の意志」に当初段階から反映することには一定の困難がつきまとう。

このような困難性は、都市域の拡大において必ず発生する問題であり、これを克服するための手段・方法の開発は緊要である。しかし、かりにある程度有効な方法がみつかったとして、その実施もまた「事業主体の意志」に委ねられているとすれば、けだし事業主体のあり方そのものが、ニュータウン開発のあり方を決定すると断ずべきであろう。そして、現存する公的ニュータウン開発の事業主体のあり方は、うえにのべたような望ましい方向とはほど遠い硬直した実態にあるといわざるをえない。

以上明らかにしたごとく、公的ニュータウンの開発は、たしかに「望ましい都市建設制御体系の萌芽」としての資格は十分有しているが、現段階においては萌芽のままにとどまっているというのが実態であるというべきであろう。

2.7　むすび――宅造災害克服への展望

今日のわが国では、宅造災害をふくむいわゆる自然災害（自然現象がひきがねとなって発生する災害）が発生した場合、その被害者はきわめて大きい個人的損失を余儀なくされる仕組みになっている。災害のたびに不幸のどん底に陥れられる国民が数多く生じ、しかもその多くは災害発生のかねてから予想された低湿地や河川の堤防下、地すべり常襲地帯、不良住宅密集地帯等々に居住せざるを得なかったところの都市下層労働者や零細農漁民階層であるために、その被害は致命的な生活破壊へと次々に連鎖的に拡大する。

自然災害の多くは、単に居住地を比較的安全な地域に選定するだけで、相当程度の災害防止が可能であるため、その被害は「災害のない場所を選定する法律的自由はあっても、経済的自由をもたない」[10]階層の国民に対して、集中的に襲いかかる。

したがって、災害を契機とする階層間格差の拡大傾向は如実である。

そのうえ災害復旧公共土木事業等への巨大な公共投資が、建設産業を媒体として富裕階層に大きい利益をもたらしつつこの傾向に一層の拍車をかけている。まことに自然災害は、わが国資本主義体制の病根に深く巣食いつつ、一方で貧困の拡大再生産と、他方で富の強蓄積をもたらすひとつの重要なモーメントとして作用しているというべきであろう。

ところで、宅造災害の実態分析を通じて明らかにしてきたように、今後の都市域拡大の進行が国民諸階層にもたらす構造的な損失は、自然破壊などの絶対的損失は言うに及ばず、宅造災害などの慢性的かつ不可逆的拡大の必然化を含んで、うえに述べた階層間格差の増大をより一層進行させるのみならず、公害被害と同様の全体的悪化ないしは地獄化の盲目的な道程を必然化せしめつつある。

このような状況のなかで、真に有効な宅造災害対策体系の確立を求める運動は、最も直接的に損失を蒙る階層の要求を母体として発展し、やがては幅広い階層を含む国民的運動へと必然的に拡大せざるをえないであろう。

宅造災害克服への展望は、まさにかかる大運動を背景に、さきに明らかにしたところの公的ニュータウン開発にその萌芽的要素を表現しつつあった「新しい都市建設制御体系」を、国民主権のもとで実現することに求めるべきであろう。すなわち具体的には次のような原則の確立が必要であると思われる。

第1に国民が各級レベルでの自治権を確立することが最も重要である。その単位は地域の歴史的蓄積に応じて決定されるであろうが、従前の自治体単位の継続、細分割、再編成などが行われる必要があり、それぞれの単位で、地域のあり方についての大幅な決定権限をもった自治体を結成する必要があろう。その場合宅造災害の観点からするならば、従前の部落単位の多くがそうであったように、自然流域の単位には〝まとまり〟を構成する必然性があることに留意しておく必要がある。

第2に、この自治体は地域の将来像についての一定の方向づけを行なわなければならない。そしてそれにもとづいて作成される全体計画案には、開発規制区域の設定とそれによって生ずる損失の回復プログラムの設定、計画実現の方法として制御主体自身の手による直営事業の実施によるダイナミズムの導入と既存の諸制御方法の総合的適用、さらに居住者の意見を的確に反映するための並列フィードバック・プロセスの意識的活用等々を含まなければならない。

第3に、自治体が制御主体としての機能を発揮する場合に、その制御主体としての意志決定と地域住民の要求とが離反せず、かつ最大限合致するように、制御主体の構成は在来の自治体行政機構に比してはるかに民主的な構成をとるとともに、専門構成員の技術研究、学習などの強化体制の確立、地域に関する諸データの、調査、観測、収集蓄積および研究機関の設置などをはからなければならない。

地域住民の立場からする「住みよいまちづくり」をめざす住民の運動が、いま全国各地で大きく進展しつつあるが、「新しい都市建設制御体系を国民主権のもとで実現する」ためには、これらの運動がより一層強化されることが必須の条件であるといえよう。あらゆる住民の運動は、早晩来襲する宅造災害時代に先制的に対処するために、さきにあげた原則を確立するための文脈のなかに自己の運動を位置づけ、展望を明らかにして運動を発展強化させていく必要がある。

そのための当面のみちすじを論じて本論のむすびとするならば、第1に住民の運動は住民自身の生活を真に守るとりでとしての自治体の結成の方向を、運動の展望として持つ必要がある。運動の過程における現在の自治体当局などへの働きかけあるいは行政責任追及などはきわめて重要であり、これらはすべてそういう展望のもとに行なうのであるという自覚をもつ必要があろう。今日の1割自治あるいは3割自治といわれる自治体行政の実態のなかでも、住民の強力な運動を背景とするならば、都市域の無計画な拡大などに対して相当の制御力を有することは、各地の運動の成果として明らかになりつつあり、運動の焦点を自治体にあてることはきわめて有効でありかつ最も重要であると思われる。

第2に将来像の設定、全体計画の樹立における技術的展望の問題として、これまでの「建設」や「開発」のもつ破壊的な性格を根本的に転換した、新しい真に住民生活を豊かにする「建設」や「開発」の方向を明らかにする必要があろう。たとえば「開発」によってかえって地域の自然環境が豊かさを増し、防災のための無駄な出費が減り、地域の歴史的風致が生活環境の重厚さを増すという開発の方向はありえないのであろうか。この問題は今日の技術者、研究者に課されている最も重要な研究課題の一つと考えるべきであろう。

第3に、制御主体の意志決定が地域住民の要求に合致するための必須条件として、制御主体構成員の技術能力を高めなければならないという問題がある。複雑な宅造災害との対決には、専門家である科学者、技術者、公務員、労働者などを結集し、かつその技術レベルを高める運動がどうしても必要である。とくに公務員労働者なかんずく公務員技術者は、制御主体構成員としての位置づけにあり、その動向は重要である。

しかるに現実の問題として、今日の公務員技術者に多くを期待することは事実上不可能であろう。それは制度的制約のみならず、彼らの技術レベル自体の貧弱さにも起因する。委託外注制度の大幅導入により彼ら自身が実際的な技術に習熟する機会をもたず、しかも巨大な量のルーチンワーク、労働過重等々がその傾向を強化している。これに対しては、技術と行財政上の判断能力とを結合させる新しい技術体系の創造と、技術者育成方法の確立をひとつの運動として展開することは急務の課題である。

新しい都市建設制御体系の確立をめざす構想のなかで、このような具体的な技術運動を早急に積み上げることなくして、迫りくる宅造災害激発に対処することはすこぶる困難であると同時に、そこに問題解決のための一つの重要な糸口があることを指摘しておきたい。

(注)

(1)　「都市計画中央審議会報告」1970年8月。

(2)　自民党都市政策大綱（1968年）以来、最近の新国土長期構想試案（1973年）に至る政府自民党の国土政策の最大の柱の一つとされている。

(3)　本間義人『危険な都市』三一書房、1970年、92頁。あるいは高橋裕『国土の変貌と水害』、岩波書店、1971年、47頁。なお坂井定雄『日本の災害』、三一書房、1965年、52頁では、横浜・神戸に多数の死者を出した1961年の「36・6豪雨」を、宅地造成を起因者とする「新しい災害」と呼んでいる。

(4)　高橋裕、前掲書、46頁。

(5)　『建設白書』（昭和47年版）。

(6)　渡辺精一「宅地造成と災害」、『都市問題』1971年2月、19頁。

(7)　本間義人、前掲書、83頁。

(8)　本間義人、前掲書、83頁。

(9)　拙稿「公的NT建設の特質――千里NT開発過程に関する研究その2」、『日本建築学会大会講演梗概集』1973年10月。

(10)　佐藤武夫・奥田穣・高橋裕『災害論』、勁草書房、1964年、246頁。

第1編　ニュータウン開発論

第3章　千里NT建設着手の背景

目　次

3.1　編序――NT開発論の課題と構成

本編では、千里ニュータウン（以下千里NT）建設が進められた本質的な理由とその結果についての評価を、とくに千里NTを含む地域一帯との関りにおいて論ずる。

NT建設の特徴は、地域空間のある一定部分を「計画区域」として囲い込み、「建設期間」を限って、そこへ集中的に資本投下を行うことにある。

一方、地域空間とは、過去から未来に至る永続的な時の流れのなかで、その地域に居住する人々の生活の展開に対応するさまざまな拡がりをもって、絶えず新陳代謝をくり返してきた空間である。

したがってNT建設も、地域空間における新陳代謝の1つに他ならないのであるが、その位置および規模が地域空間のなかに占める大きさがきわめて大きいため、与える影響も圧倒的な様相を帯びる。いいかえれば、NT建設は、地域空間の永続的な新陳代謝の過程のなかに適切に位置づけられない限り、地域空間、ひいてはそこに住む居住者に対してとりかえしのつかぬ悪影響を及ぼす恐れのある建設活動として理解しておかなければならない。

しからば、千里NT建設過程において、以上の問題はどのように意識され、またいかなる結果を招いたであろうか。明らかにいえることは、千里NT建設が、「短期、大規模、独立採算」の原則に基く「事業」として行われたために、事業成立条件を確保するために、事業範囲外の諸問題とは必然的に一種の敵対した関係を形成せざるを得なかったこと、したがって千里NT建設が地域に及ぼした悪影響は、きわめて深刻なものがあると予測されることである。したがって、われわれは千里NT建設過程の総括的分析にあたって、以上の経過とその本質的な問題点を明らかにする必要があろう。

本編では以上の問題意識のうえに立って、次の各項について論ずる。

(1)　わが国最初の大規模NTである千里NT建設着手に至った政治経済的、行政的、技術蓄積的な背景に関する考察。（第3章）

(2)　当初段階で少しく論議された「千里NT開発論」の系譜と批判。（第4章）

(3)　千里NT建設の結果としての地域構造の変容過程の分析。（第5章）

(4)　NT建設と従前からの地域住民との関係に関する考察。とくにケーススタディとして「用地買収」過程に関する考察。

(5)　以上の考察の結果として「千里NT開発の基本論理」についての試論的解析を行うこと。

3.2　NT建設の簇生

千里NT建設はわが国におけるNT建設の嚆矢であるが、同時にわが国住宅政策における「NT方式」の登場は千里NT建設の「成功」を足場に始めて本格的に始まったものと考えてよい。より正確に表現するならば、「実験」として試行的に着手された千里NT建設事業について一定の見通しがつくや否や、NT建設方式の全国的な普及が政策的にかつ急速に進められたのである。これがいかに急速に進められたかについては表3.2.1にみる通りであり、千里NT建設がいわばそれだけの下地をもった情勢のなかでの国家的規模における「実験」として位置づけられていたことが、その後の結果に明白に現れている。したがって、わが国のNT政策登場の背景は、千里NTの登場およびその実現の背景をさぐることによってほぼ明らかにすることができるといえよう。

以下、本章では①わが国経済社会の全体的な状況、②大阪都市圏における状況、③住宅地開発の局面における情勢、④とくにNT建設を実現するための技術的蓄積の状況、等について順を追って述べ、千里NT建設登場の背景を明らかにしたいと思う。

3.3　わが国経済社会の全体的な状況におけるNT建設志向

3.3.1　「地域開発」政策の進行

第2次大戦敗戦後における国家独占資本主義体制の強化のなかで、1955年以降わが国経済は、いわゆる「高度成長政策」の展開によって、新たな段階へと突入した。

それは具体的には「産業構造の高度化」をめざす重化学工業重点主義の「地域開発」として進められ、鉄鋼、石油コンビナートの拠点的な建設と高速道路、港湾施設、工業用水道などのいわゆる「産業基盤」の建設を、大都市域を中心に巨大な規模でおし進めるという方向であった。

政府各省庁は、1955年頃より「広域都市圏」「基幹都市建設」「新産業都市」などの構想を次々に打ち出して「地域開発ムード」をあおり立て、1960年の日米安全保障体制確立後、池田内閣は「国民所得倍増計画」を発表して、国家独占体制の強化をはかった。

この一連の経過のなかで、大都市における第2次第3次産業の雇用力は飛躍的に高められて人口の大都市集中が促進される一方、農村部では国際貿易の「自由化」による海外農産物の輸入と、農業基本法の制定による農業構造改善という名の零細農切捨て政策が進められて、農村部からの人口追い出しが進められ、その結果として農村部での「過疎」化の進行と、人口の大都市集中がますます加速化された。当然、大都市における住宅難は量的にも質的にも激化した。

3.3.2　「地方計画」策定の進行

一方、全国的に「国民所得倍増計画」の府県版としての「地方計画」の策定が、各地方自治体（府県）によって競って進められ、これは下位計画として位置づけられて、各自治体は1960年を境として、「地域開発」の主導機関としての役割を強化した。いうまでもなくその基本方針は、産業構造の高度化（重化学工業化）による「府県民所得の倍増」であり、これが「地域開発」推進を正当化する根拠とされたのであるが、同時に憲法に規定された地方自治体としての責務において、地域における住宅難の激化に関しても、一定の「対応策」を用意する必要が、とくに大都市域においては切実な問題として意識され、これが地域開発の一環に住宅地区開発を組みこむ推進力となった。

表3.2.1 日本のニュータウン一覧表

No.	名称	面積	人口	戸数	人口密度	建設期間	事業主体
		ha	人	戸	人／ha		
1	下野幌団地(第1・第2・第3)	341	52,900	14,400		62～72年	札幌市
2	大麻団地	215	2,7000	7,200		64～69年	北海道
3	北広島団地	430	33,000	8,800		68～74年	〃
4	白鳥台ニュータウン	182	20,000	5,250	110	65～71年	室蘭市
5	鶴ヶ台団地	177	23,000	6,335	130	66～71年	仙台市
6	研究学園都市	2,700	160,000			66～76年	住宅公団
7	成田ニュータウン	487	60,000		120	68～73年	千葉県
8	千葉ニュータウン	2,913	340,000		120	67～76年	〃
9	北習志野	148	27,000			64～67年	住宅公団
10	洋光台	207	33,000	8,500			〃
11	港南台	300	47,000	12,000	157	69～72年	〃
12	多摩ニュータウン	3,011	400,000	110,000	130	65～77年	東京都、住宅公団 東京都住宅供給公社
13	久留米	156	25,000			66～69年	住宅公団
14	高蔵寺ニュータウン	850	87,000	22,000	100		〃
15	四日市	165	18,000	4,600			三重県
16	湖南	291	13,000	4,600	70		住宅公団
17	金剛	216	31,000	7,880	140	59～69年	〃
	金剛東	234	40,000	10,500	170	68～74年	〃
18	真美ヶ丘	298	50,000	12,500	170	65～73年	〃
19	平城Ⅰ	349	43,000	11,000	120	65～75年	〃
	平城Ⅱ	260	32,000	8,000	120	65～75年	〃
20	洛西ニュータウン	285	43,500	11,650		69～74年	京都市
21	八幡	186	32,000	8,000	170	65～72年	住宅公団
22	香里	155	26,000	6,100	170	55～62年	〃
23	藤原	287	40,000	10,000	140	67～74年	〃
24	北神戸(第1・第2・第3)	502	75,000	19,000	150	68～77年	〃
25	須磨ニュータウン(名谷・須磨・白川台・落合・北須磨)	940	118,000	31,000		61～74年	神戸市・白川土地区画整理組合・兵庫県労働者住宅生活協同組合
26	明石・舞子団地	161	34,000	8,500		64～69年	兵庫県
27	新多聞	193	35,000	9,000	180	67～73年	住宅公団
28	落合	240	35,000	9,000	150	67～73年	〃
29	周南	225	25,000	6,420			徳山市
30	大閤山ニュータウン	238	23,900	6,500			富山県
31	東郷ニュータウン	217	20,000	4,980			住宅公団
32	西諫早ニュータウン	150	20,800	5,050	138		長崎県住宅供給公社
33	一ヶ岡団地	94	10,000	2,330	107		延岡市
A	千里ニュータウン	1,160	150,000	37,330		61～69年	大阪府
B	泉北ニュータウン	1,520	188,000	47,000		66～74年	〃

出典：住宅建設No.22・23合併号

図3.2.1　日本のニュータウン

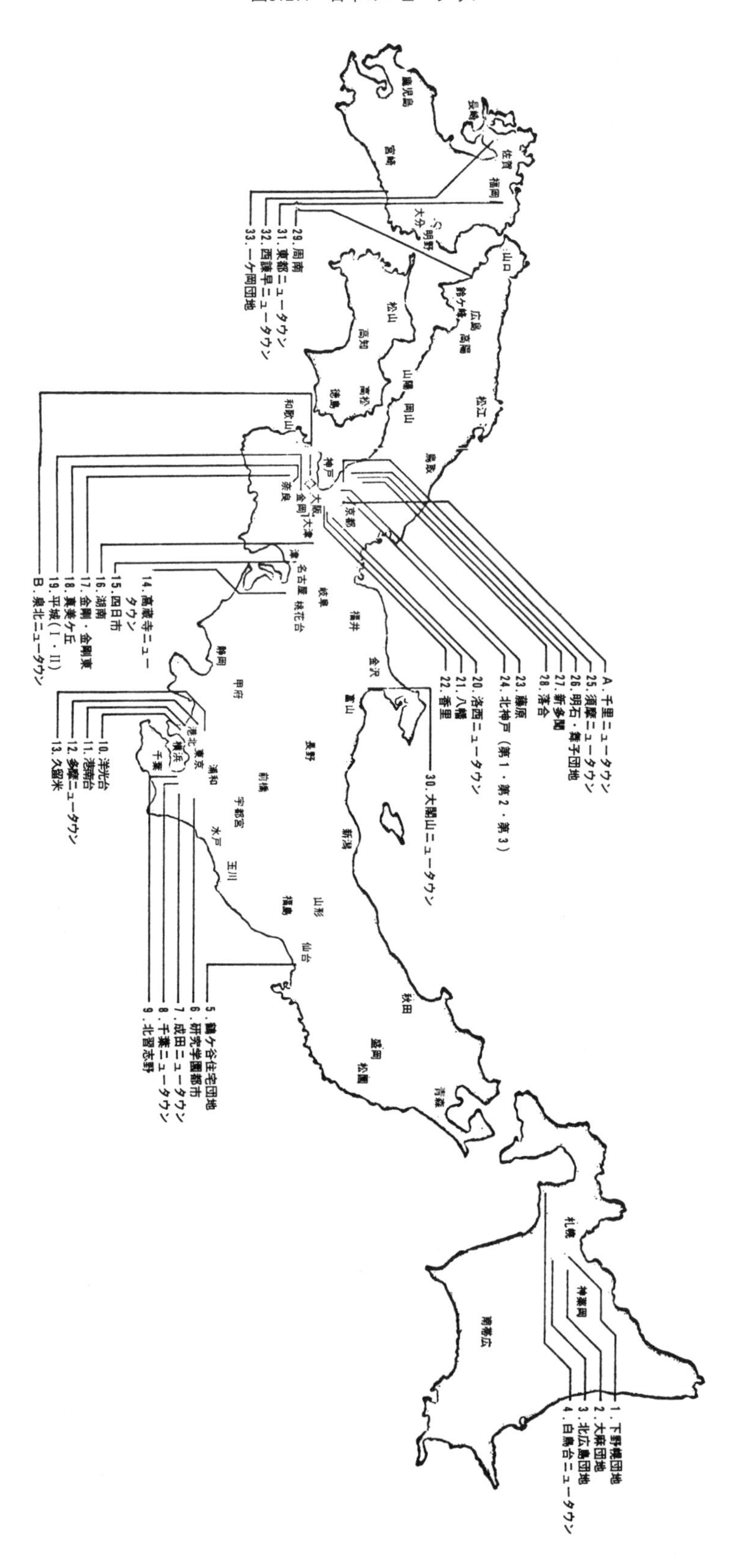

図3.2.2　近畿の大規模宅地開発（50ヘクタール以上）各府県庁調べ

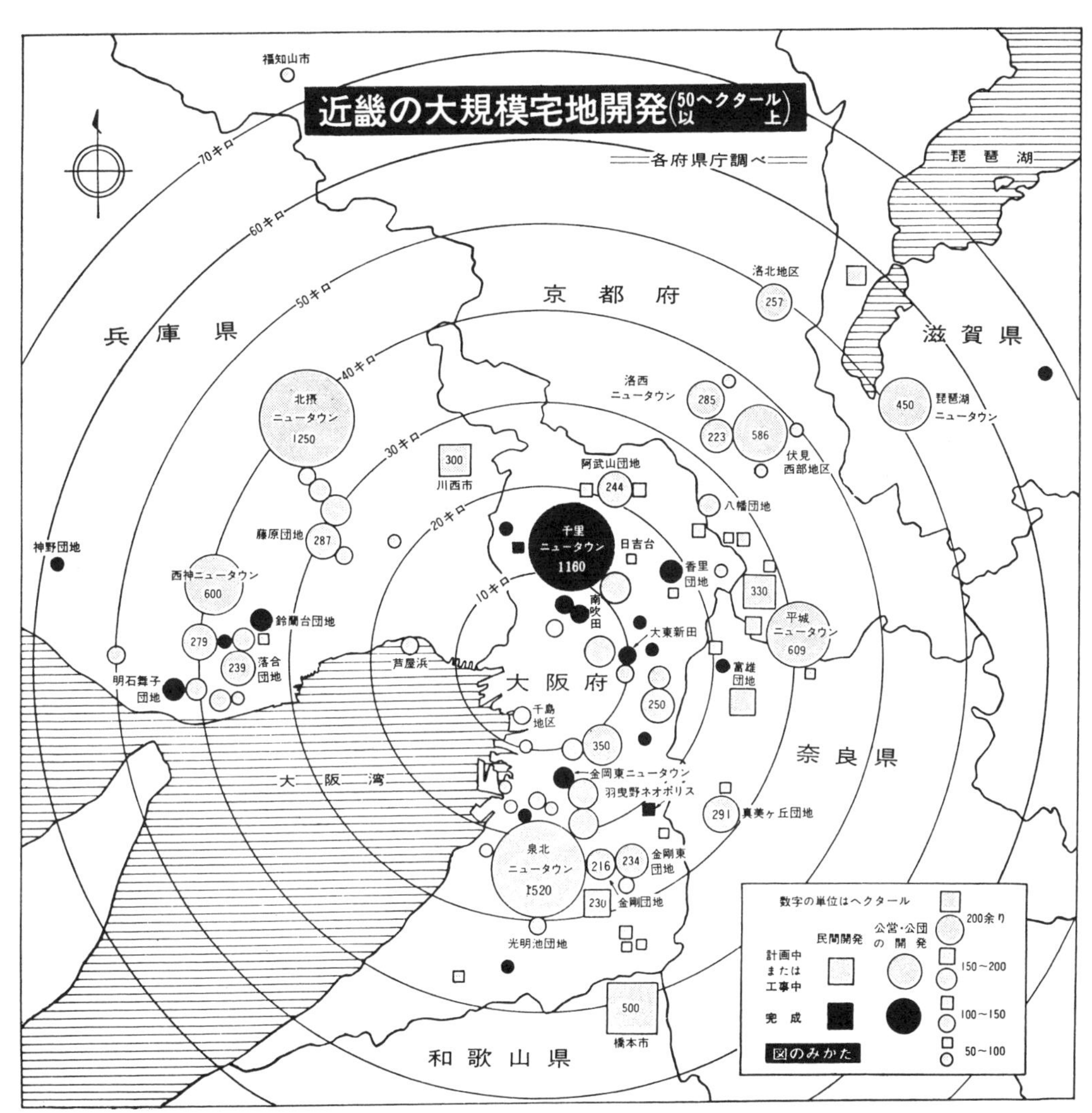

出典：住宅建設 No.22・23合併号

3.3.3　大都市域における住宅問題の局面

大都市域を中心とする住宅難の激化は、階層別にはとくに低所得者階層に対してより厳しく現れながらも、中高所得階層をふくむ幅広い階層をまきこみ、住宅に関する国民の要求の高まりが国民の共通の要求として最大の政治課題の1つとなった。

1955年の総選挙の焦点となった「住宅問題」について、各政党はそれぞれ独自の「住宅政策」をかかげ、国民の注視が集まったなかで、ときの鳩山内閣は「住宅42万戸建設構想」を掲げ、「住宅建設10ヶ年計画」(1955)を策定した。これに基き、1955年には日本住宅公団が設立されて、「中流階層」むけの公的直接住宅供給が始められた。

この段階での住宅政策の基本は「戸数主義」にあり、とにかく戸数増加をはかって「出来るところから住宅難を解消していく」という無定見なものであったが、このような糊塗的対応策は、まもなく公的施策住宅どうしの競合による、市街地周辺部の異常な地価高騰と、その結果としての低所得者むけ民間住宅、公営住宅など用地費枠のきびしい低家賃住宅の建設に対するしわよせ、縮少となって現れた。

このような「住宅問題」をめぐる矛盾の深まりを、これ以上放置しておくことは為政者にとっての政治的危機につながる恐れがあった。NT建設への政策的志向は、まさにこのような全体的背景のもとに醸成されてきたのであった。

3.4　大阪都市圏における状況

大阪府は「中央直結」を標榜する歴代知事のもとで、「地域開発」政策を全国にさきがけて導入し、独占資本の要請に応えた地域づくり政策を推進しつつあった。

大阪における特徴は、東京(京浜大都市圏)との比較において、「大阪経済の地盤沈下」を憂う地場資本の要求に応えて地方自治体の行政を積極的に動員する方向が、早くから推進されていたことであり、「国民所得倍増計画」の策定以前から、「大阪経済の地盤かさ上げ」を標榜する諸政策が進行していたことである。府財政の好転とくに1956、57年度のいわゆる神武景気を背景とする府税収入の上昇がこれを支えていた。(表3.4.1)

これらの諸政策は1959年に赤間文三知事から左藤義詮知事へとバトン・タッチされ、国の「地域開発」諸施策と整合された結果、1962年に「大阪地方計画」として整理された。

「大阪地方計画」の中心は、次の3つの開発構想にあった。

① 堺，泉北臨海工業地帯の造成

公海の埋立造成により、大都市隣接地に巨大な工場用地をつくり出し、これを驚くべき安価(造成原価)で独占資本に分譲して、ここに、鉄鋼、電力、石油化学の巨大コンビナートを建設する事業。重化学工業生産の拡大によって、大阪経済の「高度化」をはかることが事業目的とされ、そのための工業用水道、道路、港湾、エネルギー施設等の建設も含まれている。

② 新十大放射三環状線道路の建設、とくに最重点路線としての「中央環状線」道路の建設

府下に網目状にはりめぐらす13本の新たな幹線道路によって、内陸部の開発を促進し、モータリゼーションの急激な進行に対応せんとする事業。網目の結節点を拠点的に開発するとともに、とくに「中央環状線」は、府下地域開発の大動脈として沿道開発をはかることが事業目的とされた。

③ 千里ニュータウンの建設

御堂筋線と中央環状線との交点にあたる、北大阪の重心地域をおさえ、

ここに北大阪一帯の開発拠点としての住宅都市（ベッドタウン）を公共の手で建設する事業。「未開発」の丘陵地を独立採算制による宅地開発事業で造成、分譲することによって、一般府費を圧迫せずに「理想的」な住宅都市を建設し、「住宅難の解消とあわせて理想的な生活環境の造成」が事業目的とされた。

以上の3つの開発構想は、第1に、堺、泉北——中央環状線——千里ニュータウンの3つを空間的に結合することによって、一体の施策であることを印象づけ（図3.4.1）、第2に工業開発、道路開発、住宅開発をバランスさせることによって、資本活動への自治体行政の「奉仕」ないしは「工業偏重」に対する批判を緩和し、第3に、海（工業）、内陸（道路）、山（住宅地）および、南（堺泉北）、北（千里）中央（中央環状）という地域バランスをとることによって、投資の「地域偏重」に対する批判を封じるという、まことに巧妙な構想であり、左藤府政のショーウインドウとされたのである。

当初個別プロジェクトとして、先行的に検討が進められていた千里NT建設の構想は、かくして大阪府における地域開発政策の重要な柱に組み込まれることによって実現へのモーメントを確実に獲得したのであった。

表3.4.1　大阪府一般会計歳入決算の推移

（単位：百万円）

年　度	総　額	府　税	国庫支出金	繰越金	府　債	その他
1955	28,509	15,248	6,778	1,131	1,495	3,847
56	34,620	20,303	6,773	1,330	2,061	4,153
57	42,855	27,420	7,621	2,241	899	4,674
58	42,540	25,674	7,983	2,022	340	6,521
59	48,130	31,529	8,273	2,928	345	5,055
60	60,668	41,052	9,232	4,142	200	6,042
61	80,529	54,046	12,000	3,542	635	10,306
62	101,473	62,253	15,819	5,552	1,746	16,103
63	115,145	71,624	18,784	3,539	2,834	18,364
64	132,591	79,862	22,820	1,201	6,045	22,663
65	149,324	86,958	28,819	2,015	9,939	21,593

（資料）大阪府歳入歳出決算書

3.5　住宅地開発の局面における情勢

3.5.1　公的住宅施策の行き詰り

すでに3.3.3に述べたように、階層を超えて激化する住宅難は、重大な政治的課題のひとつとなっており、政府としてなんらかの施策を打出す必要に迫られていた。すなわち、

① 市街地および近傍地における宅地取得難のために、公営、公団住宅などは、年度内割当戸数消化に苦慮していた。

② 民間自力建設に対する公的制御は放置されていた。すなわち1953年以降の年間住宅建設戸数において、借家建等が持家建等を上廻ると

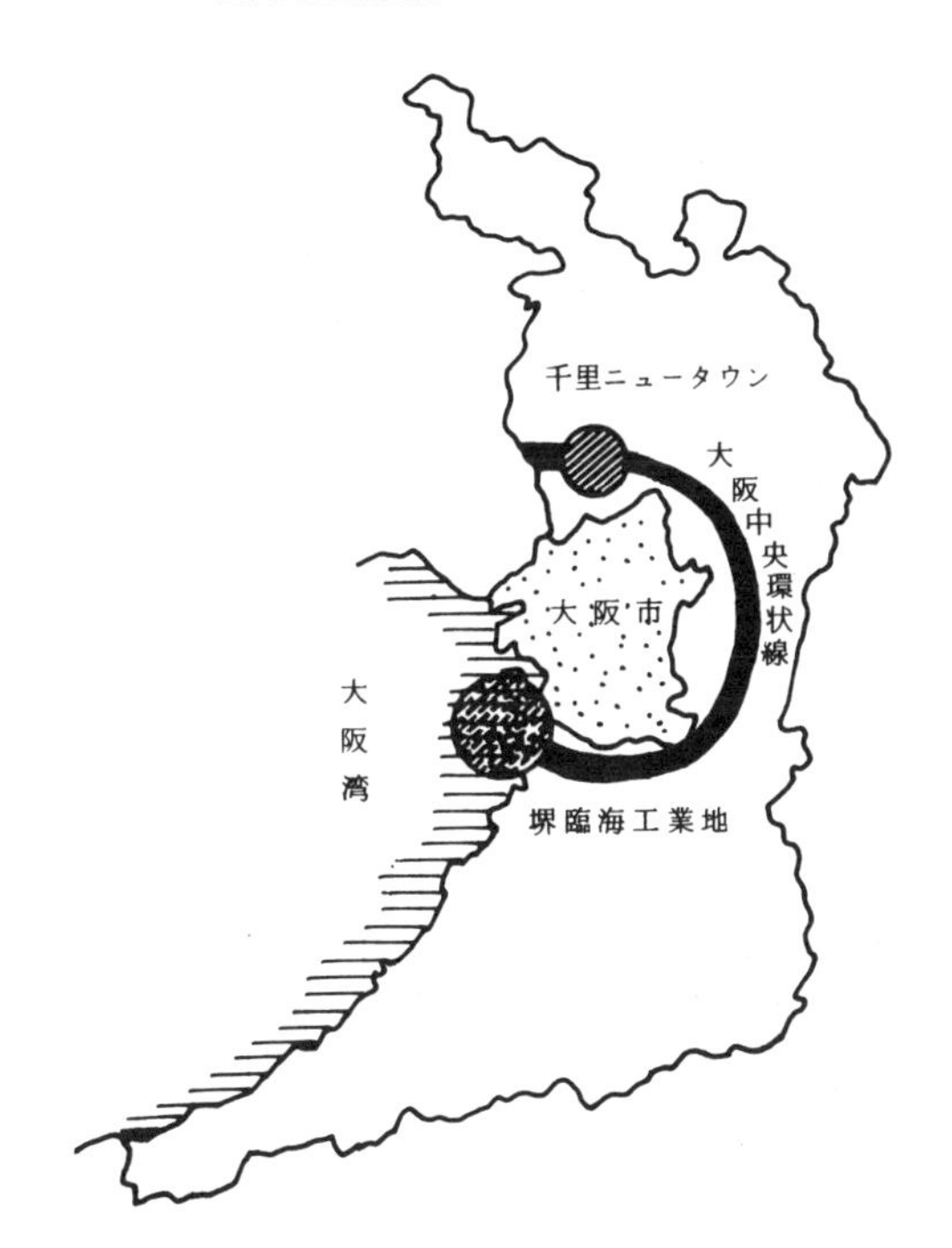

図3.4.1　「大阪地方計画」1962における三大開発計画の空間的連結関係

いう実態のなかで、大量の住宅需要とくに低所得者の住宅需要には、いわゆる木賃アパート、文化住宅等の低質住宅の形態での供給が対応し、これが都市問題激化の要因となっていたのに対して、行政はほとんど無策のままこの事態を放置してきていた。

③　公営住宅建設が行き詰りつつあった。すなわち、公営住宅に対する国庫補助は、諸材料、建築工事費の高騰のなかで実情に適合しえず、公営住宅における落札不調が相ついだ。また用地取得難に加えて各市町村において、公営住宅建設が自治体財政を圧迫するという点での忌避があいついだ。一方公営住宅管理必要戸数の増加と管理関係職員数不足の問題が激化した。

④　用地の競合については、市街地近傍地地価の高騰により、公営、公団、協会あるいは公庫融資付住宅等の公的施策住宅の用地取得は、いっせいに郊外地を志向し、同時に始まっていた各種地域開発と関連して、公共事業どうしの競合関係が深刻化していた。また、公的施策そのものがスプロールを助長するという批判が大きくなり始めていた。

⑤　住宅金融公庫融資は、個人の宅地取得難のために申込みが激減し、同施策を遂行するためには個人むけ分譲宅地の大量供給が必要であった。

⑥　一方、公営宅地建物分譲事業も行き詰っていた。すなわち同事業については、事業当初の段階から住宅市場圧迫に対する民間企業からの非難があり、その公共性についての疑問が出されていた。たとえば、ⓐ一部富裕階層の住宅要求に応えるにすぎない、ⓑ小規模開発がかえって周辺スプロールを助長、ⓒ業務が繁雑なわりには建設戸数が少く行政効率が低い、等であり、そこへ用地取得難が加わって事業実施そのものが困難な状況にあった。

⑦　各種の公的住宅施策の役割の不明確さと行き詰りが激化していた。

たとえば大阪府の場合、府の外郭団体として、1950年に大阪府、堺市、布施市の共同出資によって設立された府住宅協会（のち1965年の地方住宅供給公社法の制定により、1966年府住宅供給公社に改組）の住宅供給能力に関しては、資金的限界（府は賃貸住宅事業費の25％を無利子貸与するにとどまる）と、民間法人としての外郭団体特有の組織的限界によって、これを大幅に増大することには困難があった。しかも協会賃貸住宅は公団賃貸住宅と家賃的に競合関係にあり、そのため政策的な位置づけが不明確であった。

⑧　このように公的施策はいたるところで競合し、その結果として公的施策そのものが地価高騰の原因をつくり出し、自らの建設を困難にするという悪循環にはまり込んでいた。そのために施策の統一と総合化が望まれていた。

3.5.2　公的住宅供給施策における郊外化と大規模化

宅地取得難の深まりのなかで、公的住宅供給は必然的に低地価を求めて郊外へと進出し、しかも大規模化しつつあった。その先べんをつけたのが、日本住宅公団による住宅団地の建設であり、1955年の発足以来関東、大阪、名古屋の各支所で1団地1,000戸を越える大規模開発が各数件、ほぼ同時に進められていた。

公的施策が郊外化、大規模化を志向した理由を整理すると次の通りである。

①　用地取得が容易であること。――「未開発地」を大規模に一括して買えば、全体としてきわめて安い地価に抑えこむことが可能である。

②　開発効率が高いこと。――ⓐ道路、上下水道などは大きい単位にまとめることによって事業費を割安にできる（この点はむしろ国庫補助対策事業比率を大きく出来ることのメリットが強調される）ⓑ大きく囲いこむことによって、開発利益の内部吸収が可能であり施設密度をあげうること、ⓒ大規模化により公共、公益施設の充実がはかりやすい側面があること、

ⓓ境界条件等が少く、開発ペースを早めうること。

③ 政策効果が大きいこと——中層アパートの林立する団地建設事業の進行がつくり出す近代的な都市景観は、ドラマチックな効果をあげるため、政策宣伝効果が大きいこと。

④ 団地開発技術の蓄積が進んでいたこと——すでに関係技術者のレベルは、1950年以降の公営住宅団地建設に加えて、1955年以降の公団住宅団地についての技術的蓄積によって、大規模郊外開発に伴なう諸問題解決に関して相当の力量に到達していたし、研究者はこの新しい課題に積極的にとり組み始めていた。諸外国の経験が文献的にも大量に流入し始めていた。(3.7参照)

3.5.3 NT建設実現への積極的情熱の存在

このような状況のなかで、各方面においてNT建設実現への期待が高まっていた。それはNT建設が未知の課題を多く残しながらも、きわめて実現性に富み、従来の団地規模の開発よりもはるかに政策効果が高く、かつ新鮮な魅力に満ちていたことにあろう。すなわち、

① NT建設が独立採算方式による宅地開発事業の形態をとることにより、現体制の枠内で強い「実現可能性」を有していること。

② 「住宅難の解決」という国民の大多数の要求を背景としているだけに事業目的の公共性が高く、しかも「短期速効性」があり眼に見える政治的効果があるため、政治情勢としても強い実現性を有していること。

③ NT建設が従来の都市建設、公的住宅施策の内包する諸問題の解決についての一定の展望を有していたこと。とくに、

(a) 郊外丘陵地への無計画的な都市域の拡大進行に対して、これを「計画的開発」によって制御するという展望を有していたこと。

(b) 従来の公的住宅施策が、都市全体のなかに正しく位置づけられておらず、団地の建設がかえって都市の混乱やスプロールを助長する元兇となるという矛盾が存在していたこと。

(c) 従来の都市開発方式が、例えば公団新開発土地区画整理事業などにみるように、きわめて制約が強く、自由度が低く、かつ能率も悪い方式であったこと。そのためにこれ以上の事業拡大や建設速度の促進に限界があったこと。

④ NT建設が、とくに地方自治体のルーチン化した業務実態のなかで、積極的施策として新しい可能性の萌芽を有していたこと。都市建設の混乱を含め、あらゆる場面において、「行政の立遅れ」や後追い糊塗的業務実態の存在に対する国民の批判が高まっていたこと。またこれに対して行政従事者(公務員労働者)のなかにも事業打開についての、し烈な要求が存在したこと。

⑤ NT建設の実現に情熱を傾ける一群の人々が存在していたこと。とくに次の3者である。

(a) 公務員技術者:住宅公団関係者は公団団地建設における行詰り(とくに新開発区画整理方式の制度的制約に起因する)の打開策としてのNT方式に期待をもち、国家公務員とくに建設省関係者は、従来の土木系都市計画事業にかわる総合的都市建設事業(建築系)に対して期待をもち、自治体関係者は公営住宅団地建設や公営分譲住宅事業の行詰りのなかでその打開策としてのNT建設に期待をかけていた。

(b) 事務系公務員:行政全体における行詰り打開策、「積極的行政」、技術系と事務系の境界総合領域を自らがイニシアティブをとって拡大していくことへの期待があった。

(c) 研究者:実践的研究への期待と世界的にみても新しい未知の課題を多く含んでいるこの分野に関しての研究上の興味があった。

3.6　大阪府当局における組織的蓄積

3.6.1　概況

前述のように、技術的蓄積としては各地方自治体および日本住宅公団において、住宅団地建設の大規模化というかたちで進められており、さらに自治体当局における従前よりの諸蓄積（土木、建築、造園その他）がこれに加味されることにより、NT建設実現のための技術的基盤が形成されていた。しかしながら、地方自治体であるところの大阪府が、その事業主体として登場しうるには府の行政機構の内部ないしは周辺において、それなりの組織的な技術蓄積が存在しなければならなかった。以下、その状況について次の各点より明らかにしておきたい。

第1は自治体における土木関係事業の蓄積である。NT建設に直接必要な大規模な土木事業および関連事業を進めるについて、大阪府土木部における組織的蓄積状況を概観する。

第2は同じく住宅関係事業の蓄積である。(1)大阪府建築部を中心とする組織的蓄積、(2)直接的技術蓄積ともいうべき公営住宅および公営分譲住宅団地建設に関する蓄積、(3)その販売や建設後の維持管理に関する諸問題および、NT建設推進の直接的なモーメントの1つであったと思われる、自治体における住宅関係業務に内在した諸矛盾ないしは「行き詰り」の実態等について概観する。

第3は日本住宅公団における蓄積であり、とくに大規模団地建設経験および委託研究の蓄積について概観する。

なお、技術的蓄積内容の詳しい分析は第2編第8章住宅地計画論の蓄積状況において論ずることとする。

3.6.2　土木関係事業の蓄積

1960年段階における大阪府土木部の組織体制は表3.6.1、3.6.2の如くであり、同部では全般的な土木行政の他に公共土木事業（道路、橋梁、河川、港湾、公園その他）の推進に関して、企画、設計、施工、維持管理の全工程にわたる一貫した技術的、人的蓄積を組織的に内蔵していた。

しかしながら、NT建設のための技術的蓄積という観点からこの状況を見た場合、これらの土木事業に関する技術的蓄積には、NT建設が必要とする「キメ細かな総合性」――個々人の住宅および住生活の総合体としての都市を建設するための――には基本的に欠ける面があった。（これはわが国における土木技術発達史に規定されたものであり、その問題については第13章13.5異種技術体系の総合化に関する問題にて詳述する。）

このことは逆にいえば、かかる総合的な観点に立ったNT建設技術の確立があれば、そこに含まれるであろう個別的な土木事業については、それを推進するための一応の蓄積は、大阪府内部に存在していたことを意味しよう。

ちなみにこの段階における府土木部の状況を要約すると次の通りである。

① 本庁では事務、技術職員が約½ずつを占め、廨、出張所では現業職員（技手、工手、傭人、臨時作業員）が65・0%、事務14・2%、技術20・8%であった。

② 業務分担は、「全体企画、相互調整、工事検査、検収」を本庁が、「計画、設計、施工」を廨、出張所が分担する仕組みになっていた。

③ 事業量は急速に増えつつあり、すでに大規模土木工事および特殊工事に関しては、直営設計、施工でなく、廨、出張所の監理のもとで委

表3.6.1　大阪府土木部、建築部組織表（1960年）

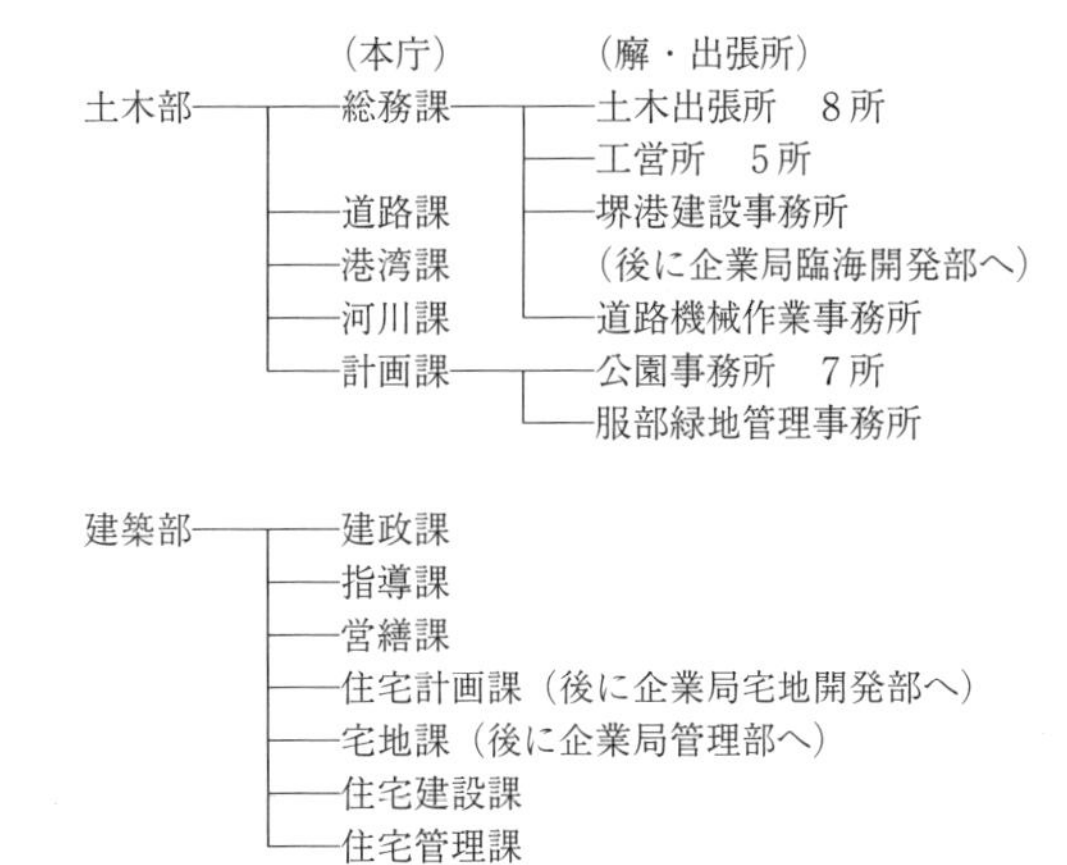

出典：大阪府職員録1960

表3.6.2　大阪府土木部、建築部職種別人員構成表（1960）

			事務系	技術系	技手工手	計 人
土木部	本　庁	部長	—	1	—	1
		課長	2	3	—	5
		職員	98	99	4	201
		小計	100	103	4	207
		%	48.3	49.8	1.9	100.0%
	廨・出張所	所長	—	15	—	15
		職員	204	299	937	1,440
		小計	204	314	937	1,455
		%	14.2	20.8	65.0	100.0%
	職　員　合　計		304	417	941	1,662
	%		18.4	24.2	57.4	100.0%
建築部	本　庁	部長		1		1
		課長	3	4		7
		職員	160	185	4	349
	職　員　合　計		163	190	4	357
	%		45.7	53.2	1.1	100.0%

（注：運転手は事務系に算入）
出典：大阪府職員録1960より作成

託設計、請負工事として外注される方向が進んでいた。

④　廨、出張所の現業職員に関してはすでに不補充の方針が出されて老令化が進み、直営工事は、小規模工事ないしは補修工事等に限定されていた。

3.6.3　住宅関係事業等の蓄積

一方、NTの中心ともいうべき「住宅」に関する主たる所管部局は建築部であり、建築部は大阪府の場合1948年に土木部より分離独立したものである。当初は建政課、指導課、営繕課、住宅課の4課で発足し、1950年度当初の職員数は297名うち技術者が191名であった。1960年段階における組織体制は表3.6.1、3.6.2の如くであり、同部では全般的な建築行政の他に府営住宅、府営分譲住宅の建設、分譲、管理等の業務も営んでいた。

NT建設のための技術的蓄積という観点からこの状況を見た場合、建築部を中心とするこれら「住宅関係業務」（表3.6.3）に関する諸蓄積はきわめて重要な意味を有しており、NT建設はいわば府営住宅および府営分譲住宅建設経験の延長上に位置づけられるであろう。

しかしながら、これらの諸経験はいずれも建設の規模が小さく、かつNT建設が必要とする総合性および多様性に欠けている。したがって、諸蓄積の延長上ではあるけれども、全く新たな技術的展開が必要であって、その確立がなされた場合にのみ、そこに含まれる住宅関連事業の推進に関しては一応の蓄積が存在していたといえよう。以下これをさらに詳細に見てみよう。

表3.6.3　大阪府住宅関係事業一覧表

(1)　建築部住宅建設課
a）府営住宅3,070戸の建設
b）市町村営住宅2,830戸の建設指導監督
c）公庫融資による府営分譲住宅120戸の建設分譲
d）公団住宅の誘致（賃貸4,012戸、分譲843戸）
e）その他調査、啓蒙、調整等
f）千里丘陵住宅地区造成

(2)　建築部住宅管理課
a）府営住宅の管理と補修
b）府営住宅の公募と入居資格の調査
c）府営住宅の使用料その他の収納事務
d）府営住宅の譲渡処分

(3)　建築部建政課
a）府住宅協会住宅（賃貸416戸、分譲69戸）の建設資金貸付と指導監督
b）その他建設業者の指導監督、法律施行

(4)　建築部指導課
a）耐火建築促進法による資金補助
b）不良住宅地区改良法の施行
c）住宅金融公庫の委託による建築審査

(5)　民生部保険課
a）厚生年金積立金の還元融資による給与住宅の建設促進

（大阪府住宅年報1959年度版より）

3.6.4　公営住宅建設等をめぐる蓄積

(1)　府営住宅の建設実績

府営住宅の建設は、1946年度の戦災復興住宅200戸、47年度930戸、48年度2,185戸という応急建設を手始めにして、1948年度以降は年間2,000～3,000戸のペースでコンスタントに建設を行っている。（表3.6.4）

千里NT建設着手決定以前、すなわち1957年度までの技術職の累積建設戸数は、府営住宅24,145戸（うちRC4,178戸）、府営分譲住宅2,910戸、府協会住宅3,607戸（うちRC3,429戸）合計30,662戸（うちRC7,609戸）に達している。

このうちとくにRC住宅の建設実績をみると、1948年度の135戸を皮切りに、1949～52年度の間に、年間200～300戸、53年度からは飛躍的に増加し、53年度848戸、54年度1,000戸となったが、55年度は日本住宅公団の発足にともなうRC戸数の割当減で112戸、（すべて小家族向の8坪住宅）、56年度392戸、57年度616戸であった。すなわち、千里NT建設直前の状況はRC住宅500～600戸／年という生産状況にあった。

一方、府の外郭団体として1950年度発足の府住宅協会は、RC中層賃貸住宅の建設を中心に年間400～500戸のペースで建設を進め、57年度までに累積1,354戸のRC住宅を建設していた。

以上の経過のなかで、大量の木造およびRC住宅建設のために、設計の標準化、設計および計画基準の作成、建設プロセスの標準化等が内部的に蓄積されていた。

(2)　府営住宅、府営分譲住宅の建設消化能力

1)　職員及び組織

府営住宅の所管課は、1948年の建築部発足当時は住宅課におかれていたが、1956年6月に編成がえがあり、住宅課は住宅建設課と住宅管理課に分離、前者が公営住宅、公営分譲住宅の建設、後者がその募集、維持管理に当った。

2)　職員1人当りの建設戸数

住宅建設課の技術系職員1人当りの公営住宅建設消化能力および住宅管理関係職員についての1人当りの公営住宅管理戸数の年次的な推移をみると、表3.6.4のごとくである。

表にみるごとく府営住宅の建設戸数の年次的な増加につれて、住宅課（55年からは住宅建設課）の技術職員数は若干の増加を示している。技術職員1人当りの「府営住宅十府営分譲住宅」建設戸数は年間40～60戸であり、その生産力についてみると、むしろ50、51年度の方が高く、年次的に生産力は低下している。これはRC造の増加と関係があるものと思われる。

表3.6.4　府営住宅建設戸数と担当職員数の年次変化

	府営住宅建設戸数	府営分譲戸数	合計 A	住宅建設関係技術職数 B	A／B（戸／人）	府営住宅累計	払下譲渡分	管理必要戸数 C	管理関係職員数 D	全技術職員数 E	C／D（戸／人）	C／E（戸／人）
1946　S21	200											
1947　S22	930											
1948　S23	2,185											
1949　S24	1,503	77	1,580			4,818		4,818				
1950　S25	2,148	877	3,025	*50	60.6	6,966		6,966	18	6	382	1,144
1951　S26	2,012	608	2,620	54	48.5	8,978		8,978	16	4	561	2,240
1952　S27	1,761	446	2,207	52	42.5	10,739		10,739	17	8	631	1,340
1953　S28	2,885	200	3,085	54	57.2	13,624		13,624	21	6	650	2,270
1954　S29	3,048	200	3,248	**60	54.1	16,672	−542	16,130	22	5	757	3,330
1955　S30	2,419	200	2,619	61	42.9	19,091	−758	17,791	39	10	489	1,909
1956　S31	2,449	116	2,565	***—	—	21,540	−520	19,720	***—	—	—	—
1957　S32	2,605	132	2,737	64	42.9	24,145	−448	21,877	40	10	604	2,414

*住宅課の資材係、管理係をのぞく技術者数（府人事課各年次人事録より）
**住宅建設関係は住宅建設課に引継がれた
***資料入手できず

3）団地建設経験

団地建設に関して、府営住宅としては1団地で1，000戸を超える規模の団地建設経験は1960年度までには全くない。しかも造成工事費、付帯工事費を最小限に抑えるために団地の位置としては平地、田畑埋立地等が多く利用されていて、丘陵地開発の技術的蓄積はほとんどない。

府協会住宅に関しても1団地で400戸を越える規模の団地建設経験はなく、また丘陵地開発の経験もない。

しかしながら、府および府協会の関係技術者が経験した団地数はきわめて多く、また500戸以上規模では表3.6.5にみるような実績もあり、さらに府住宅建設課技術陣として、興隆期にあったわが国の団地計画、設計技術分野における一方の「旗がしら」としての位置にあったことは注目しておかなければならない。

4）府営分譲住宅の建設、経営経験

府営分譲住宅の建設および分譲関係業務に関しては、年間800戸を越えた年度もあり（1950年）、コンスタントに100～200戸をこす経験実績をつんでいる。

この業務遂行のために、少くとも次のような技術蓄積があったとみてよい。

(a)　少人数の技術職員で設計管理の生産性を高めるために、設計、積算、発注事務、監理業務、分譲事務、クレーム処理等の定常化、標準化、基準化が進められた。

(b)　特徴的な点として、とくに販売に関する諸問題の処理経験――売れ残り、抽せん、クレーム処理、契約不履行問題の処理等

ただし以上の経験の大半は市街地に隣接した、

表3.6.5　府営住宅団地（500戸以上規模）の建設経験

団地	年	戸数
井高野	1957～58年	656戸
苅田北	1957	612
矢田部	1957～58	940
瓜破	1959～60	901

（府住宅建設年報より作成）

一応利便施設の伴った地区での経験にとどまっており、未開発地での経験は無い。

(3)　府営住宅の管理面における矛盾の蓄積

府営住宅の管理関係業務は、住宅課の管理係が1954年に住宅管理課へと独立して、これが担当した。府営住宅の累積戸数が増加するなかで従前どおりの管理密度を維持していくためには、本来管理関係職員数も増加していかなければならないが、実態としては、大巾増は望めず、職員1人当りの管理戸数は増加し、それに反比例するかたちで管理密度は低下する。とくに著しいのが管理関係技術職員に対するしわよせであって、1人当り2,000戸~3,000戸という数値は、物的管理の密度の極端な低下を物語っているといえよう。

このような矛盾は、府営住宅建設行政の上の実は最大矛盾の1つであって、自治体としてはこの重圧から逃れるために、

(a)　賃貸住宅の払下げによる管理戸数減、

(b)　府営住宅の建設量のダウン、

を追求せざるを得ぬ状況に追いこまれていた。千里NT建設にみる公的宅地開発事業は、この観点からみると、「府営住宅建設戸数を増やさない方向での住宅行政」推進のための一石二鳥の方策でもあった。

3.6.5　まとめ

以上のべたように、大阪府は土木部における公共土木事業に関する一貫建設システムの蓄積と、建築部における各種公的住宅供給施策に関する一連の組織的な蓄積を有する、わが国でも有数の組織であって、NT建設推進のための基礎的エネルギーを十分有していたといえようが、一方その蓄積内容は、いずれも個別的であって、NTという総合的都市建設事業推進のためには、いまひとつ「きめ細かな総合化」のための努力が絶対に必要であった。そして、諸施策の行き詰りのなかから、その打開を求める内在的エネルギーが芽生えつつあったことが、やがて千里NT建設の推進へと結合していったのであった。

3.7　日本住宅公団における蓄積

公団大規模団地建設実績は、表3.7.1の通りであり、千里NT着手前夜の段階で常盤平（東京支所）、香里（大阪支所）らの大規模建設の具体的蓄積が進んでいた。とくに香里団地の経験は千里NT建設に直接的な影響を与えたと考えられるので第8章8.4にて詳述したい。またこれに関連して、住宅公団委託の調査研究活動が精力的に行われていた。（表3.7.2）

3.8　まとめ――千里NT建設着手の直接的動機

以上のごとく、千里NT建設を推進すべき客観的情勢は、1957~58年段階においてすでに成熟した状況にまで達していた。したがって最終的に大阪府当局が同事業実施に踏み出すには、首脳部段階における一定の「決意」が必要であったわけであり、それを行わしめた動接的な動機を整理すると次の各項であったと思われる。

①　なによりも大阪市の通勤圏（都心より15~25km圏内）に、約4,000haという広大な「未開発」の丘陵地が存在していたこと。

②　あらゆる情勢を考慮に入れても、この地区でならば事業採算が可能であると判断されたこと。（適地比較表3.8.1参照）

③　公共投資の集中による公共主導型開発に対して政財界が大きい期待を寄せたこと。

④　大阪府の財政事情の好転で資金力が生まれたこと。

さらに行政当局内に中央権力や地域的上部構造とも密接な関係をもった一群のきわめて熱心なNT推進者がおり、同時に行政機構としての組織的蓄積も、彼等を支えるだけの十分な力量を有していたこと。

表3.7.1　住宅公団大規模団地建設経験（900戸以上規模）カッコ内は戸数

入居開始	東京支所	関東支所	大阪支所	名古屋支所	完成戸数
1956	青戸(1,233)		金岡(900)	志賀(1,316)	23,251
1957	武蔵野緑町(1,019)	鶴瀬(1,301)	関目第2(960)		23,715
1958	多摩平(2,792)		旭ヶ丘(1,493)		37,095
			中百舌鳥(908)		
			香里(3,898)		
1959	ひばりケ丘(2,714)	新所沢(2,299)	東淀川(1,166)	鳴海(1,260)	34,755
	桜堤(1,829)	霞ヶ丘(1,793)	五月ケ丘(1,577)		
		明神台(1,156)			
	常盤平(4,839)	上野台(2,080)	向ヶ丘(1,042)		26,823
		百合ヶ丘(1,745)	東豊中(1,524)		
1961	高根台(3,230)		総持寺(1,792)		25,769
1962	赤羽台(2,356)	南浦和(1,252)	緑ケ丘(985)		
	三鷹台(1,151)		浜甲子園(1,494)		

公団年報 '62より

表3.7.2 住宅公団研究調査項目一覧

部門	1955		1956		1957		1958		1959		1960	
I 住宅経営および維持管理	○公団住宅の供給対象と需要（京阪神） ○集団住宅としてのアパートの維持管理	西山 住宅協会	○関西における公団分譲住宅の需要 ○北九州における公団分譲住宅の需要 ○団地における共同生活 ○公団賃貸住宅 ○団地内店舗の経営 ○公団団地周辺の店舗実態調査 ○フランスのH.L.M ○青戸および三鷹団地周辺の店舗発生状況	西山 西山 生活科学化協 住宅協会 日笠 入沢 石原 公団 公団 公団	○入居者の年令構成 ○住宅経営管理上の法律問題 ○英国の新都市政策（抄訳） ○住宅建設工事の「カシ」 ○団地住宅と住意識形成 ○東京地区の公団賃貸住宅申込者集計	公団 加藤ほか L. Rodwin 益田 磯村 公団	○諸外国における集団住宅とその管理 ○公団賃貸住宅入居者家計支出調査 ○イギリスにおける公営住宅の管理 ○住宅管理	有泉 住宅協会 Housing 1938.3 英国労働省	○団地内居住者の消費生活実態調査 ○公団住宅入居者家計支出調査 ○団地生活の社会心理学的研究 ○団地内店舗の経営実態調査 ○パリ近郊の新しい3団地における居住者の生活	奥村 国民生活研 辻村他 石原 フランス社会学会	○全国主要都市（人口10万以上）の概要 ○住宅建設計画における方法論 ○計画修繕資料作成 ○団地における塵芥処理 ○諸外国を中心とした住宅分譲の方式	公団 名大 統計数理研 岩戸 住宅協会
II 都市計画	○都心部における併存アパートの成立条件 ○大都市およびその周辺における住宅団地の立地 ○団地内共同施設の種類　規模・経営	高山 高山 建研	○団地内児童施設の設置計画 ○東京都区部周辺の住宅地開発 ○阪神地方の住宅立地基礎資料 ○北九州5市および福岡市の住宅団地の立地 ○名古屋市とその周辺の住宅立地基礎資料 ○光ケ丘団地の立地条件と施設整備 ○東京湾における住宅団地としての埋立地 ○傾斜地の開発 ○宅地評価について—東京周辺 ○レヴィット・タウンの建設	住宅研 高山 川名 福岡県都計協 高山 健研第1 鈴木 秀島 森 島田 入沢 日笠	○傾斜地に立つ住宅例（海外文献より） ○大都市における市街地再開発と施設付住宅 ○共同建築における市街地改造の可能性 ○団地内中心施設と共同生活 ○新都市の計画基準 ○工業種別による立地条件、用地、施設 ○北大阪丘陵地帯開発計画	 川名 千代田区 高層 鈴木 建研第1部 佐藤他 西山	○北所沢駅前店舗地区成立条件の分析と計画案 ○田園都市TAPIOLA	高山 フィンランド	○再開発のための赤羽駅西口地区現況 ○新開発区画整理 ○フランスの団地内施設計画基準 ○ Harlow New Town ○宅地評価	公団 松井 URBAISM 62~63 公団 島田	○住宅地の計画単位と施設の構成 ○ニュータウンの成立条件 ○市街地施設の市場 ○住宅地開発のための都市計画上の諸問題	日笠 入沢 石原 統計研 入沢
III 設計計画	○ RC アパート住戸室内配置（冬）ほか2件	吉武	○ RC アパート住戸室内配置（夏）ほか7件	吉武	○電車騒音と配置計画ほか2件	関西備設原論研	○公団住宅並びに集会、ホールの音響ほか3件	久我ほか	○テラスハウスの使われ方、ほか2件	鈴木	○公団住宅の居住性に関する総合的研究ほか2件	鈴木
IV 材料施行	○剝離シート利用の打放しコンクリート施工他2件	狩野	○ Precast Concrete Construction ほか10件	建研	○施行能力判定のための基礎資料	益田	○サッシュの強度試験	公団	○屋根防水ほか1件		○最近の Tilt up 工法ほか3件	委員会
V 設施備設	○集団住宅団地空地の緑化方法	横山	○名古屋市周辺の土壌と植栽	岩沢	○切取盛土面の急速緑化安定工法	関口					○汚水処理施設の改善	洞沢

表3.8.1　住宅地区開発の適地比較表

	面積 ha	用地取得見込み	欠　　点	利　　点	性　　格
枚　方	290	困　難	1．区域内は部分的に宅地化進行 2．住宅都市として成立しえない	1．京阪私市線、国道1号線に近く交通条件よい 2．なだらかな勾配 3．淀川右岸、左岸工業地帯との結びつき 4．住宅地としての環境よい	
寝屋川	640	困　難	1．区域周辺部は部分的に開発されている	1．京阪本線、国鉄片町線、国道1号線に囲まれ、片町線の整備で非常に交通条件よい 2．環境よい比較的平担な丘陵地	
四条畷	620	容　易	1．交通条件極めてわるい 2．給排水条件もわるい 3．地域的性格は与えにくい 4．片町線の電化は急務	1．東向きなだらかな斜面 2．自然環境よい 3．高級住宅地域として開発可	計画区域西側は遊園地とする、また将来奈良方面への発展の拠点となる
生　駒	250	?	1．住宅団地としてまとまりにくい 2．西向き斜面である 3．地質が悪い	1．大阪外環状線の設置によって交通条件よい 2．高台であるため眺望よい 3．計画区域を上部に延ばしうる 4．残土で水田を埋めうる	民間団体によって市街化する (1)　芦屋的な性格をもたせる (2)　宅地造成のみ行う
羽曳野	700	容　易	1．交通条件は極めて悪く、特に堺、泉州地域への結びつきは少く、幹線道路の設置を要す 2．北向き斜面 3．古文化財（古墳）多し	1．適当な丘陵地、地元も望んでいる	1．第3次工業地帯として将来の発展を約す 2．古文化財地区として開発する古墳プラス住宅
富田林	400	?	1．池多し		
狭　山	200	?	1．周辺で開発進行		
和　泉	450	容　易		1．泉州工業地帯へ距離的に近い	1．岸和田市、泉州工業地帯の発展と住宅地整備の一環
信太山	930	?		1．住宅地として変化が多く絶好の丘陵地 2．堺市、大阪市に対して交通条件よい	堺再開発を当面の目標として、住宅都市として開発する堺臨海工業地帯後背住宅地
泉ヶ丘	500	容　易	1．交通条件はわるい		堺、岸和田一部大阪市への通勤者を対象とした住宅都市として開発する
泉　南	420	?	1．住宅需要度は低い	1．貝塚市への通勤は容易で、ほとんど自転車通勤でいける	1．泉州工業地域、貝塚市の発展に相応した計画をねる
千　里	2,000	容　易	1．給水・排水は大規模解決の要	1．住宅需要度高い（方位がよい） 2．縁辺部に工業立地の可能（自立性への期待）	1．大阪通勤上・中級ホワイトカラーのための高級住宅地

〈敷地選定の条件〉
(1)　未開発丘陵地
(2)　母都市20km圏
(3)　計画面積200万㎡以上
(4)　丘陵地勾配1/10以下
(5)　標高差100m以下
(6)　軌道、幹線道路の地区内縦断を避ける
(7)　既存道路、尾根、谷を境界の目標とする
(8)　既存集落はできるだけ避ける
(9)　人口密度（計画）は100人/haとする
(10)　交通条件（現状）は重視しない

（資料）「大阪府下住宅適地選定について」1960.6　府内部資料より作成

第4章　千里NT開発論の変遷過程

目　次

4.1　千里NT開発論の変遷過程の概要

千里NT建設の意義、目的、方針、地域的な位置づけ等に関する議論を総称して〝開発論〟と定義する。千里NT開発論は、建設過程の進行のなかで大きく変遷をとげたが、その過程は全体的な「地域開発」の進行とからんで、次のごとく5つの時期に区分して考えることができる。

〈第1期　当初「開発論」構築過程〜1958〉

単独プロジェクトとしての千里NT構想の成立条件を追求するなかで、大阪都市圏のなかでの千里丘陵開発の意義や目的が模索され事業主体当局よりの研究委託成果等においていくつかの重要な提起がなされた段階。これらをうけて1958.6に策定された「大阪府原案」には、事業主体当局としての公式の「開発論」が打ち出されている。

〈第2期　開発内容の具体化過程1958〜60〉

「大阪府原案」によって用地買収交渉が進められる一方、同「原案」をベースとして開発方針および具体的な内容についての検討が進められ、試行錯誤的に事業進行が始まった段階。この段階で「NT開発の基本方針」がほぼ確立したとみてよい。

〈第3期　第1次大阪地方計画への組みこみ過程1960〜62〉

工事着工により地域的諸矛盾が顕在化する一方、全体的な「開発ブーム」を調整するための「大阪地方計画」が策定され、千里NT建設に「北大阪開発の拠点」としての位置づけが行われた段階。

〈第4期　住機能以外の要素の巨大化過程1962〜64〉

入居が始まり、地域的諸矛盾がさらに顕在化する一方、新住宅市街地開発事業への切換えを契機として事業内外からの要請に応えるかたちで大巾な土地利用計画の変更が行われ、中央地区センター用地や中央環状線、御堂筋線用地など住機能と無関係な用地の拡大が行われた段階。

〈第5期　第2次大阪地方計画への組みこみ過程1964〜〉

巨大化してきた各種開発プロジェクトの相互調整のために「第2次大阪地方計画」が策定され、さきに拡大された千里中央地区センターは「大阪中央都市軸」の一部に位置づけられ、また幹線道路は国土幹線（中国縦貫道路）の導入や、巨大なインターチエンジの設置などによってNTとは独立した巨大な交通空間としての機能を有するに至った段階。これらの方向は日本万国博開催（1970）のための関連公共投資の集中によって実現し、今日に至っている。

表4.1.1は、以上のNT開発論の形成および変遷過程において、とくに重要な役割をはたしたと思われる諸事象と文献を、千里NT、大阪都市圏、国のレベルにおいて整理したものである。また表4.1.2は千里NT建設に関連した研究委託を一覧表にしたものである。

これらの表から、概略次の如き特徴点を見出すことが出来よう。

①　本地区開発にあたって数多くの研究委託が学会、大学研究者に行われたこと。とくに当初段階においては研究者レベルでの「開発論」が一応論議されていること。

表4.1.1 千里NT開発論の変遷過程

	千里NT	大阪都市圏	国
〈第1期〉 〜58 当初「開発論」の構築過程	・千里NT構想スタート（55〜） ・公団研究委託（57年度） 西山研「北大阪丘陵開発計画に関する研究」58 都計学会「新住宅都市の計画基準に関する研究」58 ・府研究委託（57年度）	・新十大放射三環状線着工（56） ・公団香里団地着工（58） ・名神高速道路着工（58）	・日本住宅公団発足（55） ・日本道路公団発足（56） ・新長期経済計画（57） ・全国総合開発計画中間報告（案）（57）
〈第2期〉 58〜60 開発内容の具体化過程	・府原案策定、着手決定（58.5） 府建築部「住宅地区造成事業説明書」58.6 ・用地買収交渉着手（58.10） ・府研究委託（58年度） 都計学会「地方計画に基づく近郊都市建設基準に関する研究」59 ・府部内研究会設置 ・府第2次案策定（59.9） 府建築部「千里丘陵住宅地区開発事業説明書」59.9		・国民所得倍増計画発表（60） 政府「国民所得倍増計画」60
〈第3期〉 60〜62 第1次大阪地方計画への組みこみ過程	・府研究委託（59年度） 高山研「マスタープラン案の検討」 ・府第3次案策定（60.7） 府企業局「千里丘陵住宅地区開発事業説明書」60.7 ・大阪府企業局発足（60.7） ・吹田一団地都市計画、事業決定（60.10） ・千里NT着工（61.6） ・千里NT入居（62.9）	・日本、国連合同阪神都市圏調査（60.1） ・建設省近畿広域都市圏建設の構想（60） ・泉北臨海工業用地造成事業着工（62.7） ・第1次大阪地方計画策定（62） 府「大阪地方計画」62	・全国総合開発計画草案発表（60） ・全国総合開発計画閣議決定（62.10） 政府「全国総合開発計画」62
〈第4期〉 62〜64 住機能以外の要素の巨大化過程	・新住事業都市計画、事業決定（64.4）	・大阪中央環状線着工（63） ・大阪商工会議所、大阪地域経済計画調査委員会設置（62〜63） 同委員会「10年後の大阪」63	・新住宅市街地開発法公布（63）
〈第5期〉 64〜 第2次大阪地方計画への組みこみ過程	・土地利用計画の変更（64.4）	・泉北NT都市計画、事業決定（65.12） ・近畿圏大阪地区近郊整備区域建設計画（65） ・万国博会場決定（66） ・第2次大阪地方計画策定（66） 府「大阪地方計画」69 府「大阪府長期ビジョン」69	・自民党「都市政策大綱」発表（68.5） ・新全国総合開発計画閣議決定（69） 政府「新全国総合開発計画」69

表4.1.2　千里ニュータウンに関する主な調査研究

年度	受　託	テ　ー　マ
57	京大西山研	北摂丘陵地帯の土地利用状況と用地取得に関する研究
	建築研究所	新住宅都市の計画基準に関する研究（住宅公団委託）
	京大西山研	北大阪丘陵地開発計画に関する研究（住宅公団委託）
	日本建築学会	新都市建設に関する文献的資料及び丘陵地帯の住宅地開発方式に関する研究
58	〃	丘陵地帯における住宅都市建設のための住区及び住宅の設計計画に関する研究
	日本都市計画学会	地方計画に基づく近郊都市建設基準に関する研究
	京大西山研	住宅地の型と居住者構成研究
59	東大吉武研	医療施設及び教育施設の地域構成に関する研究
	東大横山研	都市風景造成並に社会緑地の地域構成に関する研究
	京大西山研	住宅地開発における住宅需要の測定とその供給方式
	東大高山研	マスタープラン案の検討及び実施設計作成基準の作成
	大阪市大川名研	千里丘陵住宅地区における商業施設の地域構成に関する研究
	大阪公衆衛生協会	医療施設に関する調査研究
60	公園・緑地協会	千里丘陵住宅地区における公園緑地計画に関する研究
	大阪公衆衛生協会	千里丘陵地区における保健医療施設並に制度に関する研究
	東大吉武研	千里丘陵住宅地区Ａ住区における教育施設及び診療所の基本設計、資料作成
	府大農学部堤研	千里丘陵住宅地における公園・緑地整備計画に関する研究
	日本建築学会	共同住宅の方位と熱環境との関係について調査
63	都市計画協会	千里ニュータウンにおける児童公園の施設計画調査
64	大阪市大粟原研	千里丘陵住宅地区近隣施設の利用調査研究
66	京大西山研	千里ニュータウンにおける購売施設の配置と管理に関する研究
67	大阪市大住田研	〃　駐車場の研究
	大阪市大粟原研	〃　人口調査研究

②　しかしながら実態は、つねに事業が先行し、これをあと追いするかたちで「地方計画」が策定されていること。
③　これらの動きは、国レベルの大きな動きと密接な関係で進んでいること。
以下、その過程をやや詳細に追ってみよう。

4.2　NT開発論の系譜

4.2.1　当初段階における論議の焦点

すでに第3章3.8において指摘したように、千里NT開発着手の直接的動機は、「そこに適地があった」ことに始まる。したがって当初段階で形成された「開発論」の、最大の特徴は「当地区開発を実行すべきか否か」についての根本論議に焦点がおかれていた点であり、当然のことであるが、のちの論議の焦点が「既に進行中の開発計画を地域全体のなかにどう位置づけ、その内容をどのように修正、変更するか」という具体を的な目的をもって行われたのと大きく異なる点であろう。

そこで、この段階における「NT建設の積極的推進論」を整理すると、大きくみて次の3つの系譜にまとめることができるように思われる。

第1は「大都市集中人口のための収容空間建設」論ないしは「現実的次善策」論というべき系譜であり、住宅公団の委託研究（1957年度）で建設省建築研究所第1研究部がまとめた「新住宅都市の計画基準に関する研究」および同研究従事者の1人である日笠端が例えば論文「住宅地開発の問題と将来の方向」（建築雑誌vol.73 №.854　1958.1）において展開している論議である。端的にいえば、大都市に集中する人口をいかに「収容」するかという現実的な政策上の要求に応えるための方策として、従来から大都市問題解決の最善策としてその必要が主張されながら事業進捗が遅くその効果を十分期待できぬ「内部市街地の再開発」および「衛星都市の開発」の中間に位置づけられ、かつ事業進行の速度からしてその即効性を十分に期待しうる「郊外通勤都市の開発（一部再開発を含む）」の推進を現実的な次善策として強力に主張するものである。

第2は「大都市圏改造のテコ」論ともいうべき系譜であり、日本住宅公団の研究委託（1957年度）で、京都大学西山研究室がまとめた「大都市周辺の住宅地開発についての研究――北大阪丘陵開発計画」に代表される論議である。端的にいえば本地区を「周辺部先進的開発地区」として位置づけ、近い将来必要となる旧都市の改造を含む大都市居住地構造の大改善のための「大飛躍のための跳躍台」とすべきであるという主張である。

第3は、「スーパーニュータウン」論ないしは「大規模宅地開発プロジェクト」論というべき系譜であり、以上の論議をふまえつつ、この巨大な開発計画を事業化するための方法として、「短期、大規模、独立採算」の三原則を打ち出した大阪府当局者の主張である。これについては最初の公表資料である「住宅地区造成事業説明書1958.6」において公式見解がまとめられており、なお企画担当者の論文[1]にも一部が明らかにされている。

以下、これらの主張の内容と問題点について論じよう。

4.2.2 「現実的次善策」論とその問題点

前掲論文において日笠は、大都市圏において戦後急激に展開された住宅地開発の動向を、ⓐ内部市街地の充填開発、ⓑ外周部における線状開発、ⓒスプロール状開発、ⓓ飛石状開発の4つに分類し、それぞれが都市計画上きわめて好ましくない方向に進んでいることを指摘したうえで、今後の住宅建設の進むべき方向について、

① 内部市街地の再開発
② 衛星都市の建設

が原則であると述べ、しかしながらこのいずれもが量的にあまり期待しえぬこと、産業誘致が困難であること等の現実的条件によって十分効果が期待できぬことを論じ、結論として「現実的な次善策」としての新住宅都市の建設を強力に推進すべきであると主張している。

この場合、新住宅都市は行政的に独立した自治体を意味せず、人口4～5万以上の都市的規模を有する住宅団地の集団であり、通勤圏内の開発適地を選定し、外部とは緑地で遮断し、内部構成を近隣住区および住区集団の組み合わせとして構成し、密度を100人／ha以上とすること、実施において土地区画整理事業および一団地住宅経営事業を併用すること等を提案している。この理論はのちに「新住宅都市の計画基準」（公団調査研究報告）としてまとめられ、千里NT建設を始めとする爾後のNT建設に指導的な影響を与えたが、このような「次善策」を積極的に進めることが、地域全体に対して、最終的にいかなる影響を与えるのかという点についての論及はほとんど行われておらず、のちに「ニュータウン・モンロー主義」などと批判をうけた、立地論への偏重傾向を強くもっていた点は注目しなければならない。

1957年度住宅公団委託研究として行われた、建築研究所第1研究部「新住宅都市の計画基準に関する研究」の目的は、必ずしも千里丘陵開発のみを対象としたものではなかったが、同研究参加者がのちに都市計画学会および建築学会のメンバーとして千里NT計画案作成過程に深くかかわったことなどから、本研究報告における提案の多くが千里NT建設に直接的な影響を与えている。以下その点を対照しつつ整理しておこう。

〈「新住宅都市の計画基準」の提案と千里NT計画との関係〉

(1) 新住宅都市の積極的推進の提唱

①新住宅都市は、大都市郊外に位置する通勤住宅都市であって、衛星都市のような自立都市ではない。(千里NT計画に合致)
②都市の位置は都心から少くとも、乗車40分で到達できる位置とする。(合致)
③計画年次は5年後を想定し、居住者の構成が安定した状態に達するのは10年後とする。(千里NT当初計画は6ヶ年計画)
④将来に亘って人口、地域構造が変動することを考慮するが、安定期において一世帯当り平均人口を4人とし、総人口を3万人、最大6万人まで考慮とする。(千里総人口計画は13〜15万人であるが、中央、南、北3クラスター各4〜5万人であり、3つの新住宅都市の結合という考え方がとられた。)
⑤居住者は都心方面に職場を有する勤労者を主とし、収入階層は月収2〜4万円を中心に、平均3万円とする。(ほぼ合致、ただし公営住宅には所得限度あり、とくに公営第2種を導入するかどうかという問題が残った。)
⑥建設主体として地方公共団体および日本住宅公団その他による公共的住宅建設を主とし、これに一般民間建設を加えるものとする。(合致)
⑦行政的には単独な自治体を形成せず、地方自治体の一部を構成するが、経営上は一応独立採算制を考慮する。(合致)
⑧土地は概ね平担地とし、用地取得は一括買収によるほか、土地区画整理等による再開発をも考慮する。(丘陵地である点以外は合致)
⑨通勤方法は主として国電または私鉄(高速度交通機関)によるものとし、バスによる都心への直通通勤その他は量的には多くみないものとする。(合致)
⑩計画に当っては、わが国の事情に適合したコミュニティ・プランニングを適用するものとする。(合致)

(2) 立地条件の整理

大規模開発の「適地」かどうかの判定を行うための指標として、同研究は次の各点をあげているが、これに照らした場合、千里NTがまさに「適地」であることが明らかとなる。

①都市計画との関係：大都市市街地の膨張を防止することは無理であり、むしろ無統制な市街地拡大をより計画的なものとする必要がある。新住宅都市の位置としては、「できるだけ大都市の既成市街地に近接し、市街化が今後進もうとする区域」を選定すべきである。(千里NTの位置関係に合致)
②行政区域との関係：行政施設の設置運営上、また居住者の日常生活の便益、コミュニティ意識、都市の自治意識の観点からなるべく敷地が「1行政区内」にまとまること。(千里の場合は2行政区内にまたがったが、吹田市2、豊中市1、の計3クラスターに明確に区分されている。)
③開発区域の選定：大規模敷地の獲得のために、「多少の集落があっても相当の面積が農地、山林等の未開発地であること」を必要とする。(合致)
④母都市との交通：地理的距離よりも時間的距離が重要であり、適正通勤時間として1時間を設定。(合致)
⑤交通機関：大量の通勤人口輸送のため、都心副都心に直結した主要鉄道沿線に立地する必要。既設駅に遠い場合には駅の新設必要。私鉄の郊外電鉄等の場合には駅の新設は比較的容易。また最近の自動車交通の増加により、母都市と直結する既存または計画中の主要道路と近接していることが望ましい。(合致)
⑦既存施設との関係：相当部分を新規に建設することで解決する。下水道は排水尻が問題。附近に排水可能な河川を必要とする。(合致)
⑧産業の立地条件：とくに考慮しない。(合致)

(3) 居住者の性格の設定

同「設計基準」は、新住宅都市の居住者が大部分都市の勤労者であるとしても、「人口数万の都市に1つの階層のみを対象として住宅地を開発することは、住宅政策的にむずかしいと見られる、と述べて、千里NTのごときいわゆる混合型開発の必然性を予測している。その場合、次のような問題点を指摘している。

① 種々の形式、種類の住宅が混在することによって入居者の性格が一般の住宅団地に比して複雑であること。

② 反面そのことは、(a)住みかえ希望に対応しうる住居獲得の可能性があり、定着性を増しうること。(b)単一階層の社会的構成となることを避け、若い世帯から老世帯、少家族世帯から多家族世帯、あるいは低額所得世帯から高額所得世帯など一般都市居住者と同様の社会的構成に近づけうること、等によって、「一つの都市のなかで世帯が成長し、かつ都市がつねに活きていく」方向が生まれること。

③ にも拘らず階層的には次のような偏りを免れえないこと。

ⓐ 収入階層的には (1)低額所得者は通勤上の難点がある (2)地方公共団体の側が住民税等の財政収入の点で低額所得者を歓迎しない。(具体的には第1種公営居住者の上位者、月収約30、000円以上の収入階層を望んでいる)等により、比較的高い階層に偏らざるをえない。

ⓑ 職業的には、その立地条件によって異なるが、住宅都市が大都市近郊に開発され、かつその居住者が収入約30、000円程度とすれば、居住者の80~90%は事務系労働者であると考えられ、その通勤先も都心もしくは都市周辺部が多くなると考えられること。

4.2.3 「大都市圏改造のテコ」論とその問題点

西山は、住宅公団委託の「北大阪丘陵地帯開発計画」作成にあたって、NT建設を地域改造のテコとする、より積極的な論を展開した。すなわち、

(1) (京阪神大都市圏における)発展、新しいより合理的な都市構造と人口配分の育成には、中心部の再開発と周辺部の新開発とが平行して行われねばならないのは当然である。

(2) 少し巨視的にみるならば、近い将来、我々の居住地の構造は画期的な大改善を行わねばならぬ時期に突入する必然性をもっている。

(3) この改善は無論旧都市の改造を大きな課題としてとりあげようが、その際現在の周辺部先進的開発地区は、この大飛躍の跳躍台となすべき位置をしめる。

(4) 大阪周辺をこのような眼でみる場合、千里山丘陵は大阪の現都心に近い位置的有利性、ひくい丘陵性地形、しかも600万坪をこえる広さをもちながらその既成市街化による「汚染」が極めて局部的にしか進行していないことによって、最適の先進的手法を適用すべき開発地であることがわかる。

(5) それはさしずめ「宅地離」に逢着している公共的住宅建設に対して充分な宅地を供給すると共に、将来の日本の大都市圏を改造する足場をつくるものとなし得よう。

以下、同報告における開発論の展開と問題点について整理してみよう。

(1) 開発の基本方針についての問題提起

開発の基本方針について、同報告は次の各項の問題提起を行っている。

① 此の地域の開発は、新しい産業の開発と結合した人口の定着を期待する、母都市大阪から相対的に独立した衛星都市(英国風のNewTown)となしうるか、単なるBedTownとすべきか。

② 本地域は、その位置的条件からして、大阪都心部従業員に対する高級住宅地、BedTownとして成立しうる条件をもっているが、これは交通機関及びそれの集中する北部中心――梅田に対し負担を過重する。

これを緩和するため幾分でも本地域を都心から独立した自己の業務地をもつ衛星都市として成立させる条件はないか。このためにどのような手法が考えられるか。

③　それに伴う居住者階層とこれに適合する住宅供給方式、住宅の型及び住区の型の解決。大団地における住区の型の設定と配分の方式、居住者を一定の層にかぎる場合、その建設過程における母都市及び本地方圏の階層別住宅需要との適応関係、したがって開発進行の序列及び地区内諸施設建設の過程計画の問題。大阪北部の高速度交通網の計画、その整備充実に伴う北部大阪の変貌に対応すべき地区開発の見とおし。

④　保存緑地の問題。保存緑地の必要性と、経済的、社会的基礎づけ。日本の如きせまい地形条件における緑地確保の形式の探求。生産緑地の存立条件乃至都市近郊農村の長期にわたる成立条件。近郊農村の漸次的崩壊、市街化と計画的市街地化とを結合させる開発方式の可能性。

(2)　開発の基本方針についての提案

以上の問題設定に対して、同報告書が研究成果の結論として掲げた「基本方針」の内容を整理すると、大略次の通りであった。

①　本地区を開発することは、将来の大改造の足場をつくる意味で重要である。

②　したがって本地区はすべからく「先進的手法」を用いて開発すべき地区である。

③　本地区の開発は、さしずめ「宅地難」に逢着している公共的住宅建設に対して、充分なる宅地を供給する意義をもつ。

④　本地区の開発の方向は、イギリス型の衛星都市（NewTown）ではなく、地区の大部分を、大阪の業務地域の通勤者を対象とするBedTownとして開発すべきである。

⑤　BedTownとしての開発のためのカギでありテコとなるのは、高速度交通機関の整備なかんずく鉄道（阪急千里山線および大阪市高速度鉄道1号線）の延長である。

⑥　本地区の居住者の大半は、ブルジョワ、小ブルジョワ、ホワイトカラー層とならざるをえない。

⑦　地区内の農地が永久的に生産緑地として残りうるとは考えられないので、円滑に都市化をすすめる方策を考えなければならない。この現象に否定的態度をとることから、具体的現実的計画が立案できるものとは考えられない。

⑧　本地区の開発方法として

1）　開発に対する投資の効果が正当に公共の利益として収公されるルートを確立すること。そのための方法として、従来の土地区画整理の方式は否定され、「買収＋公共的規制」の方式の確立が必要である。

2）　英国における新都市開発公団の如き、一定の地域に対し、長期にわたって土地の利用開発に対する広汎な権限と業務をもった公的企業体によって開発を推進せしめること。

3）　行政区画は独立行政体の方向をとるべきこと。

⑨　本地区の開発は、建設過程における事態の変化に柔軟に対応するよう「段階計画」に基いて行うべきこと。

1）　第1次段階は全域の地域指定と、最も現実性のある部分からの開発として阪急千里山線延長による沿線開発。

2）　第2次段階では、実現性に一応の疑問はあるが、「当地区開発のカギでありテコである」ところの大阪市営地下鉄御堂筋線の延長による沿線開発と中心地区の開発。

3）　第3次段階では広く地域全体を包みこむ開発内容とするが、その可能性については現在のところ見通しがつかない。なお、第3次段階を設定する意味について同報告は次のようなコメントを加えている。

「第1次、第2次開発によって大阪市への通勤者の住宅都市及び大阪市に対するレクリエーション乃至教育都市的な開発は終る。当面の大阪市の発展膨張傾向からすれば、地方の開発はこの程度に止まるものと思われる。然しながら、大阪市南方或は東方が、住宅地としての開発に力を入れず、或は住宅地以外の開発に努めるならば、当然この地方に対する需要は増加するだろう。又、東海道新幹線の大阪駅が、現大阪駅よりはるか北方に設置される可能性があるが、もしこれが実現し、大阪都心部が北方へ延長することになれば、この地方の性格は更に異なって来、住宅地区としての需要は更に増加するにちがいない。もしこういう事態が生じたときは如何なる開発をすればよいか最初より考慮しておく必要がある。〈第3次開発〉は斯る段階に対応したものである。」

(3)「北大阪計画」の特徴と問題点

〈特徴点〉

① 結論として、従来の住宅公団による新開発区画整理の手法の適用を否定し、当地区の開発母体として地方自治体当局である大阪府の出動を強くうながしたこと。

② Bed Town の開発を「大都市圏改造の足場」に位置づける考え方は、「宅地の大量供給および蚕喰的開発の公共的先取り」を都市政策のなかに積極的に位置づけ、政策的整合性の確立をめざすものであり、本地区開発の公共的正当性をより一層強める働きをしたこと。

③ さらに同報告が、将来の見通しのわからぬ場合の計画設定方式として、地区将来像の構造的予測とそれに対応する「開発段階計画」の設定を提唱したことは大いに注目さるべきこと。

〈問題点〉

① 「大都市圏改造のテコ」論の限界性。すなわち、テコとするためには、それを含む全体的な戦略が必要となるが、それがいかなる内容たるべきかについては試論すら出されていなかったこと。その後同研究参加者の1人であった絹谷祐規は、この考え方を発展させて「循環開発方式の提案」を発表し、[2] 既成市街地と新開発地とをワン・セットにした「保全単位地区」の設定による1時期1単位地区の集中開発・再開発方式の「都市の式年遷新」というダイナミックな手法を提起したが、これについてのその後の具体的な論議の展開はほとんどみられずこれまでのところアイディアの域を脱していない。

② 近郊農業の崩壊、市街化と、計画的市街化との適合に関する提案の限界性。これについてはのちに第2編計画論8.3.2において明らかにするように、そのための方法として提起された「暫定緑地」の考え方に自己矛盾を否定しえず――例えばいずれ消滅せざるを得ぬ運命にある農地に対して農民が農業意欲を発揮しうるものかどうかといった――いわば「机上プラン」的な提案としての弱さを否定しえない。

注

(1) たとえば前田勇「スーパーニュータウンの提案」〝国際建築〟誌vol.26、No.4、1959、同「New Town 大阪の場合」〝建築と社会〟誌1959.6

(2) 絹谷祐規「居住環境の保全と開発」〝都市問題研究〟誌1963.9

4.3 大阪府による「大規模宅地開発プロジェクト論」の展開

4.3.1 事業主体の決定

以上の研究成果等を参照しつつ、当事者としての大阪府、住宅公団、国、および各研究者は相互検討の結果、1957年度末には本事業の推進事業主体として大阪府内部に、独立した特別会計事業部局を設置することが適当であるとの結論に達した模様である。以下その経過を推測すると次のごとくである。

千里丘陵開発は、数少ない住宅地開発適地として、その事業主体としては(1)大阪府の特別事業部局（新設）(2)大阪府住宅協会、(3)日本住宅公団、(4)新設事業主体（公団または半官半民）、(5)民間企業（電鉄、生命保険会社等）等があげられていたが、(5)は別として、(1)〜(4)についての可能性と問題点を比較してみると、表4.3.1に示すごとく、(1)の大阪府の特別会計事業とする方法が、他の方法に比してはるかに現実性が高いことが明らかである。すなわち、最も有力な対抗馬と目された日本住宅公団の場合、公団新開発区画整理事業のもつ諸制約として次の各項の問題点を有していた。

① 当該地方自治体（市町村等）において財政負担増が確実に予測されることに対して、すでに強い抵抗が行われつつあったこと。

② 土地区画整理事業のもつ諸制約。たとえばⓐ土地所有者個人への開発利益の還元があまりに大きすぎる。ⓑ換地処分において極端な不公平が生じる。ⓒ計画設計上の制約があまりに大きすぎる。ⓓ複雑な事務体系を必要とする等。

③ 資金能力における問題——公団事業が民間借入金に大きく頼る財政実態の問題。

④ 開発内容として要求される総合性に対する対応機能を十分有していないこと。たとえば河川改修、上下水道施設等。

以上の問題点を同事業のワク内で克服することはほとんど不可能であった。さらに、上記④にみるように、当地区開発にあたっては、当然大阪府、地元自治体の全面的参加が必要であった。

これに比して、大阪府を事業推進母体とする場合の可能性は、

① 開発内容として要求される総合性に対して、自治体行政機能、とくに水、交通、道路、災害対策等が機能しうること。

② 資金能力があること。（黒字財政による減債基金積立金を当初運転資金に運用しうる見通しがあった。）

③ すでに宅地建物分譲事業、公営住宅建設等の事業経験を有し、そのスタッフを擁していること。

等であったが、同時に①従来の経験がすべて小規模なものであったこと、

表4.3.1　候補事業主体の比較

候補事業主体	可　能　性	問　題　点
(1) 大阪府の特別会計事業	1．宅地建物分譲事業特別会計実施の経験あり。スタッフあり 2．公営住宅団地建設経験あり。スタッフあり 3．資金能力あり（黒字財政→減債基金積立金） 4．地域的諸制約条件に対しては、自治体としての行政機能と権限を発揮しうる。とくに交通、道路、災害対策 5．公営住宅用地難と小規模団地建設による新しい矛盾の高まりから、大規模化への内在的欲求が強い	1．従来の特別会計事業がすべて小規模であったこと 2．総合的な都市機能をもった大団地建設の経験はなく、事業遂行能力に疑問があったこと
(2) 大阪府住宅協会事業	1．宅地建物分譲事業および賃貸住宅団地建設経験あり 2．住宅関連事業のために府が特別に設立した外郭団体であり、独立会計に適する	1．従来の建設経験がすべて小規模であったこと 2．地域における諸制約条件の解決や土木事業等とのジョイントには「外郭団体」という限界があったこと
(3) 日本住宅公団大阪支所事業	1．香里団地建設経験を含め短期大規模団地建設経験あり、スタッフあり	1．資金力に制約あり（民間借入金に大きく依存） 2．従って全面買収は無理で〈部分買収十区画整理〉とならざるをえぬこと。 3．いずれにしろ地域的諸制約条件の解決のために自治体（府）の実質的参加が不可決であること
(4) 新しく「千里開発公団」(仮称)の設置、府＋市＋公団＋国(＋民間)	1．各事業主体の経験を受けつぐ 2．資金能力が高い 3．独立会計に適する 4．自治体行政権を行使しうる	1．寄せ集め組織特有の混乱が予想されること 2．自治体の行政権行使に関する疑問点あり 3．民間を加えた場合の収益事業的性格付与への疑問あり

②国の行政機関と直結した、縦割り行政のなかで、部局間の総合調整の経験がほとんどなかったこと、等の問題点があり、大阪府が推進母体となるについては、とくに首脳部における「重大な決意」を必要とし、さらに広い分野からの組織的、技術的協力体制を樹立する必要があったといえよう。

4.3.2 「大規模宅地開発プロジェクト論」の構成

(1) 開発の基本方針

「未開発のまま放置されている丘陵地帯」に対しては、すでに各方面から蚕喰的に開発の手が伸びて来ており、「開発論」はともかくとして、事業に着手するとすれば現実的諸条件のなかで、何が実現可能であるかを見きわめる必要があった。そこで、事業主体としての名のりをあげた大阪府の打ち出した「開発の基本方針」を整理すると次のごとくである。

① 大阪府が事業推進母体となってこれを行う。そのために府内部に独立した事業部局を設置し、事業を特別会計で行う。

② 事業は独立採算原則による宅地建物分譲事業の方式で行う。借入金利を少くするために事業期間を出来るだけ短かくする。

③ 開発のための用地は、時価補償の考え方で全面的に買収することとし、これに応じぬものがあるときは、事業のもつきわめて高い公共性にかんがみ、これを強制的に収用する。そのために都市計画一団地の住宅経営事業としてこれを行う。

④ 開発内容は、地域の立地条件よりしてBedTownの方向（とくに高級住宅地として）をとることが適当であるが、自足率を出来るだけ高めるために、中心地区を北大阪の副都心として盛り上げる。

⑤ 本地区開発のテコは、都心業務地域と直結するための高速大量交通機関、なかんずく鉄道建設である。以上の基本方針を基礎に、大阪府は「住宅地区造成事業説明書」㊙1958.6をまとめ、これを外部（限られた範囲であるが）に初めて公表した。[1] 同年夏早くも用地買収交渉が一部で始まり、10月には正式に地元説明会が行われたのであるから、いわば大阪府としての、「開発の意義、目的および基本方針」はこの段階でほぼ正式に決定されたと考えてよいであろう。そこで同「開発論」をさきの2つ研究成果と比較したものが表4.3.2である。

(2) 「大規模宅地開発プロジェクト」論の特徴と問題点

① 事業実施の公共的正当性の強調

「大阪府」という地方自治体が、憲法および地方自治法に基いて行う事業として適法であることの立証のほかに、事業実施に対する府民の支持をとりつける必要があったことが、公共的正当性強調の理由である。この段階で確立されたその方法は大略次のごとくである。

なお注目すべきことは、その後の大阪府の公表資料がすべて同様の方法を用いて事業の公共的正当性を説明している点である。

1） 府下における住宅不足の実態説明と、この解決のための宅地の大量供給の必要性の指摘。

2） 無計画的な都市域拡大が惹起しつつある諸問題を指摘し、計画的都市建設の必要性を説く。

3） なかんずく公的住宅施策の競合による諸矛盾発生を打開し、公的施策における整合性獲得の必要性を指摘する。

4） 現行制度の枠内にても、各種開発事業の集中によって効率的都市造成が可能であることの強調。

5） その方法として、自治体特別会計の設置による独立採算原則に基く大規模住宅地区造成事業推進の提案。

6） この方法によって始めて、土地の投機的値上りを排除しつつ、合理的な住宅地区を最も経済的に造成することができることの主張。

表4.3.2　各「開発論」の比較表

	「北大阪計画」1958.4	「新住宅都市計画基準」1958.4	「大阪府原案」1958.6
開発の基本方針	イギリス型の衛星都市（New Town）ではなく、大阪の業務地域への通勤者を対象とするBedTown	通勤住宅都市	同左
開発の意義、目的	・将来の大阪都市圏の大改造の足場とする ・さしずめ「宅地難」に逢着している公共的住宅建設に対して充分な宅地を供給する	・大都市に急速に集中しつつある人口「収容」策として、在来の「内部市街地の再開発」と、「衛星都市の育成」ではもはや間に合わぬため、その中間の「現実的次善策」とする	・府下住宅不足「解決策」としての宅地の大量供給 ・放置しておけば確実に無計画的開発が進行するであろう千里丘陵地区を先制的、総合的に計画的開発する
居住者階層の想定	・ブルジョワ、小ブルジョワ、ホワイトカラー層が大半とならざるをえぬ	・都心方向に職場を有する事務系勤労者を主とし、収入階層は比較的高い。但し１つの階層に偏ることは住宅政策上よくないので混合させる	・（住宅供給方針）公営、公庫、公団など各種の住宅供給を統合
用地取得	・地区内の農民および農地の円滑な都市化をはかる ・土地区画整理方式は否定 ・用地買収＋公共的規制 ・開発投資効果が正当に公共の利益として収公されるルートの確立	・一括買収のほか土地区画整理も考慮	・時価補償の考え方で全面的に買収することとし、これに応じぬもののあるときは事業のもつ高い公共性にかんがみ、これを強制的に収用する
事業主体	・英国の都市開発公団のごとき、長期にわたって土地の利用開発に対する広汎な権限をもった公的企業体	・地方公共団体および日本住宅公団その他による公共的住宅建設を主とし、これに一般民間建設を加える	・大阪府が府内部に独立した事業部局を設置し、事業を特別会計にて独立採算原則に基く宅地建物分譲事業の方式で行う
行政区域	・独立行政体の方向	・地方自治体の一部とするが経営上は一応独立採算性を考慮する	・（記載なし）
交通機関	・高速度交通機関が地区開発のカギでありテコである ・阪急延長を先行、補助とし、地下鉄延長を主とする	・主として高速度交通機関（国電または私鉄等）により、バスは量的に多くないとする	・地下鉄１号線の延長
建設機関	・高速度交通機関の整備状況に応じ１次、２次、３次と段階的に建設していく。	・５～10年	・６年

（資料1.2.3参照）

図4.3.1　大阪府による開発の「必要性」と「公共的正当性」論展開の方法

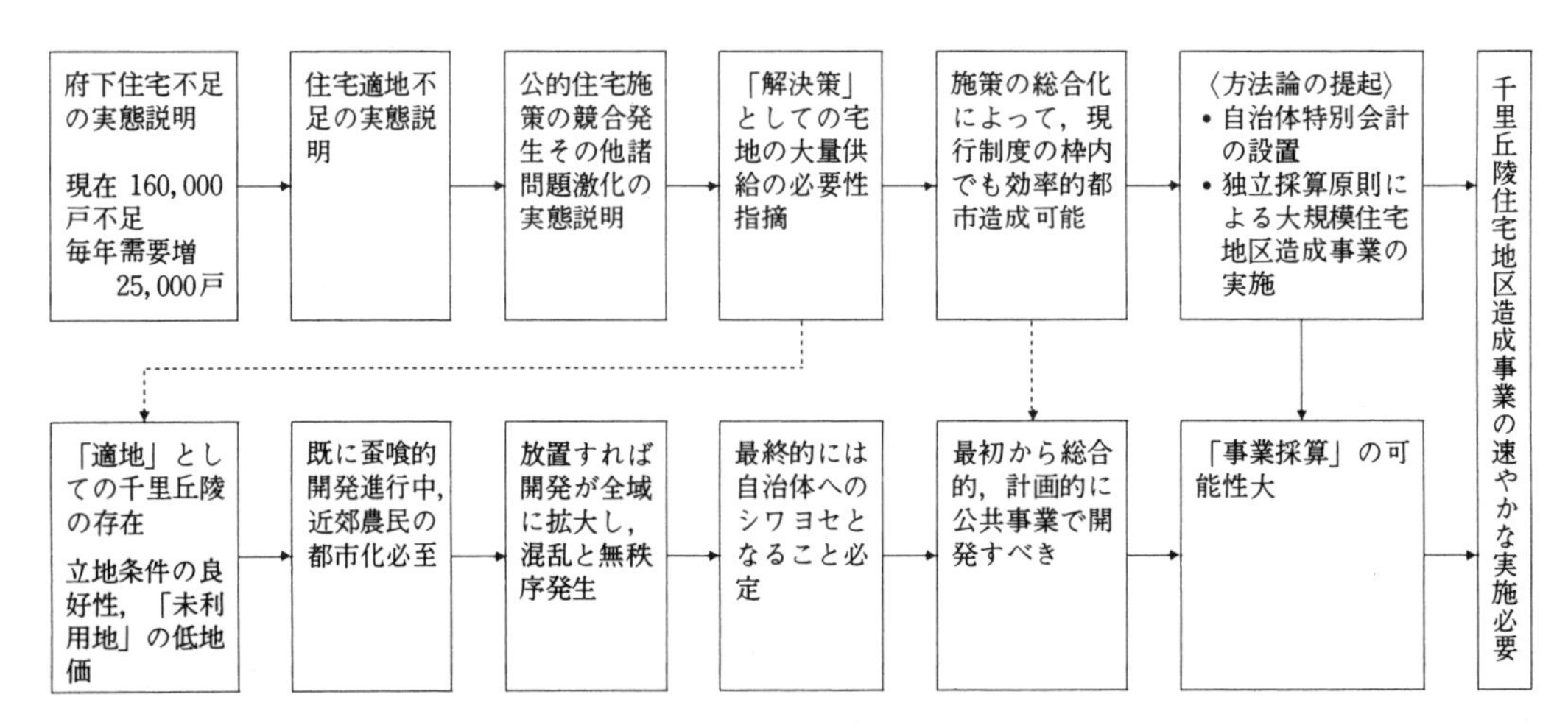

7）以上の観点において千里丘陵一帯を眺めた場合、これが大阪市の高級住宅地区として開発すべき殆んど唯一の「未利用地」であり、かつそれが立地条件的に可能かつ適切であることの指摘。

8）現在すでに本地区周辺部から小規模な宅地造成が散発的に始まっており、放置すればここにもまた無秩序と混乱を招くこと必定であること、それは将来、必然的に自治体へのシワヨセとなるであろうこと、従って最初から公共事業として、速やかに本事業を推進すべきであることの主張。

以上の論理展開を図示したのが、図4.3.1である。

②　諸矛盾の大規模集中解決方式の提案

開発規模の大規模化がもたらす諸矛盾、諸問題を、大規模化のなかで「解決」する方式をあわせて提案することによって、全体としての事業実現性を高める方式が提案されている。たとえば通勤輸送の問題について、前田は次のように述べている。

「新しく造る住宅都市は……少くとも（人口）10万、出来たら20万程のまとまりが欲しい。大量の通勤輸送は大きな問題ではあるが、どうせ散発的に、もっと無計画に発生する需要よりは解決が簡単であり、相当な施設投資もこれだけ大きくなってくると案外採算がうまくなってくる。（前出、前田「スーパーニュータウンの提案」）

すなわち、諸矛盾の解決にはすべてこれと同じパターンが採用されうるわけであり、その場合、地域に以前から存在した諸矛盾の解決要求との結合をはかるかたちで、巧みに「広域的解決」方式が打ち出されるわけである。（例えば、上水プラント、下水処理場、塵芥処理場等）その具体的な内容と問題点の解析は第5章5.5「NT建設に起因する地域変容構造と問題点」に詳述する通りであるが、この方法のもつ基本的な問題点を整理すると、次のごとくである。

1）プロジェクト方式では解決しえぬ問題を、切捨ててしまう恐れがあること。例えばプロジェクト化の困難な個別性の強い要求、あるいは現行制度のもとではプロジェクト採算の困難な要求（たとえば老人、身障者の要求等）についてはこれを集積したまま放置してしまうことになる。

2）「解決」のためのプロジェクト自体に問題があって真の解決に至らぬ可能性があること。逆にそのプロジェクトの実施によって地域的矛盾がより拡大される可能性があること。

4.3.3　当初段階における「開発論」の問題点

以上みたように、当初段階において論議されかつ形成された「開発論」の内容は、とくに「開発の意義および目的」の点でいずれもきわめて不十分な内容にとどまっており、それをあいまいにしたままで、むしろ開発の内容およびその実現方法についての具体的な論議へと傾斜していった点が特徴的であった。そのため、当初設定された「開発論」がのちの建設過程の全体を論理的に誘導するだけの拘束力はついに持ちえず「開発しないよりは進めた方が望ましい」という俗論の横行を、千里NT建設の最後まで許し、NT建設の内容を「事業推進の容易さの有無」に従属せしめるひとつの要因となったと思われる。

また「北大阪計画」において西山研究室が開発した「開発段階計画」の方法がその後全く計画案の中にとり入れられなかったのは、恐らく計画区域内の用地確保と区域内建設内容の検討で事業主体が手一杯になったからであろうが、大いに惜しまれてしかるべきである。千里NTがその後の北大阪一帯の地域変容の1つのモーメントとなりながら、その変容過程についての計画的な制御が十分行われなかった事実から振りかえるならば、当初段階で区域を固定して確定的な計画を設定するよりも、刻々たる情勢の変化を構造的に予測し、これに対する柔軟な制御のシステムを当初段階から確立しておくことこそ、かかる大規模開発の最肝要事ではなかったかと考えられる。

（注）

(1) 大阪府建築部住宅建設課作成の「住宅地区造成事業説明書㊙1958．6」の配布先は次の各方面であったと推測される。

① 基本計画案検討のための研究委託先である、日本建築学会、日本都市計画学会、および関係各研究機関。

② 大阪府当局内関係部局（長および限られた範囲での各担当者）。知事室企画、総務、財政担当、土木部、農林部、水道部、建築部。

③ 国関係部局（長および担当者）。建設省（住宅局、都市局関係）、大蔵省（資金運用部関係）、自治省（地方財政関係）

④ その他。住宅公団、大阪市その他。

⑤ 関係市長。吹田市、豊中市。

さらに、次の各方面に対しては、この小冊子に基いて、公式または非公式の「打診」なり、打合わせなりが行われたと推測される。

① 大阪府議会関係。とくに地元出身議員。建設委員会関係有力議員。

② 上記以外の市、府、国各関係部局担当者。

③ 関係事業主体。大阪市交通局、日本電信電話公社、郵政省、大阪ガスKK、関西電力KK、京阪神急行電鉄KK、その他。

④ 地元有力者。用地買収のための調査、および組織づくりに協力が期待される一群の人々。

（資料1）

「北大阪丘陵開発計画に関する研究」目次

序

（研究担当者）西山夘三、絹谷祐規、井上良蔵、住田昌二、服部千之、三村浩史、湯川利和、近藤公夫、中村一、（日本住宅公団調査研究報告集5、1961に概要所収）

（資料2）「新住宅都市の計画基準に関する研究」目次

はしがき

第1集　意義と計画方針
第2章　立地条件
1．概説、2．都市計画との関係、3．行政区域との関係、4．開発区域、5．母都市との交通、6．交通機関、7．既存施設との関係、8．産業の立地条件
第3章　居住者の性格
1．概説、2．世帯人員、3．収入、4．職業と通勤先、5．生徒、児童、幼児数
第4章　土地利用
1．土地利用計画、2．全市街地の土地利用、密度、3．住宅地区の用地率、4．住宅地区の密度、5．住宅の形式、6．住宅の配置、7．地域制、建築規制
第5章　規模と形態
1．日常生活圏、2．規模、3．形態
第6章　地区および住区の構成
1．地区区分、2．住区構成
第7章　中心地区
1．位置、2．構成
第8章　建築的施設
1．配置、2．商業施設
第9章　設備施設
1．上水、2．下水、3．浄化槽、4．電気およびガス、5．塵芥処理施設
第10章　交通施設
1．街路、2．バス施設、3．鉄道施設
第11章　緑地施設
1．公園、2．景観
第12章　住宅都市経営
（研究担当者）日笠端、入沢恒、杉山熙、石原舜介
（日本住宅公団調査研究報告集4、1961に概要所収）

（資料3）
「住宅地区造成事業説明書」1958．6　目次
同説明書はB5版ガリ版17pの小冊子で、次のような構成である。
1．本事業の目的
2．千里丘陵地区選定の理由
3．計画の範囲
4．地区の現況（地勢、道路交通、既成市街地）
5．計画の概要（基本方針、用地買収、住宅建設、交通施設、上下水道、公園緑地、中心市街地、計画の期間）
6．事業の内容（事業種別数量、単価、事業費）
7．土地利用計画（利用区分、面積、売却単価、売却費、単位面積、数量）
8．工事費年度別内訳
9．財産収入年度別内訳
10．公共事業対象額調
11．収支計画表
12．計画区域図（1／25、000）
13．住宅地区造成計画平面図（1／25、000）
このうち、とくに「本事業の目的」と「地区選定の理由」を以下に紹介しておく。
①　本事業の目的
1）大阪府には現在約160、000戸の住宅不足があり、更に毎年の需要増が25、000戸と推定されている。地価高騰のため都市施設の完備した既成市街地に集団的住宅適地を求めることは、極めて困難にな

りつつある。

2）一方、東淀川、東住吉等市内周辺区においては、公営公庫公団による集団アパートが続々と建設され、上下水道、交通、教育施設等都市計画上の多くの問題を提起するに至った。今後の住宅建設は、大阪経済進展の速度と合せて都市再開発と大都市圏総合開発とを主軸として積極的・計画的に推進されなければならない。現在競合の形になっている公営、公庫、公団等各種の住宅供給を統合し、大きなマスタープランの一環として推進すべき要請は急である。

3）大阪市の現況、新しい産業適地の傾向、府下の統合的土地利用計画等を勘案し、府下に大規模な住宅適地を選び、住宅建設を初めとして、重点的に各種開発事業を集中し、最も効率的な都市造成をはかる。

4）このため、大規模な住宅地区造成事業を起し、特別会計を設置して、現在まだ比較的に開発の進んでいない住宅適地を選び、一般財源と起債により一挙に用地を買収し、遂年計画的に宅地造成、道路、下水、河川、公園等の整備を実施する。用地は道路、公園、緑地等公共用地を充分確保した上で、公営、公団の住宅用地その他一般民間住宅用地その他として売却し、その収入を事業費の財源と起債償還とに充当する。

5）本事業に関連して交通施設、住宅建設、水道、教育施設等の公共事業をはじめ、電気、ガス、その他の民間企業とも充分な連絡調整につとめ、快適で効率的な住宅環境の整備を計る。住宅地区の造成は、このように大規模に計画的に実施することによって、はじめて土地の投機的値上りを排除しつつ、合理的な住宅地区を最も経済的に造成することができるのである。

②　千里丘陵地区選定の理由

1）現在吹田市北部、豊中市東部の丘陵地帯は殆んど未開発のまま放置されているが、この地区は大阪市中心部から15㎞圏内にあり、地形も変化に富み、樹木も多く、大阪市の高級住宅地区として開発すべき殆んど唯一の未利用地と考えられる。

2）大阪市からの距離、京阪神間の交通網、大阪市の発展傾向等から勘案して、この地区を開発し、大阪市の住宅地としてのニュータウンを建設するのが適切であると思われる。

3）なお、地区東南辺には、国鉄、新京阪、名神高速自動車道路をはじめ、京阪間の交通幹線が集中し、吹田―高槻間に新しい工業地帯が発展しているのでその後背地としての開発も予想され、また伊丹空港の整備により、伊丹から京阪神に向う交通上の要点としても発展が期待される。

4）現在すでに本地区周辺から小規模な宅地造成が散発的にかなり行われており、特に最近各方面でこの地区に対して色んな開発計画が進められている。このまま放置すれば従来のような無計画な蚕喰に終り、無秩序と混乱を招くこと必定である。この際一日も早くこの地区一帯の総合開発計画を確立し、計画実現のために強力な手段をこうじなければならない。

4.4　「大阪地方計画」における千里NT開発論の変遷

千里NT開発論は、事業の進行とともに、むしろ事業主体の外部で盛んに論ぜられ始めた。これは、1960年の「国民所得倍増計画」で提起された重化学工業を中心とする地域開発政策の推進のための、全国的な、「地方計画策定方針」を背景としつつ、一方現実の問題として大阪都市圏において簇生してきた諸プロジェクトがさまざまな相互矛盾をひき起し始めたことに対して、整合性を獲得することが政策的に必要となったためである。

大阪地方計画は、学識経験者を中心とする専門調査委員会の手で1962年に「第1次報告」としてまとめられ、のち、1967年に「第2次報告」、1969年には「大阪府長期ビジョン試案」、1970年「大

図4.4.1　地帯構想図

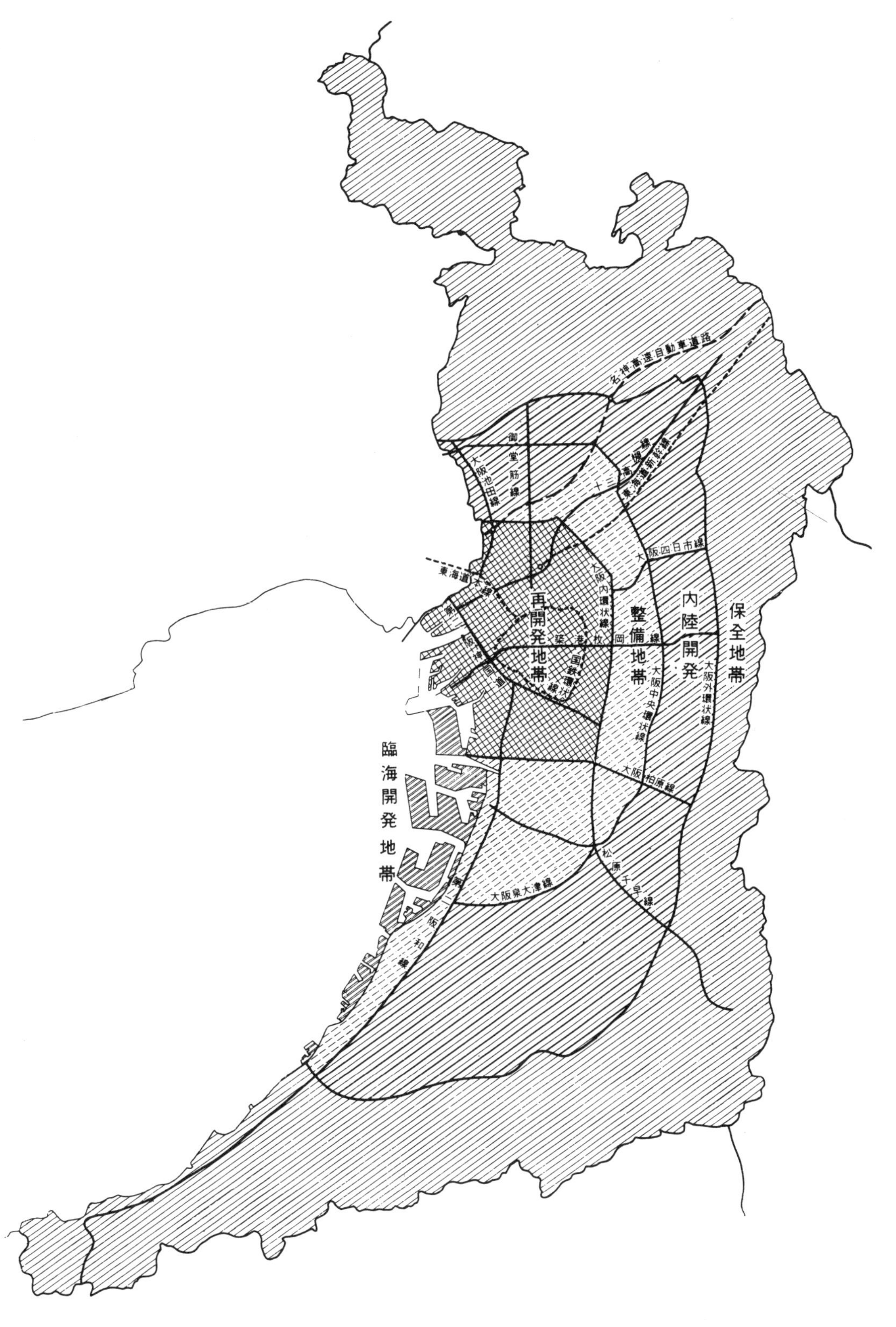

出典：第１次大阪地方計画1962

図4.4.2　大都市圏における住宅配置構造

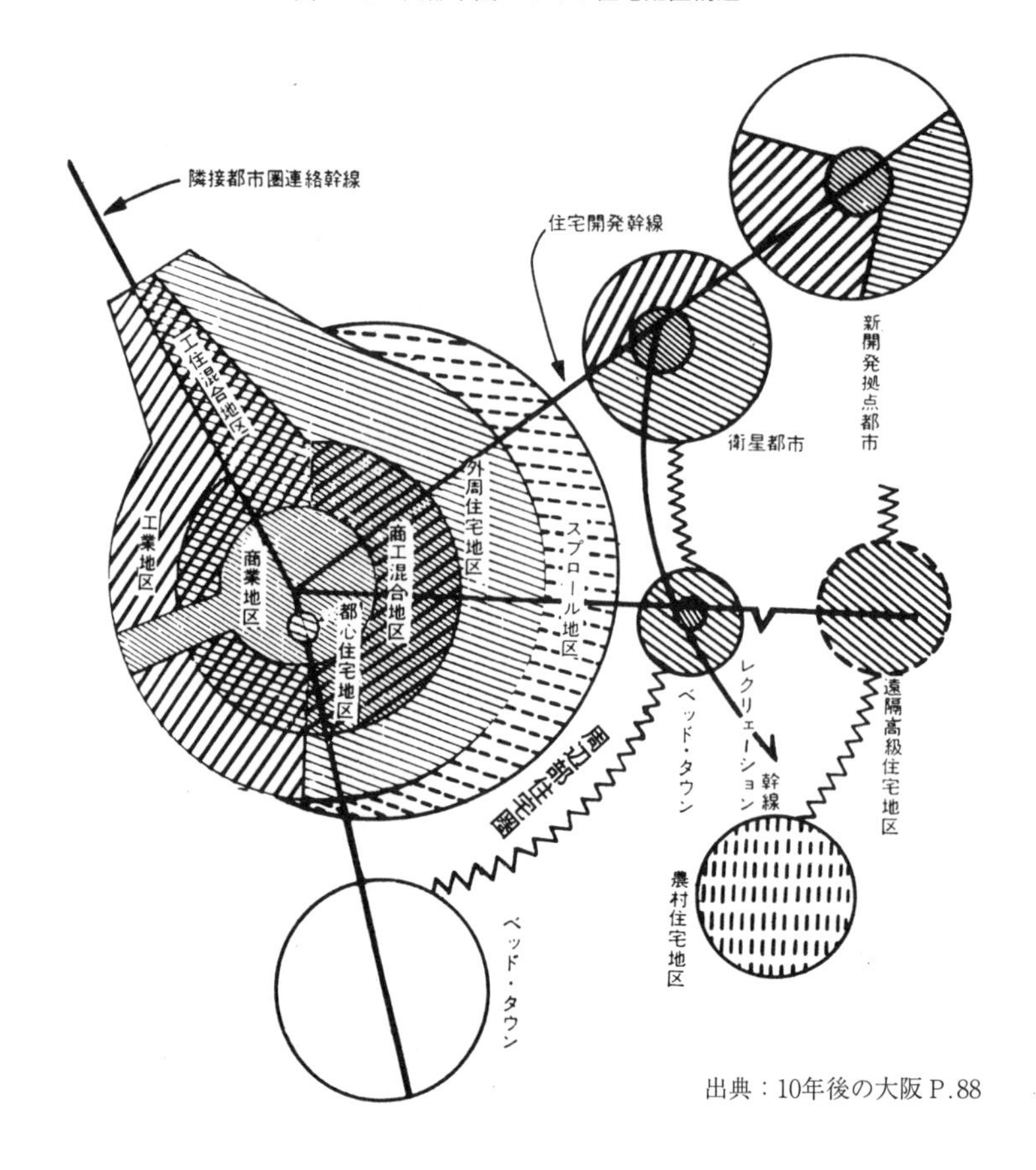

出典：10年後の大阪 P.88

図4.4.3　業務地等の配置構想図

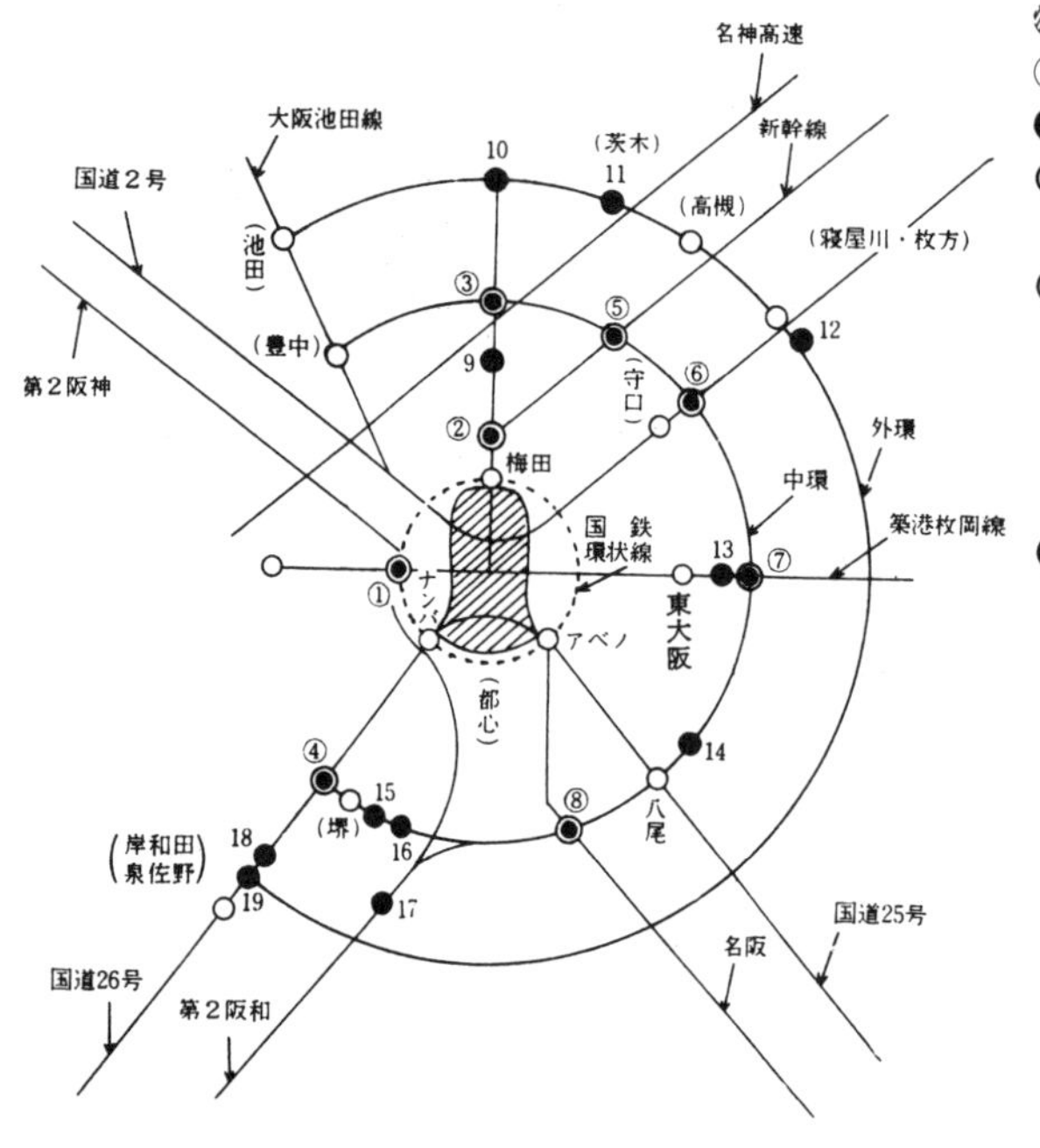

◍大阪都心部
○既成市街地中心業務地
●新規造成業務地
⊙業務・流通センター

⊙①弁天町　②新大阪駅周辺　③千里丘陵
　④堺（堺駅，宿院）　⑦布施河内
　……………………業務センター
　⑤鳥飼　⑥守口・門真　⑦布施河内
　⑧松原美原…………流通センター

●9．吹田（榎坂）
　10．箕面（萱野，今宮）
　11．茨木（茨木ＩＣ）
　12．寝屋川，門真
　13．東大阪（高井田）
　14．八尾（東大阪友井，八尾西郷）
　15．堺（堺東）
　16．堺（三国ケ丘）
　17．和泉，高石（葛葉，大園）
　18．岸和田（本町）
　19．泉佐野（本町）

出典：第二次大阪地方計画1967、P.183

図4.4.4　大阪地域構造の将来

予想図その１

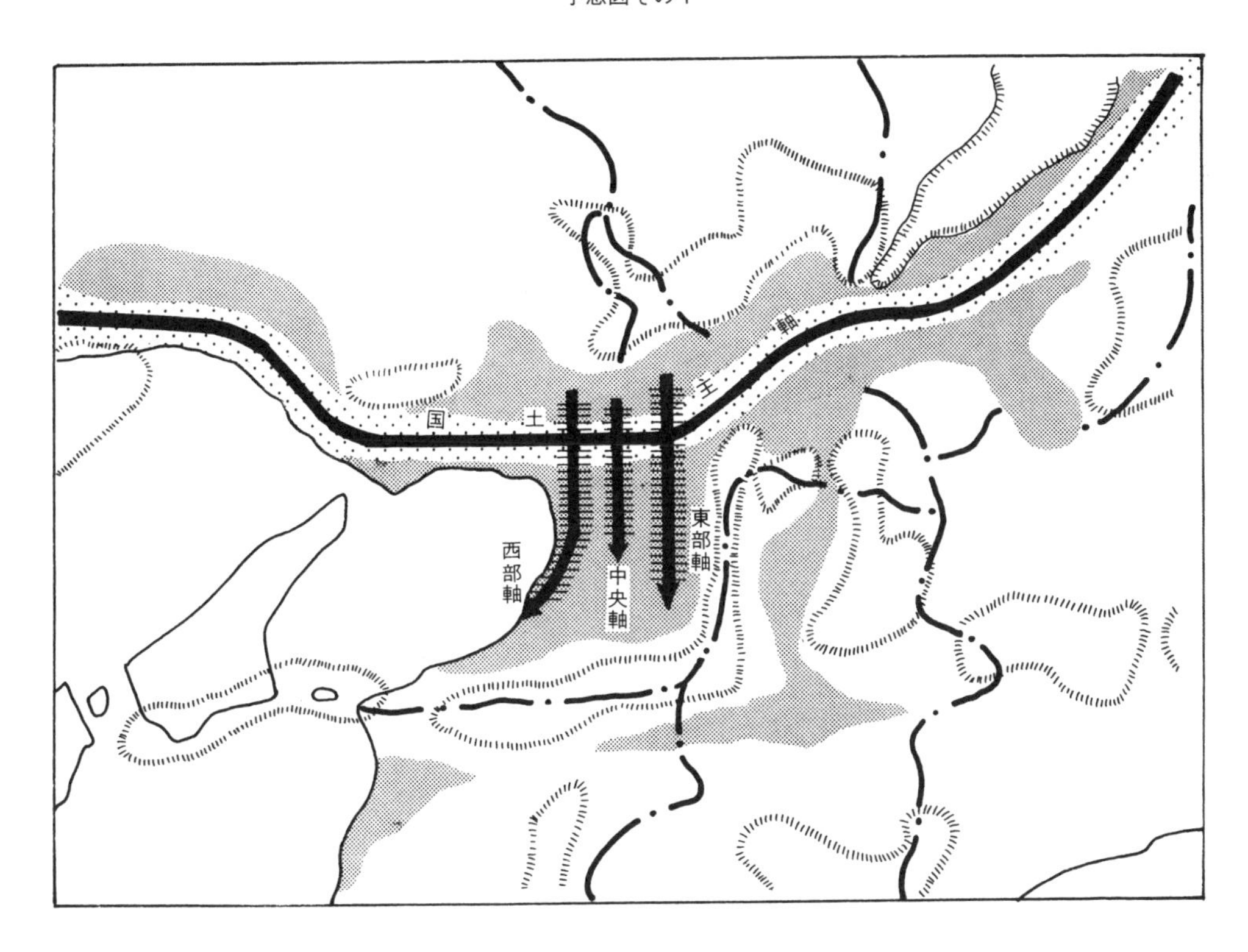

予想図その２（東海南海連絡道完成時のパターン）

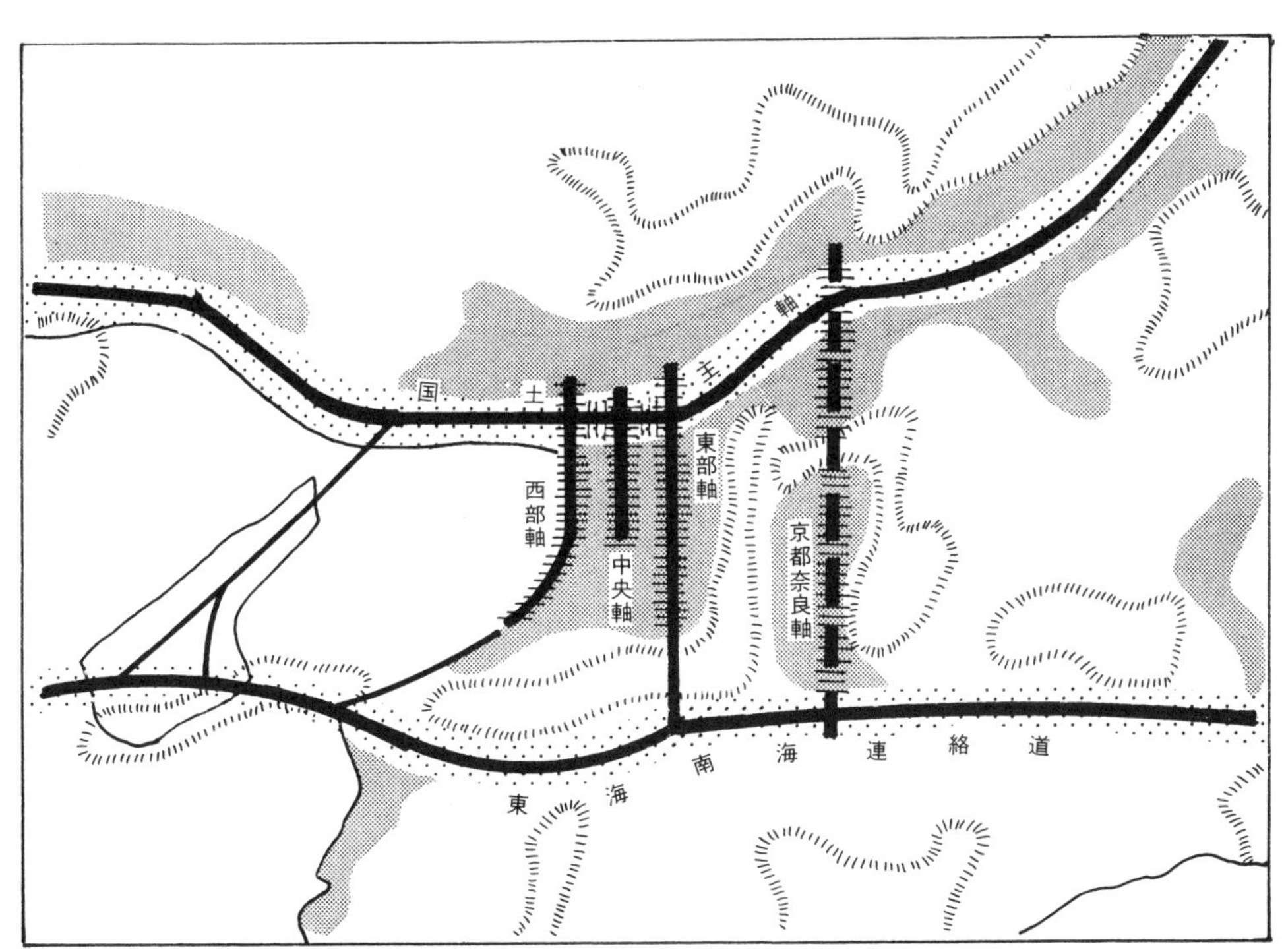

出典：大阪府企画部「大阪府長期ビジョン（試案）」1969.12

阪府施策計画」へと展開している。この間、大阪地方計画の内容を基本的に規定した政府計画には、1960年の「国民所得倍増計画」、同年の「全国総合開発計画」、1969年の「新全国総合開発計画」があり、また側面的資料としての役割をはたしたものに1960年「日本、国連阪神都市圏調査団報告」、1963年「10年後の大阪」(大阪商工会議所)などがある。

これらのうちの代表的な資料において、「宅地開発論」および「千里NTの位置づけ」がいかに変遷したかを整理したものが表4.4.1である。表より、その特徴点をのべると次のごとくである。

①　千里NTについての認識が、当初の「単なるベッド・タウン」という認識から、次第に北大阪の業務センター機能を中心とする新住宅都市という認識にかわり、ついには千里中央センターが大阪都市圏の中枢的業務地区として位置づけられるに至るなど、大きく変化したこと。

②　興味深いことは、1967年の第2次大阪地方計画において「副都心」として位置づけられる以前の1964年段階においてすでに千里NT土地利用計画に重大な変更が加えられていることである。すなわち、具体的には用地取得費の高騰によって破綻をきたした資金計画の立直しのために、売却単価の高い中央地区センター面積の大拡張(約16.5haから28.6haへほぼ1.7倍)が行われて、同センターの「副都心」的機能についての願望的な先取りが行われている。この時点で高単価の同センター用地の売却可能性についてはほとんど不明確な状況にあったと思われ、収支計画上そうせざるをえなかったのが実情であろうと思われるが、このことに関する事業主体側の「開発論」的見解は公表されていない。

③　同様に、ベッド・タウンとしての千里NT開発方式の認識が当初の「宅地不足に対応する大量の宅地供給」というものから、次第に「大規模開発プロジェクト」の1つのタイプとしての認識へと変化し、独立採算事業である千里NT建設独得の開発方式を'あと追い'的に計画にとり入れていること。

④　また、1962年段階では、強力に主張されていた公的主体による大規模宅地開発が行き詰り、一方で民間企業による大規模宅地開発が始まるや、この状況を'あと追い'して、1969年段階では、「民間企業の開発エネルギー」の導入と公的主体の役割(指導、制御役割)の分担の主張が行われているなど、「計画」という名を冠しながら「大阪地方計画」には事象をリードするのではなく、むしろ'あと追い'的に事象を全体に位置づける役割をはたしている側面が強く存在すること。

⑤　なお以上のごとき状況が生じた根本理由は、各「計画」の基本目的が次節にみるように、(1)当初段階では経済の高度成長のための生産基盤への公共投資の集中を「正当化」することに置かれ、その意味で民生関係投資を最少限に抑えながらもあたかも住宅問題に対処しているかのごとき最大の「政治的効果」を発揮しうる方法としての千里NT開発が高く評価されたこと、(2)後の段階ではこれに「地域開発」政策が加味されて、地域空間における資本活動の自由を保障しかつ援助するための公共投資の集中を「正当化」することに基本目的が置かれたが、その意味で千里NT建設で造り出された空間(とくに中央地区センター)に、新たな利用価値が生じてきたこと、にあると考えられる。

4.5　行政投資における「地域開発」偏重の実態

北大阪一帯の地域変容を促した最大のモーメントは、千里NT建設を含むところの「地域開発」政策に基づく行政投資[1)]が、この期間この地域に対して集中的に行われたことにあり、かつそれが決して国民の住宅難解決を目的として投資されたのではなく、むしろそのような民生投資を極

表4.4.1　各「上位計画」における千里NT開発論の変遷

	宅　地　開　発　論	千　里　N　T　の　位　置　づ　け	千里認識の変化
国民所得倍増計画 1960.12 閣議決定	・現在の宅地問題は、根本的には宅地需給のアンバランスに起因するものであり、多種多様な宅地需要に対して、宅地が適当な規模で適切な位置に妥当な価格で供給されていないからである。 ・（対策）今後10年間の住宅用地の新規需要5.8万haのうち4万ha程度は、公的な援助をなんらかの形でうけて計画的に造成されることがのぞましい。	・広域的な都市計画にもとづいて、大都市における住宅、交通、上下水道、公園等の環境整備に重点を置く。 ・既成市街地の再開発と宅地造成の積極的推進。 ・産業基盤強化のための投資は計画の前半期にかなり重点的に、民生安定のための投資は産業発展の基盤として必要なものをのぞき、むしろ後半期高く。	大量宅地供給の一環
第1次大阪地方計画62 大阪地方計画専門調査委員会第1次報告	・同一地区に定着を希望する世帯が多いが、移転しようとするものでは北大阪を希望する世帯が大半を占めている。 ・（住宅・宅地の整備の構想）本府のS50年までの増加人口213万人のうち、29万人を都市再開発により収容することとし、184万人を新たな宅地を開発して収容する。これにともなう新規住宅用地は約12,500haとみこまれる。 ・周辺丘陵地帯を選び、公的機関等による大規模な住宅団地開発を行う。	・府下を主要幹線道路等を区画基準として①再開発地帯、②整備地帯、③内陸開発地帯④臨海開発地帯、⑤保全地帯の5地帯に大別し、それぞれの地帯の基本的な整備方針および土地利用形態を考える。 ・「内陸開発地帯」北摂地区および泉北、南河内地区の丘陵適地に大規模な住宅団地の開発を行う。 （図4.4.1）	ベッド・タウン開発の1つ
10年後の大阪1963.12 大阪商工会議所	・大阪大都市圏における住宅整備の構想 ①　都市住宅地区……都心部生活者、高級高層アパート街……自家用車 ②　工業混合地区……ブルーカラー層、単身者……バス、自転車、徒歩 ③　外周住宅地……一般市民用、中密度家族用……バス ④　ベッド・タウン……ホワイトカラー層、高密度家族用……高速鉄道 ⑤　衛星都市……当該地区に仕事をもつ市民層……鉄道 （図4.4.2）	・ベッド・タウンの建設 大阪都心からオン・レールで30分程度。当面の具体的適地：香里―牧方、千里丘陵に次いで、堺南東部、枚方―交野―八幡付近、泉北丘陵地、金剛山麓部。	ベッド・タウンとしての位置づけの確認
第2次大阪地方計画 1967.3 大阪府	・とくに最近では地価の高騰等による宅地取得難が新たな住宅建設を困難にしている。 ・このため土地利用構想にもとづき、適正な宅地の大量供給による総合的な住宅市街地を形成し、……	・府下を4地区に区分する。①既成都市地帯、②整備開発地帯、③臨海開発地帯、④緑地保全地帯。 ・地域の内周部においては、交通要衝地に拠点的に業務センター、流通センター等を育成して、これを核とする生活圏としての中小都市圏の形成を行い、それぞれの地域の特性に応じた発展… ・千里地区その他は、大阪都心部より分散する業務、流通機能を受け入れつつ隣接府県を含む背後圏の購売力、交通形態および周辺市街地の進展状況等を考慮した業務センター、流通センターを育成する。 ・とくに千里地区については北大阪における都心的業務センターとして育成し、これを中心とした市街地の整備をはかる。 （図4.4.3）	ベッド・タウン ＋ 副都心（業務センター）機能（中央地区センター）
新全国総合開発計画 1969.5 閣議決定	・（大規模開発プロジェクト第3のタイプ）大都市の周辺部において耕地を含む大規模な区画整理事業を実施し、また通勤圏内に大規模なニュータウンを建設する。	・（近畿圏整備の基本構想）大都市地域の既成市街地においては中枢管理機能を中心とした都市機能の純化を図り…都心、副都心の整備により、業務用地の需要の増大に対処…… ・既成市街地の周辺部においては、主要輸送施設の結節点に、倉庫、トラックターミナル、卸売市場等を中心とする大規模な流通業務市街地を計画的に整備するとともに、生活環境施設の整備された新住宅市街地および、研究、学園、文化地区を建設する。	ベッドタウン ＋ 副都市論の補強
大阪府長期ビジョン試案 1969.12 大阪府	・膨大な量にのぼる住宅建設を実現するためには、民間企業の開発エネルギーを最大限に活用する必要があり。 ・これを良質の住宅建設、良好な市街地の形成に導くためには、行政側において地域的な計画の確立と、これにもとづく指導、公共施設の適時整備などの施策を総合的見地から推進しなければならない。 ・大都市周辺の丘陵地や山地においては鉄軌道、道路など関連公共施設の整備を伴いながら、大規模な住宅開発が今後もいっそう推進される必要があろう。このような地域として、大阪東北の丘陵をはじめ北神、三田洛西、奈良北部などの地域が検討されよう。	・（大阪地域構造の将来――軸状パターンによる機能配置）相互に関連する都市的機能が軸状に展開するようなパターンが大阪においては望ましい方向。 ・すでに国土を縦貫する強力な交通、通信、流通機能を軸心として、京阪神は1つの巨大な軸を形成しているとみなしうるが、これと直交する千里中央地区、新大阪、大阪都心、堺市を結ぶラインは、中枢的業務機能を中心として、大阪のバックボーンともいうべき性格をもつ軸と考えられる。 （図4.4.4）	千里中央センターは、中枢的業務地区に「昇格」

表4.5.1　大阪府下行政投資の推移

		昭和33年		昭和34年		昭和35年		昭和36年		昭和37年		昭和38年		昭和39年	
		金額	%	金額	%	金額	%	金額	%	金額	%	金額	%	金額	%
Ⅰ 一般的労働手段（生産基盤）	道路	6,605	14.0	9,497	17.9	12,830	19.0	16,250	17.6	21,586	15.6	28,308	17.1	37,609	18.8
	港湾	1,731	3.7	1,936	3.7	2,410	3.6	2,681	2.9	3,719	2.7	4,188	2.5	3,898	1.9
	空港	—	—	—	—	—	—	210	0.1	448	0.3	2,579	1.6	1,511	0.8
	その他交通手段	5,710	12.1	5,456	10.3	7,776	11.5	5,904	6.4	6,479	4.7	13,806	8.3	20,103	10.0
	電気・ガス	—	—	—	—	—	—	58	0.1	28	※		※	105	0.1
	港湾整備（埋立用地造成）	1,350	2.9	1,355	2.6	4,099	6.1	10,557	11.4	20,608	14.9	15,460	9.3	13,639	6.8
	工業用水道	301	0.6	508	1.0	607	0.9	3,041	3.3	2,541	1.8	5,593	3.4	6,358	3.2
	農林水産	632	1.3	1,019	1.9	933	1.4	1,558	1.7	1,819	3.1	4,208	2.5	6,056	3.0
	小計	16,329	34.7	19,771	37.3	28,655	42.5	40,259	43.5	57,228	41.5	74,173	44.8	89,279	44.6
Ⅱ 共同消費手段（生活基盤）	都市計画	406	0.9	519	1.0	452	0.7	3,105	3.4	3,498	2.5	5,486	3.3	8,460	4.2
	住宅	7,876	16.7	9,545	18.0	8,199	12.2	9,462	10.2	12,945	9.4	14,537	8.8	21,653	10.8
	宅地造成	262	0.6	170	0.3	168	0.2	1,036	1.1	7,545	5.5	8,770	5.3	10,022	5.0
	環境衛生	585	1.2	1,012	1.9	967	1.4	1,705	1.8	2,970	2.2	3,523	2.1	5,105	2.6
	上水道	4,993	10.6	5,483	10.3	6,247	9.3	6,443	7.0	8,282	6.0	12,330	7.5	15,955	8.0
	下水道	1,274	2.7	1,477	2.8	3,257	4.8	3,782	4.1	5,165	3.7	5,355	3.2	7,389	3.7
	厚生福祉	1,308	2.8	1,222	2.3	2,014	3.0	1,740	1.9	3,192	2.3	3,232	2.0	4,486	2.2
	文教施設	4,600	9.8	5,839	11.0	6,497	9.6	10,106	10.9	14,121	10.2	12,787	7.7	12,749	6.4
	観光	—	—	—	—	—	—	—	—	—	—	—	45	※	
	その他	240	0.5	175	0.3	434	0.6	287	0.3	913	0.7	875	0.5	363	0.2
	小計	21,554	45.8	25,442	48.0	28,235	1.8	37,666	40.7	58,630	42.5	66,895	40.4	86,227	43.0
Ⅲ 保全手段	治山治水	3,073	6.5	2,431	4.6	4,218	6.3	6,169	6.7	10,783	7.8	11,214	6.8	11,570	6.8
	海岸保全	75	0.2	141	0.3	481	0.7	1,476	1.6	1,977	1.4	2,440	1.5	3,373	1.7
	災害復旧	1,075	2.3	627	1.2	733	1.1	1,494	1.6	1,346	1.0	460	0.3	460	0.2
	鉱害復旧	—	—	—	—	—	—	—	—	—	—	—	—	—	—
	失業対策	1,979	4.2	1,931	3.6	1,783	2.6	1,940	2.1	2,294	1.7	2,510	1.5	2,818	1.4
	小計	6,202	13.2	5,130	9.7	7,215	10.7	11,079	12.0	16,400	11.9	16,624	10.0	18,221	9.1
Ⅳ その他	官庁営繕	1,320	2.8	1,315	2.5	1,456	2.2	1,789	1.9	3,137	2.3	4,303	2.6	3,329	1.7
	収益事業	—	—	—	—	—	—	105	0.1	—	—	49	※	123	0.1
	その他	1,627	3.5	1,351	2.5	1,915	2.8	1,666	1.8	2,633	1.9	3,448	2.1	3,191	1.6
	小計	2,947	6.3	2,666	5.0	3,371	5.0	3,560	3.8	5,770	4.2	7,800	4.7	6,643	4.3
合計		47,021	100	53,010	100	67,477	100	92,562	100	138,028	100	165,493	100	200,369	100

注(1)　Ⅰ部門中、その他交通手段は軌道、自動車運送、地方鉄道、地下鉄。農林水産は農林水産、造林。Ⅱ部門の上水道は上水道簡易水道。厚生福祉は病院、保険事業。その他は市場、と蓄場、公益質屋のそれぞれの合計。
(2)　自治省「都道府県別行政投資実績」により作成

出典：宮本憲一「大阪の衛星都市」（第3章衛星都市の財政）1968自治体研究社

端に低く抑えることによって、経済の高度成長の推進をはかったところに特徴があるといえよう。

この期間、大阪府下における行政投資が、いかに地域開発中心主義で進められていたか、またそのなかでNT建設がいかなる位置づけにあったかを、1958～64年の間についての宮本憲一氏の分析結果より見ると次のごとくである。[2)]（表4.5.1、4.5.2）

表4.5.2　高蓄積期の大阪府下行政投資推移（単位：100万円）

		第1期昭和33～35年			第2期昭和36～38年		
		金　額	%	指　数	金　額	%	指　数
Ia部門	道路	28,932	17.3	100	66,144	16.7	228.6
	湾港	6,077	3.6	100	10,588	2.7	174.2
	空港	—	—	—	3,237	0.8	
	港湾整備（埋立）	6,804	4.1	100	46,625	11.8	685.3
	工業用水道	1,416	0.8	100	11,175	2.8	789.2
	小計	43,229	25.8	100	137,769	34.8	318.7
IIa部門	都市計画	1,377	0.8	100	12,089	3.1	877.9
	住宅	25,620	15.3	100	36,944	9.3	144.2
	宅地造成	600	0.4	100	17,350	4.4	2891.7
	環境衛生	2,564	1.5	100	8,198	2.1	319.7
	上水道	16,723	10.0	100	27,055	6.8	161.8
	下水道	6,008	3.6	100	14,302	3.6	238.0
	厚生福祉	4,544	2.7	100	8,164	2.1	179.7
	小計	57,436	34.3	100	124,102	32.3	216.1
T行政投資合計		167,508	100	100	396,083	100	236.5

出典：同右

①　1958年以降、府下の行政投資は、第1部門の「生活基盤」投資から第Ⅱ部門の「生産基盤」投資へと急速に重点を移したこと。

②　その中心は、道路投資と港湾整備事業（埋立事業を含む）であったこと。

③　第Ⅱ部門の投資も膨張はしているが全体の比率では横ばいであること。

④　住宅投資は相対的に激減していること。この期間こそ府下全域において空前の住宅需要が爆発した時期であり、このような住宅投資の相対的激減こそ住宅難の最大の原因であったといえること。

⑤　一方、Ⅱの部門内では、都市計画、宅地造成の投資の膨張が目立つこと。これらの投資は市民の生活のための投資という一面をもつが、分譲住宅建設を促進するものであって基本的な住宅対策とはいえず、同時に、交通・商業・不動産資本の利益を生み出す基盤を整備していて、これから始まる民間資本による投資開発の前ぶれをなしていること。

すなわち、このような状況のなかで、左藤府政のショーウインドウとしての千里NT開発には、「住宅投資の相対的激減」という事実を国民の眼から覆いかくす役割が与えられていたとみることができよう。

(注)

1)　ここにいう「行政投資」の概念は、公共投資から国鉄、電々などの国の企業投資をぬいたもので広い意味の公共事業である。

2)　宮本憲一「衛星都市の財政」"大阪の衛星都市1968" 自治体研究社PP、222～233

第5章　千里NT建設と地域変容

目　次

5.1　本章の課題と構成

本章では、千里NT建設を契機とする、地域社会および地域生活空間の変容過程とその問題点を明らかにする。

千里NT建設を契機とする地域変容には大きくみて2つの様相がある。第1は「大規模宅地開発プロジェクト」である千里NT建設の内容が、直接的に地域に影響を与えた側面であり、第2は第4章4.4で明らかにしたところの、千里NT建設をその一環とする1960年代の「地域開発」の全体が地域に影響を与えた側面である。

本章ではこれらを包括的に把握するために、まず、北大阪一帯で起った1960～70年の間のドラマチックな変容過程を指標と図面で明らかにする。（5.2、5.3）次にその変容構造が地域にもたらした諸問題を論じ（5.4）、そのうちとくに千里NT計画区域のまん中にとり残されたような状況にある「除外地」の問題を論じたうえで（5.5）、最後に千里NT建設と地方自治体（吹田市及び豊中市）との関係について、両市の立場からの問題点を明らかにする。（5.6）

5.2　諸指標の変化

1955～70年の間において起った北大阪地域一帯におけるドラマチックな地域変容の過程を概観するならば、およそ次の各項をあげることが出来よう。

①　近郊農村の急激な都市化の進行。緑地、農地面積および専業農家数の激減と第2種兼業への移行。

②　北大阪における人口集中地区の拡大と総ベッドタウン化の進行。

③　地域構造における自動車化の進行。道路空間の拡大、改良、四通八達。

④　大規模開発型の「囲い込み空間」の拡大。零細個別所有（使用）から大規模所有（使用――公共および民間）への移行。

以下これについて、いくつかの一般的な指標――①人口、②土地利用、③交通――を用いて数値的に裏付けてみよう。

5.2.1　人口増加の推移

1955～70年の間における大阪府の人口増加を受けもったのは、主として北大阪（N地域）、東大阪（E地域）であり、南大阪（S地域）がこれに続き、大阪市は人口減であった。

北大阪における豊中市、吹田市の人口増加の状況が、いかに予測を超えたものであるかは、千里NT計画段階の1958年における1975年推計値が、豊中市250,000人、吹田市180,000人に対して、1970年の実数値が豊中市368,498人、吹田市259,605人であることからも言えよう。

表5.2.1 人口増加の推移

		1955	1960	1965	1970
大阪府計		4,618千人	5,504千人	6,657千人	7,620千人
大阪市		2,547	3,012	3,106	
北大阪		469	931	1,063	
東大阪		652	1,227	1,405	
南大阪		952	1,343	1,459	
豊中市	人口	127,678人	199,065人	291,932人	368,498人
	5年間の増加		71,386	92,867	76,566
	増加率		55.9%	46.7%	26.2%
吹田市	人口	97,266人	116,765人	196,769人	259,605人
	5年間の増加		19,499	80,004	62,836
	増加率		20.3%	68.3%	32.0%
千里NT人口	豊中市		0人		32,624人
	吹田市		0人		77,901人

表5.2.2 大阪府下地域別人口集中地区推移

	面積ha			人口密度（人/ha）		
	1960	1965	1970	1960	1965	1970
大阪市	18,650	19,310	20,320	159.4	161.9	146.5
指数	100	103.5	108.9			
北大阪	3,830	5,630	10,540	105.0	125.4	105.2
指数	100	147.0	275.2			
東大阪	4,810	7,240	13,160	112.6	132.6	117.5
指数	100	150.5	273.6			
南大阪	5,960	8,290	15,410	94.1	95.0	79.8
指数	100	139.1	258.6			
合計	33,250	40,470	59,430	134.7	137.9	115.5
指数	100	121.7	178.7			

（国勢調査より作成）

これを5年毎の増加率でみると、1955〜60年が豊中55・9％、吹田20・3％、60〜65年が各46・7％、68・3％、65〜70年が各26・2％、32・0％と1960〜65年間の伸びが著しく、その後次第に鈍くなって飽和状態に近づいていることがわかる。

ちなみに1960〜70年の間の増加人口のうちに千里NT居住者の占める比率をみると、豊中市が169、433人中32、624人で19・3％、吹田市が142、840人中77、901人で55・4％と、とくに吹田市の人口増に貢献した役割が大きい。

5.2.2 土地利用の変化

大阪府下の人口集中地区の面積は急速に拡大し、1960年から70年の10年間に約1・8倍になったが、その間北大阪では2・75倍、東大阪、南大阪ではそれぞれ2・73倍、2・59倍となり大阪市が1・09倍と横ばいであった。

図5.2.1 大阪府下地域別人口増加の推移（1955年＝100）

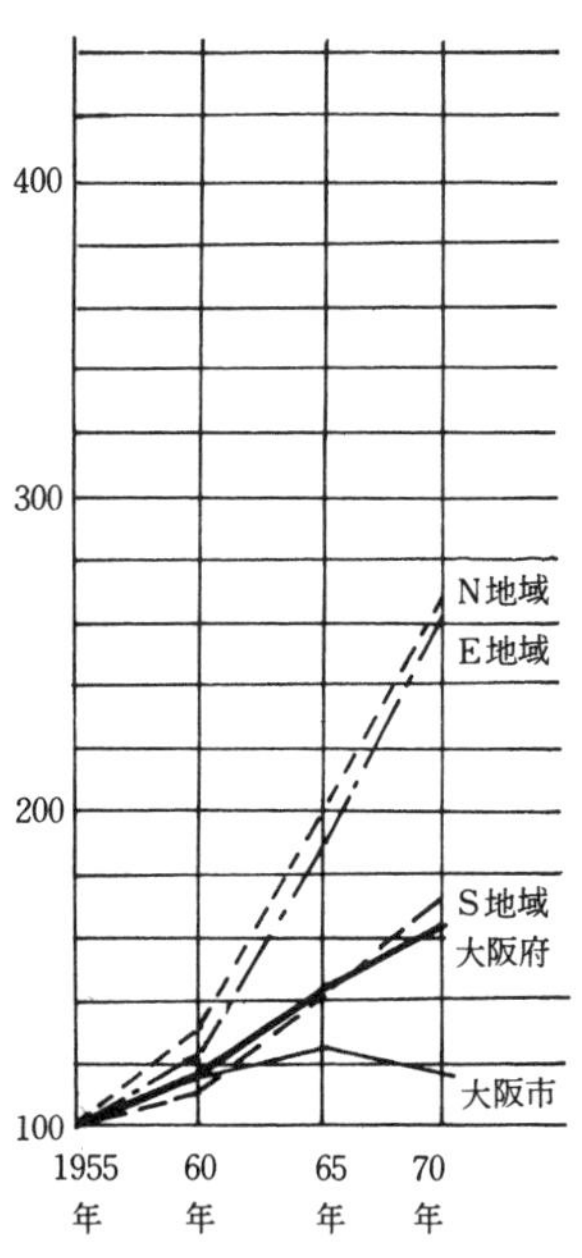

拡大はとくに1965~70年の5年間に著しく進んでいる。（図5.2.2）

府下農地転用面積の推移は、1955年以降コンスタントに年間1,200~1,600haに達しており、周辺部への開発の進展を裏がきしている。また、1961~65年の間の府下地域別市街地の増減をみると、北大阪および東大阪における市街地拡大の最大の原因者は住宅地の拡大であり、それぞれ72・8%、72・0%を占めている。（表5.2.3）

5.2.3 鉄道輸送人員および府下自動車保有台数の増加

(1) 鉄道輸送人員の増加

1957年度の「大阪府北部地区駅別乗客数」と1968年の数値を比較したものが表5.2.4であり、1958年段階における「鉄道線別最大混雑区間における輸送人員増加推定表」と1966年の実績数値とを比較したものが表5.2.5である。後者より国鉄阪和線および阪急電鉄の増加状況が予想をはるかに上廻っていることが明らかとなる。

表5.2.4 大阪府北部地区駅別乗客数

路線名	駅名	1日平均乗客数		
		1957[*1]	1968[*2]	倍率
阪急宝塚線	庄内	12,371	36,877	2.98
〃	服部	9,675	24,479	2.53
〃	曽根	9,396	16,792	1.79
〃	岡町	12,243	14,070	1.15
〃	豊中	19,541	33,139	1.70
〃	蛍ヶ池	8,664	12,435	1.44
〃	石橋	33,812	45,388	1.34
〃	池田	39,451	30,432	0.77
阪急千里山線	吹田	2,750	12,231	4.45
〃	大学前	5,959	16,469	2.76
〃	千里山	6,107	8,136	1.33
〃	南千里	—	15,324	—
〃	北千里	—	19,380	—
阪急京都線	相川	6,590	12,246	1.86
〃	正寿	3,410	11,355	3.33
〃	茨木市	8,757	27,174	3.10
〃	総持寺	1,801	10,072	5.59
〃	富田	2,568	6,970	2.71
〃	高槻	7,880	23,167	2.94
国鉄東海道線	吹田	19,953	12,686	0.64
〃	岸部	4,057	3,641	0.90
〃	千里丘	6,968	9,824	1.41
〃	茨木	13,261	11,472	0.87
〃	摂津富田	7,698	9,062	1.18
〃	高槻	11,263	11,253	1.00

*1 都市計画学会「調査研究報告」1959.4より
*2 大阪府統計年鑑1970より

(2) 府下自動車保有台数の増加

1958年段階での府下自動車台数変遷実績および予測数値と、その後の実績数値とを比較してみると、この間のモータリゼーションの進行が当時の予測をはるかに超える規模で起ったことが明らかとなる。（表5.2.6）

5.3 空間変化の状況

1955~70年の間の北大阪一帯における地域変容の状況を最も如実に示しているのが地域空間の変化であり、これを視覚的に表現したものが次の各図である。

5.3.1 人口集中地区の拡大状況（図5.3.1）

5.3.2 交通施設の拡張と「囲い込み空間」の拡大（第1章図1.2.4、1.2.5）

5.4 NT建設に起因する地域変容構造とその問題点

第4章4.3で述べたごとく、NT建設の基本となった「大規模宅地開発プロジェクト」の方式は、地域における諸蓄積をNT成立のために最大限利用する方向であり、それは同時にNT建設に伴う諸矛盾を最大限地域に放出する方向であった。

表5.2.3　1961～1965年大阪府地域別市街地の増減（単位 ha）

区分＼地域	住宅地		商業業務地		工業地		学校用地等		計	
	面積	%	面積	%	面積	%	面積	%	面積	%
北大阪	2,065.4	72.8	62.0	2.2	357.2	12.6	350.9	12.4	2,835.5	100.0
東大阪	3,329.8	72.0	141.8	3.1	898.6	19.4	252.0	5.5	4,622.2	100.0
南大阪	67.4	3.5	168.0	8.7	1,614.2	83.3	87.1	4.5	1,936.7	100.0
大阪市	721.1	122.4	16.5	2.8	△328.0	△55.7	179.2	30.4	588.9	100.0
合計	6,183.7	61.9	388.3	3.9	2,542.0	25.5	869.2	8.7	9,983.3	100.0

出典：「大阪府の住宅事情」p210

表5.2.5　鉄道線別最大混雑区間における輸送人員増加推定，実績表

		1955*1		1960		1965		1970		1975		1966実績*2	
		輸送人員	指数	輸送人員	指数	輸送人員	指数	輸送人員	指数	輸送人員	指数	輸送人員	指数
国鉄	京都～大阪 急	3,480	100	5,710	164	7,143	205	7,785	224	8,341	240	13,290	382
	京都～大阪 緩	15,950	100	17,801	112	19,206	120	20,924	131	22,797	143	22,070	138
	西明石～大阪 急	4,170	100	6,522	156	8,670	208	9,573	230	10,511	252	9,490	228
	西明石～大阪 緩	16,670	100	18,889	113	20,635	124	22,857	137	25,238	151	22,280	134
	阪和線 急	4,437	100	5,538	125	6,232	140	6,884	155	7,628	172	31,653	713
	阪和線 緩	8,259	100	9,738	118	10,966	133	12,111	147	13,421	163	40,900	495
近鉄	奈良線	13,100	100	16,000	122	18,600	142	21,200	162	23,300	178	38,100	291
	大阪線	12,580	100	15,200	121	17,600	140	20,100	160	21,900	174	46,300	368
	南大阪線	16,890	100	19,900	118	22,800	135	26,200	155	27,800	165	25,186	149
阪神	本線	14,048	100	17,280	123	19,810	141	21,770	155	23,180	165		
京阪	本線	21,010	100	28,050	134	37,730	180	42,270	201	45,660	217		
阪急	神戸線	15,800	100	19,280	122	21,800	138	24,060	152	25,950	164	40,731	258
	宝塚線	21,000	100	26,250	125	29,400	140	32,490	155	35,000	167	50,503	240
	京都線	8,640	100	10,200	118	11,540	134	12,750	148	13,740	159	30,962	358
南海	本線	11,220	100	13,200	118	15,200	135	17,200	153	19,200	171	24,400	271
	高野線	6,670	100	7,870	118	9,000	135	10,200	153	11,400	171	16,300	244

*1　輸送人員はラッシュ時1時間の輸送人員を示す。資料日本都市計画学会「調査研究報告」1959.4
*2　大阪府統計年鑑1967年版

表5.2.6　自動車登録台数変遷推定および実績比較

	登録台数実績	同推定（1958）*3
1950	31,938*1	
51	41,578	
52	60,187	
53	80,603	
54	107,112	
55	123,110	
56	143,459	
57	165,841	
58	189,762	
59	197,021*2	
60	252,453	
61	317,139	
62	446,580	
66	696,879	
67	784,441	
68	899,379	
69	1,042,496	
75		489,200
85		610,400

*1　1950～58：府警調査資料
*2　1959～69：府陸運事務所資料
*3　大阪府土木部計画課推計（1958）

図5.2.2　府下農地転用面積推移（大阪府農地動態調査）

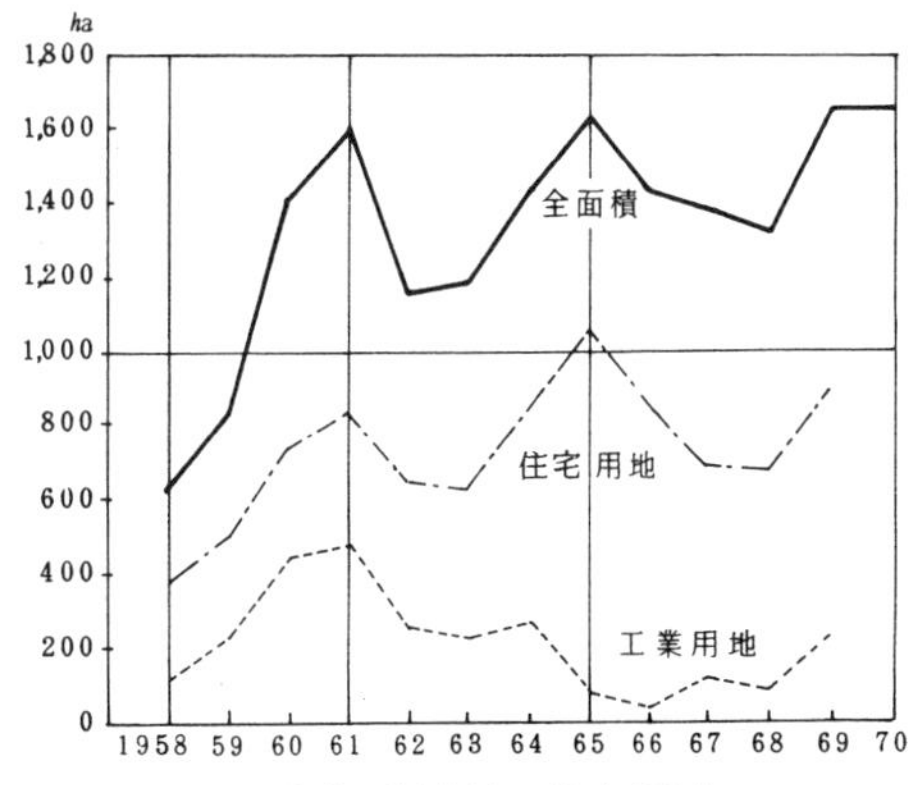

出典：「大阪府の住宅事情」1972、P.17

図5.3.1　大阪府人口集中地区拡大状況

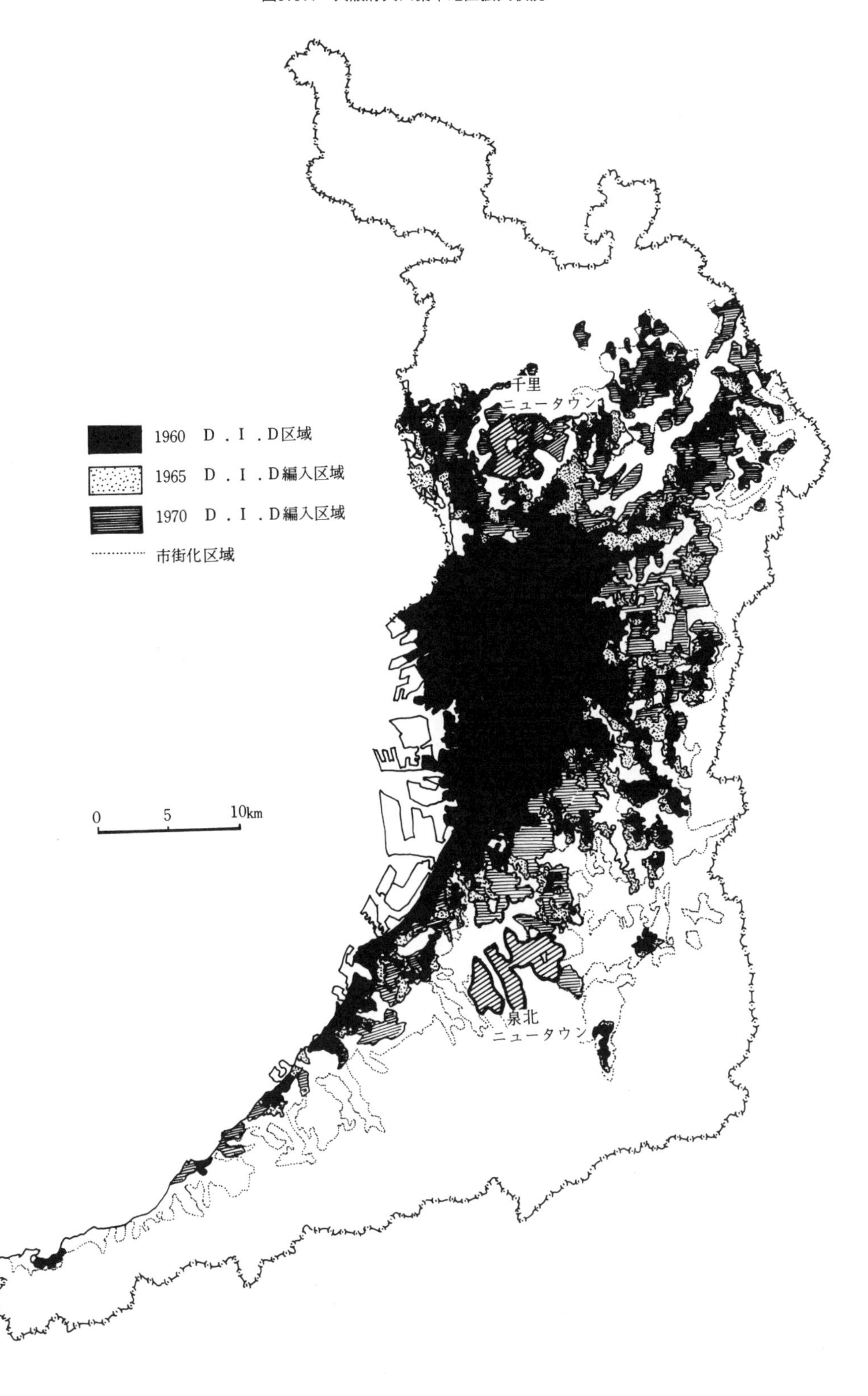

さらに問題は、これらの地域への諸矛盾放出の解決のための「大規模プロジェクト」が、NT建設と並行して提起されていたことである。その方法は地域に以前から存在した諸矛盾とNT建設が派生する諸矛盾とを一体にして、解決要求を大規模化することによって公共投資を引き出しやすくし、さらに可能な限り事業の採算性を追求するという方法であった。

このような諸矛盾の「外部化」を進める方向は、必然的に地域に対してさまざまな問題をもたらしたと思われる。以下、この状況を整理してみよう。

5.4.1 職場の外部依存と地域変容

居住者の職場の大半が母都市都心部周辺であるために、発生する大量の通勤交通の処理に、高速鉄道の整備が「本開発のカギでありテコである」(前出、西山研報告1958)とされた通り、阪急千里山線および大阪地下鉄1号線の地区内延長が実現した。北大阪地域全体の観点における「利点」としては、きわめて一般的に「都心部への時間距離の大幅短縮が実現し、地域一帯の利用効率が高まった」ことをあげえようが、同時に次の各項のごとき問題点の発生を指摘することができる。

① 利用効率の上昇により、鉄道沿線一帯の宅地開発が進展し、さまざまな問題を惹起した。

② 通勤交通問題に関しては、利用者の増加によりピーク時の混雑がいっそう激化し、従前の利用者がその犠牲となった。通勤交通はラッシュ時に片荷で発生するため、施設設備の充実は常に最低限度にとどめられ、利用者の損失回復は将来的にも困難な状況にある。

③ 土地利用に関しては、従前の零細な個別的土地所有者から集団的に土地を入手しえた大企業が、不動産売買差益を獲得し、さらに商業活動あるいは交通輸送活動における独占的利益を獲得した*。

*北摂平野一帯は俗に「阪急平野」と呼ばれ、千里NT建設、万国博その他のあらゆる行政投資が、結果的に、鉄道、バス、タクシー、百貨店、スーパーマーケット、ホテル、レジャー施設等の経営および建設業、不動産業等を通じて阪急資本の独占的な増殖に貢献する仕組みになっている。(万国博研究会、吹田市職労編「70年万国博の虚像」1970自治体研究社p233)

5.4.2 消費物資、エネルギー、水資源等の外部依存と地域変容

千里NTという「大消費地」の発生は、地域における既存の分配構造に大変革を迫り、既得権益等を侵害した恐れがある。たとえば次の各項であるが、本論においては十分な実証を行うことができなかった。

① 消費物資の流通経路等の合理化が可能な「大消費地」の出現は、短期的にはNT関係商業活動者に独占利潤をもたらし、長期的には既存地域社会への供給ルートを弱体化せしめることによって、地域一帯の「品不足」ないしは「物価上昇」をもたらした恐れがある。

② 同様にエネルギー供給においても、「大消費地」優先主義により、既存の地域社会への供給ルートの弱体化を惹起した恐れがある。

③ 水資源に関しては、千里NT建設を含む大阪地域開発の根幹事業となった「大阪府営水道事業」によって、淀川水系の水資源分配構造は大きく変化し、「大消費地」優先が確保された。(表5.4.1)

5.4.3 排水、廃物、死体等の処理の外部依存と地域変容

(1)雨水排水処理

宅地開発による雨水流出量の増分については、下流域における河川改

図5.4.1　広域施設関係市町村図
「前出北大阪環境整備計画」より作成

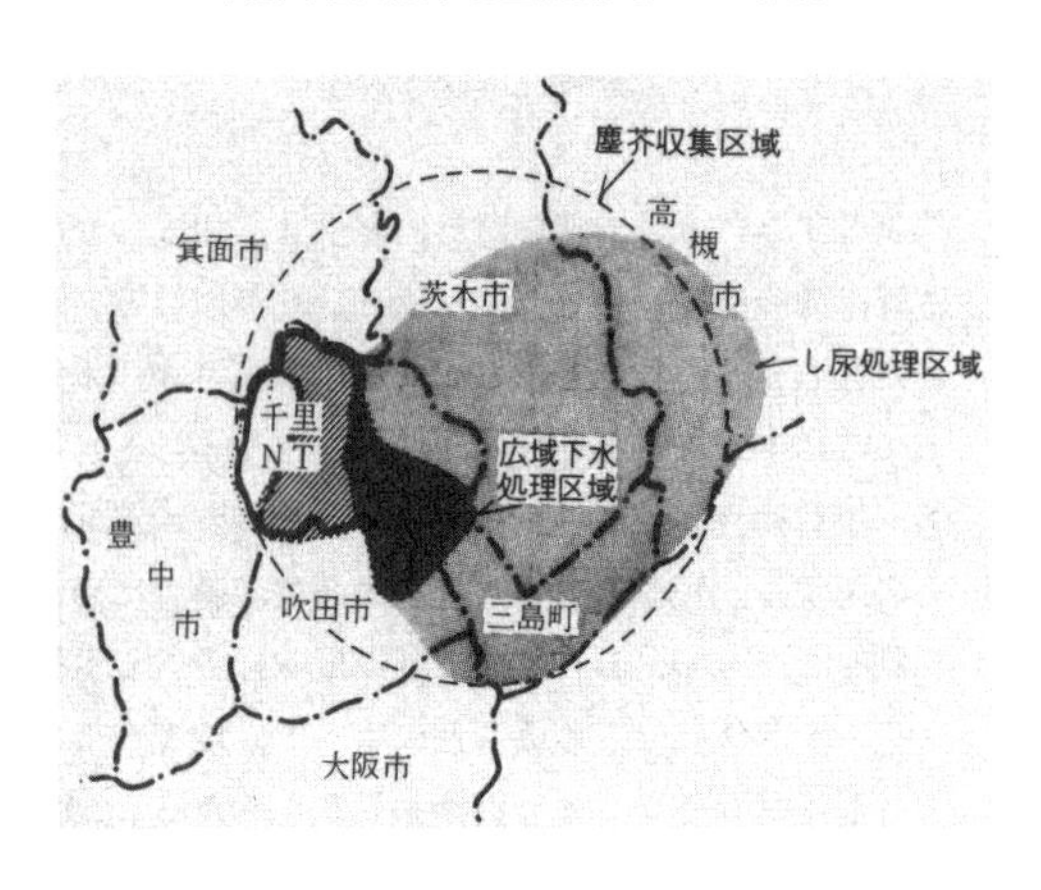

表5.4.1　府下用途別需要水量の予測（淀川水系依存分）

用　途　別	1960年現　況	第１次大阪地方計画1975年計画	第２次大阪地方計画1975年計画
農業用水	m³/sec 16.80	24.01	22.23
工業用水	8.12	42.85	33.25
上水道用水	19.48	38.95	50.74
河川浄化用水	88.50	88.50	88.50
計	132.90	194.31	194.72

資料「第１次大阪地方計画」1962
「第２次大阪地方計画」1967

表5.4.2　北大阪環境整備計画案における施設規模計画

	千里NT	高槻市	茨木市	三島町	吹田市	豊中市	箕面市	計
塵芥収集区域	60t	10t	40t	20t	20t	—	—	150t
公共下水道広域下水処理区域	9万人			2万人				11万人
し尿処理区域	2.0万人	8.0万人	3.5万人	3.5万人				17万人（170t）

出典：「千里丘陵住宅地区開発事業に関する北大阪環境整備計画」1962.4大阪府企業局

修事業の実施によってこれを流過させる方針がたてられ、工事途上の問題については、地区内に遊水池（仮設洪水調整池）を設置して「解決」がはかられたが、後者については、きわめて不完全な施設にとどまらざるを得ぬ諸条件が存在したこと、前者については、堤防カサ上げおよびパラペット設置方式による「改修」以外に方法がなく、そのために内水域の拡大が起り、内水排除のための流域下水道の設置へと進展したことにより、全体として下流域一帯に巨大な損失を与えた。（災害発生の問題および技術的検討の詳細については、第16章16．6参照）

(2)塵芥、汚水、死体等の処理

これらについては、「最近の北大阪における住宅地の発展および内陸諸産業の進出はめざましいものがあり、これらの都市施設の計画は、単に千里NTの入居者だけを対象としたものではなく、周辺地域を含めたより総合的な環境整備計画の一環として考えなければならない」として、北大阪6市町村（箕面市、豊中市、吹田市、三島町、茨木市、高槻市合計人口549，500人（1961．10）、1970年予想人口928，000人）における次のような需要の高まりと一体化させて、各施設の地区外立地を正当化し、1962年段階で表5．4．2および図5．4．1に示すような施設計画案を樹立している。

(a)　塵芥焼却処理：1日収集量189．2ton、収集率71％、焼却率38％、残りは埋立処理でその殆んどは「不衛生投棄処分」である。

ただし1970年には、三島町を除いてほぼ100％焼却できるよう計画されており、そのうち箕面、豊中、吹田、高槻の各市の計画は1963年度には完成予定である。三島町、茨木市の新設計画は現段階では位置、処理能力について検討したというだけでほとんど白紙の状態に等しい。従って千里住宅地区の処理施設計画を広域的な立場から検討する場合には、施設計画の乏しい三島町、茨木市を含めて考えたい。

(b) し尿処理：1日収集量３８１・６kℓ、収集率63%、し尿消化槽処理率49%、農村還元16%、その他35%。その他とは「池、河川放棄の不衛生処分」である。

１９７０年度には箕面市をのぞく各市町村のし尿処理能力は１００%完遂の予定。豊中、吹田、高槻の3市の計画は１９６３年度には完成予定である。ただし、箕面、茨木の両市においては計画は殆んど進捗せず、とくに箕面市ではその処理に非常に困っている。

また、公共下水道に関しては、三島町を除いた市町村では旧市街地について、下水道（合流式）を敷設しているが、終末処理場をもたずに河川放流を行っている。とくに三島町全域、吹田市北部についてはほとんど計画がなく、広域的な処理対象区域として考慮する必要がある。

(c) 墓園および火葬場：現在、北大阪には比較的まとまった墓園として大阪市営服部霊園約６５、０００坪、６、０００基（豊中市）、私営墓地愛灯園計画２０、０００~３０、０００坪（箕面市）があるが前者は満杯に達している。また火葬場は各市とも既存処理炉基数で十分処理しうる能力を有しているが、高槻市では現在の葬祭所が市街地に近接しているため移設計画がある。この際、葬祭所も兼ねたかたちで山間部に大規模墓園を計画すべきである。

5.4.4　地区外大規模集中型施設建設方式の問題点

以上の各施設は、地域住民の反対等により迂余曲折をへたが、（5.4.5、5.4.6参照）、最終的には同「計画」にほぼ近い内容で実現して今日に至っている。その結果が地域に与えた影響について整理すると、大きく次の2点がある。第1は、施設立地による地域一帯の直接的な環境悪化の問題であり、第2は、かかる大型集中施設の地区外立地そのものに関する問題である。すなわち、

① 地域一帯の直接的な環境悪化の問題

(1) 施設周辺地域の交通問題の発生：大型施設に集散する自動車交通量の激増（ゴミ収集車、し尿収集車等）

(2) 施設周辺の環境汚染・悪臭の発生、緑地の減少および洪水災害の要因拡大（とくに公園墓地）、下流河川の水質悪化。

このうちとくに水質汚染の問題についてみると、同「計画」によれば

〈ゴミ焼却炉放流水〉はB.O.D.５３２・５~８３２・０ppmの高値を示し、また蛋白、アンモニア、窒素、pHが受入河川の標準に合致しないので、放流前に清水で稀釈するとともに、稀釈度の大きい河川に放流する。安威川の場合で１／２５００、神崎川の場合で１／１０、０００となりいずれも大して問題にはならない。（傍点引用者）

〈公共下水の処理放流水〉はB.O.D.９・６ppmと想定。ただし〈し尿消化槽〉よりの脱離液と生下水とを混合した場合には、高級処理を施しても20ppm以下の浄化水を得ることは困難であるので、後者には清浄なる水（B.O.D.は零）を加えて稀釈し、これに高級処理を施して20ppm以下の放流水を得る。と、いずれも「稀釈」によって放流水質を確保する考え方であり、絶対量による汚染の進行に対する処置は何等考えていない。

② 大型施設の地区外立地の問題

施設投資に関しては財政的にNT建設事業に対して地区外計画が出来るだけ負担を課さぬ方向が求められ、その結果、周辺地域に従前から存在する諸要求を組みこむことによって、大規模集中型施設建設の独立事業化を推進する方向が求められて、一般には次のごとき「利点」が標榜される。

図5.4.2　正雀処理場周辺関連図

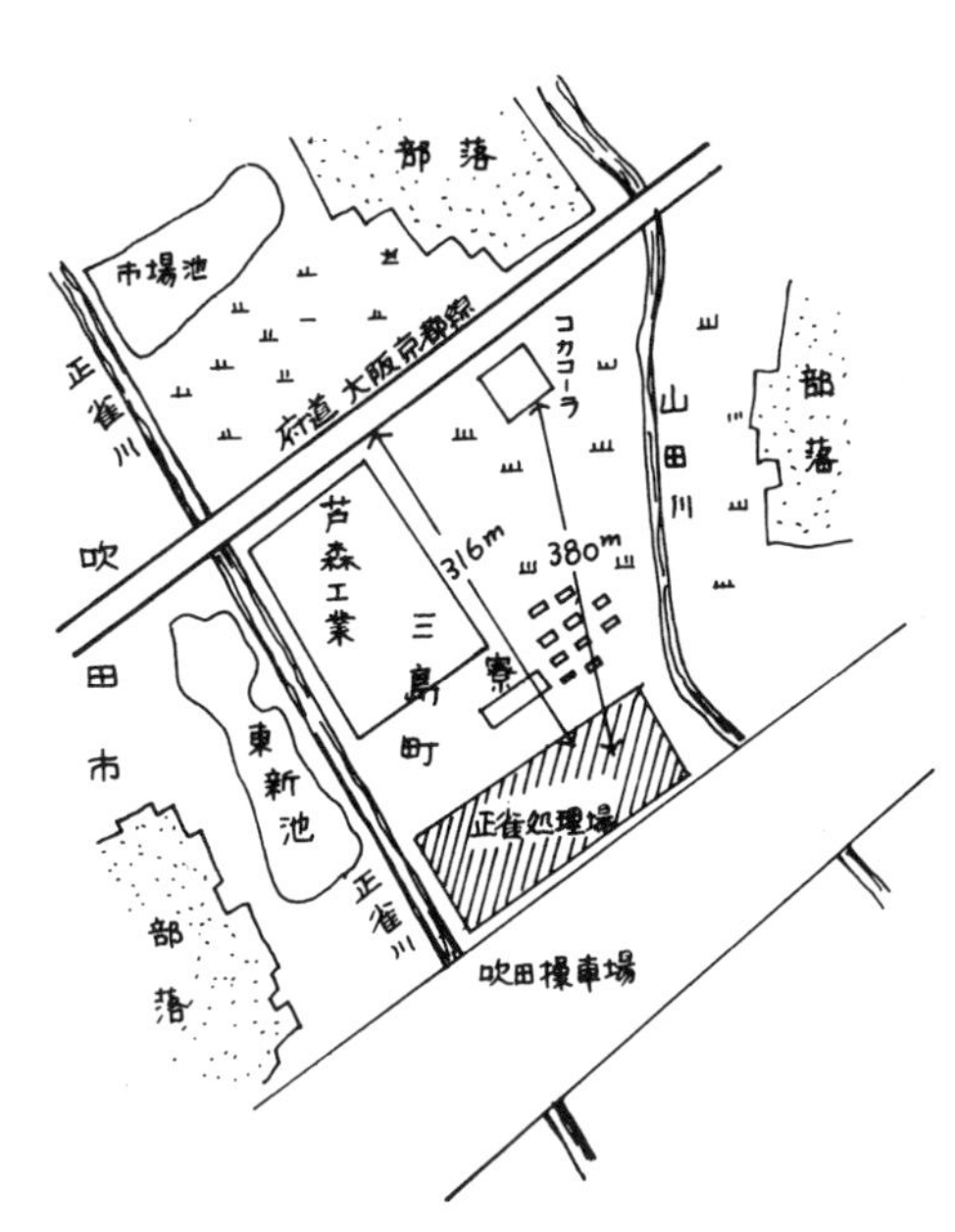

1）　施設の大型化により「規模の経済」が発生し、例えば供給処理単価の低減に効果的である。

2）　高性能機器の導入が可能となりサービス内容の高度化が可能となる。

3）　管理人員の削減、ランニング・コストの低減、専門技術者の導入可能等。

4）　国庫補助対象事業となしうる。

5）　NT建設による地域への利益還元として位置づけられる。

しかしながら、地区外計画におけるこのような大規模集中型施設建設の追求の方向は、その発想の点からしてもすでに無理のあるケースが多く、標榜されるメリットとは裏はらに地域に対するデメリットの集中をもたらす可能性がある。たとえば次の各項である。

a）　大型高性能機器等の「性能」そのものに関して疑問のある場合、大規模集中は例えば不完全供給処理問題の集中といった結果をもたらし、公害の集中、第2次公害の発生をひき起す恐れがある。

b）　アクシデント（例、地震、故障等）発生の際の影響圏が大きくなる。しかもそれは管理体制の集中により発生頻度が増大する恐れがある。

c）　地域に対する供給処理サービスの実質的低下を招来させる可能性がある。とくに施設とその最大の需要地であるNTとが供給処理幹線によって結合されることによって、サービスの第1順位は当然NT地域内とされ、地区外のサービス享受状況は従前より悪化する恐れがある。

d）　施設の立地場所がNT居住者の眼から隔離されることによって、住民の日常的関心の対象とならず、施設運営に対する無理解と無責任な損傷行為（例えば下水道への無機物の放流等）を招きやすい。また日常的な住民監視がなく専門家管理に委ねられることで実質的な管理性能は低下する場合が起る。

すなわち、結論的にいえば以上のごとき「地区外計画」に依存した「地区内計画」の推進は、地域全体にとっては決して利益還元と言えぬ側面を有しているといえよう。

5.4.5　（補）終末処理場設置と地域住民の対応

以上の諸施設の建設は、当然のことながら予定地域住民の歓迎されざるところとなり、設置反対運動等が起った。以下その事例を紹介する。

千里NTの吹田市側の公共下水道終末施設である正雀処理場に関しては、地元との交渉着手から約2ケ年間の迂余曲折を経て、最終的には数項目の条件を付するかたちで計画地点への設置が認められた。なおこの経過において地元反対運動組織と、折しも最高揚期にあった土地買収反対運動の農民組織ないしはその支援の労組等とはついに連契関係を結ばなかった。（第6章参照）

以下、この経過について事業主体サイドにあった柳沢氏によるまとめを紹介しておこう。

〈ふんにようたん〉

処理場と名がつくと、ゴミであれ、泥水であれ、し尿であれ、必ず反対騒動がもち上る。正雀処理場の場合もその例外ではなかった。処理施設が完成し活動している現在、全く地元からの苦情はきかれないが、処理場設置の計画が立てられてから工事にかかるまで約2年間、反対騒動で揉みにもんだものであった。以下、当時の経過記録の要点である。

〈1960年8月~9月〉

千里丘陵の公共下水道については、建設・厚生両省と詳細に検討した結果、分流式とし、終末処理場は広域的処理がよいとの結論に達し、吹田市、豊中市に各々1カ所設けることになった。

〈1960年10月〉

吹田市に終末処理場の適地あっせんを要望。同市より正雀川右岸について検討するよう回答があった。

〈昭和36年1月〉

企業局では当該地点を検討した結果、低湿地であること、農業用ため池を潰すこと、池を潰さぬ限り面積が狭いこと等の理由により市場池下流の左岸が適地であるという結論に達した。

〈1961年3月上旬〉

吹田、豊中両市に対し、3月市会に下水道設置についての協議を下水道法第3条第2項の規定（下水道事業は本来市町村の事業であるが、その施設が2以上の市町村が受益するものである場合には、都道府県が関係市町村と協議して設置できる。）により決議するよう要望。

〈1961年3月15日〉

吹田市長は、千里丘陵開発に伴う下水処理については、ニュータウンのみに限定せず、吹田市、三島町との一体的関係から岸部新池附近が最適であるとの、三島町長との協議書を大阪府に提出した。

〈1961年3月16日〉

府は、公共下水道事業計画にもとづき、建設、厚生両省に説明。

〈1961年3月27日〉

吹田市会議決。

〈1961年5月10日〉

厚生大臣、公共下水道（終末処理場）事業計画認可。

〈1961年6月21日〉

終末処理場の位置変更について、建設、厚生両省に説明、了解を得る。

〈1961年8月19日〉

吹田市は、吹田都市計画公共下水道事業計画（終末処理場の位置は左岸）を建設大臣に申請

〈1961年8月下旬〉

企業局は三島町長に終末処理場の設置について事前の了解を求めたところ、同町長は責任をもってまとめるから、同町議会議員の選挙が終るまで待つよう要望。そこで、府は申入れを延期することとする。

〈1961年9月2日〉

建設大臣は都市計画審議会に必要な附議案を知事に送付した。

〈1961年10月20日〉

企業局首脳部は三島町長、議長等を訪れ、終末処理場設置の計画内容を説明し、協力を要請した。以後、三島町議会では度々論議が重ねられた。

〈1961年12月6日〉

府は三島町長あて文書で処理場設置について協力方を要望。

〈1962年2月23日〉

三島町長は文書で、三項目を要望。

イ　全町のし尿を完全に処理すること

ロ　全町のじんあい処理について、大阪府の焼却場を利用できること。
ハ　関係道路の舗装
〈1962年2月27日〉

三島町長は希望条件を付して処理場の設置に協力する旨通知してくる。希望条件には、更に河川の改修と新設道路の整備、最高の処理施設とすること等の条件が付加された。

〈1962年3月1日〉

大阪都市計画審議会は、吹田都市計画下水道事業を原案通り決定した。

〈1962年3月17日〉

地元のE議員ほか数十人が反対陳情に来庁。陳情の内容は、
イ　芦森工業は環境悪化により求人が困難になり、会社の業績が悪くなる。
ロ　コカ・コーラドリンクは、清涼飲料を製造しているが、販売に悪影響をうける。
ハ　地元住民は縁談にも差支える。
ニ　その他。
〈1962年4月4日〉

三島町では、希望条件をつけた賛成の意志表示を行なっておきながら、一方、三島町議会は反対期成同盟の請願を採択した。

〈1962年4月16日〉

全繊同盟幹部、芦森工業労働組合連合会中央執行委員長ら数人が来庁、反対陳情を行なった。陳情内容は、
イ　三島町議会は地元住民の意志を無視している。
ロ　府のすすめで大阪市の中浜処理場を視察したが、あれでは、不十分である。完全無被害の施設など到底できるものではない。
これに対し、府側は、絶対迷惑のかからぬ施設を作る。位置の変更はできないの一点ばりで平行線をたどった。

〈1962年4月16日〉

正雀し尿処理場設置反対同盟は抗議文を提出。内容は、
イ　府の計画は地元住民の声を全く無視している。
ロ　無被害であるという保障がない。
ハ　周辺地価は暴落する。
ニ　他市のし尿を我々の居住地域で処理することは納得できぬ。その他。
〈1962年4月16日〉

芦森工業労働組合連合会も抗議文を提出。
イ　周辺地域住民に対し具体的に何の相談もなかった。
ロ　芦森工業に近すぎる。
ハ　バキュームカーの通行は不快感を倍加する。
ニ　環境悪化により芦森工業の求人等支障を来す。
ホ　芦森工業を全く無視した計画である。
〈1962年4月26日〉

三島町議会は地方自治法第99条第2項による意見書を知事に提出。意見書には色々な条件がつけられ、府の誠意ある具体策が示されない限り協力できないという意見である。

〈1962年4月26日〉

芦森工業労働組合連合会委員長より、町議会の意見書は条件付賛成であるが、これは地元民の声を公正に反映していないとの文書が提出された。

〈1962年5月14日〉

府の回答文書を三島町議会あて送付。町の意見及び回答要旨は次のとおり。
イ　無被害の施設とせよ。
回答：現在最高の処理とされている活性汚泥法を採用し、公園風の環境とする。

ロ　関係道路の整備、河川改修、ため池整備完成後の経費負担等について明確にせよ。
回答：（それぞれの施工時期、費用負担について明示）
ハ　環境をよくするため、公園を設置せよ。
回答：児童遊戯施設、公衆便所、花壇、植栽等を設けた公園を作る。
ニ　地元住民が反対する次の点について、特に善処せよ。
a風向により臭気が集中する。

bし尿運搬に伴い臭気、はえ等の発生。

cし尿処理施設が露出されるので不快。

dメタンガスが限界点に達すると放出されるそうだが、不安である。

e臭気により付近の一家団らんの場がそこなわれる。

f環境悪化により周辺地域の発展が阻害される。

回答：

a最高の施設だから心配ない。

bその作業に最大の注意を払い不快感を与えないようにする。

caに同じ。

d余分なメタンガスは燃焼して排気するから支障ない。

e最高の施設と十分な検査の実施により周囲の環境が悪化することはない。

f同上。

〈1962年6月9日〉

三島町長は再び質問書を提出。この質問書には、従来の問題点のほか、新たに事業認可申請書が不備であるとか、手続が不備であるといった点が持出された。

これに対し、府は手続は適正であること、その他について回答。

〈1962年6月23日〉

三島町議会教育厚生委員会と企業局幹部と会談、卒直な意見の交換を行なった結果、各委員もすべての疑点は了解されたとして、和気あいあいの裡に会談を終る。

〈1962年6月25日〉

三島町教育厚生委員より、三島町のし尿処理場が恒久的に確保されることについて文書で回答をもらいたい旨申入があり、府は三島町の下水道施設が完備するまで使用できるようにする旨回答。これで、三島町との問題はすべて解決したと府は了解した。

〈1962年6月28日〉

ところが、三島町会議長は再び要望書を提出。その内容には次のような、今まで全く議題に上らなかった事項が附加されていた。
イ　処理場全体を地下埋設し、地上は緑地公園化して同時に完成すること。
ロ　三島町内の下水の配管施設一切を府費負担で処理場着工と同時に着手し、40年度中に完成すること。施設は無償で三島町に払下げること。
ハ　その他河川改修について新項目。
〈1962年6月29日〉

処理場設置反対同盟会より、知事あて反対陳情書提出。内容は、
イ　河川改修の根拠としている流量が間違っている。
ロ　事業認可申請書の添付図面は古くて実状に合っていない。手続も不備。
ハ　土地収容を言明しているが、このような態度は民主的でない。
ニ　その他
〈1962年7月26日〉

芦森工業幹部等と企業局幹部と会談。河川改修、用地変更等について意見が交された。

〈1962年7月30日〉

三島町議会は議員協議会において、府の誠意がみられないとして、従

来の交渉を白紙に戻し、協力できないとの申合せを行なった。又、8月1日、三島町長は知事を訪ね、不協力の文書を手渡した。

〈1962年8月9日〉

処理場反対期成同盟より再び反対陳情書が提出された。内容は殆んど、従来の問題点をくり返したものである。

〈1962年8月20日〉

三島町長は、終末処理場設置場所変更について陳情書を提出。内容は、地元住民が反対している情勢の中で、町の希望するところを全部認めなければ協力しないこと、3月以来の交渉に対して府から満足な回答がなく、最後の申入れについても、何等の回答がなく、全く誠意が認められないという意味のものである。

〈1962年8月22日〉

反対期成同盟幹部数十人が企業局を訪れ、反対陳情した。内容は従来のむし返しであった。

その後、問題は全くこじれたままになってしまったが、地元の国会議員高崎達之助のあっせんにより、1962年12月16日府と三島町との間に覚書を交換し、ここに処理場問題は解決した。覚書の内容は次のとおり。

イ　沈砂池、最初沈殿池、エアレーションタンクには上屋を設置する。
ロ　場内には児童公園を設置する。
ハ　場内は植栽等により近隣環境の美化を図る。
ニ　し尿投入施設の使用は原則として三島町のみとする。管理については大阪府と三島町の間で協議する。なお、この投入施設が付近環境に多大の被害を与えることとなったときは、場所の移転を考慮する。
ホ　本施設は、現在計画中の規模以上としない。
ヘ　河川改修については、正雀川下流において溢水のおそれをなくする。
ト　将来三島町が公共下水道を設置する場合には、府はできる限り協力すること。

以上の経過をみると、最初は協力的だった三島町が、地元の有力会社を先頭とする反対運動が強くなるにつれて強硬になり、府に対して色々と過大な条件をつけはじめたこと、又、騒ぎが大きくなるにつれて処理場以外の色々な問題が紛争の種としてほじくり出され、かきたてられてゆく様子がわかる。しかし、要するに反対の最大の理由は、処理場が絶対無害ではあり得ないという不信感によるものであることは明白であり、事実、これまでの処理場では、その不信感を打破る力を持っていなかったといえる。正雀処理場が、その不信感を打破るトップバッターの役割を果すことができるかどうか、もうしばらく実績をみなければなるまい。とはいえ、自分の家の中に伝染病源の肥だめを置き、一日中その臭をかいでいながら、その不衛生状態を改善してくれる筈の終末処理場設置に反対するというのは、まことに悲しき日本人の性というべきか。ああ。
（前出、柳沢俊彦「千里ニュータウンの建設」住宅金融公庫月報）

5.4.6（補）　ゴミ焼却場設置と地域住民の対応

ゴミ焼却場の設置に関して府企業局の当初計画では、「三島町、茨木市のいずれかに候補地を選ぶのが妥当」（前出「北大阪環境整備計画」1962、4）との見解を明らかにしていたが、用地取得段階でこの計画は放棄され、一方千里ＮＴへの入居者数が増加するなかで急拠計画変更が行われて、ＮＴ区域内のＢ住区周辺緑地内に設置計画がたてられ、1965年7月に都市計画、同事業決定が行われた。しかしながら、造成工事着工後、その事態に驚いた周辺の分譲住宅購入者を中心とするＮＴ住民から、環境悪化と「約束違反」を根拠とする反対運動が起り、これが千里ＮＴ入居者による住民運動の先駆けとして約3年にわたってきわめて組織的に、かつ粘り強く進められた結果、折しも隣地で始められることになった日本万国博覧会のゴミ処理と結合させて、博覧会敷地内に建設することに変更された。(1968、10) 以下この間の経過を広原、徂徠氏の報告より紹介しておく。

〈高野台ごみ焼却場建設反対運動の経過〉

運動は当初、高野台住区の代表60名による〈ゴミ焼却場建設反対期成同盟〉の結成に始まり、現場に近接する分譲住宅300戸はもちろんのこと、高野台全域、隣接住区にも波及していった。

建設反対の理由は、①分譲地を買うとき、周辺は緑地保存されると約束しているにもかかわらず、企業局は契約違反している、②住居専用地区に工場を建設するのは違法である、③万博用のゴミ焼却場をニュータウンに建設しようとするねらいである、④大気汚染・煤煙・悪臭・ダンプ公害等により住環境・景観が破壊される——などであった。

そして、企業局への波状的な陳情と抗議署名、ニュータウン全住民に対する〈反対期成同盟〉の声明書、市議会への〈設置場所再検討の請願書〉、府議会への〈設置反対の請願書〉、さらには、すわり込みなどの実力行使も含めて運動は急速に盛り上がっていった。

住民の力に押されて府・市による説明会がもたれたが、これらはいずれも納得のいくものではなく、むしろ当局の不正・不法行為をますます住民の前に強く印象づけるものでしかなかった。

そこで地元では、地方自治体の住民として自由を守るための権利のひとつである市長に対する行政の〈事務監査請求権〉を行使することにした。わずか1ヶ月の期間で、有効数2,500の2・5倍に当る6,300の署名が得られ、66年3月には、〈設置反対の請願書〉が市議会において満場一致で可決された。この背景には、翌年に迫った初めて〈千里〉を含めて行われるいっせい地方選挙に対する市会議員の〈背に腹はかえられぬ〉計算があったと推測されているが、少くとも地方自治体である吹田市においては、住民の声は一応反映されたといえる。

だが、大阪府はこのような住民の声や吹田市の意向を尊重して工事をストップするどころか、逆に夜間工事してまで建設を強行しようとした。

思いあまった住民は、66年4月、天皇・皇后両陛下の〈千里〉視察に際して、天皇に直訴する手段にまで訴えようとしたので、市議会の正副議長が事態収拾の斡旋に乗り出し、さすがの大阪府も工事を一時ストップせざるを得なくなった。

吹田市の北地区・〈千里〉でこのような混乱が続いている時、一方の南地区の川面町ではゴミ焼却場がほぼ完成していた。だが、この焼却場とて簡単に建設された訳ではない。

64年6月、川面町にゴミ焼却場を建設するに際して、市長は住民に〈北地区にもニュータウンのゴミ焼却場を建設する〉という協定を結び、そのことを条件として川面町の住民は建設を了承するという経過があったのである。だから川面町の住民が北地区の混乱を見て取って、〈もし千里の焼却場がダメになれば、吹田市や万博のゴミが一手に集中して大変なことになる。川面ゴミ焼却場でニュータウンのゴミは焼かせない。高野台ゴミ焼却場建設促進〉と叫び出したのである。事態は混乱をきわめた。

府・市の間には前述のような計画のとりきめがあったから、混乱を乗りきるにはどうしても高野台に建設を強行する以外に手はない。その結果、監査委員会は〈市長の行為は正当である〉と発表し、市議会はこれまでの結論とは全く逆の府への〈建設工事再開要望決議〉を可決してしまったのである。

一方、高野台住民も連日、企業局や府議会各派に反対陳情した。府議会へ提出された〈設置反対の請願書〉は〈企業水道常任委員会〉で審議された結果、否決されはしたが、この請願書には保守系議員数名が〈紹介議員〉になっており、そのうち1名は採択の側にまわっていた。そのため、与党議員をたてるということで、〈現在の予定地に建設しない〉という〈付帯意見〉が添えられていたのである。

結局、68年2月、市長から府へ〈ゴミ焼却場は吹田市の手で万博会場東側周辺に建設したい。ついては、資金援助をしてほしい〉という要望があり、同年6月、〈大阪都市計画地方審議会〉において、北地区ゴミ焼却場建設用地が決定された。

このような経過を経て、住民運動は基本的な勝利をおさめたのである。（広原盛明、但悠紀夫「千里ニュータウン論」都市住宅1971、9）

5.5　除外地（豊中市上新田地区）の問題

本節では千里NT計画区域の中央部に残存している「除外地」の問題についてその経過と問題点を論ずる。

5.5.1　区域除外の経過

上新田区域を千里NTの「計画区域」内に含みつつも、これを「用地買収対象区域」からは除外するという方針は、きわめて早い段階に決定されていたようである。（図5.5.1）

1958年度府委託研究「地方計画に基づく近郊都市建設基準に関する研究」（日本都市計画学会）報告書には、上新田および山田部落（吹田市）を含めて、これら既存部落の形態が、将来において全地域が計画通り開発された場合も、全面的に改造されることは考えられないとして、そのとりあつかいについては「計画当初に於て、既存部落の区域をある程度拡張の余地を含めて画定し、出来得ればその中に、本都市の開発の進展に伴って発生又は導入される、サービス工業その他の施設の適正な収容形態を計画する必要があるのではなかろうか。」と述べている。

さらに、上記の研究を受けついだ、1959年度府委託研究「マスタープラン案の検討及び実施設計作成基準の作成」（東大高山研）においては、このような既存集落のとり扱いに関して次のような考え方が明らかにされている。即ち

a）計画区域内の既存集落も計画区域の一体計画のなかで考えられるべきであり特に住宅都市としての環境をつくりあげるためにも実施段階に応じて適当な再開発を実施することが必要である。

b）都市の計画地域内に既存の集落を含む場合、日常生活圏を同じくすることになるので影響はとくに大きい。一般にこれらの集落と新しく開発される市街地との間には社会的、文化的な断層があり、一方では相互に利用しあう面もあるが、他方においては学校問題その他、種々の問題を生じやすいので、その調整に注意すべきである。

しかしながら、事業実施にあたって大阪府が、これら既成市街地のとりあつかいについて

①　計画区域から除外する。

②　除外地の規模は、ほぼ一住区に相当するものとし、その内容についてはふれない。

③　除外地内での土地買収はしない。

という方針を固めていたことは、大阪府原案（1958、6）においてすでに「地区計画対象区域」を、広く名神高速道路、西国街道及び東豊中の丘陵地帯に囲まれた地域約750万坪とし、その中に千里山（人口約10,000人）、佐井寺（2,000人）、山田（5,000人）、上新田（1,000人）、下新田（1,000人）の既成市街地を含みながら、実際の「用地買収対象面積」を、このうちの既成市街地を除く400万坪に限定していることからも明らかであろう。

いいかえれば、「事業」としての千里NT建設は用地買収が「可能」と判断された区域のみを対象としたものであり、それ以外の部分につい

図5.5.1　上新田地区位置図

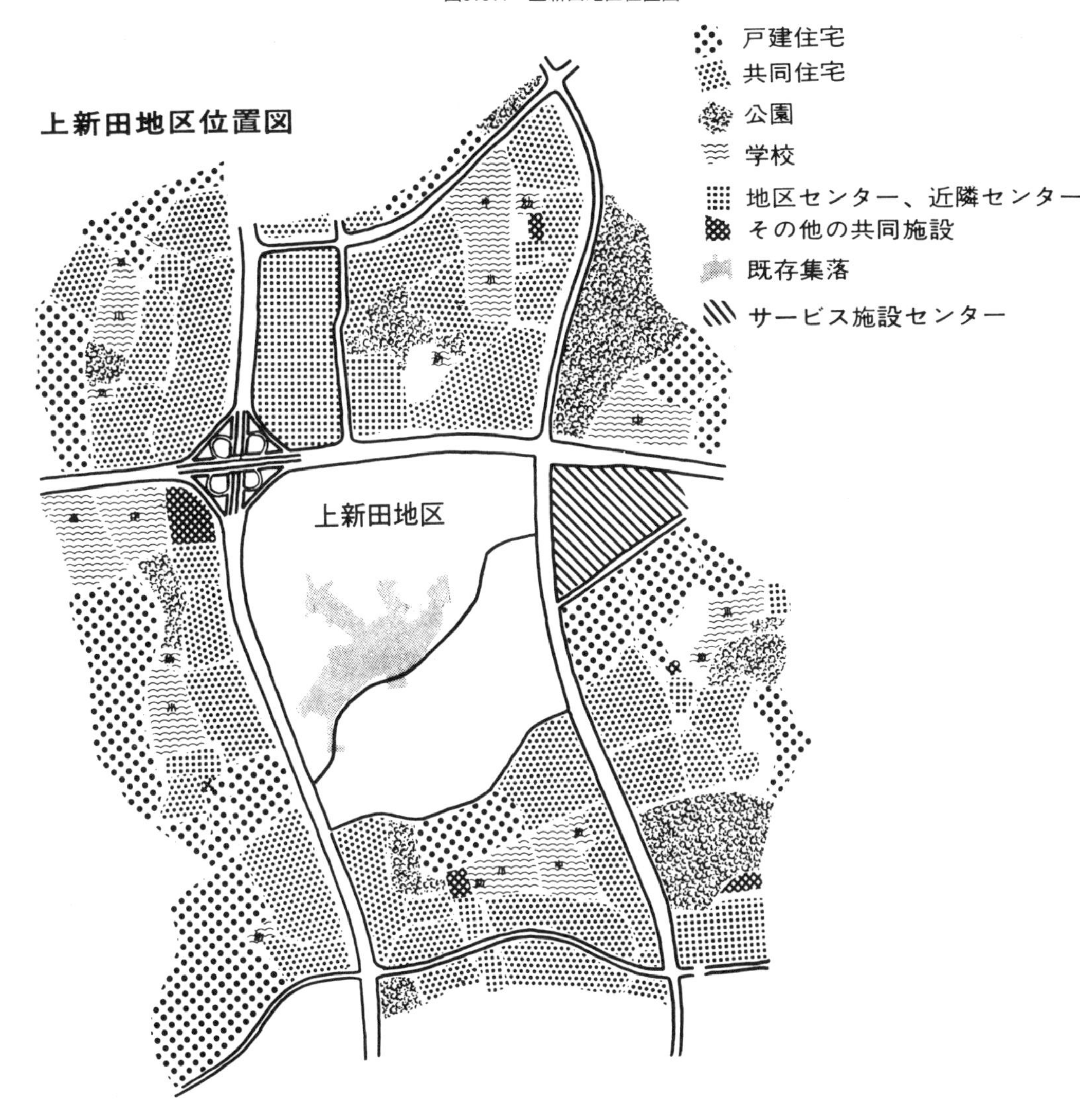

て、事業主体としては何らの手段も持ち合わせていなかったというのが実情であったといえよう。

5.5.2　除外地問題の本質と展望

NT事業自体に関する限りにおいて、除外地の存在は、若干の障害とはなるものの（工事施工等に関して）さしたる問題はなく、むしろ「計画的」に市街地を形成した場合の諸矛盾を押しつける場としての存在価値を認めうる側面がある。（例えばNT住民の要求に対応する施設がきわめてフレキシブルなかたちで同地区には立地しよう。）

しかしながら、ただひとつの難点は、いかにも整然としたNT空間のなかに、この区域のみが異質な印象を外部に与えることであり、いわばNT建設のmodel性において「画竜点睛」を欠くという点である。

一方、除外地住民がNT建設より受ける影響の大きさははかり知れず、とくに地区の開発ポテンシャルの高まりは、住民に個別的対応の機会を与え、例えば立地条件の良い場所に建設が集中し、内部に空洞が出来、集落の部分部分での過密・混合といった、きわめて混乱した状況を招く。その結果、地元民の間に、開発についての影響の差を生み、集落内部での市街化に対する利害の食い違いから、集落崩壊という事態へと進行する恐れがある。

図5.5.2　近畿都市学会「上新田開発計画」基本方針にそった案

1　トータルイメージ

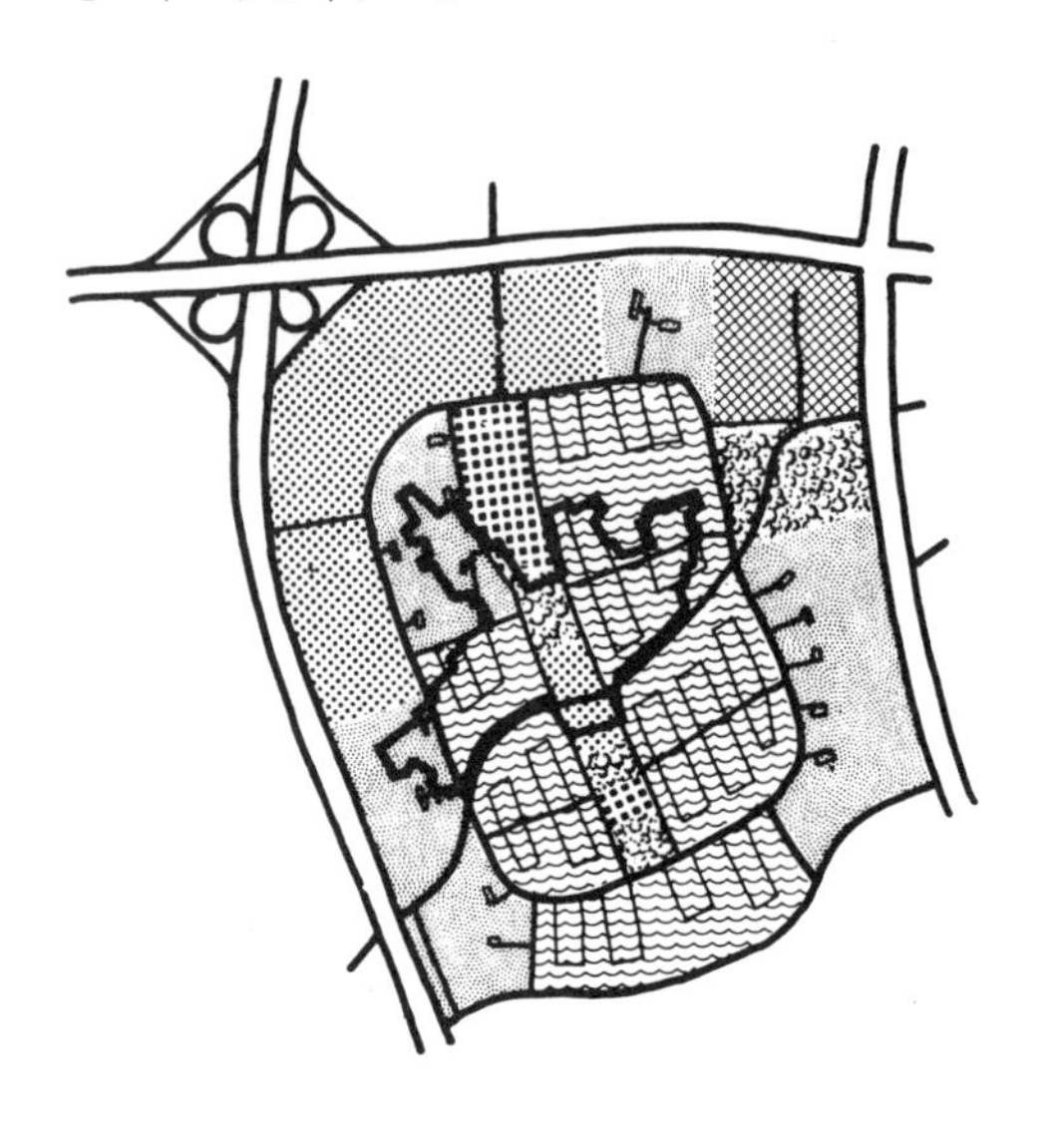

2　集落関係部分を除いた考え方

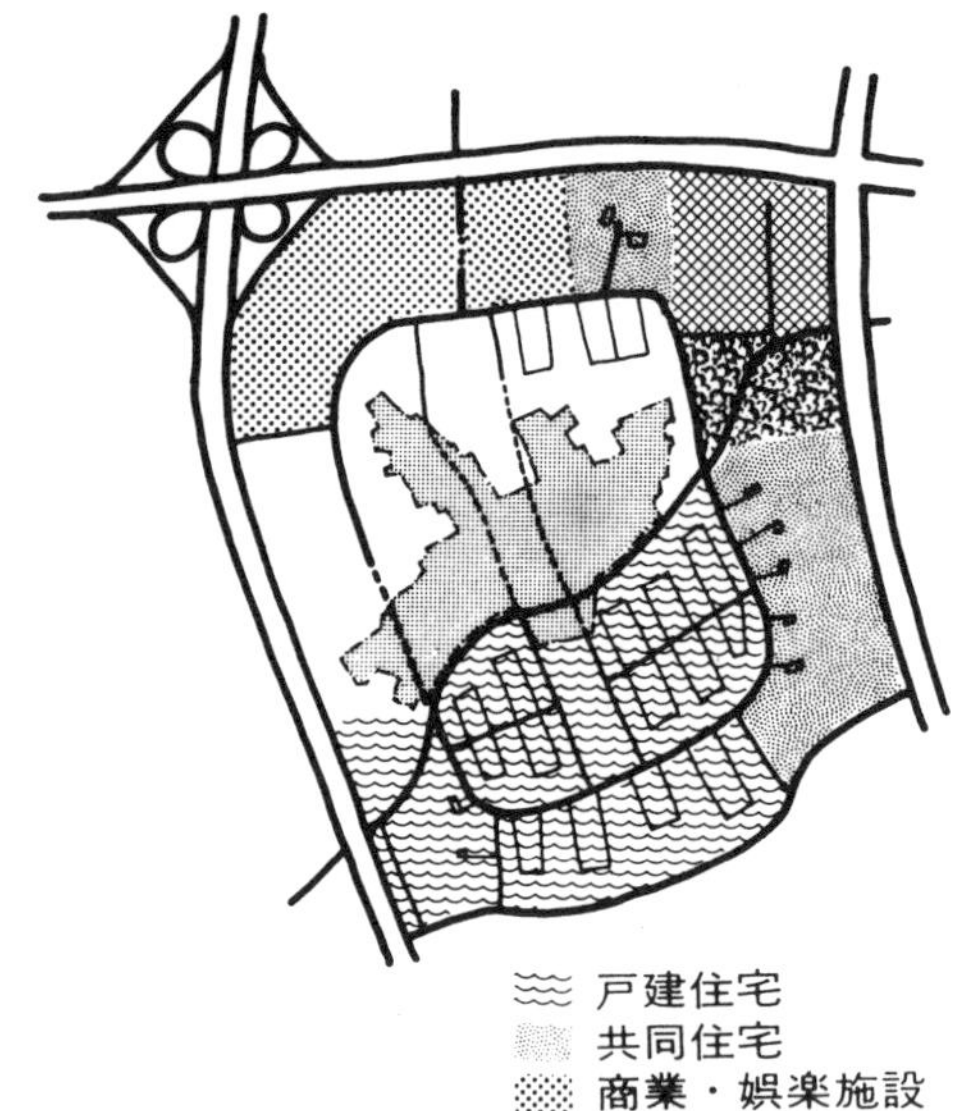

近畿都市学会「上新田地区開発計画調査報告書」1969より

1968年度府企業局委託研究「上新田地区開発計画に関する研究」（近畿都市学会、主査中沢誠一郎）は、以上のような状況のなかで、上新田地区の「計画的な処理」方法についての研究を行ったものである。同研究によると開発の基本方針は次の2点に置かれるべきであるとしている。

①　地元の発意を育てあげ、そのイニシァティブを尊重すべきこと。

②　周囲の千里NTの開発と調和すべきものがあること。言いかえればNTの空間秩序を乱さず、その欠けるところを満たし、機能を補うところに発展の手がかりを求めるべきこと。

そして、その手法として組合方式の土地区画整理事業を比較的有効な手法として提起し次のごとき内容の提案を行っている。

①　基本的には、土地の区画整理と集落の改造とは、段階を分けて考える。

②　後者の集落改造は、必らずしも土地区画整理方式に限らない。

③　区画整理による事業の組み立ては、技術的なチェック・ポイントによって決めるべきである。施行の段階をどうとるか、全体と部分をどう関連づけてゆくかということである。

④　集落部分については、柔軟な考え方が必要で、集落がそのまま存続する可能性も考慮しておかなければならない。

⑤　事業施行に当っては、公共団体の援助が必要で、その援助の導入方法、時期については、十分検討されなければならない。

⑥　土地区画整理の施行区域を、集落部を除いて、いくつかに分けることにする。この区分は、事業規模がほぼ同等になるようにする。そして実施に際しては事業が連続的に行なえるようにする。

⑦　施行区域毎に夫々個別に取扱うのではなく、全体のなかの部分的施行という考え方で行う。

⑧　集落部は、周囲部分の事業が完了した後に検討するものとするが、必らずしも連続工程とする必要はない。そのため、集落と土地部分と

図5.5.3 近畿都市学会「上新田開発計画」新しい提案を盛りこんだ案

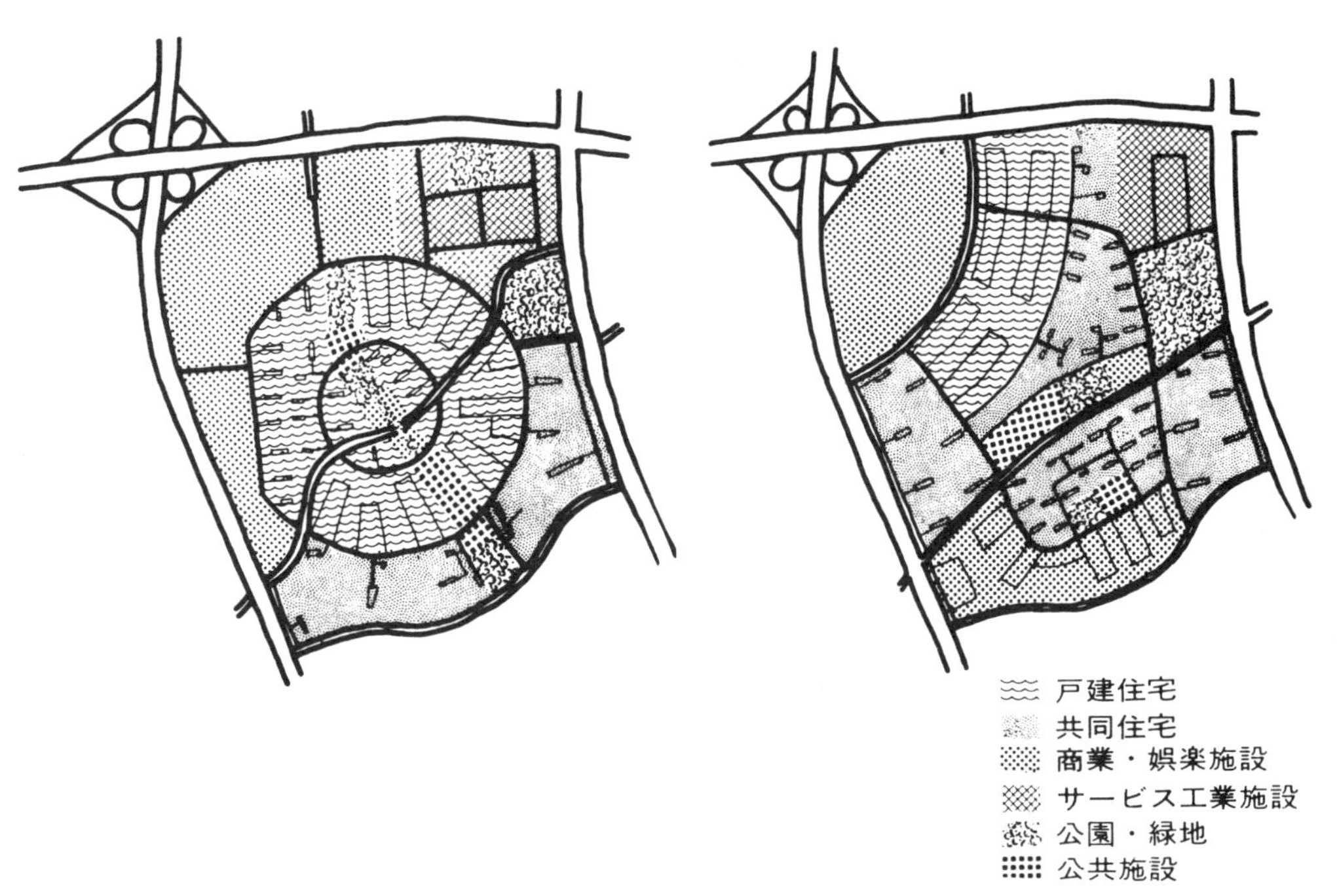

近畿都市学会「上新田地区開発計画調査報告書」1969より

は区別して取扱っておき、その接する中間部分に緩衝部分を挿入して考えることが有効になる。

⑨ 集落は改造する必要が出てくるとすれば、土地区画整理方式に拘らず、その時点で最善の手法を導入するという程度に考えておくことが出来よう。

⑩ 公共用地の確保について、幹線的な街路、規模の大きな公園用地など組合施行の形式では確保出来にくいものもありうる。千里ＮＴの施設水準に近づけてゆくためには、若干の工夫を必要とする。即ち、少なくとも公共用地のうちで都市計画上主要な施設の用地（例えば幹線道路、都市公園の如きもの）については、公共団体の援助が望ましい。

⑪ 土地利用については千里ＮＴとの関連において方向づけをする必要がある。

以上の方針に基き、「地元民の参加する町づくり」のための土地利用構想として、(1)基本方針に基いて組みたてた案（図5.5.2）、および(2)それと対象的な新しい提案を加味した案（図5.5.3）が提案されている。

しかしながら、上新田除外地問題についてのその後の進展は無く、「土地所有者の個別的対応→集落の崩壊」という、同研究が予測した方向を確実にたどりつつあるように思われる。それは、地区住民の主体的要求と全く無関係かつ全く制御の及ばぬかたちで立地した巨大開発に囲まれた場合に、このような「除外地区」住民が辿らざるを得ない宿命的な悲劇といえよう。

5.6 地域自治体との関係

5.6.1 企画段階における疎外状況とその克服の動き

千里ＮＴ建設の企画段階における地元自治体（吹田市、豊中市）の関わり方はきわめて主体性を欠いたものであり、いわば事業主体である大阪府に全面的に依存したかたちをとっていた。とくに吹田市の場合、1955年以降財政再建団体指定の状況[1]にあり、いわば開き直ったかたちで「最初はNTはすべて府でやってくれるのだからと安心していた[2]」フシがあり、そのため、企画段階に関する限り「一番変化をうけるものが、一番つんぼさじきにおかれる[3]」というきわめて疎外された状況にあった。したがって、事業の進行とともに当然その状況を克服するための動きが起らざるを得なかったわけであり、その経過を吹田市および市議会の動きに焦点をあててみると、次のような特徴点をあげることができる。

(1)　当初段階では事業が大阪府内部で極秘の状況で進められたため、理事者側もあやふやな答弁しか出来ず、抽象的な「要望」内容をまとめることしか出来なかった。

(2)　しかしながら建設の具体化の進行のなかで、次第にNT建設のモンロー主義的本質が明らかとなり、議会等の場でゴミ、下水処理場、火葬場、上水道等の問題についての追及が起っている。

(3)　さらに引渡しが目前に迫った段階で、「旧市との格差」という観点が持ち込まれ、また「府が勝手な意図で建設したものの押しつけ」といった表現で府の一方的な計画推進過程にストップをかけ、引渡し条件に厳しい検討を加え始めている。

以下、「吹田市議会報」により、その間の動きを一部紹介しておこう。

①　1959年3月　本会議

(質) 奥地開発[4]は現在大きな問題である。都市計画はどのようにしているのか。

(答弁) 府が計画されているのは250万坪で、その中約47万坪の用地買収が終ったときいている。目的は宅地造成であり2分の1を住宅建設、2分の1は緑地帯とのことである。都市計画は立案されているが、用地買収の結果により最終的に決めるとのことである。(傍点引用者)

〈要望決議〉奥地開発については将来の都市計画に支障のなきよう充分留意されたい。

②　1959年9月　大阪府知事宛要望書要旨（吹田市長名）

(前文) 千里丘陵住宅地区開発事業は大阪府政上まれに見る画期的な事業であると確信、衷心より賛意を表するが、一般建設事業とは性質、規模においても大いに異なり、吹田市将来の発展に決定的な関係をもつと考えるので次のことを要望する。

(総括的要望事項)

1　本事業計画は、現在計画されている地域内の建設、整備に局限されることなく全市的見地から既存の都市計画あるいはその再検討を含めて、これらと一貫する計画の策定は勿論、名神高速道路、東海道新幹線等関連する諸要件を充分配慮して均整のとれた近代的都市を目途とされたい。

2　計画策定に当っては、すべて本市と事前協議をされたい。

3　本計画地域は、自然の環境に恵まれている点を考慮、現在の地形、環境を充分生かすよう配慮されたい。

4　計画地が本市の上流丘陵地帯にあり、関係流域全般にわたって万全の排水計画を樹立されたい。

5　万全の交通機関の整備を図るよう配慮されたい。

6　本事業を実施の段階で吹田市は一時的に多額の市費負担を強いられるが、本市は当面、多額の財政負担には耐えられないから、事業はすべて国、府の補助による公共事業でおこない、本市負担については財政再建中の本市財政を本当に圧迫することのないよう措置されたい。

7　事業計画実施にともない、区域内および周辺地域の地価が急激な値上りを見せており、将来、さらにひどくなることが予想される。したがって公共施設等の用地を、有機的な配置計画によって確保は勿論、将来に予想される公共施設用地についても先行取得しておいてほしい。

８　区域内の電話施設は、山田局を含めて大阪局に編入するよう配慮されたい。

９　土地提供者の生活安定に行政上の格別の配慮を願いたい。

（具体的要望事項）

Ａ　文教関係

１　適切な規模の幼稚園、小、中学校、高等学校の建設用地の確保と建設

２　社会教育施設として、地域内に住民一般の集会場を設置。

３　体育リクリエーションセンター、児童館、青少年の家、美術館、動物園併設の植物園を含む緑地帯の設置及び用地の確保。

Ｂ　産業衛生関係

１　適切な規模の塵芥焼却場、し尿処理施設、公園墓地、清掃事業所の用地確保と建設。府立保健所をニュータウンの人口に適応したものに拡充、将来市へ無償で移管されたい。

２　完備したマーケットの設置。入店者は市内商人を中心とし、土地提供者に優先的措置を講じてほしい。

３　導水路、溜池等一切の農業施設は保存するとともに補強充実を図ってほしい。

Ｃ　建設・水道関係

１　合理的な市街地構成（住居表示）、計画交通量に基づく都市計画、駐車場、駅前広場計画の樹立。下水道設置。将来も維持管理上支障のない地下埋設施設。防災計画を樹立。

２　上水道施設は府の責任で施工、完成後は吹田市に移管されたい。

３　消防施設の用地の確保、建設。

４　元所有者の樹木伐採は流域の排水関係を考慮し至急伐採禁止の措置を講じられたい。

（注）この吹田市の要望書について、大阪府から明確な回答はなかった模様であり、60年5月21日付府からの提示に対し村田静夫市長は、１９６０年６月３日付で、去る5月21日に示された内容は、吹田市からの要望書の各項について、いか程配慮ったか一切不明であり、本市として検討に甚だ当惑していると再申入れを行っている。

③　１９５９年11月　吹田市議会報告

〈奥地開発事業に対する第一次（対府）要望決定――中都市建設特別委員会〉（要旨前出）

④　１９６０年７月　中都市建設委員長報告

（第１次要望具体化の経過について、府の計画案の早期発表を待ったが、用地買収の進捗が予定より遅延したため、未発表ながら）その後、察知いたしましたところでは、計画面積４００万坪、実際計画２２０万坪、工事費約２７０億、小学校中学校、高校、病院、住宅の建設は公団住宅、府営住宅、分譲住宅等２８、０００戸を新設される予定であり、用地買収は実際計画の約80％になっております。（傍点引用者）

⑤　１９６０年10月　本会議

請願「千里山ＮＴ計画土地買収に伴う、現在未買収地の、買収計画除外について」採択。（第６章６.７.２参照）

⑥　１９６１年２月　臨時市議会

請願「千里丘陵住宅地区開発に伴い『中央近隣センター』入居に関する件」採択。（注、商店街、マーケットの入居に地元商業者を優先入居させる旨

の要求)

⑦　1961年3月　本会議

(産業衛生委)ニュータウン内の住民の死亡者の火葬場の計画を促進せよ。

(建設水道委)(質)ニュータウンの水道料は府で決めるのか。(答)引継ぎ後は統一料金とする。(質)下水道終末処理場の位置。(答)府はNT内の下水道について同意を求めてきたのであるが、市としては将来岸部、片山地区の下水処理場の問題が生じて来た場合、市としても是非必要な施設であり、仮に府がタウン内に設置しても将来吹田市が造る場合ここが適地となる。(条件)地元民には反対の声が高いが完全に納得をうること。

⑧　1961年8月22日　大阪府知事宛吹田市一団地住宅経営追加変更同意についての要望事項(要旨)

1　東片山佐井寺延長線を巾員20mに変更、府知事執行事業とすること。

2　高速鉄道及び阪急千里山線の延長は都心において連絡出来るよう計画されたい。

3　用地買収による離農家対策。

4　団地内の排水計画が立遅れていると思われるが吹田市と十分協議し、吹田市の下水道計画と合致する計画をされたい。

5　山田川、正雀川、高川等の河川改修は完全に処置されたい。

6　近隣センター、中央地区センターの用途については吹田市の意向を優先的に採用されたい。

7　当初からの約束に基づき、団地内に公園墓地、青少年の家等吹田市要望の用地を提供されたい。

8　NT開発事業は、急速に完成されると予想されるが、本市従来の計画事業が、NT地区の開発と同一歩調は困難であり、吹田市の計画事業について大巾の補助、起債を認められたい。

9　計画面、実施面で十分事前協議の機会を与えられたい。

⑨　1961年9月5日　大阪府知事宛要求書(吹田市長)要旨。

1　河川改修および砂防工事の施工年次の繰上げとその実施方法の明示。

2　部落有溜池の買収管理。

3　ごみ焼場の設置および規模。

4　公園墓地および火葬場の設置位置の明示。

5　NT建設にともなう住民の交通対策とそれによって誘発される旧市域住民の交通混乱の具体的な対策の明示。

6　未買収地の強制買上げ反対。

7　離作農家の希望者に対し、住宅、分譲商店開設等で最優先取扱い。

8　東片山佐井寺線の1961年度内完工。

9　団地内の商店街に吹田市内商店業者を優先的に迎えること。

⑩　1961年10月27日　吹田市長宛大阪府企業局長回答

1　河川の改修、砂防工事については府土木部と協議、NT工事の進捗度合に応じて事業を繰上げ、極力関係方面に迷惑をかけないよう努力する。

2　部落有溜池の買上げは検討中である。

3　塵芥焼却場は既成市街地ならびに近隣市町を含めて広域的な見地から都市計画的に適当な場所を選定、吹田市となお協議して決めたい。

4　公園墓地は従来の経緯を含め慎重に検討したい。

5　火葬場は塵芥焼却場と同様に取扱いたい。

6　交通対策として、阪急千里山線の延長、大阪市営地下鉄の延長を要望している。

7　未買収地の強制買上げはやむを得ないものにとどめ原則として話し合いによる買収を続けたい。

8　離作農家優先取扱いは配慮したい。

9　東片山佐井寺線は吹田市の都市計画事業であり、吹田市において施工せらるべきであると思料するが、なお関係方面と折衝されたい。

10　用地買収の協力者優遇については目下検討中である。

⑪　1962年5月17日　吹田市長、府知事に対し企業局の回答書の内容にいささか具体性を欠いているむきもあるとして、各事項に対してなお一層明確具体的な回答を要請。

⑫　1962年7月10日　覚書交換

1　基本的事項

甲（大阪府）が乙（吹田市）に譲渡する公共施設及び公共用地とは、乙が行政上必要とするもので、これらの譲渡の方法及び条件については相互の立場を尊重し協議して定めるものとする。

2　文教施設

1）小、中学校は住宅建設の進展に伴い必要とする限度において、当分の間甲が建設すること。ただしその規模、構造、価格その他の主要事項は甲乙で協議して定める。

2）前項の施設は建設完了したときそのつど施設ごとに甲は乙に有償譲渡する。条件は甲乙協議して定める。

3）乙からの国庫補助金、起債の交付、許可申請について、甲は積極的に協力、可能な範囲においてその他の行政的配慮を行なう。

4）甲は施設用地を乙に有償分譲する。譲渡に関する条件は甲乙協議の上定める。

3　上、下水道

1）甲と乙は、上下水道事業の基本的建設計画についてあらかじめ協議する。

2）甲は、宅地造成の進捗状況にあわせて上下水道施設の建設を行う。

3）上下水道施設は完成したときに甲は乙に有償譲渡し、条件は甲乙協議の上決める。

4）譲渡時の地方債の債務は乙が引受ける。

5）下水道施設の譲渡前の施設の維持管理に必要な事務を乙に委任することが出来る。その場合の必要な費用は甲が負担する。

4　道路

都市計画街路は工事が完成したとき甲は乙に無償譲渡する。乙は事業区域内の市道を甲に無償譲渡する。

5　公園

甲は都市計画公園、児童公園を無償譲渡する。ただし、都市計画緑地および苗圃はのぞく。

6　その他の公共施設（公民館、幼稚園、墓地焼却場、火葬場）の設置について、あらかじめ、そのつど協議する。

7　議会の議決を要するものについては、それぞれの議会の議決を経るものとする。議会の承認を得られないときは、当該事項についてあらためて協議する。

⑬　1962年9月　定例市会

〈（仮称）吹田市立千里丘陵小学校9月1日公用開始および初年度調弁費の件〉

（質）公用開始に先立ち、府対市の貸借契約または譲渡契約等如何。

（答弁）建物は本市が建設すべきであるが、NT施設一切を府でやるので工事終了後、当市が引継ぐのであるが、引き継ぎの契約は、まだはっきりしていない。基本的に府と話合い、国、府の確定分から処理する。

（質）市の意見を聞かず、府が勝手な意図で建設したものを押しつけて来ることが了解できない。府の認識をかえさせて公用開始すべきである。

（答弁）本市教育委員会においても、マンモス住宅地にふさわしい教育システムはどうあるべきか、を検討した。府は高低分離システムを採用したいとの話し合いがあったが、市としては旧市との格差、維持管理費等からして理想ではあるが、自治体行政からしで問題があると、本校一本でまとめるべきで、一校内で校舎によって高低分離するのが妥当であるとの結論を出した。ただ今回のC住区1、010戸分だけは、府も予算化しており、府の案を認めざるを得ない。それらの上にたって今後一切を含めて折衝する。

5.6.2　吹田市の意見

吹田市発行の「千里ニュータウンの概要」1969.8は、「千里NTの諸問題」として次の各項をあげ、「人間尊重の団地を設計すべきである」という批判めいた言葉でしめくくっている。

① 旧市との格差是正

NT地区の公共施設（学校、公園、下水道、道路等）が充実した姿であるのに対して、旧市の施設はかなり遅れたものになっているところから、下水道の促進、校舎の鉄筋化等これら公共施設の整備充実を図る必要がある。これがためNT建設の促進に平行して本市財政はかなり苦しい立場に追いやられている。

② 団地開発主体への公共施設建設の義務づけについて

義務教育施設だけでなく、幼稚園、保育所、ごみ処理場、消防施設等の建設をも大規模団地なるがゆえにその整備を義務づけるべきである。

③ 財政負担の軽減化

財政負担の軽減を図るうえに分割買収の延長、補助率の引き上げ、起債の長期かつ低利の貸付けなど特別の財政措置が講ぜられるようその立法化が急がれること。

④ 年令構成上の諸問題

ア）30歳前後の乳幼児層に偏重した年令構成になっていること。

イ）年令構成の不自然性からくる行政全般に及ぼす影響（例えば将来の児童、生徒の急増に対する学校施設のピーク時対策）

⑤ 境界にまたがる問題

ア）ニュータウンが吹田市と豊中市とにまたがることによる行政の不統一。

イ）道路線上に境界線を変更し、住所が2市にまたがることを防止することによって選挙権、居住、交通等にからむ諸問題の解消。

⑥ 交通問題

ニュータウン勤労者のほとんどが大阪市への通勤者であるため、ラッシュ時における混雑が激化し、ために旧市内各駅からの乗車がますます不便なものとなっている。

⑦ 業務地区の設定

NTは単なるベッドタウンとして建設されるべきでなく、職住一体となった町づくりを行ない通勤の必要のない業務地区の設定を考える必要がある。

5.6.3　豊中市の意見

豊中市発行の「豊中市の地域計画とその問題点、その27、千里ニュータウン建設と現状」１９７２は、「ニュータウンにおける諸問題」として次の各項をあげ、とくに「事業完了後」に地元自治体にしわよせされてきた諸問題を明らかにしている。

① 都市計画上の問題点

ア） 歩車分離：歩車分離の道路設計がなされているが、現実にはそれは人間優先の思想が貫ぬかれていない。たしかに車道と歩道は分離されていてもメインは車道であり歩路はう回していたり階段のとりつけが目につき、車道のしわよせが歩路側に波及している。

イ） ニュータウン閉鎖主義：ゴミ焼却場をはじめ下水処理場、公園墓地等の公共施設がニュータウン区域に設けられていない。住宅都市建設に際し快適な生活環境を維持していくため必要な公共施設をニュータウン内から排除し、既成市街地に新設又は既設施設を利用する形態をとっている。豊中市では下水に関してはえんえん6㎞の遮集幹線によって市域西端の原田終末処理場で処理されており、ごみも同様、市域西端の豊中市伊丹市清掃施設組合第一工場で焼却されている。このような住宅都市建設のあり方が、ニュータウン閉鎖主義という批判をよび、一戸の住宅に便所もゴミ箱もないお座敷だけの家は存在しないと同様の意味でニュータウンお座敷論といわれるところである。このような都市はそこに住む人々の意識にも投影され一部にニュータウンエゴを生み出す背景となっている。新しい住宅都市建設には独立都市としての機能を少くとも都市計画上配慮する必要がある。

ウ） 緑地：用地買収の難航にともない、一部地主に代替地として、環境保全のために計画決定された緑地を交換し緑の環境を損い住民の不信を買い、後日に問題を残していった。

② 年令構成の偏りによる生活環境の問題

年令構成が30歳前後と乳幼児に偏重したひょうたん型の異常な構成が、都市施設を一時に必要とするため、ＮＴ建設の基本理論である近隣住区理論そのものを根底から覆えしかねない問題となっている。年令構成の偏重をもたらした原因は、

1） 府営、公社、公団等の賃貸住宅団地が全体の3分の2を占めたこと。

2） 1戸当り50～60㎡の規格化された集合住宅であるため入居者層が若夫婦層に偏ったこと。

3） しかもこれらが短期間に集中的に建設されたこと。

4） 建設途上で当初計画は大幅増の方向に変更されたこと。

等であり、具体的には次のような諸問題が発生している。

ア） 年々義務教育施設の増設を余儀なくされており、１９７３年度には児童数1，６００名、40学級を越える小学校が2校（北丘、南丘）あり、ここ当分は児童、生徒の増加の傾向は続くものと予想される。

イ） 1住区1小学校という原則も維持するのが困難であり、増築にしても計画的に施設を設置しているＮＴの現状では用地の確保も容易でなく、現有敷地内での増設も自から限度があり、運動場面積にわりこむか、現在2～3階の校舎を中層化するしか方法がない。

ウ） しかも当初の建物は大阪府の立替施行で建設されたが、その後の増築分は市の施行となり財政面の問題も無視できない。

エ） しかもＮＴそのものが安定期を迎える時期には逆に学校はガラガラの状態になりかねない。

オ） 問題は義務教育施設にとどまらず、保育所幼稚園施設の増設のニードが高まっている。

カ） さらにこのまま定着していった場合、老人問題が新しい住民要求として出てくるのは必須である。

③ 中央地区センターの肥大化にともなう周辺住宅地区への悪影響の問題

中央地区センターの副都心化は新たな公害源として、周辺の住宅専

表5.6.1　府下昼間自動車交通実態調査
（1972.5.29　7時～19時）

交　差　点　名	台　数
1　大日（守口）	149.129
2　荒本（東大阪）	123.619
3　門真南（門真）	121.455
4　安田東（城東区）	108.547
5　豊中IC（豊中）	104.907
6　谷町9（南区）	102.023
7　一条通（堺）	100.928
8　広芝（稲津～吹田）	99.791*1
9　千里IC（豊中）	97.753
10　新橋（南区）	96.732
11　南森町（北区）	94.068
12　阪神前（北区）	93.724
13　本町四（東区）	93.375
14　天満橋（東区）	93.019
15　梅新（北区）	89.064

＊1これには中国縦貫自動車道（有料）の通行台数は含まれていないので実数はさらに多い。
（資料）大阪府警察本部，豊中市「千里NTの建設と現状」

用地区に脅威を与えつつある。例えば、1972年開設のレジャーセンター（セルシー）に、日祭日には5万台程度の自動車の乗入れがあり、駐車場不足のため付近住宅地にまで不法駐車が拡がっており、また風俗営業が生徒をもつ親たちの心配の種になっているのも事実である。このように職住分離のNTを目指しながら中央センターに副都心としての機能をもたせた場合、これが有機的に共存しうるのかどうか疑問がある。

④　医療施設への住民の不満が集中していることの問題

画期的なオープン・システムを目指しながら現状はこれに対して住民、医師の間に充分な理解がなく、コミュニケーションの不足とPRの不足のためにこの新しい医療体系による当初の機能が十分発揮されていないところに住民の不満がある。この制度の育成のための条件整備が当面の課題である。

⑤　駐車場問題

1)　住宅団地内における居住者の駐車問題

近年の保有台数、保有率の著しい増加によって、あき地や路上での駐車や、自動車騒音、危険、通行妨害等によって団地生活にとって好ましくない現象が現われてきている。自動車を保有している層と保有していない層との意見の喰い違いもあり、これをどのように調和しながら住環境を守っていくのか、そのためには規制を強めていくのか、住民負担によって駐車場を確保していくのか、限られたスペースの内で確保していくのか、いずれにしても秩序ある駐車場が望まれているのが現状である。

2)　千里中央駅を中心とする駐車問題

鉄道利用の都心通勤者の駐車問題と、日祭日の娯楽施設、商業施設利用者の駐車問題への対処が必要。

⑥　上・下水道の容量不足問題

主要幹線の断面不足により、幹線の増設及びバイパスの敷設工事がNTの完成をまたずして計画せざるを得ぬ、後追い行政が余儀なくされている。

⑦　ゴミ問題とくにダスト・シュート使用不能問題

⑧　車公害

NTを縦横断する幹線道路の自動車交通量は住宅都市としては目を見張るものがあり、現在の幅員及び将来の幹線道路の延長を考えると、オキシダント問題、騒音問題をはじめとする車公害は今後NTの住環境を大きく破壊する恐れがある。ちなみに千里I．C．の交通量は、1972年調査で府下第9位に置している。（表5．6．1）

⑨　住宅建設内容とコミュニティ形成の問題

大量の住宅供給の目的は達せられたが、コンパクトな住宅が多数供給されており、将来の生活水準の向上や居住者の永住性等に対応しうるかどうか問題がある。

⑩　NTと周辺地域とくに万国博会場との関係に関する問題

会場建設および博覧会開催期間において、NT住民は多かれ少かれ万博公害をうけ、終了後も中国博などがそこで開かれるため千里中央経由

表5.6.2 公共施設譲渡計画総括表（吹田市分）（1966年11月，単位千円）

	市　税 (A)	経常経費 (B)	建設事業等可能財源 (A)―(B)	事業費 (C)	差　引 (A)―(B)―(C)
1968年	610,704	339,816	270,888	210,201	60,687
1969	728,351	408,657	319,694	306,679	13,015
1970	795,037	457,500	337,537	272,236	65,301
1971	813,008	491,366	321,642	282,891	38,751
1972	822,181	509,795	312,386	307,341	5,045
1973	826,993	516,970	310,023	322,715	△12,692
1974	841,972	517,762	324,230	343,374	△19,144
1975	874,465	〃	356,703	325,068	31,635
1976	891,582	〃	373,820	287,339	86,481
1977	891,098	〃	373,336	139,785	233,551
1978	904,660	〃	386,898		
1979	914,438	〃	396,676		
1980	910,849	〃	393,087		

注①事業費には（Ⅰ）小・中学校関係経費（公債費・用地費・賃借料・一般財源），（Ⅱ）吹田市が行なう関係事業（保育所・幼稚園・消防署など），（Ⅲ）下水道補塡債の３つをふくむ。

出典：吹田市「千里所要調書」より作成

の交通集中問題など、いわば博覧会公害につきまとわれる恐れがある。

5.6.4 NT建設と自治体財政の問題

NT建設にともなう地元市への財政的影響は、(1)NT自体の財政収支のバランスの問題――NT内から上る税収でもってNT必要経費をまかないうるかどうか――(2)NTを区域内に含んだがゆえに必然的に発生する地元市財政規模の著しい膨張の問題、の2面から見ていかねばならない。以下主として吹田市の状況について見てみよう。

(1) NT関係財政収支のバランスについて

① NTの税収

NTからあがる市の税収に、市民税、固定資産税、固定資産税（交付金形態―公的住宅等）、都市計画税、たばこ消費税、電気ガス税などがあげられており、この他に市民としての均等な税収として、自動車取得税、自動車重量譲与税、地方交付税、収益金などがある

② NTに対する支出

NTに対する市の支出には、教育、民生、衛生等の経常経費と、学校、上下水道等を府から譲受ける費用および新たな施設の建設費である。

a) 経常経費

吹田市の行政費用の各費目について、NT関係支出分を推計する。一方、これに対応する財源を推計し、差引した結果が経常財政収支であり、試算によると支出に対して税収の方がはるかに多いという結論が市側資料としても出されている。(表5.6.2)

b) 公共施設譲渡代金支出

以上の黒字収支を相殺するものが、学校、下水道施設等の大阪府による先行投資の地元への譲渡に要する支出であり、さらに譲渡代金が支払われるまでに使用した場合、大阪府への貸借料支出が必要とされている。

表5.6.4　千里ニュータウン財政収支実態（単位千円）

区分		42
収入	市税	527,296
	国庫支出金等	239,748
	収入合計	767,044
支出	経常経費	341,903
	臨時經費	15,160
	建設費	205,060
	公債費	45,455
	学校買収費	137,487
	支出合計	745,065
収支差引		21,979

1969.1.28吹田市企画課資料

表5.6.3　千里ニュータウン吹田地区財政収支推計（単位百万円）

区分		1966	1967	1968	1969
収入	市税	374	485	611	728
	国・府支出金等	179	166	285	788
	計	553	651	896	1,516
支出	経常経費	178	257	340	409
	臨時経費	20	37	13	23
	建設費	197	184	299	823
	公債費	38	46	56	72
	学校等買収費	116	161	117	142
	計	549	685	825	1,469
収支差引		4	△34	71	47

注1. 市税収入は1966年7月悉調査値を基準とした推計値であるが、実額との開きが大きい。
2. 経常経費の推計は、1965年度吹田市決算額にもとずく1人当り経費負担額を基準として推計している。

大阪府企業局資料

1973	1974	1975	1976	1977	1978	1979	1980
765,767	795,311	823,801	860,839	908,948	908,948	908,948	908,948
29,094	29,094	29,094	29,094	29,094	29,094	29,094	29,094
14,793	14,793	14,793	14,793	14,793	14,793	14,793	14,793
247,314	271,503	285,587	276,192	273,627	272,009	259,672	256,818
17,692	17,692	17,692	17,692	17,692	17,692	17,692	17,692
1,074,660	1,128,393	1,170,967	1,198,610	1,244,154	1,242,536	1,230,199	1,227,345
15,543	15,949	16,039	16,084	16,129	16,173	16,218	16,263
131,575	135,055	135,840	136,177	136,627	136,964	137,300	137,749
164,095	189,416	189,794	189,957	190,173	190,335	190,498	190,714
160,428	164,671	165,630	166,040	166,588	166,998	167,409	167,957
37,293	38,267	38,484	38,592	38,699	38,807	38,915	39,022
277,879	331,380	336,185	374,089	381,509	316,869	293,087	283,230
147,193	177,734	186,443	188,412	181,650	204,091	168,330	176,785
141,665	144,253	147,531	153,022	162,523	161,455	168,330	176,785
4,035	4,035	4,035	4,035	4,035	4,035	4,035	4,035
1,079,706	1,200,760	1,219,981	1,266,408	1,277,933	1,235,727	1,209,581	1,206,135
△5,046	△72,367	△49,014	△67,798	△33,779	6,809	20,618	21,210

出典：豊中市「豊中市の地域計画とその問題点 No.27」

当初、地元市の財政規模に比して、これら公共施設の譲渡代金があまりにも巨額に達することから、地元市の財政が破局的な事態に陥るのではないかと危惧されていたが、実態は必ずしもそうではなく、国庫補助金と一般財源(用地費)、および起債と貸付金を財源とし、支払い時期を国庫補助のついたものから逐次進める方法をとることによって、地元市の財政規模を徐々に膨ませつつ問題を解決してきている。

③ 財政収支

表5.6.2および5.6.3は、以上の財政収支の推計値で、前者は吹田市推計、後者は府企業局推計による。いずれも年度によって若干の赤字が出るが、年度を経過するに従って黒字に転化する見通しが出されている。以上の推計値に比して実際の数値を見たのが表5.6.4であり、吹田市の集計によると、1967年度(昭42)の収支は、推計では3、400万円の赤字であったものが、実際は2、200万円の黒字であるという。ただこのことからただちにNTの公共施設譲渡と地元市財政負担に問題がないと結論づけるわけにはいかないとして山口純氏は次の各点をあげている。[4]

① NTからの市税収入と地元市の経常経費および公共施設の移管にともなう各年度の支払い所要額とがほぼ等しいか、あるいは若干収入が上まわっているに過ぎないこと。

② 諸経費負担が起債や貸付金という形で先に繰りのべされた結果、1973～75年(昭48～50)ぐらいの時期に公債費の負担が大きくなるであろうこと。

なお、同様の推計値を豊中市についてみると、豊中市作成の推計値は表5.6.5のごとくであり、同市では民生費、教育費の漸増を予測して1977年まで、財政収支の赤字が続くとしている。

(2) 地元市財政規模の膨張の問題について

NT建設にともなう地元市の財政構造の変化の特徴点について整理す

表5.6.5 豊中市作成千里ニュータウン財政収支の状況(除、水道会計)(単位千円)

区分 ＼ 年度	1966	1967	1968	1969	1970	1971	1972
〔収入〕	—						
市税	—	44,238	149,611	266,815	423,282	652,632	726,028
自動車取得税	—	—	—	—	—	—	29,094
自動車重量譲与税	0	—	—	—	—	—	14,793
地方交付税	0	0	28,628	122,114	153,268	94,971	191,422
収益金	1,752	4,422	10,110	10,298	14,550	17,692	17,692
計	1,752	48,660	188,349	399,227	591,100	765,295	979,029
〔支出〕							
議会費	1,521	3,263	5,430	7,952	10,548	13,257	14,631
総務費	18,337	31,541	58,394	64,025	92,705	112,265	123,941
民生費	3,201	10,057	45,635	42,222	54,660	81,642	130,489
衛生費	9,476	20,483	39,310	61,511	92,792	136,884	151,120
消防費	2,778	9,167	27,558	25,403	28,292	31,806	35,107
教育費	16,149	36,339	67,614	137,358	188,276	245,990	242,916
公債費	—	16,986	27,713	37,010	49,170	65,573	110,676
(引継施設費)							
土木費 管理費	—	—	—	—	—	—	147,441
土木費 買収費	—	—	—	—	—	—	4,035
計	51,462	127,836	271,654	375,481	516,443	687,417	960,356
〔差引〕	△49,710	△79,176	△83,305	△23,746	74,657	77,878	18,673

表5.6.6　公債費の比較（単位千円）

	公債費	
	金　　額	構 成 比
堺市	827,162	4.5%
東大阪市	1,517,624	8.2
豊中市	1,356,194	8.4
吹田市	1,414,706	12.1
八尾市	401,592	5.1
岸和田市	233,191	4.0

（1969年度普通会計決算）山口氏による

ると次の如くである。（前出、山口純氏による）

① 財政規模が著しく膨張する。実に9年間に財政規模は12倍にふくれ上っている。（ただしこれはすべてがNTの影響によるのではなく、その主要な要因の1つとしてNTがあるということ）

② 公債費が非常に増えている。たとえば表5.6.6のように、1969年度（昭44）決算では、公債費が全体の支出の12・1%を占め、大阪府下の衛生都市のなかでもっとも高くなっている。

③ 公債費の増高によって財政規模が大きくなったにもかかわらず、財政はかなり硬直化しており、新規の政策的経費に圧迫を加えている。

（注）

(1) 吹田市は昭和30年度（1955）～36年度（1961）の間財政再建団体であった。

(2) 柳沢俊彦「千里ニュータウンの建設（その9）地元自治体との関係」〝住宅金融月報〟1966、3

(3) 川上秀光「大規模住宅地開発に関連した諸問題に関する討議」〝大規模ニュータウン建設計画広域計画調査報告書その2〟1971、3　国土計画協会での発言。

(4) 山口純「ニュータウン建設と地元市の問題点」〝住宅建誌〟No.22・23、1971.8

第2編　ニュータウン計画論

第8章　住宅地計画論の蓄積状況

目　次

8.1　編序――NT計画論の課題と構成

本編の目的は、千里ニュータウン（以下千里NT）建設の具体的な「計画内容」が、当初いかに定められ、建設過程においてそれがいかなる変遷経過をたどったかを明らかにすることを通じて、第一にNT建設における「計画」の意味と役割について論ずること、第二にわが国NT建設の嚆矢である千里NT建設の諸経験を「教科書」として、すでにひとつの建設行為としてパターン化されたかにみえるNT計画論の由来を明らかにし、そこに存在する本質的な問題について論ずることにある。

NT建設は、「計画的都市建設」として、設定された計画区域内に関するあらゆる建設、維持管理および運営等の諸活動について、あらかじめ「計画」を策定し、それに基いて事業を進めるという形態をとる。

わが国におけるこのような「計画的都市建設」の歴史は、当初ごく小規模な住宅地建設や、既成市街地の整備事業として始められ、次第に短期大量建設の必要からこれが大規模化していくかたちでNT建設に至ったとみることができる。

しかしながら、このような住宅地建設の大規模化は、従来の小規模建設とは全く異質の問題を惹起せざるをえない。すなわち、第1に計画区域として囲い込む面積の巨大さゆえに地域に与える影響がきわめて大きいこと。第2に建設期間が長期にわたること。第3に施設の種類がふえ、それぞれ異なる建設主体がこれを建設すること等である。

したがってNT建設において「計画」がはたす役割は、小規模建設におけるそれのように、〈計画→建設〉がほとんど一方通行的に機能する場合とは、全く異なると考えなければなるまい。それは、言いかえれば、小規模建設における「計画」がほぼ「実現保証付」であるのに対して、NT建設の場合は一定の「実現可能性を有する」にすぎないという関係に他ならない。

したがってNT建設における「計画」の役割は、都市建設一般におけるそれにきわめて近接した性格をもつと考えられ、NT建設過程において「計画」がどのように機能し、また「計画」自体がいかに変遷したかを明らかにすることは、都市建設一般における「計画」のあり方を論ずるための重要な資料を提供することになろう。これが第一の課題に関する研究の目的である。

第二の課題は、千里NT以降全国的に展開されたNT建設においてみられるNT計画論のパターン化ないしは、千里経験への盲従傾向に対する批判である。

千里NT建設における「当初基本計画」は、建設過程の進行のなかでさまざまに変遷し、最終的には当初計画と全く似て非なる内容になった部分も多く生まれた。「当初基本計画」がそのような変遷を遂げた理由としては、次の各要素をあげることができよう。

① わが国最初の事例として、「基本計画」の策定およびその実現プロセスのすべてについて不慣れであったこと。

② 当初計画を構成する諸前提条件の多くが不確定な要素を含んでおり、これが時間的経過のなかで変動したため必然的に基本計画を変遷せしめたこと。なお、この前提条件には、政治、経済的な諸条件の変動から、各事業主体の細部要求内容の変動にいたる、さまざまなレベルのものが含まれている。

③ 建設段階へと具体的に移行するなかで、当初計画における瑕疵と計画不十分な点についての改良要請が生まれ、その他にも各種の修正、追加要求が発生し、これに対して一定の対応が必要となったこと。

すなわち、千里NT建設の場合、その「当初基本計画」が当初から固定的なものであったわけでは決してなく、逆に、さまざまな不確定要素の集合であったことから、建設段階における「修正」は、いわば必然のこととして当初段階から予定されていたと考えられる。いいかえれば、「当初基本計画」は建設過程における「試行錯誤のための叩き台」として位置づけられていたのであり、その結果として「計画的都市建設」における「計画」自体が建設過程のなかで成長変化を遂げるという経過が必然的に生じたわけである。

したがって、千里NT建設が「計画的都市建設」を標榜する以上は、これらの基本計画の変遷要求——具体的には計画内容の補足、修正、変更等——に対して、事業主体はその都度十分な検討を行い、これを全体的な建設計画のなかに明確に位置づけつつ適当な措置をとって建設を進め、かつその経過を克明に記録しておく必要があったと考えられる。しかしながら、これまた千里NT建設のきわめて特徴的な点であるが、この経過はほとんど記録されておらず、変更理由も不明確なものが多い。またその経過についての研究も不十分なままにとどまっているように思われる。にも拘らず、千里NT建設以降に進められた全国のNT建設において、この千里NTの経験が何の検証もされることなく盲目的に受け継がれている点に、われわれは注目しなければならないと考える。

たとえば、千里NT建設過程で「発明」されたNT建設のための保健医療システムの最も安直な解決方式——「医者村方式」(10・6参照)——は、今日、全国のほとんどのNT建設において、マスタープランの段階から盲目的に採用されるという事態が生まれている。(例えば成田NT、泉北NT、西諫早NTその他多数。最近ではごく小規模な団地建設でも当然のごとく採用されている。)しかも、すでに入居医師の選定方法に関しては、一種の利権が発生し、わが国のNT建設において医者村方式以外の方式をとるには、今日時点では相当の抵抗さえ生まれていると聞く。

したがって、今日すでにパターン化されているNT計画論および計画手法——区域さえ設定すれば地区内の建設のあり方についてはほとんど完璧なまでに精緻に展開されており、これを当てはめるだけで「NT建設」は一応可能なところにまで到達している——の基本的な問題を論ずるうえで千里NT建設過程における基本計画の変遷過程を分析することは必須の作業といわねばなるまい。その意味で本論の方法は、これまでのNT計画論批判が、主として結果としてのNT空間の使われ方批判として行われてきたことに対して、新しい視角からの問題提起となろう。

そこで、本編ではまず、わが国における住宅地計画論の史的展開過程について概説的に論ずることによって、NT計画論形成までの足どりを明らかにする。とくにそのなかで、千里NT建設に直接多大な影響を与えたと思われる、日本住宅公団香里団地の建設経験および、NT計画に関する同公団委託研究の成果について論じておく。（第8章）

次に、千里NTの当初「実施案」策定に至る経過を明らかにし、その結果策定された「実施案」の方法、内容およびその特徴点について論ずる。（第9章）

次に、この「実施案」が建設過程のなかでいかなる変遷過程をたどったか、その要因と結果について論ずる。（「計画」内容のうちシステム計画的な側面については第10章、空間計画的な側面については第11章）

最後に千里NT建設過程における「計画」の位置づけについて総括するとともに、本研究より得た結論としてNT建設を含む都市建設全体における「計画」の意味についての基本的な考え方を整理する。（第12章）

8.2 わが国における住宅地計画論の蓄積過程

8.2.1 敗戦前段階における蓄積

明治期以降におけるわが国資本主義都市建設の過程の中で、住宅地計画に関しては次のような具体的実践が行われている。

① 僻遠の地において急速に拡大した鉱工業生産従事者のための「収容」施設の大量建設。その他兵舎、寄宿舎等の建設。(1)

② 大都市における量的住宅難に対処するための公的施策の実施。公益住宅、住宅組合住宅、同潤会住宅、住宅営団住宅等の建設。(2)

③ 「都市計画」による「住居地域」の設定。「高燥風致、静温快適、山手周辺部たるべきこと」の定義による郊外開発の奨励。(3)

④ 計画的都市域拡大の手法としての「土地区画整理事業」の実施。(4)

⑤ 資本による「新たな投資対象」としての郊外住宅地区開発事業の実施。(5)

⑥ 植民地都市建設。とくに「満州国」における南満州鉄道沿線開発を目的とした新都市群建設計画。(6)

わが国の住宅地計画論は、これらの実践と、1930年代において一斉に開花した諸外国における理論的実践的蓄積――C.A.ペリーの「近隣住区理論」（1929）アメリカのグリーンベルトタウンズをめぐる一連の蓄積（1930年代）、ソ連の工業都市建設（1930年代）、ナチス・ドイツの新都市計画とくにG.フェーダーの「2万人の新都市」の発表（1933）などの導入を背景として急速に蓄積された。

これらの諸蓄積にもとづく「土地区画整理設計基準」（内務省1933）、「3,000人の労働者向集団住宅地計画」(5)（建築学会懸賞設計、1939）「近隣住区の構成」(6)（建築学会1941）、「『満州』植民地都市計画のための集団住区制の提案」(7)（1940～）等の成果は、

① 生活機能の時間的、空間的分解

② 生活機能充足を合理的に進めるための社会生活集団の段階構成モデルの設定

③ 空間および施設の段階構成の提案

という方法によって、住宅地計画を構成せんとするものであり、その方法は後述するように千里NT建設に基本的に受けつがれたと考えられる。

以上の過程における理論構築の焦点は、「大量の人口を効率よく『収容』するための方法如何」を追求する「企画者」側の要求と、そこに住まわされる「居住者」側の要求との関係を、あらかじめいかに「調整」するかにあったと考えられ、それは後者の潜在的ないしは顕在的な「要求」の高まりによって、それを無視して一方的に住宅地経営を維持することがもはや不可能となりつつあった社会情勢を如実に反映したものであった。

ただし、戦前段階において、新規住宅地区建設に対するこれらの理論

の直接的実践例としてはごく小規模な数例にとどまり[8]、その本格的な検証は敗戦後に待つわけであるが、「企画者」と「居住者」の両者の力関係において、圧倒的に前者の支配力が強かったと思われる敗戦前において、すでにこの段階まで理論構築が進められていたことは、空間計画レベルにおける「社会政策[9]」のひとつの到達点として把握しておかなければならない。

8.2.2 敗戦後の戦災復興区画整理事業およびその後の公営住宅団地建設等による蓄積

敗戦後の住宅難対策として、政府は公営賃貸住宅建設を、半額国庫補助により地方公共団体（自治体）に建設させた。１９４６年２７、０００戸、47年３１、０００戸、４８年３６、０００戸という数値は莫大な住宅不足数に比すれば微々たるものであり、かつその質的内容はきわめて貧弱なものであったが、政府自らが公的直接供給を行ったことの意義は大きく、それはのちの年次的な公営住宅の建設、ＲＣ公営住宅の建設（１９４９東京都高輪アパート以降）、公営住宅法の制定による公営住宅建設の地方自治体の固有事務化（１９５１）へと展開し、事務的、技術的蓄積がとくに地方自治体の機構内部に定着する。

一方、戦災をうけた市街地の「復興」のために戦災復興院が設置され、「戦災復興土地区画整理事業」が進められる。復興院次官通牒「復興区画整理設計基準（１９４６）」は、戦前の「土地区画整理基準」のほとんど引き写しであり、技術者も戦前の理論的技術的な蓄積を習得していたものばかりであったが、この段階において巨大な事業量を経験し、しかも戦前におけるがごとき国家統制的強権発動がたてまえとしては一応出来ないことになっているという状況下においてこれを推進したことの意義は大きく、土地区画整理の手法およびその「基準」は一挙に全国的に波及した。

１９５４年の土地区画整理法の公布により、同手法の適用は都市計画事業の1つに位置づけられ、「計画的市街地拡大」の手法としての性格づけが行われる。

すなわち、この段階においては、戦前における計画理論の蓄積が装いを新たにして、全国的に、とくに自治体行政のなかに定着した点に特徴があるといえよう。

また、「土地区画整理」とセットにして住宅地建設を推進するために「一団地住宅経営」の手法の普及が試みられており、１９４９年発行の「コミュニティへの道――都市計画――団地住宅経営」（建設省大臣官房弘報課発行）は、この段階での住宅地計画論の到達点を示している。その提案内容の一部を紹介すると次のごとくである。

（資料）

「コミュニティへの道」（１９４９年）の提案の一部

〈近隣住区〉計画の原則

1　一団地住宅経営の設計に当っては、先ず都市計画上の土地利用計画、幹線道路、主要交通駅との関係と小学校及び中学校への通学区域を考えて近隣住区を計画する。

2　近隣住区は小学校を中心とする人口約8、０００乃至１０、０００人を収容する区域である。近隣住区は小学校や運動公園等文化上、体育上の中心施設を囲む数個の近隣分区により構成されその学区のまとまりを住宅街のコミュニティの構成単位としようとするものである。

3　近隣住区構成の目的は生活上のコミュニティを構成することであって必ずしも平面図形の如き形のみを指すのではない。従って例えば2つの近隣住区をまとめた単位等も考えられ、幹線道路や駅に応じて変形し、地形、土地柄に即した形をとる。

表8.2.1 「近隣住区の面積」の提案

市街地種別	近隣住区面積（A）	√A	参考事項	
			地域面積に対する宅地面積の割合	市街地人口密度
菜園住宅地域	100ha	1,000m	75%	100人/ha
木造住宅地域	81	900	70	120
防火構造住宅地域	64	800	65	150
防火混合耐火住宅地域	49	700	60	200
耐火中層住宅地域	36	600	55	300
耐震高層住宅地域	25	500	50	400

建設省大臣官房編「コミュニティへの道」1949．p60

4　近隣住区の人口：小学校児童数は平均人口の14％（人口7人に1人）であるが、地域的には、純住宅地区1人／7人、市街地に入るに従い1人／8人、都心方面では1人／9人、また小学校の児童数は1級40人、4学級合計960人程度を教育上の目標とするが設備の都合上一概に云えない。以上を土地柄に応じて考慮し、

家族向住宅の多い地区　8、000人

普通の市街地　10、000人

程度を目標とする。

5　近隣住区の面積：（表8．2．1）を目標とする。

6　道路

㋑　幹線道路及び交通量の多い商店路は近隣住区内を貫通しないように配置し、近隣住区内の安全と閑静の保持を計る。

㋺　近隣住区内の道路は日常生活のために必要な施設への連絡に便なる循環した組織とする。通学通勤及び地区の内外の交通のための主要な連絡道路は並木、植樹帯を有する幅員の広い遊歩道路とし、又景観と共に闊葉樹による防火道路となり防風林を兼ねる等整備する。勾配は1／15以内とする。

7　公園運動場：近隣住区の中央には少年公園を設ける。但しなるべく学校に併設してその利用の増大を計る。

8　公共用施設の敷地は近隣住区の内外の利用も考慮してなるべくまとめて配置する。（図8．2．1）

8．2．3　住宅公団における住宅団地の大量建設を契機とする住宅地計画論の展開方向

敗戦前からの住宅地計画論の諸蓄積が一挙に開花したのは、1955年以降の日本住宅公団による大規模集団住宅地建設によってである。計画論的には、「大量建設の効率的推進」という命題に加えて、憲法にいう「最低限度の文化的生活」の保障という側面の具現化をいかに進めるかというのがその課題であったが、敗戦前に比して圧倒的に強まった量的住宅難の中で、「居住者」側の発言力は決して強化されておらず、依然として「企業者」側の絶対的優位の体制の中で理論展開が進められた結果、この段階で規定された「方向」を整理すると次のごとくである。

①　「居住者」の「不満が爆発せぬ限度」の追求が精緻に進められ、そのなかで「必要最少限施設」の算定方法の開発が行われた。

②　「必要最少限施設」と生活圏の段階構成論との結合により、何段階かの「建設単位」の設定が実際に試みられた。

③　上の「建設単位」について、企画、計画、設計、施工、管理の業務ラインとの関係における効率性の追求が行われた。

④　各「建設単位」についての細部設計が行われ、標準化、規格化が進められて、量産体制が整備された。また居住者側の多様な要求に対して一応の対応が可能なように、多様な対応手法が用意された。

すなわち、日本住宅公団による住宅団地の大量建設の過程における計画論の展開は、基本的には敗戦前段階の蓄積の延長上から一歩もはずれ

図8.2.1 「近隣住区および分区の道路パターン」の提案（1949年）

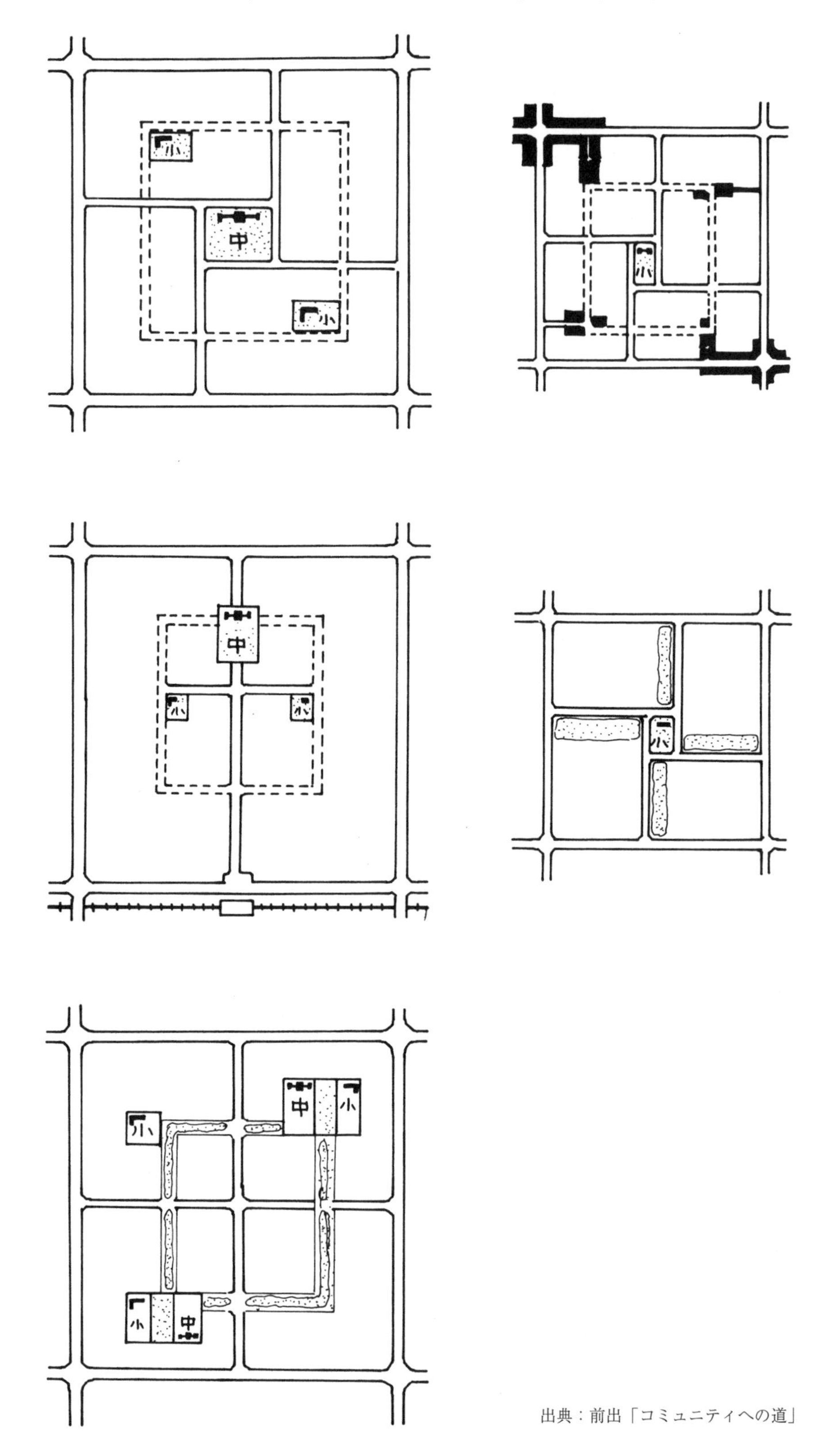

出典：前出「コミュニティへの道」

ることなく、それをより精緻に発展させるとともに、量産体制との結合をはかることに焦点が置かれて展開したということができよう。この段階での「計画」と「建設プロセス」との結合に関する経験蓄積が、のちの千里NT建設「実現」の1つの主要な柱となったことは明らかであろう。（この点については、次節8．3住宅公団香里団地建設過程の教訓にて詳述する。）

（注）

(1) たとえば工場や鉱場寄宿舎の改良。（拙稿「軍艦島の生活環境」、住宅、誌1974．5～7号などにみられる。

(2) 戦前段階における代表的な公的施策は次のとおりである。

① 公益住宅及び住宅組合

公益住宅は大蔵省預金部低利資金の融資により地方公共団体が建設したもので、1918～1932年の間に約63、000戸が建設された。住宅組合は1920年住宅組合法の制定により、融資、免税等の措置によって組合員の住宅建築を助成し、1920～1938年の間に約35、000戸を建設した。

② 同潤会住宅

1923年の関東大震災は、関東周辺の465、000戸の住宅を喪失せしめたといわれ、これを契機として公益法人同潤会が設立されて、公益住宅（鉄筋アパートを含む）の建設を行い、1934年までに約10、000戸を建設し、また昭和初期において不良住宅地区の改良事業を行った。

③ 住宅営団

1941年に「軍需工業の膨張による工場労務者住宅の不足、及び建築資材の不足に基く一般住宅の不足による住宅難対策」として、住宅営団が設立され、以来敗戦までの5ヶ年間に約150、000戸の建設を行った。

④ 一団地住宅経営

都市計画事業としての一団地住宅経営は、1919年の都市計画法制定当初段階から同法第16条の施設として施行令第21条に規定されていたが、戦前の事例は大阪府小坂町の一件のみであった。

(3) 「都市をして先ず産業経営上十分に能率をあげ得る場所たらしむると同時に、都市住民をして快適なる都市生活を営ましめ得る都市を造ること」（飯沼一省「都市計画」1934）を目的とする、いわゆる「都市計画」行政の技術的な内容は、土地利用における混在と迷路型の街路網が、生産阻害、地域生活阻害をもたらしているが故に、土地利用における地域の純化と『水の流れるように』自動車の走れる街路網を整備すること」にあった。その考え方は戦後段階にそのまま引き継がれており、都市における用途地域区分の明確化が追求されている。（図8．2．2）

図8.2.2 用途地域配置関係図

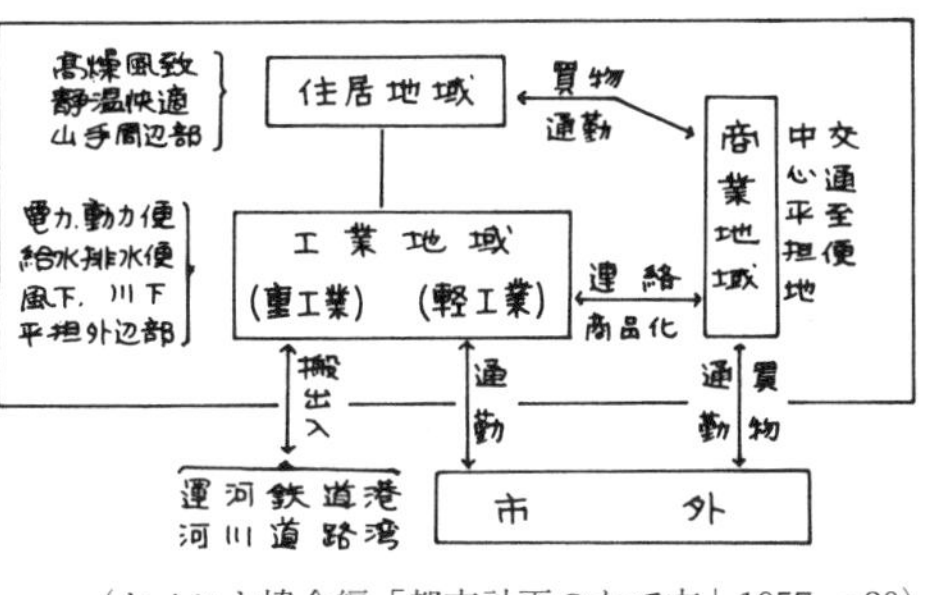

（セメント協会編「都市計画のたて方」1957．p30）

この考え方の基本パターンは「住居地域」をモデル的にクローズアップする一方、他の用途地域における住生活を切り捨てる方向であり、いわば「生産至上主義」への傾斜であったといえよう。

(4) 「土地区画整理設計標準」1933．7内務省次官通牒
(5) 1909年箕面有馬電軌による郊外住宅地経営を嚆矢とする。
(6) 1940年以降「計画」は盛んに樹立されたが具体化はほとんど進んでいない。
(7) 秀島乾「集団住区制について」建築学会論文集No.30 1943．
(8) 注(2)参照
(9) 敗戦前の「社会政策」は大きく「生産政策」と「慈恵政策」の2つより成っていたと考えられ（風早八十二「日本社会政策史」1951）、これが労働人口「収容」のための空間計画の理論を基本的に規定したと考えられる。

8．3 住宅公団香里団地建設過程の教訓

8．3．1 香里団地建設の概要

千里NT建設に最も身近かな経験として、日本住宅公団による香里団地建設に関する技術的蓄積は最も直接的な影響を与えたものの一つであった。香里団地は大阪府下枚方市にあるもと火薬製造所であった46万坪（約152ha）の丘陵地を対象として、日本住宅公団大阪支所の手で開発されたもので、構想着手は1955年秋ごろ、1956年始めに計画案作成が京都大学西山研究室に委託され、その後公団内部での手直し、実施設計をへて同年建設工事に着手、建設完了は1962年、最終戸数6、100戸人口26、000人であった。

香里団地の建設過程における技術的蓄積の特徴点としては①これが公団団地の従来規模をこえる大規模開発事業であったこと。②最も注目すべき点として当初マスタープランの作成が外部研究者に委託されたこと。③その後建設過程の進行のなかで迂余曲折を経て実現に至ったのであるがその過程において、「建設過程計画」の必要性に関する諸教訓が、公団、研究者双方に蓄積され、時期的にも人的にも重なり合ったかたちで直接千里NT建設に一定の影響を与えたこと、をあげなければならない。以下、「計画案」と「実施案」の関係を論じつつ、香里団地建設がもたらした諸教訓の内容を明らかにしたい。

8．3．2 「当初計画案」作成をめぐる一連の蓄積

香里団地建設においては、当初計画案の作成が公団当局から「調査研究委託」として京都大学西山研究室に委託された。公団が計画案の研究委託を行ったのは大阪支所によるこれが最初のケースであり、同時期に大阪市立大中沢研究室に対してやや小規模な甲南団地計画の委託が行われている。

研究者側の受託理由は、「団地計画にからむ諸問題を実際の計画にとりくむなかで研究したいとかねて思っていたこと」にあり、その積極的な意義として、主査の西山夘三は、

① 公団が内部ですべてを進めてきた従来の方式を変更して、大学研究室にマスタープランの作成を委託してきたこと自体のもつテスト・ケースとしての意義。
② とくにこうした大団地開発を、マスタープランの確立から始めることのもつ意義。
③ より合理的な住宅問題の解決をねがっているだけで、開発事業に直接利害関係のないものが、こういった計画を研究的な立場から担当することの意義。

表8.2.2 「住居地域に於ける施設の一例表」の提案（1949年）

団地種別	施設名	敷地面積	建築延面積	設置要領	位置	備考
隣保区 20～40戸 100～200人	井戸			1/4～6		
	共同洗たく場			1/4～6		各戸に洗たく場を設けない場合
	防火水栓			1/20戸	消防活動に便	
	共同広場	300～400㎡		1/20～40戸		幼児遊戯場、避難広場
近隣分区 400～500戸 約2,000人	消防団貯水池	100㎡		1/100～150m	街路地下	
	幼児公園	2,000		1/300～500戸、0.25k m	誘致範囲の中心地	一団地の状況によりいずれかを1ケ所
	幼年公園	5,000		1/1,000戸、0.5k m	分区の中心地	
	幼稚園	1,500	300㎡	1ケ所/分区	同上	土地柄に応じた形で兼用すること
	託児所	1,500	300	勤労者住居の場合1ケ所/分区	同上	
	授産所	300～800	100～300	同上	同上	託児所と併設する
	診療所	300～450	100～150	1ケ所/分区	閑静な所	
	集会場	800～1,000	200～300	同上	分区の中心地	図書室、娯楽室、社交室、談話室、教化室を備えたクラブ
	公衆浴場	1,000	500	同上	同上	
	店舗			主として食糧品店数軒	同上、交通便利	消費組合によるマーケットがよい
	警察派出所	100	30	1ケ所/人口2,700～7,000人	交通便利、見通しきく	
	郵便ポスト				交通便利	
	公衆電話		1～2ボックス		交通便利	
	公衆便所		16		交通便利	
近隣住区 約2,000戸 8,000～10,000人	少年公園	8,000㎡		誘致0.6km	住区の中心地	小学校の校庭を兼用してよい
	小学校	15㎡/学童1人	4㎡/学童1人	1ケ所/住区	住区の中心地	運動場70m×120m確保
	病院	2,000㎡	800	30ベット/10,00人	同上、閑静な所	数住区で大きいもの1ケ所もよい
	郵便局	400	150	1ケ所/住区	住区の中心地	
	消防派出所	1,000	300（2F）	1～2ケ所/住区	管内の中央、展望、交通	
	商店			住区面積3％、生活必需品	便利な所	小売市場、共同商店もよい

出典：「コミュニティへの道」p62

図8.3.1　京大西山研究室案の住宅公団香里団地開発計画図

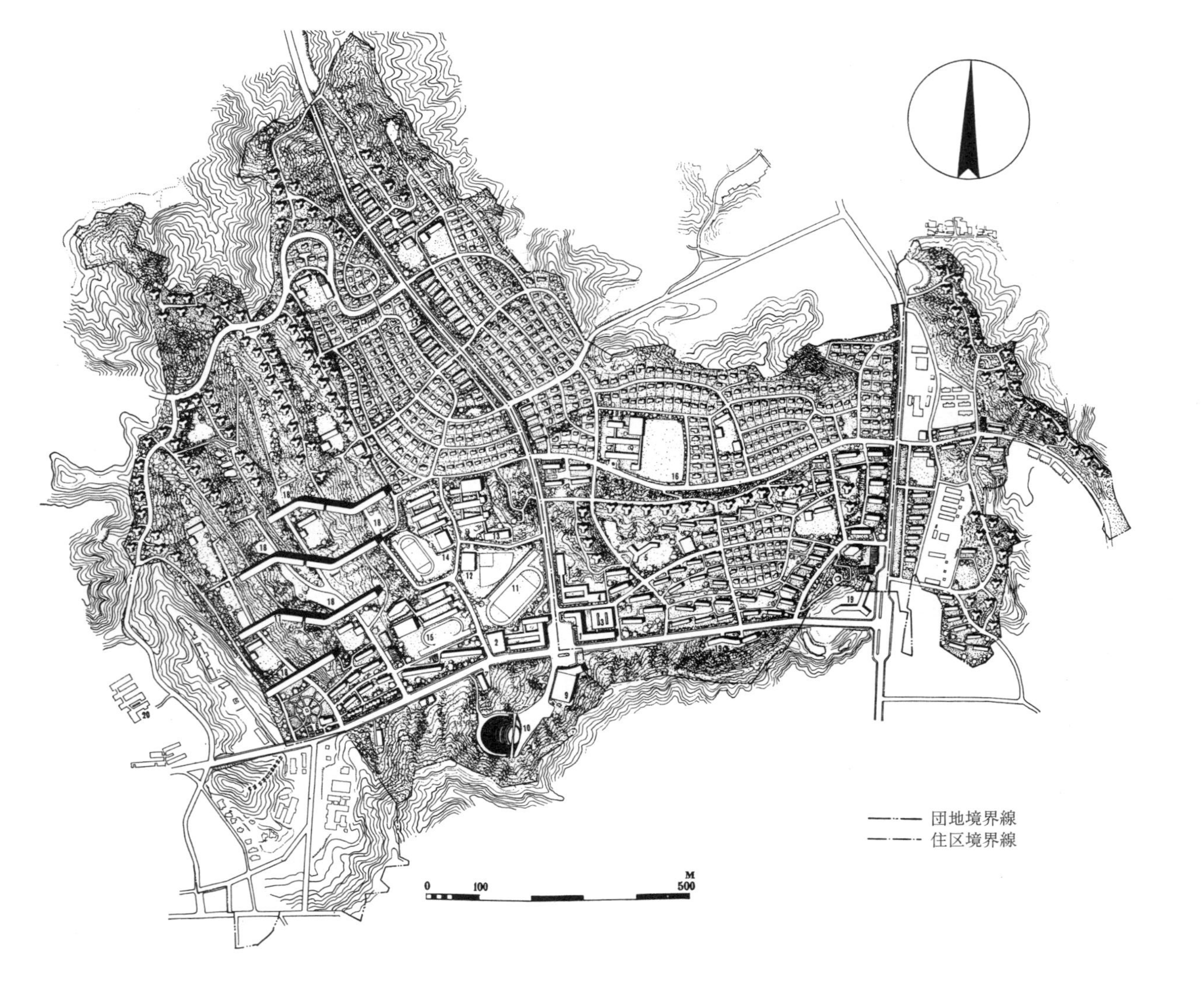

1．市役所出張所、郵便局
2．公民館
3．ショッピング・センター
4．市民病院
5．老人ホーム
6．園芸指導所
7．消防署
8．警察署
9．市民劇場
10．野外劇場
11．運動場
12．体育館
13．高等学校
14．香里第2小学校
15．中学校
16．香里第3小学校
17．高層住宅
18．パーキング
19．独身者アパート
20．香里第1小学校

図8.3.2　香里団地計画実施案、日本住宅公団大阪支所

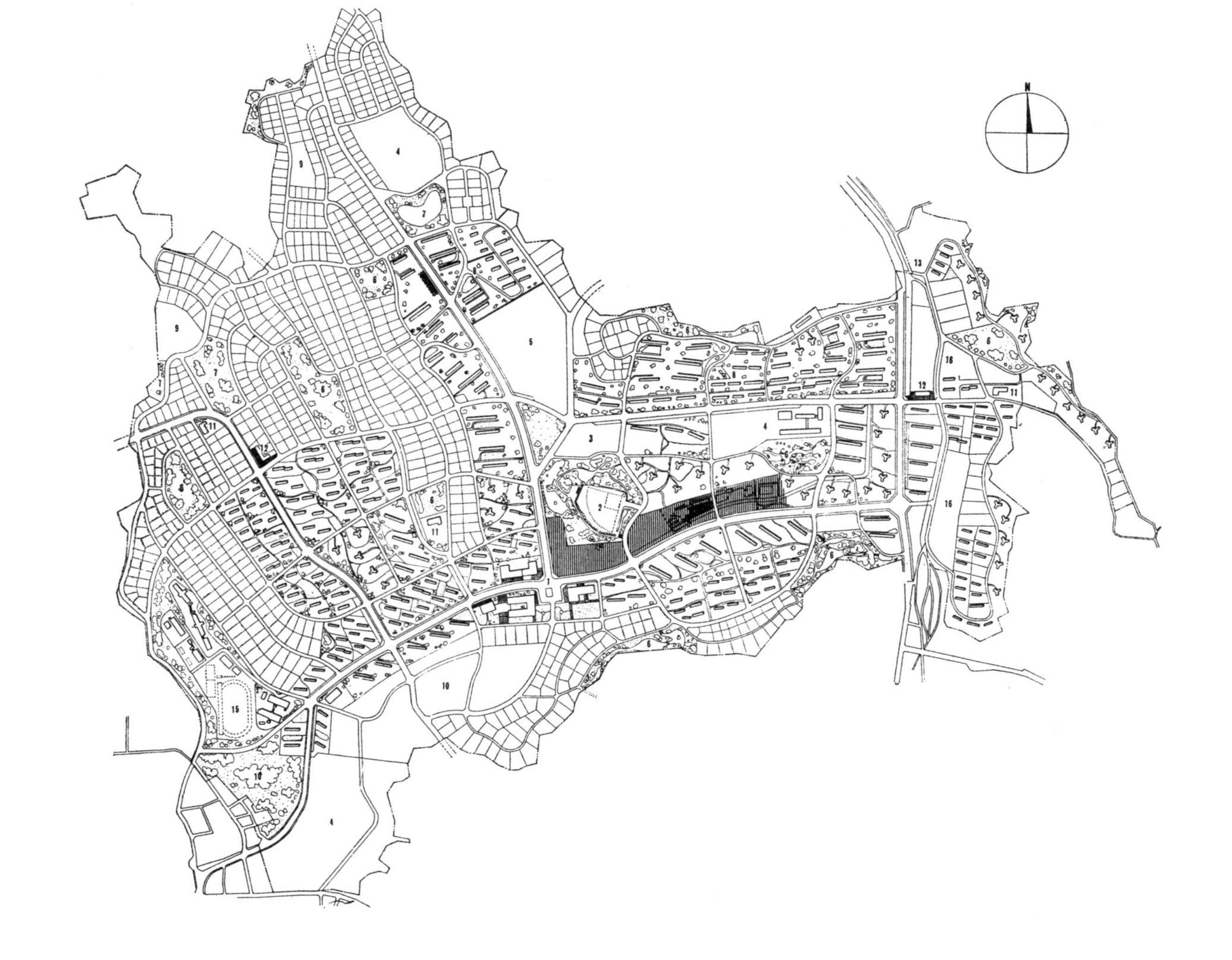

1. 中心施設
2. 中央公園
3. 病院用地
4. 小学校用地
5. 中学校用地
6. 公園
7. 緑地
8. 集会所
9. 水道用地
10. 公務員宿舎用地
11. 幼児施設
12. 店舗付住宅
13. 汚水処理場
14. 税務講習所
15. 自然公園
16. 除外地
（ハッチの部分はショッピング・センター）

香里団地利用計画表
想定人口…22,000
人口密度…132人/ha
戸数密度…33戸/ha

表8.3.1 京大案と実施案との比較表

番号	項目	京大案	実施案
(1)	新香里中央線	できるだけ南側の山麓におしつけて、道路横断通学をなくし、住宅地の陽当りをよくする。	ほぼ在来道路の位置である谷の中央を通し、道路造成を容易にして、これをまず早急に施工し、工事用道路として地区の開発を便にする。
(2)	上記道路の団地入口	まっすぐ延長して産業道路までもってゆく。	入口で彎曲させ既存道路に連結する。
(3)	住区	3住区よりなり、幹線道路を住区境界とする。	幹線道路を中心として集った住区よりなる。
(4)	住宅用地	中層アパート建設用地が面積比にして小さく、しかも散在している。	左の面積比が大きく、用地が集約している。
(5)	戸数密度	公団住宅用地内での住戸密度は大である。	比較的低い。
(6)	公園緑地	積極的に公園を広くとり利用困難な急斜面は自然緑地として残す。	住宅公団法にもとづく宅地開発土地区画整理事業計画標準案に示された5％に近い公園緑地を確保する。

大久保昌一「マスター・プランの辿った道」"国際建築"誌 vol.26.4—1959

をあげている。[1]

西山研究室が「非常にきりつめられた時間と非常に僅かな予算」で「研究者、学生のチープレーバーで最善の努力」の結果として作成した当初計画案の概要は以下の通りである。

〈香里団地マスタープラン西山研究室案〉

① 地域の性格と居住者階層

大阪市のBedsTownとならざるを得ぬ地域的条件と、住宅供給側の条件として、供給メニューが公団住宅、分譲住宅、分譲宅地のみに限られていることによって生ずる需要側の階層的限界から、本団地居住者の主流を次の4つの階層と設定する。

(1) 京阪沿線に通勤先をもつもの、または京阪天満ターミナルに便利なところに通勤先をもつもの。

(2) 大都会をはなれた自然環境のよい地域を欲するもの。

(3) 5、000戸という大団地にともなう公共施設の完備した住宅地に魅力を感ずるもの。

(4) 現下の極度の住宅困窮から、やむを得ず入居するもの（公団賃貸住宅）、土地入手難でとにかく宅地を求めるもの（宅地分譲）。

② 開発計画の基本方針

(1) 現在の起伏ある自然風致を可及的にのこし特徴ある風格のある団地とする。利用困難な急斜面は自然緑地として残す。

(2) 公園緑地を大きくとり、維持管理の方法にも工夫をこらす。

(3) 教育施設を充実させ、南部枚方の中心をここにつくり出す。

(4) 公共サービス施設の完備

(5) その他魅力的な施設（野外劇場、老人ホーム、遊園地、山林と結合した公園など）をもうける。

③ 基本計画図（図8.3.1）

8.3.3 実施段階での基本計画内容の変遷

西山研究室作成の当初案は、公団側に引渡されたのち、大阪支所宅地開発部による宅地造成設計の段階で「マスタープランの本旨にかかわる」（西山）いくつかの大幅な変更が加えられた実施案（図8.3.2）がつくられ、さらに造成された敷地を買いとった同支所建築部の手で、そこに在来の標準設計によるアパート建設が進められて、最終的には当初案と大きく姿を変えて実現した。大久保昌一によれば[2]その変遷状況は表8.3.1のごとくである。

8.3.4 実施段階における技術的蓄積内容の検討

基本計画が実施段階に入っていかなる経過をたどったかについて、数少い資料の1つである、日本住宅公団大阪支所諫早信夫の「香里ニュータウンの紹介」〝建築と社会〟誌vol.40、No.3.1959を参照しつつ検討してみよう。

① 事業組織

事業遂行の組織は公団大阪支所において、次のような事務分担によって進められた。

総務部――契約

計画部――建築計画

管理部――公団住宅及施設の募集並管理

(現場：香里管理事務所)

宅地部――宅地開発及分譲

(現場：香里宅地開発事務所)

建築部――公団住宅及施設の設計並工事監理

(現場：香里工事区)

すなわち、公団既存組織の業務ラインにのせたかたちで事業が進められたわけであり、香里団地のための特別組織はつくられていない。したがってこの点についての新しい技術的展開として特記すべきものはない。

② 資金計画

公企業体としての独立採算原則により、約45億円の投下資金(1959年度算定)は、宅地分譲、施設の有償譲渡、住宅賃貸等によって回収する計画になっている。これについても類似事例があり特記すべき新しい点はない。

③ 実施マスタープランにおける「計画の方針」は次のとおりであった。

(1) 区画整理を施行して、都市計画的に近代的機能を有する市街地とする。

(2) 起伏ある天与の景観と自然林を可及的に保存し特徴ある風格と魅力に富む団地とする。

(3) 公園を大きくとり、急斜面は緑地として残す。

(4) 団地内に「バスセンター」を設け、通勤バスを拡大して大阪市への通勤改善をはかる。

(5) 公共施設を完備する。

(6) 工事費を最大限に、有効適切に行使して廉価な土地を提供する。

(7) 地方公共団体に協力を得て公共事業を推進して地区外道路を完備する。

以上の「方針」において最も注目すべきは、第一の「土地区画整理による事業の遂行」の点であり、所有権者3名、借地権者1名うち民有地は一筆(1、700坪)あとは国有地(7、200坪)と公団有地(国有地の出資350、000坪)という状況において、あえて土地区画整理事業という既存の手法を用いて、既成組織の業務ラインに事業をのせた点である。したがってこの点でも本質的には特記すべき技術展開がされていないとみてよい。

④ 宅地分譲について

大量の分譲宅地における建築行為を整然とさせるために、次のような規制等が行われた。

(1) 分譲地の種類を街区単位で各層別(低層、中層、社宅、一般分譲、金融公庫融資付分譲)に分けて当該街区のレベルを均等にする。

(2) 建築に際して建築協定をあらかじめ設けて守らせる。そのために分譲契約の際に「香里地区住宅地保護策について」という規定を設けて協力を求める。これらの策も本質的にはとくに特記すべき内容ではない。

⑤ センター計画について

同団地中心施設計画のうち、当然必要となる図書館、公民館などの「文化的諸施設」については、「市当局の計画」に待つ以外に方法がないため、「用地としてのみ確保」しておく方針がとられた。

ショッピング・センター計画としては、幹線道路に沿う歩行者のため

表8.3.2　香里ショッピング・センター計画におけるグループ別店舗規模および業種構成

グループ別	建　物	面 積	店舗数	業　種
A	サービス・センター	440㎡	7	理髪、美容、クリーニング、喫茶、食堂、すし仕出、タバコ
B	フード・センター	600	32～33	食品全般
C	日　用　品	210	10	米、雑穀、文具、化粧、洋裁、手芸、書籍、履物、靴
D	衣料センター	270	12	衣料全般
E	暮しのセンター	300	10	金物、荒物、陶器、食器、電気、家具、建材
F	高級日用品	120	4	運動具、楽器、カメラDPE、喫茶、軽食、時計、メガネ
G	アミューズメント・センター	600		映画館、マージャン、囲碁、将棋、ビリヤード、ゴルフ練習場

の商店街という形態をとり、業種別、経営主体別にA～Gのグルーピングを行い（表8.3.2）その建設順序は住宅建設に合わせて、2,500戸完了のときにはABCまで、3,500戸完成のときはDEを、5,000戸完了のときはGを、というように順次建設していく方式をとった。

これらの試みには、公団の従来の建設範囲をこえる施設建設の問題を解決するための新しい方策として注目さるべきものがある。ただこの場合、結果的には経営主体をどうするかという問題、とくに「持ちこたえのきく」経営主体を導入する必要があるという点もあって、結局は大企業スーパーの導入が行われ（もちろんそれだけの理由ではないが）、その企業の経営方針にまかさざるを得ぬこととなった経過があり、大規模団地建設におけるショッピング・センター「計画」の難しさが明らかにされている。

⑥　公団住宅計画

土地区画整理事業のために作成された「マスタープラン」を基としたため、起伏のある地形に対して、出来るだけ「狭い場所に条件のよい住空間を作る」方針での造成が行われた。すでにセットされていた幹線、補助幹線道路を忠実に守った実施設計が進められ、短冊型に区切られた小さい宅地ブロックの範囲内で、そこに標準設計のフラットをならべるためのヒナ檀の造成が行われたため、法面が非常に多くなった。

これらの丘陵地造成手法は、公団団地設計の流れからみると技術的にはむしろ大幅に退歩した印象を受けるが、事業当局者（諫早氏）は「法面は景観上有効であり、設計当初意図した以上の景観を得た」と自画自賛している。

以上を要約すると、香里団地建設の実施過程における技術的展開としては、とくにとりたてて新しい展開が行われたとは考え難く、むしろ従来の技術的蓄積や組織的な業務ラインを固定したままでこれを大規模に適用することが行われ、地域的特性をあえて重視しない方向がとられたと評価すべきであろう。

8.3.5　基本計画内容の変遷に対する意見

(1)当初計画作成者（西山）の意見

このように、西山研究室案の当初基本計画は、実施過程において大幅な変遷経過をたどったが、これについて西山は「当初から恐れていた問題[3]」であったとして概略次のような意見をのべている。

①　非常に切りつめられた時間と、非常に僅かな予算のなかで、研究者、学生のチープ・レーバーで最善の努力はしたが、そもそも「マスタープランの作成」がそういう過程でつくられてよいかどうかという問題があった。

②　（諸矛盾は）具体的には計画実施の段階で、我々の研究成果を生かし、且つそういった過程の中でさらに研究を深めて将来にそなえるという

仕事が殆んど出来なかったことに明瞭にあらわれてきた。いいかえれば計画のアフター・ケアが全然できなかった。

③ 我々はむろん我々の画いた設計図そのまま実際の開発が行われるとは思っていなかった。……しかし調査研究と計画立案の過程で到達したいろいろの「重要な見解」について、その重要さに応じた計画意想の伝達が、上記の制約で充分に行われなかった。そのために「これは重要だ」と考えていたことで全く無視されてしまったことも数多く出てきた。

④ その例としては、

(a) 団地内幹線道路が「工事のしやすさ」という実際的条件によって、「住区内を幹線道路が通り抜けない」という原則がかく乱されてしまった点、その条件がいかほどに慎重に検討されたか疑問。

(b) 丘陵地の開発では道路計画が建築計画と完全に一体にされて始めて最大の効果をおさめうる。住宅公団こそは、そのような開発をなしうる事業体でありながら、ここでは機構のセクショナリズムにわざわいされて、次のような2段階の仕事になってしまった。

当初案 → （現地をよく知っていない）本部宅地部による修正と造成施工 → 出来た宅地を建築部が買いとって住宅をたてる

このためたとえば「馬鹿げた住棟配置」が随所にみられる。

(c) 丘陵地の利用、景観構成について

提案の高層波状住棟を固執する気は毛頭なかったが（開発段階計画で最終部分に入れ、開発進行の状況をよくみとどけて最後にもし可能ならばやってみるという気持でつくってあった）、谷と山とがせまっている丘陵地の開発として、実施案はあまり上手にやられていない。「平たいところをつくって建てる」というありきたりのやり方をこえきっていない。

(d) 総じて建物の配置計画は丘陵地地形に基づくGLの上下、土地と建物の高低がかもし出す立体的景観を、殆んど意識していない頭でやられたのではないかという疑問を強く感じた。南斜面の有利性を利用したとは思えない配置なども首をかしげさせた。

(2) 当初計画作成者（絹谷）の意見

同じく当初計画者の1人であった絹谷祐規（当時京大助手）は、マスター・プランと段階計画の重要性およびマスター・プランそのものの内容に関して、次のように述べている。[4]

① マスタープランは重視さるべきであり権威のあるものでなければならない。最初から容易に動かし得ないものとして真剣にとりくむ必要がある。もし変更の必要のあるときは、一方的な変更で他の部分のよさがなくなってしまわないよう、当事者で徹底的に討議されることが必要だ。

② 開発の段階計画は団地の性格に強い影響をもつので重視しなければならぬ。とくに今回団地の奥の方より始めた点は賢明であった。

③ 大団地建設においては一挙に建設すると、公共施設（とくに学校など）に負担がかかり、ある時期がくれば利用者激減という事態が発生し、利用効率がおちる。「住み替え」住宅用地を緑地として確保しておき、漸次ここに建設していくというゆとりのある計画が望ましい。

④ 設備の中央化をはかるべきときに来ている。

⑤ 団地開発による周辺部地区への問題についての総合的な解決の方向がなく、従前の地域住民の一部に対して深刻な悪影響を及ぼしたとともに、地主、ブローカーの一部には莫大な開発利益を与えている。「公団は儲けてはならない」という原則のもとに国民の税金を使って、周辺部の地主や土地ブローカーを儲けさせているのはきわめて不合理

である。周辺土地の値上り分を公共の住宅建設機関で回収し、それを開発償却費としてふりむけるべきだ。

(3) 事業推進担当技師の意見

以上の計画者側の意見に対して、事業推進担当技師としての大久保昌一の意見[5]はマスタープラン変遷の構造を、①前提たる事業内容の限界性に起因するもの、②推進組織構造の硬直性に起因するもの、③当初マスタープランのもつ欠陥、不十分さに起因するもの、をそれぞれ区別しながら論じている点で注目すべき内容となっている。

① (ショッピングセンター計画に関して) われわれはたかだか2万人のBed Townに過ぎないけれど、この団地にふさわしいcoreを計画せんとしたとき……現実の壁にあたって抽象は砕かれた。……きわめてあたりまえな事実「住宅公団は住宅供給の機関であって新都市開発公団ではない」の前に……われわれの夢は空しく潰えさらねばならなかった。……すなわち、「賃貸住宅建設費」の費目の中でどれほどのことが創り出せるかを考え、持ちこたえのきく経営主体と経営方法を選定することが必要であった。公団対地元の関係もひそんでいた。

② (道路計画優先がマスタープランの骨格構造をかえたことについて)[6] 皮肉な言い方をすれば、道路をつくるのが目的か団地をつくるのが目的かということによって適否を判断して頂けばよいであろう。(傍点引用者)……実施案には明確な住区の概念がなかったのではないかと思われる。むしろ道路造成費をminimumにし、しかもmaximumの成果を得ようとする努力だけがめだって、道路と宅地やその他の用地との関係が充分考慮されなかったのではないか。また住区が幹線道路によって分断されるということは一体どんな事態を惹起するのかということなど意に介していないように思われる。このことは建築屋と土木屋の相違をきわめて象徴的にものがたっていると思う。(その原因として、住宅建設に経験をもたない宅地部案が実施案として独走してしまったこと、これは建設時期が予定よりも急がれてきたため致し方なかったとはいえ、このことが大ゲサに言えば香里団地の運命を決定してしまった……。)

③ (西山研案における実現性の問題について) ひっくるめて言えばこの計画は一体どこが実施するのかということにひっかかってくるのであるが、即ち経済的なcheckが殆んどされていない。

ⓐ Ⅳ案では35%もの緑地をとっており、これは多い程望ましいに決っているが、分譲宅地にしろ、公団住宅用地にしろ、これらをひっかぶった額として代価が決ってくるのだからいい気になってはいられない。

ⓑ 公団用地はできるだけcompactにまとまっていた方が管理の点で都合がよいし、屋外付帯工事費は経済的になる。公団用地の真中に分譲宅地があったり分譲宅地の真中に公団住宅がちょぼちょぼとあったりするのは避けた方がよい。

Ⓒ 「尾根にはpointを」ということでこれをふんだんに使っているが、flatにくらべてcost高であり、高層についても同様。公団住宅ではflatが主力となってくるから当然造成方法が京大案とは全く違ってくる。……これらを公団の建設ベースにのせようとするわれわれの努力が足りなかったといわれればそれまでだが、住宅供給主体としての公団の性格が充分理解されなかったからではなかろうか。

8.3.6 まとめ——香里団地建設経験の教訓

以上を整理すると、香里団地建設過程は次のような問題点を教訓として残したと考えられる。

① 建設過程におけるマスタープランの位置づけについての明確な組織的合意がないままに計画案作成の外部委託が行われた結果、受託者側

はその「実現のための条件」を欠いたまま計画案を作成し、委託者側はその「成果」を単なる参考資料としてのみとりあつかった。したがって、受託者の「計画の意図」は実施段階に十分伝達されなかった。

② 建設のための実際のマスタープランは、公団宅地部の「独走」のかたちで作成され、「造成のしやすさ」に主眼点がおかれた内容となった。また公団建築部は、こうして出来た造成宅地を買いとって既存パターンの公団住宅を配置した。そのため実施段階でのとくに新しい技術展開もなかった。

③ 香里団地の建設は、このような組織的な業務の流れ方によって始めて「実現」しえたのであるが、そのことが香里団地のあり方を最終的に決定づけた。そのためたとえば、景観構成や住区構成の無視、地区内幹線道路による住区の分断、あるいは同種住宅の短期大量建設によるしわよせが、公共施設の不足問題をひき起したと考えられる。

④ 以上の背景としては次の各点があったと考えられる。

(1) 組織上の問題として、宅地部（土木系）と建築部（建築系）の両技術部門の組織的連繋関係のまずさが存在した。

(2) 技術者自身の水準において大団地建設の問題点が十分理解されていなかった。

(3) かかる大団地建設に対応した新しい住宅供給体制を欠いたまま事業が強行された。

したがって、香里団地建設が与えた「教訓」を整理すると

① かかる大規模団地建設においては、実施体制との結合をはからなければ、決してマスタープランにおける「計画の意図」は実現しえないこと。

② 現行実施体制には改善の余地があり、とくに組織的連繋関係の確立と技術水準の向上は必要かつ可能な側面が多く存在すること。

③ マスタープランに関しては、大規模団地建設における「規模のメリットおよびデメリット」の追求がまだまだ不十分であり、在来の方法の集積というかたちで処理されてしまったが、設備の中央化や工事の合理化による工費の節減あるいは、団地建設が周辺に及ぼす悪影響の問題等は今後の重要な課題であること。

④ 基本的には公団方式の「住宅供給体制」は大規模団地建設の推進の点で大きい限界性が存在すること。

以上である。すなわち、香里にひき続く千里ＮＴ建設は、以上の「教訓」をうけつぎ、「より大規模化することによる諸問題の解決」を目指すべき歴史的な位置づけにおいて登場してきたのであった。

（注）

1) 京都大学西山研究室「香里団地計画」〝国際建築〟誌vol.24.No.6.1957

2) 大久保昌一「マスター・プランの辿ったみち」〝国際建築〟誌vol.26、No.4.1959

3) 西山夘三「香里団地の実施開発に対する批判」〝国際建築〟誌vol.26、No.4.1959

4) 絹谷祐規「香里団地の教えるもの」〝国際建築〟誌vol.26、No.4.1959

5) 大久保昌一「ショッピング・センターの計画」〝国際建築〟誌vol.26、No.4.1959

6) 前出、大久保「マスター・プランの辿った道」

8.4　共同住区論から新住宅都市論への展開過程と問題点

8.4.1　「共同住区論」の提起

日笠端は、学位論文「住宅地の計画単位と施設の構成に関する研究」（１９５９.11）において、各種の生活動線のうち、通勤、通学とならんで購売の動線の頻度が大であることに注目し、「従来の近隣住区制のさらに上位の計画単位として、商業核を中心とする徒歩圏を日常生活圏と考える方が、サービス・ユニットとして適当である」という結論に達し、都市計画に準拠した新しい住宅地の建設に進むべきことを提案するとともに、「共同住区」という新しい概念を、住宅地の計画単位として採用すべきであるとの主張を行った。

日笠の結論を要約すると次のとおりである。

①　わが国の場合、コミュニティ計画の主眼を当分の間、物的な利益をもたらす意味で、サービス・ユニットとしての機能の充実におくべきこと。

②　大都市のコミュニティは都市計画との関連において、近隣住区の集団に一つの計画単位をおき、これを一段上位の単位として都市全域の地域構造に包摂されるオープン・コミュニティとすること。

③　共同住区は中心地区よりの徒歩圏すなわち約１kmの範囲を日常生活圏とする計画単位であって、地区中心施設の充実度、都市的人口密度から判断して、人口は５～６万人を適当とする。

④　共同住区は普通、中心地区、緑地地区、住宅地区の３地区に区分する。

⑤　住宅地区は中心地区を繞る数個の近隣住区よりなる。近隣住区は人口８，０００～１０，０００を有し、小学校を中心とする学童の生活圏である。

⑥　地区中心は共同住区内の日常生活動線の集中する地点、すなわち交通核の付近に位置し、居住者の日常生活に直接必要な各種の公共施設、商業施設によって構成される。これらの施設はそれぞれの機能に従って、交通、業務、文化厚生、一般商業、慰楽商業、軽工業などさらに細分された地区を形成するのが望ましい。

⑦　地区中心の副次的な中心として近隣住区の内部に、分区中心を設ける。

なお、同論文第３部第４章「共同住区の計画基準」は、ほとんどそのままの内容で、「新住宅都市の計画基準に関する研究」に引きつがれているので、具体的な内容の検討は８.５にゆずりたい。

8.4.2　「共同住区論」における基本問題

「共同住区」の構想は、住宅団地等の大規模化傾向のなかで、もはや従来の近隣住区理論にもとづく各種の住宅地計画理論が、とくに商業施設のあり方等に関して大きく矛盾を露呈しはじめていたために、なんらかの新しい計画指針を求めていた各事業主体、なかんずく日本住宅公団および大阪府を始めとする各自治体等の企画担当スタッフの要求に、適時的に対応するとともに、次の段階で、日笠を含むグループによる「新住宅都市の計画基準に関する研究」[1]および日笠自身による「住宅地開発の問題と将来の方向」[2]等の研究へと展開して、結果的には千里ＮＴ建設の計画策定に最も直接的な影響を与えたと考えられる。したがってその「開発論」の観点からする問題点については、すでに整理した通りである。（第４章４.２参照）

そこで本節では、「計画論」の観点からこの「共同住区」論の基本的な問題点について言及しておきたい。

第１は、日笠論文における論理構成そのものの問題である。

日笠の方法は、「実態調査」を行い、その結果から一種の法則性を発見し、それを改良発展させるかたちで「提案」へと論を展開する方法であるが、法則の発見から提案への過程において、何ら実証されていない独得の価値観を突如として導入し（例えば郊外住宅地計画はすべからく「山の手」住宅地的パターンをとることが望ましいといった価値観が、きわめて独断的に導入されているように思われる）、論理の飛躍が行われている。これは恐らく、団地規模の巨大化傾向のなかで、すでに各事業主体がその方向を向いていた「共同住区」の考え方の蓋然性を、逆に「実態調査」や「法則発見」によって裏づけんとした、同論文の目的および歴史的な位置づけより発生した問題であろう。[2)]

第2は「共同住区」の構想が、住宅地区の物的構成についてのあくまで短期的な目標として設定されているにもかかわらず、全体の文脈では、これがあたかも最終目標であるかのように論文の構成がされていることである。

この点については、同論文中にも何個所かの注釈があり、結論においても「わが国の場合、コミュニティ計画の主眼を、当分の間……」と述べてはいる。すなわちわが国の場合諸外国に比して「コミュニティ化」が困難な理由が、「社会的な基盤に根ざすもの」と「国民所得すなわち生活水準の低さに由来するもの」である現状から、とりあえず「『社会的』な面で早急にこれを実現し難くとも、まず『物的』な面で生活に利益をもたらし、生活を高める意味でこれを推進すべきであろう」という考え方である。いうまでもなくこの考え方の底流は、1955年以降のわが国経済の高度成長政策における「物質的刺激による生活向上」の一見楽天的なキャッチ・フレーズと全く軌を一にしたものであり、かかる物質的刺激策自体が国民生活を破綻へと導いていったその後の過程についての予見的な考察は全く見られない。すなわち、「当分の間」という注釈をつけながらも、同論文では一方でこの構想を都市全域に拡げていく提案も行なっており、その場合の問題解決を「コミュニティ・センターの設置」によって解決するといった、また別の物質刺激策を提案する方法で論理のつじつまを合わせている。

第3は、上と深くかかわる問題であるが、「物的構成の充実」という場合に、国民生活をきわめて分析主義的に把握し、生活の一つの部分ないしは一断面のみを異常に重視して、その「改善」のみを軸に物的構成計画を樹立していることである。たとえば、居住者の生活実態把握のファクターとして、日笠は、

(1)生活動線、(2)生活時間、(3)生計費、(4)慣習、地方性、その他の各点に着目するのが最も有効と考えると述べているが（p213）、

本来、総合的かつ有機的に展開している国民生活を、このような切断面で把握することには、当然「木を見て森を見ない」危険があり、しかも、これら各要素の「改善」を重視するという行為およびその要素選別の過程自体に、全く実証されていない独断的価値観の存在を認めざるをえない。[3)]

（注）

1) 日笠端「住宅地の計画単位と施設の構成に関する研究」1959.11. 日本住宅公団調査研究課刊行版を使用。

2) その矛盾は、とくに「実態調査」の方法およびそれに基く結論の出し方において現れている。すなわち同調査の方法は、居住者の施設利用と施設分布の実態との関係を、いくつかのタイプの住宅地別に静態的に把握する方法をとっており、その結果として例えば次のような結論を導き出している。

(イ) 通勤者多き山手住宅地においてはその遠距離通勤者率の大であること、生活内容、生活時間からいって、生活圏は比較的広範囲であって、日常的な施設利用であっても閉鎖的に住宅地の近辺に限られ

ることはない。その圏域は都心あるいは職場に方向づけられ、その間の広い範囲にわたって開放されている。

(ロ)　自宅労務者多き家内工業地、あるいは近距離通勤者の多い地域では遠距離通勤率が低く、生活内容、生活時間からいっても、その生活動線が徒歩範囲を出ることが少く、その生活圏域は比較的狭隘、かつ閉鎖性を有する。都心および副都心はこの場合第二次的、あるいは第三次的な生活圏の中心に当るに過ぎない。

(ハ)　生活圏の構成は一般にいわれているような理想的な累積円状とならず、距離と利用頻度の間には必ずしも比例関係が存在せずこの傾向はとくに山手地区において著しい。

(ニ)　下町地区とくに家内工業地の生活圏の閉鎖性と山手地区の開放性を比較すると、両地区の近隣住区計画は当然それぞれの性格に従って根本的に差異があるべきことが考えられる。すなわち前者にあっては住区内に日常的な施設を広範囲に充実せしめ、ある程度self-contained なものとして計画することが必要であり、後者にあってはそれほどself-contained であることを必要としないことがいえる。

以上の結論は、いわゆる下町と山の手の違いとして一般に知られている状況を調査によって裏づけた内容であるが、問題は以上のごとき静態的な関係の「発見」から、次に新住宅地計画の場合の「計画単位」として「共同住区」の提起へと論を展開する段階で、一定の価値観を伴った論理の飛躍——「山の手」的な居住地となる郊外新住宅地計画には、すべからく「山の手」的実態をパターン化し、若干の改良を加えて適用することが望ましいとする——が行われていることである。すなわち、このような価値観は、この実態調査の方法からは絶対に得られないにも拘らず、強引にそれを導入しているところに問題があるといえよう。

それは例えば「山の手居住者の個々人がはたしてそのような実態を好ましく感じているのか否か」「山の手居住者に類型的に見られる生活様式を、今後のわが国の都市近郊生活者もまた望んでいると決めつけ、さらにそれを建設のために大々的に適用していってよいのか」といった設問を投げかけることによって、より明白となろう。

3)　計画学研究の立場からの居住者の生活実態の把握のあり方についての分析主義的方法に対する批判は、近年、地井昭夫の漁村集落に関する一連の研究、白砂剛二の農村集落に関する一連の研究等において活発に展開されつつあり、生活の構造的把握に関する注目すべき方法論の提起がなされている。

8.5　「新住宅都市の計画基準に関する研究」における計画論の展開とその問題点

前述（第4章4.3）の通り、表記の研究は日笠端らをメンバーとする日本都市計画学会が日本住宅公団より受託した委託研究であり、公団団地建設の大規模化に関する方向づけを主たる目的としたものであったが、同時にその具体的な実践の場に設定された大阪府の千里NT建設に対しては、数々の直接的な影響を与えたと考えられる。

同研究における計画論の構成は、「土地利用」「規模と形態」「地区および住区の構成」「中心地区」「建築的施設」「設備施設」「交通施設」「緑地施設」「住宅都市経営」より成っており、「開発論」（前出第4章）において大枠の性格づけが行われたなかで、これをいかに具体化していくかという点について、次のごとき方法論を提起している。

①　新住宅都市にふさわしい土地利用区分を設定する。
②　その枠内での全体構成計画を樹立する。
③　各機能別に内容を検討する。
④　再び全体構成を行い、全体的な整合性を確保する。

以下、まずこの方法論の概要について紹介する。

8.5.1 計画基準設定方法の概要

(1) 土地利用計画

同「研究」はまず「土地利用計画」を全体の方向を定める最も重要な位置づけにある「計画」としてとらえ、これを次の如きプロセスで進めている。

① 全市街地の土地利用密度の実態より、主として中低層共同住宅で構成される都市が、一般に

・住宅地区（地区内の店舗、学校、緑地道路等を含む）90％
・中心地区（公館地区、店舗地区および地区内の緑地、道路等を含む）10％

程度であること。また用地率的には

・住　宅　用　地　50～55％
・その他建築用地　15～20％
・緑　地　用　地　10～15％
・交　通　用　地　25～30％

という比率にあるとのべ、これを市街地全体についてのひとつの標準値として設定している。

② 次に「住宅地区」について、これをそこに建設する住宅形式別に見た場合の用地率のめやすを明らかにした上で、中層共同住宅主体、一部低層連続住宅を加えた場合には

・住宅建築用地　45～50％
・その他建築用地　12～14％
・緑　地　用　地　15～18％
・交　通　用　地　24～26％

程度が標準用地率であるとしている。

すなわち、同「研究」の方法は、新住宅都市にふさわしい土地利用計画の構成を、まず既成の市街地の「類似例」を参考に設定するという方法をとっている。

(2) 全体構成計画

同「研究」は、さきに設定した土地利用計画を実際に地域に適用するための方法として、次のような全体構成計画を提起している。

① 日常生活の動線と圏域の設定

従来からの近隣住区構成の上にたつ「共同住区」の提案（前出8.4日笠論文参照）を全面的にとりいれ、サービス・ユニットとしての計画単位の構成を図8.5.1、表8.5.1のごとく提案。（この図表はいずれも前出日笠学位論文収録のものと同じである。）

② 都市形態の提案

次に、鉄道駅を中心とする都市形態の提案を行っている。すなわち鉄道駅を中心とする半径約1kmをこえない円形にすることで、徒歩範囲を最大15分圏とすることが出来るとして、約３００haの地区面積に対して１００人／haとすれば最大3万人、２００人／haとすれば6万人を収容出来るという試算を行い、次に全体の形の提案として、図8.5.2～3のごときパターンを提示している。

③ 地区区分の提案。

土地利用計画に対応して、開発地区を「中心地区」「住宅地区」「緑地地区」に区分し、それぞれ次の如き内容とすることを提案している。

ⓐ中心地区

・住宅都市の中心的位置で、都市内の主要生活動線の集中が予想される位置に設置。鉄道駅付近一帯とするのが適当。
・構成は広場を囲んで業務地区、商業地区、厚生地区などの機能ごとにある程度まとめる。

表8.5.1 「日常生活の動線と圏域」の提案

構成員	目　的	徒歩限界	施設	生活圏
幼　児	遊戯、保育	~100m ~250m	遊び場、幼稚園	隣保区
学　童	勉強、運動、遊戯	~500m	小学校、運動場、公園	近隣住区
成　人	近隣性1次品買物、入浴	~250m	店舗地区、マーケット	近隣分区
	近隣性2次品買物、サービス 運動、散策、レクリエーション 近隣性慰楽（集会）	~1,000m	地区商店街、ショッピングセンター 地区公園 コミュニティーセンター	共同住区 （コミュニティ）
	通勤、通学 都心性買物 都心性慰楽	~1,000m →交通機関	駅→職場 駅→都心、副都心	住区外
	用務、訪問、その他		駅→各地	

出典：「新都市の計画基準に関する研究」1957. より

図8.5.1 「日常生活圏」の提案

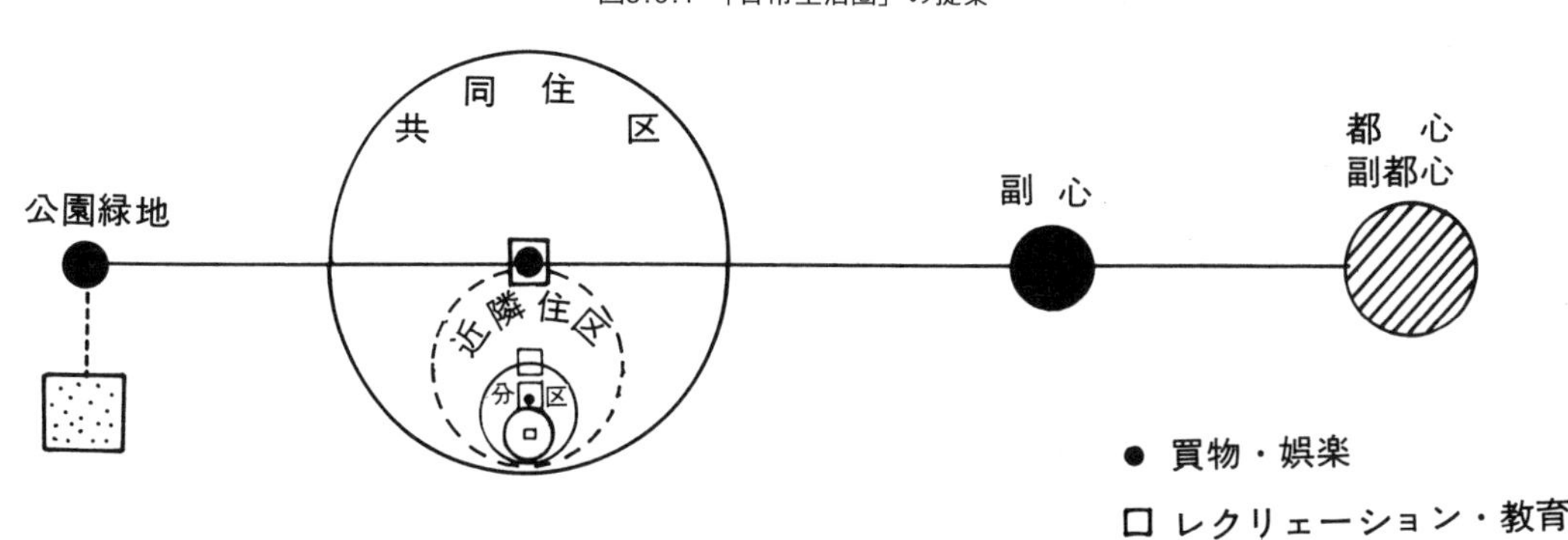

出典：「新都市の計画基準に関する研究」1957.

・業務地区は、銀行、会社、郵便局、市区役所出張所などの公私の業務施設よりなる。商業地区は各種の小売商店、飲食店、娯楽施設、その他のサービス業などからなり、できるだけこれらの機能別にさらに小地区に区分することが望ましい。厚生地区は地区公園、病院診療所、保健所などのレクリエーションおよび厚生施設からなる。

・周辺の市街化の状況によって、他の地域の人口をも吸引し、副心的な存在となる場合があり、この場合には都市の人口に対して中心地区の施設は増加し、業種も都心性、慰楽、娯楽性施設が多くなる。

・居住水準の高度化に伴って、将来、拡充すべき商業施設用地の余地を十分見込む必要がある。このような保留地は、商業地の最適規模がもっとはっきりするまでは公園、広場として利用することが好ましい。

ⓑ住宅地区

・住宅地区は住宅都市の主要な部分を構成し、中心地区を繞る数個の近隣住区よりなる。

・近隣住区は小学校児童の日常生活圏であり、その規模は概ね小学校区単位とし、人口8、000~10、000人を最大限度とする。

・各近隣住区は、鉄道、幹線街路によって分断されないようにし、とくに小学校児童の安全通学を確保する。

・中心地区の副次的中心として分区中心を設置する。

分区中心は人口比からみると、近隣住区に大体2ケ所の割となる。

ⓒ緑地地区

・近隣住区の境界をこえた生活圏あるいは行動圏をもつ中学生以上の年令を対象とし、少年公園または運動公園、地区公園、普通公園、自然公園を設定。

・位置として開発地の外周部に設置し、これを利用して開発地と外部とのスクリーンの役を与え、十分なる緑地を外周部に保留する。

図8.5.2　高速鉄道を主とする場合のコミュニティの形態の提案
出所：日本都市計画学会「新住宅都市の計画基準に関する研究」1958

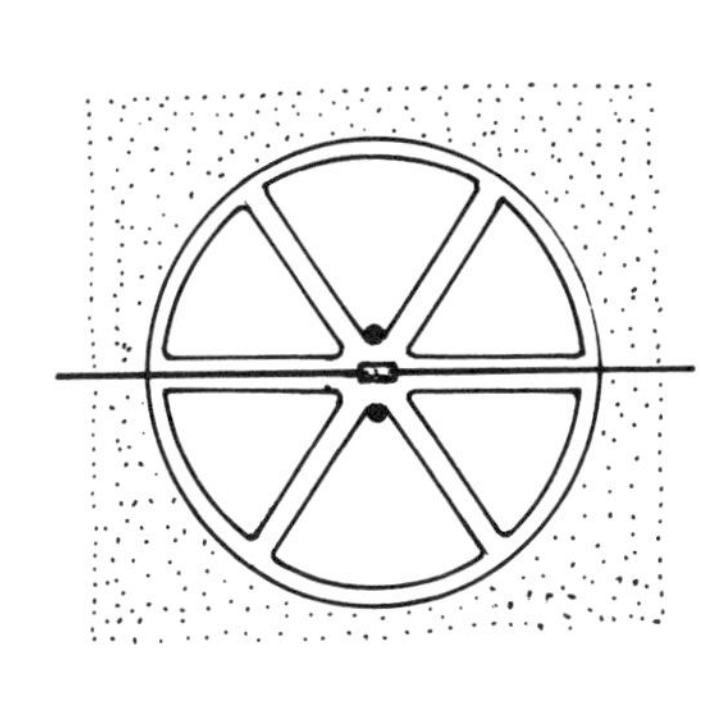

図8.5.3　大都市周辺の緑地帯および幹線街路と住宅都市との関係の提案
出所：図8.5.2に同じ

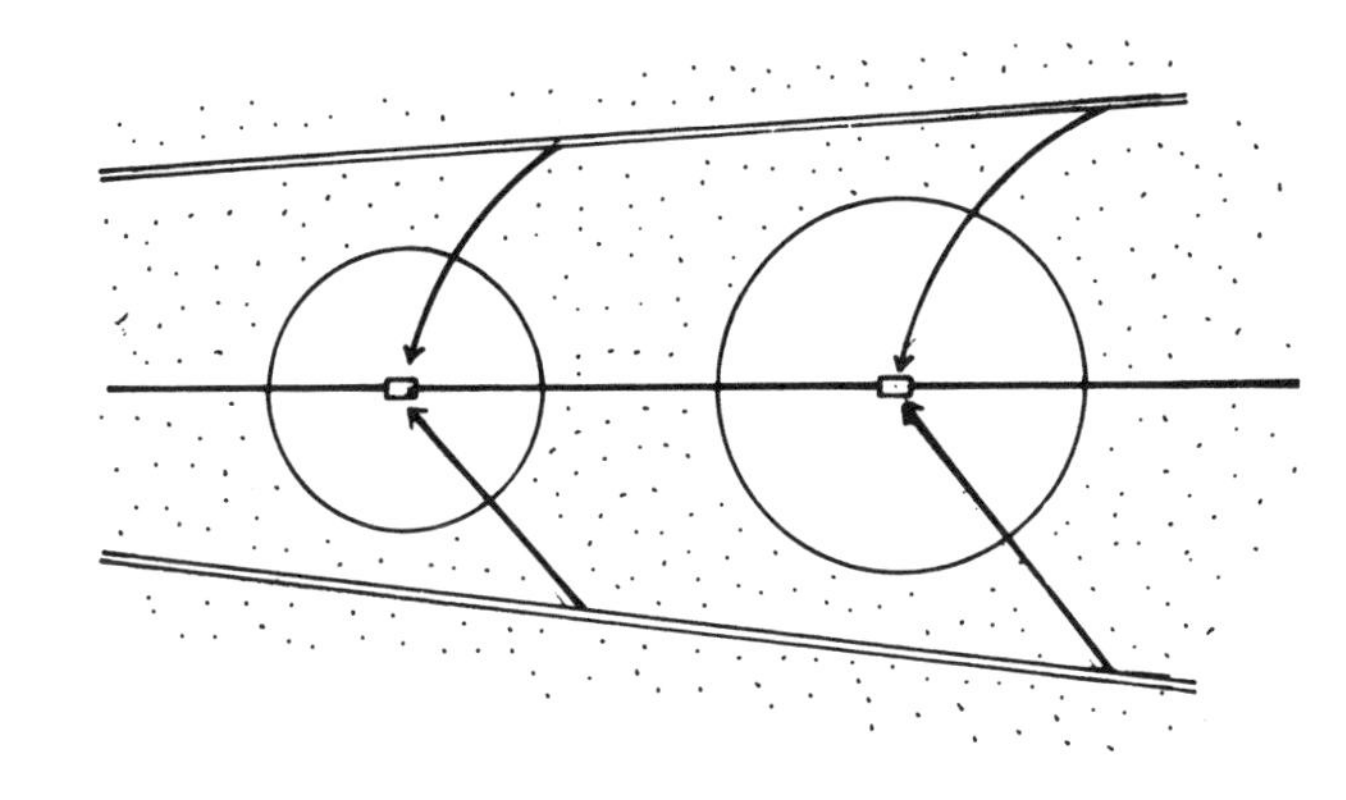

(3)　建築的施設の配置提案

中心地区および分区中心に設置すべき建築的施設について、同「研究」は東京都西郊住宅地区における調査結果より、次のような方法で提案を行っている。

①　共同住区の施設構成についての東京都西郊住宅地区に関する静態的法則性の把握（表8．5．2）

②　施設系統として(1)小学校→中学校→高等学校、児童遊園→近隣公園→地区公園など教育レクリェーション施設の系統と、(2)分区中心→地区中心→副心、のように商業施設の系統があり、それぞれを確立させる必要があるが、必ずしも一致させる必要がないことの提案。

③　近隣住区の施設、近隣分区の施設についての提案。（表8．5．3、8．5．4）

④　「居住環境を害するおそれのある」施設として、火葬場、屠場、卸売市場、伝染病院、塵芥焼却場、汚物処理場などをあげ、これらについては「敷地選定には十分注意すること」を提唱。

⑤　商業施設について、その業種を利用頻度、近隣消費率、分布傾向等から、近隣性（1次、2次）、都心性（1次、2次）に区分し、さらにこれとは別に慰楽性娯楽性施設、生産運輸性施設を区分した結果として、「一般市街地の現況からすれば都心性施設は中心地区の中心部を占め、近隣性2次施設はその周辺に、また近隣性1次施設は最も外周部に位置する傾向がある。」という静態的法則性の把握から、近隣性1次商業施設を出来るだけマーケットとして計画することを提案。

⑥　中心地区には、各種の事務所やホテル、娯楽施設など商業的あるいは軽工業的な諸施設の立地の余地をとることを提案。

(4)　設備施設の提案

①　上水については、少くとも1人当り消費量を200ℓ／day を見込

表8.5.2　共同住区の施設

近隣住区数	1	2	3	4	5	6	
世帯数	2,000〜2,500	4,000〜5,000	6,000〜7,500	8,000〜10,000	10,000〜12,000	12,000〜15,000	近隣住区数5〜6で周辺人口を吸引する場合次の諸施設を加える
人口	8,000〜10,000	16,000〜20,000	24,000〜30,000	32,000〜40,000	40,000〜48,000	48,000〜60,000	
中学校	—	1	2	2	3	3	
高等学校	—	—	1	2	2	3	各種学校
市区役所出張所	—	1	1	2	3	4	市区役所支所
消防派出所	—	1	1	1	2	3	警察署，消防署
郵便局	—	1	1	2	3	4	
病院	—	1	1	2	2	3	保健所
コミュニティセンター	—	—	1	1	1	1	
サービスステーション*	—	—	1	1	1	1	
鉄道駅	1	1	1	1	1	1	
駅前広場	1	1	1	1	1	1	
地区公園	—	—	—	—	1	1	
住区内店舗総数**	80〜100	160〜200	360〜450	480〜600	800〜1,000	1,000〜1,200	小デパート店舗数2割増
銀行	—	1	2	2	2〜3	3〜4	施設数＋2
映画館	—	—	1	2	2〜3	3〜4	施設数＋2

＊電気、ガス、水道、下水等のサービスステーション
＊＊地区中心に配される店舗数は近隣住区の関係位置により異なる。小売商店、飲食店、娯楽施設、その他のサービス業を含んでいる。

表8.5.4　近隣分区の施設

世帯数	1,000〜1,200	診療所	1
人口	4,000〜4,800	集会所	1
		管理事務所	1
幼稚園	1	警官派出所	1
児童公園	1	日用品店舗	1
共同浴場	1		40〜50

＊子供の遊び場は100〜200世帯に1ヶ所
表8.5.2〜4　出所：「新住宅都市の計画基準に関する研究」

表8.5.3　近隣住区の施設

世帯数	2,000〜2,500
人口	8,000〜10,000
小学校	1
近隣公園	1
プール	1

み、水源は大都市への給水の分水によるものとし、給水塔を設置する。

② 下水については、「分流式が望ましいが、経済的観点より合流式が望ましい。開発地が従来農耕用地や山林の場合が多いので、とくに合流式の方がよい。また排水は適切な河川が無い場合には灌漑用水路に放流し農耕用水とするのがよい」。

③ 浄化槽はできる限り集約的に設け、配管の経済性も考慮して1万人単位に1ヶ所設けるのが良い。合流式の場合も汚水量のみから計算される量で十分である。容量は1日最大汚水量の1・5倍位とする。

④ 電気およびガス。変電所1ヶ所程度設けた方がよい。電気施設はできる限り地下埋設にする方が好ましい。ガス施設は民間企業で、とくに注意することはない。

⑤ 塵芥処理施設。1日の排出量は東京都区部の平均600匁／戸、うち焼却対象量は360匁／戸を見こむ。処理方法は、小ブロック毎に焼却炉を設けるよりも1ヶ所に大きな処理所を設けた方が経済的かつ専業担当者が当るので施設の維持管理も良く行きとどく。

(5)　交通施設計画

同「研究」における交通施設計画は、「街路」「バス施設」「鉄道施設」に区分して述べられてい

る。

① 街路計画

・街路は地区内使用の目的によって、「幹線街路——都市内主要街路」「副幹線街路——近隣住区内の通勤、通学、買物等の活動用」「住宅路——副幹線街路より各戸に到る道路」の３段階に分ける。それぞれの幅員および舗装をかえ、副幹線街路は11m以上、住宅路は４m以上とする。

・自家用車保有について：公団々地居住層は割合早い将来に自家用車を保有する可能性があるので、分譲住宅等の傍には割合余裕をもって駐車施設を設ける必要がある。

② バス施設計画

・路線：駅を中心として徒歩10分圏内にある住宅地からのバス乗車は考えられず、またこの駅を終点とするバス路線は採算がとりにくいので、立寄型路線が望ましい。

・経営：単独路線の採算性に困難がある場合もあり、「できる限り大きな企業体に路線の開発を依頼する方が望ましい。」

③ 鉄道施設計画

・駅の新設は新住宅都市開発の必須条件である。

・軌道沿いの騒音と振動対策が必要。

・ラッシュ時に都心地への直通電車を頻発する。

以上における特徴点を列記すると、①自家用車の問題については明確にしていないが、基本的に「自家用車に頼らぬ都市構造」を指向していること、②それゆえ自家用車の増加に対する対策を十分講じておらず、例えば歩車分離については全く言及していないこと、③にもかかわらず公共交通機関であるバス・サービスの位置づけが明確でなく、「大企業に頼る」というあいまいな方針になっていること等であろう。

(6) 住宅都市の経営に関する考察

住居施設を中心とする「非生産都市」が、単独で経営可能であるためには、「再生産の場として必要な諸施設のうち、地方行政庁の手で経営せねばならぬ施設が、都市居住者からの税金で賄いうる」ことが原則であり、ここでは「中産階層の知識人が最も関心を寄せている」子弟の教育施設が、十分なる施設をもつものとして経営可能であるか否かを検討することが、直接住宅都市の経営に重大な意義を持ってくるとして、次のような検討を行っている。

① 教育関係費用の推定：東京周辺19都市の資料をもとに、３万人の新住宅都市における小・中学生数を推定し、「経常費」「設備備品費」「施設費引当金」の合計を「教育関係費」として算定。（鉄筋校舎の場合２,７４９万円）

② 歳出総額の推定：市歳出総額中の教育費比率が18～20％であることから逆算して、１３,７４５～１５,２７２５万円と算定。

③ 市の歳入の推定：所得分布、建物規模別分布等を正規分布と仮定して、「住民税収入」２,４８２・４万円、「固定資産税収入」５,０１５万円、「電気ガス税収入」８５７・２万円、「タバコ消費税」７・０４万円で、合計９,０５９万円。

④ 結果の検討：歳入の歳出に占める額が59・34～65・91％となり、赤字予測が出されたが、これについては居住者の収入の増加に期待するほか、建設速度の検討が必要であると述べながらも、結論的には当該自治体に相当な財政負担を強いるものであるとしている。

8.5.2 計画基準設定の問題点

以上概観したように、同「研究」における計画論の展開方法は、日笠端の「共同住区」論とほぼ軌を一にしておりそこに存在する問題点もほとんど共通している。(8.4.2参照) したがって本節では各基準についての問題点をより具体的に指摘しておきたい。

(1) 土地利用計画について

既成住宅地における土地利用比率の「標準値」を、そのまま適用するについては、その数値の採用を望ましいとする一定の価値観の裏づけがある筈であるが、本基準ではその問題については何ら言及していない。「山の手住宅地的雰囲気」を好もしいとする俗論を無定見に採用しているのではないかと思われるが、その前に少くとも郊外住宅地を「山の手」的に形成することの効罪を明らかにしておく必要があったと思われる。

(2) 全体構成計画について

「日常生活圏」の提案以下は、日笠論文で提起された内容をそのまま導入している。すなわち同論文にいう「当分の間……『物的』な面で生活に利益をもたらし生活を高める」(日笠前出論文p200) という目的に応ずるための、計画手法であり、従前からさまざまに提案されてきた生活圏と土地利用および施設配置の対応関係において、「教育・レクリエーションの施設」の系統と「購買・慰楽関係施設の系統」とを別にする方針での新提案が具体化されているわけである。

この場合の問題点を列挙すると次の通りである。

① 提案されている段階構成は、居住者の大多数の生活には適合しうるかもしれないが、これに適合しえぬ生活を営んでいる居住者の場合(例えば老人、身体障害者など)、段階構成の明確化による日常生活上の圧迫は、一般居住地に比してはるかに強い可能性がある。

② 土地利用区分が利用目的別に、明白に区分されていることから、居住者は生活内容を区分してこれに対応する必要がある。このような区分要求は、居住者の生活要求から生まれたものではなく、基本的に建設する側の要求から生まれたものであって、両者の間の矛盾が結局は居住者生活を圧迫する可能性がある。

③ 広大な計画地域を、すべて計画的な新開発で埋めつくすことの問題がある。都市的成熟度の不足が、中心地区への施設集中等ですべて解決しうるとは考え難い。

④ 従来の住宅団地建設等が、結局は地域の既存ポテンシャルを最大限利用することによって立地してきたため、いわば地域収奪的性格を有したことに対する反省がない。たとえば「環境を損う施設」を地区外に放出することを当然としているが、大規模化にともなう地域的な諸矛盾の激化を全く考慮していないのは問題である。

⑤ 団地規模の巨大化による長期にわたる建設途上の問題についての検討は、重要な問題でありながら、ほとんど行われていない。

8.6 「北大阪丘陵地帯の開発計画に関する研究」における計画論の展開とその問題点

8.6.1 計画設定方法の概要

前節(8.5)の委託研究とほぼ同時期に日本住宅公団からの委託研究として行われた「大都市周辺の住宅地開発についての研究――北大阪丘陵地帯開発計画」京都大学西山研究室(1957年度)における「計画論」の展開もまた、先述した「開発論」と同様(第4章4.2)千里NT建設に直接の影響を与えた。

この場合は「計画基準」ではなく、直接千里丘陵に関する計画案作成であり、次章に述べる「構成計画」の個々の内容に対して具体的な影響を与えたのであるが、先述(第4章4.3)したように、大阪府実施案の直接的基礎資料とはならなかったし、また開発論における根本的な相違点が計画内容に反映している点からも本章に含めて論じておきたいと考える。

同案の構成は「地域開発の方針」を受けて「交通計画」「当該地域の農業と既存集落対策」「住区の型と居住者構成」「中心施設及一般公共施設」「結」より成っている。

すなわち、「地域開発の方針」であるところの「この地域の中心部を住宅都市（Bed Town）として開発する事とした」（前出第4章4．2）大枠設定に基き具体的に計画を展開していくために次のような方法をとっている。

① ベッド・タウン成立の条件が、⑴居住者層が筋肉労働者でなく、ホワイト・カラー層を中心とする都市上流階層であること。⑵業務地と緊密な連絡をもつこと。の2つであることを明確にし、
② 開発の「カギ」とみられる高速度交通機関についての詳細な検討を行って、「地下鉄延長による地区全域の開発を原則とし、阪急千里山線の延長を補助とする」基本方針を設定。
③ 地区計画の内容として、「大団地開発の利点」を最高度に発揮して、「従来阪神間の住宅地がもっていた風格と魅力に匹敵するものをつくり出す」方針をたてて全体のおよその構成を行う。
④ 一方で地区開発の基礎条件である用地取得と、地域住民の生活変容対応策としての既存集落対策とそのフィジカルな計画案の緑地計画への盛りこみの検討を行う。
⑤ 地区計画の前提である居住者階層の予測および設定を行った上で住宅供給形式と住区の型についての提案を行う。
⑥ 施設系統計画および中心施設などの個別計画を行う。
⑦ 最後に最も重要な問題として建設段階計画を行う。
という方法をとっている。

以下、このうちのいくつかの特徴的な項目について、その方法の具体的な検討を行う。

8.6.2 計画方法における問題点の検討

(1) 「交通計画」の方法について
西山研究室案の最大の特徴の1つが「交通計画」を重視し、これについてさまざまな検討の結果として、明確な方針決定を行っていることである。この方針が千里NT建設に決定的な影響を与えたことは、結果が示している通りである。

本計画の進め方とその過程における重要な判断の方法をみると次の通りである。

① 主要交通機関の選定の方法
(1) まず考えられる交通機関として鉄道交通とバス交通をあげる。
(2) 本地域にとりうる10の計画路線について、それを主要計画線と成しうるかどうかについての概略の判定を行い、4つにしぼる。
(3) 4路線に対し、各線に半径1km徒歩圏、各3つの住宅地開発（住民3万人、通勤者数0・2×3万＝6，000人）を行うと仮定してモデル設定を行う。
(4) 計画路線の優劣を1）年間固定費、2）車輌年間走行費、3）年間通勤時間合計の3点で比較し、順位をつける。

② 住宅地開発のための電鉄新線の経営についての検討。
住宅建設速度と鉄道敷設の段階計画と、運行計画を仮定し、年次別収支表を作成。結論として「ウマ味はないがある程度有利な事業」であることを明らかにする。
③ 輸送量と輸送力の検討により、「大阪北部の表玄関の拡張」の必要性を明らかにする。
④ 計画案の提案
以上の検討の結果、結論として提案された計画案は次の通りである。
1） 我国の住宅地の密度現状から考えると、少くとも Bed Town にあ

っては、高速度鉄道による通勤を主とすべきこと。

2) 開発のタイミングを考えると、地下鉄の延長よりも阪急千里山線の延長の方が現実性があるのでこれを第1次段階で進める。

3) 都心への直通という点と、千里山線の輸送負担能力の限界性から地下鉄線延長は必要であり、さらにこの両者の交叉によってその駅付近の交通量が多くなりうる可能性をもち、中心地区の開発が割合自然に行えること、等の理由によって第2次に地下鉄線の延長を考える。

4) 地区幹線道路は中心地区に集中させ、かつ通過交通流はこれの外側へ逃げられるよう考慮する。

⑤ 自家用車の増大と道路交通

この問題に関して、本計画では表8.6.1の如き推定を行い、これが全部通勤利用される場合に備えて1975年段階で片側3車線を大阪まで確保する必要があるとし、さらになおその後もこの地域が「自家用車所有階層のための住居地域」として生きのびるべきものであり、そのための道路用地を確保すべきであるとすれば、空恐ろしい面積の道路用地が必要となるため、きわめて不安定な仮定の下でのこれ以上の推論はさけ、「このことがらに関して開発実施の際に更に検討が望まれる」と述べるにとどめている。

このため、「計画」案における幹線道路計画は、「大阪への自動車交通を重視」し「中心地区が北大阪の中心となるが如き」道路網としてセットされておりながら、その根拠はきわめてあいまいなまま進められたことになる。

(2) 「既存集落対策」としての緑地計画の方法について

すでに第6章において述べたように、西山研究室案は、近郊農業の実態分析から農村の後退は避けられないという立場に立っており、計画において既存の集落をできるだけまとめ、その周囲に緑地を残し、内部的にはコミュニティ施設を充実させる方針をとっている。

マスタープラン作成にあたって、この生産緑地の後退に対しては次の如き具体策を展開している。

① 緑地機能を明確にする。すなわち緑地には、

1)外部規制機能——都市の帯状的散落的発展の規制、2)内部規制機能——農村の円滑な都市化をはかるため生産緑地の適正な暫定的保存、3)内部促進機能——居住者のための環境保全、レクリェーションスペースの増大、の3つの機能がある。

② これに対応して、三つのタイプの緑地を設定する。

1) 自然緑地：開発地区の環境の維持、特に外周部の散落的都市化規制のための永久自然緑地である。

2) 暫定生産緑地：開発の各段階において、それ以後の段階の宅地用地を蚕食的発展から守り、かつ農村の円滑な都市化をはかるための暫定緑地である。宅地化予定の農地を暫定的に緑地地域に指定し、建築物の建造は認めない。開発側では巨額の買収費を時間的に分散することに、農民側では「一度に農地をうばわれて一方的な崩壊しかありえない」ことを避ける現実的な方法として意味をもつ。

3) 公園緑地：外部に対しても開発地区の魅力を増大し、当該地への誘致力を増大せしめる。

ここで問題となるのは「暫定緑地」であり、「農業としての土地利用を行いながら漸次宅地化していく」場合の利用法は「近代企業」として再出発したものでなければならず、「土地改良」「作業の近代化」「景観」「衛生の重視」などがよく考慮されるよう、充分な指導と援助が必要となる。

同研究では、「果樹園芸」「蔬菜」「牧畜(酪農)」の3つをあげてその得失を論じているが、いずれも現下の情勢にあっては企業間、産地間の競争のきわめて激しい分野であり、「農民が都市の需要や嗜好に常に応

表8.6.1　自家用車数推定（西山研案）と結果の比較

<table>
<tr><th rowspan="2"></th><th colspan="4">推　定（1957）</th><th colspan="3">住宅供給種別保有率実態</th></tr>
<tr><th>推定1人当台数</th><th>当地区推定人口</th><th>推定台数</th><th>保有率/戸</th><th></th><th>1966年*1</th><th>1967年*2</th></tr>
<tr><td>1960</td><td>0.0061</td><td></td><td></td><td></td><td>公社住宅</td><td>29%</td><td>27%</td></tr>
<tr><td>1965</td><td>0.0081</td><td>5万</td><td>405</td><td>3.2%</td><td>公団住宅</td><td>22%</td><td>20%</td></tr>
<tr><td>1970</td><td>0.0099</td><td>10万</td><td>990</td><td>4.0%</td><td>公営Ⅰ種</td><td rowspan="2">15%</td><td>15%</td></tr>
<tr><td>1975</td><td>0.0142</td><td>15万</td><td>2,130</td><td>5.8%</td><td>公営Ⅱ種</td><td>10%</td></tr>
</table>

＊1　1966.7府企業局調査
＊2　大阪市立大住田研究室「団地に関する自動車管理に関する調査研究」1968.5大阪府企業局

じ得ること」「技術的にも企業的にも高い水準にあること」「高い集約経営を営むために資金を有すること」のほか「当局の格段の技術的資金的援助」が必要であるとなれば、数年で宅地化する農業経営にそのような資金投下をすること自体に著しい矛盾があるといわねばならない。さらに大きい問題としてこのような先行きのない農業に農民が従事する場合にはたして生産意欲が湧くのかどうかには基本的な疑問がある。したがって、この「暫定緑地」は一見柔軟な対応策のようにみえながらも実際はほとんど実現性をもたない「机上プラン」的存在であったといえよう。

(3)「住区の型と居住者構成」の提案について

本研究における住区の型の提案は、第1次集団（face-to-face group）を最重視すべきことを主張するとともに、これをグルーピングの最少単位（隣保区）として設定し、あとはその組み合わせによって決定するという新しい方式を提案している。これは戦前段階からの住区構成論が施設中心主義ないしは建設単位主義ともいうべき方向に傾斜しつつあった傾向に一定の歯どめを加えようとした点で注目すべき内容と評価しうる。

その主張は「（一部の例外を除いて）社会階層の親近したグループの方が、居住者相互間の関係がうまくいく」という仮説と、「共同住宅の場合は、居住者グループが1つのモラル（生活習慣）を統一的につくり上げることが出来るような組合せを考え、積極的に問題を解決していく以外に方法はない」という原則とを結合したものであり、一定の説得力をもって、後の計画論の展開に影響を与えた。

提案は次のプロセスで構成されている。

①　当該地区に於ける居住者層の性格の設定

住宅需要構造別にみると次の5つの層がある。

1)　大阪市内及びその周辺に居住せるも、現住地の環境を嫌って郊外住宅地居住を欲する層。

2)　大阪市内及びその周辺の住宅難世帯のうち、郊外住宅地居住を可とする層。

3)　大阪に通勤しているが、その居住地が大阪より遠距離にあるため、大阪周辺乃至郊外に住居を求めている層。

4)　地方より大阪へ流入してくる人口のうち住宅地居住を欲する層。

5)　家族として分離期にあり、独立して一戸の住宅をかまえんとしつつある層で、郊外住宅地居住を可とする層（若い世代の独立、老人世帯の分離双方を含む）

また社会階層的に見ると、1)郊外電鉄のターミナルが都心業務地、商業地に近く工場用地にも近いこと、2)自然環境が良く格の高い住宅地が形成されること、より、ブルジョワ、小ブルジョワ、ホワイトカラーがその中心を占めると推測している。

②　住区の性格と居住者階層の関係についての検討住宅地の環境条件要求として、1)自然的条件――土地の高燥にして、静閑なること、気候の温暖なること。2)施設的条件――施設の質と利便さ。3)近隣関係的

条件――当居住者の周辺居住者との関係が圧迫感をもって緊張を起すか、然らざるか、の3つをあげ、とくに、2)3)が居住者の社会階層によってその要求が異なることを指摘する。

次に居住者を層わけし、その要求する環境条件を次のように要約する。

1) ブルジョワ（専門職、管理職に従事するもので経営者に属するもの）――自然環境重視。敷地の広大さ、住宅設備重視。

2) ホワイトカラー（a専門職、b管理職、c一般事務、d販売サービスに従事するもので被傭的立場にあるもの）――a、bはブルジョワに近くdの一部はブルーカラーに近い。自然環境重視。公共施設、特に教育施設の整備、住宅地としての評判を重視。近隣関係への関心はあるが、かかわりをもちたがらぬ。都心への交通の便重視。1)より地域施設依存度は高い。

3) ブルーカラー一般（熟練、非熟練の筋肉的労働に従事する層）――日常生活のための公共施設の便重視。工場地への通勤の便重視。住宅地に対する要求は現実的。風格等の社会的評価にはあまり関心をもたない。地域依存度は更に高い。

4) ブルーカラー下層（浮浪者予備軍的存在。日傭労務者層）――住宅要求もさることながら、更に次元の低い、雇用の安定化に対する要求が第1で、総合的福祉対策の対象となるべき層。

③ 住宅地における居住者の組合せの検討

以上、居住者が層として異なった要求をもっていることを明らかにした上で、住宅地構成における居住者層の組合せのあり方を次のようなプロセスで検討している。

1) 居住者の組合せの方法によって影響を受ける内容の指摘

i 居住者の相互間の近隣関係。

ii 地域公共施設の利用のされ方。

iii i ii に結果する居住地の環境。

2) 居住者相互の近隣関係には次の2つの異質の内容があることの指摘

i 日常生活でどうしてもかかわりあいをもたざるを得ぬ関係。往々にして強制的でわずらわしい側面あり。

ii 生活を充実し、豊かにするために、好もしいと思う相手をえらび、生活のこと、趣味のこと、その他いろいろなことで交友するような関係。楽しく且つ任意的な関係。

3) うえの2つの関係をうまく解決するためのすじみちが次の方向であることの指摘

i 前者の関係は住戸形式によって解決の方向が異なり、ⓐ共同管理部分を出来るだけ減らし、各人の責任分担をはっきりさせる「消極策」――1戸建プロット形式むけ。ⓑ不可避の関係を楽しくなるようにする。即ちそのような関係をおこさせるように居住者を組合せる「積極策」――共同住宅の場合は積極的な方向をとる以外に方法はない、の2つがあること。

ii 後者の関係は任意的かつ variety に富むよう、層としては各層に亘り、対象としては多い程好ましく、そういう相手を選択できる機会さえつくればよい。

4) 住区系統と住区の型についての計画方針の提案

以上の検討を通じて居住者のグルーピングに関して次の方針を提案する。

i 居住者間の関係が不可避的に生ずる第1次集団（face-to-face group を最重視し、その関係がうまくいくために、統一した生活習慣（モラル）をつくり上げることが出来るような居住者の組合せとして、親近した階層（社会階層、職業形態、家族の型など）のグループを「最少単位」として設定する。（隣保区）

ii 居住者が任意にその交友対象を選べるようなグルーピングも同時に必要とされ、それは公共施設の利用を通じて行われると考えられることから、施設の利用圏との関係で整理される次のような住区系統を設定し、ここに variety を考えて隣保区を組合せる。

(隣　保　区)…face-to-face group…30～80世帯
(近隣分区)…日用品店舗利用圏　幼児施設、集会室…500世帯
(近隣住区)…児童公園利用圏　小学校
(住区集団)
(　市　)　}…対象選択圏　広義の近隣関係

iii　隣保区は住宅形式によって大きさがいろいろ異なるので、計画単位としては閉じず、大きさのほぼ一定する「分区」を「計画単位」として設定する。

iv　住区集団市の段階においては居住者は variety に富んだものとし、しかも相互に任意的に近隣関係が行われるように、中心となるべき施設(市中心、クラスター中心)を設け、居住者がそれを簡単に利用できる如く計画する。

④　住区の型とその配分基準案の作成

以上の考察をふまえて、同研究は住区の型とその配分基準案を作成し、これに対応する住宅供給方法を明記して、住区設計への橋渡しを行っている。(表8.6.2～8.6.5)

(4)　「中心施設及び一般公共施設計画」の方法について

計画の方法は、

①　施設の系統をコミュニティの系統に従わせ関係表を作成する。
②　各施設の計画基準を
1)　既存住宅都市の実状から、人口を変数とする函数関係による標準規模の算定。
2)　施設の機能上の要求からの算定その他によって考察する。
③　地区人口を2万、3万、4万とした場合の地区中心及び地域中心施設計画基準表の作成。

というプロセスで行っており、この点においてのとくに新しい計画論の展開はない。(表8.6.6～8.6.8)

(5)　「建設過程計画」の方法について

本研究の特徴の1つが、交通計画に合わせた「建設過程計画」にあり、しかも「交通計画」については、その後の大阪府の手による千里NT建設の実際の実現過程と見事に合致したことは先述した通りであり、それは、大規模開発における「建設過程計画」の重要性が実証されたことを意味しよう。従って、本計画における「建設過程計画」の方法は従来の計画論に新たな内容をつけ加えた側面があるが、同時にきわめて不十分な内容にとどまっていたことも事実である。以下に若干の検討を試みよう。

①　同「計画」では開発段階と施設建設に関する原則を次のように設定している。
1)　入居と同時にまず最少限の一般共同施設、例えば小・中学校、分区センターなどが使用可能でなければならない。
2)　地区センター、地域センターの施設も、居住人口の増大に先立って段階的に建設する。この場合次の2つの方法がある。
ⓐ　まず1地区を集中的に開発してから他の地区にとりかかる。
ⓑ　全体として基本的な開発を行ったうえで次第に居住人口を増して

表8.6.2　隣保区種類一覧表

隣保区	住宅型式と構成戸数	住宅供給方法	一戸当り平均世帯人員	1戸当り土地面積		公共施設	備考
				ネット坪	グロス坪		
a 1	一戸建	宅地分譲	5.0	300	364	プレイロット	隣保区的構成殆んどなし。電鉄よりはなれた、周辺部但幹線道路に近くに。
a 2	共同住宅	公団住宅 民間住宅	3.5	50		プレイロット	地区中心に近く。極めて少数。
b 1 c 1 m 1	独身寮 (40～60室)	公団住宅 給与住宅	(1室当り) ～1.0 2.0	15	25	談話室 (食堂) 浴室	一般用。独身寮は電鉄駅の近くに設ける。特に地区中心附近に多し。給与住宅独身寮も都心業務地事業所のものは、上例に準ず。但周辺工業地のものはそれの近接地。
b 2 c 2 m 2	共同住宅 (6～80)	公団住宅第1種公営住宅	3.5	25	35	託児所 (2棟当り) プレイロット	電鉄駅からの徒歩圏に重点を置いて配置。特に主婦が働くということに対する考慮として託児所を密に設ける。
b 3 c 3 m 3	共同住宅 (20～80)	公団住宅第1種公営住宅c3ノミ給与住宅を含む	4.0	25	35	プレイロット	電鉄駅からの徒歩圏に重点的に配置。かなり若い世帯に重点をおいて計画。
b 4 c 4 m 4	テラスハウス (6～30)	〃	4.0	40	55	プレイロット	電鉄駅からの徒歩圏内が好ましいがバスの利用も可。若い世帯から、かなり成長した世帯も対象にいれる。
b 5 c 5 m 5	一戸建	分譲住宅を主とし一部宅地分譲を行う	5.0	120	151	プレイロット	
b 6 c 6 m 6	一部共同住宅 連続建 一戸建 独身寮	公営第1種 公団住宅 民間住宅	2.0	20 40 120 15	27 55 151 25	娯楽室 談話室 保健相談所 プロムナード	老人ホーム的性格強し。老人のための、静かな敷地が好ましい。但交通に便なる様計画する。
mm	一戸建	宅地分譲	4.5	120	151	〃	いろいろなものがまざりあっている方がよい人のために残しておく

隣保区の型

a1　ブルジョワ　一戸建地
a2　〃　共同住宅地区
b1　ホワイトカラー　独身者地区（共同住宅）
b2　〃　共稼ぎ世帯及母子世帯（共同住宅）
b3　〃　一般共同住宅地区
b4　〃　一般連続建住宅地区
b5　〃　一般一戸建住宅地
b6　〃　老年者用地区
c1　ブルーカラー　独身者地区
c2　〃　共稼ぎ世帯及母子世帯（共同住宅）
c3　ブルーカラー　一般共同住宅地区
c4　〃　一般連続建住宅地区
c5　〃　一般一戸建住宅地区
c6　〃　老年者用地区
m1　一般（混合）　独身者地区（共同住宅）
m2　〃　共稼ぎ世帯及母子世帯地区（共同住宅）
m3　〃　共同住宅地区
m4　〃　連続建住宅地区
m5　〃　一戸建住宅地区
m6　〃　老年者用地区
mm　自由住宅地区

表8.6.2　出典：北大阪丘陵開発計画に関する研究

表8.6.3　近隣分区以上のグルーピング一覧表

		1戸当りグロス敷地面積(坪)	戸数構成	公共施設	備考
近隣分区	A	401	a1で構成	ポスト 幼稚園 警官派出所	単なる高級住宅を集めたというだけのもの
	〔h〕$_1$	27	b1、c1、m1何れかが組合せ 500戸程度	ポスト、食堂、公衆電話	駅に近し
	〔h〕$_2$	46	500戸程度 (b2c2m2)	ポスト、幼児公園、託児所、幼稚園、児童運動場、集会所、店舗診療所	駅に近し、幼児施設利用圏
	〔h〕$_3$	46	b3c3m3の何れか乃至その組合せ　500戸程度或はそれにb4c4m4を含むも可	〃	駅より徒歩圏 幼児施設利用圏
	〔m〕$_1$	55	b3b4b5c3c4c5m3m4m5の二つ以上の組合せ 500程度	〃	駅より徒歩圏が好もしい
	〔l〕$_1$	16	b4b5b6c4c5c6m4m5m6のみ何れか、又はその組合せ 500戸程度	〃	バス交通による都心及他地域への交通圏
近隣住区	H	66	〔h〕$_1$〔h〕$_2$〔h〕$_3$の何れか又はその組合せ或は〔m〕$_1$〔l〕$_1$を1分区含む3～4分区で構成　標準構成比 〔h〕$_{1\sim3}$：〔m〕$_1$＝2：2 〔h〕$_{1\sim3}$：〔l〕$_1$＝3：1	小学校、警官派出所数個、郵便局、近隣公園	〃 小学校通学圏のみとしての意味
	M	121	〔h〕$_1$〔h〕$_2$〔h〕$_3$〔m〕$_1$〔l〕$_1$の組合せで〔m〕$_1$或は〔l〕$_1$を含むもの3－4分区標準構成比〔h〕$_{1\sim3}$：〔m〕$_1$：〔l〕$_1$＝2：1：1	小学校、警官派出所数ヶ所、郵便局、近隣公園	〃
	L	144	〔l〕$_1$のみか〔l〕$_1$と〔m〕$_1$との組合せ3－4分区 標準構成比〔m〕$_1$：〔l〕$_1$＝2：2		〃
住区集団		一般は100～150人/ha	H・M・Lの何れか2種類以上を含む	商店街、大集会施設、中学校、市役所出張所、地区病院、保健所、図書館、園芸指導所、運動公園、高等学校	日常施設の利用圏の大きいもの。コミュニケートの機会を与えるグループ。従って中心施設の充実。居住者がVarietyにとむこと
市		70人/ha (但し周辺未開発地は含まぬ密度)		市役所、消防署、警察署、検察庁、裁判所、病院、郵便局、保健所、銀行、映画館、劇場、市民ホール、スポーツセンター、大学、ヘルスセンター、大商店街	

表8.6.4　土地利用比率標準表

		住宅用地	一般建築用地	緑地用地	交通用地
隣保区	a_1	80—85	—	2— 4	13—16
	b_2 b_3 c_2 c_3 m_2 m_3（3—5階）	67—75	—	9—13	16—20
	b_4 c_4 m_4	70—75	—	5— 8	20—22
	a_2	58—62	—	14—17	23—25
	b_3 c_3 m_3 のうち高層住宅（10階）	60—65		14—17	21—23
	b_1 c_1 m_1	65—70		14—17	18—21
	mm	70—75		6— 9	20—22
近隣分区	〔a〕	70—80	2— 5	3— 6	15—19
	〔h〕$_1$	50—65	2— 5	12—20	21—25
	〔h〕$_2$ 〔h〕$_3$	50—60	7—10	12—16	21—24
	〔h〕$_1$～$_3$のうち高層	40—50	10—12	15—20	25—28
	〔m〕$_1$	55—60	7—10	10—12	21—23
	〔l〕$_2$	70—80	2— 5	3— 6	15—19
近隣住区	H	40—50	11—14	15—18	24—27
	M	55—60	7—11	10—14	23—25
	L	60—75	4— 7	4—10	17—23
	C	40—50	11—14	15—18	24—27

表8.6.5　計画地域内住宅配分基準表

階層	内　　訳	想定人口	想定世帯数	近隣分区の種類と数	住宅規模配分基準
ホワイトカラー		千人	千世帯		
	独身者	5		〔h〕$_1$× 5	
	夫婦欠損世帯	20	5.71	〔h〕$_2$× 8	2寝室住宅100%
	夫婦共稼ぎ世帯用住区指向世帯	15	4.29		
	一般共同住宅指向世帯	50	14.3	〔h〕$_3$×25	2BR —70% 3BR —30%以上
	一般連続建住宅指向世帯	50	12.5	〔m〕$_1$×25	2BR —50% 3BR —以上50%
	一般一戸建住宅指向世帯	50	10.0	〔l〕$_1$×25	2BR —30% 3BR —50% 4BR —20%
	老人用住区指向世帯	5	2.5		
	小　　計	200			
ブルーカラー	独身者	2		〔h〕$_1$× 2	
	夫婦欠損世帯	3	0.57	〔h〕$_2$× 3	2BR —100%
	夫婦共稼ぎ世帯用住区指向世帯	3	0.57		
	一般共同住区指向世帯	10	2.86	〔h〕$_3$× 5	2BR —70% 3BR —30%
	一般連続建住宅指向世帯	10	2.5	〔m〕$_1$× 5	2BR —50% 3BR —50%
	一般一戸建住宅指向世帯	10	2.0	〔l〕$_1$× 5	2BR —30% 3BR —50% 4BR —20%
	老人用住区指向世帯	2	1.0		
	小　　計	40			
ブルジョワ	共同住宅指向世帯	2	0.5	〔a〕× 1	1BR —20% 2BR —60% 3BR —20%
	一戸建住区指向世帯	28	5.3	〔a〕×10	
	小　　計	30			
計		270			

表8.6.6　施設一般系統図

コミュニティ系統		隣保区	近隣分区	近隣住区	近隣地区	全地域
大分類	小分類					
官公	一般業務 保安 通信		(管理事務所) 警官派出所	(郵便出張所)	市役所出張所 特定郵便局	市役所etc 警察本署 二等郵便局
教育			幼稚園、保育所	小学校	中学校	高校、大学
文化	集会 文化	(集会室)	集会所	コミュニテセンター分館図書室併設		市民ホール 市立図書館
商業	購売 娯楽		店舗群		ショッピングセンター	メイン・ショッピングセンター 映画館etc
	業務				事務所銀行etc	
厚生	公園 緑地 医療保健	プレイロット	児童公園 (分区園) 診療所	近隣公園	地区公園 運動公園 園芸指導出張所 地区病院 保健所出張所	中央大公園 スポーツセンター 園芸指導所 市民病院 保健所

(　) は住区の性格により必要なもの

表8.6.7　地区中心及地域中心施設計画基準表

n：施設数　A：建築床面積　S：敷地面積

地内人口	2万人			3万人			4万人			備考
施設名称	n	A	S	n	A	S	n	A	S	
市役所出張所	1	160	320	1	240	480	1	320	640	
消防派出所		市内に200/300×５カ所（A/S）								２階
郵便局		市内に100/300×５カ所								特定局
ショッピングセンター	1	(85)1820	(85)3640	1	(130)2800	5600	1	(70)3650	7300	(　) 内は店舗数
地区病院	1	(50) 900	2700	1	(100)1700	5000	1	(50)2500	7500	(　) 内はbed数３階
保健所出張所	1	300	600	1	350	700	1	400	800	
公共及民間業務地総計※	1	5000～7000		1	7500～10500		1	10000～14000		平均容積率50%の場合
駅前広場バスセンター	1	—	2500	1	—	3500	1	—	4500	
中学校	1	6500	36000	2	500	33000	2	6500	36000	
コミュニティセンター	1	3000	6000	2	4500	9000	2	5500	11000	
図書館分館	1	400	1200	1	450	1350	1	500	1500	
園芸指導出張所	1	50	1000	1	50	1000	1	50	1000	
運動公園	1	—	50000	1	—	60000	2	—	40000	
地区公園	1	—	100000	1		120000	1	—	140000	
高等学校		市内に100000～150000×４～５校								敷地面積

※　※より上欄をすべて含む、宗教施設をも含む

表8.6.8　千里山センター施設計画基準案

市域人口	20万人			備考
施設名称	n	A	S	
市役所	1	6000	6000	3階
消防署	1	1200	1800	2階
警察署	1	2700	2700	3階
検察庁	1	×	×	
簡易裁判所	1	×	×	
商工会議所	1	×	×	
登記所	1	×	×	
電報電話局	1	×	×	
郵便局	1	500	1000	2等局
市立病院	1	15000	10000	400bed　3階
保健所	1	350	1050	
ショッピングセンター	1	9000	18000	400店舗　第1次330　第2次180
銀行	8	200	200	
映画館	10	1000	2000	平屋
公共及民間業務地総計※※	1	30000～45000		平均容積率　100%の場合
駅前広場バスセンター	1	—	10000	
市民ホール	1	10000	20000	
図書館	1	1500	3000	2階
園芸指導所	1	—	10000	
スポーツ・センター	1	—	300000	
野外劇場	1	—	50000	
大学	1～2	×	25～30ha	
地域大公園	1	—	100ha 以上	＋服部緑地（130ha）

※※算定の基準並に計画上特に必要あるものについて記すことにする。

行く方法をとる。

前者の方が施設の建設及び利用の点では比較的容易で、当初に充実した施設の建設が可能である。

3) 用地を予め収得保存しておくことが何よりも必要。それらは暫定緑地として保存され逐次施設の建設が行われる。計画段階において商業、業務、コミュニティーセンターなどの正確な必要面積を算定することは困難である上に必要でない。後の保存地の転用は容易であるから、少くとも基準値の保存は必要。

② 次に「建設段階計画」として次のような提案を行うとともに、これを図化している。（図8.6.1～図8.6.11）

〈第1次段階〉

1) 阪急千里山線の延長による沿線住区の開発。
2) 大阪市むけ教育施設、厚生施設の建設。
3) 周辺部工場立地の促進とそれに伴う従業員用住区の開発
4) 大阪への幹線道路の設置とそれに直結した地域の高級住宅地としての一部住区の開発。
5) 恒久緑地の開発と、残余の地域の緑地地域指定。

〈第2次段階〉

1) 地下鉄御堂筋線の地区内への延長（高架による）と阪急千里山線との交叉。
2) 地下鉄延長沿線住区の開発と交叉駅周辺に計画域を対象とした中心地区の開発・育成。
3) 道路網を整備。大阪への自動車交通を重視し、かつ中心地区が大阪北部の中心地となる。
4) 道路網整備にともなう低密度高級住宅地の開発。

〈第3次段階〉

図8.6.1　一般開発図第1段階

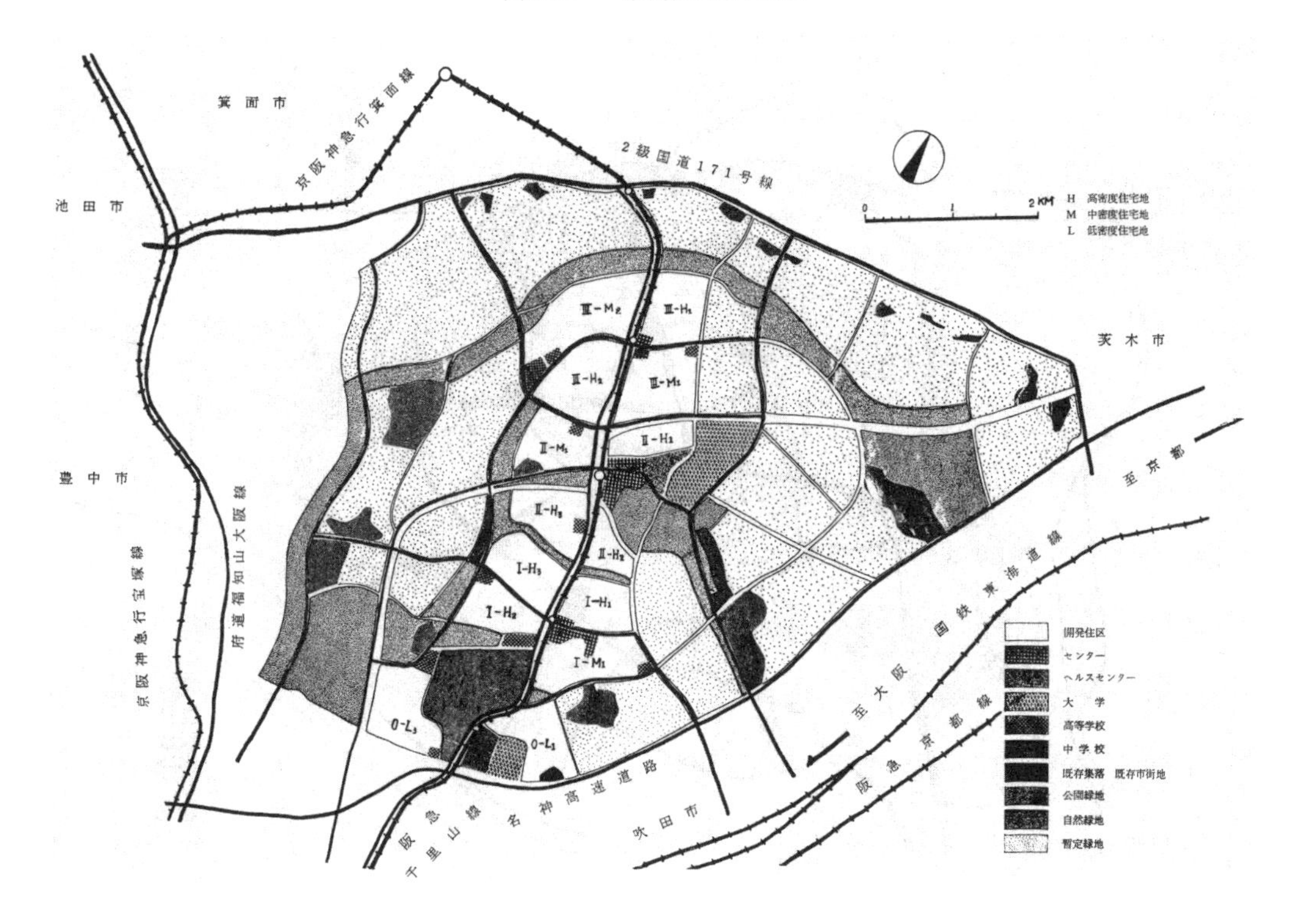

図8.6.2　一般開発図第2段階

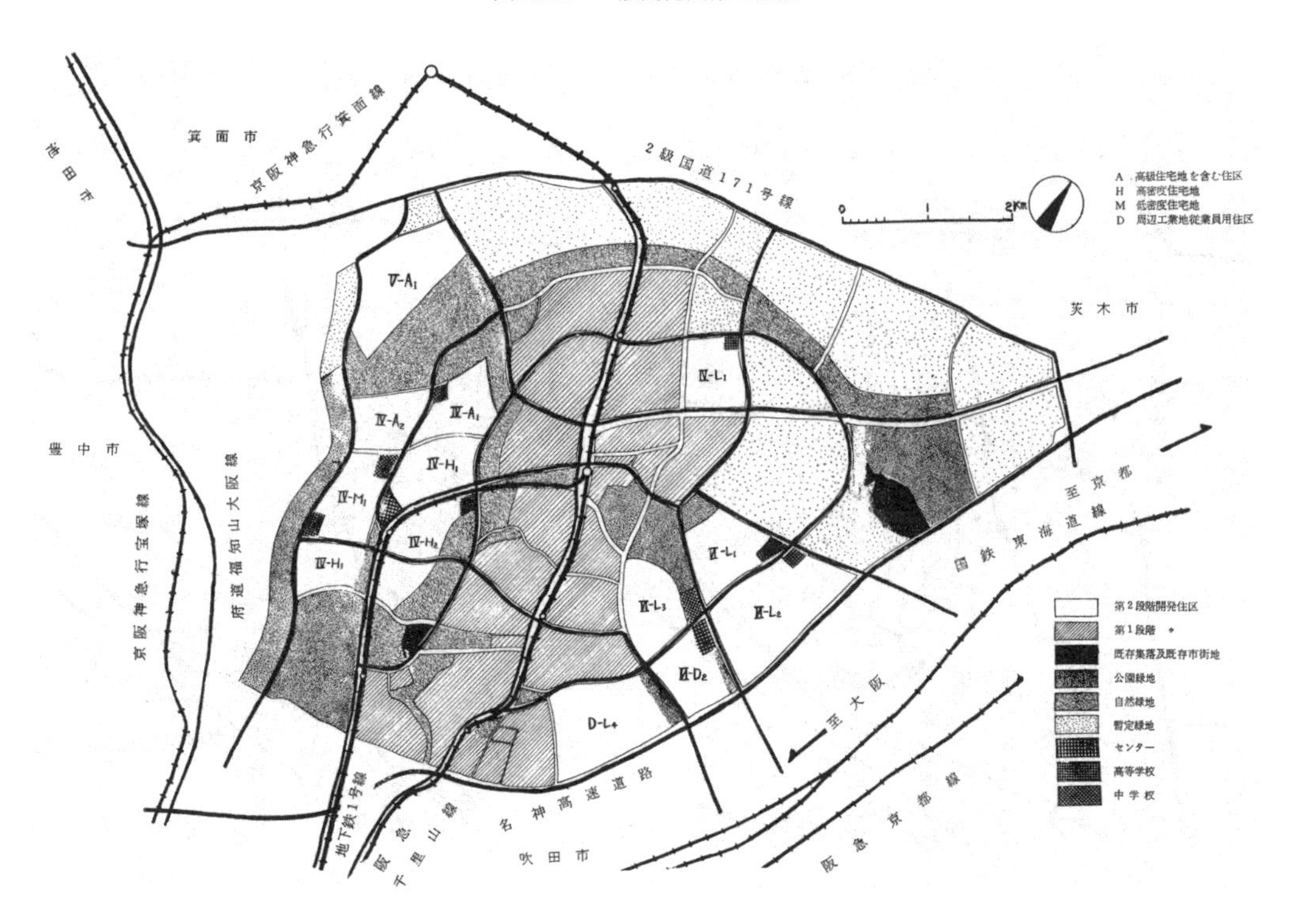

図8.6.3　一般開発図最終段階

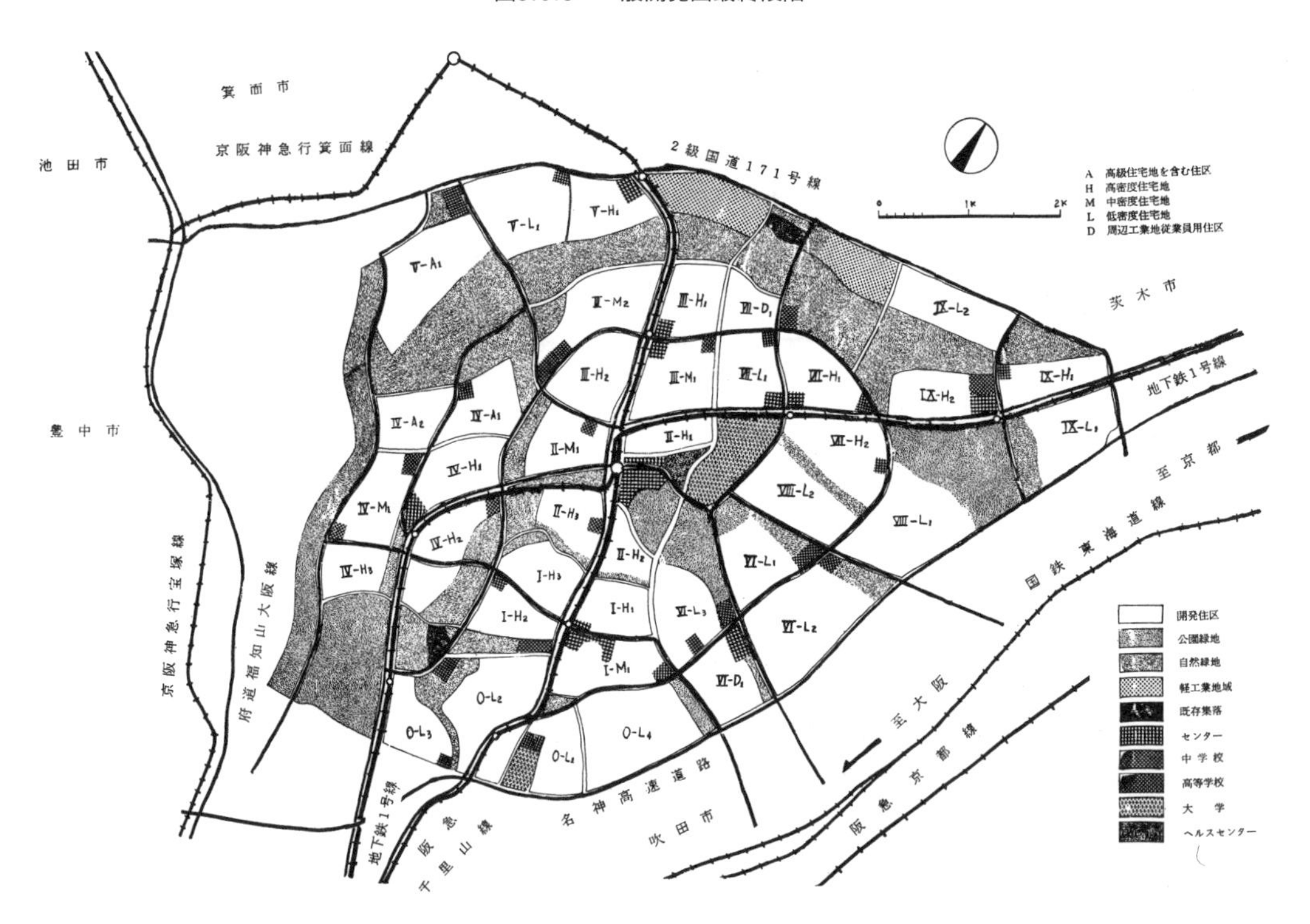

図8.6.5　一般公共施設系統図

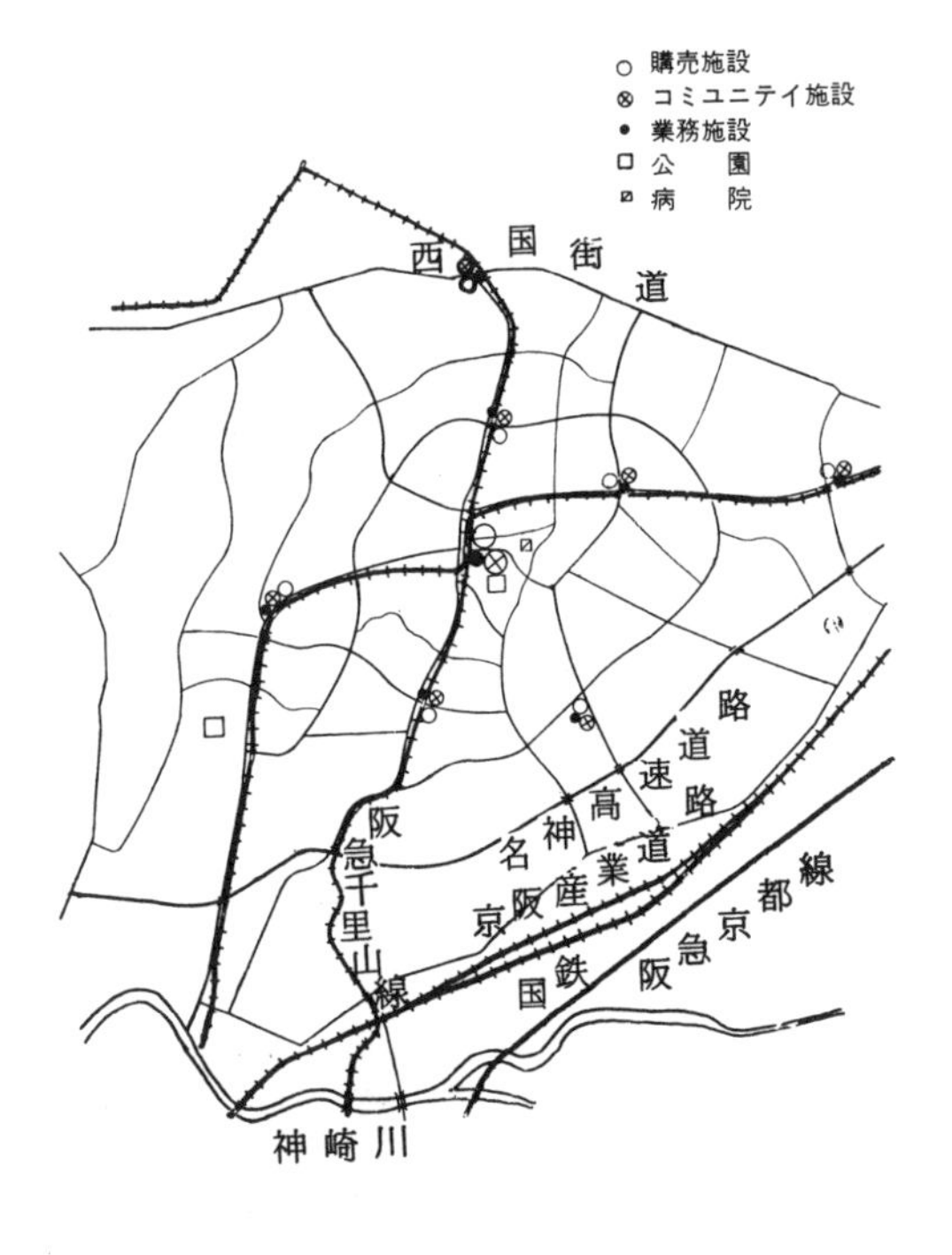

図8.6.4　教育施設系統図

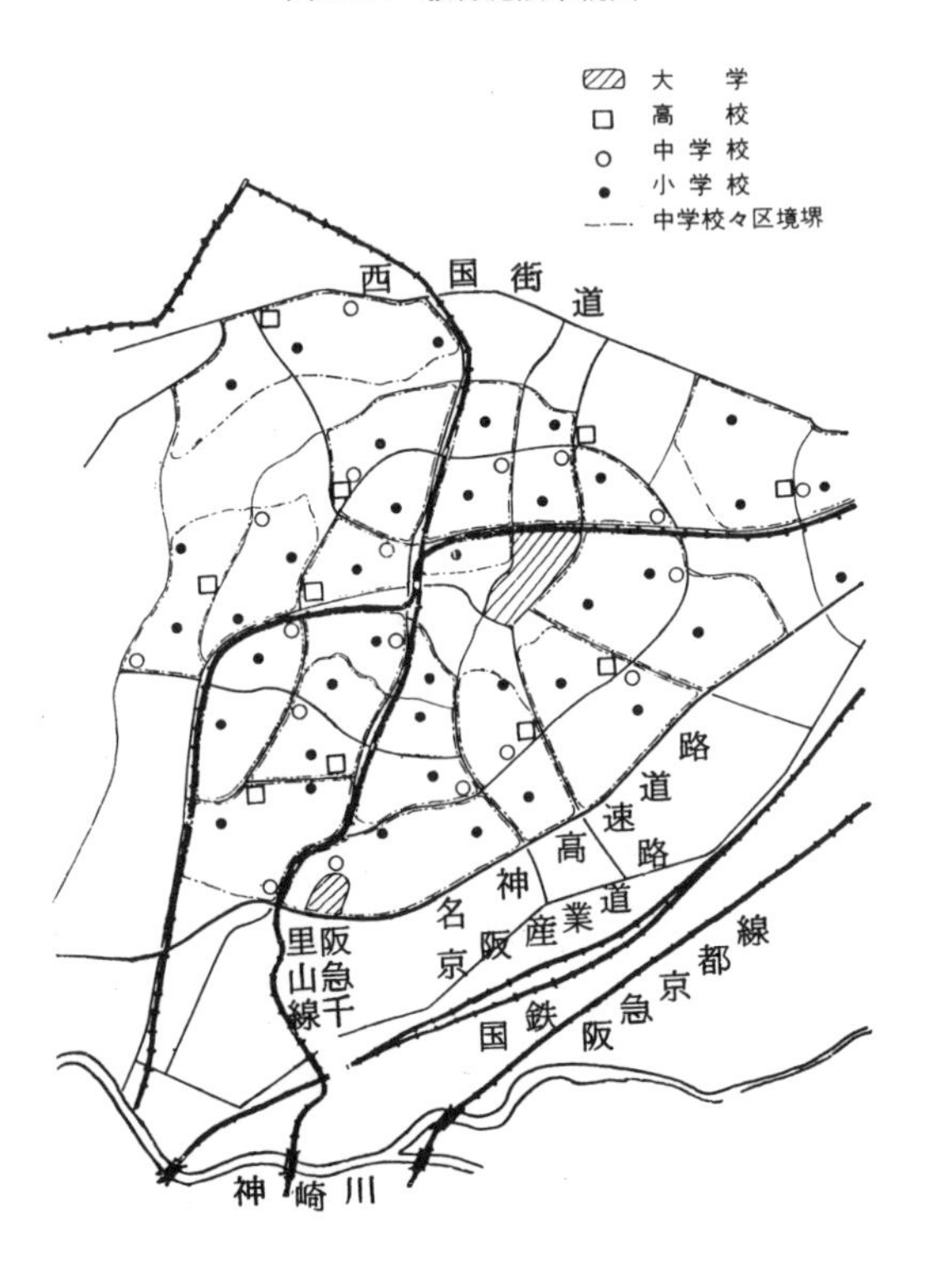

図8.6.7 道路系統図

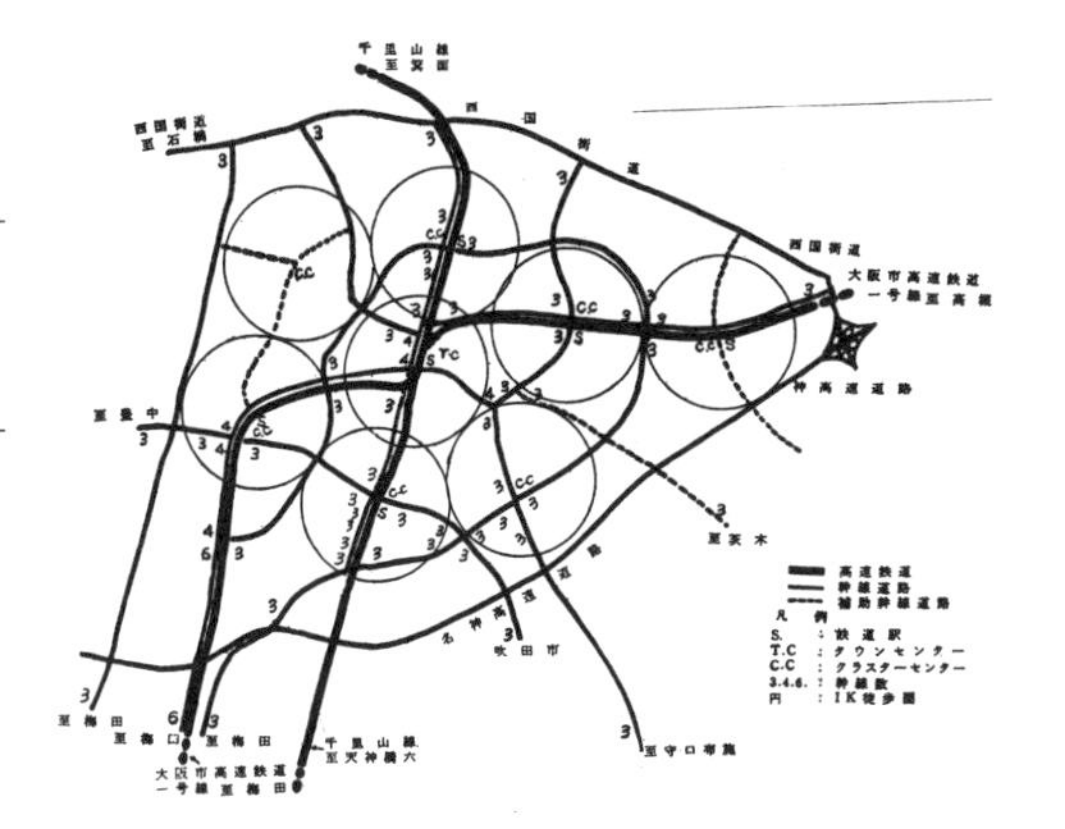

図8.6.6 排水系統図

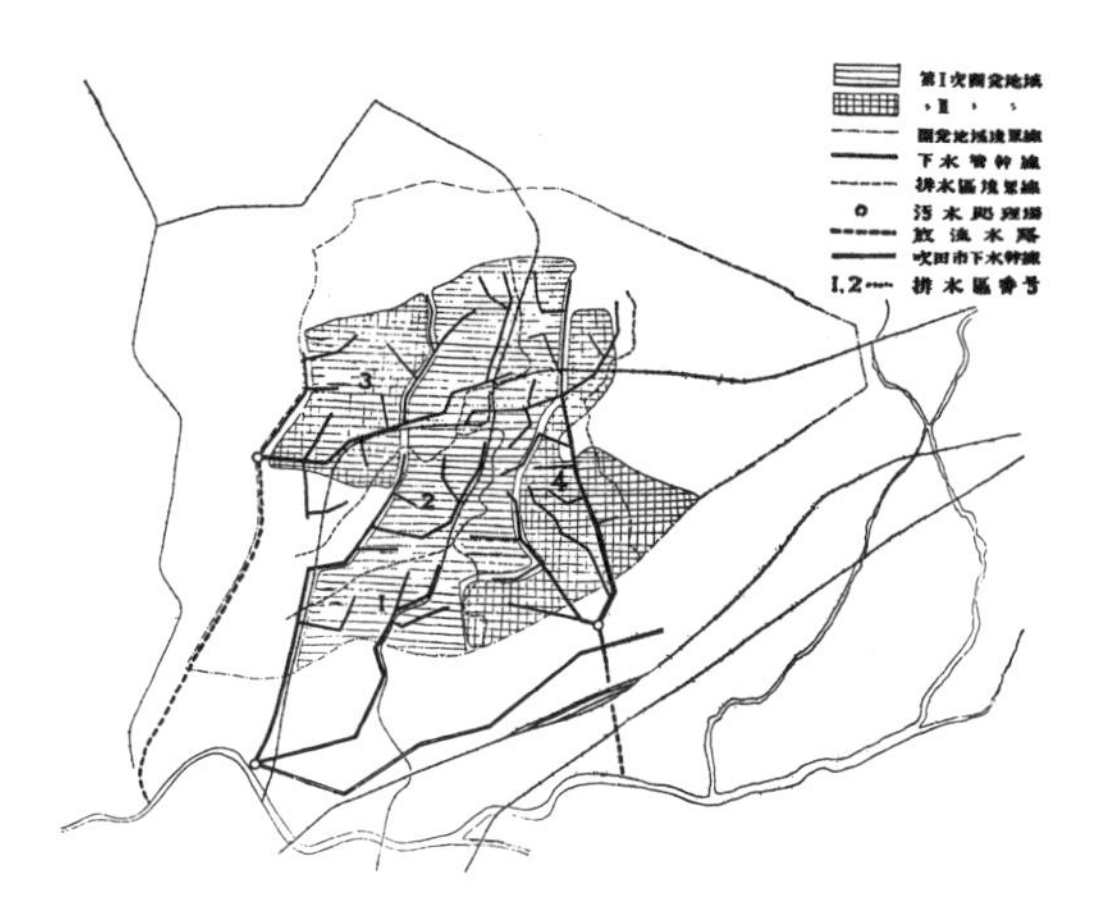

図8.6.8 地区中心設計図

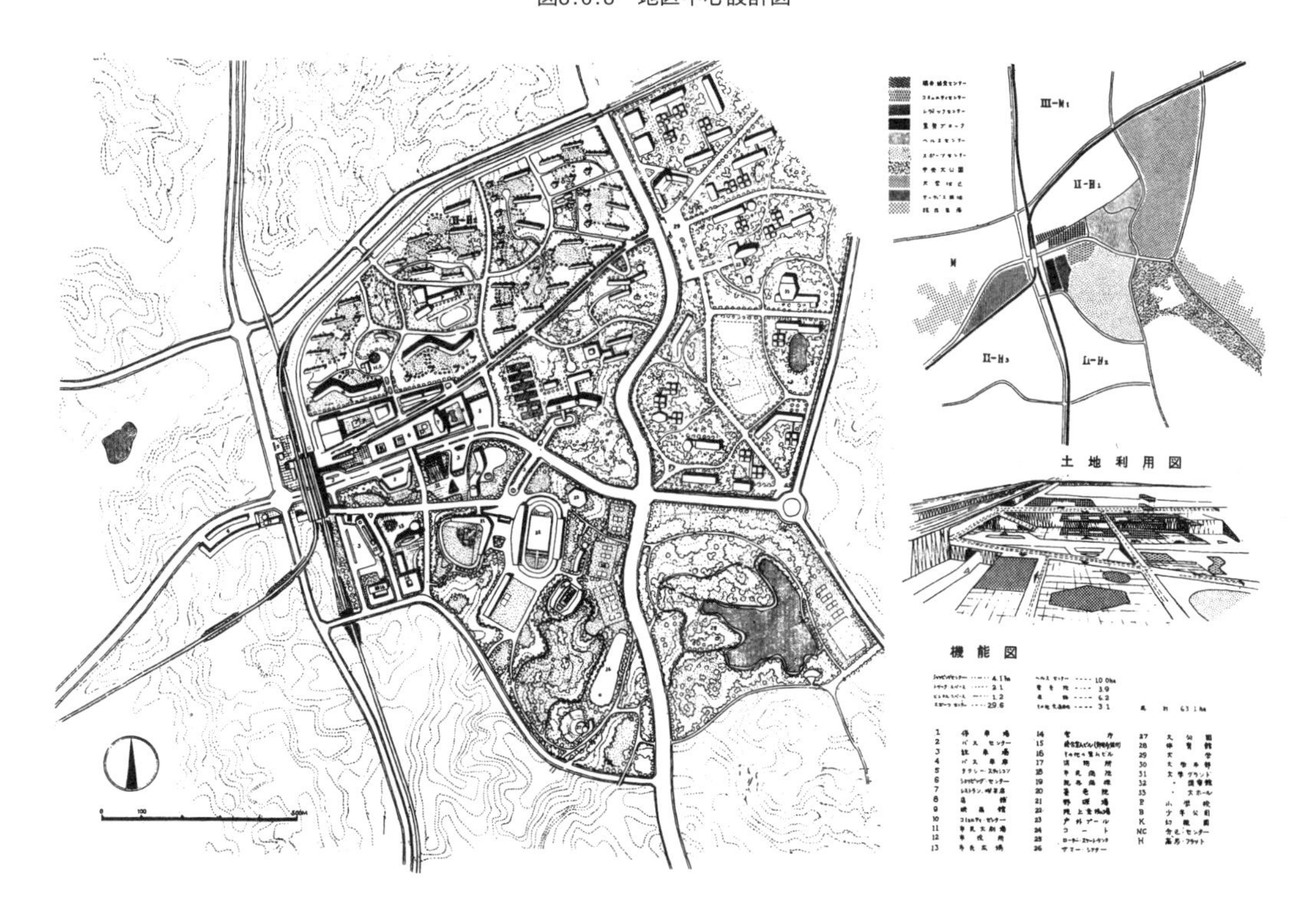

図8.6.9　クラスターI設計図

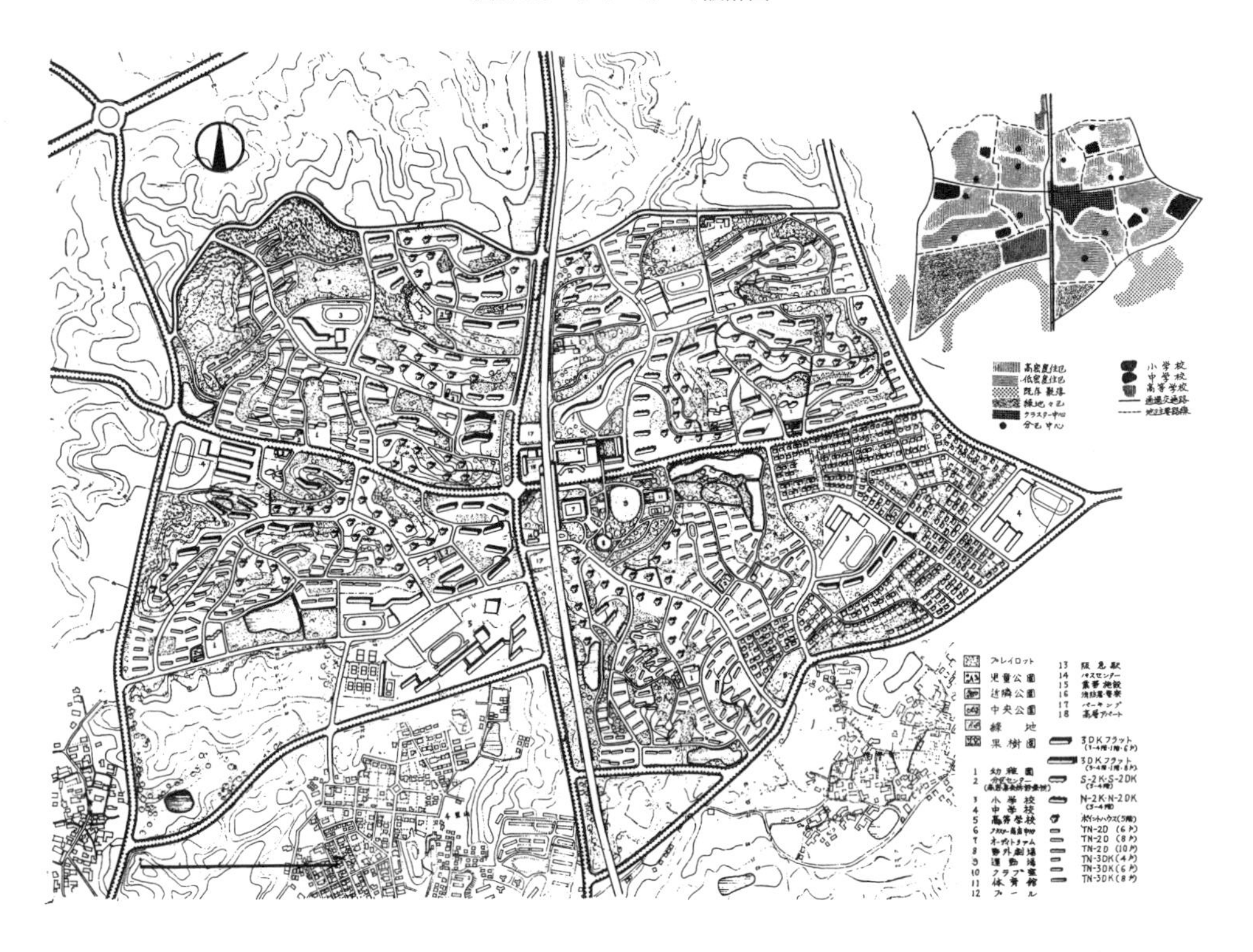

図8.6.10　クラスターI土地利用図

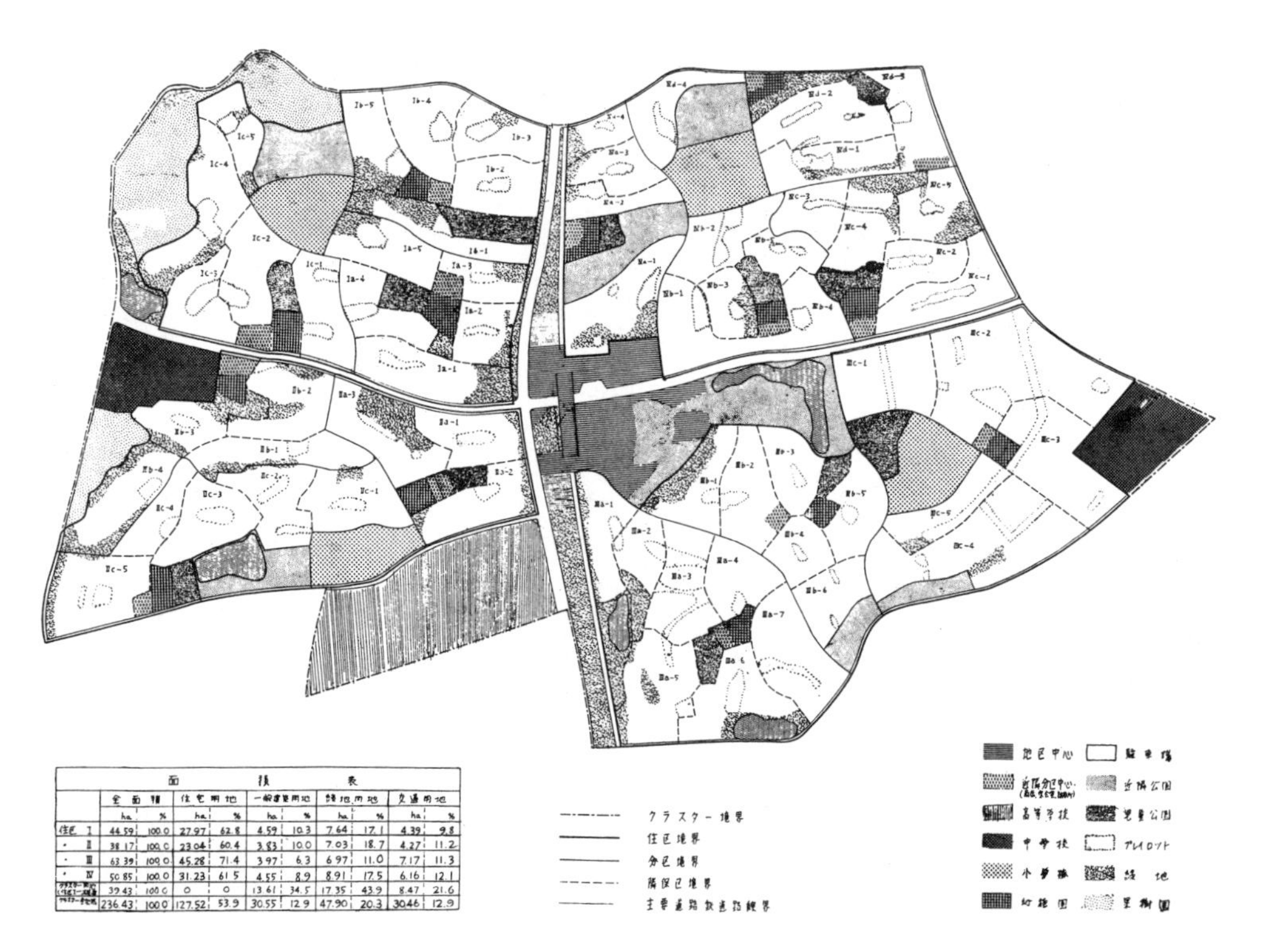

面積表										
	全面積		住宅用地		一般業務用地		緑地用地		交通用地	
	ha	%	ha	%	ha	%	ha	%	ha	%
住区 I	44.59	100.0	27.97	62.8	4.59	10.3	7.64	17.1	4.39	9.8
〃 II	38.17	100.0	23.04	60.4	3.83	10.0	7.03	18.7	4.27	11.2
〃 III	63.39	100.0	45.28	71.4	3.97	6.3	6.97	11.0	7.17	11.3
〃 IV	50.85	100.0	31.23	61.5	4.55	8.9	8.91	17.5	6.16	12.1
[illegible]	39.43	100.0	0	0	13.61	34.5	17.35	43.9	8.47	21.6
[illegible]	236.43	100.0	127.52	53.9	30.55	12.9	47.90	20.3	30.46	12.9

図8.6.11　クラスターセンター設計図

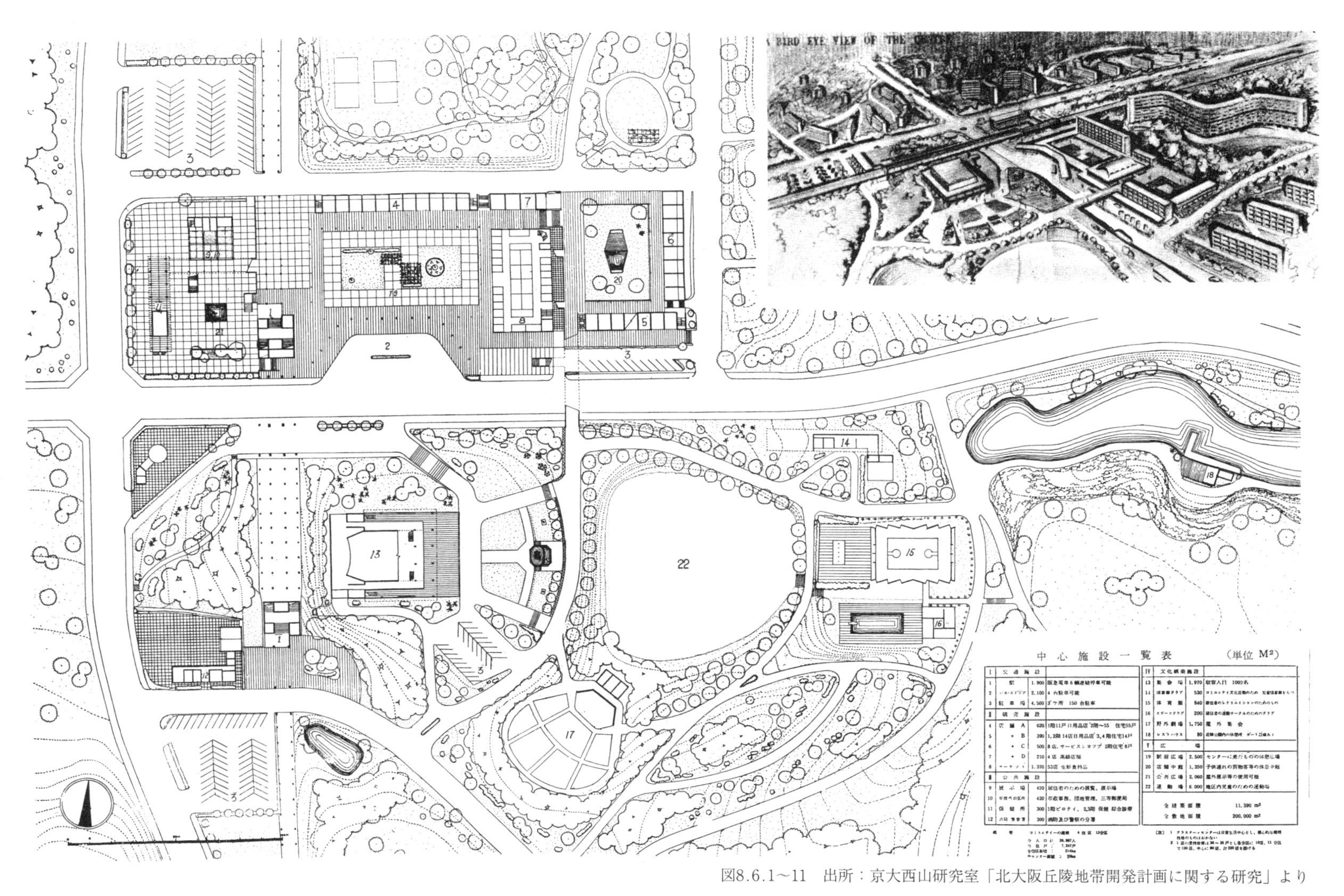

中心施設一覧表　（単位 M²）

No.	施設	面積	内容
I	交通施設		
1	駅	1,900	阪急電車6輛連結停車可能
2	バス・ストップ	2,100	4台駐車可能
3	駐車場	4,500	3ヶ所　150台駐車
II	購売施設		
4	店舗A	620	1階11戸日用品店 2階～55　住宅55戸
5	〃B	390	1,2階14店日用品店 3,4階住宅14戸
6	〃C	500	8店、サービスショップ　2階住宅8戸
7	〃D	210	4店　高級店舗
8	マーケット	1,370	53店　生鮮食料品
III	公共施設		
9	展示場	420	居住者のための展覧、展示場
10	市役所出張所	420	市政事務、団地管理、三等郵便局
11	保健所	300	1階ピロティ、2,3階 保健 綜合診療
12	消防 警察署	300	消防及び警察の分署
IV	文化娯楽施設		
13	集会場	1,970	収容人員　1000名
14	図書館クラブ	530	コミュニティ文化活動のため　児童図書館をもつ
15	体育館	840	居住者のレクリエイションのためのもの
16	スポーツクラブ	200	居住者の運動サークルのためのクラブ
17	野外劇場	1,750	屋外集会
18	レストハウス	80	近隣公園内の休憩所　ボート設備あり
V	広場		
19	駅前広場	2,500	センターに来たものの休憩広場
20	店舗中庭	1,350	子供連れの買物客等の休息中庭
21	公共広場	2,060	屋外展示等の使用可能
22	運動場	6,000	地区内児童のための運動場
	全建築面積	11,390 m²	
	全敷地面積	200,000 m²	

概要　コミュニティーの構成　4住区　13分区
全人口：26,867人
全住戸：7,247戸
全住区面積：214ha
センター面積：20ha

（註）1　クラスター・センターは日常生活中心とし、都心的な機能性格のものはおかない
2　1店の受持世帯は30～35戸とし各分区に10店、13分区で130店、中心に90店、計220店を設ける

図8.6.1～11　出所：京大西山研究室「北大阪丘陵地帯開発計画に関する研究」より

第2次段階までの開発で、本地域が更に発展する可能性を示すならば、地下鉄延長線を更に延長して高槻へつなぎ、国鉄線との連絡を図り、沿線の住区開発を行う。

③「建設段階計画」の必要性については、次の各点をあげている。

1）わが国の住宅地の密度現状から考えると、少くともBed Townにあっては、高速度鉄道による通勤を主とすべきこと。

2）開発のタイミングを考えると、地下鉄の延長よりも阪急千里山線の延長の方が現実性があること。

3）しかし、都心への直通という点と、千里山線の輸送負担能力の限界性から地下鉄延長が好ましく、必要であること。

4）第3次開発の可能性は現在では見透しが出来ないこと。即ち大阪周辺の他地区の開発状況、経済事情ｅｔｃ．で大きくかわる。

④ まとめ

以上を整理すると、本計画の方法である1）主要な指標として高速度鉄道の段階的延長をあげたこと。2）開発段階を3段階とし、それぞれの段階に対して「最も現実性のある内容」「地区開発を進める以上、最も合理的であると考えられる内容」「予測はつかないが、望ましいと思われる方向を指し示す内容」の各計画案を提示したこと。は従来の「計画論」に新しい内容をつけ加えたと考えてよい。

しかし、内容的な矛盾がとくに第1次段階から第2次段階への移行段階に集中的に現れており、とくに用地確保のために「暫定緑地」の設定に頼るというきわめて非現実的な方法によらざるを得なかった点は本方法論の致命的な弱点であったといえよう。

(6) 問題点の整理

以上概観したように、同「研究」における計画論の展開によって、「交通計画を基本とする建設過程計画の導入」および「住区の型と居住地構成のあり方に関する新提案」の2つの点で、従来の「計画論」に対して新しい内容がつけ加えられたと考えてよい。

しかし、同時に「暫定緑地」にみる論理の破たんはほとんど決定的であり、地域に与える巨大な影響をこれによって緩和しようとする考え方が「机上プラン」でしかなかったとなれば、「建設過程計画」に対する過大評価は禁物であろう。

また、本計画においても、かかる大規模開発の地域収奪性の緩和に関する、計画論の立場からのとりくみはきわめて弱く、この点については8.5で検討した「新住宅都市の計画基準」と本質的には全く同じ問題点を内蔵していると考えてよい。

「住区の型と居住者構成」に関する「計画基準」との主たる相異点は、「隣保区」の考え方にある。すなわち後者においては「隣保区」的結合を基本的に排し、前者においてはこれを「face-to-face」の関係として最も重視する姿勢をとっている。これは後者が日笠の「共同住区」論に則り、居住者の生活に全体的に対応する単位ではなくサービス・ユニットとしての計画単位のあり方をのみ重点的に追求したのに対して前者ではあくまで生活単位として、「居住者相互間の関係がスムーズに行われ、統一した生活習慣が行われる様な組合せ」を求めたが故であり、計画論としての前者の先進性を物語るものとして評価しえよう。しかしながら、隣保区構成人員が「親近した階層で構成されるグループの方がうまく行くことが多い」(北大阪計画p13)という仮定条件が成立しうるかどうかについての検討は依然として未解明の課題として残されていることに留意しておく必要があろう。

8.7 まとめ

以上、敗戦前段階から千里NT建設着手前夜に至るまでの、わが国における「住宅地計画論」の展開過程を大まかにたどって来たが、以上を整理すると次の各項となろう。

①　住宅地計画における計画単位の設定と施設系統計画についての理論的展開は、諸外国での理論的実践的蓄積をうけて、戦前段階から精緻に展開されてきた。

②　１９５５年の住宅公団設立以降の大量の住宅団地建設において以上の蓄積は実地適用され、そのなかで量産体制との結合についての理論展開が進められた。

③　香里団地建設の経験によって、大規模開発における「マスタープラン」の意味が従来の住宅団地建設と全く異なる側面をもつことが明らかとなり、「建設過程計画」と「建設過程の制御体制」の重要性が明らかとなった。

④　団地規模の大規模化への要請が強まるなかで、従来の計画単位の考え方では対応しきれぬ状況が生まれ、事業主体側の要請に適時的に応えるかたちで日笠端による「共同住区」の構想が登場した。

⑤　「共同住区」の構想は、計画単位をサービス・ユニットとして割り切り、その方法として、居住者の生活のうちの購買・慰楽活動と学習、レクリエーション活動の2つを明確に区分してサービスするために、従来の近隣住区単位を数個包摂する、より大きい計画単位を提唱するものであり、大規模開発事業を目論む各事業主体を大いに勇気づける内容であった。

⑥　しかしながら、日笠論文にも随所に注釈があるように、計画単位をサービス・ユニットと割り切る考え方は、当面の必要に対応する便法としては容認しえても、このような住宅地形成を事業化して際限なく拡大していくことには基本的に疑問があった。にもかかわらず、「共同住区」の構想はその問題には何ひとつ言及せずに、むしろ拡大のための方策をのみ検討するという自家撞着に陥っていたし、その傾向は、さらに「新住宅都市の計画基準に関する研究」へとより発展したかたちで受けつがれて、さらには千里ＮＴ建設の基本思想を形成するに至った。

⑦　また、「共同住区」から「新住宅都市」に至る構想の展開過程においては、地域との関係、および香里団地建設過程において最も問題となった「建設過程計画」および「建設制御体制」の問題についての検討はほとんど行われなかった。

⑧　京大西山研究室による「北大阪丘陵開発計画に関する研究」は、上記の「新住宅都市」構想とは少し異なった視点に立ち、計画単位と生活単位の関係を重視し、かつ建設過程計画を精緻に展開しつつ計画案を提示したが、最終的には事業主体がこれを容れるところとならず、参考資料にとどまった。また同研究においてもいくつかの論理構成上の弱点の存在は否めず、また提案内容の事業化にも難点があったことも、同研究の提案が千里ＮＴ建設の内容を規定するには至らなかったひとつの原因であったと思われる。

⑨　かくして、大規模住宅地開発に関する計画論の展開は、それが居住者ないしは従前からの地域住民に何をもたらすかについての慎重な検討を欠いたまま、「『物的』整備即生活向上につながる」といった短絡した論理に則って、一瀉千里に「事業化計画」へと展開し、千里ＮＴ建設へと突入していったのである。

第9章　千里ＮＴ基本計画作成過程

目　次

９.１　千里ＮＴ基本計画作成過程の概要

千里ＮＴ建設は「計画」に基いて建設されたとされているが、その「計画」が、いつどのようなかたちで設定されたのかは、きわめて不明確である。

たとえば、１９５８年6月の「大阪府原案」は、事業の大まかな基本方針と計画区域の輪かくを定めた内容であったが、同年9月にはこれにもとづいて早くも用地買収に着手しており、少くとも「計画」のうちの用地買収区域と事業推進の基本的な方針については、この段階で明確に定められていたとみることが出来る。しかしながら、計画区域の内部をどう構成するか、あるいは事業計画をどうするか、という問題に関しては、この段階ではほとんど定まっておらず、きわめて流動的であった。

すなわち、一方で用地買収交渉や上部構造との資金財政面の交渉を進めつつ、他方で大枠の定まった計画方針と計画区域に関して、その具体的な事業内容の検討が進められたわけである。

「計画」内容の流動性は、建設、維持管理段階まで引継がれたため（第10、11章参照）、いわゆる「実施基本計画」の内容を明確にすることはきわめて困難であるが、ここでは１９６０年10月のＡＢＣＤＥ住区の都市計画一団地の住宅経営計画、同事業決定段階で一応整理された内容を「実施基本計画」に匹敵するものと解釈し、それに至るまでのプロセスを明らかにする。

１９６０年段階にてほぼ確定された「マスター・プラン」案に至る過程の概略は次の通りであった。（図９.１.１参照）

１９５８.６　大阪府原案策定
１９５８～59　用地買収交渉、各省庁打合せ、内部研究活動、学会研究委託
１９５９.８　大阪府第２次案策定
１９５９～60　東大高山研に修正案作成委託
１９６０.７　大阪府第３次案（決定案）策定

すなわち、

① 日本建築学会への委託成果（１９５７年度）を基礎に作成された「大阪府原案」（１９５８.６）をもとに、大阪府は一方で用地買収に着手し、他方で部内検討と外部への計画案検討に関する研究委託を行って、その結果を「府第２次案」（１９５９.８）にまとめた。

② 「府第2次案」をもとに、大阪府は一方で都市計画決定の手続きを始めとして、用地買収、関係各省庁との接衝を進め、他方これまでの経緯を整理して決定案を作成する作業を東大高山研究室に委託した結果、同研究室としての「最終案」が出され、府はこれにさらに修正を加えて最終案「府第3次案」（１９６０.７）がまとめられた。

図9.1.1　千里NT基本計画作成プロセスフローチャート

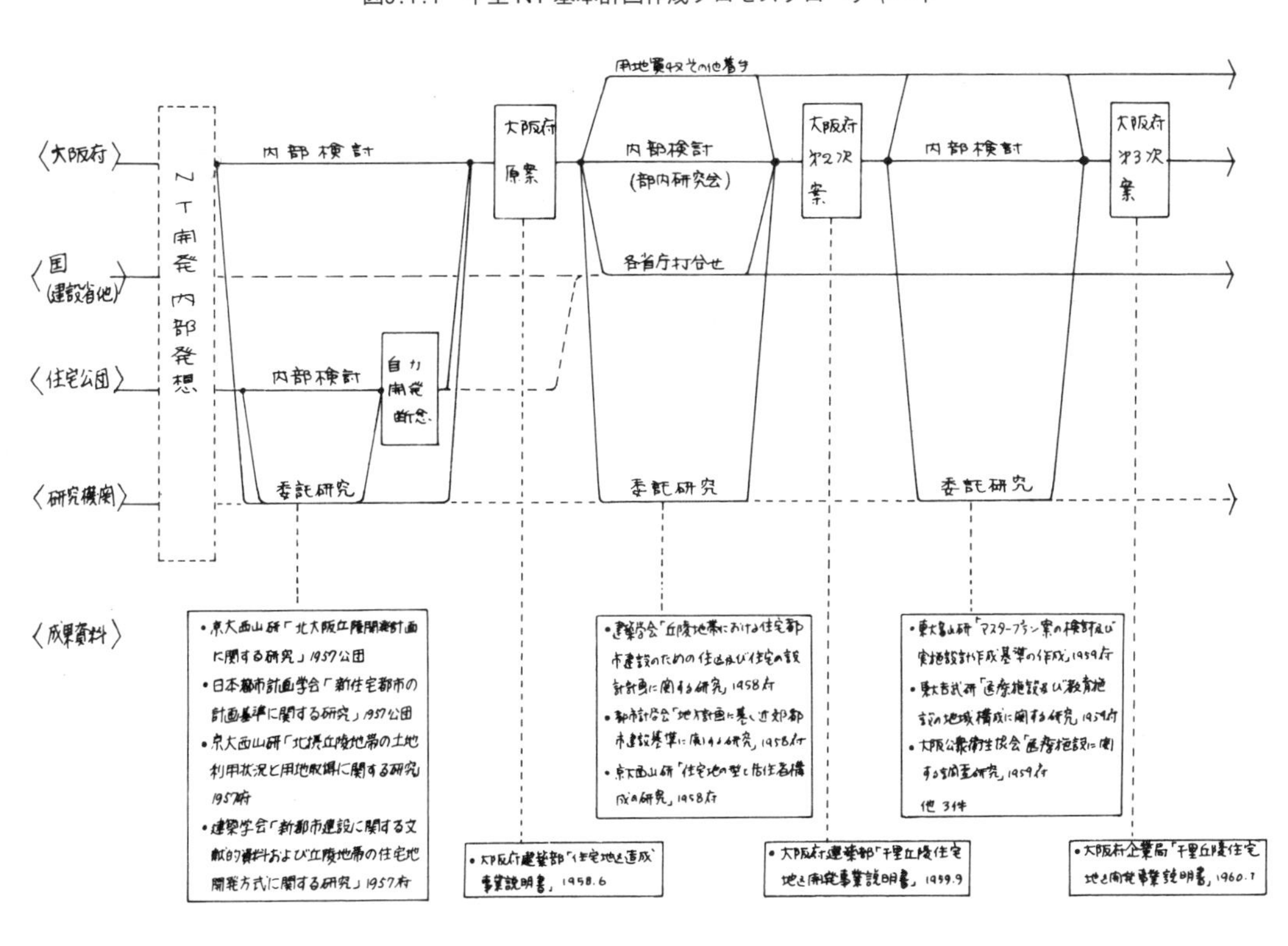

以下、この間の経過の特徴点を紹介しつつ「原案」から「最終案」に至る変遷過程の問題について論じてみよう。

9.2　大阪府原案（1958.6）の構成

9.2.1　大阪府原案の位置づけ

先述したように1958年6月に作成、外部配布された「大阪府原案」――住宅地区造成事業説明書（建築部住宅建設課）――に基いて、早くも同年10月から用地取得交渉が始められるのであるから、同案は千里NT建設の全体に対して決定的に重要な役割をはたしたということができよう。言いかえれば千里NT建設における「計画論」の本質的な内容は、すべて同案に盛りこまれていた筈であろう。

それは「開発論」で明らかにしたように、第1にわが国の経済社会のおかれている状況、技術蓄積の状況、地域の状況等のあらゆる外的条件を考慮に入れたなかで、最大限「実現性」を追求した内容でなければならず、第2に、同時にそのなかで一定の「理想性」ないしは「政策的アピール効果」を追求した内容でなければならなかった。

逆に言えば、一定の「理想性」を備えることによって、「計画」としての形態がととのいさえすれば、あとはひたすら「実現性」を追求することがこの時点での「計画」に課せられた課題であり、「府原案」は、そのための基礎条件である「出来るだけ安い価格での用地取得」の交渉に一刻も早く着手するための必要条件を整理したものであったといえよう。

9.2.2　大阪府原案の構成内容についての検討

計画案作成担当者は、第3章3.5に述べたように、これまでの理論的技術的蓄積を十分受け継ぎうる立場にあり、前章で検討した諸蓄積をふまえて、本計画案作成を具体的に推進したものと考えてよい。

この場合、最も特徴的な点は、空間構成計画については、日本建築学会への１９５７年度委託成果として出された構成パターンに準拠しつつも、本計画案の構成が単なる空間構成計画のみでなく、それを「事業」として実現するための資金財政計画、組織計画、建設段階計画等と一体のものとして構成されている点にある。

これは従来の住宅団地建設事業が、すべて既成組織の経常的活動の一環として行われていたことと明確に対比さるべき、千里ＮＴ建設の一大特徴である。

そのために空間構成計画のすべてに対して、「事業推進」の立場からこれまで比較的あいまいにされてきた「実現性」の観点からの厳しい検討が加えられたがそれは同時に従来の「計画論」の蓄積のうち、事業推進に役立たないものを切捨て、すべてを「事業推進」に従属させる方向でもあった。

以下、「大阪府原案」の構成をみながら、それが従来の「計画論」につけ加えた内容と、その問題点をさぐってみよう。

①　計画の基本方針

計画の基本方針として同「説明書」は次の各項をあげている。

(1)　京阪神間に介在して、住宅都市としての独自の文化的性格を保持するため、既成市街地を含め、１５０、０００～２００、０００人の人口を確保する。

(2)　高密度の公共的住宅建設と、低密度の高級木造民間住宅とを混在させ、複雑な地形を積極的に利用して、都市施設の高度利用と理想的住宅環境の保持につとめる。

(3)　周辺市街地との間は、名神高速自動車道路、西国街道沿いの陵線部の高地及び西部の幹線道路沿いの緑地帯により遮断する。

(4)　西部の緑地帯は、服部緑地、箕面公園を結ぶ一連のレクリエーションゾーンとして、ゴルフ場、森林公園、観光ホテル等を設ける。

(5)　更に大学、遊園地、劇場、公会堂等を設け大阪方面からの人口を導入し、交通の一方向性を是正する。

②　事業計画の概要と問題点

(1)　用地買収：計画対象区域のうち、土地利用現況、排水系統を勘案して４、０００、０００坪の用地を買収する

(2)　住宅建設：

公営住宅　中層及び高層　６、０００戸
（内併存住宅　１、０００戸）
公営分譲　木造　１、０００戸
公団住宅　１６、０００戸
（内併存住宅　１、０００戸）
民間住宅　主として木造　７、０００戸
合　計　３０、０００戸
（内併存住宅　２、０００戸）

(3)　交通施設

i)　梅田―垂水―箕面間を結ぶ、自動車専用道路を新設し、これに沿って梅田垂水間に新設予定の地下鉄1号線を箕面まで延長する。
（注：事業主体側としての財政的裏づけは明記されていない。）

ii)　地区内を起点とし大阪市内等に長距離バスを運転し、通勤人口を勤務先まで直送する。（注：同上、企業経営に依存）

iii）岡町――茨木線及び地区内幹線道路、主要街路を整備して、住区と新設駅間、各住区間のバス網により全地区から梅田までの通勤所要時間を30分以内とするとともに地区内交通の便を計る。（注：地区内道路計画以外は外部依存）

iv）軌道新設までの過渡期のために岡町、吹田、千里山等既存駅とのバス連絡を確保する。（注：企業依存）

v）垂水――箕面線及び岡町――茨木線の二幹線は主要地方道とし、公共事業として本事業の一部に組入れて実施する。（注：事業計画に組入れる方針）

(4) 上下水道

i）府営水道の整備により地区内全住戸の完全給水を計る。（注：府営水道事業と結合）

ii）排水は分流式により、汚水については二系統の放流下水網を完備し、地区内に二ケ所の汚水処理場を新設し、完全処理の上、高川及び山田川に排水する。（注：事業計画に組入れる方針）

iii）雨水については地区内水路の整備を行うとともに地区内及び周辺河川の中、本事業により著しく流量の増大する普通河川について河川改修を行う。（注：一部事業計画に組入れ）

(5) 公園緑地

i）地区周辺のレクリェーションゾーンに併せて、地区内に約90万坪の公園、緑地を設け、一帯の緑地帯を整備する。（注：事業計画内）

ii）住宅建設はつとめて自然環境を保持し、原則として面積の半分は自然の地形や樹木を保存する。

(6) 中心市街地

新設軌道の主要駅を中心として、約70、000坪の中心市街地を計画的に造成し、約200、000人の支持人口を期待して、地区中心として大阪市内ターミナルに依存しない自主的性格を賦与する。

(7) 計画の期間：1958年に一挙に用地を買収し、その後1964年までに事業を完了し、翌1965年までに用地売却、起債償還を完了する。

③ 土地利用および空間構成の方法と特徴

〈土地利用区分〉

土地は大きく「住宅用地」「公共用地」「一般用地」の3つに明確に区分し、それぞれをさらに細区分することによって、あらゆる空間の「利用目的」を明確にしている。

住宅用地と一般用地および公共用地のうち軌道敷、学校、一般公共施設用地が売却用、それ以外の公共用地すなわち道路と公園が非売却用地である。非売却用地比率が全体の約35%を占め、その分の用地費、建設工事費は売却用地の単価に含まれている。

〈空間構成〉

主要交通機関として地下鉄一号線（御堂筋線）の地区内導入を計画し、その駅を中心とする中心施設地区を設定、東部に設置する副中心施設地区（阪急千里山線延長を明記していないが、その含みをもたせた位置に設定されている）とこれとを結ぶ内、外の二本の「環状道路」と、地区を縦横に横切る大幹線道路（既計画決定路線である御堂筋線、堺布施豊中線）とで、地区全体を13のブロックに区分している。

全体構成の細部手法について、同「説明書」は何ら明記していないが、作成者の1人である前田勇によれば、その基本は「子供達とリクリェーションのための安全な動線」と「通勤・購買のための速い動線」の2つの動線による住区計画であり、従来の「近隣分区、住区、クラスターという典型的段階構成理論を金科玉条とするのでなく、より〈融通性のある計画〉である」とのことである。[1]

本計画の最大の特徴は、各住戸からの通勤方法の原則を、バス→ターミナル駅→鉄道→都心部→各事業所と設定している点であり、これによって鉄道駅を中心とする「中心施設地区」への人々の集中度を高め、同地区における施設立地条件を高めている点にある。

通勤の便からこれをみるならば、むしろ駅舎を分散し、全地区を駅徒歩圏内に入れることが望ましいが、あえてこのようにワン・センター方式をうち出した理由として前田は次のように述べている。

「われわれは単なるベッドタウンを造ろうというのではない。職場こそ大阪市内に依存しているが、その他の生活は出来るだけ多くこの都市の中で満足させたい。現在、大阪周辺の衛星都市の大部分は通勤ばかりでなく、一寸した買物や映画を観るのにさえ大阪市内のターミナルに引きずられている。……これは地方行政の立場から言っても、また社会学的立場から言っても恐らく望ましくない傾向であろう。新しく造る住宅都市は、そのような寄生的な性格を排除して、立派なコアーや中心市街地を持ち、充分市民意識が育って行けるような自治体を作りあげたい。」

さらにその成立の条件として、「そのためには3万や5万ではどうにもならない。少なくとも10万、出来たら20万程のまとまりが欲しい。大量の通勤輸送は大きな問題であるが、どうせ散発的に、もっと無計画に発生する需要よりは解決が簡単であり、相当な施設投資がこれだけ大きくなってくると案外採算がうまくなってくる」と述べている。

④　事業推進方法とその問題点

事業推進方法は、「特別会計の設置による宅地建物造成分譲事業」におかれており、「収支計画表」によれば、

〈才入〉　起債20億円、一般会計繰入20億円
　　　事業収入１３８億円、計１７８億円
〈才出〉　建設事業費１２７億円、維持費（人件費、物件費）4億円、公債費（元利合計）27億円、その他合計１５８億円

となって、黒字20億円が計上されている。この黒字分は一般会計繰入金に相当し、結論的には一般会計に負担を与えることなしに独立採算事業として可能であるという論理の証明が行われているわけである。

この場合本事業を「実現」させうる条件を整理すると次の各項となろう。

(1)　事業採算成立のために〔宅地、諸施設の分譲価格〕は、〔用地費＋工事費＋諸経費＋借入金利息〕に等しいかそれ以上であること。
(2)　事業成功のために〔宅地、諸施設の分譲価格〕は時価相場以下に抑えうること。
(3)　その基本条件として、〔用地費〕を出来るだけ低く抑えること。
(4)　事業遂行のために、事業関係業務量および業務内容が、事業主体の力量を越えぬこと。
(5)　資金財政計画を国と府当局が認め、起債および一般会計からの繰り出しを承認すること。但しこれに関しては、すべてを市中銀行からの借入金に依存して、なおかつ事業推進が可能である（その場合は当然土地利用における売却面積比の増加ないしは売却価額のupが行われるが）という当地区の秀れた立地条件が背景にあったことから必ずしもこの段階での絶対的条件ではなかったと考えられる。

9.2.3　大阪府原案の特徴と問題点

以上を要約すると、大阪府原案の特徴と問題点は次の如く整理しえよう。

①　計画は、計画地区外における事業計画に大きく依存しており、しかもそれに関して本事業は基本的に負担しない方針であるが、地区外事業が計画通り進行する保障は全くなく、従ってそれに依存する地区内計画についても同様、何の保障もない。すなわち同案の位置づけは、

図9.2.1　府原案「住宅地区造成事業計画平面図」1958.6 建築部住宅建設課

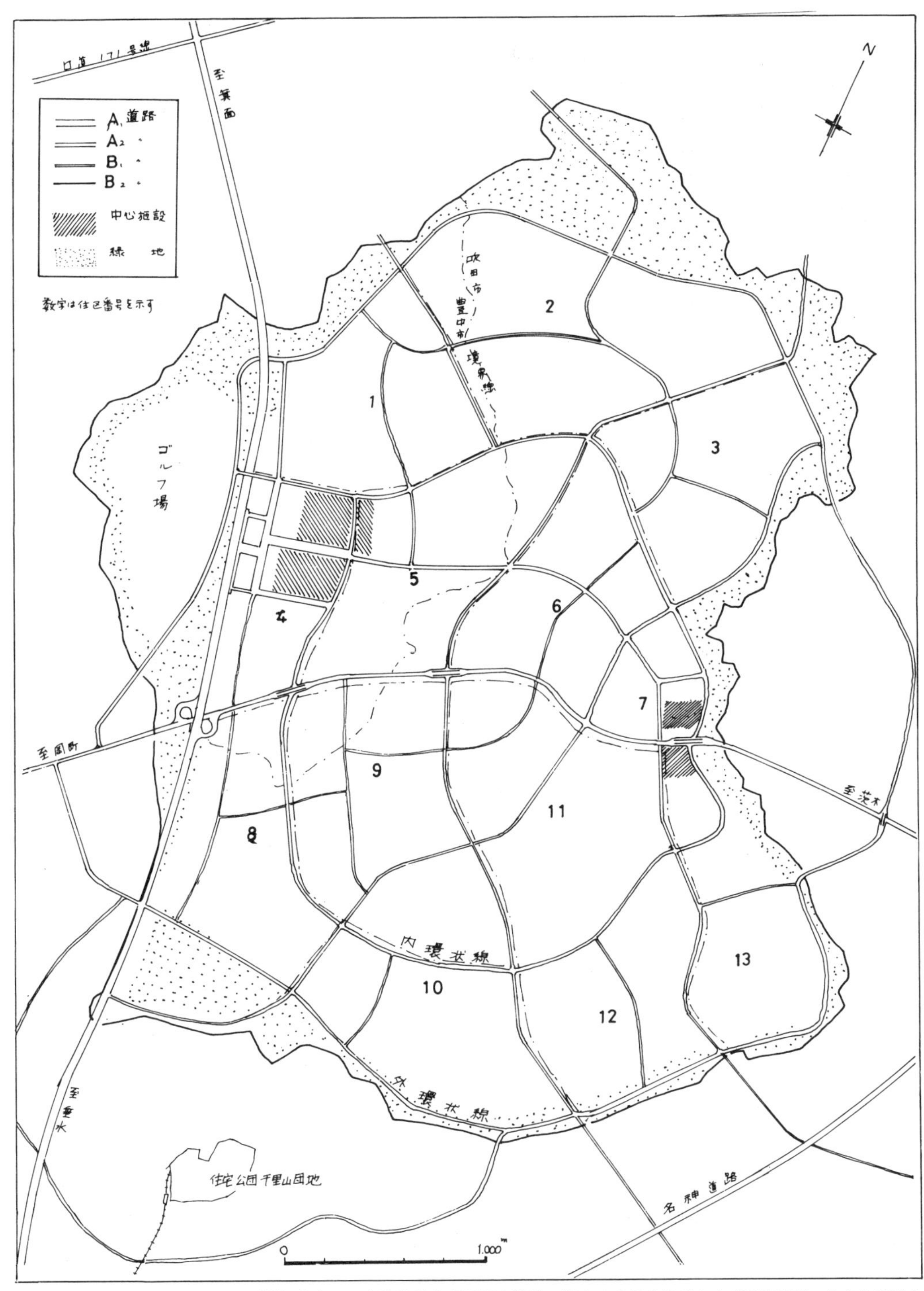

（注）本案は日本建築学会「新都市建設に関する文献的資料および丘陵地帯の住宅地開発方式に関する研究」（1957 度府委託研究）の成果にわずかな修正を加えたものである

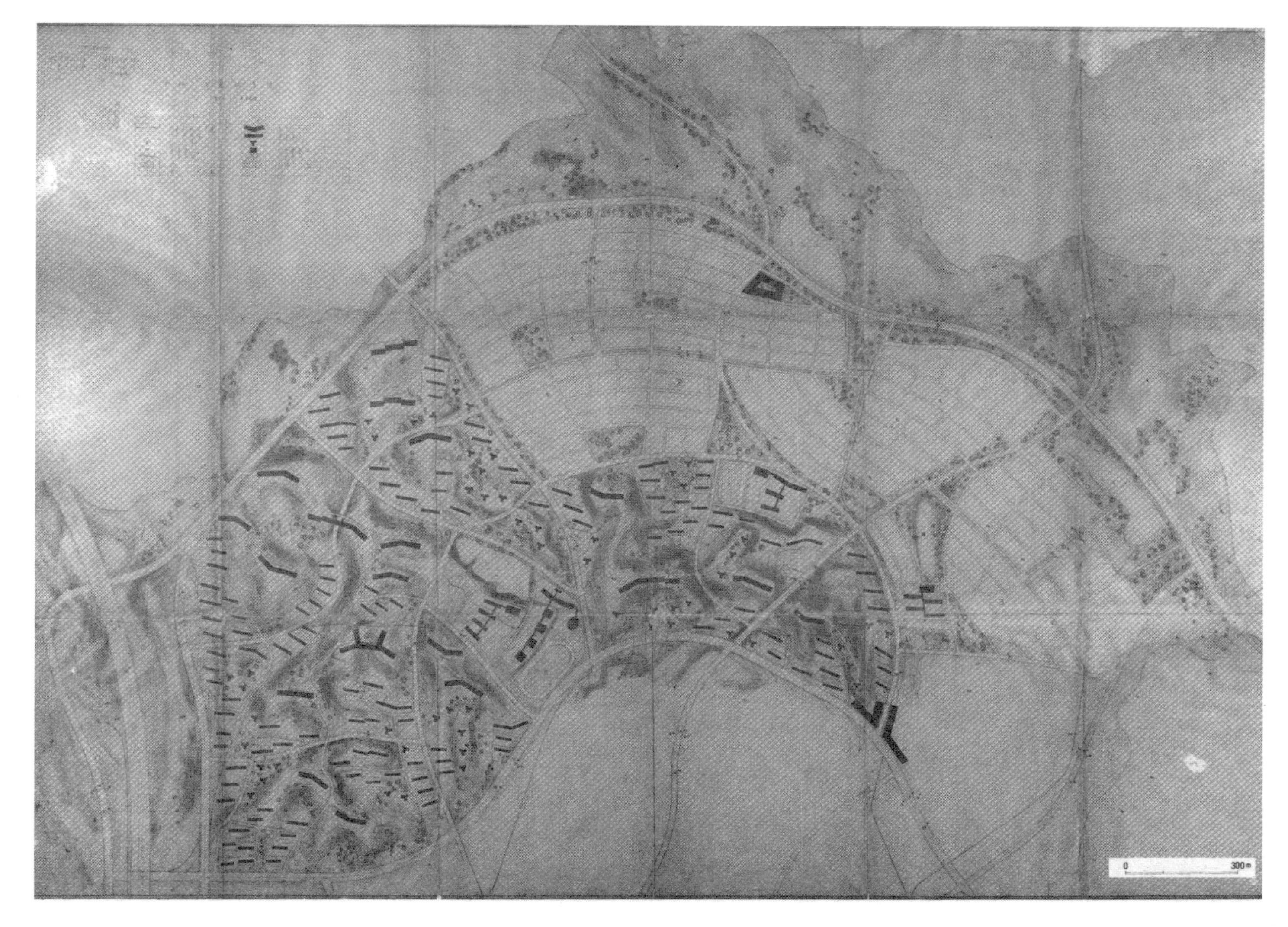

図9.2.2　住区配置計画図 日本建築学会 1957年度府委託研究成果

一応の整合性を有する十分実現性のあるプロジェクトではあるが、実際はこれを地域に投げかけ、反応をひき出しながら内容を固めていくための「叩き台」に他ならない。

② そのための方法として、同案は「計画地区の設定」と「住宅建設計画戸数の宣言」から出発し、これによって計画全体の整合性を獲得するという方法をとっている。しかしながらいずれも確たる根拠のない条件設定であり、〝計画推進のための手がかり〟であるにすぎない。にもかかわらず、このような大胆な全体構想がなければ、この種の計画は進展し得ないことも事実であり、以上の方法は従来の住宅地計画論にひとつの新しい方法論をつけ加えたことは確かである。

③ 土地利用計画において、これだけ広大な地域のあらゆる空間をあますところなく区分し、利用目的を非生産的利用に限定したことは、住民の将来の生活構造の変化に対して空間の側がきわめて硬直した対応しか用意し得ないことを意味し、問題がある。いうなれば小規模団地計画の方法を単に大規模化して地域に適用したにすぎず、それが将来もたらすであろう問題についての慎重な検討過程は、「事業化」推進のなかで基本的に無視されたとみてよい。なお売却用地比率を約65%、住宅用地比率を約45.5%とし、一般の団地計画よりやや余裕のある構成比を実現し得たのは、ひとえに当地区の「立地条件」の良さ、いいかえれば用地取得費予算を小さく抑えているが故である。

④ 全体構成計画における最大の特徴は、巨大な中心施設地区を設定していることである。これは、従来の小規模団地建設が、いずれも母都市への依存度の高い存在として、母都市への集積度を一層高める働きをしてきたことに対する改善策としての位置づけにあり、設定された「開発論」の枠内での「計画論」の展開として当然の帰結であったと考えられるが、これがのちに「中心施設地区モンロー主義」（中心施設地区建設にNT建設のすべてが従属させられる関係）ともいうべき事態を招くに至ることについての予見的考察は行われていない。

⑤ 全く同様に供給処理施設計画についても、すべてが大規模集中施設の建設による解決の方向がめざされており、大規模化のメリットを追求するあまり、大規模化のデメリットの検討が全く行われていない。

（注）

(1) 前田勇「スーパーニュータウンの提案」〝国際建築〟誌ｖｏｌ．24・4、１９５９

9．3 「住宅都市のパターン」の検討

9．3．1 「府第2次案」成立過程の概要

大阪府は、「府原案」（１９５８．6）に基いて開発準備体制に入り、区域設定を急ぐとともに自治、大蔵両省の用地買収起債発行の内諾をとりつけて、１９５８年10月より正式に地域に入って用地買収交渉に着手する。

一方これと並行して、大阪府は計画案の具体化を進め、内部作業と外部研究機関への計画案作成に関する研究委託を進め、事業内容の確定を急ぐ。

この間の経過は概略次の通りである。

① 事業の具体的な進行のなかで、大阪府自身として主体的に計画案を作成すべく、外部研究者を加えた部内研究会を結成し、作業を積重ねて、さきの「大阪府原案」の肉付けを進めた。この過程で従来の縦割り行政の枠をこえた技術系、事務系、あるいは外部研究者などとの横断的交流が進み、新規事業に特有ともいうべき民主的雰囲気がかもし出されたといわれ（筆者ヒアリングによる）そのなかで部内関係者の技

術水準は飛躍的に高まった。

② 一方、大阪府はこれと並行して計画案の作成に関する研究委託を、日本都市計画学会および、日本建築学会に行い、それぞれの成果提出をうけた。前者は「地方計画に基く近郊住宅都市建設基準に関する研究、後者は「丘陵地帯における住宅都市建設のための住区、住宅の計画および設計に関する研究」としてまとめられたものであり、この2つの成果は前者がマクロな視点からの「住宅都市のパターン」の提案、後者が住生活を中心とした視点に立つ「住区構成計画」の提案と、ともにきわめて具体的な内容を提起したものであった。

③ 大阪府は、自らの計画案作成に、さきの研究成果を組みこんで「大阪府第2次案」をまとめ（1959.8）これを次の検討段階へ送付した。すでに進められていた用地買収交渉、関係各方面との協議、新聞発表（1959.4、吹田市域のみ）等にはこの「大阪府第2次案」の草案が用いられて、その内容が現実に定着していった。

9.3.2　都市計画学会による「全体構成計画の検討」について

従来の小規模団地規模をはるかに越える、広大な「計画対象区域」を与えられたプランナーたち（大阪府および学会関係者）は、この段階で全体構成のための原則設定と、具体的な図化作業に熱中し、数多くのプランが提案された。

大阪府は、内部技術者と外部研究者の合同研究会を設置してさきの「大阪府原案」の再検討を行って中心地区を1ヶ所にまとめる案と2ヶ所にまとめる案の2案を作成した。これを含めて都市計画学会において検討された案は合計18案にのぼっている。

この過程における「全体構成計画の検討の方法」を整理すると次のごとくである。

(1)　計画前提条件の検討

都市計画学会「報告書」によれば「計画上の諸問題」は次の各項とされている。

① 全区域を一体の機能的にまとまった都市として計画するか、或いは数個の大住宅団地の集合体として計画するか。

② 住宅都市としてのまとまった性格をもたすためにその中核となる何等かの施設が計画されなければならないのではないか。

③ 1つの都市中心を強力なものとする場合、その支配圏をどの範囲と考え、中心施設の内容構成を如何にするか。

④ 都市内の地区構成と交通幹線との環境的隔離と機能的近接の要請を如何に調整するか。

⑤ これと直接関連して、複雑な地形に応じた住区単位を如何なる構成で、住区群、地区、都市というコミュニティ構成にまとめあげて行くか。

(2)　「全体構成パターン計画」の作成

次に同「報告書」では、以上の問題についての解決方向を提起しつつ、次のような方法で「全体構成計画」を作成している。

① 計画地区の現況把握からのアプローチ

地形の特性と既存施設および既定計画の検討を行い、地区区分を試みる。8地区にわけられた各地区についてさらに詳細な現況把握を行い、将来における利用の可能性を論ずる。

② 外的諸条件、とくにBedTown成立の条件である大量交通機関についての検討。

考えられる大量輸送機関として

ⓐ阪急千里山線の延長線

ⓑ大阪都市計画高速鉄道（地下鉄）1号線の延長

ⓒ自動車専用道路の築造に伴う大量バス輸送
ⓓ新しい輸送機関（モノレール）

の4つをあげ、それぞれの可能性を検討しているがこの段階では次のようにのべて「明確な結論」を避けている。

1）千里山線が完全に整備され、一時間に30本1列車8輌が可能となれば、約5万人の通勤客輸送は千里山線のみにても可能。

2）地下鉄の延長は国鉄東海道新幹線駅までは既定計画通り進むが、それ以上の北伸はまず不可能。

3）大量バス輸送は、御堂筋線の延長により、経験的には乗降施設の能力から、1時間に、

$$80人 \times \left(\frac{60\times60}{20}\right)回 \times 2車線 = 28{,}800人$$

が可能であり、約2時間で通勤人口を全部処理しよう。

4）モノレールは地下鉄延伸が不可能のとき、地下鉄駅と住宅地を結ぶものであり、地区内をラケット状に走る。環状線内に8ケ所駅を設置し、そのうち2つを阪急千里山線と乗駅え可能とする。建設コストは安いが技術的に未開発な問題が残っている。

③全体構成パターンの提案

全体構成パターンは、前出の日本都市計画学会による「住宅都市の計画基準に関する研究」（1957年度住宅公団委託研究）において提案された、「計画単位」の設定と「中心地区の段階構成」を重ね合わせる方法が提案されている。すなわち、

ⓐ「計画単位」は居住者の日常生活に必要なサービス、ユニットとしての機能を重視、これにあわせて逐次、コミュニティセンターのような施設を通じてsocialな要求を充足していく。その設定は居住者の生活実態とくに「生活動線、生活時間、生計費」の3点に重点をおいた生活圏の段階構成による。（ここに用いられている段階構成パターンは、前出「新都市の計画基準に関する研究」と全く同じ内容である。第8章8.5参照）

ⓑ「中心地区の段階構成」についても、上の「計画単位」に相呼応するかたちで下表のような提案が行われている。

表9.3.1「中心地区の段階構成」の提案

住区	中心地区	圏域戸数	望ましい誘致半径
		戸	m
近隣分区	分区中心	1,000～1,200	250（徒歩）
近隣住区	近隣中心	2,000～2,500	500（徒歩）
地区	地区中心	10,000～12,000	1,000（徒歩バス）
都市	都市中心	30,000～36,000	—（バス電車）

9.3.3 計画パターンの現地適用の方法について

前節のごとく設定した基本パターンを、現地形に対していかに適用するか、という問題について「報告書」は概略次の順序でこれを進めている。

①地形の特性の把握。
②既存の施設及び既定計画の把握。変更の可能性についての検討と地形図上への記入。
③地形による地区の区分、住区区分案の作成。（図9.3.1）
④鉄道施設、都市中心及び副中心の配置、道路網、緑地系統の総合的検討によるパターンの作成。（図9.3.2）
⑤各パターンについての具体化、縮尺1／10,000フェルト・ペン仕上げ。（その事例を図9.3.3～10に示す）なおこれらは並列的に提出されており、最終結論は出されていない。

提案されているパターンは、当初段階で「計画上の問題」として指摘された「全区域を一体の都市とするか、数個の大住宅団地の集まったものとするか」という命題よりはむ

図9.3.1 住区区分案図 前出：都市計画学会「調査研究報告書」付属資料

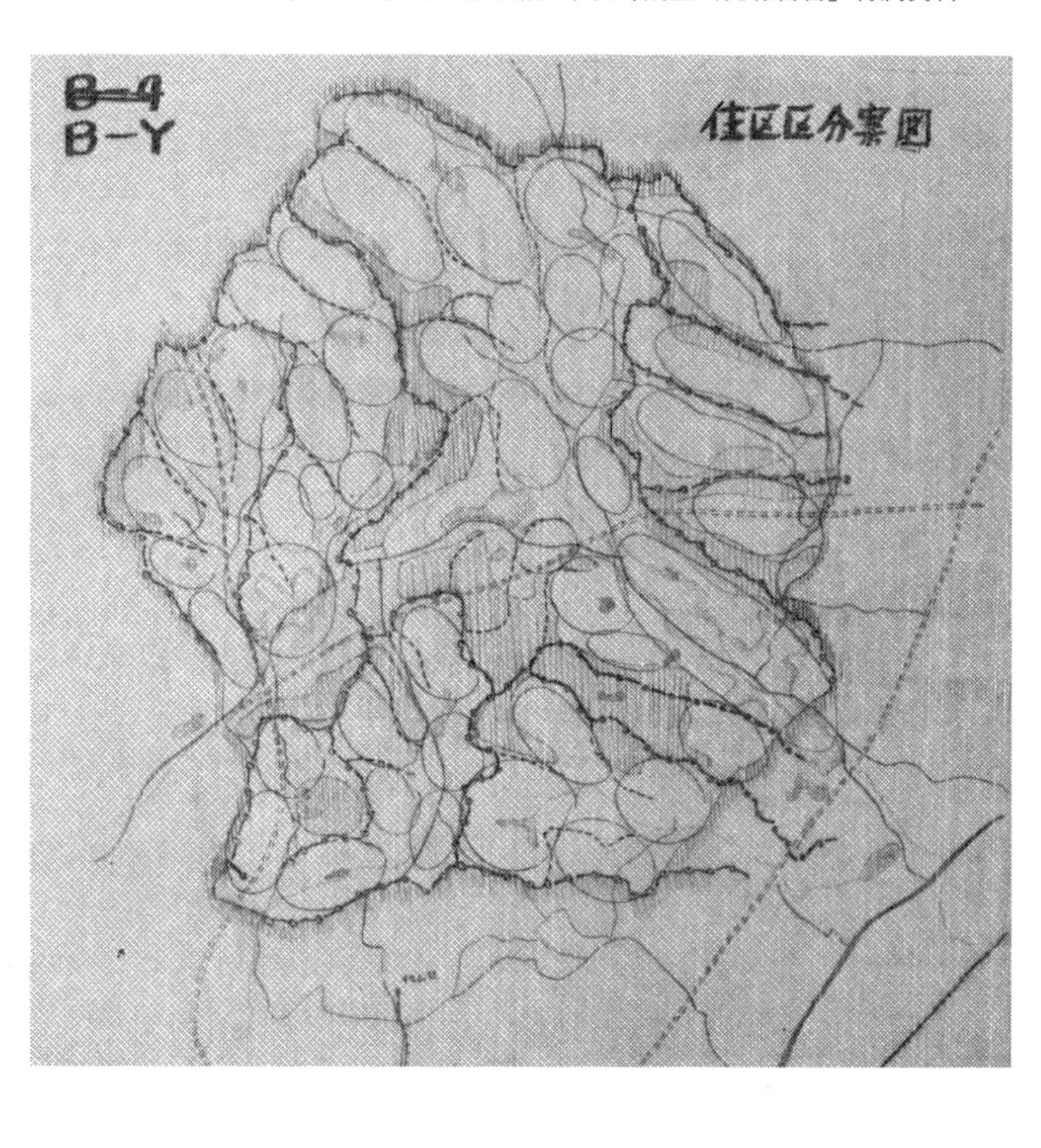

しろ次の3つのタイプより成っている。

A．中心地区を巨大化して、これを北大阪一帯の中心たらしめる意図をもったもの

B．住宅都市としてのこじんまりとしたまとまりを重視して、出来るだけ地区外から閉じた生活空間をつくり出そうと意図するもの。

C．上2者の中間として、意図が明白でないもの。

9.3.4 都市計画学会の検討過程に関する問題点の整理

以上の過程は、これまで中小規模の住宅団地設計までの経験しかもたなかったプランナーたちが、広大な空間を扱う場合の方法論を手さぐりで開発していった過程であった。以下にその問題点を整理してみよう。

(1)「計画構成方法」の整理

彼らが辿った「計画構成方法」は概略次のごとくであった。

①「開発方針」に対応する「計画対象地区」の区域を、地図上（一般に航測1／1、000地形図）にかきこむ。この過程は一応の土地利用現況と地形をにらんだ上での直観的作業として行われる。

②設定した区域をいくつかに区分する。この区分の方法は、既定計画（道路、河川その他主要施設の計画）、と既存施設、地形条件を勘案した上で、計画人口密度をおよそ100人／haとした場合の1住区（小学校区――2、000～2、500万≒8、000人～10、000人。したがって1住区の規模は80～100haただし住宅形式によってこの幅は大きい）を単位とするもので、道路、河川、緑地などで地形的にまとまったかたちに区分する。これは一種のデザイン感覚が要求される作業であり、「住区としてのまとまり」をどうつくり出すかということが問題となる。

③この住区区分と平行して行われる作業が、中心地区の位置設定と、各住戸からのルート設定である。鉄道延長ルートと、幹線道路および

図9.3.2　鉄道系統および都市中心配置パターンの提案

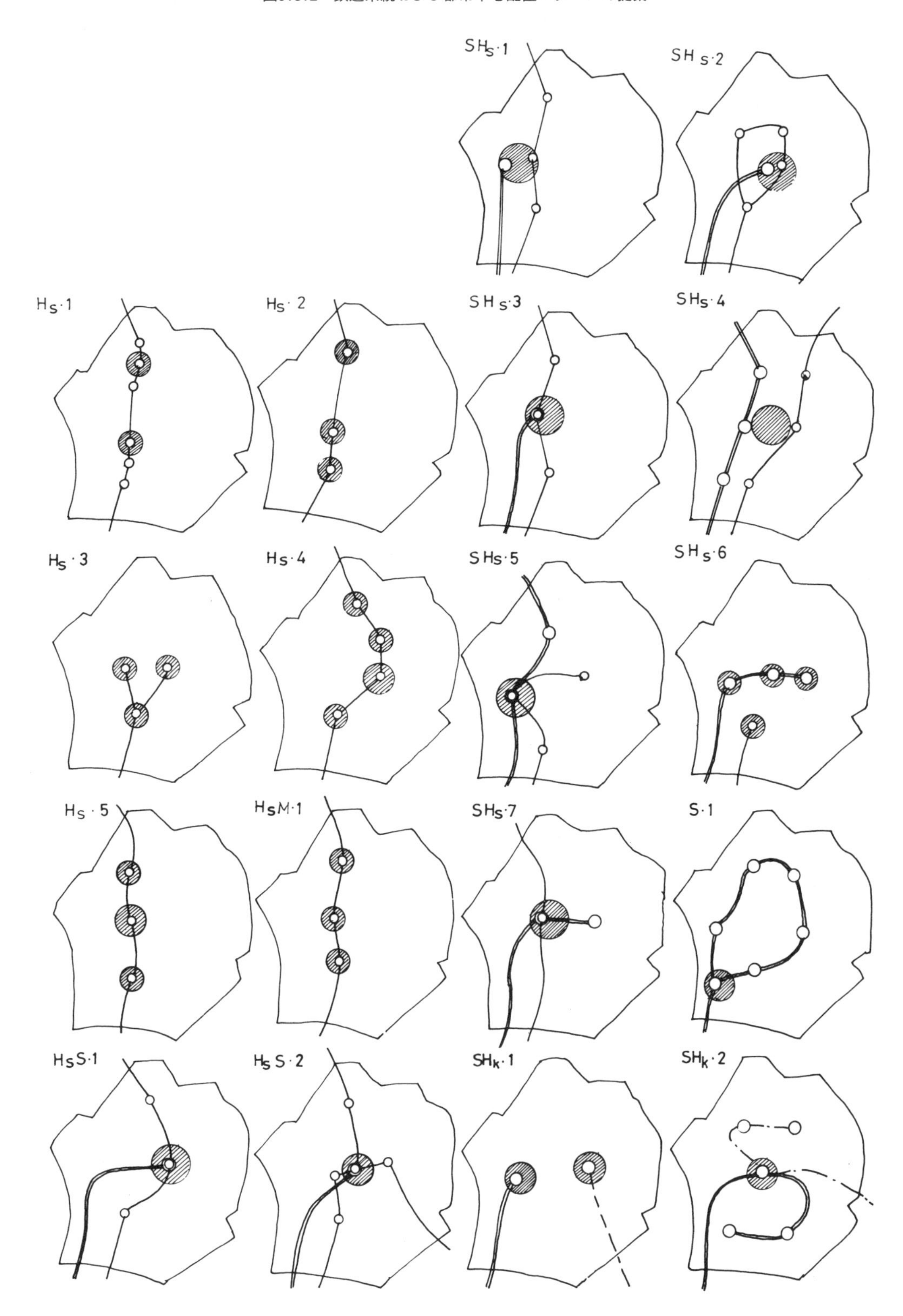

出典：日本都市計画学会「調査研究報告書」より作成

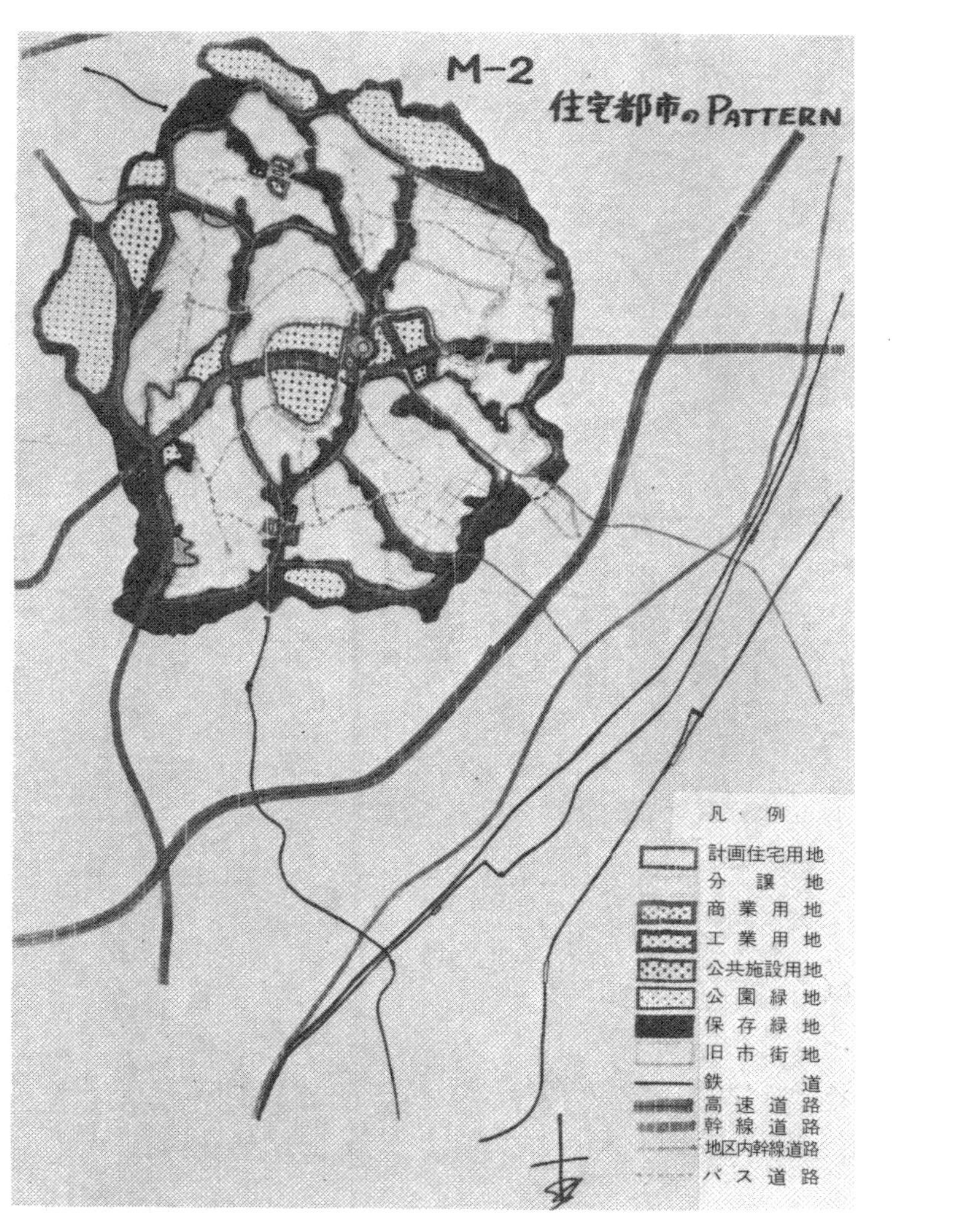

図9.3.3　住宅都市のパターン案1（阪急・地下鉄併用）

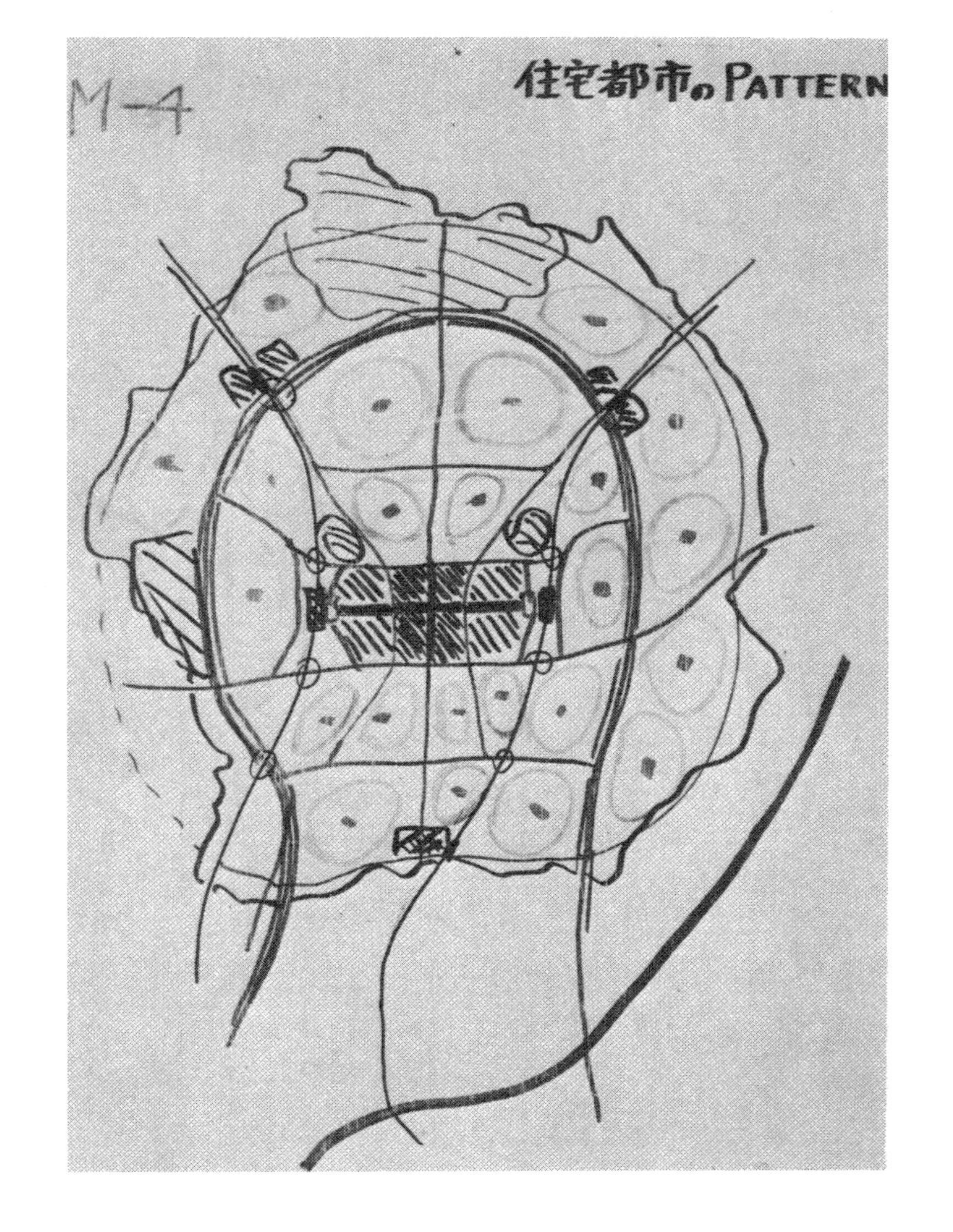

図9.3.4　住宅都市のパターン案2（阪急・地下鉄併用）

図9.3.5　住宅都市のパターン案３（阪急・地下鉄併用）

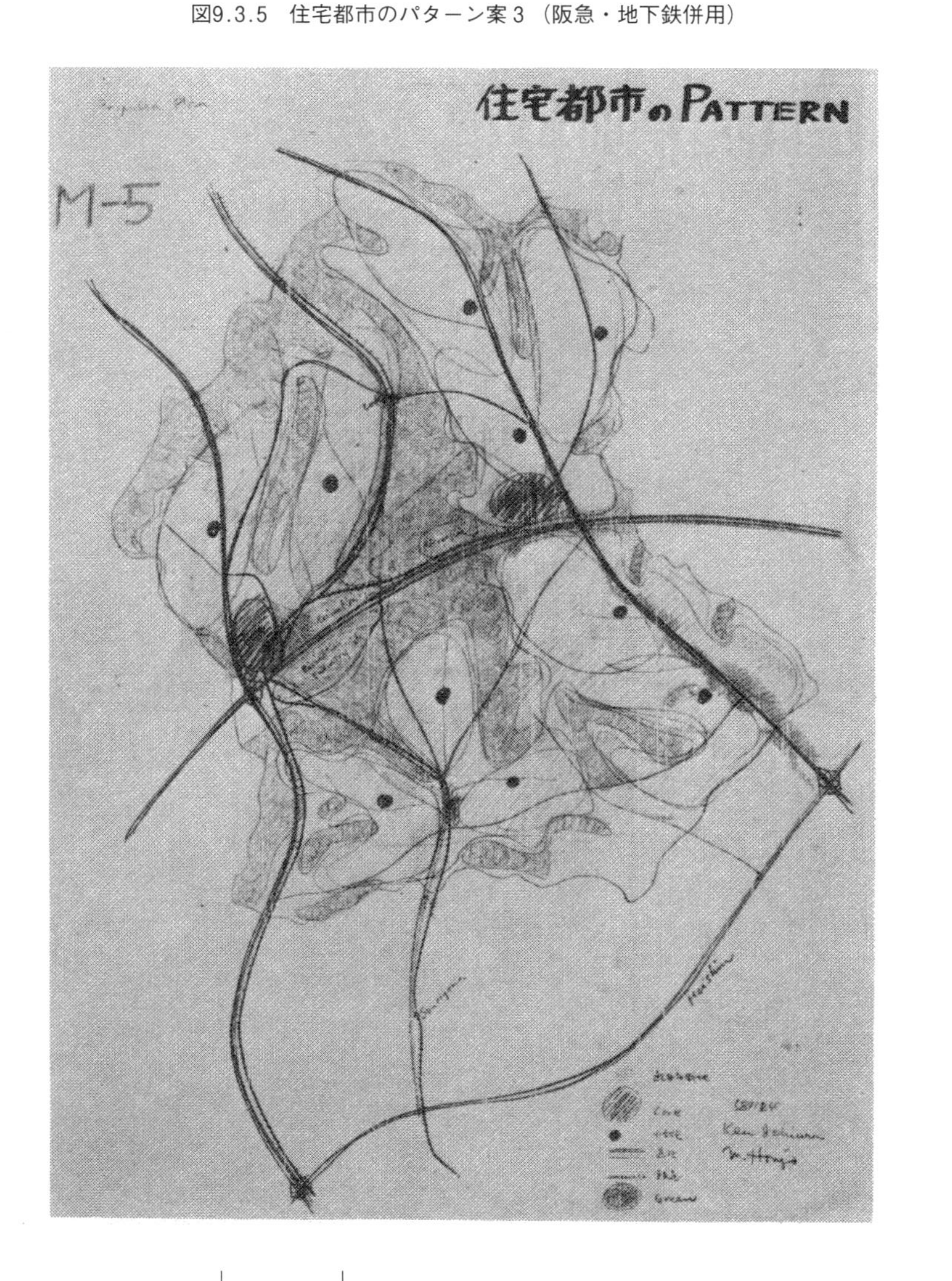

図9.3.6　住宅都市のパターン案４（阪急のみ）

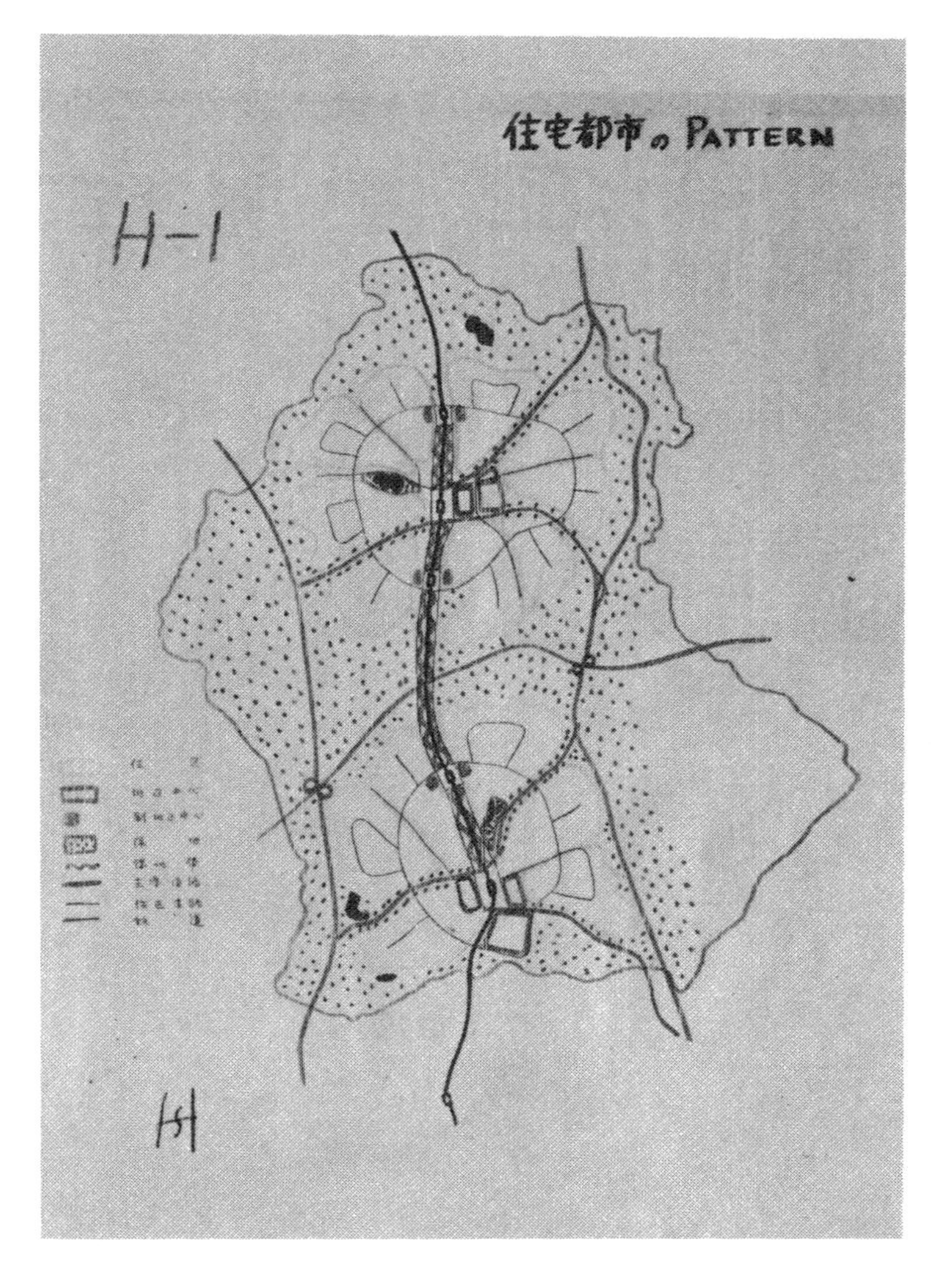

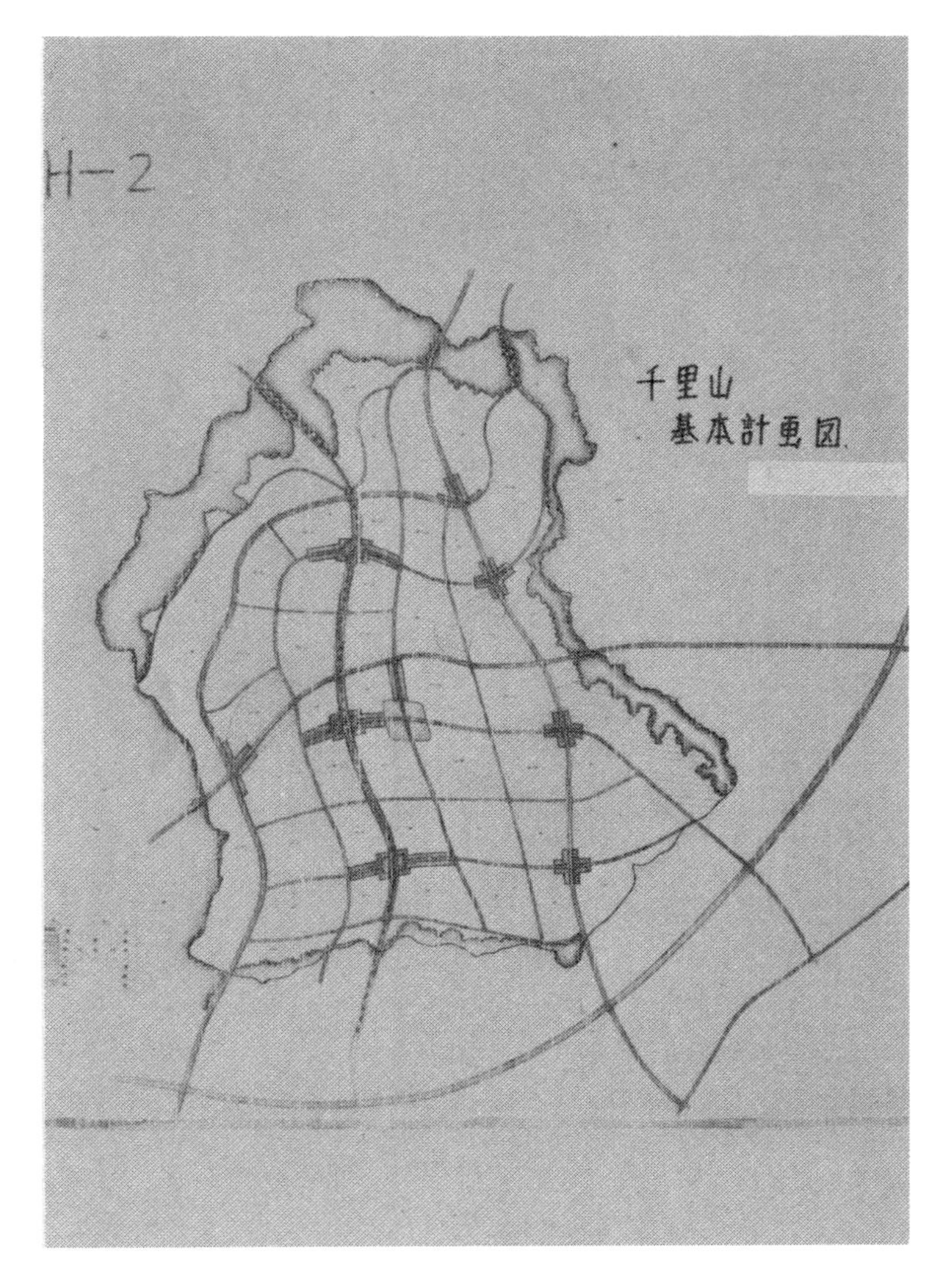

図9.3.7　住宅都市のパターン案５（阪急のみ）

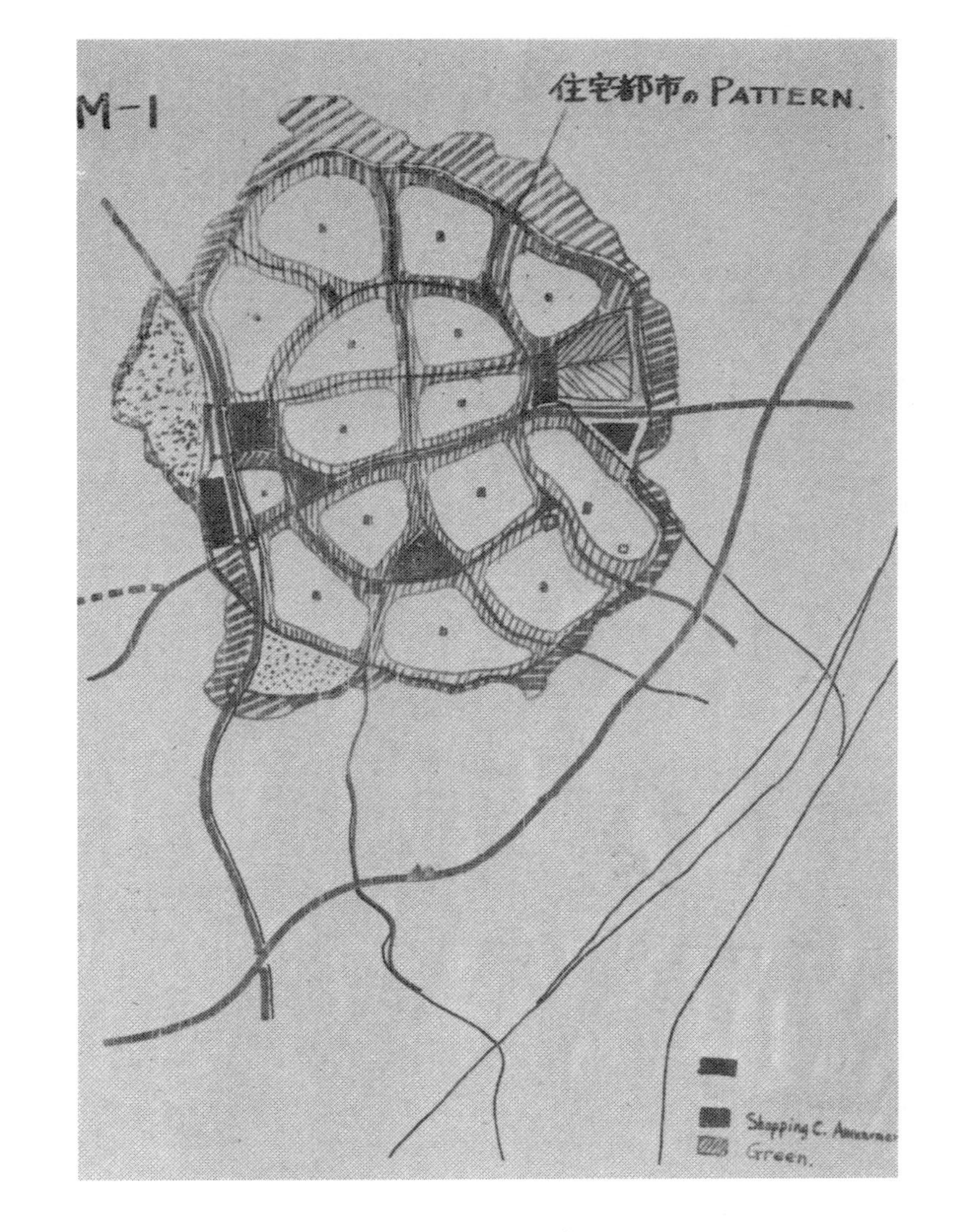

図9.3.8　住宅都市のパターン案６（阪急・地下鉄併用）

図9.3.9　住宅都市パターン案７（阪急を主とし地下鉄を従とする）

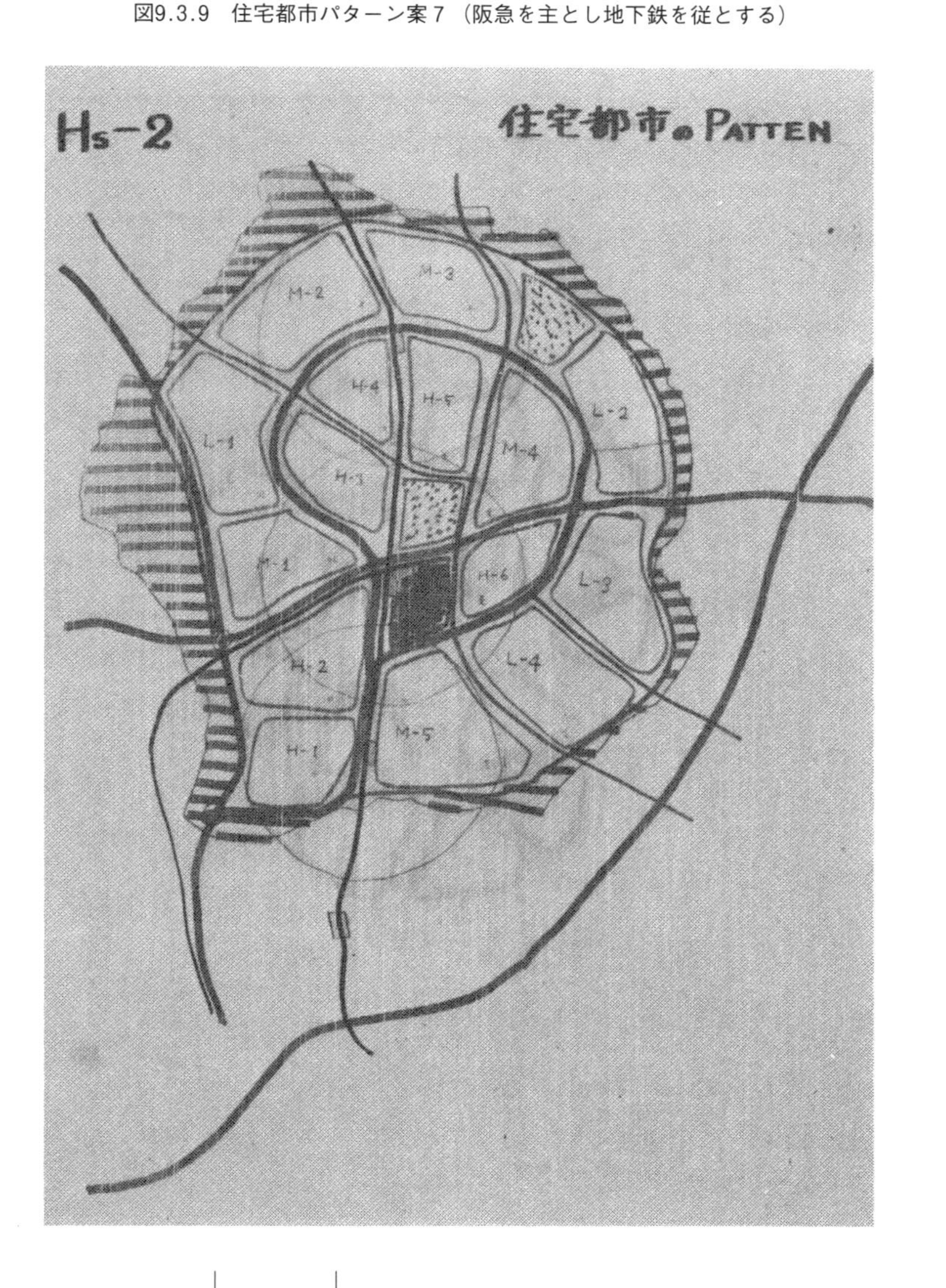

図9.3.10　住宅都市のパターン案８（地下鉄を主とし阪急を従とする）

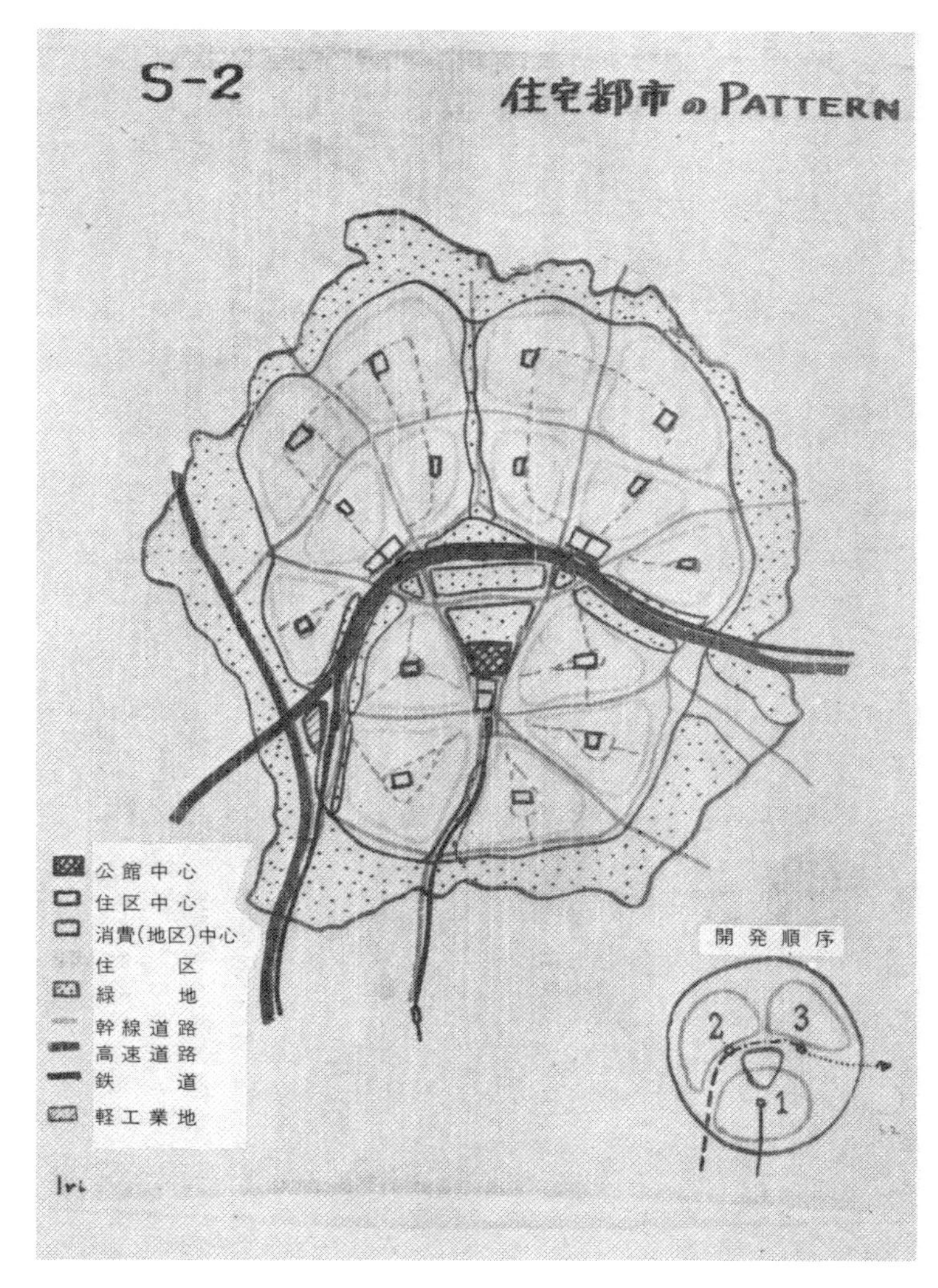

地形的に平担な一定区域の確保の3点より、さまざまな検討が行われるが、問題の焦点は「地区外にも開かれた巨大中心施設の設定か、あるいは地区内のみを対象としたこじんまりとした中心施設とするか」であり、これによって住宅都市そのものの性格が根本的に規定される。

④　以上の作業を地形図上で試行錯誤的に繰りかえし具体的に細部計画を行って、次第にいくつかのパターンにまとめあげていき、事業化計画をこれに対応させて最終案を決定する。

(2)　問題点の整理

以上の方法論に内在する問題点としては、次の各項があろう。

①　最初の区域設定が「計画者」の直観的作業として行われることによって計画の主体性が一部の「計画者」の掌中に握られてしまうこと。すなわち設定された区域はのちの現地調査と用地買収交渉等のなかで一定の修正をうけるが、この過程において、「決定が直観的であるのに対して、修正には一定の根拠が要求される。」という奇妙な現象が起き、これによって、本来の計画の主体者たるべき従前からの地域住民も、今後入居するであろう住民も、この過程には全く登場し得ない仕組みが出来上る。

②　広大な対象地区を、あたかも住宅設計における「間取り」のように区画し、空間の利用構造を確定してしまうこと。すなわち、この過程において集落の成長の方向と限界が計画者の手で確定され、将来の居住者が主体的に地域の将来構造を決定する余地がほとんどなくなる。

③　中心施設地区のあり方を「計画者」が恣意的に決める仕組みになっており、それによって最も大きく影響を受ける周辺地域住民は、計画から疎外されてしまっていること。すなわち、中心施設地区のあり方如何によって、計画区域内のみならず周辺地域一帯の空間構造が大きく変貌せざるを得ないにもかかわらず、これが住宅地計画の立場からのみ検討されていることに問題がある。

9.4　「住区構成および施設計画」の検討

前述したように大阪府および日本都市計画学会における、マクロな立場からの全体構成計画によって、事業着手のための基本条件はほぼ整備されたわけであるが、同時期に行われた日本建築学会への委託研究「丘陵地帯における住宅都市建設のための住区、住宅の計画および設計に関する研究」によって、細部計画および施設計画についての、従来の諸蓄積の集大成の上に立ったいくつかの新提案が行われ、これを検討するなかで、千里NT建設がめざすべき「モデル性」の中身が論議された。以下その経過について概観する。なお個別的な計画内容については、第10、11章において詳述したうえでその変遷経過をたどることとする。

9.4.1　日本建築学会による「住宅配置、施設および住区構成計画の検討」について

日本建築学会は、「住宅配置・敷地計画」「公共共同施設の設置計画」「住区構成計画」の3つの課題について検討を加え、具体的な計画、設計技法の提案を含めた計画パターン原則を次のように提起している。

①　「住宅配置・敷地計画」について

ここでは(1)住宅形式、(2)住宅配置、(3)集団的配置設計、(4)敷地の勾配との関係、(5)建築密度、についてのこれまでの諸蓄積や細部技法を資料集成的にまとめているにすぎないが、その特徴的な点を整理すると次の各項となろう。

(1)　現在の住宅供給体制の枠の存在を意識し、住宅規模計画を、当初と将来の2段階にわけて考えていること。

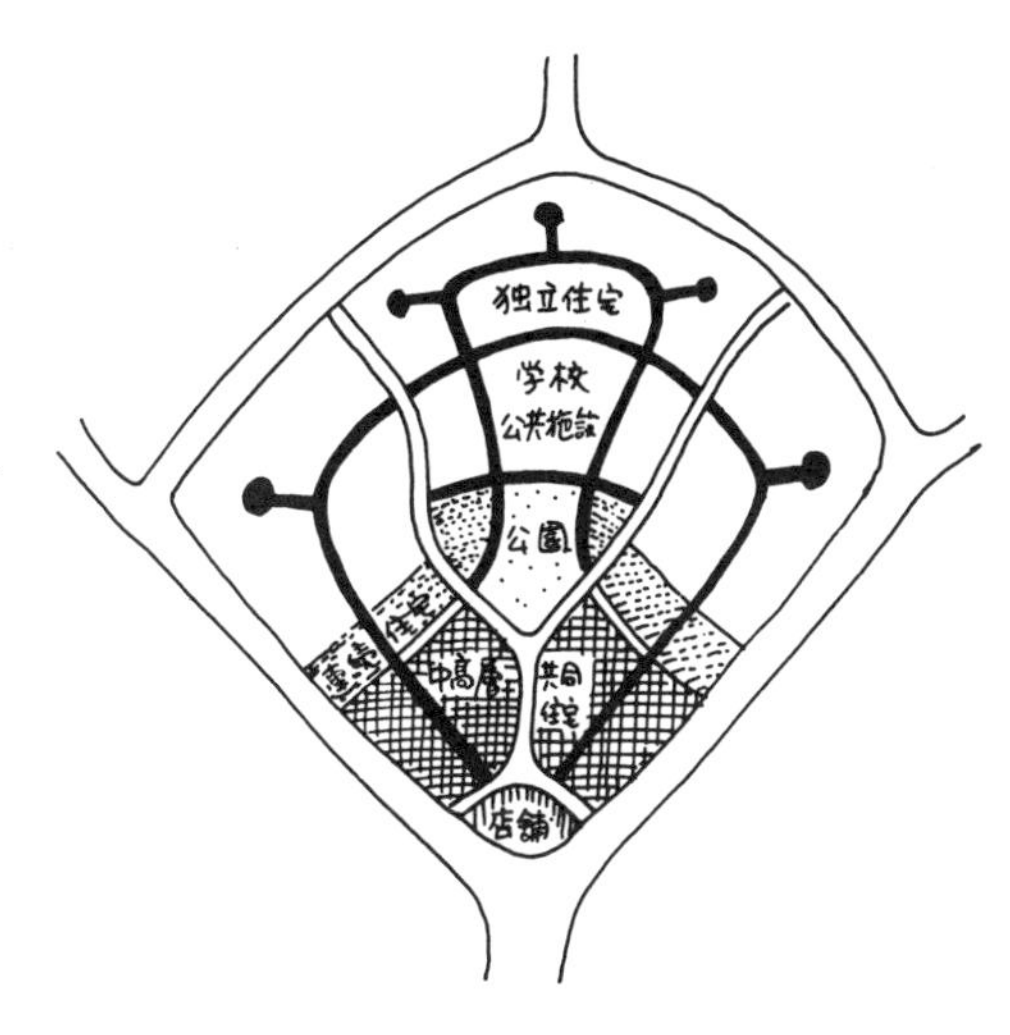

図9.4.1 「住宅形式別配置」の提案

出典：建築学会「報告書」1959.4

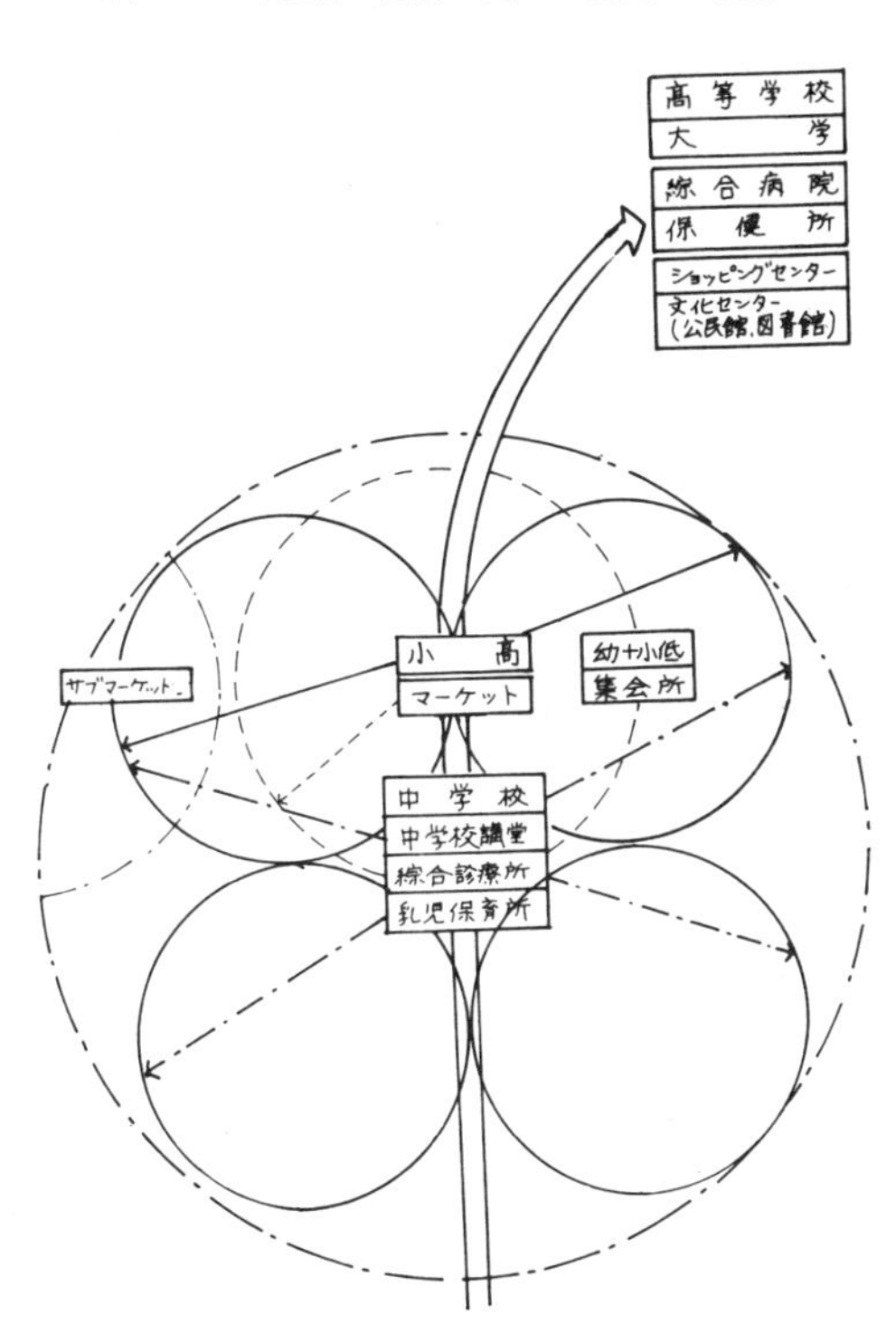

図9.4.2 「施設の種類と住区の規模」の提案

出典：建築学会「報告書」1959.4

(2)　各住戸の居住性とくに日照条件の確保の方法を、敷地条件の変化に対応して考えていること。

(3)　建設単位と生活集団単位を結合したグルーピングの最小単位として「小住区」を設定し、これを配置設計の一単位として、この集団の敷地およびこれを区画する道路形態、それに関連して供給処理施設系統を考えるという方法を用いていること。なお住宅形式、敷地条件別に小住区の配置設計技法の整理が行われている。(図9.4.1)

(4)　その他とくに丘陵地における設計技法、戸数密度のとり方の検討など。

②　「公共共同施設の設置計画」について

ここでは「現在の団地内その他の住居地域内における日常生活の分析から団地内又はその付近の地域施設の今後の方向」が求められており、(1)教育施設、(2)医療保健施設、(3)文化施設、(4)購買施設、(5)遊び場のそれぞれについて、1)基本的な考え方、2)施設の適正規模、3)施設配置の提案、4)各施設の計画の各項にわたる検討を行い、その総合的結論として「住区の構成」の提案を行っている。その特徴点を要約すると次の通りである。

(1)　施設の種類と住区規模の関係は、模式図(図9.4.2)に示したような段階構成であり、

・１００戸単位で5才迄の遊び場、集会室。浴場は４００戸で成立するが３００m以内におさえたい。

・１、０００戸単位で「幼稚園+小学校低学年」、住区公園、集会所、マーケット……５００m以内におさえたい。マーケットは５００mをはずれるときサブ・マーケットをつくる。

・２、０００戸単位で「小学校高学年」……　８００m以内におさえたい。

・4,000戸単位で総合診療所、中学校、中学校講堂運動場……いずれも1,000m以内。幼児保育所もできれば1,000m以内。

・その他、高等学校、総合病院、保健所、公民館、図書館、大学、ショッピングセンターは地区中心におく。

(2) 住区の構成原則は次の通りである。

(i)小学校分校（幼稚園と小学校低学年併置）と集会所を中心にもつ1,000戸のまとまりを住区構成の基本とする。これは近いことによって形成されるお互いの関係が、子供同士の関係、PTAでの親の関係、各種のサークル活動といろいろの面で結ばれて豊かな生活をし得る基盤になると考えられる。

(ii)この1,000戸のまとまりの中は幼児も自由に遊べる場所とし、幹線道路で2分したくない。

(iii)1,000戸のなかが更に小さい単位に分割されるときでも、小学校までの距離が600mをこえない範囲でおさえたい。

(iv)この1,000戸の単位は主要駅又は地域中心とバス路線で結ばれている必要がある。

(v)この住区構成が基本となるわけで、マーケットは交通の要点に設置される。この場合利用圏域は500mでおさえ、500mをこえるところにはサブ・マーケットをおく。

(vi)更に大きい単位として、約1kmの圏域に入る4,000戸のまとまりがあるが、これはその中心に中学校、中学校講堂、乳児保育所、総合診療所がありこれらの利用圏は成人の徒歩限界が1kmと考えられるところから、いわばこの種の地域的性格の強い施設を利用するまとまりともいうべきものである。

(vii)1,000戸の住宅団地のなかを一つの均一な集団に計画するのに対して、何棟かを一つにまとめてグルーピングする計画が考えられる。これは幼児公園利用の上から好ましい。

③「住区構成計画」について

ここでは前編で提案された住区計画を地形に適応させるとともに、全体的に組合せるための技法が講じられている。主たる特徴点は次の通りである。

(1)「住区」の意味を次の3点として再度明確に把握したこと。

a) 共同生活意識、自治単位などのコミュニティとしてのまとまり。

b) 日常生活圏（通学圏、購買圏、その他施設利用圏の完結。

c) 同時に開発される単位。

(2)「住区の規模」の決定条件を明確にしたこと。

a) 適当な社会的集団として。

b) 日常生活圏と施設の利用圏として。

c) 公共共同施設の適正運営規模として。

d) 地形、道路などの物的条件。

e) 初等教育組織（幼稚園、小学校の低学年）の重視。

(3) 住区と施設的構成のパターンは、「中心施設として教育施設を考えるが、購買施設は必ずしも住区の中心部でなく、交通至便な住区境界上に設置する場合もある」という方針を設定したこと。（図9．4．3地区施設計画模式図」参照）

(4) 地形と住区の構成について次の各パターンについての検討を行ったこと。

a) 長い尾根を住区とする場合。（尾根が南北、東西方向の両者がある。）

b) 長い谷を住区とする場合。（谷が南北、東西の両者がある。）

c) 峯を中心として住区とする場合。

d) 集中した谷を中心として住区とする場合。

(5) 住区の密度と配置計画について、さきに設定した諸原則を適用して、モデル地区についての配置設計を重ねたこと。

図9.4.3 「地区施設計画模式図」の提案

N	幼 稚 園
PS	小 学 校
MS	中 学 校
HS	高 等 学 校
NC	近 隣 中 心
P	近 隣 公 園
S	近隣分区店舗
FS	消 防 署
LI	軽 工 業 地
HC	ヘルスセンター
M	博物館、美術館

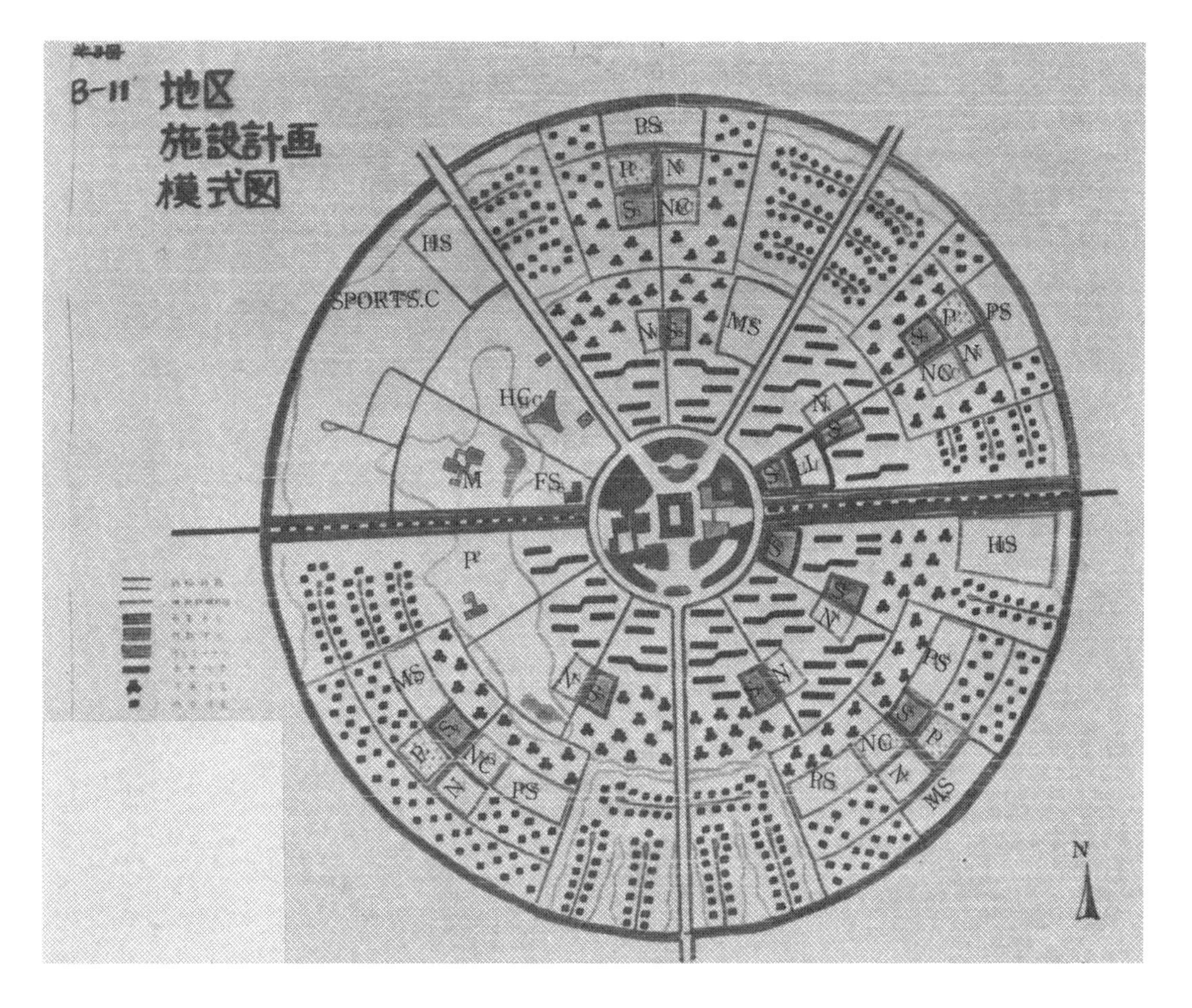

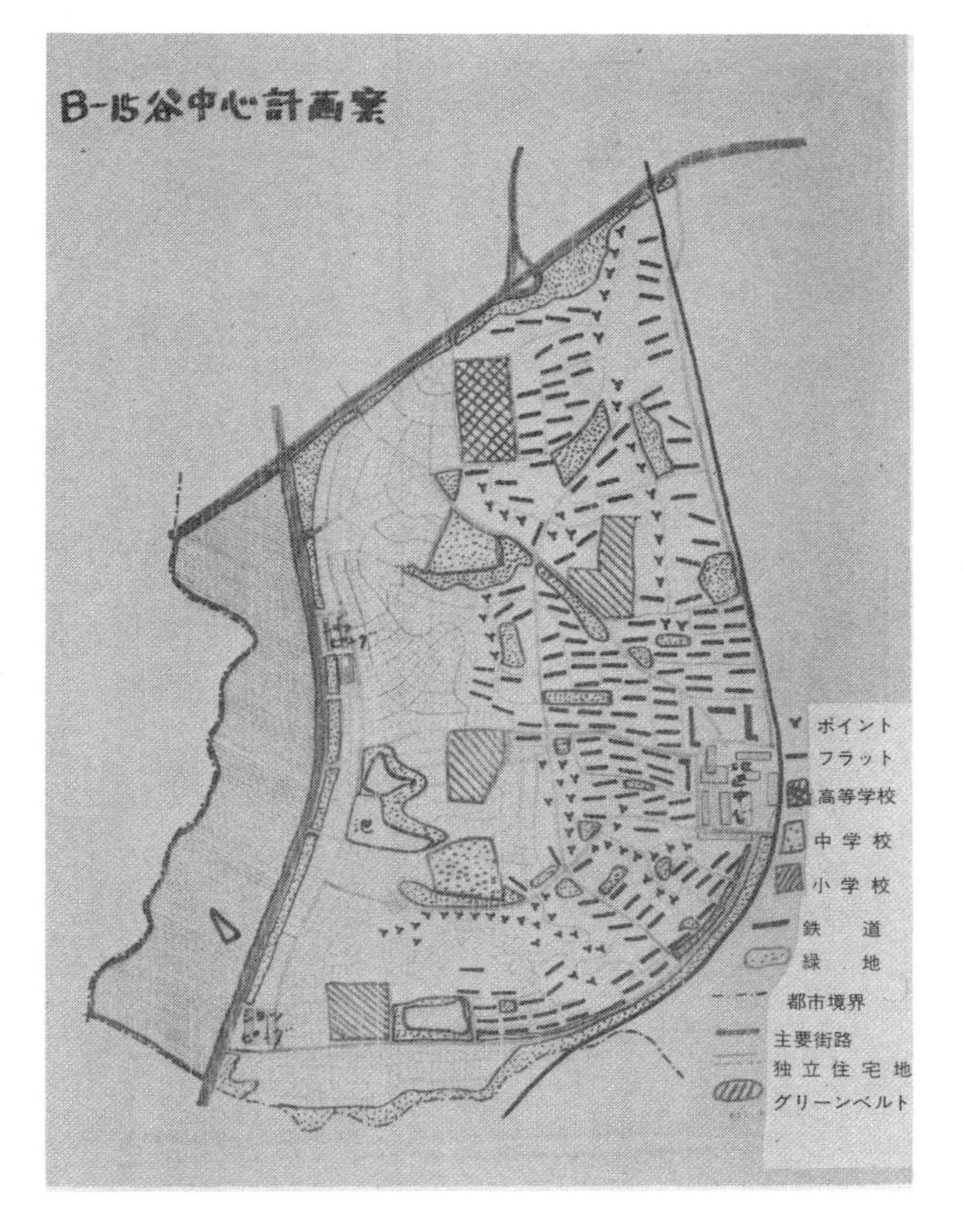

図9.4.4 配置設計検討資料1（B区 谷中心計画案）

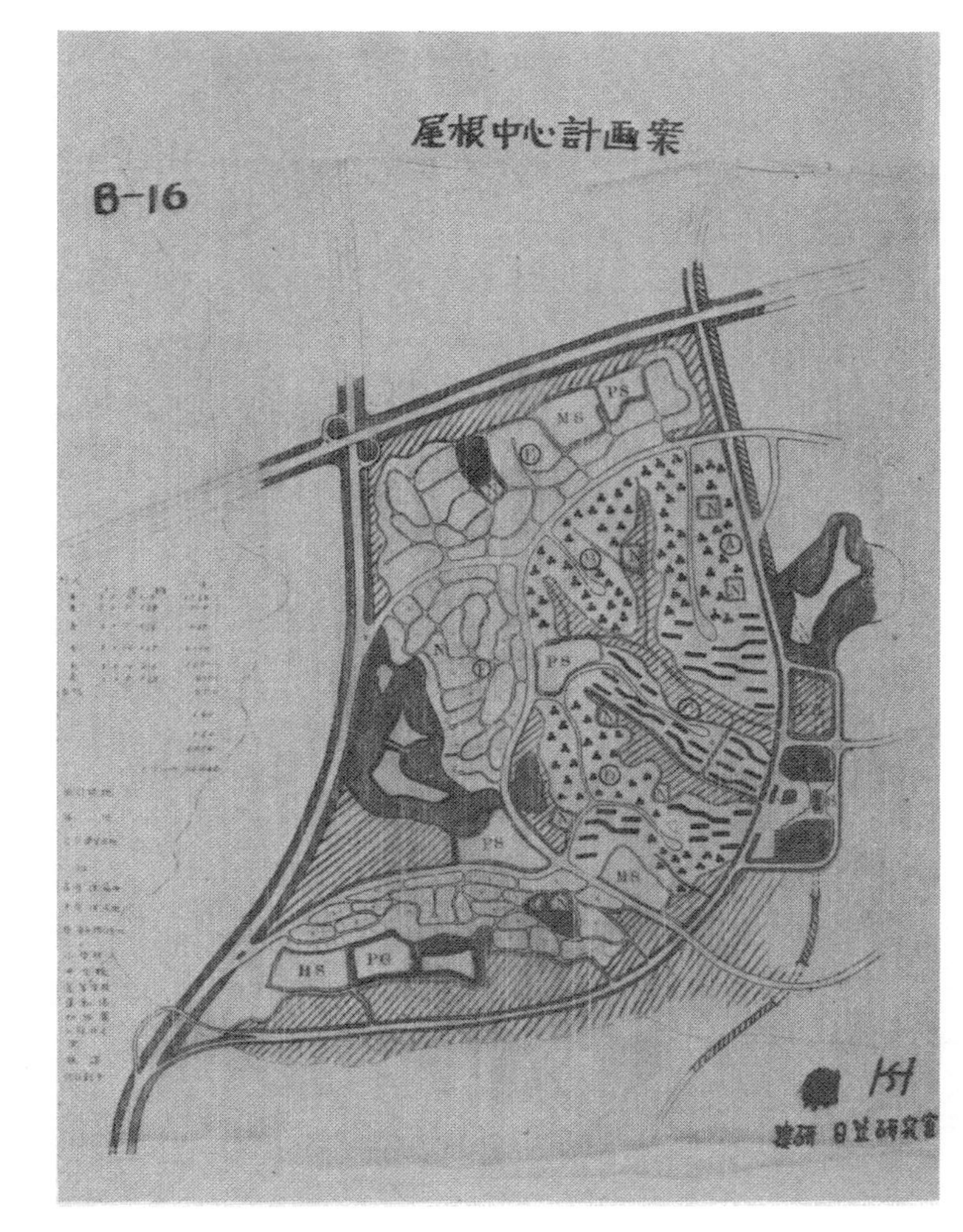

図9.4.5 配置設計検討資料2（B区 尾根中心計画案）

図9.4.6　配置設計検討資料3（C区　独立住宅配置例）

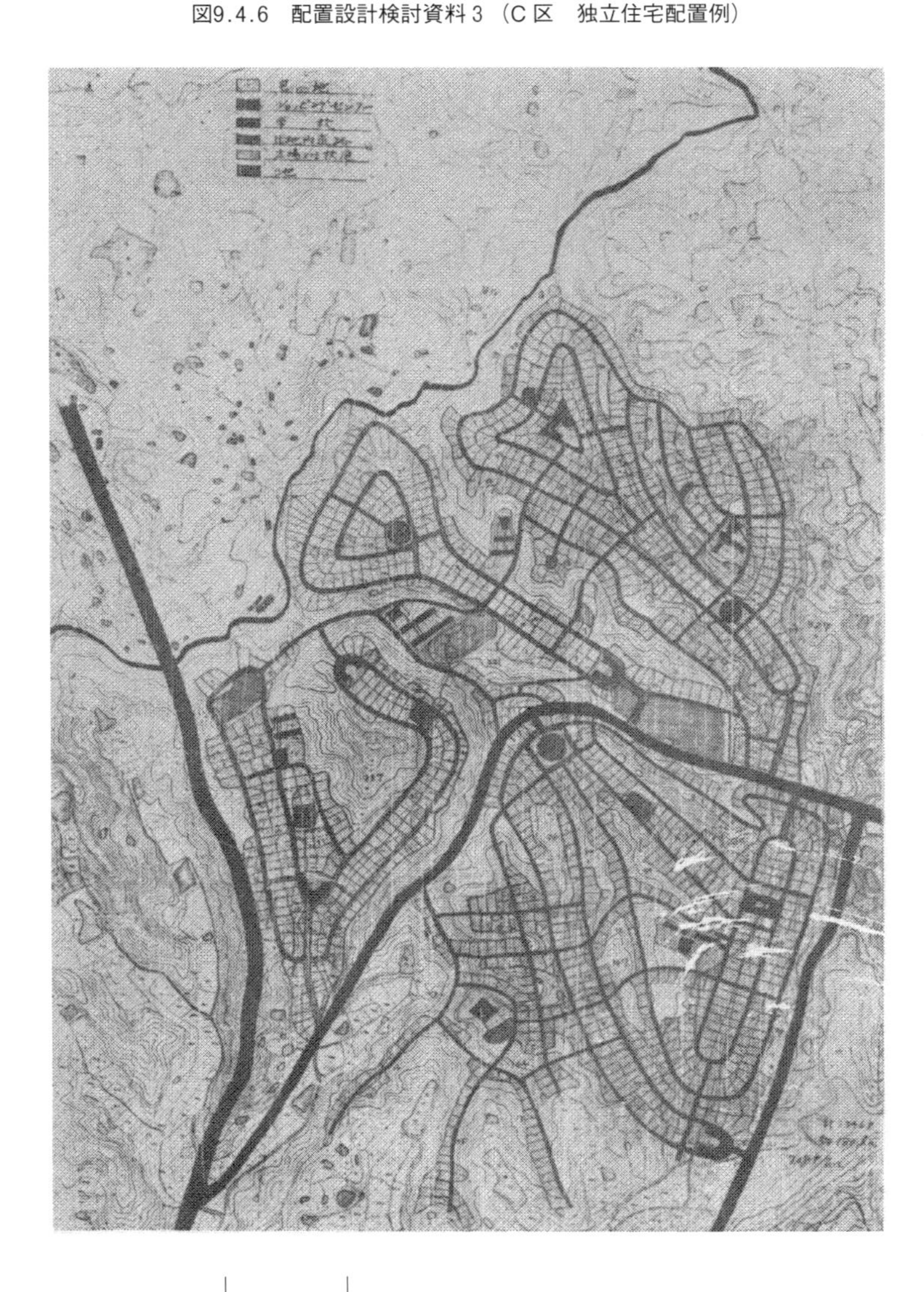

図9.4.7　配置設計検討資料4（C区　連続住宅配置例）

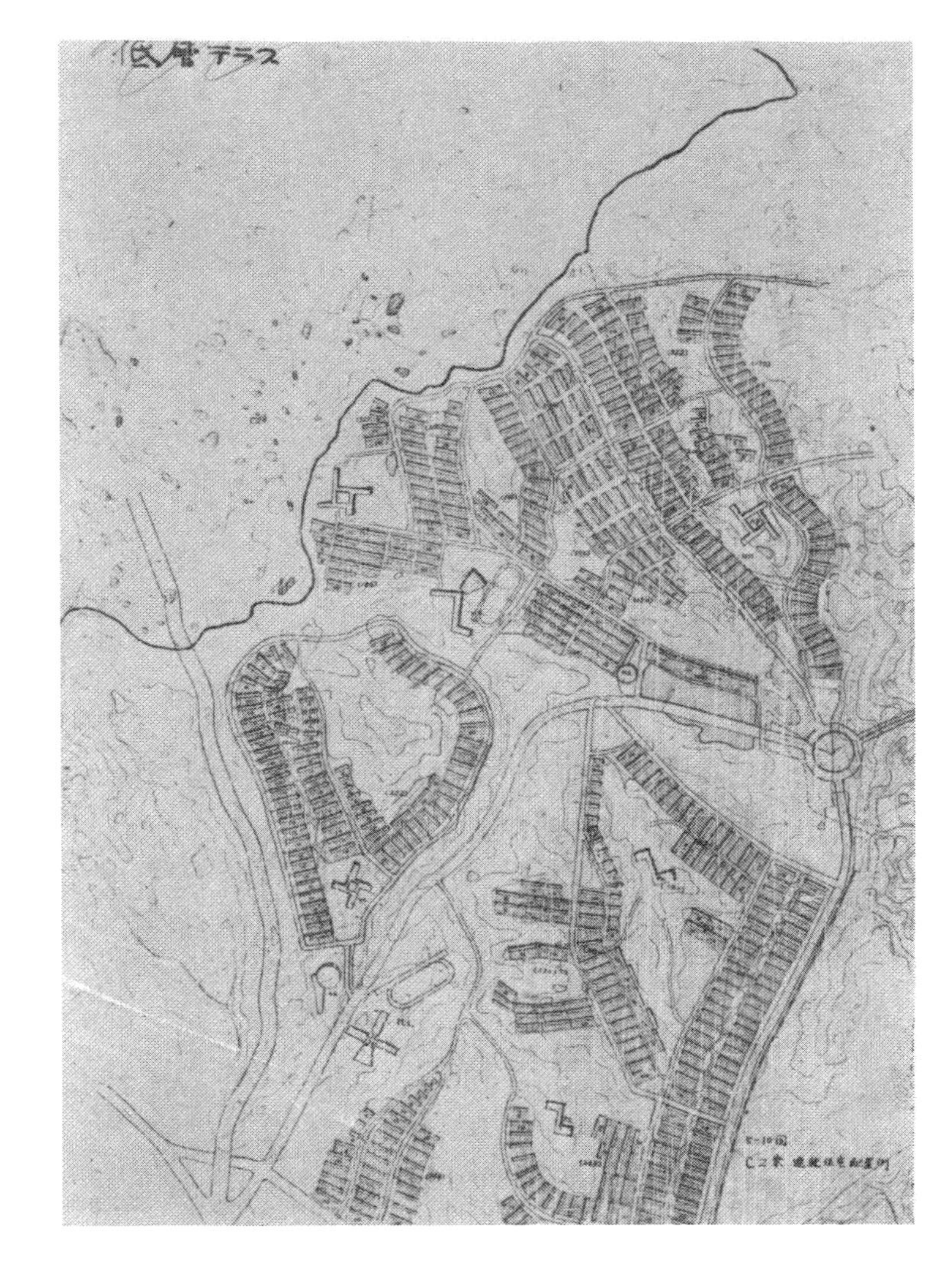

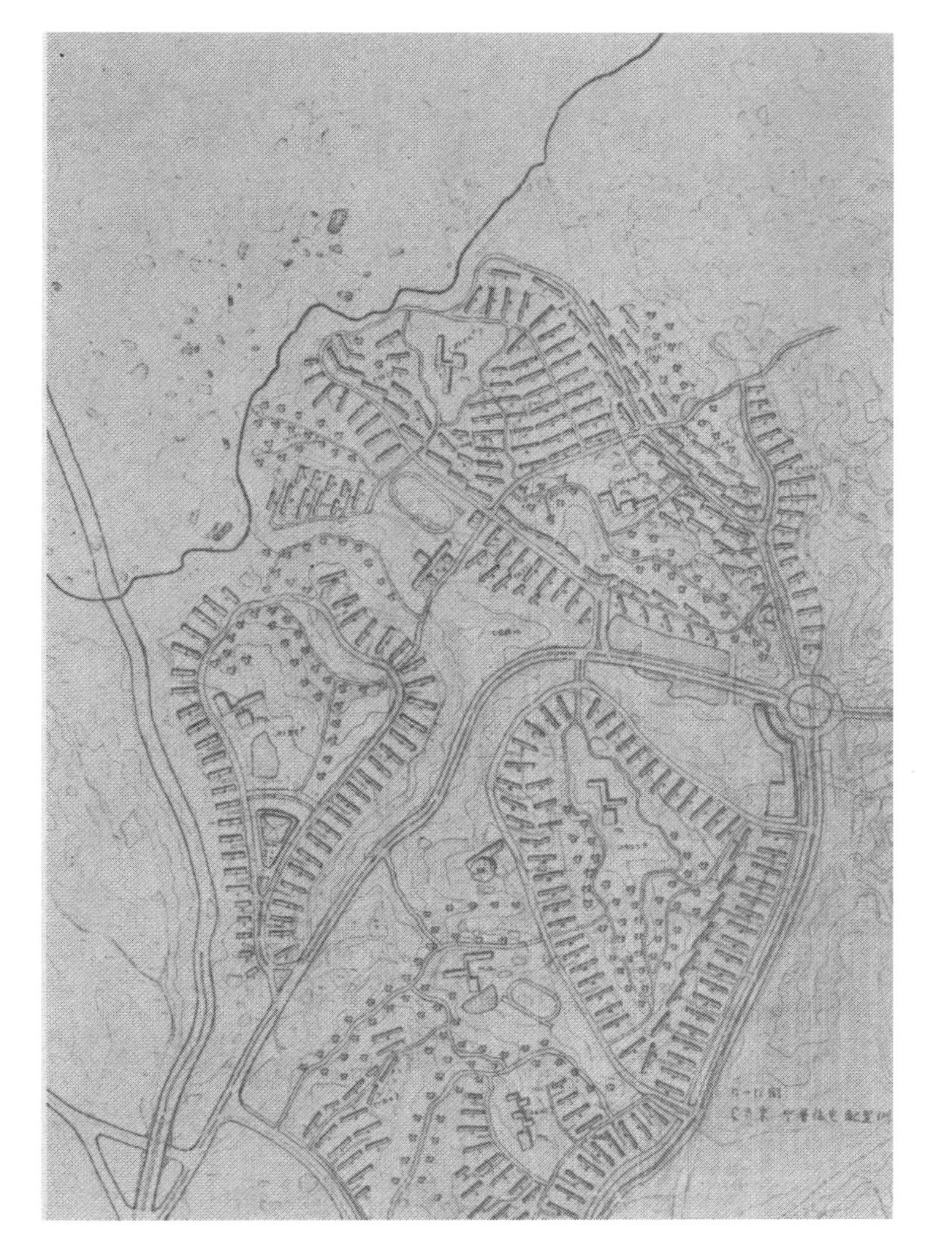

図9.4.8　配置設計検討資料5（C区　中層住宅配置例）

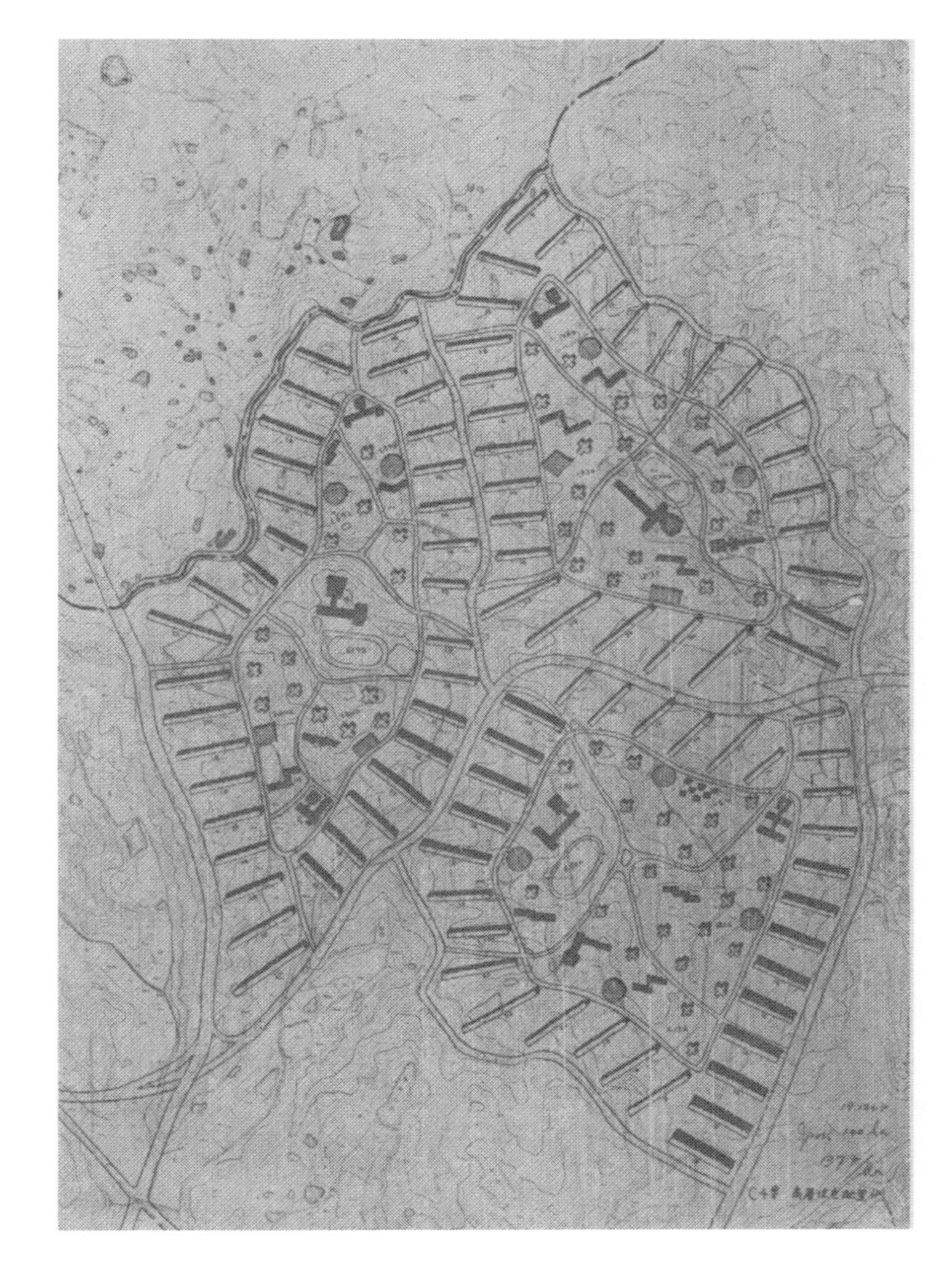

図9.4.9　配置設計検討資料6（C区　高層住宅配置例）

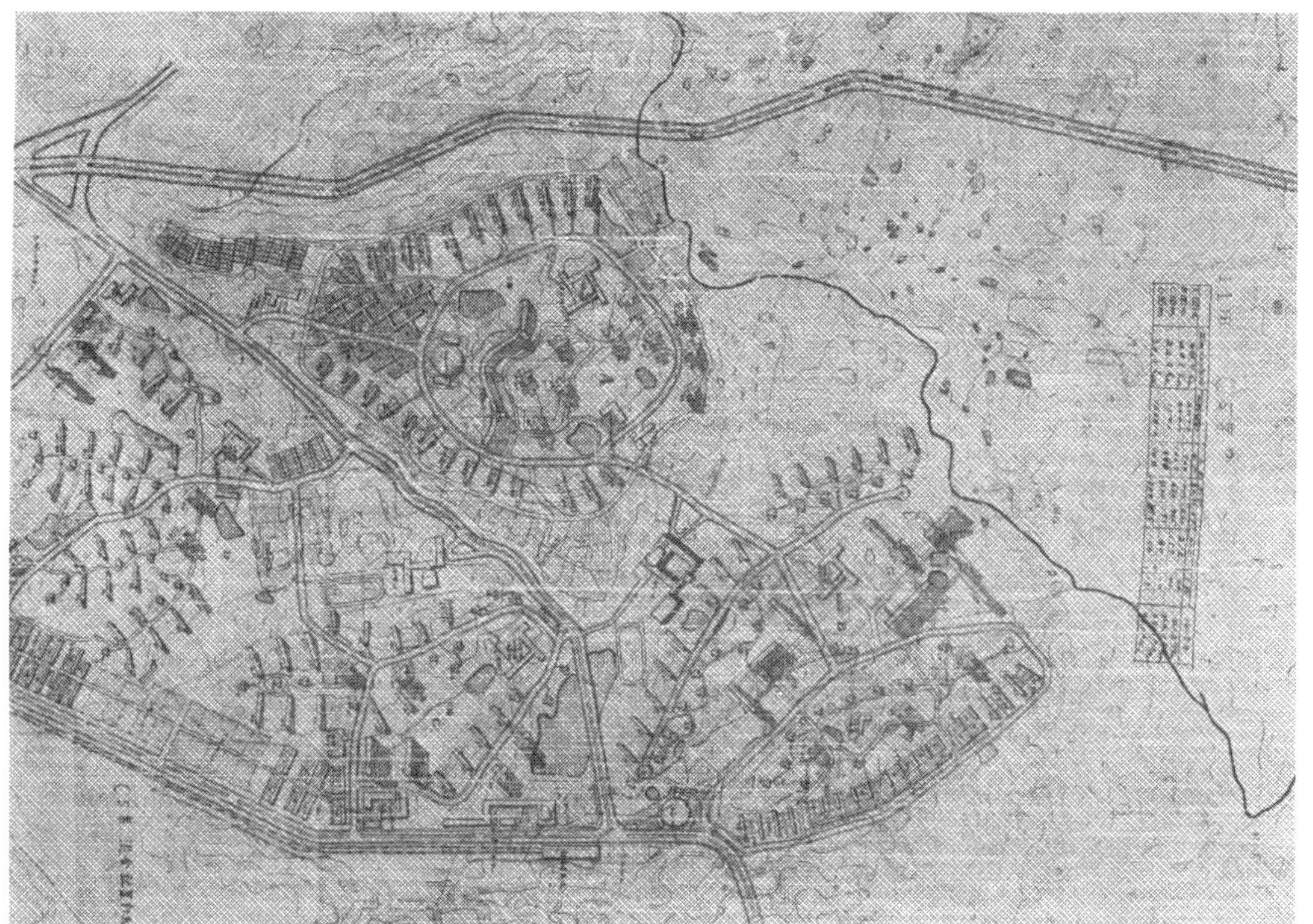

図9.4.10　配置設計検討資料７（C区　混合配置例）

図9.4.11　配置設計検討資料８（A区　低層独立住宅配置例）

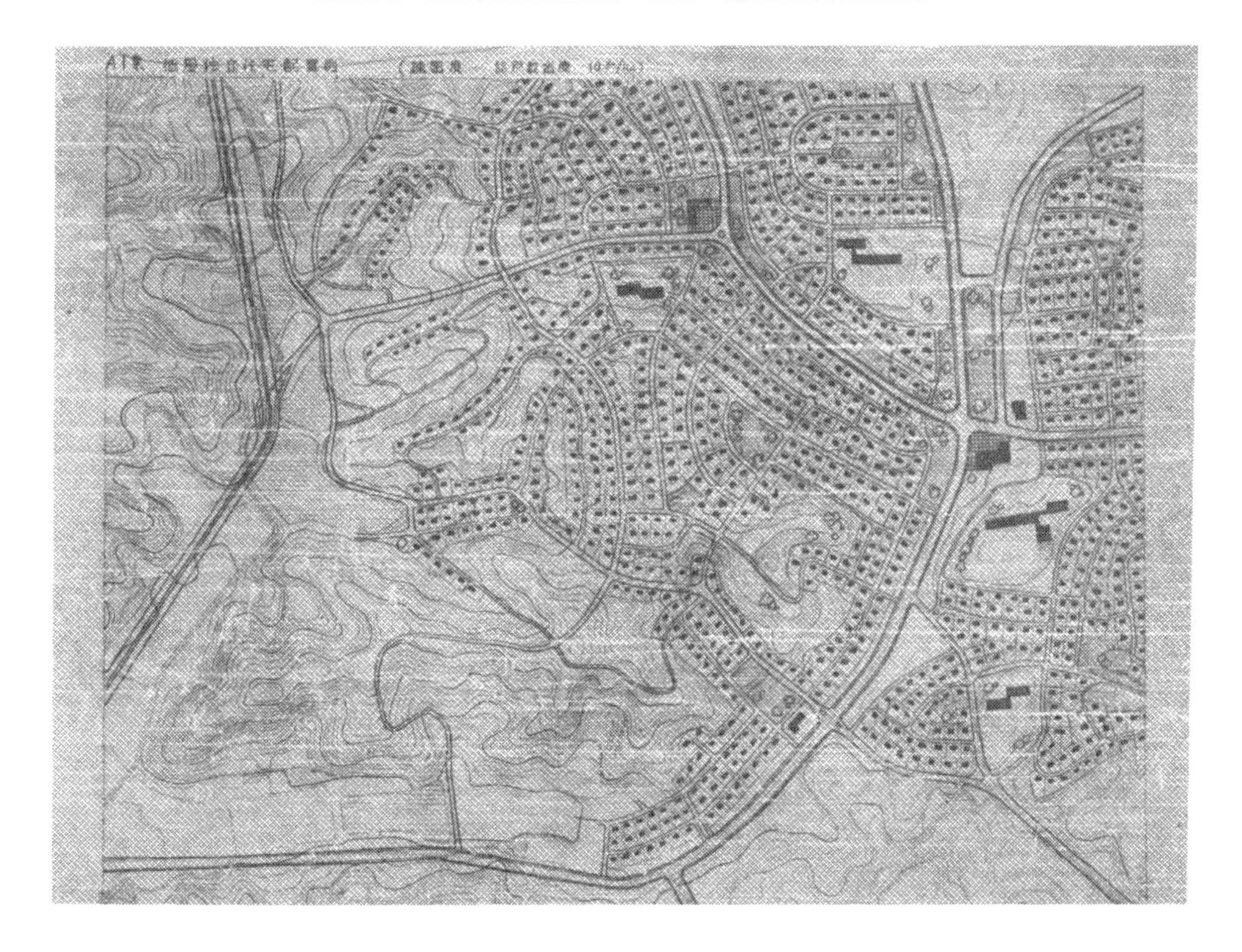

図9.4.12　配置設計検討資料９（Ａ区　低層共同住宅配置例）

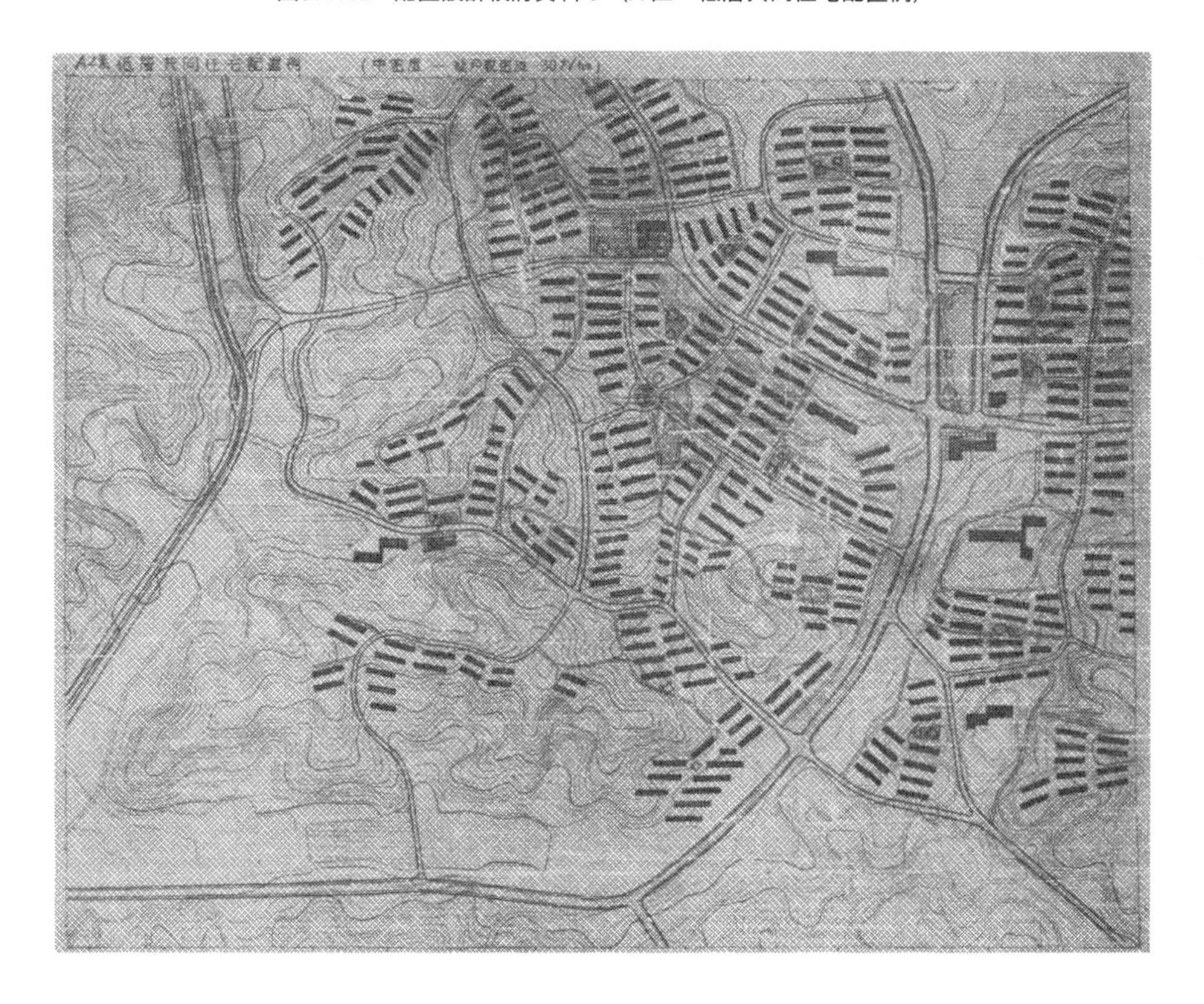

図9.4.13　配置設計検討資料10（Ａ区　中層共同住宅配置例）

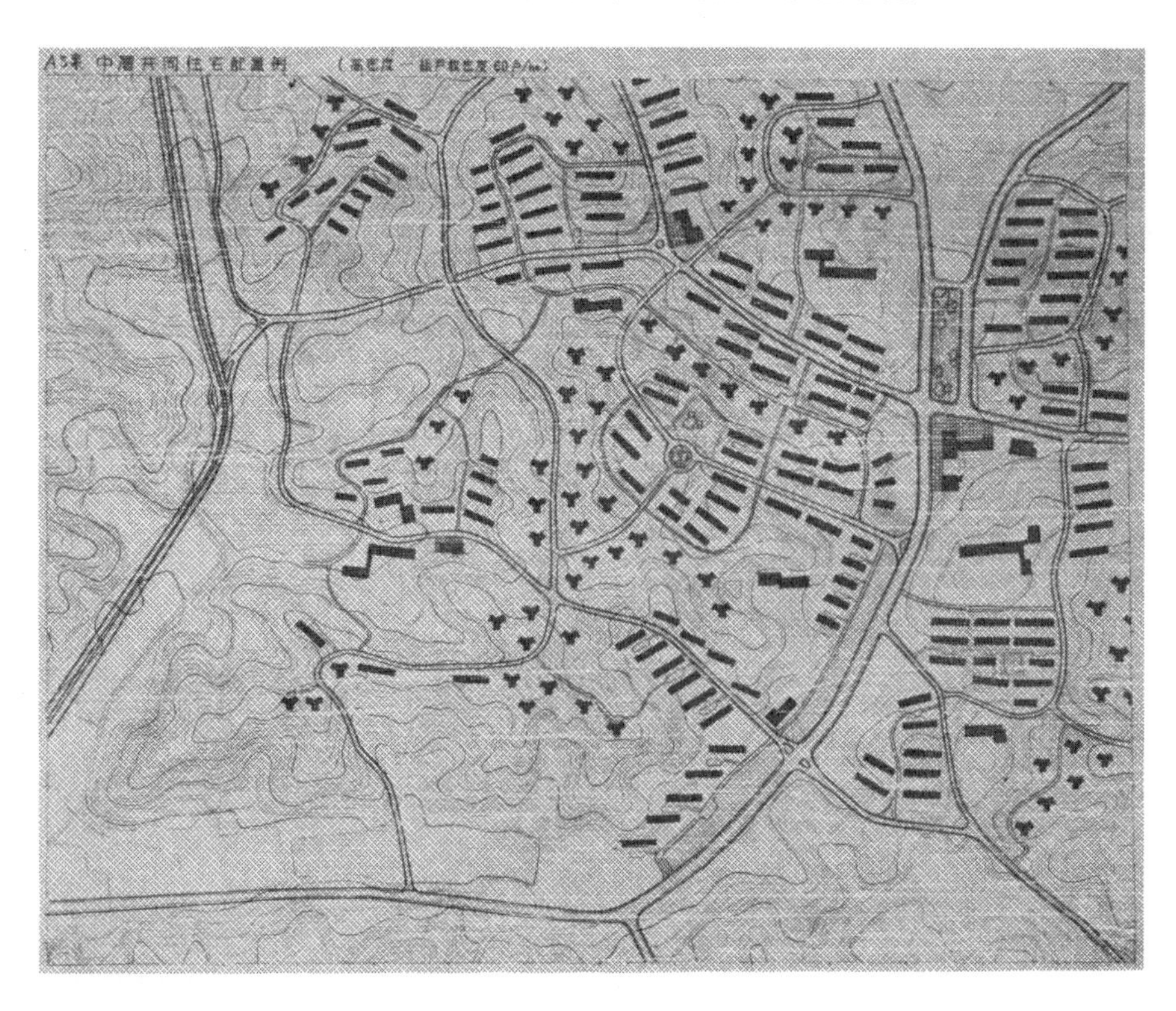

図9.4.14　配置設計検討資料11（A区　高層共同住宅配置例）

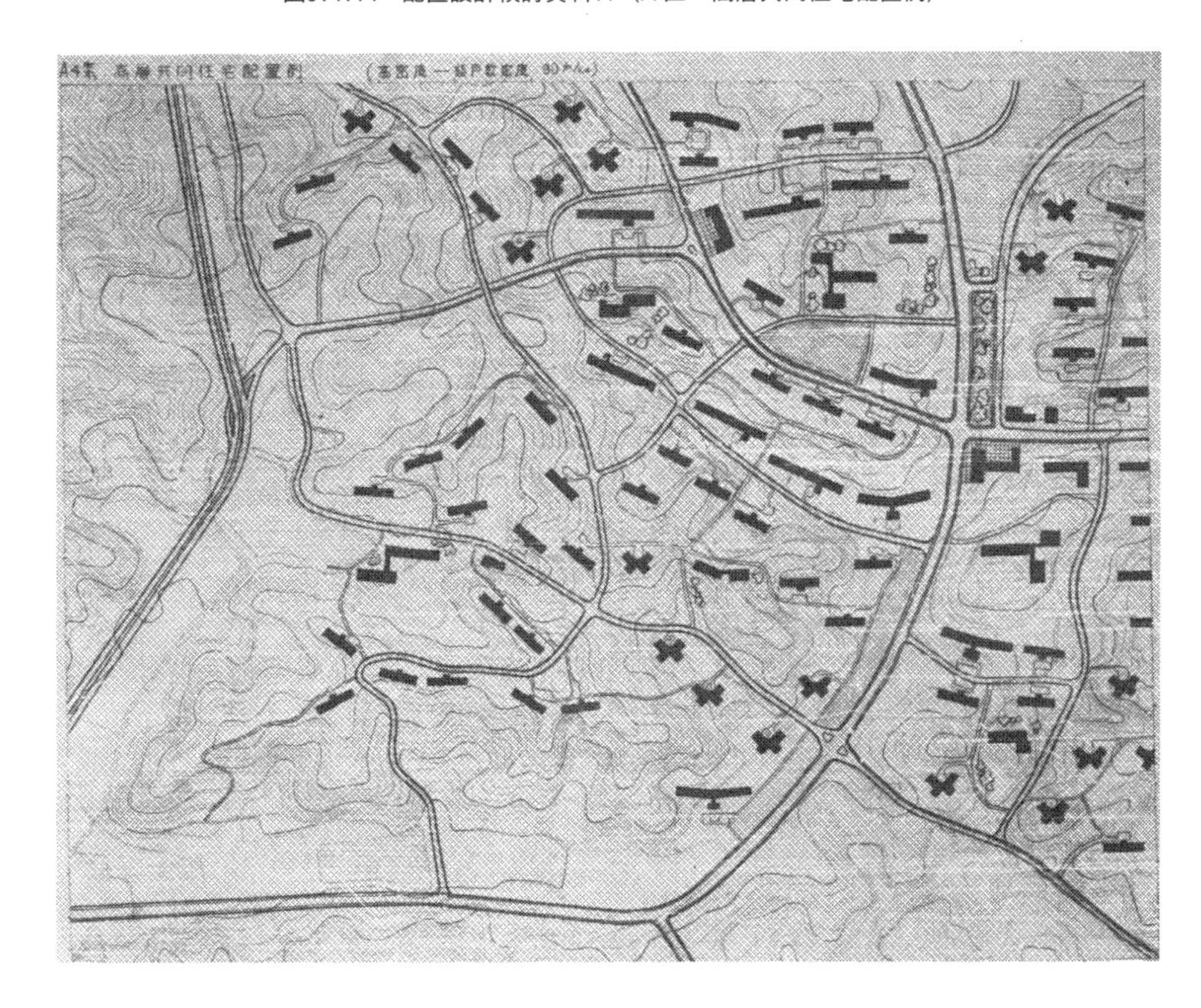

図9.4.15　配置設計検討資料12（A区　各種住宅配置例）

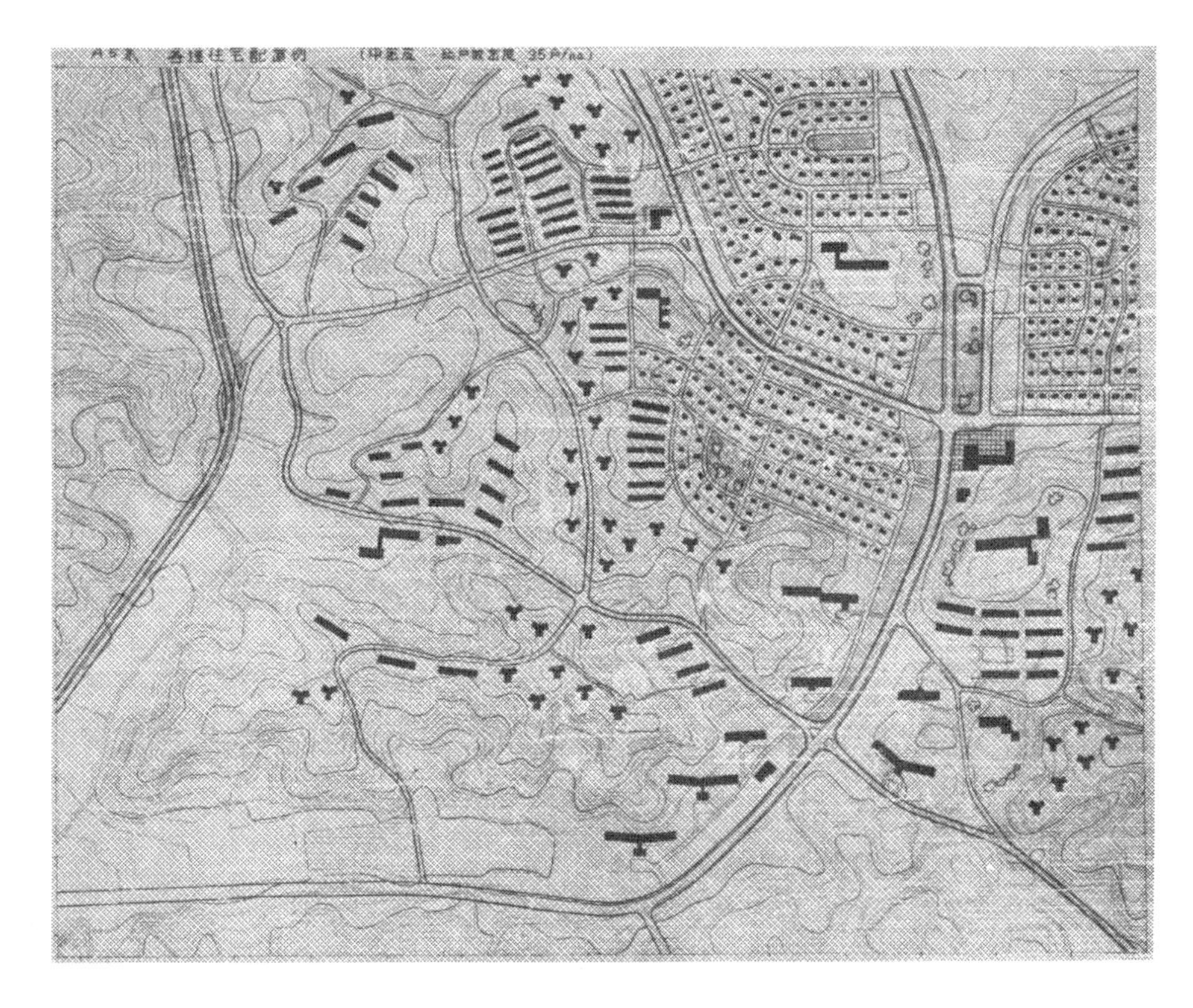

（以上の事例を図9.4.4〜9.4.15に紹介しておく）

9.4.2 「住区構成計画」等の検討過程に関する問題点の整理

以上みたように、日本建築学会による研究成果において、従来の蓄積に加味された内容は、端的にいえば新住宅都市建設におけるモデル性の追求を、主として「初等教育施設の配置を最も重視した住区構成」に置いた点であり、具体的には、小学校における高・低分離と、「幼稚園十小学校低学年（4.5.6.7才）」の分校と本校によるシステムを中心にすえて、分区単位を建設単位として全体を構成せんとした点にあった。

すなわち、同「研究」の主張は次のごとくであったと考えられる。

① 新住宅都市は何らかのモデル性を有すべきこと。

② その重点を「サービスを良くすること」に置くべきこと。

③ その種のサービス施設として、大都市近郊のやや高級な住宅都市においては、一般的に文教施設の充実が最も要求されること。

④ 新住宅都市においては、新しい全体計画の樹立が可能なのであるから、この際従来の慣習的なシステム、配置、性格、計画などに捉われぬ新しい方向を打ち出すべきこと。

このように、同「研究」がきわめて意欲的な新提案を行った背景は、次の通りであろう。

第1に、すでに住宅団地建設の蓄積が十分ある以上大規模開発といえども骨格形成さえ完了すれば、あとは従来同様の団地建設を各ブロック毎に進めることで全体の建設は一応可能であったこと。

第2に、したがって問題はそのような従来同様の団地建設でこの新住宅都市を全面的に構成してしまったときの、全体的な問題であり、いいかえれば個別的な団地建設ではさして問題にならなかった諸矛盾が、大規模に集中して大矛盾に発展する可能性に関して、あらかじめ十分考慮しておく必要があったこと。

第3に、この問題に関して、同「研究」の中心的メンバーであった東大吉武研究室における従前からの施設計画論に関する一連の蓄積の上に立った判断として、この際「住宅都市全体を1単位とする新しいサービス施設配置のシステム」を提案すべきであり、かつそれが可能であるとの判断が出されたこと。

9.5 大阪府第2次案（1959.8）の構成

9.5.1 外部研究委託と事業主体の立場

大阪府原案（1958.6）が外部研究機関に手渡され、内容の肉付けと再検討に付されている間にも、用地買収交渉あるいは関係各省庁、各事業所との協議交渉は着々と進められており、計画内容にはそれらを通じてもまた具体的な肉付けや修正が加えられていた。したがって事務当局は、一方で内部検討を進めるために、「部内研究会」を設置して、委託研究成果等も勘案しながら刻々「計画案」の内容を整備する必要があった。こうして生まれたのが「府第2次案」であり、この段階では委託研究成果等はほとんど未消化の状況であったので、同案はいわば過渡的な計画案としての位置づけにあった。

ここで問題なのは、事業主体と外部研究委託との関係であり、府当局がいかなる意図をもってこれを行ったかについて整理しておく必要があろう。

千里NT建設に関連する外部研究委託件数は、代表的なものだけでも第4章表4.1.2に示したとおりきわめて多数にのぼっている。いずれもわが国の代表的な研究者および研究組織に対する研究委託であるが、

図9.5.1　大阪府第２次案1959.8

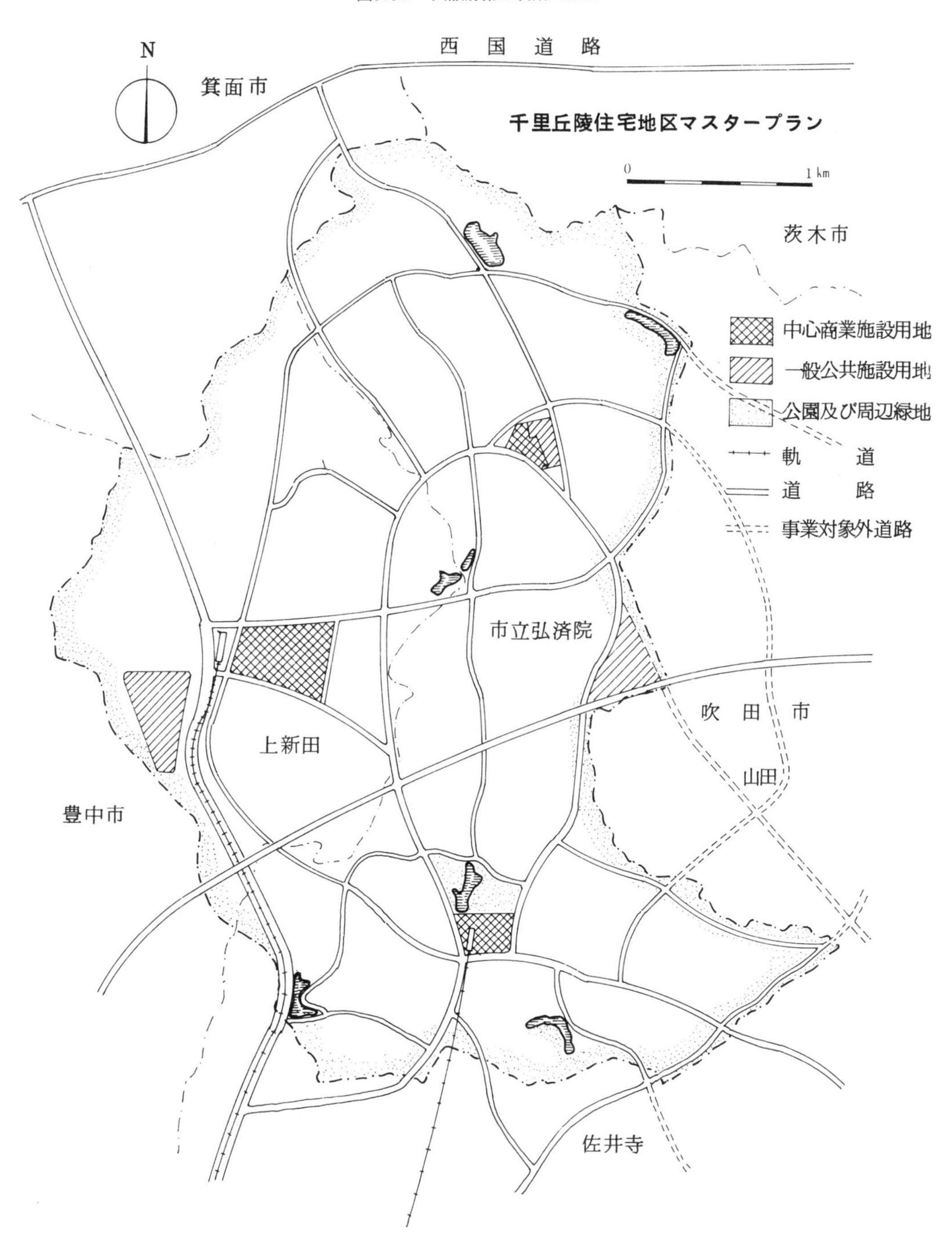

大阪府建築部「千里丘陵住宅地区開発事業説明書」1959.9. より

その目的は大別して次の2つにあったと思われる。

第1は、未経験の大規模開発事業を進めるうえでの実質的な研究成果を期待したこと。第2は、このような斯界の権威を網羅して協力をあおぐことによって、事業の公共的正当性および政策的効果をアピールせんとしたことである。

この点は、研究委託の項目およびその成果のとり扱い方に端的に現れている。すなわち、
① 研究委託の内容が、いずれもフィジカルな分野に限られていて、用地買収推進計画、資金財政計画、組織運営計画等については、一切外部への研究委託を行っていないこと。
② フィジカルな分野についても、決して最終的決定案を求めておらず、あくまで参考資料の作成を求めていること。
③ その結果あらゆる研究成果について、事務当局はこれを事業推進の立場から自由に取捨選択しうる立場に立っていたこと。

以上のごとき状況は、基本的にはかかる研究委託に関する基本的なルールが社会的に確立されていなかったことに基因するわけであるが、現実の問題として、第1に受託者側である研究者の状況として、このような新しい分野に全面的にとりくみうるだけの力量を有していなかったこと、とくに事業推進に関する事務組織のあり方、用地買収交渉実務、財政運営計画等に関する研究者は皆無に近い状況で、ひとりフィジカルな分野に関する研究のみが研究委託に耐えうる程度の研究蓄積状況にあったことがあろう。そして第2に、大阪府の事務当局自体には、これらを総合的に検討して事業を推進していくだけの一定の力量が備っていたことがあろう。いいかえれば、事態の進行ないしは要請に、研究者側の力量が対応しきれぬ状況が存在したとみるべきであろう。

この背景に、事務当局のスタッフが、一方で部内研究会を組織して、外部研究者やその他専門家を講師に招へいして基本計画案の具体的検討を重ねていたことも見逃せない。たとえば1958年10～11月段階に組織された「千里山合同ゼミ」[1]では、大阪府のスタッフと日本住宅公団大阪支所および京大西山研究室のメンバーが集まって、大阪府としての主張を明確に打ち出すための基本計画案を2案作成している。

続いて、1959年2～3月段階では「配置計画研究会が組織され、表9.5.1のごとき学習会を行っている。

「大阪府第2次案（1959.8）」は、まさにこれらの部内蓄積の上にたって提示されたものであった。

9.5.2　大阪府第2次案の特徴点

第2次案において「基本方針」に表現されている文脈は、基本的に第1次案と大差はない。すなわち次の通りである。
① 主として大阪市の業務地域通勤者を対象とするBed Townとすること。
② 100人／haの人口密度を目標とすること。
③ 地区内部の地域的構成は小学校を中心とする住区を基本単位とし、地形、社会階層、開発段階計画を考慮すること。
④ 周辺緑地の設置、北大阪地方のレクリエーションゾーンの一環としての公園緑地その他の施設を整備すること。
⑤ 本地区の文化的環境を豊富にし、あわせて通勤輸送の一方向性を是正するため大阪市方面からの人口を導入し得る病院、教育施設等を積極的に誘致すること。
したがって、第2次案の特徴点は、具体的な計画内容そのものにあると考えてよい。すなわち、第1次案と比較したとき、重要な相異点として次の各項を指摘することができよう。

図9.5.2　1960.3.27大阪日日新聞

大阪日日新聞　昭和35年3月27日　(日曜日)　4版　(日刊)

いよいよ"夢の町"づくり

千里丘ベッドタウン

千里丘陵に千四百十九万平方㍍（四百三十万坪）の土地を求め、ことしから八年がかりで二万八千戸、人口十五万人の衛星都市を新しく作ろうという大阪府の計画は着々と進められ、すでに六割以上の用地買収も終わったが、このほどそのマスタープランを完成、きょう二十六日朝、田中副知事から全容を正式発表した。これは"みどり"で囲まれたベッドタウンの外側に会社、工場など市民の勤務場所があるという英国方式のニュータウンではないが、役所、学校、公園などの公共施設をはじめ商店街、レクリエーション施設などを完備、大阪市中心街へ楽に三十分以内で通勤できるという新構想のホームタウン。外国からも注目されている大規模なプランである。

3万戸、15万人を収容

＝写真は千里丘ニュータウンの完成予想図、中央の駅付近に商店街ができる

学校や病院施設も完備

計画の中心になる住宅建設は、公営住宅、分譲住宅各六千五百戸、公団住宅一万三千戸、併存および店舗併用住宅二千戸計二万八千戸で、全用地の半分近くが鉄筋アパートなどの近代的な住宅用地に使われ、一ヘクタール当たり百人の人口密度を目標にしている。

この周辺には都市公園六十八万三千百平方㍍、近隣公園十九万八千平方㍍、公園墓地十五万一千八百平方㍍、周辺緑地百六十万七千百平方㍍計二百六十四万平方㍍（全用地の二割）の公園を作り、さらに全用地の一・五割を道路用地に当てる。公共施設用地は二百二十四万四千平方㍍で、この中に十四の小学校と七つの中学校を建てる。

地形は標高二十㍍から百三十㍍、大部分が五十―七十㍍の丘陵で、その間に変化に富んだ谷間が入りこんでいる。丘陵部は松、竹、果樹などの林におおわれ、そのゆるやかなスロープは現在田畑として開発されているが、水田の収穫は用水や地形の関係で一反当たり三石・以下で、タケノコ、モモ、ミカンなどが主産物になっている。

道路交通はこの地区を南北に二分する旧一市場―豊中線が東西に貫いていて、南北には府道の新田―吹田線と小野原―山田線が通っている。また地区内には阪急千里山線があるほか、上新田―豊中、弘済院―吹田間にそれぞれ阪急バスが運行している。

大阪府では現在十八万戸の住宅が不足しており、さらに毎年三万戸以上の需要増があってわずかの住宅建設では需要増とのイタチごっこのかたちになっている。しかも最近地価が上がって用地の確保がむずかしくなってきており、この根本的な解決のため大阪府が大規模なニュータウンの建設を急いでいたもの。

千里丘陵地区が選ばれた理由は吹田市北部、豊中市東部の丘陵地帯が大阪市中心部からほぼ十五キロ以内にあり、地形も理想的な高級住宅地区としての環境にめぐまれていながら、これまでほとんど開発されていなかったためである。同地区の東南には国鉄、阪急、名神高速自動車道路など京阪間の交通幹線が集中し、吹田―高槻間に新しい工業地帯が発展してきているので、その後背地としての開発も予想され、また大阪空港の整備にともない伊丹から京阪神に向かう交通上の要点としても発展が期待されている。

将来は地下鉄も
電線は地下ケーブルで

マンモス・ベッドタウンの具体案は―阪急千里山線をタウンの中心部まで延長させ、中心部には銀行、マーケット、集会場、映画館などを設置、その周囲にアパート群が広がる。都市美観を出すため地上には電柱を一本も立てぬ地下ケーブル式。

青写真を目下検討中であるが、このタウンについて田中副知事は「将来阪急と地下鉄の終点をこのタウンまで持って行く話し合いを進めており、公団、府関係を含め総額千二百億円というバク大な投資がこの夢のタウンに投じられると思う」と語っている。

①　区域界――吹田市山田地区既存聚落部分を区域から除外。

②　鉄道導入――阪急千里山線の延長線、および大阪市高速鉄道の延長線の2本を地区内に導入。駅舎を中心とする中心市街地の形成。

③　土地利用比率――第1次案に比し道路面積が増えゴルフ場計画が消滅。

④　資金財政計画――事業費総額の膨張分を国庫補助金および府費負担金でまかなう。

以上のごとき相異点にも明らかなように、第1次案をベースとして、外部委託研究、内部検討を通じて作成された第2次府案は、いわば過渡的存在として、対外的効果を目的として作成されたものと考えてよい。すなわちそれは次の各点に明確に現れているといえよう。

①　各委託研究成果は、ほとんど未消化のまま、資料として使用されたにすぎず、諸提案の採用、不採用が明らかにされていない。したがって、これは次の段階の、より詳細な検討に委ねられたとみてよい。

②　資金財政計画では、工事費中の公共事業費枠を、第1次案に比して格段に拡大し、これを国庫補助金と府費負担額で充当する計画とされているが、その目的は、そのような資金計画を提示することによって国庫補助金獲得の情勢を少しでもよくしようとしたことにあったと考えられる。

③　鉄道線の新設については、阪急千里山線と大阪市営高速鉄道線の2線の地区内延長が明記されているが、両者ともにこの段階での地区内延伸を決定しておらず本計画案はこれら両者との折衝のための資料であったと考えてよい。

したがって、大阪府は事業計画のより一層の具体化のために、次の段階の検討（第3次案の作成）を必要としたのであるが、にもかかわらずこの第2次案の構成（図9．5．1）にも明らかなごとく、そのパターンはすでに最終案ときわめて近い内容であって、そこにも大阪府の事務当局によるきわめて強い主導権の存在をみることができる。なお、千里NT建設に関する始めての公式発表が本案でもってなされたこともまた、本案の権威を高めた重要な要因であったと考えられる。（図9．5．2）

（注）

(1)　「千里山合同ゼミ」の参加メンバーは下記の通りである。大阪府：前田、和田、金井、公団：水田、大久保、吉井、金沢、京大：絹谷、服部、湯川、住田。合同ゼミは数日間の合宿によって、大阪府案としてA、B2案をまとめている。検討経過の概要は次の通りである。（「絹谷メモ」1958、10、30大阪府内部資料※107より）

①　A、B案のいずれをとるかについてゼミ参加メンバーの意見の一致がならず、二案作成と決定。（図9．5．3）

②　計画条件としては次の各項とする。

1)　計画区域：大阪府の買収予定区域を対象とする（必要によって影響圏を考慮する。）

2)　地域の性格：通勤者の住宅地域とする。

3)　開発形式：A、B両案作成にあたって決定。

4)　住区の単位：(1)事業主体別の開発とする。(2)密度はほぼ100人／haとする。(3)住区は高密度（200人／ha）、中密度（100人／ha）、低密度（30人／ha）を採用する。(4)住区のgroupingは分区ではできるだけ同質の住宅で構成するようにする

図9.5.3　大阪府A、B案（千里山合同ゼミ案）

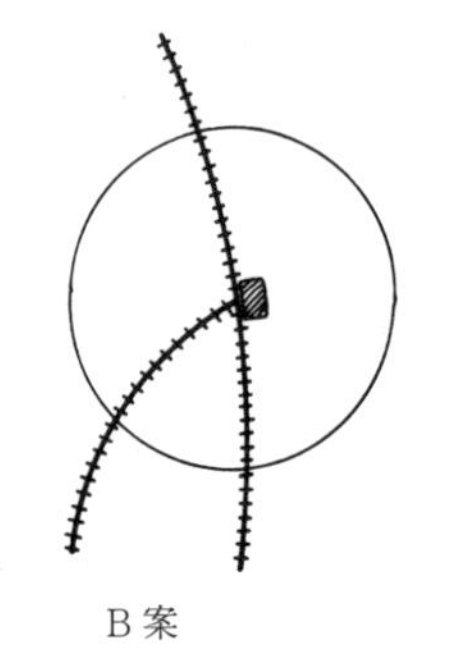

A案　　B案

住宅形式の比率：各グループで決定、⑵住区は3～4分区で構成、⑶住区群は3～4住区で構成

5) 事業体別住宅の形式と供給の方法

	賃貸	分譲
大阪府	中層、テラス	
公団	高層、中層、テラス	
その他公共団体	高層、中層、テラス	1戸建
民間（経営）	中層、テラス	1戸建 テラス
その他		1戸建 テラス

6) 施設

⑴ 分区：playlot、児童公園、保育所、幼稚園、託児所、集会所、診療所。

⑵ 住区：小学校、小公園。中学校は2住区に1校を原則。

⑶ 住区群：商店街、近隣大公園、その他 community 施設。

⑷ その他：(イ)診療所は密度を考慮してきめる(ロ)集会所は分区に1つ、(ハ)下水道計画は大阪府にまかす。(ニ) shopping：公団では2、000～2、500戸に対して1 market、京大案では分区店舗6～7店、あとは住区にまとめる。

7) 道路巾員

分区界：11m（歩道ナシ）、15m（歩道アリ）

隣保区界：6m（歩道ナシ）

棟区界：4m（歩道ナシ）

アプローチ：3m（歩道ナシ）

③ 当面決定すべき問題。

1) 阪急線延長路線決定について：地区内突抜けとするか、う廻させるか。

2) 地下鉄線の終点：箕面へ延すか、centre までとするか。

3) 駅間距離。

4) 阪急線両脇を沿線開発するかどうか。

5) 地下鉄をどこから centreapproach させるか。

6) 主要道路の決定。

7) 既存集落対策：上新田は1分区としてコミュニティ施設は使わせ、次第に美化するのを待つ。

④ マスタープラン作成にあたって考慮すべき点。

1) 道路断面。

2) 地域としての施設、種類と位置。

3) 交通機関系統。

4) グリーンベルト。

5) 既存集落対策。

⑵ 「配置計画研究会」は、1959.2.19～3.24の間8回にわたって次のように外部講師を招いて学習会を行っている。（表9.5.1）このうち千里NT建設に大きい影響を与えたと思われる報告の一部を紹介しておこう。

〈団地計画のプリンシプル〉 絹谷祐規

1) physical problem と social problem とがある。後者については生

活の担い手の変遷（とくに家族形態との関連）と人間関係が重要。

2）条件分析事項は次の通り。（次頁表）

3）grouping の問題。

A　住宅地における一般的傾向：

1　地域分化

2　似たもの同志で住む

3　地域移動の限定性

4　階層間移動の困難

		住宅地の選定	住宅の配置
physical	自然的条件	気候、地形、地盤、周辺の景観	日照、採光通風、防災防音、団地空間
physical / social	施設的条件	職場都市との関係、交通機関、道路	空閑地公共施設
social	人間的条件	周辺部聚落との関係	居住者の組合せ

B　都市における主要な階層と生活形態

1　ブルジョワ（専門、管理――経営者）

2　小ブルジョワ（中小企業者）

3　ホワイトカラー（a専門、b管理、c一般事務、d販売サービス）

4　ブルーカラー一般

5　ブルーカラー下層（日雇労働者）

表9.5.1　「配置計画研究会」内容

回	テ　ー　マ	講　師
1	団地計画のプリンシプル	（京大）絹谷
2	団地計画と都市計画	（府計画課）長谷川、松尾
3	配置計画の手法について	（大市大）斉藤、水谷、寺内
4	団地の下水道	（日本上下水道KK）板倉
5	公団旭ヶ丘団地の計画について	（公団）大久保
6	（特別講演会）土地に生えた建築を	久米権九郎
7	団地の植樹計画	（三芳園）森
8	配置設計と住宅設計	（大市大）鈴木成文

C　起りうべきこと：緊張と対立

D　対策：

1　社会的混合――communication の可能性

2　但し日常の生活は気易く――face-to-face group（primary group）の存在とその同質性（moral、統一性）。

E　グルーピングの原則：

1　強制的近隣圏――face-to-face group に対応（最小近隣単位）

2　任意選択的近隣圏――地域的コミュニケーションの出来る範囲。さまざまな居住者階層で構成される出来るだけ広い範囲（最大近隣単位）以上2集団を近隣の最重要単位とする。

3　その他にさまざまな集団が形成されるように努力する。但し、上記2集団の次に重視される必要のあるのは、子供の集団の単位としての幼稚園、小学校通学区。

〈配置計画の手法について〉　斉藤和夫

1　最近の配置計画の問題点

（1）団地のまとめに特徴が出てきたこと。

a）大阪府営団地のまとめ方――苅田中、苅田北、矢田部団地が特徴的。

b）公団関西支所の方針――棟は南面平行、道路は曲線か折線。

c）大阪市営古市団地――曲線路、棟配置の多様さ。

d）公団東京支所のグルーピングへの努力――阪佐1谷、金町ほか。

2　コミュニティをどう考え、どう表現すべきか。

○公団関東支所の方針

1）最小工事費用でいくと、極端な例としては、南面平行配置となる。

2）それをくずすとたちまちコストバランスがくずれる。

3）従って、建物は正南面平行配置を原則とし、道路は折線状を原則とする。

4) その他アプローチは4m、その他通路は全てペーブ、植樹。

5) どこの管理かわからぬ空地は避ける。

〈団地内公共、共同施設〉 大久保昌一

① 公団団地内における中心施設の建設方式

1) 分類

- 賃貸住宅用施設　集会場、管理事務所、遊戯施設、Kiosk 等
- 賃貸施設
  - 住宅用施設　倉庫、ガレージ（営業車用は不可）
  - A種施設　市（区町）役場出張所、巡査派出所等原則として収益のない業務を行うもの
  - B種施設　郵便局、公的診療所等収益のある業務を行うもの
- 民間施設　マーケット、住宅付店舗、店舗用倉庫等
- 小学校　（分譲）

2) 賃貸料、施設規模基準アリ（集会所、管理事務所、警察派出所、郵便局）

3) 保育所基準：児童福祉法第54条、厚生省令63号児童福祉施設設置基準

4) 幼稚園：学校教育法第3条、文部省令第32号幼稚園設置基準

5) 保育所及び幼稚園を団地内に設置する方法

(1) 用地を分譲する方法：公団団地内に他地発生公共団体以外は管理に問題。

(2) 土地、建物を賃貸する方法

(イ)個人の場合：賃貸料は民間施設に同じ

(ロ)公共団体の場合：B種施設に同じ

(3) 幼稚園の場合、法に定められた建設のための補助金制度がないので

(イ)2－イの方法をとる。

(ロ)当初保育所として出発し、あと幼稚園に切換える、ないしは兼ねた運営方法をとる。

〈配置設計と住宅設計〉 鈴木成文

① 配置設計として考慮すべき点

周辺の街との関係、団地内の道路のつけ方、住宅の配置とくにグループ（最小単位――中単位――近隣住区）、共同施設の配置、景観の問題、造園の問題。

② 住宅の配置とくにグループをつくる問題。単なる景観や雰囲気あるいは幼児の遊び場設置の問題だけでなく、居住者の集団の単位として考える必要があろう。主婦の生活、子供の生活。

③ 住戸のグループの大きさ

1) 1棟は（大きくとも小さくとも）何ごとにつけ集団の単位になる。中層フラットの一階段も同様。

2) T．HとFとではかなり問題が異なる。（T．Hでは小さなまとまりがつくりやすいが中層ではつくりにくい）

3) 視線のとどく範囲はまとまりの雰囲気としてかなり大きな要素となる。

4) 幼児の遊び場（プレイロット）を共有する住戸群。（T．Hでは数棟、中層では2～4棟か？）

5) アプローチ道路を共有する住戸群。（T．Hでは数棟、中層では2棟？）

④ その他

1) 南面平行配置のみを前提とした住居の標準設計は考えなおす必要。

2) 一階のみ階段室を南北通り抜けにする必要。アプローチの反対側に遊び場をとる。

3) 棟の前の処理を考える。

4) 一階の住戸に変化を与えることは考えられないか。（個人の庭をとる等）

5) バルコニーの扱い。遊び場との接触または対応関係。とくに方位

をふるとき隅部の扱いは注意を要する。

9.6 「マスタープラン案の検討」経過

9.6.1 基本方針の確認

大阪府は、過渡的に作成した「府第2次案（1959.8と、各研究委託の成果として出されている諸提案のすべてを資料として、本事業の都市計画決定のための最終案作成に着手し、これを東京大学高山英華研究室に研究委託した。[1]

委託課題は、「マスタープラン案の検討及び実施設計作成基準の作成」であり、同研究室は交通系統、住区構成、中心地区の位置、地区内公園緑地の処理、住区内施設等について検討を加え、さらに現地の事情（用地買収、実施段階）を勘案して第4案（最終案）まで作成した。その経過は図9.6.1～4に示すごとくである。検討過程において確認されたいくつかの重要な基本方針を整理すると次のとおりである。

① 大阪環状線の性格および位置の設定

地区中央部を東西に貫通する都市計画街路大阪環状線のとりあつかいについて、その性格設定として ⓐ高速道路としての性格から住宅地区内の道路とはなるべく平面交叉を避ける。ⓑ通過交通路線であると同時に地区内幹線道路としての機能を兼ねしめる。この場合は必ずしも立体交叉でなくともよい。の2つの考え方のうち、後者をとることを決定した。その理由は1)同街路による地区の南北分断を出来るだけ避けるため、2)街路の線型の比較的良い既存街路付近を通ることによってそれが可能となるからであるとした。

② 街路系統の設定

主要幹線街路として大阪環状線、御堂筋線を設定し計画区域内主要街路として、主センター、南部センター、北部センターの3つの大センターを環状に結ぶルートを設定した。また、中央線は緑道（パークウェイ）とした。

③ 計画区域の設定

土地買収の関係から、当初の計画区域から東部の丘陵地が相当面積にわたって除外されるなど、やむを得ず区域の増減を行っているが、そのため中心地区や幹線道路網の配置が適正を欠くようになったが、一方マスタープランの立場としては、将来の住宅都市のあり方、区域周辺の市街化傾向を勘案して決定すべきものであるので、千里山地区が住宅地として開発された場合、これにともなって当然市街化されると考えられる山田部落を含む区域をも計画区域に含めて考えるという方針を打出した。

④ 計画区域内の既存施設および既存部落の扱い方

計画区域の中心部には、弘済院等の既存施設がありこれらは住宅地の計画から除外されているが、人口15万の都市としての品位、環境保全、将来の繁栄を考えた場合これらは計画区域内の他の区域への移転方策を講ずる必要がある。また、既存部落については、計画区域の一体計画の中で考えられるべきであり、とくに住宅都市としての環境をつくりあげるためにも、実施段階に応じて適当な再開発を実施することが必要であるとし、そのため、既存部落を含む区域については、周辺部を含めて1住区として取扱うこととした。

⑤ 鉄道計画

本計画における輸送需要からみて、地下鉄線、千里山線双方が必要であり、地下鉄線延長の可能性があるならば、この際積極的に推進すべきであるとの基本方針を打出した。ただ可能性はあっても現実性において十分でないので、当面千里山線の延長を先行することとした。改良後の千里山線によって梅田まで20数分要しても、十分な代替機関がなければ止むを得ないと考え、また住宅地区の中を鉄道が貫通しない方が望ましいけれども、わが国の住宅地のように日常の通勤、買物等これに対する依存度がきわめて高い場合は、近隣住区を分断せぬ限りにおいて、やむを得ないことであるとした。

9.6.2 計画実施のための法制上の諸問題の検討

高山研究室の報告は、計画実施段階の問題に言及しており、計画の法定決定、事業の段階的決定、現行制度の総合的運用、新手法に伴う新規法制化の方法が必要であると述べている。これらは、この時点で大阪府事務当局が行き当っていた問題点を代弁した内容であり以下に要約して紹介しておこう。

① 計画の法定決定について

計画の実施にあたって、まず必要とされることは計画の法定化であり、この法定化によって事業が段階的に進められることが必要である。しかし、本計画のように大規模であり、かつ計画区域が異なった行政区域に属している場合、単に計画の法定化といっても簡単に処理し得ない。すなわち

1) マスタープランの法定決定の総合的手段が現在なく、現行の法定手続によれば、それぞれ行政区域別に、かつ、地域地区、街路、公園等施設部門別に、事業実施段階に応じて計画決定し、事業決定するという順序をとらざるを得ない。

2) とくに、マスタープランのもとに総合統一性をもって、交通、治山、治水、教育、衛生、ガス、電気等の計画を実施していくためには、本来、行政区域等の制約にとらわれない新都市建設法（仮称）の如き新規の法制化が最も望ましく、本計画の実施上におけるマスタープランについては、これに準じた措置を講ずる必要があり、計画の実施事項はすべてマスタープランに基いて行われるよう措置することが必要である。

3) マスタープランに含まれるセンターの処理については、現行制度上は手段がなく、更に検討を要する。

4) 計画決定の手段としては、全区域にわたって一括して決定する方法と、実施段階として必要に応じて部分決定する方法とがあり、用地買収状況および行政上の問題にも関連すると思われるが、マスタープランの法定化が制度化していない今日、一括して決定することに種々の困難を伴うものと考えられる。とくに本計画の如く北部クラスターの部分が不確定要素を多く含む（引用注：阪急千里山線の延長如何にかかっている）場合においては、南部クラスターについてまず計画決定し、北部については実施段階に応じて決定するのも1つの方法と考えられる。

5) 住区の計画決定については、現行法制下では一団地の住宅経営による以外になく、その場合、

イ 計画区域を一括して決定する場合

ロ 各住区単位に決定する場合

とがある。前者はセンター地区、地区内街路、公園等を一団地経営の事業として決定事項とせざるをえぬ点が問題であり、後者の幹線街路を都市計画街路として決定し、住区別に事業実施段階に応じて決定していく方法の方が問題が少い。

② 用地買収と未買収地の処理について

計画の実施に当って全面的に或はより広く買収することは望ましいが、徒らに計画決定および事業実施の時期を遅らせることも好ましくない。従って、時期をみて買収を打切り、未買収地については、街路事業、1団地の住宅経営による土地収用の運用、換地手法、使用制限等を考慮する必要がある。

③ 事業分担に伴う住宅供給機関への土地の譲渡について

マスタープランの遂行上、分担に伴う土地譲渡に当っては、マスター

プランに含まれている計画事項を条件とするか、または一団地の住宅経営として決定したのち譲渡するかのいずれかであると考えられる。従ってこの場合、一団地の住宅経営の計画条件としてマスタープランの内容が明示されていなければならない。

④ 計画を実施に移す段階で必要な準備作業と法定上の諸問題

1) 一団地の住宅経営の「発案者」は大阪府とする。

2) 吹田都市計画、豊中都市計画と表示する。(両市にまたがる施設は比重大なる市により表示。)

3) 街路等は別途決定する。(問題点) その場合の一団地の住宅経営決定との時間のずれ。

4) 事業執行者は原則として知事とし、一部公団特許とする。(問題点) この場合の特許範囲の表示方法、特許者への土地売却、旧地主との関係。

5) 土地区画整理を併用する。(問題点) この場合の時期、公団部分の取扱い。

6) 差し当り南部地区のみ計画決定する。(問題点) この場合北部地区との関係。

7) 南部地区も5団地経営として分括して取扱う。(問題点) 一団地住宅経営の規模。

8) 中心業務地(商店街)、周辺大緑地も一団地の中に含めて取扱う。(問題点) この場合の住宅経営の性格。

9) 各団地は主として幹線街路の中心線で囲まれた範囲とする。(別途街路決定を重ねる) (問題点) この場合、幹線街路を含む点、街路を除く場合は、周辺の小ブロックの取扱い。

10) 上新田、山田部落も計画決定する。(問題点) 事業決定をしない場合の建築規制と税。

11) 決定内容は、団地境界、面積、建物容積形態、主要施設等とし、他は参考表示とする。主要施設は、公園、緑地、街路、広場、学校、処理施設等。

12) 宅地のみの分譲は行わない。これは事業費説明書との関連。

13) その他設計上の問題、地域制の問題。

9.6.3 「住宅都市の計画基準」

高山研究室による報告の後半は「住宅都市の計画基準」である。その内容は日笠端による「共同住区の計画基準」(前出：日笠学位論文１９５９、11所収) および日本都市計画学会「新住宅都市の計画基準に関する研究」(前出、日笠ほか住宅公団１９５７年度委託研究) のまさしく延長上にあり、上記2基準に「実施計画」として1) 実施計画の方針、2) 開発計画の段取り上の注意、3) 経営、管理の各項が付加されたものと考えてよい。特徴的な点は、千里ＮＴに続くＮＴ開発を意識して、とくに大阪地域において住宅都市を建設することの意義を強調していることであり、大阪の場合は「大阪市から放射する鉄道沿線の通勤限界の範囲内において大規模な住宅都市を建設する方法によることが必要である」としながらも「しかし、東京の如く通勤限界一ぱいに連担市街化された過大都市の場合はこの方法は適用すべきでない。」と、この基準が大阪むけであることを明記している点である。とはいえ、同「基準」は、これまでの諸基準の集大成ないしは決定版ともいうべく、爾後の全国的なＮＴの簇生を当然意識して作成されていたものであると見るべきであろう。以下同「基準」の主要項目のみ紹介しておく。

第2編　住宅都市の計画基準

第1部　基本計画

第1章　意義と計画方針

Ⅰ　意義

図9.6.1　高山研第１案

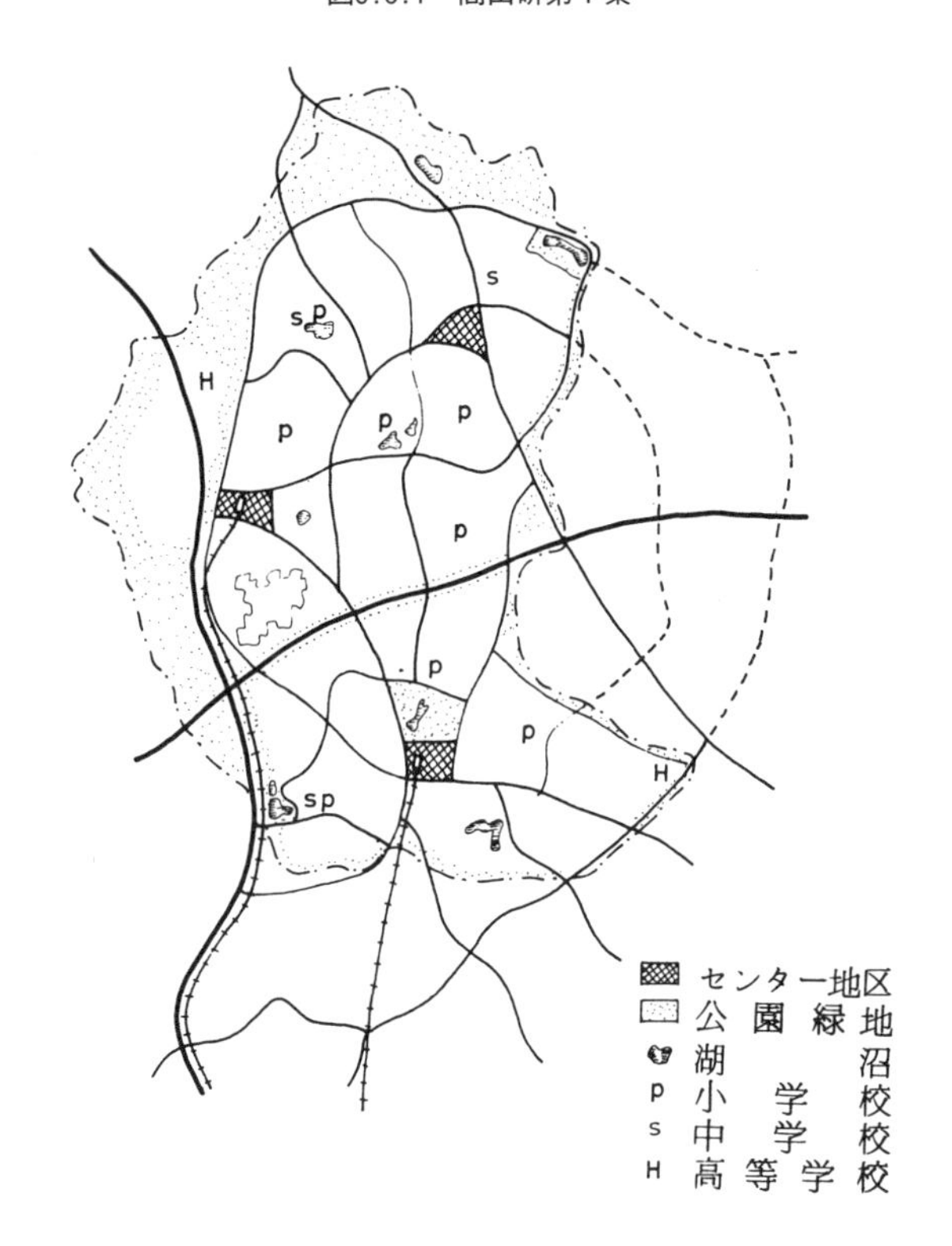

図9.6.2　高山研第２案

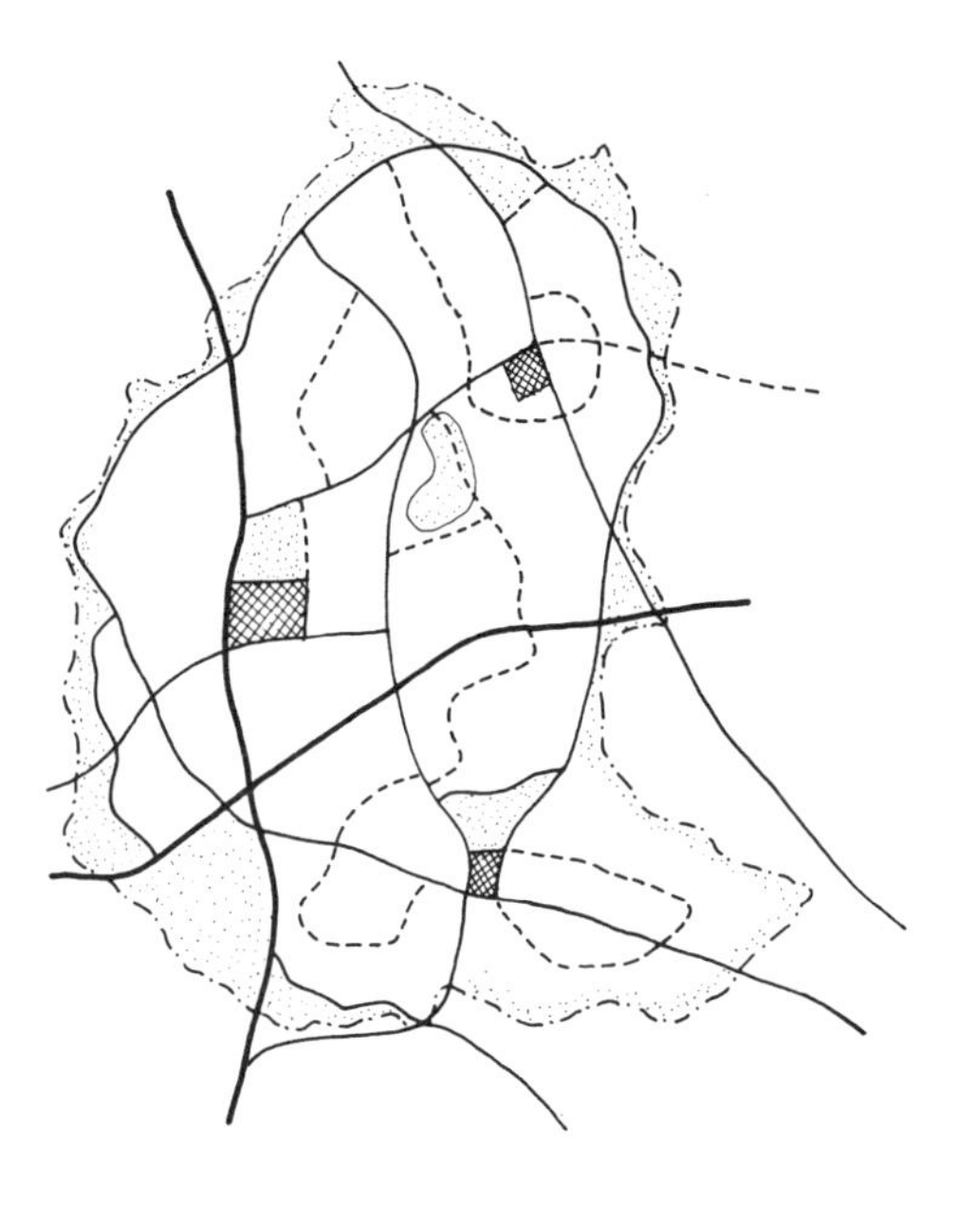

図9.6.3　高山研第３案

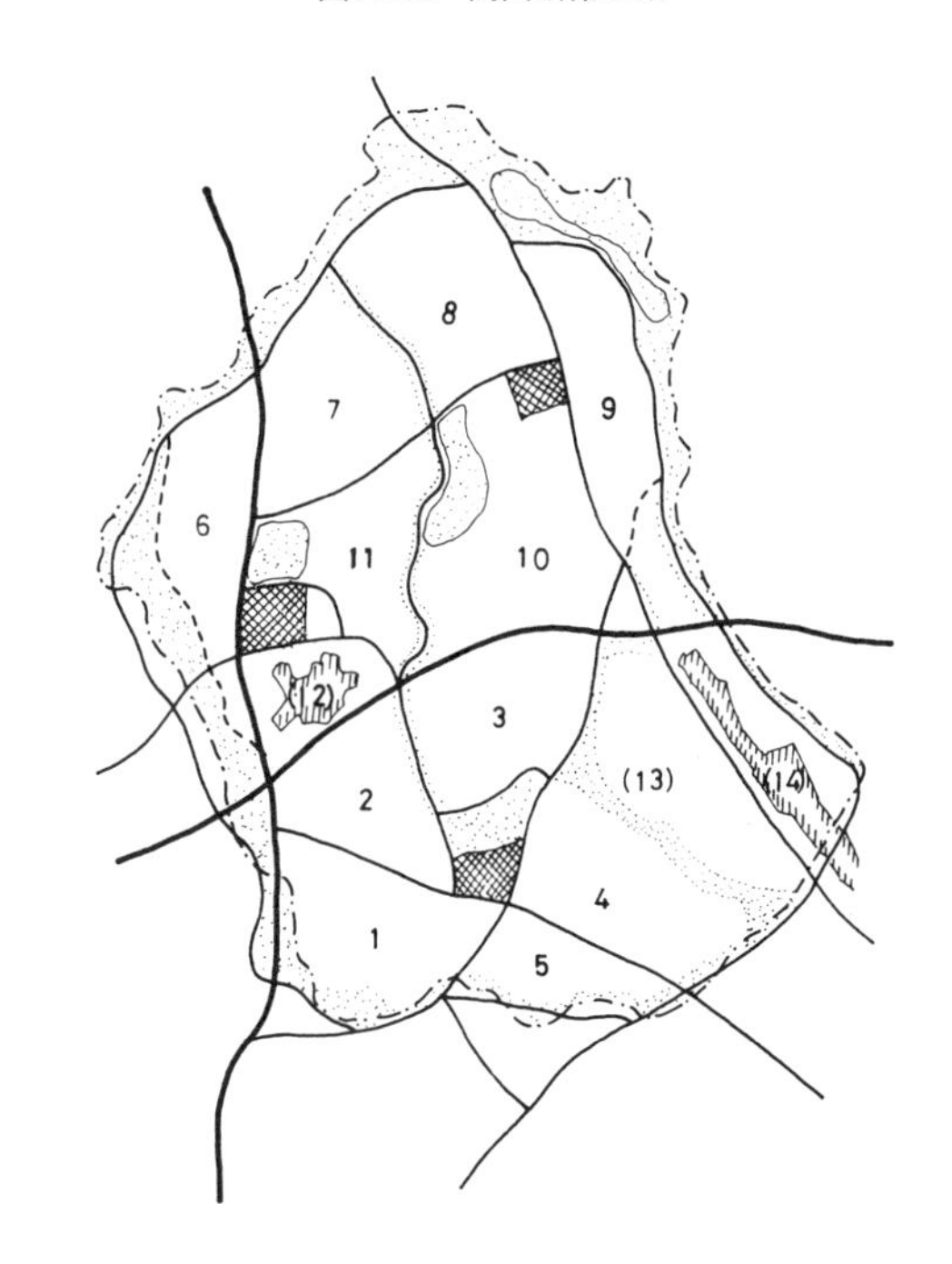

図9.6.4　高山研第４案

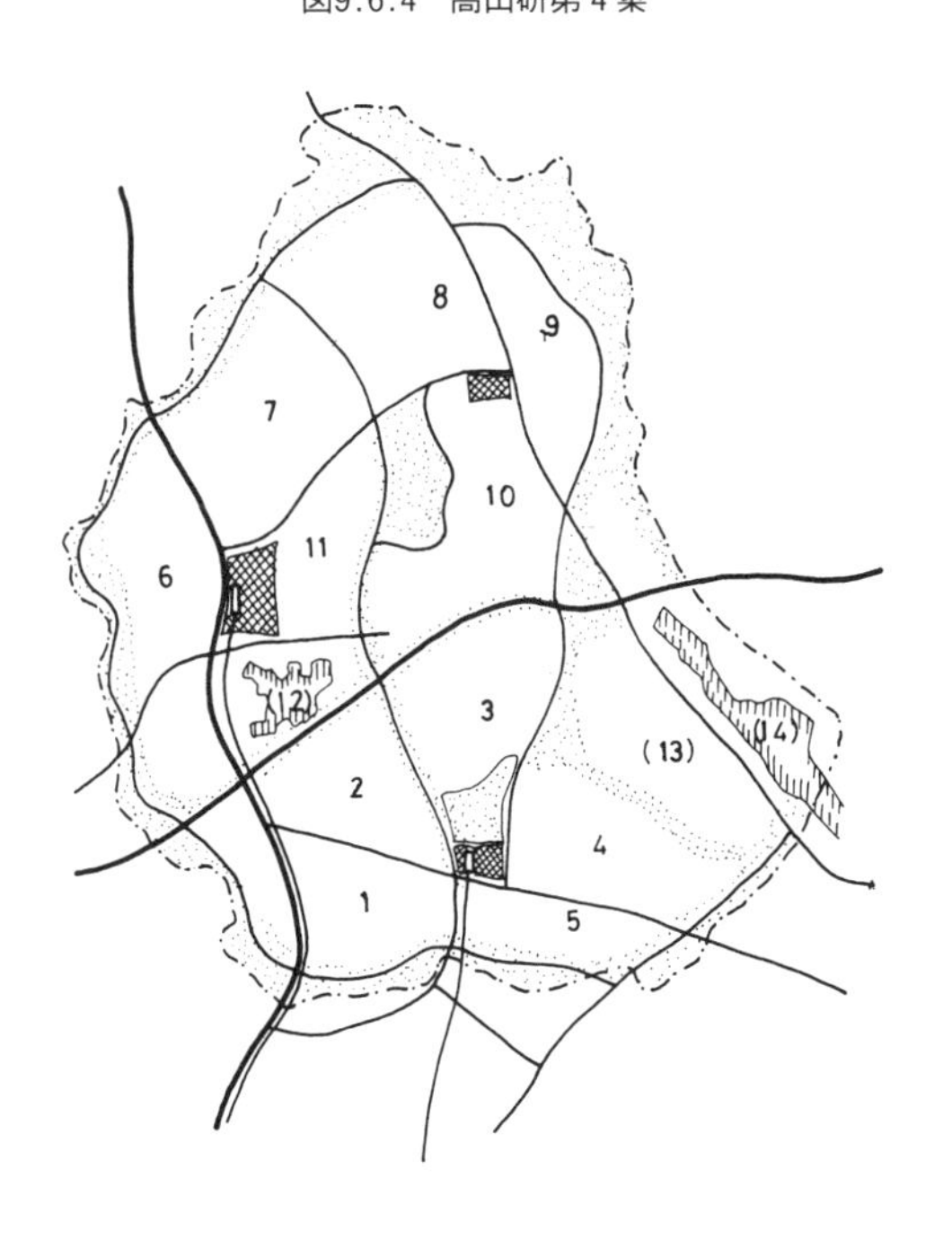

(注)

(1)　「マスタープラン案の検討及び実施設計作成基準の作成」研究組織は下記の通りである。

主任研究者　高山英華　東大教授

研究者　松井達夫(早大)、横山光雄(東大)、石原舜介(東工大)、奥村、楠瀬正太郎、井上孝、楫西貞雄、日笠端、入沢恒、大庭常良(以上日本都市計画学会会員)

9.7 「住宅供給方法の検討」経過

9.7.1 住宅需要構造の検討

大阪府は、一方で千里NT建設の中味ともいうべき住宅供給のあり方について、その需要状況も含めて京都大学西山研究室に調査研究を委託した。(1)

委託課題は「住宅地開発に於ける住宅需要の測定とその供給方法に関する調査研究」であり、同研究室は千里山地区の住宅需要の性格、世帯増加の推定と住宅需要、住宅の供給型と需要層、需要の推定等について検討を加えた結果、結論として、大規模な総合的居住地〝Home town〟創出にむけて、「居住者層の mixing を積極的に行う」という方向で、40,000戸の住宅建設のための供給型配分の提案を行った。

同研究は、従来大阪府が千里NT建設の公共的正当性の説明に用いていた、「府下住宅難世帯数」とそれを解消するために必要な住宅戸数である「不足数」の提示と、その数分の1にも満たない数値である千里NT計画戸数の提示という方法(これによって、千里NT建設をもってしても未だ〝焼け石に水〟でしかなく、今後も大いにNT建設が必要であることを強調し、同時に千里NT建設の必要があたかも〝自明〟であるかのように説明してきた)の非論理性を鋭く指摘するとともに、このような、需要と何等結びつかない「不足数」ではなしに、供給政策が確固として依拠しうる有効需要を測定することの必要性を提起した。

その方法を端的に言えば、大阪都市圏全体についての住宅需要構造の階層的把握と、千里地区に対する地域志向性と階層的限界条件の適用という方法であり、これによって始めて同地区に対する住宅需要を正確に予測することができると同報告は述べている。

ここにいう住宅需要構造の階層的把握とは、西山卯三による住宅階層論として、この時期において集中的に理論展開と実証が進められていた方法の一部であり[2]住宅に対する不満、その顕在化の契機、及び供給型には多様な種類があるが、都市住民はその居住地、階層構成（職業的階層と経済的条件との2つの指標で大体分類把握ができる）によって、ある種の特徴的な組み合わせの型をもっているとみられ、そのような組み合わせの型を明らかにし、各階層ごとの居住状態の現況とその階層の所属住民数の推定から住宅需要を測定するのが最も正しい需要の測定方法であるとする考え方である。

以下、同報告が明らかにした「千里地区への住宅需要の顕在化の事情」を紹介すると次のごとくである。

(1)　大阪市内及周辺にすんでいるものが、現住地の環境をきらって郊外に出ている層。契機としては資産関係の条件の変化、家のたてかえ、職場変更等、ブルジョア層に期待しうる型。

(2)　家族の分解、分離に際して、独立して住宅をもとうとする場合、若い世帯（新婚）の場合と老人の場合とがある。アパート需要に大体前者が多い。それをつなぎとめておくための成長した家族生活に適するアパート供給は現在少いが、これをふやすことによって定着度はずっと大きくなるばかりでなく、アパート生活様式を豊かなものにしていく機縁をつくろう。蓄積を投下しうる高級層にあっては、もっと自由な供給形式の選択が行われる。また一旦アパート的居住におちついたものの中で、1戸をかまえようとする型の需要が将来この層からも不断に出てこよう。

(3)　地方より大阪へ流入してくる人口のうち、住宅居住を必要とするもの——一般的にいって流入人口の多くは単身で、身寄りないしは職場を頼って来、寮や間借りといった形にまず落着くが、家族もちの場合はそうはいかない。しかしこうした場合でも、風格、名声が確立していなければ、引きつける能力は少ない。（縁故による吸引は当初は期待しえないから、よけいに）

(4)　大阪市及び周辺の不適格居住状態（住宅難）世帯が生活の向上とともに郊外住宅に居住をのぞむ場合生活の向上は、経済的条件の変化、住意識の変化、家族成長の要求などいろいろある。そういう変化を住生活の向上に行動化するのは、住意識の比較的高いホワイトカラー層以上に多い。

(5)　大阪に通勤している遠距離通勤者。これは従来ならば、直ちに[3]の形をとったが、住宅難のため抑制されているもの。その抑制条件をうちやぶる契機が必要である。その点[4]と同じ。

9.7.2　住宅供給計画の検討

住宅需要は、住宅供給計画との関係において始めて顕在化しうるものであり、かつ住宅の供給は都市の計画ないしは経営と密接な関係にあって、単に需要者の一時的傾向や、住宅供給業者の型にひきずられることは厳にいましめらるべきである。いいかえれば、住宅供給計画には確たる政策的方針が必要である。

住宅供給計画設定の方法に関して、同報告では、まず次の10種の供給型を設定し、これと需要型との対応関係を設定するとともに、その組合せを大阪府の住宅政策あるいは当地区の都市計画的な位置づけによって決定するというプロセスをとっている。

まず供給型の提案内容は次の通りである。

1)　分譲住宅

2)　宅地分譲

3) 公営第1種住宅
4) 公営第2種住宅
5) 公団A種住宅――現在の住宅公団の供給する型
6) 公団B種住宅――完全冷暖房、電話つき、広い居間付の高級賃貸住宅
7) 一般高級貸家A――収入が現公団階層で、現在の如き公団住宅の画一的なものにあきたらない層に対し、民間のバラエティに富んだ住宅を供給するため
8) 一般高級貸家B――公団Bがどちらかといえば合理的高級住宅であるに対し、別の観点からみた高級の賃貸住宅
9) 特殊低家賃住宅――公営3種ともいうべき、公営による補助額をふやした低所得者向住宅
10) 給与住宅

これに対して、組合せのあり方としては、次の5つのタイプが設定されている。

a) 比較的程度の高い賃貸住宅のみで地区を構成する
b) 公営住宅のみで地区を構成する
c) 需要の現れ方に略比例した供給をする
d) c)の供給のうち持家の率を12%程度にへらし、賃貸住宅の比率を相対的にあげる
e) 持家を中心とした供給とし、あとは公団、高級一般貸家、給与住宅で従来見られた如き高級住宅地都市の如き雰囲気を与える方法

このa)～e)の各供給タイプに従った住戸配分案（総数を40,000戸とした場合）が表9.7.1であり、それぞれについての評価は次の通りである。

a)は高級賃貸による新しき住宅地として、新しき型であるが、持家のないために階層の片より、地区の安定が極めて保ちにくいこともあり、また variety が少ない欠点も出る。また利用しにくい土地を宅地分譲してうまく居住者に使わせるという方法もとられない。こういう点で一応難点がある。従ってもしこの方法をとるならば、高級貸家として、さまざまな形式の住宅を供給することで出来るだけ変化にとむ景観をつくり出し、居住者層もかなり各階層より集まるという方法をとる必要がある。

b)は公営単一住宅地で、斯の如き大住宅都市になると、あまり単一すぎて却って欠点が続出することが考えられる。

c)は比較的無難な方法であるが、持家の比率が大きすぎ、この地区を都市経営のモデルとして新しい運営法をうみ出してゆくためには持家の率をへらす必要がある。そのような観点をとったものが、d)である。

e)は旧来の住宅地を指向したもので、かかる供給方法をとるならば、当地区開発の積極性はなんら無くなってしまい、民間の宅地供給と何等異なるところがないようになってしまう。

以上の検討より、同報告は結論として、d)の供給型を推奨している。

9.7.3 西山研「報告」の結論

同「報告」の結論は次のように整理されている。

(1) 千里山丘陵地区における住宅需要は、現在予定されている開発計画（八ヶ年2・6万戸建設）に対しては、充分これを上まわるものが予想され、むしろ更に大規模な開発が可能な状態である。

(2) しかし、これをスムーズに行わせ、かつ本開発事業がよりのぞましい成果をあげるためには、従来の大団地開発の域をさらにこえた大規模な総合的居住地〝Home town〟を創出するという目標のもとにその風格を確立していくような総合的な対策をすすめることが大切である。

表9.7.1　千里丘陵開発地における住宅配分計画案

		需要推計 戸	%	a		b		c		d		e	
計		95,000	100	40,000	100	40,000	100	40,000	100	40,000	100	40,000	100
持家	分譲住宅	16,377	17.2	—		—		7,000	17.5	4,000	10.0	13,000	32.5
	宅地分譲	6,900	7.3	—		—		2,900	7.3	1,000	2.5	5,000	12.5
賃貸住宅	公営 1種	22,612	23.7	15,900	39.7	22,500	56.3	9,500	23.7	11,000	26.5	—	
	〃 2種	17,650	18.6	—		17,500	43.7	7,400	18.4	7,400	18.4	—	
	公団 A	14,585	15.3	14,510	36.2			6,100	15.3	9,900	24.8	14,500	36.3
	公団 B	4,815	5.1	4,800	12.0	—		2,040	5.0	2,040	5.0	—	
	高級貸家A	3,770	4.0	3,700	9.3	—		1,600	4.0	1,600	4.0	2,500	6.2
	〃 B	1,124	1.2	1,100	2.8	—		460	1.2	460	1.2	1,000	2.5
特殊低家賃住宅		3,127	3.3	—		—		1,300	3.3	1,300	3.3	—	
給与住宅		4,040	4.3	—		—		1,700	4.3	1,700	4.3	4,000	10.0

出典：「住宅地開発における住宅需要の測定とその供給方法に関する調査研究」

(3)　それは、現代における最高レベルの風格をもつ住宅地区造成を意味する。といっても、従来「高級住宅地」といえば「芦屋」に代表されるような、邸宅地区型の住宅地を予想する考え方が一部になお残っているが、本地区の場合それは決して〈芦屋型〉を理想とするものであってはならない。それは全く新しい風格をつくり出すものでなければならない。

(4)　新しい〝Hometown〟の風格形成の中心は、合理的、快適な住生活をたのしきものとする居住者の態度にマッチし、それを受けとめようとするもの——いわば〈住生活型〉居住者層に対応することを根幹とすべきである。したがってその住宅供給の大半は公共的賃貸住宅でなければならない。建売分譲および宅地分譲は、どうしても貸家居住に向わない持家指向型需要の一部にこたえる余地をのこしておくという限度で、および一部特殊商業混合地域のみに最少限にとどめること。将来宅地、家屋所有者が勝手気ままな建設、改造をおこなっても、〝Hometown〟の風格にほとんど影響を与えないようにまえもって計画的に配慮された地域に限るべきである。

(5)　将来の居住水準の向上、住生活構造の変化を予想し、住生活志向型の増大、その要求向上に対応しうるよう、それに対し、分譲住宅あるいは高級邸宅地の準備というよりも、高級貸家〈デラックス・アパート及び大テラス型〉供給の展開にそなえて、その配置地域を予定し、保留しておくことが必要である。

(6)　本地域開発の住宅政策的意義は、現下の住宅難を解決するという所にあるのは無論であるが、その解決すべき問題を狭義の量的住宅難あるいは最下層の住宅事情の改善というような所に狭く限定すべきではない。むしろ近い将来、それが住宅政策の中心課題となるであろう国民住居水準の飛躍的向上を目標とする、都市の総合的改造につらなる問題として把握すべきである。この観点からすれば、低家賃住宅は公営第2種を最下限とすべきである。

(7)　〝Hometown〟の部厚い風格を形成させるため住区群単位以上の地域においては、単一の居住階層に偏しないような居住者層のmixingを積極的に行うべきである。しかし宅地分譲地域の設定についてはすでにのべたように慎重を要する。

(8)　風格を維持するため、宅地及び建売分譲地には、あらかじめ慎重に準備された〈建築協定〉を居住者の自発性に基いて、締結さるよう指導すると共に、中心部、主要部、公共用地の管理については、充分な設備と経費を見ておくことが必要である。特に重要なことは、〝Hometown〟の経営に関して、土地の処分などについては長い将来の発展をみこした観点につねにたち、いやしくも近視眼的な〈採算〉でうごかされることのないような体制と指導理念とを確立しておくことが必要である。それによってはじめて、理想的な〝Hometown〟が建設され、住民と開発経営主体に根本的な利益を約束するであろう。

(9)　以上の点を考慮して、４０、０００戸の住宅建設は、表９.７.１の(d)の供給型配分をとることが適当と考えられる。

９.７.４　大阪府における独自の検討経過

京大西山研究室による「住宅供給方法の検討」成果を受けて、大阪府が作成した第3次案（１９６０.７）のための住宅供給計画の方法は[3]、きわめて興味深く、前例のない事業を推進するために府当局内部で真剣な検討が進められていたことを物語るので、以下に紹介しておきたい。

①　人口、総戸数の算定

・総面積約３５０万坪（東豊中、山田、上新田、弘済院の各地区を除く）、人口密度１００人／haとすると、人口：約１１７、０００人。

・うち１２、０００人を併存住宅、併用住宅、養老院、学生寮等に収容することとし、１戸当４人とすると、戸数：約２６、０００戸。（他に併存住宅、併用住宅約２、０００戸）

・住宅用地面積の総面積に対する割合をおよそ40％、１戸当所要敷地面積を、集合住宅30坪／戸、１戸建住宅１２０坪／戸（ともにＮｅｔ）とすると、

集合住宅	１９、０００戸、	５７０、０００坪
１戸建住宅	７、０００戸	８４０、０００坪
計	２６、０００戸	１、４１０、０００坪

（総面積の約40％）

②　住宅の供給原則と住宅構成原則の設定

・住宅建設は、この地区に居住する人たちの世帯構成、職業、収入に対応して、規模、住宅形式（１戸建、連続建、共同住宅）、所有関係（借家、持家、給与住宅）等が適当なバランスを有していなければならない。

・千里丘陵住宅地が持つべき上記のバランスは、千里丘陵住宅地区の持つべき理想形態のほかに、各種住宅の供給可能な量と質、千里丘陵住宅地への需要等がからみあい、簡単には決め難い。そこで、供給の可能性の側から各種住宅の建設戸数を設定し、これを既成都市のデータによりチェックする。（表９.７.２）

③　千里丘陵地区への住宅供給量のシェア決定

・千里丘陵地区への住宅供給は、その建設量が定常化した状態において、府下の政府計画住宅建設量（年間約１５、０００戸）のおよそ30％である。

・公営住宅は、現在の府営住宅建設量（年間約３、０００戸）のおよそ１／３、公団住宅では現在の年間建設量（約５、０００戸）のおよそ20％、公庫住宅では、現在の年間建設量（約４、０００戸）のおよそ25～40％である。（表９.７.３、９.７.４）

④　住区の構成

・都市は各種の階層がある程度混り合っていることが必要であるが、一

表9.7.2 既成都市のデータと千里 NT 計画（1960）の比較

	千里 NT 計画（1960.2）	既成都市の諸データ
1、各種住宅の建設戸数	(イ)公営住宅（府営） 第１種 不燃 ２ 寝 室 3,000戸 〃 ３ 寝 室 500 第２種 〃 ２ 寝 室 2,000 計 5,500	○1958年度府営住宅建設戸数 総 数 3,070戸 100.0% うち不燃 1,448戸 47.2% 第１種簡耐 300 〃 耐火 344 第２種簡耐 460 〃 耐火 344
	(ロ)公庫住宅その他 個 人 4,000 分 譲 1,000 賃 貸 不燃 ２ 寝 室 500 産 労 〃 世 帯 向 400 〃 単身者宿舎 400 そ の 他 200 小 計 6,500 そ の 他 1,000 計 7,500	○1958年度公庫事業計画 個 人 {木 造 33,000 / 耐 火 38,600} 5,600 分 譲 {木 造 5,700 / 連続建 2,500 / 共 同 1,300} 9,500 賃 貸 {共 同 2,800 / 全 貸 1,600} 4,400 産 労 {共 同 3,500 / 単 身 3,500 / その他 1,500} 8,500 中高層 6,000 計 6,7000
	(ハ)公団住宅 賃 貸 単身者向 500 １ 寝 室 2,000 ２ 寝 室 6,000 ３ 寝 室 2,000 小 計 10,500 分 譲 2,500 計 1,3000	○公団賃貸住宅規模別戸数比 単身者向 3～4% １ 寝 室 20～25% ２ 寝 室 55～ % ３ 寝 室 ～15～%
2、住宅形式	１ 戸 建 6,200（24%） 集合住宅 19,800（76%） 計 26,000（100%）	○大都市専用住宅の１戸建の割合 個人業種、会社団体役員 約30% ホワイトカラー、ブルーカラー 20%弱 総 数 約20%
3、所有関係	持 家 6,000（23%） 借 家 16,500（63%） 給与住宅 3,500（14%） 計 26,000（100%）	○大都市専用住宅の持家、給与住宅の割合 （持家）（給与住宅） 個 人 業 種 約50% 約 1% 会 社 団 体 役 員 約50% 10%強 ホワイトカラー、ブルーカラー 30%強 10%強 総 数 約40% 10%弱
4、規模（賃貸住宅のみ）	単身者向 500（3%） １ 寝 室 2,000（12%） ２ 寝 室 11,500（70%） ３ 寝 室 2,500（15%） 計 16,500（100%） ○４寝室の住宅は１戸建に期待	○大都市専用住宅に住む世帯の世帯型別世帯数比 0 3.4% 00 11.4 000 2.1 1 9.0 10 53.4 010 7.8 110 2.1 1'0 1.5 01'0 1.7 計 92.4% ○上記の世帯の型の記号の桁数に対応する室数が必要であるとすると、所要室数別戸数比は、およそ次の如くなる。 １寝室 13% ２ 〃 70 ３ 〃 15 ４ 〃 2 計 100%

出典：府内部資料「千里丘陵地区開発計画における住宅供給について」1960.2.

表9.7.3　政府計画住宅の府下建設戸数

	1955		56		57		58	
公営住宅	(2,419)	5,902	(2,449)	5,194	(2,605)	5,573	(3,070)	5,900
公庫住宅		3,535		2,374		3,588		3,885
公団住宅		6,205		4,172		5,443		4,855
厚生年金住宅等		302		418		464		713
計		15,944		12,658		15,068		15,353

（　）内は府営，内数（府住宅年報59より）

表9.7.4　千里丘陵住宅建設計画（1960.2）

	1960	61	62	63	64	65	66	計
公営	500	500	1,000	1,000	1,000	1,000	500	5,500
公庫	—	500	1,000	1,000	1,500	1,500	2,000	7,500
公団	1,000	2,000	2,000	2,000	2,000	2,000	2,000	1,3000
計	1,500	3,000	4,000	4,000	4,500	4,500	4,500	2,6000

方、一定の規模で住宅の集団が均質性を有していることも、隣近所のつきあい、子弟の教育、近隣消費、住環境の保持等の点で必要である。

・上記の均質性を有する住宅の集団は、本来、先ず社会階層を分類した上で、これに対応する住宅供給方式、住宅型式等を設定するという形で形成されるべきであるが、現在の住宅供給方式である程度入居者に住宅型式が限定されているので、住宅供給方式別にある程度の均質性が保持されるものとみなした。

・表9．7．5における、A_1、A_2、B_1、B_2、B_3、C、D、E、Fの9種類の住宅の集団によって住区が構成されるが、単身者向のE、Fを別とすれば、給与住宅のC、Dは住宅型式の似た他の集団にはめこまれるので、住区は主としてA_1、A_2、B_1、B_2、B_3、の5種類の住宅集団によって構成される。

・老人向住宅は、平家建テラスの一部を老人向とするほかは、特に集団としては考えない。

⑤ 社会階層別供給戸数（給与住宅および単身者住宅を除く）

A_1　500戸（2％）
A_2　2、500（12％）
A_3 B_1　13、500（63％）
B_2　3、500（16％）
B_3　1、500（7％）
計　21、500（100％）

⑥ 年度別建設計画（表9．7．6）

⑦ 住区別建設計画（表9．7．7）

（注）

(1) 西山研究室「住宅地開発に於ける住宅需要の測定とその供給方法に関する調査研究――千里丘陵に於ける住宅供給方法」1959年度大

表9.7.5　住区の構成単位

種別	区分	形式	対象	単位・配置
1）賃貸住宅	公営第1種	フラット・テラス	一　般　向	B_2：500戸程度の集団
	〃 第2種	〃	低所得層向	B_3：　〃
	公庫賃貸	〃	一　般　向	B_1：　〃
	公団賃貸	〃	〃	（B_1）
	〃　〃	フラット	単身者向	E：交通中心に近く
2）分譲住宅	建売・宅地分譲	60～ 80坪	一　般　向	A_3：100～200戸の集団
	〃	100～150坪	〃	A_2：〃
	宅地分譲	200～300坪	ブルジョア向	A_1：高級住宅地
3）給与住宅	公庫産労	世帯向1戸建		D：住宅形式の似た他の集団に適宜はめこむ。
	〃	世帯向フラット		（C）
	〃	独身者向フラット		C：　〃
	分団分譲	世帯向フラット		（C）
		独身者向フラット		F：交通中心または事業所に近く

○老人向住宅は平家建テラスの一部を老人向とするほかは、特に集団としては考えない。

○上記の他に併存住宅、併用住宅、養老院、学生寮等がある。

表9.7.6　年度別建設計画

種類別＼年度別			計	1961	62	63	64	65	66
総計			26,000	1,750	3,950	4,450	5,450	5,450	4,950
賃貸	合計		16,500	1,750	3,050	3,050	3,050	3,050	2,550
	公営	計	5,000	500	1,000	1,000	1,000	1,000	500
		第1種	3,500	500	750	750	500	500	500
		第2種	1,500	—	250	250	500	500	—
	公庫	賃貸	2,000	250	350	350	350	350	350
	公団	〃	9,500	1,000	1,700	1,700	1,700	1,700	1,700
分譲（産労1戸建を除く）	合計		7,000	—	600	1,000	1,800	1,800	1,800
	建売および宅地分譲	60～ 80坪	1,600	—	200	200	400	400	400
		100～150坪	4,800	—	400	800	1,200	1,200	1,200
		200～300坪	600	—	—	—	200	200	200
給与（産労1戸建を除く）	合計		2,500	—	300	400	600	600	600
	公庫	産労	800	—	100	100	200	200	200
	公団	特分	1,700	—	200	300	400	400	400

表9.7.7　住区別建設計画

住区別	合計	賃貸住宅	給与住宅（産労1戸建を除く）	分譲住宅（産労1戸建を含む）			
				計	60～80坪	100～150坪	200～300坪
合計	26,000	16,500	2,500	7,000	1,600	4,800	600
南地区計	12,200	8,300	1,500	2,400	600	1,600	200
第1住区	2,600	2,000	300	300	100	200	—
2	2,400	1,600	300	500	100	350	50
3	2,400	1,500	300	600	150	400	50
4	2,400	1,500	300	600	150	400	50
5	2,400	1,700	300	400	100	250	50
北地区計	13,800	8,200	1,000	4,600	1,000	3,200	400
第7住区	2,200	1,100	150	950	200	650	100
8	2,350	850	150	1,350	300	900	150
9	2,150	1,450	150	550	100	400	50
10	2,350	1,350	150	850	200	600	50
11	2,450	1,950	200	300	100	200	—
12	2,300	1,500	200	600	100	450	50

阪府委託研究。研究参加者は、西山夘三、扇田信、絹谷祐規、住田昌二、若林時郎、小出聡子である。

(2) 西山夘三「住居論」1972勁草書房参照。

(3) 大阪府内部資料103「千里丘陵住宅地区開発計画における住宅供給について(その1～3)」1960、2～3、T、O.

9.8 大阪府第3次案(1960.7)の構成

高山研究室の検討成果をうけて、大阪府は吹田地区の都市計画一団地の住宅経営事業の計画決定および事業決定の準備に入った。進め方は、南部分について大阪府当局者が図面を描き、その他は外部(建築系都市設計事務所)の作業委託に付されたが、このような細部の詳細な検討の積重ねとして全体を構成したものが「大阪府第3次案(1960.7)」であり、(図9.8.1)そのうちの一部(南部ABCDE住区)についてはただちに都市計画決定手続きが進められた。(吹田都市計画一団地の住宅経営1号住宅地区。都市計画決定は1960.10.17)なお、この段階で判然としていなかった大阪中央環状線の位置と幅員がその後明確にされ、さらにIJK住区についての住区設計の変更があり、最終的にパンフレットとしてまとめられて、各方面に大々的に配布された「大阪府決定案(1962.11)」が図9.8.2である。

図9.8.1　大阪府第3次案（1960.7）

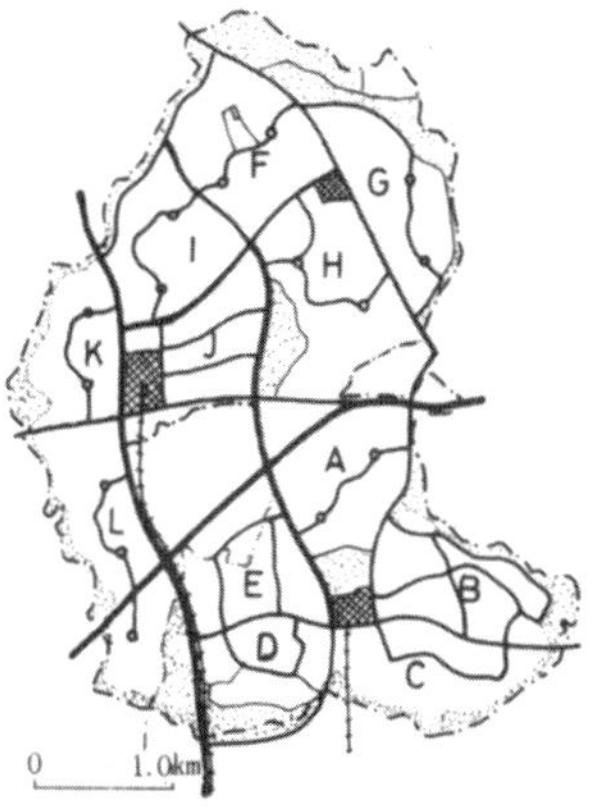

図9.8.2　大阪府決定案（1962.11）　大阪府企業局宅地開発部　S37.11

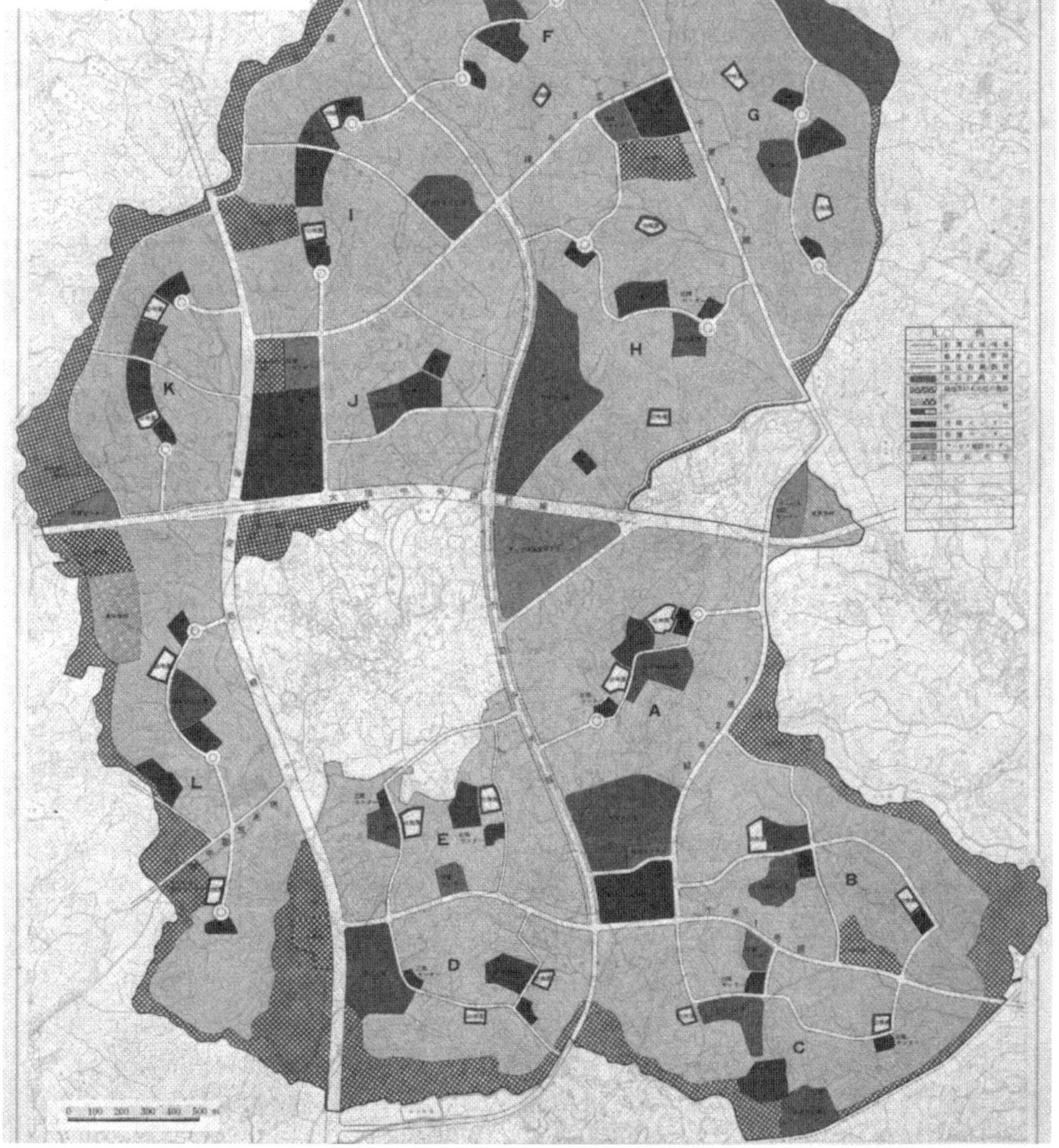

表9.9.1 「基本計画」案の変遷過程一覧表

計画	大阪府原案1958.6	府第２次案1959.8	府第３次案1960.7	府決定案1961.11
計画の基本方針	１．京阪神間に介在して住宅都市として独自の文化的性格を保持するため、既成市街地を含め、150,000～200,000人の人口を確保する。 ２．高密度の公共的住宅建設と低密度の高級木造民間住宅とを混在させ、複雑な地形を積極的に利用して、都市施設の高度利用と理想的住宅環境の保持につとめる。 ３．周辺市街地との間は名神高速自動車道路、西国街道沿いの陵線部の高地及び西部の幹線道路沿いの緑地帯により遮断する ４．西部の緑地帯は服部緑地、箕面公園を結ぶ一連のレクレーションゾーンとしてゴルフ場、森林公園、観光ホテル等を設ける。 ５．更に大学、遊園地、劇場、公会堂等を設け大阪方面からの人口を導入し交通の一方向性を是正する。	１．主として大阪市の業務地域に通勤する人たちのための住宅都市とし、京阪神間に介在して独自の文化的性格を保持するため約150,000人の人口を想定する。 ２．高密度の公共的住宅と低密度の低層民間住宅とを混在させ、複雑な地形を積極的に利用して都市施設の高度利用と快適な住環境の保持につとめ、１ヘクタール当り100人の人口密度を目標とする。 ３．地区内部の地域的構成は小学校を中心とする住区を基本単位とするが併せて、複雑な地形利用、社会的階層的構成の釣合開発時期別の段階計画等を充分考慮する。 ４．開発地区と周辺市街地との間に周辺緑地を設けるほか、服部緑地、箕面公園等とともに北大阪地方のレクリエーションゾーンの一環としての公園緑地その他の施設を整備する。 ５．本地区の文化的環境を豊富にし併せて通勤輸送の一方向性を是正するため大阪市方面からの人口を導入し得る病院、教育施設等を積極的に誘致する。	１．（左に同じ） ２．（左に同じ） ３．（左に同じ） ４．（左に同じ） ５．前記各号の目的を総合的に達成するため、都市計画一団地の住宅経営を行う。	１．千里丘陵住宅地区開発計画は、大阪市の業務地区に通勤する人々のための郊外住宅地区として開発する。そのため人口密度は100人/haとし、150,000人を収容する。 ２．コミュニティーの単位を近隣住区（2,000～2,800戸）におき、小学校を中核にする。 更に日常生活圏を考え、それに相当する規模を分区（1,000～1,400戸）とし、近隣センター（購買施設）が中心である。更に３～５住区でもって地区（7,600～13,000戸）とし、この段階に地区センターを設け、鉄道駅を介して、地区外との結節点とする。従って地域構成としては３つの地区と12の住区になる。道路、公園、緑地、教育施設、購買施設、その他生活に必要な施設をコミュニティ一の段階に応じて設置する。 ３．以上の構想を総合的に達成するため「都市計画１団地の住宅経営」により実施する。
事業計画の区	１．計画区域：名神高速自動車道路、西国街道及び東豊中の丘陵地帯に囲まれた地域のうち、吹田市豊中市の区域約750万坪を地区計画の対象とする。 ２．用地買収：計画対象区域のうち、土地利用現況排水系統を勘案して400万坪の用地を買収する。	１．計画の範囲：名神高速道路、西国街道及び東豊中の丘陵地帯に囲まれた地域のうち、吹田市、豊中市の区域を総合開発計画の対象とする。 ２．用地買収：計画対象地区のうち、土地利用現況排水系統等を勘案して400万坪の用地を買収する。	１．計画の範囲：名神高速自動車道路、西国街道及び東豊中の丘陵地帯に囲まれた地域のうち、吹田市、豊中市の区域約430万坪を開発計画の対象とする。 ２．用地買収：計画対象地区430万坪のうち、既成集落周辺及び弘済院を除いて350万坪の用地を買収する。	（とくに記入なし）計画面積合計350万坪。（図面提示あり）
事業期間	・1958年に一挙に用地を買収し、その後1964年までに事業を完了し、翌1965年までに用地売却、起債返還を完了する。	・本開発事業の期間は、昭和34年度（1959）から昭和41年度（1966）までの８年間とする。	・（左に同じ）	・（記入なし）
住宅供給計画	公営住宅　中層及び高層　6,000戸 公営分譲　木造　1,000戸 公団住宅　テラス・ハウス及び高層　16,000戸 民間住宅　主として木造　7,000戸 計　30,000戸	公営住宅　5,500戸 公営分譲住宅　1,000戸 公団住宅　13,000戸 民間住宅　6,500戸 計　26,000戸	賃貸住宅　17,000戸 分譲住宅　6,500戸 給与住宅　2,500戸 併存及び併用住宅　2,000戸 計　28,000戸	公営住宅　8,000戸 分譲住宅　9,000戸 協会住宅　3,000戸 住宅公団その他住宅　10,000戸 計　30,000戸
交通施設計画	１．梅田―垂水―箕面間を結ぶ自動車専用道路を新設し、これに沿って梅田垂水間に新設予定の地下鉄１号線を箕面まで延長する。 ２．地区内を起点とし大阪市内等に直通する長距離バスを運転し、通勤人口を勤務先まで直送する。 ３．岡町―茨木線及び地区内幹線道路、主要街路を	１．御堂筋を延長し、垂水箕面に至る高速道路を新設するとともに地下鉄１号線を開発地区内まで延長して主要な通勤輸送施設とする。 ２．開発初期の過渡的措置として、又将来の補助的な輸送施設として、阪急千里山線を地区内まで延長する。 ３．住区と主要駅間及び各	１．（左に同じ） ２．（左に同じ） ３．（左に同じ）	・（とくに記入なし）

	大阪府原案1958.6	府第２次案1959.8	府第３次案1960.7	府決定案1961.11
交通施設計画	整備して、住区と新設駅間、各住区間のバス網により、全地区から梅田までの通勤所要時間を30分以内とするとともに地区内交通の便を計る。 ４．軌道新設までの過渡期のために岡町、吹田、千里山等既存駅とのバス連絡を確保する。 ５．垂水—箕面線及び岡町—茨木線の２幹線は主要地方道とし、公共事業として本事業の一部に組入れて実施する。	住区間を結ぶバス網を整備する。		
上下水道計画	１．府営水道の整備により地区内全住戸の完全給水を計る。 ２．排水は分流式により、汚水については２系統の放流下水網を完備し、地区内に２ヶ所の汚水処理場を新設し、完全処理の上、高川及び山田川に排水する。雨水については地区内水路の整備を行うとともに、地区内及び周辺河川の中、本事業により著しく流量の増大する普通河川について河川改修を行う。	１．府営水道の整備により開発地区に完全給水する。 ２．排水は分流式とし、汚水は排水区毎に処理場を設け、完全処理の上河川に放流する。 ３．雨水については地区開発による流出係数の増大を充分考慮して、地区内水路の整備を行うとともに地区内及び周辺において河川改修を行う。	１．（左に同じ） ２．（左に同じ） ３．（左に同じ）	１．上水道は千里丘陵住宅地区水道事業として行う。原水は大阪府営水道より供給を受け、地区内の受水池、配水池を経て各住戸に給水する。給水は自然流下によるが、一部高地区にはポンプ圧送を併用する。 ２．完成時における１日最大給水量は45,000㎥で、山田ポンプ場及び府営水道第４次拡張事業より分水を受ける。配水施設は２ヶ所設置する。 ３．下水道は公共下水道として完備する。排水は分流式で、汚水は２ヶ所の終末処理場を設け、活性汚泥方式により処理する。雨水は各水系毎にまとめて排水する。そのため地区内の水路を整備、併せて関連のある山田川、正雀川、高川、天竺川の各河川の改修を行う。なお宅地造成に関連して、工事施工中は、地区内に沈砂池、遊水池を設け土砂の流出を防ぐ。
公園緑地計画	１．地区周辺のレクレーションゾーンに併せて、地区内に約90万坪の公園、緑地を設け、一帯の緑地帯を整備する。 ２．住宅建設はつとめて自然環境を保持し、原則として面積の半分は自然の地形や樹林を保存する。	・（記入なし）	・（記入なし）	１．公園及び緑地はコミュニティーの段階に応じて配置する。 ２．児童公園及びプレイロットは分区内で住宅グループ毎に、住区に近隣公園、地区には地区公園を夫々設け、近隣公園及び地区公園は都市公園として整備する。 ３．開発区域周辺部は緑地を設け、市街地の連担を防ぎ、また自然をそのままにした公園として利用する。 ４．中央には千里中央公園と千里南公園を結ぶ公園道路（パークウェイ）を設け、車道の両側に巾広い歩道（プロムナード）を設ける。 ５．なお、千里北公園に苗圃を設け、街路樹、庭園樹木等を供給する。
中心市街地計画	１．新設軌道の主要駅を中心として約７万坪の中心市街地を計画的に造成し、約20万人の支持人口を期待して、地区中心として大阪市内ターミナルに依存しない自主的性格を賦与する。	１．開発地区内の地下鉄主要駅を中心とした主要中心市街地及びその他３ヶ所の副中心を計画的に建設し、約20万人の支持人口を期待して大阪市内ターミナルに依存しない自主的性格を保つようつとめる。	・（とくに記入なし）	・（とくに記入なし）

	大阪府原案1958.6	府第2次案1959.8	府第3次案1960.7	府決定案1961.11
土地利用計画	千坪 % 住宅用地 1,820 45.5 公営住宅 150 分譲住宅 120 公団住宅 （賃貸、分譲） 500 民間住宅 1,050	千坪 % 住宅用地 1,630 40.75 公営住宅 165 分譲住宅 100 公団住宅 390 民間住宅 975	千坪 % 住宅用地 1,500 42.8 賃貸住宅用地 600 分譲住宅用地 900	千坪 % 住宅用地 1,530 43.7 アパート用地 810 独立住宅用地 720
	道路用地 500 12.5 A 104 B 193 C 203	道路用地 750 18.75 都市計画街路 400 細街路 350	道路用地 800 22.9 幹線道路 290 その他の街路 510	道路用地 770 22.0 幹線道路及区画街路 379 細街路その他 391
	公園緑地 900 22.5 住区内公園 170 沿道緑地 50 自然緑地 680	公園緑地 725 18.13 住区内公園 210 施設緑地 80 周辺緑地 435	公園緑地 800 22.9 地区公園 150 住区内公園 130 水路用地 20 周辺緑地 400 その他の緑地 100	公園緑地 830 23.7 地区公園 150 近隣公園 107 児童公園 25 プレイロット 24 周辺緑地その他 508 水路用地 166
	軌道敷 20 0.5	軌道敷 35 0.87		
	公共施設用地 310 7.75 小学校 72 中学校 48 高等学校 40 一般公共施設用 150	公共施設用地 440 11.00 小学校 140 中学校 60 高等学校 40 その他 200	公共施設用地 300 8.5 学校用地 230 その他 70	公共施設用地 230 6.6 学校幼稚園 206 保健センター 24
	商工業施設用地 100 2.5	商工施設用地 120 3.00	商工施設用地 100 2.9 住区内用地 50 中心施設用地 50	商工業施設用地 140 3.5 地区センター 60 近隣センター 40 サービス施設センター 40
	誘致施設用地 50 1.25 ゴルフ場 300 7.5 合計 4,000 100.0	誘致施設用地 300 7.50 合計 4,000 100.0	合計 3,500 100.0	合計 3,500 100.0
資金財政計画	百万円 〈収入〉 17,826 起債 2,000 事業収入 12,234 繰入金（府費） 2,000 その他(国補他) 1,592	百万円 〈収入〉 24,581 起債 4,680 公共事業国庫補助金 4,123 同 府費負担額 3,120 事業収入 11,988 借入金 670	百万円 〈収入〉 23,519 起債 4,811 公共事業国庫補助金 3,596 同 府費負担額 2,951 事業収入 12,161	百万円 〈収入〉 58,775.6 用地起債 5,300.0 国庫補助金 431.0 府費負担金 2,527.5 事業起債 2,020.0 事業収入 33,558.1 住宅金融公庫融資金 2,344.2 一般会計借入金 6,457.0 前年度繰越金 2,878.3 減債基金借入金 3,259.5
	〈支出〉 15,814 用地買収費 4,000 建設事業費 8,655 維持・人件費 165 物件費 235 公債元金 2,000 公債利子 741 その他 18	〈支出〉 24,568 用地買収費 4,680 公共事業費 7,243 単独事業費 4,768 公債費元利 6,631 借入金償還金 670 同 利子 46 維持費 530	〈支出〉 23,483 用地買収費 4,810 公共事業費 6,546 単独事業費 4,700 公債費元利 6,896 維持費 530	〈支出〉 55,680.7 用地買収費 7,400.0 工事費 16,041.8 交付公債元金償還金元利 6,401.8 公庫融資金償還金元利 2,485.1 他会計借入金元利 12,839.6 事務費 712.4 負担金 1,200.0 調整費 3,600.0 予備費 5,000.0
	差引 +2,012	差引 +13	差引 +34	差引残高 216.6
資料	大阪府建築部「住宅地区造成事業説明書」1958.6	大阪府建築部「千里丘陵住宅地区開発事業概要書」1959.8	大阪府企業局「千里丘陵地区開発事業の概要」1960.8（資金財政計画は記入がないため，「説明書」1960.7版による）	大阪府企業局「千里丘陵住宅地区開発計画」1962収支計画表は添付なきため企業局「資金計画表」1962.11による。
計画図	図9.2.1	図9.5.1	図9.8.1	図9.8.2

9.9 まとめ

各段階においてそれぞれ策定された「基本計画」案の特徴点を比較したのが表9.9.1である。各項目についての「決定」に至るまでの変遷状況を要約すると次のごとくなろう。

(1) 開発の基本方針

Bed Townとして、通勤輸送のための高速鉄道を導入すること、および開発区域面積を350～400万坪（1,100～1,300ha）とし、建設戸数計画を26,000～30,000戸、かつ計画人口密度をほぼ100人／haとする点については、ほぼ終始一貫してかわっていない。用地取得に関しても、京大案が主張していた「地域の漸次的変遷方式」は「府原案」段階で明確に否定され、確定区域内のみの全面買収方針で一貫している。

(2) 住宅供給計画

住宅供給の具体化に関しては委託研究成果における供給計画に関する積極的提案（9.7参照）にもかかわらず、事業推進側としての新提案は全くなく、府原案以降一貫して既存の住宅供給方式（公営住宅、公営分譲住宅、公団住宅、民間住宅等）をいかに組み合わせるかにのみ腐心している。なお、供給主別の戸数配分については、府原案、2次案では明確に「公営」「公団」としながら、3次案において単に「賃貸」「分譲」という表現に変えており、各事業主体との交渉が具体化したこの時点で、両者の配分比に一定の自由度を確保せんとした状況を読みとることが出来る。

(3) 開発区域および土地利用計画

吹田市山田および豊中市上新田の両集落のとりあつかいについて、各委託研究ではその将来構想の必要性が説かれているが、大阪府案ではきわめて現実的にこれを区域から除外する方針で一貫している。なお、府原案では「計画区域」750万坪、うち「用地買収区域」400万坪という表現で、かなり広い範囲の周辺既存集落のことも「計画」する構えを見せているが、すでに第3次案では「計画対象地区430万坪うち用地買収区域350万坪」という表現にかえている。

土地利用計画の特徴は、「用途区分」を明確化し、各区分ごとに既成の事業化手法との結合をはかる方式がとられていることであるが、その配分根拠はきわめて不明確であり、「新都市の計画基準に関する研究」が提起した「山の手住宅的数値」（第8章8.5参照）をそのまま適用し、かつそれに資金計画的チェックを加えて決定している模様である。そのため計画区域内にはあいまいな土地利用の空間は全くない。

なお、第2次案以降において「道路」空間が急増している点に注目する必要があろう。

(4) 交通計画

本地区開発の鍵でありテコであると目された、通勤交通のための高速大量輸送機関について、大阪市営地下鉄1号線の地区内延長が必要とする点については全案とも一致しているが、西山研究案で提起された、開発初期の過渡的措置及び補助輸送手段としての阪急千里山線の地区内延長については、府原案でいったん消滅し（かわりに既存駅へのバス輸送が提案されている）第2次案以降で復活し、最終案ではこれが北地区まで延び、さらに箕面方面へ延長される計画が出されている。

(5) 資金計画

建設事業の全体を独立採算方式による宅地の造成分譲事業として行うという大原則は、当初企画段階から一貫しており、財源としては、1)起債、2)一般会計繰入金、3)国庫補助金、4)事業収入、5)借入金その他が考えられるとする点についても同様である。総事業費については原案、2次案、3次案の順で、178億円、245億円、235億円と変動しているが、そのうちの事業収入は各122億円、119億円、121億円とほとんど変動しておらず、その差額は、起債額および国庫補助収入額の見積りの相異点に求められている。この場合、これらの公表数値に対自治省、対大蔵省の接渉用の「期待数値」的側面があることを見逃してはならない。

第12章　本編の結論

1. 千里NT建設における当初基本計画は、第2次大戦前段階からのわが国における住宅地計画論の諸蓄積の成果をうけつぎ、さらに、より大規模な開発を進める場合の指針をまとめた日笠端の「共同住区論」などに基礎をおいた「物的サービスを最も重視した施設および住区の構成による新住宅都市の建設」という方針にもとづいて策定された。

2. それは現実の諸条件のもとにおいて、最も「実現性」に富んだ方針であり、大阪府事務当局はそれに基く事業採算の検討を重ねた結果、あらゆる条件を考慮しても、なおかつ事業採算が十分可能であるとの結論に達し、事業着手に踏み切った。

3. 事業着手にあたっては、独立採算事業の範囲内で最大限のモデル性を追求することが眼目とされた。その観点から当初段階において、上記のモデル性を獲得するためのさまざまな新しい提案が採用され、とくに、さきの日笠端による大規模センター設置を軸とする購買施設体系の提案、東大吉武研究室による幼・低校システムを中心とする新しい教育施設体系とホーム・ドクターとオープン病院システムを軸とする保健医療施設体系、およびそれに基く住区構成計画の提案、京大西山研究室による居住者層の積極的なmixingをふくむ住宅供給計画の提案などが当初基本計画の内容を盛りあげた。その様相はあたかも千里NT建設がわが国における住宅地計画論の集大成として、「理想的都市建設」を具現する場となるかの観を呈し、一方事業主体の側もそのことを政策的に大いに宣伝これ努めた結果、千里NT計画の名声が内外にとどろいたのであった。とくに東大吉武研究室によって、教育施設および医療保健施設体系の充実を基本とする新しい住区構成理論が提起され、事業主体がこれを適用する方向で事業計画を樹立したことは、千里NT建設の最も注目すべき一場面であった。

4. しかしながら、積極的な新提案を含んだ当初基本計画は、建設過程を通じて大幅な変遷を遂げ、提案のいくつかは初期段階で放棄され、また他のいくつかは最も重要な部分を換骨奪胎されることによって「実現」した。

5. 基本計画の変遷は、千里NT最初の入居者であるC住区1、010戸（1962年9月）の入居を迎えて以降本格的に始まったと考えてよく、それは、

① 入居によって明らかになった諸矛盾に関する、入居者、地域自治体、周辺居住者、建設関係者等からの矛盾解決の要求が、基本計画変更を求めるかたちで集中的に発生したこと。

② NTをとりまく諸情勢の変化がもたらした、内的（とくに事業採算上の）あるいは外的または政策的要因にもとづく、きわめて強力な基本計画の変更要求がこの時点で発生したこと。

③ これらに対して、事業主体の側が基本計画を強力に推進していくための組織体制を形成し得なかったこと。また基本計画自体がきわめて不備であり、これらの当然予想された計画変更要求の発生等に対して柔軟に対処するための諸方策に関する考察が十分行われていなかったこと。

等があいまって進行したと考えられる。

6. 建設完了段階に至り、事業主体がすべてを維持管理主体に移管せんとした段階で、建設過程を通じて蓄積されてきた諸矛盾はついに噴出し、当初基本計画の根幹とされた物的サービス重視の住区構成原則までが崩壊せざるをえないという事態を招来するに至った。

7. 以上の経過を通じて「基本計画」の役割に関しては次の各項が明らかとなった。

① 千里NT建設の場合、「基本計画」が〈計画→建設〉という一方交通的機能をはたしえたのは、「建設着手段階」までであったこと。

② 入居開始とともに「基本計画」の性格は変質し、いわば「ガイド・プラン」として、可変的かつ権威のない存在にかわったこと。

③ 「基本計画」の性格の変質と内容の変遷は、結果として、当初基本計画が志向した「物的サービス重視の全体構成」をも不可能にしたこと。

8. このような「基本計画」の変質と変遷を進めた主たるモーメントに関しては、次のように把握すべきであると考える。

① 千里NT建設の場合、事業主体組織の体制が、「基本計画」に設定された諸原則の実施体制としてはあまりにも弱体であったこと、および「基本計画」の内容が事業推進過程で起りうる諸問題に関してきわめて不十分な予見的対応しか用意していなかったこと。この点については、たしかに努力不足および欠陥が認められ、それらは本来、ある程度克服されてしかるべきであったと考える。

② しかしながら同時に、NT建設過程において、「基本計画」が「ガイド・プラン」に変質したことについては、より積極的な側面を見なければならないと考える。すなわち、入居が始まって以降、入居者の要求を無視して事業を推進することが不可能となったことが上記の変質の最も重要な理由の1つであるが、それは、入居者が真に自らの生活を守り、築く目的で出した諸要求が基本計画の変遷をうながしたことを意味するとともに、千里NT建設が公共事業として「入居者に対する物的サービスの充実」を標榜して進められたが故に、それがかろうじて可能であったと考える。

9. したがって、NT建設において重要なのは、「基本計画」のみならず「基本計画の策定も含めた、設推進体制の全体」であるということができよう。すなわち、「計画論」の観点からNT建設の原則を整理すると次の各項である。

①「基本計画」は本来可変的な存在として策定されるべきであること。

② 計画実施主体は、入居者の主体的な要求に基いて構成されるべきであること。しかしながらNT建設の場合、入居者は抽せん等によって選ばれて突然隣人関係に入るわけであるから一般にそのような組織的力量は蓄積されていない。したがって彼らがその要求を主体的かつ組織的にまとめていくための、一定の公共による助成が必要であること。

③ 千里NT建設段階および完成段階で次々と起った地域住民や入居者による組織的な諸要求の実現運動は、「基本計画実現を妨げるもの」としてつねに事業主体と対立的な関係で展開したが、「基本計画」そのものを本来可変的な存在として把握するならば、むしろこれらの運動のなかにこそ、入居者の主体的な要求にもとづく「基本計画の策定過程」がようやく形成されつつあると見るべきであること。したがって事業主体はこれらの運動をむしろ積極的に育てるべき任務を帯びていると考えるべきこと。

10. その意味で、千里NT建設の基本計画で採用された近隣住区単位による全体構成の方法に、住民が主体的に組織形成を進めていくうえでの有効性を認めるべきであるとの広原盛明の意見は傾聴に値しよう。ただ、千里NTの場合は入居早々あまりにも大きい生活困難に直面したために、入居者が急速に主体性を高めざるをえなかった経過があったわけであり、これは、本来長時間かかって除々に醸成さるべきものが、たまたま「反面教師」の存在によって早まったのではないかとも考えられるので、近隣住区単位による住民の主体的な組織形成が今後において真に根づきうるかどうかについてはまだ即断できない側面があるように思われる。

11. 以上の考察より、NT建設の計画論的評価を整理すると、次のごとくなろう。

人間の定住地には、それぞれの生活と空間との歴史的な関係が蓄積されており、その地域の将来に関する「基本計画」は、本来その蓄積を重ねてきた地域住民の主体的な要求として形成されるべきであり、そうして始めて「基本計画」は真に実現性をもつと考えるのであるが、その観点に立った場合、既成市街地等に比してはるかに歴史的蓄積の少いNT空間は、いかに「物的サービスの充実」を標榜しようとも、それが居住者の主体的な要求に応えた空間にまで成熟するには、なお相当の時間が必要なように思われる。すなわちNTを「理想的なまちづくり」と理解するのは早計にすぎ、むしろ大都市域の膨張過程等において、急速に人口吸収が必要な場合のやむを得ざる手段としてのみ、わずかに認めうる建設行為であると考えるべきであろう。

〔6－B〕『泉北ニュータウンの建設』（大阪府企業局編、大阪府企業局、一九八六年、六七～八四、一三七～一五五、四二七～四三二頁）

第1章　開発の背景

1　計画着手当時の住宅事情

戦後の我が国は、昭和21年11月3日の新憲法の公布によって、新しい国づくりが本格的に始まったが、その終戦後の経済混乱期の復興に一つのインパクトを与えたのは、昭和25年6月25日に勃発した朝鮮動乱による特需であった。

しかし、その後この特需ブームも徐々に頭打ちになり、また昭和27年4月の講和条約と日米安全保障条約が発効した直後のメーデーでは、皇居前で史上かつてない流血事件が起きるなど、社会的にも大きなうねりを経ながら、我が国は次第に深刻な経済的不況に突入していった。そして、大阪でも連日株式市況が暴落するなど、不安定な経済状況下に入っていったのである。

しかしながら、このような状況も時がたつにつれて、国民生活の衣食住のうち衣食についてはようやく戦前の水準まで回復していったが、住宅問題については戦争による混乱が依然として解決されないまま大きな社会問題として取り残され、しかもそれがますます潜在的に拡大し深刻化していったのが実情である。

以下、この間の住宅事情について若干触れてみると、戦災や、疎開先、海外からの引揚げ等による終戦直後の住宅不足は、全国で約４２０万戸に達すると推定され、大阪府においても戦前は約95万戸あった住宅戸数のうち、戦争によって失われた住宅はその40％に近い約37万戸と推定された。

このためこれらの人々に早急に住宅を供給するよう、国では昭和20年9月、「羅災都市応急簡易住宅建設要綱」を閣議決定されたが、大阪府においても、この決定に基づく国庫補助住宅として約２６００戸の建設が行われた。

また、昭和20年11月、「住宅緊急措置令」が公布され、既存建物の住宅への転用と部屋数の多い余裕住宅の解放が進められ、大阪府では約６０００戸が昭和22年度から事業化された。

次いで、昭和21年5月、「臨時建築制限令」が公布され、キャバレー、料亭等の不要不急建築の禁止によって住宅用資材の確保が図られた。また昭和21年8月、「戦災都市における建築物の制限に関する勅令」、同年9月、「特別都市計画法」の公布によって、戦災都市における都市計画的な復興策が講じられた。

これらの施策によって、戦争で大きな被害を受けた大阪の復興はようやく緒につき、昭和20年から昭和25年までの6年間に約３５０００戸の住宅が建設されたのである。しかしこのうちの約80％は民間自力建設によるもので、それらはいずれも低質粗悪なものが多く、早晩スラム化が予想され、このためいずれ再開発の必要に迫られることは明らかであった。また、残余の公的住宅も、既存建物転用住宅や応急住宅等であり、早急に建替が必要とされるものばかりであった。

しかし、このころから都市転入制限の解除、建築制限の緩和、重要資材の統制解除、住宅緊急措置令の廃止などが行われて、終戦直後の応急対策的住宅施策はようやく終わりを告げた。そして、恒久的な住宅供給施策としての制度を確立すべく、まず民間住宅の建設意欲を刺激して持家住宅を促進するために、昭和25年5月、「住宅金融公庫法」が制定された。また、社会的安定の担保としての公的住宅の大きな柱として、昭和26年6月、「公営住宅法」が制定されたのである。

その後はこの公庫住宅、公営住宅が公的住宅供給の主役としての役割を果たしつつ、また民間住宅の建設も少しずつ増加していったわけであるが、なお膨大な住宅需要は満たされないまま、国民の住宅問題に対する関心はますます高まるばかりであった。

そこで、昭和29年に成立した鳩山内閣は重点施策の第1に「住宅対策の拡充」を取り上げ、昭和30年度には42万戸の住宅建設を公約するとともに住宅建設10ヶ年計画を策定した。また、この計画を強力に推進するために、都市の発展とこれに伴う生活圏の拡大に対応する、行政区画にとらわれない住宅供給を行うことを目的として、昭和30年7月、「日本住宅公団」が発足した。

		（参考）公営住宅３ヵ年計画			
建設戸数	公的援助戸数率	計画名称	計画期間	全国計画	大阪府計画
千戸	%		昭和年度	千戸	戸
		第１期	27〜29	180	20,150
		第２期	30〜32	155	18,100
		第３期	33〜35	157	19,000
800	31.2 公庫融資は含まない				
1,180	40	第４期	36〜38	171	21,000
1,280	50	第５期	39〜41	200	28,000
640	45				
2,100	—				
920	45				
629	39				
448	46				

次いで昭和31年に成立した石橋内閣は、それまでの10ヶ年計画を短縮し、昭和32年度から5ヶ年間で住宅事情を安定させようとして住宅建設5ヶ年計画を作成した。（**図表1・1・1**）

このような国の政策の下で、大阪府もほぼコンスタントに年間で３０００戸から４０００戸の府営住宅の建設を進めていった。（**図表1・1・2**）しかしながら、当時の住宅事情は依然深刻で、府営住宅への申込みはまさに殺到の状態であった。そして募集の当日には住宅の受付をしていた大手前会館前には、いつまでも長蛇の列が続いたものである。（**図表1・1・3**）

このように、国や府の努力にもかかわらず、なお多くの住宅不足が数えられたのは、住宅供給が立ち遅れたということのほかに、戦後の社会事情の変化で核家族化に拍車がかかり、大阪府下への流入人口がますます増加して、府の年間の人口増加数が20万人にも達したということが原因として考えられる。（**図表1・1・4**及び**図表1・1・5**）

また、大阪府下での住宅不足数を、昭和23年の住宅調査では、その年の普通世帯数と人の住んでいる住宅総数の差として14万5千戸と数えていたが、その後、本来の住宅不足数というものはこのような単純計算から出せるものではなく、1世帯1住宅に加えて、流動性をもたせるための空き屋や、建替えをしなければならない住宅など、いろいろと質的なものを含めた各種指標を加味して算出されるべきであるとされた。そしてこのような客観的な基準で集計した「住宅難世帯」という言葉が、昭和33年10月の住宅統計調査に初めて登場した。（**図表1・1・6**及び**図表1・1・7**）

この結果、当時府下での「住宅難世帯」は23万3千戸に達するものとされたのである。

しかし、このように客観的な基準による「住宅難世帯」の設定のほかに、それぞれの立場から主観的な判断によって住宅に困っていると考え

図表1・1・1 主要住宅対策計画

全国計画					大阪府計画		
計画名	計画期間	計画目標	建設戸数	公的援助戸数率	計画名	計画期間	計画目標
	昭和年度		千戸	%		昭和年度	
住宅建設10カ年計画	30～39	2,718千戸の住宅不足を10カ年で解消	4,789	42			
経済自立5カ年計画	31～35	—	2,320	33			
住宅建設5カ年計画	32～36	2,334千戸の住宅不足を5カ年の解消	2,845	40			
新長期経済計画	33～37	—	約3,000	37～40			
住宅建設5カ年計画(1,000万計画の前期)	36～40(36～45)	40年度に1世帯1住宅実現(10年間に1,000万戸建設)	4,000	40	住宅供給計画の構想	37～46	1世帯1住宅の実現
国民所得倍増計画	36～45	—	9,000～10,000	—	地方計画(第1次)	36～50	1世帯1住宅の実現
住宅建設7カ年計画	39～45	1世帯1住宅実現	7,800	39			
中期経済計画	39～45	—	5,000以上	40	地方計画(第2次)	39～50	1世帯1住宅の実現
第1期住宅建設5カ年計画	41～45	1世帯1住宅実現	6,700	40	第1期住宅建設5カ年計画	41～45	1世帯1住宅の実現
国土建設の長期構想	41～60	1人1室+居間又は食事室の実現	27,000	—			
経済社会発展計画	41～45	1世帯1住宅実現	7,300	41			
新全国総合開発計画	41～60	1人1室	30,000	—	長期ビジョン	45～60	1人1室
第2期住宅建設5カ年計画	46～50	おおむね1人1室を実現	9,500	40	第2期住宅建設5カ年計画	46～50	おおむね1人1室を実現
第3期住宅建設5カ年計画	51～55	居住水準目標の設定と実現	8,600	41	第3期住宅建設5カ年計画	51～55	居住水準目標の設立と実現
第4期住宅建設5ヵ年計画	56～60	水準以下居住世帯の解消	7,700	45	第4期住宅建設5カ年計画	56～60	水準以下居住世帯の解消
					大阪府総合計画	55～65	生活の質の追求

図表1・1・2 大阪府営住宅建設の推移

建設年度	建設戸数	建設年度	建設戸数
	戸		戸
昭和21年度	200	昭和41年度	7,000
22	930	42	7,500
23	2,185	43	8,000
24	1,503	44	8,500
25	2,148	45	9,000
26	2,012	46	9,500
27	1,761	47	9,140
28	2,885	48	4,761
29	3,048	49	1,409
30	2,419	50	1,576
31	2,449	51	2,000
32	2,605	52	2,000
33	3,070	53	1,000
34	3,136	54	1,168
35	3,500	55	1,640
36	4,100	56	1,323
37	4,000	57	1,522
38	4,500	58	1,255
39	5,500	59	1,204
40	6,000	60	

ている世帯もあり、これを「住宅困窮世帯」と呼んだが、これは当時、普通世帯総数の45%にも及ぶものと推定された。

そして、この「住宅難世帯」と「住宅困窮世帯」との食い違いや重なり具合は、その後、住宅ニーズの多様化や低所得者の「生活難」ともからんで、新しい住宅問題の課題ともなっていくわけである。(**図表1・1・8**)

しかし、(**図表1・1・1**)にもあったように、第3次住宅建設5ヶ年計画では新しくその計画目標に「居住水準目標」が設定され、それ以後この「ものさし」によって居住水準の実態がとらえられるようになった。(**図表1・1・9**)

図表1・1・4　府下人口等の推移グラフ

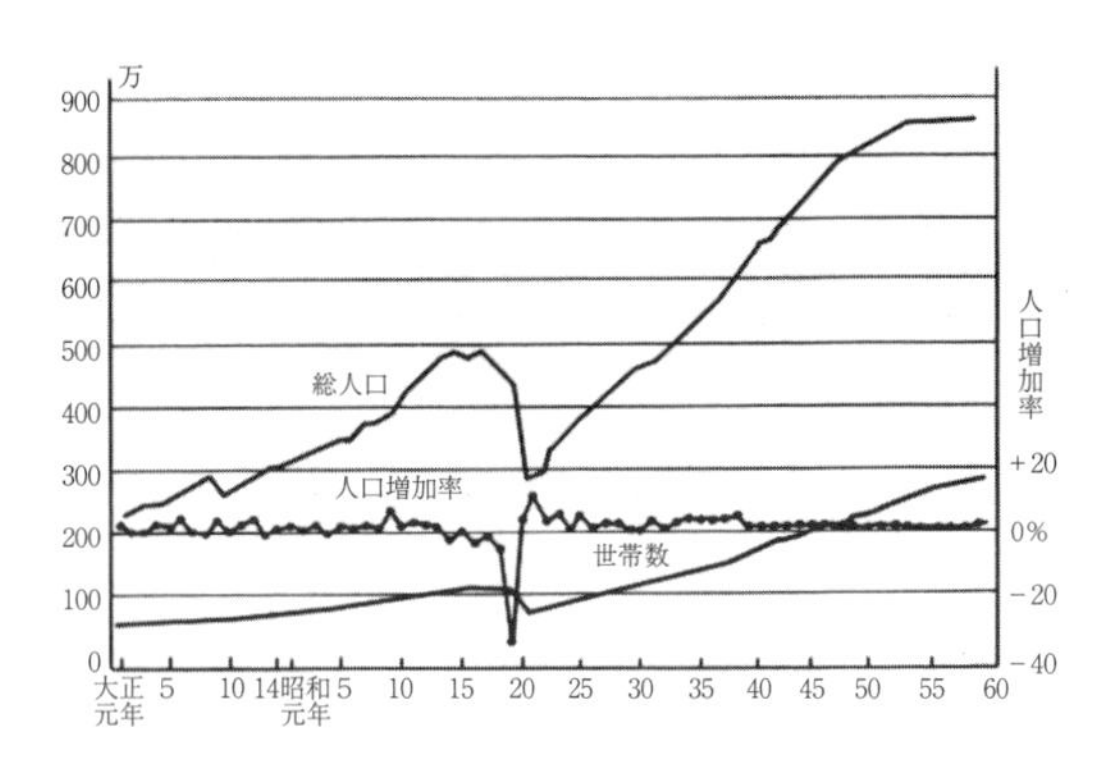

図表1・1・3　府営住宅の申込み風景

図表1・1・5　府下人口等の推移表

	人　口	増　加　数			増加率	総世帯数	世帯当たり人員
		総数	自然増	社会増			
	人	人	人	人	%	世帯	人／世帯
大正14年	3,059,502	5,210				633,638	4.47
昭和5年	3,540,417	59,299				770,868	4.59
10	4,297,174	363,889				897,789	4.78
20	2,800,958	△1,595,725			△36.29	688,885	4.06
21	2,976,140	175,182			6.25	731,921	4.07
22	3,334.659	358,499			12.05	809,678	4.12
23	3,515,225	180,566			5.41	838,291	4.19
24	3,730,800	215,575			6.13	861,318	4.33
25	3,857,047	126,247			3.38	881,536	4.37
26	4,073,462	216,415			5.61	933,162	4.38
27	4,181,213	107,751			2.65	948,588	4.41
28	4,387,735	206,522			4.94	1,002,172	4.42
29	4,509,298	121,563			2.77	1,014,315	4.44
30	4,618,308	109,010	43,729	65,281	2.42	1,023,444	4.51
31	4,762,935	144,627	43,162	101,465	3.13	1,044,699	4.56
32	4,939,076	176,141	37,953	138,188	3.70	1,083,977	4.56
33	5,110,108	171,032	50,365	120,667	3.46	1,118,651	4.57
34	5,289,742	179,634	56,313	123,321	3.52	1,152,368	4.59
35	5,504,746	215,004	58,006	156,998	4.06	1,308,542	4.21
36	5,721,184	216,438	64,251	152,187	3.93	1,382,363	4.14
37	5,958,439	237,255	75.647	161,608	4.15	1,471,580	4.05
38	6,192,109	233,670	85,138	148,532	3.92	1,577,851	3.92
39	6,425,903	233,794	93,020	140.774	3.78	1,673,085	3.84
40	6,657,189	231,286	106,672	124,614	3.60	1,757,650	3.78
41	6,821,670	164,481	81,719	82,762	2.47	1,854,940	3.67
42	7,015,963	194,293	114,557	79,736	2.85	1,969,287	3.56
43	7,218,906	202,943	118,621	84,322	2.89	2,017,000	3.58
44	7,426,614	207,708	125,395	82,313	2.88	2,100,315	3.53
45	7,620,480	193,866	127,814	66,052	2.61	2,191,763	3.47
46	7,805,146	184,666	137,013	47,653	2.42	2,280,734	3.42
47	7,955,216	150,070	139,689	10,381	1.92	2,358,853	3.37
48	8,080,349	125,133	138,196	△13,063	1.57	2,424,798	3.33
49	8,191,824	111,475	129,959	△18,484	1.38	2,481,677	3.30
50	8,278.925	87,101	116,392	△29,291	1.06	2.526,821	3.28
51	8,334,480	55,555	103,872	△48,317	0.67	2,556,981	3.26
52	8,379,511	45,031	93,809	△48,778	0.54	2,588,538	3.24
53	8,417,825	38,314	87,274	△48,960	0.46	2,617,355	3.22
54	8,446,738	28,913	81,359	△52,446	0.34	2,648,455	3.19
55	8,473,446	26,708	71,738	△45,030	0.32	2,774,652	3.05
56	8,507,891	34,445	65,754	△31,309	0.41	2,798,852	3.04
57	8,545,501	37,610	62,556	△24,946	0.44	2,828,327	3.02
58	8,594,788	49,287	63,105	△13,818	0.58	2,868,698	3.00
59	8,643,910	49,122	59,521	△10.399	0.57	2,905,321	2.98

注：調査は毎年10月１日現在のものを示す。

図表1・1・6　府下住宅事情の推移

	昭和23年	25年	30年	33年	35年	38年	40年	43年	45年	48年	50年	53年	55年	58年
人口	人 3,515,225	3,857,047	4,618,308	5,110,108	5,504,746	6,192.109	6,657,189	7,128,906	7,620,480	8,080,349	8,278,925	8,417,825	8,473,446	8,594,788
総世帯数（A）	世帯 838,291	881,536	1,023,444	1,118,651	1,308,542	1,577,851	1,757,650	2,017,000	2,191,763	2,424,798	2,526,821	2,617,355	2,774.652	2,868,698
普通世帯数	世帯 805,288	871,248	986,190	1,071,000	1,239,649	1,390,000	1,680,758	1,864,700	2,110,946	2,326,700	2,461,976	2,526,500	2,604,953	2,660,800
住宅数（B）	戸		910,169	1,068,200		1,402,000		1,973,100		2,537,700		2,848,800		3,053,700
1世帯あたり住宅数(B)/(A)	戸／世帯			0.96		0.97		1.03		1.07	1.11	1.14		
人の居住する住宅数	戸 693,200			1,026,100	1,188,397	1,346,000	1,641,325	1,829,500	2,081,846	2,297,800	2,443,100	2,508,000	2,597,249	2,610,000
空屋等　空家	戸 （%）			29,400 （2.8）		40,900 （2.9）		103,700 （5.3）		165,900 （6.5）		279,100 （9.8）		326,700 （10.8）
空屋等　一時現在者のみの住宅	戸			8,000		3,100		26,300		53,600		43,400		64,800
空屋等　建築中	戸			4,700		7,100		13,600		20,400		18,200		11,200
住宅難世帯	戸（%） 145.097 （17.3）			233,000 （21.0）		379,000 （27.3）		373,200 （20.0）		281,639 （12.0）		200,629 （7.9）		

注；1、昭和30、35、40、45、50、55年は国勢調査による。
　　2、昭和33、38、43、48、53、58年は住宅統計調査による。
　　3、国勢調査の住宅数は「間借り」を除いてある。
　　4、昭和23年の住宅難世帯は単純住宅不足数を示す。

図表1・1・7　住宅難要因別世帯数内訳

調査年	普通世帯総数	住宅難要因別世帯数							非住宅難世帯数
		総数	非住宅	同居	老朽	狭小過密	同居かつ狭小過密	老朽かつ狭小過密	
昭和33年	1,071,000	233,000	7,800	43,600	5,200	149,100	24,400	3,000	875,100
	100.0%	21.0%							79.0%
		100.0%	3.3	18.7	2.2	64.0	10.5	1.3	
	基準		工場、学校倉庫等に居住	同居していても1人当り畳数4畳以上は差しあたり許容しうるので除く	腐朽破損の程度が危険または修理不能	世帯の居住部分が9畳未満かつ1人当り2.5畳未満のもの			
昭和38年	1,390,000	379,000	5,400	11,800	2,000	335,000	24,000	1,200	1,012,000
	100.0%	27.3%							72.7%
		100.0%	1.4	2.9	0.5	88.5	6.4	0.3	
	基準		33年に同じ	同居世帯全部	33年に同じ	世帯の居住する畳数が2人以上で9畳未満または4人以上で12畳未満			
昭和43年	1,864,700	373,200	13,100	9,300	1,200	335,900	12.900	900	1,491,500
	100.0%	20.0%							80.0%
		100.0%	3.5	2.5	0.3	90.0	3.5	0.2	
			旅館、下宿屋等に居住をも含む住宅以外の建物に居住する世帯全部	38年に同じ					
昭和48年	2,326,700	281,600	15,400	8,100	1,000	251,400	5,400	300	2,045,100
	100.0%	12.0%							88.0%
		100.0%	5.5	2.9	0.4	89.3	1.8	0.1	
昭和53年	2,526,500	200,600	8,200	6,200	29,300	150,600	2,300	4,000	2,325,800
	100.0%	7.9%	4.1	3.1	14.6	75.1	1.1	2.0	92.1%
			48年に同じ		危険または修理不能	48年に同じ			

注；各数値間に重複はない。

図表1・1・8 昭和44年度住宅需要実態調査（大阪府地方集計）による住宅難世帯と住宅困窮世帯の相関関係

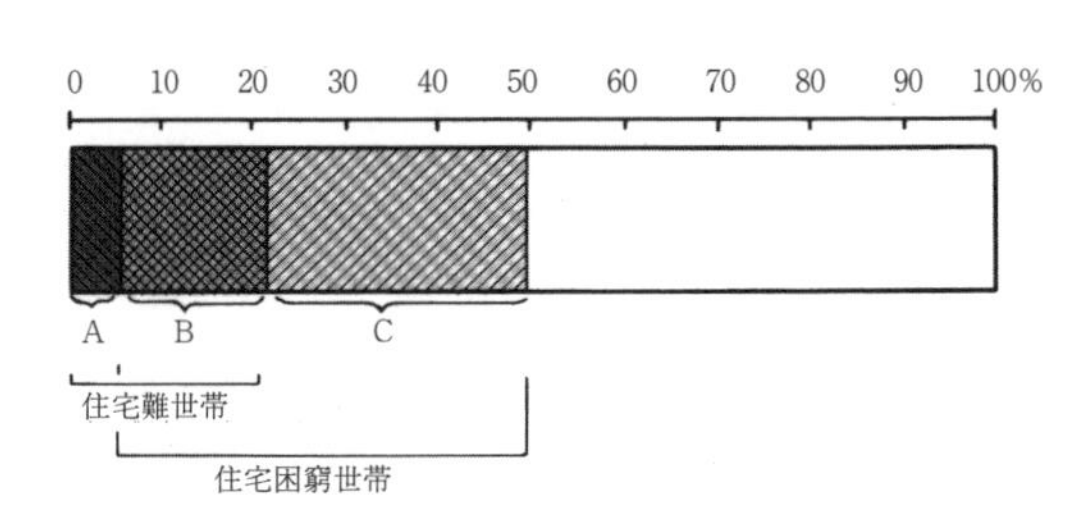

注		
A	住宅難世帯であるが住宅本窮を感じていない世帯	5.6%
B	住宅難世帯であり、かつ住宅困窮世帯	16.1%
C	住宅難世帯ではないが住宅困窮を感じている世帯	27.9%
＼＼＼	住宅難世帯 （但し:43年住宅統計調査では住宅難世帯は20.0%）	21.7%
／／／	住宅困窮世帯	44.0%

図表1・1・9 大阪府下における居住水準目標の達成状況

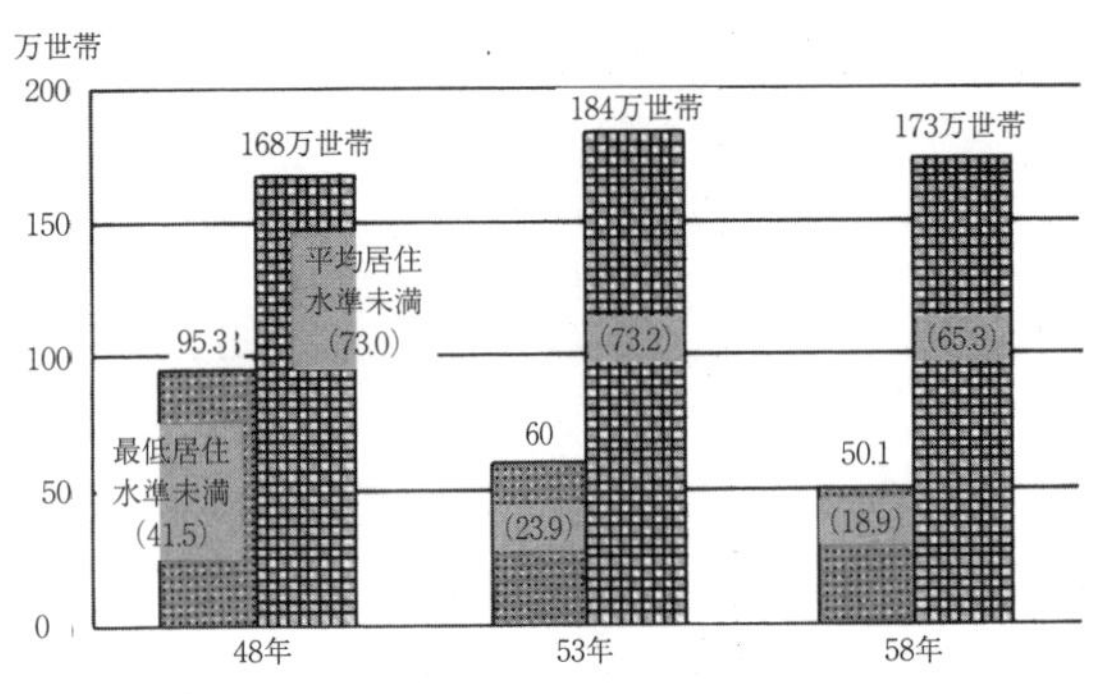

1.（ ）内の数字は各年主世帯数に対する比率で%。
2. 水準は規模要因のみによる。

2 大規模宅地開発の必要性

今まで述べてきたように、官民挙げての継続的な努力によって、我が国の住宅問題は終戦直後の「応急対策的住宅施策」から徐々に「恒久的住宅供給施策」へと移り、さらに昭和30年代に入ると、「もはや戦後ではない」と言われたように、多くの「住宅難世帯」をかかえながらも、住宅供給の面についてはようやく「量」も「質」もという期待感が生まれつつあった。

しかし、この時点では府営住宅にしても公団住宅にしても、あるいは協会（公社）住宅や民間住宅にしても、それらの団地づくりはまだいずれも、アトランダム立地、持ち込まれ用地、単一形式住宅、平坦地盛土といった素朴で初歩的な団地づくりにすぎず、いわゆる町の中での異質な「村づくり」にとどまっていた。

もちろん、このような団地づくりで十分とは誰も考えていたわけではなかったが、当時の府営住宅の建設という枠内では、どのような町づくりの絵を描こうとも、まずその年間建設戸数に限りがあり、またそのような住宅建設の市町村への配分からしても、これを一箇所に固めるということは、どうしても行政上無理があった。

さらに技術的な問題としては、大きな未開発地を一つの町として造成するには何分にも経験が不足していたことが挙げられる。特に上下水道や道路、鉄道をはじめとする居住者の足の確保には、それにこたえるだけの力を在来の府営住宅づくりのシステムに期待するのはどうしても無理であった。

したがって、後に大型団地化したかあるいはその候補地となった、泉北の光明池地区や和泉の自衛隊演習場、香里の元陸軍火薬庫跡や千里、金剛などの用地は、そのころ既に府営住宅の団地用地として府に持ち込まれていたが、当時は、府営住宅の分野だけでこれを消化するには、すべての点で能力不足であった。

一方、民間企業による無計画な開発は、住宅、工場、農地等を混在させた無秩序な市街地を形成し、後にその解消対策に多くのエネルギーを費やすことになった庄内、門真などのスプロール化（乱開発）を進めていた。また、公的住宅の用地取得においても、それらの事業主体間でいたずらに無統制な競合が繰り返されたのもこの時期である。

そして、府下一円では地価だけがどんどん上昇し、このため住宅建設は更に地価の安い所を求めて都市周辺に伸びていった。このようにして道路も上下水道も教育施設も整備されないまま、ただ家だけが建つといった状況で、このままでは府営住宅の建設も早晩その用地取得の段階で行き詰まるのはもちろん、たとえそれを無理につくっても、そこでは快適な住環境を保証することさえ危惧される状態に陥っていったのである。

そのうえ、このような心配はそこに建設される住宅の問題だけにとどまらず、その周辺に急造店舗や粗悪な建売住宅を誘引するということで、好ましくない住宅街区形成のきっかけとなった場合もある。また、このような住宅団地と各地の道路沿いに発生しつつあったガソリンスタンドとが、当時の地価高騰と郊外スプロール化の元凶とも言われたこともあった。

そこで、大阪府では膨大な住宅不足と毎年の需要増に対処する一方、土地の投機的値上がりを排除するような、効率のよい用地取得の方法が模索された。

そしてまず、府下各地の各種状況や新しい産業立地の傾向、それから総合的な土地利用計画等を勘案しながら、将来の大大阪都市圏再構築の要因となるような適地に各種公共施設も含めた総合計画を立てて大規模な開発を行い、そこに居住環境の整った計画的な町づくりを進めることが考えられた。

そしてこのような町づくりの構想の中で、これまで競合の形になっていた公営、公団、公社等各種の住宅供給を統合し、これらを一定のマスタープランに従って建設していこうとしたのである。

図表１・３・１　府下における大規模住宅地開発の適地調査
その１（都市基幹施設との関係図、30km圏）

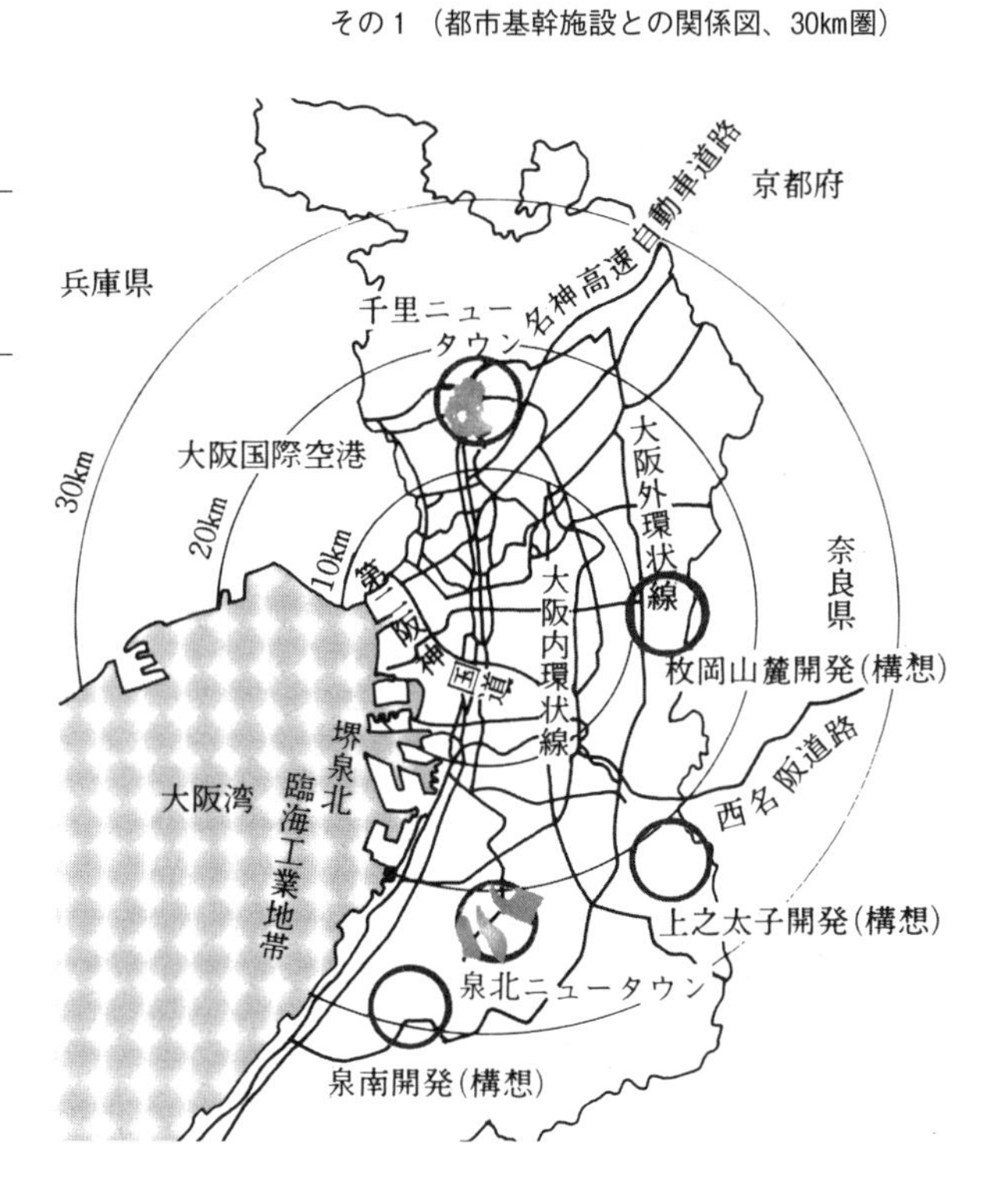

3　千里地区の推進と泉北地区の決定

このような考え方に基づいて、大阪府では昭和31年に、都市としての施設を整備した健康で文化的な生活を享受できる町づくりの検討が、建築部内において始められ、まず手をつけたのが、府下における大規模宅地開発の適地調査であった。

この調査はかなり広範囲に行われ、これまで持ち込まれていた用地は

図表１・３・２　府下における大規模住宅地開発の適地調査その２
（府下市町村との関係図、50km圏）

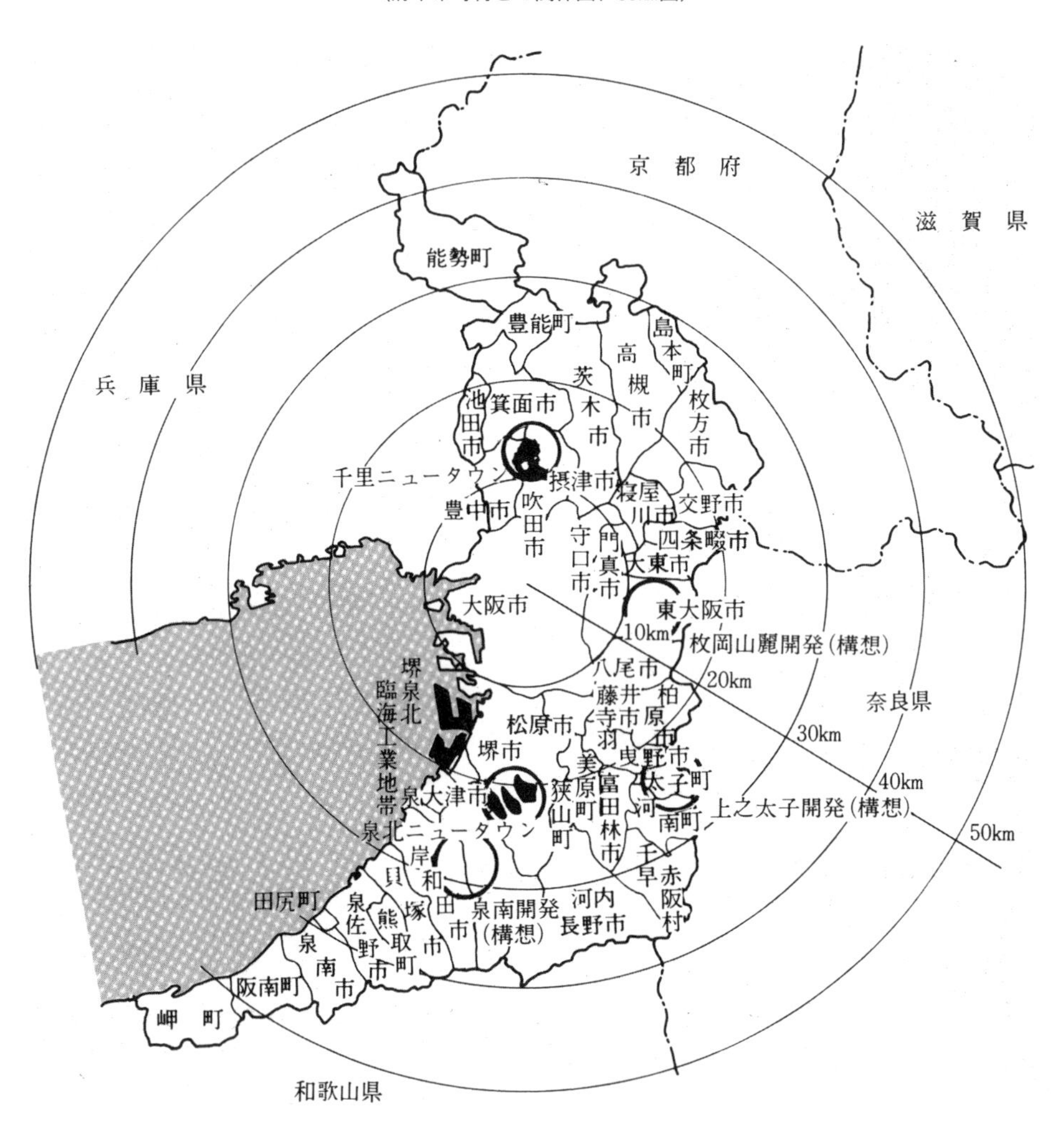

もちろんのこと、新規の用地もできるだけ掘り起して、それらのすべてが調査の対象となった。そのなかでも特に有力な候補地としては、枚岡山麓地区、上之太子地区、千里地区、泉北区それに泉南地区などが挙げられた。これらはいずれも２００ha（約６００万坪）程度の住宅都市を建設するにふさわしい地区であった。（図表１・３・１及び図表１・３・２）

当時、これらの候補地の選定についてはまず府の建築部において慎重な検討が重ねられ、特に府下全体の均衡ある発展を図るためには、当時開発の遅れていた南部や東部から始めるべきだとの意見が最後まで残ったが、最終的には最も立地条件のよい千里地区が、そのなかから第１の候補地として絞られていった。

それは、千里丘陵が大阪市の中心部からわずか15kmの所にあって、国鉄、阪急などの沿線に近いというだけでなく、将来は名神高速、中央環状線、さらには御堂筋線の延長などの計画がある大阪北部に位置し、府下で最も発展の早い地域になることが予想されたからである。

そして、その資金計画の検討が総務部で始められる一方、府政のなかに総合計画的なものを策定したいという構想をもっていた知事室でも、これが取り上げられ、昭和33年5月、「人口15万人の千里丘陵の住宅地開発」が、堺港を中心とした約１７００ha（５００万坪）の臨海工業地帯の造成及びその堺と北の名神高速とを結ぶ幅１００ｍの幹線道路（大阪中

央環状線）の築造と一緒に府の重要施策として決定された。（**図表1・3・3**）

昭和34年4月には赤間知事から左藤知事に府政がバトンタッチされたが、このころから千里地区はいよいよ本格的な事業段階に入った。そして翌年の昭和35年7月には、千里丘陵住宅地区の開発事業と堺臨海工業地帯の造成事業に専任する「企業局」が新設されて、これより千里の開発事業は、より強力かつ総合的に推進されることになった。

この昭和35年に、国では池田内閣が成立して所得倍増計画が打ち出されて、昭和36年から10年間に1000万戸の住宅を建設しようという計画が発表され、それに基づいて建設省ではその前期の5ヶ年間に対応する「住宅建設5ヶ年計画」が策定された。

大阪府もこのような計画を背景にして、昭和36年度を初年度とする10ヶ年間に80万戸を建設して、一挙に一世帯一住宅の実現を図ろうという構想を発表し、その具体化の一つとして、堺市金岡東団地（138ha、10500戸、約38000人）の造成が大阪府住宅協会（現在の大阪府住宅供給公社）の手によって着手された。

図表1・3・3　千里丘陵住宅地開発計画図

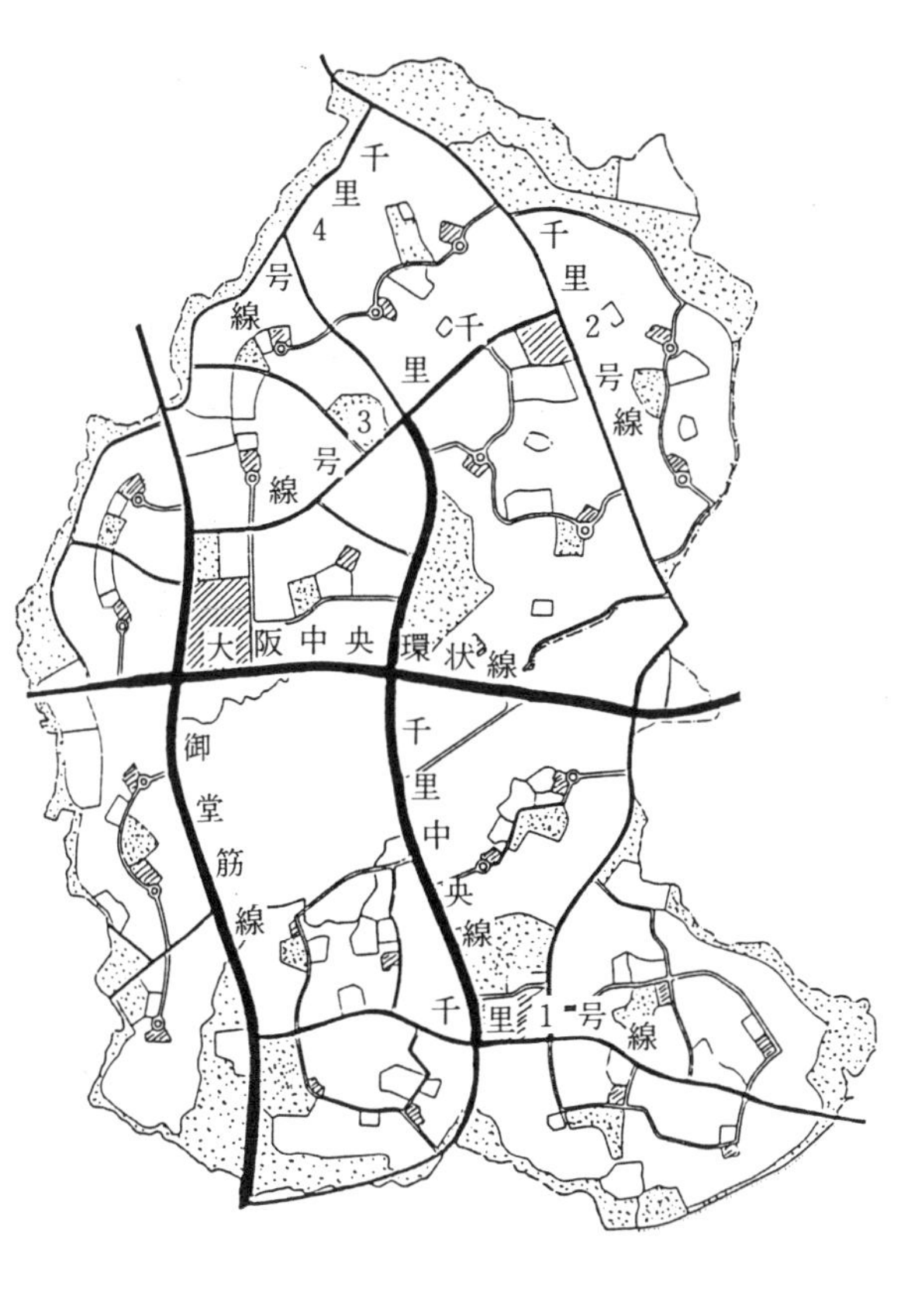

一方、既に造成中の千里丘陵住宅地区の開発事業はほぼ順調に進み、住宅建設も始まっていたが、さらに急激に増加を続ける住宅需要に対処するため、規模においては千里を上回る、2330ha（約700万坪）の泉北丘陵住宅地区の開発計画が、この昭和36年度から企業局で進められた。（**図表1・3・4**）

そのころ、大阪府では知事室によって、これまで述べてきたような住宅対策をも含めた各行政部門の各種施策を統合して、新たに将来を展望した整合性のある長期的な計画が策定されることになる。それは当時、既に数年にわたる作業が重ねられていて、昭和36年度から昭和50年度までの15年間の長期計画として昭和37年5月に発表された「大阪地方計画（第1次報告）」である。

そしてこの計画では府下全域を、再開発地帯、整備地帯、内陸開発地帯、臨海開発地帯、保全地帯の五つに分けて、各地域が相互に有機的な関連を保ちつつ、しかも地域の特性に応じた均衡のある発展を図るよう構想されたもので、これを図面にして表したのが、（**図表1・3・5**）の「地帯構想図」である。

一方、泉北丘陵地区の開発計画は、昭和36年度に固められた構想に引き続いて、更に37、38年度と検討が重ねられて、次第に事業計画としての焦点が合わされていった。

しかし、それは単なる北の千里に対する南の泉北といった機械的な発想からではなく、臨海工業地帯開発の後背地としての町づくりと、その住宅需要をも含めた府下全体の住宅対策としての役割が鮮明に打ち出されたのである。

図表１・３・４　泉北丘陵住宅地区開発計画の基本構想

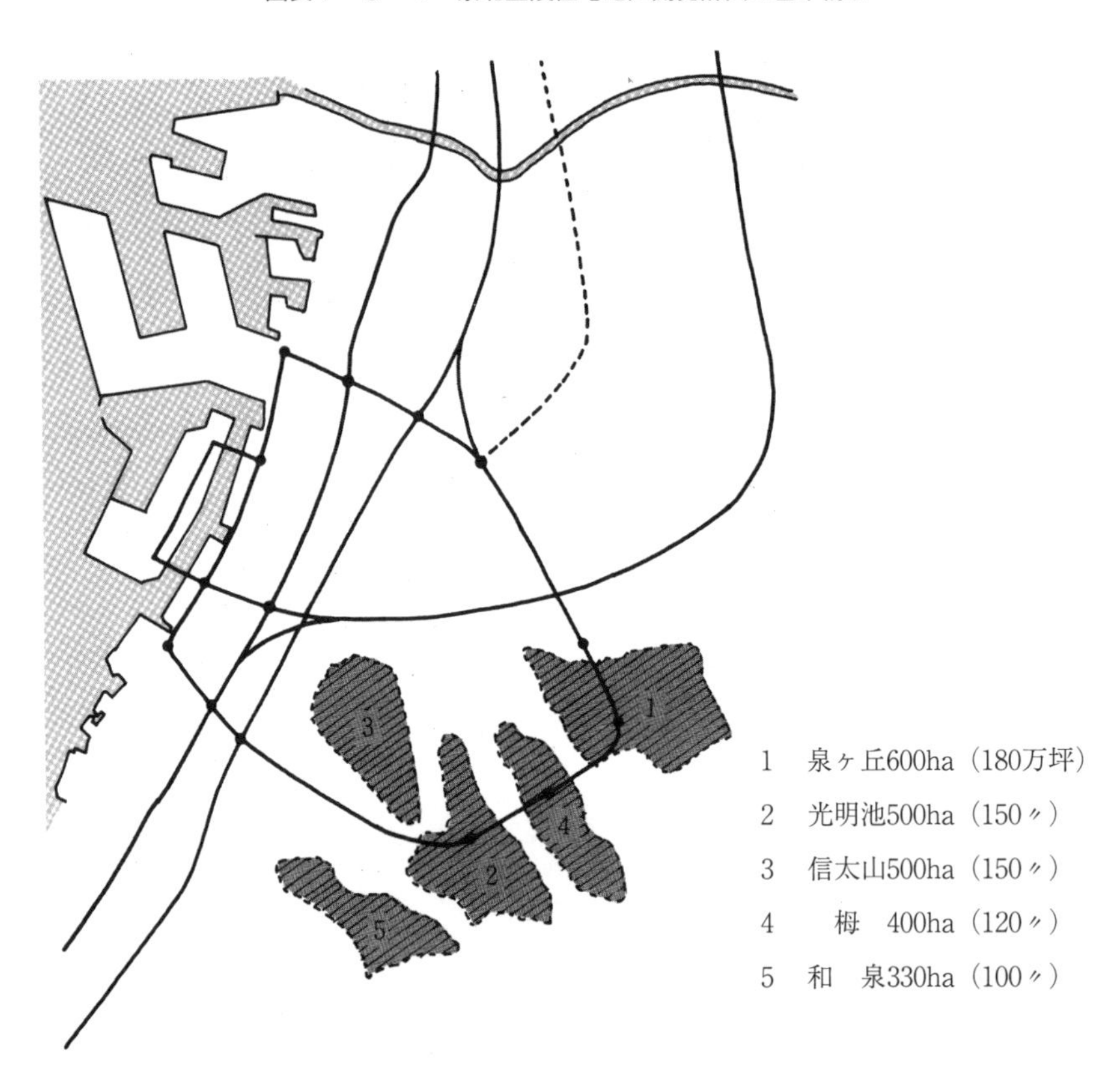

図表１・３・５　大阪地方計画（第１次報告）による地帯構想図

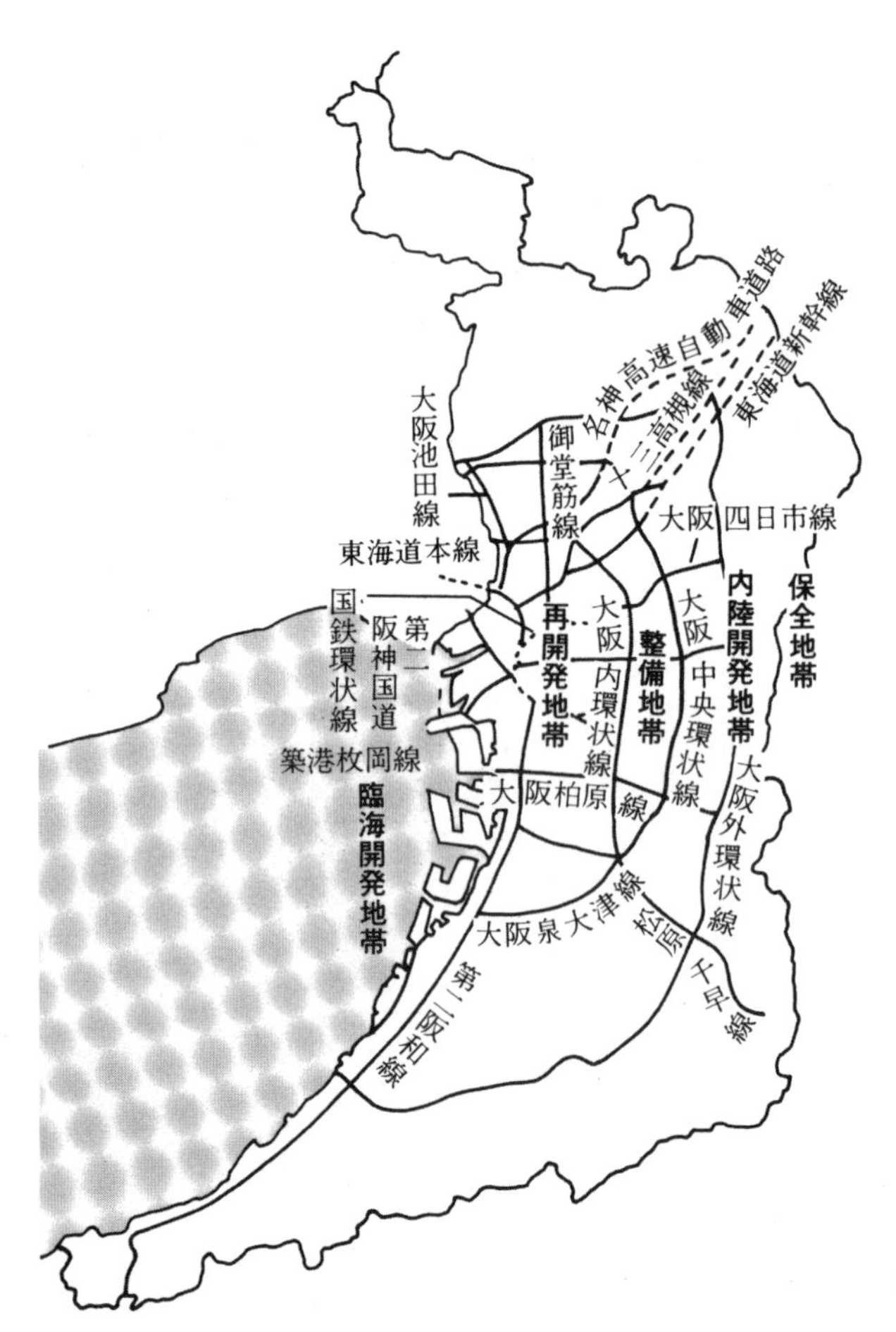

図表１・３・６　府下人口の展望

地　　区	昭和35年人口	増加人口	昭和50年人口
	千人	千人	千人
大　阪　府	5,505	2,130	7,635
大　阪　市	3,011	800	3,811
豊能地区	610	317	927
河内地区	801	321	1,122
南河内地区	154	105	259
泉北地区	600	406	1,006
泉南地区	329	181	510

すなわち、この泉北丘陵地区の立地する堺市では戦前既にその湾岸部で工業地の埋立を開始していたが、昭和33年頃から本格的な臨海工業地の造成が始められ、この計画が完了する昭和42年頃には、堺市は港湾整備とあいまって一大臨海工業都市として生まれ変わることが予想され、これに伴って近代都市としての再編成が急がれていたのである。

また、堺市は大阪市の南に隣接し、大阪市の人口増加に伴う住宅地の膨張によって、その郊外住宅地としての開発は当時著しいものがあり、こうした発展の結果、堺市の人口は昭和35年の34万人から昭和38年の41万5千人と、わずか3ヶ年間にその22％の7万5千人もの人口増があり、この堺市を中心とした泉北地区では昭和35年から昭和50年の間に約40万人の人口増加が予想されていた。（**図表1・3・6**及び**図表1・3・7**）しかもこのような人口増加に対する住宅供給の必要性は緊急を要し、泉北丘陵地区はこのような状勢に対処するために、どうしても約20万人を収容する住宅都市として開発されることが必要とされたのである。

大阪府全体の総合的な整備計画としては、先の「大阪地方計画（第1次報告）」に続いて「大阪地方計画（第2次報告）」が、昭和38年8月に発足した企画部の手によってまとめられ、昭和41年2月に発表された。この計画は昭和39年度から昭和50年度までの12ヶ年にわたるもので、地帯構想としては、既成都市地帯、整備開発地帯、臨海開発地帯、緑地保全地帯の4つのゾーンに分けられたほか、都心部の機能の純化を図るため

図表1・3・7　泉北地区対象区域（4市4町）

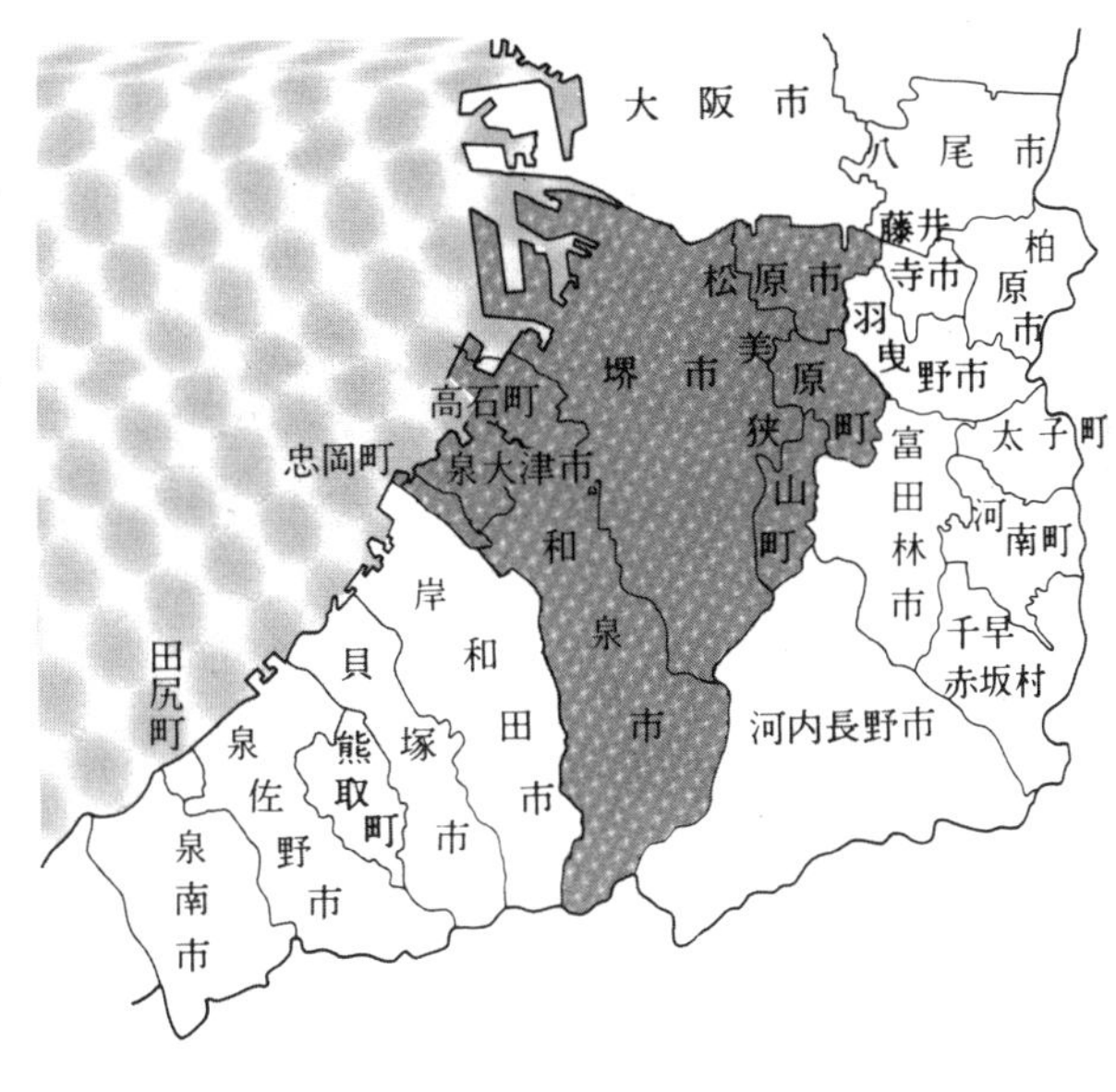

図表1・3・8大阪地方計画（第2次報告）による地域整備構想図

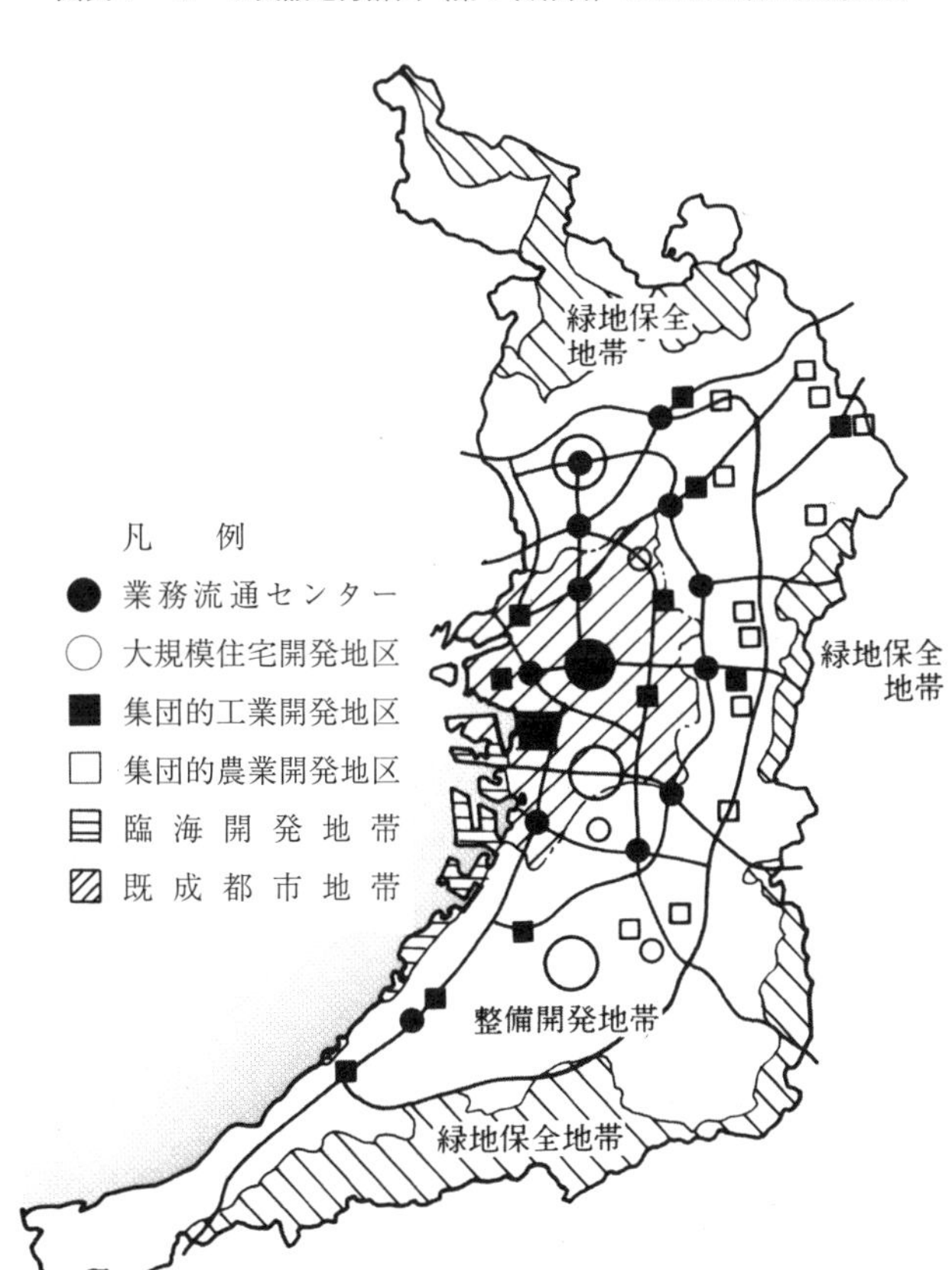

にそこは業務施設を中心に再編成することとし、業務施設の一部や都心部に立地する必要のない流通施設、工場施設は計画的に周辺部に分散し、また既成市街地の生活環境の改善と併せて周辺丘陵部に住宅団地を造成することなどが方向づけられた。（図表1・3・8）そしてこれによって、それまで着工し又は計画の進んでいた「千里丘陵住宅地区」や「泉北丘陵住宅地区」が、この構想図の中ではっきりと描かれ、これらの大規模住宅開発が、将来の大阪を展望する地方計画の重要な核として位置づけされたのである。

図表1・4・1　泉北丘陵位置図

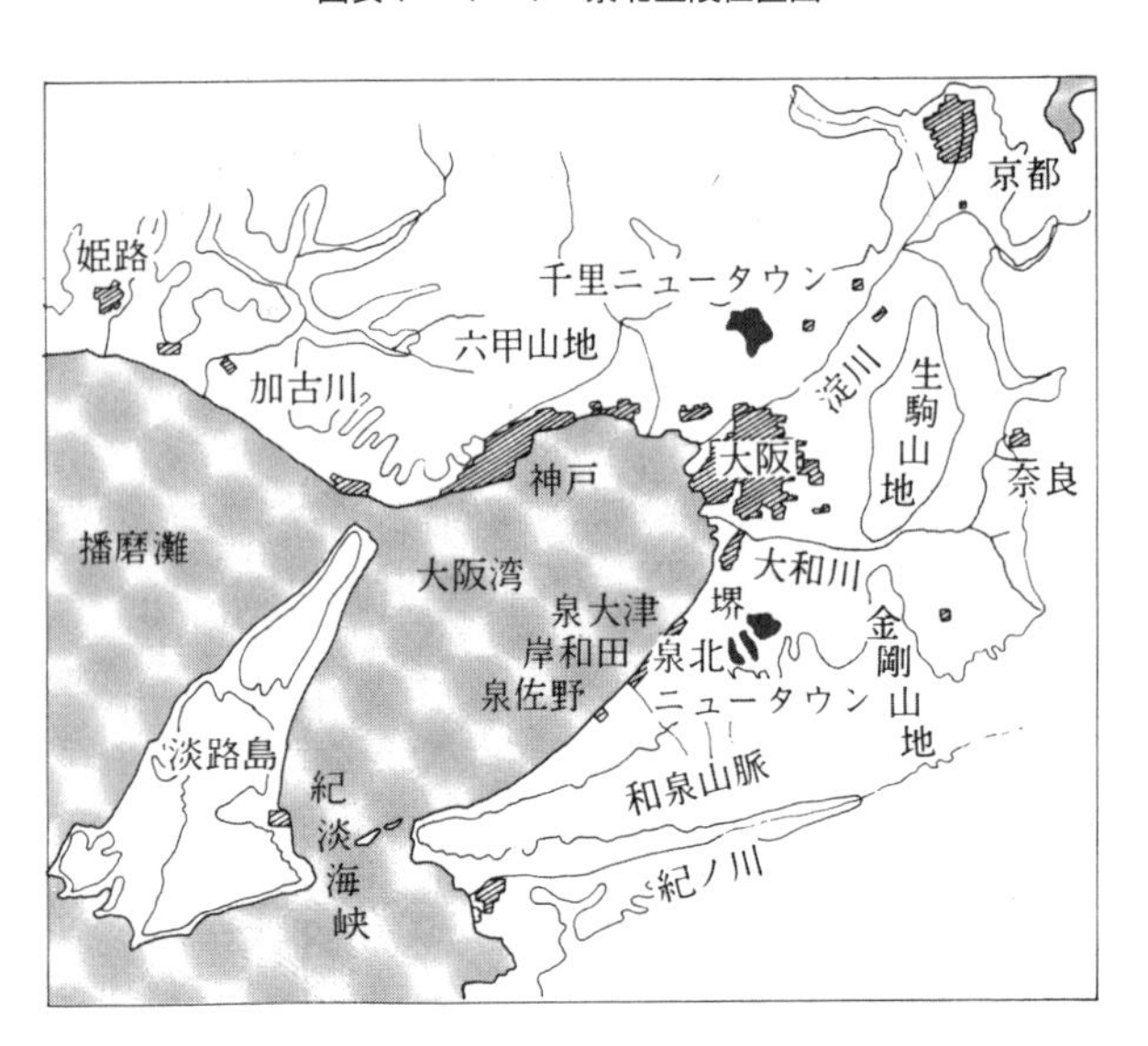

4　開発地区周辺の各種条件

（1）開発地区の位置

大和川以南の大阪平野はその東方を標高500ないし1125mの金剛山地によって奈良盆地と区切られ、南は標高380ないし890mの和泉山脈によって紀ノ川流域の和歌山平野と区分される。そして、大阪湾岸部よりこれら山地に及ぶ中間地帯は、山地に達する部分で漸次丘陵地を形成して多くの起伏を呈しているが、そのうち石津川及びその支流が複雑に入りこんだ丘陵地帯がここでいう泉北丘陵地域である。（図表

図表1・4・2　昭40.12時点の開発計画対象区域

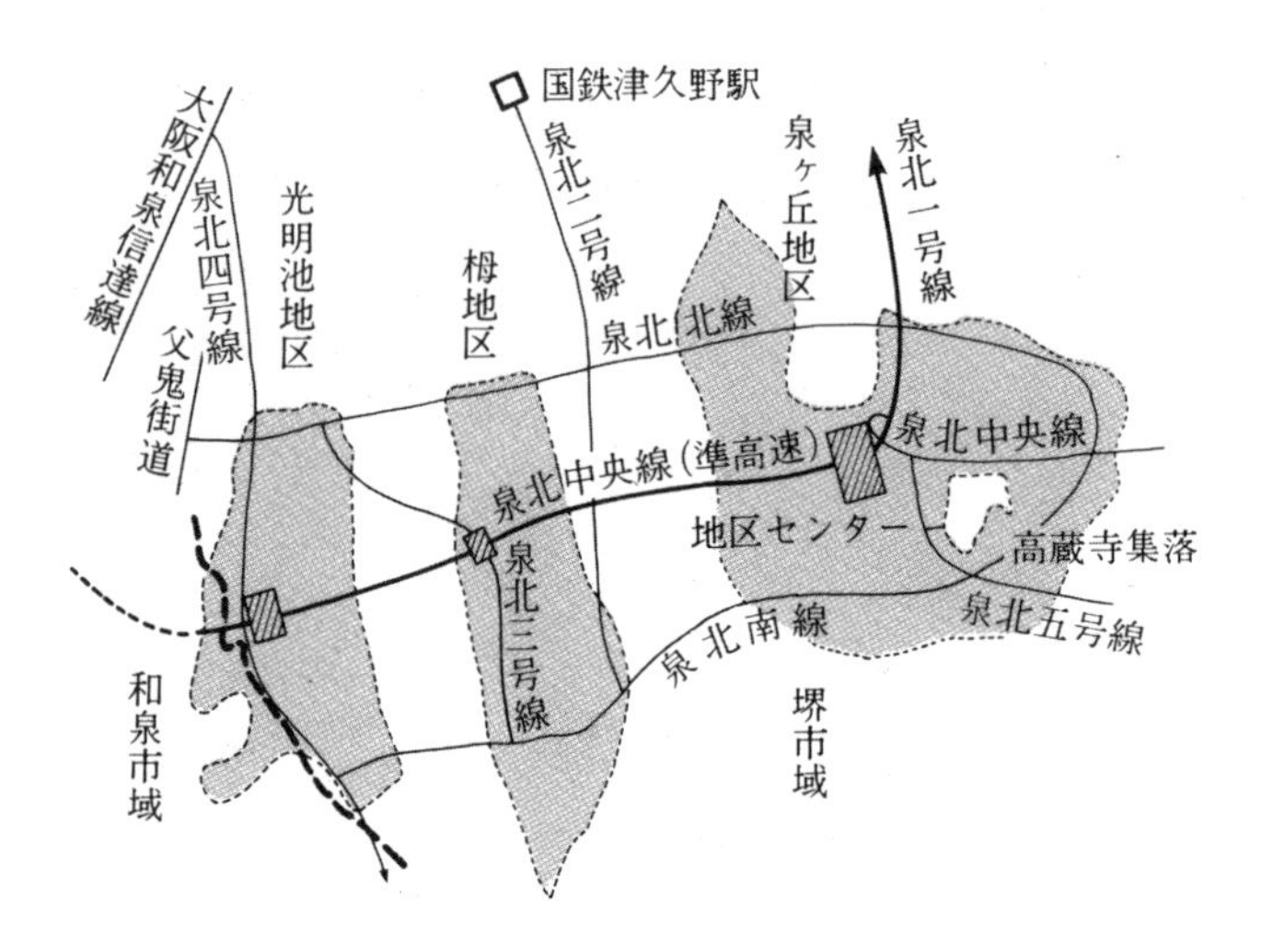

1・4・1）

ここで実際に開発するのは丘陵地部分のみとし、集落の点在する川沿いの谷の部分は計画区域から除外してあるが、これは用地買収上やむを得ない理由によるもので、これらの谷間は将来の発展に合わせて区画整理等の方法による開発が予想された。

また、開発区域は最初は東から泉ケ丘、栂、光明池、信太山、和泉の5地区が計画対象とされ、その総面積は2330ha（約700万坪）とした時期もあったが（図表1・3・4）、その後、まず最初に和泉地区が、次に信太山地区が除外されていき、昭和40年12月の新住宅市街地開発法の適用がなされた時期には、泉ケ丘、栂、光明池の3地区、1520ha（約455万坪）だけが開発計画の対象となった。（図表1・4・2）

この開発計画の行政区画としては、泉ケ丘、栂、の全区域と光明池の大部分が堺市域に属し、光明池の一部分が和泉市域に入っていて、新住事業決定時点では、当面、堺市域だけが新住法の施行区域とされたのである。以下はこの開発計画を取り巻いたいくつかの諸条件を挙げてみたい。

（2）開発地区周辺の交通

開発地区周辺の鉄道としては、大阪の天王寺から東和歌山に向う国鉄阪和線と、難波から堺を経て和歌山に達する南海電鉄本線の2線が、ほぼ平行して開発区域の西側6～7kmのところを海岸沿いに通っていた。また、東方8kmのところには、難波から堺東を経由して高野山に至る南海電鉄高野線が通っていた。（図表1・4・3）

国鉄阪和線は昭和5年に天王寺～東和歌山間が全通したが、その経営

図表1・4・3　開発地区周辺の鉄道

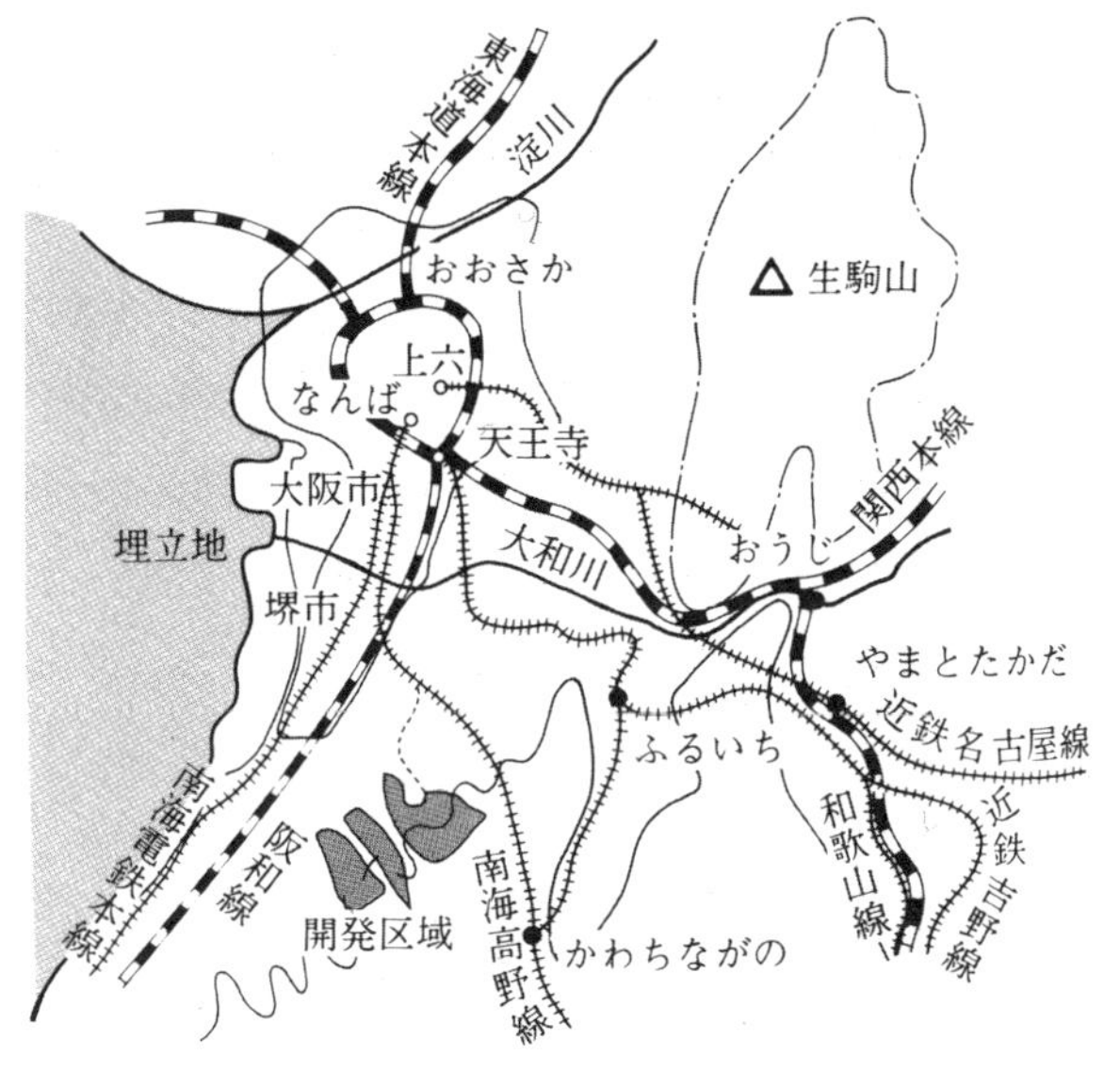

図表1・4・4　開発地区周辺の道路

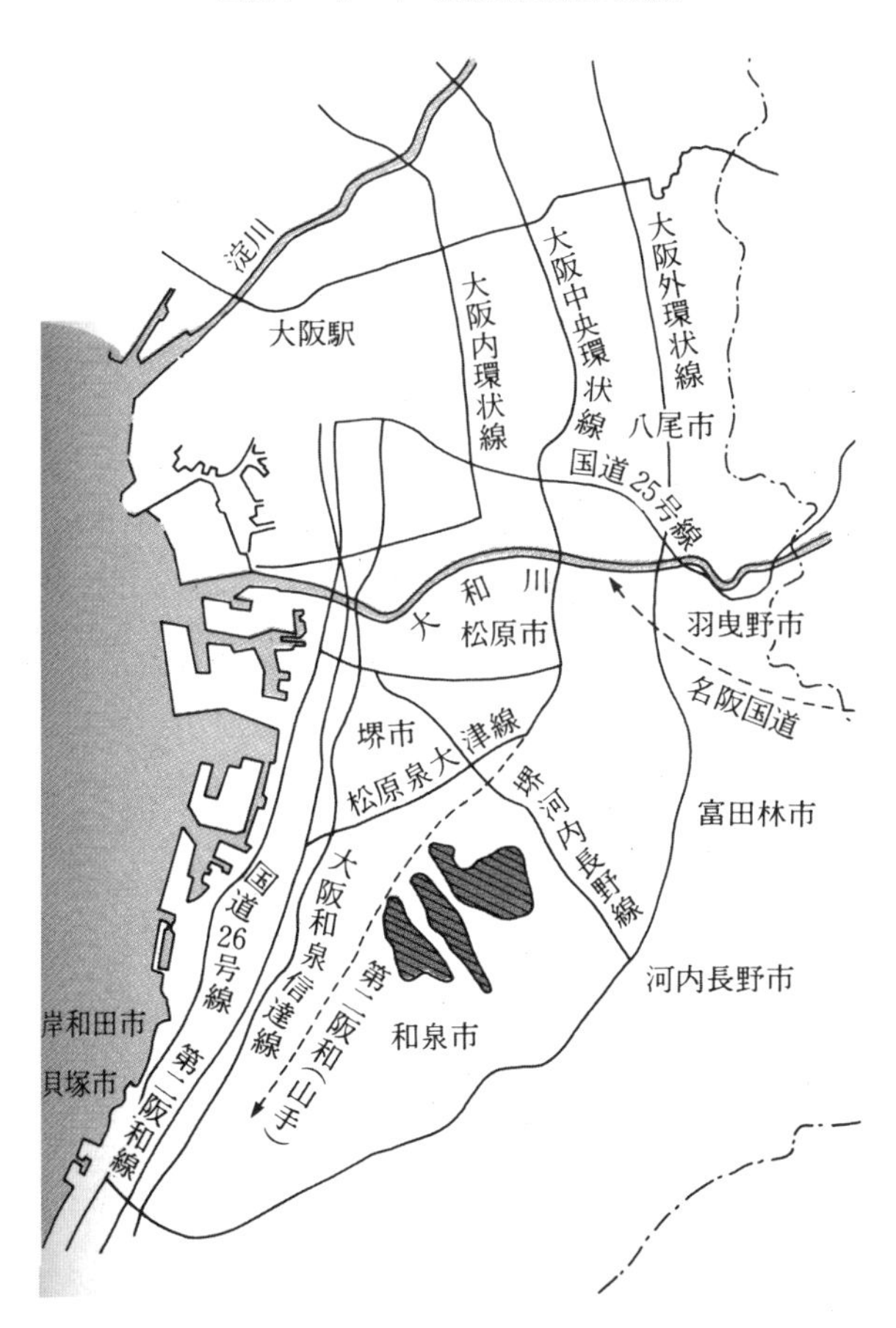

は戦前より戦後にかけて、阪和電気鉄道→南海電鉄山手線→近畿日本鉄道→国鉄と目まぐるしい変転を繰り返し現在に至っている。

また南海電鉄本線は明治36年に難波〜和歌山間が開通し、明治44年に全線の電化が完成している。南海電鉄高野線は明治39年に難波〜高野下間が開通し、戦時中は本線とともに近畿日本鉄道となったが、戦後再び分離されて今日に至っている。

この3つの鉄道によって大阪は和歌山方面と連絡されているわけであるが、これらの路線は東海道本線という日本列島の主軸からははずれた地域にあること、戦時中特に南海電鉄が関西の私鉄の中で最も大きな戦災を受けたこと、さらにはまた経営上の変遷が激しかったことなどから、これらの沿線である泉北、泉南一帯は大阪を中心とする私鉄の中ではその開発が最も遅れた地域になっていた。

また道路としては、開発計画区域を分割している谷間に、堺市を起点とした道路4本（伏尾釜室線、滝畑堺線、別所草部線、和田福泉線）が南北方向に走り、東西方向には開発計画区域の北方4kmを平尾鳳停車場線が走っていた。しかし泉北開発の計画区域の一部が臨海工業埋立地の盛土用土取地とされていたこともあり、ここに公的で大規模な造成工事を始めるためには、どうしてもまず道路の路盤改良や舗装整備はもちろん、一部では道路幅の拡張やバイパス道路の築造が必要とされる状況にあった。また、将来の計画線としては大阪中央環状線から分岐する松原泉大津線が北方6kmのあたりを、また大阪外環状線が南東約5kmのところを通る予定になっていた。（**図表1・4・4**）

このほか、バスルートは先述の各谷間の道路を通って南北方向にサービスされていたが、山間部では1日数便のところもあり、そのうえ、道路の整備が悪く、堺東から泉北丘陵地区までは40分〜50分間も要する状況であった。

（3）開発地区周辺の地形

泉北丘陵地域は、石津川上流で支流の谷がほぼ南北に縦貫し、3つの計画地区はすべてそれらの谷をはさんだ丘陵地にあった。

全体の地形的特徴としては、南北に入り込んだ谷間から、それぞれの両側の丘陵に対して樹枝状に伸びた小谷間が突入し、その小谷間には多くの灌漑用溜池が抱えこまれ、総体的に複雑な地形状況を呈していた。（**図表1・4・5**）

この溜池の数は非常に多く、800余ケ所を数え、3計画地区の合計面積の約7％にも達する程であった。

次に各計画地区ごとに地形の特徴を挙げてみると次のとおりである。

①泉ケ丘地区

地区のほぼ中央にある高蔵寺集落を除いた面積は720ha（約215万坪）であるが、この集落の東側に標高130m前後の尾根を境界にした分水嶺がある。地形は概して北側に向かってゆるく傾斜し、東西には谷が錯綜して険しい。

そして、地区北端の一部を除き、大半が標高60m以上の山地であり、流域の奥行きの深さは3地区中最大であった。

また、地区内の水系については、高蔵寺をほぼ中心としてそれより八つ手状に北流する部分と、南に向かって石津川上流の妙見川に流れる部分とに分けることができる。八つ手状谷間を構成する小分水線は、北西—南東の方向を示しているものが多く、全体的には3地区中この地区が最も複雑な地形を示していた。

②栂地区

地区面積は400ha（約120万坪）で、地区のほぼ80％以上が標高60m以上の丘陵になっていた。そして分水嶺は地区の西寄りに南北に走り、水系的には西側の和田川が30％を占めており、かつ急傾斜であった。

東側石津川に対しては、小さい谷間が複雑に入り込み、それらの谷は急傾斜で石津川流域の水田に接していた。

また、最高の標高は110~120mに達し、台地的な形をしている所はほとんどなく、地形的には3地区中最も険しかった。

③光明池地区

地区面積は400ha（約120万坪）で、地区のほぼ中央部に光明池からの排水路に当たる甲斐田川が北流している。標高は東側の丘陵では南端が100m以上と最も高く、北、西、東側はそれより若干低くなっているが、いずれも比較的急な傾斜で谷に接していた。西側の丘陵は東側丘陵より低く、80m程度の台地となっていた。

東側の丘陵は和田川と甲斐田川に分水されていたが、その先で合流し、和田川となって北流していた。西側の丘陵はその約90％が甲斐田川を経るか、あるいは直接に地区の東に接する和田川に流れていた。

図表1・4・5　開発地区周辺の地形

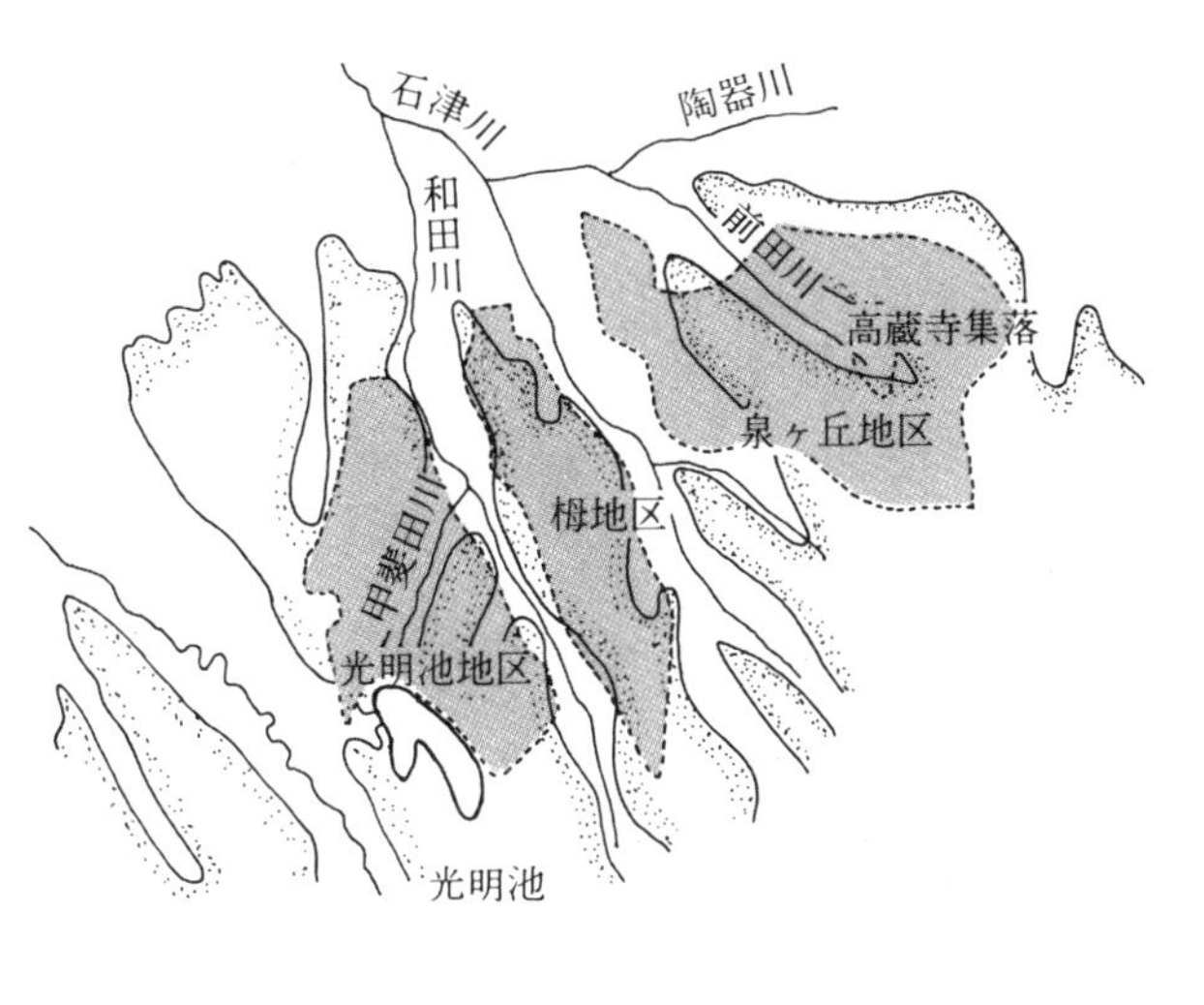

（4）開発地区及び周辺の地質等

3計画地区及び周辺地域の地質は、沖積層、段丘堆積層及び大阪層群又は満池谷累層という3つに分けて考えることができる。

大阪層群の主体は大部分海成粘土であり、その特徴はこの大阪層群の模式地としてさきに経験した千里丘陵地区の地質状況を参考にすることができる。

この泉北丘陵を造る大阪層群は、アズキ凝灰岩層を上部の基底として、上下の部分に区分される。上部の厚さは最大250m、下部の下半は主に礫層で上半は粘土と砂の互層である。

図表1・4・6　開発地区周辺の地質

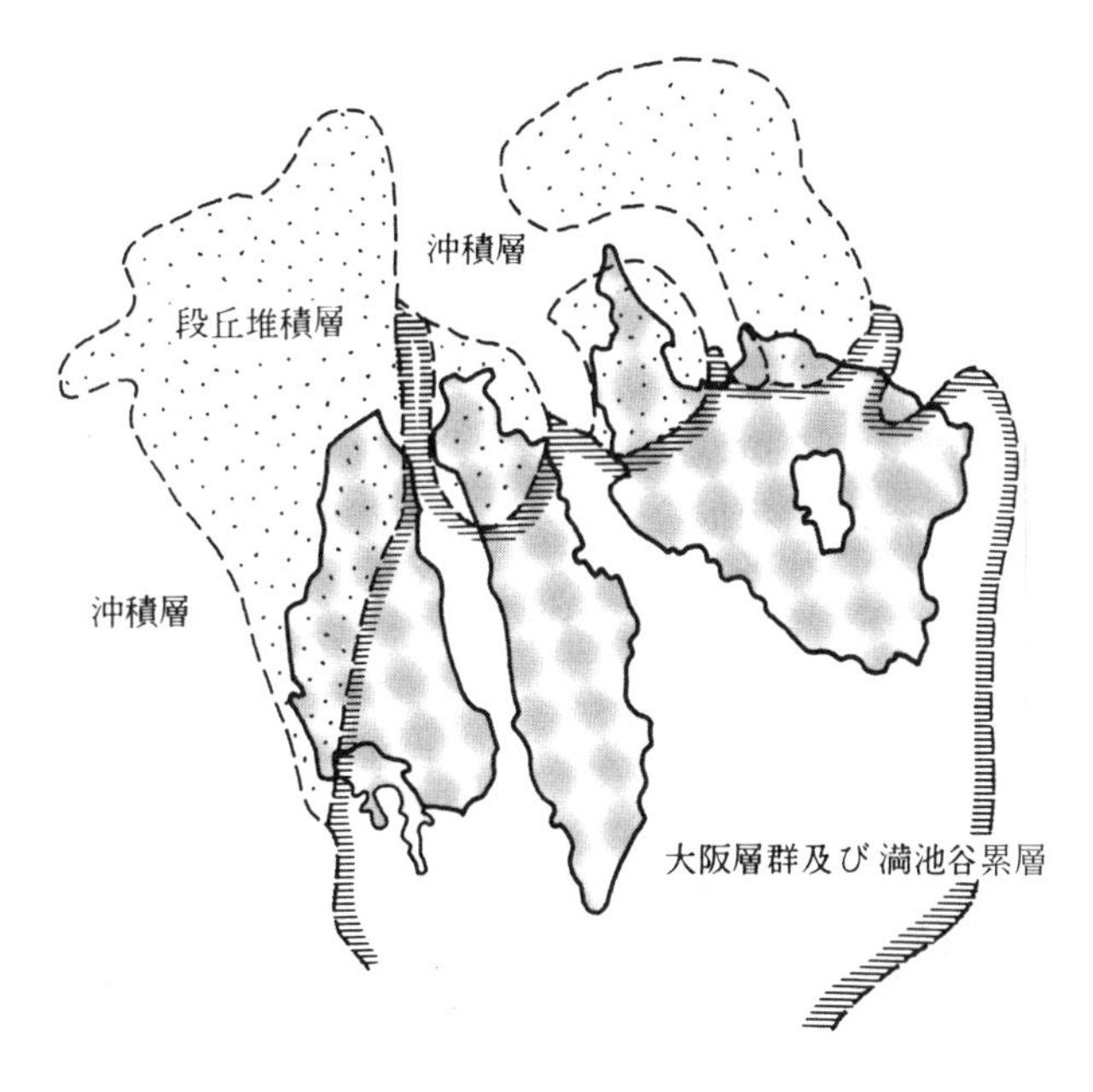

そして各種の研究を基にこのような地質の分布を大きく分けてみると、海岸から泉北丘陵に至る部分は沖積層で、泉ケ丘地区の北端部分と栂地区の北端部分は段丘堆積層となるが、それらの南側の半分以上の地質は海成粘土を主体とする大阪層群である。また光明池地区の西側は段丘堆積層であるが、東側は満池谷層群をも含んだ大阪層群である。（図表1・4・6）

以下、各地区ごとにその地質的な特徴を挙げてみると次のとおりであった。

①泉ケ丘地区

地区の北端部は高位段丘堆積層、南の大部分は海成粘土の大阪層群である。そしてこの地区は、既に述べたごとく3地区中最も複雑で、標高100m以上の高地部分も多く、地質的にはそれらの谷間に沖積層が相当深く入り込んでいるのが特徴である。

また、地区北端部の高位段丘堆積層は丘陵地として一連のものではなく、石津川上流の流域沖積層の地質をはさんで二つに分かれている。

②栂地区

地区北端部の高位段丘堆積層に対し、地区の南の大部分は海成粘土層を主体とした地質構造である。そして地区全体からすれば、南の約3分の2の部分が大阪層群となっていた。

③光明池地区

甲斐田川の小谷をはさんで前述のように区分された東側丘陵と西側丘陵とは地質的にも明確な違いを示している。

すなわち、東側丘陵では標高80m以上については高位段丘堆積層がみられるが、規模的にまとまった部分は少なく、土地隆起の変化は複雑である。また、標高70m程度の所では満池谷累層や、海成粘土層も存在する。

一方、西側丘陵では標高70m以上で高位段丘堆積層が集中的に存在し、小河川の谷間の沖積平野との間には満池谷累層及び海成粘土層が線状に連らなっていた。

つまり西側丘陵は隣接の信太山丘陵と地質的には一体化しているのに対し、東側丘陵は大阪層群的な特徴を持つ泉北丘陵以南地域への中間的な地質状況と考えられた。

このほか、計画区域内に存在する支障物件や家屋、それから最終約700件に上った遺跡の処理等は、いずれも開発計画を進める上で避けては通れない大きな課題の一つであった。

5　開発地区周辺の開発計画

大阪市に隣接した大和川以南の堺臨海工業地帯（約1500ha）と石津川以南の泉北臨海工業地帯（約600ha）は、当時既に操業中のものもあり、計画中のものも昭和42年には完成する予定であった。

このほか、臨海工業地域以外にも、港を中心にして工業及び準工業地域は広がっていたが、内陸部においても中小企業の工業団地が次第に広がりつつあり、泉北丘陵地区の北方の中小企業団地や、西南方向の婦人子供服団地等が当時計画中であった。

また、泉北丘陵地区内にも、敷物団地、養鶏団地（移転予定）があり、開発地区間の谷間にも将来は相当の軽工業が発達するものと考えられた。

住宅地域については、当時は堺市の中心部から南方の海岸沿い及び後背丘陵地に広がっており、既にかなり大規模な住宅団地の計画もいくつか行われつつあった。その主なものは、住宅公団（現在の住宅・都市整備公団）の向ケ丘、金剛、信太山、光明池の各団地、府住宅協会（現在の府住宅供給公社）の金岡東団地。それから民間のものとしては羽曳野ネオポリス、南海電鉄の狭山ニュータウン等があった。

以下はこのような実際の町の開発・整備に並行して固められつつあった公的な都市計画や、町づくりの各種の枠組について述べてみたい。

(1) 府の地方計画構想

泉北丘陵地区開発という大規模住宅地造成が、大阪地方計画という上位計画の中に位置づけされるに至った経緯は既に述べてきたところである。

しかし大阪地方計画そのものは、この泉北丘陵開発のみならず、堺後背地一帯を含めた地帯構想や、広域対象の幹線道路網や上水道その他の事業構想についても幅広い検討がなされていた。

そのうち、泉北丘陵地区内外の地域に関して大阪地方計画が意図していたものをここに取り出してみると次のとおりである。

①開発の方向性

泉北丘陵地区の堺との関係及び将来の開発方向としては

(ア) 堺の現市街地及びその外周部での中核的都市機能の整備と強化

(イ) スプロール的（無秩序）な市街地拡大の防止、特に堺市街地と泉北あるいは他の周辺方向との連担の回避

(ウ) 丘陵部における農、工、住の調和のとれた計画的な開発編成への指向

(エ) このためにくさび状農耕地帯の可及的保存などが挙げられ、これらの4点が当時の大阪地方計画が泉北地区開発に対して与えようとした方向性であったといえよう。

②幹線道路整備

泉北丘陵地区を取り巻く幹線道路は、この地区を大きく包んで、南北方向に既設の堺河内長野線と大阪和泉信達線の2放射道路があり、東西方向には計画路線としての内側の松原泉大津線と外側の外環状線の2環状道路があった。なおこのほかに、第2阪和（山手）線が国道整備の一環として計画されていた。（図表1・4・4参照）

③公園緑地整備

泉北丘陵地区を取り巻く公園緑地としては、大阪都心から1時間圏の地帯に史跡、風光等を利用した大公園を設け、地域の特性に応じた施設を整備しようとした主旨から、この地域では次のような計画があった。

狭山公園　80ha　遊園施設
光明池公園　２８０ha　ゴルフ場その他
久米田公園　２１０ha　自然動物園

なお堺市街地寄りには、

大泉緑地　１２０ha　植物園
大仙公園　83ha　野球場、庭球場、花壇
浜寺公園　２４０ha　海岸公園

この2グループが各々緑地帯の根幹的な施設として考えられていた。

またこれらとともに、外側の金剛生駒国定公園、和泉葛城の自然公園が大きく外周のベルト状緑地を形成するものとされていた。

④上水道整備

広域的な府営水道の第4次拡張計画の本管が泉北丘陵地区の北側を通過し、これとほぼ平行して、更に第5次拡張計画の本管が増設されることになっていた。

このようにして泉北一帯への上水の源水供給は、これらの幹線を通じて淀川から送られてくることになっていたのである。

なお、この北側には工業用水道の第3次計画の本管も通過することになっていた。

(2) 堺市の都市計画

堺市は明治22年に市制が施行されたが、この泉北地区が堺市域に編入されたのは昭和34年、36年であり、この時点で泉北地区の大部分を含ん

だ堺市の新市域には、まだ都市計画の決定がなされていなかった。しかし、府地方計画の方針を受け継いで新しく全市域を含んだ計画策定の作業は、当時既に進められつつあった。

その基本とした考え方を示すと次のとおりであった。

(ア) 堺市及びその広域圏（高石町、泉大津市、松原市、和泉市、美原町、狭山町、羽曳野市、河内長野市、美陵町の5市4町を含む）について、昭和55年想定人口は堺市70万人（泉北は外数で15万人、これを入れて85万人）、広域圏は１３９万人（泉北は外数で15万人、これを入れて１５４万人）とする。

(イ) 産業的には二次産業と三次産業の比重が強化される。

(ウ) 以上の人口及び産業活動を受け入れるべき土地の広がりは、従来の市街地の広がりを超えて、堺東から30分圏、半径10kmで設定する。

(エ) 現市街地を中心とした10km圏の中については、一応松原泉大津線の沿線附近をもって遮断的な緑地帯を設け、その内側については一般に区画整理や団地的な開発等によって市街地を編成する。

(オ) 10km圏以遠の部分については、泉北地区の大規模宅地開発が想定されているので、全体の具体的な計画編成は、その泉北地区開発計画の策定を待って進める。

また、泉北地区周辺の既定の堺都市計画としては鉢ヶ峯の堺公園墓地（13・７４８ha、昭和37・3決定）があった。

このほか、完成又は工事中、あるいは計画中の開発事業としては、泉北地区内で、次のようなものがあった。

養鶏団地（計画的工業団地で工事中）
敷物団地（計画的工業団地で設計中）
雇用促進事業団の住宅団地（建設入居済）
社宅団地（予定）
一般宅地開発（予定）
土地区画整理（計画）

これらは泉北丘陵地区内に約15ヶ所あり、このほかに農業関係では果樹園地などのために新規造成をしているところもあった。

(3) 和泉市の都市計画

泉北丘陵地区のうち、当初の計画にあった信太山地区や和泉地区は和泉市域に含まれていたが、その後、昭和40年12月に新住法事業として堺市域がスタートした時点では、その中の光明池地区の一部に当たる１住区分がこの和泉市域に含まれていただけである。

都市計画については、和泉市の場合はその市制の発足が昭和31年と歴史が新しく、市街地の形成も最近になって急速に展開を始めたところであり、各種の事業分野での具体的な計画の策定まではまだ至っていなかった。

しかし、当時既に市内における開発事業は急速に展開しつつあったので、その動きを取り入れた地域指定が、市のほぼ中央にあたる阪和線沿線で幅約３kmにわたって行われており、種別区分では工業専用地域から住居専用地域にわたる内容をもっていた。

このうち住居専用地域については、主として団地的な開発が予想された山の手部分が指定され、その一部には風致地区として重ねて指定されていた所もあった。

なお、道路その他の計画決定は、当時全市的な検討が進められていた段階であったが、和泉府中駅前の防災街区の改造事業は、この当時既にその計画が固められつつあった。

(4) 工業開発計画

当時、泉北丘陵地区の直接影響圏内で考えられた工業開発は、臨海工業に関連した内陸工業団地の開発と、大阪からの工場分散に基づく団地開発、それから地場産業の発展に伴う新しい団地開発であった。

このうち、最も現実的なものは臨海関連の内陸工業団地であり、これに対応した計画の立案も一部では行われていて、泉ケ丘地区の北部では既にその具体的な計画案が描かれつつあった。

また、大阪からの工場分散にもとづく団地開発については、当面は北大阪や東大阪を指向するものが多く、あまり大きな期待は持てないものの、臨海工業との関連を求めて積極的に進出を図ろうとする企業も、若干現れつつあるような状況であった。

地場産業については、敷物団地が建設中であったが、全体としては余り大きな発展は期待できない状態であった。また、地区の西南には「婦人子供服団地」が既に造成中であった。

池に映る泉ヶ丘地区センタービル

第4章 基本計画の策定

1 泉北丘陵地区の開発構想

大規模宅地開発における一般的な計画作業の流れについては、先の「第3章の2」でまとめたところであるが、それをこの泉北丘陵の開発計画のプロセスに当てはめてみると、まず最初の「基本構想」（イメージプラン）の段階では、国や地元市の意向や事業採算上の見通し等の検討が加えられて、その上で府の施策として取り上げるべきか否かの意志決定が行われたのである。このためには、そこで発想した開発プロジェクトが果たして府の施策として実施することにふさわしいか否かを判断するのに必要な各種資料や、発想の意図を表すための各種構想図が作成された。

次に、このような基本構想の煮詰まり状況を見ながら始められたのが「基本計画」（パイロットプラン）の作成作業である。そしてこの段階では、開発予定区域の周辺条件（用途地域などの都市計画の現況、既存あるいは計画中の道路及びその他の公共公益的施設の状況）、開発の計画規模、住宅の計画戸数、住区構成、土地利用、交通計画、公園緑地計画、その他の各種施設（教育、商業、医療、供給処理施設など）の計画、事業化計画、そしてこれらを表現するための計画図の作成等が行われた。

このようにしてこの基本計画（パイロットプラン）によって、泉北丘陵の開発事業の大枠が決まることになり、この時点で都市計画事業としてもそれに必要な法的手続をとることができるようになったのである。いま、泉北丘陵開発に至る経緯をもう一度振り返ってみると、大阪府下における厳しい住宅事情を背景に、千里丘陵の住宅地開発が府の施策として決定されたのは昭和35年5月で、その2カ月後の昭和35年7月には大阪府の中に新しくこの千里丘陵の開発事業と堺臨海工業地帯の造成事業に専任する「企業局」が新設されたことは先に述べたとおりである。

そしてさらにその後、それらの事業に並行して昭和36年度に入るころから泉北丘陵の開発に関する各種の調査が行われて、昭和36年12月では2330ha（約700万坪）の区域が計画の対象とされていた。その区域は5つのブロックからなり、開発の優位性から次のような順位がつけられた。（図表4・1・1）

1 泉ヶ丘 600ha（約180万坪）
2 光明池 500ha（約150万坪）
3 信太山 500ha（約150万坪）
4 栂 400ha（約120万坪）
5 和泉 330ha（約100万坪）

図表4・1・1 2.330ha（約700万坪）の泉北開発計画の対象区域

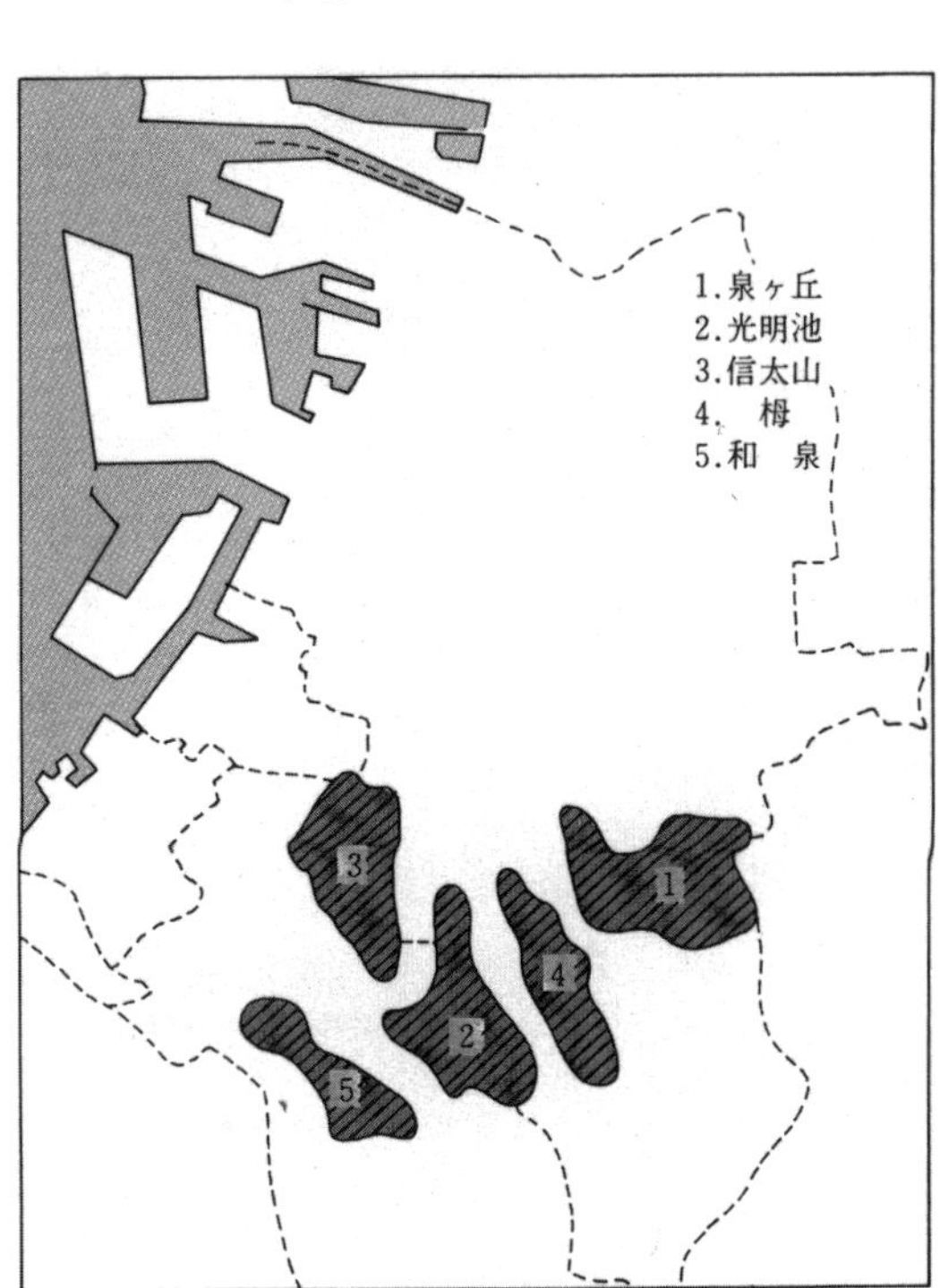

そして、これらの開発候補地の原況とそれぞれの開発の可能性は、（**図表4・1・2**）のとおりであった。

また、これを事業化した場合の開発プログラムは全体の事業期間を14年間として、（**図表4・1・3**）のように考えられた。

図表4・1・2　開発候補地の原況と開発の可能性

地区		泉ヶ丘	光明池	信太山	栂	和泉
開発面積		180万坪	150万坪	150万坪	120万坪	100万坪
計画戸数		1.8万戸	1.5万戸	1.5万戸	1.2万戸	1万戸
人口		7万人	6万人	6万人	5万人	4万人
地形		丘陵	台地と丘陵	台地・谷	丘陵	丘陵
土地利用		水田、畑、松、水面	ブドウ、松、ミカン	畑、裸地、水面	樹林、畑	樹林、畑、果樹園
河川水系		石津川、陶器川	和田川	和田川、王子川、槇尾川	石津川、和田川	槇尾川、松尾川、牛滝川
行政区間		堺市	堺市（70）、和泉市（30）	和泉市	堺市	和泉市
通勤状況	最寄駅まで	バス10分	12分	5分	20分	10分
	大阪市方面	25分	20分	22分	25分	25分
	堺市方面	20分	12分	14分	20分	15分
道路状況		大阪泉大津線 5km 堺河内長野線 3km	泉大津粉河線 1.5km 和田福泉線 1km	大阪和泉信達線 2km、和田福泉線 1km	和田福泉線 3km 別所草部線 1km	泉大津粉河線 2km 大阪和泉信達線 2km
上水供給		府営水道 4拡まで 3km	〃 5km	〃 2.5km	〃 5km	〃 4km
ガス供給		大阪ガス延長 4km	〃 5km	〃 3km	〃 8km	〃 5km

2　大規模支障物件とその対策

泉北の開発構想はその後も検討が加えられ、各種の基礎調査が進められたが、それまで泉北開発の対象として想定されていた、泉ケ丘、光明

図表4・1・3　2,330ha（約700万坪）の開発プログラム

地区		37年	38年	39年	40年	41年	小計	42年-50年	合計
泉ヶ丘	買収	━━━	━━━						
	造成		┅┅┅	┅┅┅	┅┅┅				
光明池	買収	━━━	━━━						
	造成			┅┅┅	┅┅┅	┅┅┅			
信太山	買収					━━━		━━	
	造成							┅┅┅	
栂	買収			━━━	━━━				
	造成				┅┅┅	┅┅┅		┅	
和泉	買収					━━━		━━	
	造成							┅┅┅	
宅地造成		万坪	60	110	150	90	410	290	700
住宅建設		戸		5,500	13,500	17,000	36,000	34,000	70,000
人口		万人			2	5	7	21	28
所要水量(累計)		t／日			6,000	21,000	27,000	69,000	96,000

図表4・2・1　大型支障物件位置図

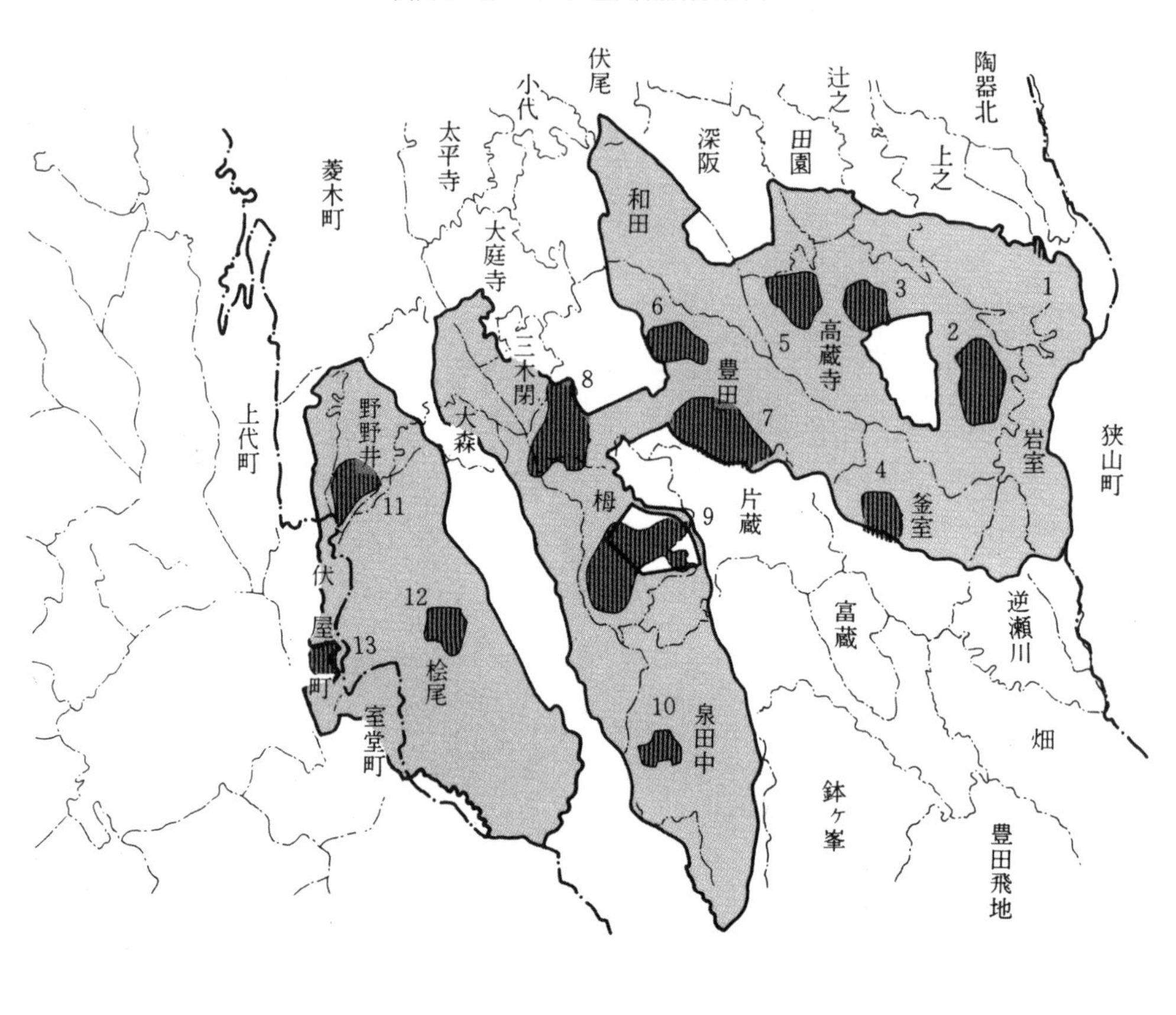

池、信太山、栂、和泉の5地区のうち、信太山地区は自衛隊演習場として使用されており、その移転も困難なことから97haに縮小、さらにまた和泉地区は婦人子供服団地建設の構想が進んでおり、地形的にもまとまりを欠く等の関係から遂には開発対象から除外された。

この結果

1　泉ヶ丘　788ha（約230万坪）
2　栂　470ha（約145万坪）
3　光明池　480ha（約150万坪）
4　信太山　97ha（約30万坪）

の合計1835ha（約555万坪）を開発対象地として、そのパイロットプランを作成するため、昭和38年9月、日本建築学会近畿支部にその調査が委託された。

当時、この開発計画の対象区域内には、既に相当数の開発計画があり、土取りも行われていた。その概要については「第1章の5」で若干述べたところであるが、基本計画（パイロットプラン）の作成作業に伴って、それらの扱い方を決める必要に迫られ、その具体的な対策が検討された。

このとき、主要な大型支障物件として挙げられたものは次のようなものであった。（図表4・2・1）

1　機械工場（操業中）
2　養鶏場（工事中）
3　土取場（〃）
4　牧場
5　宅地開発（分譲予約済）
6　土取場（工事中）
7　宅地開発（区画整理事業）
8　宅地開発
9　敷物団地（土地取得済）

10　集落
11　結核療養所
12　雇用促進事業団分譲住宅
13　雇用促進事業団賃貸住宅
14　墓地

これらの取り扱いとしては、原則的には用地は買収し、物件は補償する方針であったが、最終的に地区内に残すものも生じた。いまこれを、全面買収したもの、開発区域から除外したもの、その他、の3つに区分して逐次説明を加えてみると次のとおりである。

(1)　全面買収して完全に開発区域に含めたもの

3　土取場（八幡製鉄）
4　牧場
6　土取場（奥村組）
7　宅地開発（東洋不動産）
8　宅地開発（新日本土地）

このうち、一部の土地については、既に土地区画整理事業の認可直前であったことから、土地所有者は強く事業の存続を希望し、後日、訴訟問題となった。

(2)　開発区域から除外したもの

1　機械工場（日鉄工機）
9　敷物団地（日本敷物団地協同組合）

このうち敷物団地は、中小企業等近代化資金助成法による助成金を受け、既に土地取得を完了し、一部では造成工事に着手していた。しかも、ここに建設される工場は、大きな騒音や排気ガス等の公害は伴わないということもあって、住宅地開発の環境には必ずしも害を及ぼすことはないと考えられた。そこで敷物団地については、開発計画に整合するように境界に若干の変更を加えて土地の交換分合を行い、企業局の事業区域からは除外して残すこととした。

(3)　その他

2　養鶏場（堺養鶏場協同組合）

面積は約15haあり、農林中金の融資を受けて既に土地取得を完了し、一部では工事中であった。

しかしこの場合、養鶏場は敷物工場と異なって臭いと排水の問題があり、住宅地内に残すことは不適切なため、全面移転することとした。

5　宅地開発

既に宅地造成が終って一部土地分譲済であったため、宅地購入者に対しては新住宅市街地開発法の規定に基づいて優先分譲することとし、20%の減歩により等価交換することとした。

10　庭代集落（15戸）

地形上そのまま存置することは困難な谷筋にあったため、計画的に集団移転を図ることとした。

11　国立大阪福泉療養所（国立泉北病院）

大阪府立結核療養所として発足し、開発時点では国立大阪福泉療養所として開所していた木造の療養所で、このままでは近代的住宅地に似つかわしくなく、また木造2階建のため有効な土地利用の上からも好ましくないと考えられたので、早急に総合病院に改めるよう国に働きかけることとした。

この場合、現地での建替えは造成工事に支障があるため、将来、総合病院としての適地である鉄道駅付近へ移転をはかることとした。

12、13雇用促進事業団住宅

12は、雇用促進事業団の融資による勤労者住宅協会経営による分譲住宅（150戸）、13は、雇用促進事業団の賃貸住宅（200戸）で、これらについてはニュータウンの計画作成の際、未買収のままでも整合性が図られることが予想され、結果的にはニュータウン同様整備水準が高く、移転希望者も少ないため、区域内に取り込んで残置させることとした。（なお、最終的にはいずれも新住宅市街地開発事業の区域から除外された。）

14　墓地

計画区域内には和泉市域を含めて9カ所の墓地が存在した。これらは高蔵寺墓地を除けば旧集落ごとに点在しているため住宅地計画に取り込むことは困難と考え、既設の堺公園墓地（堺市鉢ケ峯）を拡大してその中へ全面移転することとした。

（結果的には、9カ所の内、寺院の所有する2カ所は移転したが、残りの7箇所は周辺との整合を図りながら残置することとし、新住法の事業区域からは除外された。）

3　日本建築学会案の基本計画

昭和38年9月に建築学会近畿支部に委託された「泉北地区開発の基本計画調査研究」は昭和39年3月にその成果がまとめられて企業局に報告された。そしてその後、企業局の手によってコンサルタント等の協力を得ながら、後に新住宅市街地開発事業として都市計画決定された実施案がまとめられることになるが、この場合もここで提案された建築学会案はその基礎として大きな影響力を与えた。その概要をまとめてみると次のとおりである。

（1）広域的全体基本計画

泉北丘陵地区の開発は大都市問題解決のための施策の一環として行われるべきものである。したがって堺臨海工業地帯の造成に伴う住宅需要をまかなうためのみの開発ではなく、広域的な土地利用の原則に基づいた開発とする。そしてその具体的な案として、次のような提案がなされた。

ア　丘陵部のみの開発でなく、谷の部分も取り込んだ開発計画とする。特に排水については谷を含めた排水計画とする。

イ　丘陵部を単なる住宅地としての開発にとどめず、大阪商都の問題解決のための広域的施設用地として確保する。

ウ　堺市街地に大きな圧力を与えず、また過大市街地の弊害を避けるため、堺市街地との間に緑地帯を設ける。

エ　開発対象区域内であっても、みかん山等開発後も維持できる農地、果樹園等は農業公園として活用する。

オ　谷部分は企業局の事業対象から除外しているが、将来の宅地化が予想されるので、それに備えて十分な都市施設が建設されるよう配慮する。

カ　市街地の無秩序な連担を防ぐため、鉄道沿いに幾つかの核集落を中心とするクラスターを考え、都市機能の分散を図る。このクラスターは緑地若しくは緑住混合地域で囲む。

キ　松原泉大津線沿いに臨海工業地帯開発に伴って必要とされる関連の内陸工業を配置する。この地帯は、大阪市と臨海工業地帯の両方向へアクセスが容易であるとともに、新しく開発される泉北丘陵住宅地の居住者の雇用をも吸収する。（以上　**図表4・3・1**）

ク　鉄道は地下鉄1号線の中百舌鳥より泉北丘陵の各地区を通って光明池に至るものを新設する。

この案の決定に際しては、近接既成路線からの接続6案を比較検討の上、地下鉄1号線の輸送余力を推定してその延伸の決定に至った経緯は、（**図表4・3・2**及び**図表4・3・3**）に示すとおりである。

ケ　基幹道路は既成の府、堺市、和泉市の計画を踏襲するほか、新計

図表4・3・1　広域土地利用構想図

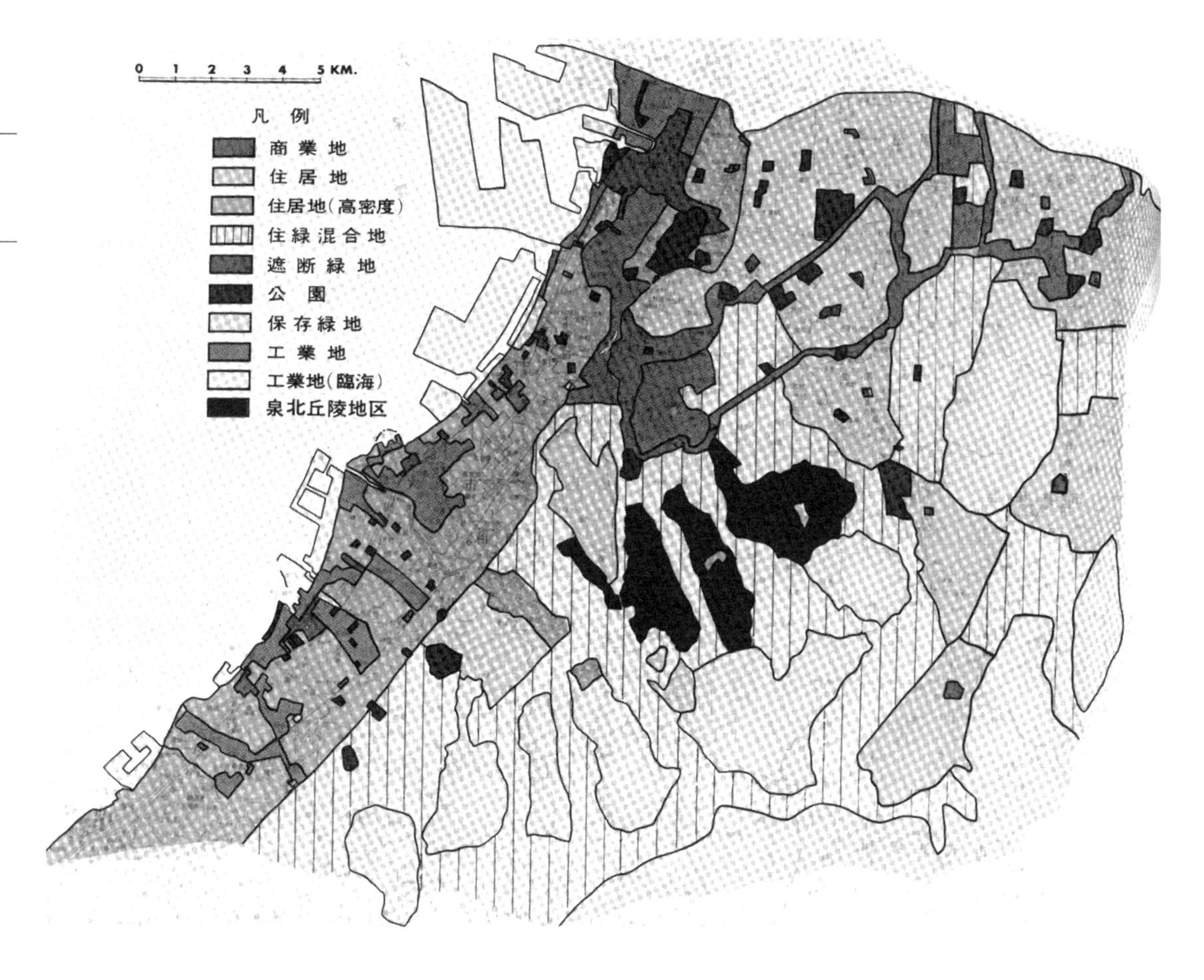

図表4・3・4　基幹道路の考え方

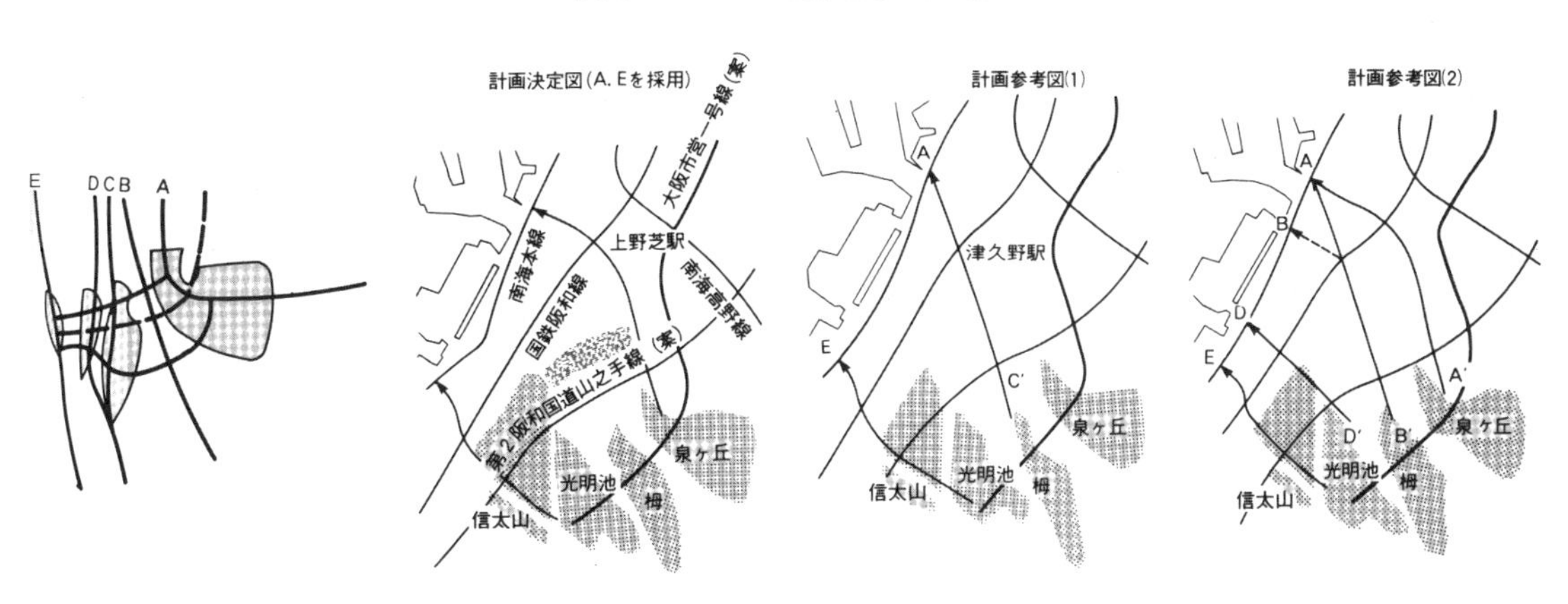

図表4・3・2　地下鉄1号線延長決定までの参考案

図表4・3・3　地下鉄1号線区間別輸送余力推定（於昭和50年時点）

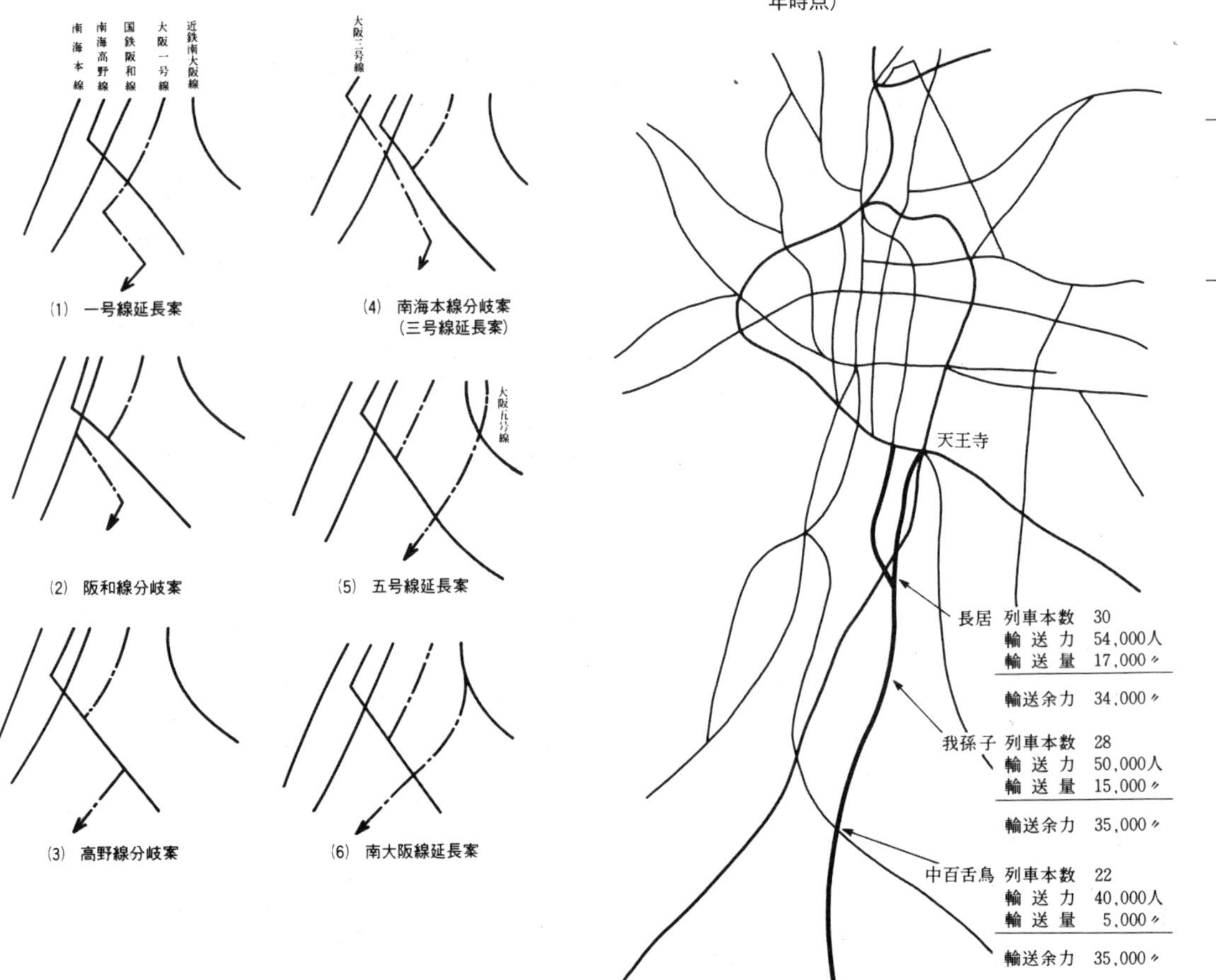

図表4・3・5　基幹道路及び鉄道計画図

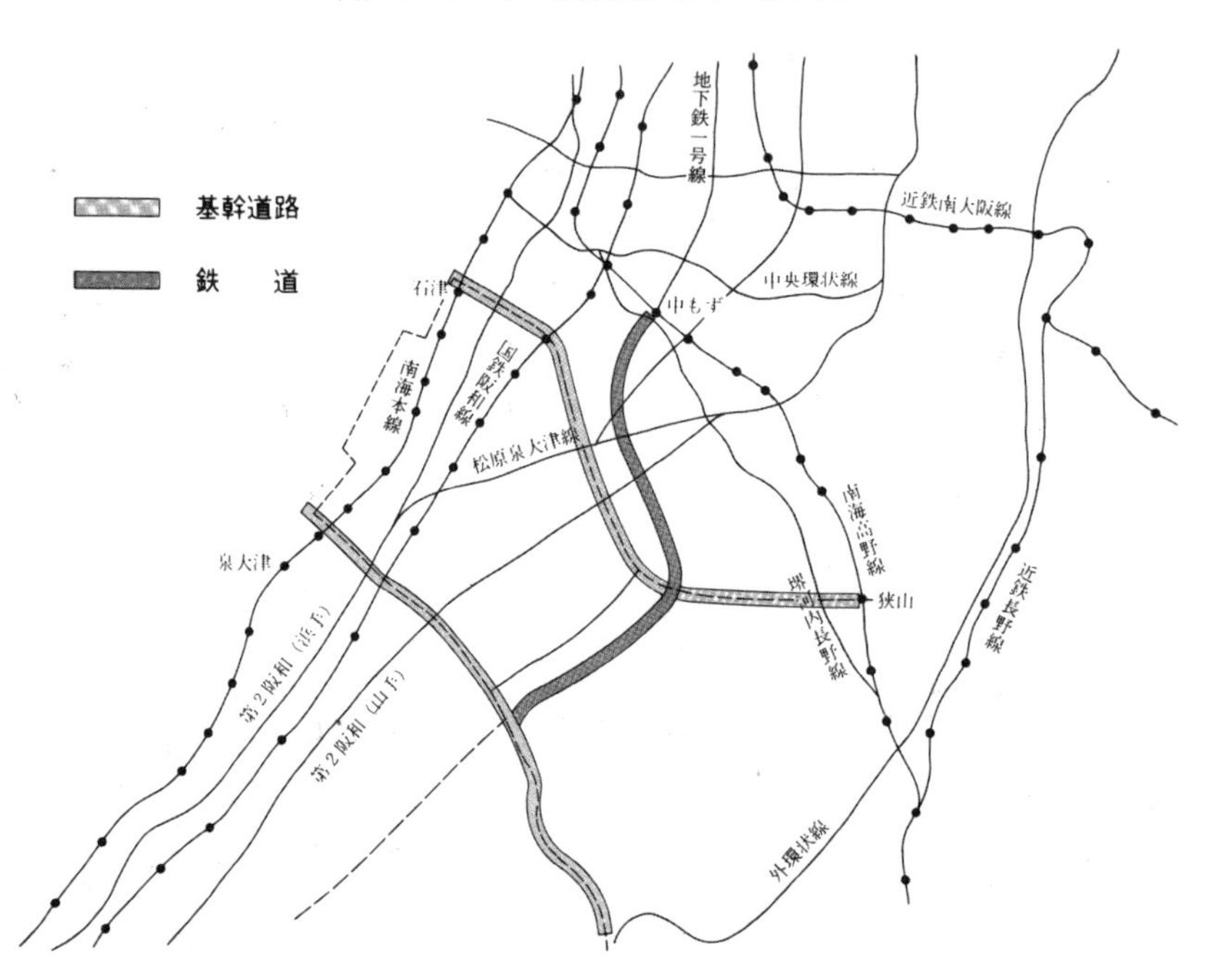

画として堺臨海工業地帯から泉ヶ丘を通って金剛団地に抜けるもの（現泉北1号線、中央線に相当）と、泉大津から信太山を通って外環状線に連絡するものを考える。

この2つの路線の計画については、泉北ニュータウン地区内外を縦走するA、B、C、D、Eの5路線案を比較して、それぞれの長所、短所を検討した結果、決定したものである。**（図表4・3・4）**

そして、この（ク）と（ケ）の結論を一つの図面にして表したのが**（図表4・3・5）**である。

(2) 地区内基本体系計画

この泉北ニュータウンの全体的な開発パターンは、地下鉄1号線から延伸される鉄道が泉ヶ丘地区、栂地区、光明池地区、信太山地区を串差しにして、それらのほぼ中央部を横断するいわゆる「沿線開発型」となっている。

幹線道路は先に述べたとおり、広域的基幹道路としては泉北ニュータウンの東側に堺市中心部へ結ぶ道路と西側に泉大津方面へ結ぶ道路とがあり、このほか光明池地区の東側には供給処理施設の埋設ルートとして、松原泉大津線から外環状線までを結ぶ線を新設する。

また、地区間の道路としてはそれぞれの地区内動線を集約する道路（コレクター道路）として、鉄道を中心にしてその両側約1kmのところに設ける。

この案の決定に当たっては、A、B、Cの3案が考えられたが、これらの比較検討の結果このA案に落ち着いたものである。**（図表4・3・6）**

このようにコレクター道路を鉄道から離して並行させることによって、

図表4・3・6　区域内のコレクター道路

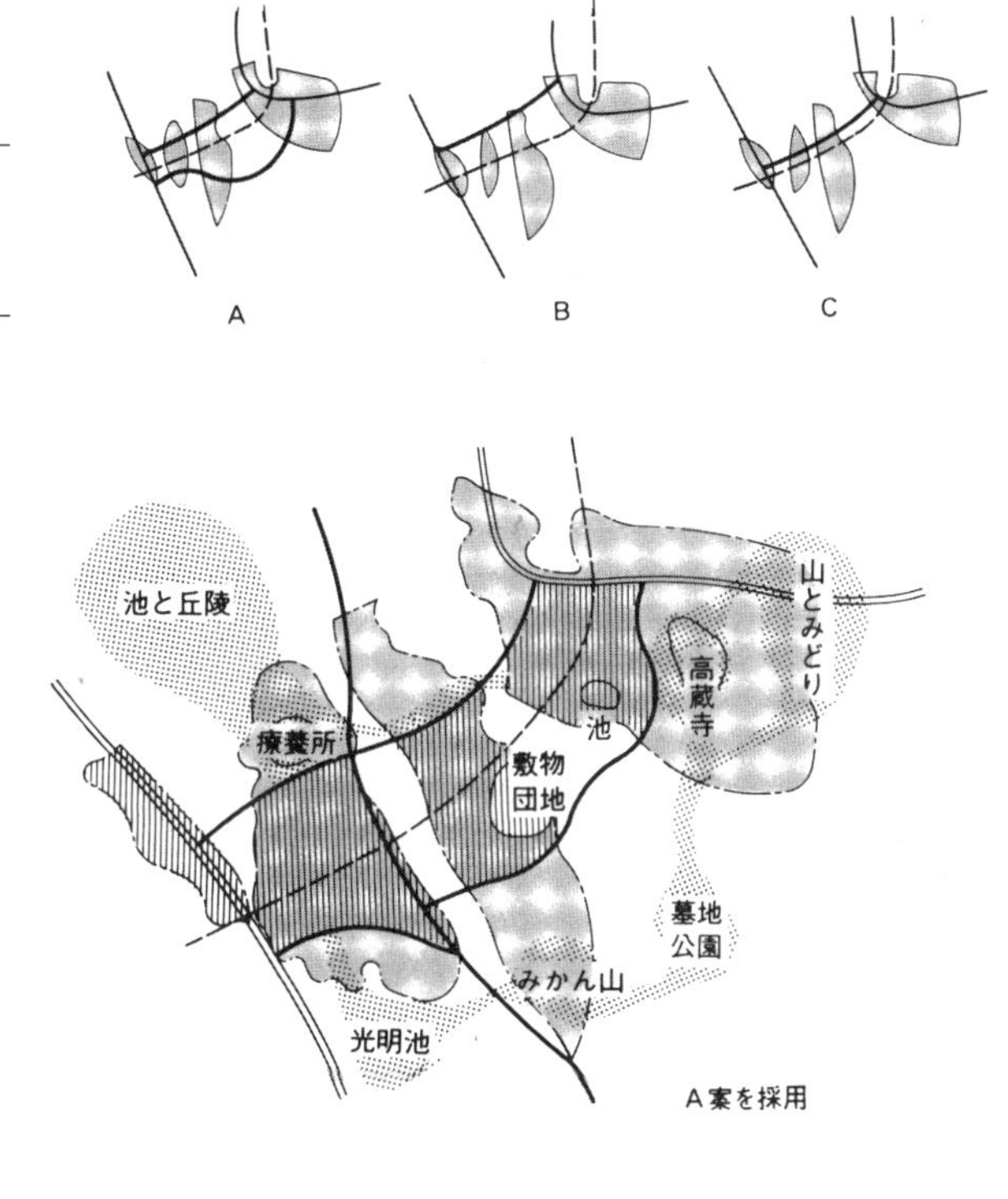

図表4・3・7　泉北丘陵住宅地区の住区構成

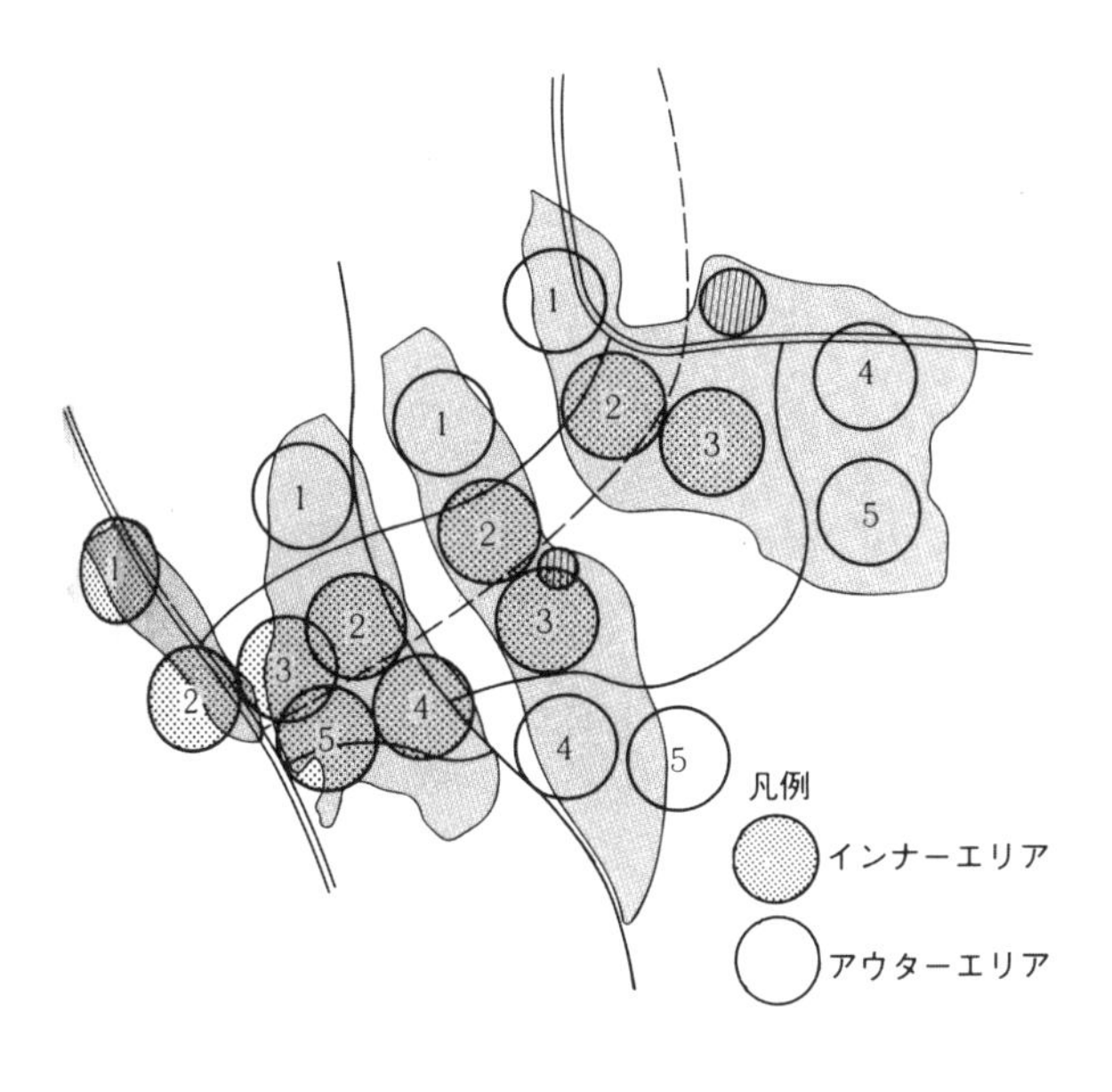

図表4・3・8　泉北ニュータウンの人口と戸数

内容		泉ケ丘	栂	光明池	信太山	計
人口	世帯	10,000×5 ＝50,000人	10,000×5 ＝50,000人	10,000×5 ＝50,000人	10,000×2 ＝20,000人	170,000人
	単身	10,000人	10,000人	—	—	20,000
	合計	60,000人	60,000人	50,000人	20,000人	190,000人
住宅戸数		2,625×5 ＝13,125	2,625×5 ＝13,125	2,625×5 ＝13,125	2,625×2 ＝5,250	44,625戸
密度	インナー	150～300 人/ha	200～400 人/ha	150～300 人/ha	300～400 人/ha	121.8 人/ha
	アウター	50～100 人/ha	100～250 人/ha	100～200 人/ha	—	
地区特性		低密度で高級住宅をかなり含んだ環境	高密度で都市的な環境	インナーエリアを高密度住宅地とし、アウターエリアに文化的広域施設を多くとる	高密度住宅地として地区外をも含んで一体的な開発を考える	

都心方面への車の流れと鉄道駅への人の流れを逆方向に導き、歩車分離のパターンをこのニュータウン全体のスケールで適用させようとしたものである。

そしてこの両コレクター道路の内側をインナーエリア、外側をアウターエリアと呼び、インナーエリアの住宅地は中高層住宅の採用によって居住密度を高め、一方アウターエリアは低密度開発の住宅地とし、低層のテラスハウスやコートハウス等個人的住宅を主とした開発とした。

これより更に低位の道路としては、地区内幹線街路があるが、この道路によって泉ケ丘地区、栂地区、光明池地区はそれぞれ5住区、信太山地区は2住区に区画され、各住区は原則として人口1万人、戸数約2600戸からなり、小学校を中心とした最も基本的な住居単位を形成するものとされた。また、この計画で全体の居住密度はha当たりに121・8人となった。（図表4・3・7及び図表4・3・8）

(3) 公園緑地施設計画

小学校区に1つの近隣公園と、数カ所の児童公園を設け、各地区には鉄道で2分される南北のそれぞれに対して1カ所ずつの地区公園を設ける。

泉ケ丘地区と栂地区間の丘陵地は、南側に広がる葛城金剛大自然緑地が泉北丘陵に突出したくさび状の先端にあたり、また堺市街地からこれらの大自然緑地へアクセスする主要ルートとなるところである。したがって既設の墓地公園やこれから新設する公園風に取り扱う塵芥処理場なども一体的に取り込んだ大規模レクリエーションスペースとして計画する。

また堺の旧市街地と新しい泉北丘陵開発地との間には、双方のエネルギーによる平面的スプロール化現象を防ぐため、松原泉大津線に沿って幅1km程度の緑地が提案された。

(4) 文教施設計画

人口10000人を1つの小学校区の形成単位として考え、またインナーエリア、アウターエリアを問わずこれを1つの基本的な生活圏として、この生活構成単位を「近隣住区」と設定した。

そして、この小学校区は将来谷間の農地部分が市街化することを想定し、これらの谷間をも含めて校区を構成することとした。

また、中学校は2～3小学校区に1校とし、幼稚園は1小学校区に2

園とするほか、公民館、集会施設を住区中心部に設けた。

この他、各地区には図書館を設け、これに児童館等の役割も併せ持たせて多面的な一体的運営を図ることによって社会福祉施設の体系化を企図した。

(5) 商業施設計画

商業施設は近隣センターと地区センターに設けられた。そして近隣センターには食料品を主とした日常的な買物のためにマーケットや独立店舗を設けることとし、一方、地区センターにはニュータウン全体及び泉北丘陵一帯を影響範囲として、デパート、スーパーマーケット、専門店舗などのより高次な商業施設を配置した。そして近隣センターの規模の設定に当たっては、地区センターに近い住区は小さく、遠い住区は大きく設定した。

(6) 医療施設計画

医療施設としては、各住区の近隣センター近くに診療所を設けるほか、全地区及び周辺地域を対象とした総合病院を設けることとした。

(7) 供給処理施設計画

供給処理施設としては、水道、下水道（雨水及び汚水）、電気、ガス等がある。

このうち水道は大阪府営水道から受水し、各地区内の適所に配水池を設け、自然流下方式で給水する。

下水道は分流式を採用することとし、汚水は終末処理場を設けて処理し、雨水は管渠を整備して地区間を流れる河川に放流することとした。

これらの諸施設計画を一つのパイロットプランにまとめたのが、（**図表4・3・9及び図表4・3・10**）のとおりである。

図表4・3・9　泉北ニュータウンの土地利用と居住密度

	内容	泉ケ丘	栂	光明池	信太山	計
全地区	Ⓐ敷地面積ha	788.0	470.7	480.0	96.9	1,835.6 (100.0%)
	Ⓑ計画住宅戸数	13,125	13,125	13,125	5,250	44,625
	Ⓒ計画世帯人口	50,000	50,000	50,000	20,000	170,000
	Ⓓ単身者数	10,000	10,000	—	—	20,000
	Ⓔ全人口	60,000	60,000	50,000	20,000	190,000
	E/A 全人口密度 人/ha	76.1	127.5	104.2	206.4	103.5
広域的諸施設Ⓕ	単身者用地	18.0	15.5	—	—	33.5 (1.8)
	広域需要施設	127.3	103.2	128.1	—	358.6 (19.5)
	自然公園	24,6	14.1	9.0	—	47.7 (2.7)
	計	169.9	132.8	137.1	—	439.8 (24.0)
Ⓐ～Ⓕ	純住宅用地	359.1	197.8	184.2	56.2	797.3 (43.4)
	住宅地施設	40.0	23.4	26.4	10.5	100.3 (5.5)
	教育施設	39.5	28.1	30.5	7.7	105.8 (5.8)
	道路施設	96.1	40.9	45.5	9.2	191.7 (10.4)
	鉄道施設	9.3	4.2	8.5	—	22.0 (1.2)
	公園施設	55.0	32.3	35.0	12.0	134.3 (7.3)
	不利用地	19.1	11.2	12.8	1.3	44.4 (2,4)
	計	618.1	337.9	342.9	96.9	1395.8 (76.0)
密度	B/(A－F) 戸/ha	21.1	38.7	38.6	54.6	31.9
	C/(A－F) 人/ha	80.9	148.0	145.8	206.4	121.8

注：1. 光明池、信太山地区は具体的設計による数値でなく、設計目標数値である。
2. 住宅地施設用地は近隣センター、地区センター、サービスセンター各用地の合計である。
3. 教育施設用地は、幼稚園、小学校、中学校、高校の各用地の合計である。
4. 道路施設用地は、住区内幹線道路以上の大きい道路面積の合計である。
5. 公園施設用地は、児童公園、近隣公園、地区公園の各用地の合計である。
6. 世帯人口は1世帯当り3.8人／世帯として算定した。

図表4・3・10　建築学会提案の基本計画図（パイロットプラン）

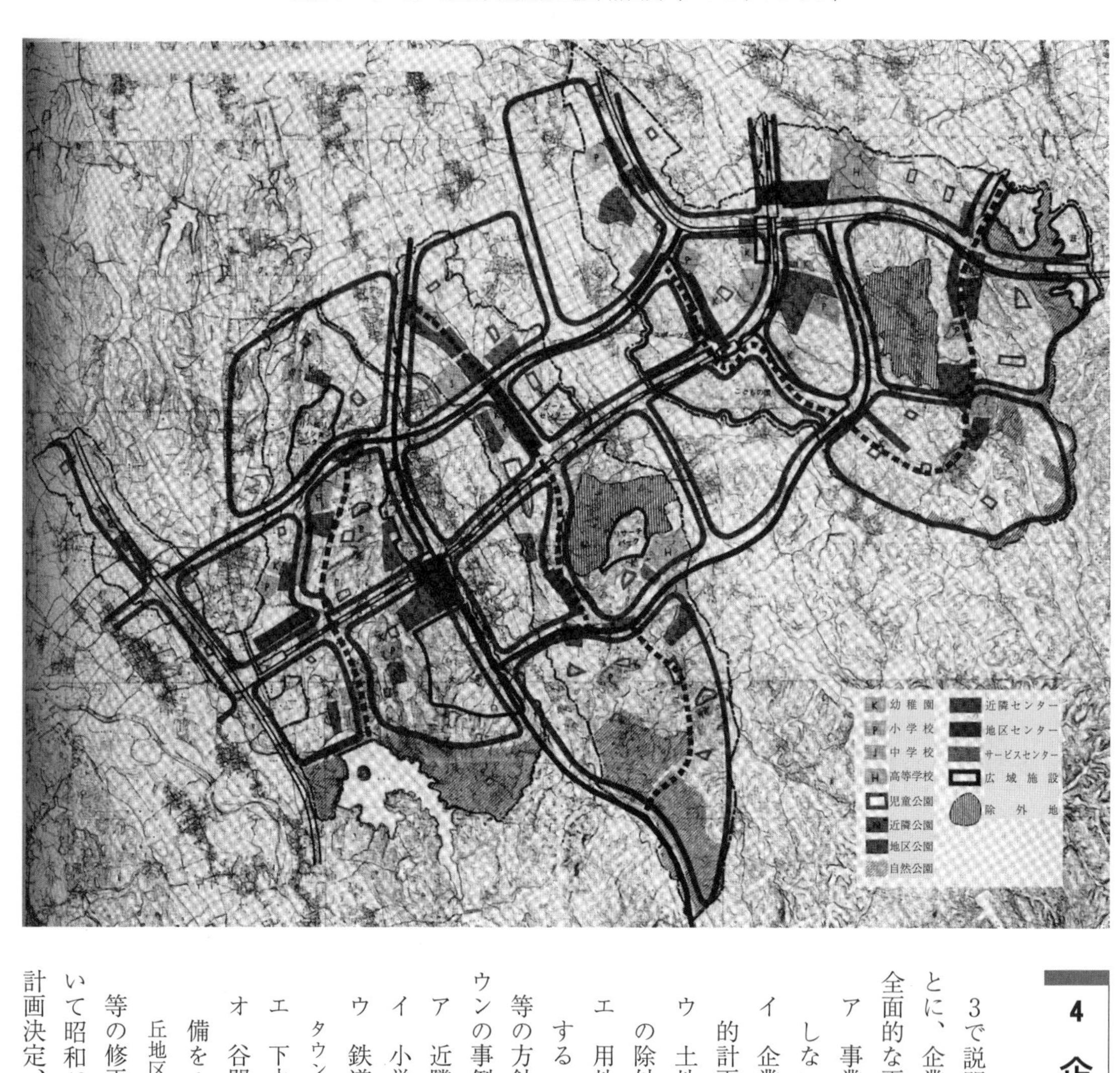

4　企業局の決定した基本計画

3で説明した建築学会案の基本計画（パイロットプラン）をもとに、企業局ではコンサルタント等の協力を得ながら、これに全面的な再検討を加えた結果、

ア　事業手法として想定している新住宅市街地開発法に適合しない提案部分の削除

イ　企業局が直接に施行ないし参画することのできない広域的計画の見直し

ウ　土地取得の対象としない谷間の農地部分の事業区域からの除外

エ　用地取得交渉の進んでいない信太山地区を計画から削除する（2期計画ないし関連事業とする）

等の方針を定め、個々の具体的内容については千里ニュータウンの事例を参考にしながら、

ア　近隣住区は、基本的には各住区とも等質な内容とする。

イ　小学校区は、地区外を含めない。

ウ　鉄道と幹線道路は、同じ位置にセットする。（千里ニュータウンの新御堂筋線と同じ考え方）

エ　下水道事業には、当面、谷間の集落部分を含めない。

オ　谷間部分の農地等は、別途の土地区画整理事業などに整備をゆだねる。（しかし現在まで区画整理が行われたのは、泉ケ丘地区内外の高蔵寺、深阪のみである）

等の修正が加えられた。そして、このような基本計画に基づいて昭和40年12月28日、「新住宅市街地開発事業」として都市計画決定、同事業決定がなされた。

なお、この都市計画決定は、堺市都市計画として当面堺市域のみを対象とし、和泉市域については、用地取得の難航やその他諸般の事情から和泉市の姿勢は消極的であったため、その決定化は後にゆずることとされた。

この時の計画についてその概要を述べてみると次のとおりである。

(1) 土地利用計画

泉北ニュータウン全体の土地利用別の面積及び割合は、これを表にして表すと（図表4・4・1）のとおりである。

このうち、公園緑地用地には、約30haの農業公園を含み、公益的施設用地のうち教育施設用地は学齢人口の増減を見込んで幅を持たせて、文部省基準よりは余裕のある面積をとった。また、医療保健施設用地としては、各地区センターに1ヶ所ずつの病院と保健所を設け、近隣センターの中に保健所の支所と診療所とを配置した。このほか商業施設用地は、計画の中に一括して十分と思われる面積を確保してあり、地区公園、近隣公園と隣接させて面積的にも多少の融通がきくよう配置された。

そして、土地利用の上から3地区の性格を要約すれば、泉ケ丘地区は緑地が多く田園的に広がりをもった地区であり、栂地区は比較的コンパクトな住宅専用の地区、光明池地区は周辺の開発地を含めた地域の中心となる副都心的性格をもった地区とされた。

図表4・4・1　土地利用計画

区分	面積	百分率	備考
	ha	%	
住宅用地	636	42.5	
道路用地	320	21.0	
公園緑地用地	320	21.0	
公益的施設用地	169	10.9	教育、商業、医療、各施設
その他用地	75	4.6	水路、軌道敷、河川、その他
合計	1,520	100.0	

図表4・4・2　住区構成計画

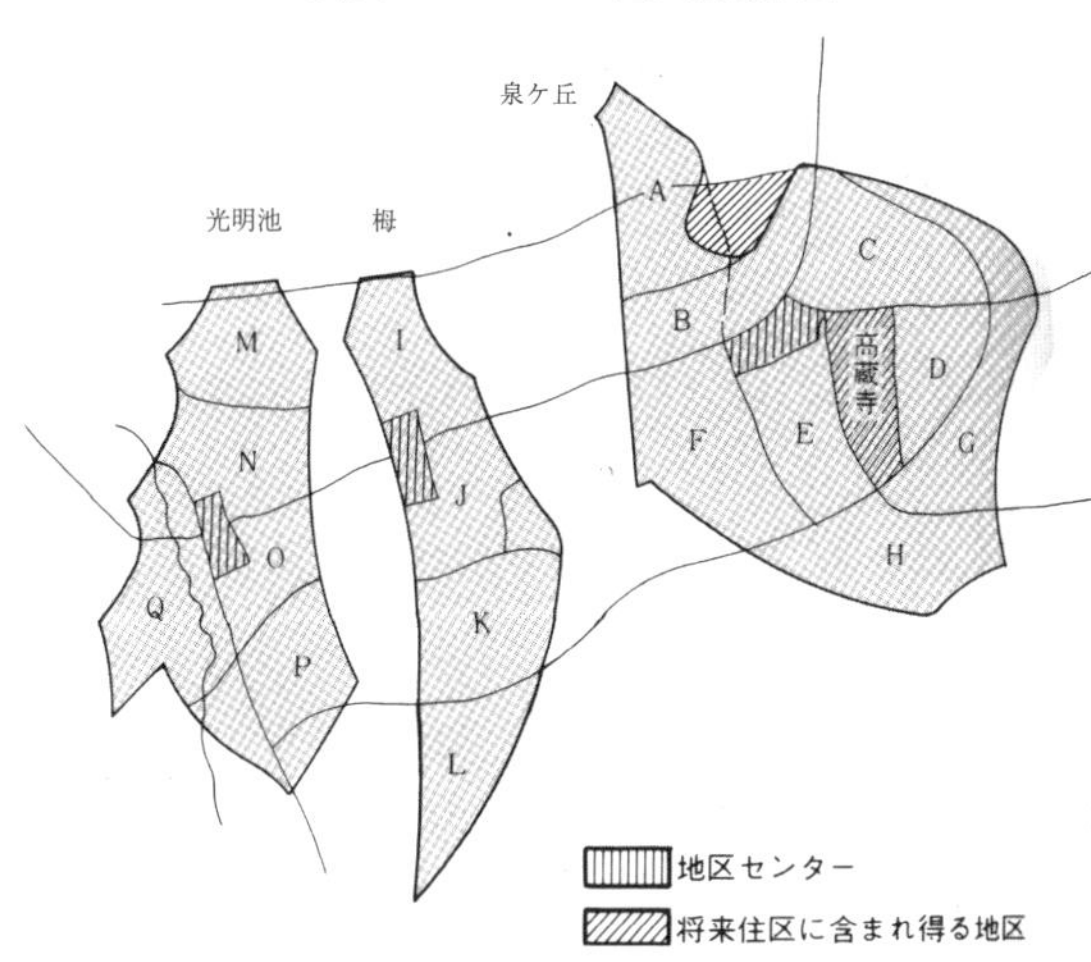

図表4・4・3各住区の人口密度計画

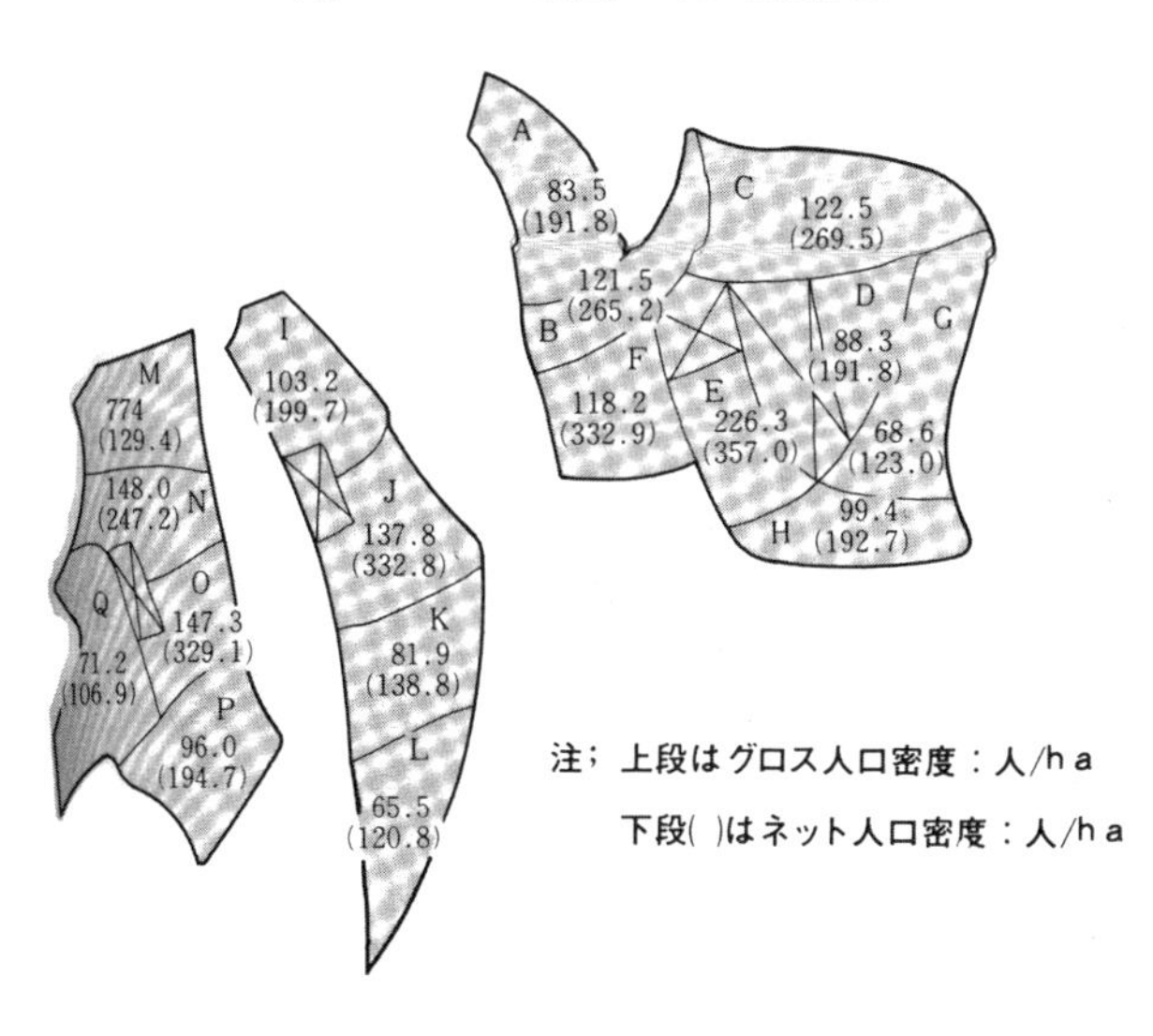

注；上段はグロス人口密度：人/ha
下段( )はネット人口密度：人/ha

(2) 住区構成及び密度計画

住区の規模は、人口1万人前後を基準とした上で、人口密度分布を定めて住区ごとに概定する一方、幹線道路網が住区内を通らないことを前提として、全開発区域は17の住区に分割された。(図表4・4・2)

そしてこのような各住区の人口密度の分布は、原則的には地区センター付近は高く、周辺に行くほど低くなっていて、各住区のグロス面積及びネット面積に対する人口密度は(図表4・4・3)のとおりである。また、このような各住区の計画上の特色をあげれば次のとおりである。

ア　A住区

特に自然の美しい地域であり、地区公園、農業公園を取り入れるとともにできるだけ自然を残した配置計画とした。東側のくびれた区域外の地域(深阪地区の1部)は、開発後A住区に含むものとして考えた。

イ　B住区

面積も人口もやや大きい住区で、地区センター付近は特に密度を高めた。

ウ　C住区

面積的に特に大きい住区で、単身者住宅7000人分をここに集め、単身者センターや運動公園を設けて全地区の単身者のためのセンターとした。

エ　D住区

高蔵寺集落が開発される場合にはこれを含めて一つの住区となるよう考えた。

オ　E住区

地区センターに近く、単身者用アパートを含んだ高密度の住区である。

カ　F住区

地区センターの西側に池を含めた大きな地区公園が計画された。

キ　G、H住区

地区の周辺で急峻な傾斜地になっており、独立住宅の多い広い住区である。尾根が境界線になっている部分は幅100m内外の周辺緑地とした。

ク　I、K、L住区

面積はかなり広いが、独立住宅、低層住宅が比較的多い低密度の住区である。

ケ　J住区

地区センターの周りに位置し、中高層住宅を主とした住区で、既成の工業団地と隣接している。

コ　M住区

独立、低層住宅の多い低密度の住区である。

サ　N、O住区

地区センターの周辺に位置し、中高層住宅を主とした高密度の住区である。

シ　P住区

光明池の北岸部は自然公園として残し、隣接する区域には中高層住宅を点在させる。高圧線下の部分は、農業公園として活用することとされた。

ス　Q住区

人口は比較的少ないが、周辺の人口を含めた小学校を考えていた。当時は堺市と和泉市の市境界がこの近辺を通っていたが、大体等面積の換地をして、この住区全部が和泉市となるように住区の区域を定めた。

（3）住宅建設計画

① 住戸タイプと規模

住戸タイプとしては、まず家族住宅と単身者住宅とに分け、

ア　家族住宅は、高層、中層、低層、独立の4種類とし、高層、中層、低層はそれぞれ賃貸と分譲とに分け、独立は宅地債券、一般分譲、大型分譲に分け、合計9種類のタイプを考えた。

イ　単身者住宅は、高層、中層の2種類で、一部は地区センター内の高層アパートの上層部に設けた。このような住戸タイプ別の戸数と、1戸当りの宅地面積は（**図表4・4・4**）のとおりである。

② 住宅の形とレイアウト

開発計画図の住宅の形やレイアウトはそれぞれの住戸タイプのサインとして描かれているが、基本的な方針としては次のような点が考慮された。

ア　高層住宅は、11階建、高さ31m程度の板状又は塔状で、1階はピロティとし、パーキングはできるだけ敷地の高低差を利用して地下又は半地下に入れる。したがって斜面を利用して2階、3階からアプローチする場合も考えられた。

イ　中層住宅は、4、5階建のフラット又はメゾネットで、そのレイアウトは千里丘陵のJ、K、D、E住区で行った囲むレイアウトを更に徹底させたものを試み、従来の平行配置から脱却したパターン

図表4・4・4　住戸タイプと宅地規模

	単身者		賃貸		分譲	
	戸数	面積	戸数	面積	戸数	面積
高層	2,500戸	40㎡/戸	4,000戸	113㎡/戸	500戸	119㎡/戸
中層	2,500〃	43　〃	19,300〃	125　〃	2,030〃	125　〃
低層			3,700〃	150　〃	1,650〃	200　〃
	宅債		一般分譲		大型分譲	
	戸数	面積	戸数	面積	戸数	面積
独立	3,530戸	255㎡/戸	6,390戸	364㎡/戸	900戸	807㎡/戸

図表4・4・5　計画戸数及び計画人口

地区	住区	建設戸数 家族	建設戸数 単身	建設戸数 計	比率	人口 家族	人口 単身	人口 計
泉ケ丘	A	2,000	—	2,000	4.2	8,000	—	8,000
	B	3,100	275	3,375	7.2	12,400	1,100	13,500
	C	2,850	1,825	4,675	9.9	11,400	7.300	18,700
	D	1,400	—	1,400	3.0	5,600	—	5,600
	E	2.670	900	3,570	7.6	10,680	3,600	14,280
	F	2.580	—	2,580	5.5	10,320	—	10,320
	G	2,250	—	2,250	4.8	9,000	—	9,000
	H	2,370	—	2,370	5.0	9,480	—	9,480
小計		19,220	3,000	22,220	47.2	76,880	12,000	88,880
栂	I	2,980	250	3,230	6.9	11,920	1,000	12,920
	J	2.970	—	2,970	6.3	11,880	—	11,880
	K	2,470	—	2,470	5.2	9,880	—	9,880
	L	2.250	—	2,250	4.8	9,000	—	9,000
小計		10,670	地セ500 750	地セ500 11,420	24.3	42,680	地セ2,000 3,000	地セ2,000 45,680
光明池	M	2,300	—	2,300	4.9	9,200	—	9,200
	N	2,800	500	3,300	7.0	11,200	2,000	13,200
	O	3,060	—	3,060	6.5	12,240	—	12,240
	P	2,200	—	2,200	4.7	8,800	—	8,800
	Q	1,750	250	2,000	4.2	7,000	1,000	8,000
小計		12.110	地セ500 1,250	地セ500 13,360	28.5	48,440	地セ2,000 5,000	地セ2,000 53,440
計		42,000	5,000	47,000	100.0	168,000	20,000	188,000

注；「地セ」は地区センターを示す。単身者住宅は1戸2室，1室2人とする。

図表4・4・6　各種別毎住宅の年度別建設計画（単位；戸）

種　別	41年度	42年度	43年度	44年度	45年度	計
公営住宅	1,000	1,500	2,000	2,500	3,000	10,000
協会住宅	300	300	800	800	800	3,000
公団住宅 その他	1,000	3,900	3,700	4,700	5,700	19,000
小　計	2,300	5,700	6,500	8,000	9,500	32,000
個人住宅	700	2,300	3,500	4,000	4,500	15,000
合　計	3,000	8,000	10,000	12,000	14,000	47,000

注；1　その他には厚生年金住宅、産業労働者住宅給与住宅、単身者住宅（2室を1戸として計算）を含む。
　　2　個人住宅は宅地分譲、建売住宅（テラス分譲、アパート分譲を含む）とする。

を追求した。

ウ　低層住宅は、2階建のテラスハウスかフラットで、ここでも従来のプライバシーに乏しいハーモニカ式平行配置をやめて、各戸にもっと変化のある新しい形の組合せやレイアウトの工夫が求められた。

エ　独立住宅は、交通に便利でしかも地形に合った細街路網を計画することが大切で、ペデストリアン道路網やプレイロットの位置も十分検討され、少なくとも大型分譲の宅地はひな段式造成をやめて、自然の地形をそのまま分譲するよう考えた。

オ　単身者用の住宅は、台所と便所を各戸にそなえた7坪程度のアパート型式の住戸を考えた。当分は2人／1室とするが、生活水準が上がったときには1人／1室とするものとした。

③　計画戸数及び計画人口

各住区別に家族向住宅と単身者住宅とを分類して、それぞれの計画戸数と計画人口を1枚の表にまとめてみると、（**図表4・4・5**）のようになる。

これによると、企業局のまとめたこの基本計画（パスロットプラン）では、泉北ニュータウンの建設計画戸数の総計は、単身者住宅5000戸分を含めて47000戸であり、計画人口はやはり単身者20000人を含めて188000人とされた。

そして、これらの戸数を昭和41年度から昭和45年度までの5年間に建設するものとして、住宅種別ごとのこれらの住宅の年度別建設計画を表にして表したのが、（**図表4・4・6**）である。

(4)　交通施設計画

①　交通機関

交通計画上特に問題になるのは、通勤、通学のラッシュ時である。このため、泉北ニュータウンの就業、通学の人口を区域ごとに算出して利用交通機関を想定し、ラッシュ時における移動人口の推定を行った。（**図表4・4・6**）

そしてこれらの人々の利用する大衆交通機関をどのように使い分けるかについては、地区外通勤通学者のうち70％が軌道、30％が高速バスを利用するものとした。この結果、

ア　軌道利用者は、

66310人×0・7＝46400人とし、ラッシュ集中率55・0％と仮定すると、ラッシュ1時間当り乗車人員は、

46400人×0・55＝25500人

これに対し、1車輛定員165人、6輛編成1列車定員990人、乗車効率180％と仮定すると、ラッシュ1時間所要列車数は、

25500人÷（990人×180／100）＝14・2

したがってラッシュ1時間の運転間隔は、60分：14・2＝4・2分となった。

イ　高速バス利用者は

66310人×0・3＝319890人とし、ラッシュ集中率は55・0％を採用して、1台定員を80人とし、乗車効率180％と仮定すると、所要台数は、

19890人×0・55÷（80人×180／100）＝76台となった。

②　道路網

泉北ニュータウンの幹線道路網の計画は、（**図表4・4・8**）のとおりである。いま、これについて説明を加えてみると、

ア　外部との連絡道路

泉北1号線は、泉北開発地域と臨海工業地域とを結ぶ連絡道路で、いわば開発地域と外部をつなぐ動脈であり、準高速道路として既存道路とはすべて立体的に交差させた。

泉北中央線は、泉北1号線に出る通過交通や泉ヶ丘地区センターへの

図表4・4・7　泉北ニュータウンにおける全通勤通学者数の推定（単位；人）

行　先	通勤		小　計	通　学	計
	自家用車	大衆交通機関			
大阪市	3,290	32,790	36,080	2,680	38,760
堺市臨海	7,050	11,920	18,970	—	18,970
〃　業務	4,050	8,940	12,990	2,680	15,670
〃　内陸	3,300	5,960	9,260	1,340	10,600
計	17,690	59,610	77,300	6,700	84,000
地区内	1,650	1,550	3,200	6,700	9,900
計	19,340	61,160	80,500	13,400	93,900

図表4・4・8　幹線道路網

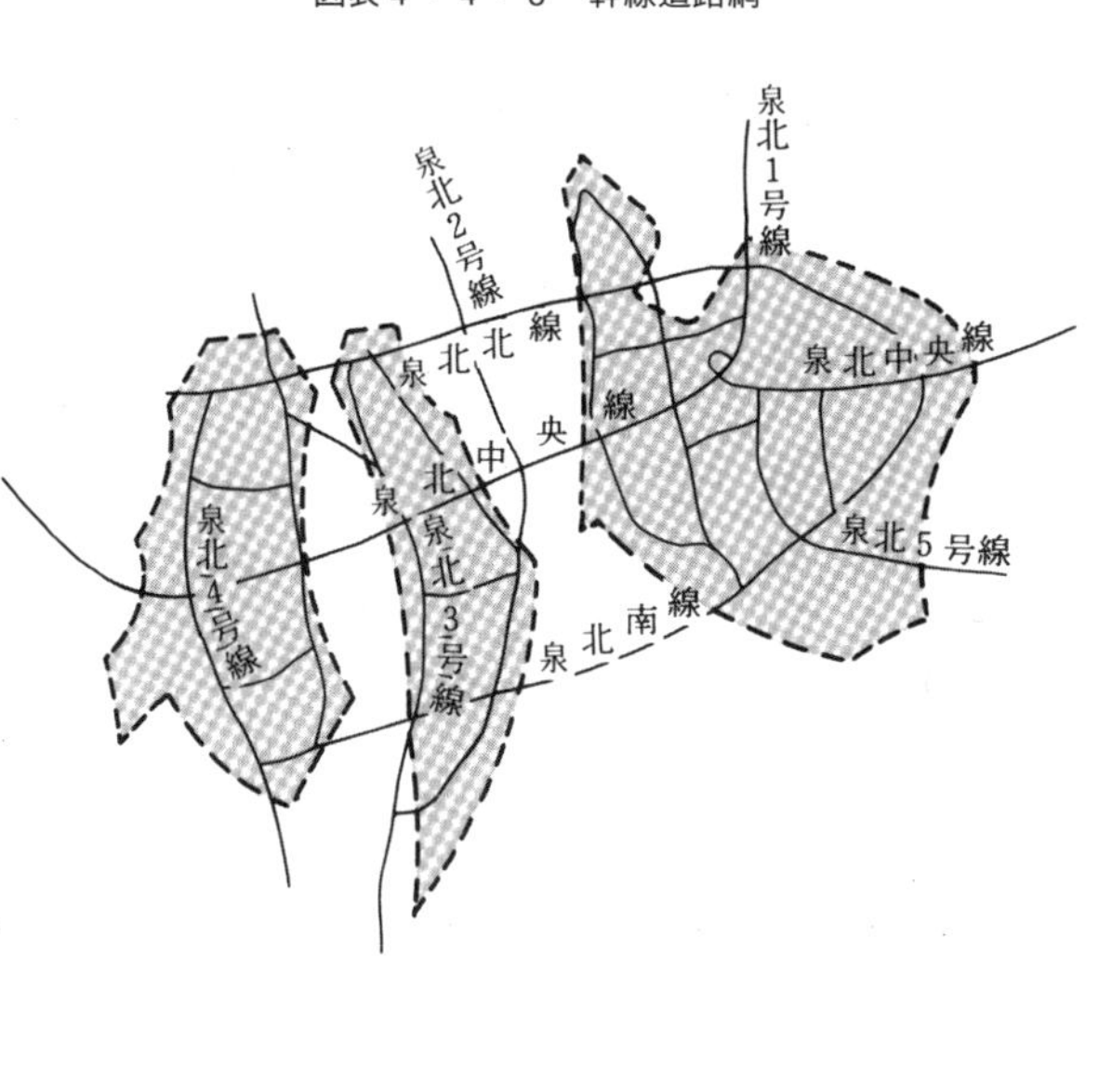

交通をさばく幹線道路で、準高速道路とした。

泉北2号線、3号線は、谷間を通る既存道路にかわる計画道路である。

　泉北4号線は、光明池の南に住宅公団の団地その他の住宅開発の計画があり、これらの周辺地域と泉北1号線、泉北中央線、地区センターを結ぶ道路である。

　泉北5号線は、境界線に接して民営の団地の計画があり、地区センター方面への交通に便利なようにその中心部とつないだ。

イ　地区間連絡道路

　地区間の連絡は、泉北中央線だけでは中央に集中し過ぎ、開発地区外からの道路連絡も不便なので、泉北北線と南線とを配してループ状に開発地区の周辺を巡らせた。

ウ　住区幹線街路

　住区幹線は原則として住区の周辺を通したが、光明池地区では池の周辺を残して自然公園とするため、また泉ヶ丘地区の南部では尾根の上が境界になって急峻な地形に周辺道路を通すことは不適当なため、いずれも周辺道路は通っていない。泉北1号線、泉北中央線等の準高速道路及び住区幹線は、交通量も多く主要な道路なので車のスムーズな動きを妨げぬように直接ここから建物にサービスする事は避け、また交差点の間隔も長く取った。

エ　区画及び細街路

　住区幹線からは、住区内の区画街路が住区内の主要な道路網をつくり、近隣センターと中庭層住宅は原則としてこの道路からサービスした。そしてさらに細街路網によって低層及び油立住宅にサービスされた。

オ　ペデストリアン道路（歩行者専用歩路）

　ペデストリアン道路網のパターンは、住区の中心施設に各住戸から安全かつ最短距離で到達できることを第一に考え、地区センター

図表4・4・9　道路幅員図

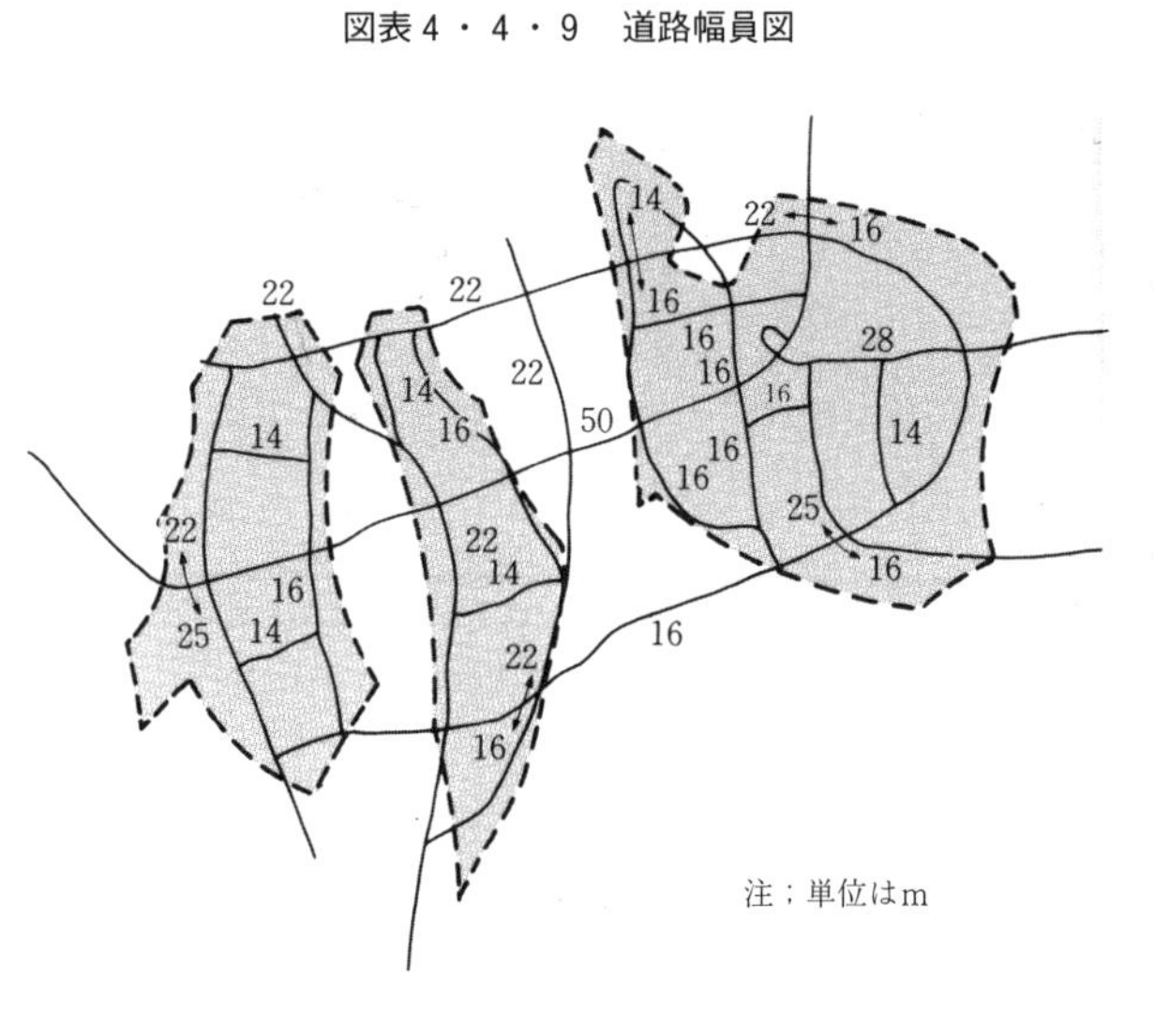

注：単位はm

に向って1本の太い緑地道路を通してこれをペデストリアン道路とした。そして区画街路及びそれより広い道路を横切る場合は立体交差としたが、細街路の場合は交通量が少く道路が狭いため平面交差とした。

③　**道路幅員**

交通量に基づいて道路の幅員構成を検討し、（**図表4・4・9**）のように道路幅員を決定した。歩道は、バス路線及び近隣センター付近にはつくが、その他は必要な場合にのみつけ、ペデストリアン道路系列の一部として考えた。歩道幅は、近隣センター部分で4m、その他は3・5m又は2・5mの3種類とし、舗装部分は1・5m幅とし、他は植樹帯とした。

（5）公園緑地計画

①　**公園**

ア　地区公園

泉ヶ丘、栂、光明池の各地区に1カ所を原則としたが、地形、道路計画等を考慮して地区公園の利用の増進を図るため、各地区とも2カ所に分割した。これらの地区公園は総合公園であり、児童公園、近隣公園とともに構成する公園系統の中心とした。

イ　近隣公園

近隣センターとともに近隣住区の中心施設の一つであり、原則として近隣住区に1カ所設けるが、住区によっては地区公園内に含めた。

ウ　児童公園

主に6～11歳の児童を対象として設置し、各住区に2～3カ所、面積は1カ所当たり0・3haを標準とした。

エ　プレイロット

主に5歳以下の学齢前の児童を対象とし、各住区の住宅種別構成によって異なるが、独立住宅地には約100戸当たり1カ所の割合で配置した。

②　**緑地**

都市計画緑地は、泉ヶ丘地区に2カ所、光明池地区2カ所の4カ所を設けた。開発地区周辺に積極的に周辺緑地を設けることはしなかったが、周辺道路の法面等によって若干の緑地帯を残した。

③　**その他**

ア　溜池

溜池は、一部を除いて公園内に取り入れた。

イ　墓地

墓地は現存する鉢ヶ峯の南東部を拡張し、一連の公園墓地として整備して、区域内の既存墓地はすべて撤去してここに移すこととした。

(6) 教育施設計画

教育施設の分布は、児童、生徒数及び誘致距離の2点から考えて次のように定めた。

ア　幼稚園　　1住区に2カ所
イ　小学校　　1住区に1カ所
ウ　中学校　　2住区に1カ所
エ　高等学校等　全地区に4カ所

その敷地面積は、文部省基準をもとにしてきめ、幼稚園0・2ha、小学校2・7ha、中学校3・6ha、高等学校5・0haを基準とした。

またその配置としては、幼稚園の1つはできるだけ小学校と隣接させるとともに、いずれも主ペデストリアン道路に接して設け、通園の安全と歩行距離の短縮を重視した。小学校は住区のほぼ中央に設け、近隣センター、近隣公園とともに住区の中心施設を形成した。また将来、隣接地域が住区に編入される場合を考えて、B住区の東半分には、新たに開発される地域に小学校を設けるものとし、D住区の小学校は高蔵寺集落を含めて利用されるものとした。またI住区は、境界線のすぐ北側に既設の小学校があり、I住区の北の1／3の児童はこの小学校に通学するものとした。

中学校は、2住区に1カ所とし、なるべく2住区の中央に配置して、徒歩通学を前提とした。ただし、栂地区のI住区北端の中学校については既設のものを拡張して使用するものとした。

高等学校その他の教育施設は、地区外に通学するものまたは地区外から通学するものが相当あると考えられるので、電車やバスを使って便利に通えるように考えた。

(7) 商工業・公益施設計画

① 地区センター

商業施設としては、デパート・スーパーマーケット・専門店・飲食店、娯楽施設としては劇場・映画館、文化施設としては集会場・ギャラリー・図書館・文化センターなどが考えられた。

公益施設としては市役所出張所・警察署・消防署・郵便局・総合病院・保健所などで、各住区の近隣センター内の公益施設の中心となるようなシステムが必要とされた。交通施設としては、各地区とも鉄道駅が含まれており、バスストップ、バスターミナル、自家用車のパーキングスペース、それから地区センター内各種施設のための荷おろし場・倉庫・パーキングスペース等も必要とされた。

そして、各地区センターの性格を比較すると、泉ケ丘地区は池を囲んだ田園的なセンターで、地区外を含めた交通網の結節点であり、3地区では最も大きなバスターミナルが必要と考えられた。栂地区は住宅地にふさわしい比較的小規模でコンパクトなセンターとし、光明池地区は鉄道のターミナルでもあり、副都心的な性格をもち、デパートなどを含めたショッピングセンターが設置されるものとされた。

② 近隣センター

各住区に1カ所、日常購買施設と地域的な公益施設を集めて近隣センターとして配置した。購買施設は、食料品を主とした店舗やマーケットであり、地区センターに近い住区はごく小規模でよいとされた。公益的施設としては、身近な社会教育施設や集会所などが考えられた。また医療施設としては、保健所の支所や開業医による診療所が設けられるものとされた。

その他、公衆電話・公衆便所・派出所（警察）・小規模なパーキング・荷おろし場・倉庫などの付帯設備が必要で、このような近隣センターの用地面積は、地区の中心付近の住区で0・9haから周辺の住区で2・0

haあり、平均して1・3haの広さで計画された。

③ 独立店舗

日常手軽に購入したいもので、近隣センターまで行かなくても手近で求められると便利なものがある。例えばタバコ・雑誌などの日常雑貨を扱うよろずやで、建物は平屋建のキオスクのようなものが考えられていた。

④ サービスセンター

日常生活に必要な小規模なサービス業や製造業、それから住宅の維持管理に必要な業種が各地区にまとめてサービスセンターとして計画された。製造業としては製パン・製家具等の工場で、近隣センターの小売店や地区外の親工場への集荷場として、自動車交通に便利な場所に配置された。

その敷地面積は、泉ケ丘6・3ha、栂3・6ha、光明池8・1haであった。

⑤ その他のセンター

特殊な施設として、泉ケ丘地区に単身者センターが、栂地区にリサーチセンターが計画された。

単身者センターは、約2haの規模で、そこには単身者向きの文化施設や娯楽施設を設けて、中小企業の会社の厚生施設の一助とした。そしてこのように単身者のコミュニティの中心となる施設を設けることによって、家族単位の住宅地域の中である程度分離されながらも、地域社会の一員としてその地域活動に参加できることなどを目的として計画された。

栂地区のリサーチセンターは9・7haの大規模なもので、特にその性質はきまっていなかったが、学術的な研究機関はなるべくこのような住宅地に分散させて、よい環境を得るとともに、この地域の文化水準の向上にも寄与するものと考えた。

(8) 給排水等施設計画

給水は、各地区の一番高い場所に配水池を設けて自然流下方式とされた。

排水系統のうち汚水は、周辺の幹線道路に集めて北側に導き、栂・泉ケ丘地区間で1本に集め、堺市の終末処理場に導かれた。

雨水は、暗渠で地区間を流れる河川に放流されるが、泉ケ丘地区の北側では泉北北線に沿って開渠の水路を設けることとされた。

電気・水道・ガス・電話の配管は、できるだけペデストリアン道路に施設帯を設けて一括して埋設することとされた。電気配線は、従来地下ケーブル化は非常に困難であったが、ここでは住宅地の景観への配慮から、積極的に地下ケーブル化の推進が計画された。

以上述べてきたような企業局の決定した内容を基本計画図（パイロットプラン）として表したのが、（図表4・4・10）である。

図表4・4・10　企業局作成の基本計画図（パイロットプラン）

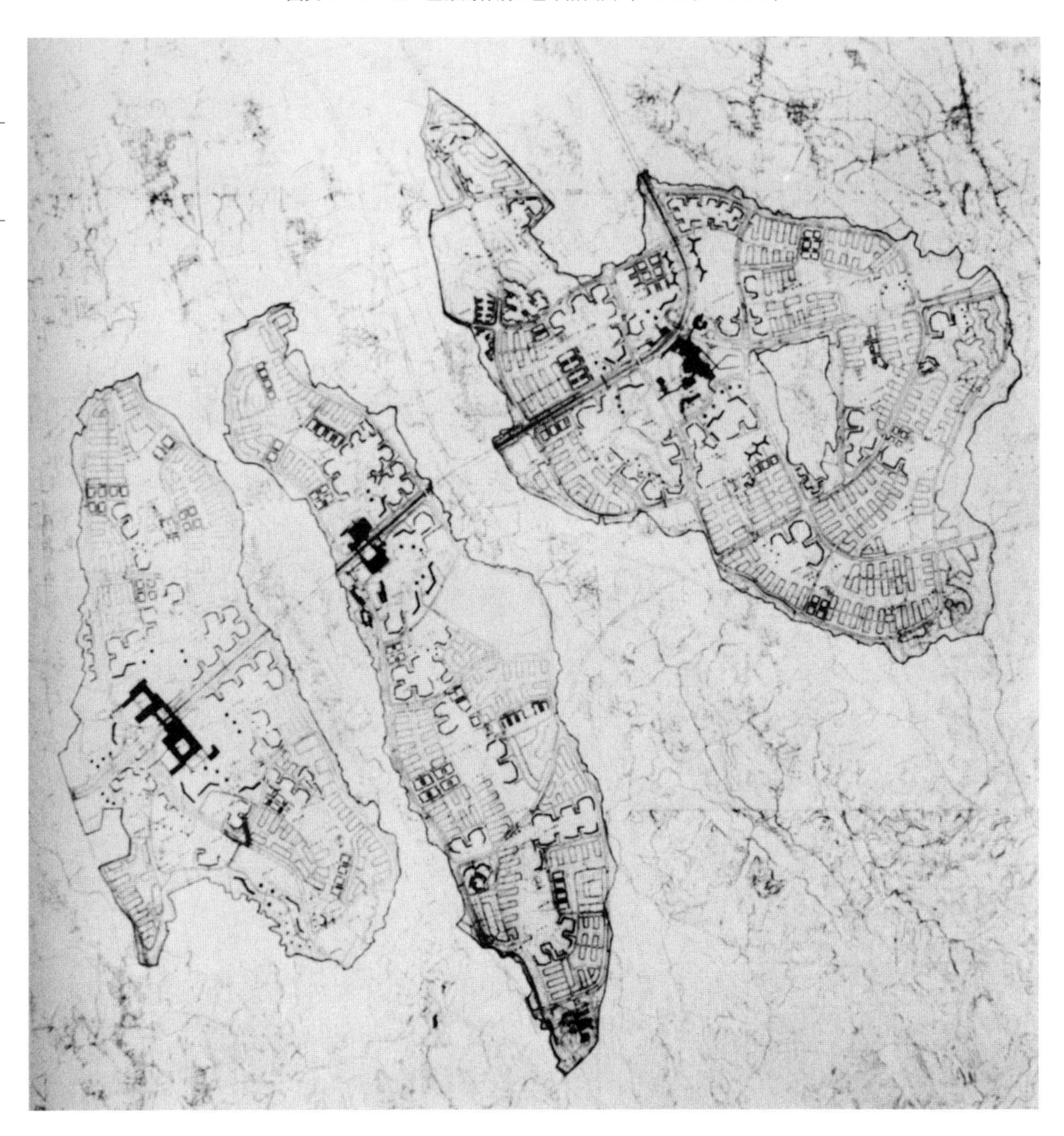

第12章　事業を振り返って

昭和40年12月28日に、新住宅市街地開発法に基づく都市計画事業として発足した泉北ニュータウンの開発は、昭和58年3月31日をもってその法定事業を完了し、大阪府が千里ニュータウンに引き続いて展開したこの泉北ニュータウンの町づくりも、現在ではほぼ終局の段階を迎えている。

そして、宮山台の町びらきに始まった1557ha、16住区、54000戸の新しい町は、今では多くの魅力を備えた住宅地として、さらに大きく成長してきている。

しかしながら、このように豊かに成長してきた泉北ニュータウンも、その開発過程では幾多の困難な問題に直面したが、それらは何れも関係機関の温かい協力と関係職員の忍耐強い努力とによって解決しながら、ひたすらに円滑な事業の推進が図られたのである。

いま、このような泉北ニュータウンの開発を成功に導いた要因を、あえてここに挙げるとするならば、それは「天の時」「地の利」「人の和」の三点に集約されるであろう。

(1)「天の時」は、この泉北ニュータウン開発の当面した「時代」のことで、その開発期間中には二度にわたるオイルショックに遭遇したものの、きびしい住宅需要と恒常的な地価上昇に支えられて、分譲用地の好評とそれに伴っての資金の円滑な回収がつづくなど、事業全体としては比較的スムーズに運営がなされたことである。

(2)「地の利」は泉北ニュータウンが計画された「立地」のことで、開発区域がなだらかな丘陵地で造成が容易であったこと、また樹林地や溜池が数多く点在し、公園、緑地等の計画的配置に大いに役立ったことである。

さらに、大阪市から距離的にやや偏った内陸部であったものの、そのことが逆に用地買収がかなり少額で済んだこともその一つにあげられよう。

(3)「人の和」は、泉北ニュータウンづくりにかかわった「人的資源」のことで、大阪府には泉北ニュータウンの事業着手に至るまでに戦後10年以上にわたる団地開発の蓄積があり、それが千里ニュータウンの開発によって磨きがかけられ、この泉北においてさらに大きく開花したということである。これは単に技術の分野に限らず、用地取得や資金調達、さらには管理運営の面でも、円熟した事務能力が十分に発揮されたということである。

このほか、事業全般にわたってすぐれた指導者とおおらかな政治的風土に恵まれたことも、この要因の一つにあげられよう。

そして、このような要因が互いにからみ合いながら、それらの相乗効果が今日の泉北ニュータウンの、成果を創りあげたわけであるが、その成功へ連なった個々の作業としては具体的に次のようなものがあげられる。

(1) 円滑な用地取得

1557haにも及ぶ大規模宅地開発にとって、用地取得の推進は事業の進捗を直接的に大きく左右する問題であった。

そしてこの用地取得を円滑に進めるためには、まず、開発事業の趣旨が地元の人々に理解され受け入れられることが前提となるが、そのことも含めて泉北ニュータウンの用地取得事務については地元堺市の全面的な協力があり、昭和39年度に用地買収が開始されてからわずか3年にして、全体の77%に上る用地を取得することができた。

このことは、後に続く宅地造成の推進にも大きな刺激となるとともに、事業全体のスムーズな展開に大きく貢献することとなった。

（2）鉄道の早期導入

地下鉄1号線の延長や南海電鉄㈱による南海高野線からの延伸が早期から検討されたが、いずれも実現には至らず、府の第3セクターとして設立されていた大阪府都市開発㈱に要請して、南海高野線の中百舌鳥駅から泉北ニュータウンに向けて分岐する泉北高速鉄道の導入が実現したものである。ただ運行については南海高野線との相互乗り入れとし、その運転業務は南海電鉄㈱に委託された。

（3）下水処理場

下水処理場の建設は一般的には広域的下水排水の使命を制する重要な問題であるが、その設置についてはなかなか付近住民の理解を得にくい面がある。そこで泉北ニュータウン開発においては当初から石津川と和田川の合流点に設置位置を決定して、その建設に当たっては用地問題を始めとして多くの技術的な問題点を解決しながら、各施設の工事が進められた。

（4）ごみ焼却場

ごみ焼却場についても、早くから栂地区南端部の地区内用地に建設位置を定めて、地元堺市と緊密な協議を重ねながら、堺市内の全体的、長期的な計画のもとに、堺市の「第二ごみ焼却場」としてその工事が着手された。この結果、大きな支障を生じることもなく、ほぼ計画どおりに焼却炉の運転が開始された。

（5）国立病院

病院については、古くから開発区域内に開設されていた既存の国立病院を移転して、それを現在地に新設するよう厚生省に要請して交渉を続けた。この結果、その移転、新設の計画がニュータウンの造成に合わせて順調に進められ、開発区域及び周辺地域を対象とした総合病院として、現在の国立泉北病院が昭和46年に開設された。

また、泉北ニュータウンの開発は、千里ニュータウンに比べて5年程遅れて開始されたものの、事業期間においては並行する部分がかなり長期にわたっていたため、その計画内容については双生児的現象が多くみられる。

しかし、両地区の地理的条件の違いや時代の移り変りに対応して、泉北ニュータウンでは千里での経験や手法に新しい手を加えるなど、種々の工夫がこらされた面がある。その代表的なものとしては、緑道の採用や遺跡の保存、新しい住宅の試み、ヤングタウンの建設等が挙げられる。

（1）緑道の採用

緑道の計画は千里ニュータウンでもその考え方は既に採用されていたが、まだ小規模な試行に過ぎず、建設省や地元市との協議でもそれが道路に属するか公園に属するかで、なかなか結論が得られない時期もあった。しかし泉北ニュータウンの計画が固められた時点では、緑道の計画はニュータウンの配置計画の主要なよりどころとして認知され、そこに住まう人々の安全で快適な歩行動線を確保する「緑のネットワーク」として地区全体に張り巡らされたのである。そして、自然林の保全や溜池の保存を配慮して設置された各種の公園緑地とともに、「緑のニュータウン」とも呼ばれる泉北ニュータウンの象徴の一環を形成することとなった。

（2）遺跡の保存

泉北ニュータウンの開発区域内には小規模な古墳と多数の窯跡が多数点在していたことから、その文化的遺産の重要性を考慮して、当初からそれらを極力保存する計画が立てられた。しかしどうしてもやむを得ないものについては慎重に発掘調査が進められ、その出土品は広く府民に展示するよう、大蓮公園の一角に泉北考古資料館が昭和45年に建設された。そしてここでは府下の主要な出土品をも展示するほか、近くには桧尾塚原11号墳を移築展示するなどの試みも採り入れられている。

（3）新しい住宅の試み等

住宅建設については、新しい時代の要請と府民の多様なニーズに応えるため、タウンハウスやコーポラティブハウス等のいわば時代を先取りした新しい試みが実施された。

また泉ヶ丘地区に建設された11haにも及ぶヤングタウンは、大阪で働く勤労青少年や働きながら勉学に励む学生たちが生活する若者の町である。ここに住まう若者による様々な活動を通じて、地域社会にも生き生きとした活力を与えることが期待されるところである。

このように泉北ニュータウンには、泉北ならではといった様々な計画が随所にとり入れられているが、それらがうまく融け合って泉北の町並みには一段と成熟した景観が見られるようになってきている。

このようにしてこれまで大阪府が実施してきた泉北ニュータウンの開発は、さきの千里ニュータウンの場合と同様に、これまでも全国におけるニュータウン開発のパイロット的役割を果たしてきたところであるが、今回まとめられたこの開発記録は、さらにこれからの町づくりの貴重な資料となり、また、今後の町づくりの一つの指標となることが大いに期待されるところである。

[編者]
橋爪紳也（はしづめ　しんや）
大阪府立大学大学院経済学研究科教授、大阪府立大学観光産業戦略研究所長。1960年大阪市生まれ。京都大学工学部建築学科卒、同大学院、および大阪大学大学院工学研究科博士課程修了。建築史・都市文化論専攻。工学博士。『明治の迷宮都市』（平凡社、1990年）、『京阪神モダン生活』（創元社、2007年）、『「水都」大阪物語』（藤原書店、2011年）、『ニッポンの塔　タワーの都市建築史』（河出書房新社、2012年）、『瀬戸内海モダニズム周遊』（芸術新聞社、2014年）、『大京都モダニズム観光』（芸術新聞社、2015年）、『大大阪モダニズム遊覧』（芸術新聞社、2018年）ほか著書多数。

昭和の郊外　関西編

2019年6月25日　第1刷発行

編　者　橋爪紳也
発行者　富澤凡子
発行所　柏書房株式会社
東京都文京区本郷2-15-13（〒113-0033）
電話（03）3830-1891［営業］
（03）3830-1894［編集］

装　丁　鈴木正道（Suzuki Design）
組　版　株式会社キャップス
印　刷　壮光舎印刷株式会社
製　本　小高製本工業株式会社

ISBN978-4-7601-5102-8